二十世纪华北农村调查记录

第四卷

社会科学文献出版社
SOCIAL SCIENCES ACADEMIC PRESS (CHINA)

序　一

华北农村调查是中日学者合作进行的。

1990 年 8 月经原国家教育委员会国际合作司的认可和批准，我们先后到北京房山吴店村、北京顺义沙井村、静海冯家村、栾城寺北柴村及山东平原县后夏家寨村考察访问，这一学术活动从 1990 年 8 月开始，一直持续到 1995 年 9 月。六年余时间，多是安排在每年学校寒暑假期间进行。因为我们都是高等学校的教师，平时有教学任务，不可能集中一段时间专门调查。

我们的调查取得了圆满的成果，日本学者先后出版了《农民口述的中国现代史》（内山书店 1993 年 3 月）32 开本，是专门记录吴店村的。随后又于 1999 年 2 月，以《中国农村变革和家族、村落、国家——华北农村调查记录》为书名，出版了寺北柴村和沙井村的访问记录，16 开本，汲古书院出版社出版。2000 年 2 月，以同样的书名，出版了后夏家寨和冯家村的访谈录，仍由汲古书院出版，都由三谷孝主编，我在每一册前都写了序言。这 3 本书的陆续问世，展现了中国近现代农村社会发展的历史画卷，在日本学界引起了巨大反响。他们认为是继满铁《中国农村惯行调查》之后的一项巨大工程。当然，和满铁调查的目的截然不同。满铁在中国东北和华北进行了许多调查，是为日本侵华服务的。今日中国学者的调查是在展现社会主义的新农村。1994 年我在欧洲几个国家讲学时，丹麦哥本哈根大学和德国特立尔大学都让我讲华北农村调查的方法和结果。

现在这一学术活动的中文版成果，在刘泽华、张国刚和李治安的呼唤下，引入了“211”工程，就要面世。王黎协助我，花费了许多精力根据访问时的中文录音记录，按照日文版的编辑，对人名、时间和话语作了核对和订正，以 4 卷，16 开本，由社会科学文献出版社出版。第 1 卷包括寺北柴村。第 2 卷包括沙井村和吴店村。第 3 卷包括后夏家寨村和冯家村。此外，还有第 4 卷侯家营村。侯家营的体例和前 5 个村不一样，主要是村中档案资料的整理和选登，是张思率领几位学生完成的，这是日文版中没有的内容。还有，第 2、3 卷和日文版的小标题也不尽一样，删减了日文版所录的文史资料中的个别文章，增加了调查者写的调查心得。可以这样说，中文版比日文版集中丰满一些，也更准确一些。

有组织的中日学者联合起来，是我国改革开放政策实施后的新鲜事物，有的部门对我们的学术考察不理解，他们说了不负责任的外行话。我认为农村调查是一件好事，20 世纪中国农村发生了巨大的变革，在中国历史上是空前的，将其记录下来，是有历史意义的。这种文化的寻求和积累，是中国近现代历史内容的重要组成部分，是中华民族的精神和思想财富，是有学术价值的。正是出于学者的使命感，我是满腔热血地参与这一工作、和日本学者合作的。日本学人的严谨治学态度，也是我应该学习的。人的知识总是有限的，向他人学习，抱着科学态度，将国外学者的研究方法吸收，融合到自己的研究工作中，这是一个人学术前进所必需的。

我们所以以这几个村为对象，并不是因为其在华北具有典型性，而是因为有满铁的调查为基础，容易对比地看出社会发展的脉络。譬如满铁调查中关于村中的人口、耕种面积、工具的使用、人们的生活，都有具体的记载。半个多世纪以后的今天，其情况又如何呢？本书称华北农村调查，这种称呼又确切又不太确切，因为5个村庄都是河北省、北京市和天津市所属的，没有山西省的。后夏家寨村现在属华东地区。不过从历史和文化背景上来说，更接近于华北地域。

调查之初，左志远、张洪祥、王黎和我四处奔走，和有关方面多次联系，感谢朋友们的帮助，为调查铺平了道路。

所调查地区的县、乡、村各级政府给予我们很大的支持和帮助，使我们的计划得以实现。

进村之前，我们预先熟悉各个地区的情况，看了地图和村的位置以及旧县志。日本学者还印刷了满铁调查的基本情况，包括谱系、住宅方位等极具体的材料。准备工作做得很周到，很细致。及至我们进入县境，各级政府层，介绍其县的历史和现状，给予我们很多知识。这是书本上没有的，这是我们认识一些村庄的生活现实和社会现实的前提。我们以小学生的态度认真地听取和记录。

我们是史的考察，寻找记忆，寻找过去，如实地将村民的经历和见闻记录下来。从抗日战争时期的40年代开始，到90年代中国农村的腾飞，时间跨度达半个多世纪。这期间华北人民经历了日本的侵略和统治，这一事实根深蒂固地印在我们民族的记忆中。日本投降后又经历了国内战争、土地改革、集体化道路、“大跃进”、人民公社、三年困难、“四清”运动、“文化大革命”，改革开放后的联产承包到包产到户，现在正在奔向小康。从土地所有制来讲，土地改革是一次大运动，消灭了几千年来存在的地主阶级，集体化是又一次大的变革，将土地所有权转变为集体所有制。现在仍是集体所有制，是以家庭生产为主的集体所有制，这和以往是不同的。从经济制度发展来看，我们是长期计划经济的历史，有成功之处，也有失败之处。现在进入市场经济，一切都发生变化。在这几次大变动中，中央政府的政策是怎样传向最基层群众的，群众的意识是怎样转变的，其结果又是如何？从访谈记录中可以看到人们的心态，可以追寻到历史的轨迹。我们常讲，历史的回忆，从某种意义上说，就是历史，历史是由许许多多的片断回忆组成的。

我们调查的内容极为广泛，包括地理环境、人口政策和人口状况、计划生育的执行、村政权的理念，农业生产类包括种植面积、种植的品种、肥料、水利、农具、农产品的价值等。副业的生产，销售的渠道。家族的延续和沉浮，婚姻状况，妇女在家庭和社会中的地位。中小学教育，人口的流动，道德风俗习惯，以及村民的生活等。用现在最普通的术语，是一种全方位的调查，而不是单一问题的调查，这样的调查可以构成一个村全面完整的画面。

调查资料的根据：一是县档案馆所找到的档案文献；二是县、乡、村政府领导的情况介绍和历次运动积累的材料；三是社会各领域人物的谈话记录。在采访中，如谈话投机，常常激起被调查者沉睡的回忆，他们所回答的问题，多于所提出的问题。我们多次发现农民手中保存着自己祖先代代相传保留下来的地契、借贷契约之类，这是意想不到的收获。如在寺北柴村，我和浜口允子访问一位老农，无意中他打开了自己床头上的陈旧的小匣子，取了一张用布包裹的乾隆时期的地契，接着其他调查成员也获得许多地契，其中有雍正年代的地契。吴店村村民保有民国25年6月河北省财政厅颁发的土地税执照和中华人民共和国成立后兄弟分家的证书。在侯家营，我和王黎住在该村小学校长家，也是在无意中他展示了他的地契，我请张思立即拍照下来。契约文书对研究那时的社会是非常珍贵的资料。

因为是挨家串户，面对面的问答，被访问者的叙述意识是至关重要的。我们总是预先告诉他们来意、采访目的和内容，让他们心中有数。日本学者每到一村讲话时，总是先说一两句道歉的话：“日本过去侵略过中国，真对不起。”就是这么一句话，对访谈是极为重要的，这就扫清了交谈的障碍，为访问打开了大门。记得在顺义县，要访问一位抗日战争时期的中学教师，这位教师民族意识很强，他说："怎么日本人又来了。"他拒绝接待，后来经过左志远解释，坚冰打破，不仅热情接待，谈得还很投机。

村民是否说的是真话、心里话，根据我们的接触，他们毫不掩饰自己的观点和看法。他们对过去所发生的事有清醒的认识，并且能够用一条叙述线索将其连贯起来，论人论事，直言不讳，对大的历史事件有着深刻的回忆。譬如侯家营上了年纪的人，谈到抗日战争时期，日军在他们村庄，毁了村边的良田，以村中的劳力和财力盖起两座炮楼，村民还得供应其吃喝，为其每天担水的人现在还健在。村中驻有日军宪兵队 200～300 人，经常四出骚扰。1944 年 8 月在昌黎县境内和八路军交火，伤亡惨重，怕真相暴露，封锁了村中地段，秘密焚尸。这件事，日军是不会宣扬的。历史书上也没有记载，只留存于侯家营村民的记忆中。

村民对自己生存和生活相关的问题，从不躲躲闪闪，譬如谈到集体化道路，开始时人们满腔热血，很积极，生产增加了，生活改善了，对前途抱着强烈的热望。但到了公社化时期，社会上弥漫着说假话、说大话、搞浮夸，媒介整天宣传"人民公社是天堂"、"人有多大胆，地有多大产"，搅混了人们的意识，粮食扔在地里，任其腐烂，无人去收拾。人们都被强制性地去大炼钢铁，烧焦煤，挖水库。人们精力消磨殆尽，毫无一丝独立性，结果物质极度短缺，出现了严重的灾荒。人们以瓜菜充饥，尚且不足，各村都出现了饿死人的现象，精神上备受痛苦，而又不能不三缄其口，没法说的话，只能在心里翻滚着。什么都大一统，生活也没有保证了。他们回忆这一段历史时，心情是很沉重的。应该说这是真实的。到了中共中央三中全会以后，政策接近群众，中央连续颁布"农村改革 5 个一号文件"，人们的思想和心态逐步发生了变化，我们如实记录了各村的实态。有的走得快，有的走得慢，相继冲破了旧的束缚。任何运动总是有一部分人先行动起来，有一部分人则在等待观望，等时机完全成熟时，才开始行动。这就是农民当时的情景。1984 年人民公社解体后，以农业生产为主导，出现了各种各样的个体户。譬如 1990 年访问沙井村时，该村 2 户农民承包全部土地，他们农闲时还搞运输，其收入大幅度增加。村中也出现了一家私人医生和药铺，还有个人经营的涂料厂，原来的供销社也由私人经营了。村中妇女 80% 都到设在该村的服装加工厂工作，服装销售至欧美和日本等国，生意兴旺。还有各汽车修配厂，是为北京市中央民政部门修配汽车的。1994 年第二次访问该村时，耕地面积减少了，出现了福建村，全是经营木材的，出租土地成为村中的一大收入。村中盖起了村政府大楼和宽敞的幼儿园，村中开始实行养老保险金制度。山东平原县后夏家寨村，距离大城市较远，人民生活较苦，几十年来变化很少。我看到几家农民做饭烧锅时所拉的风箱，还是几十年前我在农村见到的那样。农村新政策出台后，人们恢复了传统的手工业，用柳条编织筐笼之类和用麦秸秆编草帽，由天津外贸公司收购，运销海内外。贩运牲口，特别是耕牛，也是该村的特长。不少农家又经营起这行业。我们还到附近的牲口市上去实地考察了一次。引黄灌溉，种植茄子之类蔬菜，运销日本，这是一种全新的植物种植，茄子大小均匀，农民们掌握了技术，有了新的观念。寺北柴村的农业在河北省是很出名的，他们有一宗稳定的收入，就是种植的玉米，供应华北制药厂做原料。80 年代后，大部分农户除了耕种土地外，还开展多种经营，有的经商，有的搞副业，有的搞服装加工，还出现了养殖专业户，种植专业户，养鸡专业户。搞运输在"文化大革命"时被视为投机的"二道贩子"，现在成为人们向往的行业。该村部分农户由山西运煤，制作煤球或蜂窝煤来卖。蛋品销路广，河南客户定期收购。乡政府为了发展养鸡业，还请北京的农业专家来讲养鸡技术。我们亲眼看到了这种场面。各村居民四面八方拥向乡政府所在地去听讲。如此等待，各村都在根据自己的地理条件创造生产，创造财富，创造生活，都在各奔前程。

一些商人，直言他们卖东西时，短斤短两，他们认为这没有什么大惊小怪的。

村中已呈现出富的群体和穷的群体，富户拥有运输汽车和拖拉机。1994 年寺北柴村就有各种拖拉机 100 多辆。富户还盖了新房，有的盖的是楼房。

人们的观念发生了变化。现在论财富，看其农副产品在市场上销售量如何。拥有几台拖拉机、耕牛和骡马，不再作为财富的象征。现在都很注意信息，看哪一行业能赚到钱，就趋向哪里。

农村中重男轻女的现象还是比较普遍。他们愿意要男孩，一是传宗接代，一是可以增加家中的劳力。计划生育很严格，但有的农民宁愿接受罚款，也要多生一个孩子。妇女怀孕，生育儿女是最重要的事情，受到尊重，否则就被看不起。从这一点上看，几千年的传统观念是很难转变和根除的。

旧的不良的风俗习惯又泛滥起来，如敬鬼神，迷信风水等。婚丧嫁娶也很铺张，村民讲，现在没有几万元给孩子是成不了亲的，必须盖新房，买电视机、洗衣机，家里还得有沙发之类摆设。

我们访问时，各村均有民办公助小学。发动社会力量办学，这是办学的一种方法。小学教育是国民教育的根基和基础。有的村小学的教室很整洁，从表面上看，文化气氛是很浓的。寺北柴村的教室则是危房，日本学者捐赠了 2000 元，希望能够改变一下学校环境。

村民对村中干部私下议论的很多，何人好，为村里办实事，就得到尊敬。何人私心重，作风不好，群众中微词就颇多。不敢说话的时代已成为过去。

中国数十年来所走过的是曲折多艰的道路。这种情景在每个人的心中都留下深深的辙印，他们说的是实实在在的心声，反映了历史和时代的特点。这部书是记录性的，没有抽象的概括，没有理论的阐述，没有文学家的描写，没有富丽的词藻，语言朴实无华，所能看到的是普通公民的脚印和足迹，是华北地区农村历史、土地和人民的缩影，包含着坚挺的历史骨骼。在变革的年代，为农民的发展提供了广阔的空间。

从社会发展的角度看，一切事件和人物都是历史的、暂时的，而历史的进程则是永恒的运动。我们的访问考察结束后的 10 年，各地又有了许多新变化。如沙井村已变成隶属北京市一个区，村中已没有耕地了，耕种的福建村面积扩大了，占地已达 200 多亩，占该村土地 1/6，村中的面貌已城市化。原来村民到服装加工厂做工的，已不再去了，现在工厂六七百人多是外地和外村的，法人代表成为私人名义。冯家村的农民也和 1993 年我们访问时大不一样。那时村民种地以外，还给天津市一个工厂做部件，现在大部分青壮年到附近一个日资企业去打工，月薪 1000 多元。留在村中的种蔬菜，如茄子、西红柿、芹菜之类，秋冬都是大棚菜，用机井灌溉。产品销售到天津和中国东北各省。村里有信息员，盯着市场，时刻掌握着市场行情。侯家营村家家户户养貉，因为貉皮珍贵，能卖到大价钱。关于后夏家寨，我们最后一次访问是 1994 年 8 月，如今也发生了诸多变化。现在编织副业基本上没有了，几个木匠在村中创办了家具作坊，年生产量大小约 2000 多件，获利在 2 万元以上。恩城镇的牲畜市场，比过去发展得多，上市量约千头左右。后夏家寨村民有 2010 户养牛，繁殖小牛，每头可卖千元，有的用 300 元买个小牛或驴、骡、马，喂一年长大了再卖，也可得到 1000～1200 元。村中增加了十多眼机井，使 85% 的农田得以灌溉，小麦、玉米亩产约 800～1000 斤。30% 农户有了拖拉机，村民盖新房的多了，都是砖石结构。约 50% 的青年男女都外出，到北京、天津、青岛等城市打工，月收入 800～1200 元之间。

各村的小学校，因为生育率低了，孩子少了，如今几个村合办一个小学校，这样学校的质量也提高了。

值得深思的是，现在都向钱看，过去数十年来培养和形成的集体观念淡薄了，很少有人再有贡献精神，这对建设社会主义新农村是不利的。

历史是一面镜子，可以照过去，照现在，也可以启示未来。关于研究华北农村的著作，市场上已有不少。这部书则有自己独特的文化性状，是认识华北、了解华北最好的素材，也为研究者提供了丰富的资料，可以引起更多的思考。今日中国农村的文明是付出了巨大的代价取得的，我们应该珍惜今日，使小康社会早日实现，使农村和我们国家在国际上的崇高地位相一致。

魏宏运

2006 年 8 月

序　二

本卷由侯家营村编组成，在构成和体例上与本书前三卷不尽相同。前三卷以五个村庄的村民访谈记录为核心，本卷为侯家营村档案文献资料选辑以及对该档案资料的初步解说。或谓本卷构成有些杂乱无章，但我认为本卷与前三卷都有着一个鲜明的共同点和一脉相承的志向——请底层农民讲述现代史。

这些年来，本人多次去昌黎县侯家营村进行调查和文献收集工作，并在那里幸运地发现了保存相当完整的村级档案资料。眼下，这些资料已被移至南开大学中国社会史研究中心，对它的整理与研究工作也已开展了多年。其间，南开大学魏宏运教授敏锐地识出侯家营村档案资料的价值。魏宏运教授长期致力于现当代华北农村社会的调查与研究工作，他的一系列研究成果也鲜明地显示出让底层农民大众讲述中国现代史的特色。在魏教授的推动下，便有了将侯家营档案资料选辑、付梓的机缘。尽管本卷选辑的600多帧资料仅仅是数量庞大的侯家营档案资料中的极小部分，但是毕竟，成体系地将现代中国农村村级档案文献公诸于世这还是首次。我认为，这一努力不仅对现当代中国农村社会研究，甚至对整个中国现代史研究，意义都极为重大。

20世纪80年代以来的现代中国农村研究常把关注的重心置于执政党的政策是如何得以实现，以及国家的意识形态是怎样贯彻到农村底层并使之保持一致上面。这样的研究还不能进入到中国农村底层农民的视野，还不能从中国乡村社会文化与习惯的视角来重新审视新中国成立以后现代国家建设与中国农村社会变迁的相互关系。从20世纪80年代末开始，一些学者开始把国家政策、制度实施的对象——基层农民社会和普通农民纳入了研究视野，并注意到底层农民远非以往我们所想象的那样只是一个政策、制度的被动接受者或积极响应者。许多研究发现，农民们有着自己的期望、思想和诉求，他们以自己的独特的“应对”行为，以不易觉察的方式修正、抵抗，消解或是改变着国家的政策和制度。这种政府与农民之间的互动，已然对国家政策、制度的修订、转变产生重要影响。这一视角转换，将许多学者的视线引向中国乡村社会内部，使他们注意从底层农民的生存状况和生活逻辑出发去揭示现代中国的历史内涵，并取得了不少出色的成果。

最近十年来，本人及国内外学者的研究成果表明，在土地改革、集体化、家庭生产承包等各项社会改革运动中，现代华北乡村的农民一方面积极响应政府的号召，成就了一个个史诗般的社会变革，但同时，他们也不是政治命令和左倾意识形态任意摆布的小卒；现代华北乡村的历史，既表现为国家建构与控制深入渗透乡村社会，国家意识形态逐步地被底层农民所接受的过程，同时又表现为底层农民大众和乡村文化试图逃避、偏离来自国家的设计安排，试图消弱不利于自身利益之要求的过程。我更认为，作为社会科学研究者，我们尤其需要关注后一过程所产生的消极影响，注意这一过程对国家意识形态合法性的侵蚀。有鉴于此，本人在近十年来的中国乡村社会研究实践中越来越明晰地感到：一部中国的现当代史，一部现当代中国乡村社会的历史，不应该仅仅根据领袖号召、政党文件和国家条令来书写，也不该凭着某些价值取向先行的异域理论与范式，凭着某些主流精英生搬硬套来的预设模式来书写，我们需要一部由底层农民用自己的感受、体验和经历来讲述的现当代史。

近年来，本人在侯家营村的调查与研究同样秉持着“请农民讲述中国现代史”的旨趣，在研究方法上追求以下特色：采用深入乡村社会的近距离考察方法，以多年以来收集积累到的村内外档案文献、田野调查资料为依据，力求表现出身处底层的乡村农民对各项社会改革和现代国家建设的感受、体验和经历，力求具体地、内面地去理解底层农民们的政治的、经济的和社会的行为，了解这些行为的起因和表现方式，最终致力于形成一部由一个个极具个性的村民与村庄自己来“编写”的、活生生的现当代中国历史。

选辑、出版侯家营档案资料的意义就在这里。因为像侯家营档案这样的村庄档案文献，详细、具体地记录着现当代乡村社会历史的变迁。在各个社会科学学科相互渗透融合的今天，走向田野的历史学者一直致力于收集、解读这类乡间文献资料却所获不多。反过来，我们总能看到，很多人类学者的民族志研究缺少对地方乡土文献史资料的挖掘和利用。这是现当代中国乡村社会研究的缺陷，是历史人类学、乡村人类学的缺憾。我想，随着侯家营档案资料的推出，或将促成现当代中国乡村社会研究中文献资料考证与田野考察方法的融合，或许能形成未来学术发展的增长点。这种融合方法，或可暂且呼之为“乡村文献人类学”。这是一种基于村庄—乡土文献档案的乡村历史人类学研究。在这里，村庄档案文献既是重要史料依据，也是田野考察的指引和线索；在这里，村庄档案文献为田野调查铺开了一个个明晰的历史情境；在这里，将有可能实现历史文献解读与人类学田野调查的融合，有可能开拓出新的、多维视野的研究方法和范式。

本卷所收村庄档案文献，多用扫描印刷形式，以求展示文件原貌，以便读者从原文件的纸张、样式、笔体等多方面去捕捉历史信息。此外，在每个档案文件下面，都依次注明该文件的编号、文件名、关键词、文件形成时间，有“*”号者为引导词或提示语，以便读者利用和解读。

经过漫长的等待，《二十世纪华北农村调查记录》第四卷终于告成出版。作为本卷编者，还想借此机会做一番说明，表达一番感谢之情。

本卷选录的侯家营档案文书资料来自河北省昌黎县泥井镇侯家营村。自2001年以来，本人多次带领学生去该村访问调查，与该村的村民和干部结下了深厚的情谊。当然，我们在该村的最大收获是，在那里发现了保存着大量20世纪50年代以来一直到今天的村级档案文献资料。听该村小学校长讲，这还是多亏该村老一代村干部深具远见卓识，谨慎细心，才使这批档案完整无损地保存下来。

本卷选录的侯家营档案涉及该村政治、经济、文化、社会生活的方方面面，有些文件年代久远，有些则近在眼前，这些档案文献的书写者以及文献中所涉及到的很多人大多健在，他们都是我们积极寻找访谈的对象，我们也曾和他们开诚布公地交谈含有个人隐私的内容。一般地，人类学的著述原则是隐姓埋名，而侯家营村的档案资料则不同，从文献学的角度上看它连接着当年满铁的农村调查资料，具有前后连贯衔接的特殊价值。目前所有利用满铁调查资料的研究也都使用着真名实姓的方法，以便后来学者查证。在本卷侯家营文献资料的编辑过程中，我们既沿用了这一通用方法，也用文字模糊化或空白格方式做了少部分删去隐私的工作。即便如此，我们发自内心地期望不要因此打扰侯家营村村民的生活。

为此，我们要感谢侯家营村干部和村民对我们的信任和支持，他们爽快地同意我们将这批档案资料原数移送至南开大学中国社会史研究中心，同意我们整理、利用这批资料并编辑出版。这里要特别感谢侯家营村的历任书记们，他们是侯大成、侯立国、侯大合先生。我们还要对该村小学校长侯振春先生长期以来对我们无微不至的关怀和支持表示衷心的感谢。

本卷系2010年度国家社会科学基金项目“现当代华北乡村文献史料的调查、整理与研究”（10BZS054）的研究成果之一；本卷研究成果同时获得了［财］住友财团2005年度亚洲诸国日本关连研究助成“满铁调查村新见文献史料的整理与解读”的经费资助，在此深表谢意。

最后，为本卷的编辑出版，社会科学文献出版社的杨群老师和宋月华老师付出了巨大的精力，他们为本卷的完善提出了许多宝贵建议，在此特向杨老师、宋老师表示衷心的感谢。

张　思

2011年9月9日

目　录

侯家营村编

一　资料解说与研究 …… 3
（一）国家渗透与乡村过滤——代资料概说 …… 张　思 / 3
（二）侯家营文书人口资料导读 …… 吴家虎 / 16
（三）侯家营的农业概况 …… 李屿洪 / 29
（四）侯家营的副业 …… 隋鹏飞　张海荣 / 43
（五）侯家营的收益分配 …… 金修连 / 51
（六）侯家营的政治变迁史（1900～1984） …… 邢　晔 / 72
（七）小人物的故事与国家的历史 …… 周　健 / 81

二　侯家营村文书资料 …… 87
（一）村政权：党政团组织 …… 87
1. 上级党委任命 …… 87
2. 党员组织 …… 87
3. 党员处分 …… 87
4. 大队行政 …… 88
5. 共青团组织 …… 88
（二）政治运动 …… 122
1. 四清运动与阶级划分 …… 122
2. 文化大革命、官方话语渗透 …… 123
3. 革命终结、平反 …… 124
4. 个人遭遇 …… 125
（三）经济、社会 …… 404
1. 基本经济、社会统计 …… 404
2. 计划指标、生产指令及其终结 …… 404
3. 农业税与负担 …… 404
4. 作物面积与产量 …… 405
5. 工分制 …… 405
6. 收益分配 …… 405
7. 大队积累：畜力、大车、机井 …… 405

8. 限制宰猪吃肉、生产动员与热情 …… 406
9. 队办企业、承包协议 …… 406
（四）人口、户籍、婚姻…… 517
1. 人口统计 …… 517
2. 计划生育 …… 517
3. 户籍制度 …… 517
4. 婚姻法、“孔雀东南飞” …… 518
（五）私人领域、社会秩序…… 569
1. 自留地、房宅 …… 569
2. 纠纷调解与传统惯例 …… 569
3. 越轨行为 …… 569
4. “包”、“公约”与秩序 …… 570
（六）空间、流动、关系网络…… 613
1. 国家的存在感 …… 613
2. 政治辐射 …… 613
3. 经济往来 …… 614
4. 城乡流动 …… 614
5. 面的活用 …… 614
6. 请客送礼 …… 614
7. 婚姻圈 …… 615
8. 乡愁 …… 615

侯家营村编

一

资料解说与研究

（一）国家渗透与乡村过滤——代资料概说

1. 引言——侯家营的收获

2001年7月至今，笔者五次赴河北省昌黎县侯家营村从事调查。该村地近形胜之地——北倚碣石，留秦皇魏武唐宗过往遗迹；东临渤海，有榆关黄金海岸观光胜地。然而，笔者选择此村从事农村社会调查另有缘由。其一，在20世纪的40年代，日本满铁调查部调查员曾进入该村从事所谓“华北农村惯行调查”，以后侯家营的村名连同她的许许多多的故事便载入籍册，公诸内外。就笔者寸目所及，近60年来，至少有8位日本和美国的学者在其学术专著里大量援引这些来自侯家营村的满铁调查记录，至于研究论文更不计其数。20世纪80年代以来外国研究者曾多次计划进入该村从事调查，都因种种困难而受阻未果。如今，满铁“惯行调查”已逾半个多世纪，这个村里的村民和家庭现今的生活是怎样的？在半个多世纪的激烈社会变革当中，这个村庄经历了怎样的变化？通过考察侯家营这样的满铁调查村在20世纪后50年的变迁历程，并同60年前的调查相连接，可以获得一个完整连贯、时间跨度超过百年的村落发展历史记录，这对于关注长期社会变动的历史学工作者具有极高的研究价值。其二，满铁华北农村调查资料虽然获得极高评价，也存在欠缺和问题，不能不加分析地贸然利用。一个比较好的解决方案是，通过亲身的田野调查所获，对当年满铁调查本身进行批判、反省，对旧调查资料进行验证和补充。现今，村庄里了解新中国成立前情况的老人们年年在减少，村内旧文书资料也日渐遗失朽烂，因此选择侯家营这样的村子从事调查不仅极有意义，而且显得更加紧迫了。

笔者带领学生分别于2001年7~8月、2004年4~5月、2005年7~8月、2007年11月以及2008年7~8月进入该村调查。当初的调查计划是：①村的历史：村与村民的由来、抗日战争后期至20世纪50年代初期村的历史、村内共产党组织及新政权建立情况、20世纪后50年间村的政治、经济与社会变迁；②村的经济现状：人口、耕地、土地管理制度、农业及经营方式、村内企业与副业、农民收入、税收、集市；③村的政治与社会现状：政权组织、选举、学校、治安、家族、婚姻、习俗；④村的历史文献；⑤昌黎县及泥井镇经济与社会状况。现在回过头来总结几次侯家营村之行，应该说基本实现了预定计划，甚至觉得收获意外丰厚。首先，昌黎人和侯家营人的热情好客令人感动，和我们建立起信任关系，使调查得以顺利进行。我们访问了侯家营村历任村党支部书记、村长、村干部（治保主任、妇女主任、宣传委员、村会计）、小学校长、第一位中共党员（第一任书记）、普通村民（包括旧保长后代、铁匠世家、私营企业家、零售业者等，其中当时最年长者93岁，最年轻者20岁）等；还访问了昌黎县县政府办公室主任、昌黎县党史研究室主任、泥井镇财政所副所长、泥井镇工商所正副所长等。

在2001年夏天的那次调查中，一个意外的收获使笔者心动不已。笔者在村中发现了侯家营村相当完整的文书资料（已全部运至南开大学中国社会史研究中心保存），其中较重要的有：①“四清”时期留下的《侯家营大队阶级档案》。这是由驻村“四清”工作队及村“贫协”为全村6小队所有农户建立的“阶级档案”。每户档案中详细记载了该农家新中国成立前后经济状况、政治表现、社会关系、家史（包括土改前情况）等，经清查阶级后地位有升降者附有改变阶级成分议决证明。此外该档案还夹带有“四清”时查账情况记录，包括对村干部的处理意见及退赔记录等方面的内容。②《村史》和《家史》。虽是“四清”时期写成，充满革命话语且《家史》部分也不完整，仍能从中窥见20世纪30～60年代村中的重大事件和村中下层农民在1949年前后的生活变迁。③以《泥井公社侯家营大队历史资料底帐（秘密）》（1952～1971）及各年度各类报表为核心的经济、社会统计资料。此类资料年积月累，数量可观而又完整连贯，记录了1950年代以来至今侯家营村各项经济、社会统计数据。④1964～2004间完整的村财务账簿（以现金、流水、分户账为主，约160余册）、完整的传票收据册、大队干部工分记录等。这些资料几乎是以“天”为单位，记录着这个村的每笔进进出出和每个村干部的一举一动。有学者说，它们简直就是村的“实录”。⑤从“四清”到“文化大革命”时期村内政治、经济、文化活动原始文献；村内党、政、团、妇女、民兵组织、学校、知青、卫生医疗、村办企业等活动文件、记录。⑥20世纪60年代以来村政府与村外各级组织、单位往来文件、证明、信件；人员往来介绍信、大队介绍信存根。⑦村干部的日记、工作笔记、村革委会木制印章。⑧民国至“文化大革命”时期村民分家单、换契单；土改时期县政府发给该村村民的《土地房产登记证》、日伪时期该村村民的“劳工证”等。⑨自“四清”至“文化大革命”高潮期村内干部、部分村民、全部“四类分子”的专项档案袋，以及大量审查、审讯记录、交待材料；“四类、顽伪分子”及其子女村内外居住记录与统计。⑩新中国成立后历次人口普查记录及2005年最新全村户口登记簿。

这批文书资料被我们定名为《侯家营文书》，其史料价值还有待进一步认识，不过有三点可以确定：一是该资料属于新中国成立以后村庄一级的原始文书档案，本来就不多见，且能躲过历次政治运动以及唐山大地震的劫难，更躲过20世纪70年代后有组织的销毁而保留下来，着实令人称奇；二是土改前后时期单个村庄一级的阶级结构资料为研究者所瞩目却一纸难求，而侯家营这方面的资料又是极为详细、完整[①]。三是这些资料在时间和地点上恰好可以和以满铁调查资料为代表的20世纪前半叶各种华北村落调查资料相衔接，利用这些资料有希望能描画出长达百年的乡村细密画卷[②]。

目前，笔者组织学生对以上这些文书资料进行了初步整理，编制了逾30万字的目录，并选

---

① 美国学者黄宗智曾感言：“关于单个村庄的客观阶级结构的资料相当有限。现存关于每个村庄的阶级成分详细而准确的资料，多是在土改时收集的并在四清中被系统核实过的。然而这些资料并不容易获得。那些我们通常在研究中使用的官方数据，往往过于简洁而且并不包括单个村庄的情况。事实上，共产党向外部世界所提供的是经过精心选择的若干村庄的数据，这些数据被用来证明官方对农村社会结构分析的真实性。……直到现在，我们能够掌握的确实可靠的资料只有几十个村庄的数据，这些数据主要来自于解放前完成的人类学实地调查。”似乎黄宗智已经接触到这一类的材料。参见黄宗智《中国革命中的农村阶级斗争——从土改到文革时期的表达性现实与客观性现实》，黄宗智主编《中国乡村研究》第二辑，商务印书馆，2003，第73、80、85页。

② 参见黄宗智在评价满铁调查资料的价值时的另一感言：“将来，如果有更多的50年代和60年代所进行的家史、村史调查资料问世，供学术界利用，而又证明比已出版的几种更为充实时，也许可以超越或弥补满铁资料。不然，满铁调查，很可能是我们可以借以了解30年代河北、山东农村的最主要的资料”。参见黄宗智《华北的小农经济与社会变迁》，中华书局，1985，第42页。

出一部分交由社会科学文献出版社出版。今后，还有将这些文书电子化、数据库化的设想，对这些资料的深入分析作业还有待来日。以下暂且先选择国家与乡村社会关系的视角，一边对这些文书资料做进一步的介绍，一边尝试着做些初步的解读。

2. 20 世纪后半期村庄外部的压力与渗透

20 世纪华北乡村社会变化的一个共同特征，便是封闭的乡村自治被打破，村庄一步步变成基层行政单位，国家政权一步步深入乡村并加强其控制。多年来学者们对这一问题关注不少。王福明认为，这一过程在 19 世纪末 20 世纪初表现为国家对村庄压榨的加剧，表现为村庄作为整体加强了其对外职能，这些主要体现在外来摊款的增加与对应方面①。杜赞奇《文化、权力与国家》（江苏人民出版社，1996）一书的核心论点是，19 世纪末之前，国家依赖传统文化网络（合法的、大众支持的权威），建立自身的权威。但清末至民国的新政、“大乡制”等变动，显示出国家权力不断深入渗透至基层乡村，加大吸收财源的持续过程。当然，杜赞奇更着意指出，“摊派”、“庙产充公”、改建学堂等，虽然表现出国家对乡村社会财政吸收能力不断膨胀，而控制力却逐渐下降，造成“国家政权的内卷化”。对于这一过程，费孝通先生在《乡土重建·基层行政的僵化》中也有注意，他指出，20 世纪国家积极推行“单轨制”、“行政村”，的确使中央政府职能加强，却使乡村基层行政僵化，“提高政治效率”的动机、行为带来的却是悲观的结果。

对于这一进程——国家政权深入乡村并加强其控制——在 20 世纪后半叶的表现，已有不少研究成果出现。一般认为，进入 20 世纪后半期，村庄的行政编制更趋细致和复杂。除行政组织外，共产党、贫协、共青团、妇女、民兵、学校、知青、卫生医疗、村办企业等组织纷纷成立，使中国共产党的政策和意志得以深入地贯彻到基层乡村。近年黄宗智关于从土改到“文化大革命”时期农村阶级斗争的研究更关注官方意识形态的渗透。黄发现：阶级分析与斗争理论等“官方的表达建构”通过戏剧、报刊、小说、电影、教科书、政治学习以及无所不在的官方报刊等，一代一代地用语言和观念传递下去，使农民们自愿接受，成为一整代人的日常生活语言，官方意识形态从而成为占据霸权地位的话语。②

从侯家营村获得的文书资料也用大量的、更加鲜活的案例展现了上述这一进程，印证了学者们的研究。以下引用的照片资料是从侯家营文书资料中随手捡出来的。

（1）侯家营大队阶级档案（1965 年 8 月）。这是“四清”工作队及村“贫协”为全村 6 个小队的全部农户建立的“阶级档案”，每户档案中记载了该农家新中国成立前后的经济状况、政治表现、社会关系、家史等，经清查阶级后地位有升降者附有改变阶级成分议决证明。从这类资料看出，在这样一个时代，即便是位于社会底层的一个个无名农户，其命运也开始与国家的政治紧紧地绑结在一起，不断受到政治风浪的翻弄。文件左上方的标签上显示着该文件的分类号，表示该文件出自“《侯家营文书》，f－37－1～2”。以下各篇“资料解说与概况介绍”在引用时不再另作说明。

---

① 参见王福明《乡与村的社会结构》，从翰香主编《近代冀鲁豫乡村》，中国社会科学出版社，1995。

② 黄宗智：《中国革命中的农村阶级斗争——从土改到文革时期的表达性现实与客观性现实》，黄宗智主编《中国乡村研究》第二辑，商务印书馆，2003，第 83 页。

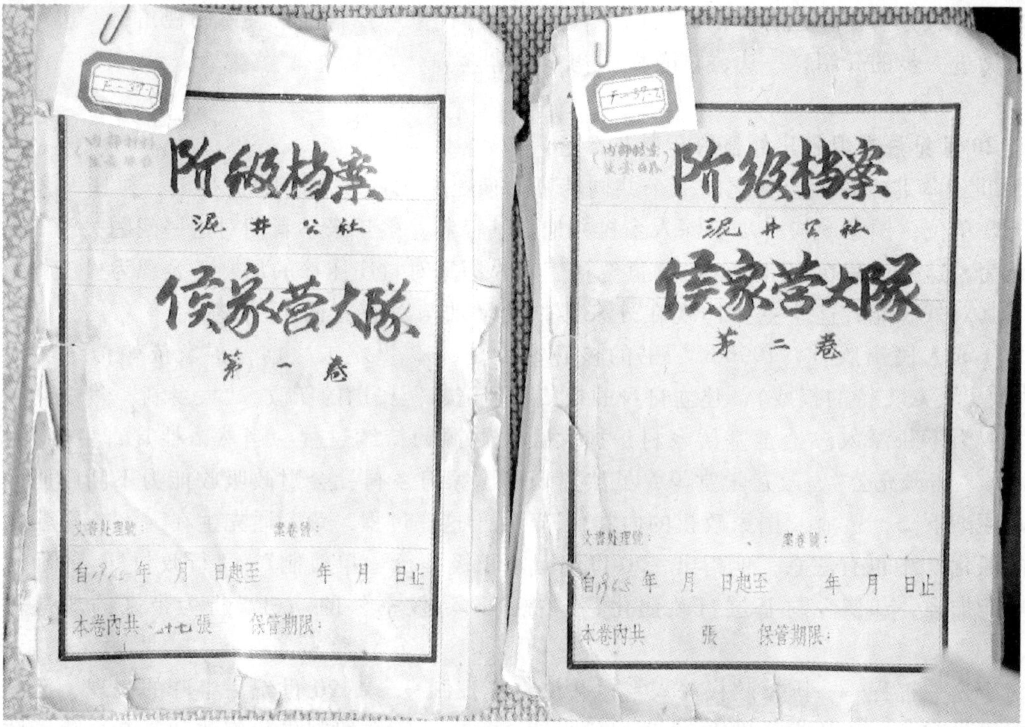

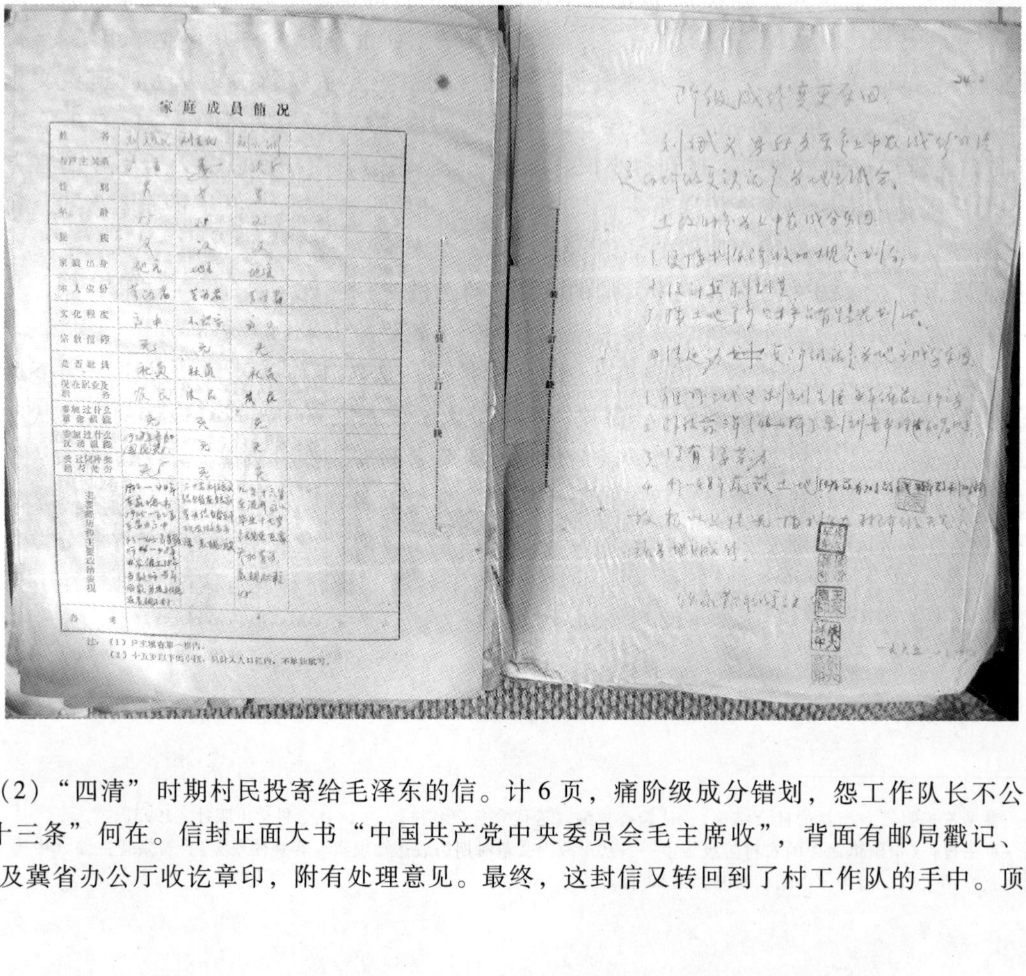

（2）“四清”时期村民投寄给毛泽东的信。计6页，痛阶级成分错划，怨工作队长不公，问“二十三条”何在。信封正面大书“中国共产党中央委员会毛主席收”，背面有邮局戳记、中共中央及冀省办公厅收讫章印，附有处理意见。最终，这封信又转回到了村工作队的手中。顶撞加

上告，这户农家的命运可想而知，其阶级成分由下中农上升为上中农后，再升至富农加戴帽分子。不过这不单单是一部“态度决定一切”的阶级划分故事，也不单单在演示一个小人物如何被卷入国家政治运动的漩涡，在这位受害者的字里行间，已然窥见国家的种种政治教化对小人物心灵深处的渗透。

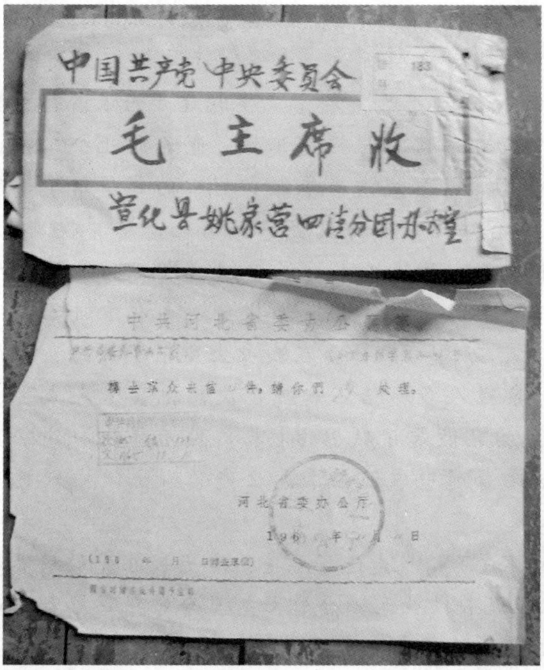

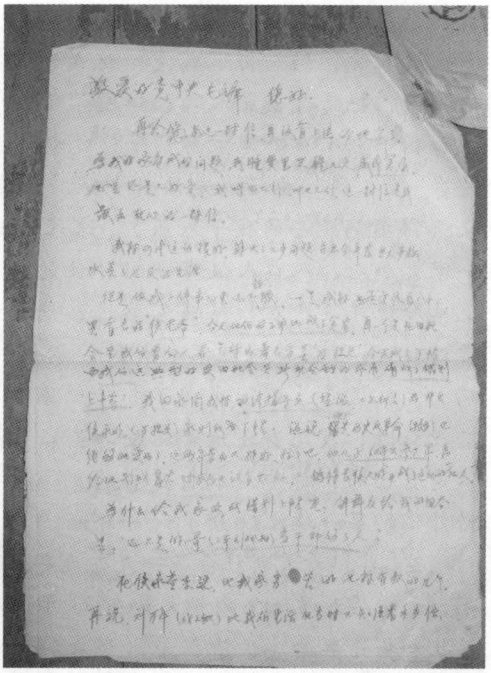

该信原文如下（错别字用斜体，后面为正字）：

第一封信

敬爱的党中央毛主席：您好：

再给您来这一封信，再没有上*述*［诉］的地方了。为我的家庭成*份*［分］问题，我睡梦里哭醒几次，感到冤屈。心里还是不好受。我呼也不行，叫也不行。这一封信是我最后死心的一封信。

我村四清运动很好，解决了不少问题。并且今年农业大丰收改善了人民的生活。

但是使我三件事心里还不舒服。一是我村方*远*［圆］八十里有名的“侯老爷”，今天他们的子弟还成了贫农。再一个是在旧社会里我们曾向人家乞讨的著名字号“万担兴”今天成了下中农。而我们这典型的受旧社会苦新社会甜的家庭*确*［却］成了错划“上中农”。我回家问我村四清指导员（姓温，不知何名）为什么侯永明（万担兴）家划成下中农？温说：“他是历史反革命（特务），已经够他受的了。这两年劳动又挺好，算了吧，他儿子60年又参了军，再给他划成富农对我们也没有好处。”伪保长侯大明也成了运动的“红人”。为什么给我家改成错划上中农呢？拿群众给我的回答是：“还不是你哥（三哥刘斌相）当干部伤了人？”

在侯家营来说，比我家穷苦的也算有数的几个。再说，刘万年（我三叔）比我们生活在当时不知强着多少倍，而今天中农未动，不是*依*［以］感情代替政策吗？再说说家境，就更觉得旧社会的苦新社会的甜。我就更热爱我们的党和伟大的领袖。社会主义制度的优越性，我都不知从何说起。

还是从家境说吧，穷家日子难过呀！当父亲二十几岁与爷爷分了家，当时，仅分了一点点粮食，房子买[卖]给了伯父。投亲靠友，到姥家，姥家也是穷人家，靠不了，住处不知搬了多少次家。终於[于]又回到侯家营。父亲刘万臣没有念过书，为了糊口，担着八根绳卖点煤油火柴，后来不行了，便给本村地主刘子新、肖会升做工。家里孩子们多，没人管，妈妈扔下就走。这是万恶的旧社会使人所迫，大哥被丢在家里没人管，其他孩子们把哥哥当泥人玩，摔成了哑叭[巴]。哑叭[巴]在十二岁时就开始跟着爸爸给地主薅稻子。小孩给地主薅稻子连吃都不管饱，那[哪]里还有工钱。爸爸的几个工钱也更是危[微]薄。生活也是缺衣少穿。眼看上冬，妹妹还没有衣服，好心的邻居给了一件棉袄（得瘟病死去的孩子衣服），妹妹活活没有病死，浑身发臭，没有死，总算挨过来了。一家大小七、八口人仅有一间可住的破东厢房。有钱的少爷侯永明（即万担兴家，历史反革命现在下中农）从我家路过，啮牙讥笑我们，说什么不如猪食。再看看自己，父亲常对我说："你是吃糠菜长大的。不仅如此，万恶的旧社会在我身上留下了罪恶，我得了病，无钱医疗，留下残成了拐子。家里母亲嫌人多养活不起，几次想把我送人未去。日本投降时，我九岁还光着屁股。虽在45年父兄做起了铁器另[零]件活，但一件家具也不是自己的，都是借本村王福存的。生活比普通中农还低。怎么能称得上上中农呢？又借外债。第一次土改分了六亩好地。

在[再]看看新社会，一九四九年我村解放了，我走进了学堂。今天我在党的培养教育下，大学毕业了。父亲和大哥在53年加入了泥井铁业生产合作社。至今每年每季都要得到奖状和物资奖励。生活水平（现在）可真达到了上中农的水平。想一想过去，看看现在，我们感谢谁呢？只有感谢伟大的共产党和伟大的领袖毛主席的英明领导，感到社会主义制度的无比优越。只有今天我们穷人才能真正地翻身。

不管是什么成份[分]吧，我是要革命的。我要跟着您和共产党走。使我心里不平静，故写给您，也舒舒我的心。也就把这一牵挂放下，很好地革命到底。敬祝您身心健康。

此致

敬礼

刘斌卿上

1965. 10. 31.

随信附来给公社（四清分团）和昌黎县委（工作团）的信。并未回信。

我想党和人民还相信我。我知道您的工作很忙，对您说一说就算了，回信与否都可以。

（我村划成分年限1945～1947年）

第二封信

敬爱的毛主席：我还要说几句：

另外，我父亲在阶级复议会上报完家庭经济状况，接着往下述[诉]旧社会的苦，而工作组董组长，说什么，"你不用往下说了，中农你有什么苦？"（意思是你是上升户，还有什么旧社会的苦？）难道我们真是中农吗？中农就不受旧社会的苦吗？

我认为这种工作方法是不符合党的政策的。明明"二十三条"政策上讲的很清楚：好话，坏话，正确的话，错误的话，都要听。特别是那些反对的话，要耐心听，要让人把自己的话说完。我们的同志就偏偏没有做到。

此致

敬礼

刘斌卿上

1965. 10. 31.

（3）大队记工表。侯家营村在20世纪60～70年代的大队记工表相对保存完整，详细记录了大队干部的日常活动。从历年记工表中可以发现，主要村干部一月之中的大部分时间都在忙于外出开会，会议内容大多是讲政治、讲斗争、讲生产安排。此外，大队干部在一月之内还要为护秋、擦枪、民兵训练、计划生育、拥军优属宣传等等事情忙碌。虽然活动内容也会有一些季节性变化，但总体上看，有关生产管理和经济往来的内容并不是很多。无论何种工作，一天都记满10分的工。一张记工表内，密密麻麻地记录着村干部的每日行踪，给人们的强烈印象却是20世纪中后期国家对村落内部生活的过度干预。附，照片说明：左侧照片为某年三、四月份的大队记工表封面，上面有二处写着“希同志们及时记工”。右侧照片显示了一位大队书记在1968年7月里每一天的活动内容。

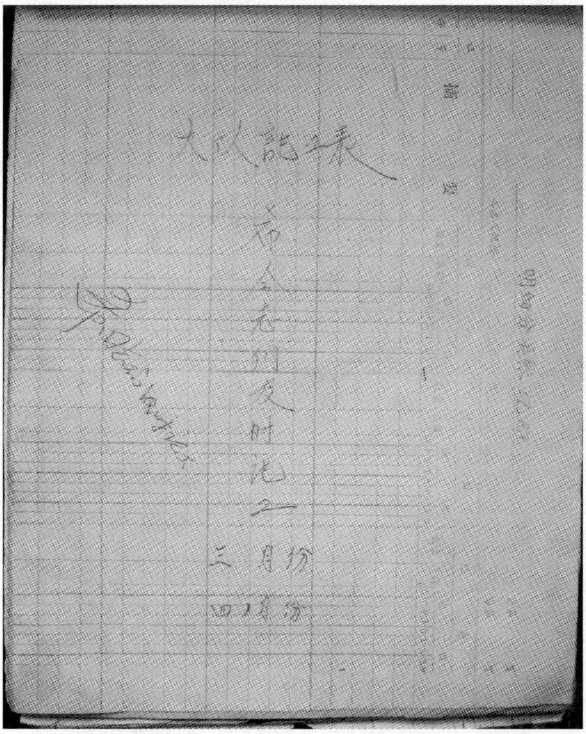

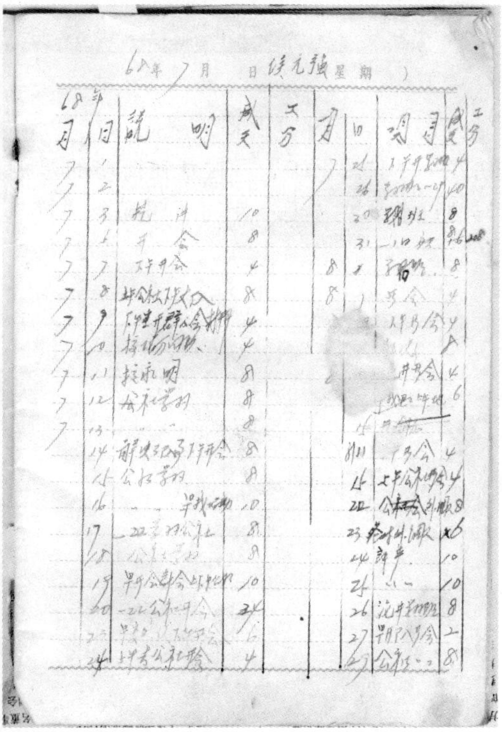

（4）村民外出打工证明。此类文书资料显示，直至20世纪80年代前，村民在村外谋职、挣钱要经过层层部门审批，村民的经济活动受到严格的掌控。

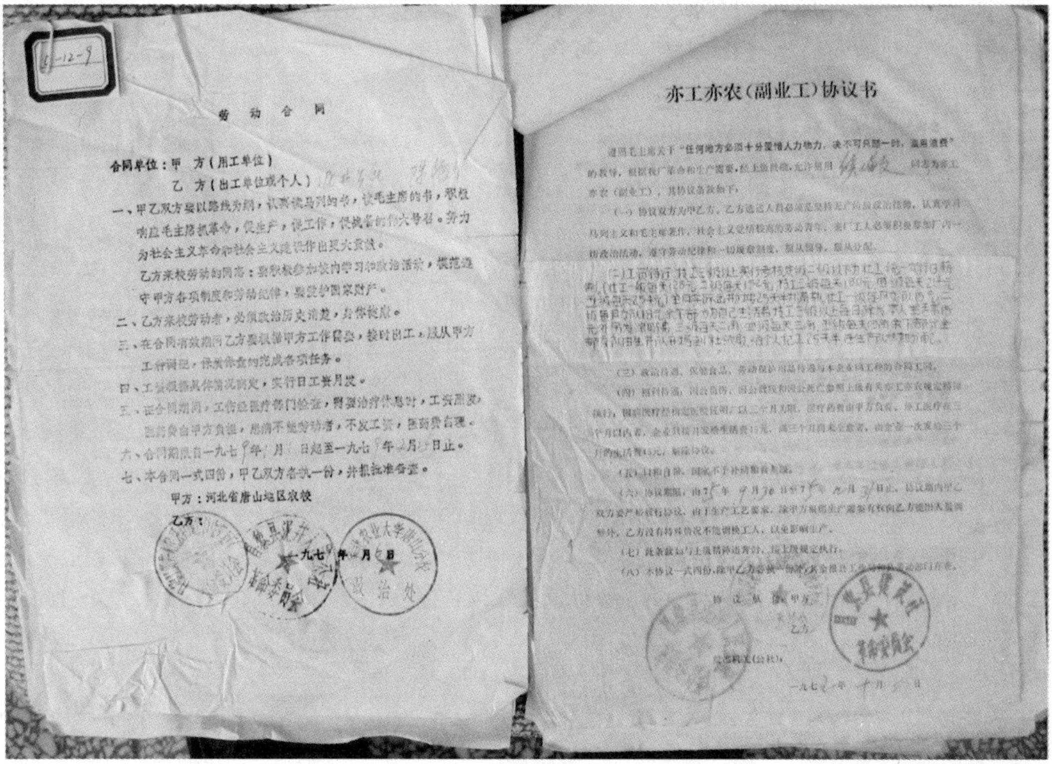
劳动合同

合同单位：甲　方（用工单位）

乙　方（出工单位或个人）

一、甲乙双方要以路线为纲，认真读马列的书，读毛主席的书，积极响应毛主席抓革命，促生产，促工作，促战备的伟大号召。努力为社会主义革命和社会主义建设作出更大贡献。

乙方来校劳动的同志：要积极参加校内学习和政治活动，模范遵守甲方各项制度和劳动纪律，爱护国家财产。

二、乙方来校劳动者，必须政治历史清楚，身体健康。

三、在合同有效期间乙方要服从甲方工作安排，按时出工，服从甲方工作调配，保质保量的完成各项任务。

四、工资根据具体情况而定，实行日工资月发。

五、在合同期间，工伤经医疗部门检查，需要治疗休息时，工资照发，医药费由甲方负担，患病不能劳动者，不发工资，医药费自理。

六、合同期限自一九七　年　月　日起至一九七　年　月　日止。

七、本合同一式四份，甲乙双方各执一份，并报批准备查。

甲方：河北省唐山地区农校

乙方：

一九七　年　月　日

亦工亦农（副业工）协议书

（5）小学生的“犯罪”交待（左）和村民偷盗农作物检讨书。故事一梗概：20 世纪 70 年代初一个冬日的下午，一村童在街墙的黑板上（不慎）写下“毛毛主席万岁”，不久另一位 10 岁村童过来围着“毛”字写了四五个“打”，结果便构成了“犯罪行为”。故事二梗概：70 年代

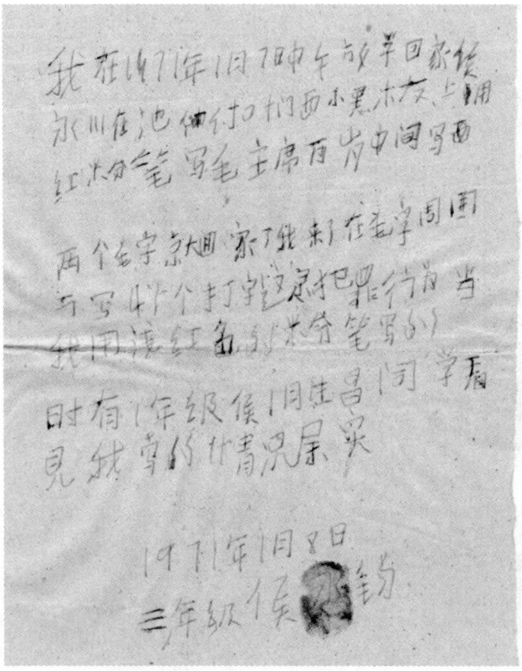
1971年1月8日

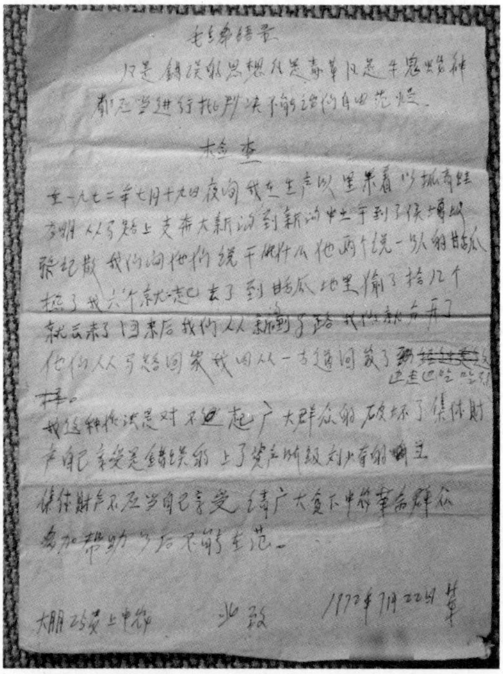
毛主席语录

检查

初一个夏日的夜晚，几个青年在生产队“呆（待）着”无聊，议论一队的甜瓜“热（熟）”了，便“以抓青蛙为明（名）”，“支（直）奔”瓜地去偷。事发后检讨者除了交待了在回家的路上“边走边吃，吃了三”的具体经过，并表决心“以后不能在范（再犯）”外，还将这种因嘴馋或饥饿引发的偷盗行为归罪于“上了资产阶级、刘少奇的当。”在另一人的检查中，同样也冠以“……绝不能让它们自由范烂（泛滥）”的“毛主席语录”，其认识也达到了“这是公私两条道路的斗争”的高度。

20 世纪 60 年代中期以来，在国家政治权力的高压和官方意识形态的渗透下，村落的日常气氛已变得敏感、紧张、对立和泛政治化，普通百姓开始“本能”地做出顺从反应。除了上述不良青年和烂漫孩童深受触动的滑稽故事外，在选入本卷的侯家营文书资料里，还有更多苦涩、凄惨的故事（多见于“政治运动”部分）。

（6）公社关于春节宰猪及吃肉数量的通知。年代约为 70 年代初。一张纸片，可见上级对村民生活的控制，已达到以斤两计算的程度。

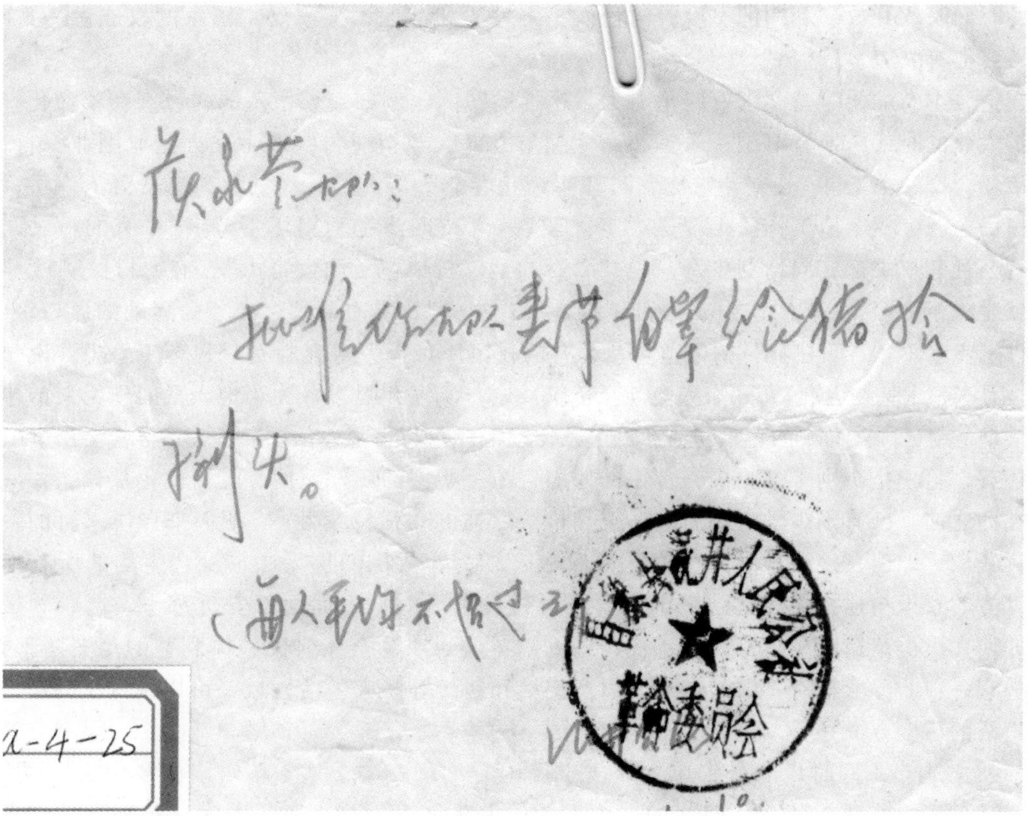

从以上这些文书中可以看出，在 20 世纪后半期的中国乡村，国家权力似乎已经控制了村民经济、社会生活的方方面面，以阶级、阶级成分、阶级斗争话语等为代表的官方意识也已经渗透到基层乡村，已然占据了话语霸权的地位。因此，在一般学者的印象中，在 20 世纪后半叶的华北乡村，来自国家的压力——从意识形态渗透到资源吸收都空前地加强着，国家已完全树立起自身权力的正当性、权威性，据此在乡村顺利地进行生活动员，实现自己的意志，无限制地为城市和工业化积累经济资源，也产生灾难性的历史后果。似乎 20 世纪后半叶的中国乡村社会已被国

家权力所吞噬，处于绝对服从的境地。但是，下面的另一组材料表明，国家权威在乡村社会也不是没有边界，也不是没有政策愿望落空、陷入困境的时候。面对国家的强制性压力和渗透，乡村社会的传统、习惯一直用融合、再造、过滤等方式加以对应。

3. 乡村文化的持续与过滤

近年来，在许多乡村社会研究中，“从社会和经济的客观性维度向话语和文化的表达性维度的转移”已成为一种流行。但是，就像一些学者提醒的那样，“客观村庄现实”与党和官方的意识和建构是不相一致的，而且，那种认为官方的意识和建构“一直主导着所有生活领域”的看法，也是有些过于自信了。

侯家营文书把我们带进国家权力与乡村社会文化相互交界的地方，展现出二者相互碰撞的具体场景，让我们看到一个真实的、真正的国家。在这里，国家权力遇到了边界，其政策愿望时常落空。这些文书资料还告诉我们，在官方话语霸权似已确立的年代，乡村社会中的传统习惯、信仰、习俗等既未彻底灭绝，也非毫无作为。乡村文化犹如一张网，面对国家的重压和意识形态的渗透，时而采取开放、利用的态度，时而做一番过滤和截取，甚或反将国家的权威做一番嘲讽，使它最终徒有其表。

在选入本卷的侯家营文书资料里有大量这样的案例。例如，侯家营的村民们在革命化、阶级斗争扩大化的时代，或者对国家政策、命令虚与委蛇，敷衍应付，或者在办企业副业、自留地、自由市场、交“红心粮”、宰猪吃肉、过“革命化春节”等方面，处处都为自己留了一手；不少干部村民公开大骂四清工作队干部是“老秃驴”，说“四清是利用坏蛋整人”；有的村民同情被打倒的公社和村干部，同情刘少奇，说“百姓欢迎三自一包、四大自由”；有的村民嘲讽“誓师大会就是吹牛大会”，有的认为“忆苦思甜是形式主义”；更有甚者，在革命运动的风口浪尖上，有的村民还在怀念“旧社会”的闲适生活，有的村民质疑搞万寿无疆是封建帝王思想，说“过去皇帝是万寿，玉皇是无疆”，还有人竟能从传统戏剧、说书和唱影（为当地人喜闻乐见）故事中发微，早早地用三国演义中的董卓与吕布的关系比附毛泽东与林彪，预见二者关系早晚会出事……

还有，虽说是个别干部村民，贪占的依旧贪占，赌博的照样赌博，偷盗的仍然偷盗。

在此之前，已有不少学者的研究注意到传统习惯的顽强持续性①。下面来自侯家营的一组材料告诉我们，即使在疾风暴雨的“文化大革命”期间，村民们也无法在社会生活的所有方面都依从官方的意识与建构，反之国家也不可能对村民生活的方方面面都安排过来。这些例子还表明，即使在大讲革命和阶级斗争的年代，村民们在大到涉及全体村民整体利益的治安防卫方面，小到一家一户的分家析产、财产继承、财产交换和纠纷等私人生活领域，可以说村庄的经济、社会、生活的许多方面还得按老一套、老规矩办事。

（1）某农户不同时代的分家单。形成于民国时期的（左），按着“亲族乡中人”的手印；产生于激动的“文化大革命”时代的，中人变成大队负责干部，还盖着大队革委会的红章。除此之外，两者的相似之处就太多了：虽然相隔久远，后者同样要用类似的笔墨纸砚来确保契约文书的信凭性，同样要通过村中多位显要人物的立证来获得正当性和执行力，甚至字里行间的表述和规定，也顾不上伟人的语录和革命口号，而是照搬祖宗前例，似乎这样才好完成一个千年不变的社会功能——分家析产和家族延续。

---

① 参见〔美〕弗里曼、毕克伟、赛尔登《中国乡村，社会主义国家》，社会科学文献出版社，2002；〔日〕内山雅生『現代中国農村と「共同体」』、御茶の水書房、2003。

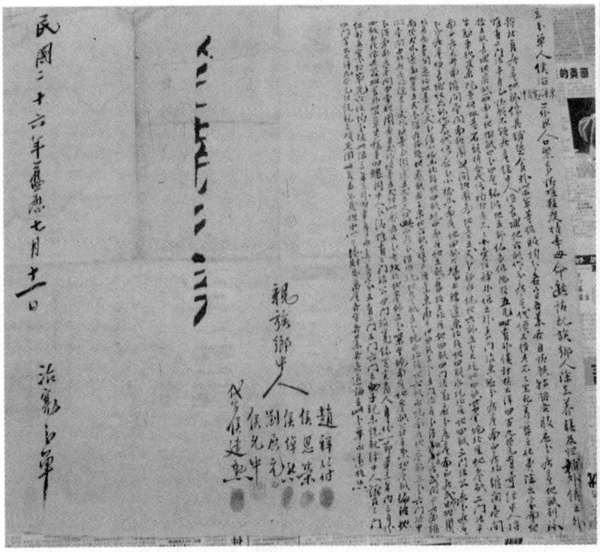

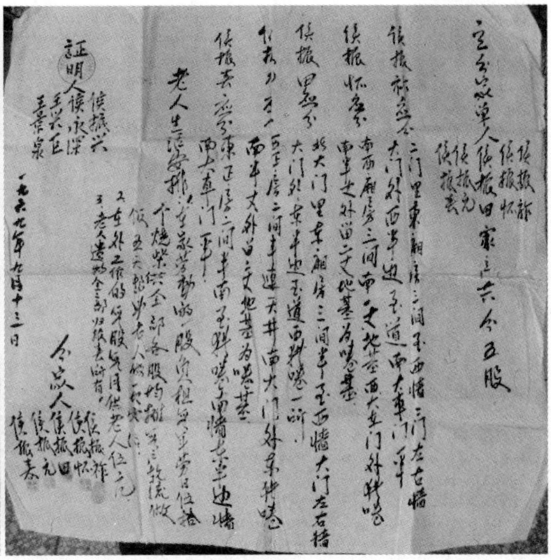

（2）换契单（左，1973 年）和公社法庭关于村民房产纠纷的处理意见（1974 年）。在换契单里，不断确认着“……名下永远占用”；在法庭意见中，始终强调要依据“贯［惯］例”、“房照”、“文契”。这些都说明私有意识不会在革命时代里消失，说明伟人语录和革命口号无法应对私人领域里的活动，说明乡村传统文化、习惯的持续约束力。

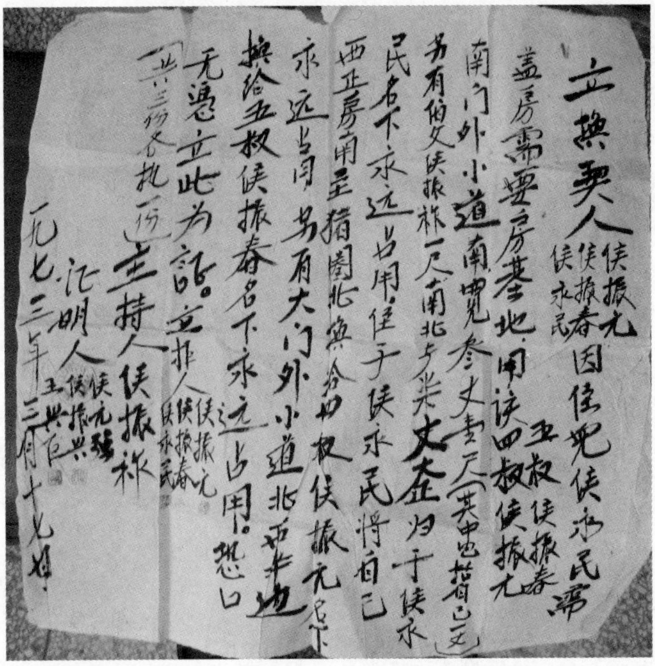

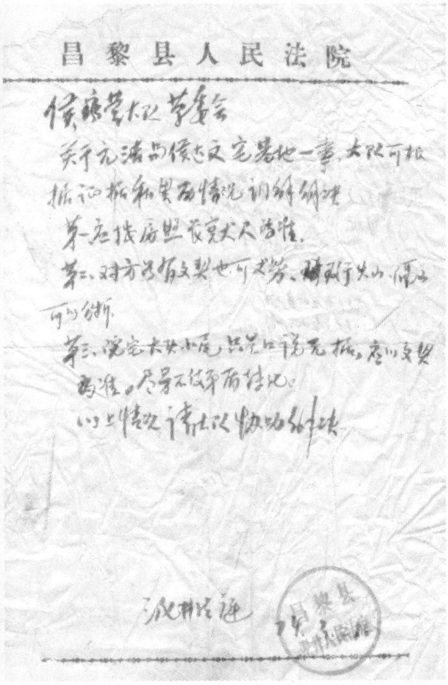

（3）冠以“毛主席语录”、“华主席英明领导”的村民公约二份。细读革命时代的村民公约，除了冠冕堂皇的口号之外，在护秋、防盗基本内容方面，以及对萝卜大葱一撮一缕的处罚办法方面，都与明清时代的村规民约无异。

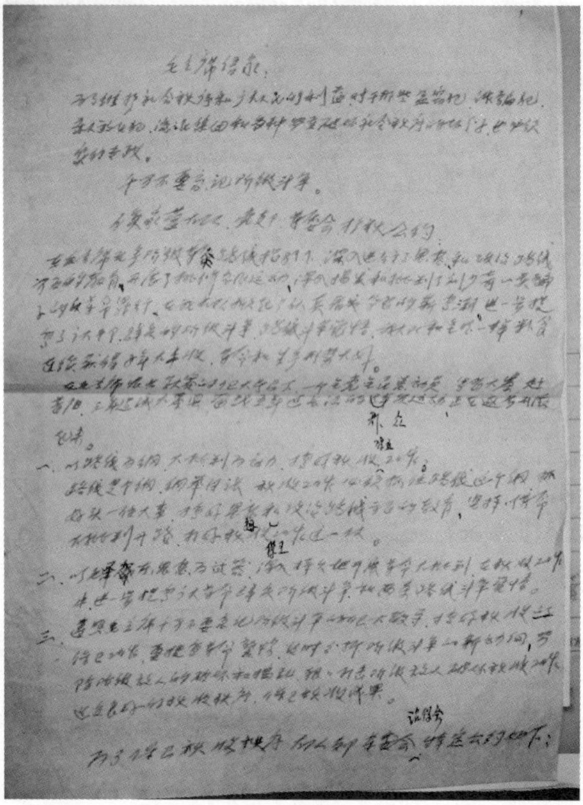

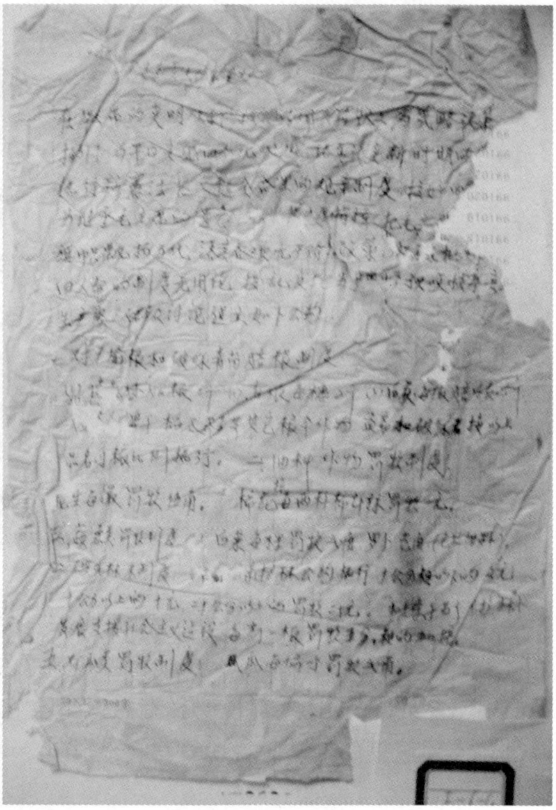

以下为右图村民公约原文（方框中字为笔者补入，缺漏难辨处用空白格，错别字用斜体）：

侯家营大队[护]秋公[约]

在华主席的英明领导下，抓纲治国，大治快上的战略决策指引下，为早日实现四个现代化，认真落实新时期的□□，执行新宪法，健立健全合理的规章制度，搞好四□□为继承毛主席的遗志，听从华主席指挥，把毛主席□□旗帜飘扬万代，落实各项无产阶级政策，彻底批判□□四人帮的制度无用论，拨乱反正。为[维护]秋收秩序，安[全]生产，经广大群众讨论，建立如下公约：

一、对于偷粮和破坏青苗赔粮制度

（1）玉米每棵赔粮3斤，（2）高粮每穗2斤（3）白茨每撮赔白茨5斤。大[豆、麦]子、[稗]子、稻谷、荞麦等其它粮食作物盗窃和破坏者按以上品名罚粮比例执行。

二、油料作物罚款制度

花生每撮罚款伍角。棉花按每两籽棉计算罚款一元。

三、蔬菜类罚款制度

（1）白菜每棵罚款贰角，罗卜壹角（包括甜罗卜）。

四、破坏林木制度

□□[国]家护林公约执行。十公分粗以下的2元，十公分以上的十元，二十公分以上的罚款二十元。树条子，为了保护林木发展，支援社会主义建设，每割一根罚款五分，粗的加倍。

五、对瓜类罚款制度

瓜每偷一个罚款贰角。

（4）便条3份。①求开具第一胎证明信（上）。主要内容：无准生证，小孩已生，报户口，妇女主任尹英署名，时间约在1987年。②请开具人工流产介绍信（下左）。妇女主任尹英署名，约在1987年。便条用字简略，如，七＝妻。③请为女方开证明（下右）。为办结婚证，年龄多加2岁，1987年1月2日。这三则乡村干部写下的便条都留在大队备案，它们告诉我们的恐怕不仅仅是下层的变通与随意性。

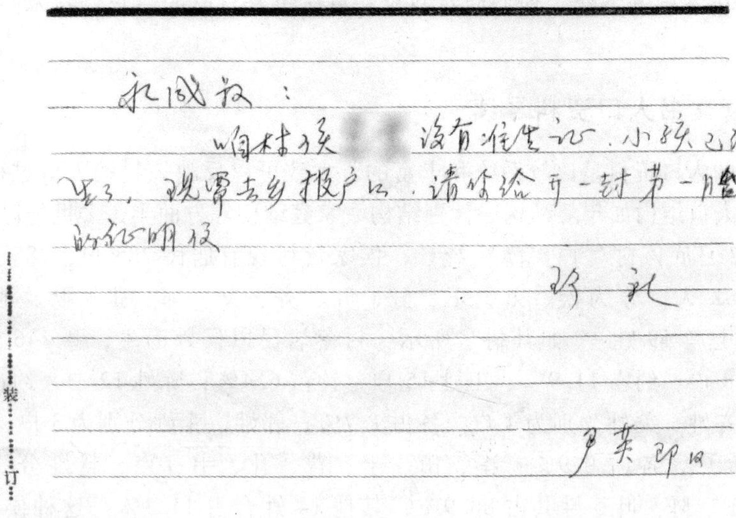

永成叔：

咱村侯[redacted]没有准生证，小孩已经生了，现需去乡报户口，请你给开一封第一胎的证明信

此致

敬礼

尹英即日

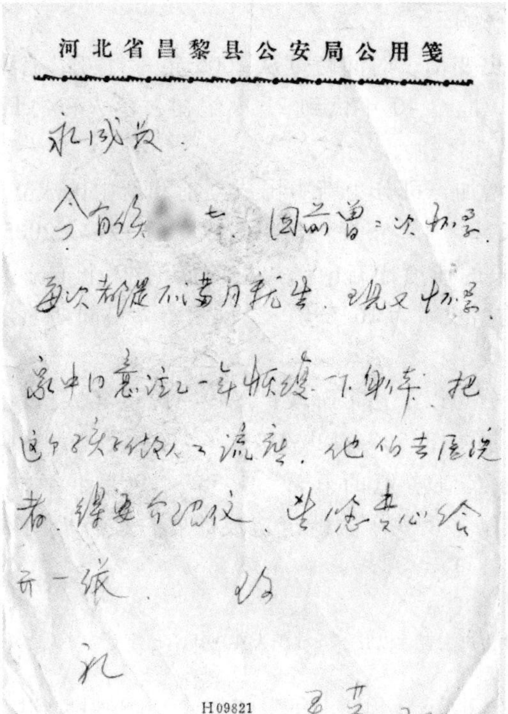

河北省昌黎县公安局公用笺

永成叔：

今有侯[redacted]之七，因前曾二次怀孕，每次都是不满月就生，现又怀孕，家中同意注上一年修复一下身体，把这个孩子做人工流产，他们去医院者，得要介绍信，望您费心给开一张

此致

敬礼

尹英即日

H09821

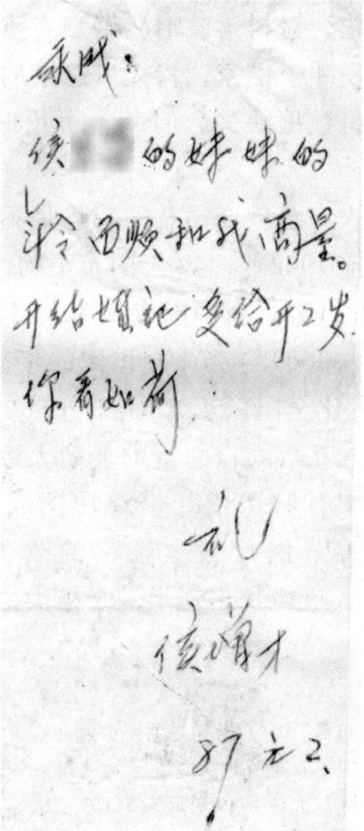

永成：

侯[redacted]的妹妹的年龄西顺和我商量。开结婚证多给开2岁，你看如何。

敬礼

侯增才

87.1.2.

4. 小结

侯家营文书材料告诉我们，在强调官方话语在20世纪确立霸权地位的时候，要注意乡村社会中的传统习惯、信仰、习俗并未彻底灭绝。如果说20世纪后半叶以来国家权力对乡村社会的干预、渗透、控制是空前绝后的话，乡村社会的文化、传统和习惯也同样来的顽强和执拗。20世纪乡村社会的历史，是在国家外来的压迫与农民自身传统习惯的相互博弈之中走过的。国家压力的强弱常以10年、20年为周期，官方意识的渗透、主导与残留也许还能更持久些，但村庄内在的传统、习惯却表现出以50年、100年为单位的持久性，表现出对村内社会、生活各个方面的持续规制。

侯家营文书在具体的场景中展现了一个权力与传统交界地方的真实的国家，它的确很强悍，却也时时陷入困境，时常遭到乡村文化的反讽。这些文书或许还说明，底层农民作为权力的客体也有可能以平等的姿态展开博弈，他们面对威权和重压也有自己的一套“技术”和智慧。

张 思

（二）侯家营文书人口资料导读

侯家营文书中的人口资料是比较系统和丰富的，大致可以反映该村的人口过程如人口的生育、流动迁移与死亡，人口结构如年龄结构、性别结构、家庭结构等方面半个多世纪以来的变迁。

根据2005年7月底该村《户口簿》统计，侯家营村现有居民235户，785人，其中男性为383人，女性为402人，分为侯、刘、王、陈、叶、齐、戈、郭、张、耿、池、秦、田、于、曹、孔、韦、卢、赵等19姓①。如其村名所示，村落居民以侯姓为主，共146户，约占总户数的62.1%；刘姓28户，约占11.9%；王姓15户，约占6.4%；陈姓12户，约占5.1%；叶姓8户，约占3.4%；齐姓、戈姓分别为4户，各占1.7%；郭姓、张姓分别为3户，各占1.3%；耿姓、池姓分别为2户，各占0.9%；秦、田、于、曹、孔、韦、卢、赵姓分别为1户，各占0.4%。侯、刘、王、陈、叶5姓共占88.9%，其他14姓合占11.1%。这种侯姓为主，多姓聚居的宗族结构，对村落政治、婚姻有重要影响。

附表1反映了侯家营村人口总量的历史变动，时间跨度从2005年一直可以追溯到1942年。中间个别年份数据缺失，但基本可反映20世纪40年代到21世纪初村落人口总量变动的大致趋向。

侯家营人口总量变动总的趋势是不断增加，可分为新中国成立前和新中国成立后两大阶段。新中国成立前1942~1949年的年平均增长率为13.56‰，新中国成立后1949~2005年的年平均增长率为12.11‰。新中国成立后人口增长的速度比新中国成立前低1.47个千分点。中国大陆人口在1949~2003年半个多世纪的年平均增长率为16.23‰②，侯家营人口同期的年平均增长率为11.78‰，比全国低4.45个千分点。

新中国成立后人口总量的变动大致可分为以下几个阶段：1949~1958年人口增长比较迅速，年平均增长率为46.08‰，比新中国成立前的13.56‰高出32.52个千分点，反映了农村经济社会制度的变革、医疗卫生条件的改善对人口增殖的刺激。1958~1961年年平均增长率为-43.53‰，人口增长出现了一个极大的波动，反映了大跃进造成的农村经济极度困难对人口增

① 在《户口簿》中，男性户主死亡或迁移，女性为户主者，以其子女姓氏为准统计，赵姓为一口人之女户主，无从判断其丈夫或子女是否也为赵姓，姑且列为一类姓氏。

② 中国大陆总人口1949年底为54167万人，国家统计局编《中国统计年鉴（1990）》，中国统计出版社，1990，第89页；2003年底为129227万人，国家统计局编《中国统计年鉴（2004）》，中国统计出版社，2004，第95页。

长的抑制[①]。1961～1987年人口增长跃出低谷，持续增长，年平均增长率为18.66‰，并在1987年达到1942年以来全村总人口的峰值849人。1961～1969年人口增长比较迅速，年平均增长率为42.60‰，人口在大饥荒后出现了一个补偿性生育，但增长速度还是低于新中国成立初期的水平。1987～2005年人口增长势头逐步转变，总人口呈逐年减少的趋势，年平均增长率为－4.34‰。这既与计划生育政策在农村的有效实施，促使人口增长类型向低出生、低自然增长类型转变有关，也与大中专教育的日渐大众化，社会流动加剧等因素造成的村落人口非农化趋势逐渐增强有关。

1. 人口自然变动

村落总人口的变动系由人口的自然变动和流动迁移引起。村落人口的自然变动指由生育、死亡因素引起的总人口的变动。

侯家营人口历年的出生总人数、出生率、出生婴儿性别构成、胎次构成等可从附表2、附表3得到反映。时间跨度起于1964年，止于1989年，1965～1967年、1988年数据缺失。

总的来说，侯家营人口的出生率呈下降趋势，但不同时期有所波动。1964～1989年的年平均出生率为19.69‰，大致可分为以下几个阶段：1964～1971年的出生率较高，呈上升趋势，年平均出生率为23.43‰；1971～1976年出生率有所下降，年平均出生率为18.28‰；1976～1981年出生率又有所回升，年平均出生率为21.76‰，并在1981年达到1964年以来的峰值31.02‰；1981～1989年出生率又回落，年平均出生率为18.00‰，达到了1964年以来的最低水平。侯家营人口1964～1989年的年平均出生率，比全国的24.01‰[②]低4.32个千分点。对出生率影响最大的当属国家的计划生育政策，其他如婚龄的逐步提高，村民生育观念的转变等也会降低出生率。没有资料能精确量化1958～1961年的经济困难对该村人口出生率造成的影响。

妇女结婚年龄的迟早，与人口生育率关系密切。晚婚必然会缩短妇女生育年限，从而有助于降低人口生育率。根据1965年“侯家营大队阶级档案”[③] 对该大队已婚的19～90岁的150名女性结婚年龄进行统计，平均结婚年龄为19.46岁，各年龄段妇女初婚年龄并无较大的差距，且档案中个人叙述的结婚年龄还可能是虚岁。村落人口婚龄的大幅提高，还要到政府开始实施提倡晚婚的政策以后。

20世纪70年代政府逐渐意识到控制人口数量的重要性后，明确提出了晚婚晚育的政策，这种政策的有效实施必然会逐步提高女性的结婚年龄。但是，国家的政策向县、公社及大队各级基层政权贯彻时，有时会有所变更，并非都能按国家制定的法律条文严格执行。文书中记述：“县号召晚婚，男26岁、女23岁。咱还按公社政策，男25岁、女24岁，一定坚持年龄，大队做好（个人）工作，实在做不好的，才（给）开信，最重要的是不能做公社的工作，要做好个人工作”[④]。1986年1月8日村党支部书记侯百顺致信会计侯永成：“请你给□□□、□□□结婚登

① 1958～1961年间，该村有大量人口外出东北谋生以躲避饥荒。精确人数虽无从考证，但据笔者2005年7月在该村调查访谈中获得的信息，当时村里青壮年男性大都跑“盲流”去东北了，包括一些大队干部，村里只剩下一些老幼和妇女。这一时期人口增长的波动似乎不单纯是出生率和死亡率波动的结果。

② 根据全国历年人口出生率计算，国家统计局编《中国统计年鉴（1990）》中国统计出版社，1990，第90页。

③ 《侯家营文书》，f－37－1、f－37－2。鉴于本文仅为资料导读性质，为行文简洁起见，仅标注出自《侯家营文书》及引用资料编号，下同。

④ 《侯家营文书》，《王兴臣日记》，1971年10月9日。

记，请你按实数给开信，是荷。昨天上午秦振平讲，说是二婚、东北人，可以照顾”[①]。显然对大队干部而言，个人工作怎么做，是否如实给公社开介绍信，是有弹性的。

在20世纪六七十年代，国家的法定婚龄在基层社会实施时，农村仍存在着较严重的早婚、私自结婚、未婚同居现象。政府认为这些都是严重破坏婚姻法的行为，采取了严厉打击政策。1970年，大队干部侯某所做的两件事被认为是破坏婚姻法，受到政治批判。第一件事，其妹与下乡知青搞对象，公社数次未予登记结婚而同居；第二件事，社员王某想结婚，因女方年龄太小，公社未予登记，侯某鼓动其先同居[②]。1971年，“公社召开会计会议，号召晚婚，对私自结婚未经登记的要坚决打击，没登记就生孩子的、睡觉的（未婚同居），都要打击。特别对知青（要）加强教育。知青（与非知青）结婚的，经济上社员待遇，政治上知青待遇；知青互婚的，还按知青待遇，（所生）小孩（按）社员待遇”[③]。改革开放后，随着政治运动的消退，国家权力不再过多介入私人生活领域。随着计划生育工作的进步，先进的避孕节育技术也日渐在乡村社会普及。同居和生育逐渐成为两件互相分离的事情，未婚同居行为逐渐被国家和社会接受。2005年7月底笔者在该村调查时通过访谈现任妇女主任陈百双了解到，只要不生小孩，现在（干部）无人过问这种事。

计划生育作为我国的基本国策，对控制祖先崇拜和传宗接代观念盛行的农村地区人口的盲目繁衍，具有极为重要的意义。河北省作为20世纪70年代就较早提倡晚婚、试点推行计划生育政策的省份，在侯家营村得到反映。1972年，侯家营村就开始规划生育。文书还提供了1975年该村育龄妇女年龄结构、生育子女数量及性别构成，生育期人口节育措施如服药、放环、男扎、综合等[④]。

关于泥井公社实行的计划生育政策，《泥井公社革命委员会关于做好计划生育工作的几项具体执行意见的通知》（1979年11月12日）[⑤] 记载了根据中共中央（78）69号、国务院（78）28号文件制定的政策。其中特别提到严格控制计划外生育，对计划外生育的进行惩罚；因不响应国家计划生育号召，子女多造成生活困难的，一般不予社会救济；非法同居者所生子女按第三胎对待。

作为这些政策实施的结果，文书中记录了该村计划生育的部分奖励和惩罚情况。1979～1981年该村计划生育奖惩情况如表1：

表1　侯家营计划生育奖惩情况（1979～1981年）

奖励				惩罚			
时间	人数	自留地（亩/人）	现款（元/人）	胎次	扣自留地		罚现款（元）
					份数	亩	
1979年	4	0.21	60	2	1	0.42	48
1980年	1	0.21	60	3	2	0.82	
1981年	2	0.21	60				

资料来源：《侯家营文书》，b-2-2。

① 《侯家营文书》，b-6-6

② 《侯家营文书》，c-10-6（4-5-6）；《工农兵日记》。

③ 《侯家营文书》，《王兴臣日记》，1971年10月4日。

④ 资料来源：《侯家营文书》，a-2-9。文书中育龄妇女指20～46岁妇女，与一般人口统计中15～49岁为生育年龄有所不同。

⑤ 《侯家营文书》，a-2-8。

1984 年，该村超生罚款共 10 人，金额合计 4761 元[①]。超生惩罚与 1979 年相比，正倾向于单纯罚现款，且金额有较大幅度上涨，这是基层计划生育政策的一个新变动。

人们的生育观念会直接影响其生育行为。传统的生育观念认为多子多福，人丁兴旺是家族兴盛的征兆，视传宗接代为人生的重要使命。这种生育观念主导下的生育模式是多胎生育。从附表 2 出生婴儿胎次构成可以看出，20 世纪 70 年代初尚有生育四胎、五胎甚至五胎以上的情况，以后就很少了。从附表 3 出生婴儿胎次百分比变动看，1972 年以来一胎生育所占比例最大，且呈上升趋势；二胎生育在 1981 年以前占有重要比例，以后逐渐下降；多胎生育所占比例最小，呈下降趋势。1980 ~ 1982 年出生率很高，三胎生育比例也较高，这可能和计划生育政策开始在河北农村较为严格地执行，农户的“抢救性”生育意愿有关；也可能和包产到户初期，农户对土地劳动力的需求增长，从而刺激了生育有关。不过从总的趋势看，在计划生育政策的作用下，侯家营村人口的生育类型，正逐渐从多育型或传统型向政策性少育型转变[②]，一些农户开始接受“一孩化”的号召。农户生育行为的这种变化，主要原因是政府实行的生育计划政策，同时也伴随着自身生育观念的逐步转变。

侯家营人口历年的死亡总人数、死亡率及死亡人口性别构成等可从附表 2、附表 3 得到反映。时间跨度起于 1964 年，止于 1989 年，1965 ~ 1967 年、1988 年数据缺失。与出生率相比，侯家营人口的死亡率呈波动状态，并未显示一个明显的下降趋势，表明社会变革中农村医疗条件的改善相对滞后。1964 ~ 1989 年该村的年平均死亡率为 7.14‰，比全国的 7.18‰[③]低 0.04 个千分点。1976 年唐山地震也波及侯家营，但并未造成大量人员死亡。文书中记载地震中共死亡 2 人、重伤 6 人、轻伤 40 人[④]。

2. 人口流动迁移

笔者把该村人口的流动与迁移划分为两个时期进行讨论：1949 年前是第一个时期，成年男子到东北务工经商的很多，村落人口的流动迁移比较频繁。这是该村区别于满铁调查的其他华北 5 个村落的特点，对村落经济、政治和社会生活产生了诸多影响；新中国成立后是第二个时期，人口自由的流动迁移被户籍制度所束缚，只能通过官方渠道实现。

1965 年“四清”运动中留下的“侯家营大队阶级档案”[⑤]，有各户家史、个人经历的详细记载，从中可以看到新中国成立前该村村民到东北务工经商的详细情况。

侯家营村距昌黎县城 9 公里，距山海关 70 公里。近代以来东北、华北铁路大量兴建，使村民出关务工非常便利。新中国成立前，侯家营村民外出做工经商的共 116 人。从外出时间看，档案中记载最早外出的一批共 8 人，可能在 1900 ~ 1910 年间外出[⑥]。文书中还有村民刘斌明到奉天的劳工证和临时国民证（笔者注，伪满洲国）等珍贵实物资料。

通过分析务工人口外出时的年龄结构，15 ~ 17 岁外出人口共 47 人，占外出人口的 40.52%，

---

① 《侯家营文书》，b - 2 - 24。

② 关于生育类型划分，参见李银河《生育与村落文化·一爷之孙》，文化艺术出版社，2003，第 20 页。

③ 根据全国历年人口死亡率计算，国家统计局编《中国统计年鉴（1990）》，中国统计出版社，1990，第 90 页。

④ 《侯家营文书》，d - 56。

⑤ 《侯家营文书》，f - 37 - 1、f - 37 - 2。

⑥ 这些人当时大都已故去，在其子辈孙辈追忆的家史中，只有其外出年龄的记载。此处是根据其子孙的出生时间及其外出年龄推断其外出时间的。这里最大的问题是无法确定其子孙是否为长子或长孙，所以可能存在一定误差。

比例最高。说明这个年龄段人口流动性最强。档案中记述这些外出务工村民都有相似的经历：有的没念过书，多数人十二三岁左右才上学。大都读书两三年左右，只有初小或高小的文化水平。有的在家劳动一段时间，有的没有，然后就都到东北等地住店铺、学买卖去了。这表明在侯家营村，外出务工已由最初迫于生计的谋生行为，久而久之慢慢变成了一种风气。每家的孩子长到十五六岁，就都送到东北务工经商去了。可以说在村落中已经形成了一种“闯关东”的文化习俗。

从外出村民地域分布看，遍布东三省各地，少数有到山海关、北戴河、北京、天津等地的。到辽宁的最多，共 47 人，占外出总人数的 40.52%，其中比较集中的城市有沈阳 27 人，绥中 9 人，锦州 3 人，抚顺 2 人；到吉林的共 10 人，其中长岭 8 人；到黑龙江的共 5 人，其中哈尔滨 2 人；到其他地方共 11 人，其中山海关 2 人，北京 2 人，天津 1 人，北戴河 1 人；笼统记述到东北谋生的有 25 人；只记述外出“住地方”（笔者注，指各种店铺）的有 18 人①。到辽宁省务工人员比例最高，到山海关、北戴河、绥中、沈阳、锦州、抚顺、哈尔滨等交通便利城市的人员比较集中，说明迁移距离与交通对外出务工人员有较大影响。

从这些外出务工人口所从事的职业看，大都流向了非农职业，主要有以下几类：①住商店、学买卖、经商者共 63 人；②学手艺者共 22 人，包括厨师、缝纫、木匠、铁匠等；③当工人、职员者共 23 人，包括制油厂、卷烟厂、印刷厂、油纸厂、皮作坊、染坊工人，税务局、银行职员，煤矿工人、火车站搬运工等；④其他职业如看院子、侍候人各 1 人；⑤未知具体职业，只知外出到东北等地务工经商者共 6 人。这与早期华北农民“闯关东”大多从事垦殖业有极大区别，表明随着东北近代化的推进、工商业的发展，创造出大量非农就业机会，使外来务工人员就业结构发生了变化。

从外出人员在外务工经商年限看，在外谋生 10 年以上者共 46 人，占外出总人口的 39.66%，说明相当部分人在外谋生时间还是比较长的。不过这些人中间有去有回的，回家主要为的是生儿育女、传宗接代。当时把冀东昌黎、乐亭、滦州三县为首在外做买卖的人叫老摊儿②。老摊儿是三年一回家，半年生儿子，然后再回去③。

这外出的 116 人，最后大都选择了回家务农，留在外工作的只有 8 人。究其原因，其一，政治环境因素。1945 年后是外出务工人口回家比较集中的时期，至少有 40 人回家，占总外出人口的 34.48%。反映了日本投降后东北的战乱等原因对外出人口回流的影响。其二，工作状况和收入因素的影响。一些人找不到工作或工作收入很低，不足以维持家庭生活，也不得不返回家乡。其三，更深层的原因是这些人仍未褪去农民的身份，深层的心理还是对土地的渴望，对城市生活没有一种认同和归属心理。战乱、找不到工作、收入低只是一些表面因素，因为 1945 年前也有不少人陆续回家，许多在外收入丰厚的最后也都回家买房置地。他们还是更愿意在家乡过有地可耕的农民生活。

以上基于 1965 年阶级档案对新中国成立前侯家营村民出关务工经商概貌的统计分析中，没有提及萧惠生（笔者注，新中国成立后文书中写作肖会生）其人，原因是 1949 年侯家营村“土改”，萧被划成恶霸地主，1951 年被镇压处决，其家人 1949 年秋开始陆续迁往哈尔滨、锦州等

① 外出谋生人口中许多人不止到过一个城市，到昌黎县城以外的据在各地谋生时间长短统计；既到过昌黎县城，又到过东北等地的，归入东北等地；后者共有 7 人。

② 对乐亭县“老呔帮”之源流及其经营活动的调查，参见魏宏运主编《二十世纪三四十年代冀东农村社会调查与研究》，天津人民出版社，1996，第 341～351 页。

③ 中国农村惯行调查刊行会编《中国农村惯行调查》（以下简作《惯行调查》）第 5 卷，第 252 页，【老畲儿帮——同乡仲间】；第 253 页，【满洲出稼と归乡】，东京：岩波书店，1981 年再刊本。

地，“四清”中没有留下记载。但他却是侯家营村历史上最有影响力的人物之一，满铁对其有较详细的调查，文书中其他地方也有萧家的一些记载。

萧氏原籍乐亭县。萧惠生受过良好的教育，毕业于锦州第二高级中学。毕业后到黑龙江泰来县、呼兰县、热河等地做过公职。1928 年在昌黎县国民党党部当秘书两年多，1930 年冬在《燕东日报》当编记者八九个月。1934～1937 年任昌黎县电话局局长，1938 年从电话局离职后回到侯家营。先当过村校董、副保长，1945 年春当过维持会长。日本投降后，当过泥井乡乡长。满铁调查时，萧并不是村里最富有的人，所有土地不到 60 亩，而且没有上地，中地 15 亩，下地十多亩。同时萧姓在村中是孤姓，并没有宗族势力的支持。但他却是村中最有势力的人，也是泥井恶霸齐姓镇长唯一畏惧的人，经常在乡间调解纠纷①。

外出务工扩展了村落的亲属圈、婚姻圈和社会交往圈。侯家营村因之与东北一些地区建立了亲属和姻亲关系，比如：侯赵氏三女婿，沈阳搬运工人；侯赵氏四女婿，鹤岗市玻璃县（笔者注，现黑龙江省鹤岗市并无此县，该省七台河市下辖勃利县，档案记述文字可能是谐音之误，下同）煤矿工人；侯守连二姑，在沈阳当工人；侯大孝妹夫，沈阳铁路工人；王永惠女儿嫁沈阳苏家屯；侯大学，姐家在黑龙江玻璃县；侯大邦，姐家在沈阳；侯永茂，姐家在沈阳②等等。

外出就业传统对新中国成立后该村人口的流动迁移也有影响。在 1958～1961 年间的饥荒时代，大批村民又像民国时期那样跑到东北躲避饥荒，寻求生计，包括一些大队干部。从对七八十年代村落人口迁移的空间范围分布分析后可以看出，人口迁移并未局限于县内，呈现出流动性较强的特点。迁出县外人口主要流向东北的黑龙江省，辽宁省的沈阳、辽阳、铁岭、抚顺和省内的唐山、秦皇岛等地。县外迁入人口的原籍主要来自东北的辽宁省凌源县、黑龙江依兰县、省内的秦皇岛、石家庄等地③。这与新中国成立前该村人口流动的地域空间分布有内在关联。

1951 年以后逐步形成和实施的户籍管理制度，对农村人口的流动与迁移实施了严格的控制。在统购统销政策中逐渐形成的食品定量以及食品和其他生活用品的票证分配制度，使很少有人能够成功地逃脱户籍制度的管理。由于这种体制的束缚，侯家营已没有了往日大批村民外出谋生型的人口流动。这一时期人口流动与迁移的特征是：规模小，通过官方渠道实现，具体有以下几种模式④。

（1）农转工。1961 年前，外出当工人的共 36 人，其中 1950～1957 年间外出的共 14 人，1958～1961 年间外出的共 19 人。还有 3 人外出时间不明，但已在东北工作（2 人在本溪、1 人在抚顺）。由于民国时期外出人口中没有提及他们，故归入这一时期的外出人口中。1958 年以前外出的 14 人中，由于户籍制度还处于形成阶段，国家对农村人口流动与迁移的限制还没有后来那么严格，加上国家工业化也需要职工，有 9 人后来成为国家职工，在外工作，其中沈阳 4 人、山海关 1 人、秦皇岛 1 人、吉林 1 人，其余 2 人在泥井供销社、昌黎医药公司工作，也脱离了农业户口。

---

① 《惯行调查》第 5 卷，第 37～39 页，【校董】，【打官司の仲裁】；第 41～42 页，【保长・副保长・甲长】，【村长・副の土地】；第 50 页，【镇长の恶行】；第 55 页，【土地の上・中・下】；第 57～58 页，【侯姓と刘姓の对立】；第 130～131 页，【村への移住者】；第 150 页，【各姓入村の关系】；《侯家营文书》，a－16－22、c－5－1－13、c－3－3－1、c－3－3－2。

② 《侯家营文书》，f－37－1、f－37－2。

③ 《侯家营文书》，a－1－12、a－2－1、a－2－2、a－2－3、b－2－24、b－3－2、b－3－5、b－6－6、d－22 提供 1972 年、1974—1979 年、1983—1990 年人口迁移原因、原籍、迁出地等详情。

④ 以下资料未特别注明者，均出自侯家营大队阶级档案，见《侯家营文书》，f－37－1、f－37－2。

1958~1961年间流出的19人，除1人在沈阳煤矿中遇难，1人后来参军，3人后来在抚顺、唐山、秦皇岛等地工作外，其余最终都回家参加农业生产。当时国家的政策对他们来说[①]，1958年成为农户与非农户口，农民与工人之间身份地位转化的一条界线。

（2）参军。1965年前参军的共12人。其中现役3人，1人在部队任连长，1人1964年刚参军，1人因触犯军纪被监禁；5人直接复员回村或复员转业工作一段时间后又被下放回村务农，仅4人分别在泥井公社武装部、唐山公安局、邢台陶瓷厂、山西灵石县煤矿等地工作；但参军仍不失为村民少有的一条职业流动渠道。

（3）升学。1965年前，侯家营外出读书的共8人，其中6人通过考取大中专院校等，分别在沈阳、石家庄、新疆克拉玛依、河南修武县、天津等地工作。上学比参军机会少、难度大，但转化为非农职业，成为国家工人、干部的可能性更大。

（4）城镇职工下放、知青下乡。在这一时期，农村流向城市的人口流动与迁移被国家严格控制，但由于六七十年代国家压缩非农人口和知青下乡的政策，出现了一批政策型城市流向农村的人口迁移。

1969年，苏希田家属从昌黎县城下放，共5人[②]。1968年，侯家营有下乡知青11人[③]，1969年有16人，1970~1971年有12人[④]。1971年，侯家营有城镇插队落户人口25人[⑤]，1973年有28人[⑥]。当然，这些因政治原因而下放的城市人口、上山下乡的知识青年，在农村劳动一段时间，当国家的强制性政策消失后，基本上又回到城市工作生活。在城乡二元社会结构中，从城乡工农阶层分野的角度讲，城镇职工下放或知青上山下乡，原本就是一场阶层变动的政治运作，最终也没有改变这些人的基本阶层属性[⑦]。

对1972~1984年能提供迁移原因、落籍地或原籍等详情的人口迁移资料进行统计，在迁入的90人中，男25人，女65人，女性占72.2%。迁入总人口中，因婚迁入48人，占53.3%；随亲投亲17人，占18.9%；迁回原籍13人（包括离婚迁回娘家1人），占14.4%；职业变动迁入11人（包括退休、退伍10人，退学1人），占12.2%；迁入原因不明1人，占1.1%。

在迁出的109人中，男43人，女66人，女性占60.6%。迁出总人口中，因婚迁出45人，占41.3%；户口、职业变动迁出34人（包括招工、转正式职工21人，接班2人，升学8人，复职3人），占31.2%；随亲投亲15人，占13.8%；迁回原籍5人，占4.6%；搬家5人，占4.6%；儿童送人1人，占0.7%；迁出原因不明4人，占3.7%[⑧]。

---

① 1961年5月31日陈云在中央工作会议上讲话提出，“凡是近三年从农村来的，一般地都要动员他们回去。哪里来的就回哪里去”；6月16日中央批准，“在一九六0年底一点二九亿城镇人口的基数上，三年内减少城镇人口二千万以上”；6月28日中共中央下发通知，“这次精简的主要对象，是一九五八年一月以来参加工作的来自农村的新职工（包括临时工、合同工、学徒和正式工），使他们回到各自的家乡，参加农业生产”。“一九五七年年底以前参加工作的来自农村的职工，确是自愿要求回乡的，也可以准许离职回乡”。参见中共中央文献研究室编《建国以来重要文献选编》（第14册），陈云《动员城市人口下乡》，1961年5月31日，第374页；《中央工作会议关于减少城镇人口和压缩城镇粮食销量的九条办法》，1961年6月16日经中央批准，第412页；《中共中央关于精简职工工作若干问题的通知》，1961年6月28日，第505页，中央文献出版社，1997。

② 《侯家营文书》，a-16-1。

③ 《侯家营文书》，b-4-9。

④ 《侯家营文书》，《红卫兵日记》，1970年9月20日，1971年4月25日。

⑤ 《侯家营文书》，a-6-20。

⑥ 《侯家营文书》，a-5-25。

⑦ 刘精明：《向非农职业流动：农民生活史的一项研究》，《社会学》2002年第3期，第15页。

⑧ 《侯家营文书》，a-1-12、a-2-1、a-2-2、a-2-3、b-2-24、b-3-2、b-3-5、b-6-6、d-22。

从以上统计可以看出，无论是迁入人口还是迁出人口，因婚迁移比例都是最高的，说明在户籍制度的政策背景下，乡村人口的职业迁移受到多方限制，婚姻迁移是村落人口迁移的主要模式。迁移人口的性别比例女性是男性的1.9倍，其原因也在于婚姻迁移基本是女性人口的迁移。在迁入人口中，因亲属、地缘关系网络而迁入的（包括随亲投亲和迁回原籍）占33.1%，居第二位。而在迁出人口中，户口、职业变动迁出占31.2%，居第二位。说明非农职业和城市生活对农村人口迁移有更大吸引力，只要制度允许，农村人口的非农化趋势会逐步增强。

3. 人口结构

侯家营村人口年龄性别结构数据最详尽的是1982年和2005年，两相比较，可以反映20世纪80年代以来总人口年龄性别结构的变动趋势。此外，总人口性别结构数据更为连贯系统，1961～1987年各年及2005年都有统计；1972～1987年还有出生婴儿性别结构的统计，从中可以看出人们在生育行为上的性别偏好程度。

1982年侯家营总人口中，少年儿童（0～14岁）人口为243人，劳动适龄（15～64岁）人口为490人，老年（65岁及以上）人口为67人，总负担系数为63.27%，负担老年系数为13.67%，负担少年系数为49.59%，老少比为27.57%。2005年侯家营总人口中，少年儿童（0～14岁）人口为111人，劳动适龄（15～64岁）人口为594人，老年（65岁及以上）人口为79人，总负担系数为31.99%，负担老年系数为13.30%，负担少年系数为18.69%，老少比为71.17%。

2005年与1982年相比，总负担系数降低了31.28个百分点，负担系数的变小有利于村落经济的发展。但其中负担老年系数只降低了0.37个百分点，负担少年系数却降低了30.90个百分点，说明少年儿童人口在总人口中的比重大幅降低了，村落人口正趋于老龄化。随着人口生育率的进一步降低，寿命的延长，负担少年系数会进一步降低，负担老年系数将呈上升趋势。这在没有社会养老保障、单靠家庭养老的农村，将突显养老问题。

关于总人口性别结构的变动，附表1的户口统计中反映了1961～2005年的状况，1988～2004年数据缺失。其变动趋势经历了先升高后降低的过程，大致可分为两个阶段：1961～1969年，平均性别比为101.70，性别比呈上升趋势；1969～1987年，平均性别比为101.43，性别比呈下降趋势。一般认为，全体人口性别比在96～106范围之内，都算均衡或正常[①]。侯家营总人口1967～1976年各年性别比都偏高，平均值为108.7；1981～1987年、2005年各年性别比都偏低，平均值为93.2。从附表3提供的死亡人口性别比看，1972～1987年的平均性别比为140.15，男性死亡比例明显高于女性，这是影响总人口性别比的一个重要因素。

一般的研究显示，自20世纪70年代实行计划生育政策以来，我国出生率出现了急速且持续的下降，人口规模控制取得了显著成效。然而，在实现人口低生育率的同时，却出现了出生性别比偏高且持续上升的趋势，这将导致严重的婚姻拥挤，影响个人和家庭的生活幸福，社会秩序的稳定[②]。附表3提供了侯家营出生、死亡人口的性别比。从出生婴儿性别比看，1972～1987年的平均性别比为100.87，基本平衡，并未出现出生婴儿性别比失调现象。可能的原因，一是村民在生育行为上的性别偏好即重男轻女观念并没那么严重，二是鉴别胎儿性

① 胡伟略：《人口社会学》，中国社会科学出版社，2002，第255页。

② 邓国胜：《中国生育率下降的代价：婚姻拥挤》，《社会科学》2000年第7期，第58页。

别的现代技术在农村尚未广泛应用，三是溺婴（主要是溺女婴）的恶俗在新中国成立后已不存在。

家庭规模与结构是紧密联系的两个概念。家庭规模大，家庭结构必然复杂，主干家庭和联合家庭所占比例必然较高；家庭规模小，家庭结构必然简单，核心家庭所占比例必然较高。户与家庭不是一个概念，户的概念比家庭大，一户可以是一个家庭，也可以包含几个家庭。附表1提供了总人口、总户数的变动情况，但依据户均人口研究家庭构成、家庭形态是不太可靠的。

附表5反映了1965～2005年侯家营家庭规模的变动情况。统计结果显示，三口人、四口人家庭是1965年以来侯家营村主要的家庭模式，平均百分比合占40.64%；其次则为二口人和五口人家庭，合占28.60%；一口人和六口人家庭占21.79；七口人及以上家庭所占比重较小，占8.88%，尤其是八口人以上大家庭，所占比重仅为3.65%。1965年以来家庭规模变动总的来说呈下降趋势，家庭平均人口为3.91人。

从1965年“侯家营大队阶级档案”中可以看出，土改时期大家庭是比较普遍的，但具体比重难以统计。根据2005年该村《户口簿》，可以看出2005年该村的家庭结构[①]。

表2 2005年侯家营家庭结构

家庭类型	单 身	直系单亲	核 心	主 干	联 合	孤 儿	合 计
数 目	35	16	111	58	14	1	235
百分比	14.89	6.81	47.23	24.68	5.96	0.43	100.00

从表2可以看出，核心家庭是现在该村的主要家庭形态，占47.23%，主干家庭所占比例也较大，为24.68%，两者合占71.91%，其他类型家庭所占比例较小。需要说明的是，人口的流动迁移和户籍制度的隔离是影响村落家庭结构的重要因素。村落中的单身家庭、直系单亲家庭、孤儿家庭等并非真的都是单身、单亲或孤儿，也可能是家庭成员户籍迁走、居住异地或农转非农所致。

侯家营家庭结构和规模的这种转变，是和村落文化、社会经济以及人口的转变息息相关的。首先，随着社会的变迁，当代政治运动的冲击，村落家族组织和文化日趋没落，家族观念日趋淡薄，维系传统大家庭的文化纽带不复存在。其次，随着村落社会经济的发展，人均收入增加，住房条件改善，从而为家庭规模小型化和家庭结构核心化提供了物质条件。笔者在村里调查时看到，现在村民的居住条件很宽敞，几乎是一家一个院落。村里男青年结婚一般都要盖新房，否则不容易娶进媳妇，他们婚后组建的自然是核心小家庭。第三，家庭转变还受包括出生率、死亡率在内的人口转变因素的影响。T. K. 布尔什等西方人口学者研究发现家庭规模变动是生育率、死亡率合力作用的结果，且生育率对家庭规模的影响一般比死亡率的影响大得多，生育率是影响家庭规模变动的最重要的人口因素[②]。本文对侯家营村人口自然变动的分析表明，出生率自1971年后有较大幅度下降，但死亡率却呈波动状态，并显示出明显的下降趋势。家庭规模则自1974年后趋于小型化。

① 家庭结构类型划分，参见刘豪兴主编《农村社会学》，中国人民大学出版社，2004，第268～270页。

② 参见李竞能编著《现代西方人口理论》，复旦大学出版社，2004，第232～233页。

附表1　侯家营户口统计（1942～2005年）

年度	户数		人数					
	合计	农业户	合计	增长率（‰）	农业人口	男	女	性别比（女=100）
1942	105		364					
1945	109		376	10.87				
1949	98		400	15.59				
1958	150		600	46.08				
1961	132	132	525	-43.53	525	245	280	87.5
1962	136	136	558	62.86	558	274	284	96.5
1963	138	138	602	78.85	602	298	304	98.03
1964	145	145	612	16.61	612	308	304	101.3
1965	145	145	628	26.14	628	316	312	101.3
1966	150	150	642	22.29	642	318	324	98.1
1967	158	158	656	21.81	656	345	311	110.9
1968	156	156	680	36.59	680	357	323	110.5
1969	165	165	733	77.94	733	386	347	111.2
1970	168	168	734	1.36	734	380	354	107.3
1971	170	170	748	19.07	748	390	358	108.9
1972	170	170	749	1.34	749	389	360	108.1
1973	170	170	756	9.35	756	395	361	109.4
1974	170	170	765	11.90	765	396	369	107.3
1975	170	170	770	6.54	770	397	373	106.4
1976	170	170	766	-5.19	748	396	370	107.03
1977	180	180	770	5.22	746	396	374	105.9
1978	180	180	763	-9.09	763	391	372	105.1
1979	180	180	768	6.55	768	387	381	101.6
1980	180	180	789	27.34	789	391	398	98.2
1981	218	218	806	21.55	806	385	421	91.4
1982	221	220	812	7.44	790	394	418	94.3
1983	221		814	2.46	790	396	423	93.6
1984	221		841	33.17	816	406	435	93.3
1985	221		841	0.00	816	403	438	92.01
1986	221		838	-3.57	818	404	434	93.1
1987	221		849	13.13	828	409	440	92.95
1988	230		823	-30.62				
1989	250		820	-3.65				
1990	259		815	-6.10				
1991	258		827	14.72				
1992	257		830	3.63				
1993	257		826	-4.82				
1994	252		824	-2.42				
1995	254		834	12.14				
1996	254		820	-16.79				
1997	273		814	-7.32				

续表

年度＼户口	户数		人数					
	合 计	农业户	合计	增长率（‰）	农业人口	男	女	性别比（女 = 100）
1998	273		804	- 12.29				
1999	268		787	- 21.14				
2000	267		786	1.27				
2001	268		765	- 26.72				
2002	265		757	- 10.46				
2003	265		753	- 5.28				
2004	263		753	0.00				
2005	235		785	42.50		383	402	95.3

资料来源①：1942 年、1945 年、1958 年：e - 14　　1949 年：f - 37 - 3
1961 ~ 1971 年、1974 年、1978 年：b - 3 - 7　　1972 ~ 1973 年：a - 5 - 25
1975 年：b - 2 - 20　　1976 年：b - 2 - 18
1977 年：b - 2 - 17　　1979 年：b - 2 - 13
1980 年：b - 2 - 26　　1981 年：b - 2 - 11
1982 年：b - 2 - 7　　1983 年：b - 2 - 21
1984 年：b - 2 - 27　　1985 年：a - 7 - 22
1986 年：a - 7 - 21　　1987 年：a - 7 - 29
1988 ~ 2004 年：《秦皇岛市农村统计主要指标历史台帐：昌黎县泥井镇侯家营村》，2005 年；2005 年：侯家营《户口簿》；1945 年、1949 年、1958 年、1961 年的增长率为总人口不连续年代，各年与相隔最近前一年的年平均增长率。

附表 2　侯家营出生、死亡人口统计（一）（1964 ~ 1989 年）

年度＼出生死亡	出生人口									死亡人口		
	合计	男	女	一胎	二胎	三胎	四胎	五胎	五胎以上	合计	男	女
1964	10									2		
1968	17									6		
1969	19									8		
1970	17									4		
1971	20									5		
1972	17	10	7	9	3		3		2	4	3	1
1973	16	8	8	6	5	2	2	1		5		
1974	8	6	2	4	4					4	2	2
1975	14	2	12	8	4	2				3		3
1976	8	5	3	4	3	1				6	3	3
1977	13	5	8	7	5					7	5	2
1978	15	6	9	10	4	1				9	5	4
1979	17	5	12	11	6					8	4	4
1980	24			8	12	3				6		
1981	25			15	4	5				3		
1982	20									6		

① 附表资料来源中文件编号未特别注明者，均出自《侯家营文书》。

续表

出生/死亡 年度	出生人口 合计	男	女	一胎	二胎	三胎	四胎	五胎	五胎以上	死亡人口 合计	男	女
1983	12	4	8	7	2	1				5	2	3
1984	14	7	7	8	1	1				2		2
1985	10	5	5	7						11	8	3
1986	13	4	9	9	2					4	2	2
1987	11	6	5	9	1					6	4	2
1989	14									8		

附表3　侯家营出生、死亡人口统计（二）（1964~1989年）

比率/年份	出生人口						死亡人口	
	出生率‰	性别比 女=100	胎次比% 一胎	二胎	三胎	三胎以上	死亡率‰	性别比 女=100
1964	16.34						3.27	
1968	25.00						8.82	
1969	25.92						10.91	
1970	23.16						5.45	
1971	26.74						6.68	
1972	22.70	142.86	52.94	17.65		29.41	5.34	300.00
1973	21.16	100.00	37.50	31.25	12.50	18.75	6.61	
1974	10.46	300.00	50.00	50.00			5.23	100.00
1975	18.18	16.67	57.14	28.57	14.29		3.90	0.00
1976	10.44	166.67	50.00	37.50	12.50		7.83	100.00
1977	16.88	62.50	53.85	38.46			9.09	250.00
1978	19.66	66.67	66.67	26.67	6.67		11.80	125.00
1979	22.14	41.67	64.71	35.29			10.42	100.00
1980	30.42		33.33	50.00	12.50		7.60	
1981	31.02		60.00	16.00	20.00		3.72	
1982	24.63						7.39	
1983	14.74	50.00	58.33	16.67	8.33		6.14	
1984	16.65	100.00	57.14	7.14	7.14		2.38	0.00
1985	11.89	100.00	70.00				13.08	266.67
1986	15.51	44.44	69.23	15.38			4.77	100.00
1987	12.96	120.00	81.82	9.09			7.07	200.00
1989	16.59						9.48	

注：1977年、1980~1981年、1983~1984年出生人口中，只知性别不明出生胎次者，未列入胎次统计。

附表3人口出生率、死亡率计算依据附表1总人口数据，附表2、附表3资料来源：

1964年、1968~1971年：f-23

1972年、1974~1979年：d-22

1973年：d-22、a-5-25

1980年：b-1-18、b-2-26

1981年：b-1-18、b-2-11

1982年：b-2-7

1983年：b-2-21、b-3-5

1984年：a-1-12、b-2-24、b-2-27、b-3-2

1985年：a-1-12、a-7-22

1986年：a-7-21、b-6-6-1

1987年：a-7-29

1989年：a-2-6

附表 4　侯家营人口迁移统计（1964～1990 年）

迁移 年度	迁入					迁出				
	合计	社内	社外县内	县外省内	省外	合计	社内	社外县内	县外省内	省外
1964	2									
1968	23					10				
1969	47					5				
1970	12					24				
1971	6					7				
1972	8		8			20		13	1	6
1973	2		2			4		1	2	1
1974	17		6		8	13		2	8	
1975	8		4		4	2		2		
1976	7		5	1	1	13	5	4	3	1
1977	6		4			8	1	5	1	1
1978	13		11		2	26	2	8	5	11
1979	12		8			16		4		9
1980	10		8			7		3		2
1981	19	8			5	8	1			1
1982	27	3		5	2	15	2			7
1983	11	2	4	1	4	11	1	6	1	3
1984	32	5	12	4	11	13	11		2	
1985	5	1			4	4	1	2		1
1986	3		2		1	9	2	1	1	5
1987	4	1			3	7	2	4	1	
1988	14	6	3	4		2			2	
1989	13	6	7			3		1	2	
1990	4	2	1	1		6		5	1	

资料来源：1964 年、1968～1971 年：f－23　　1972 年：d－32；1973 年：a－5－25
1974 年：a－6－7　　1975 年：b－2－20
1976 年：b－2－18；1977 年：b－2－17　　1978 年：a－5－25；1979 年：b－2－13；1980 年：b－2－26
1981 年：b－2－11；1982 年：b－2－7　　1983 年：b－2－21；1984 年：b－2－27
1885 年：a－7－22；1986 年：a－7－21　　1987 年：a－7－29
1988～1990 年：a－2－1、a－2－2、a－2－3

a－1－12、a－2－1、a－2－2、a－2－3、b－2－24、b－3－2、b－3－5、b－6－6、d－22 提供 1972 年、1974～1979 年、1983～1990 年人口迁移原因、原籍、迁出地等详情。

附表 5　侯家营家庭规模变动（1965～2005 年）

家庭规模 年度	一人户	二人户	三人户	四人户	五人户	六人户	七人户	八人户	九人户	十人及以上户	合计		
											户	口	户均人口
1965	17	13	16	30	27	17	11	6	2	2	141	611	4.33
1973	28	25	34	29	26	27	13	7		2	191	755	3.95

续表

年度＼家庭规模	一人户	二人户	三人户	四人户	五人户	六人户	七人户	八人户	九人户	十人及以上户	合计		
											户	口	户均人口
1974	25	29	33	31	28	25	13	7		2	193	763	3.95
1976	21	32	40	29	32	26	10	4	3		197	766	3.89
1978	18	37	36	39	27	27	11	4			199	762	3.83
1985	7	19	23	55	35	27	12	4	1	2	185	816	4.41
1988	14	20	36	57	33	20	11	4	3	2	200	834	4.17
1989	27	38	73	70	27	13	3	1			252	844	3.35
2005	36	38	59	56	25	10	6	2	2	1	235	785	3.34

资料来源：1965 年：f-37-1、f-37-2　　1973 年：a-7-8、a-7-9

1974 年：a-6-4　　1976 年：d-56

1978 年：a-16-1　　1985 年：a-2-15

1988 年：a-2-2-2　　1989 年：a-2-32

2005 年：侯家营《户口簿》

吴家虎

（三）侯家营的农业概况

侯家营村文书资料中有关农业生产情况的记载，多见于各种统计表格。相关数据按计划、预产和实产三种情况分别统计，包括播种任务指标、农作物种植计划表、农作物预产调查表、耕地面积调查表、作物播种面积调查表、农作物实产表、粮食产购销表、农业收入统计表、农村经济收支情况表、农业税任务分配表、农业水利情况表、农业现代化情况表（包括机械化、用电情况和农药化肥施用量）、灾情调查表等。在这些表格中，农作物分为粮食作物、经济作物和其他作物三类，每一大类下又按具体的作物种类记录总产量、播种面积和亩产。其中每年的大队和生产队实产表是最为直接地反映农业生产情况的资料，此外，《1961～1980 年统计资料台帐》记载了这一时段农业的全面情况，也具有相当的利用价值。在文书资料的各类帐簿中，也包含了许多有关农业的信息，例如，大队固定资产可以反映大队农业机械化、现代化的程度和农田水利状况，农业收入是生产发展的重要指标，收益分配表也从侧面揭示了生产情况的大体走向。在现存的诸多会议记录中，也有很多关于农业生产的内容，如评产、灾情、生产积极性等问题，都透露出生产的实际情况和具体细节。

农业生产中的许多实际情况是无法反映在资料上的，这部分信息就需要采用田野调查的方法，借助口述史料来获得。2005 年 5 月和 2006 年 4 月，笔者对侯家营村进行了两次调查访问，原生产大队、生产队的队长和会计、公社时期的生产能手是笔者重点采访的对象。通过两次采访，笔者掌握了农业生产的许多具体细节，获得了很多重要信息，对村子的农业情况了解得也更为完整。

侯家营村的种植结构在昌黎县较为典型，新中国成立前，大宗作物包括高粱、稗子、豆子，小宗作物有黍子、谷子、棉花、落花生、荞麦、白薯。[①] 新中国成立后，随着农田水利建设的发

① 《河北省昌黎县侯家营村概况》，中国农村惯行调查刊行会编《中国农村惯行调查》（第五卷），岩波书店，1981 年再刊本。

展和农业科技水平的提高，大宗作物逐渐转为玉米、小麦和稻谷等，小宗作物转为棉花、花生、蔬菜等。以下按照实产表中的分类方式，将作物分为三类来进行分析。

1. 粮食作物

粮食作物中，夏粮作物包括冬小麦、春小麦、大麦（主要品种为六担准）和豌豆；秋粮作物包括早粳稻、晚稻、早晚玉米、早晚高粱、早晚谷子、薯类（包括白薯、吊子、土豆）、大豆、早晚杂粮（包括绿豆、红小豆、豇豆）等，其中玉米、高粱有普通品种和杂交品种两类。表 1 显示了新中国成立以后侯家营村的粮食生产情况。

粮食作物总产的数据涉及年代为 1957、1961 ~ 2004 年。从这些数据中可以看出，在人民公社时期，粮食作物产量有较大波动，但是总体水平并未发生质的飞跃，产量高峰基本处于一个水平线上。可以说，这是一种“没有发展的增长”①。低谷时期的产量与自然灾害时期的水平相差不大。“左倾”错误和自然灾害造成的农业大幅度减产的影响一直持续到 1964 年。中央颁布了一系列政策法规，例如，1961 年肯定自留地的“六十条”，1962 年规定以生产队为基本核算单位，农业生产得到恢复，1961 ~ 1967 年粮食产量处于增长阶段。“文化大革命”开始后，产量逐年下降，一直持续到 1969 年，1969 年产量低下也与灾情有关。② 1970 年开始，农业生产保持了平稳的状态。1975、1976 年产量又出现了高峰，但 1977 年被灾歉收，产量降到了极低的水平。1979 年出现了一个小高峰，1980 ~ 1981 年受全国性的灾情影响，出现了小幅的减产趋势。③ 而 1982 ~ 1987 年出现了一个很大的增长趋势，这应该与联产承包责任制的推行和国家实行的农村经济改革有关。同时，集体时期留下的家底和农民迅速增加的农业投入，自然会使粮食产量出现增长。1988 ~ 1989 年粮食作物大幅度减产，也是受到了国家政策、农户投资方式、机械化水平和农药化肥投入量等各方面因素的综合影响。1985 年以后的粮食产量都是采用抽样调查的方式统计的，与播种面积呈现出相近的变化趋势，并受到经济作物和其他作物种植情况的影响。

播种面积在 1964 ~ 1968 年间基本没有大的变化，1969 ~ 1975 年处于增长阶段，然后开始下降，到 1981 年为统计数据中的最低谷，1982 ~ 1993 年基本上呈增加趋势，此后大幅减少，除 1995 年出现明显回升之外，一直维持在较低水平。公社时期粮食作物播种面积从总体上来说是不断增加的，因为随着人口的不断增长，粮食需求量也在不断增长。改革开放之后，人口因素对于粮食作物的影响逐渐减小，农民完全可以从市场上购买到所需的口粮，获得货币收入的需求占了上风，农民日益重视经济和其他作物的种植。④ 1986 ~ 1989 年出现的播种面积明显增加的状况，主要是由于之前出现的粮食丰收，激励了农民增加对粮食的投入和扩大种植面积。此后播种面积的下降，可以视为转作和土地集约化使用的影响，此阶段亩产的上升也可以反映这一特点。总体来看，集体经济时期，粮食作物播种面积的增加带来了总产量的增长，但二者的增长幅度不同。而到了家庭经营时期，在市场价格、国家政策和农户投入的共同作用下，播种面积和总产量呈现出相似的发展态势。

① 张乐天：《告别理想——人民公社制度研究》，东方出版中心，1998，第 354 页。

② 《侯家营文书》，b - 5 - 88，《备战备荒为人民——70 年泥井公社侯家营大队综合材料》，1970 年。

③ 陈吉元、陈家骥、杨勋主编《中国农村社会经济变迁（1949 ~ 1989）》，山西经济出版社，1993，第 279 页。

④ 胡继连主编《中国农户经济行为研究》，农业出版社，1992，第 134 页。

表 1　1957 ~ 2004 年侯家营村粮食作物生产情况

年　份	总产（斤）	播种面积（亩）	播种亩产（斤）	年　份	总产（斤）	播种面积（亩）	播种亩产（斤）
1957	720000	2571.4	280	1983	1172900	2526	464.3
1961	239000			1984	1324846	2526	524.5
1962	312000			1985	1377884	2465	559
1963	472000			1986	1472100	2632	559.3
1964	491450	2680	183.4	1987	1701000	3038	560
1965	745563	2536	293.4	1988	1468000	3049	481.5
1966	592740	2480	239	1989	981600	2943	333.5
1967	669014	2700	247.8	1990	1332000	2990	445.5
1968	547825	2400	228.3	1991	1574000	3135	502
1969	460353	2620	175.7	1992	1594000	3131	509.1
1970	684247	2587	264.5	1993	1556000	3040	511.8
1971	670028	2981	224.8	1994	1294000	2910	444.7
1972	591045	2825	209.2	1995	1636000	2400	681.7
1973	574071	3083	186.2	1996	1621000	2520	643.3
1974	596005	3033	196.5	1997	1287000	2312	556.7
1975	753485	3552	212.1	1998	1714000	2690	637.2
1976	705530	3211	219.7	1999	2214000	3300	670.9
1977	466479	3293	141.7	2000	1384000	2630	526.2
1978	683882	3008	227.4	2001	1560000	2355	662.4
1979	784076	2836	276.5	2002	1944000	2475	785.5
1980	669017	2543	263.1	2003	1948000	2585	753.6
1981	622410	2233	278.7	2004	1922000	2565	749.3
1982	813510	2497	325.8				

说明：播种亩产是用总产除以播种面积计算出来的。

资料来源：《侯家营文书》，1957 年：f-26，《1966 ~ 1970 年粮食作物生产规划表》，1966 年；1961-1966 年，b-3-7，《1967 年耕地面积、粮食总产》，1967；1967 年播种面积：f-23，《1952 ~ 1971 年历史资料底帐》，1972 年 1 月；1968 年：b-3-7，《1961 ~ 1980 年统计资料台帐》，1980 年；1969 年：b-6-36，《1969 年农作物实产》，1969 年 12 月；1970 年：a-16-20，《1970 年农作物实产》，1970 年 12 月；1971 年：a-6-20，《1971 年农作物实产》，1971 年 12 月；1972 年：a-6-15，《侯家营大队 1972 年农作物实产》（一），1972 年 12 月；1973 年：a-16-7，《1973 年农作物实际产量》（一），1973 年 12 月；1974 年：a-6-16，《1974 年农作物实产》（一），1974 年 12 月；1975 年：b-2-20，《1975 年播种面积和产量表》，1975 年 12 月；1976 年：a-6-18，《1976 年农作物播种面积和产量》（一），1976 年 2 月；1977 年：a-16-8，《1977 年侯家营大队播种面积和产量表》（一），1977 年 12 月；1978 年：a-16-16，《1978 年农作物播种面积和产量》（一），1978 年 12 月；1979 年：b-2-12，《1979 年农作物播种面积和产量》（一），1979 年 12 月；1980 年：b-1-4，《1980 年农作物面积和产量表》（一），1980 年 1 月；1981 年：b-2-11，《1981 年农作物面积和产量表》（一），1981 年 12 月；1982 年：b-2-7，《1982 年农作物面积和产量表》（一），1982 年 12 月；1983 年：b-2-9，《1983 年农作物播种面积和产量》（一），1983 年 12 月；1984 年：b-2-25，《1984 年农作物播种面积和产量》（一）（全社会），1984 年 1 月；1985 年：a-7-22，《1985 年农作物播种面积和产量》（一）（全社会），1985 年 12 月；1986 年：a-7-21，《1986 年农作物播种面积和产量》（一）（全社会），1986 年 12 月；1987 年：a-7-29，《1987 年农作物播种面积和产量》（一）（全社会），1987 年 12 月；1988 年：a-7-28，《1988 年农作物播种面积和产量》（一）（全社会），1988 年 12 月；1989 年：a-7-28，《1989 年农作物播种面积和产量》（一）（全社会），1989 年 12 月；1990 ~ 2004 年：《秦皇岛市农村统计主要指标历史台账：昌黎县泥井镇侯家营村》，河北省昌黎县泥井镇档案馆馆藏档案，2005 年。

亩产的现存数据包括1957年、1964～2004年等年份。亩产受到总产量、作物种类和播种面积三者的综合影响，因而波动剧烈。1957～1980年，侯家营村粮食作物的亩产一直处于较低的水平线上，每年起伏很大，有的年份甚至大大低于200斤。直到进入80年代，亩产才出现了较大幅度的增加，1989年亩产出现了较明显的下滑，继而一直呈上升趋势。新中国成立以来，昌黎县的粮食作物亩产与侯家营村的亩产基本呈现出不同的变化趋势，只是在1985年表现出相同的丰收景象①。

2. 经济作物

经济作物包括棉花、油料作物（包括花生、芝麻和油菜籽）、麻类（主要是青麻）、甜菜、药材等。总体来说经济作物的生产情况波动剧烈，并受到了粮食作物的巨大影响。以下几个统计表分别说明了各种经济作物的生产情况。

表2　1957～1978年侯家营村棉花生产情况

年份	总产量（斤）	面积（亩）	亩产（斤）	年份	总产量（斤）	面积（亩）	亩产（斤）
1957	2400	60	40	1970	1290	45	28.6
1961	300	15	20	1971	382	54	52
1962	450	15	30	1972	88	50	1.76
1963	1024	54	18.7	1973	709	49	14.9
1965	1440	72	20	1975	322	6	54
1967	3030	60	50	1976	672	14	46
1968	2352	60	39.2	1977	225	14	16
1969	372	45	8.3	1978	127	15	8.5

资料来源：《侯家营文书》，1957年，1965年：f－26，《1966～1970年粮食作物生产规划表》，1966年；1961年，1962年，1964年，1967年，1968年：b－3－7，《1961～1980年统计资料台帐》，1980年；1969年：b－6－36，《1969年农作物实产》，1969年；1970年：a－16－20，《1970年农作物实产》，1970年12月；1971年：a－6－20，《1971年农作物实产》，1971年12月；1972年：a－6－23，《1972年农作物实产》（二），1972年12月；1973年：b－6－39，《1974年典型大队预产调查比较表（集体）》，1974年3月；1974年：d－32，《1974年大队农作物实产表》（二），1974年12月；1975年：b－2－20，《1975年播种面积和产量表》，1975年12月；1976年：a－6－18，《1976年农作物播种面积和产量》（二），1976年12月；1977年：a－9－31，《1977年粮棉油作物面积产量表》，1977年12月；1978年：a－16－16，《1978年农作物播种面积和产量》（二），1978年12月。

表2为新中国成立以后侯家营村棉花的生产情况，其中数据十分零散，最早为1957年，最晚为1978年。产量变化剧烈，缺乏经营稳定性。棉花受粮食作物的种植影响最大，因为棉花与粮食之间存在着争夺耕地、水、肥料、劳动力的尖锐矛盾。② 1967年为产量最高值，1972年为最低值，仅88斤，数据低得可疑，如果不是受到灾害影响，则应为套种。1963～1973年间面积较高且稳定，其余年代种植面积有十分明显的差距，种植面积的变化不定也影响了总产和亩产。

① 昌黎县地方志编纂委员会编《昌黎县志》，中国国际广播出版社，1992，第238页。

② 田岛俊雄：《中国农业的结构与变动》，经济科学出版社，1998，第128页。

亩产同样变化剧烈，1972 年最低，只有 1 斤多，1975 年最高，达到 54 斤，在现有的数据中，亩产的年际变化剧烈，增减明显。而且棉花的低产与化肥的短缺有关。

表 3 1961～2004 年侯家营村花生生产情况

年份	总产量（斤）	面积（亩）	亩产（斤）	年份	总产量（斤）	面积（亩）	亩产（斤）
1961	3600	90	40	1986	60000	600	100
1968	21829	160	136	1987	46800	360	130
1969	12118	140	86.6	1988	21200	200	106
1970	20416	115	179	1989	9900	300	33
1971	26099	170	105	1990	30000	300	100
1972	45042	180	250.2	1991	36000	300	120
1973	26926	180	150	1992	42000	300	140
1974	31725	237	113.9	1993	54000	360	150
1975	42686	270	158	1994	115000	500	230
1976	28679	310	220.6	1995	112000	640	175
1977	18720	240	78	1996	183000	1047	174.79
1978	54701	300	182	1997	180000	1100	163.64
1979	56208	400	140	1998	156000	700	222.86
1980	88949	580	153	1999	152000	700	217.14
1981	86444	605	143	2000	150000	900	166.67
1982	90000	600	150	2001	206000	850	242.35
1983	159000	720	220.8	2002	216000	900	240
1984	164880	720	229	2003	283000	880	321.59
1985	195840	720	272	2004	215000	870	247.13

资料来源：《侯家营文书》，1961 年：b－3－7，《1961～1980 年统计资料台帐》，1980 年；1968 年：f－23，《1952～1971 年历史资料底帐》，1972 年 1 月；1969 年：b－6－36，《1969 年农作物实产》，1969 年 12 月；1970 年：a－16－20，《1970 年农作物实产》，1970 年 12 月；1971 年：a－6－20，《1971 年农作物实产》，1971 年 12 月；1972 年：a－6－23，《1972 年农作物实产》（二），1972 年 12 月；1973 年：b－6－39，《1974 年典型大队预产调查比较表（集体）》，1974 年 3 月；1974 年：d－32，《1974 年大队农作物实产表》（二），1974 年 12 月；1975 年：b－2－20，《1975 年播种面积和产量表》，1975 年 12 月；1976 年：a－6－18，《1976 年农作物播种面积和产量》（二），1976 年 12 月；1977 年：a－9－31，《1977 年粮棉油作物面积产量表》，1977 年 12 月；1978 年：a－16－16，《1978 年农作物播种面积和产量》（二），1978 年 12 月；1979 年：b－2－12，《1979 年农作物播种面积和产量》（二），1979 年 12 月；1980 年：b－1－4，《1980 年农作物面积和产量表》（二），1980 年 12 月；1981 年：b－2－11，《1981 年农作物面积和产量表》（二），1981 年 12 月；1982 年：b－2－7，《1982 年农作物面积和产量表》（二），1982 年 12 月；1983 年：b－2－9，《1983 年农作物播种面积和产量》（二），1983 年 12 月；1984 年：b－2－25，《1984 年农作物播种面积和产量》（二）（全社会），1984 年 12 月；1985 年：a－7－22，《1985 年农作物播种面积和产量》（二）（全社会），1985 年 12 月；1986 年：a－7－21，《1986 年农作物播种面积和产量》（二）（全社会），1986 年 12 月；1987 年：a－7－29，《1987 年农作物播种面积和产量》（二）（全社会），1987 年 12 月；1988 年：a－7－28，《1988 年农作物播种面积和产量》（二）（全社会），1988 年 12 月；1989 年：a－7－28，《1989 年农作物播种面积和产量》（二）（全社会），1989 年；1990～2004 年：《秦皇岛市农村统计主要指标历史台账：昌黎县泥井镇侯家营村》，河北省昌黎县泥井镇档案馆馆藏档案，2004 年。

花生是主要油料作物。表3的数据显示了新中国成立以来侯家营村的花生生产情况，其中数据涉及时段为1961、1968~2004年。花生是侯家营的传统作物，其种植年代久远，并延续至今，是最重要的经济作物。根据表3，总产在1961、1968~1985年基本处于上升阶段，中间略有增减。1985~1989年总产量下降幅度巨大，到1989年为统计中的最低值，只有1万斤。这种状况与当时全国普遍出现的主要农作物产量严重滑坡的局面相一致。① 一直到1996年，总产再度增加，到2003年达到最大值。分析表3，可以看出种植面积变化波动明显，1968~1983年基本保持增长状态，1985年以后开始下降，1988年时面积与70年代初接近，1989年开始回升，到1997年时达到最高值，迅速回落后又保持平稳状态。影响花生产量的因素有很多，除了周期性的自然灾害之外，国家相关政策的调整、市场价格的涨落、农户的选择倾向等都会发生作用，造成了这一系列不规则变化。表3中数据的变化趋势，反映出花生的亩产变化剧烈。2003年为最高值，与总产的大幅增加有关。1972、1976年及80年代中期亩产也很高。1961、1989年亩产较少，均在40斤以下。

表4 1969~1981年侯家营村麻类生产情况

年份	总产量（斤）	面积（亩）	亩产（斤）	年份	总产量（斤）	面积（亩）	亩产（斤）
1969	435	13	33.5	1976	184	15	12.3
1970	449	12	37.4	1977	140	14	10
1971	585	14	42	1978	135	13	10.4
1972	768	12	64	1979	350	15	23
1973	1920	20	96	1980	187	10	19
1974	320	13	24.6	1981	100	3	34
1975	300	21	14				

资料来源：《侯家营文书》，1969年：b-6-36，《1969年农作物实产》，1969年12月；1970年：a-16-20，《1970年农作物实产》，1970年12月；1971年：a-6-20，《1971年农作物实产》，1971年12月；1972年：a-6-23，《1972年农作物实产》（二），1972年12月；1973年：b-6-39，《1974年典型大队预产调查比较表（集体）》，1974年3月；1974年：d-32，《1974年大队农作物实产表》（二），1974年12月；1975年：b-2-20，《1975年播种面积和产量表》，1975年12月；1976年：a-6-18，《1976年农作物播种面积和产量》（二），1976年12月；1978年：a-16-16，《1978年农作物播种面积和产量》（二），1978年12月；1979年：b-2-12，《1979年农作物播种面积和产量》（二），1979年12月；1980年：b-1-4，《1980年农作物面积和产量表》（二），1980年12月；1981年：b-2-11，《1981年农作物面积和产量表》（二），1981年12月。

在表4中，麻类作物的总产在1969~1973年为增长阶段，水平较高，1973年为统计中的最高值。1974~1981年呈剧烈下降趋势，只在1979年有所回升，1981年为统计中的最低值。面积在1969~1979年基本保持平稳，只是在1973、1975年出现了明显增长，其中1975年为统计中的最高值。1979年以后面积大幅度下降，到1981年降到统计中的最低值。亩产变化趋势与总产十分相似。1969~1973年为增长阶段，水平较高。此后迅速减少，至1979年回升，到1981年亩产接近1969年水平。侯家营村的各生产队种植麻类，主要为了满足本队的需要，解决草绳的原

① 陈吉元、陈家骥、杨勋主编《中国农村社会经济变迁（1949~1989）》，山西经济出版社，1993，第280页。

料来源问题，因此历年种植数量不高。①

表5　1972～1989年侯家营村甜菜生产情况

年份	总产量（斤）	面积（亩）	亩产（斤）	年份	总产量（斤）	面积（亩）	亩产（斤）
1972	8302	6	1383.7	1982	145000	90	1610
1973	28982	16	1810	1983	180000	90	2000
1974	11652	10	1165.2	1984	180000	90	2000
1975	47100	35	1345.7	1985	81000	90	900
1976	54500	40	1362.5	1986	180000	90	2000
1978	71840	61	1170	1987	90000	100	900
1979	102886	100	1028.86	1988	50000	100	500
1980	121776	130	937	1989	33800	50	676
1981	110375	136	820				

资料来源：《侯家营文书》，1972年：a－6－23，《1972年农作物实产》（二），1972年12月；1973年：b－6－39，《1974年典型大队预产调查比较表（集体）》，1974年3月；1974年：d－32，《1974年大队农作物实产表》（二），1974年12月；1975年：b－2－20，《1975年播种面积和产量表》，1975年12月；1976年：a－6－18，《1976年农作物播种面积和产量》（二），1976年12月；1978年：a－16－16，《1978年农作物播种面积和产量》（二），1978年12月；1979年：b－2－12，《1979年农作物播种面积和产量》（二），1979年12月；1980年：b－1－4，《1980年农作物面积和产量表》（二），1980年12月；1981年：b－2－11，《1981年农作物面积和产量表》（二），1981年12月；1982年：b－2－7，《1982年农作物面积和产量表》（二），1982年12月；1983年：b－2－9，《1983年农作物播种面积和产量》（二），1983年12月；1984年：b－2－25，《1984年农作物播种面积和产量》（二）（全社会），1984年12月；1985年：a－7－22，《1985年农作物播种面积和产量》（二）（全社会），1985年12月；1986年：a－7－21，《1986年农作物播种面积和产量》（二）（全社会），1986年12月；1987年：a－7－29，《1987年农作物播种面积和产量》（二）（全社会），1987年12月；1988年：a－7－28，《1988年农作物播种面积和产量》（二）（全社会），1988年；1989年：a－7－28，《1989年农作物播种面积和产量》（二）（全社会），1989年12月。

表5反映了甜菜的相关数据，其时间跨度是1972～1989年。侯家营村所在的泥井镇是昌黎县的主要甜菜产地。② 总产在1972～1984年基本呈现出增长趋势，且涨幅明显，其中1983、1984年为统计中的最高值。1978年以后的农村经济改革使农产品收购价格和市场价格大幅提高，大大促进了总产的增长。1985～1989年出现大幅下滑，到1989年已经到了十分低的水平，与1973年接近。这一下降趋势与当时全国出现的农产品严重滑坡的局面十分相近。面积和总产基本保持了同样的变化趋势，只是在1985年出现了大的不同。亩产在1972～1973年呈增长趋势，1976～1981年持续下降，1982年开始直线上升，到1983、1984、1986年达到统计中亩产的最高值。此后又急剧下降，在1988年降到统计中的最低值，1989年虽有所上升，但亩产仍低于1981年水平。甜菜的发展轨迹基本上与昌黎县糖厂的发展相一致，糖厂成

① 侯振元访问记录，2006年4月19日，访问地点：侯振春家，访问者：李屿洪；刘斌相访问记录，2006年4月17日，访问地点：刘斌相家，访问者：邢晔、李屿洪；侯振久访问记录，2006年4月19日，访问地点：侯振久家，访问者：邢晔、李屿洪；侯大信访问记录，2006年4月18日，访问地点：侯大信家，访问者：李屿洪。

② 昌黎县地方志编纂委员会编《昌黎县志》，第237页。

立伊始，公社就要求各大队种植甜菜，满足糖厂的原料需求，[①] 后来种植甜菜的大队越来越多，销售日益困难，80 年代开始，侯家营村的甜菜种植就逐渐衰落了，[②] 只有一小部分农户还少量种植，充作饲料。[③]

表 6　1969～1971 年侯家营药材生产情况

年份	总产量（斤）	面积（亩）	亩产（斤）
1969	850	11	77.3
1970	236	10	24
1971	294	7	42

资料来源：《侯家营文书》，1969 年：b-6-36，《1969 年农作物实产》，1969 年 12 月；1970 年：a-16-20，《1970 年农作物实产》，1970 年 12 月；1971 年：a-6-20，《1971 年农作物实产》，1971 年 12 月。

侯家营村种植药材的年份很少，只是在 1969～1971 年间短暂种植，其主要种类是沙参，[④] 不但费工，且效益不高。[⑤] 虽然侯家营村的土质比较适合种植，但是农户缺乏相关的经验，传统的耕作结构也使他们不习惯种植此类作物，只是在政府的鼓励下，他们才进行了尝试，由于并未实现盈利目标，只种了短短三年就停止了。

3. 其他作物

其他作物包括蔬菜（主要是秋菜，包括白菜、萝卜）、瓜类（果用瓜）、作物种苗、青饲料、绿肥作物等，其中蔬菜和瓜类最为重要。表 7 主要显示了其他作物的生产情况。

表 7 说明了其他作物的总产变化趋势，其数据为 1970～2004 年。1970～1992 年总体呈现出下降的状态，只是在 1972、1978、1982 年突然大幅增加，1988 和 1990 年为统计中的最低值。1993 年由于播种面积的巨额增加，总产迅速上升。随之而来的又是一个剧烈的下降过程，在 2000 年跌到谷底后才有所回升。总体来说，因受到粮食作物和经济作物的双重影响，其他作物的总产量波动极大，最高值与最低值相差足有 348500 斤，但与播种面积具有相似的变化态势。

---

① 刘斌相访问记录，2006 年 4 月 17 日，访问地点：刘斌相家，访问者：邢晔、李屿洪；侯大信访问记录，2006 年 4 月 18 日，访问地点：侯大信家，访问者：李屿洪；侯永深访问记录，2006 年 4 月 18 日，访问地点：侯永深家，访问者：李屿洪。

② 侯大信访问记录，2006 年 4 月 18 日，访问地点：侯大信家，访问者：李屿洪。

③ 侯永深访问记录，2006 年 4 月 18 日，访问地点：侯永深家，访问者：李屿洪；刘斌相访问记录，2006 年 4 月 17 日，访问地点：刘斌相家，访问者：邢晔、李屿洪。

④ 刘斌相访问记录，2006 年 4 月 17 日，访问地点：刘斌相家，访问者：邢晔、李屿洪。

⑤ 侯大信访问记录，2006 年 4 月 18 日，访问地点：侯大信家，访问者：李屿洪。

表 7　1969～2004 年侯家营村其他作物生产情况

年份	总产量（斤）	面积（亩）	亩产（斤）	年份	总产量（斤）	面积（亩）	亩产（斤）
1969		148		1987	163500	156	1048.1
1970	300000	60	5000	1988	90000	121	743.8
1971	349023	43	8117	1989	150000	140	1071.4
1972	438500	60	7308.3	1990	90000	36	2500
1973	240000	85	2823.5	1991	115000	40	2875
1974	175659	83	2116.3	1992	118000	40	2950
1975	257500	60	4291.7	1993	770000	300	2566.7
1976	284000	144	1972.2	1994	450000	140	3214.3
1977	272900	113	2415	1995	590000	230	2565.2
1978	352200	154	2287	1996	535000	130	4115.4
1979	278334	170	1637.3	1997	440000	150	2933.3
1980	245600	128	1918.75	1998	438000	150	2920
1981	160000	134	1194	1999	225000	100	2250
1982	360000	96	3750	2000	139000	50	2780
1983	180000	96	1875	2001	205000	64	3203.1
1984	180000	96	1875	2002	244000	65	3753.8
1985	174000	96	1812.5	2003	252000	65	3876.9
1986	105000	101	1039.6	2004	369000	90	4100

资料来源：《侯家营文书》，1969 年：b－6－36，《1969 年农作物实产》，1969 年 12 月；1970 年：a－16－20，《1970 年农作物实产》，1970 年 12 月；1971 年：a－6－20，《1971 年农作物实产》，1971 年 12 月；1972 年：a－6－23，《1972 年农作物实产》（二），1972 年 12 月；1973 年：b－6－39，《1974 年典型大队预产调查比较表（集体）》，1974 年 3 月；1974 年：d－32，《1974 年大队农作物实产表》（二），1974 年 12 月；1975 年：b－2－20，《1975 年播种面积和产量表》，1975 年 12 月；1976 年：a－6－18，《1976 年农作物播种面积和产量》（二），1976 年 12 月；1977 年：b－3－7，《1961～1980 年统计资料台帐》，1980 年；1978 年：a－16－16，《1978 年农作物播种面积和产量》（二），1978 年 12 月；1979 年：b－2－12，《1979 年农作物播种面积和产量》（二），1979 年 12 月；1980 年：b－1－4，《1980 年农作物面积和产量表》（二），1980 年 12 月；1981 年：b－2－11，《1981 年农作物面积和产量表》（二），1981 年 12 月；1982 年：b－2－7，《1982 年农作物面积和产量表》（二），1982 年 12 月；1983 年：b－2－9，《1983 年农作物播种面积和产量》（二），1983 年 12 月；1984 年：b－2－25，《1984 年农作物播种面积和产量》（二）（全社会），1984 年 12 月；1985 年：a－7－22，《1985 年农作物播种面积和产量》（二）（全社会），1985 年 12 月；1986 年：a－7－21，《1986 年农作物播种面积和产量》（二）（全社会），1986 年 12 月；1987 年：a－7－29，《1987 年农作物播种面积和产量》（二）（全社会），1987 年 12 月；1988 年：a－7－28，《1988 年农作物播种面积和产量》（二）（全社会），1988 年 12 月；1989 年：a－7－28，《1989 年农作物播种面积和产量》（二）（全社会），1989 年；1990～2004 年：《秦皇岛市农村统计主要指标历史台账：昌黎县泥井镇侯家营村》，河北省昌黎县泥井镇档案馆馆藏档案，2004 年。

根据表 7，可以看出播种面积在 1969～2004 年间变化非常剧烈。1969～1971 年下降明显，到 1971 年接近统计中的最低值，仅有 43 亩。1971～1979 年间保持了整体上升的趋势。1980～1986 年面积又明显下降，保持在 100 亩左右。1987～1989 年回升，1990～1992 年间面积极小，为统计中的最低值。1993 年急剧上升，继而下降，2000 年后回升，但涨幅不大。1970～1971 年亩产有大幅增长，涨幅有 3000 多斤。1971 年亩产为统计中的最高值。1972～1988 年间亩产基本处于下降趋势，只是在1975、1982年有所回升，其他年份的增、减都很小。1988年为统计中的最低值。此后一直到1996年，亩产不断上升。1997~1999年又开始下降，紧接着稳步增长，达到了较高水平。

4. 集体作物与社员自营作物亩产之比较

自留地曾于1958年开始人民公社化运动时被取消，1962年恢复，[①] 到1984年人民公社时代结束，集体与自营的区分消失，自留地也就不多存在。对集体耕地和自留地上作物亩产的比较，有助于我们了解公社时期农业生产的真实情况。集体土地和社员自留地上共同种植的作物大体上只有薯类、高粱、玉米这三种粮食作物，自留地上只在少数年份种植过经济作物和其他作物，其中1978年社员自留地上种植了蔬菜，比集体亩产高590斤；[②] 1983年自留地上种植了花生，自营亩产比集体亩产高35斤。[③]

表8 1969~1980年侯家营薯类生产情况

年份	集体耕地种植的薯类			自留地种植的薯类		
	产量（斤）	播种面积（亩）	亩产（斤）	产量（斤）	播种面积（亩）	亩产（斤）
1969	52288	180	290.49	27000	90	300
1970	56478	212	266.41	21900	60	365
1971	52823	178	296.76	20200	52	388.46
1972	34072	137	248.70	22000	65	338.46
1973	20389	100	203.89	21500	60	358.33
1974	44298	190	233.15	26800	85	315.29
1975	48786	150	325.24	54000	90	600
1976	13694	120	114.12	60000	100	600
1977	6803	65	104.66	24300	86	282.56
1978	10119	36	281.08	32800	32	1025
1979				30000	60	500
1980				24900	62	401.61

资料来源：《侯家营文书》，1969年：b-6-36，《1969年农作物实产》，1969年12月；1970年：a-16-20，《1970年农作物实产》，1970年12月；1971年：a-6-20，《1971年农作物实产》，1971年12月；1972年：a-6-15，《侯家营大队1972年农作物实产》（一），1972年12月；1973年：a-16-7，《1973年农作物实际产量》（一），1973年12月；1974年：a-6-16，《1974年农作物实产》（一），1974年12月；1975年：b-2-20，《1975年播种面积和产量表》，1975年12月；1976年：a-6-18，《1976年农作物播种面积和产量》（一），1976年2月；1977年：a-16-8，《1977年侯家营大队播种面积和产量表》（一），1977年12月；1978年：a-16-16，《1978年农作物播种面积和产量》（一），1978年12月；1979年：b-2-12，《1979年农作物播种面积和产量》（一），1979年12月；1980年：b-1-4，《1980年农作物面积和产量表》（一），1980年1月。

① 昌黎县地方志编纂委员会编《昌黎县志》，第233页。
② 《侯家营文书》，a-16-16，《1978年农作物面积和产量表》，1978年12月。
③ 《侯家营文书》，b-2-9，《1983年农作物播种面积和产量表》，1983年12月。

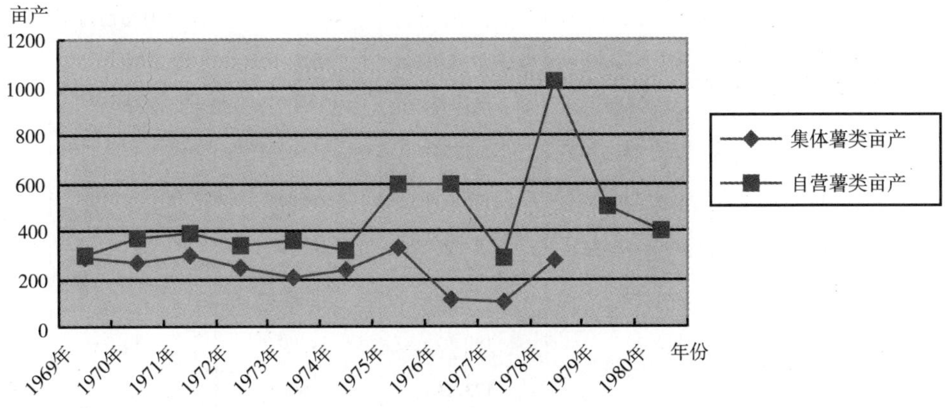

图 1　1969～1980 年侯家营集体与自营薯类亩产比较（单位：斤）

资料来源：根据表 8 的数据绘制。

表 8 和图 1 介绍了集体和自营土地上薯类的不同生产情况。薯类包括白薯、吊子和土豆。现存数据包括 1969～1980 年。1969 年集体与自营亩产相差不多，此后差距不断拉大。1976 年达到了 485 斤。究其原因，主要是自营薯类增产明显，而集体薯类减产很多。1977 年差距缩小，为 180 斤左右，集体和自营薯类都出现了减产的趋势，但是自营薯类减产更为迅速和剧烈。1978 年二者差距为统计中的最大值，有 744 斤之多，自营薯类比集体部分增产速度更快。1979、1980 年集体经营的土地上已经不再耕种薯类，而自营薯类则出现了明显的减产趋势，亩产的降幅达到 500 多斤。总体来说，农户自营土地上的薯类，其产量和亩产有着比集体耕地更为剧烈的波动。

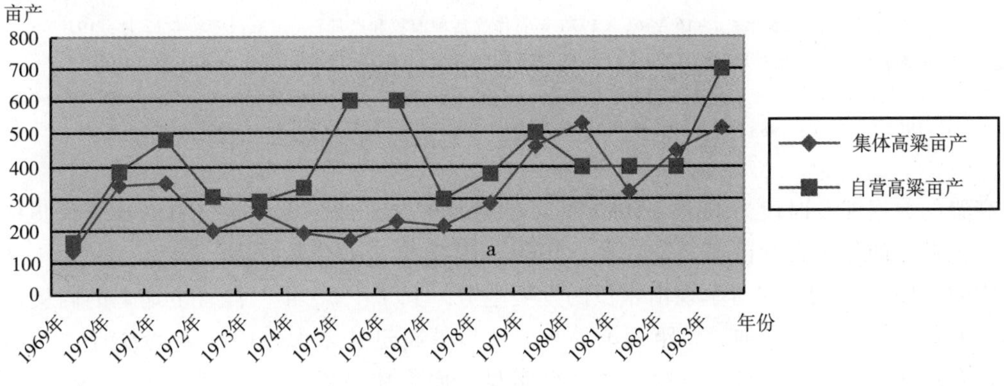

图 2　1969～1983 年侯家营集体与自营高粱亩产比较（单位：斤）

资料来源：根据表 9 的数据绘制。

表 9　1969～1983 年侯家营高粱生产情况

年份	集体耕地种植的高粱			自留地种植的高粱		
	产量（斤）	播种面积（亩）	亩产（斤）	产量（斤）	播种面积（亩）	亩产（斤）
1969	47744	348	137.20	2600	16	162.5
1970	85061	252	337.54	20600	54	381.48
1971	103487	299	346.11	26000	54	481.48
1972	105673	533	198.26	10750	35	307.14
1973	103379	408	253.38	11500	40	287.5
1974	82533	433	190.61	14400	43	334.89
1975	68226	394	173.16	18000	30	600
1976	35555	159	223.62	12000	20	600
1977	33069	156	211.98	11100	37	300
1978	52311	187	279.74	15350	41	374.39
1979	91584	200	457.92	30000	60	500
1980	93194	175	532.54	24300	61	398.36
1981	88358	275	321.30	49200	123	400
1982	134100	303	442.57	29200	73	400
1983	163500	315	519.05	51100	73	700

资料来源：《侯家营文书》，1969 年：b-6-36，《1969 年农作物实产》，1969 年 12 月；1970 年：a-16-20，《1970 年农作物实产》，1970 年 12 月；1971 年：a-6-20，《1971 年农作物实产》，1971 年 12 月；1972 年：a-6-15，《侯家营大队 1972 年农作物实产》（一），1972 年 12 月；1973 年：a-16-7，《1973 年农作物实际产量》（一），1973 年 12 月；1974 年：a-6-16，《1974 年农作物实产》（一），1974 年 12 月；1975 年：b-2-20，《1975 年播种面积和产量表》，1975 年 12 月；1976 年：a-6-18，《1976 年农作物播种面积和产量》（一），1976 年 2 月；1977 年：a-16-8，《1977 年侯家营大队播种面积和产量表》（一），1977 年 12 月；1978 年：a-16-16，《1978 年农作物播种面积和产量》（一），1978 年 12 月；1979 年：b-2-12，《1979 年农作物播种面积和产量》（一），1979 年 12 月；1980 年：b-1-4，《1980 年农作物面积和产量表》（一），1980 年 1 月；1981 年：b-2-11，《1981 年农作物面积和产量表》（一），1981 年 12 月；1982 年：b-2-7，《1982 年农作物面积和产量表》（一），1982 年 12 月；1983 年：b-2-9，《1983 年农作物播种面积和产量》（一），1983 年 12 月。

高粱的数据涉及时段为 1969～1983 年（参见表 9 和图 2）。总体来说自营高粱比集体亩产产量高，但在有的年份自营亩产低于集体。1969～1971 年二者差距扩大，1972、1973 年又开始缩小。1969～1972 年间，二者呈现出相似的发展趋势，到了 1973 年，自营土地上的高粱亩产有所下降，而集体亩产出现增加，差距逐渐缩小。此后差距迅速增大，1975 年为统计中差距最大的年份，有 420 斤。原因是自营高粱亩产增产明显，而集体高粱亩产减少。1977～1979 年差距日益减小，但二者都呈现出增长趋势。1980 年为集体亩产大于自营亩产的少数年份之一，因为集体亩产增加明显，为统计中集体高粱亩产最高值，而自营亩产大幅减少。1981～1983 年间二者交替领先，其中 1983 年自营高粱亩产达到统计中的最高值。

表 10　1969～1973、1982～1983 年侯家营玉米生产情况

年份	集体耕地种植的玉米			自留地种植的玉米		
	产量（斤）	播种面积（亩）	亩产（斤）	产量（斤）	播种面积（亩）	亩产（斤）
1969	146595	986	148.68	3500	15	233.33
1970	249914	860	290.60	4000	10	400
1971	243175	1015	239.58	7000	20	350
1972	221350	830	266.69	6000	20	300
1973	129402	624	207.38	6000	20	300
1982	295150	1126	262.12	48000	120	400
1983	480350	1099	437.08	84000	120	700

资料来源：《侯家营文书》，1969 年：b－6－36，《1969 年农作物实产》，1969 年 12 月；1970 年：a－16－20，《1970 年农作物实产》，1970 年 12 月；1971 年：a－6－20，《1971 年农作物实产》，1971 年 12 月；1972 年：a－6－15，《侯家营大队 1972 年农作物实产》（一），1972 年 12 月；1973 年：a－16－7，《1973 年农作物实际产量》（一），1973 年 12 月；1982 年：b－2－7，《1982 年农作物面积和产量表》（一），1982 年 12 月；1983 年：b－2－9，《1983 年农作物播种面积和产量》（一），1983 年 12 月。

玉米的数据包括 1969～1973、1982～1983 年。根据表 10 数据，自营亩产始终大于集体亩产。1969～1973 年间，二者相差幅度很大，主要是集体亩产一直不高。其中 1972 年差距最小，只有 33 斤，因为自营亩产处于下降阶段，而集体亩产正在增加。1982 年二者差距在 130 斤左右，但 1983 年就扩大到了 260 斤，相差悬殊。二者虽同处于增长阶段，但自营高粱亩产增长更加迅速和明显。

5. 总体分析

在自然条件方面，旱涝灾害对侯家营的影响最为严重。在集体制初期，队里无井，无法在旱灾出现时进行灌溉。20 世纪 60 年代才有了机井，开始缓解了旱灾的影响。[①] 时至今日，旱灾的影响在不断减小，因为村民们都对于农田灌溉十分重视，一遇旱情，便加大了机械灌溉的力度。[②] 其中，1981 和 1989 年的旱灾造成的受灾面积较大，使粮食总产量迅速下降，亩产也随之下滑。水灾同样在某些年份造成了减产。1969、1977 年均发生了成灾面积极大的水灾，1969 年粮食作物大幅减产，花生、棉花、麻类的产量也很低，许多村民对这一年的灾情仍记忆犹新。[③] 1977 年灾情影响的范围更加广泛，是新中国成立以来少有的大灾之一，产量下滑幅度十分巨大。在田野调查中，笔者了解到，侯家营村一直无法克服水灾的威胁。实行家庭经营之后，原有的排水沟渠被填平成为耕地，河堤被挖，失去了泄洪防洪的作用，村民对涝灾日益感到束手无策。（注：侯振元采访记录，2005 年 7 月 26 日，访问地点：侯振春家，访问者：金修连、李屿洪）

① 侯振元访问记录，2005 年 7 月 26 日，访问地点：侯振春家，访问者：金修连、李屿洪；刘斌相访问记录，2005 年 7 月 28 日，访问地点：刘斌相家，访问者：邢晔、金修连、李屿洪。

② 侯振元访问记录，2005 年 7 月 26 日，访问地点：侯振春家，访问者：金修连、李屿洪；侯元勤访问记录，2005 年 7 月 29 日，访问地点：侯元勤家，访问者：金修连、李屿洪。

③ 侯振元访问记录，2005 年 7 月 26 日，访问地点：侯振春家，访问者：金修连、李屿洪；侯永深访问记录，2005 年 7 月 28 日，访问地点：侯永深家，访问者：金修连、邢晔、李屿洪；侯元勤访问记录，2005 年 7 月 29 日，访问地点：侯元勤家，访问者：金修连、李屿洪；王兴巨访问记录，2005 年 7 月 27 日，访问地点：王兴巨家，访问者：张思、金修连、吴家虎、李屿洪。

集体制时期，公社分配给侯家营大队的杂交种子数量有限，只能在少数土地上进行种植，再加上村民不善管理，使杂交品种无法充分发挥作用，对粮食作物总产量的提高影响不大。[①] 到了家庭经营时期，因为品种培育技术的不断提高，新品种的质量大为提高，管理也更为方便，增产效果十分明显。化肥的短缺制约了作物产量的增加。到20世纪70年代末期，化肥的供给短缺状况才缓解，产品构成也发生了变化，单位面积施肥量增加。自1985年以来，在农业生产对化肥依赖程度不断增强的同时，国家和市场的化肥供应却未持续增长，加剧了1985～1989年出现的农业萎缩的趋势。[②] 农药对农业的影响相对于化肥来说为小，但也会造成作物产量的大幅波动。机井数量和配套程度逐年提高，[③] 这直接导致了灌溉面积和水浇地面积的增加，但是机井发挥的作用有限，效率不高。[④] 机井对灌溉的影响，只是保证了农业生产维持在一个基本水平上，而无法带来产量的飞速提高，还需要其他生产要素的共同作用。

改良种子，增加对肥料、农药和地膜等的投入，都属于土地替代型的手段，因为耕地资源的短缺，侯家营村的村民十分重视这方面的投入。对于农业机械来说，集体时期的投入并不是为了替代劳动力的投入，而是作为集体化政策的主要目标和表现方式来进行的，因此无法起到减少农业中劳动力投入的作用，在增产方面所发挥的作用也受到了局限。[⑤] 到了承包制初期，劳动力的大量过剩，以及农户经营规模的狭小，都阻碍了对机械的进一步投入，机械数量停滞不前，甚至倒退。20世纪80年代后期以后，农户才开始意识到机械对农业产出率的重要性，再加上部分农业劳动力的转移，促进了机械投入量的增加，农业的机械化程度才再度提高。

集体制时期，各类生产要素都在一定程度上被浪费，没有实现应有的增产效率，持续投入各类生产要素，并不能带来作物产量的迅速提高，只是保证了粮食产量的增加不至于落在人口增长的后面，使农民在恶岁中免遭旱涝灾害之苦。[⑥] 只有到了家庭承包制改革之后，各类生产要素才能产生较高的效率，发挥应有的作用。通过农田水利建设、平整土地、深耕土地、改良土壤等措施，加上使用了间作、套种、复种等栽培技术，农业生产得到发展，现代技术和物质要素的投入也日益成为农业增长的关键所在。

在实行承包制改革之前的集体制时期，影响侯家营村农业的主要因素是自然条件、制度、政策和生产者的决策，生产资料和技术虽然也发挥了作用，但是却基本上被制度和政策的消极作用所抵消，市场因素更是可以忽略不计。农业的缓慢增长，基本受制于不断增长的人口对于生存需求的初步满足。这一时期的产量增长，主要是依靠投入更多的生产要素，尤其是劳动力的投入，而不是依靠生产率的提高。统购统销的农产品管理体制和“一大二公”的特点，使得农民的生产积极性大为下降，所以种植业的产量基本处在一个较低的水平。

实行责任制改革以来，随着国家相关政策的调整，生产资料、技术、资金和市场因素的作用日益突出，但其他因素的影响亦不可忽视。80年代前期粮食作物、棉花、甜菜等经济作物都出现了明显的增长趋势，涨幅巨大，应该是与联产承包责任制的推行和国家实行的农村经济改革有

---

① 侯大信访问记录，2006年4月18日，访问地点：侯大信家，访问者：李屿洪。

② 张森福：《中国农业技术变迁：理论与政策》，《农业经济问题》1990年第7期；侯振元访问记录，2006年4月19日，访问地点：侯振春家，访问者：李屿洪。

③ 侯振元访问记录，2005年7月26日，访问地点：侯振春家，访问者：金修连、李屿洪。

④ 侯永深访问记录，2006年4月18日，访问地点：侯永深家，访问者：李屿洪。

⑤ 侯元勤访问记录，2005年7月29日，访问地点：侯元勤家，访问者：金修连、李屿洪。

⑥ 〔美〕麦克法夸尔、费正清编《剑桥中华人民共和国史：中国革命内部的革命：1966～1982年》，谢亮生等译，中国社会科学出版社，1998，第548页。

关，国家在供销方面又保持了计划经济下的低风险和提价收益，① 农村市场和国家政策的逐步放开，使得农民可以更为自主地选择农业的种植结构，农产品收购和市场价都有所提高，农民种植粮食作物的积极性不断增强，对各项生产要素的投入都十分重视，肥料、农药充足，灌溉及时，管理日益科学化，先进技术不断投入，土地产出效率提高。② 集体时期积累的综合生产能力也发挥了作用，在农民加大投入的条件下，作物产量自然增长。

但是，这种迅猛势头不可能长期维持下去，它只是由于拆除了农业有效生产的障碍后出现的一次性增长。1988 年之后，粮食作物、花生都大幅减产，造成这种状况的原因，首先是，农业仍然是靠天吃饭，抵御自然灾害的能力较差。其次，市场变动和制度弊端明显化了。由于国家的价格政策不合理，工农产品价格的剪刀差造成了农业效益的降低，影响了农民从事农业生产尤其是粮食种植的积极性，前一阶段的超长时间的增长使政府对农业的投入减少，造成农业生产条件恶化，粮食生产的物质基础日益薄弱，发展后劲严重不足。第三，计划经济的松动使农民不得不将主要资源投入农业的局面不再存在，③ 缺乏集体力量的推动，农民的各项投资集中于短期因素方面，农田水利基本建设、农业机械化水平和农药化肥的投入量都比公社时期有所下降，同时农业技术进步缓慢，农民将投入集中于比较收益高的经济作物或者非农产业，造成农业资源严重外流，从而影响了农业再生产的顺利进行。在这样的情况下，侯家营的村民也普遍认为，化肥、农药没有了国家的补贴，价格不断上升，而粮食作物的价格却在下降，种植作物需要投入很多，机械、化肥、农药等，再加上农业税，收入所剩无几。所以觉得种地很不赚钱，农民的积极性严重下降。④ 侯家营村的许多村民出外务工，或从事养殖业，种植口粮田也只是为了满足家庭的基本消费，获取收入还要靠从事其他行业。从家庭的收入来源来看，农业成为了“副业”。⑤

新中国成立以后侯家营村的农业，在很多方面延续了以往的种植传统和种植习惯，包括生产工具、栽培技术、主栽作物种类、种植偏好等，同时又引进了大量现代生产要素，化肥、农药、农业机械、现代农业技术逐渐大量使用，开启了农业现代化和科技化的道路。其发展态势又受到了各种生产要素、市场供求关系、政府政策等的多重影响，呈现了复杂的发展态势。从这样一个普通村庄入手，对其进行分析，有助于我们了解新中国成立以后农业发展的具体情况和实际走向，为现今农业的发展提供借鉴。

李屿洪

(四) 侯家营的副业

本文所说的侯家营的副业是指除农业以外的其他各业的总称，包括林业、禽畜业、渔业、商业、工业、服务业等，⑥ 副业收入也就是指除农业收入之外的其他各业收入的总和。根据目前收集到的侯家营资料，该村仅有 1964、1965、1969、1970、1971、1972、1975、1977、1978、1979、1980、1982、1983、1984、1985、1986、1987 这 17 年的副业收入记录，并且个别年份还

① 武力：《过犹不及的艰难选择——论 1949 ~ 1998 年中国农业现代化过程中的制度选择》，《中国经济史研究》2000 年第 2 期。

② 侯大义访问记录，2006 年 4 月 18 日，访问地点：侯大义家，访问者：邢晔、李屿洪；侯振元访问记录，2006 年 4 月 19 日，访问地点：侯振春家，访问者：李屿洪。

③ 武力：《过犹不及的艰难选择——论 1949 ~ 1998 年中国农业现代化过程中的制度选择》。

④ 侯百顺采访记录，2001 年 7 月 31 日，访问地点：侯百顺家，访问者：任吉东。

⑤ 侯振元访问记录，2006 年 4 月 19 日，访问地点：侯振春家，访问者：李屿洪。

⑥ 这里我们把侯家营文书中的“副业”收入称之为小副业收入，具体内容见《侯家营文书》，a - 7 - 21、a - 7 - 29。

记录不全。总的来看，在这段时间里侯家营的副业是在曲折中发展，在村民总收入中所占的比重很小。

新中国成立之初，由于党和政府在政策制定上经常会出现反复，这对农村副业的发展产生了负面影响。新中国成立初期，国家对于副业生产的控制比较松弛，但是1959年庐山“反右倾”运动时，又否定了先前那些方针政策，对副业发展的控制近于严苛，动辄冠之以走资本主义道路的帽子，使之在短时间内急剧萎缩。接着由于三年困难时期的到来，国家又重新放松对副业生产的控制，于1961年、1962年相继公布了《中共中央关于人民公社当前政策问题的紧急指示信》（简称“十二条”）和《农村人民公社条例》（修正草案）即六十条。在《六十条》中国家承认：“人民公社社员的家庭副业，是社会主义的必要补充部分……人民公社应该允许和鼓励社员利用剩余时间和假日，发展家庭副业，增加社会产品，补助社员收入，活跃农村市场。”[①] 从而以条例的形式肯定了家庭副业的作用，家庭副业又重新发展起来。

不过，虽然同样受到国家经济发展大气候的影响，侯家营的副业生产又有其特殊性。

1. 林业

侯家营位于河北省昌黎县城区正南十余公里处，地势平坦，土地肥沃，气候条件比较优越，非常适合发展林业。新中国成立前，侯家营乃至整个昌黎县的林业几乎无从谈起。新中国成立后，为响应国家号召，昌黎县政府提出“自采、自育、自造”，要大力发展林业。20世纪60年代以后，国家出台的《六十条》实行国造国有，社造社有，队造队有，社员在房前屋后植树永远归个人所有的政策，以求在更大程度上调动农民的种植积极性。

在这种形势下，为了响应国家和地方政府的造林号召，侯家营开始把大力发展林业当作重要任务来抓，并制定了系统的造林计划。根据其1966～1977年的造林计划，准备10年间造林130亩，1966年24亩，1967年53亩，1969年60亩……由于接踵而来的“文化大革命”，侯家营并没有实现其预定目标。尽管如此，当地的实有林地面积还是由1966年的170亩增加到1970年的225.5亩，增幅约32.6%。次年林地面积骤减至163亩，降幅为27.7%。此后，1971～1987年的17年间，侯家营的实有林地面积基本保持在163亩左右。

该村育苗面积的变化可分两个阶段。1971～1978年侯家营的育苗面积呈增长趋势，如1971年育苗3亩，1975年15亩，1978年100亩，增幅很大。但1978～1987年，育苗面积又开始大幅下降，1979年降至60亩，1983年则仅有4.5亩，其后虽有回升，但一直没有超过10亩。整体来看，很不规则。

就侯家营的造林分布来看，包括主林带、副林带、片林、环村林、护渠林、护路林和社员宅院周围的四旁植树等，以主、副林带面积最大。以1966年造林育苗情况为例，1966年年末实有林地面积170亩，其中主、副林带89.2亩，护渠林和护路林23亩，环村林3亩，分别占总林地面积的52.47%、13.53%、1.76%。该村的四旁植树，1966～1972年，一直保持增长趋势，尤其是1972年达到顶点，高达2万株。此后下降很快，但又有所反弹，基本维持在1万株左右。进入80年代后，又出现大幅度下滑。以1982年为例，该年实有四旁植树2500株，与1980年的7000株相比，降幅高达64.3%。直到80年代中期才有所回升，1987年四旁植树达到8900株，基本接近70年代前后的水平。

---

① 《当代中国农业合作化》编辑室编《建国以来农业合作化史料汇编》，中共党史出版社，1992，第635～636页。

表 1 “文化大革命”后侯家营各年各业收入构成

单位：元

	1978	1979	1980	1982	1983	1984	1985	1986	1987
总收入	147022	182561	155707	182685	349180	385750	501986	553007	674100
农业	110499	130332	114565	178916	300400	336750	367646	372007	497500
林业	—	—	—	—	—	—	—	1040	1480
禽畜业	—	—	—	—	—	—	101310	144310	111900
小副业	25016	26674	19207	1000	48780	48000	8030	14040	13600
渔业	—	—	—	—	—	—	—	5610	8800
运输业	4556	7803	482	—	—	—	—	—	—
劳务	700	9000	—	—	—	—	—	—	—
工业	—	—	16535	—	—	—	2000	1000	24000
建筑业	—	—	—	—	—	—	10000	8000	8000
商业	—	—	—	—	—	—	—	1000	1200
服务业	—	—	—	—	—	—	4000	—	—
其他	6251	8752	12631	2769	—	700	7000	5000	8500

说明：1983、1984 年的小副业收入可能不仅指小副业，还包括当年的其他副业收入。本表数据皆来自《侯家营文书》，为简便起见不一一做注。下同。

再看其植树种类，该村紫槐的栽种占有重要地位。[①] 除此之外，还有杨柳树和其他果木的栽种，如桃树、葡萄等。1986 年侯家营的林果收入为 1040 元，1987 年为 1480 元，在总收入中所占比例微乎其微。

整体来看，与耕地面积相比，侯家营的林地面积所占比例很小，1966～1987 年侯家营的平均耕地面积为 2709.37 亩，而林地面积却仅有 167.09 亩，比例为100∶6，林果收入在总收入中仅占 0.22%。[②] 而根据 1983 年昌黎县林业资源调查统计，全县耕地面积为 950136.25 亩，[③] 林业用地有 217168.5 亩，比例约为100∶23，该年度县林果收入占农业总收入的 5.4%。可见侯家营的林业生产远远低于县平均水平，仍旧很不发达。

2. 禽畜业

禽畜业是侯家营副业中的重要组成部分。如果细分的话，可以分为大牲畜和小型禽畜类。大牲畜主要为牛、驴、马、骡等，小型禽畜则包括猪、羊，貉子、兔子、鹌鹑等。

牛是侯家营的主要耕作役畜。但由于各种原因，牛的数量变化一直呈现出不稳定态势。20 世纪 60 年代以后，随着农业合作化和农田耕作机械化程度的提高，耕牛数量下降很快，[④] 进入 70 年代，下降态势更为明显。而从 80 年代开始，养牛数目又开始增加，这主要是因为自 1982 年开始，侯家营村开始推行家庭联产承包制，农民的生产积极性重新得到提高，耕牛作为农家生

① 《侯家营文书》，a－1－6，中共侯家营 1976 年 2 月 29 日党日活动记录本，农副业问题，全大队种植紫槐 20 亩。

② 根据《侯家营文书》，a－7－29，1987 年收入表换算得出。

③ 根据《昌黎县志》农作物播种面积和产量表推算而出。昌黎县地方志编撰委员会《昌黎县志》（以下简称《昌黎县志》），中国国际广播出版社，1992，第 239 页。

④ 《昌黎县志》，第 269 页。

产的主要畜力，数量快速增长（牛及禽畜业参见表2）。

表2 1961~1987年侯家营大牲畜养殖情况

单位：头（匹）

年 份	大牲畜总数	从事农役的牲畜	牛	马	驴	骡
1961	42	—	—	—	—	—
1962	42	—	—	—	—	—
1963	40	—	—	—	—	—
1964	41	—	40	—	1	—
1965	44	—	—	—	—	—
1966	48	—	—	—	—	—
1967	60	—	43	4	13	—
1968	72	—	51	5	16	—
1969	66	—	45	6	15	—
1970	64	—	45	5	14	—
1971	63	—	37	12	1	13
1972	63	56	33	13	17	—
1973	59	52	32	10	15	2
1974	49	45	28	10	9	2
1975	63	54	31	16	12	4
1976	59	53	31	13	11	4
1977	57	46	28	13	11	5
1979	51	42	19	15	6	11
1980	48	45	19	15	6	11
1981	51	51	11	17	12	11
1982	59	59	12	10	24	13
1985	125	100	65	5	45	10
1986	140	110	80	5	45	10
1987	150	130	85	5	30	10

驴也是侯家营的重要生产役畜，在各类牲畜中的年均占有率约21.14%。20世纪80年代以前，驴的数量始终处在一种摇摆不定的状态，年均数量维持在11头左右。进入80年代以后，随着农业生产的发展及对畜力需求的增加，加之驴有省草料、易饲育、易繁殖、易使役等优点，数量开始迅速增长。1981年还仅有12头，而到1982年就翻了一番（参见表2）。

马在侯家营的农业生产中并不占主要地位，在总牲畜中年均占有率约为11.52%。以1967年4头存栏数为底数，到80年代初期的15年间，马的年增长率约为8.16%。其中以1975年马的存栏数最大，曾达16头。家庭联产承包责任制普遍推行之后，由于费草料及易生病等原因，人们更倾向于养牛，于是马的数量急剧减少。到80年代中期，仅仅保持在5头左右，与其他役畜数目大幅增长形成了鲜明对比。

表3　1961～1987年侯家营猪、羊年末存栏情况

单位：头、只

年份	猪总数	集体猪数		羊	年份	猪总数	集体猪数		羊
		数量	%				数量	%	
1961	42	6	14.29	—	1974	428	204	47.66	21
1962	45	9	20	—	1975	425	262	61.65	40
1963	48	11	22.92	—	1976	293	167	57	70
1964	78	12	15.18	—	1977	232	112	48.28	52
1965	124	20	16.13	—	1978	450	150	33.33	—
1966	192	24	12.5	—	1979	193	21	10.88	43
1967	280	36	12.86	—	1980	174	—	—	30
1968	181	32	17.68	—	1981	144	—	—	26
1969	104	32	30.77	—	1982	225	—	—	32
1970	113	36	31.86	36	1985	200	—	—	50
1971	276	58	21.01	27	1986	210	—	—	150
1972	231	99	42.86	33	1987	150	—	—	50
1973	403	265	65.76	16					

骡在侯家营的牲畜中所占比重更小，在20世纪60年代，骡的数量几乎为零。进入70年代，除1971年有骡13头外，骡子的数量一直没有超过5头，直到70年代末这种状况才稍稍有所改变，达到10头以上，但一直维持在11头左右，没有大的增长。

猪是侯家营养殖业的重要组成部分。侯家营的养猪历史比较悠久，新中国成立前和新中国成立初期，皆有农户饲养。但在饲养管理上基本属于个体饲养，处于半靠自然、半靠人工，自然繁殖、任其发展的粗放状态。猪的饲料供应跟粮食生产有很大的关系，所以猪的饲养量也就往往随着粮食生产的丰歉而浮动，一直呈起伏不定的态势。

1961～1967年，猪的存栏数呈逐年增长的趋势，由42头增加到280头，年均增长达37.17%。其间受三年经济困难时期的影响，1961～1963年养猪数目增长很慢，至1963年仅增至48头。从1964年开始，由于侯家营贯彻“以私养为主，公养私养并举”的方针比较得力，实行集体分给养猪户饲料地，粪肥折工参加分配，实行生猪派购等奖励政策，养猪数目迅速增加。例如，1963年、1964年的全村猪只总存栏量分别为48头、78头，集体存栏量分别为11头、12头，分别增长了62.5%、9.09%，集体养猪增长明显低于总存栏数的增长，这说明在侯家营社员的养猪积极性得到了极大的提高。到1967年，猪的年末存栏量达到280头，是60年代以来侯家营生猪发展的第一个高潮。从1968年养猪数目又开始出现下滑，并且总存栏数的下降率高于集体存栏数的下降率，1968年的总存栏数为181头，较之1967年的280头下降了35.36%，而集体养猪数为32头，较之1967年的36头下降了11.11%。到1969年，养猪数目一度跌至104头，但集体存栏数保持不变。

1972年，昌黎县人民公社为了调动社员的养猪积极性，规定家庭养猪除享受国家奖售粮外，生产队还会按照饲养量或交售量奖给工分或粮食，从而调动了家庭养猪的积极性。[①] 侯家营的猪只数量自1973年开始大幅上升，达到403头，较之1972年的231头，增长了74.46%。该年集

① 《昌黎县志》，第270页。

体养猪的增幅要高于社员，这年集体养猪数达到265头，较之1972年的99头增加了167.68%。除1976、1977两年又有所下降外，① 此后一直保持着400多头的高存栏量，至1978年侯家营的猪只数量高达450头，生猪发展再次出现高潮。1973～1978年侯家营出现第二个养猪高潮时，也正好处于人民公社的后期，国家对副业生产的控制开始放松。1980～1987年的6年间②，侯家营猪只的年均存栏量为183.83头。

羊在侯家营畜业生产中所占的比重不大，并且品种很单一，80年代之前全部为山羊，之后才有养殖绵羊的记录，并且数目日益超过山羊。根据侯家营文书，有1970、1971、1972、1973、1974、1975、1976、1977、1979、1980、1981、1982、1985、1986、1987这15年的记录，③ 从这些记录中可以看到，在1970～1977年的8年间养羊状况整体呈波浪式上升态势，虽然有的年份有所下降甚至下降幅度很大。

改革开放后的最初几年（1979～1982年），侯家营的养羊数与之前相比有了明显下降，1979年年末存栏43只，比1977年下降了17.31%，而最低的1981年仅为26只，比1977年下降了50%，虽然1982年又有所反弹，但也仅达到32只的存栏数。这种状况直到1985年才得到改变，1985年年底侯家营羊存栏数增至50只，较之1982年增加了56.25%，1986年更是达到了该村有据可查的养羊数量的高峰，达150只。至1987年又回落到50只，稍高于侯家营这15年的年均存栏量。90年代以来，养羊业在该村畜业经济中一度占有相当比重，2001年“估摸有几千只羊，一只母羊能赚出1千块钱”④。不过到2004年该村养羊业发展又有所减缓，养羊“少了，不赚钱了”⑤。

此外，改革开放以后，侯家营又开始大力发展新型养殖业，如养貉、养貂业等。尤其是貉子在侯家营村家畜类中的比重不断增大，甚至成为广大农户的主要收入来源。我们将在下面的副业收入分析中给予数字说明。

3. 渔业

渔业在侯家营的经济生产中所占的比重很小。1976年全村养鱼8000尾。⑥ 改革开放以后，该村的渔业有所发展，基本上为淡水养殖。1985年养殖面积为10亩，1986年养鱼收入为5610元，1987年为8800元。

4. 社队企业（乡镇企业）

社队企业（即后来的乡镇企业）在侯家营的副业中虽然所占比重不大，但无论是人民公社时期，还是改革开放之后都有一定程度的发展。侯家营的社队企业主要有挂面房、加工厂、橡胶垫厂、棉瓦厂等。⑦ “文化大革命”时期虽然宣称要“以阶级斗争为纲”，但侯家营的社队企业仍有一定的发展。“文化大革命”后，该村的社队企业虽然有所发展，但进度不大且时有起伏

① 这两年猪只存栏数的下降很有可能是受1976年唐山大地震的影响，导致生猪在震中死亡及震后大量生猪用于弥补物资匮乏。

② 《侯家营文书》中缺1983、1984年关于猪的数据统计。

③ 该村这15年羊的总存栏量为706头，年均存栏量47.1头。

④ 2001年7月底侯家营的调查，刘清安对侯大合的采访记录。

⑤ 2004年4月底侯家营的调查，贾菁菁、周雪对村书记的采访记录。

⑥ 《侯家营文书》，a－1－6，中共侯家营1976年2月29日党日活动记录本。

⑦ 《侯家营文书》，d－73－77，1977年大队各项收支分户账。

(具体情况见表4)。近年来侯家营村依旧存在的乡镇企业仅有侯王冰棍厂一家，年收入五六万元。①

表4　1977～1987年侯家营社队（乡镇）企业

产值单位：元

年　份	1977	1978	1979	1980	1981	1982	1983	1984	1985	1986	1987
企业数	2	3	—	—	—	—	1	—	1	—	—
产　值	34000	42000	—	16535	—	—	700	—	4000	1000	24000

5. 小副业及其他

小副业主要指采集野生植物、割茅草、淀粉、粉条、豆制品加工等，② 这在侯家营的副业构成中所占份额极小，1986年、1987年分别为14040元、13600元。除此之外，侯家营的副业构成还包括建筑业、商业饮食业、服务业、运输业等等，但比重微乎其微。

6. 副业收入分析

1964年侯家营村的副业收入为3696元，在总收入的57739元中占6.4%。至1965年，副业收入增加到7543.65元，较之上年增加了104.1%。“文化大革命”后，虽然国家对于副业控制很严，但是侯家营的副业生产却并未受到多大影响，虽然产值起伏不定，带有很大的不稳定性，但整体来看还是有所进步的。1967年该村副业收入为6727元，比上年下降了10.83%，占总收入的6.78%，略高于1964年。1969年该村副业又见起色，总收入为7083.87元，较上年增长了5.31%。1970年副业收入为30067.72元，比上年又增加了324.45%，达到“文化大革命”时期副业发展的高峰。1972年又再度下降为17688元，较上年下降了41.17%。1972年又略有上升，为18319元，增加了3.57%。虽然在“文化大革命”时期“四人帮”一再鼓吹“宁要社会主义的草，不要资本主义的苗”③，严格限制副业生产的规模，但令人欣慰的是不管怎样，毕竟比“文化大革命”前要有所发展。④

十一届三中全会以后，中共中央开始把工作重心转移到经济建设上来，对于农村的经济政策进行了全新调整，发布了《关于加强农业发展若干问题的决定》，又试行新《六十条》。在这一背景下，侯家营的副业生产迎来了真正的春天。1977年该村副业收入37908元，超过了“文化大革命”前任何一年，并且在当年村民总收入中所占的比重也比较高。当年总收入为87911元，副业占43.12%。1978年该村副业收入为78523元，纯农业收入仅为68499元，副业在总收入中的比重超过了农业。其后几年该村副业收入有所下降并时有反弹。⑤ 1985年该村副业收入136340元，首次突破10万元，比上年的49000元增加了178.24%，在村民总收入中的比重为27.05%。至1987年为止，本村的副业收入一直维持着较为平稳的增长速度，在总收入中的比重保持在30%左右。1987年副业收入176000元，较之1985年又增加了29.09%，但在总收入中的

---

① 2001年7月底侯家营的调查，刘清安对王建军的采访记录。

② 这些加工仅仅停留在一种家庭小作坊的作业方式上，还没有达到工厂生产化的规模。

③ 孙德山、吴岩：《社员家庭副业和集市贸易》，农业出版社，1982，第5页。

④ 这里我们需要说明的是由于侯家营文书中没有十年全部的副业收入记录，所下结论也仅是根据文中提到的各年份的记录，因此并不十分可靠。

⑤ 这里需要说明的是，该村1982年副业收入极低，具体原因根据现存资料无法说明。

比重比 1985 年有所降低，约占 26.13%。

下面再具体看一下副业收入中各业所占的比重情况。

根据侯家营村的现有资料，以禽畜业生产最为详细。从资料中，我们可以了解到禽畜业收入在某些年份所占的比重，如 1964 年禽畜业收入 121 元，占副业总收入 3696 元的 3.27%，所占比重很小。1985、1986、1987 年三年的禽畜业收入是 101310 元、144310 元、111910 元，分别占当年副业收入的 72.7%、86.41%、63.59%，所占比重均超过一半，其重要性可见一斑。

而在禽畜业收入中，又具体包括成猪仔猪出售、羊的收入、牛的收入、家禽收入等。其中又以出售成猪、仔猪所得收入为多，1985 年成猪收入 29400 元、仔猪收入 21000 元，占当年禽畜业总收入的 49.75%，接近一半。1986 年、1987 两年较之 1985 年的比重有所下降，分别占当年禽畜业总收入的 38.94%、38.92%，与其他禽畜业收入相比，所占比重仍然最高。并且从收入额上看，1986 年也比 1985 年有所增加，为 56200 元。

家禽收入尤其是禽蛋收入在禽畜业收入中所占比重也很高，1985 年家禽出栏 1200 只，收入 3360 元；禽蛋 8500 公斤，收入 20400 元，二者合计为 23760 元，占当年禽畜业收入的 23.45%。1987 年家禽出栏收入 5550 元、禽蛋收入 24800 元，占当年禽畜业收入的 27.12%。

羊的收入主要有羊奶、羊毛、售羊收入等。1976 年侯家营卖羊奶 6000 斤，1982 年卖羊奶 3000 斤，绵羊毛 2000 斤。1985 年卖羊奶 3000 公斤，收入 480 元，绵羊毛 500 公斤，收入 750 元，合计 1230 元，占当年禽畜业总收入的 1.25%。1986 年售羊及羊奶羊毛收入合计 5920 元，占当年禽畜业收入的 4.1%。1987 年为 7780 元，占 6.95%。

牛的收入主要指出售乳牛和牛奶的收入。1985 年售牛收入 900 元、牛奶收入 260 元，占当年禽畜业收入的 1.15%。1986 年、1987 年售牛和牛奶收入 2900 元、4280 元，分别占当年禽畜业收入的 2.11%、3.82%。

表 5　1985～1987 年侯家营畜禽类养殖和收入情况

单位：猪牛/头、羊兔禽/只、奶蛋/公斤、貂皮/张

项目＼年份	1985	1986	1987
禽畜业总收入（元）	101310	144310	111900
肥猪出栏	150/294000	200/41200	180/43560
出售仔猪	700/21000	500/15000	—
出售乳牛	5/900	10/2500	10/3000
牛　奶	1000/260	1000/540	2000/1280
羊　毛	500/750	1000/3000	600/1800
羊　奶	3000/480	1000/320	6000/2280
家禽出栏	1200/3360	500/1450	1500/5550
禽　蛋	8500/20400	1000/2550	8000/24800
水貂皮	40/2600	60/7500	—
兔出栏	100/300	50/150	—

说明：表格内显示两个数字，其中前者为出售数量，后者为金额。另 1986 年羊出栏 40 只，收入 2600 元，其中奶山羊 20 只，计 1100 元。1987 年羊出栏 50 头，收入 3700 元；卖淘汰鹌鹑 5000 只，收入 1500 元，卖鹌鹑蛋 4000 公斤，收入 17600 元。

改革开放以后，侯家营又发展出一些新型的禽畜业，如 1985 年和 1986 年分别售兔 50 只、100 只，收入为 150 元、300 元；1987 年鹌鹑收入 19100 元，占当年禽畜业收入的 17.07%；1985 年、1986 年养貂收入分别为 2600 元、7500 元。值得说明的是，养貂业直到今天在该村仍然发展着，现在村里“大概有五六十户养貉，狐狸，貂”。除养貂业之外，养貉业在今天的侯家营副业中地位也日益突出，一个村民“两年养貉子收入 8000 块”。2002 年该村貉子染病时，“一个晚上就死了 2000 多只”，[①] 可见侯家营养貉数量之多。

隋鹏飞　张海荣

（五）侯家营的收益分配

在侯家营文书中，保存着比较完整的有关人民公社时代该大队收益分配方面的数据，时间跨度为 1964 ~ 1985 年。其中最有价值的是《人民公社基本核算单位收益分配表》。随着年代变化，这类统计表的名称和格式有所改变，但其基本内容是一致的，包括：参加分配的人口、总收入（其中农业收入包括种植、副、牧、林业的收入）、总支出（生产费用、管理费、其他费用）、集体分配（包括国家征购、集体提留、社员分配），详细地说明了当时的农业生产和分配情况。另外，侯家营大队及各生产队的各类账簿、票据、其他统计报表、工分记录以及干部和社员的个人记录等，都可以作为研究的重要参考。其他政治类和生活类的资料中也有不少可资利用的材料，有助于理清收益分配的发展脉络。因为侯家营村现存的资料具有原始性，为了避免对史料的盲目使用，笔者尽量小心地分析和辨别，同时结合田野调查的方法，与文字资料相互印证、补充。为此，笔者随同导师张思教授对侯家营村进行了为期七天的实地调查，接受访问的村民们指出，集体化时期的资料中存在的数据差异，只是客观的误差，有很多是由于记录时间不同而造成的，并非当时会计等干部的人为造假，会计对当时数据的准确要求很严格，因此各种报表和账簿中的数据基本可以代表真实情况；到了家庭经营时期，这种情况才发生改变，数据中出现了估算的成分。

集体生产组织中基本核算单位一年的总收入，扣除已经开支的各项费用后的部分，叫做纯收入（也叫收益），对这部分数额进行的分配，叫做收益分配。在总收入中，包括当年生产出来的农、林、牧、副、渔业的主副产品收入、其他收入，还有社队企业转给生产队分配的部分等。而各项费用主要以生产费、管理费和其他费用的形式出现。在扣除这部分费用后，纯收入才能在国家、集体和个人之间进行分配。

1962 年 9 月，中共中央通过了《农村人民公社工作条例修正草案》，正式确立了为以后所长期沿用的“三级所有、队为基础”、“政社合一”的人民公社体制，生产队成为收益分配的基本核算单位。昌黎县也根据“六十条”的精神，对基本核算单位进行了相应的改革。[②] 各个生产队之间分配水平的高低，完全取决于本单位生产发展的程度和收入的多少。收益分配表现为现金和实物两种形态。在交给国家的部分里，现金形态主要是各种税金，在侯家营体现为农业税，而实物形态则主要是各种农产品的征购。交给集体的部分称为集体提留，其中现金部分包括公积金、公益金、储备粮基金和社员生活基金等，实物部分包括种子粮、饲料粮和储备粮。社员分配的部分则以社员劳动报酬的形式出现，分配给社员的主要为生活必需品，又以口粮最为重要。

---

① 2004 年 4 月底侯家营调查中高福美、曾秋云对村民侯运胜的采访记录。

② 昌黎县地方志编纂委员会编《昌黎县志》，中国国际广播出版社，1992，第 233 页。

表1使用的数据基本上均来自于专门的收益分配表，只是在不同年代名称有所不同。1974年之前称为《农村人民公社收益分配》，1974～1983年则称为《人民公社全部基本核算单位收益分配》，1983年公社制废除之后，改称《农村经济收益分配情况》和《农村经济情况统计表》。表中的各个项目也基本一致。这类报表中的数据，均是以侯家营大队为计算单位。人民公社时期的很长一段时间内，基本核算单位应该是生产队，但由于所留下的资料中缺乏系统的生产队收益分配的内容，只有零星记录，无法进行长时段的考察，所以本文基本上采用大队的收益分配报表来进行论述。另一方面，由于大队收益分配的数据，基本上是几个生产队分配数据的简单相加，所以对其基本状况的分析，应该可以窥见当时生产队的实际情况。

表1 1964～1985年侯家营村收益与分配统计

单位：元

年 度	总收入	农业收入	各项费用	生产费	管理费	净收入	国家税收	集体提留	社员所得
1964	57739	54043	19051	17324	318	38688	5148	4120	29420
1967	99266	92539	25725	23864		73541	6010	14447	53084
1971	110063	92181	33605	31373		76458	6905	10820	58733
1972	101913	87870	33181	32087	241	68732	5478	8917	54337
1973	97203	84121	29346	28922	226	67858	5425	8154	54279
1974	104379	84062	36590	34775	687	67789	5478	10546	51765
1975	118775	102171	40996	38312	877	77739	5477	16338	55924
1976	107835	93211	49468	45116	663	58365	4378	8183	45806
1977	87911	64703	46297	42665	384	41614	5479	3747	32388
1978	147022	110499	54979	47806	492	92043	5478	20495	66070
1979	182561	130332	65163	61470	361	117398	6256	22755	88387
1980	155747	114565	84576	78902	197	71159	5853	8184	48290
1981	122834	95949	78619	67223	259	44815	6186	2282	35747
1982	182685	178916	83978	83818	160	98707	6452	7232	85023
1983	349180	300400	140020	105070	190	209160	6450	4000	198710
1984	385750	336750	161600	112000	200	224150	6450	3000	214700
1985	503986	367646	176195	165695		327491	10000	10000	307491

资料来源：《侯家营文书》，1964、1967、1971年：f－23，《粮食产量、扣留与分配情况》，1964年、1967年、1971年；1972年：a－16－10，《1972年农村人民公社收益分配》，1972年12月；1973年：a－16－7，《1973年收益分配情况》，1973年12月；1974年：a－5－25，《1974年农村人民公社收益分配》，1974年12月；1975年：b－2－20，《1975年农村人民公社基本核算单位收益分配》，1975年12月；1976年：a－5－25，《农村人民公社全部基本核算单位收益分配》，1976年；b－2－18，《农村人民公社全部基本核算单位收益分配》，1976年12月；1977年：a－16－8，《1977年收益分配》，1977年12月；b－2－17，《农村人民公社全部核算单位收益分配》，1977年12月；1978年：b－2－10，《1978年人民公社收益分配情况》，1978年12月；1980年：b－2－26，《1980年人民公社全部基本核算单位收益分配》，1980年12月；1981年：b－2－11，《1981年人民公社全部基本核算单位收益分配》，1981年12月；1982年：b－2－7，《1982年人民公社全部基本核算单位收益分配》，1982年12月；1983年：b－2－22，《农村经济收益分配情况》，1983年12月；1984年：b－2－27，《农村经济收益分配情况》，1984年11月；1985年：a－7－22，《农村经济情况统计表》，1986年1月。

表 2　1964～1985 年侯家营各项收益分配比重

单位：%

年　度	总收入中农业收入	总收入中各项费用	各项费用中生产费用	总收入中纯收入	纯收入中国家税金	纯收入中集体提留	纯收入中社员所得
1964	94	33	91	67	13	11	76
1967	93	26	93	74	8	20	72
1971	84	31	93	69	9	14	77
1972	86	33	97	67	8	13	79
1973	87	30	99	70	8	12	80
1974	81	35	95	65	8	16	76
1975	86	35	93	65	7	21	72
1976	86	46	91	54	8	14	78
1977	74	53	92	47	13	9	78
1978	75	37	87	63	6	22	72
1979	71	36	94	64	5	19	75
1980	74	54	93	46	8	12	68
1981	78	64	86	36	1	5	80
1982	98	46	100	54	7	7	86
1983	86	40	75	60	3		95
1984	87	42	69	58	3	1	96
1985	73	35	94	65	3	3	94

资料来源：根据表 1 中的数据计算。

从表 2 可以看出在大队的全年总收入中，农业收入占了绝大多数，其余部分为社员的家庭副业收入和大队及生产队的企业收入。农业是侯家营的主要经济来源，所以，总收入的变化趋势基本与农业收入的变化趋势相一致（见图 1），基本上呈不断增长的状态。1964～1985 年总收入的年平均增长率是 10.86%。1977 年收入的减少可归因于 1976 年地震对于农业的破坏。1980、1981 年的明显降低，主要是由于这两年粮食作物产量的明显减少。但这只是一时现象，之后的总收入增长速度以前一阶段快得多，总收入的增长趋势也与粮食作物产量的变化趋势类似。

各项费用中主要包括生产费和管理费，生产费包括种子、化肥、农药、机耕费、排灌费、农机具维修及小型农具购置费等项，社员交给集体的家庭积肥的报酬也列入其中，[①] 在生产费用中，有很多支出是以生产队贷款的形式存在的，因此生产队的总收入还必须扣除每年所还贷款的数额，[②] 管理费的主要构成是生产过程中的行政管理支出，其中生产费用占了 2/3 以上。管理费用的变化幅度较大，但总的来说对总费用的变化影响不大。生产费用呈逐年增多的趋势，原因是农民对于生产日益重视，增加了在机械、化肥、农药、技术等各方面的投入，从而造成了各项费用总和的相应提高。

① 梅德平：《中国农村微观经济组织变迁研究——1949～1985：以湖北省为中心的个案分析》，中国社会科学出版社，2004，第 234 页；刘斌相访问记录，2006 年 4 月 17 日，访问地点：刘斌相家，访问者：邢晔、李屿洪；侯大信访问记录，2006 年 4 月 18 日，访问地点：侯大信家，访问者：李屿洪；侯大义访问记录，2006 年 4 月 18 日，访问地点：侯大义家，访问者：邢晔、李屿洪。

② 刘斌相访问记录，2006 年 4 月 17 日，访问地点：刘斌相家，访问者：邢晔、李屿洪；侯大信访问记录，2006 年 4 月 18 日，访问地点：侯大信家，访问者：李屿洪；侯大义访问记录，2006 年 4 月 18 日，访问地点：侯大义家，访问者：邢晔、李屿洪；侯振元访问记录，2006 年 4 月 19 日，访问地点：侯振春家，访问者：李屿洪。

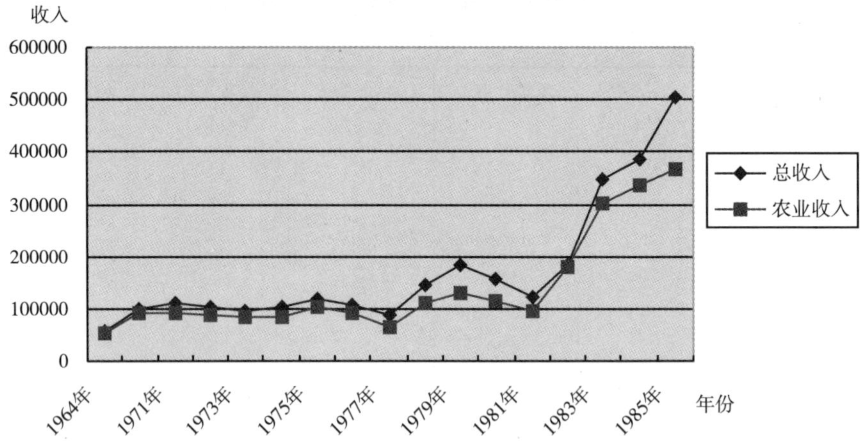

图 1　1964～1985 年侯家营总收入与农业收入变化趋势（单位：元）

资料来源：根据表 1 的数据绘制。

在总收入和各项费用的双重制约下，纯收入在总收入中所占比例变化频繁，尽管纯收入的绝对数额呈现出整体增长的变化态势。如果纯收入在总收入中所占比例基本不变，那么可分配的数额会逐年增多，但是由于生产发展所要求的费用增长，虽然纯收入的绝对数额呈现出整体增长的变化态势，但在总收入中所占的比例却忽高忽低。

纯收入要按国家、集体和个人三部分进行分配，其中分给社员的比例最高，各年中分给社员的平均比例为 79.6%。图 2 是各个年份纯收入在这三者之间的分配比重。以下就按照这三部分的顺序来分别介绍收益分配的具体情况。

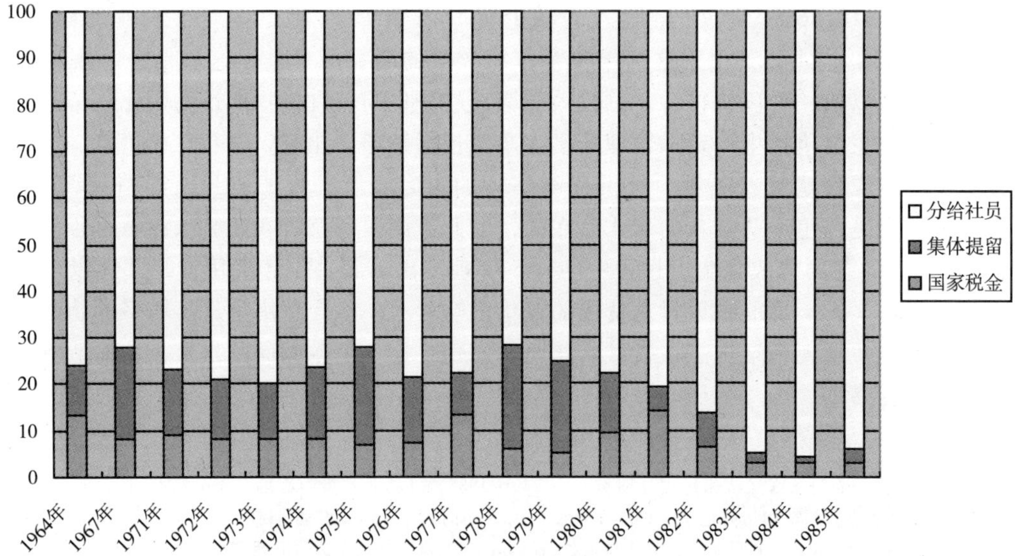

图 2　1964～1985 年侯家营纯收入分配各项比重变化（%）

资料来源：根据表 2 的数据绘制。

1. 国家部分

收益分配中国家、集体、个人这三部分中，交给国家的部分必须优先完成，它主要表现为各种税金和农产品征购。由于侯家营以农业生产为主，因此税金的大部分都是农业税。表3显示了侯家营村历年所交农业税的数额。

表3 1964~1989年侯家营大队农业税任务分配

年 度	实有计税土地			税率（%）	税额（斤）	地方附加		总 计	
	亩 数	常产（斤）	总产（斤）			省附加10%	乡附加5%	米数（斤）	折款（元）
1964									5148.00
1967									6010.00
1970	2669.8	130.8	349210	9.74	34013	5102		39115	5476.10
1971									6905.00
1972									5478.00
1973									5425.00
1974	2671.2	130.8	349393	9.74	34031	5105			5479.04
1975	2671.2	130.8	349393	9.74	34031	5105			5479.04
1976									4378.00
1977									5479.00
1978	2671.2	130.8	349393	9.74	34031	5105		39136	5479.04
1979									6256.00
1980	2670.2	130.8	349263	9.74	34018	5103		39121	6454.98
1981	2670.2	130.8	349263	9.74	34018	5103		39121	6454.98
1982	2670.2	130.8	349264	9.74	34020	5102		39122	6455.14
1983	2670.2	130.8	349264	9.74	34020	3402	1700	39122	6455.14
1984	2670.2	130.8	349264	9.74	34020	3402	1700	39122	6455.14
1985	2670.2	130.8	349264	9.74	34020	3402	1700	39122	8489.48
1987	2670.2	130.8	349264	9.74	34020	3402	1700	39122	8998.06
1988	2670.2	130.8	349264	9.74	34020	3402	1700	39122	9088.04
1989	2669	130.8	349103	9.74	34003	3400	1700	39103	9711.23

说明：（1）1980、1981、1985年的农业税总计和收益分配表上的农业税不同。收益分配表上1980、1981、1985年的农业税各为5853元、6186元和10000元。（2）1985、1987、1988年的农业税任务分配表有两张。这两张的基本内容相同，但农业税总计的数据不同：1985年的农业税总计各有6455.14元（3月22日），8489.48元（6月27日）；1987年的农业税总计各有8489.49元（2月1日）、8998.06元（6月4日）；1988年的农业税总计各有8998.06元（6月15日）、9088.04元（6月15日）。这里采用的农业税总计都是6月份的数字。

资料来源：《侯家营文书》，1964、1967、1971、1972、1973年：f-23，《粮食、扣留与分配情况》，1964年、1967年、1971年、1972年、1973年；1970年：a-7-1，《农业税任务分配表》，1970年4月；1974年：a-7-26，《农业税任务分配表》，1974年3月；1975年：a-10-20，《农业税任务分配表》，1975年4月；1976年：b-2-18，《收益分配表》，1976年12月；1977年：b-2-17，《收益分配表》，1977年12月；1978年；a-6-33，《农业税任务分配表》，1978年4月；1980年：b-3-1，《农业税任务分配表》，1980年5月；1981年：b-1-23，《农业税任务分配表》，1981年12月；1982年；b-1-56，《农业税任务分配表》，1982年4月；1983年：b-2-6，《农业税任务分配表》，1983年4月；1984年：b-2-25，《农业税任务分配表》，1984年4月；1985年：b-6-6，《农业税任务分配表》，1985年5月；1987年：a-2-2，《农业税任务分配表》，1987年4月；1988年：a-7-28，《农业税任务分配表》，1988年4月；1989年：a-7-28，《农业税任务分配表》，1989年3月。

从表3可以看出，国家对于农业税的征收，一直实行增产不增税的政策，基本上是以土地面积为标准，制定了一个固定的亩产数额，不考虑作物的具体品种和不同的亩产，每年都按照这个亩产来计算全大队的总产量。同时税率也保持长期不变，由于计税土地的面积在较长时期内保持稳定，地方附加税的税额没有发生变化，因此，每年国家作为农业税征收的作物产量基本保持稳定不变，只是在1976年因为地震而减税。这样，税金的总数就基本只受粮食价格的影响。因为农产品价格出现了明显的增长趋势，所以才会出现1985年之后农业税金额大幅上升的情况。可以说，农业税一直维持在较低的水平上。图3反映了农业税的变化趋势。在集体经营时期，农业税虽然以现金的形式征收，但实际上，生产队却是以粮食的形式缴纳的，在把粮食上交到公社粮库的同时，收税人员已经将生产队卖粮收入中的农业税部分从生产队的账户中划走。①

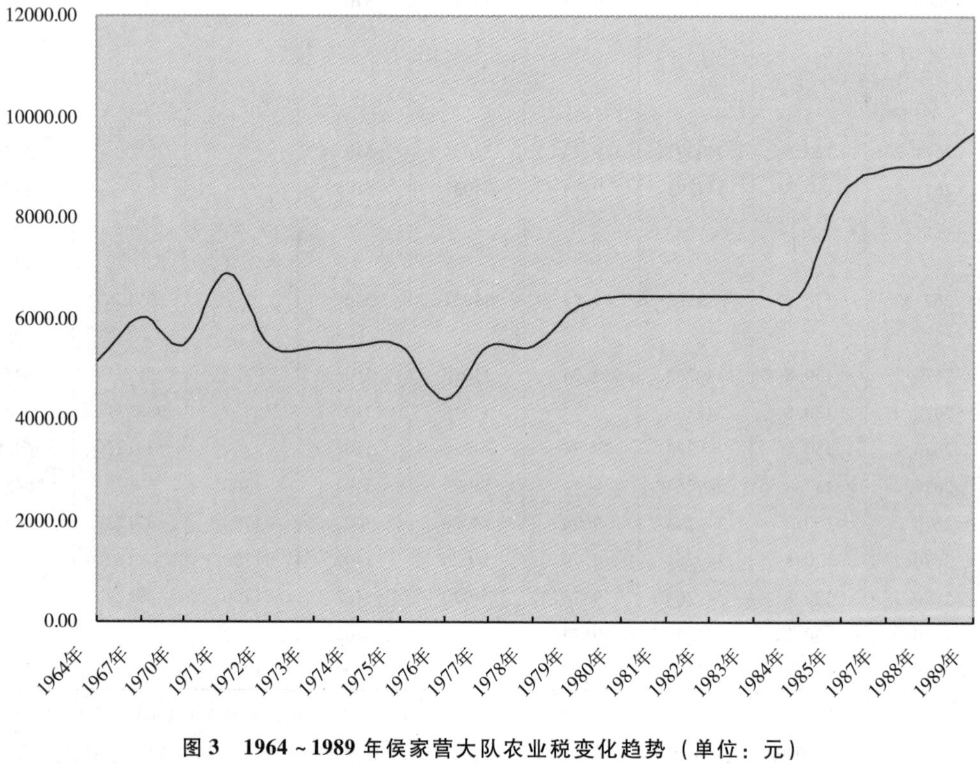

图3 1964～1989年侯家营大队农业税变化趋势（单位：元）

资料来源：根据表3的数据绘制。

交给国家的主要实物部分是征购。在粮食征购的部分中，包括两个方面：一是统购，也叫定购，就是国家将大队的主要农副产品以低价进行收购。二是超购，是国家在统购之外额外征购的农副产品，并不是每年都会出现。1953年11月，中共中央颁布了《关于实行粮食计划收购与计划供应的决议》，开始实行粮食的统购统销。国家统购农产品的范围不仅限于粮食，随着统购统销制度的完善，逐步扩大到了几乎所有的农副产品，从而形成了一套较为完整的以政府直接经营和计划价格为主体的农产品的购销制度和价格制度。政府规定，一部分农产品如粮、棉、油等，

① 刘晓利访问记录，2005年7月26日，访问地点：刘晓利家，访问者：金修连、李屿洪；侯永深访问记录，2006年4月18日，访问地点：侯永深家，访问者：李屿洪；侯大信访问记录，2006年4月18日，访问地点：侯大信家，访问者：李屿洪；侯振元访问记录，2006年4月19日，访问地点：侯振春家，访问者：李屿洪。

实行严格的统购统销政策，另外一部分如烟、麻、猪等，国家对其实行派购，派购任务完成后，方可议价出售，其余的农副产品实行议价议销政策，但是前两种农副产品占了绝大多数。① 自1963年以来农产品统购便趋于稳定，② 自1965年10月，开始实行粮食征购"一定三年"不再变动的方法，并实行超购、超奖，1966年6月，国务院提高粮食收购价格，此后一直到1978年，粮食价格基本未动。③

国家对农产品的超购，可以分为几种形式：增购、换购和议购。1957年国家开始对余粮队和自给队增产的粮食实行增购政策，一般增购其增产部分的40%。④ 60年代初开始，国家对征购以外的余粮采取换购和议购的方法，以尽可能多地收集余粮。这些余粮实际上是社员的口粮，或者是生产队历年积累的储备粮。换购指生产队用农副产品从国家那里换取生活或生产资料。⑤ 国家实施了低价收购与低价供应生产资料相挂钩的政策，⑥ 由国有粮食企业或供销社向生产队提供低价化肥、农药和柴油，作为对征购的补偿。农民只有多出售廉价的农副产品，才能从供销社买到较多的生活必需品和农业生产资料。议购是指按高于统购价但低于市场价的所谓议价收购粮食，议价标准，因时而异。⑦ 在侯家营村的各个生产队中，出售余粮的现象并不多见，⑧ 只是有的生产队在少数几年出售过议价粮，公社确定了议价粮的交售数额，不允许生产队多出售。⑨

表4　1961～1986年侯家营基本收益分配（以粮食为主）

单位：斤

年　度	粮食总产	交售国家	折　差	提　留	分给社员	折　差	人均所得
1961	207200						
1962	276676						
1963	432134						
1964	462135	182421		63796	188199		312
1965	694573	201760		212111	247699	33003	394
1966	541974						
1967	631364	208204		152177	270983	19779	414
1968	515025	180344		98788	235893	29138	358
1969	427253	97851			239871		337
1970	637747	203000		95700	291800		398
1971	616828	203000		84020	284736		382
1972	552295	154654	4487	106666	270019	16469	360
1973	535071	130576		127002	260493		348

① 辛逸：《农村人民公社分配制度》，博士论文，人民大学，2000，第22页。

② 郑风田：《制度变迁与中国农民经济行为》，中国农业科技出版社，2000，第186页。

③ 陈廷煊：《建国以来粮食流通体制的演变》，《改革》1996年第6期。

④ 曹锦清、张乐天、陈中亚：《当代浙北乡村的社会文化变迁》，上海远东出版社，2001，第446页。

⑤ 张乐天：《告别理想——人民公社制度研究》，东方出版中心，1998，第284页。

⑥ 郑风田：《制度变迁与中国农民经济行为》，第205页。

⑦ 曹锦清、张乐天、陈中亚：《当代浙北乡村的社会文化变迁》，第448页。

⑧ 侯振久访问记录，2006年4月19日，访问地点：侯振久家，访问者：邢晔、李屿洪；侯振元访问记录，2006年4月19日，访问者：李屿洪；访问地点：侯振春家，侯永深访问记录，2006年4月18日，访问地点：侯永深家，访问者：李屿洪。

⑨ 侯大义访问记录，2006年4月18日，访问地点：侯大义家，访问者：邢晔、李屿洪。

续表

年　度	粮食总产	交售国家	折　差	提　留	分给社员	折　差	人均所得
1974	554805	137602	2302	123010	273814	12977	358
1975	681485	170000	398	220470	282870	7756	367
1976	633530	120497	1064	212202	277818	22949	363
1977	431079	16718	2644	146223	253231	12263	327
1978	636335	133096	8683	158075	308070	28411	404
1979	726118	184056	9738	185047	314024	34253	410
1980	619817	136211	6759	116645	287817	31692	375
1981	573162	98570	3487	87845	275920	17340	345
1982	736310	157284	5201	71137	502688		450
1983	1172900	480000		32850	510050		645
1985	1377884	214000		360000	803884		985
1986	1472100	300000		1172100	409000		500

说明：表中 1972～1978 年的提留部分，其数据与资料 a－9－25“1970～1978 年粮食产购销统计表”中的提留数据不同，在此先采用各年份统计表上的提留数额。

资料来源：《侯家营文书》，1961～1971 年：f－23，《粮食产量、扣留与分配情况》，1961～1971 年；1970～1971 年：a－9－25，《1970 年～1978 年粮食产购销》，1978 年；1972 年：a－16－10，《1972 年农村人民公社收益分配》，1972 年 12 月；1973 年：a－16－7，《1973 年粮食实产及购留分配安排情况》，1973 年 12 月；1974 年：a－5－25，《1974 年人民公社收益分配》，1974 年 2 月；1975 年：b－2－20，《1975 年农村人民公社收入及其分配》，1975 年 12 月；1976 年：a－6－18，《1976 年基本核算单位收益分配表》，1976 年 12 月；1977 年：b－2－17，《农村人民公社全部基本核算单位收益分配》，1977 年 12 月；1978 年：b－2－10，《1978 年人民公社收益分配》，1978 年 12 月；1979 年：b－2－13，《1979 年公社基本核算单位收益分配》，1979 年 12 月；1980 年：b－2－16，《1980 年人民公社全部基本核算单位收益分配》，1980 年 12 月；1981 年：b－2－11，《1981 年人民公社全部基本核算单位收益分配》，1981 年 12 月；1982 年：b－2－7，《1982 年人民公社全部基本核算单位收益分配》，1982 年 12 月；1983 年：b－2－22，《粮食（包括大豆）分配情况》，1983 年 12 月；1984 年：a－7－22，《粮食（包括大豆）分配情况》，1984 年 12 月；1985 年：a－7－21，《粮食（包括大豆）分配情况》，1985 年 12 月。

表 4 是实物形式的收益分配统计，主要以粮食为主。其中的“折差”，是指前面一项的粮食数量统计中不能利用的部分，主要指谷物的皮子、麸等，在实际分配时是按照带皮的谷物重量来计算的。根据图 4 所反映的趋势可以发现，国家征购数基本上与总产的变化趋势相符合，国家在确定这一征购数额的时候，是以去年的产量和当年的预产计划为基本标准来进行的。征购额的变化起伏较大，制约其变化的因素，除了总产之外，还会有某项具体政策的影响，偶然因素的作用较大。但其在总产中所占的比例，却大体上一直处于一种不断下降的状态，只在 1977 年和 1983 年出现了异常。1977 年的大幅减少，是受到地震的影响，国家实行了照顾政策，在减少农业税的同时，也减少了征购的数额。1983 年的大幅增加，一方面是考虑到自 1981 年起就出现的粮食大幅增产的情况，国家增加征购也是为了得到更多的农业产品，另一方面，生产队解体之后，历年积累的储备粮全部出售，从而增加了交售粮食的数额。生产队的余粮都要卖给国家，① 侯家营村是泥井公社的先进大队，不但每年完成本大队的征购任务，还替别的大队承担一部分任务，几乎每年都有这样的情况。② 但是，有些年份征购的数额过高，已经超出了生产队的实际与心里承

① 侯大信访问记录，2006 年 4 月 18 日，访问地点：侯大信家，访问者：李屿洪。

② 侯永深访问记录，2006 年 4 月 18 日，访问地点：侯永深家，访问者：李屿洪。

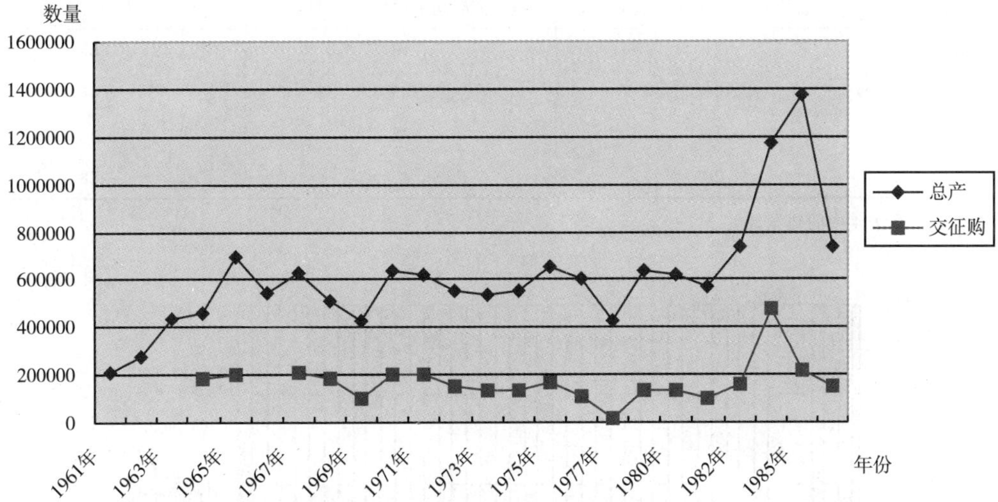

图4　1961～1983年侯家营粮食总产与征购变化趋势（单位：斤）

资料来源：根据表4的数据绘制。

受能力。整个集体制时期，相对于基本稳定的农业税，粮食的征购都是大队的主要负担。

表5　1964～1985年侯家营粮食分配各项比重

单位：%

年　度	总粮食中给国家的比例	总粮食中提留的比例	总粮食中分给社员的比例
1964	39	14	41
1965	29	31	36
1967	33	24	43
1968	35	19	46
1969	23		56
1970	32	15	46
1971	33	14	46
1972	28	19	49
1973	24	24	49
1974	25	22	49
1975	25	32	42
1976	19	33	44
1977	4	34	59
1978	21	25	48
1979	25	25	43
1980	22	19	46
1981	17	15	48

续表

年　度	总粮食中给国家的比例	总粮食中提留的比例	总粮食中分给社员的比例
1982	21	10	68
1983	41	3	43
1985	16	26	58
1986	20	52	28

资料来源：根据表4中的数据计算。

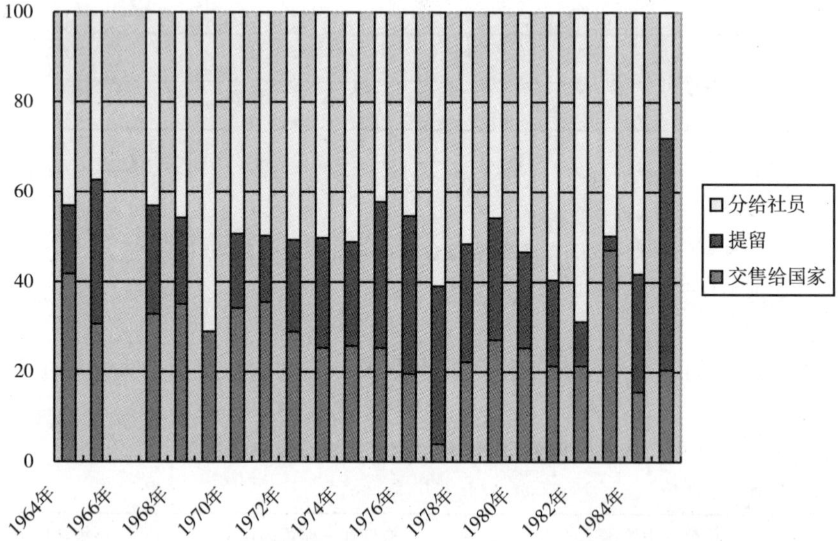

图5　1964～1986年侯家营粮食分配各项比重（%）

资料来源：根据表4、表5的数据绘制。

2. 集体部分

在收益分配中，完成国家的任务之后，生产队接下来必须留足集体提留，满足扩大再生产及社会公共事业的需要。从具体内容上看，集体提留的现金部分主要包括公积金、公益金、折旧基金和少量的储备粮基金，① 其中公积金是指从收益中提留用作扩大再生产的基金，公益金是用来兴办文化和公共福利事业的资金，折旧基金则是固定资产损耗部分的价值，储备粮基金是生产队留存储备粮的现金形式。② “农业六十条”规定：“生产队扣留的公积金的数量……一般地应该控制在可分配的总收入的百分之三到百分之五以内”。公益金的提留，“不能超过可分配的总收入的百分之二到百分之三”。③ 生产队在实际分配中，基本上忠实地执行了国家的规定。

公积金、公益金等项目，在提留时并不是以现金形式周转的，而只是各种数额在生产队和大

① 侯永成访问记录，2005年7月27日，访问地点：侯永成家，访问者：金修连、李屿洪；侯振元访问记录，2006年4月19日，访问地点：侯振春家，访问者：李屿洪。

② 侯振元访问记录，2006年4月19日，访问地点：侯振春家，访问者：李屿洪。

③ 《农村人民公社工作条例（修正草案）》，1962年9月27日，《当代中国农业合作化》编辑室编《建国以来农业合作化史料汇编》，中共党史出版社，1992，第907页。

队的帐目上周转。[①] 其比例的确定，是在每年一次的公社全体会计会上，由公社下达县里或公社的意见，然后各生产大队和生产队的会计共同讨论得出的。[②] 大队再根据公社的指示，依照土地面积和当年的收入情况，将指标分配给各生产队，[③] 每年的比例都不固定。集体提留现金的使用，必须经过公社、大队的批准。[④] 价格超过一百元的物品，才能算作固定财产，在公积金的项目中支取。公益金主要用于电影放映等娱乐费用、五保户的福利、困难户的救济，以及对一些偶发灾害所造成损失的补助。[⑤]

表 6　1964～1980 年侯家营集体提留的现金部分所占比例

年　度	总收入（元）	集体提留（元）	集体提留占总收入（%）	集体提留占纯收入（%）
1964	57739	4120	7.15	11
1967	99266	14447	14.50	20
1971	110063	10820	9.80	14
1972	101913	8917	8.70	13
1973	97203	8154	8.40	12
1974	104379	10546	10.10	16
1975	118775	16338	13.80	21
1976	107835	8183	7.60	14
1977	87911	3747	4.30	9
1978	147022	20495	13.94	22
1979	182561	22755	12.46	19
1980	155747	8184	5.25	12

资料来源：根据表 1 和表 2 中的相关数据计算。

根据资料 b-1-14 的记录，1981 年之前集体提留的数额是对照总收入的比例来确定的，[⑥] 根据表 1 的数据，1981 年之后的数额很可能是以纯收入为基础确定的。通过分析表 6 的数据，可以看到，1976 年之前，集体提留在总收入中的比例基本维持在 15% 以下，证明其数额的确定应该是有一定之规。1976、1977 年，因为地震，集体提留也像国家税收一样得到了减少，以减轻农民的负担，满足农民的基本生活需要。1978 年以后，集体提留的数额出现了较大幅度的变化，但并未随着总收入和纯收入的增减而出现相同的变化趋势，尤其是 1978、1979 两年，集体提留的数额出现了大幅增加。此后由于基本核算单位由生产队变为农户，集体提留的数额相应地有所减少，在纯收入中所占的比例也降到了 5% 以下。

---

① 刘斌相访问记录，2006 年 4 月 17 日，访问地点：刘斌相家，访问者：邢晔、李屿洪；侯大义访问记录，2006 年 4 月 18 日，访问地点：侯大义家，访问者：邢晔、李屿洪。

② 侯振元访问记录，2006 年 4 月 19 日，访问地点：侯振春家，访问者：李屿洪。

③ 刘斌相访问记录，2006 年 4 月 17 日，访问地点：刘斌相家，访问者：邢晔、李屿洪；侯大义访问记录，2006 年 4 月 18 日，访问地点：侯大义家，访问者：邢晔、李屿洪；侯大信访问记录，2006 年 4 月 18 日，访问地点：侯大信家，访问者：李屿洪。

④ 侯大信访问记录，2006 年 4 月 18 日，访问地点：侯大信家，访问者：李屿洪。

⑤ 侯永成访问记录，2005 年 7 月 27 日，访问地点：侯永成家，访问者：金修连、李屿洪。

⑥《侯家营文书》，b-1-14，《泥井公社关于转发昌黎县委 1981 年 10 月收益分配工作意见和公社的几项要求》，1981 年 11 月。

表7　1961～1986年侯家营粮食产购销统计

单位：斤

年　度	总　产	交征购	三　留				每人平均	余　粮
			种　子	饲　料	社员分	合　计		
1961	207200							
1962	276676							
1963	432134							
1964	462135	182421	33492	14394	188199	236085	312	43629
1965	694573	201760	34049	24326	247699	306074		186739
1966	541974							
1967	631364	208204	34080	26871	270983	331934	414	91226
1968	515025	180344	34020	35630	235893	305543	358	29138
1969	427253	97851	37530	27500	239871	304901	337	24501
1970	637747	203800	51000	44700	291800	387500		46447
1971	616828	203000	38220	45800	284736	368756	382	45072
1972	552295	154654	50604	49140	259254	358998	360	38643
1973	535071	130576	66300	55647	260493	382440		22055
1974	554805	137602	64232	42630	273814	380676		36527
1975	651485	170857	67200	58761	277818	403779	367	76849
1976	601485	110857	65880	74550	282870	423300	361～420	67328
1977	431079	16718	80080	49300	253231	382611	327	65186
1978	636335	133096	85800	33222	308070	427092		76147
1980	619817	136211	64074	34370	287817	386261	375	97345
1981	573162	98570	51925	17310	275920	345155	345	129437
1982	736310	157284			502688		450	5201
1983	1172900	480000			510050		645	150000
1985	1377884	214000	60000	300000	803884	1163884	985	
1986	736050	150000	40000	341550	204500	586050	250	

说明：1964、1965、1967、1968、1969、1980、1981、1982、1983年的余粮额，是根据表中的其他数据计算出来的。

资料来源：《侯家营文书》，1961～1969年：f-23，《粮食产量、扣留与分配情况（侯家营大队历史资料底账）》，1961～1969年；1970～1978年：a-9-25，《1970年～1978年粮食产购销》，1978年12月；1980年：b-2-26，《1980年人民公社基本核算单位收益分配》，1980年12月；1981年：b-2-11，《1981年粮食产留分配表》，1981年2月；1982年：b-2-7，《1982年人民公社全部基本核算单位收益分配》，1982年12月；1983年：b-2-22，《粮食（包括大豆）分配情况》，1983年12月；1985年：a-7-22，《粮食（包括大豆）分配情况》，1985年12月；1986年：a-7-21，《粮食（包括大豆）分配情况》，1986年12月。

表 8 1964～1986 年侯家营粮食分配各项比重情况

单位：%

年 度	总产量中交征购的百分比	总产量中种子的百分比	总产量中饲料的百分比	饲料与种子百分比的合计	总产量中给社员的百分比
1964	39	7	3	10	41
1965	29	5	4	9	36
1967	33	5	4	9	43
1968	35	7	7	14	46
1969	23	9	6	15	56
1970	32	8	7	15	46
1971	33	6	7	13	46
1972	28	9	10	19	49
1973	24	12	10	22	49
1974	25	12	8	20	49
1975	25	10	11	21	42
1976	19	11	9	20	44
1977	4	19	11	30	59
1978	21	13	5	18	48
1980	22	10	6	16	46
1981	17	9	3	12	48
1985	16	4	22	26	58
1986	20	5	46	51	28

资料来源：根据表 7 的数据计算。

集体提留的实物部分包括饲料粮、种子粮和储备粮。三留的比例由公社决定，① 也是在每年的公社会计大会上商讨得出，② 然后下发到各大队，要求生产队按规定比例提留。国家的征购数额如果完不成，种子粮和饲料粮都要少留，储备粮就更无法保证了。③

种子粮的数额的确定，需要考虑当年的生产形势、来年的生产计划，④ 尤其是各种作物的具体播种面积、耕作方式等。通过分析表 7 和表 9 的数据，可以发现，种子粮的数额基本上与粮食播种面积的变化呈同一趋势，不过因为种子粮是要在来年使用，因此这种相似的趋势有一个年度的错位，可以认为，每一年份种子粮的数额主要是由下一年的各种粮食作物的具体播种面积决定的。

① 侯大义访问记录，2006 年 4 月 18 日，访问地点：侯大义家，访问者：邢晔、李屿洪。
② 侯振元访问记录，2006 年 4 月 19 日，访问地点：侯振春家，访问者：李屿洪。
③ 侯大义访问记录，2006 年 4 月 18 日，访问地点：侯大义家，访问者：邢晔、李屿洪。
④ 侯大信访问记录，2006 年 4 月 18 日，访问地点：侯大信家，访问者：李屿洪；刘斌相访问记录，2006 年 4 月 17 日，访问地点：刘斌相家，访问者：邢晔、李屿洪。

表 9　1964～1989 年侯家营粮食作物播种面积表

单位：亩

年　份	播种面积	年　份	播种面积	年　份	播种面积
1964	2680	1972	2825	1980	2543
1965	2536	1973	3083	1981	2233
1966	2480	1974	3033	1982	2497
1967	2700	1975	3552	1983	2526
1968	2400	1976	3211	1984	2526
1969	2620	1977	3293	1985	2465
1970	2587	1978	3008	1986	2632
1971	2981	1979	2836		

资料来源：《侯家营文书》，1964 年，1965 年，1966 年，1967 年，1968 年：b－3－7，《1961～1980 年统计资料台帐》，1981 年 1 月；1969 年：b－6－36，《1969 年农作物实产》，1970 年 1 月；1970 年：a－16－20，《1970 年农作物实产》，1970 年 12 月；1971 年：a－6－20，《1971 年农作物实产》，1971 年 12 月；1972 年粮食作物总产：a－6－15，《侯家营大队 1972 年农作物实产（一）》，1972 年 12 月；1972 年经济作物总产、其他作物总产：a－6－23，《1972 年农作物实产（二）》，1972 年 12 月；1973 年粮食作物总产：a－16－7，《1973 年农作物实际产量（一）》，1973 年 12 月；1973 年经济作物总产、其他作物总产：b－6－39，《1974 年典型大队预产调查比较表（集体）》，1974 年 5 月；1974 年粮食作物总产：a－6－16，《1974 年农作物实产（一）》，1974 年 12 月；1974 年经济作物总产、其他作物总产：d－32，《基本资料台帐》，1985 年；《1974 年大队农作物实产表（二）》，1974 年 12 月；1975 年：b－2－20，《1975 年播种面积和产量表》，1975 年 12 月；1976 年：a－6－18，《1976 年农作物播种面积和产量》（一）（二），1976 年 12 月；1977 年：a－16－8，《1977 年侯家营大队播种面积和产量表（一）》，1977 年 12 月；1978 年：a－16－16，《1978 年农作物播种面积和产量》（一）（二），1978 年 12 月；1979 年：b－2－12，《1979 年农作物播种面积和产量》（一）（二），1979 年 12 月；1980 年：b－1－4，《1980 年农作物面积和产量表》（一）（二），1980 年 12 月；1981 年：b－2－11，《1981 年农作物面积和产量表》（一）（二），1981 年 12 月；1982 年：b－2－7，《1982 年农作物面积和产量表》（一）（二），1982 年 12 月；1983 年：b－2－9，《1983 年农作物播种面积和产量》（一）（二），1983 年 12 月；1984 年：b－2－25，《1984 年农作物播种面积和产量（全社会）》（一）（二），1984 年 12 月；1985 年：a－7－22，《1985 年农作物播种面积和产量（全社会）》（一）（二），1985 年 12 月；1986 年：a－7－21，《1986 年农作物播种面积和产量》（一）（二），1986 年 12 月。

而饲料粮则由大队和生产队所饲养的牲畜数量决定，其变化趋势应该与牲畜存栏数的变化趋势保持基本的一致。根据表 7 和前面副业概况介绍中的表 2 相关数据，可以发现，这二者的变化趋势确实基本相似。其中细微的差别，是因为每年确定的牲畜饲料粮的标准不同。1985 年之后饲料粮在总产量中的比例大幅上升，主要是因为侯家营村村民迅速而大规模地开展了各种养殖经营，如饲养貉子等，① 需要大量饲料。

储备粮数量的确定，因为目前没有很详细的资料可以进行分析，只好进行粗略的估计，一般惯例是留够半年的需要量就可以。储备粮每年都留，但没有固定数额。② 集体提留中除去种子和饲料之外的，应该都是储备粮。如果真是这样，那么根据表4、表5、表7、表8 的数据，可以计算出每年储备粮在总产量所占的比例（见表 10）。

① 几乎每位村民在接受采访的过程中都提到了村中家庭养殖业的问题，参见各位村民的访问记录。

② 刘斌相访问记录，2006 年 4 月 17 日，访问地点：刘斌相家，访问者：邢晔、李屿洪。

表 10　1964～1986 年侯家营储备粮在粮食总产量中所占比例

单位：%

年　度	储备粮在粮食总产中所占比例	年　度	储备粮在粮食总产中所占比例
1964	10	1974	6
1965	28	1975	12
1967	15	1976	17
1968	5	1977	7
1969	6	1978	1
1970	7	1980	16
1971	8	1981	23
1972	4	1985	0
1973	5	1986	1

资料来源：根据表 4、表 5、表 7、表 8 的数据计算。

根据表 4、表 7 中的总产量数据，可以看出，储备粮的比例是由总产量的变化决定的，[①] 在获得丰收的年份，储备粮的比例相对较大，产量较少的年份，储备粮也较少。而 1981 年之后，由于农产品已经归农户自主支配，不再需要集体提留储备粮，所以储备粮的比例直线下降，几近于无。储备粮一般存放在公社粮库，社员如有需要，可以申请借用储备粮，以弥补口粮的不足，但这需要得到公社的同意。[②] 这些储备粮在一定程度上起到了保障社员生活正常进行的作用，一遇灾年，便会发挥重要的救济作用。

3. 社员部分

集体经营时期的实物分配，必须首先满足国家征购的部分，在留足种子和饲料粮之后，才能在社员间进行分配，以满足社员的基本生存需要。社员实物分配的对象就是生产队的农副产品，主要包括粮食、柴草、油料、棉花等生活必需品。分配的具体物资，包括粮食作物、经济作物和其他作物，也包括各种工业产品，其中以粮食的地位最为重要。粮食的分配可以基本反映实物分配的情况，因此这部分对于实物分配的分析，就以粮食分配作为主要对象来展开。

分给社员的农副产品，按照国家的规定应该是按劳分配的，但是实际上都是采取基本口粮和按劳动工分分粮加照顾的办法，只是人劳比例在不同年份可能有所不同。在生活条件仅能维持基本温饱的条件下，必须先满足社员基本的口粮需要，剩余部分才能按照按劳分配的原则进行分配，同时还要照顾到劳力过少的农户，因此，按照人口分配的粮食占了绝大比例这种分配制度更类似于按需分配。在公社体制下，社员很少有其他收入来源，唯有对口粮实行平均主义的分配，才能为社员提供最基本的生活保障。根据表 5 可知，每年分给社员的粮食基本可以达到该年粮食总产的 40% 以上，但并未达到国家政策中对于分给社员比例的规定。1959 年党中央通过的《关于人民公社的十八个问题》中明确要求："分配给社员的部分占纯

① 刘斌相在接受采访的过程中也提到了这个原则，参见刘斌相访问记录，2006 年 4 月 17 日，访问地点：刘斌相家，访问者：邢晔、李屿洪。

② 侯振元访问记录，2006 年 4 月 19 日，访问地点：侯振春家，访问者：李屿洪；侯大信访问记录，2006 年 4 月 18 日，访问地点：侯大信家，访问者：李屿洪。

收入的 50% ~60%”。[①]

每年分配的口粮在粮食总产中所占比例不定，由公社根据当年产量决定。[②] 一般情况是，每人每年 360 斤左右，一天一斤的时候最多，有的队达到过一天一斤三两。[③] 侯家营大队的口粮分配，基本上是采取“人七劳三”的比例，[④] 也有些年份按照“人八五劳一五”的比例，[⑤] 总体趋势是向劳动比例逐渐提高的方向发展。[⑥] 粮食随收随分，[⑦] 但是不能分得过多，基本上是按照一人一天一斤的标准，[⑧] 年终时统一结算。其具体的分配形式也是因时而异，例如小麦、稻子计算重量时是否去掉麸皮，玉米是带着棒子一起分，还是掰成粒，[⑨] 这些都会影响最后分配的粮食数量。在田野调查中，笔者得知，当时生产队分配的粮食基本上都不能满足社员的生活需要，因为即使口粮不够，也必须先满足国家和集体的需要，再由国家提供大队返销粮，或者是社员向队里借储备粮。[⑩] 根据表 7 中社员每人平均分到的粮食数，可以看出，集体制时期社员分到的粮食极少，即使生产队效益稍好，每人每年的口粮也不能超过 414 斤，而且这个口粮定额是以原粮的形式计算的，[⑪] 社员实际分到的粮食数量还要低于这个数字。侯家营村有的生产队效益稍好，曾在少数几个年度达到每人口粮 414 斤。[⑫] 吃返销粮的情况不多，[⑬] 只在 1965 年以后吃过四五年，[⑭] 但是到了春天青黄不接的时候，经常有社员向大队借储备粮的情况。[⑮]

柴草与粮食一起分配，原则相同。其他生活资料则完全按人口数来分，[⑯] 其中油料主要是花生，有固定的分配额，每人八斤带皮的[⑰]，棉花等分配较少，蔬菜一部分由大队及生产队分配，其余由自留地上的产出补足。猪肉是社员比较看重的生活资料，村民们至今仍清楚地记得当时分

---

① 《关于人民公社的十八个问题》，1959 年 4 月 20 日，中共中央文献研究室编《建国以来重要文献选编》（第 12 册）中央文献出版社，1996，第 170 页。

② 侯大信访问记录，2006 年 4 月 18 日，访问地点：侯大信家，访问者：李屿洪。

③ 侯大信访问记录，2006 年 4 月 18 日，访问地点：侯大信家，访问者：李屿洪。

④ 侯振元访问记录，2005 年 7 月 26 日，访问地点：侯振春家，访问者：金修连、李屿洪。

⑤ 侯永成访问记录，2005 年 7 月 27 日，访问地点：侯永成家，访问者：金修连、李屿洪；王兴巨访问记录，2005 年 7 月 27 日，访问地点：王兴巨家，访问者：张思、金修连、吴家虎、李屿洪。

⑥ 侯大义访问记录，2006 年 4 月 18 日，访问地点：侯大义家，访问者：邢晔、李屿洪。

⑦ 王兴巨访问记录，2005 年 7 月 27 日，访问地点：王兴巨家，访问者：张思、金修连、吴家虎、李屿洪；侯振久访问记录，2006 年 4 月 19 日，访问地点：侯振久家，访问者：邢晔、李屿洪。

⑧ 侯振久访问记录，2006 年 4 月 19 日，访问地点：侯振久家，访问者：邢晔、李屿洪。

⑨ 刘斌相访问记录，2005 年 7 月 28 日，访问地点：刘斌相家，访问者：邢晔、金修连、李屿洪。

⑩ 侯振元访问记录，2005 年 7 月 26 日，访问地点：侯振春家，访问者：金修连、李屿洪。

⑪ 侯振元访问记录，2005 年 7 月 26 日，访问地点：侯振春家，访问者：金修连、李屿洪；侯永成访问记录，2005 年 7 月 27 日，访问地点：侯永成家，访问者：金修连、李屿洪。

⑫ 侯振久、侯大信、刘斌相当生产队长的时候，他们领导的生产队都曾达到这个口粮标准，参见侯振久访问记录，2006 年 4 月 19 日，访问地点：侯振久家，访问者：邢晔、李屿洪；侯大信访问记录，2006 年 4 月 18 日，访问地点：侯大信家，访问者：李屿洪；刘斌相访问记录，2006 年 4 月 17 日，访问地点：刘斌相家，访问者：邢晔、李屿洪。

⑬ 刘斌相访问记录，2006 年 4 月 17 日，访问地点：刘斌相家，访问者：邢晔、李屿洪；侯大信访问记录，2006 年 4 月 18 日，访问地点：侯大信家，访问者：李屿洪；侯大义访问记录，2006 年 4 月 18 日，访问地点：侯大义家，访问者：邢晔、李屿洪。

⑭ 刘斌相访问记录，2006 年 4 月 17 日，访问地点：刘斌相家，访问者：邢晔、李屿洪；侯大义访问记录，2006 年 4 月 18 日，访问地点：侯大义家，访问者：邢晔、李屿洪。

⑮ 侯振元访问记录，2005 年 7 月 26 日，访问地点：侯振春家，访问者：金修连、李屿洪；刘斌相访问记录，2005 年 7 月 28 日，访问地点：刘斌相家，访问者：邢晔、金修连、李屿洪。

⑯ 刘斌相访问记录，2006 年 4 月 17 日，访问地点：刘斌相家，访问者：邢晔、李屿洪。

⑰ 侯振元访问记录，2005 年 7 月 26 日，访问地点：侯振春家，访问者：金修连、李屿洪。

猪肉的情况，猪肉也是按人分，并且一年只能分三次。① 在侯家营文书中有许多关于猪肉分配的记载，还包括村民们为了分猪肉的问题而吵架的事。② 国家还按照人口发给社员各种生活必需品的票证，限量供应这些必需品。

实物分配是收益分配中社员部分的主体，所占比例一直很高，现金分配的比例和绝对量却长期没有多大增长。社员的现金收入是按照超出所分配实物的价值的工分来进行核算的。由于公社经济效率低下，生产队的现金分配始终处于数量极少，或时有时无的情况。③ 年终分配的时候，生产队会计首先算出全队总的工分数，用全队的纯收入除以总工分数，得到每分的工值，再以家庭为单位计算每户的收入。然后将口粮等分配的实物按照国家价格进行折算，每户的总收入减去实物的价值之后，就是该户本年度的现金收入。生产搞得好的生产队，年终时可以把现金兑现，但只能兑现一部分，而且必须经过公社的批准。④ 如果完全兑现，会受到公社的批评。⑤ 据原生产队会计侯振元回忆，每年基本上都不分现金，一是因为生产队没有现金，二是因为社员经常向生产队借钱，以弥补生产和生活资料的不足，或是应付突发的现金需要，这样，基本上每户都欠生产队的钱，自然也就无钱可分了。⑥ 这部分欠生产队钱的农户，称为“超支户”，他们多是因为人口多、劳力少，所挣工分不能满足口粮的需要。也有的是职工户，没有劳力，口粮按照生产队的平均线分配，还必须向生产队交钱，才能分到工分和口粮。⑦ “超支户”的欠款不能兑现，使得一部分社员成为了“分空户”，他们在生产队的账上存有现金，却不能兑现。公社所实行的预算和决算分开的分配体制，实际上使生产队无法对“超支户”超支欠款实施有效的控制，加重了“超支户”对集体收入的“透支”。“超支”和“分空”是公社内的普遍现象。不同的队情况不同，生产效益好的队，往往分空户多一些，而生产较差的，则是超支户较多。⑧ 在生产队解体的时候，分空户所存的现金都得到了兑现，但超支户的欠款却一直没有还清。⑨ 生产队的现金分配，更像是生产队为社员家庭的消费需要而准备的贷款基金，而非作为劳动报酬，用于鼓励社员的生产积极性，尽管以按劳分配为标准，却只起到按需分配的作用。

4. 收益分配的具体实施

在集体时期高度计划经济的条件下，制定预分方案是进行分配的第一步。按照国家的有关规定，每年大队和生产队应该做五次预分方案，即夏收之前、夏收之后、秋收之前、秋收之后和年

---

① 侯振元访问记录，2005 年 7 月 26 日，访问地点：侯振春家，访问者：金修连、李屿洪。

② 《侯家营文书》，g-2，《1970 年猪肉分配情况》，1970 年；g-9，《1978 年猪肉分配问题》，1978 年 2 月 19 日。

③ 辛逸：《农村人民公社分配制度》，博士论文，第 48 页。

④ 侯永成访问记录，2005 年 7 月 27 日，访问地点：侯永成家，访问者：金修连、李屿洪；侯大信访问记录，2006 年 4 月 18 日，访问地点：侯大信家，访问者：李屿洪；侯大义访问记录，2006 年 4 月 18 日，访问地点：侯大义家，访问者：李屿洪。

⑤ 王兴巨、侯振元在采访中告知笔者，刘斌相就曾因为当生产队长的时候搞“分空”而受到批判。参见王兴巨访问记录，2005 年 7 月 27 日，访问地点：王兴巨家，访问者：张思、金修连、吴家虎、李屿洪；侯振元访问记录，2005 年 7 月 26 日，访问地点：侯振春家，访问者：金修连、李屿洪。

⑥ 侯振元访问记录，2005 年 7 月 26 日，访问地点：侯振春家，访问者：金修连、李屿洪。

⑦ 刘斌相访问记录，2006 年 4 月 17 日，访问地点：刘斌相家，访问者：邢晔、李屿洪。

⑧ 根据笔者的采访，得知刘斌相、侯大信、侯振久的队分空户较多，参见刘斌相访问记录，2006 年 4 月 17 日，访问地点：刘斌相家，访问者：邢晔、李屿洪；侯大信访问记录，2006 年 4 月 18 日，访问地点：侯大信家，访问者：李屿洪；侯振久访问记录，2006 年 4 月 19 日，访问地点：侯振久家，访问者：邢晔、李屿洪。

⑨ 侯振久访问记录，2006 年 4 月 19 日，访问地点：侯振久家，访问者：邢晔、李屿洪

终，但是根据侯振元的回忆，当时生产队的预分方案每年基本只做一次，并且多为应付上级的检查。① 实际上，预分方案对于实际分配并没有太大的作用，因为作为预分基础的总产量也是通过估算确定的，与年终的实际产出和收入有着相当大的差距，所以，预分方案的作用至多只是确定国家征购、农业税和集体提留在总收入中的比例而已。实际的分配还是会按照实际的收入和当时确定的各项比例来进行。但是，生产队队委会在粮食收获之前会做一定的分配计划，确定粮食的分配数额和具体方式，不能超过公社确定的分配比例。

表 11－1 1976、1978 两年侯家营预定收支方案与实际收支情况对照（1）

单位：元

年 度	总收入	农业收入	其他收入	总支出	农业支出	其他支出	总分配
1976 年预分方案	166219	145019	19200	46390	39600	6790	119829
1976 年实际分配情况	107835	93211	14624	49468	45116	4352	58365
1978 年预分	137926	110491	27435	52755	47389	5366	85171
1978 年实际分配情况	147022	110499	36523	54979	47806	5838	92043

表 11－2 1976、1978 两年侯家营预定收支方案与实际收支情况对照（2）

单位：元

年 度	税 金	社员分配	各项基金				每人平均收入
			公积金	公益金	生产费基金	折旧基金	
1976 年预分方案	5477	85528	17788	3324	3324	3210	108.80
1976 年实际分配情况	4378	45806	6496	751			59.30
1978 年预分方案	5978	60799	9680	2761	2641	3312	78.92
1978 年实际分配情况	5478	66070	10765	2925	3880		86.00

资料来源：《侯家营文书》，1976 年：a－16－11，《第 1 生产队 1976 年生产、收益分配计划表》，1976 年 1 月；b－2－20，《第 2 生产队 1976 年生产、收益分配计划表》，1976 年 1 月；a－16－6，《第 3 生产队 1976 年生产、收益分配计划表》，1976 年 1 月；b－2－18，《农村人民公社全部基本核算单位收益分配》，1976 年 12 月；1978 年：a－9－23，《1978 年预分方案》，1978 年 1 月；b－2－10，《1978 年人民公社收益分配情况》，1978 年 12 月。

表 12 1978 年侯家营粮食预分与实际分配情况对照

单位：斤

年 度	总 产	征 购			三 留			
		今年定购	夏季交	秋季交	种 子	饲 料	口 粮	三留合计
1978 年粮食预分方案	682243	150000	43100	106900	73150	35540	296450	405140
1978 年实际分配情况	636335	133096			85800	33222	308070	427092

① 侯振元访问记录，2005 年 7 月 26 日，访问地点：侯振春家，访问者：金修连、李屿洪；侯振久访问记录，2006 年 4 月 19 日，访问地点：侯振久家，访问者：邢晔、李屿洪；侯大信访问记录，2006 年 4 月 18 日，访问地点：侯大信家，访问者：李屿洪。

表 12（续） 1978 年侯家营粮食预分与实际分配情况对照

单位：斤

年 度	粮食折差	其他费用		
		生产费	奖 励	余 粮
1978 年粮食预分方案	36250	7800	12000	66653
1978 年实际分配情况	37094			76147

资料来源：《侯家营文书》，a-9-23，《1978 年预分方案（粮食）》，1978 年 1 月；b-2-10，《1978 年人民公社收益分配情况》，1978 年 12 月。

表 11 是《侯家营文书》资料中较完整的关于预分方案的内容，表 12 则是较为完整的粮食预分的资料，相比于收入方面的预分方案，粮食的预分和实际分配差距较小，但是，实际的分配仍然不会受到预分方案的绝对制约，而是从实际的产量和来年的生产生活需要出发来进行。

在集体经营时期，工分是计算社员劳动收入的重要指标，使用工分对社员的劳动进行计量，最终目的是为了计算分配。虽然工分制在大公社时期被短暂废除，但基本核算单位变为生产队之后，即很快恢复。计量社员工分的方法基本上分为两种：一种是计时制，一种是计件制。在计时制中，理论上的评工标准是劳动力的强弱、劳动技术的高低和劳动态度的好坏，① 但实际上，社员的年龄、体力和性别是更为常用的标准，侯家营村的各生产队都是将一天分为十成工，早上两成，上午和下午各四成。② 一般一个成年男性劳力工作一天的工分是 10 分，而一个成年女性则是 8 分工。③ 计件制主要表现为各种临时的包工，自初级社开始，侯家营村的各生产队就一直在使用这种形式的包工制，尤其是在麦秋时候，使用更为频繁。④ 在计时制下，农活的质量总体上好于计件制，因为社员在做同样的农活时，拿同样的工分，彼此之间缺乏竞争，有足够的时间关心农活的质量，计时制还同时具有扶助弱者的作用。

在工分的评定中，生产队长起到了关键的作用，队长对具体农活的指派会影响到社员完成的数量和质量，并且社员最终的工分数额也是由生产队长为首的队委会决定的。⑤ 生产队长必须合理地运用计时制和计件制这两种方法，尽量有效地配置社员的劳动。当生产队长在派活、监督、记工等方面的特性趋于稳定时，社员对于参加集体生产劳动的期待和策略，也会相应地固定下来，形成“惯常性作法”⑥。对于大部分最普通的农活来说，生产队内部早已形成一套公认的习惯性作法和衡量标准。只有在遇到新任务或出现不同寻常的情况时，生产队长才会明确具体的农活质量和报酬方法，而这些任务和情况一旦成为常规，干部和社员就会发展出一套共同的认知和

① 曹锦清、张乐天、陈中亚：《当代浙北乡村的社会文化变迁》，第 155 页。

② 王兴巨访问记录，2005 年 7 月 27 日，访问地点：王兴巨家，访问者：张思、金修连、吴家虎、李屿洪；侯振元访问记录，2005 年 7 月 26 日，访问地点：侯振春家，访问者：金修连、李屿洪。

③ 侯振元访问记录，2005 年 7 月 26 日，访问地点：侯振春家，访问者：金修连、李屿洪；刘斌相访问记录，2005 年 7 月 28 日，访问地点：刘斌相家，访问者：邢晔、金修连、李屿洪。

④ 侯大义访问记录，2006 年 4 月 18 日，访问地点：侯大义家，访问者：邢晔、李屿洪；侯振久访问记录，2006 年 4 月 19 日，访问地点：侯振久家，访问者：邢晔、李屿洪；侯振元访问记录，2005 年 7 月 26 日，访问地点：侯振春家，访问者：邢晔、李屿洪；侯大信访问记录，2006 年 4 月 18 日，访问地点：侯大信家，访问者：李屿洪。

⑤ 侯振元访问记录，2005 年 7 月 26 日，访问地点：侯振春家，访问者：金修连、李屿洪；刘晓利访问记录，2005 年 7 月 26 日，访问地点：刘晓利家，访问者：金修连、李屿洪；侯永成访问记录，2005 年 7 月 27 日，访问地点：侯永成家，访问者：金修连、李屿洪；侯大义访问记录，2006 年 4 月 18 日，访问地点：侯大义家，访问者：邢晔、李屿洪。

⑥ 李怀印：《集体制时期中国农民的日常劳动策略》，http://www.cc.org.cn/newcc/browwenzhang.php?articleid=6002，原载英文期刊 *The China Journal*，No. 54，July 2005。

期盼，指导日后的劳动行为。同时，事先制定的工分标准，在日常实践中只能作参考，不能生搬硬套，生产队长必须根据农活和社员的特点，甚至运用一些策略，利用社员之间相互较劲的竞争心理，[①] 力争提高社员的劳动效率。虽然队长在记工的时候不可避免地会掺杂人情因素，但是，如果合理地分派农活和记工，社员得到的工分数应该可以大体反映每个社员劳动的真实情况。

侯家营大队各生产队的工分并不相同。作为普通社员的一个劳动力一年一般只能挣三百多个工，[②] 生产队和大队干部的工分是按照生产队总工分的比例计算的，达不到壮劳力的水平，但是，他们有一定的补贴工，其比例不能超过生产队总工数的2%，[③] 加在一起，大体上相当于劳力的平均水平。[④] 从事副业的社员也记工分，基本上是一天一个工，但是必须向生产队交钱。[⑤] 赤脚医生的工分按照壮劳力计算。[⑥] 另外，每个社员都必须按照公社的规定出义务工，基本上是一年十二个义务工，[⑦] 在年终结算时，必须从社员的总工数中扣除义务工的数额。[⑧] 由于每个生产队都是单独核算，因此，各队的具体工值也有差别。工值最低的20世纪60年代初，有的队每个工才值四五毛钱。[⑨] 总体来说，集体时期工值大体上一直是六七毛钱，[⑩] 能达到七八毛钱就很不错了，[⑪] 干得好的队最高才达到一块二。[⑫] 每个社员从工分上得到的收入十分有限。

在集体经营时期，逐年增加的劳动力不断投放到很少增加的耕地上，再加上社员把工分的增加看成是可能增加收入的重要条件，相对于工分值来说，对自家的工分数十分重视，因此，社员的工分数呈现出不断增长的趋势，但由于总收入的增长缓慢，工值一直保持在一个较低的水平，这就造成了大量虚工分的存在，农户无法通过劳动来获得更多的收入，生产积极性受到了很大打击，造成了农业生产的停滞。

在整个集体经营时期，收益分配更多地是在向国家和集体两方面倾斜，尤其表现在实物分配上。对社员的分配主要是以生存需要为基础，只有部分是基于他们所完成的劳动。集体制下的收益分配制度存在着许多问题，共同劳动引出了劳动的计酬问题，因产品分配而引出了按需按劳比例的问题。将生产队作为基本核算单位之后，尽管公社设计了种种解决问题的方案，其中还包括超经济强制和阶级斗争，但是，只改变了问题的表现方式，而没有根本解决问题，致使集体制生产效率低下，农业生产长期停滞。

5. 承包制时期的收益分配

十一届三中全会之后，农村实行了体制改革。初期是包产到组，在分配方式上并未发生多大

---

① 侯大信和侯振久在采访中都讲述了自己安排农活的具体策略，参见侯大信访问记录，2006年4月18日，访问地点：侯大信家，访问者：李屿洪；侯振久访问记录，2006年4月19日，访问地点：侯振久家，访问者：邢晔、李屿洪。

② 侯振元访问记录，2005年7月26日，访问地点：侯振春家，访问者：金修连、李屿洪。

③ 侯振元访问记录，2006年4月19日，访问地点：侯振春家，访问者：李屿洪。

④ 侯永深访问记录，2005年7月28日，访问地点：侯永深家，访问者：邢晔、金修连、李屿洪。

⑤ 刘继先访问记录，2005年7月30日，访问地点：刘继先家，访问者：金修连、李屿洪。

⑥ 叶盛榜访问记录，2005年7月30日，访问地点：侯振春家，访问者：金修连、吴家虎、李屿洪。

⑦ 侯永深访问记录，2005年7月28日，访问地点：侯永深家，访问者：邢晔、金修连、李屿洪。

⑧ 侯大义访问记录，2006年4月18日，访问地点：侯大义家，访问者：邢晔、李屿洪。

⑨ 侯元勤访问记录，2005年7月29日，访问地点：侯元勤家，访问者：金修连、李屿洪。

⑩ 侯振元访问记录，2005年7月26日，访问地点：侯振春家，访问者：金修连、李屿洪。

⑪ 王兴巨访问记录，2005年7月27日，访问地点：王兴巨家，访问者：张思、金修连、吴家虎、李屿洪。

⑫ 王兴巨、刘斌相在采访中都提到刘斌相所在的生产队达到过这个数字，参见王兴巨访问记录，2005年7月27日，访问地点：王兴巨家，访问者：张思、金修连、吴家虎、李屿洪；刘斌相访问记录，2005年7月28日，访问地点：刘斌相家，访问者：邢晔、金修连、李屿洪。

变化，只在一定程度上缓解了平均主义的问题。昌黎县农村在1981年实行了包产到户责任制，[①]主要特点是在保留土地等基本生产资料集体所有制不变的基础上，实行生产队统一计划、统一分配、统一核算，将土地按人口或人劳比例分到农户家庭经营，实行定产量、定投资、定工分，超产归己，减产赔偿，基本核算单位仍是生产队。包产到户所规定的产量，不是实际产量，也不是计划产量，而是所谓的“标准产量”，是依据承包地亩在正常状况下过去几年平均产量加可靠的增产潜力来规定的，集体提留的部分，也是以这个“标准产量”为基础，乘以集体提留的比例而计算出来的。[②]农户家庭收入的多寡不仅取决于其承包生产任务的完成情况，而且还受整个生产队经营成果好坏的制约。虽然包产指标内的产品分配仍然保留着统一分配的形式，但实际内容已大大削弱了。

1982年，昌黎县又开始实行了包干到户责任制，[③]其具体做法是，在保证土地的集体所有权基础上，各承包户只向国家缴纳农业税，以及向集体上交公共提留，其余的产品全部归农户所有，各承包户自负盈亏。这样，收益分配的核算单位就变成了农户，分配主体也由生产队转为农民个人。在这种制度下，农户只是按照自家承包的土地面积交纳土地税和国家征购粮。1979年以后，政府进一步减轻集体经济税负，并于1980年开始调减农业税征收额，[④]坚持了稳定负担和轻税的政策，使农业税负担逐渐减轻。[⑤]农业税的缴纳形式也由生产队时期的上交粮食变为直接缴纳现金。[⑥]1978年以后，政府大幅提高了农产品收购价格，调减粮食收购基数，[⑦]减少统购派购品种，1985年，开始取消了粮、棉、猪等重要农产品的统购派购，改行农产品合同定购制度，逐步放开畜产品、蔬菜等的市场价格。[⑧]农民完成定购合同之后的余粮，可以自由支配，既按照可以议价卖给国营粮食部门，也可投入市场，那些逐渐退出国家专卖范围的农产品完全进行市场交易。[⑨]

在集体提留方面，由于生产队生产职能的逐步丧失，其中的公积金、折旧费基金等日渐减少，终至消失，只留下公益金仍在发挥作用，但是却出现了一个新的项目——乡统筹，这是乡镇一级政府依靠国家机构的权力，对农民收取的费用，[⑩]生产队解体之后就开始存在，每年乡镇将指标下达到村子，然后每个村根据各户承包土地的面积，将统筹款分摊到各户。[⑪]实物分配中的饲料和种子也由农户自行解决，不再需要集体进行提留，储备粮也失去了存在的必要，数量逐年减少，直至消失。

这样，在农产品价值形态的分配方面，就简化为国家税金、乡统筹、公益金为主的集体部分和个人两个部分，实物分配方面只剩下了国家征购和农户所有两项。国家吸取了集体经营时期收益分配方面的经验教训，在实行家庭承包制时期，使收益分配更多地向农户倾斜，收益分配的方

---

① 昌黎县地方志编纂委员会编《昌黎县志》，第233页。

② 林子力：《论联产承包责任制——中国社会主义农业合作经济的新形式》，中国社会科学院农村发展研究所编辑组《农业生产责任制论文集》，人民出版社，1986，第389页，原载《中国社会科学》1982年第6期。

③ 昌黎县地方志编纂委员会编《昌黎县志》，第234页。

④ 刘苏社：《建国后农业税制的演变情况》，《经济评论》1998年第3期。

⑤ 苏明：《国家与农民分配关系的历史考察》，《中国农村经济》1991年第4期，第57~63页。

⑥ 刘晓利访问记录，2005年7月26日，访问地点：刘晓利家，访问者：金修连、李屿洪；侯永深访问记录，2006年4月18日，访问地点：侯永深家，访问者：李屿洪。

⑦ 郑风田：《制度变迁与中国农民经济行为》，第184页。

⑧ 陈吉元、陈家骥、杨勋主编《中国农村社会经济变迁（1949~1989）》，山西经济出版社，1993，第297页。

⑨ 曹锦清、张乐天、陈中亚：《当代浙北乡村的社会文化变迁》，第444页。

⑩ 王冰：《中国农业生产组织政策绩效分析与评价》，《经济评论》2004年第4期，第63~68页。

⑪ 侯大义访问记录，2006年4月18日，访问地点：侯大义家，访问者：邢晔、李屿洪。

式和原则发生了较大的变化，农户分配结果上的差异主要来自于劳动强度和技术水平，而非家庭人口数量的差别，包干到户的分配方式减少了公社体制下分配过程中存在的诸多不必要环节，降低了分配成本。① 这种转变，也是推动农业生产发展和农民生活水平提高的重要原因，反过来，收入的增加进一步推动了收益分配朝着更有利于农户的方向转变。

侯家营村在公社时期的分配情况，基本上与政府的制度设计保持一致，但是，在具体的决策方面，因受到自身的内部和外部条件的制约，而发展出一套特殊的原则与惯例。从总体来看，人民公社时期的收益分配制度是失败的。在集体经营时期，收益分配不但没有发挥应有作用，没有完全满足社员的基本生活需要和正当利益，反而成为了国家获取农业剩余的工具，使得农民的生活水平长期处于低下状态。集体制时期虽然为贫困户、五保户等提供了一定的社会福利和公共卫生等社会保障，但却造成了一种普遍的贫困。进入家庭经营时期之后，政府吸取了集体时期的教训，在很多方面改革了收益分配制度，降低了国家和集体部分在分配中的比例，减轻了农民的负担，但是，国家征购、乡统筹等项目在分配中仍占有很大比例。农户虽然成为了分配主体，但其合理权益的满足仍受到制约，农民的生产积极性不能得到完全发挥，进而阻碍了整个社会再生产进程的顺利进行。

金修连

（六）侯家营的政治变迁史（1900～1984）

1. 20 世纪前期

侯家营村的起源并没有明确的记载，村民对此也是众说纷纭。总结以往史料记载和调查，大概可得出明代和清初两种说法。1992 年出版的《昌黎县志》将侯家营列入明初立村之列。② 现村中最长者根据自己的调查认为侯家营建于清初。对于村庄的来历，村民都会讲这样一个故事："有侯姓三兄弟一起来到昌黎县，一个去了附近的魏官营村，一个去了山海关，留下来的成了侯家营的创始者"。《中国农村惯行调查》（第五卷，以下简称《惯行调查》）中记载侯家营建于明中叶。不过，每种说法都没有绝对可信的史料加以佐证。根据侯家营文书和田野调查，笔者拟从 19 世纪末年开始描述侯家营的历史。那时的侯家营以侯姓为主，数量占有绝对优势（现在亦然）。侯姓分为三门，各门门户相连。村中其他杂姓并不多，刘姓是村中的第二大姓，是比较富裕的一族，户均耕地面积是村平均数的二倍。

杜赞奇在《文化、权力与国家》中将侯家营列为远离城市比较富裕的宗族社区。1864 年的一块石碑上记载了村中领袖发起修葺庙宇的活动，发起的四个会头都为侯姓族人，庙宇地产也是由侯氏祖先捐献的，③ 可见侯氏宗族实际上掌握着村中事务。杜赞奇对侯家营的政治结构作了较为详细的说明："在 1911 年以前，村务由 8 名会头（亦称董事）主持。每一会头代表一'十家'（亦称'组'）"。④ 会头既是村中的"精英"⑤，又代表了家族门派。不过，新会头不是由宗族选举，而是由其余会头在相应宗族中提名。会头一职往往是父死子继，但儿子必须仍为富人，并具

---

① 梅德平：《中国农村微观经济组织变迁研究——1949～1985：以湖北省为中心的个案分析》，第 271 页。

② 昌黎县地方志编纂委员会，陈雨时主编《昌黎县志》，中国国际广播出版社，1992，第 766 页。

③ 《惯行调查》，第五卷，岩波书店，1981，第 629 页。

④ 杜赞奇：《文化、权力与国家》，江苏人民出版社，2003，第 73 页。

⑤ 所谓"乡村精英"指在村中掌握优势资源，在乡村生活中有较大影响之人。下文"传统的乡村精英"指 1949 年前村中有威望影响较大之人，多为乡绅阶层。

备起码的才能。[①] 村民对他们是心怀感激的，认为他们保护了村庄，维护了村庄内部秩序，往往会做匾送给他们。《惯行调查》中记载了三次送匾，其中一次便是给一位会头，其余两块送给村中威望高、为村民办事之人。[②]

由于侯氏人多势众，很长时期独自掌握村中事务。但是这个优势并不能保证其永远控制村政权。由于侯家营距满洲并不远，很多人前往正在开发中的满洲寻求生计，侯家营因此变得富裕起来。这些富裕者多为村中其他姓氏，他们开始挑战侯氏宗族的村中权威。宗族矛盾由于刘姓的发达而日益尖锐。

1921 年，两个宗族间的矛盾由于摊派问题激化。北洋政府由于战争摊款比率大幅度提高，为了平分摊派，全村决定重新丈量土地以划分土地等级，结果发现任村长刘子馨隐藏了不少土地。刘子馨田产很多，家里有近 170 亩土地，是全村最富有者之一。事发之后，侯姓会头想把他送到官府。由于当时不少村民都隐藏有土地，彼此讨价还价一番，刘子馨的多余土地被补入地亩账中，辞去村长一职，回县城教书，侯姓族人接替其职位。《惯行调查》中提到，为此事两宗族多年互不说话，关系紧张。[③] 十多年后，另一位侯姓村长不经会头同意，滥用村中的款项，村中 10 个有影响的人联名告他，当年被迫辞职的刘子馨是整个事件的策划者。最终刘子馨获胜，重回侯家营任村长。[④]

2. 抗日战争时期

1933 年 4 月 17 日日军入侵昌黎，建立临时伪县政府。侯家营北为昌黎县城，南接泥井镇，地当交通要地。1939 年，日军实行保甲制，一般一村一保，保长一人，保下设甲。事实上日军的保甲制与侯家营村内的会头宗族组织基本重合。1940 年后，来自村外的征敛摊派逐渐增加，侯家营近 60% 的现金开支用于支付摊派。国家政权的深入也使会头中贫民的数量在增加，传统精英们的影响力慢慢减退。40 年代后的保甲长多不是村中精英，只是"保甲"的代表而已，他们成为上传下达命令的工具，一般年纪较轻，没有什么文化，尤其是没有田产可以担负任何经济责任。老会头们逐渐从乡村公职中淡出，独善其身。

1944 年，日军出于军事目的在侯家营设立据点，修建炮楼。为了方便摊派，村内成立了维持会。村民侯增祥回忆：维持会是日本进驻侯家营要建个炮楼，建炮楼不管是哪来的终究得有个人维持这事，张罗着。肖惠升、孔子明他俩挑头负责。[⑤] 日本人找到了村中最有威望的肖惠升为其办事，肖惠升张罗了不少人，在维持会中设立了各种名目，如维持先生、维持干事、维持会员等共 7 人。对村民而言，维持会就是有人来了负责维持接待，具体什么性质他们没有过多考虑，前提是不妨碍他们村内的正常秩序。维持会的出现加重了村内的摊派，从而加速了传统的地方精英的隐退。面对这些摊派，村中矛盾更加凸显，老会头们无力掌握局面，多退出侯家营权力核心。

黄宗智认为国家政权深入农村，使侯家营本身的政治结构逐渐瓦解，到了日据时期已基本崩溃。[⑥] 随着乡村传统精英的退出，一些地痞无赖乘机夺权追逐私利，鱼肉乡里。

---

① 杜赞奇：《文化、权力与国家》，江苏人民出版社，2003，第 118 页。

② 《惯行调查》，第五卷，岩波书店，1981，第 38 页。

③ 《惯行调查》，第五卷，岩波书店，1981，第 57 页。

④ 《惯行调查》，第五卷，岩波书店，1981，第 43、56 ~ 58、100 页。

⑤ 侯增祥访问记录，2005 年 7 月 29 日，访问地点：侯增祥家，访问者：周健、邢晔。

⑥ 黄宗智：《华北的小农经济与社会变迁》，中华书局，2000，第 300 页。

侯家营所属之镇的镇公所在泥井，该镇有一个臭名昭著的大恶棍齐老畅。齐老畅本人抽大烟兼嗜赌。泥井镇成立镇公所之后，他贿赂一些保长推举他为镇长（大乡长）。任职之后，齐老畅对下属各村实行恐怖统治，威胁各保长，向他们无限勒索款项。侯家营村长侯元广是个唯唯诺诺的人，对齐老畅唯命是从。1942 年，齐侯二人联手以修葺村长办公室为名，从村民中搜刮了 900 元。村中新学堂教员刘斌义（刘氏族长刘子馨的侄儿）联合其他二人（一为邻村赵家港赵恩石）上诉县政府，3 个人代表 3 个村庄向法庭控诉齐"会账不清，人格卑劣"。但在齐某的淫威之下，镇上和各村无人敢出头作证。齐老畅赢得了这场诉讼。刘斌义被判诬告罪，鞭笞五十。这次诉讼的胜利助长了齐老畅的气焰，他以补偿其诉讼损失为名，反而向各村加派 5000 元钱。[①] 黄宗智认为这一事件反映了侯家营内部没有抵抗外来的权力，于是形成了没有拘束的权力滥用。当时无人可以压制齐老畅，齐老畅得以肆无忌惮滥用权力，但是他的恶行反而促使刘侯两姓联合，缓和了村庄内部宗族间的矛盾，唤醒了村庄本身的自我保护意识。

3. 两面政权时期

1945 年 8 月 15 日，日本投降，昌黎县全县军民开始大反攻。10 月中国共产党宣布成立昌黎县委和县政府，辖 527 个村。同时国民党占据昌黎县城成立县党部和县政府，建立保甲制，这个组织延续了日军设立的保甲组织，人员基本重合。昌黎县泥井镇以南为解放区，以北至昌黎县城为国统区。侯家营正好处于双方拉锯的地区。国民党军队与其扶植的地方武装（伙会）对解放区进行了多次大规模的扫荡，侯家营为必经之地。[②] 侯家营时而在解放区内，时而归属国统区。1947 年 3 月解放军主力部队协同昌黎县支队对驻扎泥井的伙会发动进攻，全歼守敌，侯家营归属解放区。但是双方的拉锯战并没有结束，侯家营仍然是敌人经常扫荡的地区。

一方是国民党的县政府，一方是共产党的县政府，侯家营这个小村子左右为难。如何应付两个不同的政权？村民侯增祥回忆当时正村长是给国民党办事的，副村长是给共产党办事。在侯家营，掌握村政权的人对我方算村长，对国民党方面则是保长。相比国民党，共产党更加重视农村政权建设，组织更加全面完善。各村建立民兵组织，成立民兵中队，设正副中队长和正副指导员，下设游击、战勤、爆炸三个小队。据该村《村史》记载，侯家营在 1948 年前有了党支部，民兵中队接受区民兵大队的领导。中队长为费世荣，指导员侯大孝。费世荣遇害后，侯永明接替中队长，指导员为侯大英。同一时期，侯家营保长先后为孔子明、费世荣、侯永明等人。双方人员基本相同。[③] 此材料反映了侯家营面对两个不同政权的矛盾和自保心理。

在国共双方的拉锯战中，1946 年 6 月昌黎县委和县政府发动全县数十万农民群众，掀起了声势浩大的土地平分运动，又名"抓大头"、"分大户"。侯家营村内土地较多的几户如侯宝连、肖惠升、侯元来，侯元进等人的土地被平分。这些人多为村中传统地方精英，拥有一定的地产。侯家营《村史》记载当时"刘某（应为刘子馨，笔者注）把侯家营主持减租减息的三十六名干部，造名册到敌占区告发，敌人向南讨伐来了，地主也跟着活动，一心想把革命干部杀尽，幸亏消息早得到，干部转移了，保住了革命的力量。"[④] 当时毕竟国共双方对峙，土改的进程不是很

① 《惯行调查》，第五卷，岩波书店，1981，第 48、50～51、273 页。

② 参见昌黎县委办公室、昌黎县委组织部、昌黎县老干部局合编《历史的回声》，1999，第 64 页；昌黎县地方志编纂委员会、陈雨时主编《昌黎县志》，中国国际广播出版社，1992，第 24 页。

③ 《侯家营文书》，e－14，《村史》，《村史》是"四清"期间侯家营村民所作，具体作者不详，记录了侯家营 30 年代到 60 年代的村中大事，用词具有鲜明的时代特色。以下所提村史，均指此文。

④ 《侯家营文书》，e－14，《村史》。

顺利，出于多方考虑，并没有彻底地平分土地。

与日据时代相比，侯家营的外部环境更为复杂，村政权组织延续过程中已经看不到传统精英（老会头们）的影子。新的掌权者并没有什么权力，如保长侯永明，据村民讲他目不识丁，在众人的起哄中稀里糊涂就当上了保长。[①] 如此轻率的选任保长，说明村民在战乱中已无心村政建设，全村一致祈求自保。

4. 土改与建政时期

1948 年 9 月 15 日昌黎县全境解放，侯家营即着手进行彻底地土地改革。关于土地改革运动，费正清认为从中国共产党的观点看，土改运动的主要目标是摧毁中国乡村中传统的权力结构。[②] 从《侯家营文书》中，我们可以看到中国乡村传统的权力结构确实被这场翻天覆地的运动瓦解了，传统的乡村社会秩序被摧毁，传统地方精英的权威荡然无存，有的反而成为村中最底层人物。

1948 年，工作队三人来到侯家营发动百姓，造声势，提出“贫下中农是一家”的口号，号召群众起来开展土地改革。[③] 工作队首先挨家挨户寻访苦大仇深历史清白的农民，从中选出贫农团团员以及主任。侯大安，解放前以扛活为生，经过工作队摸底成为贫农团主任，一时之间大权在握。贫农团成员七人，每天与工作队开会研究全村几百人的成分划分。由于侯家营是老根据地，又有 1946 年平分的经验，村民记忆中的土改虽然喧闹，但是并没有大的风波，平稳过渡。

按照“前三年、后三年”的标准，即解放前三年与解放后三年为限，以占有土地的多少与雇工剥削的情况来划分阶级。阶级划分及土地占有情况在《村史》中详细列出：侯家营地主、富农 5 户 39 人，占有土地 920 亩，每人平均土地 23.7 亩；上中农 14 户 98 人，占有土地 1160 亩，每人平均土地 11.5 亩；中农 29 户 117 人，占有土地 703 亩，每人平均土地 6.1 亩；贫农 50 户 146 人，占有土地 531 亩，每人平均土地 3.6 亩。[④] 我们采访分到地主土地的老人时，他们对共产党的感激之情溢于言表。土改后他们翻身做了主人，感激转化为对共产党的忠诚，对其理念的认同。这为之后的农村社会主义改造做了重要准备。

由于阶级观念的引入，侯家营已从过去家族划分变成了不同的阶级阵营，阶级的划分完全是以国家权力为后盾。划分阶级也意味着权力的重新分配，侯家营村中的权力转移到贫下中农手中，一直到 70 年代末。在土改这个社会激变过程中，侯家营完成了乡村精英的更替和重构。之后几十年的政治运动都以此为基础。随后进行的建政（建立村政权），完成了对新的乡村权力结构的制度化建设。

据《村史》记载，被划定为地主富农的人并不甘心，只要有机可乘地主富农分子就要活动，有的地主分子见到住自己房子的贫下中农就说要把房管理好了，别住坏了，院内的树木别毁坏了。1951 年 4 月村里打算把地主刘斌质被没收的一堵墙拆掉打井用。刘斌质的妻子就认为墙是他们的，所以不能随便拆。[⑤] 他们认为一切都是暂时的，就像 1946 年那样，但是这次历史没有重演。

有关贫农团等农民组织的已有研究中，一些学者的个案村调查显示：“农会干部和积极分子

① 侯振春访问记录，2006 年 4 月 18 日，访问地点：侯振春家，访问者：邢晔。

② 费正清主编《剑桥中华人民共和国史：中国革命内部的革命》，中国社会科学出版社，1992，第 656 页。

③ 侯永志访问记录，2001 年 7 月 30 日，访问地点：侯永志家。访问者：张思、任吉东。

④ 《侯家营文书》，e－14，《村史》。

⑤ 《侯家营文书》，e－14，《村史》。

成为土改以后的村组织干部、合作化运动和集体化时期的社队干部的主要来源。”① 笔者调查的侯家营村情况不尽然。侯家营建政时，村支部书记侯永志、王永会成份为中农，并非贫农团委员，更不是贫农团干部。除贫农团主任侯大安出任副村长外，其他贫农团干部没有在新的政权组织中担任主要职务。除了人民公社初期侯大安任生产队队长，大队主要干部中同样没有土改时期贫农团成员出任。

侯家营于1949年4月建立自己的村政权组织，村里人习惯称之为建政。程序类似贫农团的建立，工作队发动群众要建立贫下中农当家作主的政权。当时选举办法是用碗填玉米粒，工作队首先摸底让群众推出候选人，每个候选人用一个碗，群众想选谁就往谁碗里投个玉米粒，形式上是民主选举。② 侯家营的第一位党员侯永志理所当然地成为侯家营第一位党支书，村长为王永会，还有财粮委员、经济委员、民兵队长、妇女主任、战勤等等。“贫下中农当家作主”使这些人在旧秩序的激变过程中迅速改变了社会地位，成为“掌权人”。由于这些当家作主的人出身贫苦，无疑加强了农民与新的政权组织的亲近感，也加强了农民与国家政权的亲和力。以侯永志为首的侯家营党支部成为新的乡村权威的真正核心，村政的其他构成只不过是党的权力的外延和辐射。

在建立村政权的过程中，侯家营也成为独立的最基层的政权组织，成为国家政权链条中的一环，国家的政策指令等各种政权行为都需要通过这种正式组织下达到每一个农户。从此侯家营完全纳入国家的权力体系。

1949年冬，侯家营村里曾召开过“清白大会”。侯增祥（土改时贫农团委员）和侯大孝几人乘村干部到外地开会，鼓动群众成立“清白大会”，想推翻村政权，最后这些闹事的人（侯增祥等人）被区里五花大绑送了回来，并且在村里的大庙召开了全村大会，批判他们。③ 这一事件表明刚刚成立的村政权并不稳固，并没有得到群众的完全信任，但是区委以强制力量维护新生的村政权。

1951年，一贯道徒等团体在昌黎大旱之际，鼓动群众闹圣水，造成了极大的影响。侯家营也有些一贯道徒，还有坛主，但是村民说他们都比较老实，虽然参与了祈雨，但是之后在村中奉公守法，影响不大。

5. 从互助组到人民公社

侯家营在1953年春耕时建立互助组，属于自由结合的性质，有牲畜和没有牲畜的结合，有农具的和无农具的结合。最初是由侯永志组成的8家互助组，这是从农村早就存在的搭套等各种农耕互助形式转化而来的，当时共有12个互助组。据侯永志介绍，虽然互助组逐渐增多了，但是矛盾也很多。“牛大啊，牛小啊，地多啊，地少啊，维持不了多长时间。”村里地多劳力也多的富裕户一般不愿意加入互助组。后来为了响应政府号召，向机械化合作化发展，当年秋天在第一个互助组的基础上，14户联合成立了一个初级社，社长侯永志，初级社里设有会计、记工员。初级社的发展很迅速，到54年秋侯家营就成立了6个初级社。一社社长侯永志，二社社长侯翼

---

① 吴毅：《村治变迁中的权威与秩序—20世纪川东双村的表述》，中国社会科学出版社，2002，第85页。

② 参见《侯家营文书》，e-14，《村史》。

③ 侯增祥访问记录，2005年7月29日，访问地点：侯增祥家，访问者：邢晔、周健；侯振春访问记录，2006年4月18日，访问地点：侯振春家，访问者：邢晔；侯振久访问记录，2006年4月18日，访问地点：侯振久家，访问者：邢晔、李屿洪。

飞（后孟春学），三社社长侯永深，四社社长侯永强、五社社长王永会，六社社长侯永瑞。[①] 不过当时村中有八户坚持没有入社，此事后来成为这些人受批判的一个罪证。1956 年初级社发展成为高级社，泥井镇成为一个高级社，取名为泥井长征社，侯家营全村入社，与邻村崔家坨合为长征社第九大队。

这个时期为便于发展全县的经济、文化，昌黎县根据省、地委指示，于 1953 年 5 至 7 月间进行了建乡工作。侯家营被编入崔家坨乡，崔家坨乡党支部下属崔家坨、侯家营等四个村分支部。1956 年 8 月为了适应农业生产和高级合作化运动发展的需要，昌黎县调整基层党组织，减少乡的数目。侯家营改属于昌黎县泥井乡。[②]

1958，全国掀起“大跃进”高潮，使得以高指标、瞎指挥、浮夸风和共产风为主要标志的“左”倾错误严重地泛滥开来。昌黎全县迅速实现人民公社化。侯家营成为了昌黎县红旗（泥井）人民公社侯家营生产大队，生产大队下设 10 个生产队。1961 年减少为 3 个生产队，1962 年又划分为 6 个生产队，这个划分相比之下比较合理，适合管理。[③] 村民刘斌相回忆 1958 年的确是 10 个生产队，但是 1959 年全村是一个连队，村里分为两个排（当时全村军事化，很有可能是如此）。[④] 侯家营生产大队设大队管理委员会，各个生产队也有生产管理委员会。侯家营大队管理委员会直接听命于泥井人民公社管理委员会。人民公社化是一种乡村社会的重组活动：不仅重新确定了乡村社会的行政区划，而且重建了经济联系和公共权力组织。这在中国乡村社会的发展历史上是“史无前例”的，可以说，是对中国乡村政治结构一次真正而彻底的改变。

60 年代村里行政建设、干部任免出现制度化的趋势。村里主要的领导人如村支书由公社摸底，提出候选人，再由村里全体党员选举支部委员会和支书。村里其他常设机构的干部也由村民选举产生。如《侯家营大队民主管理制度（初稿）》中规定：“大队管委会成员，由全大队社员选举产生。生产队正、副队长、政治工作员、保管、监察、治安、文卫等委员，由生产队全体社员大会选举产生”。而且对其任期、撤免也有具体规定：“原则上任期 1 年，也可连选连任，一般的可暂定连任 4 年。在任职期间对贪污盗窃、犯有严重错误和不称职干部，社员大会或代表大会有权随时罢免”。[⑤] 同时出台的还有《侯家营生产大队生产劳动管理制度（初稿）》、《侯家营大队财务管理制度（初稿）》。侯家营大队生产干部实行误工记工补助政策，依照规定如果每年劳动不少于 120 天的话，“大队书记，大队长每年补助 35 个工，付书记付大队长民兵连长大队会计每年补助工 30 个；生产队长每年补助工 35 个，付队长 30 个，会计 25 个，保管员 20 个，记工员 12 个，妇女队长 10 个。”[⑥] 这些制度文字在一定程度上体现了村务公开、村务民主的精神，体现了共产党让村民大众当家做主并监督管干部的愿望。但是需要注意的是，这些只是国家的制度安排，在现实生活中，这些制度并没有得到很好的落实。在当时的制度环境中，公社、大队和生产队具有不同的反应能力。大队虽然不属于国家的行政建制，但大队的主要干部掌握了大队范围内的许多重大权力，因此其职位是许多人所渴望的，是乡村社会实际上主要的权力资源。相比之下生产队直接面向群众，负责生产，有硬性指标衡量，且与切身利益相关，社员们更加看重生

① 参见《侯家营文书》，e-14，《村史》。

② 中共昌黎县委组织部、中共昌黎县委党史资料征集办公室、昌黎县档案局：《中国共产党河北省昌黎县组织史资料（1931—1987）》，河北人民出版社，第 54、62、194 页。

③ 《侯家营文书》，f-23，《侯家营大队历史资料底帐（1952～1971）》，1971。

④ 刘斌相访问记录，2005 年 7 月 28 日，访问地点：刘斌相家，访问者：邢晔、金修连、李屿洪。

⑤ 《侯家营文书》，f-37-3，《侯家营大队民主管理制度（初稿）》，1965。

⑥ 《侯家营文书》，a-9-20，《村管理规章制度》，推测为 20 世纪 70 年代。

产队管理委员会的人选，生产队干部的任免不得不征求社员意见。

1958 年 8 月侯家营开始“吃食堂”。侯家营公共食堂刚开张的时候，粮食充足，吃的比较好，但是到了 1961 年的时候只有稀饭，一人一天四两，到后来干脆瓜菜半年粮，作“龙须饭”，即萝卜和苞米面；生产“人造肉”即苞米面（肥肉），白薯面（瘦肉）；打制“月饼”及玉米棒子和白薯蔓子。很多人得了浮肿，不过没有饿死人。1962 年公共食堂停办。①

1958 年 11 月，县委成立“反右倾”领导小组及办公室，并在全县党内开展“拔白旗”运动。侯家营也开始了大跃进运动，接着大炼钢铁，反右倾，拔白旗。“拔白旗”运动完全是针对乡村干部的，白旗相对的就是红旗，做干部要“扛红旗”，如果做得不好，就会被“拔白旗”，即撤职。党支部书记侯永瑞在“拔白旗”中下台。②

6. “四清”运动

1964 年全国一些地方掀起“四清”运动，1964 年 1 月，昌黎县委成立了“四清”办公室，9 月，成立农村“四清”领导小组。侯家营大队的四清运动从 1964 年至 1966 年，历时三年。1964 年以薛凤玺为首的侯家营四清工作队进驻侯家营，温炳和为四清工作队指导员，工作队实际成为村的领导机构。侯家营在四清工作队帮助下重新建立了贫下中农协会。贫协的主席是土改时期贫农团的主席侯大安。贫协成立后从事的主要工作就是在工作队的领导下进行“四清”，权力很大。一方面发动群众调查干部的经济问题，一方面负责阶级成分审定，对村民土改时期所定的阶级成分进行重新议定，为此还专们成立了阶级复议委员会。贫协提出处理意见交由工作队审定。这在事实上提高了贫协组织的权威而抑制了大队和生产队干部的权力。

“四清”中所有的干部都“上楼下楼，洗手洗澡”。“上楼”就必须“洗手洗澡”，即大家给干部提意见，作批评与自我批评，像一些“参加劳动少，阶级界线不清、超标准”等问题，天天开批判会，开群众大会，干部要把经济上、政治上、思想上的问题洗得干干净净，交待得清清楚楚才能下楼。上楼容易下楼难，直到“四清”结束“文化大革命”开始，村中还有几人一直在楼上呆着。干部白天“下楼”抓生产，晚上“上楼”交待问题，接受群众的检查。“四清”中王永会在复查中由于犯了错误下台，被叫做“四不清下台干部”。清经济的结果是“侯家营犯有经济四不清错误的干部 33 名，最后落实定案应退赔贪污盗窃多吃多占款（包括实物折款）2662.00 元，粮食 9112.5 斤。”③ 侯家营历任大队干部和生产队干部也不过 30 多人，33 人被查出问题，意味着几乎所有的干部都有“四不清经济问题”。

“四清”阶级复查中全村共 27 人阶级成分变更，其中 3 人成分由下中农下降为贫农，18 人成分从中农下降为下中农，5 人成分从上中农上升为地主，1 人成分从上中农上升为富农。根据侯家营文书中 1965 年的阶级档案记录，村中四类分子 12 人，其中男 7 人女 5 人，4 人戴帽，地主分子 7 人，富农分子 4 人，反革命分子 1 人，坏分子 1 人。侯家营村中没有右派。以上资料来源为侯家营文书中的《侯家营大队阶级档案》，这份档案是“四清”时期留下的，记录了全村的人口、家庭、阶级成分鉴定以及阶级成分变更的处理意见等等，内容详细，是我们研究“四清”时期农村政权结构、政治运动及“四清”运动对农村影响的宝贵资料。

“四清”运动本着“就下不就上”的原则，大多数村民阶级成分下降。成分上升的或者为漏

---

① 侯大义访问记录，2001 年 8 月 1 日，访问地点：侯大义家，访问者：任吉东。

② 侯大义访问记录，2001 年 8 月 1 日，访问地点：侯大义家，访问者：任吉东。

③ 《侯家营文书》，f-37-3，《侯家营干部退赔款物的分配意见》，1965。

划富农或者为漏划地主。例如《侯家营文书》中包含有村民刘万臣的档案袋，是在“四清”运动以后形成的主要是关于刘家成分问题的材料，其中刘万臣四子刘斌卿多封申诉信、来往家书弥足珍贵，为我们展示了“四清”时代氛围中一个虽不起眼但又十分重要的侧面。

在当时政治高压气氛之下，没有经验的工作队干部本身也处于各种冲突之中。村民之间关系有亲疏远近，常常为了一己之利歪曲事实，挟私报复。工作队为了体现工作业绩难免会无中生有，造成冤假错案。“四清”运动破坏了乡村刚刚确立的生存秩序和准则，其背后悄悄酝酿一场社会危机。

“四清”时期侯家营民兵活动搞得有声有色。一个生产队是一个排，一个大队是一个连，不论大小，下设排班，班分男女班，混编在一个生产队里，每个队大约有30多人。当时村里的民兵武装有2门60炮，2架轻机枪，十几只冲锋枪及三八大盖，经常搞拉练和紧急集合。[①]

7. “文化大革命”十年

1966年5月中共中央“五一六”通知下达后，昌黎县和全国各地一样，掀起了“文化大革命”运动。当时昌黎县的“四清”运动正在进行，昌黎县委决定“文化大革命”和“四清”运动同步进行。12月，由于“文化大革命”在昌黎城乡普遍开展起来，“四清”工作队被迫撤离各社队。1967年工作队撤出侯家营，贫协夺权，成为事实上的权力组织。1967年1月，上海掀起所谓“一月风暴”，“全面夺权”之风波及全国。1月25日，昌黎县造反派组织夺了中共昌黎县委的权。各人民公社的造反派亦相继夺了农村人民公社党、政组织的领导权，社会秩序一片混乱。侯家营大队也并不安定，《村史》中这样写到：“地富反坏右，牛鬼蛇神，四不清下台的干部一起出笼向伟大的四清反扑，打击四清上台的干部和积极分子”。侯家营村内成立了两个造反组织。一为红农造反大队，共13人，队长王兴厚。另一个称造反兵团，共37人，团长侯得忠，两派互相争夺权力。但是村民回忆县里流血械斗不断，村内并没有发生武斗。在斗争最激烈的时候，中国人民解放军驻昌黎部队奉命介入地方的“文化大革命”运动，三位解放军军官来到侯家营，成立了军管会，对全村实行军事管制。

1967年11月15日，昌黎县革命委员成立，全县各人民公社生产大队也陆续成立了革命委员会。1968年3月4日侯家营生产大队在军管会的基础上成立了革命委员会，取代了贫协。[②] 革委会成员基本为原先大队党支部成员。生产队增设政治指导员，村里称之为政工员。昌黎县泥井人民公社侯家营生产大队革命委员会一直存在到1980年代。

“文化大革命”前期政治运动颇多，如“清理阶级队伍”、“斗、批、改”和“一打三反”（即打击现行反革命破坏活动、反贪污、反浪费、反对投机倒把）等运动，留下来的资料也比较丰富。1968年7月，侯家营开展了清理阶级队伍运动。《侯家营文书》中e-45为侯家营清队不立卷人员登记表，四不清干部、一贯道徒、四类分子都记录在案。《侯家营文书》中还有：1971年3月22日泥井公社党员组织处理登记表，上有侯元勤、王永会等人（都是犯错误的村干部）；泥井公社“一打三反”运动重点人员登记表；侯永庆、侯元勤等现行反革命分子的材料；泥井公社清队运动中被揭出有问题的人员登记表等等；e-47则是农村斗批改等情况统计表。诸如此类的统计表很多，说明侯家营掀起了一轮又一轮的政治风波。不过据侯大义介绍这些报表只是为了完成上级任务，大队干部统计上报而已，很可能报上去就没有回应或者只是统计并没有上报公

① 侯大义访问记录，2001年8月1日，访问地点：侯大义家，访问者：任吉东。

② 《侯家营文书》，e-14，《村史》。

社，从这些报表中我们可以看到那时候侯家营大队工作重心所在。

1968 年 12 月 27 日，侯家营成立专案班子负责整理村中“阶级敌人”的案卷。[①] 1969 年 2 月 26 日侯家营大队整党领导小组成立，组长侯元强，成员侯大义、侯振兴。[②] 同年侯家营成立毛泽东思想工作宣传队，负责村中毛泽东思想教育和对阶级敌人的批判。侯家营大队开设毛泽东思想学习班，每次上课都要点名记录出勤情况，如果无故不来就要写检查挨批斗。[③] 1969 年侯家营大队成立斗批改领导小组，组长侯元强，成员骨干叶盛奎等 10 人。[④] 这些班子、小组领导均是侯家营党支部成员，由党支部来开展这些活动。值得一提的是，毛泽东思想工作宣传队是公社派驻的，实际权力很大，对于村里的事情，党支部一般都要和毛泽东思想宣传队驻村干部商议。[⑤] 此起彼伏的政治运动使以阶级斗争为主要内容的政治文化在社会得到普及，整个社会不断地政治化。农民在政治运动中表现出了极高的政治热情，逐渐培养出极高的政治敏感性。同时农民的盲从性也十分明显。

1970 年，瘫痪三年之久的中共昌黎县委员会重新建立，侯家营很可能早在 1969 年 7 月便恢复了党支部（《侯家营文书》中也发现了 1969 年 7 月村党支部成员任命书），支部成员 5 人。革命委员会和党支部是两个班子一套人马，大权在党支部手中。

70 年代的侯家营相对平静，村里没有派系斗争。侯振兴回忆：“乡里乡亲的，抬头不见低头见的，又没有什么深仇大恨，表面上过得去就行了。”[⑥] 村里的内部冲突渐渐远离政治运动。虽然先后进行了“批陈整风”、“批林批孔”、“评法批儒”、“割资本主义尾巴”、“反击右倾翻案风”等运动，但这些运动主要是针对城市的，对乡村的影响不大。党支部成员也没有大的波动，侯元强、侯大义、侯振兴等人一直占据着侯家营权力中心。由于接受过“四清”的洗礼，接连不断的政治运动的考验，他们在村中口碑不错。从这个时期的党员开会座谈记录、群众座谈记录、生产队座谈记录来看，侯家营的工作重心转到了生产上，并没有过多的上纲上线的政治言论。“四清”运动中、“文化大革命”前期挨整的一些人，开始逐渐恢复名誉，比如陈信、王振有在“文化大革命”前期被取消预备党员资格，而在 1971 年“本着党的思想批判从严，组织处理从宽的原则”,[⑦] 同意转为正式党员。

20 世纪 70 年代中后期，村里放松了对四类分子的管制。刘斌相回忆，不用天天交检查了，平日里就和普通社员没有什么区别。[⑧] 经历了多次政治运动，侯家营的干部和村民已经感觉到政策的变化不定，因此每当运动来临他们往往会明哲保身，虚应一番，对村中的“四类分子”也手下留情了。这时期农村的政治运动多流于形式，和农村的实际情况并不符合，对群众没有什么影响。村里流传着这样一个笑话，批林批孔时期，村里每天广播，干部每天开会，群众每天座谈，但是村里没有斗争对象，村民就拿村民孔宪章开玩笑，说你姓孔，就批你吧，不过也只是说说而已。虽为一笑谈，从中也可窥见群众对农村政治运动的看法。[⑨]

---

① 《侯家营文书》，b－4－8，《泥井公社革命委员会批复信》，1968 年 12 月 27 日。

② 《侯家营文书》，b－6－20，《泥井公社革委会批复》，1969 年 2 月 26 日。

③ 《侯家营文书》，e－47，《毛泽东思想宣传队统计表》。

④ 《侯家营文书》，e－9，《大队批改组召开骨干会的讨论记录》，1969 年 3 月 19 日。

⑤ 侯大义访问记录，2005 年 7 月 29 日，访问地点：侯大义家，访问者：邢晔；侯大宝访问记录，2005 年 7 月 29 日，访问地点：侯振春家，访问者：邢晔。

⑥ 侯振兴访问记录，2001 年 8 月 2 日，访问地点：侯振兴家，访问者：任吉东。

⑦ 《侯家营文书》，a－15－7，《王振有转正批复》，1971。

⑧ 刘斌相访问记录，2006 年 4 月 18 日，访问地点：刘斌相家，访问者：邢晔、李屿洪。

⑨ 侯大义访问记录，2005 年 7 月 29 日，访问地点：侯大义家，访问者：邢晔。

与城市相比，这时候的的乡村社会处于相对稳定的状态，侯家营乃至整个中国华北乡村社会比城市更早地开始了疏离革命政治运动的历程。

8. 拨乱反正

1975年底，侯家营便开始落实四类分子的查抄物资。退回查抄物资，让侯家营村内的“四类分子”看到了曙光。

1978年十一届三中全会之后，全国开始大规模平反。侯家营“四清”运动中阶级成分上升的家庭如刘万臣等人维持土改时所划的成分。这些人的平反文件上有大队贫协会意见、大队革委会意见、公社革委会意见、县革委会意见。为了平反，又再次组织贫协，但是他们的作用不大。与“四清”阶级成分改定相比，平反的过程简单而迅速。平反使地富反坏分子摆脱了身份歧视。

《侯家营文书》中有一张不起眼的小纸条，时间为1979年7月3日。纸条内容为：“刘斌相：12年半参加义务劳动150；侯大孝（四清时期漏划地主）：12年半参加义务劳动100；刘万臣：12年半参加义务劳动50。”① 根据内容可知这些150、100、50应该是三人1966～1979年十几年戴帽劳动的补助。三人十几年失去人身自由，基本权力被剥夺，寥寥的几十元钱就被一笔勾去了。

1977年昌黎县在全县开展小四清运动，侯家营大队的小四清运动从2月10日至3月22日，也有工作队驻村指导工作。② 这次小四清主要是为了清查地震救灾物资的发放情况。

1981年2月昌黎县成立昌黎县人民政府，昌黎县革命委员会宣告结束。③ 昌黎县泥井公社侯家营大队革命委员会改成了昌黎县泥井公社侯家营大队管理委员会。1982年冬到1983年全县普遍推行了以“大包干”为主的农业生产责任制。1984年昌黎县撤销39个人民公社管理委员会，建立乡、镇人民政府，结束了政社合一的人民公社体制。④ 昌黎县泥井乡侯家营村民委员会于这一年成立，开始了另一个崭新的时期。

邢　晔

（七）小人物的故事与国家的历史

在数量庞大的《侯家营文书》中，有相当部分属于类似村民“个人档案”的人物类资料。它们绝大部分是在“四清”和“文化大革命”前期形成的村级“阶级档案”、针对个人的“批判交代材料”、村干部的工作日记以及少量的个人土地房产证等。这些资料是以一个个的“问题人物”为中心的，而且其中大多是他们在那些史无前例的年代中记录下的对于自己和他人的思想与灵魂的反省和批判，从这个意义上来说，对于他们，这是些极端痛苦的回忆。然而对于历史学家来说，这又是一处亟待挖掘的当代史资料宝藏。因为透过这些极其详尽的批判交代材料，我们可以了解他们的一举一动、他们的喜怒哀乐，梳理出这些小人物的个人经历。之所以称他们是“小人物”，是因为不仅他们的名字绝对不曾出现于任何一部《中华人民共和国史》，而且即便是在侯家营村所在的昌黎县，他们也是默默无闻。然而这些小人物毕竟是这个普通的华北村落的主

① 《侯家营文书》，f-4，《四类分子义务劳动补偿》，1979年7月3日。

② 《侯家营文书》，a-6-11，《小四清进度统计表》，1978。

③ 中共昌黎县委组织部、中共昌黎县委党史资料征集办公室、昌黎县档案局：《中国共产党河北省昌黎县组织史资料（1931～1987）》，河北人民出版社，第242页。

④ 中共昌黎县委组织部、中共昌黎县委党史资料征集办公室、昌黎县档案局：《中国共产党河北省昌黎县组织史资料（1931～1987）》，河北人民出版社，第243页。

角，对于他们的命运的分析，无疑有助于我们更加深入地理解那个时代的历史。从这个意义来说，小人物便不再是小人物，他们应是历史学家笔下的共和国史的主角。这批资料涉及的人物大约有三四十人，笔者撰此小文，仅择其间个别典型人物的经历及相关资料做一简要介绍，以俾研究者更好地理解和利用侯家营文书中的人物类资料。

1. 萧惠生：乡村精英？恶霸地主？中农？

在近70年来的侯家营村史中，萧惠生（在其他各文献中又作肖惠升、肖会生等——笔者）恐怕是曾经最有影响力也是最富争议的人物了。严格说来，萧惠生并非侯家营人，萧家来自乐亭，19世纪末，萧父在侯家营的侯连升的照顾下落户侯家营。① 萧在侯家营长大，在县城上小学，后毕业于东北的一所大学。此后，他一直在内蒙、东北、热河各地政府机关担任书记、收发员等职。1928年，35岁的萧惠生回到昌黎，先后供职于国民党县党部和《燕东日报》。1934～1937年，萧担任昌黎县电话局局长，他的职业生涯达到巅峰。1937年，谢任电话局长来到了侯家营。② 此前的这些经历使他成为侯家营及附近村庄的"头面人物"，因为他常常能够凭借他的身份和学识成功地调解一场场可能对簿公堂的纠纷，这在"无讼"的乡村社会具有十分重要的意义。根据满铁调查时村民的回答，当时县里有官司他就在县里仲裁，村内或村际间有纠纷也会把他叫来仲裁，他村的纷争他也会去调和。于是，便有了悬挂在萧家门口上那块书有"热心公益"四个大字的匾额，那是1937年9月施各庄等38村联名赠送的。此外，侯家营的村民们还送给他另外一块匾。这些匾额十分形象地显示着萧惠生在村中的"面子"和地位：他是当时村内最有人气的"中人"之一，还担任1940年代初侯家营的维持会会长、副保长。③《惯行调查》中的这些记载使萧惠生引起了学者们的关注，如杜赞奇便在其研究中指出，萧惠生在村中并无同族，但由于他自己有威望，所以并不需要宗族的支持。④ 在宗族关系对于村庄政治有着较大影响的侯家营，并没有同族势力支持的萧惠生显然是个成功的例外。在当时的调查中，村民们认为他是村里最有势力的人。⑤

然而较之萧氏在村庄政治中的权威，萧家当时的经济状况（至少在土地所有量这一点上）在村中却只能属于中等水平。1936年以来，村的地被分为上、中、下三等，萧家没有上地，只有中地十五亩，下地十数亩。⑥ 在满铁调查时，他在村里拥有土地不到六十亩，⑦ 而当时村里拥有地产在百亩以上的地主就有五户。⑧ 但是萧惠生在侯家营南面的七里海拥有并出租上百亩土地，据说在此过程中他霸占了不少农民开垦的荒田，激起了民愤。⑨ 由此，在1946年中共冀东区党委发起的复仇清算运动中，萧惠生被来自南面的张家坨村村干部郭仲等领导的群众抄了家，虽然他提前逃往了昌黎县城。

① 中国农村惯行调查刊行会编《中国农村惯行调查》（第五卷），岩波书店，1981年再刊本（以下一律简称《惯行调查》（五）），第131、150页。

② 《侯家营文书》，c-5-1-13；《惯行调查》（五），第5、39页。

③ 《惯行调查》（五），第204页。

④ 杜赞奇：《文化、权力与国家：1900～1942年的华北农村》，王福明译，江苏人民出版，1994，第156页。

⑤ 《惯行调查》（五），第58页。

⑥ 《惯行调查》（五），第55页。

⑦ 《惯行调查》（五），第39、42页。

⑧ 《惯行调查》（五），第42、151页。

⑨ 《侯家营文书》，a-10-19；侯增祥访问记录，2005年7月29日，访问地点：侯增祥家，访问者：周健、邢晔。被访者家中进行，以下不再一一说明。

此后，有关萧惠生的活动情况来自两份形成于1949年和1951年的审判记录。[①] 据载，萧惠生并不打算就此善罢甘休，他到县政府告了参与平分的村干部郭仲等八人，致使他们被捕，并“企图要回联合币六十万元、猪三个”[②]。此后，萧开始担任泥井乡大乡长，“组织义勇壮丁队七人，买枪三支，借枪三支，企图打八路军，催款，抓村干，并捕杀我群众”[③]。他在昌黎县城第二次被解放的当天——1948年6月25日即被逮捕，1949年1月判处有期徒刑五年，罪名是：“一贯压迫人民，贪污勒索民财，反对土改，勾结伪军组织伙会，屠杀人民，夺取胜利果实，与人民为敌”[④]。1949春，侯家营村开始进行土改，此时萧的妻女尚在村中，仅有地产28亩，因此贫民团只分了萧家的部分房产，一间半厢房分给了雇农王继田，两间厢房没收归村公所使用。[⑤] 据说在此后，狱中的萧惠生因改造态度较好曾一度被开释。[⑥] 然而在“镇反”运动开始后，曾担任大乡长的萧惠生又被逮捕，1951年3月14日他的审判表上的最终处理决定是：反攻地主萧惠生判处死刑。[⑦]

萧惠生死了，萧家的成分也成了一桩悬案：若根据早在1946年他便被革命群众抄了家，他理所当然地属于“恶霸地主”一类；然而按照萧家在土改前三年的经济状况以及土改时的处理政策，他又属于中农。而且，文书中的两张人民政府在1951年3月26日发放给萧家的“土地房产所有证”似乎也证明了这一点：萧家拥有地产八段三十亩六分三厘，房产正房二间半、厢房四间。[⑧] 随着他的家属在1950年代初纷纷迁往东北，这些地产大多卖给了村民，部分房产也被“分析”或占用。即便是这样，萧家的成分和房产问题还是在此后的三十年里困扰着侯家营：为萧惠生的妻儿离村时开中农的成分证明一直作为当时的村干部王永会、侯永志日后的重要罪状加以批判[⑨]；萧家留下空房全部被村公所占用，并一直向萧维坤[⑩]交纳房租，直至1966年被大队没收[⑪]；萧维勋在“文化大革命”期间曾向大队申请返回原籍，似乎因为家庭成分问题未能如愿。[⑫] 因为在那极“左”的年代里，萧惠生一家始终是作为侯家营的敌伪人员登记在案的。[⑬]

1979年7月，萧惠生获得平反，其成分被确定为中农。[⑭] 一年以后，一直被村中占用的萧家房产由萧维勋卖给了侯家营大队。[⑮] 萧惠生的后代还告诉我们，萧被判刑是冤案，因为萧曾暗中支持过八路军。

---

① 见《侯家营文书》，c-5-1-9、c-5-1-12。这是侯家营大队革委会在1969年对1950年代前后萧惠生的两份审判记录的抄件。

② 《侯家营文书》，c-5-1-9。

③ 《侯家营文书》，c-5-1-9。

④ 《侯家营文书》，c-5-1-12。

⑤ 《侯家营文书》，c-3-3-1、c-3-3-5。

⑥ 侯振久访问记录，2005年7月26日，访问者：周健；侯大信访问记录，2005年7月27日，访问者：周健、邢晔；侯增祥访问记录，2005年7月29日，访问者：周健、邢晔；侯永久访问记录，2005年7月29日，访问者：周健、邢晔。

⑦ 《侯家营文书》，c-5-1-9。

⑧ 《侯家营文书》，f-36-1，该“土地房产所有证”系1951年3月26日昌黎县政府发放的原件。

⑨ 参见《侯家营文书》c-3-3王永会档案袋、c-2-4侯永志档案袋。

⑩ 萧维坤为萧惠生之女，后文的萧维勋系萧惠生之子。

⑪ 《侯家营文书》，a-10-19。

⑫ 《侯家营文书》，a-15-3、a-14-14。

⑬ 《侯家营文书》，a-16-22。

⑭ 《侯家营文书》，f-2。

⑮ 《侯家营文书》，b-4-58。

2. 致毛主席的信："四清"时的刘家

在《侯家营文书》中，有一个信封极为醒目，上书："中国共产党中央委员会毛主席收"。这是一封哭诉信："再给您来这一封信，再没有上述（诉）的地方了。为我的家庭成分的问题，我睡梦里哭醒几次，感到冤屈，心里还是不好受。我呼也不行，叫也不行。这一封信是我最后死心的一封信。"①

信的作者名叫刘斌卿，来自侯家营，25 岁的他从保定水利学校毕业便被分配到河北省水利厅科研所工作，1964 年 11 月外出参加"四清运动"，任河北省宣化县姚家营村"四清"分团秘书。刘斌卿为刘万臣四子，致毛主席的这封信便是由刘家的家庭成分而起。1965 年"四清"工作队入驻侯家营，经过调查、研究，将刘万臣一家的成分定为上中农，这一更动使刘斌卿感到十分哀愤，他于 1965 年 9 月 2 日、25 日先后致信侯家营所在的泥井"四清"分团和昌黎总团党委，诉说自家的冤屈。然而信寄出后杳无音讯，刘斌卿在绝望之中把信写给了毛主席。他在信中历数刘家在旧社会遭受的苦难：父亲刘万臣为了糊口，担着八根绳卖点煤油火柴，后来撑不下去了，便给本村地主做工。家里孩子多没人管，大哥被摔成哑巴，妹妹差点染上瘟病死去，自己受了风无钱医治，留下残成了拐子。一家大小七八口人仅有一间破东厢房可住。在当时的侯家营，"比我家穷苦的也算有数的几个"。为了在这样困难的条件下谋生，刘家做起了铁器零件活，"但一件家具也不是自己的，都是借本村王福存的，生活比普通中农还低，怎么称得上上中农呢?"更让刘斌卿感到愤懑的是："我村方远（圆）百八十里有名的'侯老爷'，今天他们的子弟还成了贫农。再一个是在旧社会里我们曾向人家乞讨的著名字号'万担兴'今天成了下中农，而我们这典型的受旧社会苦新社会甜的家庭确（却）成了错划'上中农'。"②

刘斌卿在信中描述的苦难虽不乏感情上的夸张因素，但大致是确实存在的。这一点可以得到《惯行调查》资料的证实③，笔者在侯家营调查时也一再向上了年纪的村民询问解放前刘家的经济状况，得到了"他家解放前挺穷，有四个儿子、四个闺女，是村里最困难的"，"他家早先穷得够呛"，"他也没啥地"④ 等相对一致的答案。既然如此，上中农的划定又从何而来？刘斌卿在信中说得很明白："群众给我的回答是'还不是你哥（指刘斌卿的三哥刘斌相，笔者注）当干部伤了人'?"刘斌卿的三哥刘斌相，自 1955 年起便一直担任村里一生产队队长，据说此人脾气不佳，在队长任上得罪了不少人。在"四清运动"时，作为队长的刘斌相也上了楼，借退"100 多元钱、400 多斤粮食"⑤。刘斌相向笔者谈起此事时一再强调："因为我当干部，他们让我认贪污，我说我没贪污。他说我不老实，从经济上搞不了你，就从政治上搞你。"⑥ 据说当时 29 岁的刘斌相便由此和侯家营"四清"工作队的指导员——刚 30 出头温炳和卯上了。调查时老乡们十分形象地回忆说，温炳和当时就放话了，看看到底是你刘斌相有能耐，还是我温炳和本领大。"从政治上搞你"，刘家的成分便从中农变成了上中农。从以上口述资料中我们可以剥离出这样的事实：刘斌相在"四清运动"中的"态度"问题以及由此引发的刘、温二人的矛盾在很大程

① 《侯家营文书》，f-5。该信扫描件已收入本资料集，另该信全文可参见前面张思撰写的《国家渗透与乡村过滤——代资料概说》。

② 《侯家营文书》，f-5。

③ 见《惯行调查》（五），第 97、179、231 页。黄宗智也曾在他的研究中注意到刘万臣，参见氏著《华北的小农经济与社会变迁》，中华书局，2000，第 281 页。

④ 侯振久访问记录，2005 年 7 月 26 日，访问者：周健；侯大信访问记录，2005 年 7 月 27 日，访问者：周健、邢晔；侯永久访问记录，2005 年 7 月 29 日，访问者：周健、邢晔。

⑤ 《侯家营文书》，c-1-9-10。

⑥ 刘斌相访问记录，2005 年 7 月 26 日，访问者：周健。

度上才是刘家的“冤案”的起因。

致毛主席的信在中共中央办公厅秘书处被“拦截”，打回河北省委办公厅信访处，由该处发回中共昌黎县委办公室，最后又回到村里。为此，村里的党员、积极分子、贫协委员进行了讨论，一致认为刘斌卿“反党、反社会主义、反对伟大的‘四清运动’，诬蔑‘四清’工作队”①。然而倔强的刘斌卿一直就没有放弃过他的努力，即便他的申诉换来的是更坏的结果。他不断地写信，给村干部、村“四清”工作队、“四清”复查工作队、昌黎县“四清”总团，他控诉工作队“以感情代替政策”：温炳和烧了土改时发放的证明刘家中农成分的户口本，并扬言“侯家营姓刘的没有一个好东西”，“把我们从人民内部矛盾使劲往外推”；他哀成分划分之不合理，他一次次地统计解放前刘家的经济收支、雇工情况，一遍又一遍不厌其烦地计算剥削率，得出“最合理又符合政策的成分应为手工业者”的结论。他也一再写信鼓励父亲和大哥、三哥，“对于咱家成分问题的解决形势是有利的”，“干部也好，群众也好，他们是受蒙蔽的人，主要的坏人、打击报复的人是温炳和这个坏家伙，要相信用毛泽东思想武装起来的革命群众会很快觉悟的”，“我听说侯家营的乡亲们，好多贫下中农看我们受害，背地里在流泪，为我们难过”。在那些日子里，这个“革命青年”的内心无疑是十分痛苦的：一方面，作为“四清”分团的秘书，他无比坚定地信仰“四清运动”的伟大意义，对于各项政策也是再熟悉不过了；另一方面，自己的家庭却因为这样或那样的原因遭受了不白之冤，成了“四清运动”的“受害者”。由于工作的缘故，他只能用笔和纸为百里之外的家庭做着不懈的努力，在文书中，共计有刘斌卿在1965～1969年间为成分问题而写的申诉信、家书23封，这些书信中透露出的小人物的内心世界，为我们展示的是“四清”的时代氛围中一个虽不起眼但却十分重要的侧面，其价值不言而喻。②

历史对于小人物的努力却是残酷的，一再的申诉换来的却是“大搞翻案妖风”、“进行反革命反党活动，把毒箭指向党中央毛主席”等新的罪名。在阶级划分在相当程度上脱离了经济条件而由政治觉悟、政治表现决定的年代里，这样的上诉无疑是极其“反动”的。经过“四清复查运动”，1966年7月18日，刘万臣定为漏划富农，戴富农帽子，刘斌相戴坏分子帽子。刘斌卿也在石家庄受到了单位的“双开”（开除公职、开除党籍）处分。③ 低头认罪、汇报情况、批斗、修路、扫大街……四类分子一做就是12年半。直到1978年底，刘氏父子获得了平反，家庭成分恢复为土改时定的中农，四类分子的帽子也被摘掉，④ 刘斌卿也恢复了党籍，并晋升为水利工程师。笔者在文书中还发现了这样一个小条：“刘斌相十二年半参加义务劳动，补偿150元，刘万臣十二年半参加义务劳动，补偿50元”⑤，大概是村里为“平反”所做的经济补偿。

除了萧惠生、刘氏父子以外，笔者以为以下这些人物的命运同样值得关注：侯永志，他是村里第一位共产党员，早在1947年便秘密入党，侯家营建政后曾担任村支部书记、治安员、生产队长等职，1959年因为历史不清被开除党籍，1980年代初获得平反。文书中留下了大量针对他的批判记录、罪状证明等。⑥ 侯元芹（又作侯元勒），贫农出身的共产党员，他有一双快嘴，文书中留下了他在“文化大革命”期间对于高层政治斗争、国家政策、外交活动等一系列极富个

① 《侯家营文书》，c－1－8－7。

② 见《侯家营文书》，a－10－18、a－13－38、a－14－1、a－14－2、a－14－3、a－15－2、a－15－4、b－4－19、c－1－1－7、c－1－8、c－1－1－11、f－5。这些信件多已收入本资料集。

③ 刘斌相访问记录，2001年8月2日，访问者：刘清安；2005年7月26日，访问者：周健。

④ 《侯家营文书》，f－2。

⑤ 《侯家营文书》，f－4。

⑥ 侯永志档案袋，见《侯家营文书》，c－2－4。

性的言论，当然，这些都是作为他“现行反革命”的罪状留下的，然而这些当时“异端”言论却能使我们了解一个普通农民是怎样看待风云变幻的“大历史”的。[①] 刘斌明，他在新中国成立前曾在国民党位于秦皇岛的一处军械库任保管员，由此“文化大革命”期间村里曾合理地“想象”出他私藏了当年留下的枪支，为此反复审问，这些审讯、交代从1966年一直延续至1969年。此外，文书中还留下了刘斌明在审讯中被抄没的伪满洲国劳工身份证、相册等。[②] 以上提及的均是村庄的常住户，而在那个年代进入村子的工作队员、知识青年、下放户等在文书中亦有所反映，因限于篇幅，在此便不再一一展开。

周　健

① 侯元芹档案袋，见《侯家营文书》，c-10-6。

② 刘斌明档案袋，见《侯家营文书》，c-1-9、c-1-10。

二

侯家营村文书资料

（一）村政权：党政团组织

1. 上级党委任命

b－5－17b　中国共产党昌黎县泥井公社整党领导小组批复。书记、副书记任命决定，侯元强等，1969年7月。

a－13－12　党支部书记等任命书。泥井公社党委、侯元强，1972年5月27日。＊有两个公社党委章印，内容相同而字样不同。

b－5－38　侯家营党支部书记等任免书（泥井公社党委）。侯元强等，1977年1月10日。

a－15－13　党支部任命书（泥井党委）。侯元强，1979年3月1日。

2. 党员组织

f－30/f－30a/f－30b　侯家营支部党员登记名册。1966年12月30日。

f－30c　侯家营支部党费报表。1966年12月25日。＊当时党费每月一角。

b－6－18b　接收新党员通知。侯孟春等人，接收为预备党员，1966年12月9日。

a－13－12b　组织关系介绍信。侯增才，并作为户口信，1973年2月1日。

a－13－12d　组织关系介绍信。张桂兰，1973年5月2日。

a－13－12a　接收党员通知。陈艳敏，1972年5月26日。

a－1－11　侯家营大队党支部选票。20世纪70年代中后期。

3. 党员处分

b－4－43　处分党员干部批示信。中共唐山地委四清工作团泥井分团委员会，侯□□，开除党籍，1965年8月20日。

b－6－18　处分党员通知书。王永惠，撤销副书记，1966年12月9日。

b－6－18c　处分党员通知书。侯元勤，撤销宣委，1966年12月9日。

b－6－18a　处分党员通知书。侯大奎，党内严重警告，1966年12月9日。

b－5－13　恢复生活党员批复信。侯元强等20名，1969年7月9日。

b－5－13a　暂缓恢复生活党员批复信。王永会等，1969年7月9日。

a－15－7　取消预备党员资格通知。陈信、王振存，泥井公社革委会，1970年7月18日。

a－15－7a　批复信。同意陈信、王振存转正，泥井公社党委，1971年8月20日。

b－5－30　对侯元勤的处理意见。开除党籍，定为现行反革命分子，1970年10年27日。昌黎县革命委员会泥井地区毛泽东思想宣传队章。

b－5－38a　党员组织处理批复信。侯元勤，严重错误，党内查看二年，1971年12月

26 日。

b－5－17　党员组织处理批复信。王永会，批评教育，1971 年 12 月 26 日。

b－5－3　中共昌黎县委批复。侯大祥，撤销开除党籍的处分，1978 年 7 月 28 日。

a－15－7d　中共昌黎县委批复。致泥井公社党委，撤销对□□□1976 年 8 月 14 日开除党纪处分，改为党内严重警告，1978 年 7 月 21 日。

b－5－80　党员复查结论批复。侯元勤，中共泥井委员会，1979 年 3 月 3 日。

4. 大队行政

b－4－8　公社革命委员会批复。侯家营大队专案班子名单，1968 年 12 月 27 日。

a－10－14　大队革命委员会成员调整充实意见。主任、委员名单，免职，1970 年 7 月 28 日。

b－5－91　公社革委会任命书。侯永森等人，批准为队长、副队长、委员等，1979 年 3 月 5 日。

5. 共青团组织

a－15－7c　公社党委建立团支部批复。1971 年 9 月 16 日。

a－15－7b　公社党委批复。超龄团员退团，致党支部和整建团领导小组，1971 年 9 月 12 日。

b－5－33　阶级情况调查提纲。为王玉增入团，调查其舅父李春贺成份的提纲，1972 年 6 月 21 日。

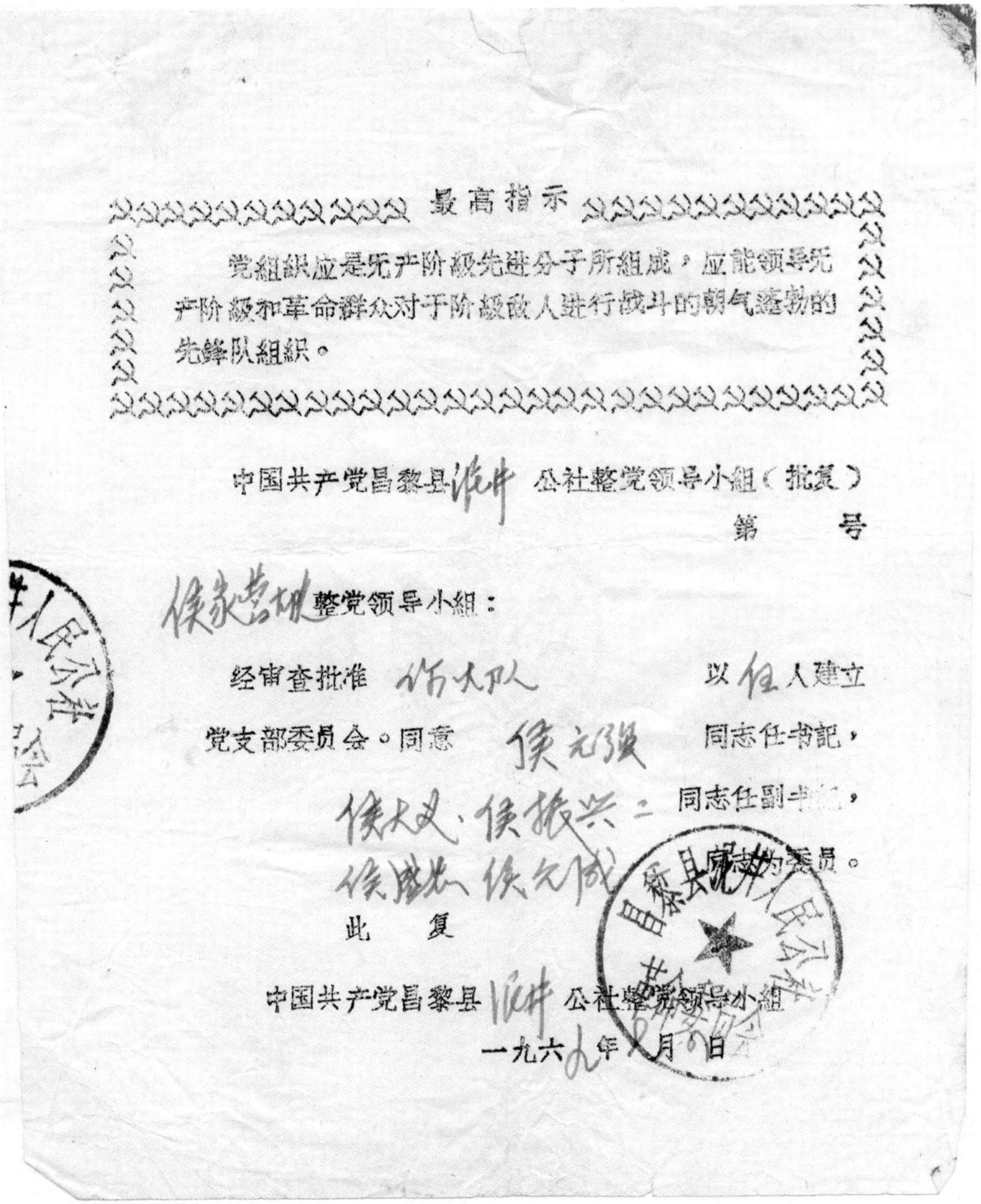

最高指示

党組织应是无产阶級先进分子所組成，应能领导无产阶級和革命群众对于阶級敌人进行战斗的朝气蓬勃的先鋒队組织。

中国共产党昌黎县泥井公社整党领导小組（批复）

第　　号

侯家营村整党领导小組：

经审查批准　你大队　以　伍人建立党支部委员会。同意　侯元强　同志任书記，侯大文、侯振兴　二　同志任副书記，侯盛林　侯允成　同志为委员。

此　复

中国共产党昌黎县泥井公社整党领导小組

一九六九年七月　日

b－5－17b　中国共产党昌黎县泥井公社整党领导小组批复。书记、副书记任命决定，侯元强等，1969年7月。

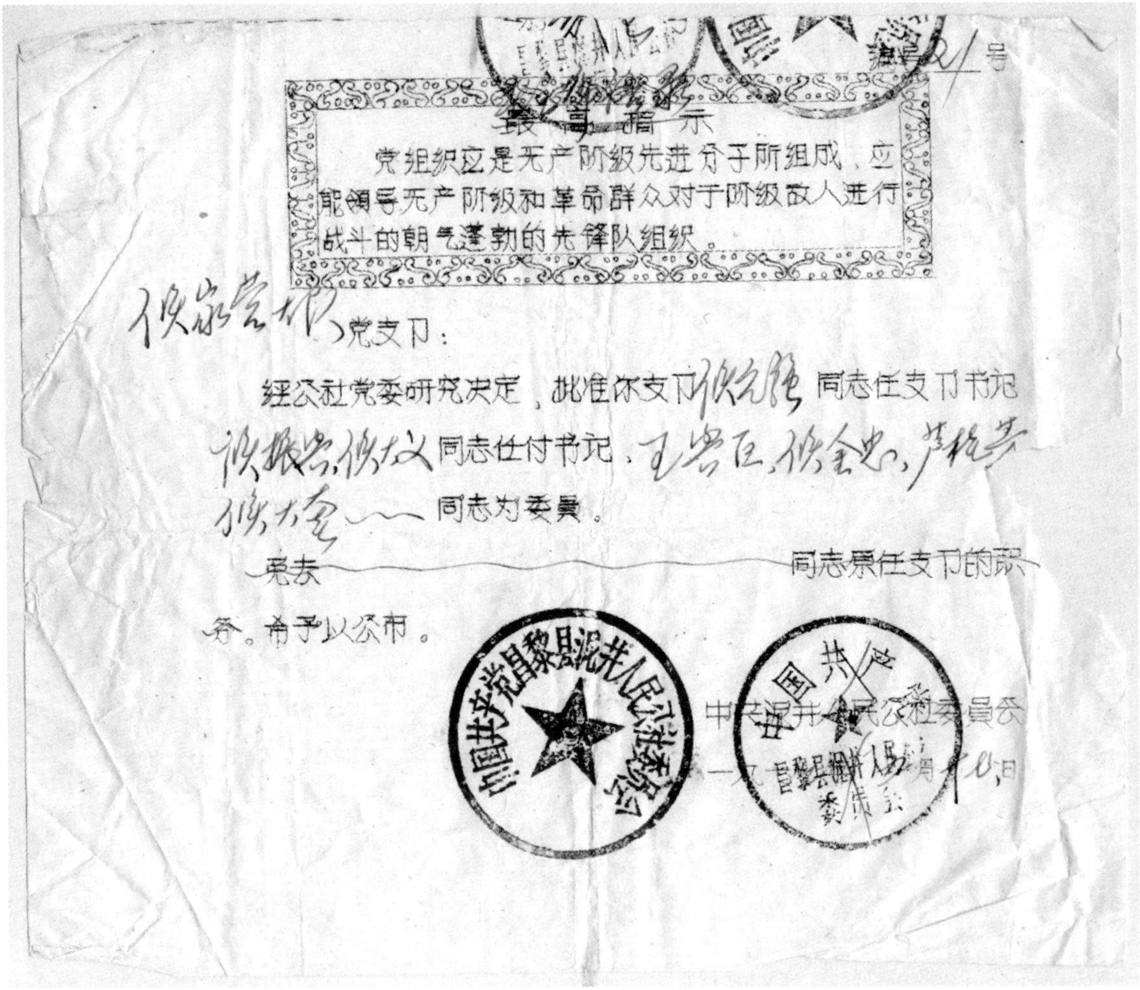

编号 21 号

最高指示

党组织应是无产阶级先进分子所组成，应能领导无产阶级和革命群众对于阶级敌人进行战斗的朝气蓬勃的先锋队组织。

侯家营村党支卩：

经公社党委研究决定，批准你支卩侯元强同志任支卩书记侯振宗、侯大文同志任付书记、王占臣、侯金忠、芦永芳、侯大奎——同志为委员。

免去——同志原任支卩的职务。希予以公布。

中国共产党昌黎县泥井人民公社委员会

中共泥井人民公社委员会

一九[illegible]月二七日

a－13－12 党支部书记等任命书。泥井公社党委、侯元强，1972 年 5 月 27 日。＊有两个公社党委章印，内容相而字样不同。

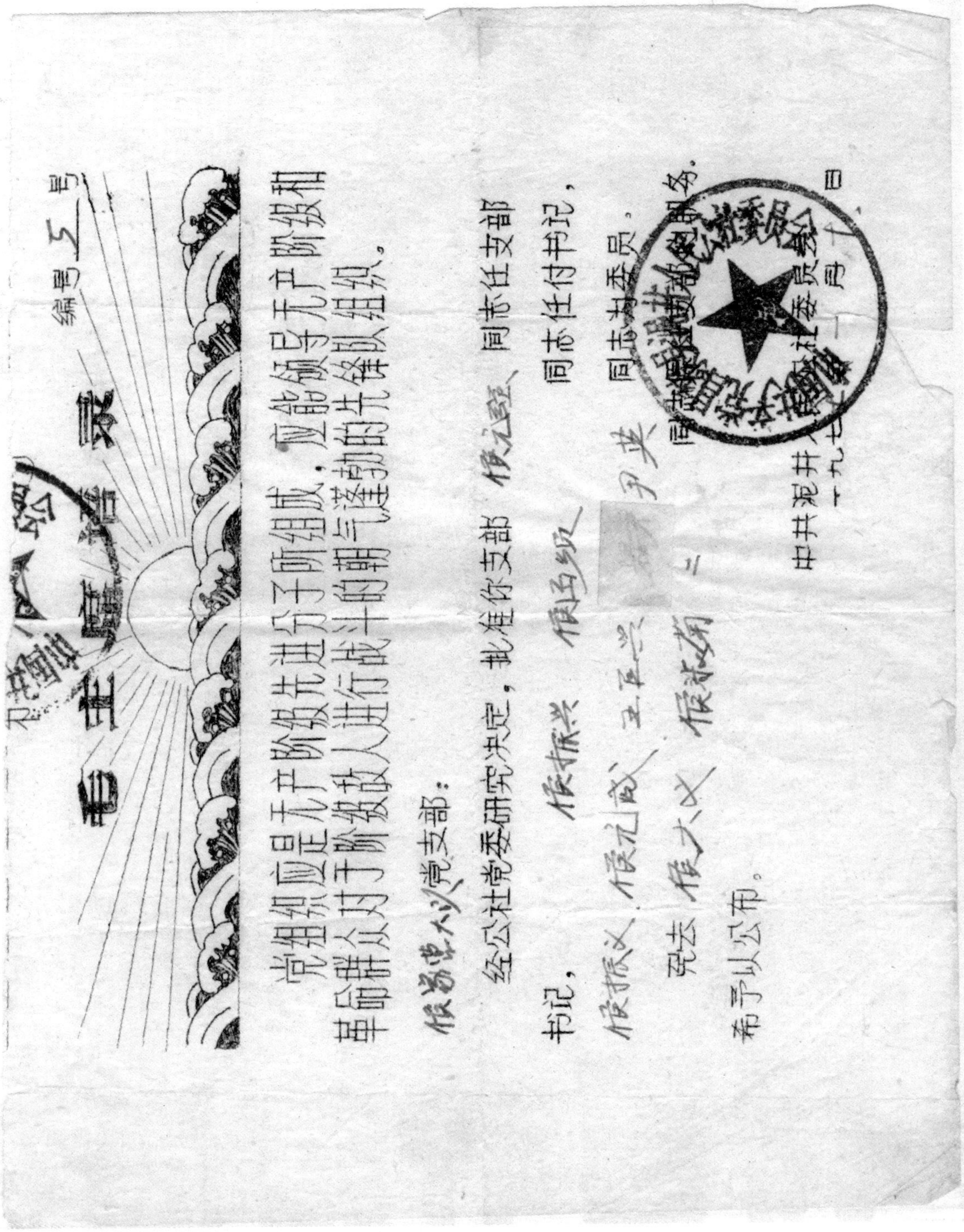

编号 5 号

毛主席语录

党组织应是无产阶级先进分子所组成，应能领导无产阶级和革命群众对于阶级敌人进行战斗的朝气蓬勃的先锋队组织。

侯家营大队党支部：

经公社党委研究决定，批准你支部 侯元强、同志任支部书记，侯振兴 侯马级 同志任付书记，侯振义、侯元成、王正兴 尹英 同志为委员。

免去 侯大义 侯振菊 二 同志职务。

希予以公布。

中共泥井人民公社委员会
一九七七年一月十日

b-5-38　侯家营党支部书记等任免书（泥井公社党委）。侯元强等，1977年1月10日。

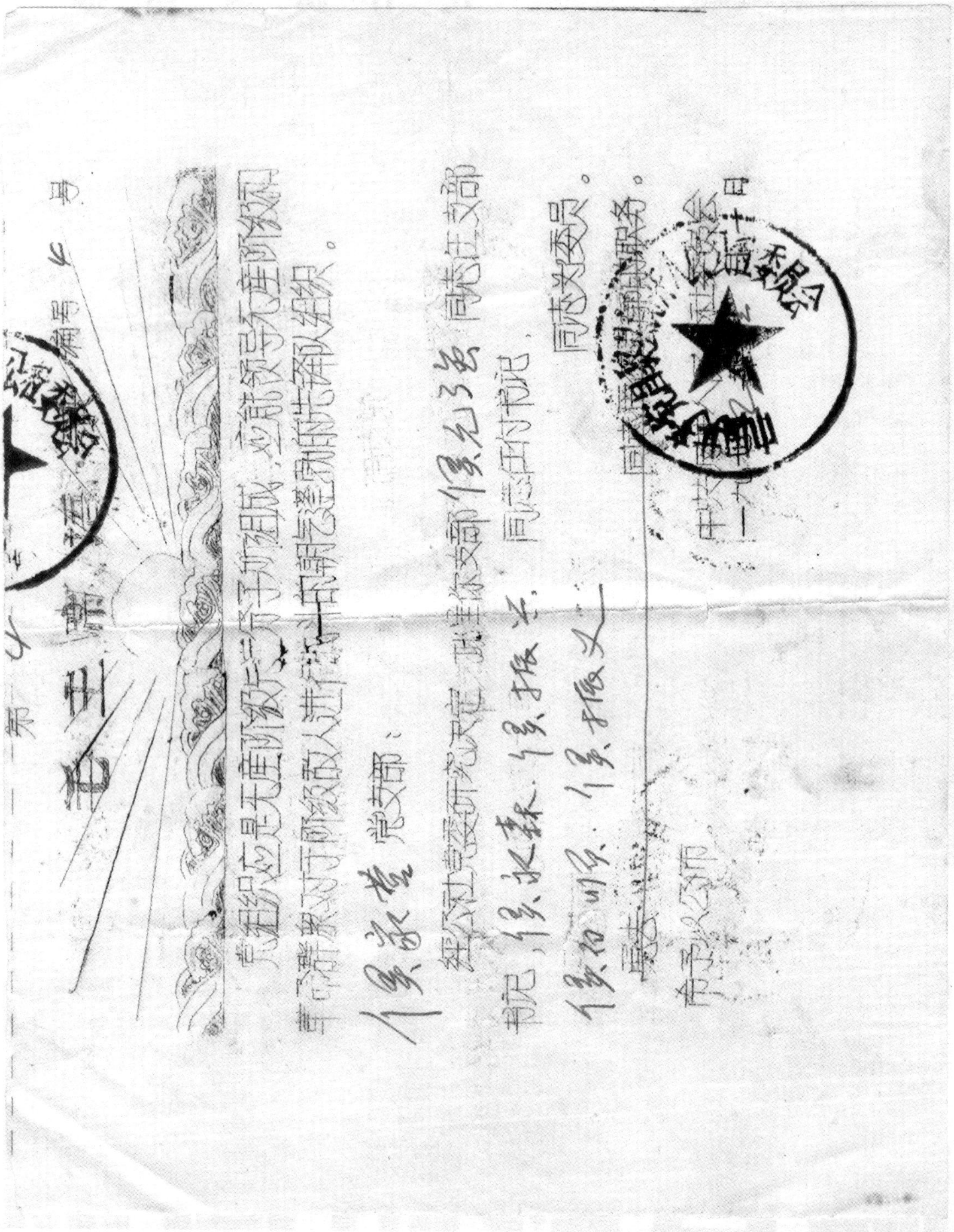

第 4 号　　编号 4 号

毛主席语录

党组织应是无产阶级先进分子所组成，应能领导无产阶级和革命群众对于阶级敌人进行战斗的朝气蓬勃的先锋队组织。

侯家营 党支部：

经公社党委研究决定，批准你支部 侯元强 同志任支部书记，侯永森、侯振元 同志任付书记，

侯占明、侯振文 同志为委员。

免去……同志原担任的职务。

特予以公布

中共泥井人民公社委员会

一九七九年三月一日

a－15－13　党支部任命书（泥井党委）。侯元强，1979 年 3 月 1 日。

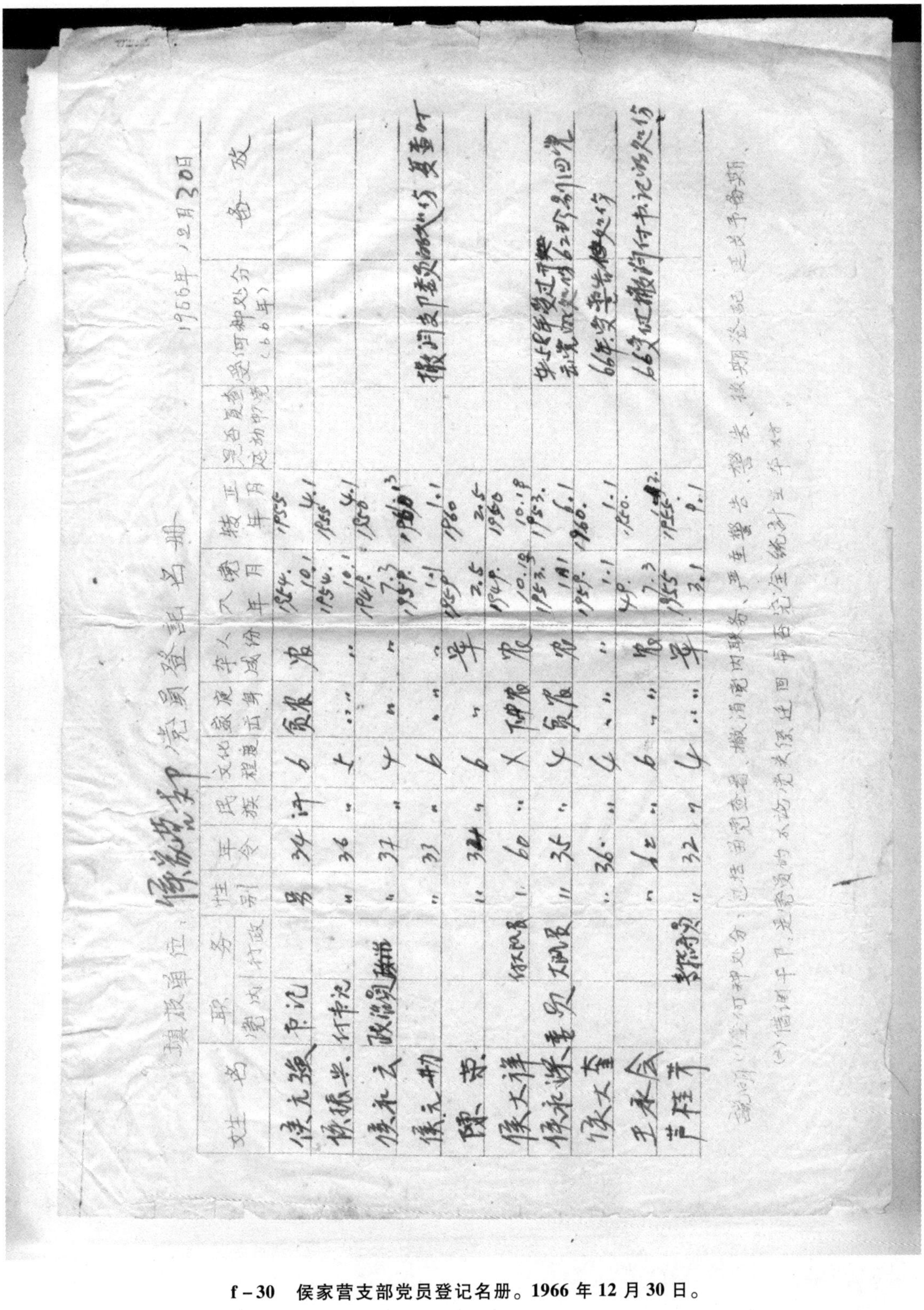

填报单位：侯家营支部　党员登记名册　　1966年12月30日

姓名	职务（党内）	职务（行政）	性别	年令	民族	文化程度	家庭出身	本人成份	入党年月	转正年月	是否复查运动中党	受何种处分（66年）	备考
侯元强	书记		男	34	汉	小	贫农	农	1954.10.1	1955.4.1			
侯振兴	付书记		"	36	"	小	"	"	1954.10.1	1955.4.1			
侯永云	政治组[illegible]		"	37	"	小	"	"	1948.7.3	1948.[illegible]			
侯元[illegible]			"	33	"	小	"	"	1959.1.1	1960.1.1		撤销支部委员职务	
陈[illegible]			"	33	"	小	"	学	1959.2.5	1960.2.5			
侯大祥		付队长	"	60	"	X	下中农	农	1949.10.18	1953.10.18			
侯永[illegible]	委员	队长	"	35	"	小	贫农	农	1953.1.1	1960.1.1			
侯大奎			"	36	"	小	"	"	1959.1.1	1960.1.1		[illegible]	
王永会			"	42	"	小	"	农	1955.7.3	1955.[illegible]		[illegible]	
卢桂芳		妇联主任	"	32	"	小	"	学	1955.3.1	[illegible]		[illegible]	

f－30　侯家营支部党员登记名册。1966年12月30日。

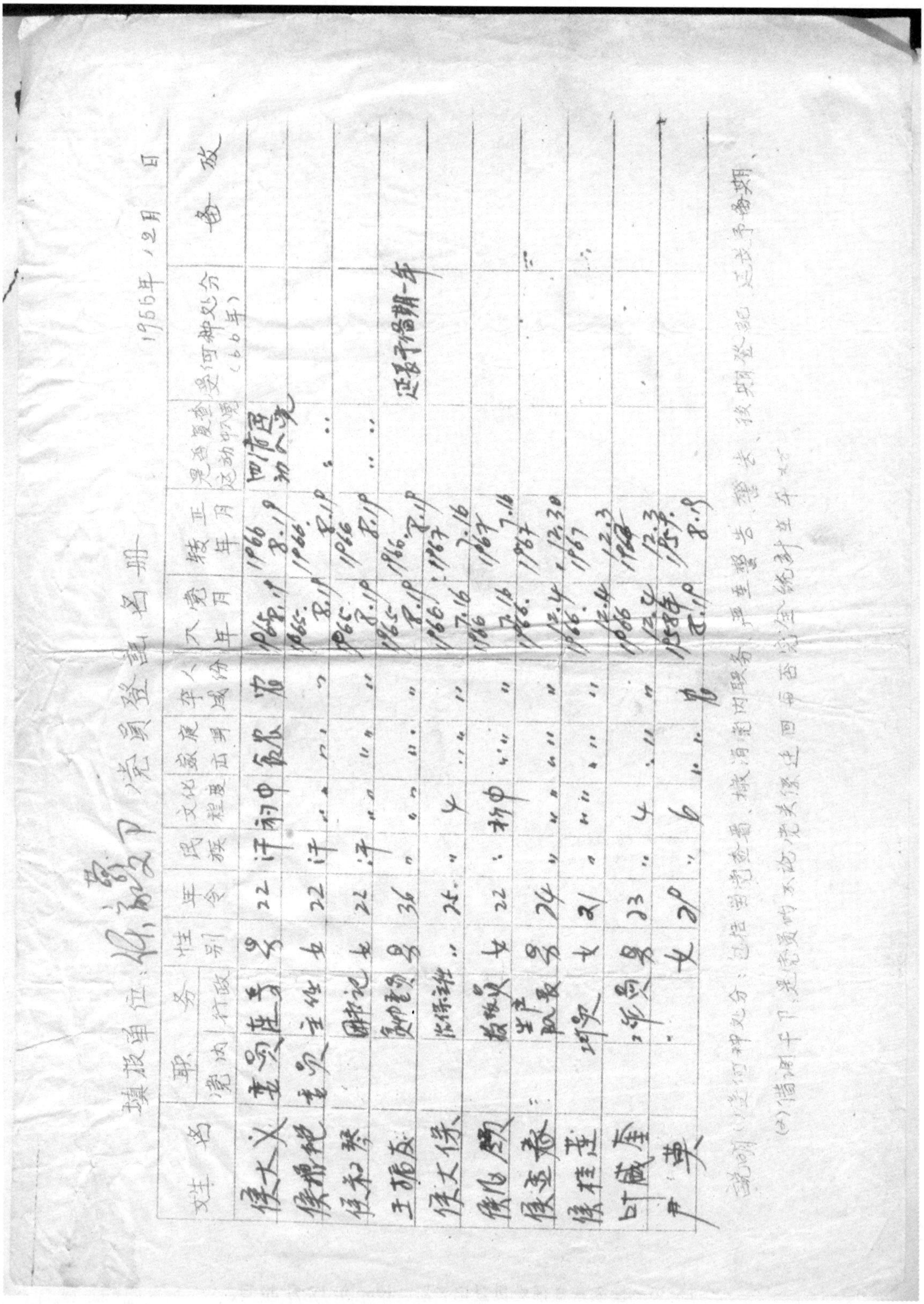

f－30a　侯家营支部党员登记名册。1966 年 12 月 30 日。

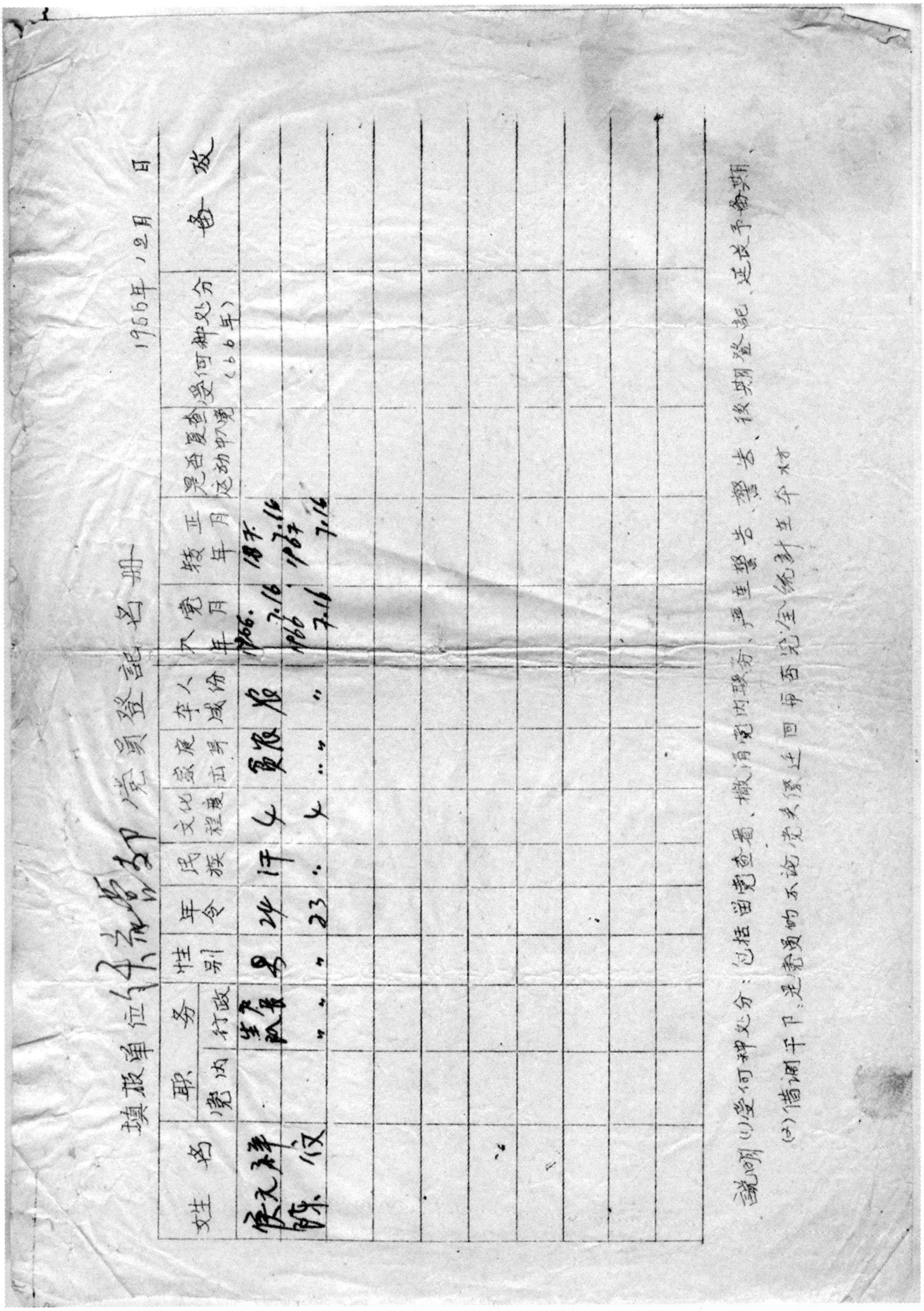

填报单位侯家营支部党员登记名册　1966年12月 日

姓名	职务		性别	年令	民族	文化程度	家庭出身	本人成份	入党年月	转正年月	是否受过运动处分	受何种处分（66年）	备考
	党内	行政											
侯文祥		生产队长	男	24	汉	小	贫农	农	1966.7.16	1967.7.16			
陈[illegible]仪		〃	〃	23	[illegible]	小	〃	〃	1966.7.16	1967.7.16			

说明（1）受何种处分：包括留党查看、撤消党内职务、严重警告、警告、後期登记、延长予备期。

（2）借调干部、退党员的不论党员[illegible]统计在本村

f－30b　侯家营支部党员登记名册。1966年12月30日。

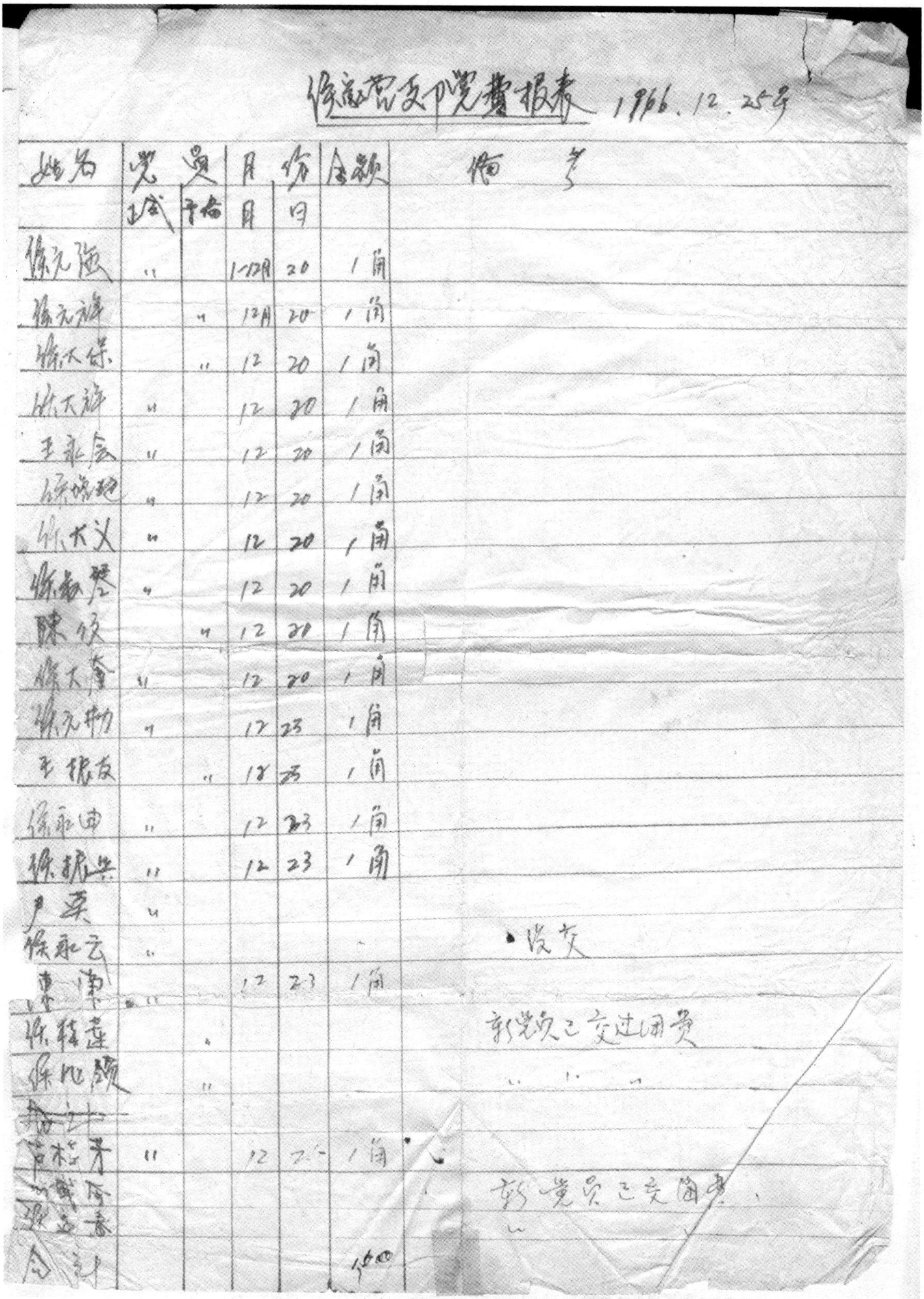

侯家营支部党费报表 1966.12.25号

姓名	党员		月份		金额	备考
	正式	预备	月	日		
侯元强	〃		1-12月	20	1角	
侯元祥		〃	12月	20	1角	
侯大保		〃	12	20	1角	
侯大祥	〃		12	20	1角	
王永会	〃		12	20	1角	
侯[illegible]	〃		12	20	1角	
侯大义	〃		12	20	1角	
侯[illegible]	〃		12	20	1角	
陈[illegible]		〃	12	20	1角	
侯大[illegible]	〃		12	20	1角	
侯元[illegible]	〃		12	23	1角	
王振友		〃	12	23	1角	
侯永田	〃		12	23	1角	
侯振[illegible]	〃		12	23	1角	
尹[illegible]	〃					
侯永云	〃					没交
[illegible]	〃		12	23	1角	
侯[illegible]		〃				新党员已交过团费
侯[illegible]		〃				〃 〃 〃
~~合计~~						
[illegible]	〃		12	[illegible]	1角	
[illegible]						新党员已交团费
[illegible]						〃
合计					1.60	

f－30c 侯家营支部党费报表。1966 年 12 月 25 日。＊当时党费每月一角。

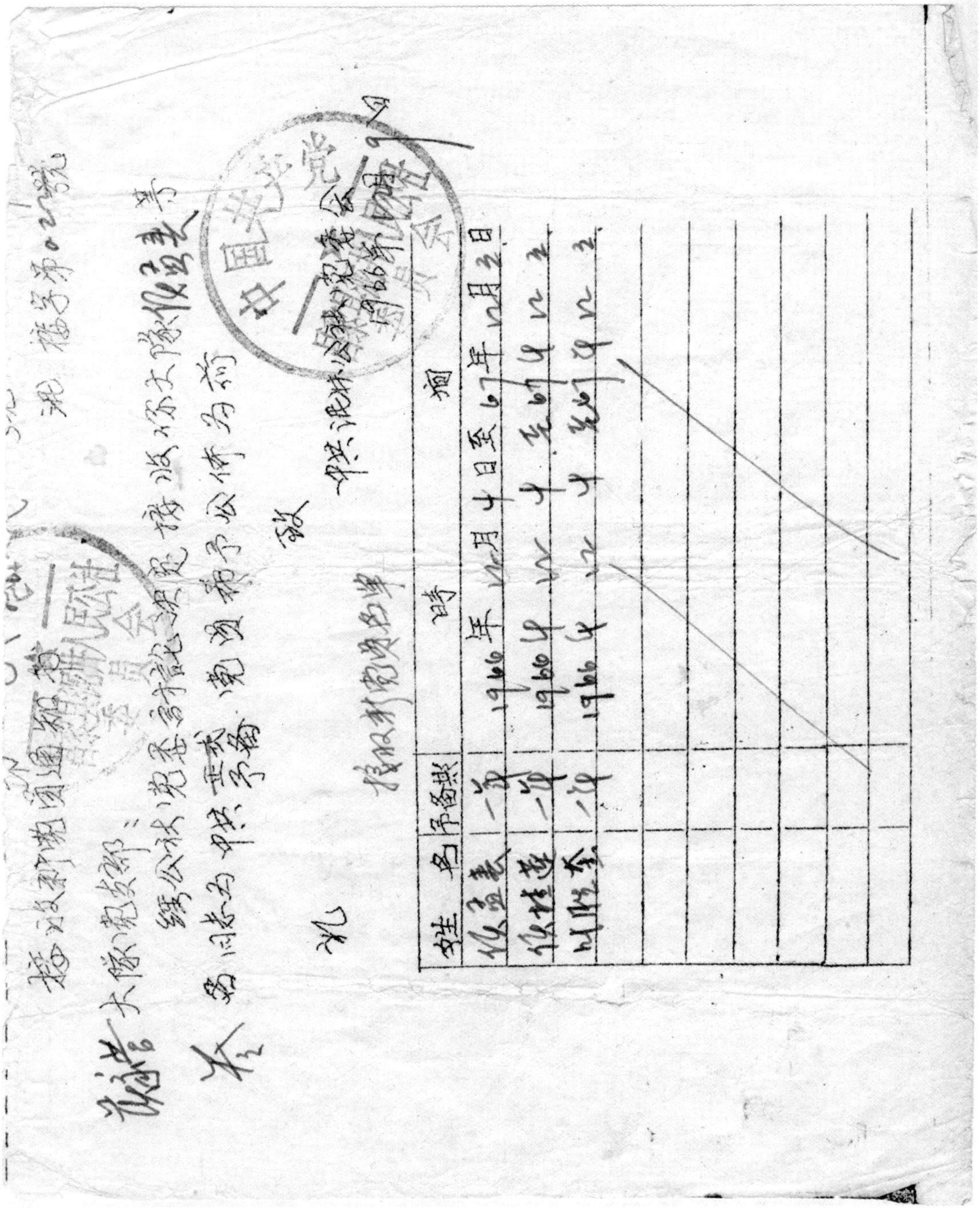

接收新党员通知书　泥 接字第02号

侯家营大队党支部：

经公社党委讨论决定接收你大队侯孟春等

等同志为中共预备党员希予公布为荷

此致

敬礼

中共泥井公社党委会
1966年12月9日

接收新党员名单

姓名	预备期	时间
侯孟春	一年	1966年12月4日至67年12月3日
侯桂莲	一年	1966年 12 4 至67 〃 12 3
[illegible]	一年	1966年 12 4 至67 〃 12 3

b－6－18b　接收新党员通知。侯孟春等人，接收为预备党员，1966年12月9日。

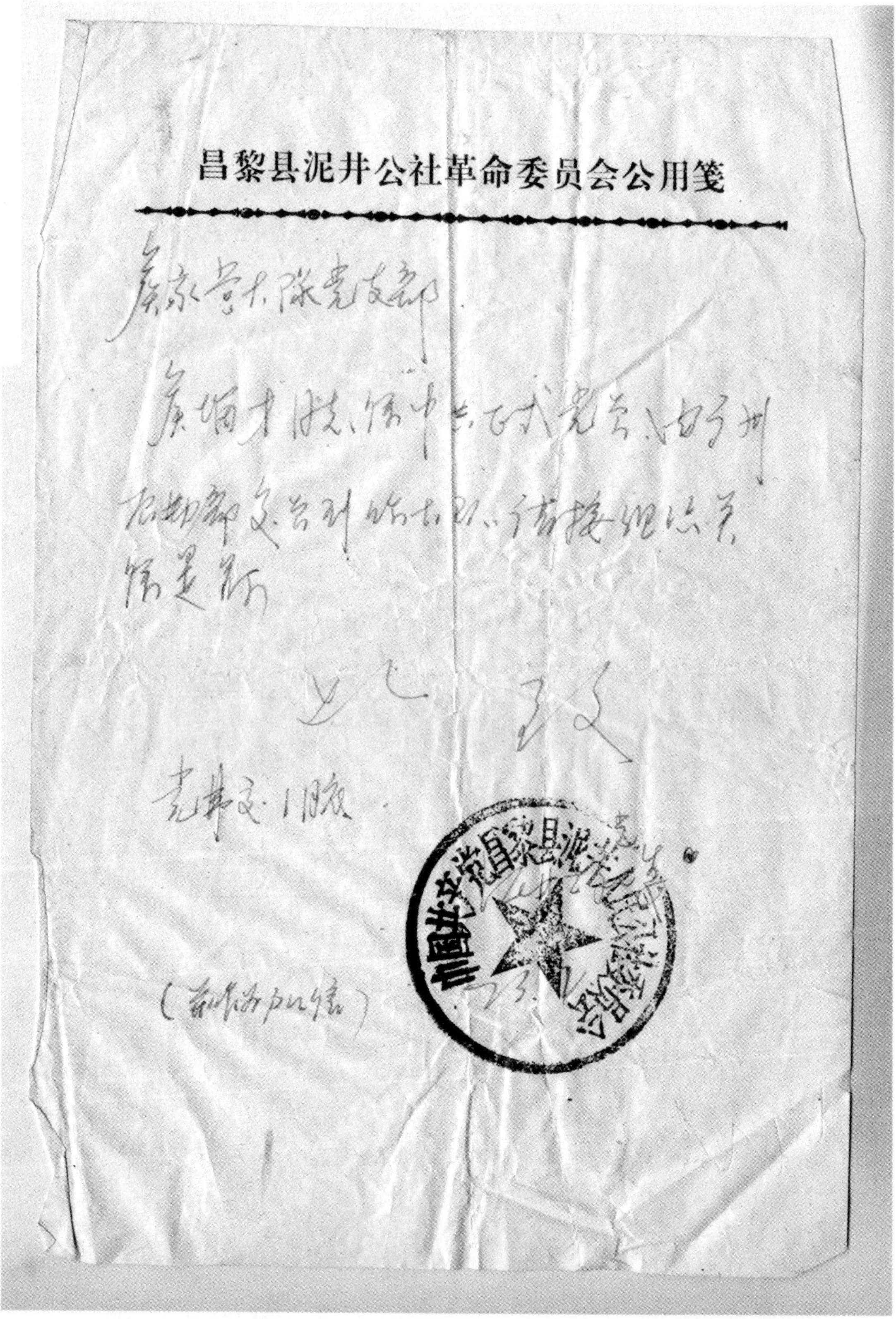

昌黎县泥井公社革命委员会公用笺

侯家营大队党支部

（兼作户口信）

a－13－12b　组织关系介绍信。侯增才，并作为户口信，1973 年 2 月 1 日。

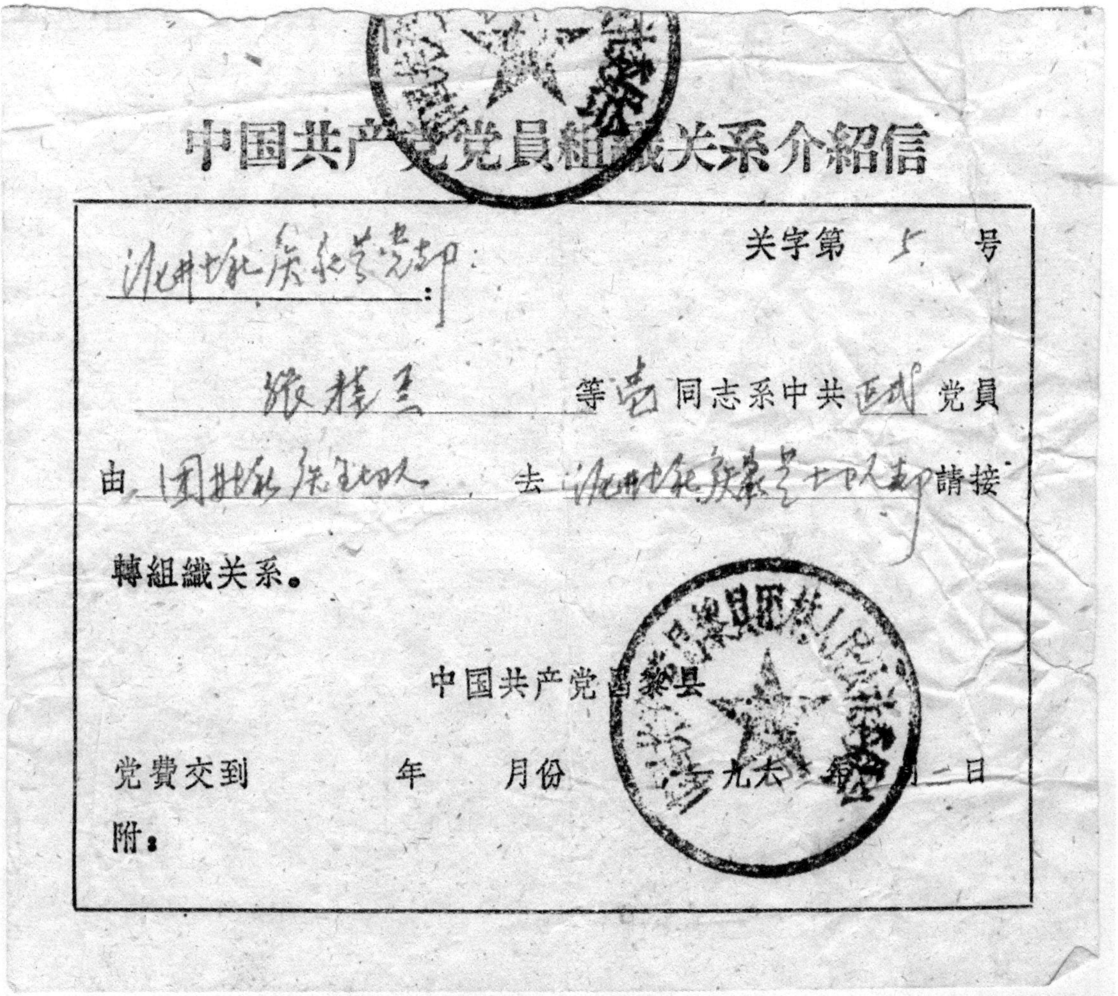
中国共产党党員組織关系介紹信

关字第 5 号

[illegible]侯家营党支部：

张桂兰　等壹同志系中共正式党员

由 [illegible]侯家营[illegible]　去 [illegible]侯家营[illegible]支部請接

轉組織关系。

中国共产党昌黎县

党費交到　年　月份　一九七三年五月二日

附：

a－13－12d　组织关系介绍信。张桂兰，1973年5月2日。

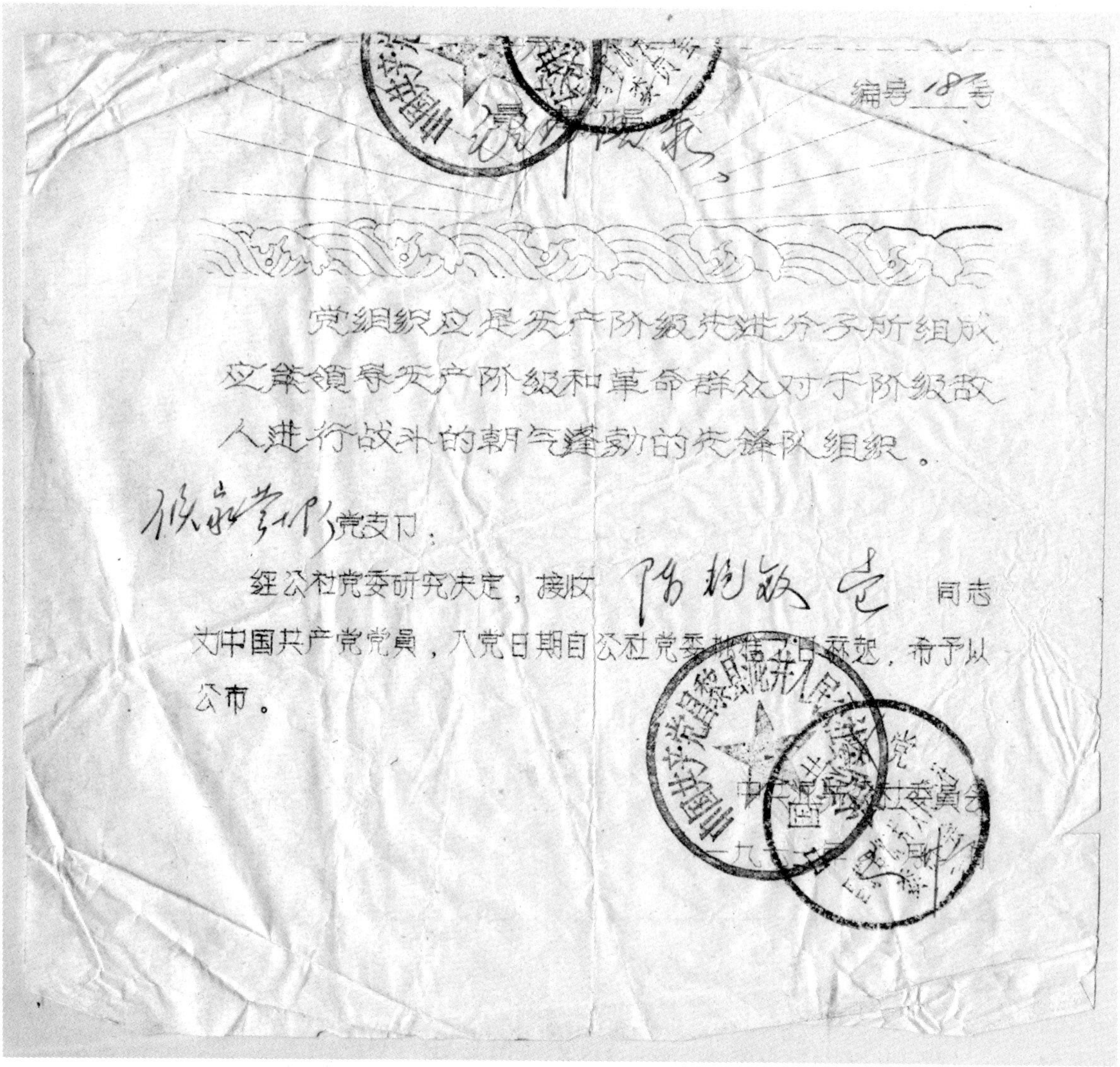

编号 18 号

最高指示

党組织应是无产阶級先进分子所組成，应能領导无产阶級和革命群众对于阶級敌人进行战斗的朝气蓬勃的先鋒队組织。

侯家营村党支部：

經公社党委研究决定，接收陈艳敏同志为中国共产党党員，入党日期自公社党委批准之日起算，希予以公布。

中共昌黎县泥井人民公社委员会

一九七二年……

a－13－12a　接收党员通知。陈艳敏，1972 年 5 月 26 日。

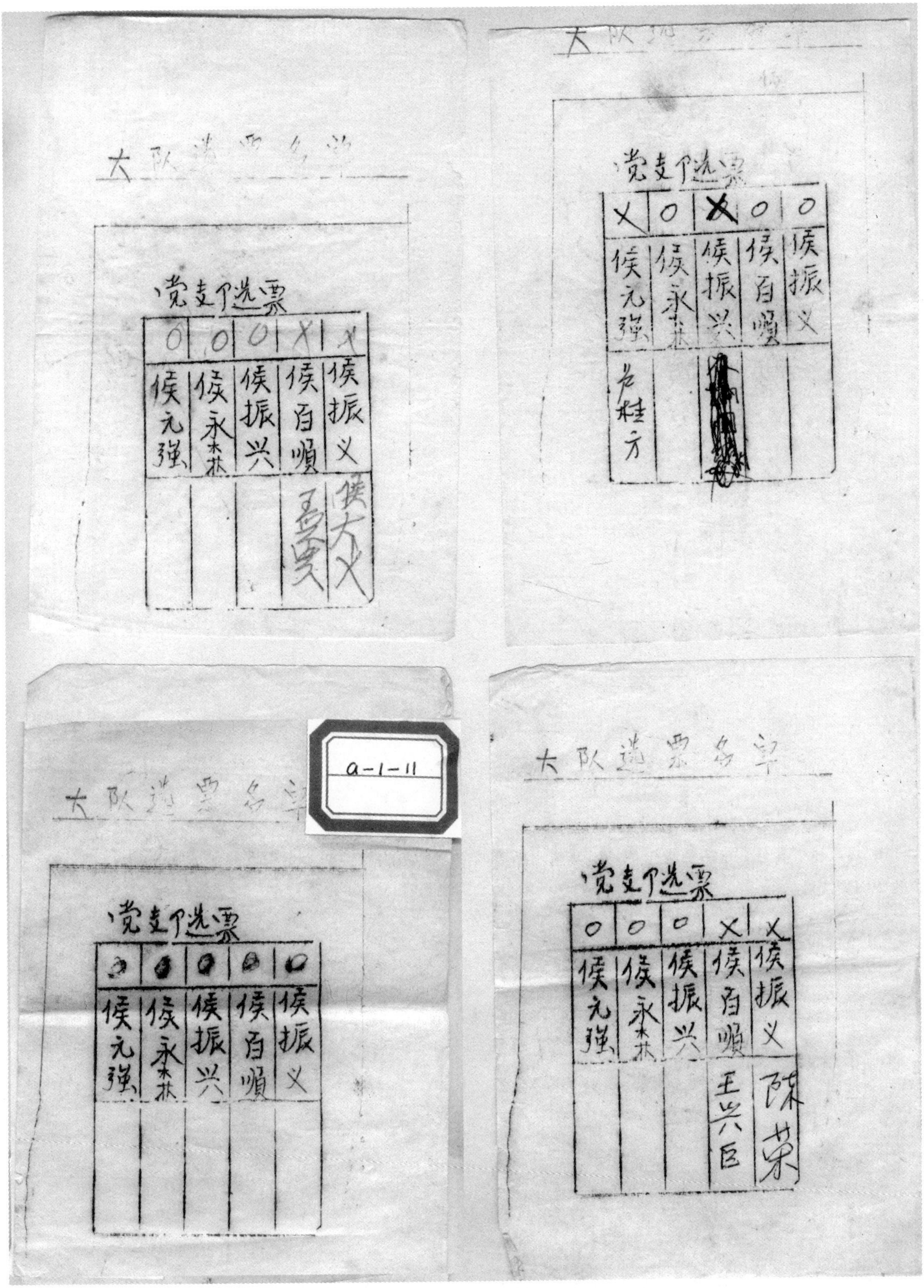

a－1－11　侯家营大队党支部选票。20 世纪 70 年代中后期。

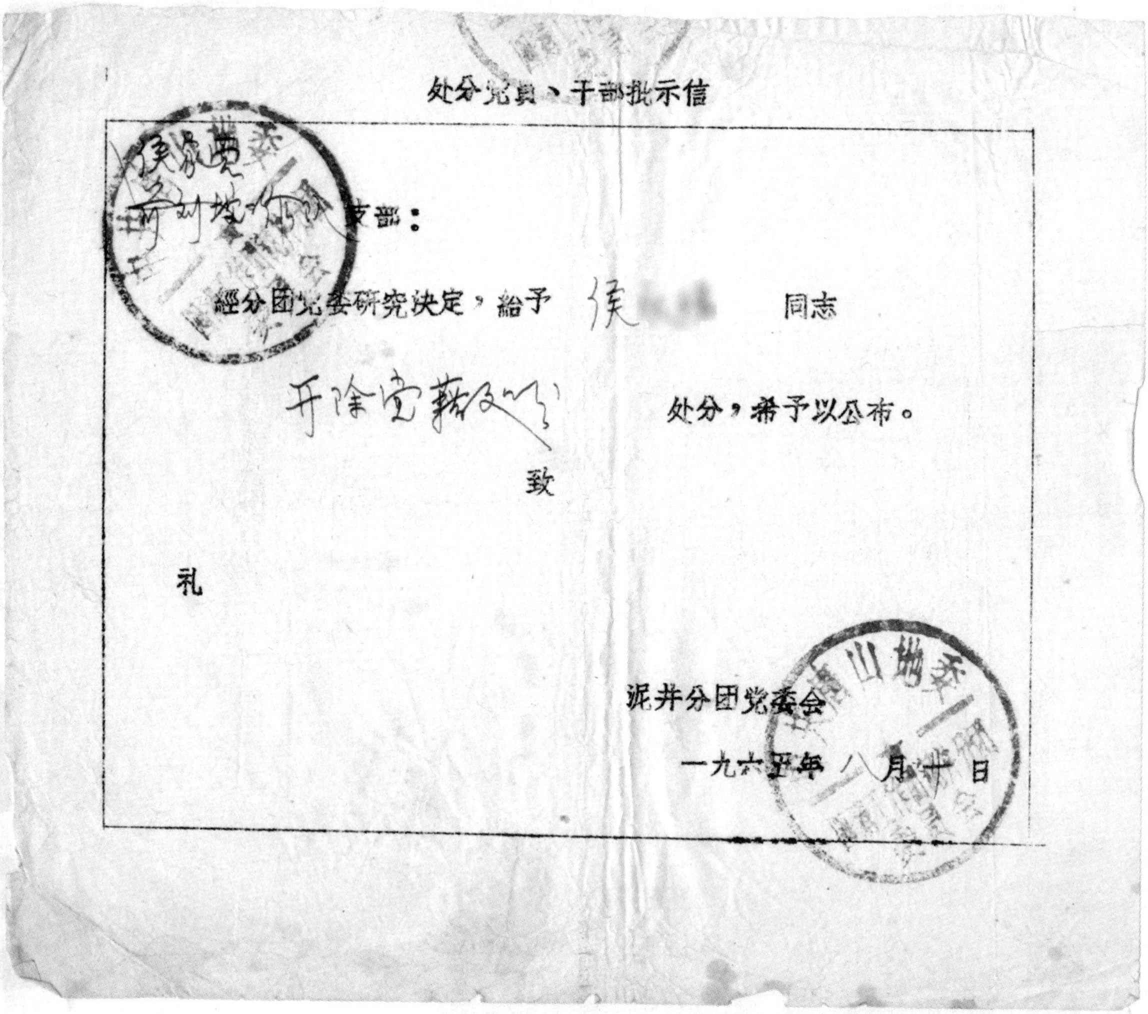

处分党员、干部批示信

侯家党[illegible]支部：

經分团党委研究决定，給予侯[illegible]同志

开除党籍[illegible]处分，希予以公布。

致

礼

泥井分团党委会

一九六五年八月廿日

b－4－43　处分党员干部批示信。中共唐山地委四清工作团泥井分团委员会，侯□□，开除党籍，1965年8月20日。

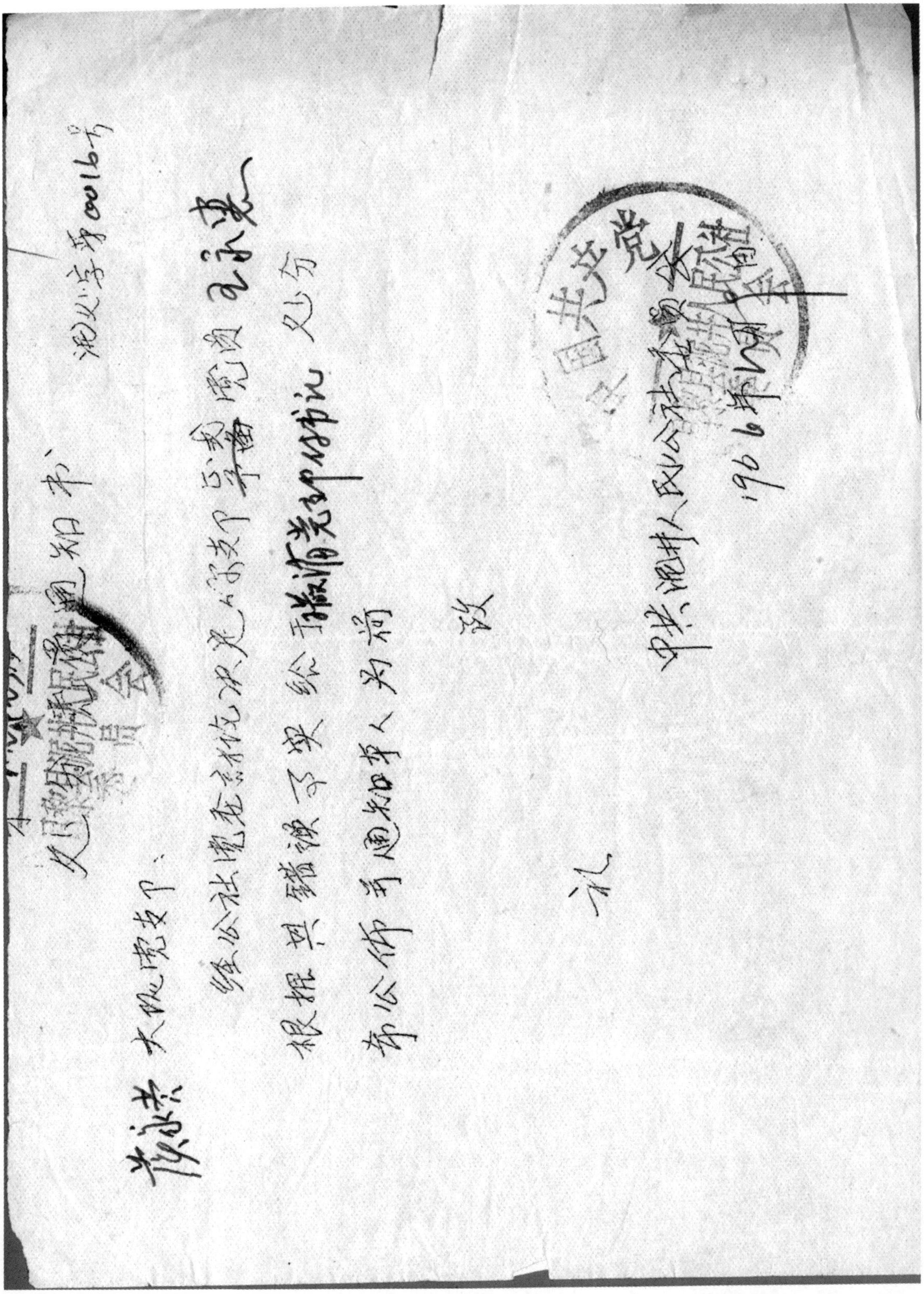

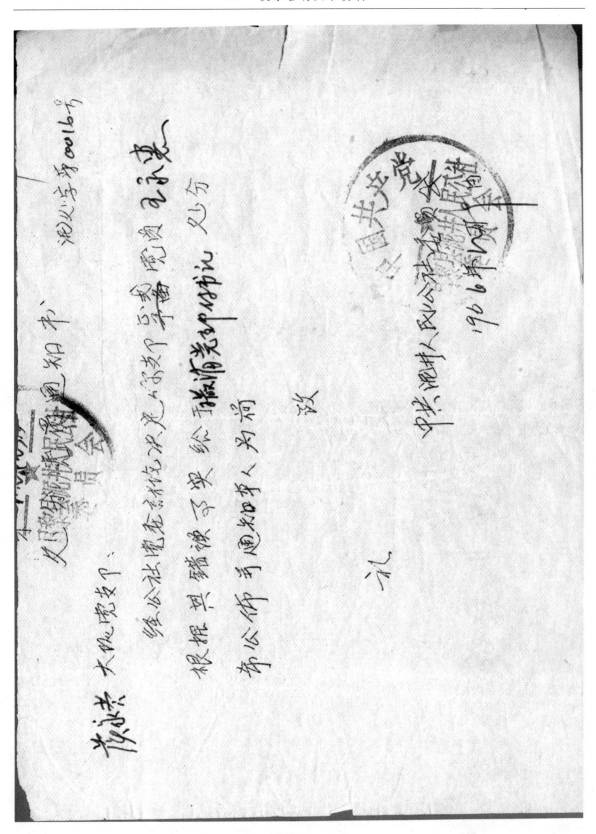

b－6－18　处分党员通知书。王永惠，撤销副书记，1966年12月9日。

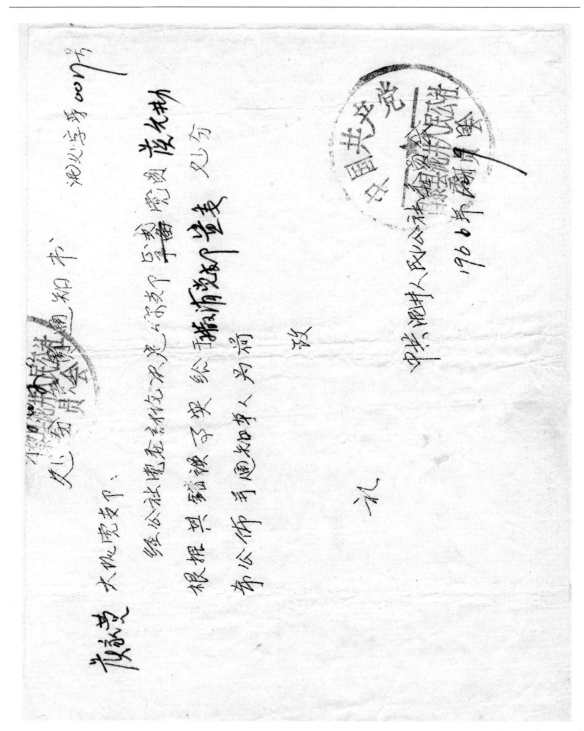

处分党员通知书　　泥处字第007号

侯家营大队党支部：

经公社党委讨论决定你支部宣委党员侯元勤

根据其错误事实给予撤销党内宣委处分

希公布并通知本人为荷

致

礼

中共泥井人民公社委员会

1966年12月9日

b－6－18c　处分党员通知书。侯元勤，撤销宣委，1966年12月9日。

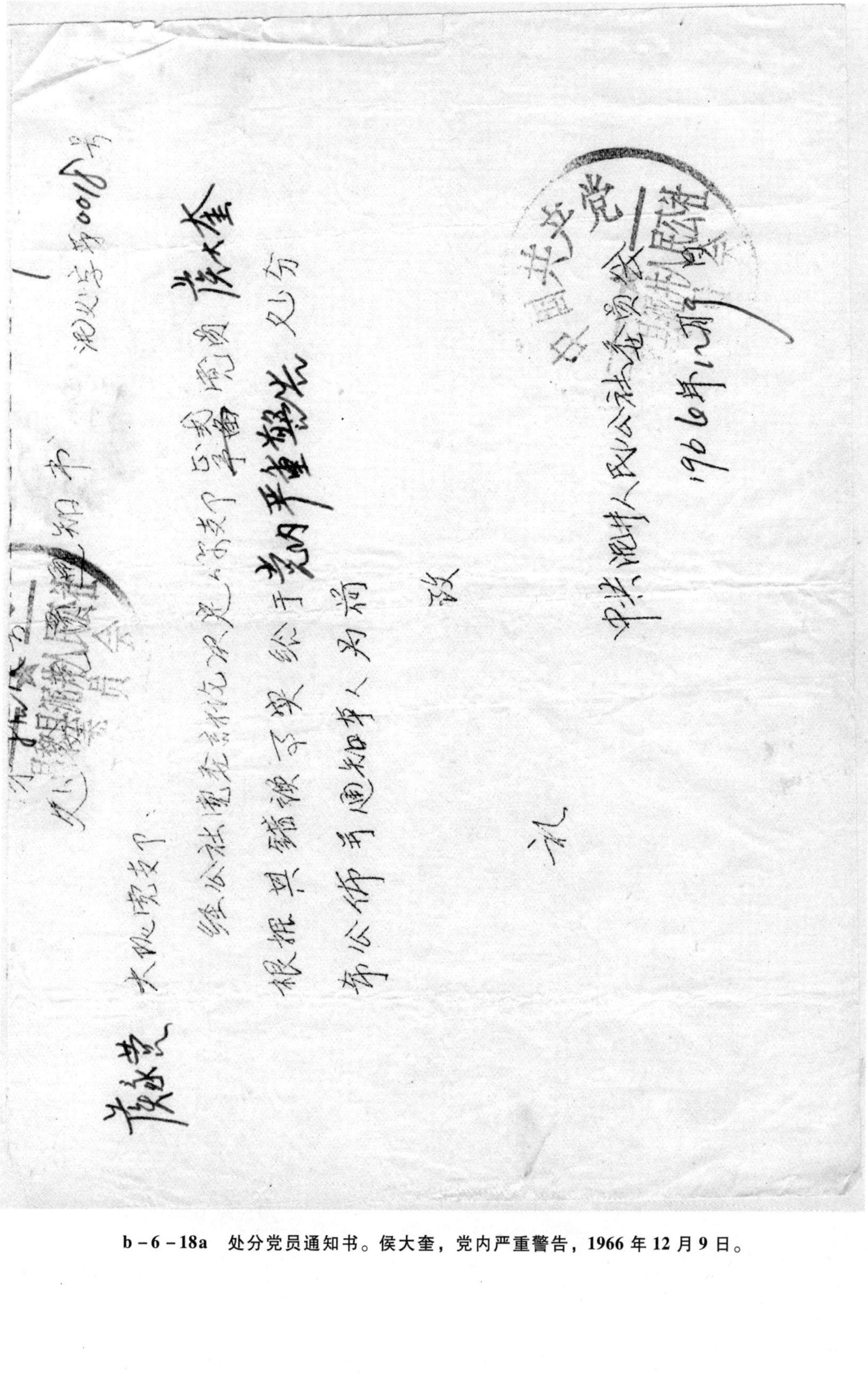
处分党员通知书
泡沙字第0018号

侯永茂大队党支部：

经公社党委讨论决定，对你支部党员侯大奎

根据其错误，给予党内严重警告处分

希公布并通知本人为荷

致

礼

中共泡沙人民公社委员会

1966年12月9日

b－6－18a　处分党员通知书。侯大奎，党内严重警告，1966年12月9日。

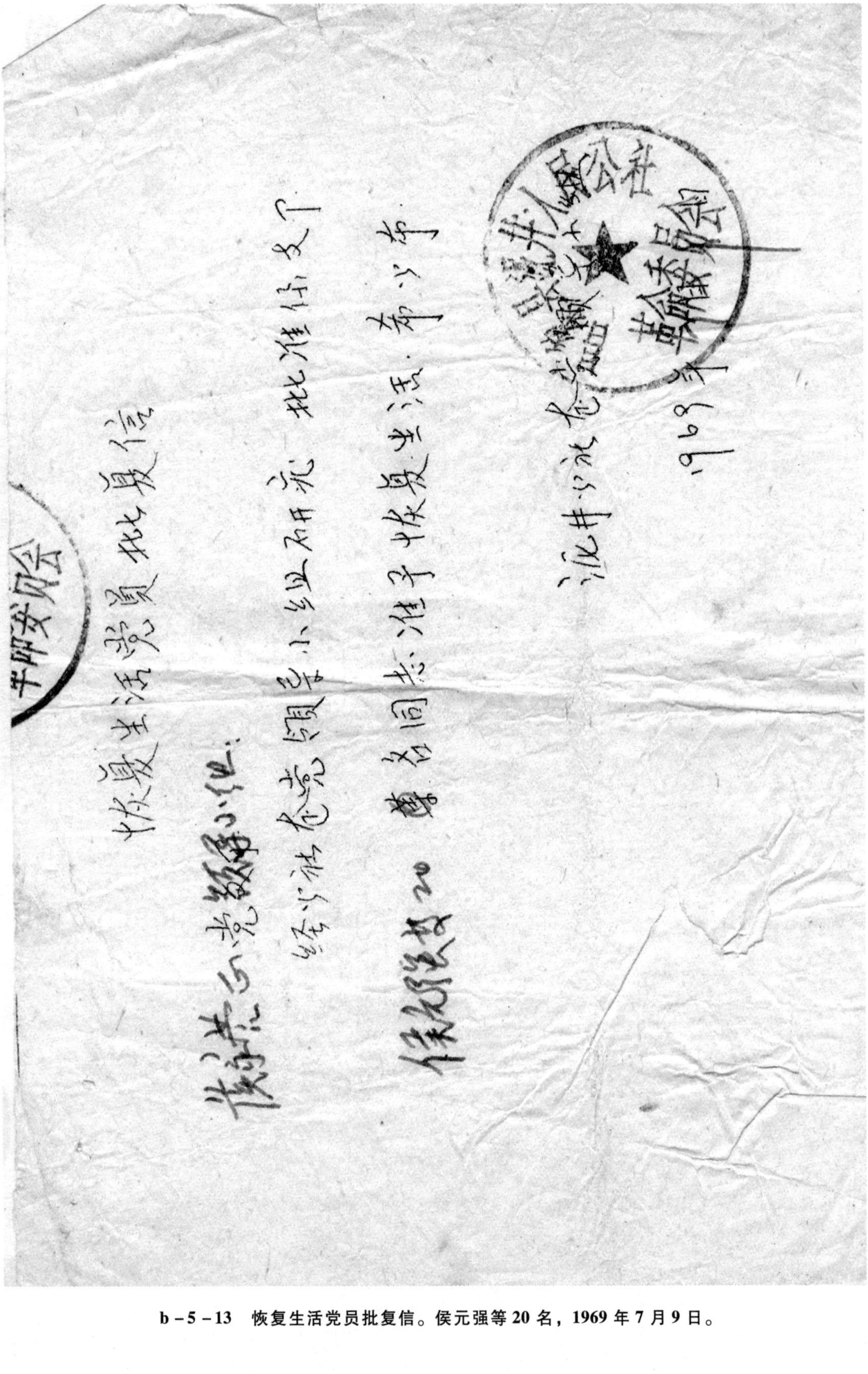

恢复生活党员批复信

侯家营党支部小组：

经公社党委领导小组研究，批准你们支部了

侯元强等20名同志准予恢复生活。[illegible]

泥井公社党委

1969年

昌黎县泥井人民公社革命委员会

b－5－13　恢复生活党员批复信。侯元强等20名，1969年7月9日。

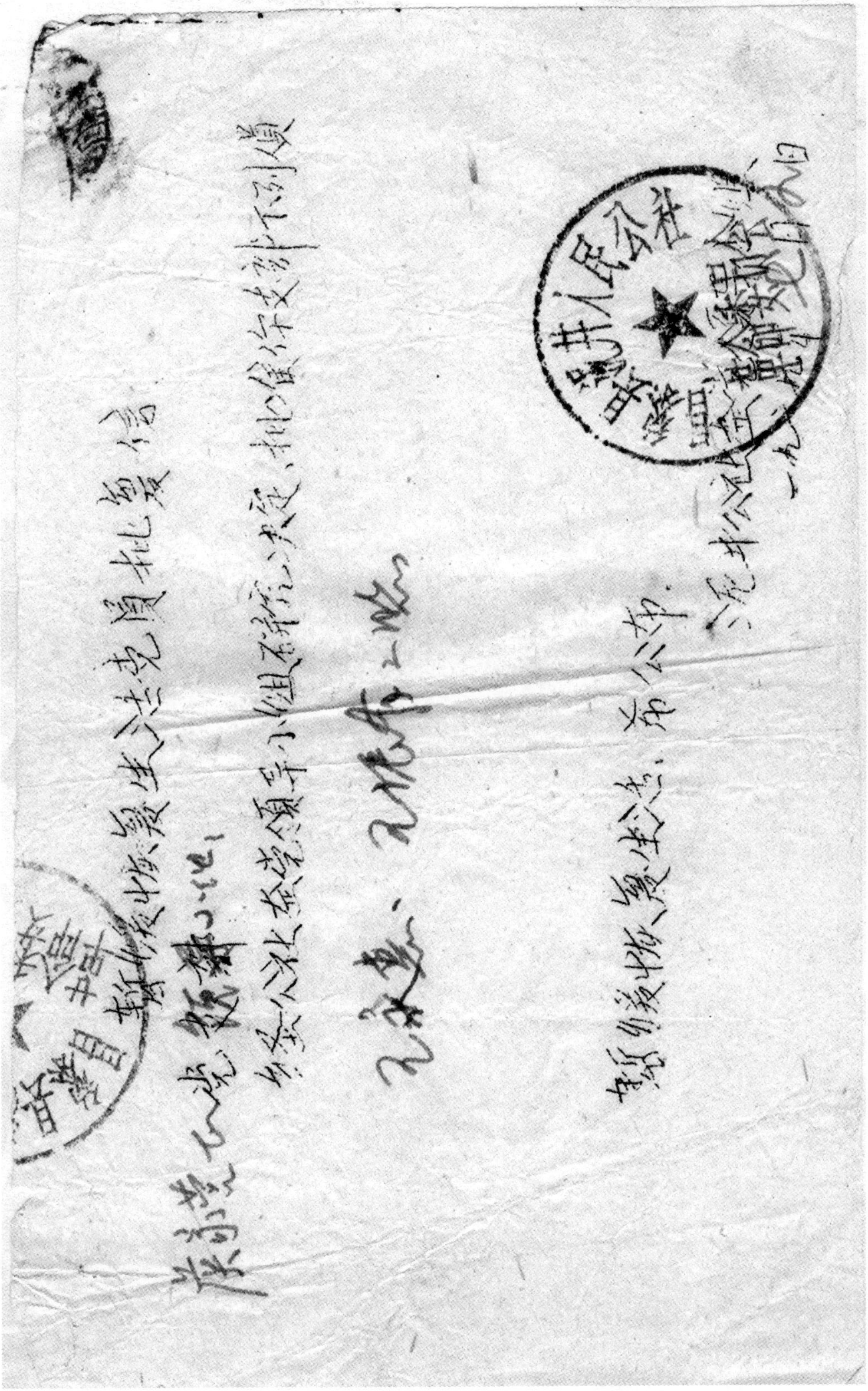
暂缓恢复生活党员批复信

侯家营大队党领导小组：

经公社核心领导小组研究决定，批准你支部下列党员

王永惠、王佐廷二名

暂缓恢复生活，希公布。

泥井公社核心领导小组

一九六九年七月九日

b－5－13a　暂缓恢复生活党员批复信。王永会等，1969年7月9日。

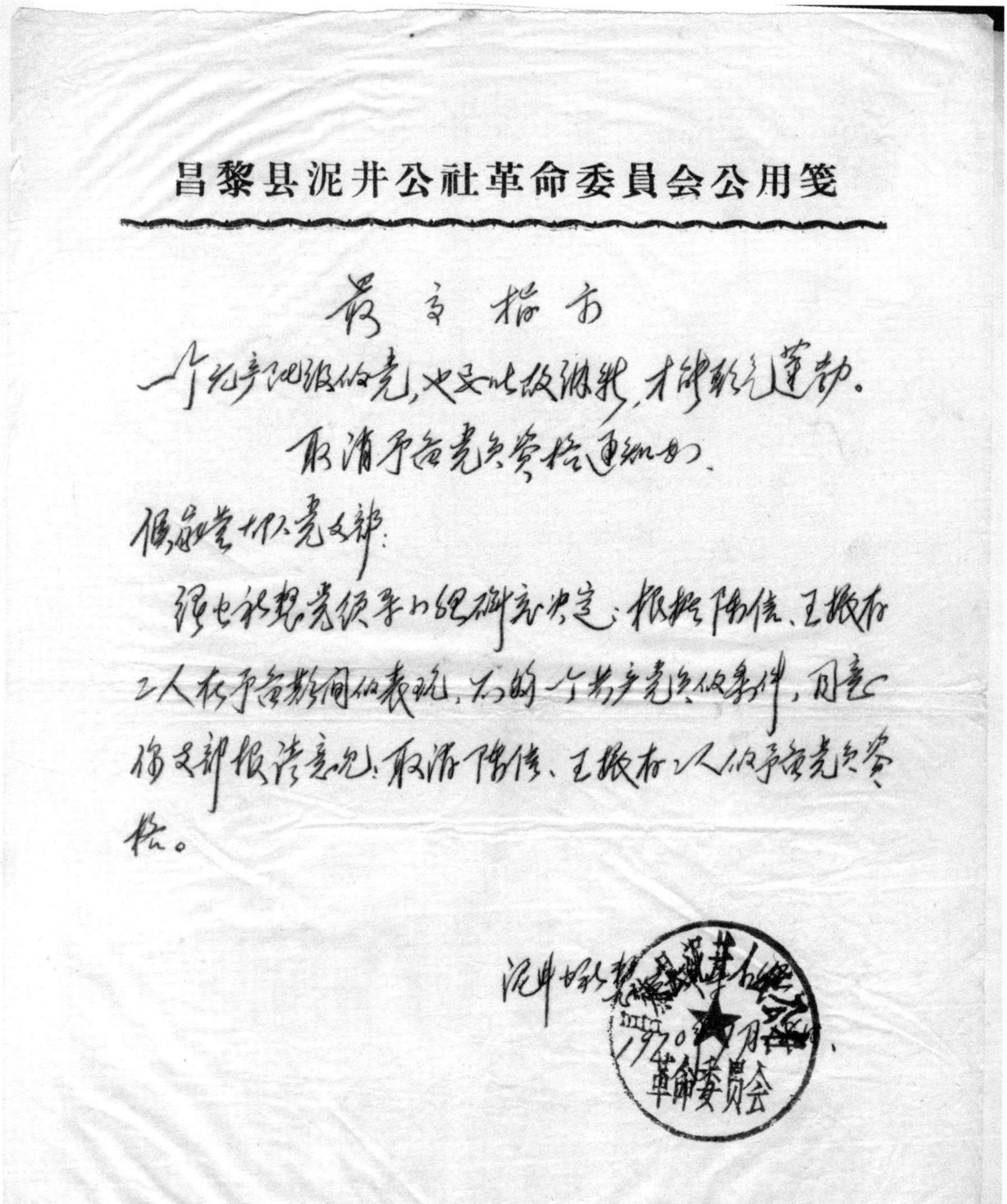

昌黎县泥井公社革命委员会公用笺

最高指示

一个无产阶级的党，也要吐故纳新，才能朝气蓬勃。

取消预备党员资格通知书

侯家营大队党支部：

经党的核心小组研究决定：根据陈信、王振存二人在预备期间的表现，不够一个共产党员的条件，同意你支部报请意见：取消陈信、王振存二人的预备党员资格。

泥井公社党的核心小组

1970年7月18日

年 月 日

a－15－7 取消预备党员资格通知。陈信、王振存，泥井公社革委会，1970年7月18日。

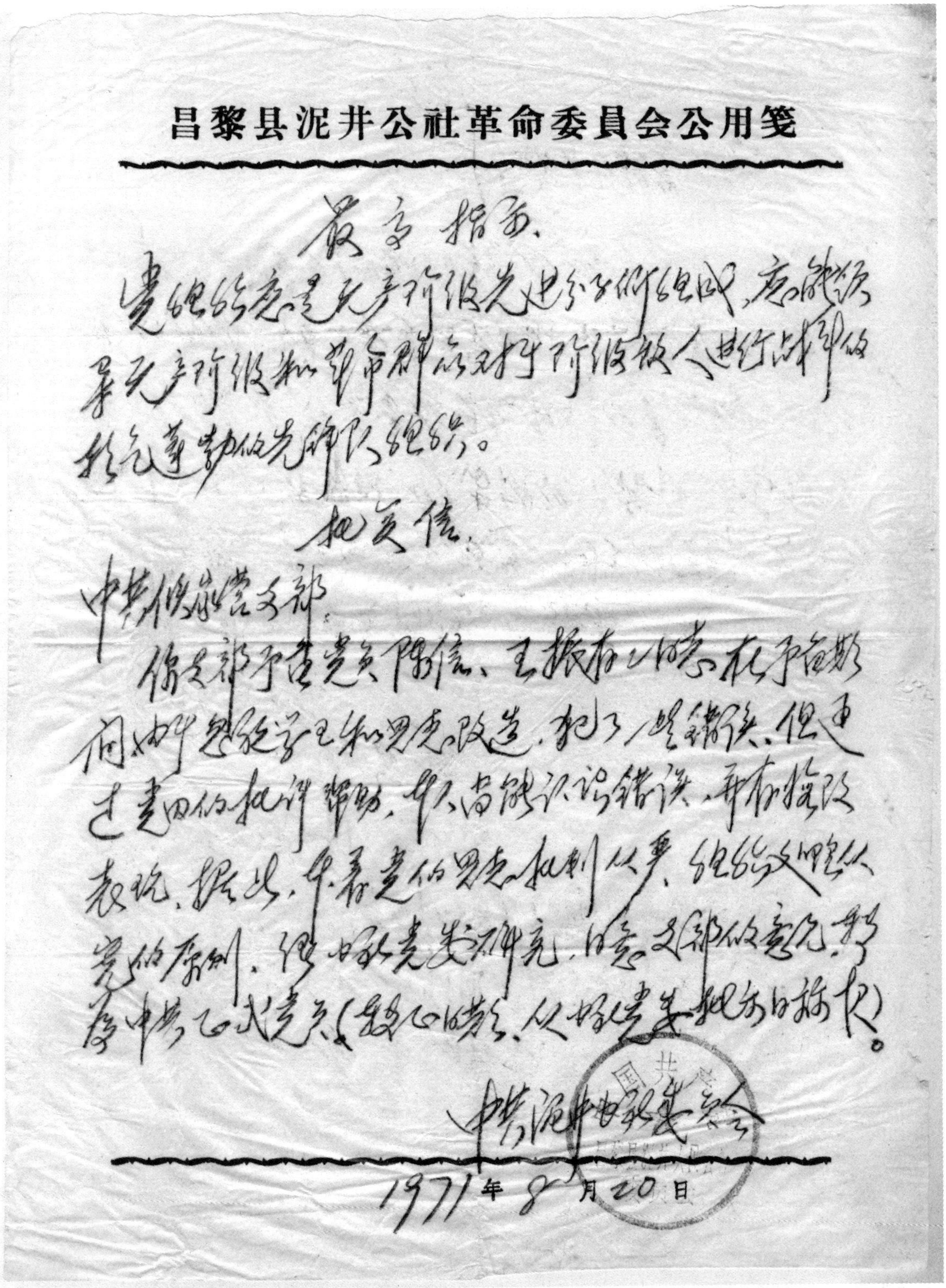
昌黎县泥井公社革命委员会公用笺

最高指示：

党组织应是无产阶级先进分子所组成，应能领导无产阶级和革命群众对于阶级敌人进行战斗的朝气蓬勃的先锋队组织。

批复信：

中共侯家营支部：

你支部呈报党员陈信、王振存二同志在预备期间，对照党章和思想改造，犯了一些错误，但通过党内的批评帮助，本人尚能认识错误，并有较好表现。据此，本着党的思想批判从严，组织处理从宽的原则，经公社党委研究，同意支部的意见，转为中共正式党员（转正时间，从公社党委批准之日算起）。

中共泥井公社委员会

1971年8月20日

a－15－7a　批复信。同意陈信、王振存转正，泥井公社党委，1971年8月20日。

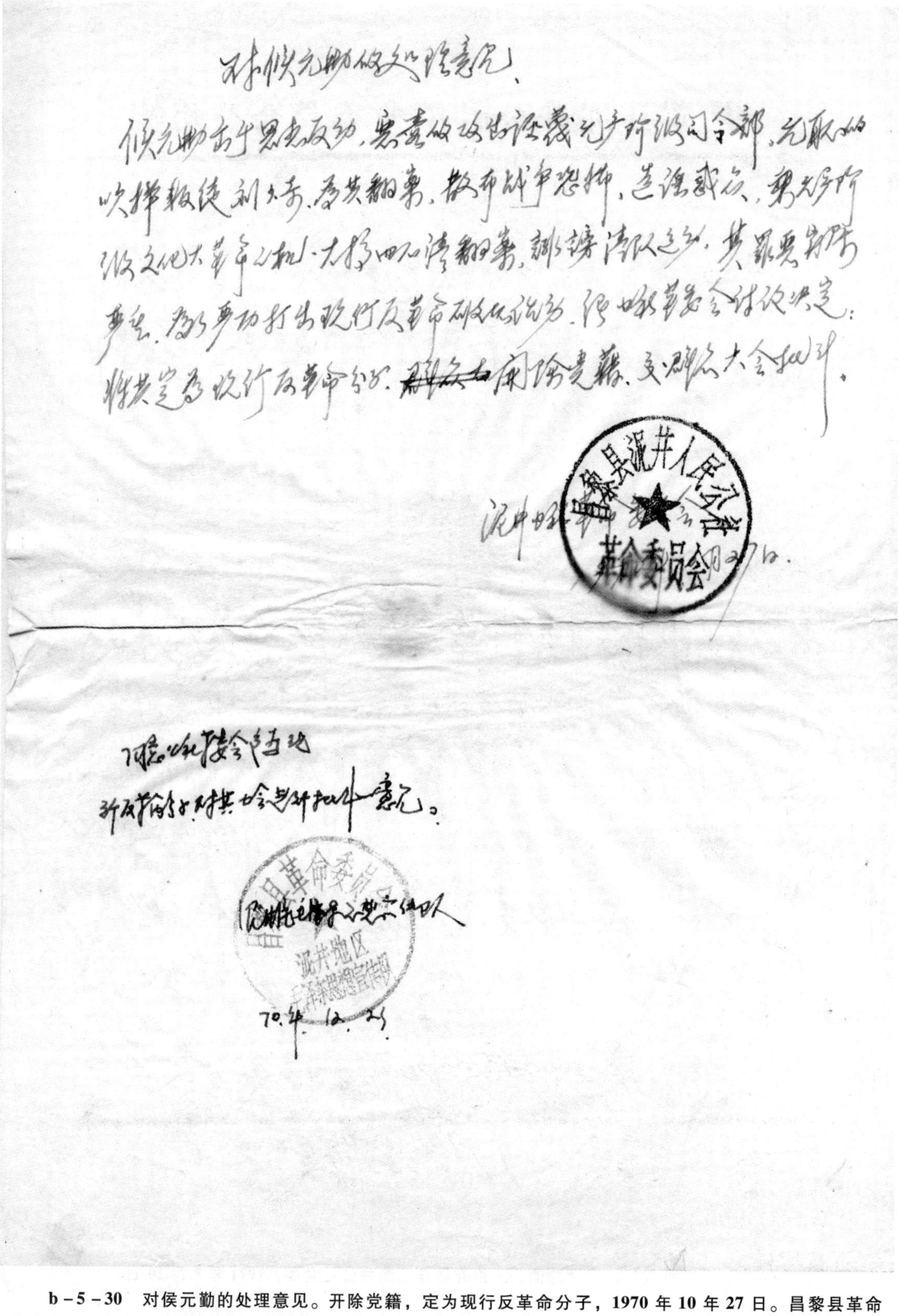

对侯元勤的处理意见

侯元勤由于思想反动，恶毒攻击无产阶级司令部，公然为叛徒刘少奇、彭黄翻案，散布战争恐怖，造谣惑众，乘无产阶级文化大革命之机，大搞四不清翻案，诽谤清队运动，其罪恶实属严重。为了更加打击现行反革命破坏活动，经公社革委会讨论决定：将其定为现行反革命分子，~~群众专~~开除党籍，交群众大会批斗。

昌黎县泥井人民公社革命委员会

泥井公社[illegible] 10月27日

同意公社革委会意见

开除党籍，对其召开批斗意见。

昌黎县革命委员会泥井地区毛泽东思想宣传队

泥井地区毛泽东思想宣传队

70年12.2[illegible]

b－5－30 对侯元勤的处理意见。开除党籍，定为现行反革命分子，1970 年 10 年 27 日。昌黎县革命委员会泥井地区毛泽东思想宣传队章。

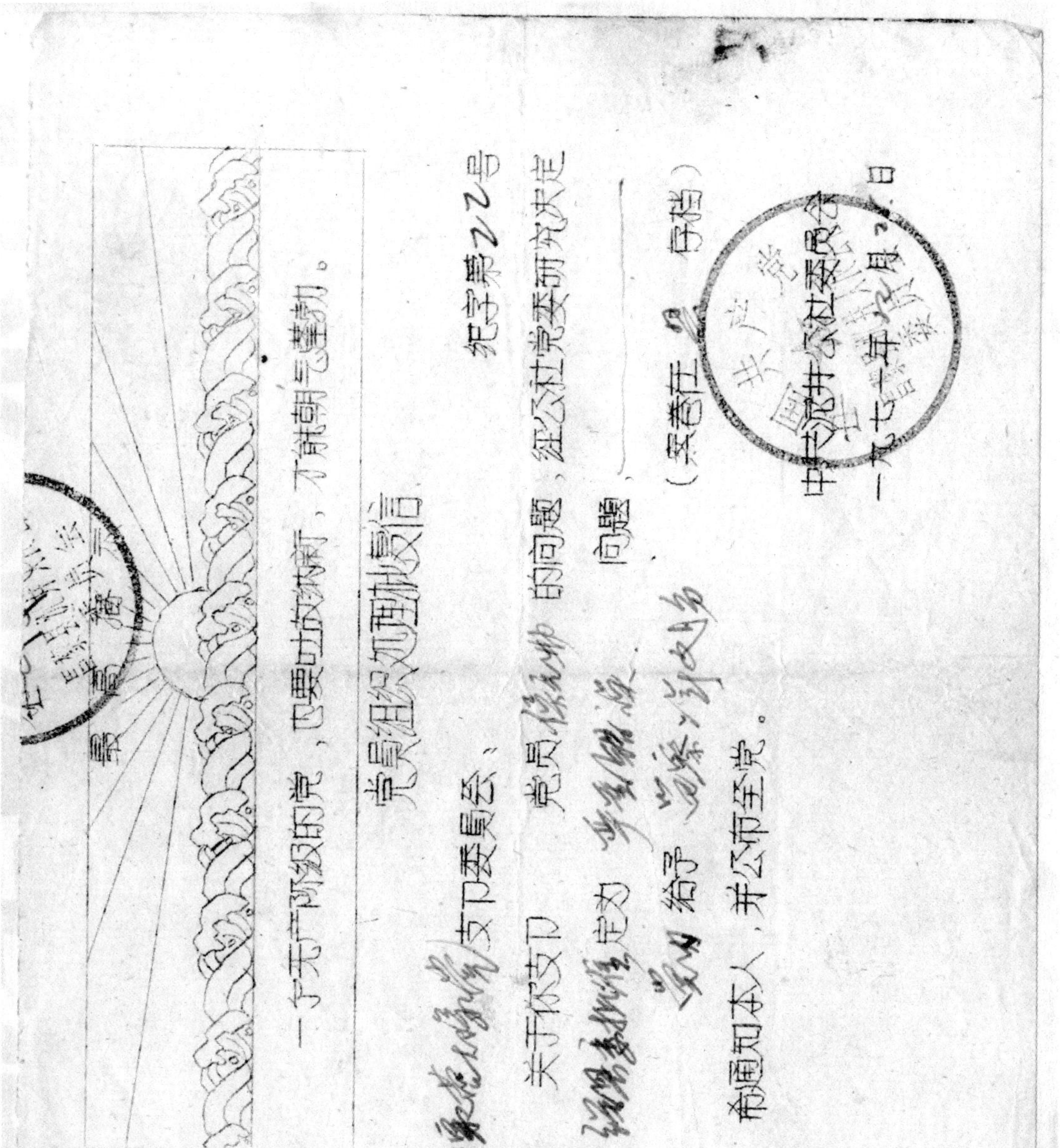

最高指示

一个无产阶级的党，也要吐故纳新，才能朝气蓬勃。

党员组织处理批复信

侯家营大队党支部委员会：　　纪字第22号

关于你支部　党员侯元勤　的问题，经公社党委研究决定经县委批准定为　严重错误　问题，

党内　给予　留察二年处分　（案卷在　县　存档）

希通知本人，并公布全党。

中共泥井公社委员会

一九七一年12月26日

b－5－38a　党员组织处理批复信。侯元勤，严重错误，党内查看二年，1971年12月26日。

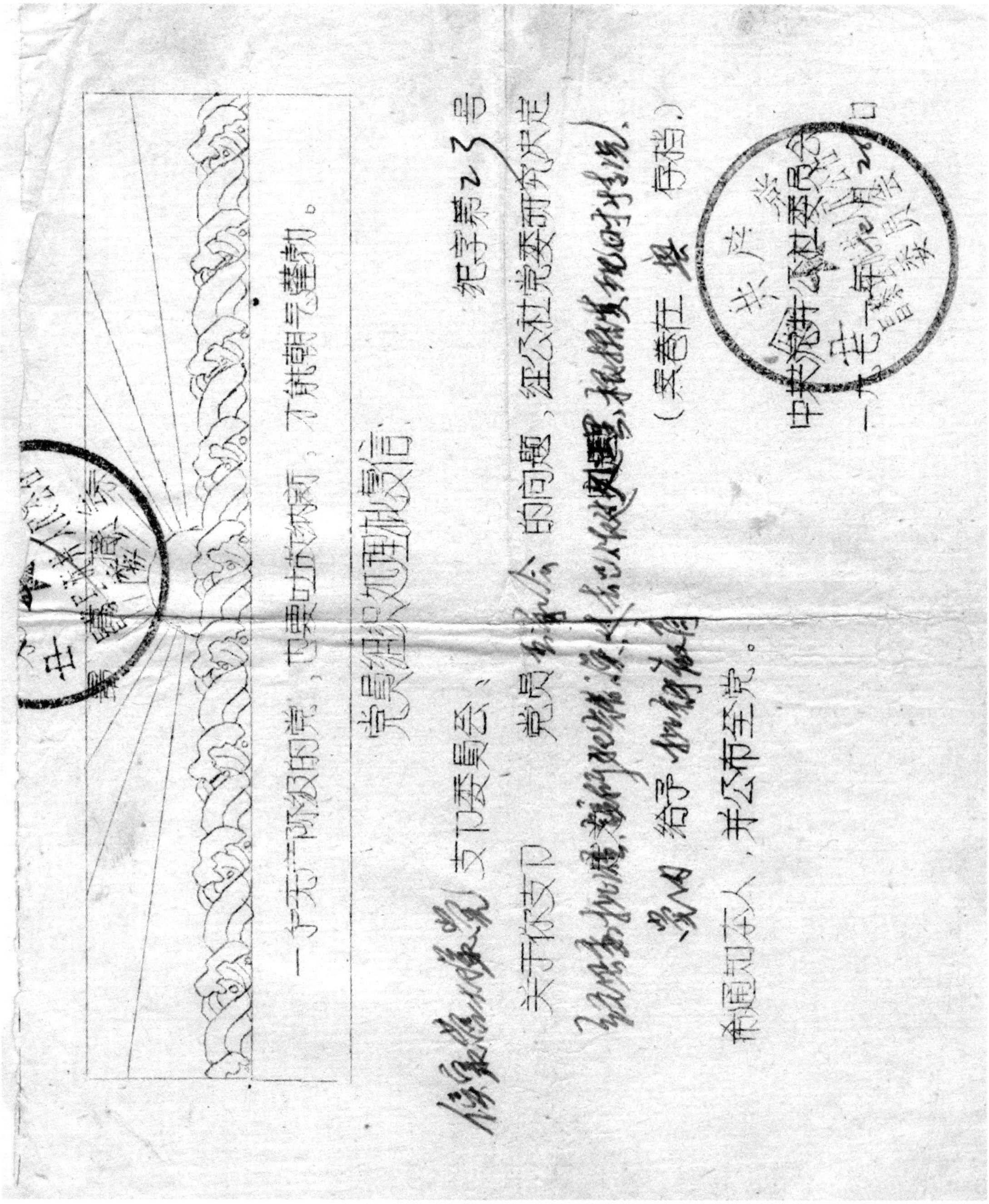

一个无产阶级的党，也要吐故纳新，才能朝气蓬勃。

党员组织处理批复信

侯家营小队党支部委员会、　　纪字第23号

关于你支部　党员王永会　的问题，经公社党委研究决定

[illegible]，根据其现时情况，

党内　给予　批评教育　　（案卷在　县　存档）

希通知本人，并公布全党。

中共泥井公社委员会

一九七一年十二月26日

b－5－17　党员组织处理批复信。王永会，批评教育，1971 年 12 月 26 日。

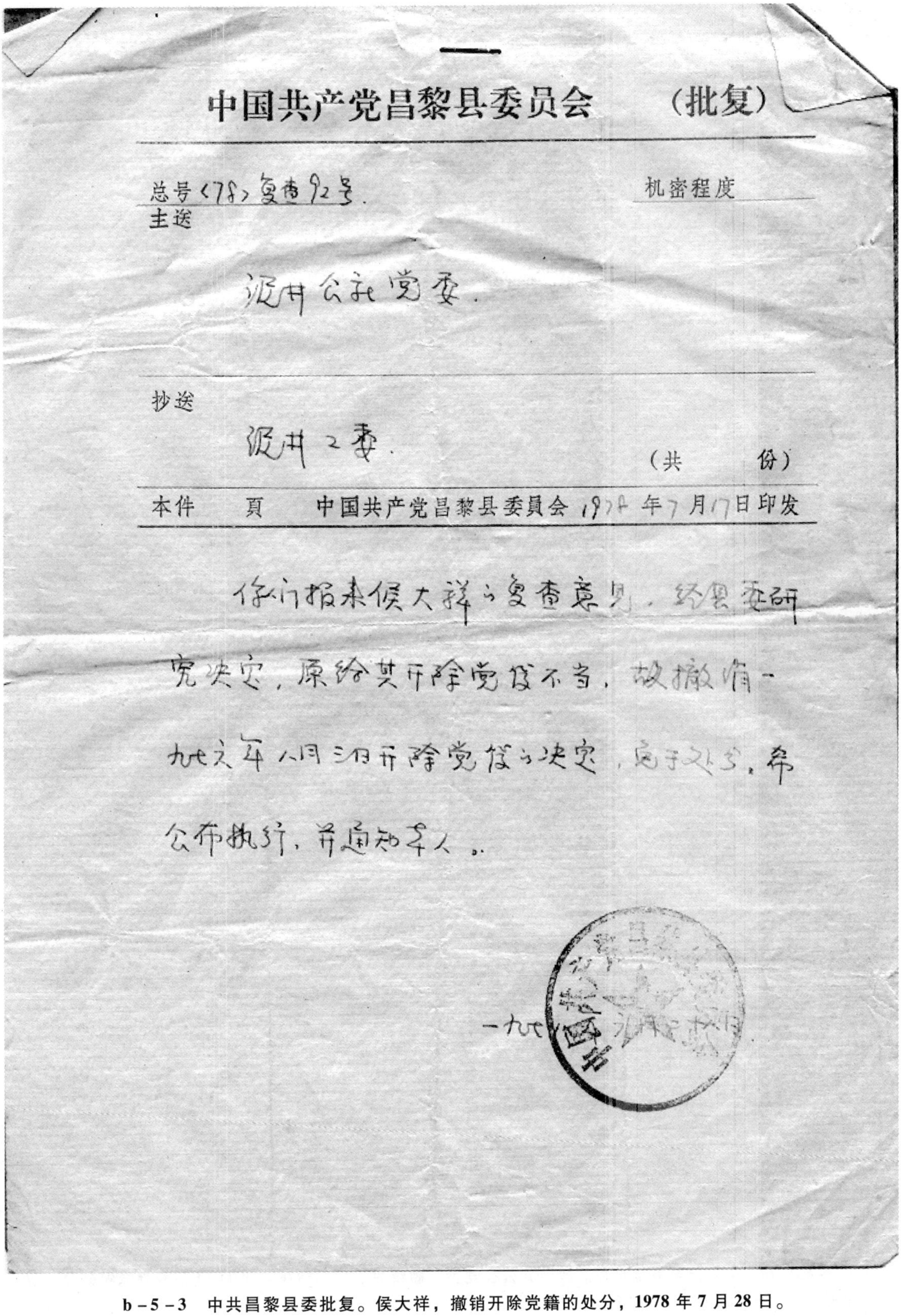

中国共产党昌黎县委员会　（批复）

总号（78）复查92号。　机密程度

主送

泥井公社党委。

抄送

泥井工委。

（共　份）

本件　页　中国共产党昌黎县委员会1978年7月17日印发

你们报来侯大祥的复查意见，经县委研究决定，原给其开除党籍不当，故撤消一九六八年八月三日开除党籍的决定，免于处分。希公布执行，并通知本人。

一九七

b－5－3　中共昌黎县委批复。侯大祥，撤销开除党籍的处分，1978年7月28日。

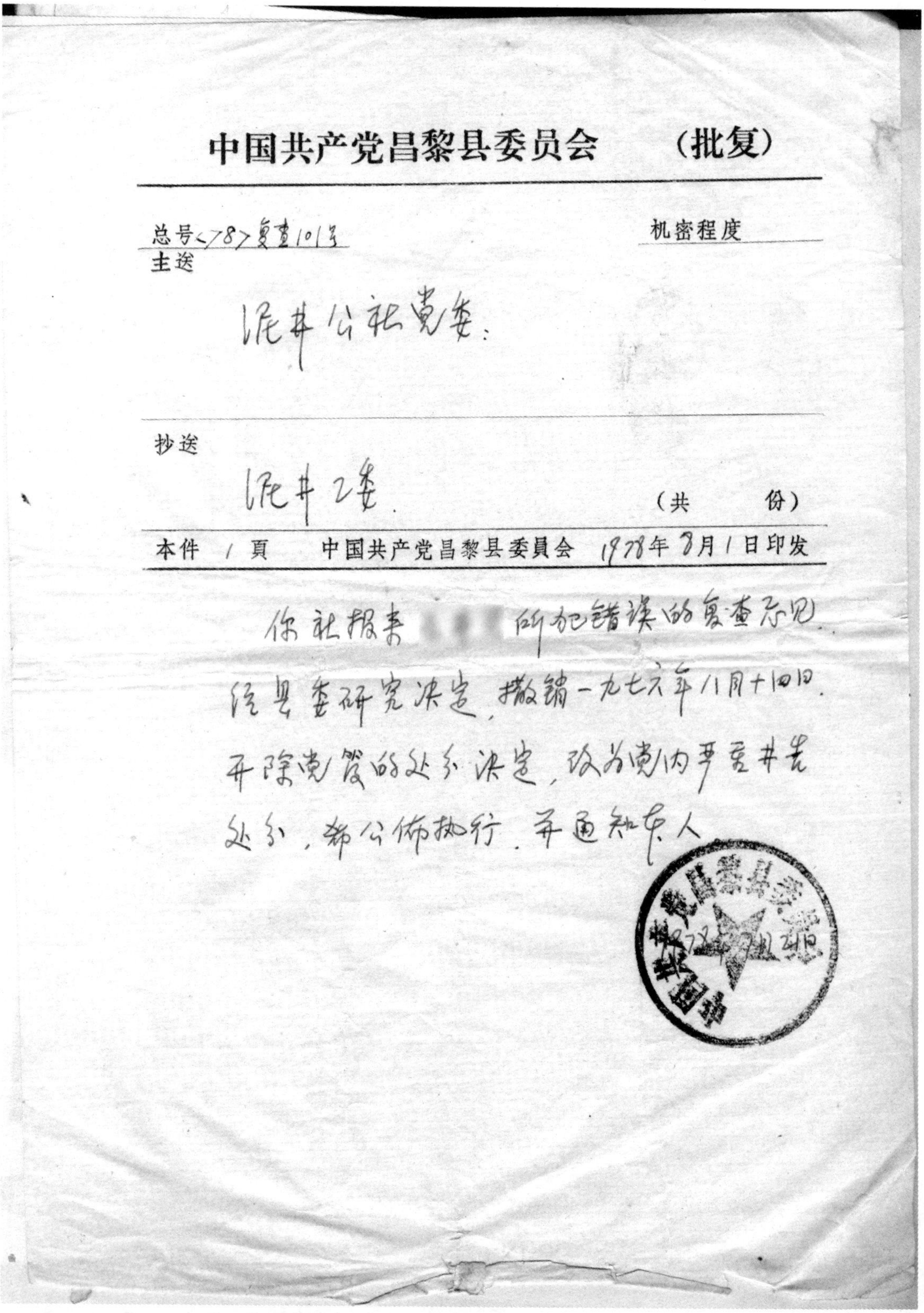

中国共产党昌黎县委员会　（批复）

总号〈78〉复查101号　　机密程度

主送

泥井公社党委：

抄送

泥井工委.　　（共　　份）

本件 1 页　中国共产党昌黎县委员会　1978年8月1日印发

你社报来[redacted]所犯错误的复查意见，经县委研究决定，撤销一九七六年八月十四日开除党籍的处分决定，改为党内严重警告处分，希公布执行，并通知本人。

a－15－7d　中共昌黎县委批复。致泥井公社党委，撤销对□□□1976 年 8 月 14 日开除党纪处分，改为党内严重警告，1978 年 7 月 21 日。

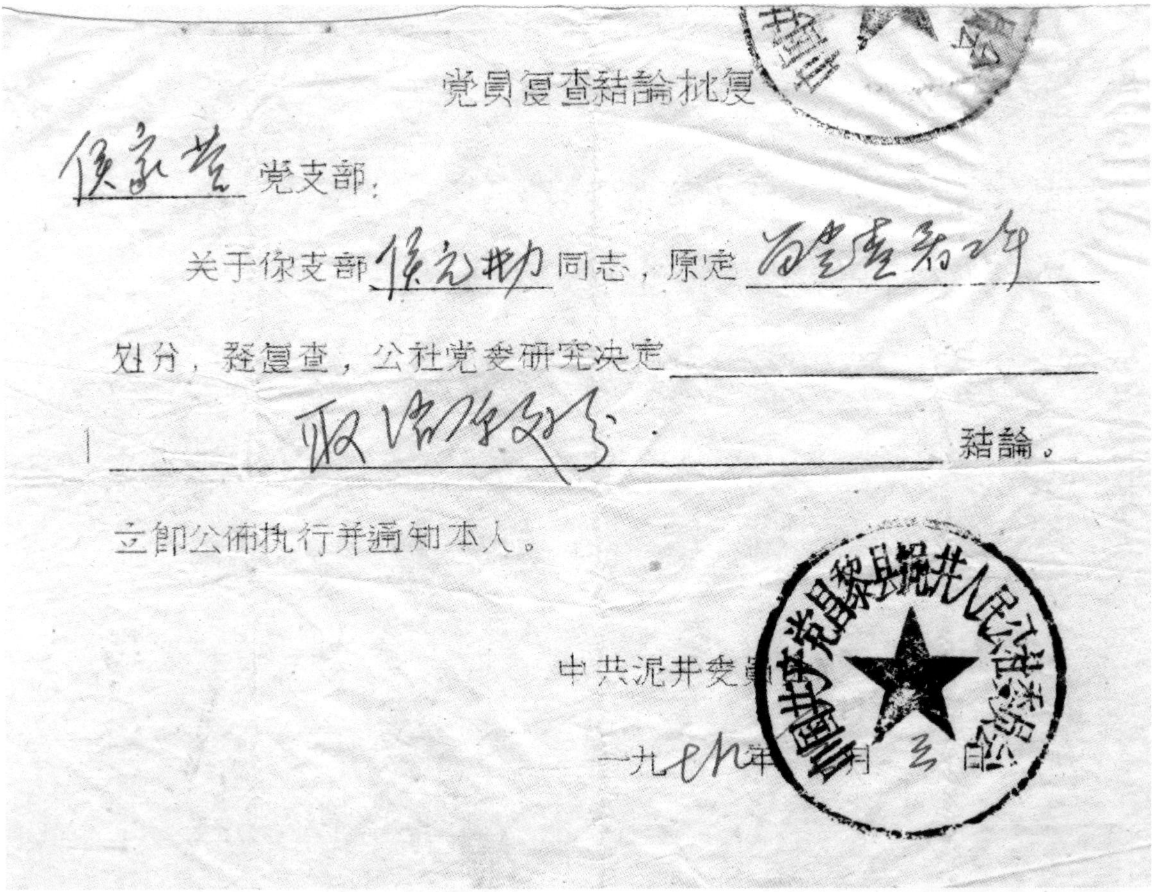

党员复查結論批复

侯家营 党支部：

关于你支部 侯元勤 同志，原定 留党查看二年

处分，経复查，公社党委研究决定

取消处分

結論。

立即公佈执行并通知本人。

中共泥井委员会

一九七九年三月三日

b－5－80　党员复查结论批复。侯元勤，中共泥井委员会，1979 年 3 月 3 日。

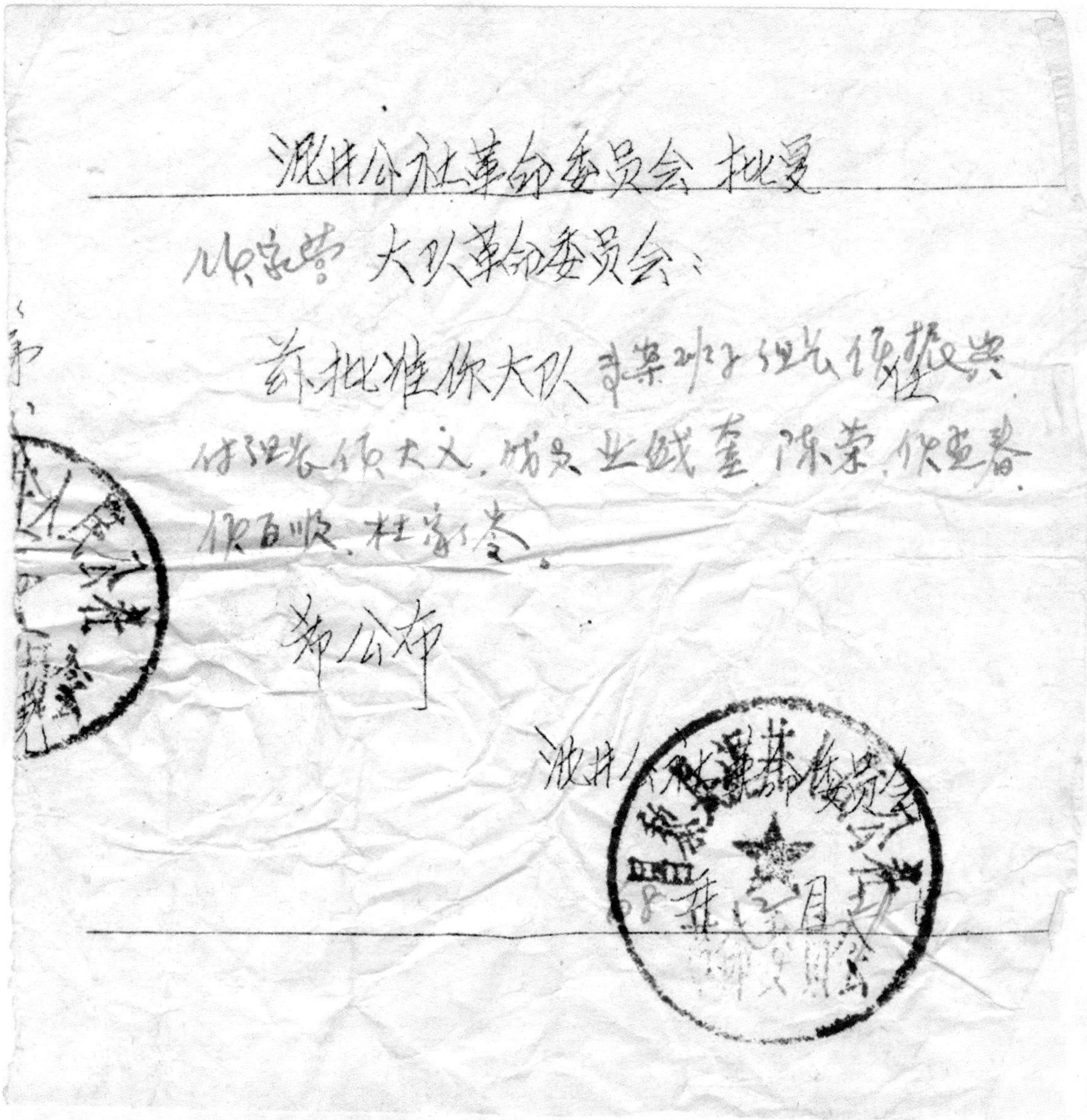

涞井公社革命委员会 批复

侯家营 大队革命委员会：

兹批准你大队专案班子组长侯振兴，付组长侯大文，成员[illegible]钱奎、陈荣、侯宝春、侯百顺、杜[illegible]。

希公布

涞井公社革命委员会

b－4－8　公社革命委员会批复。侯家营大队专案班子名单，1968 年 12 月 27 日。

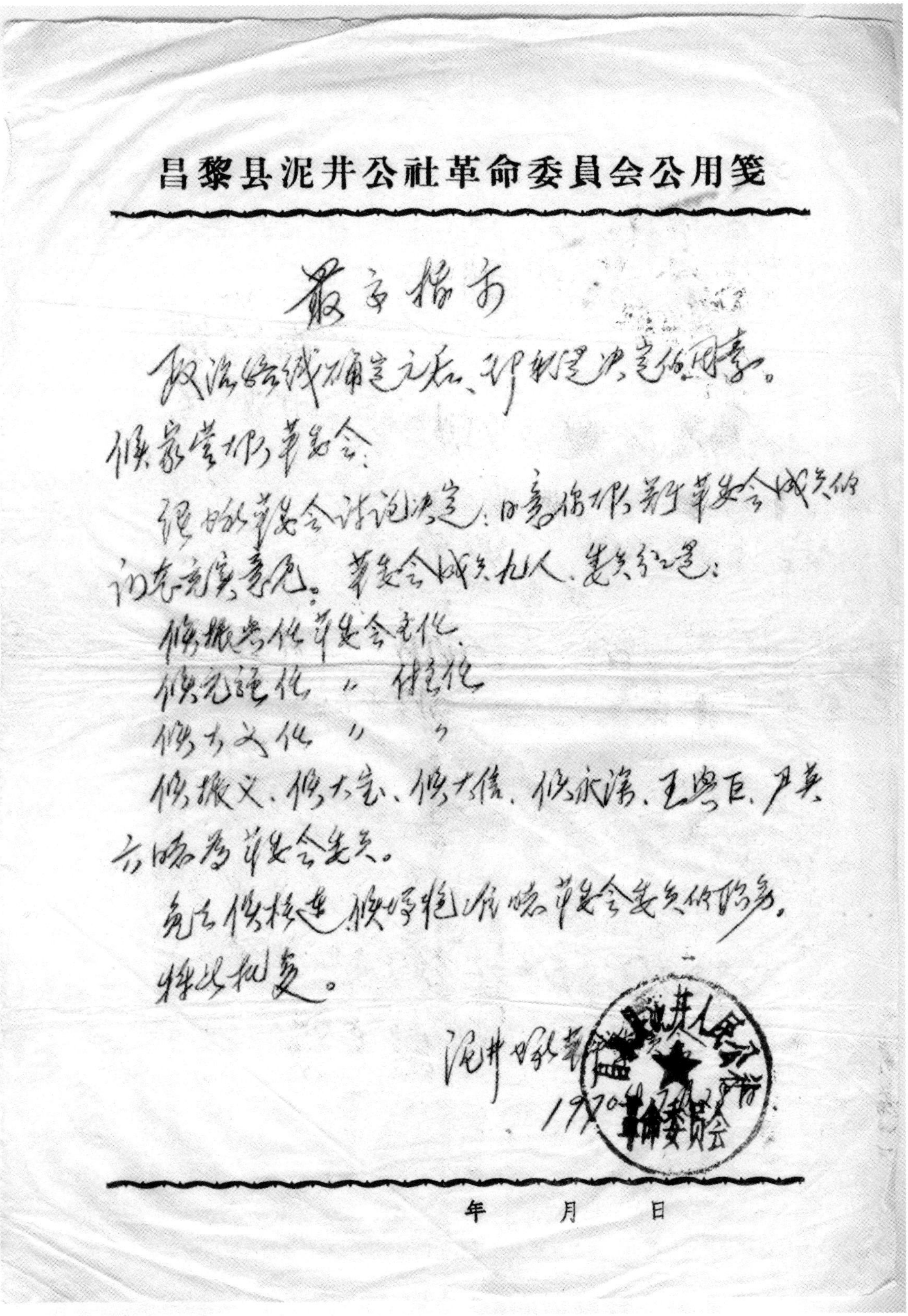
昌黎县泥井公社革命委员会公用笺

最高指示

政治路线确定之后，干部就是决定的因素。

侯家营大队革委会：

经公社革委会讨论决定：同意你大队对革委会成员的调整充实意见。革委会成员九人，其名单是：

侯振岭任革委会主任，

侯元镜任 〃 付主任

侯大文任 〃 〃

侯振文、侯大宝、侯大信、侯永滨、王鸿臣、尹英六均为革委会委员。

免去侯桂岳、侯呈艳均任革委会委员的职务。

特此批复。

泥井公社革委会

1970.7.28

（印章：泥井人民公社革命委员会）

年　月　日

a－10－14　大队革命委员会成员调整充实意见。主任、委员名单，免职，1970 年 7 月 28 日。

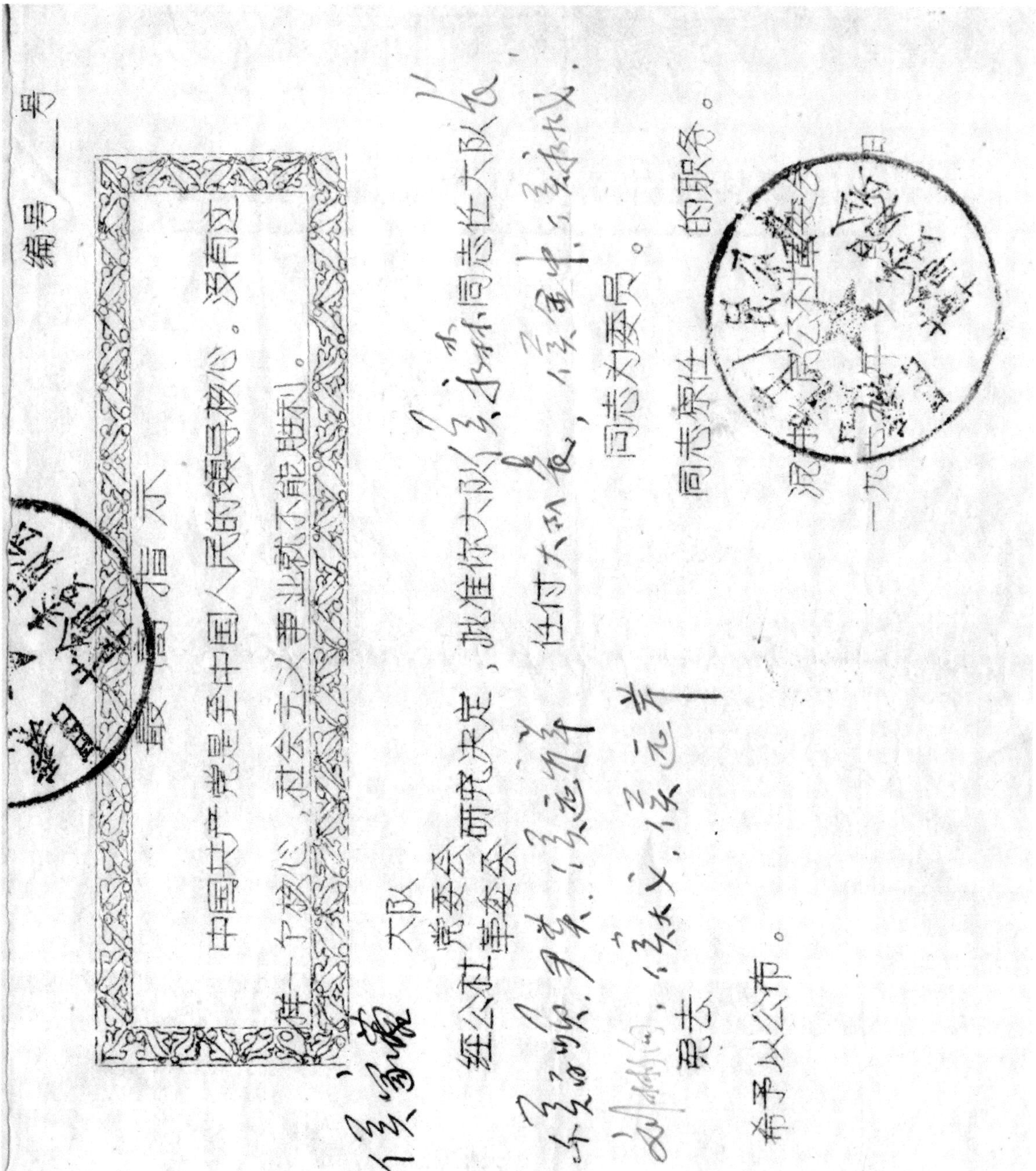
编号____号

最高指示

中国共产党是全中国人民的领导核心。没有这样一个核心，社会主义事业就不能胜利。

侯家营大队

经公社 党委会 / 革委会 研究决定，批准你大队侯永森同志任大队长，[illegible]同志任副大队长，[illegible]同志为委员。

____同志原任____的职务。

希予以公布。

一九七九年三月五日

b－5－91　公社革委会任命书。侯永森等人，批准为队长、副队长、委员等，1979年3月5日。

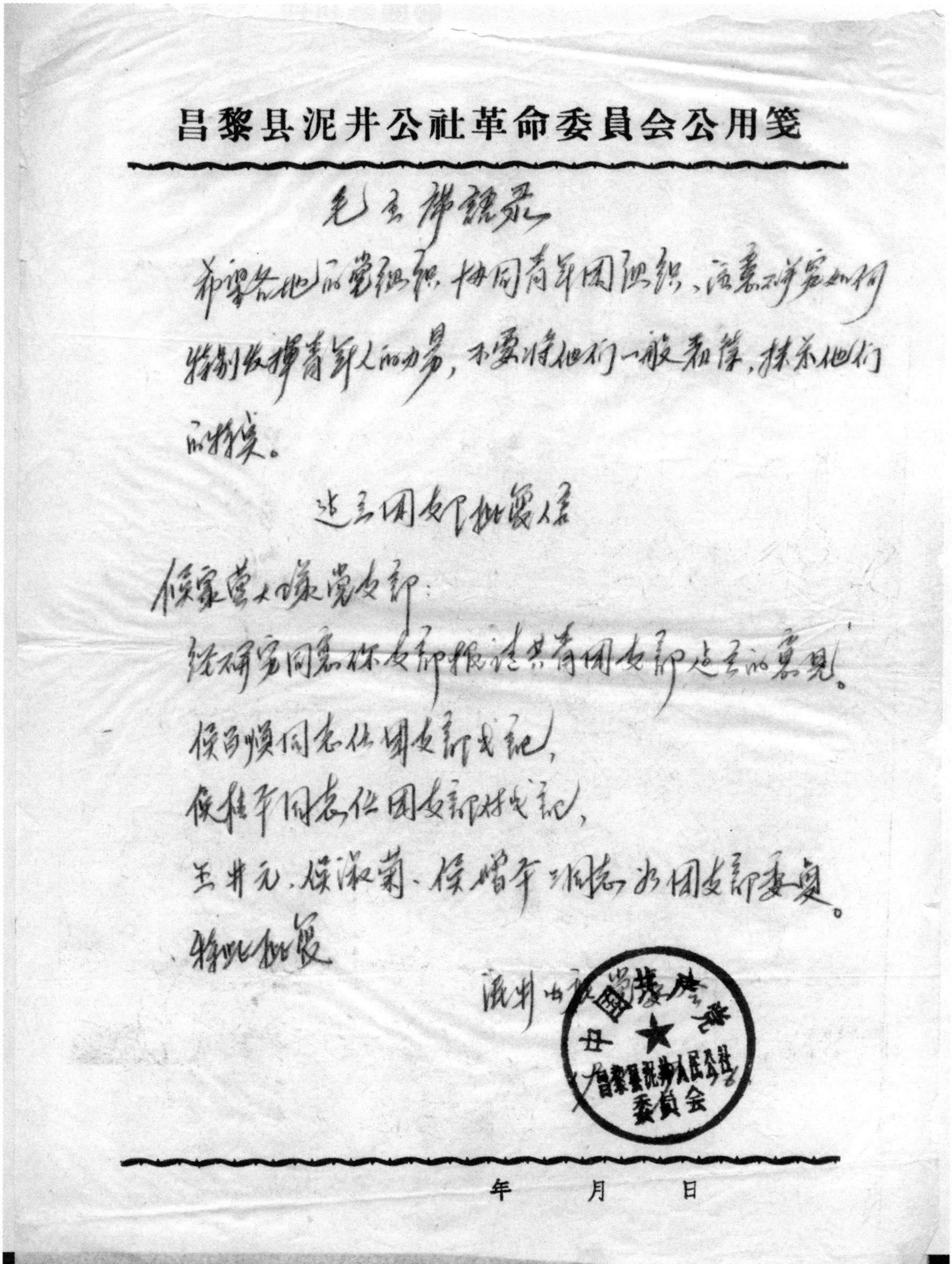

昌黎县泥井公社革命委员会公用笺

毛主席语录

希望各地的党组织，协同青年团组织，注意研究如何特别发挥青年人的力量，不要将他们一般看待，抹杀他们的特点。

建立团支部批复信

侯家营大队党支部：

经研究同意你支部报请共青团支部建立的意见。

侯昌顺同志任团支部书记，

侯桂平同志任团支部付书记，

王井元、侯淑菊、侯增平三同志为团支部委员。

特此批复

泥井公社党委

中国共产党昌黎县泥井人民公社委员会

年　月　日

a－15－7c　公社党委建立团支部批复。1971年9月16日。

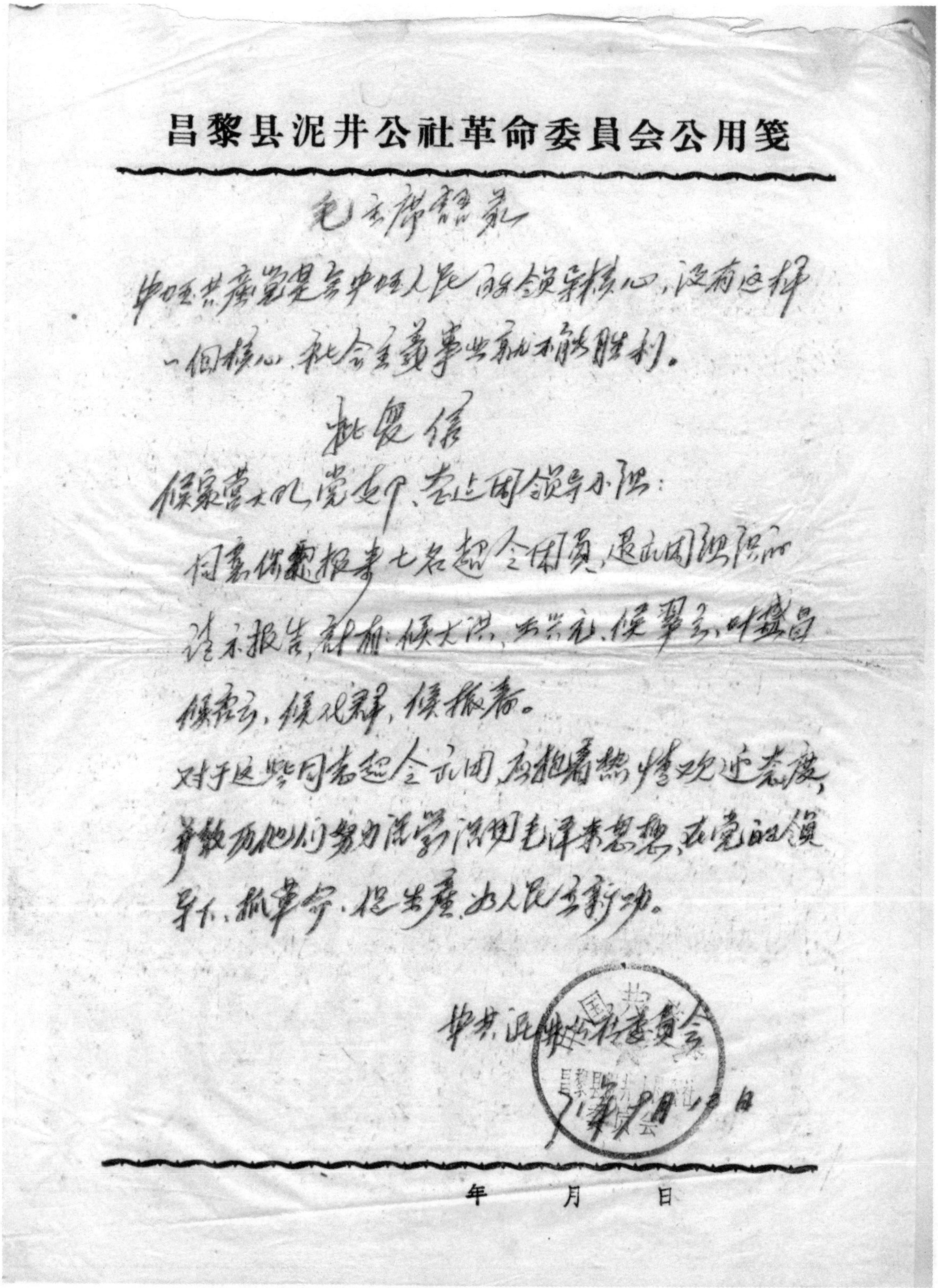

昌黎县泥井公社革命委员会公用笺

毛主席语录

中国共产党是全中国人民的领导核心，没有这样一个核心，社会主义事业就不能胜利。

批复信

侯家营大队党支部、整建团领导小组：

同意你们报来七名超令团员，退出团组织的请示报告，計有：侯大洪、叶兴礼、侯万元、叶盛昌、侯宝云、侯化群、侯振春。

对于这些同志超令出团，应抱着热情欢送态度，并鼓励他们努力活学活用毛泽东思想，在党的领导下，抓革命、促生产，为人民立新功。

中共泥井公社委员会

71年9月12日

年　月　日

a－15－7b　公社党委批复。超龄团员退团，致党支部和整建团领导小组，1971年9月12日。

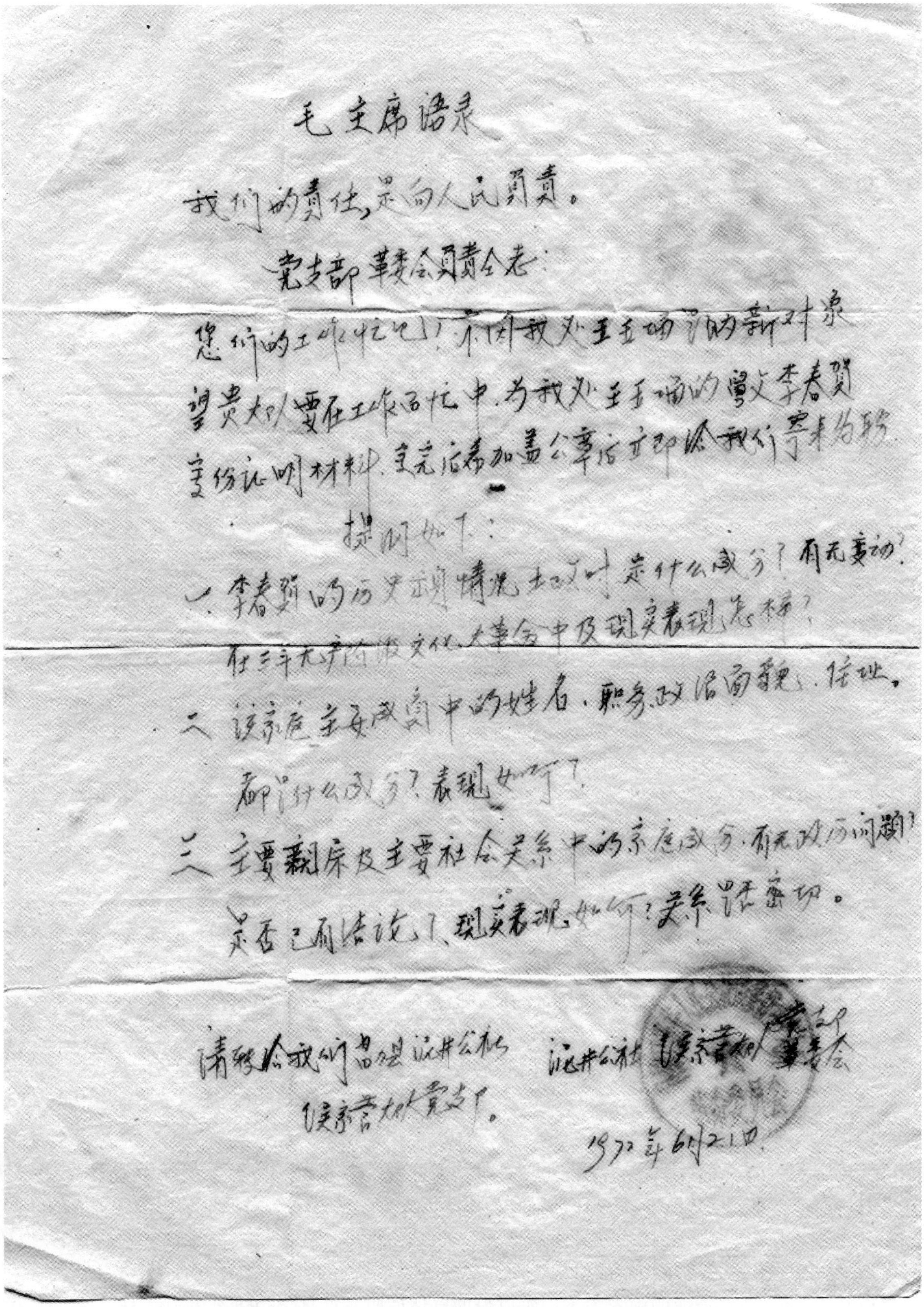

毛主席语录

我们的责任，是向人民负责。

党支部 革委会负责全志：

您们的工作忙吧！今因我处王玉增入团的新对象

望贵村人要在工作百忙中，为我处王玉增的舅父李春贺

家份证明材料，写完后希加盖公章后立即给我们寄来为盼。

提纲如下：

一、李春贺的历史问题情况土改时是什么成分？有无变动？

在三年大跃进及文化大革命中及现实表现怎样？

二、该家庭主要成员中的姓名、职务政治面貌、住址。

都是什么成分？表现如何？

三、主要亲属及主要社会关系中的家庭成分，有无政历问题？

是否已有结论了、现实表现如何？关系是否密切。

请寄给我们昌黎泥井公社

侯家营村党支部。

泥井公社侯家营村党支部 革委会

1972年6月21日

b-5-33　阶级情况调查提纲。为王玉增入团，调查其舅父李春贺成份的提纲，1972年6月21日。

（二）政治运动

1. 四清运动与阶级划分

f－5/f－5a－f　刘斌卿给毛主席的信。1965 年 10 月 31 日。＊信作者侯家营出身，当时隶属宣化县姚家营四清分团办公室。为自家划分阶级成分问题，向国家最高领导人去信喊冤。信封用毛笔大书“中国共产党中央委员会毛主席收”。信封背面有邮局和中共中央办公厅戳记，粘附中共河北省委办公厅“群众来信”转送单。极为罕见。

c－1－8－7/c－1－8－7a　党员、积极分子、贫协委员讨论分析刘斌卿给主席去的信。一致认为刘斌卿反党、反社会主义、反对伟大的四清运动，污蔑四清工作队，1966 年 7 月 19 日。

b－4－2　侯家营复查工作队致张家口地委工作总团党委请示。认为刘斌卿反对四清与复查运动，要求张家口地委让刘回来交代问题，大队管委会章，1966 年 7 月 27 日。

f－37－1　侯家营大队阶级档案（第一卷）封面。1965 年 8 月。

f－37－1a　侯家营生产大队 1、2、3 队阶级成分政治面目统计。1965 年 8 月。

f－37－1b/f－37－1c　四清阶级档案目录。1965 年 8 月。＊以 1、2、3 生产队的户主姓名编排，标明家庭出身。

f－37－1d/f－37－1e/f－37－1f　阶级成份登记表。刘斌相家，包括刘万臣、刘斌卿等，1965 年 8 月 20 日。＊反映该户在四清复查运动中成分“上升”。注意“家庭出身”与“本人成份”栏，由“上中农”涂改成“富农”，并未加盖更正章印，似乎该成分变动并未经过上级审批。又，昌黎县档案馆所藏同样文件中的记载为“上中农”。

f－37－1g/f－37－1h/f－37－1i　阶级成份登记表。侯大孝家，阶级成分由上中农升至地主的原因说明，1965 年 8 月 20 日。

f－37－1j/f－37－1k　阶级成份登记表。王永会家，贫农出身，任村支书，1965 年 8 月 20 日。

f－37－1l/f－37－1m/f－37－1n　阶级成份登记表。刘小丰家，由土改时的上中农改为富农，后附成分变更的说明，1965 年 8 月 20 日。

f－37－2a　侯家营大队阶级档案（第二卷）封面。1965 年 8 月。

f－37－2b　侯家营生产大队 4、5、6 队阶级成分政治面目统计。1965 年 8 月。

f－37－2c/f－37－2d　阶级成份登记表。侯永明家，不戴帽的反革命分子，1965 年 8 月 20 日。

f－37－2e/f－37－2f　阶级成份登记表。孔宪章家，转业军人，1965 年 8 月 20 日。

f－37－2g/f－37－2h/f－37－2i　阶级成份登记表。侯治宽家，家庭成分上中农，1965 年 9 月 10 日。＊其两个儿子侯振元、侯振春因政治表现良好被定为依靠力量。

f－37－2j/f－37－2k　阶级成份登记表。侯永志家，家庭成分由中农改为下中农，1965 年 8 月 20 日。

f－37－1o　对侯金良阶级成份变更的说明。土改时为中农，经阶级复议降为下中农，1965 年 9 月 7 日。＊本件手续齐备，盖有村四清工作队负责人、村党支部书记、贫协主席等人的私印及“中共唐山地委四清工作团泥井分团委员会”的红色印章。

f－37－2l　改中农为下中农成份的说明。侯振久，申请审批，1965 年 9 月 7 日。

f－37－2m　改侯增明的中农为下中农成份的申请说明及批复。1965 年 9 月 7 日。

f－37－2n　依靠力量认定书。侯增扬，中农子弟，因政治表现很好、生产上起骨干带头作用，定为依靠力量，1965 年 9 月 10 日。

f－37－3a/f－37－3b　侯家营大队四清阶级档案总目录。1965 年。＊登录了该大队四清运动中所形成的全部文件的文件名、作者及形成日期。

f－37－3c　侯家营大队党员登记表。共 14 人，1965 年 8 月 15 日。

f－37－3d/f－37－3e　在外地富子女登记表。共 24 人，为刘斌质、萧惠生、侯大孝等人的子女，1965 年 7 月 6 日。＊注明其在外详细地址。

f－37－3f　四类份子登记表。1965 年 8 月日。＊共 12 人，有 6 人为“四清”运动中查出的“漏划地主/富农”。

f－37－3k　经济问题处理审批表。王永会，大队副书记，多吃多占的钱物数量，贫协与工作队的处理意见，1965 年 8 月 8 日。

f－37－3l　经济问题处理审批表。侯元勤，大队会计，贪污盗窃、多吃多占的钱物数量，贫协与工作队的处理意见，1965 年 8 月 8 日。

f－37－3m　大、小队干部退赔情况统计表。1965 年 8 月 9 日。

f－37－3n/f－37－3o/f－37－3p　侯家营大队干部退赔情况统计表。1965 年 8 月 9 日。

f－37－3q/f－37－3r　侯家营大队干部退赔款、退粮分配表。1965 年 8 月 25 日。

f－37－3v　经济问题处理审批表。侯元强，大队书记，多吃多占、挪移的钱物数量，贫协与工作队的处理意见，1965 年 8 月 8 日。

f－37－3w　经济问题处理审批表。侯振久，三生产队队长，注明贪污盗窃、多吃多占的钱物数量、贫协与工作队的处理意见，1965 年 7 月 2 日。

2. 文化大革命、官方话语渗透

a－10－11　侯家营大队大字报留底及大字报抄写本。1968 年 12 月。＊该大字报留底计 16 开纸 60 页，涉及孔宪章、侯永志、侯大明、侯元文、侯永明等村民多人，保留文革初期大字报语言。因涉及隐私，编者做了删节、覆盖。文中错别字照录，缺字用“□”代替。

a－11－12/a－11－12a－d　群众对村支部书记侯元强的批斗发言及侯元强本人的检查记录。文革初期。＊在群众发言中，涉及村书记侯元强的运动表现以及在干部免职、培养接班人、工作态度方面的错误。主要内容有：认识不深刻、花公积金、经济主义、文革前期挑动群众斗群众、不理解文革、把持运动、破四旧和节制生育工作不宣传不带头、不团结行为、与地富一条腿、落后队、当权派，摇身一变，“当上文革了”、困难工作不拿意见、富农女儿有病贷款、第二次改造文革、当权派、别有用心、中央文件不理解、整积极分子、文革高潮压制大字报。在书记侯元强检查记录中流露出牢骚，如：工作队看笑话、不想干、休想赶上大寨。

b－4－37　大字报稿。关于侯元忠，2 队社员，打着烈属的旗号，干着反红旗的勾当，地下工厂，1970 年 3 月 8 日。

b－5－62　大字报稿。侯元忠，当队长后贪污公款，打人，1970 年 3 月 8 日。

b－4－29　揭发举报材料。魏官营侯文职，抗伙时代，汉奸嫌疑，时间不详。

b－4－43g　处分决定通知书。破坏社会秩序，1969 年 7 月 3 日。

b－4－43f　处分决定通知书。侯大明，严重政治历史问题，伪保长问题，毛主席不树敌过多的思想，扩大教育面缩小打击面，不定为历史反革命，1969 年 7 月 3 日。

b－5－17a　关于侯永庆问题的决定。定为人民内部矛盾，批评教育，1971 年 6 月 6 日。

b－4－43d　关于刘斌选问题的决定。一般历史问题，给予结论，1971 年 7 月 3 日。

b-4-43c　关于刘斌明问题的决定。严重政治历史问题，1971年7月18日。

b-4-43e　关于侯永志问题的决定。严重政治历史问题，1971年10月6日。

a-11-11　汇报。侯得权，十天里的情况，“听队里领导分配，不乱说不乱动”，接受监督改造，1971年2月10日。＊应是春节期间的情况汇报。

a-11-11a　汇报。侯大孝，“劳动积肥，挖黑泥，起大粪”，1971年2月10日。

a-11-11b　汇报。刘万臣。1971年2月10日。

a-11-11c　汇报。刘斌相，1971年2月10日。＊夹带不满语气，“如有假证明，是不符合党的政策。如果没有假证，给我定富农，我就不翻案”。

b-5-29-2　证明。侯永川，1971年1月8日。＊小学生书写“毛主席万岁”，出错。

b-5-29-2a　证明。侯永钧，1971年1月8日。＊三年级小学生在“毛主席万岁”上面涂写，“是犯罪行为。”

b-4-7　检查。偷少瓜，1972年。＊检查用词及其时代表现：“到那一看，正在睡觉，”资产阶级，公私道路的斗争。

b-4-7b　检查。偷香瓜，1972年7月22日。＊检查用词及时代表现：以抓青蛙为明（名），路线问题。

a-12-12　检查。偷甜瓜，1972年7月22日。＊“上了资产阶级刘少奇的当。”

b-5-42　誓词。时间不明。毛主席，跟党走，刀山火海、海枯石烂，世界一片红。

b-5-56/b-5-56a-k　昌黎县革委会在定案处理工作中落实政策的几点体会。1969年6月20日。＊涉及“敌伪人员”的分辨与定性等问题。

b-5-61/b-5-61a　中共中央关于保卫边疆的文件摘抄（节选）。1969年8月28日。

3. 革命终结、平反

a-14-21/a-14-21a　信。侯元强收，询问父亲平反的问题，1979年3月12日。＊黑龙江省鹤岗市南山区寄出，称元强哥嫂，署名秀琴妹。

f-37-3g　关于侯瑞强家成分问题报告。恢复土改时的中农成分，1979年4月28日。

f-37-3h　关于侯振元家成分问题报告。落实就低不就高的政策，恢复土改时的中农成分，1979年。

f-37-3i　支部意见。根据老贫农团的座谈意见，恢复侯继曾、侯振元、侯元吉、齐福海家土改时的中农成分。约为1979年2月。

f-37-3j　群众座谈意见。同意改侯继曾、侯振元、侯元吉、齐福海4户为中农成分，1979年2月20日。

f-2b　县革委会批复（抄件）。刘万臣，撤消65年四清时戴富农帽子决定，改为中农，1978年12月4日。

f-2a　县革委会批复（抄件）。刘斌相，撤消坏分子帽子，1978年12月28日。

f-2c　县革委会批复。刘小丰，维护中农成分，1979年2月22日。

f-2e　县革委会批复。刘斌义。改为中农，1979年2月17日。

f-2f　阶级成份复议审批表。侯大孝，由漏划地主改为土改时中农，土改前三年的经济状况：人口、劳力、剥削方式、剥削量，1978年12月22日。

f-2d　阶级成份复议审批表。刘小丰，富农恢复为中农，1978年12月22日。

f-2　阶级成份复议审批表。肖会生，恢复土改时中农成分，1979年7月28日。＊没有改正前是何成分的记录。

b－4－41b　昌黎县革命委员会对四类分子摘掉帽子批准书。刘斌质，地主帽子，1979 年。

b－4－41a　昌黎县革命委员会对四类分子摘掉帽子批准书。刘曹氏，地主帽子，1979 年。

b－4－41　昌黎县革命委员会对四类分子摘掉帽子批准书。侯永年，坏分子帽子，1979 年。

b－4－59/b－4－59a　泥井公社革委会批复通知。刘斌选、侯元芹，原一般历史身份问题，维护该结论，1979 年 12 月 12 日。

b－4－39　泥井公社革委会批复通知。侯大明，原严重历史身份问题，改为一般历史问题结论，1979 年 6 月 14 日。

a－6－30　查抄物资落实政策核实结算表。查抄物资变卖占用等情况，1975 年 12 月 13 日。＊原件被装订成一本，选用其中一页。未收内容有：被查抄明细、刘斌质妻、刘斌相情况；查抄物资落实情况登记表 6 页，记录大队占用、变卖、交五保户、转为现金、以及棉裤棉袄的退回等情况。＊＊印象：紧随国家政策，不折不扣执行。

f－4　纸条。刘斌相、侯大孝、刘万臣，12 年半参加义务劳动，补助 150 元、100 元、50 元，侯百顺，1979 年 7 月 3 日。＊十二年磨难，终以“义务劳动”名义和百元补助相抵。

4. 个人遭遇

（1）刘家（刘万臣、刘斌卿、刘斌相）

c－1－1－4　漏划富农分子刘万臣的综合情况。约为 1966 年前后。

c－1－1－4a/c－1－1－4b　座谈刘万臣家解放后的情况。约为 1966 年前后。

c－1－1－4c　关于右派分子刘万臣 1958 年的罪状、表现与处理意见。1966 年 5 月 12 日。

c－1－1－4d/c－1－1－4e/c－1－1－4f　关于刘万臣家经济状况的证明材料。1966 年 5 月。

c－1－8－2　刘万臣对 1958 年发表反党言论、1965 年四清运动后表示不满等罪状的检讨。1966 年 9 月 1 日。

c－1－8－2a　刘万臣的保证。一定老老实实接受党和贫下中农的教育、改造，1966 年 9 月 1 日。

c－1－8－3/c－1－8－3a/c－1－8－3b　刘万臣的检查。关于刘家 1944～53 年的财产、收支、雇工等情况的交代，1966 年 8 月 8 日。

c－1－8－5　刘万臣检查。和儿子们的说话内容，解放前特别苦，打铁仅是维持生活，在共产党领导下解放后生活转好，1966 年 7 月 21 日。

c－8－3－5　侯得全（权）的呈报。刘万臣纯是铁杆的富农，1966 年 7 月 24 日。

a－13－38/a－13－38a－d　刘斌卿至村干部王永会、侯元强的信两份。申诉家庭成分，温炳和烧户口簿，欲与之理论，1965 年 12 月 4 日。

c－1－1－7　刘斌卿的家书。1967 年 4 月 20 日。＊关于家庭成份问题，鼓励父母。

c－1－1－8/c－1－1－8a　刘斌卿致四清复查工作队的信。土改时家庭成分为中农，1966 年 2 月。＊欲控告温炳和，但不知地址。

c－1－1－11/c－1－1－11a　刘斌卿致总团党委申诉信。工作队不给回信讲明政策，打击报复，温炳和以感情代替党的政策，1966 年 7 月 3 日。

b－4－19－1/b－4－19－1a－e　刘斌卿致刘斌相的信。1967 年 1 月 31 日。＊关于张贴大字报，了解群众的态度。附大字报一份，关于成分，揭发温炳和。

b－4－19－2/b－4－19－2a－f　刘斌卿至刘斌相的信。1967 年 2 月 25 日。＊让斌相打关于家庭成份的证明，内有划刘万臣为富农的材料的抄录，包含 1946～1948 年的收支情况、剥削率。

a－10－18/a－10－18a－c　刘斌卿信。给斌相三哥，阶级成分问题，驻军，同时给村和解放军去信，1967 年 4 月 20 日。

a－10－13　刘斌卿至侯家营毛泽东思想宣传队、革委会并贫下中农的控诉信。1969 年 1 月 13 日。＊叙述了温炳和以“捏造”、“歪曲事实”、“篡改党的政策”等手段将刘家成分由中农划成上中农又划成富农的事，控诉其“依仗权势”、“打击报复”。该信中摘录了刘斌卿于 1966 年 3 月至 7 月间揭发温炳和的十一封信，并附有刘斌卿本人以及温炳和对于刘家成分的划法与详细计算过程。文中错别字照录。

b－4－19－10　刘斌相证明。1970 年 2 月 22 日。＊说明与其姐刘淑艳的来往及 1966 年 7 月、1967 年 2 月两次上告找成份的事。落款：“刘斌相富农成份坏分子”。

c－1－4－3/c－1－4－3a－d　刘斌相的检查。1966 年 8 月 2 日。＊叙述了四清复查被划为富农后去唐山地委找成份一事的来龙去脉。

c－1－9－10/c－1－9－10a/c－1－9－10b　刘斌相检查。和秦铁说过的反党话，赶集时谈及四清运动、成分等事，1966 年 9 月 2 日。

（2）萧惠生家

c－5－1－12　犯人登记表（抄件）。肖会生（萧惠生），主要罪恶，判决理由，徒刑期 5 年，逮捕期。1969 年 1 月 23 日部分摘抄。

c－5－1－13　萧惠生被捕后的部分供词（摘抄件）。包括略历、家庭状况、社会关系三部分，1969 年 1 月 23 日摘抄。

c－5－1－9　萧惠生的审判表（抄件）。“反攻地主”、“反革命犯”，判处死刑，1951 年 3 月 14 日，1969 年 1 月部分摘抄。

f－37－3s/f－37－3t　侯家营大队关于对恶霸地主萧惠生房产处理意见的请示报告。请求收归大队所有，1965 年 8 月 18 日。

f－37－3u　呈请：关于我大队恶霸地主萧惠生遗留房产的处理意见。经贫协研究将其房产没收归于集体所有，请求批复，1965 年 8 月。

c－3－3－1　证明材料。王永会证明解放前萧家的经济状况及开中农成分一事，1970 年 4 月 15 日。

c－3－3－1a　王永会叙述 1949 年土改时错定萧惠生中农以及 1956 年改为地主成分的事。1968 年 12 月 23 日。

c－3－3－5/c－3－3－5a/c－3－3－5b　证明。侯家营土改时贫农团的主任、先生证明当时萧家被定为恶霸地主，1969 年 7 月 10 日。

b－4－58　卖据。萧维勋将自家房产以 1300 元卖与侯家营大队，1979 年 4 月 2 日。

a－14－12/a－14－12a　萧维坤致侯元强、侯振兴等的信，关于萧家的房子的卖价等，1980 年 1 月 31 日。

b－4－58a　代办证明。侯家营大队将萧维汉（翰）的一间厢房折价 350 元，萧维坤，1980 年 7 月 19 日。

（3）侯永志

c－2－4－7/c－2－4－7a/c－2－4－7b　侯永志的个人交代。关于老萧家成分问题，1969 年 1 月 8 日。

c－2－4－9/c－2－4－9a　侯永志的交代。关于 1946 年分萧惠生时给其送信、给萧家人改成分的问题，1969 年 3 月 1 日。

c－2－4－9b　侯永志保证书。未给敌二大队送过粮食，“罪上加罪”，1969 年 2 月 2 日。

c－2－4－10/c－2－4－10a/c－2－4－10b　侯永志交代“自己经历的罪恶”。给日本人带路、去团管区当兵、给萧家开户口证明等事，1969 年 2 月 25 日。

c－2－4－10c/c－2－4－10d　侯永志交代解放前给国民党二大队送情报事。1969 年 3 月 24 日。

c－2－4－11　侯永志交代与王永会二人给萧家开中农成分一事的细节。约为 1969 年。

（4）王永会

c－3－3－10/c－3－3－10a－d　王永会的检查。开列其三十条“罪状”，1969 年 4 月 11 日。

（5）侯元勤

c－9－5/c－9－5a－e　证明材料。侯大瑞、侯振义、侯子贤对侯元勤的一系列“罪状”的证明，1970 年 7 月。

c－10－6－6/c－10－6－6a/c－10－6－6b/c－10－6－6c　证明材料。侯大瑞对侯元勤的一系列“罪状”的证明，1970 年 7 月。

c－10－6－8/c－10－6－8a－f　侯元勤的检查。1970 年 8 月 18 日。＊开列“罪状”40 条，极具异端色彩。“我瞄着主席像说：‘嗬！这个大胖小子。’”

（6）侯永庆

c－4－2－8/c－4－2－8a/c－4－2－8b　侯永庆的个人交代。1970 年 6 月 6 日。＊共 14 条，多是些当时看来极出格的言论、行为。

c－4－2－15/c－4－2－15a　关于对现行反革命侯永庆进行批斗的请示报告。1970 年 6 月 8 日。

c－10－3/c－10－3a/c－10－3b/c－10－3c　处分决定书。定侯永庆为戴帽的现行反革命分子，1970 年 6 月 21 日。

（7）刘斌明

c－1－9－1 正/反　刘斌明给其儿子的纸片（正反面）。时间不详，1969 年前后？＊内容：“小辉、敏：枪的事非承认不可，否则不行，你们商量通知，就是想上咱那点衣服赔偿。父字”。

c－1－10－5　刘斌明承认有手枪一支。1969 年 2 月 5 日。

c－1－9－5/c－1－9－5a－e　对刘斌明的问话笔录。主要关于扇子题诗的问题，1966 年 9 月 5 日。

c－1－9－5f/c－1－9－5g　刘斌明对扇子题诗的解释及自我批判。推定为 1966 年 9 月。

c－1－9－17　侯得全汇报。刘斌明解放前是中尉军衔，带有有枪支。推定为 1966 年 9 月。

c－1－9－17a　侯德全汇报。刘斌明由秦皇岛跑到天津，欲赴台未果，指定有枪，1966 年 9 月 9 日。

c－1－9－19/c－1－9－19a/c－1－9－19b　对刘斌明的问话笔录。关于枪的问题，1966 年 9 月 7 日。

c－1－10－5a/c－1－10－5b　刘斌明的交代。解放前从军经历，推定为 1969 年前后。

c－1－10－5c/c－1－10－5d　刘斌明的交代。解放前工作、从军以及扇子题诗等问题，欲痛改前非、重新做人。推定为 1969 年前后。

(8) 刘斌义

c－1－3－3/c－1－3－3a－e 刘斌义的个人经历。加入国民党，于各地中学任教，背“老三篇”，1968 年 5 月 24 日。

(9) 刘斌质

c－1－11－1 对四类分子的制度条例。共 7 条，刘斌质，1966 年 1 月 1 日。

c－1－11－7 刘斌质关于在春节期间行动的保证书。共 7 条，1966 年 1 月 18 日。

c－1－11－10/c－1－11－10a－e 刘斌质的个人履历及个人检查。涉及参加反共同盟会、包庇李富田、白菜问题、拉拢干部、房子问题、杀费世荣等事，1966 年 9 月 24 日。

(10) 侯大孝

c－10－1－3 侯大孝的保证书。关于遵守对四类分子的制度条例，1966 年 4 月 1 日。

c－10－1－3a 侯大孝的检查。1966 年 8 月 31 日。＊字句不通顺。自称“侯败类地主分子”，蒋介石死了，未出来与大家一起大喊庆贺。

c－10－1－3b 侯大孝对四清复查的认识。以刘万臣一家作为反面典型，1966 年 7 月 27 日。

(11) 侯永明

b－5－94/b－5－94a－d 侯永明的个人检查。参加特务训练，新民会，劳教，揭发儿子侯代群，1968 年 5 月 22 日。

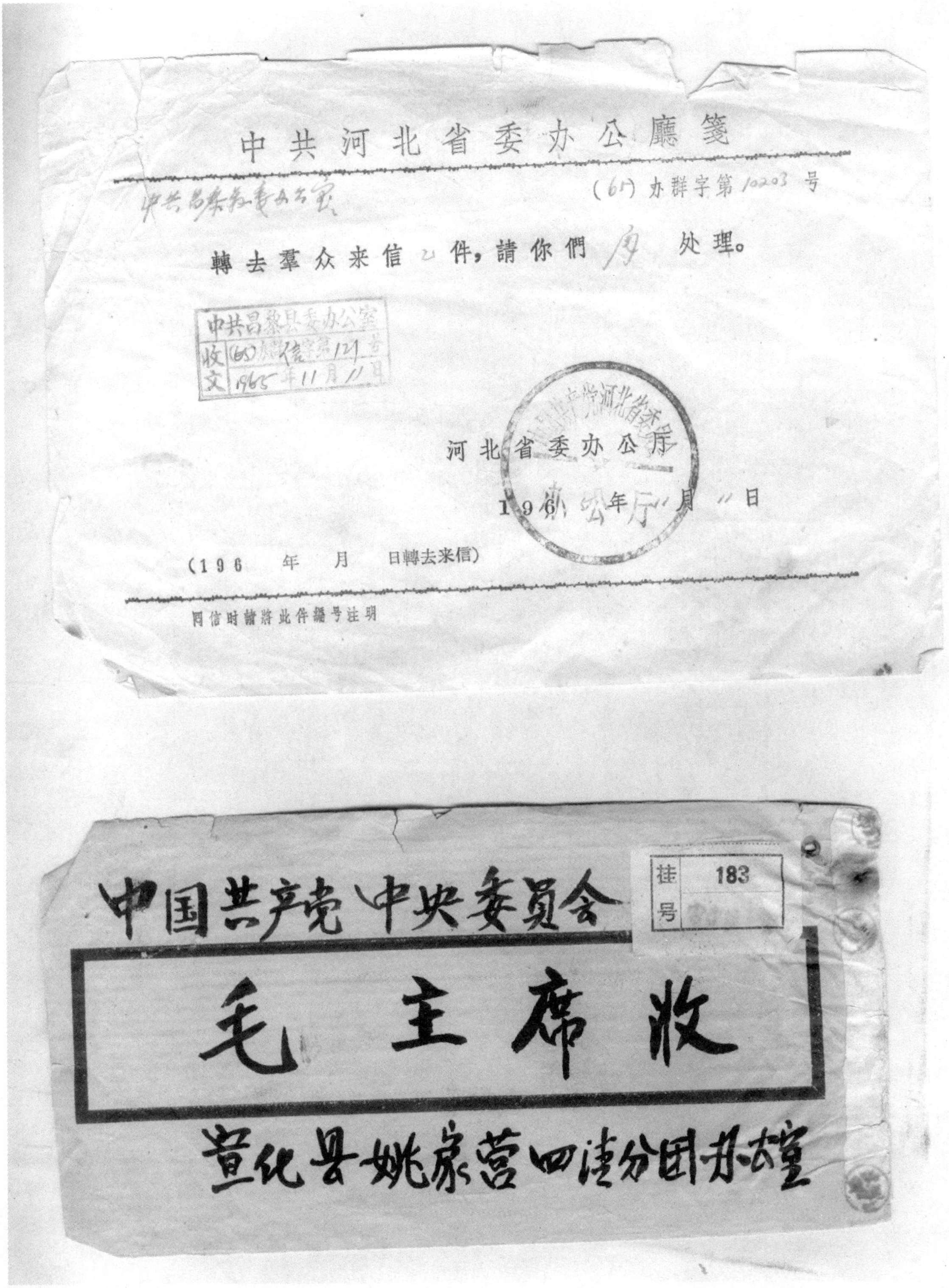
中共河北省委办公廳箋

中共昌黎县委办公室　　(65) 办群字第10203号

轉去羣众来信2件，請你們阅处理。

中共昌黎县委办公室
收 (65)群信字第121号
文 1965年11月11日

河北省委办公厅

196 年11月11日

(196 年 月 日轉去来信)

回信时請將此件編号注明

f－5

f－5a

敬爱的党中央毛主席 您好：

再给您来这一封信，再没有上述的地方了。

为我的家庭成份问题，我睡梦里哭醒几次，感到冤屈，心里总是不好受。我哭也不行，叫也不行。这一封信是我最后死心的一封信。

我村四清运动很好，解决了不少问题，并且今年农业大丰收，改善了人民的生活。

但是依我三件事心里还不舒服。一是我村出名方远百八十里有名的"侯老爷"，今天他们的子弟还成了贫农。再一个是在旧社会里我们曾向人家乞讨的著名穷鬼"万担米"今天成了下中农，而我们这典型的受旧社会苦新社会甜的家庭确成了错判"上中农"。我回家问我村四清指导员（姓温，不知何名）为什么侯永吃（万担米）家判成下中农？温说："他是历史反革命（特务），已经够他受的了，这两年劳动又挺好，算了吧，他儿子60年又参了军，再给他判成富农对我们也没有好处。"伪保长侯大欣也成了运动的"红人"。

为什么给我家改成错判上中农呢？群众给我的回答是："还不是你哥（[illegible]）害了全家的人"？

在侯家营来说，比我家穷苦的也找有数的几个。

再说，刘万年（我之叔）比我们生活在当时不知强着多少倍，

f－5b

而今天忙农丰动，不是依赖性代替政策吗。
再说々家境，就更觉得旧社会的苦新社会的甜。
我就更热爱我们的党和伟大的领袖。社会主义制
度的优越性，我都不知从何说起。

还是从家境说吧，穷家日子难过呀！当父亲二十九岁
与爷々分了家，当时仅分了一大々粮食，房子卖给了伯父。
投亲靠友，到姥家，姥家也是穷人家，靠不了。住处不知搬了
多少次家。终于又回到侯家营。父亲到了是没有念过书，为了
糊口，担着八根绳卖灯油火柴，后来不行了，便给本村
地主刘子新当伙计。家里孩々们，没人管，妈々扔下
就走，这是万恶的旧社会使人亡的。大哥被扔在家里
没人管，其他孩子们把哥々当泥人玩，摔成了哑巴。
哑巴在十二岁时就开始跟着爸々给地主薅稻子。
二哥长大了也跟着爸々去给地主当伙计薅稻子。
小孩给地主薅稻子连吃都不够饱，哪里还有工钱。
爸々的几个工钱也只是免凑，生活还是缺吃少穿。
眼看上冬，妹々还没有衣服，好心的邻居给了一件
棉袄（得瘟病死去的孩子衣服），妹々活活没有病死，
浑身发臭，没有死，总算挨过来了。一家大小七八口人

f－5c

仅有一间可住的破东厢房。有钱的少爷侯永明（那时担当家，后文化大革命时现在下放）从我家路过，嘲笑我们，说什么不吃精食。再看看自己，父亲常对我说：你是吃糠菜长大的。不仅如此，可见的旧社会在我身上留下了罪痕，我得了病无钱医疗，留下残成了拐子。家里母亲嫌人多养活不起，几次要把我送人出去。日本投降时我九岁还光着屁股。虽在45年父兄做起了铁器手艺活，但一件像具也不是自己的，都是借来村主积存的。生活比普通中农还低，怎么能称得上上中农呢？又借外债。第一次土改分了点有好地。

现看看新社会。一九四八年我村解放了，我念过了学堂。今天我在党的培养教育下，大学毕业了。父亲和大哥现在已经加入了残井铁业生产合作社。已今每年每季都受到奖状和物资奖励。生活水平（现在）可表达到了上中农的水平。来来过去，看看现在，我们感谢谁呢？只有感谢伟大的共产党和伟大的领袖毛主席的英明领导，感到社会主义制度的无比优越。只有今天我们穷人才能真正地翻身。

不管是什么成份吧，我是要革命的，我要跟着党

f－5d

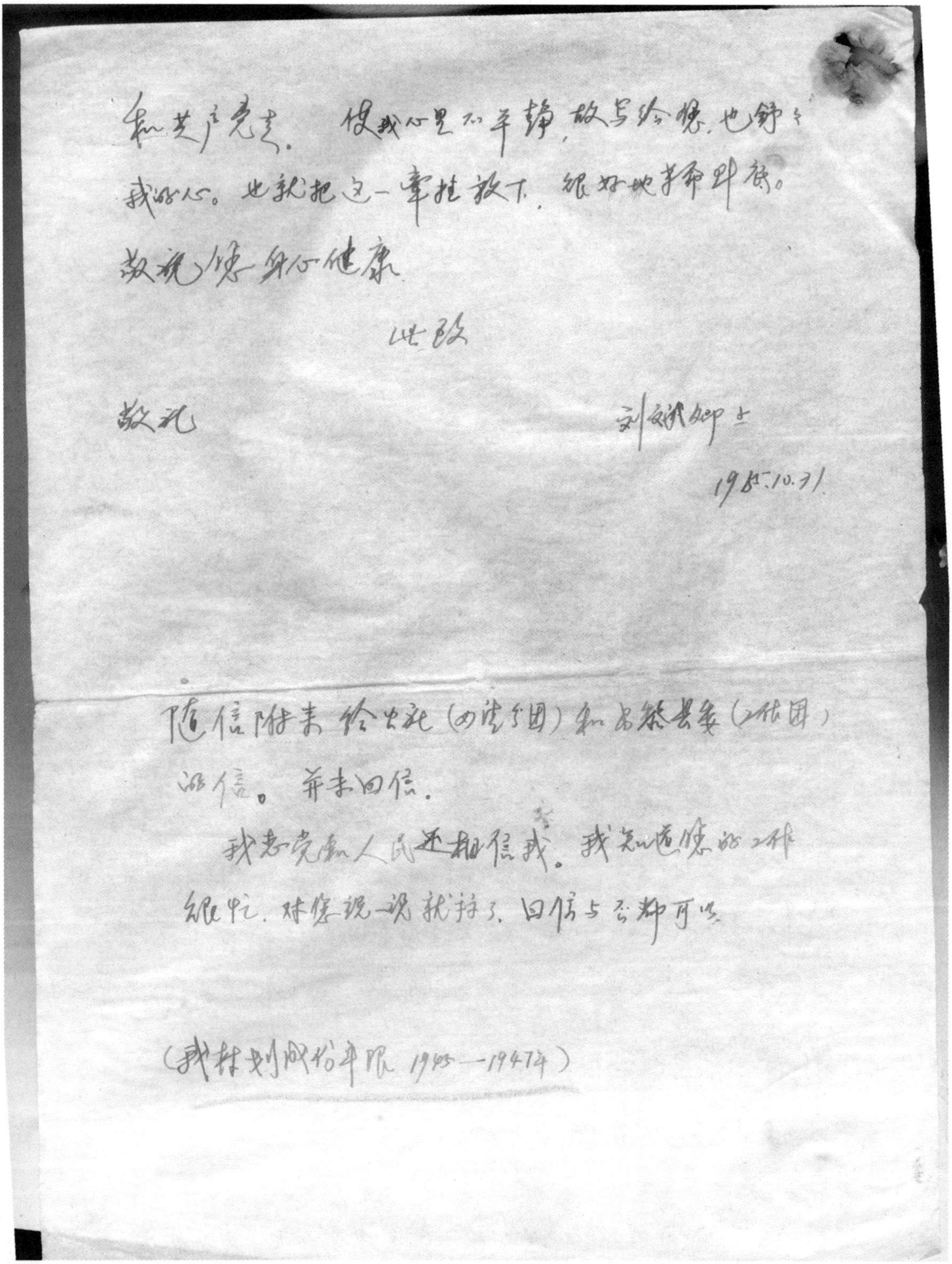

和共产党。使我心里不平静，故写给您，也舒舒我的心。也就把这一章挂放下，很好地革命到底。

敬祝您身心健康

此致

敬礼

刘敏卿上

1985.10.31

随信附来给出死（四清工团）和马荣林县委（工作团）的信。并来回信。

我希望党和人民~~还~~相信我。我知道您的工作很忙，对您说一说就好了，回信与否都可以。

（我村划成份年限1945—1947年）

f－5e

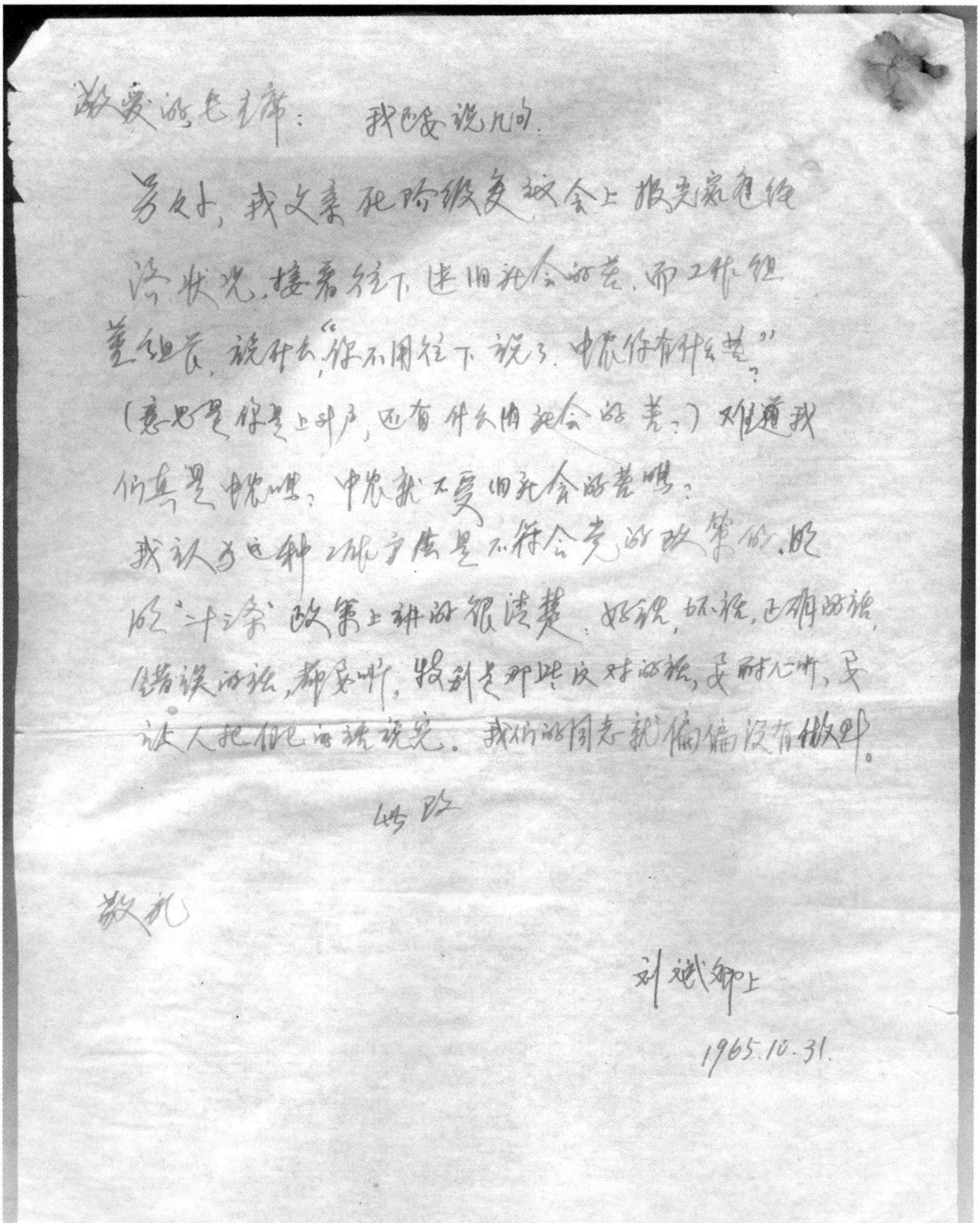

敬爱的毛主席：　我还要说几句。

另外，我父亲在阶级复议会上报完家庭经济状况，接着往下述旧社会的苦，而工作组姜组长，说什么"你不用往下说了，中农你有什么苦"？（意思是你是上升户，还有什么旧社会的苦？）难道我们真是中农吗？中农就不受旧社会的苦吗？

我认为这种工作方法是不符合党的政策的，从前的"二十三条"政策上讲的很清楚：好话，坏话，正确的话，错误的话，都要听，特别是那些反对的话，更耐心听，要让人把他的话说完。我们的同志就偏偏没有做到。

此致

敬礼

刘斌卿上

1965.10.31.

f－5f

f－5/f－5a－f　刘斌卿给毛主席的信。1965年10月31日。＊信作者侯家营出身，当时隶属宣化县姚家营四清分团办公室。为自家划分阶级成分问题，向国家最高领导人去信喊冤。信封用毛笔大书"中国共产党中央委员会毛主席收"。信封背面有邮局和中共中央办公厅戳记，粘附中共河北省委办公厅"群众来信"转送单。极为罕见。

— 1 —

七月十九日。

党员、积极分子、贫协委员，讨论分析刘树清的诬蔑主席的话。

侯荣：他说我们党领导下的会是不讲理的，反党反人民，说我们的党就是不讲理。

侯振林：他是反党反人民，污蔑伟大的四清运动。

侯元亮：从他的几句话，就说明了他是说如果听他的就是讲理，不听他的就不讲理。他的想法，没什么两样。按他的意思是反对阶级斗争，污蔑党的政策，污蔑四清运动，攻击毛主席，直接反对党中央。

分析他说的三种话

侯福生：我们村的侯光宗、刁德重之前，我们和他解放前一个样。他的意思是我们没按党的政策办事，实际就是反对党。

侯振林：他意思说我们的运动搞错了。

侯大亮：他的意思说我们的运动搞错了，污蔑四清运动，咱们贫农队伍……不明，那是和他本……说我们一些人的党性坏了，他是反党。

萧树芳：他的意思说我们的运动没搞好。

侯荣：他的意思说我们没按党的政策办事，说我们认敌为友，反对党的政策，说运动搞错了。

侯振东：他说我们的运动搞错了，把许多敌人认为朋友，他是反党。

侯大祥：他给主席去的信，是对主席讲的我们的运动搞错了，直接攻击了党。

侯元亮：我同意以上同志的发言，他是站在反革命的立场上，反对四清运动，他说我们搞的运动，得到了大丰收，他用了个但是，就否认了以前的成绩，他是反党、反运动。

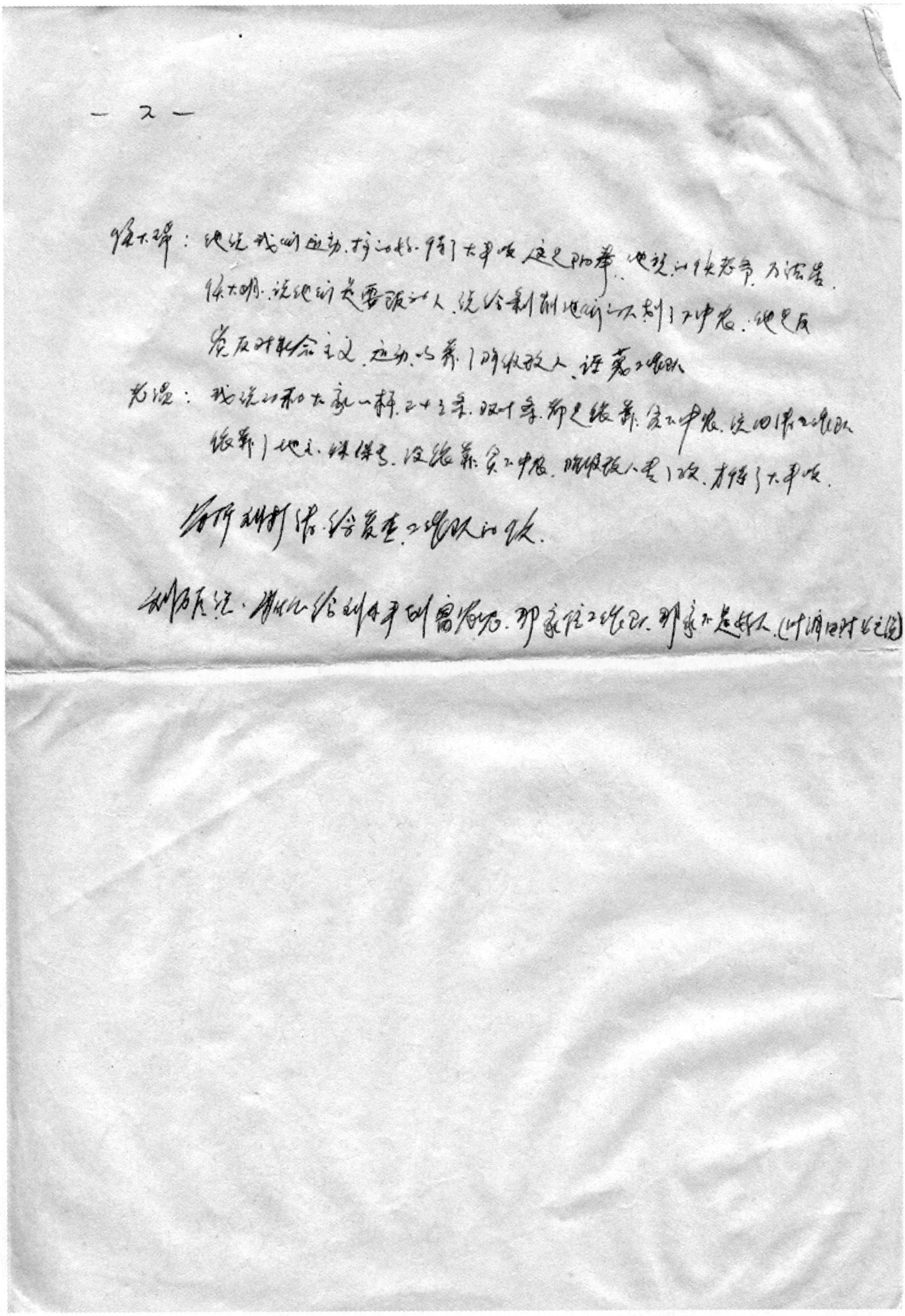

— 2 —

张大瑞：他说我们运动搞的好，得了大丰收，这是阳奉[illegible]。他说的[illegible]，
张大明，说他们是要饭的人，说给剥削他们的人划了下中农。他是反
党反对社会主义，运动以[illegible]阶级敌人，污蔑工作队
光温：我说的和大家一样，土地改革，[illegible]，都是依靠贫下中农，说四清工作队
依靠了地主、[illegible]，没依靠贫下中农，阶级敌人要了[illegible]，才得了大丰收。
分析刘斌卿给党中央工作队的信。
刘[illegible]说：[illegible]给刘少奇[illegible]，那家伙[illegible]工作队，那家伙不是好人（[illegible]）

c－1－8－7a

c－1－8－7/c－1－8－7a　党员、积极分子、贫协委员讨论分析刘斌卿给主席去的信。一致认为刘斌卿反党、反社会主义、反对伟大的四清运动，污蔑四清工作队，1966 年 7 月 19 日。

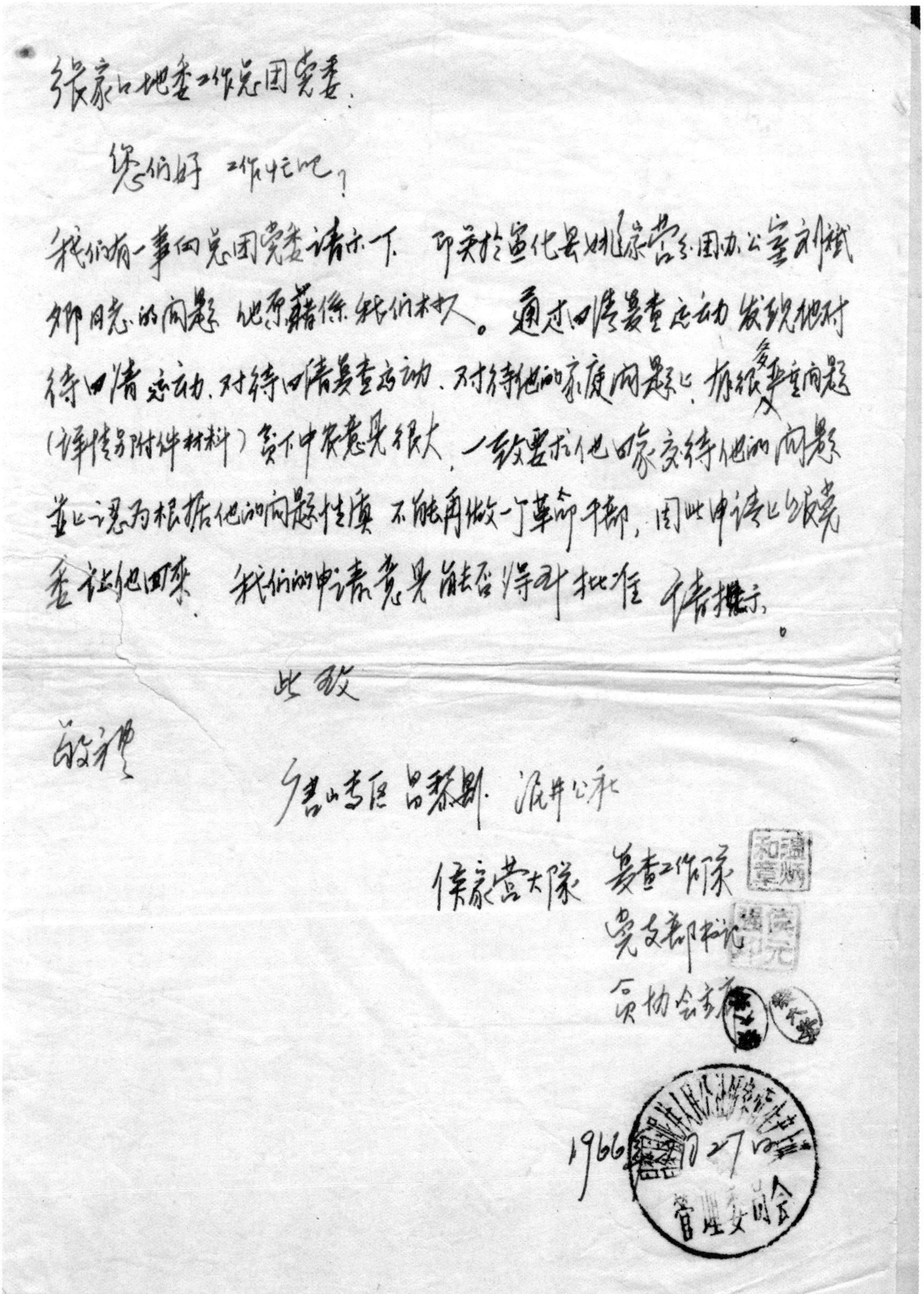
张家口地委工作总团党委：

您们好 工作忙吧？

我们有一事向总团党委请示一下：即关于宣化县姚家营公社团办公室刘斌卿同志的问题，他原籍系我们村人。通过四清复查运动发现他对待四清运动、对待四清复查运动、对待他的家庭问题上，有很多严重问题（详情另附件材料）贫下中农意见很大，一致要求他回家交待他的问题，并认为根据他的问题性质不能再做一个革命干部，因此申请让总党委让他回来。我们的申请意见是否能得到批准，请指示。

此致

敬礼

唐山专区 昌黎县 泥井公社

侯家营大队 复查工作队

党支部书记

贫协会主任

1966年7月27日

b－4－2 侯家营复查工作队致张家口地委工作总团党委请示。认为刘斌卿反对四清与复查运动，要求张家口地委让刘回来交代问题，大队管委会章，1966年7月27日。

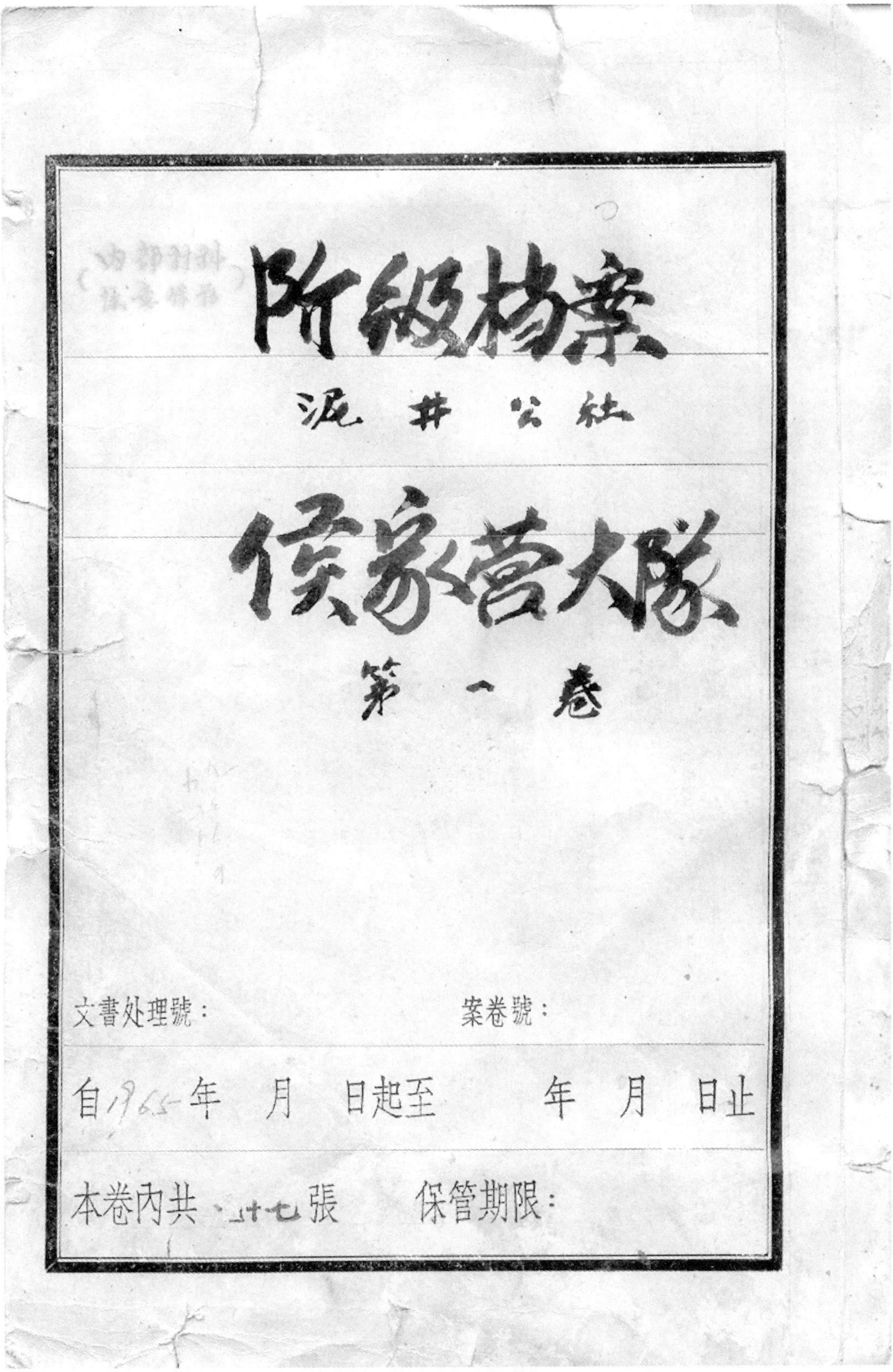

阶級档案

泥井公社

侯家营大队

第一卷

文書处理號：　　案卷號：

自1965年　月　日起至　　年　月　日止

本卷内共廿七張　保管期限：

f－37－1　侯家营大队阶级档案（第一卷）封面。1965 年 8 月。

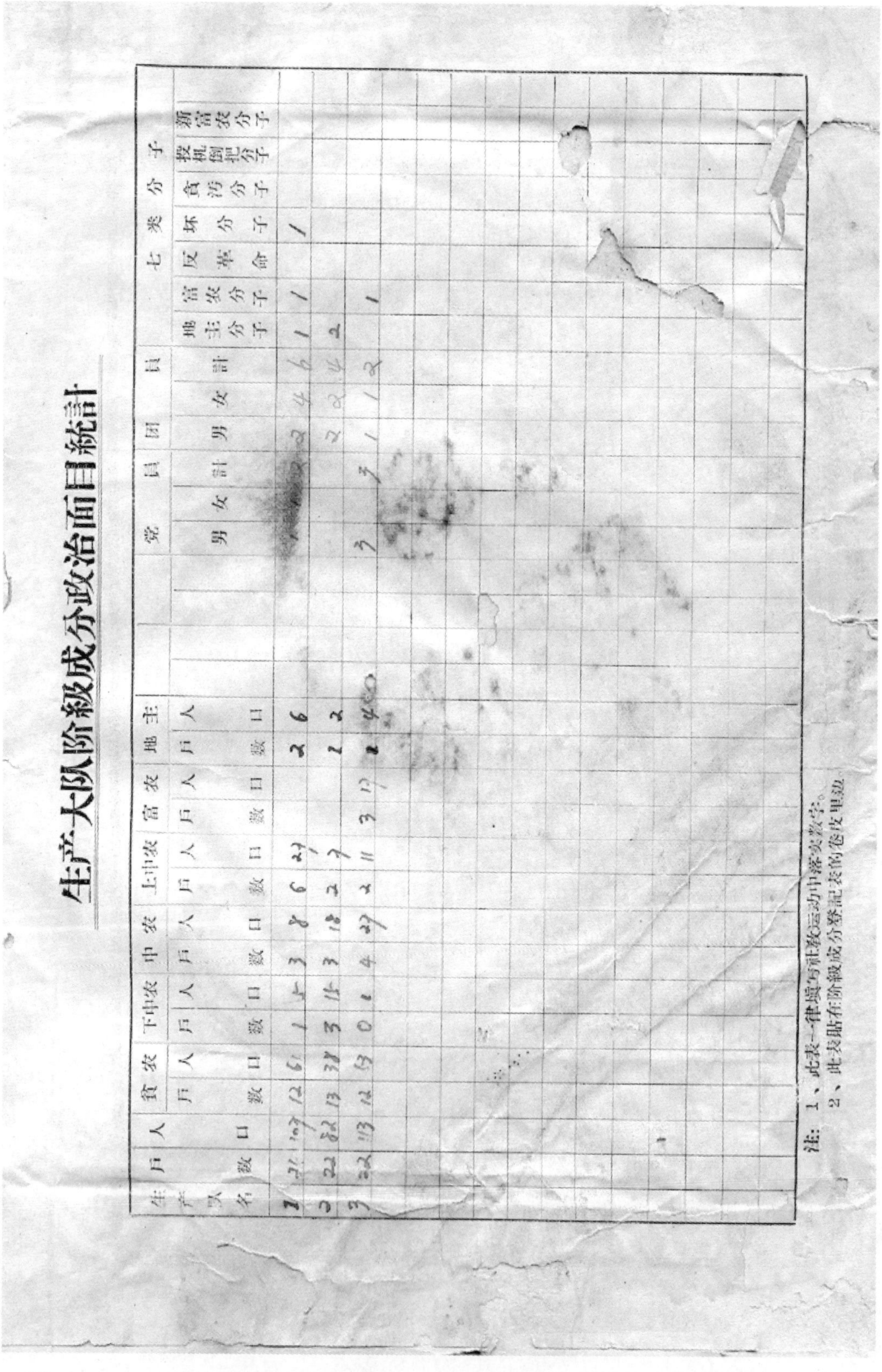

生产大队阶級成分政治面目統計

生产队名	户数	人口	貧农 户数	貧农 人口	下中农 户数	下中农 人口	中农 户数	中农 人口	上中农 户数	上中农 人口	富农 户数	富农 人口	地主 户数	地主 人口	党员 男	党员 女	党员 計	团员 男	团员 女	团员 計	七类分子 地主分子	七类分子 富农分子	七类分子 反革命	七类分子 坏分子	七类分子 貪污分子	七类分子 投机倒把分子	七类分子 新富农分子
1	21	107	12	61	1	5	3	8	6	27			2	6	[illegible]	[illegible]	2	2	4	6	1	1		1			
2	22	82	13	38	3	15	3	18	2	7			1	2				2	2	4	2						
3	22	113	12	53	0	1	4	27	2	11	3	17	1	4	3		3	1	1	2		1					

注：1、此表一律填写社教运动中落实数字。
2、此表貼在阶級成分登記表的卷皮里边

f－37－1a　侯家营生产大队 1、2、3 队阶级成分政治面目统计。1965 年 8 月。

目录表

序号	户主姓名	家庭出身	生产队	所在张号	顺序号	户主姓名	家庭出身	生产队	所在张号
1	侯治存	贫农	1	1-2	21	侯瑞强	上中	1	21
2	侯振来	〃	〃	2	22	刘小林	〃	〃	22
3	王兴果	〃	〃	3	23	侯赵氏	地主	〃	23
4	陈荣	〃	〃	4-2	24	侯大孝	〃	〃	24-2
5	徐振英	〃	〃	5	25	侯大安	贫农	2	25
6	侯金忠	〃	〃	6	26	陈兴	〃	〃	26-2
7	侯有忠	〃	〃	7	27	侯文清	〃	〃	27
8	侯金棠	〃	〃	8	28	侯文焕	〃	〃	28
9	侯应连	〃	〃	9	29	侯孝忠	〃	〃	29
10	侯文桐	〃	〃	10	30	侯增祥	〃	〃	30
11	侯俊良	〃	〃	11	31	王兴厚	〃	〃	31
12	侯治贵	〃	〃	12	32	王冯氏	〃	〃	32
13	侯治忠	下中	〃	13	33	侯增秋	〃	〃	33
14	王文存	中农	〃	14	34	侯高氏	〃	〃	[illegible]
15	侯大瑞	〃	〃	15	35	侯文来	〃	[illegible]	[illegible]
16	侯郑氏	〃	〃	16	36	侯永祐	[illegible]	〃	36
17	侯大滨	上中	〃	17	37	侯永祥	[illegible]	[illegible]	[illegible]
18	侯白氏	〃	〃	18	38	侯[illegible]	下中	[illegible]	[illegible]
19	刘斌桐	富农	〃	19-2	39	侯[illegible]	[illegible]	[illegible]	[illegible]
20	侯子贤	〃	[illegible]	[illegible]	40	[illegible]	[illegible]	[illegible]	[illegible]

f – 37 – 1b

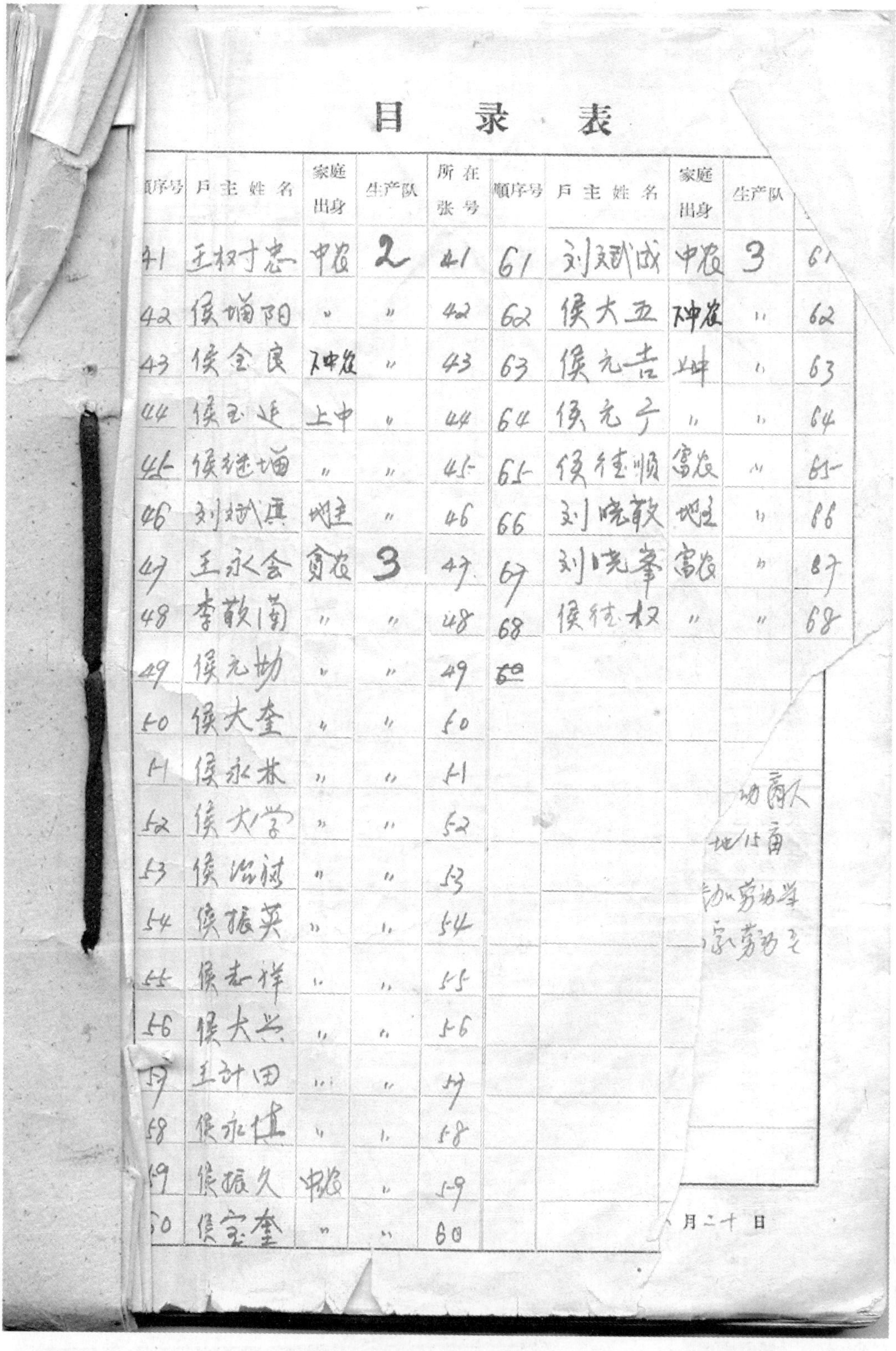

目 录 表

顺序号	户主姓名	家庭出身	生产队	所在张号	顺序号	户主姓名	家庭出身	生产队	
41	王树忠	中农	2	41	61	刘斌成	中农	3	61
42	侯墒阳	"	"	42	62	侯大五	下中农	"	62
43	侯金良	下中农	"	43	63	侯元吉	上中	"	63
44	侯玉廷	上中	"	44	64	侯元宁	"	"	64
45	侯继墒	"	"	45	65	侯佳顺	富农	"	65
46	刘斌臣	地主	"	46	66	刘晓敏	地主	"	66
47	王永会	贫农	3	47	67	刘晓峰	富农	"	67
48	李敬兰	"	"	48	68	侯佳权	"	"	68
49	侯元勋	"	"	49	69				
50	侯大奎	"	"	50					
51	侯永林	"	"	51					
52	侯大学	"	"	52					
53	侯治财	"	"	53					
54	侯振英	"	"	54					
55	侯志祥	"	"	55					
56	侯大兴	"	"	56					
57	王计田	"	"	57					
58	侯永佳	"	"	58					
59	侯振久	中农	"	59					
60	侯宝奎	"	"	60					

动(?)人
地15亩
参加劳动学
家劳动

月二十日

f－37－1c

f－37－1b/f－37－1c 四清阶级档案目录。**1965** 年 **8** 月。＊以 **1**、**2**、**3** 生产队的户主姓名编排，标明家庭出身。

河北省昌黎县泥井公社侯家营大队第1生产队

阶級成份登記表

编号 19-1

户主姓名	性别	男	家庭出身	富农（上中农）	家庭人口	在家人口	10
刘诚相	年龄	31	本人成份	富农（上中农）		在外人口	3
	民族	汉					

家庭經济状况	土改时	46年房子8间 人9口 地23.5亩 猪圈1个 驴1头 牛1头 铁车1辆 一个铁匠炉 付业收入 47年人10.5口 地35亩 出租同46年 48年地41亩 出租同47年 49年土地49亩 出租同48年 每年铁匠炉雇长工2.5人 [illegible] 铁匠炉还经常雇短工
	高級社时	房子8间 地[illegible]亩 人10.5口 猪圈1个 铁匠炉二个 付业收入 铁匠炉上每年雇[illegible]一4个长工 还经常雇短工 农业上每年雇一个长工 牛驴各1头 铁车1辆 56年入高级社
	現在	房子8间 猪圈1个 自留地18亩 人10口 在外人3口 每年有3个工人的收入 64年分红253.77元
家庭主要社会关系及其政治面貌		[illegible]
家史简述		祖父刘[illegible]全 房子12.5间 地35亩 [illegible] 铁匠炉 [illegible] 铁匠炉人 20口 驴1头 车1辆 父亲刘[illegible] [illegible] 铁匠炉工人 [illegible] 房子8间 地35亩 猪圈1个 驴1头 牛1头 铁车1辆 铁匠炉付业收入 每年雇长工 农业上 铁匠炉上还经常雇短工 人9口 47年人10.5口 地35亩 出租同46年 48年地41亩 出租同47年 49年地49亩 出租同48年 56年入高级社 [illegible] 56年 [illegible] 房子8间 猪圈1个 [illegible] 共13口人。
备考		

填写人 [stamp]　　填写日期 一九六五年 八月 二十日

家庭成員簡况

姓名	刘斌相	[illegible]	刘赵氏	楊秀春	刘万臣
与戶主关系	戶主	妻子	母亲	嫂子	父亲
性別	男	女	女	女	男
年齡	27	27	65	35	67
民族	汉	汉	汉	汉	汉
家庭出身	上中农	贫农	上中农	上中农 ~~[illegible]~~	上中农
本人成份	~~贫~~ 上中农	贫农	上中农	上中农	工人
文化程度	初小	不識字	不識字	不識字	不識字
宗教信仰	无	无	无	无	无
是否社員	社員	社員	社員	社員	工人
現在职业及职务	农民	农民	农民	农民	鉄匠工人
参加过什么革命組織	56年入团 ~~无~~	无	无	无	无
参加过什么反动組織	无	无	无	无	无
受过何种奖励与处分	58年开除团 ~~无~~ [illegible]	无	无	无	被打入[illegible]
主要經历和主要政治表現	从11岁上学，四年后参加劳动，58年参加修水库，入7月去东北，11月60年回家劳动到现在表现不好	从小在家参加劳动，表现一般	从小在家一[illegible]岁在娘家劳动，[illegible]岁结婚到现在，在家参加劳动表现一般	从小[illegible]劳动到现在表现[illegible]	从小当学徒，[illegible]中国[illegible]，[illegible]43年回家，[illegible]年在家打铁，[illegible]年[illegible]打铁
备考	刘斌相在58年[illegible] 被开除团籍。 刘万臣58年—60年代右派[illegible]帽子，60年摘掉了				

注：（1）戶主填在第一格内。

（2）十五岁以下的小孩，只計入人口栏内，不单独填写。

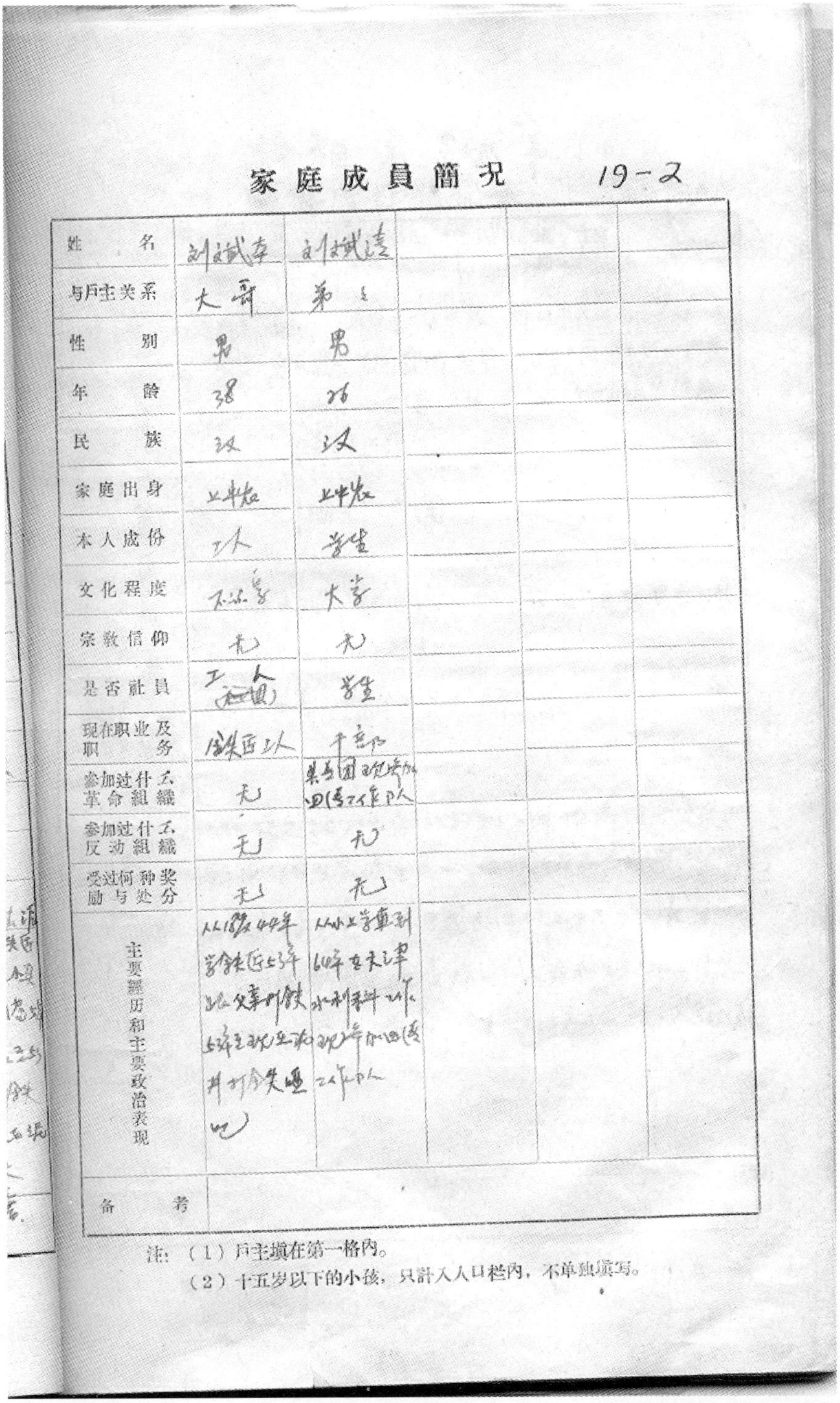

家庭成員簡况 19-2

姓名	刘斌[illegible]	刘斌[illegible]			
与戶主关系	大哥	弟弟			
性别	男	男			
年龄	38	26			
民族	汉	汉			
家庭出身	上中农	上中农			
本人成份	工人	学生			
文化程度	不识字	大学			
宗教信仰	无	无			
是否社員	工人（社員）	学生			
現在职业及职务	铁匠工人	干部			
参加过什么革命組織	无	共青团 现参加四清工作队人			
参加过什么反动組織	无	无			
受过何种奖励与处分	无	无			
主要經历和主要政治表现	从[illegible]44年学铁匠5年以后又[illegible]铁5年[illegible]并打铁[illegible]吧	从小上学直到60年在天津水利学校工作 现参加四清工作队人			
备考					

注：（1）戶主填在第一格內。
（2）十五岁以下的小孩，只計入人口栏内，不单独填写。

f－37－1f

f－37－1d/f－37－1e/f－37－1f 阶级成份登记表。刘斌相家，包括刘万臣、刘斌卿等，1965年8月20日。＊反映该户在四清复查运动中成分“上升”。注意“家庭出身”与“本人成份”栏，由“上中农”涂改成“富农”，并未加盖更正章印，似乎该成分变动并未经过上级审批。又，昌黎县档案馆所藏同样文件中的记载为“上中农”。

河北省昌黎县泥井公社侯家营大队第八生产队

阶級成份登記表

編号 24-1

戶主姓名	性別	男	家庭出身	地主	家庭人口	在家人口	6
侯大[illegible]	年龄	45	本人成份	地主分子		在外人口	2
	民族	汉					

家庭經济状况	土改时	土改前，有[illegible]间房，[illegible]，一个车棚，有80亩地，人口4口（[illegible]14口），[illegible]，[illegible]过着剥削生活。土改时，因家[illegible]，1948年分家把财产全部[illegible]了，就没有[illegible]，因此没有[illegible]。
	高級社时	房子2.5间，人4口，地14亩，车一辆，牲口一头，都入社。
	現在	房子2.5间，猪圈一个，人6口，自留地8分。64年分红150元。
家庭主要社会关系及其政治面貌		岳父[illegible]，贫农，[illegible]，党员，[illegible]，[illegible]工人，团员。
家史簡述		父亲侯[illegible]在家[illegible]地80亩，[illegible]，家里[illegible]过活，[illegible]到1944年后，因父年老不能参加[illegible]劳动，就完全靠[illegible]过剥削生活，在1948年我们[illegible]就分家和父亲[illegible]，我分房1.5间，[illegible]一个，[illegible]，我们[illegible]过剥削生活一直到入社为止才放弃剥削。
备考		该户是原定[illegible]，[illegible]

填写人 王景泉　　填写日期 一九六五年 八月 二十 日

家庭成員簡况

姓名	侯大孝	[illegible]			
与戶主关系	戶主	妻子			
性别	男	女			
年龄	46	35			
民族	汉	汉			
家庭出身	地主	中農			
本人成份	地主分子	中农			
文化程度	初小	不识字			
宗教信仰	无	无			
是否社員	非社员	社员			
現在职业及职务	监督劳动	农人			
参加过什么革命組織	无	加过共产党			
参加过什么反动組織	[illegible]	无			
受过何种奖励与处分	无	无			
主要經历和主要政治表現	[illegible]	[illegible] 一般			
备考	[illegible]				

注：（1）戶主塡在第一格內。

（2）十五岁以下的小孩，只計入人口栏内，不单独塡写。

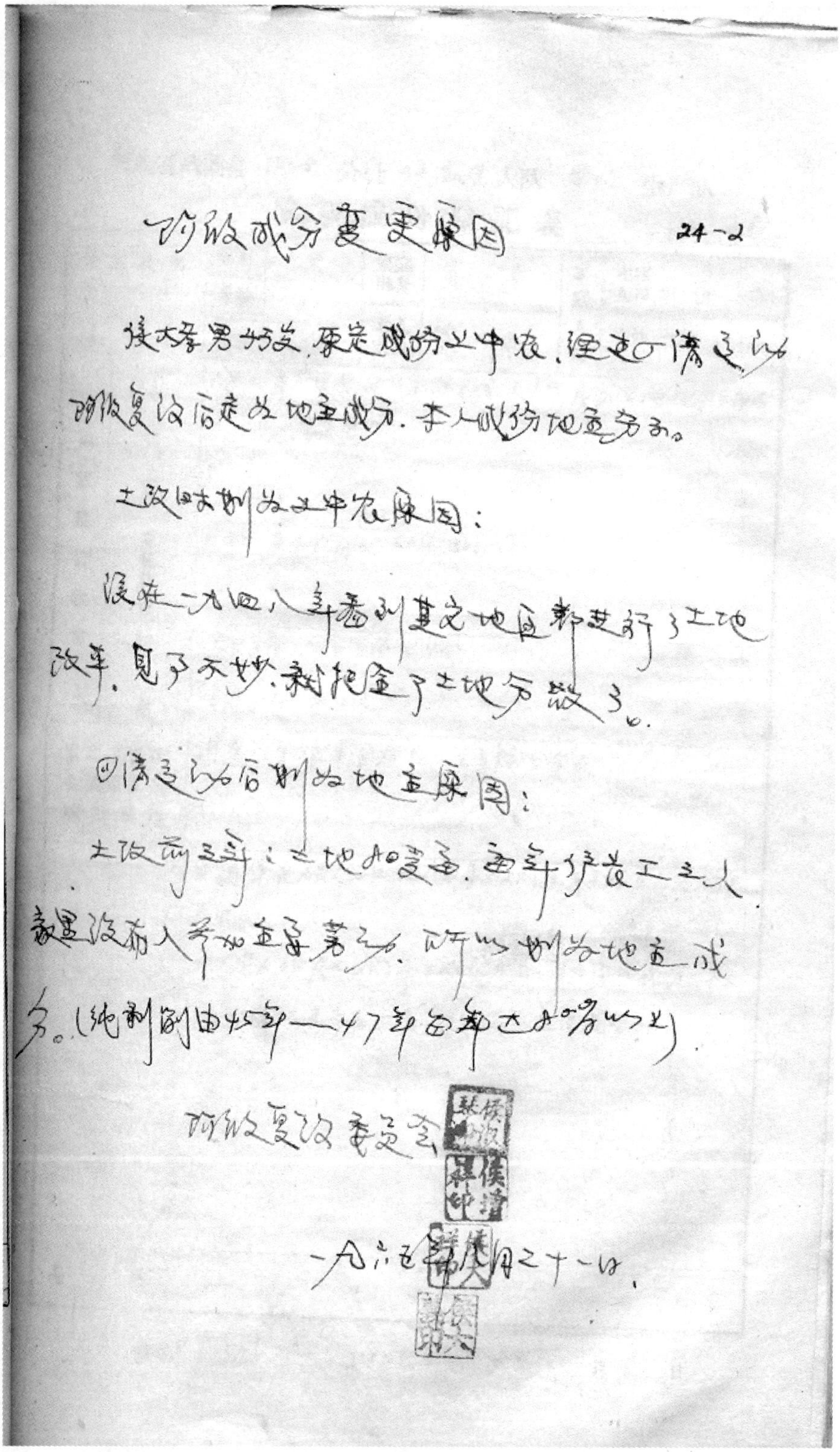
阶级成份变更原因 24-2

侯大孝男45岁，原定成份上中农，经过四清运动阶级复议后定为地主成分。本人成份地主分子。

土改时划为上中农原因：

该在一九四八年看到其它地区都进行了土地改革，见了不妙，就把全部土地分散了。

四清运动后划为地主原因：

土改前三年：土地四十亩，每年雇长工二人，家里没有人参加主要劳动，所以划为地主成分。（纯剥削由45年—47年每年达八十%以上）

阶级复议委员会

一九六五年八月二十一日

f－37－1i

f－37－1g/f－37－1h/f－37－1i　阶级成份登记表。侯大孝家，阶级成分由上中农升至地主的原因说明，1965年8月20日。

河北省昌黎县 泥井 公社 侯家营 大队 第六 生产队

阶級成份登記表

編号 47

戶主姓名	性別	男	家庭出身	贫农	家庭人口	在家人口	3
王永惠	年龄	61	本人成份	贫农		在外人口	无
	民族	汉					
家庭經济状况	土改时	土改前5口人 10亩地 房子没有 是房住 土改时 5口人 28亩地（共分了18亩地） 分房子3间、木柜1个 2口缸 牛棚1间 猪圈1个					
	高級社时	全家共6口人 把所有的地、牛车 铡刀 全部入社了					
	現在	3口人 房子3间 自留地6分 牛棚1个 猪圈1个 64年全年总收入200元					
家庭主要社会关系及其政治面貌		姑家在北山 表弟陈保信 贫农 党员 二人。[illegible] 女儿 [illegible] 二人。					
家史簡述		父亲王兴邦从小以种地维持生活总是很困难 我从小去东北绥中县学徒 回家后全凭靠扛活维持生活（扛长工） 我在1949年7月3日入党的，1950年12月转正 到现在参加劳动					
备考							

填写人 侯振春印　　填写日期 一九六五 年 八 月 廿 日

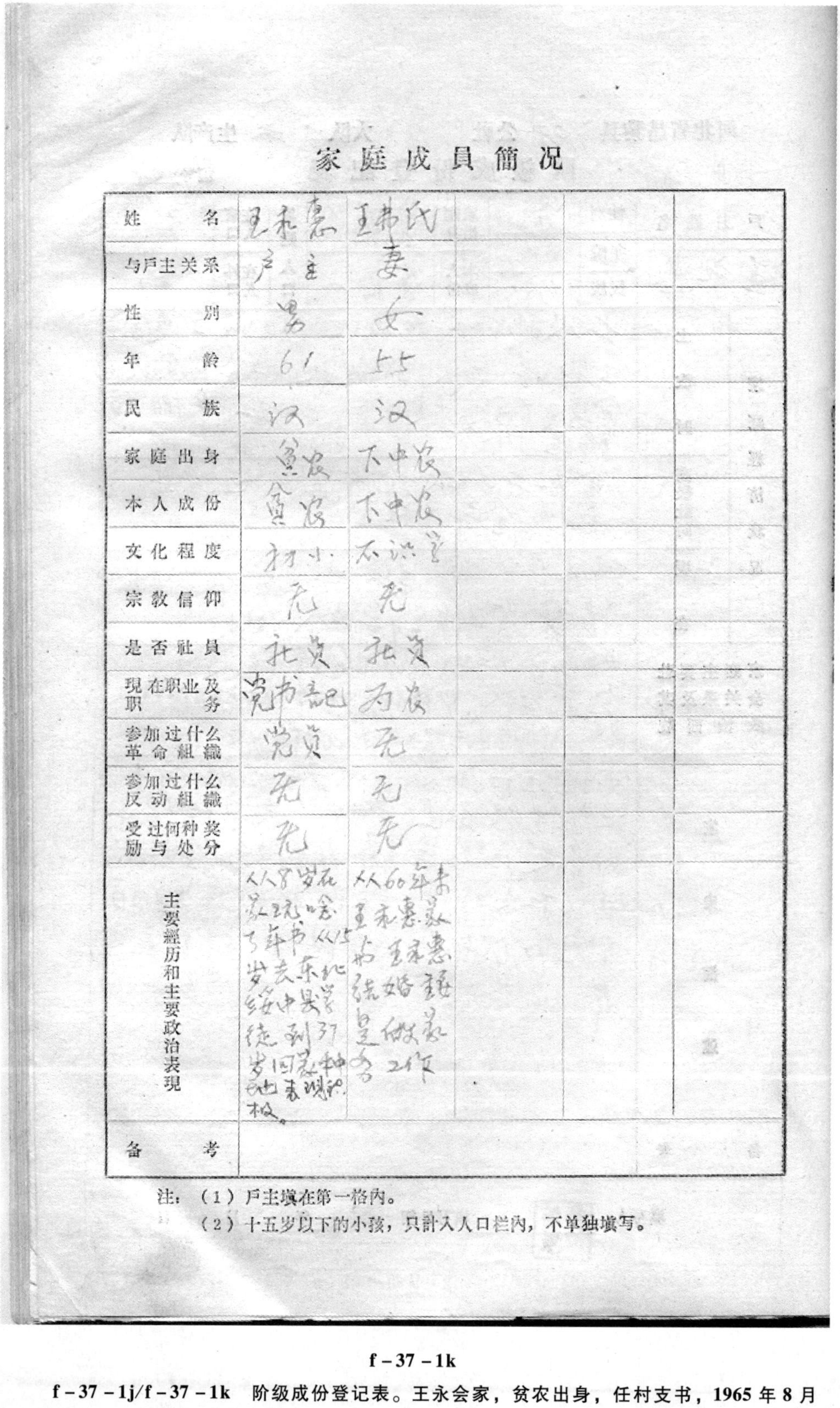

家庭成員簡况

姓名	王永惠	王韦氏			
与戶主关系	户主	妻			
性别	男	女			
年龄	61	55			
民族	汉	汉			
家庭出身	贫农	下中农			
本人成份	贫农	下中农			
文化程度	初小	不识字			
宗教信仰	无	无			
是否社員	社员	社员			
現在职业及职务	党书記	务农			
参加过什么革命組織	党员	无			
参加过什么反动組織	无	无			
受过何种奖励与处分	无	无			
主要經历和主要政治表現	从8岁在家玩念5年书从15岁去东北绥中县学徒到37岁回家种地[illegible]校。	从60年来王永惠家与王永惠结婚至今是做家务工作			
备考					

注：（1）戶主填在第一格內。

（2）十五岁以下的小孩，只計入人口栏內，不单独填写。

f－37－1k

f－37－1j/f－37－1k　阶级成份登记表。王永会家，贫农出身，任村支书，1965年8月20日。

河北省昌黎县泥井　公社侯家营　大队第三　生产队

阶級成份登記表

編号 67-1

戶主姓名	性別	男	家庭出身	富农	家庭人口	在家人口	7
刘小丰	年龄	54	本人成份	劳动者		在外人口	无
	民族	汉					
家庭經济状况	土改时	土改前43年至46年有人11口半 耕地79.5亩 马骡子1头 车半个 与二叔刘斌义伙用 农具齐全 房子8间 47—48年8口多人 地51亩 房子2.5间 马骡子车牛 套与二叔刘斌义伙用 每年雇长工1—2个 土改时财产无有变动					
	高級社时	人10口 地51亩 与二叔伙用的牛车和自养一头牛全部入社 房子2.5间（正房）					
	現在	人7口 自留地1亩2分 房子3间半 猪圈一个 64年收入372.51元					
家庭主要社会关系及其政治面貌		岳父泥井妻侄寸昌安 富农 教员群众 姑家会金堆 姑夫杨希芝贫农群众农民 表兄杨志忠贫农党员 昌黎工委秘书					
家史简述		祖父刘万举从小念书 不参加劳动 过着剥削人的生活 家中有地400多亩 车牛马骡子都有 雇过长工8人（雇6.0多年）雇 侯永芳、哆心明（哆家坨）都给扛过 父親刘斌奎从小念书 不劳动 过着吃喝玩乐的生活 家中有地80多亩 牛车都有 雇过活 每年雇活平均2人 雇过侯治丰等人　本人刘小丰从小念书 以后劳动 家中有地20多亩 车牛都有 雇过活 主要靠农业生活					
备考		该为漏划富农 土改时划上中农成份					

填写人 侯振春印　　填写日期 一九六五年 八月二十日

家庭成員簡況

姓名	刘小丰	刘方氏	刘继尧	唐淑连	
与戶主关系	户主	妻	儿子	儿媳	
性别	男	女	男	女	
年龄	54	58	26	26	
民族	汉	汉	汉	汉	
家庭出身	富农	富农	富农	中农	
本人成份	劳动者	劳动者	劳动者	中农	
文化程度	初小	不识字	高小	高小	
宗教信仰	无	无	无	无	
是否社員	社员	社员	社员	社员	
現在职业及职务	农民	农民	农民	农民	
参加过什么革命組織	无	无	团员	无	
参加过什么反动組織	无	无	无	无	
受过何种奖励与处分	无	无	无	无	
主要經历和主要政治表現	12—15岁在本村上学 16—20岁参加劳动 21岁至28岁在抚顺烧锅铺29岁—30岁在沈阳闲住 31岁回家 现在务农 57—65年任队里会计	从小劳动到17岁做媳妇 婚前后劳动表现一般	从小念书到16岁参加劳动在唐山三年多 现在家劳动与当电工 表现不坏	10—16岁上学 毕业后与刘继尧结婚 婚前后劳动表现一般	
备考					

注：（1）戶主填在第一格內。

（2）十五岁以下的小孩，只計入人口栏內，不单独填写。

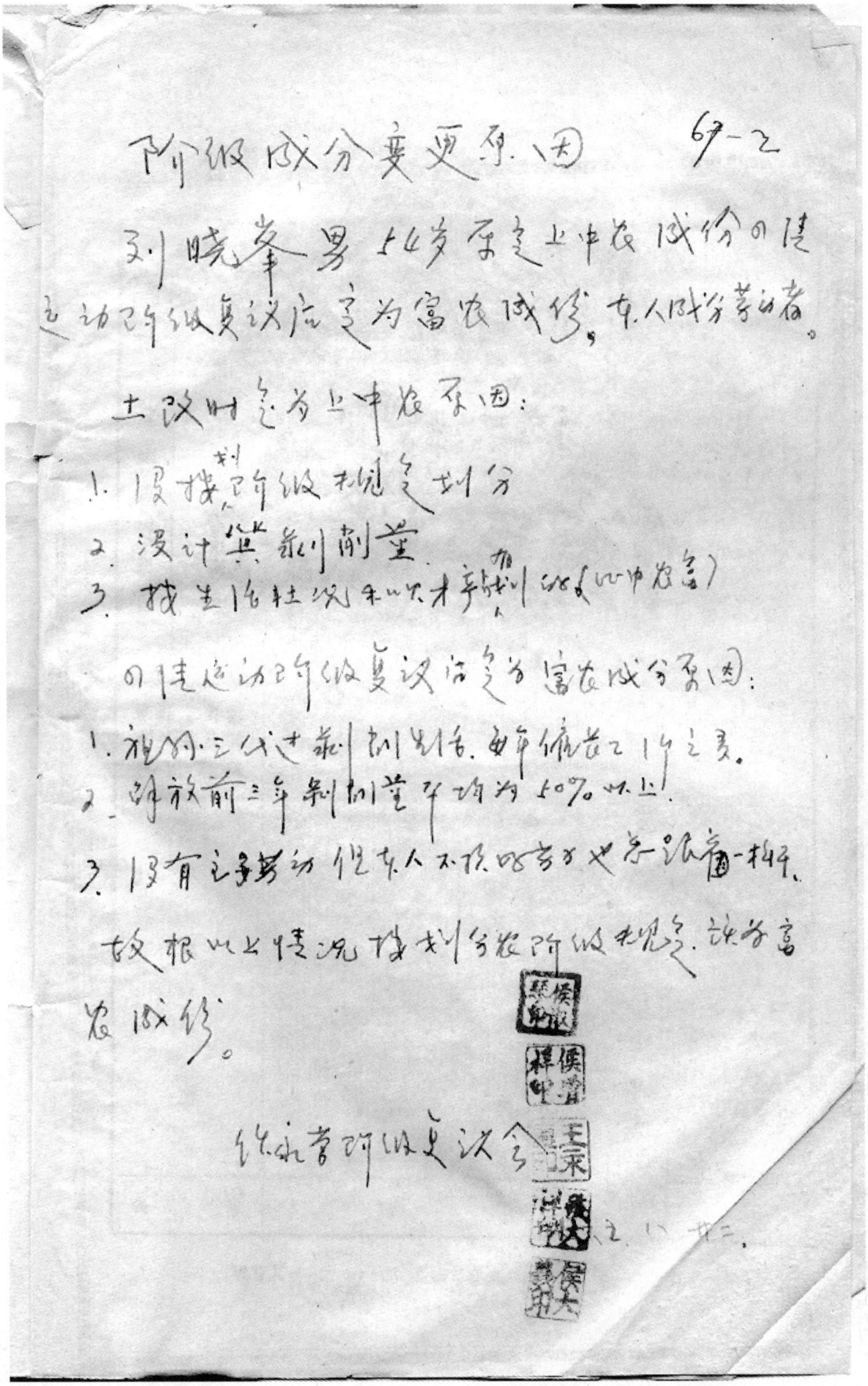
阶级成分变更原因　67-2

刘晓峰 男 54岁 原定上中农成份四清运动阶级复议后定为富农成份，本人成分劳动者。

土改时定为上中农原因：

1. 没按（划）阶级规定划分
2. 没计算剥削量
3. 按生活状况和收入来划（分）的（以中农定）

四清运动阶级复议后定为富农成分原因：

1. 祖孙三代过剥削生活，[illegible]
2. 解放前三年剥削量平均为50%以上
3. 没有主要劳动 但本人不仅吃苦也参跟着一样干。

故根据以上情况按划分农村阶级规定，议为富农成份。

侯家营阶级复议会

[illegible]八 廿二

f－37－1n

f－37－1l/f－37－1m/f－37－1n　阶级成份登记表。刘小丰家，由土改时的上中农改为富农，后附成分变更的说明，1965年8月20日。

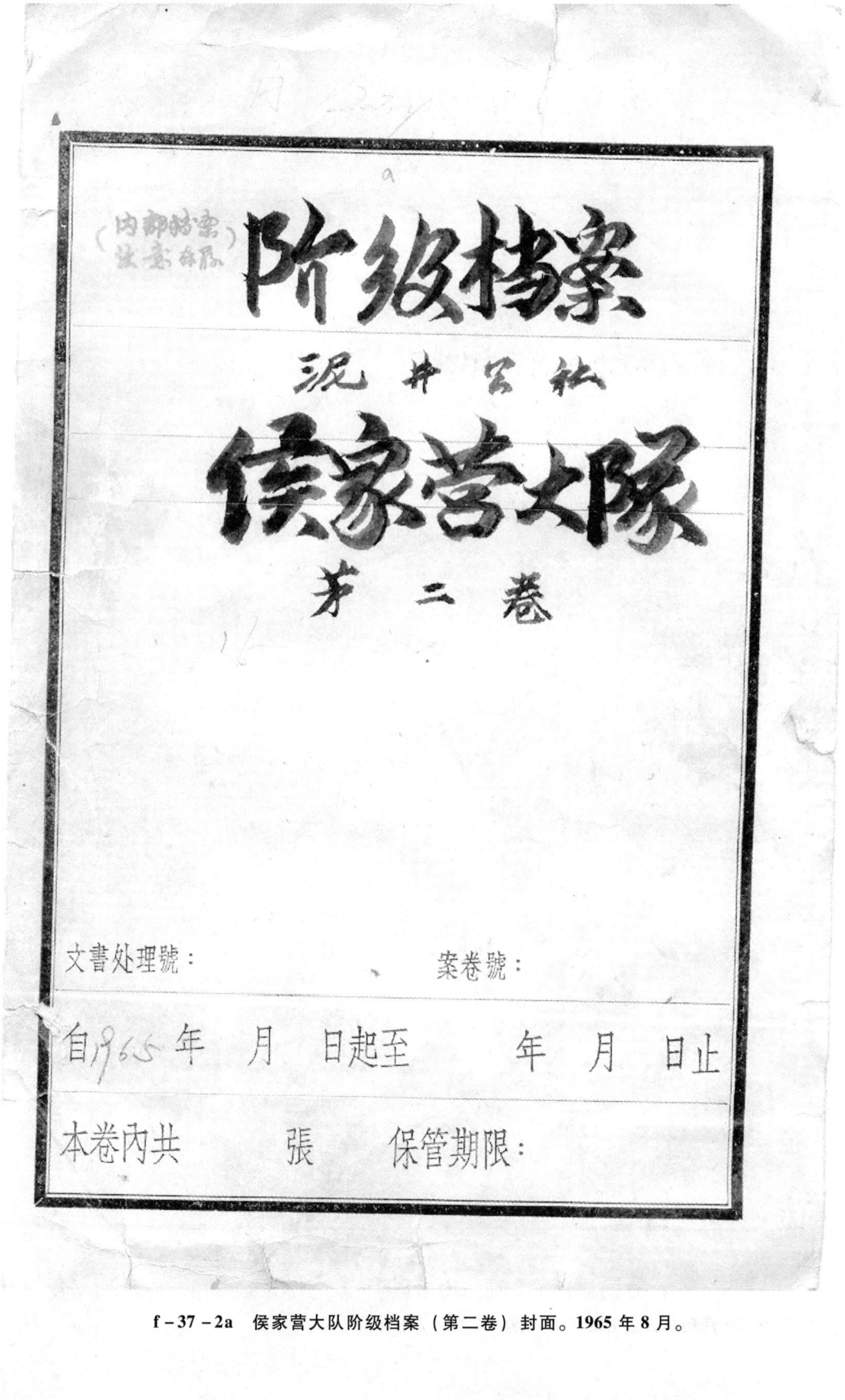

（内部档案 注意存放）

阶級档案

泥井公社

侯家营大队

第二卷

文書处理號： 案卷號：

自1965年 月 日起至 年 月 日止

本卷內共 張 保管期限：

f－37－2a 侯家营大队阶级档案（第二卷）封面。1965年8月。

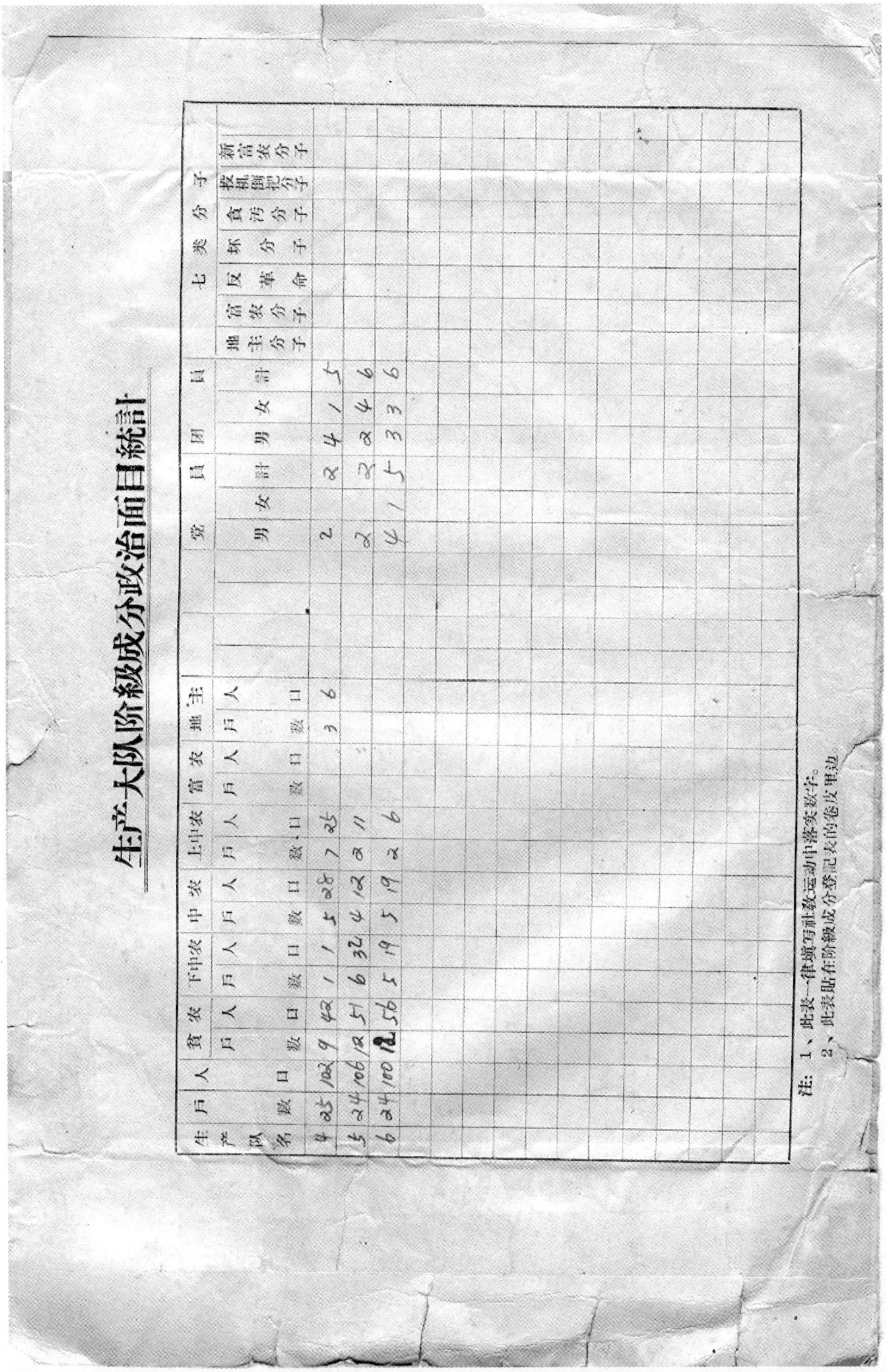

生产大队阶級成分政治面目統計

生产队名	户数	人口	贫农 户数	贫农 人口	下中农 户数	下中农 人口	中农 户数	中农 人口	上中农 户数	上中农 人口	富农 户数	富农 人口	地主 户数	地主 人口			党员 男	党员 女	党员 計	团员 男	团员 女	团员 計	七类分子 地主分子	富农分子	反革命	坏分子	贪污分子	投机倒把分子	新富农分子
4	25	102	9	42	1	1	5	28	7	25			3	6			2		2	4	1	5							
5	24	106	12	51	6	32	4	12	2	11							2		2	2	4	6							
6	24	100	12	56	5	19	5	19	2	6							4	1	5	3	3	6							

注：1、此表一律填写社教运动中落实数字。
2、此表贴在阶級成分登記表的卷皮里边。

f-37-2b　侯家营生产大队4、5、6队阶级成分政治面目统计。1965年8月。

河北省昌黎县泥井公社侯家营大队第四生产队

阶級成份登記表

编号 7

戶主姓名	性别	男	家庭出身	贫农	家庭人口	在家人口	2
侯永明	年龄	44	本人成份	贫农		在外人口	1
	民族	汉					

家庭經济状况	土改时	土改前人4口 地4亩 房子6间 猪圈牛棚各1个 土改后 4口人 地6.5亩 房子6间 猪圈牛棚各1个
	高級社时	人3口 地4亩 房子4.5间（正房1.5间 厢房3间）猪圈厕所间各一个 地全部入了社
	現在	人3口 自留地6分 房子4.5间 猪圈一个 厕所间1个 64年总收入叁百陆拾捌元。
家庭主要社会关系及其政治面貌		外祖父：庄户袁史周良敏 地主 国民党 现鹿文24岁 岳父 团林西村 侯凤杨 北纯 上中农 群众人 为农 姑家 陈官营 袁仲蔼 父亲 地主 群众人
家史簡述		祖父侯治安 人小经商 家中有地200亩 房子18间 大户 靠土地雇工剥削来维持生活 每年雇长工3个 其父亲侯振铎也是和祖父一样过剥削生活 在20岁去世 侯永明因不务正业将其父留下财产输掉 到土改时只有地4亩 房子6间 划为贫农 该在解放前当过做工当长。解放后教书到58年 全家靠教书劳动维持生活
备考		该为不戴帽的反革命分子。

填写人 侯永春印　　填写日期 一九六五年 八 月 二十 日

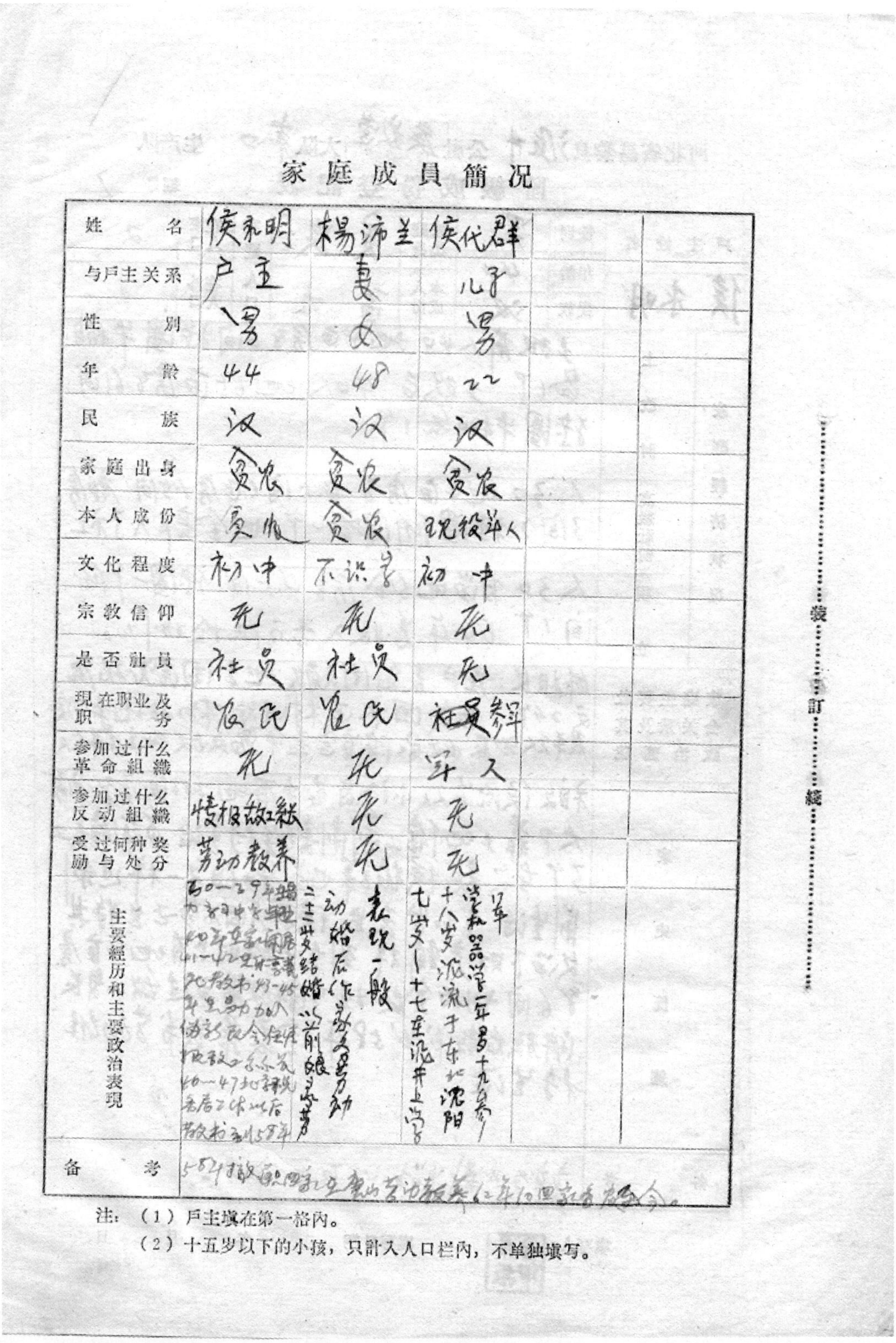

家庭成員簡况

姓名	侯永明	杨沛兰	侯代群
与戶主关系	户主	妻	儿子
性别	男	女	男
年龄	44	48	22
民族	汉	汉	汉
家庭出身	贫农	贫农	贫农
本人成份	贫农	贫农	现役军人
文化程度	初中	不识字	初中
宗教信仰	无	无	无
是否社員	社员	社员	无
現在职业及职务	农民	农民	社员参军
参加过什么革命組織	无	无	军人
参加过什么反动組織	情报组织	无	无
受过何种奖励与处分	劳动教养	无	无
主要經历和主要政治表現	30—39年[illegible]中学毕业 40年在家[illegible] 41—42年[illegible] 43—45年[illegible]加入[illegible] 46—47[illegible] [illegible]5?年	二十三岁结婚，以前娘家劳动，婚后作家务劳动，表现一般	七岁—十七岁[illegible]上学，十八岁流流于东北沈阳，学机器学一年，十九岁参军
备考	5?年撤[illegible]在唐山劳动教养6年[illegible]		

注：（1）戶主塡在第一格內。

（2）十五岁以下的小孩，只計入人口栏內，不单独塡写。

f－37－2d

f－37－2c/f－37－2d　阶级成份登记表。侯永明家，不戴帽的反革命分子，1965年8月20日。

河北省昌黎县泥井公社侯家营大队第四生产队

阶級成份登記表

編号 9

戶主姓名	性别	男	家庭出身	貧农	家庭人口	在家人口	4
孔宪章	年齡	29	本人成份	转业军人		在外人口	无
	民族	汉					

家庭經济状况	土改时	全家三口人地7亩 房子3间 生产工具无有 土改时分地3亩。
	高級社时	地10亩全部入社 房子三间 父早年去世 家中无有人 本人在外参军。
	現在	全家4口人 二房两间 自留地6分 64年全年总收入185元。
家庭主要社会关系及其政治面貌		岳父：秦庄贵永福 貧农 早年去世 现家无人。 姑家：張家坨 姑舅張孔氏 貧农 群众 务农。
家史簡述		父親孔子明小时候在沈阳住地方银行到40岁 又45年—48年当过伪保長 叔父孔兆[illegible]在家务农有地7亩長年在外打工 在泥井福兴成打工60年61年去世 本人孔宪章16岁在外当兵 家中无人地入社 到61年回家劳动 回来后自己成家立业。
备考		

填写人 侯义 填写日期 一九六五年 八月二十日

家庭成員簡況

姓名	孔宪章	黄[illegible]莲			
与戶主关系	户主	妻			
性别	男	女			
年龄	29	26			
民族	汉	汉			
家庭出身	贫农	贫农			
本人成份	转业军人	贫农			
文化程度	相当初中	高小			
宗教信仰	无	无			
是否社員	社员	社员			
現在职业及职务	务农	务农			
参加过什么革命組織	50—62年 参军	53年—64年 [illegible]团			
参加过什么反动組織	无	无			
受过何种奖励与处分	60年在唐山[illegible]局评为[illegible]	无			
主要經历和主要政治表現	8—10岁在家 10—14岁在本村上学 15岁参军 到22—28岁 在唐山[illegible] 28回家表现一般	9—16岁在[illegible]小学毕业 18岁在家 务农[illegible] 为妻。			
备考					

注：（1）戶主塡在第一格內。
（2）十五岁以下的小孩，只計入人口栏內，不单独塡写。

装……訂……綫

f－37－2f

f－37－2e/f－37－2f　阶级成份登记表。孔宪章家，转业军人，1965年8月20日。

河北省昌黎县 泥井 公社 侯家营 大队 第四 生产队

阶級成份登記表

編号 22

戶主姓名	性别	男	家庭出身	上中农	家庭人口	在家人口	4
侯治宽	年龄	66	本人成份	上中农		在外人口	3口
	民族	汉					

家庭經济状况	土改时	全家9口人 地39.5亩 房子20间 楼圈间外各二个 牛棚一个 车一辆 牛一头 主要靠农业 43年44年 雇过月工一个多 靠外来收入生活 土改时财产未变动
	高級社时	12口人 地39.5亩 房子14间 5间正房 9间厢房 牛车都折价入社 折价100多元 主要靠劳动。
	現在	4口人（与儿分家）房25间 自留地8分 主要靠劳动 64年全年总收入219元。
家庭主要社会关系及其政治面貌		[illegible] 贫农 [illegible] 西北庄 [illegible] 贫农 [illegible]
家史簡述		父侯世恩从小念书到15岁到遵中县做烧锅 那时家中有地3亩 房22间 主要靠劳动为生 侯治宽从小念书到15岁去北仓河东成为[illegible]跟当掌柜的 那时家中有地39.5亩 房子20间 楼圈2个 生活比较富裕 解放后到现在一直务农。长子振田55年参军 现任连长 次子振林50年在沈阳当铁路工人 64年与长子次子分家另过。
备考		~~[illegible]~~

填写人 [stamp]　　填写日期 一九六五 年 八 月 二十 日

家庭成員簡况

姓名	侯治宽	侯丁氏	侯振春		
与户主关系	户主	妻	五子		
性别	男	女	男		
年龄	66	60	17		
民族	汉	汉	汉		
家庭出身	上中农	上中农	上中农		
本人成份	上中农	上中农	上中农		
文化程度	初小	无	初中二年		
宗教信仰	无	无	无		
是否社員	社员	社员	无		
現在职业及职务	农民	农民	耕读教师		
参加过什么革命組織	无	无	无		
参加过什么反动組織	无	无	无		
受过何种奖励与处分	无	无	无		
主要經历和主要政治表現	从小念书到15岁去外北化河去做买卖当掌柜的。45年回家到现在务农。表现很好	从小劳动到18岁与治宽结婚前后劳动 表现一般	从小念书到17岁初中二年回家务农6个年教书。表现很好		
备考					

注：（1）户主塡在第一格内。

（2）十五岁以下的小孩，只計入人口栏内，不单独塡写。

装　訂　綫

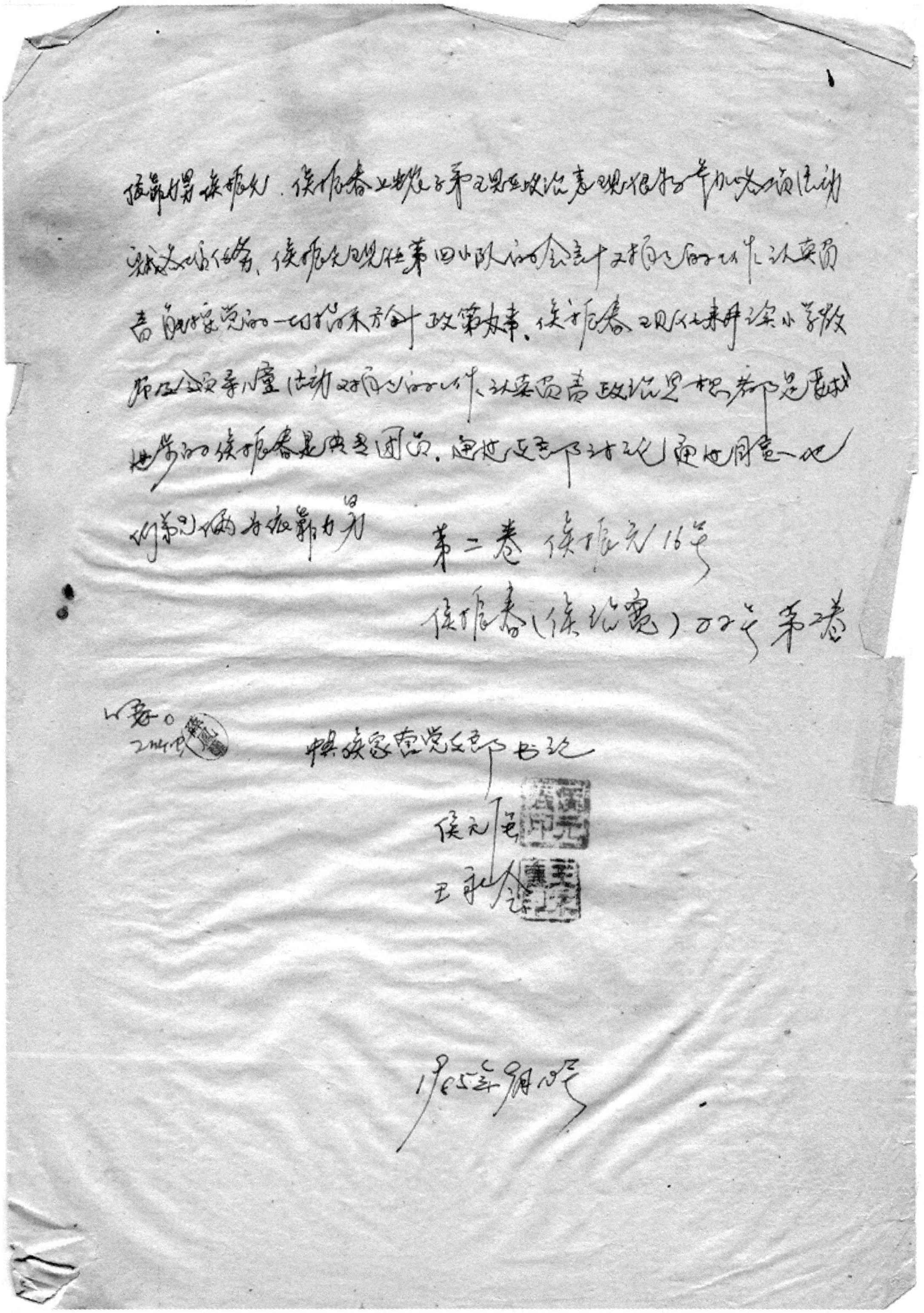
依靠力量侯振元、侯振春二个孩子思想政治表现很好，参加各项运动积极[illegible]，侯振元现任第四小队的会计[illegible]工作认真负责，自觉接受党的一切指示方针政策办事，侯振春现任耕读小学教师，在[illegible]运动中对自己的工作认真负责，政治思想都是要求进步的，侯振春是共青团员，通过支部讨论，通过同意一致认为他俩为依靠力量

第二卷 侯振元 16号

侯振春（侯治宽）22号 第卷

小组[illegible]

中共侯家营党支部 书记

侯元超

王和[illegible]

1965年9月10号

f－37－2i

f－37－2g/f－37－2h/f－37－2i 阶级成份登记表。侯治宽家，家庭成份上中农，**1965** 年 **9** 月 **10** 日。＊其两个儿子侯振元、侯振春因政治表现良好被定为依靠力量。

河北省昌黎县泥井公社侯家营大队第五生产队

阶級成份登記表

編号 43-1

戶主姓名	性別	男	家庭出身	下中农	家庭人口	在家人口	7口
侯永志	年龄	42	本人成份	下中农		在外人口	1
	民族	汉					
家庭經济状况	土改时	當时土地38亩，房6间，牲畜：牛一头，犁一个（其中当地8亩），猪一口，人12口。					
	高級社时	土地34亩，房5间，牛一头牲畜入社，猪一口，副业收入800元					
	現在	房5间，猪一口，1964年劳动日500个，折260元，副业收入8000					
家庭主要社会关系及其政治面貌		姐夫泥井大队袁希郑，贫农成分，共产党员及户书记， 姑家郭家营村崔文玉，贫农农民， 姐家刘台庄姐夫侯新民，农民贫农，					
家史簡述		解放前依靠父亲侯述尧劳动耕地38亩，1945年以前做过小学教员，以后自己1952年到长春、沈阳经商，以后去上海纺织厂做工， 侯永志解放前去东北经商，以后回家。					
备考		第二次土改复议为下中农					

填写人 侯增勤印　　填写日期 一九六五年 八月二十日

家庭成員簡况

姓名	侯永志	侯[illegible]氏	王桂芝	侯永真	
与戶主关系	户主	母	妻	弟	
性别	男	女	女	男	
年龄	40	99	34	32	
民族	汉	汉	汉	汉	
家庭出身	下中农	下中农	下中农	下中农	
本人成份	下中农	下中农	下中农	下工人	
文化程度	高小	无	无	高小	
宗教信仰	无	无	无	无	
是否社員	社员	社员	社员	社员	
現在职业及职务	农民	农民	农民	[illegible]	
参加过什么革命組織	共产党	无	无	无	
参加过什么反动組織	无	无	无	无	
受过何种奖励与处分	开除党籍	无	无	无	
主要經历和主要政治表現	由10至15岁上学，17岁去新民县学商三年，回家务农，1947年参加昌黎县[illegible]团做饭，当兵2个月，后回家，1949年加入共产党，1950至1952年当该村支部书记，[illegible]1964年开除党籍。	由小至今从事农业劳动。	由结婚至今从事家务劳动。	由10—16岁上学，18岁去沈阳学商，以后回家，1952年去沈阳上海等地做工。	
备考				无	

注：（1）戶主填在第一格內。

（2）十五岁以下的小孩，只計入人口栏內，不单独塡写。

f－37－2k

f－37－2j/f－37－2k　阶级成份登记表。侯永志家，家庭成份由中农改为下中农，1965年8月20日。

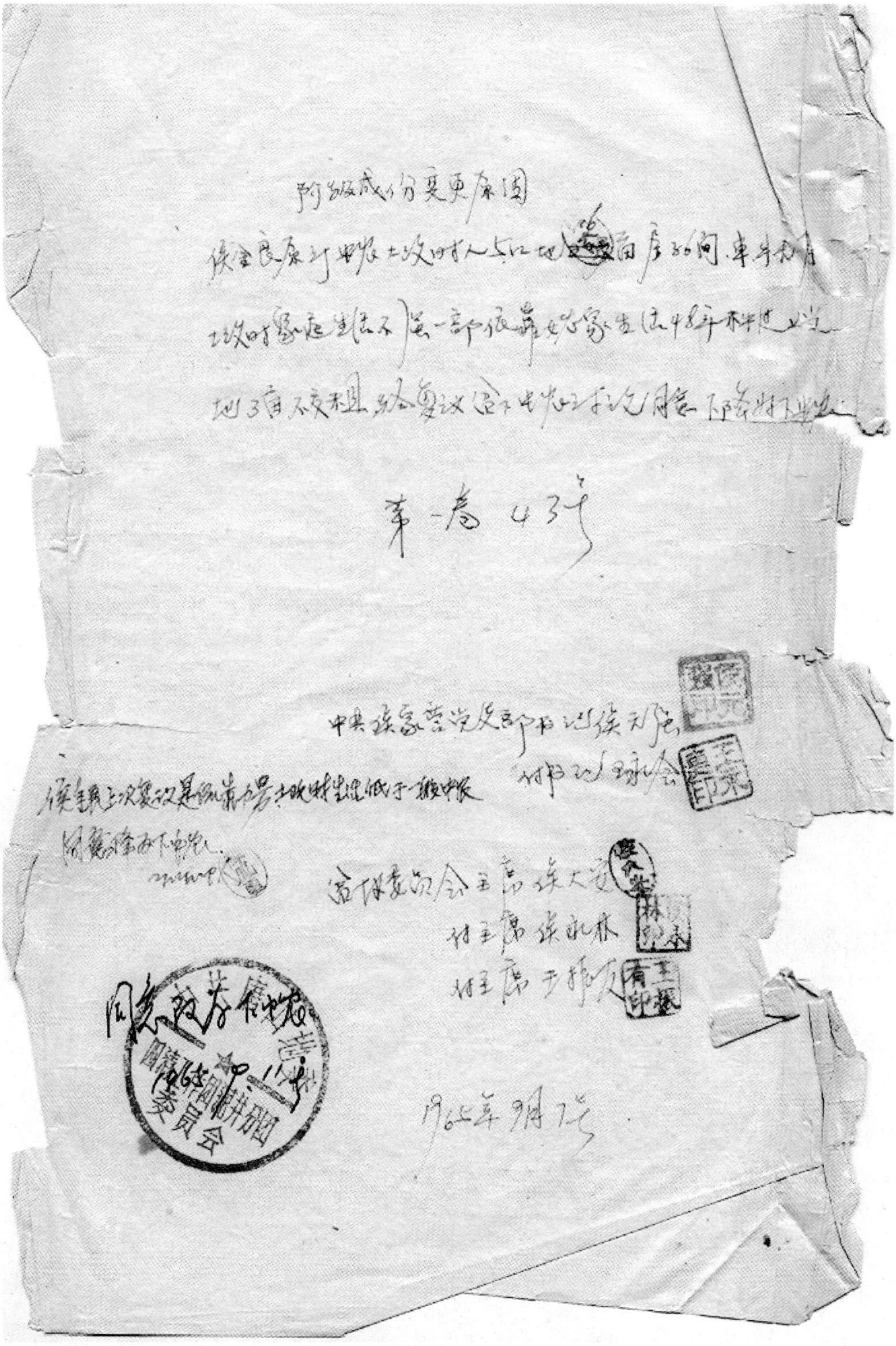

阶级成份变更原因

第一卷 43号

1965年9月7号

f－37－1o

对侯金良阶级成份变更的说明。土改时为中农，经阶级复议降为下中农，1965年9月7日。＊本件手续齐备，盖有村四清工作队负责人、村党支部书记、贫协主席等人的私印及“中共唐山地委四清工作团泥井分团委员会”的红色印章。

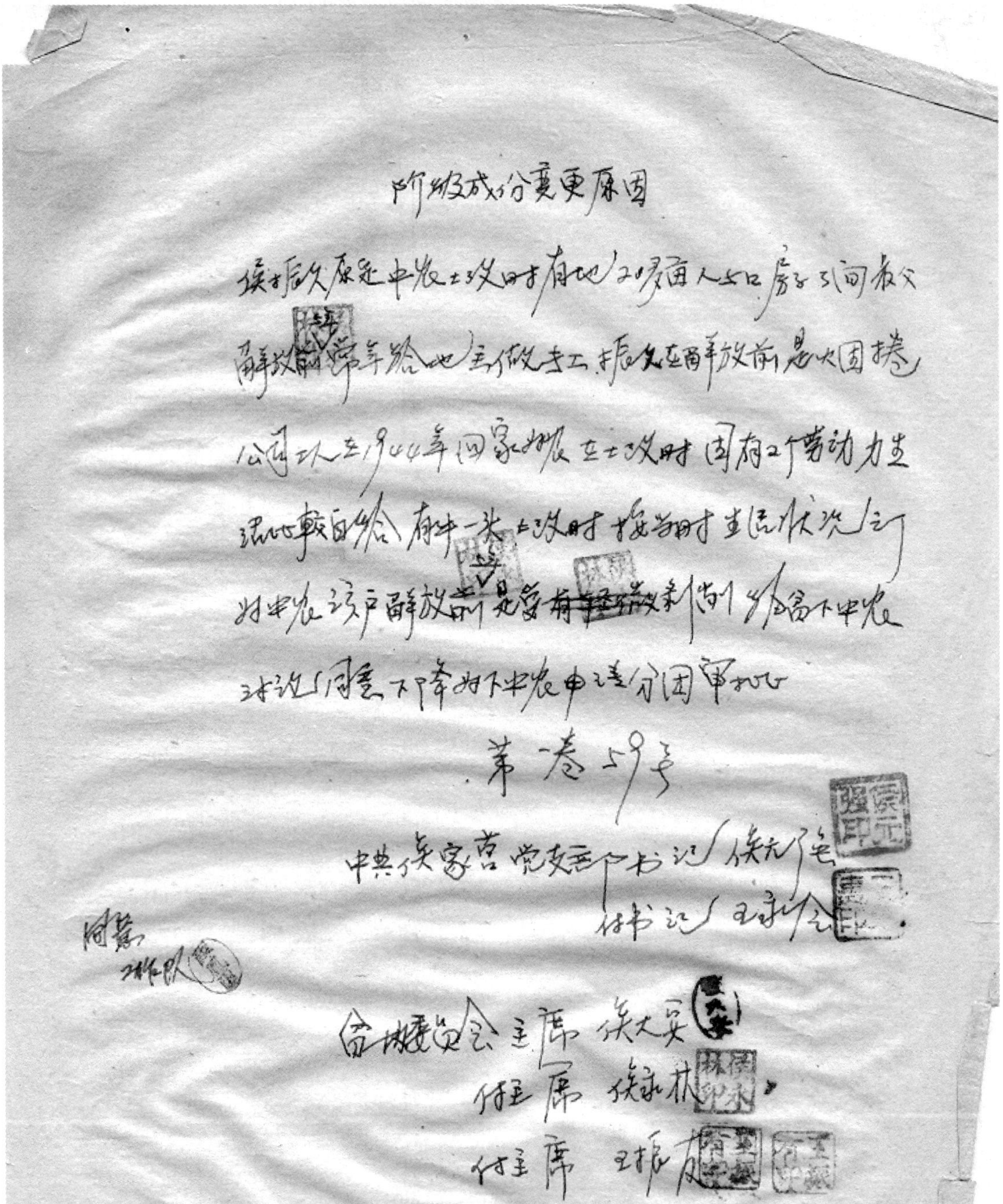

阶级成份变更原因

侯振久原是中农，土改时有地20亩，人口5口，房子3间。在父
解放前常年给地主做长工，振久在解放前是以国棉
公司工人，在1944年回家务农，在土改时因有2个劳动力，生
活比较自给，有牛一头，土改时按当时生活状况订
为中农。该户解放前是受~~有~~剥削的，够富下中农。
经讨论同意下降为下中农，申请公社审批。

第一卷59号

中共侯家营党支部书记　侯元[illegible]
付书记　王永会

同意
工作队

贫协委员会主席　侯大安
付主席　侯永林
付主席　王振友

1965年9月7日

f－37－21　改中农为下中农成份的说明。侯振久，申请审批，1965年9月7日。

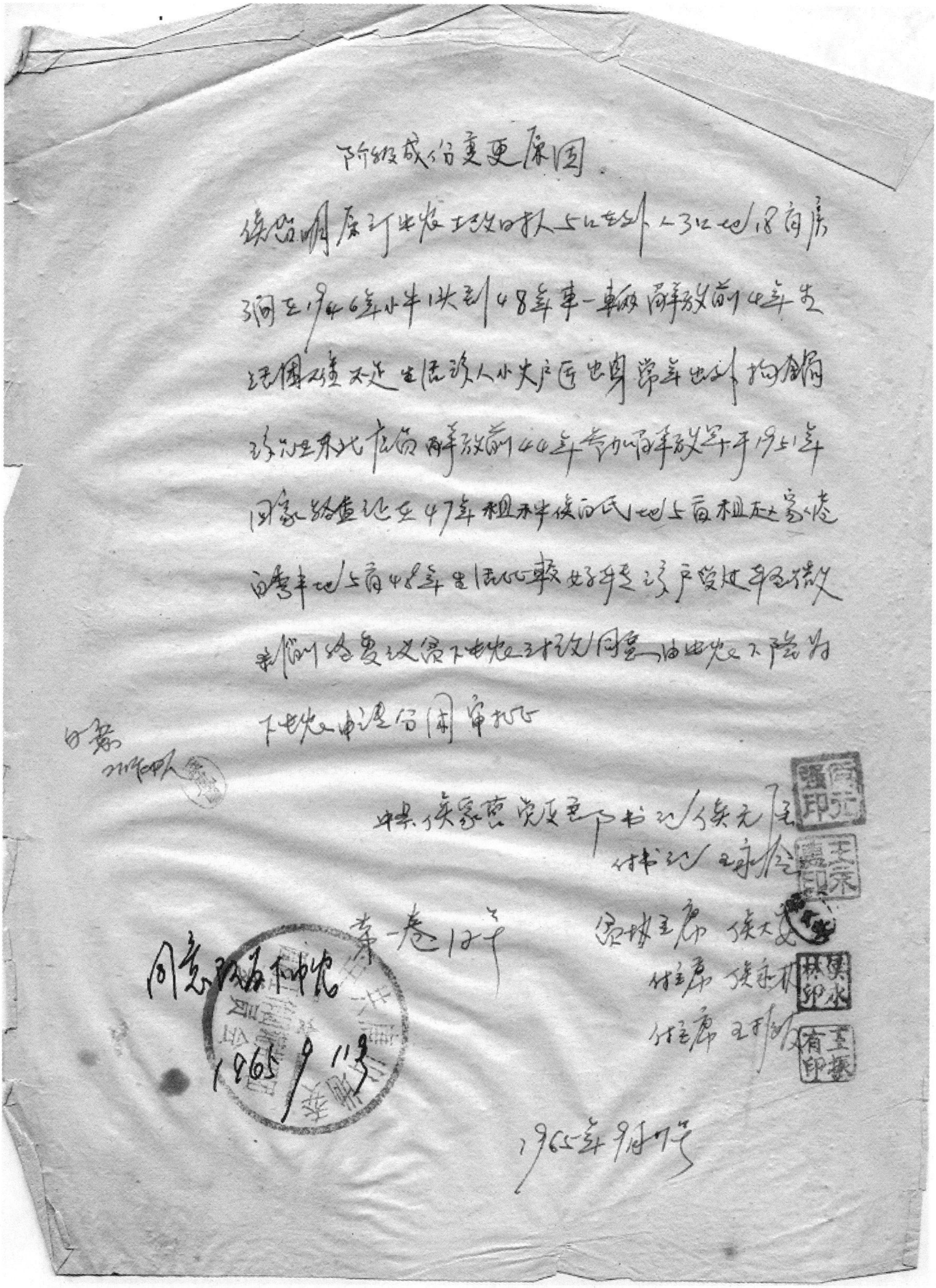
阶级成份变更原因。

中共侯家营党支部书记 侯元

副书记 王永

贫协主席 侯大

副主席 侯永林

副主席 王

1965年9月7号

同意改为下中农

1965.9.11

f-37-2m　改侯增明的中农为下中农成份的申请说明及批复。1965年9月7日。

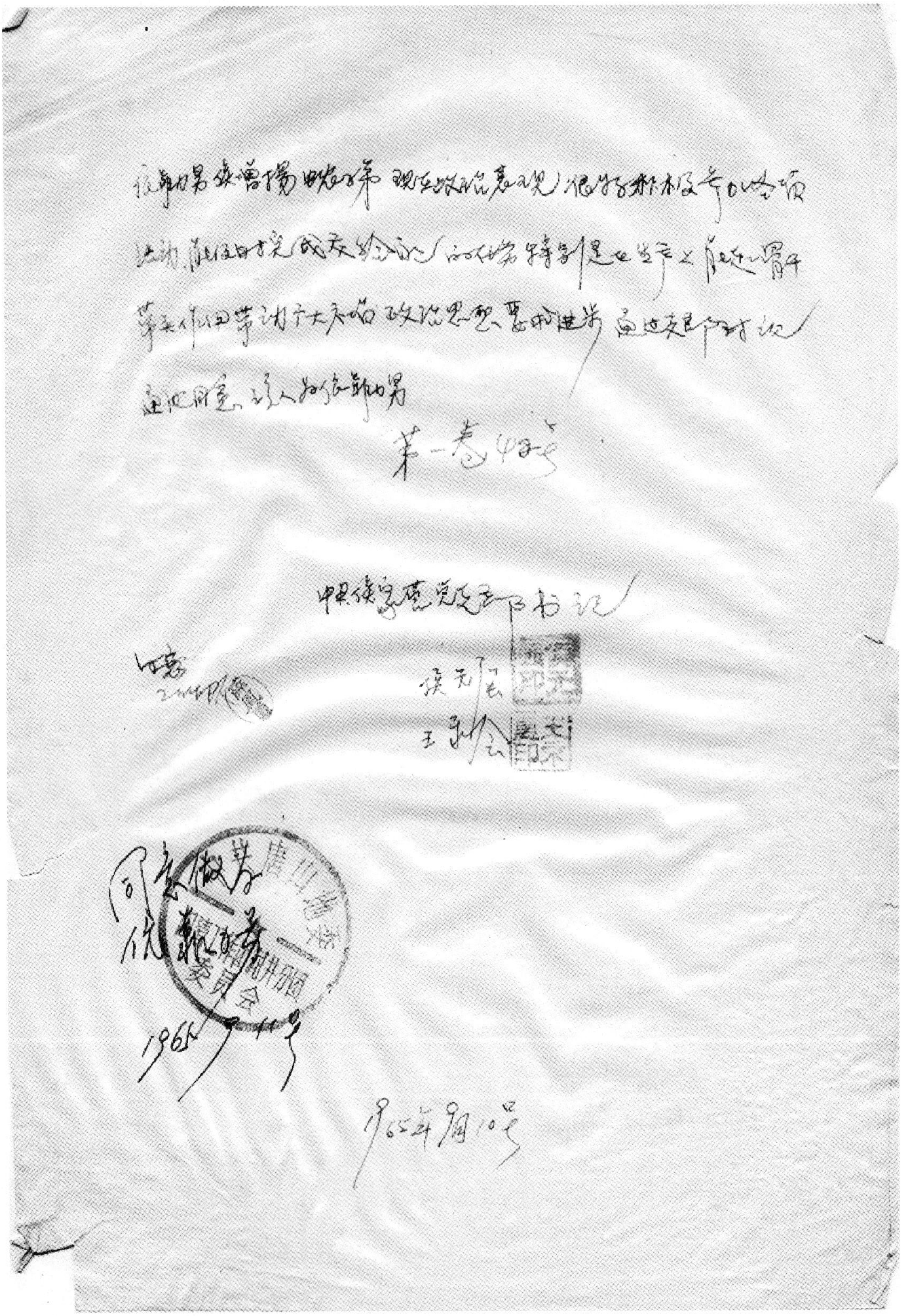

f－37－2n 依靠力量认定书。侯增扬，中农子弟，因政治表现很好、生产上起骨干带头作用，定为依靠力量，1965年9月10日。

卷内目录

顺序号	文件作者	文件标题或事由	文件日期	收文或发文号	所在张号
1	樊富田	阶级档案 1—2卷		65.8.20	15
2	〃	1—6队贫协会员登记表		65.7.20	8
3	〃	侯家营大队党员登记表		8.15	1
4	杨翠珍	侯家营大队团员登记表		8.15	2
5	〃	基干民兵登记表		8.10	7
6	〃	普通民兵登记表		8.10	6
7	樊富田	在外地富子女登记表		7.6	2
8	〃	四类份子登记表		8.8	1
9	〃	伪党团登记表		8.20	2
10	〃	大队各组织花名登记表		8.20	8
11	〃	小队管委会花名登记表		8.10	6
12	薛凤嘉	大队干部经济问题处理审批表		8.8	10
13	李春林	第一、二队干部经济问题处理审批表		5.30	5
14	黄世明	第三、四队干部经济问题处理审批表		5.2	9
15	陈蒲	第五、六队干部经济问题处理审批表		5.5	9

f－37－3a

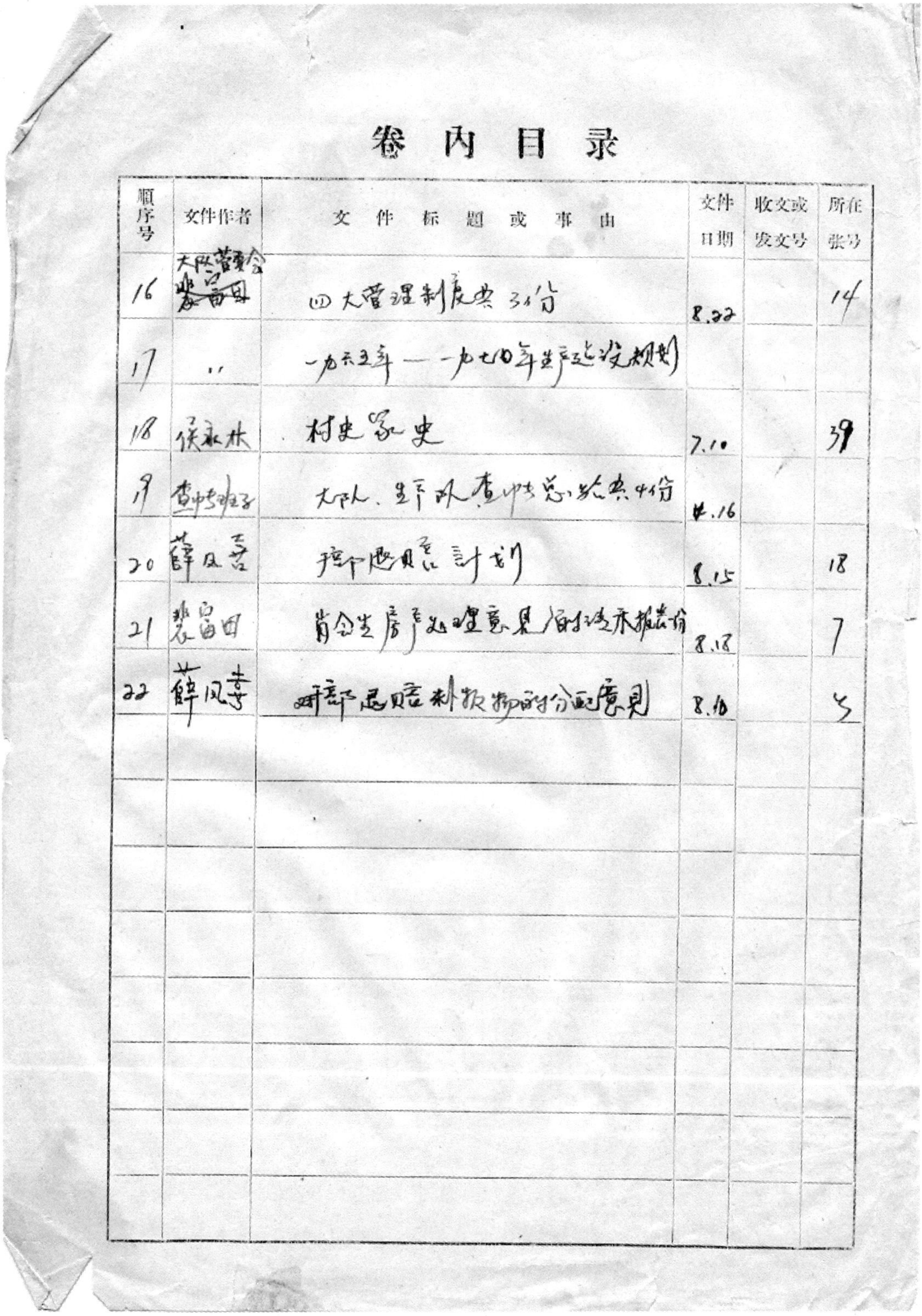

卷内目录

顺序号	文件作者	文件标题或事由	文件日期	收文或发文号	所在张号
16	大队管委会 ~~裴留田~~	四大管理制度共3份	8.22		14
17	〃	一九六五年——一九七〇年生产建设规划			
18	侯永林	村史家史	7.10		39
19	查帐专班子	大队、生产队查帐总结共4份	4.16		
20	薛凤吉	干部退赔计划	8.15		18
21	裴留田	肖会生房产处理意见/[illegible]报告份	8.18		7
22	薛凤吉	对干部退赔补[illegible]分配意见	8.10		5

f－37－3b

f－37－3a/f－37－3b 侯家营大队四清阶级档案总目录。**1965** 年。＊登录了该大队四清运动中所形成的全部文件的文件名、作者及形成日期。

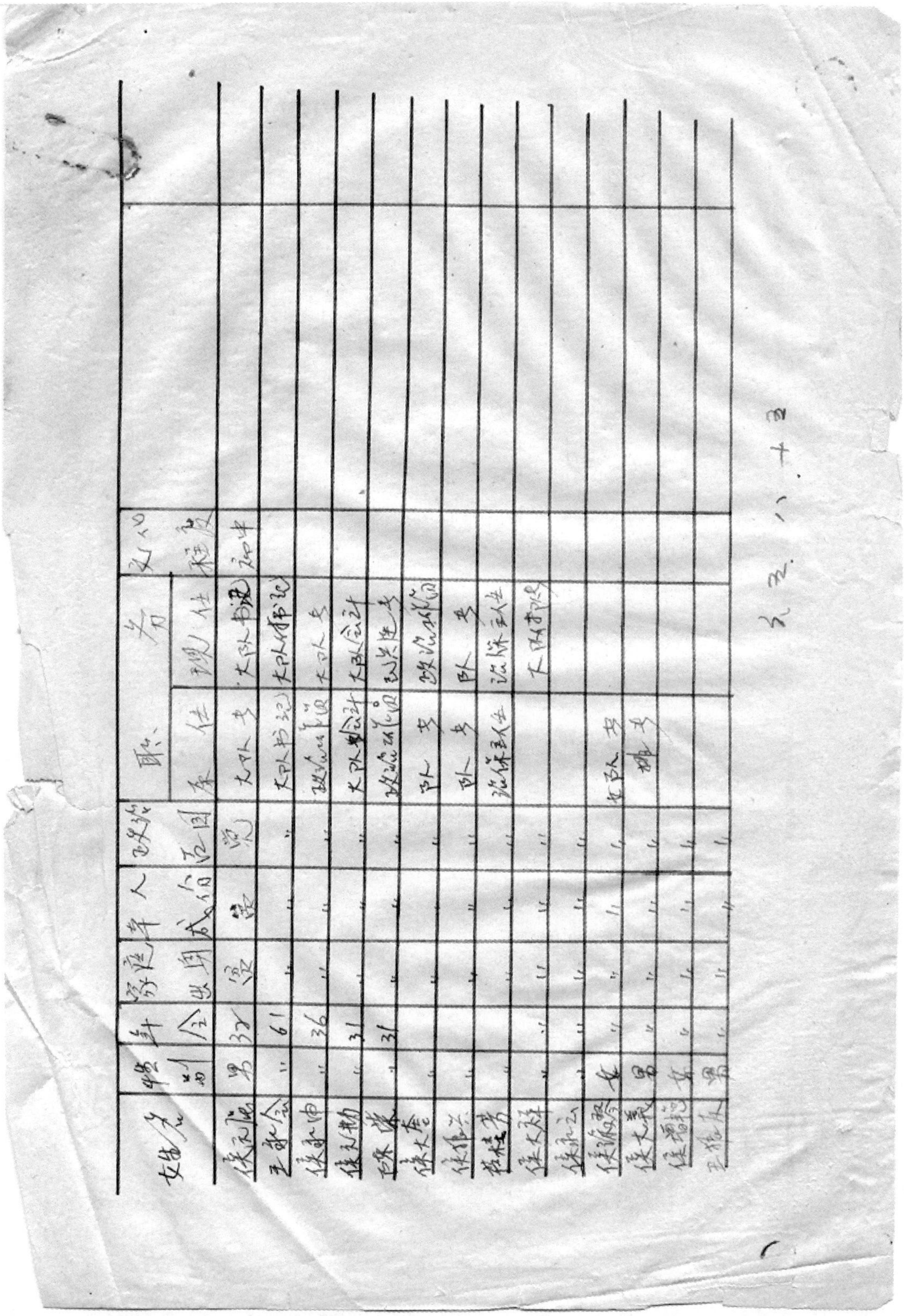

姓名	性别	年令	家庭出身	本人成份	政治面目	职务 原任	职务 现任	文化程度		
侯元广	男	32	贫农	贫农	党	大队长	大队书记	初中		
王永全	〃	61	〃	〃	〃	大队书记	大队付书记			
侯永州	〃	36	〃	〃	〃	政治工作员	大队长			
侯元勤	〃	31	〃	〃	〃	大队会计	大队会计			
陈荣	〃	31	〃	〃	〃	政治工作员	民兵连长			
侯大奎	〃		〃	〃	〃	队长	政治工作员			
侯振兴	〃		〃	〃	〃	队长	队长			
薛桂芳			〃	〃	〃	治保主任	治保主任			
侯大祥	〃	〃	〃	〃	〃		[illegible]			
侯永云	〃	〃	〃	〃	〃					
侯瑞琴	女	〃	〃	〃	〃	妇女队长				
侯大义	男	〃	〃	〃	〃	排长				
侯[illegible]	女	〃	〃	〃	〃					
王振友	男	〃	〃	〃	〃					

六五　八　十五

f－37－3c　侯家营大队党员登记表。共14人，1965年8月15日。

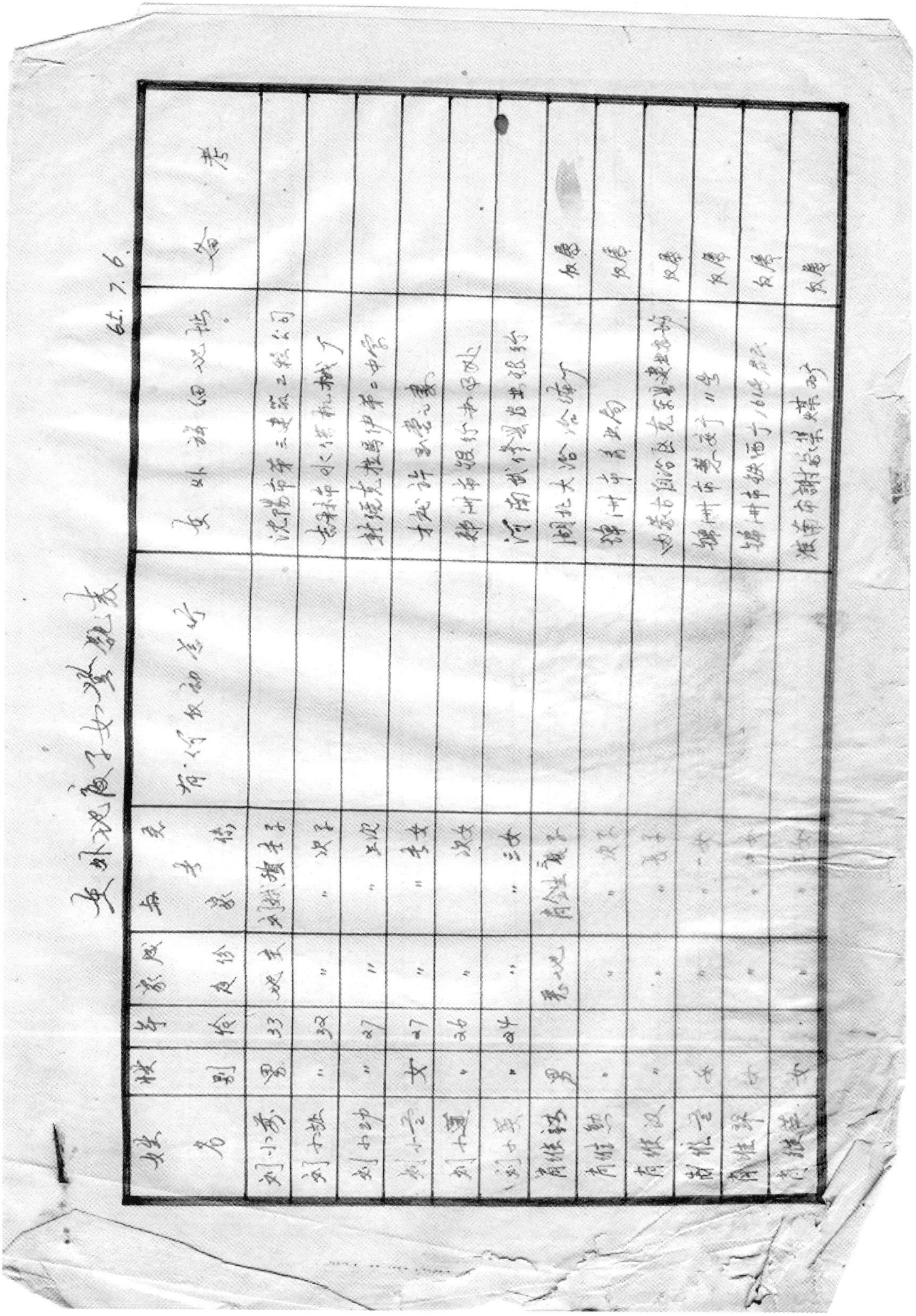

在外地主子女登记表

65. 7. 6.

姓名	性别	年龄	家庭成份	与户主关系	有何反动言行	在外详细地址	备考
刘小秀	男	33	地主	刘斌猾长子		沈阳市第三建筑工程公司	
刘小证	〃	32	〃	〃次子		吉林市水泥机械厂	
刘小功	〃	27	〃	〃三子		新疆克拉玛依第二中学	
刘小云	女	27	〃	〃长女		杭州许家云家	
刘小莲	〃	26	〃	次女		郑州市银行办事处	
刘小英	〃	24	〃	〃三女		河南武陟县农业银行	
肖维钧	男		恶地	肖全生长子		湖北大冶冶炼厂	反属
肖维勋	〃		〃	〃次子		锦州市青年局	反属
肖维汉	〃		〃	〃三子		内蒙古自治区克东县农业局	反属
肖维云	女		〃	〃一女		锦州市慧安街11号	反属
肖维环	女		〃	〃二女		锦州市铁西街161号居民	反属
肖维英	女		〃	〃三女		淮南市谢家集煤矿	反属

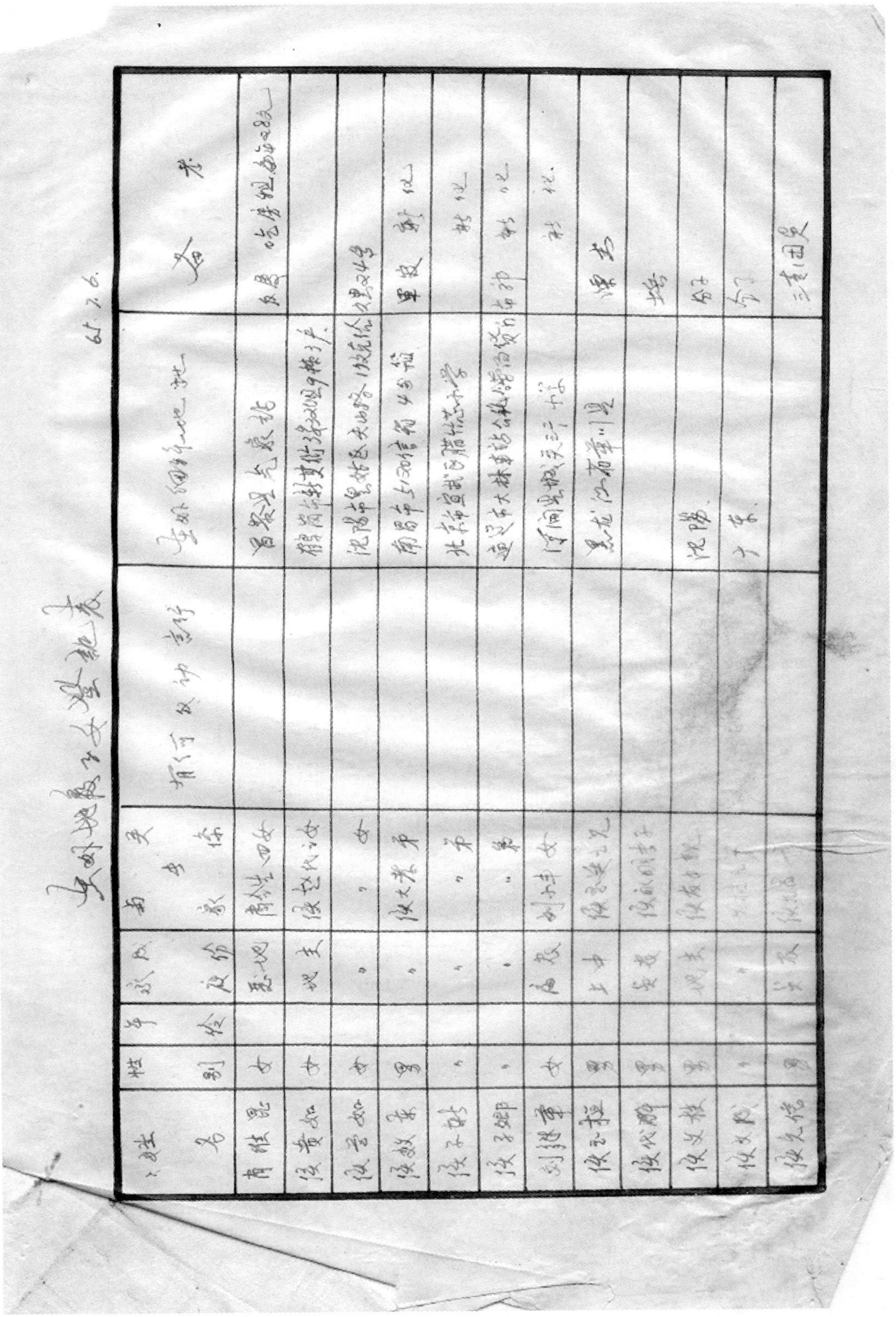

在外地富子女登记表

65.7.6.

f-37-3e

f-37-3d/f-37-3e 在外地富子女登记表。共 **24** 人，为刘斌质、萧惠生、侯大孝等人的子女，**1965** 年 **7** 月 **6** 日。＊注明其在外详细地址。

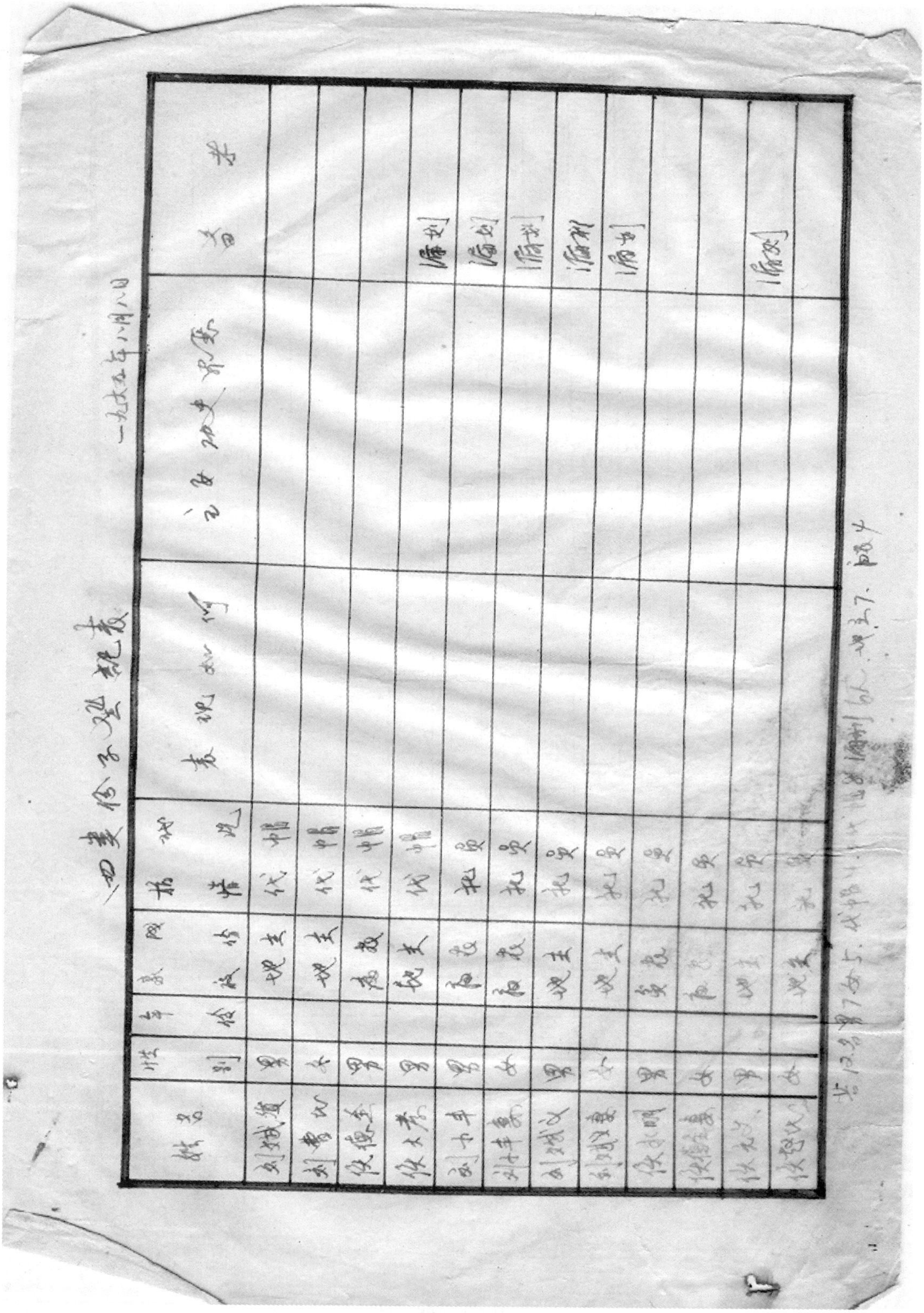

f－37－3f　四类份子登记表。1965 年 8 月日。＊共 12 人，有 6 人为四清运动中查出的“漏划地主/富农”。

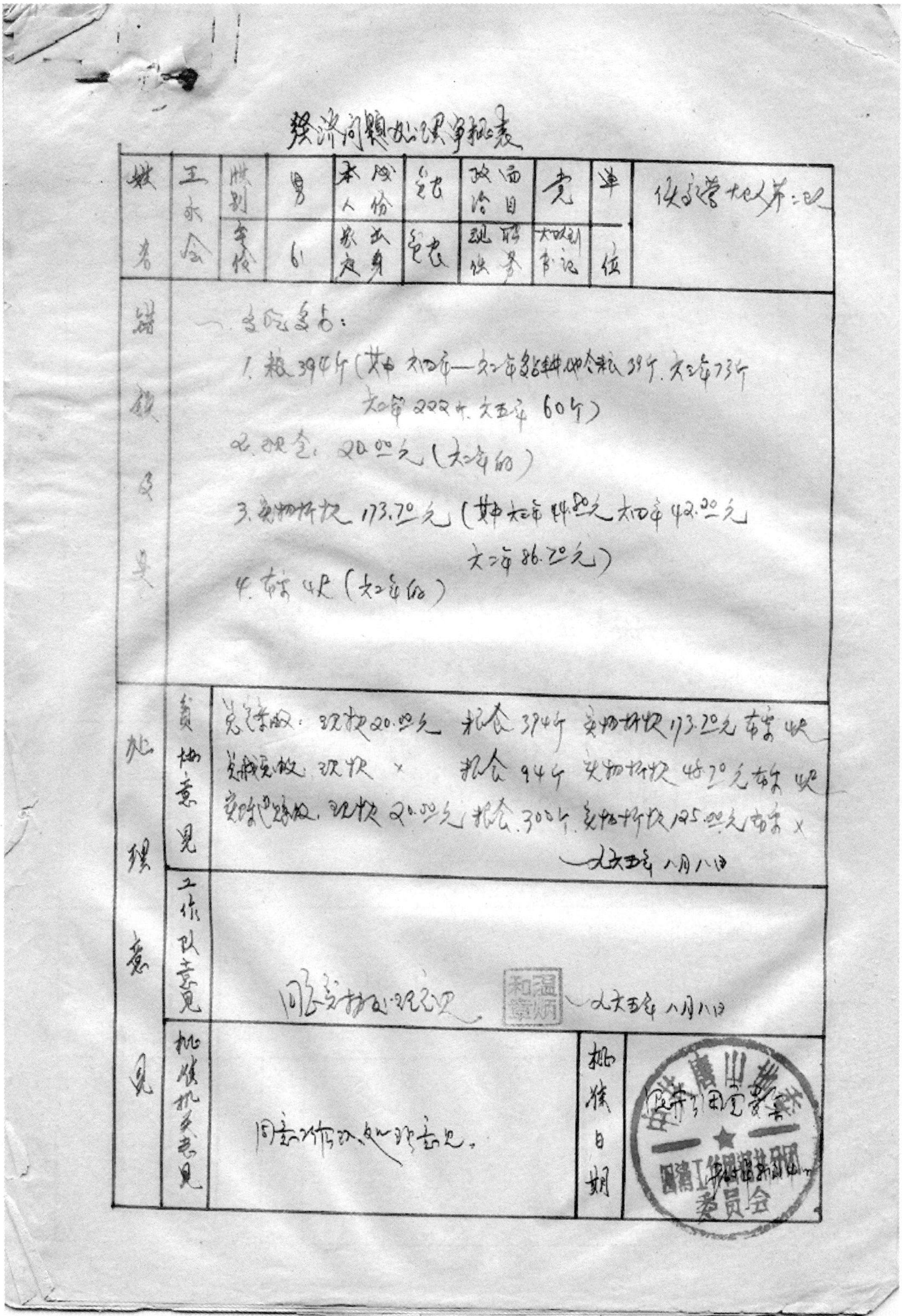

经济问题处理审批表

姓名	王永会	性别	男	本人成份	贫农	政治面目	党员	单位	侯家营大队第二队
		年龄	61	家庭出身	贫农	现任职务	大队副书记		

错误事实：

一、多吃多占：

1. 粮394斤（其中六四年——六二年多给耕地合粮39斤，六二年73斤，六四年222斤，六五年60斤）
2. 现金20.00元（六二年的）
3. 实物折款173.70元（其中六二年44.80元，六四年42.20元，六二年86.70元）
4. 布票4尺（六二年的）

处理意见

贫协意见：应退赔数：现款20.00元，粮食394斤，实物折款173.70元，布票4尺
减免退赔数：现款×，粮食94斤，实物折款48.70元，布票4尺
实际退赔数：现款20.00元，粮食300斤，实物折款125.00元，布票×
一九六五年八月八日

工作队意见：同意贫协处理意见　一九六五年八月八日

批准机关意见：同意工作队处理意见。

批准日期：

f－37－3k　经济问题处理审批表。王永会，大队副书记，多吃多占的钱物数量，贫协与工作队的处理意见，1965年8月8日。

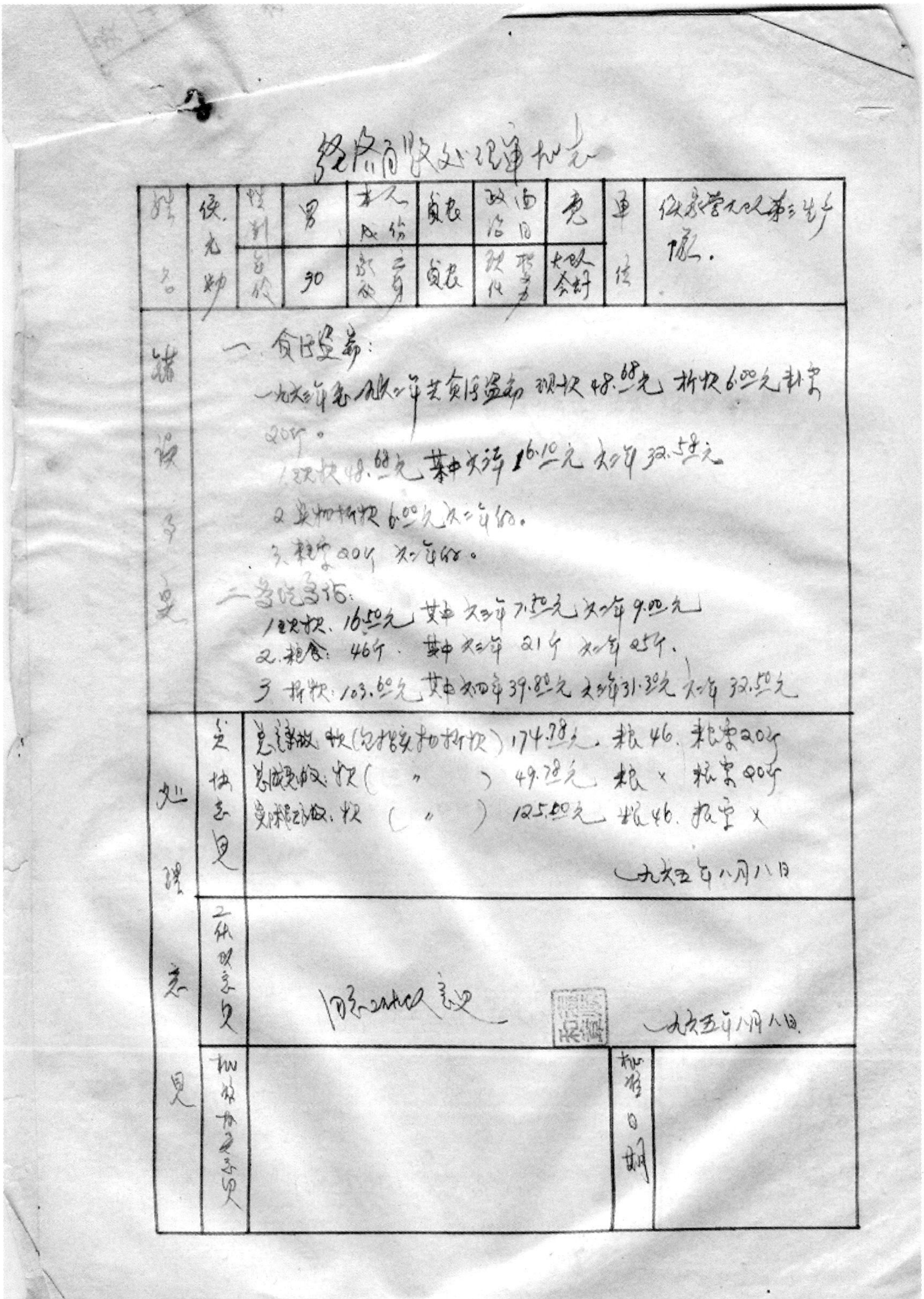

经济问题处理审批表

姓名	侯元勤	性别	男	本人成份	贫农	政治面目	党	单位	侯家营大队第三生产队。
		年龄	30	家庭出身	贫农	现任职务	大队会计		

错误事实：

一、贪污盗窃：

一九六三年至一九六五年共贪污盗窃现款48.68元 折款6.00元 粮票20斤。

1.现款48.68元 其中六三年16.10元 六四年32.58元

2.实物折款6.00元六五年的。

3.粮票20斤 六四年的。

二、多吃多占：

1.现款、16.50元 其中六三年7.50元 六四年9.00元

2.粮食：46斤 其中六三年21斤 六四年25斤。

3.折款：103.80元 其中六四年39.80元 六三年31.30元 六五年32.50元

处理意见：

贫协意见：

总计款：款（包括实物折款）174.78元，粮46，粮票20斤

总退赔：款（ 〃 ）49.28元 粮× 粮票20斤

免除退赔：款（ 〃 ）125.50元 粮46 粮票×

一九六五年八月八日

工作队意见：同意贫协意见 一九六五年八月八日

批准机关意见： 批准日期：

f-37-31 经济问题处理审批表。侯元勤，大队会计，贪污盗窃、多吃多占的钱物数量，贫协与工作队的处理意见，1965年8月8日。

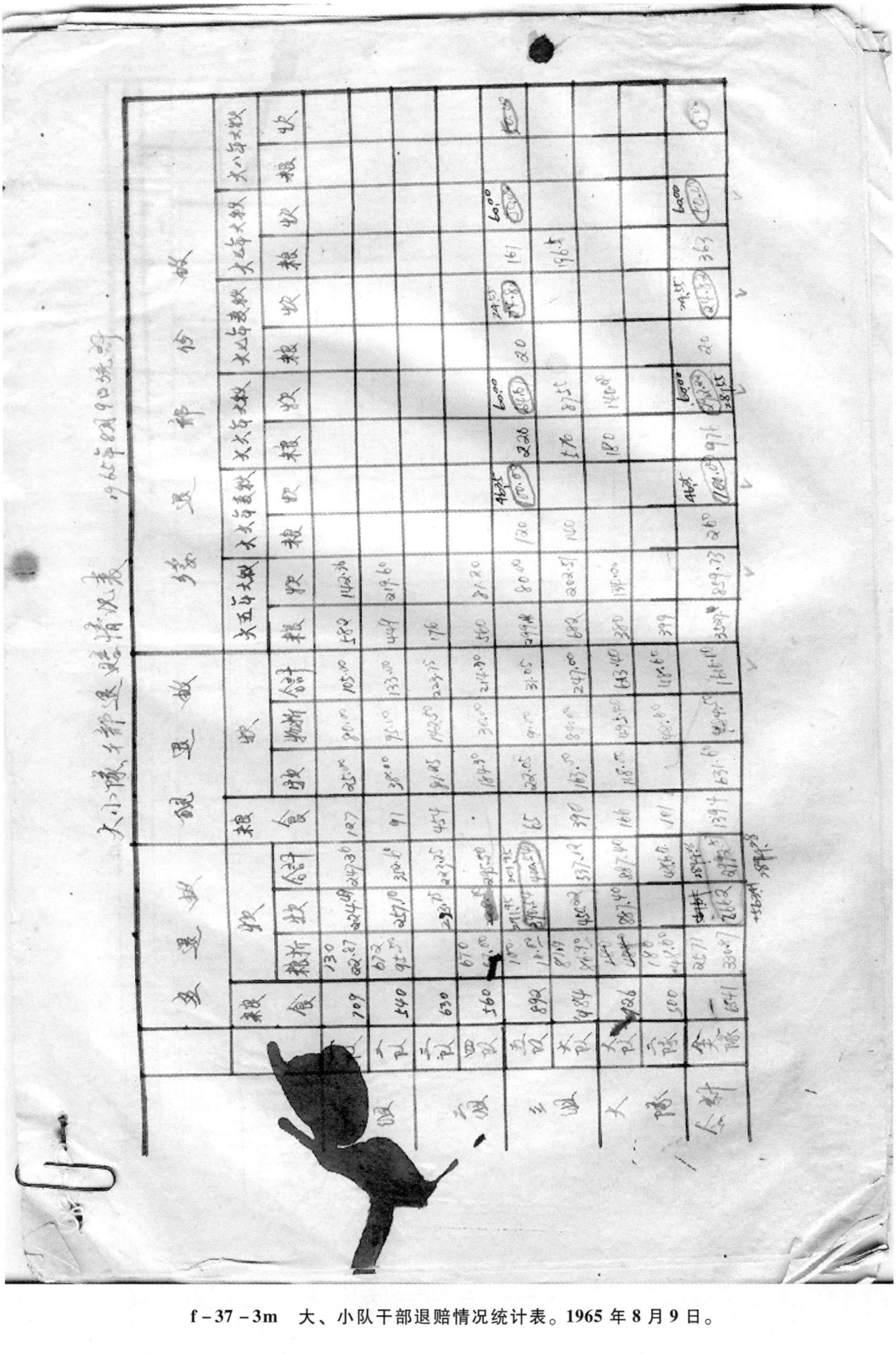

大小队干部退赔情况表　1965年8月9日统计

组	队	应退款 粮食	款 粮折	款 款	款 合计	现退款 粮食	款 款	款 物折	款 合计	继退部分款 六五年大秋 粮	六五年大秋 款	六六年麦秋 粮	六六年麦秋 款	六六年大秋 粮	六六年大秋 款	六七年麦秋 粮	六七年麦秋 款	六七年大秋 粮	六七年大秋 款	六八年大秋 粮	六八年大秋 款
一组	一队	709	130 22.87	224.49	247.36	127	25.00	80.00	105.00	582	142.36										
	二队	540	672 95.50	257.10	352.60	91	38.00	95.10	133.00	449	219.60										
二组	三队	630		223.75	223.75	454	81.85	142.50	223.75	176											
	四队	560	670 67.00	[illegible]	295.50	·	184.30	30.00	214.30	560	81.20										
三组	五队	892	100 10.50	391.95 [illegible]	401.95 [illegible]	65	22.05	9.00	31.05	299.8	80.00	120	46.35 (100.00)	228	60.00 ([illegible])	20	24.55 ([illegible])	161	60.00 ([illegible])		([illegible])
	六队	1484	8119 81.90	455.22	537.12	390	163.00	84.00	247.00	682	202.51	160		176	87.55			196.5			
大队	一队	926	[illegible]	887.40	887.40	166	118.00	495.40	613.40	380	138.00			180	140.00						
	二队	500	180 48.60		48.60	101		48.60	48.60	399											
合计	全队	6541	2571 330.87	2662	2992.57	1394	631.60	984.50	1616.10	3507	859.73	260	46.35 (100.00)	976	60.00 ([illegible]) 287.55	20	24.55 (24.83)	363	60.00 ([illegible])		([illegible])

f－37－3m　大、小队干部退赔情况统计表。1965 年 8 月 9 日。

侯家营大队、干部退赔情况统计表　1965年8月9日

姓名	应退赔				现退赔				缓退										
	补食	款			补食	款			65年大秋		66年麦秋		66年大秋		67年麦秋		67年大秋		68年大秋
		补折价	收	合计		收	实物折	合计	补	收	补	收	补	收	补	收	补	收	
侯元芹 大队	46		125.00	125.00	46	81.00	38.00	125.00	—										
侯文相 大队	380		200.00	200.00			18.00	18.00	200	92.00			180	90.00					
王秋会 大队	300		145.00	145.00	120	15.00	38.00	53.00	180.	42.00				50.00					
侯宇池 大队			16.00	16.00		16.00		16.00											
侯旭垣 大队			401.40	401.40	~~101~~		401.40	401.40	399										
[illegible] 小队	500.	180斤 48.60		514.60 48.60	101		48.60	48.60	399										
合计	1226	180斤 48.60	887.40	936.00	267	118.00	544.00	662.00	779	134.00			180	140.00					

f-37-3n

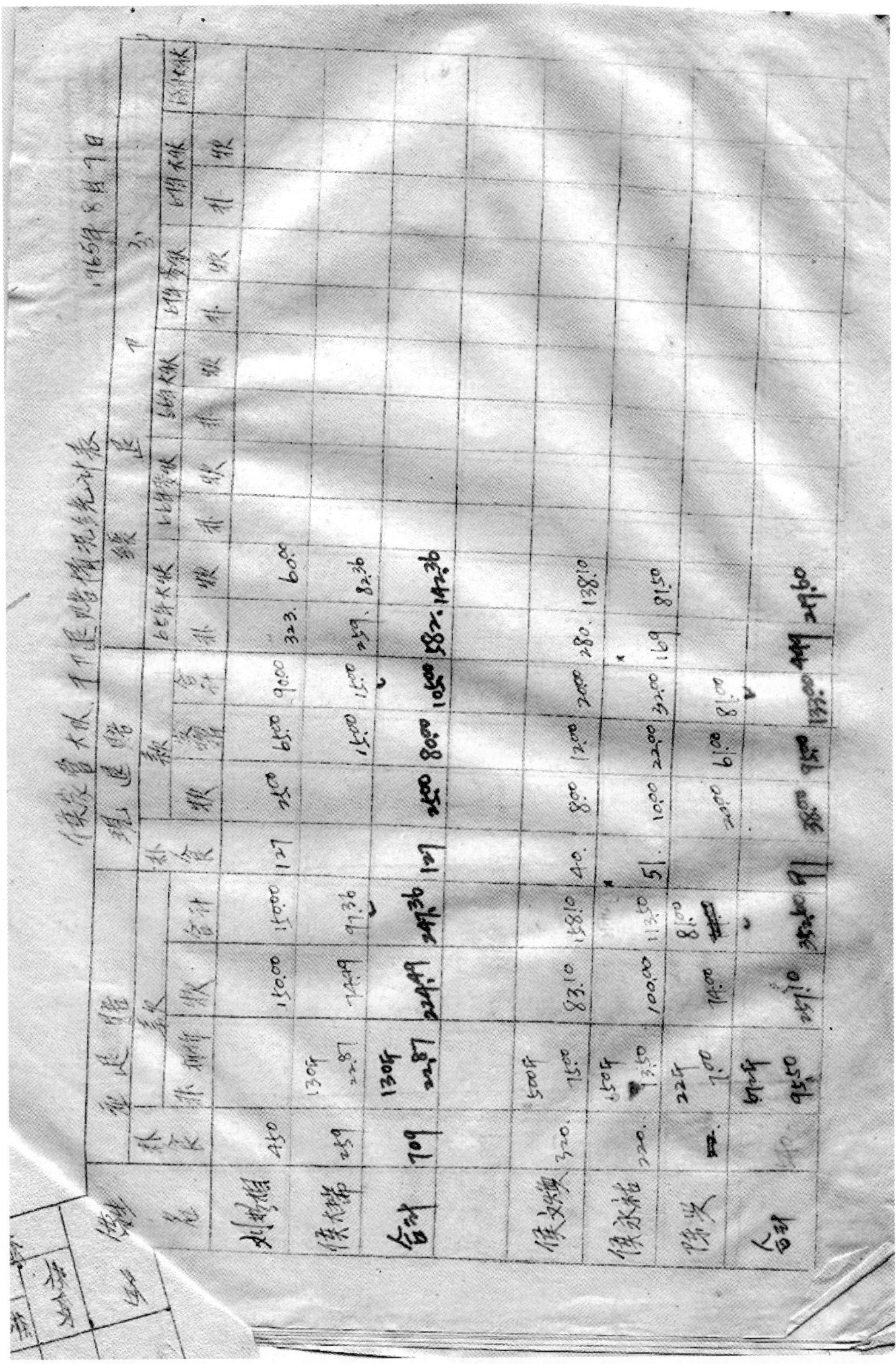

侯家营大队干部退赔情况统计表 1965年8月9日

姓名	应退赔 补食	应退赔 款 补种什	应退赔 款 收	应退赔 款 合计	现退赔 补食	现退赔 款 收	现退赔 款 实物	现退赔 款 合计	缓退户 65年大秋 补	65年大秋 收	66年麦秋 补	66年麦秋 收	66年大秋 补	66年大秋 收	67年麦秋 补	67年麦秋 收	67年大秋 补	67年大秋 收	68年大秋
刘树相	450		150.00	150.00	127	25.00	65.00	90.00	323.	60.00									
侯大瑞	259	130斤 22.87	74.49	97.36			15.00	15.00	259.	82.36									
合计	709	130斤 22.87	224.49	247.36	127	25.00	80.00	105.00	582.	142.36									
侯文焕	320.	500斤 75.00	83.10	158.10	40.	8.00	12.00	20.00	280.	138.10									
侯永祯	220.	650斤 13.50	100.00	113.50	51.	10.00	22.00	32.00	169	81.50									
陈兴	~~[illegible]~~	225斤 7.00	74.00	81.00		20.00	61.00	81.00											
合计	[illegible]	[illegible]斤 95.50	257.10	352.60	91	38.00	95.00	133.00	449	219.60									

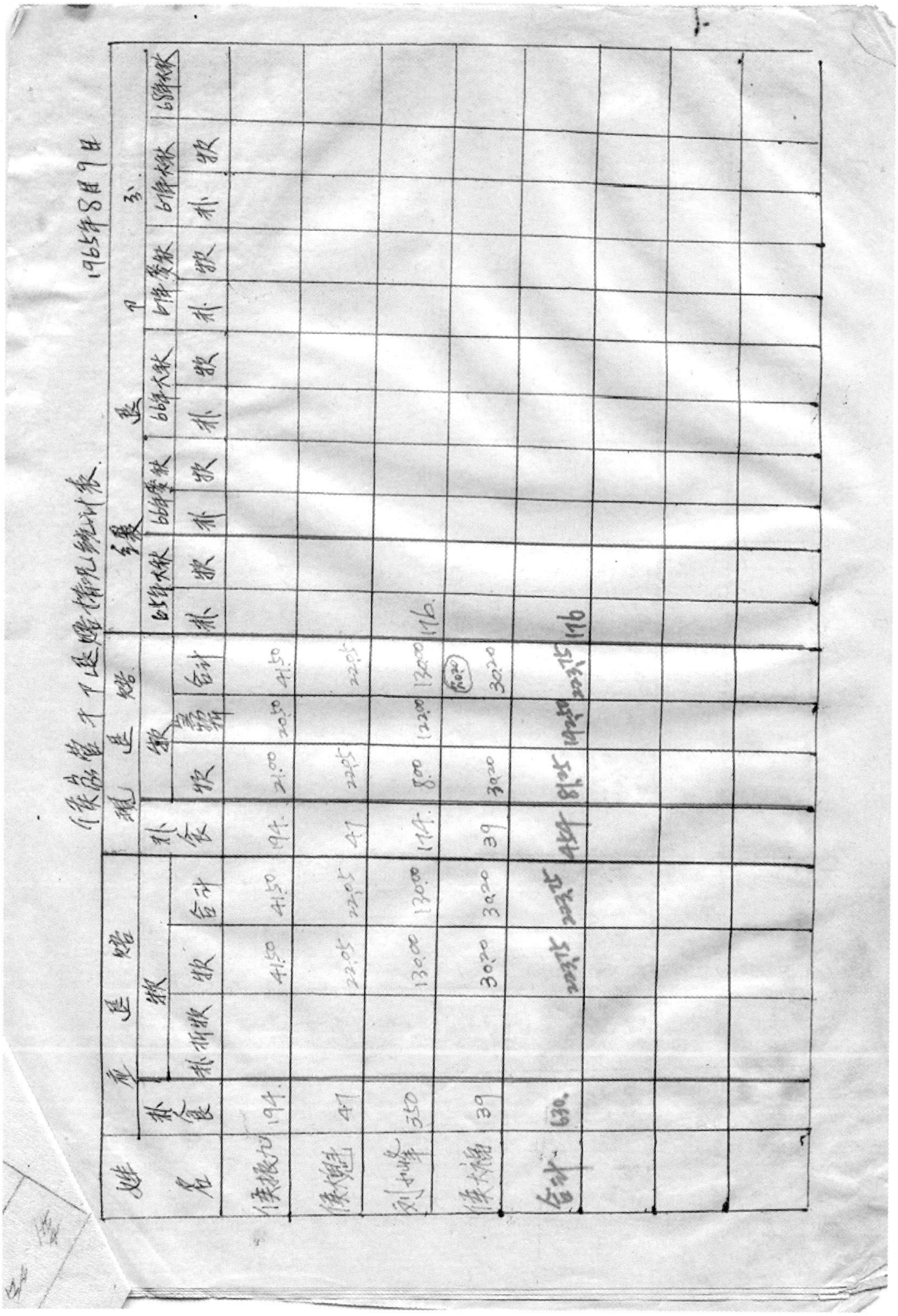

侯家营干部退赔情况统计表　1965年8月9日

姓名	应退赔				现退赔				缓退部分											
	粮食	款			粮食	款			65年大秋		66年麦秋		66年大秋		67年麦秋		67年大秋		68年大秋	
		粮折款	款	合计		款	实物	合计	粮	款	粮	款	粮	款	粮	款	粮	款		
侯振元	194.		41.50	41.50	194.	21.00	20.50	41.50												
侯大魁	47		22.05	22.05	47	22.05		22.05												
刘如峰	350		130.00	130.00	114.	8.00	122.00	130.00	176.											
侯大福	39		30.20	30.20	39	30.20		([illegible]) 30.20												
合计	630.		223.75	223.75	454	81.25	142.50	223.75	176											

f－37－3p

f－37－3n/f－37－3o/f－37－3p　侯家营大队干部退赔情况统计表。1965 年 8 月 9 日。

侯家营大队干部退赔款的分配表　六五.八.廿五

	退赔款						大队已发生产队干部退赔款	社员分配部分	
	应退款	生产队 公积金	生产队 公益金	分给社员	大队干部分配部分	合计		按人	按劳
合计	2894.28	1302.44	144.71	1447.13	443.70	1447.13	1728.37		
大队	887.40	399.30	44.40	443.70			747.40		
一队	247.36	111.32	12.36	123.68	73.90	197.58	247.36	138.30	59.28
二队	401.20	180.54	20.06	200.60	74.00	274.60	401.20	192.20	82.40
三队	223.75	100.70	11.18	111.87	74.00	185.87	223.75	131.18	54.60
四队	295.50	132.98	14.77	147.75	74.00	221.75	295.50	155.31	66.44
五队	301.95	135.90	15.08	150.97	73.90	224.87	111.05	157.41	67.46
六队	537.12	241.70	26.85	268.56	73.90	342.46	449.51	239.71	102.75

工作队　贫协支部　制表。

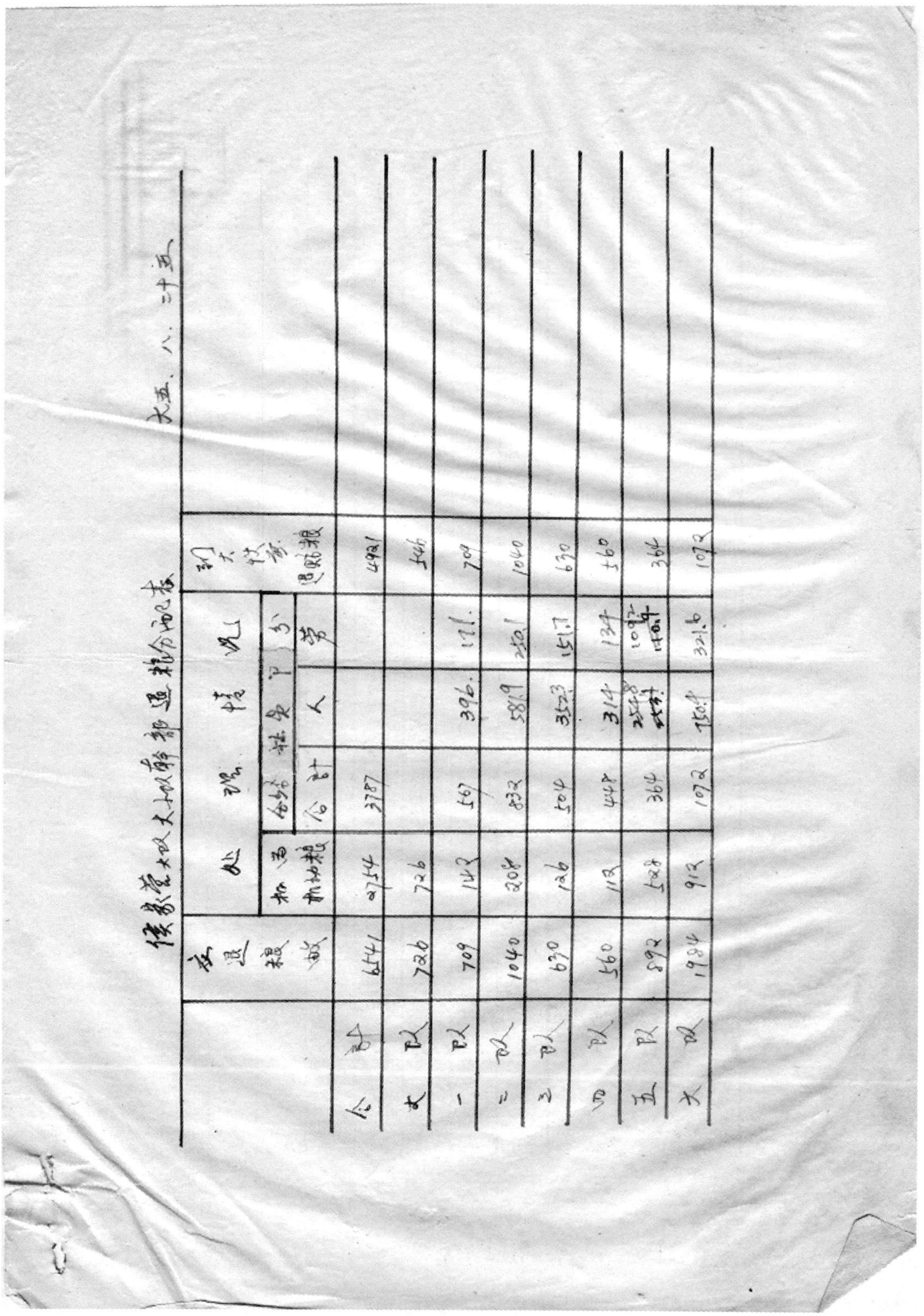

侯家营大队干部退粮分配表

六五. 八. 二十五

	应退粮数	处理情况				列入社员退赔粮
		扣还补助粮	分给社员户分			
			合计	人	劳	
合计	6541	2754	3787			4921
大队	726	726				546
一队	709	142	567	396.	171.	709
二队	1040	208	832	581.9	250.1	1040
三队	630	126	504	352.3	151.7	630
四队	560	112	448	314	134	560
五队	892	528	364	254.8	109.2	364
六队	1984	912	1072	750.4	321.6	1072

f－37－3r

f－37－3q/f－37－3r　侯家营大队干部退赔款、退粮分配表。1965 年 8 月 25 日。

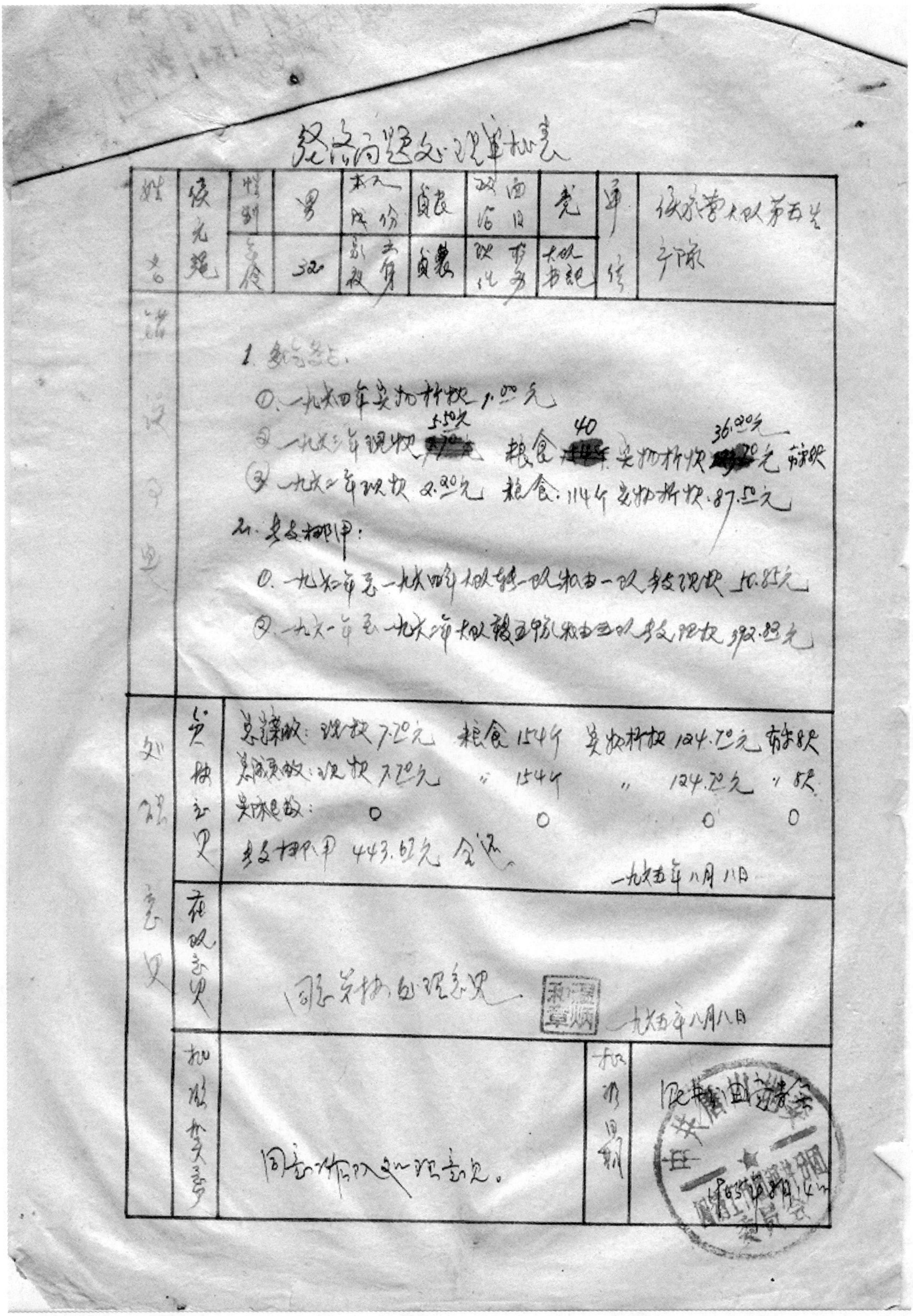

f-37-3v 经济问题处理审批表。侯元强，大队书记，多吃多占、挪移的钱物数量，贫协与工作队的处理意见，1965 年 8 月 8 日。

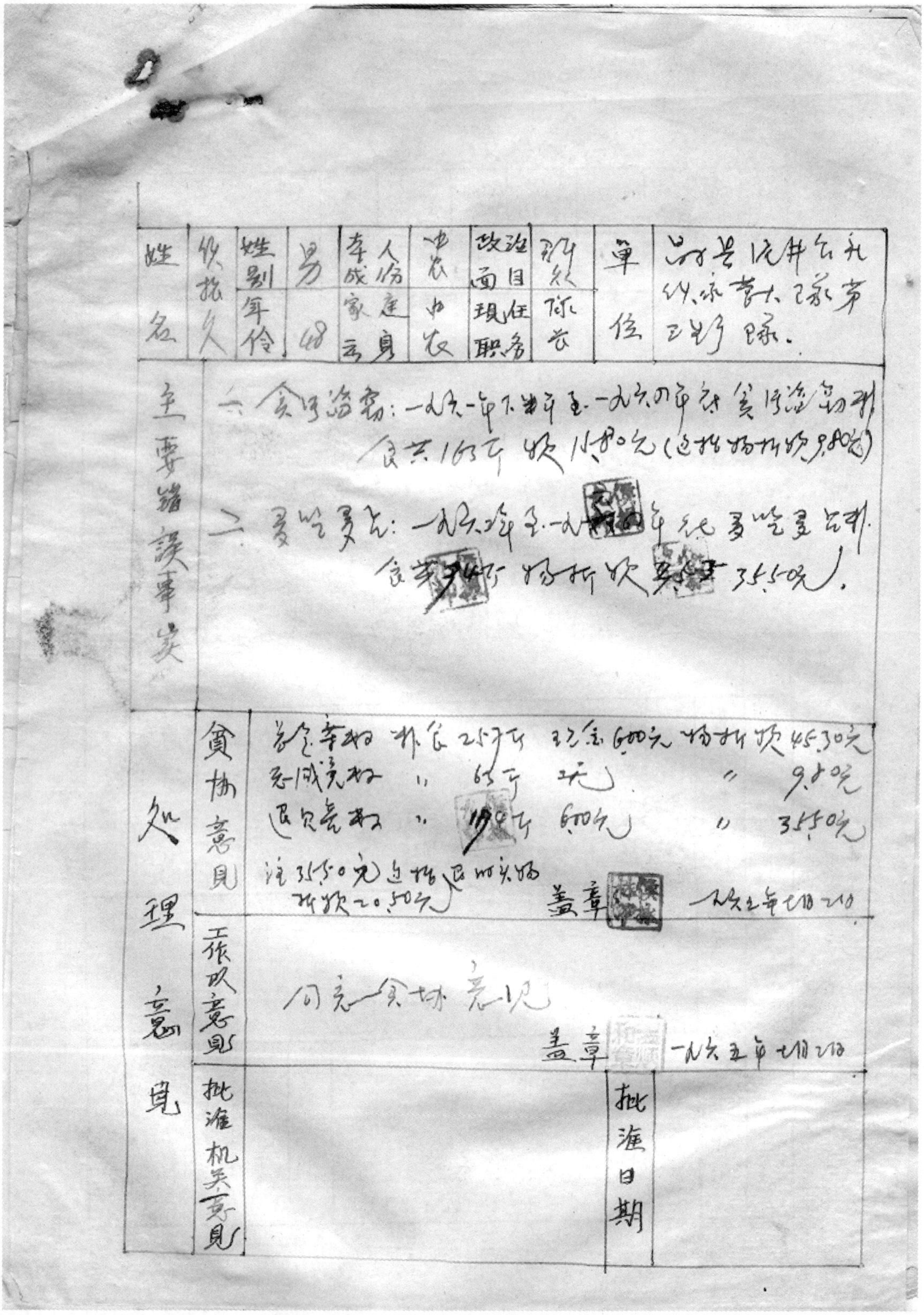

姓名	侯振久	性别	男	本人成份	中农	政治面目		单位	[illegible]公社侯家营大队第三生产队
		年龄	48	家庭出身	中农	现任职务	队长		
主要错误事实	一、贪污盗窃：一九六一年下半年至一九六四年共贪污盗窃粮食167斤 折款11.80元（包括物折款9.80元） 二、多吃多占：一九六[illegible]年至一九[illegible]年共多吃多占粮食[illegible]斤 物折款共35.50元。								
处理意见	贫协意见	[illegible] 共计退赔粮食[illegible]斤 现金600元 物折款45.30元；贪污盗窃 粮食[illegible]斤 [illegible] 9.80元；多吃多占 粮食[illegible]斤 600元 35.50元。注：35.50元包括退赔物折款20.50元。 盖章 一九六五年七月二日								
	工作队意见	同意贫协意见 盖章 一九六五年七月二日							
	批准机关意见							批准日期	

f－37－3w 经济问题处理审批表。侯振久，三生产队队长，注明贪污盗窃、多吃多占的钱物数量、贫协与工作队的处理意见，1965年7月2日。

a-10-11　侯家营大队大字报留底及大字报抄写本。1968 年 12 月。＊该大字报留底计 16 开纸 60 页，涉及孔宪章、侯永志、侯大明、侯元文、侯永明等村民多人，保留“文革”初期大字报语言。因涉及隐私，编者做了删节、覆盖。文中错别字照录，缺字用“□”代替。

一、侯家营大队大学报留底 1968.12

①伪保长孔子明的三子反革命分子的家属孔宪章幼小以来跟随其父过贯了吃人的生活，游手好闲，用尽了两面手法坏事干尽当面是人背地扮鬼挑拨离间，借无产阶级文化大革之机钻进文革，想在政治上大捞一把，我们革命群众一定揭川他的画皮。

②国民党员老伪保长，大敌情报员的儿子孔宪章是个小大□队经常跟大□队来□拿着手枪串户逼粮逼款。并在侯元吉家大门石头上跃武扬威，威协劳苦大众不快交粮，小心你的脑代打倒国民党员大汉汗孔治明。12 月 19 日

③恶霸地主肖会生的走狗伪保长候大明的干爹侯元照由解放以来一贯不参加会议，仇视社会主义，常年不参加劳动忘图采社会主义墙角和肖会生有何鬼事，赶快交待。

④彻底批判王井红的老汉奸，地主的老狗，穷人的对头，王树忠快向革命群众交待你的大问题。

⑤撕开老地主侯元文的画皮。在解放前本村有土地八十多亩，雇长工九个老秃驴二儿子侯大孝是个大叛徒。他大儿子侯大中在大井站，有亩产千斤粮的好地二百多亩，雇很多长工短工，全家依靠剥削。

侯在中 45 年加入国民党员，侯元文三子侯子新比他兄入国民党更早，老地主侯元文不老实交待并以死威协我们把侯元文斗倒斗臭。1968.12.19

⑥侯永瑞是个大判徒，出卖革命同志，不知丑，贪生怕死，当跳兵，发了横财回沈阳，快交待快快。第一队

⑦伙会侯大信快把你的罪恶事实向广大群众老实交待，你在东北杏元当了多少年兵，必须交待清础，不然就把你揪出来，快快快交待。三队社员

⑧恶霸地主肖会生早在 46 年被周围广大革命群众抄家，恨之入骨。可是我村在土改时，分出了他家的房子，但在肖家外出时确开出中农成份，侯永志你当时管户口是叫啥事。你赶快交待。一队社员

⑨侯大明你在恶霸地主国民党区分部书记伪大乡长肖会生的指史下，当上了伪保长，经常给你的上司干什么，我们是一清二础，明着也给八路办事，但你亲自给肖会生送情报或指史你的亲信给敌人送信。你赶快将你的罪恶交待出来，否则革命群众是不会□应你的。解放后你也干了些坏事，快通通的交待。3 队社员 1968.12.21

⑩我村广大革命群众贫下中农，高举革命批判大旗揪出了大地主分子侯元文，这个反心不死的老地主自杀未成，大地主侯元文赶快交待你的罪恶，小心你的狗头。革命群众

⑪死不悔改坏份子侯永年，你不老老实实的接受革命群众监督改造，你正是千方百计破坏社会主义，在本月 19 号去泥井，北大荒砍伐树木，快向贫下中农交待。3 队社员

⑫地主走狗伪保长侯大明赶快把你的大问题交待出来，否则话革命群众是不允许你的，你当伪保长时，你老婆联猪肉都吃够了，解放后你还是不老实，常年骂□大骂革命干部，在四清运动中你用尽了各种手段抗弄工作队，钻进四清积极队伍中，乱搞革命干部这不算。合作化以来，你把集体财产偷你家多少去了，快给社员拿出来，你还破坏过学习班，说学习班没用不干活不中，广说万寿无疆□□搞生产，贫下中农你们看这伪保长有多么反动。革命群众赶快行动起来吧。革

命群众

⑬撕开张秀海的画皮，你在社会中是个坏东西，把你的问题快向三队社员交待，交待你的反动问题。1968. 12. 22

⑭侯大信你纯纯碎碎是资产阶级的代理人，你的干部是钻进来的，从你当队长来，就是熊瞎子打立正，一手遮天。你根本就是伙会混进党内当了革委会成员，希大队革命委员会马上开除。

⑮再看侯大信在我村三队分配粮食问题，我大队是在党的领导下进行的，一切听从党的指导。由三队侯大信就把粮食随便分，直接对抗党不按党的指示办事，和党开对车，这是什么问题？党叫吃360斤，你为什么分365斤，看一看侯大信你是怎样做的，是和党开对车。

⑯请大家在看侯大信把花生和粮食留在库内，不交给国家这是什么问题。为什么不把国家的粮棉油任务交齐，你对党对国家有什么看法。侯大信赶快向革命群众交待你的罪恶事实，否则革命群众不让你砸烂你的狗头。

⑰看侯叔宝要的大阴谋，在昨晚上说门口给我贴的大字报在当场就追查谁给我写的。同志们难道群众写大字报还有罪吗，写大字报是我们伟大领袖毛主席提出来的，请问什么目地，那时你究竟给肖会生干什么勾当，赶快向贫下中农交待。你的罪恶事实，不许你翻案，如不交待清革命群众不绕你，小心你的狗头。在昨天晚上打算的事你要做深刻检查，不然革命的红卫兵不让你，赶快做检查。

请问你侯叔宝有什么仗势吗，我们革命群众现在都用毛泽东思想武装起来，什么歪风邪气不让他翻天。

⑱混进我阶级队伍的叛徒，侯永志应该赶快向人民交待吧。

⑲人面兽心的伪保长侯大明，吃人肉喝人血干尽了坏事，孔肖二人的走狗，效劳于敌，真给国民党办事，假给共产党办事，解放后仍然不改。对社会主义不满，一贯仇视社会主义，偷漠拿□大骂革命干部，应该立即向人民交待。

⑳□□□□犯秦桂祥，你是地地道道的坏家伙，你□□□□□真是无有人的道德品质。你又是一个国民党员，干尽了多少坏事，从前你放多少次火，赶快向革命群众交待。

㉑侯宝文一贯道请你马上交待你的事实。

㉒侯大信你是个小伙会国民党的大黑头，你在东北沈阳，当国民党小伙会杀了多少老百性，抢了多少东西和钱财，向人民交待，从革委会退出去。三队

㉓伪军官国民党员刘彬明，你从来也未交待清你的问题，你在昌力干了些什么坏事，快交待。

㉔代帽子的坏傢伙侯永年，他一贯仇视社会主义，破坏人民的利益，偷砍西北井带的树木，不是一次，你是狗改不了吃屎，你偷了多少次快对群众交待。

㉕侯永明就是个不拿枪的敌人，我们坚决批倒斗臭，交待你的问题，是你的唯一出路。

㉖老地主侯元文是反动透顶的坏傢伙，一辈子靠剥削生活。常年雇常工几个他三个儿子都是国党，在次运动中也不痛改前非，向人民低头认罪，而他未罪自杀未逞大家可知这个坏家伙多么反动，你的罪恶快向人民交待，才是你的出路，否则砸烂你的狗头。

㉗王素中历史以来就效忠于敌，干尽了吃人害民的勾当，到现在三查三挖运动已开始。群众给他贴了大字报，他不但不老实交待，反而要阴谋，鼓动其儿子在小队会上给群众出提目，刁难群众，质问群众，他爹干过什么事，难道你自己干的事，自己不知道。

解放前，王素忠跟日本翻宜勾勾搭搭，让他住在自己家。

（删除27字）日本时期王素忠，从解放区逃到敌战区（昌力）。在那里，你给敌人干了那些

事，你要赶快老老实实的交待。否则下场可悲，解放后对社会主义仇视，巨不参加生产劳动，一贯不参加群众会议。至如今三查三挖运动蓬勃发展，广大群众充分发动起来了，可是问题很多的。王素忠即一项不去开会，躲在家里一直不路面，抗拒群众运动，正告王素忠你要老老实实的交待罪恶。

㉘刘斌义是个老国民党，大地主，长期以来过着剥削人的生活。所以在去年不上班，装病，这个反动透顶傢伙始终不老实交待罪大累累的问题。

二、侯家营大队抄写大字报本 1968 年 12 月 20 日

①放火犯秦桂祥，你干快交待你的问题，你当国民党的兵，到底干了那些坏事，快快交待。

②恶霸地主的走狗，侯淑宝，你在解放前为肖会生效劳还不算，就是将肖会生处决后，你还为肖收房粗，究竟你们是什么关系，赶快交待。

③揪开日本特务侯永明的画皮，日本特务侯永明受日本特务柿岛的训炼，在昌力干尽了坏事。老实交待是你唯一的出路。快……。

④撕开伪保长侯大明的画皮，看他的本质，今天把这个真给敌人办事，假给共产党办事的伪保长侯大明的真像揭开示众。该人是地地道道地肖会生孔子明的亲信，实心为敌人效劳，侯大明快快交待，才是你唯一的出路。

⑤田巨川你爹扎□抽大烟，你□□□□□，你和刘浜质什么关系快交待。你的历史快交待清楚，不要装好人，你□□□□□□，要你马上快坦白，把你老婆家的历史交待清。

⑥日伪商务会会长，侯大用，赶快交待你的大问题。

⑦伪军管，刘浜明是个顽固不化、死不交待反动透顶的坏家伙。现在赶快交待你的问题，交出你的枪，不然砸烂你的狗头。

⑧扒开侯永瑞的划皮，你在解放后钻入我革命组织，当上干部。你过贯了资产阶级的生活，你当书记的连饺子都不吃，说啥吃够了。看你这个人面兽心的狗东西，看你作了什么□□□□□□□□□□，外另给你叫活跑浪。你在东北干了些什么鬼更当，干快向人民抵头忍罪吧，别装好人了。

⑨刘浜明你这个人民的死敌伪军官，吃人肉喝人血的家伙。赶快把你的枪交出来，否则砸乱你的头。你现在的祖爷刘少奇已被广大的革命群众打倒，请你不要在装死，不要在做梦了，快快把枪交出来吧。

⑩揭开侯大信，你在东北兴园做过什么坏事，把你的罪恶历史向广大革命群众交待清，才是你唯一的出路。

⑪画伪保长侯大明臭肚子乱肠子都给我扔去，肖会生的走狗，穷人的死对头。在这次三查一挖运动中，你跑不掉了，快向广大革命群众交待吧。

⑫肖会生的二地主大管家侯淑宝，你还不交代你的问题，敢在我队会场，杀气腾腾。暴徒行为镇压革命的大字报，小心砸烂你的狗头。

⑬王永惠，侯永志，你们俩为什么将肖会生的恶霸地主改为中农，逍遥法外，逃到东北各地，钻进我们的革命队伍，是否作怪，其恶果，完全由你俩负责。

⑭依贯道首，侯宝文赶快交待你们的问题，把你们的鬼勾当，向广大革命群众做出彻底交待。把你所连系的那些人都交待出来，才是你唯一的出路，否则死路一条，不交待的话，要砸烂你的狗头。

⑮证告你侯计曾党的政策坦白从宽，抗拒从严，你要老老实实地把维持会的成员交待出来，

否则，对你不利。

⑯王永会你在平分时，你是平分团成员，又当村长，有关肖会生家的成份，为什么化成中农，其后因此赶快向革命群众交待。陈兴给刘浜质女儿开的中农证明信，受了处分，已看向你和陈兴的问题有什么出入。

⑰揭开侯永瑞的画皮，请问侯永瑞你在外干了什么坏事，你是一个真正的大叛徒，警告你只许你老老实实交待你的罪恶事实，不许你要化招，这才是你唯一的出路。

⑱地主分子侯元文你在很早就在东北开买卖，有土地 200 亩，你在解前常年收租，剥削穷人，隐满到四清。我们也不知道外边的情况，现在我们知道你是一个划掉的老地主，革命群众给你写大字报，要揪斗你。你以死对抗运动，真是罪恶累累，顽固不化。我们有毛主席给我们掌腰，坚决和你清算到底，坚决把你这个死不悔改的地主分子斗倒制服。

⑲敌工细特务，侯永明是一个地地道道的大叛徒，大内杆。解放后以来你一直藏到现在，还不赶快的向革命群众交待。

⑳伙会□子侯大信，你在解放前无恶不做，效忠于敌，干尽了你一生的坏够当，解放后你□身一变，又钻入了我们革命队伍，在生产队你搞的无烟帐气，又混进了文革，纯碎虎作风违干尽了吃人害民的坏事。要求把他马上退出文革。

㉑假的就是假的，伪装应当剥去侯大信国民党的孝子贤孙，你在东北都干了些什么鬼事情，有没有人命。回家以后你又怎样钻进革命队伍，优其是革命委员会，侯大信你要很好的向革命群众交待你的罪恶事实。

1

仁州：你们说的检查不深刻，他还在资产阶级立场上。通过学习我认识到这次运动是以阶级斗争为纲，可是执行的却是资产阶级立场，给党脱离东西，不少干部是受你的地方是受团资产阶级的危害。前期文化大革命搞的虽然有工作队但是你有责任。

倚威性问题，你对加强党的团结不够，对待毛主席说的反对自由主义应对对的。

春云：你对待毛主席思想有抵触思想，小将从你家的梯子上房你为什么搬了？你妈死了为什么不把伙食挡住呢？住大量小孩子为什么就马上不给伙食呢？你纯碎是资产阶级思想，不为群众关心。

兴民：这次文化大革命为什么不造高潮，群众运动起来了你们搞单队，你搞什么问题，为什么单队把公积金分给储蓄，维单队给储蓄造成损失，盖的房子都拆了，机器买了不少，把钱从各队要去都花了，买的本板不打扎，到这回本单位搞文化大革命期间你们搞单队。

元平：前期文化大革命挑动群斗群众，打击了贫下中农。你们检查里始终不敢检查都打击谁。前期文化大革命你说不理解，这次你们又搞第一变是反革命地把运动把持着，你们不发动群众搞单队是怎搞的好队好样

乙

落后队那样没有人要，一二队累没有人要，你们不是抓两头带中间，你是把落后队丢掉不管。对宣传毛主席思想，你不敢经常上拉。

杜莲：对学生宣传毛泽东思想，搬梯子不经同你上拉，说家里搬的，难道说你就没责任吗？你是什么思想。书放在画房子一尺地方不让。给富农藏东西不深刻检查。

艳珍：通过五次的检查还是不深不透。给富农藏东西为什么不深刻检查。翻身贫下中农你是什么想法，为什么你家不翻，党员干部为什么不翻。关于保卫队民兵连长支部消灭完，你为什么不早退查呢？你是站在什么立场，阶级敌人打会。贫下中农向你反映了多少次，为什么不解决？

秀莲：前期文化大革命你们破四旧为什么把贫下中农翻了，你家为什么不翻。你说书放在他们的一尺地方也没查出，什么意思？你对中央提倡计划生育工作起了什么作用？除名老党员，党员老支部你为什么不起带头，不代头，对中央是什么态度。

大辞：前期文化大革命不理带，这次你又是怎样呢，这次在初期搞的很混乱，我认为是那些不团结的行为，我有什么错误为什么不提。你们这样做是搞不团结的现象。

玉贞：通过检查不深不透。处处以个人利益为重，把个人利益放在第一位。不学、书放在画房子你就两样对待

3

魏荣：你是一贯代的资产阶级思想和地富常的外补脆，给你姐藏东西，对清队不关心。

田玉川：你要以老党员的身份揭发地自家人中农才能叫你过关

振友：文化的检查人敢暴露问题事实，光讲理论不挖思想根子不相信群众，我就是看清了问题你为什么不把你思想本质暴露出来。你只有把思想动机暴露群众才能让你否则是不行的。文化大革命是查党内走资本主义道路的当权派。你们都将要当上文革了，你们是想把矛头指向群众，查不着你，在一边看热闹，你只有把动机检查出来群众才能让你。

树恒：你是不深刻检查，你们支部把我定成十大罪状都是什么？你也是一个书记，怎弄的你都给我说了，如果要我，可以不给加害

永林：三队是红旗队，你报什么态度来的，是否想把你们党大队的生产搞垮。

士海：三队问题以北京市委改组的方法改组的你是什么想法呢？那就是三队干部和你不合心的人，你采用打击的办法打击，工作中和你意见不相同的人你就是打击，你要详细的考虑，你用的又是什么人，你在支部是互相排挤的办法你可想想，你是否发挥了大队党委的领导作用

a－11－12b

同志们：

我已在大会上作了两次检查，由于我以前检查很不深刻、很草率，同志们本着对同志负责和对革命负责，根据我的检查对我进行批评。我确实感谢大家、同志们的批评帮助，使我确实认识到我的错误。对我受到教育来说，从来也没有过这样的机会。大家为了帮助我彻底的改造思想，又给我考虑了一个机会，经过一段的考虑，我确实犯了严重的错误。今天再次向同志作检查。

一、前段文化大革命的错误

在前段文化大革命中[illegible]……我的错误，确实不理解文化大革命的意义。由于我们大队的四清复查和文化大革命交叉，又是复查的阶段，我就把原来的复查布置进行。对文化大革命的意义我也没有方向，我次序有些个别地方和搞乱，以后也询问过一些个别文化大革命的意义，只是说：此次布置，叫发动群众、彻底进行一次四清和复查。我就发动群众破四旧。所以，在前期文化大革命中在我这儿就是以破四旧为名，就把……派引进来了。现在检查起来，是把运动引向邪路。

所以说，把运动引向邪路，就我来讲，就没有依靠贫下中农，叫革命群众首先造我的反。不但我当时没有这样认识，相反的造了贫下中农的反，造了革命群众的反。

a－11－12c

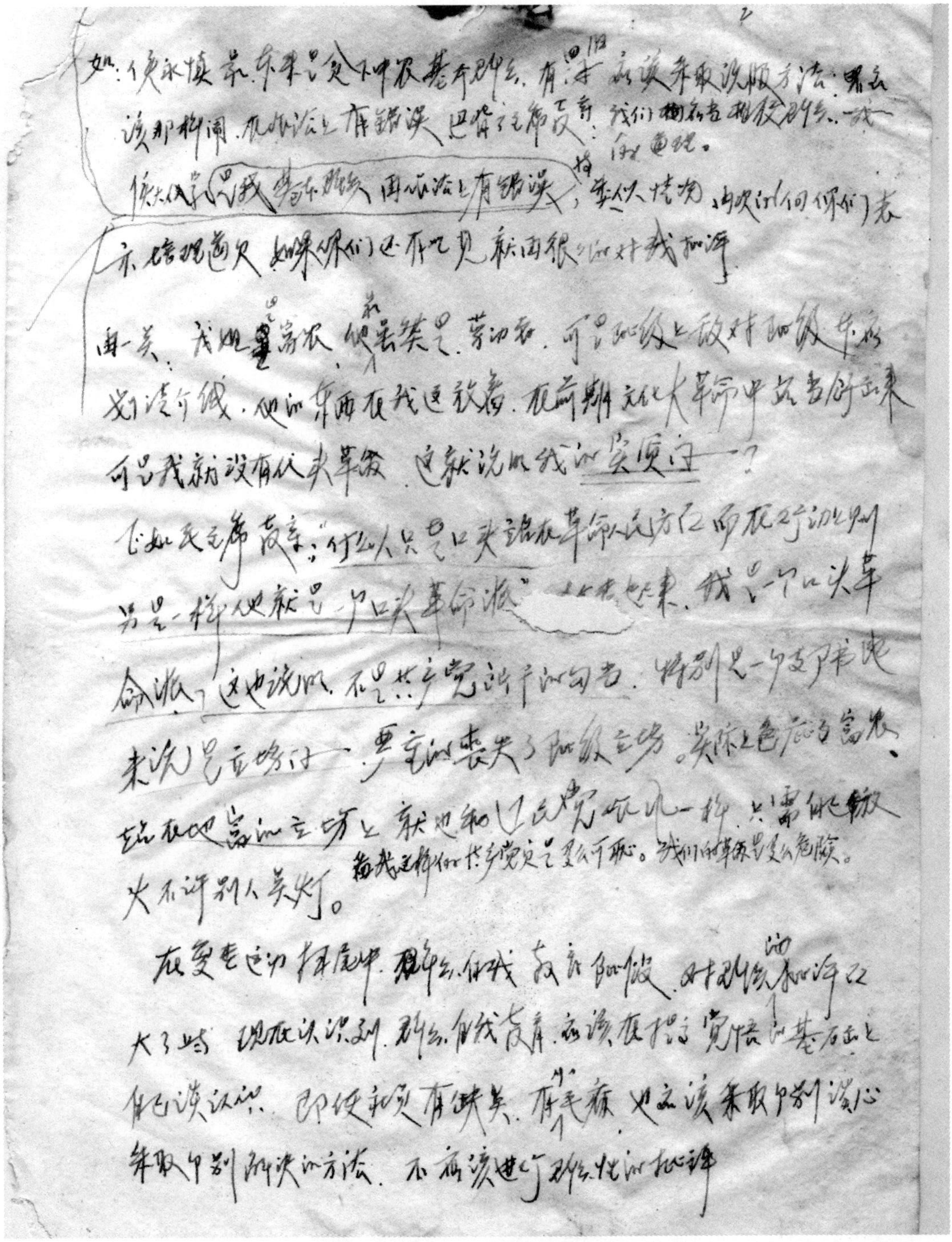

如：侯永恒就东来说贫下中农甚至群众，有些（旧）应该采取说服方法，那么该那样闹，在做法上有错误，……我们都应当相信群众，……
侯元强……因做法上有错误，……不能批……
再一点，我姐是富农，他虽然是劳动者，可是阶级上敌对阶级，……可是我就没有从头革命，这就说明我的……？
正如毛主席说："什么人只是口头上站在革命人民方面而在行动上则另是一样，他就是一个口头革命派"……我是一个口头革命派，这也说明不是共产党员应有的态度。特别是一个支部书记来说是应站在……丧失了阶级立场。实际上是庇护富农，站在地富的立场上，……只需他们放火不许别人点灯。……我们的革命是多么危险。
在文化运动过程中，群众给我提的批评，对我说批评大了些，现在认识到，群众给我提意见，应该在提高觉悟的基础上自己谈认识，即使私人有缺点，有毛病，也应该采取个别谈心，采取个别解决的方法，不应该进行群众性的批评

a－11－12d

a－11－12/a－11－12a－d　群众对村支部书记侯元强的批斗发言及侯元强本人的检查记录。文革初期。＊在群众发言中，涉及村书记侯元强的运动表现以及在干部免职、培养接班人、工作态度方面的错误。主要内容有：认识不深刻、花公积金、经济主义、文革前期挑动群众斗群众、不理解文革、把持运动、破四旧和节制生育工作不宣传不带头、不团结行为、与地富一条腿、落后队、当权派，摇身一变，"当上文革了"、困难工作不拿意见、富农女儿有病贷款、第二次改造文革、当权派、别有用心、中央文件不理解、整积极分子、文革高潮压制大字报。在书记侯元强检查记录中流露出牢骚，如：工作队看笑话、不想干、休想赶上大寨。

大字报

侯元忠：

通过学习我们的眼亮心明了，认清你一切不服从社会制度的表现

警告你侯元忠，通过学习你应当老老实实地向革命群众交代你的问题

请问你侯元忠走的是什么路，你们家打烈属的旗号，干尽了反红旗

的勾当，请你想一想主席和党里面包含的不正是你们走的资本主义道路吗？

地下工厂，你搞资本经济，也就为了扩大开销，投机倒把，你们

弄到资本主义道路，干尽坏事，如要钱等等一切吧，望快快地向我们

交代老老实实交代，抱坦白从宽的道路。

请领导安排处理此事。

2队社员

'1970.3.8

b－4－37 大字报稿。关于侯元忠，2队社员，打着烈属的旗号，干着反红旗的勾当，地下工厂，1970年3月8日。

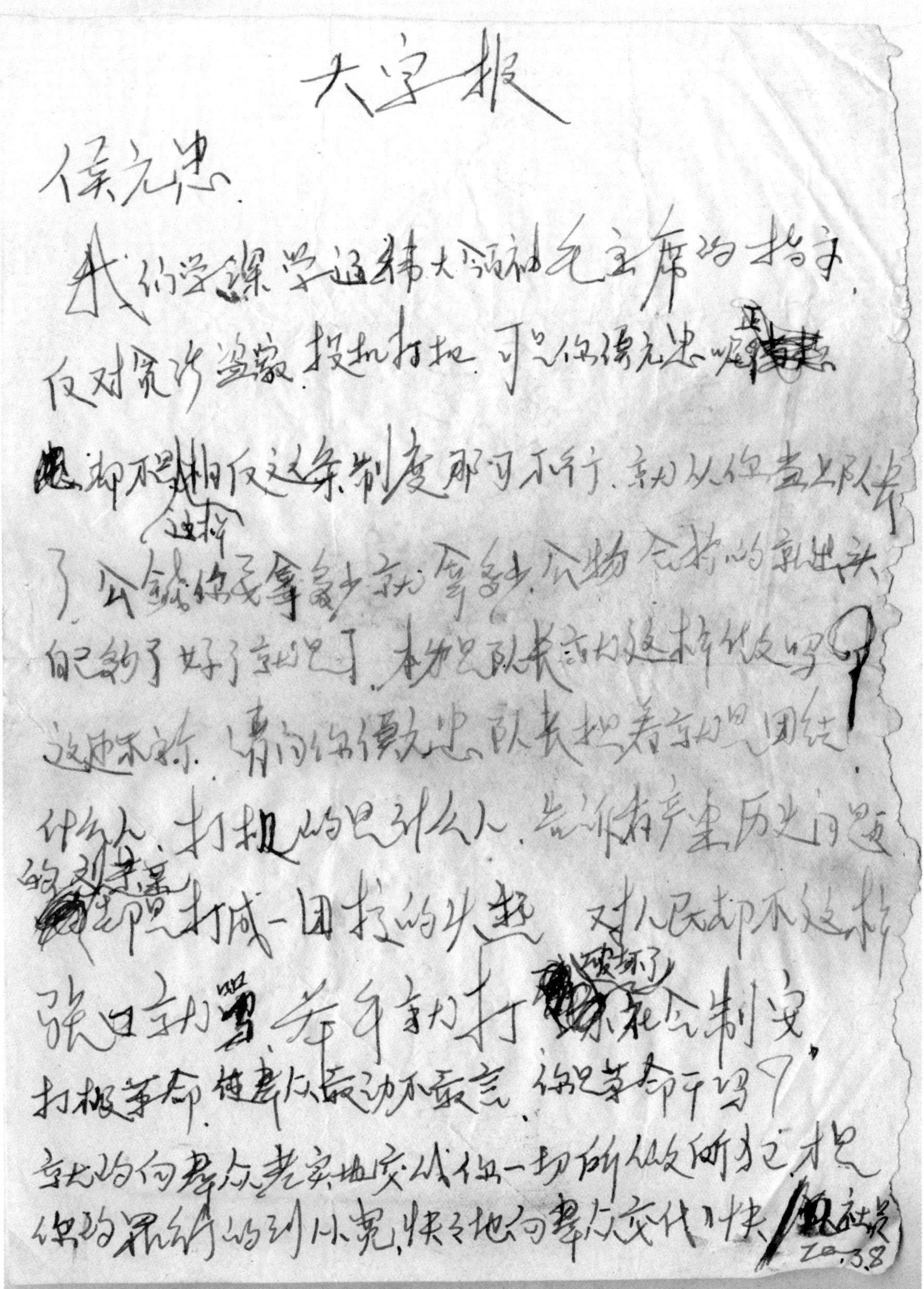
大字报

侯元忠：

我们学习学习伟大领袖毛主席的指示，反对贪污盗窃、投机倒把。可是你侯元忠[illegible]却不[illegible]相反（这样）这条制度那可不行。就从你当上队长了，公款你是拿多少就拿多少，公物合适的就进了自己家了，好了就是了。本身是队长就这样做吗？这是不行。请问你侯元忠队长想着就是团结什么人，打拢的是什么人，尝试有严重历史问题的（刘书高）[illegible]打成一团打的火热。对人民却不这样，张口就骂，举手就打，（破坏了）社会治安，打击革命群众，使群众不敢言，你是革命干部吗？就得向群众老实地交代你一切所做所犯，把你的罪行做的到小党[illegible]，快快地向群众交代！快！

[illegible]社员

70.3.8

b－5－62　大字报稿。侯元忠，当队长后贪污公款，打人，1970年3月8日。

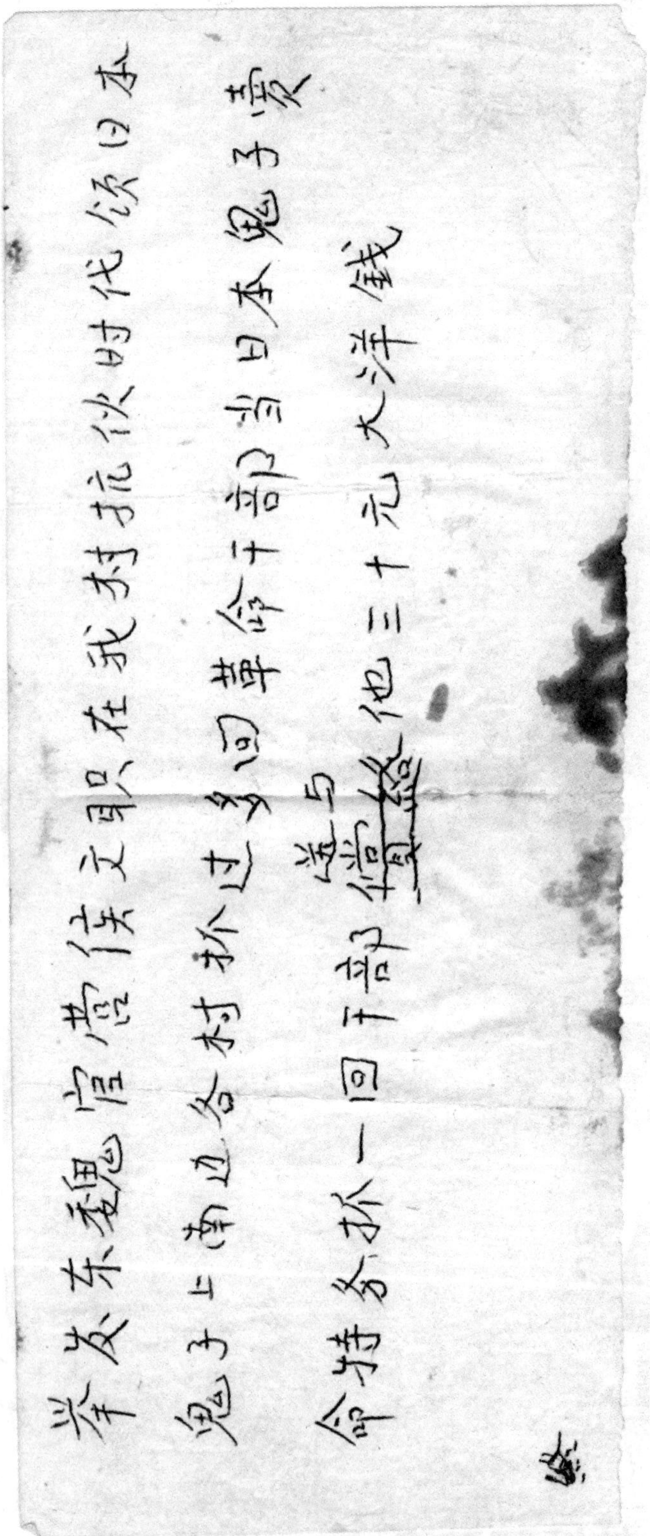
举发东魏官营侯文职在我村抗伙时代给日本鬼子上南边各村抓过多回革命干部当日本鬼子要命特务抓一回干部遂与偿他三十元大洋钱
侯

b－4－29 揭发举报材料。魏官营侯文职，抗伙时代，汉奸嫌疑，时间不详。

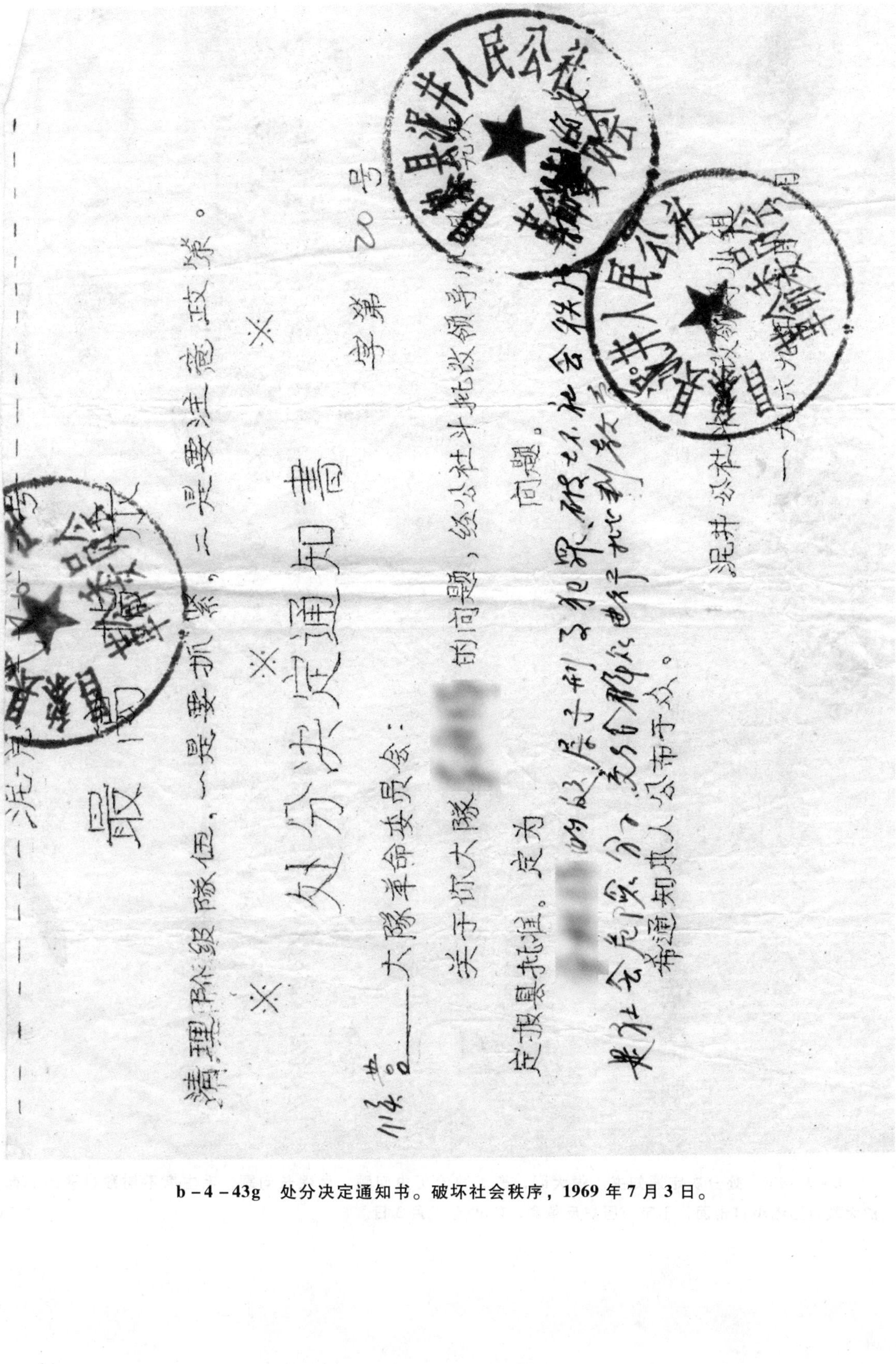
泥定……号

最高指示

清理阶级队伍，一是要抓紧，二是要注意政策。

※　※　※

处分决定通知书

侯营____大队革命委员会：

关于你大队[redacted]的问题，经公社斗批改领导小组

定报县批准，定为　　问题。

[redacted]的反属子利了犯罪，破坏社会秩序，

[illegible]

希通知本人公布于众。

泥井公社……

一九六……

字第 20 号

b－4－43g　处分决定通知书。破坏社会秩序，1969 年 7 月 3 日。

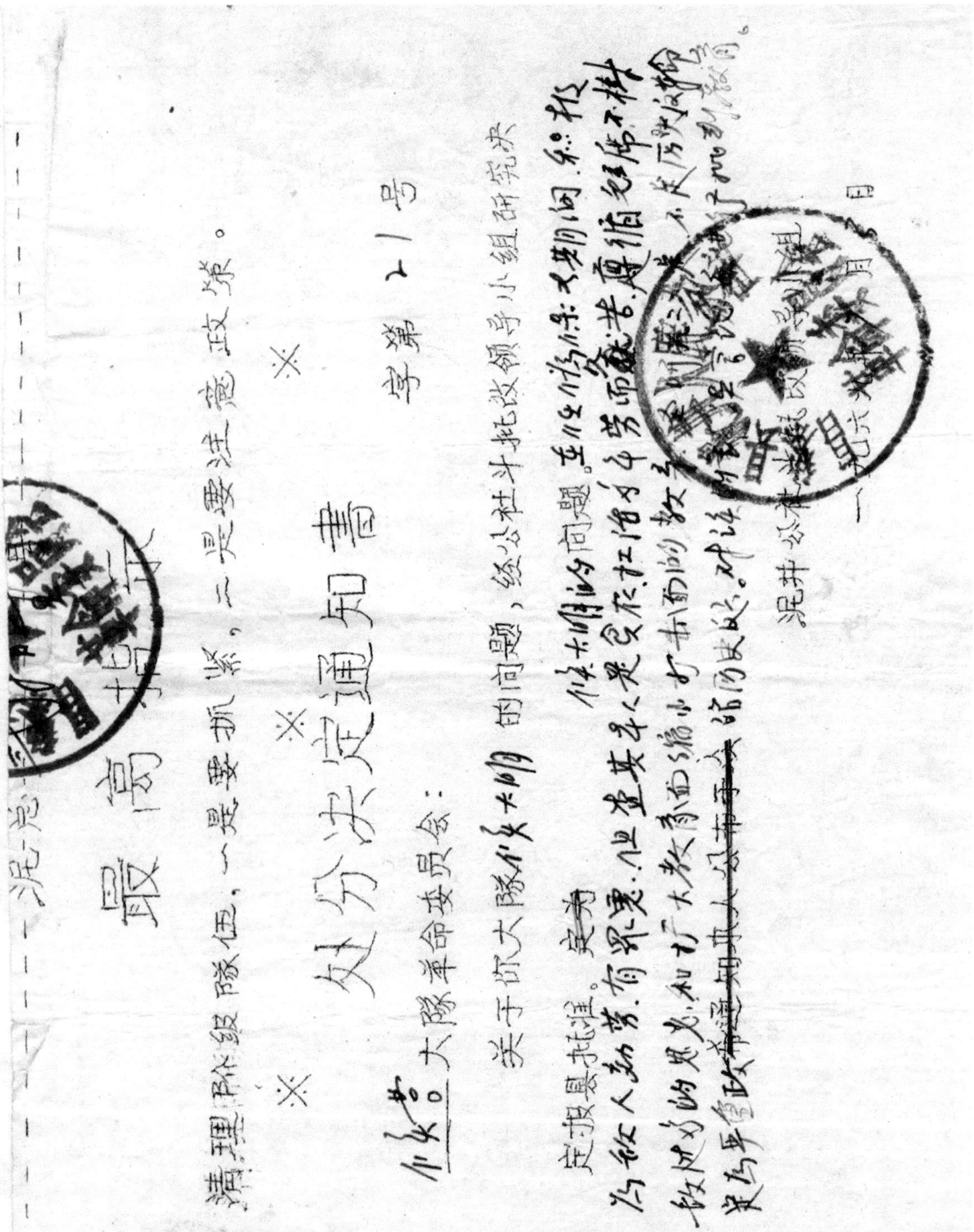

泥总

最高指示

清理阶级隊伍，一是要抓紧，二是要注意政策。

※ ※ ※

处分决定通知書

字第 21 号

侯营大队革命委员会：

关于你大队侯大明的问题，经公社斗批改领导小组研究决定报县批准。~~定为~~ 侯大明的问题，在伪保长期间，积极为敌人效劳，有罪恶。但查其本人是贫农，[illegible]遵循毛主席不树敌过多的思想和扩大教育面缩小打击面的[illegible]，不定历史反革命，定为严重政~~治通知本人公布手续~~治历史问题。对该[illegible]

泥井公社斗批改领导小组

一九六九年七月三日

b－4－43f 处分决定通知书。侯大明，严重政治历史问题，伪保长问题，毛主席不树敌过多的思想，扩大教育面缩小打击面，不定为历史反革命，1969年7月3日。

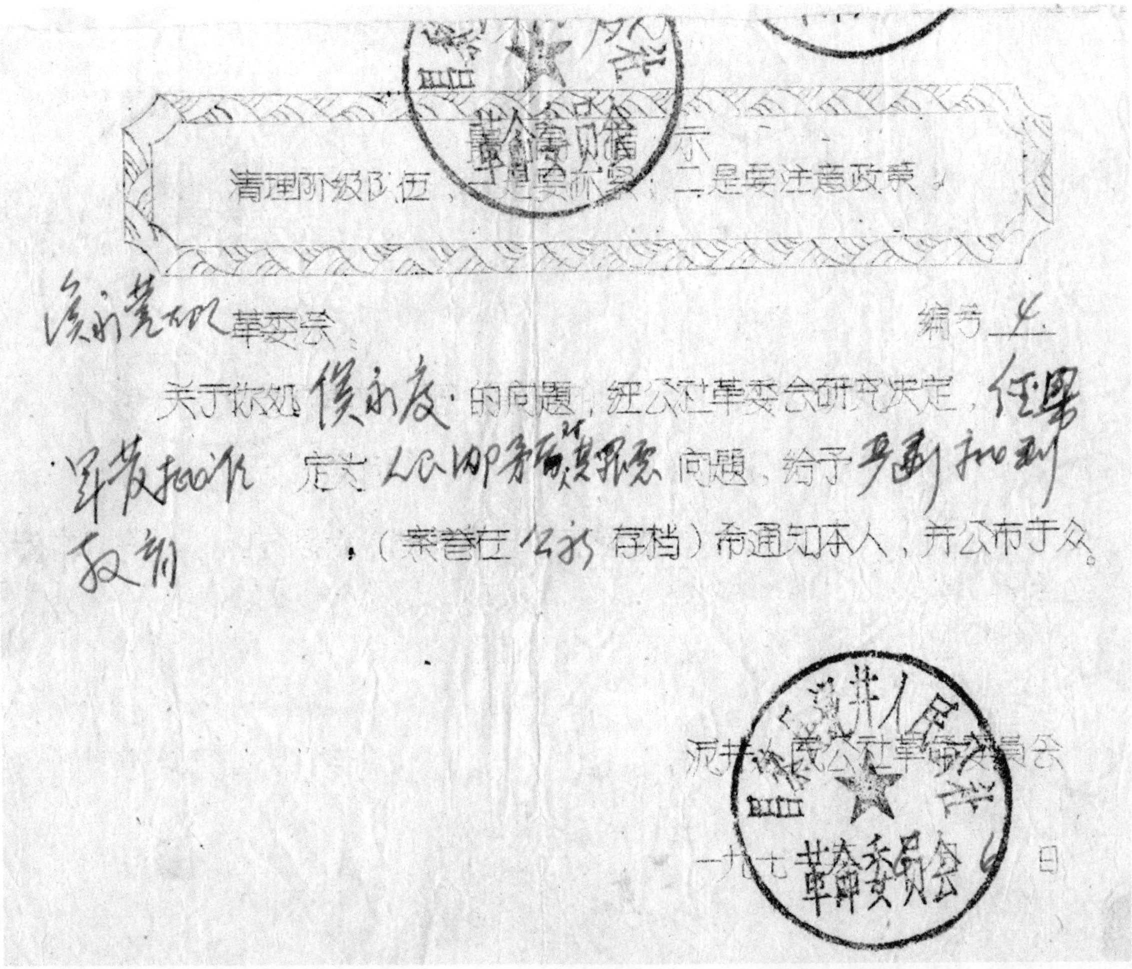

最高指示

清理阶级队伍，一是要抓紧，二是要注意政策。

侯家营大队革委会：　　　　编号 5

关于你处侯永庆的问题，经公社革委会研究决定，经群众批评，定为人民内部矛盾性质问题，给予免刑批判教育处分，（案卷在公社存档）希通知本人，并公布于众。

泥井人民公社革命委员会

一九七一年六月六日

b－5－17a　关于侯永庆问题的决定。定为人民内部矛盾，批评教育，1971 年 6 月 6 日。

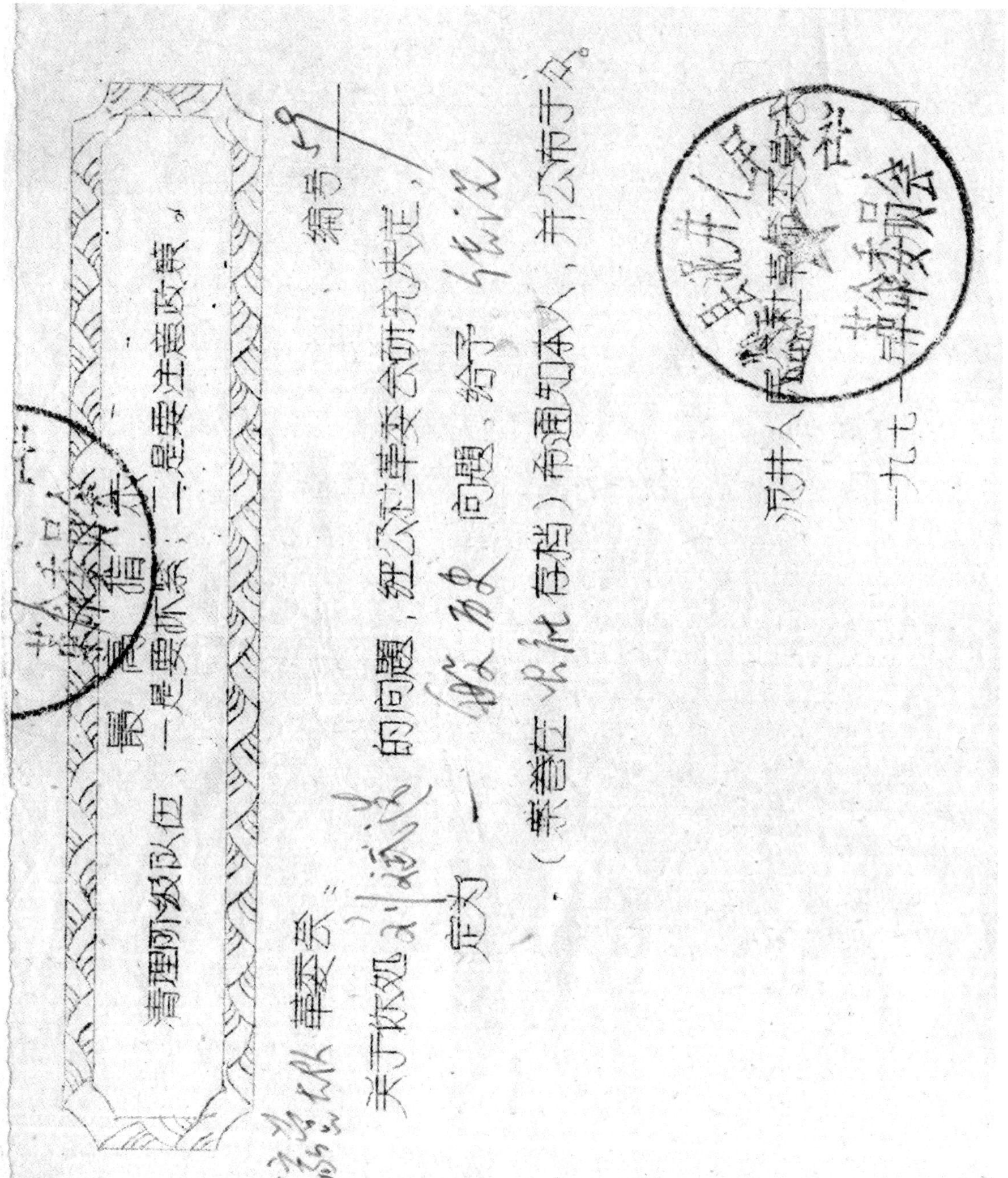
最高指示

清理阶级队伍，一是要抓紧，二是要注意政策。

编号 59

侯家营大队 革委会：

关于处理 刘斌选 的问题，经公社革委会研究决定，定为 一般历史 问题，给予 结论

（案卷在 公社 存档）并通知本人，并公布于众。

河井人民公社革命委员会

一九七一年

b－4－43d　关于刘斌选问题的决定。一般历史问题，给予结论，1971年7月3日。

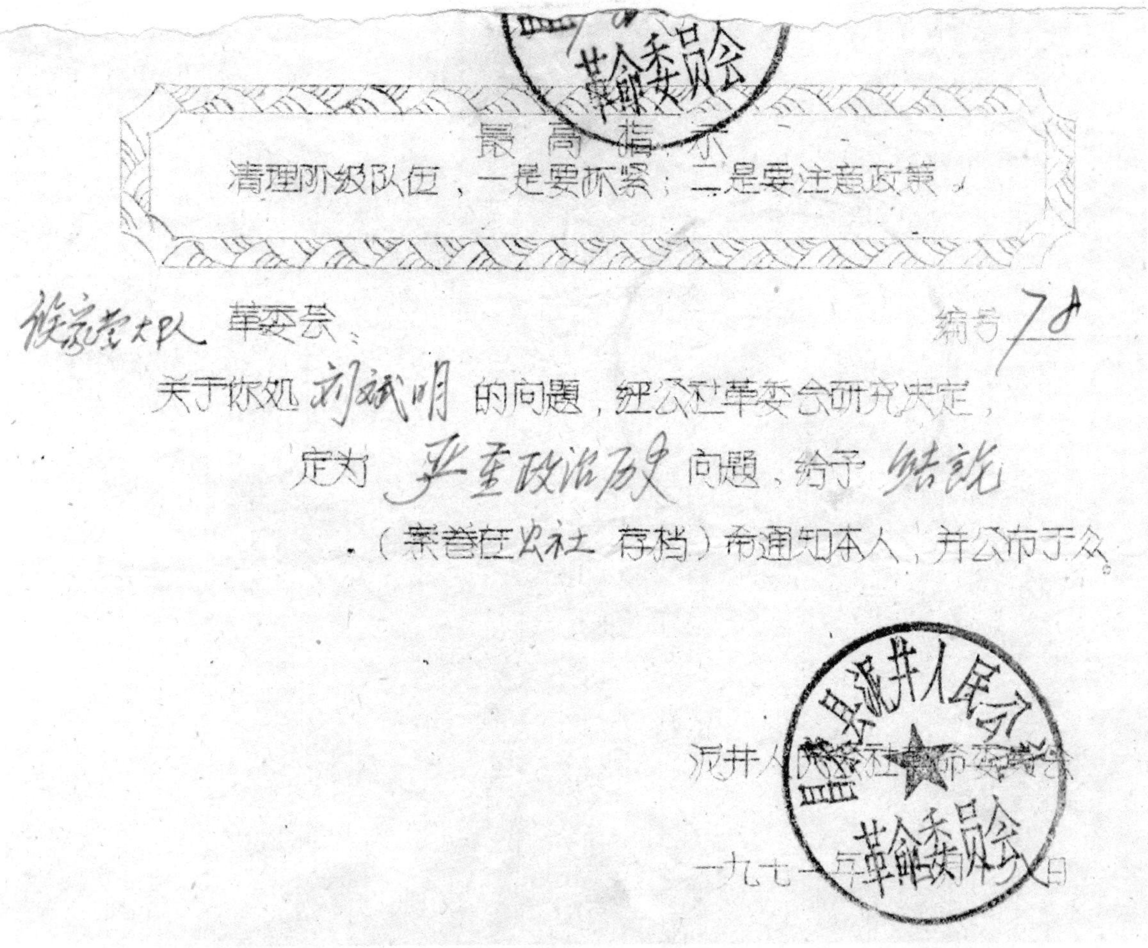
最高指示
清理阶级队伍，一是要抓紧；二是要注意政策。

侯家营大队革委会：　　编号 78

关于你处刘斌明的问题，经公社革委会研究决定，定为严重政治历史问题，给予结论（案卷在公社存档）希通知本人，并公布于众。

泥井人民公社革命委员会

一九七一年七月十八日

b－4－43c　**关于刘斌明问题的决定。严重政治历史问题，1971 年 7 月 18 日。**

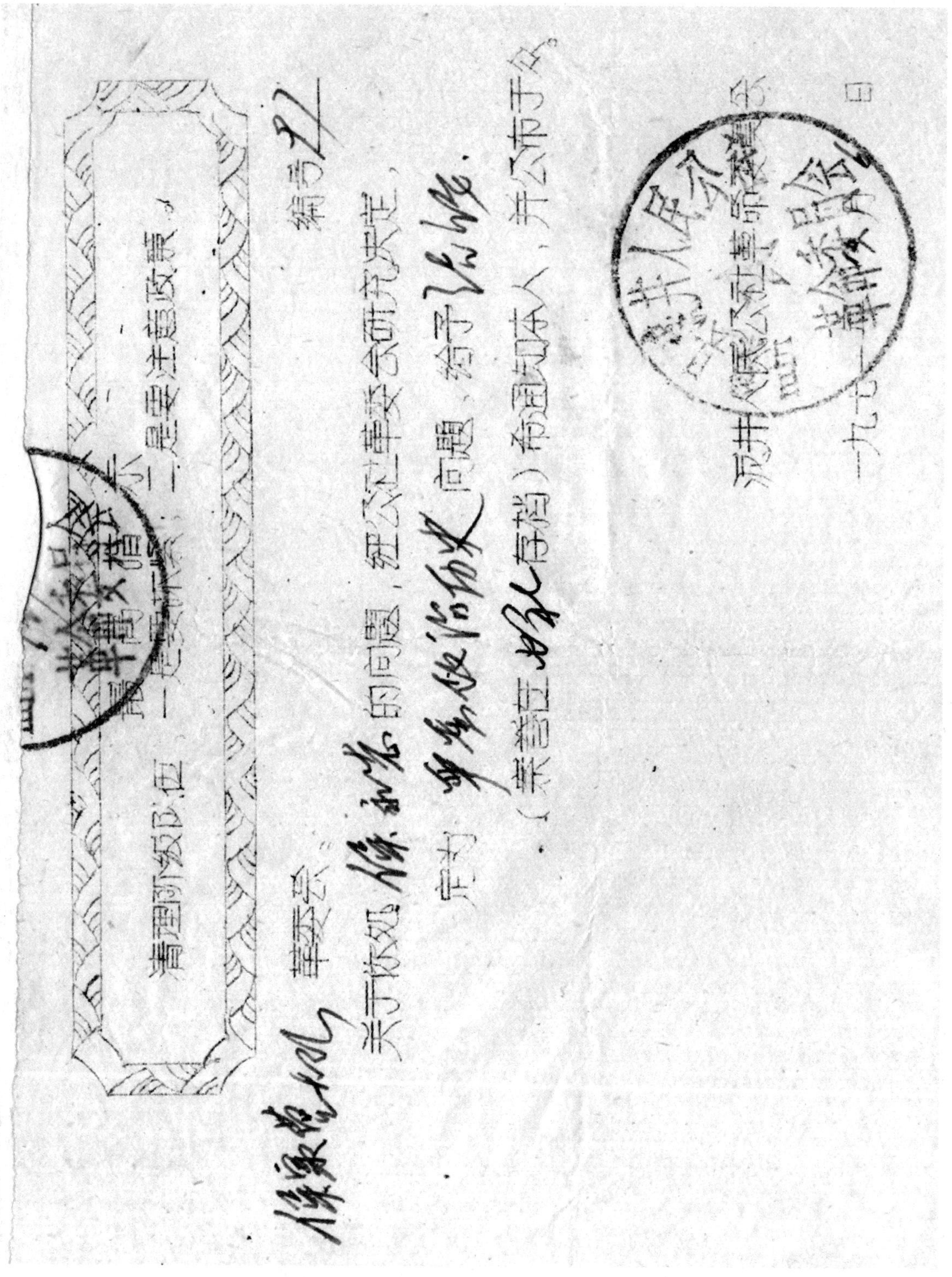

清理阶级队伍，一是要抓紧，二是要注意政策。

侯家营大队 革委会：　　编号 21

关于你处 侯永志 的问题，经公社革委会研究决定，定为 严重政治历史 问题，给予 记帐。

（兼管在 大队 存档）布置通知本人，并公布于众。

泥井人民公社革命委员会

一九七一年十月6日

b－4－43e　关于侯永志问题的决定。严重政治历史问题，1971 年 10 月 6 日。

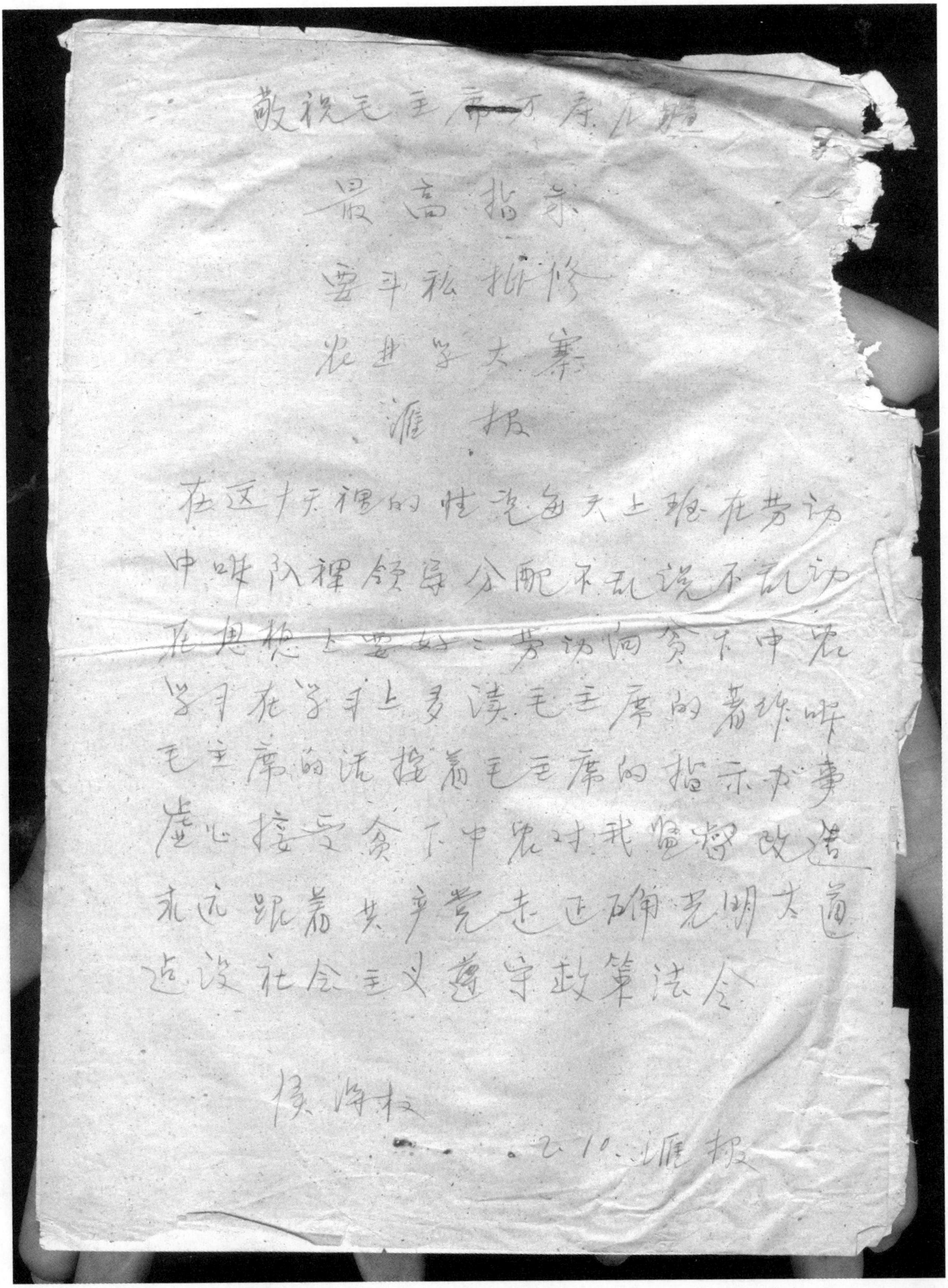

敬祝毛主席万寿无疆

最高指示

要斗私批修

农业学大寨

汇报

在这十天裡的情况每天上班在劳动中听队裡领导分配不乱说不乱动在思想上要好好劳动向贫下中农学习在学习上多读毛主席的著作听毛主席的话按着毛主席的指示办事虚心接受贫下中农对我监督改造永远跟着共产党走正确光明大道建设社会主义遵守政策法令

侯得权

2.10. 汇报

a-11-11　汇报。侯得权，十天里的情况，“听队里领导分配，不乱说不乱动”，接受监督改造，1971年2月10日。＊应是春节期间。

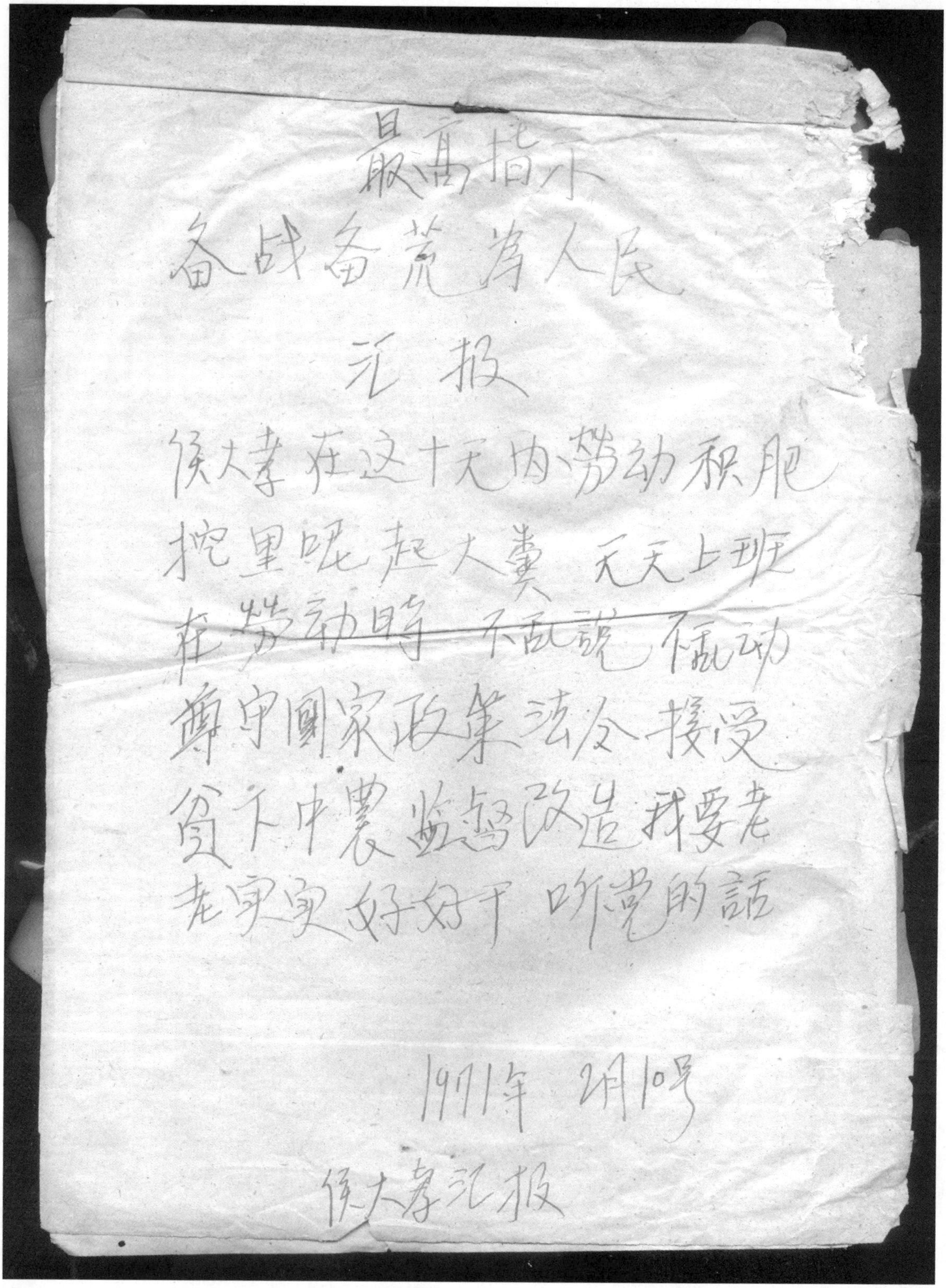

最高指示

备战备荒为人民

汇报

侯大孝在这十天内劳动积肥
挖里呢起大糞 天天上班
在劳动時 不乱説 不亂动
尊守國家政策法令 接受
貧下中農监督改造 我要老
老实实好好干 听党的話

1971年 2月10号

侯大孝汇报

a-11-11a 汇报。侯大孝，“劳动积肥，挖黑泥，起大粪”，1971年2月10日。

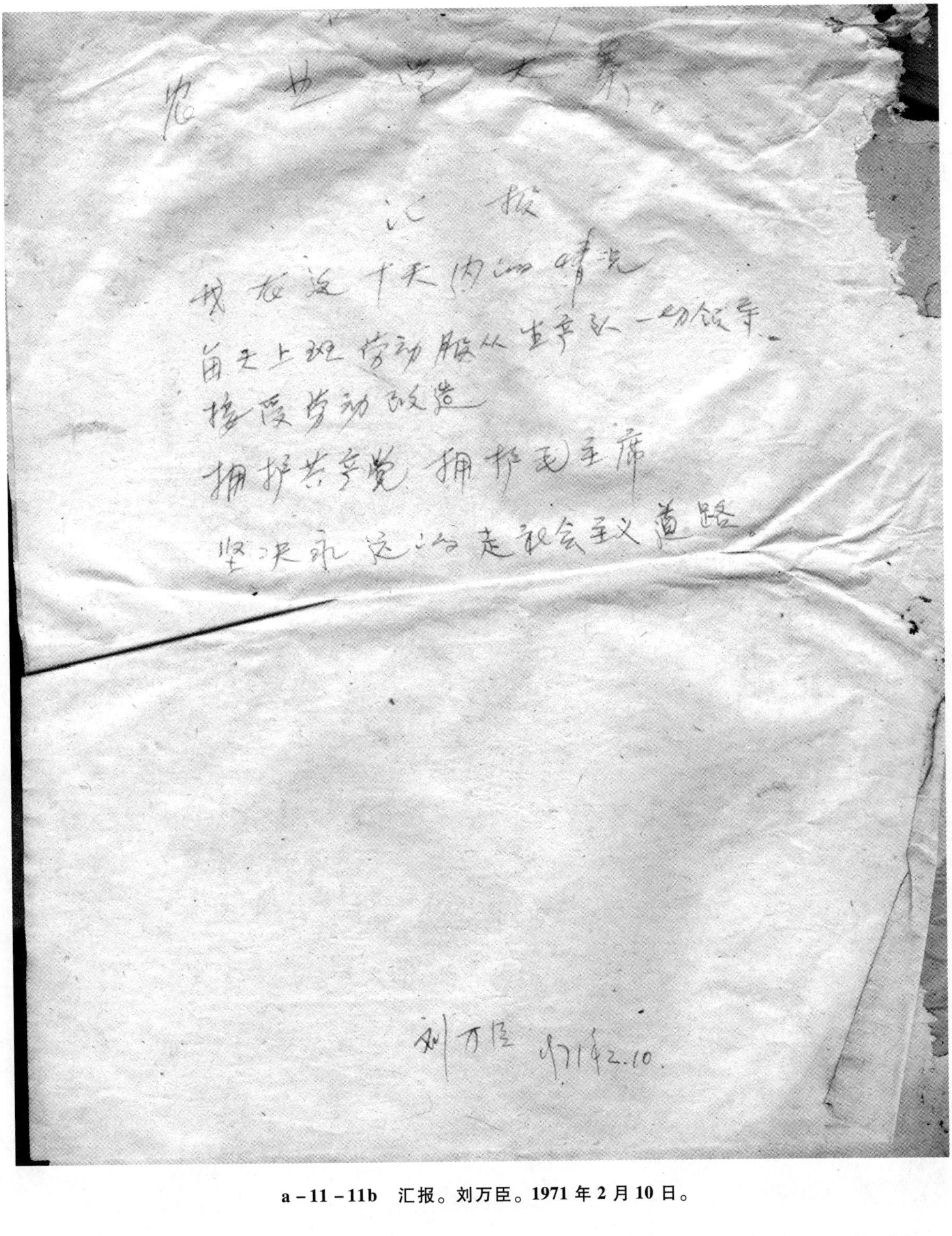

农业学大寨。

汇报

我在这十天内的情况

每天上班劳动服从生产队一切领导

接受劳动改造

拥护共产党 拥护毛主席

坚决永远的走社会主义道路。

刘万臣 1971年2.10.

a－11－11b　汇报。刘万臣。1971 年 2 月 10 日。

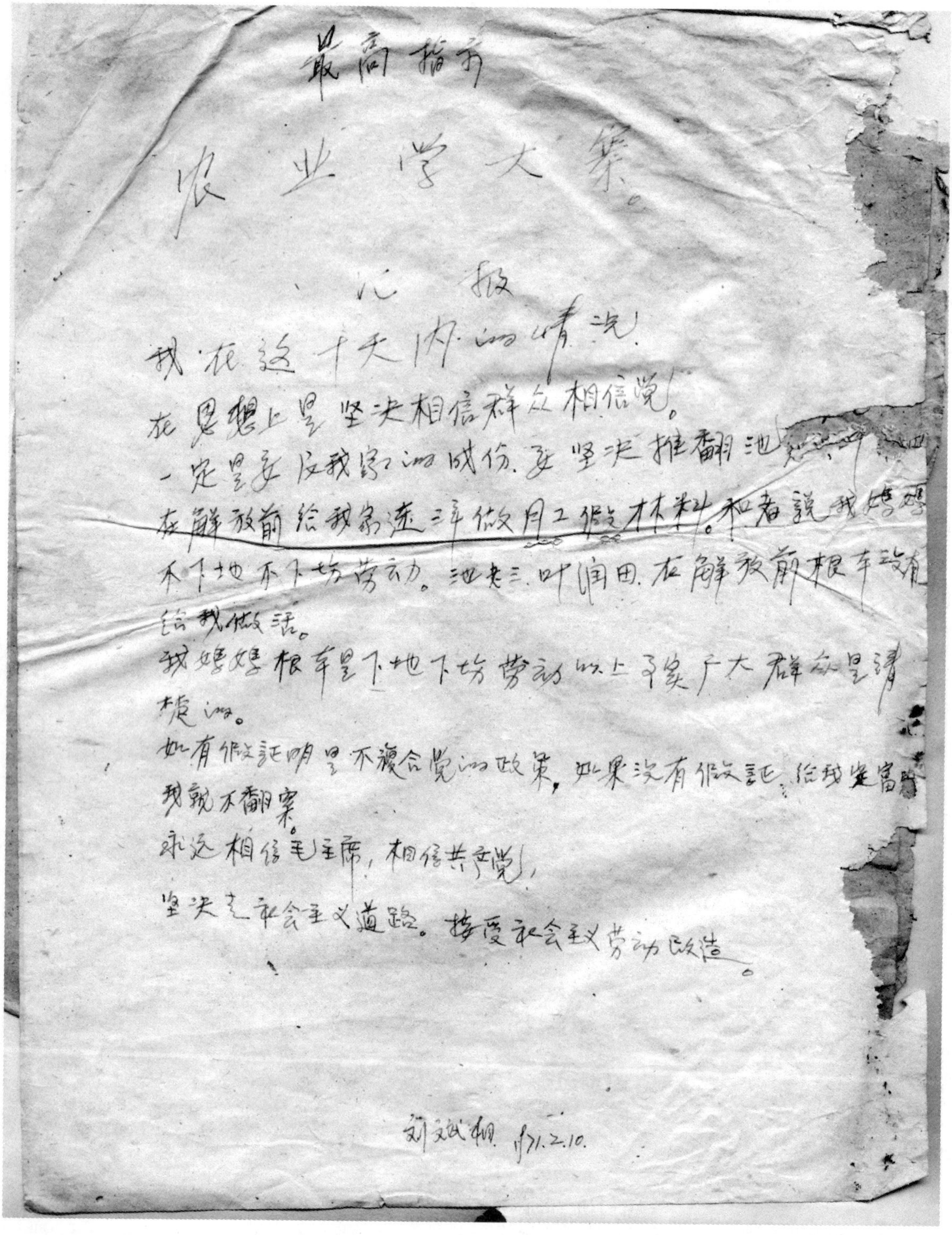
最高指示

农业学大寨。

汇报

我在这十天内的情况

在思想上是坚决相信群众相信党。

一定是要反我家的成份。要坚决推翻他

在解放前给我家连年做月工假林料。和春説我妈妈

不下地不下坊劳动。他老三叶润田。在解放前根本没有

给我做活。

我妈妈根本是下地下坊劳动以上事实广大群众是清

楚的。

如有假証明是不複合党的政策，如果没有假証，给我定富农

我就不翻案。

永远相信毛主席，相信共产党，

坚决走社会主义道路。接受社会主义劳动改造。

刘斌相 1971.2.10.

a－11－11c 汇报。刘斌相，**1971** 年 **2** 月 **10** 日。＊夹带不满语气，“如有假证明，是不符合党的政策。如果没有假证，给我定富农，我就不翻案”。

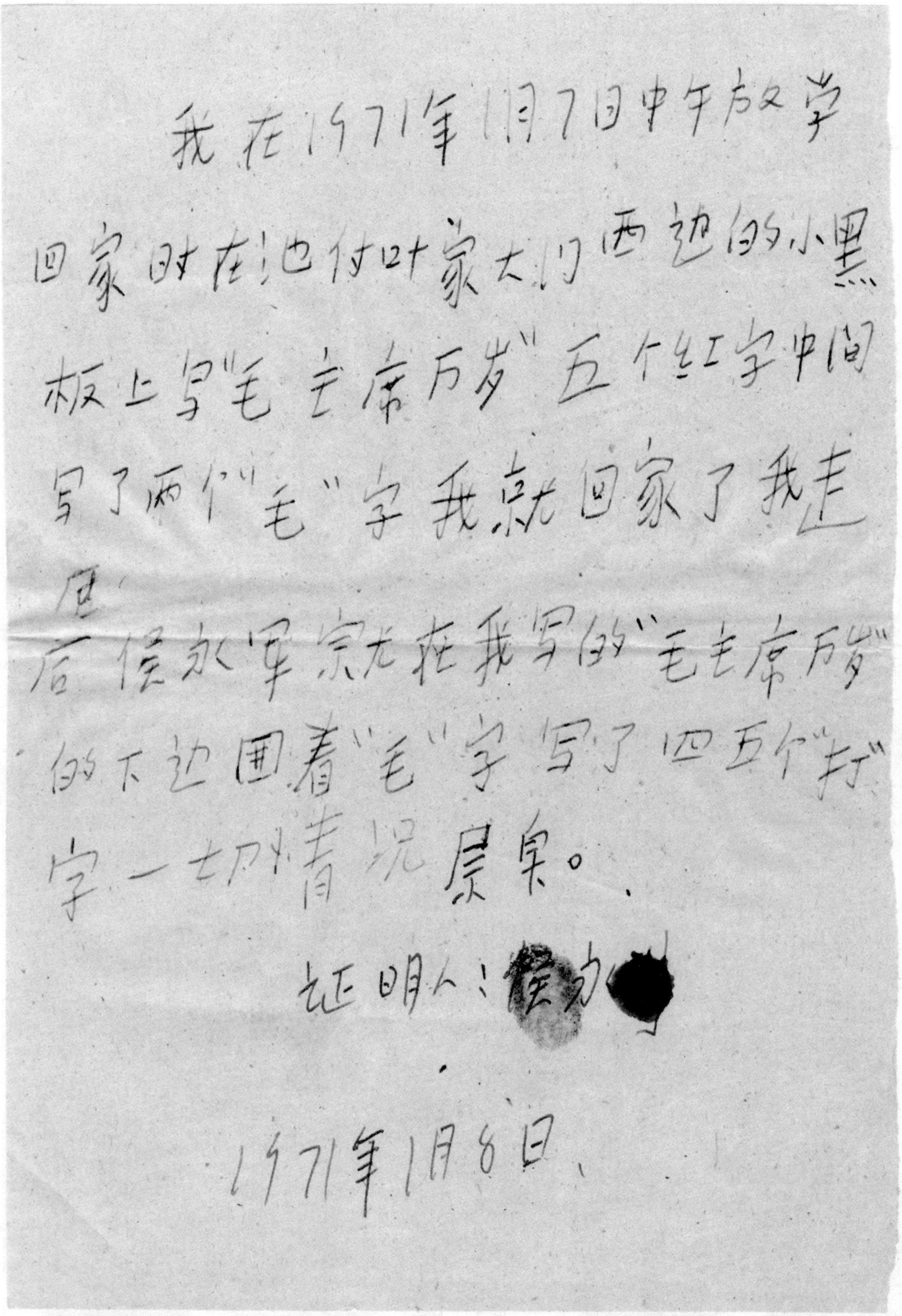

我在1971年1月7日中午放学回家时在池付叶家大门西边的小黑板上写"毛主席万岁"五个红字中间写了两个"毛"字我就回家了我走后侯永军就在我写的"毛主席万岁"的下边围着"毛"字写了四五个"打"字一切情况属实。

证明人：侯川

1971年1月8日

b－5－29－2　证明。侯永川，1971年1月8日。＊小学生书写“毛主席万岁”，出错。

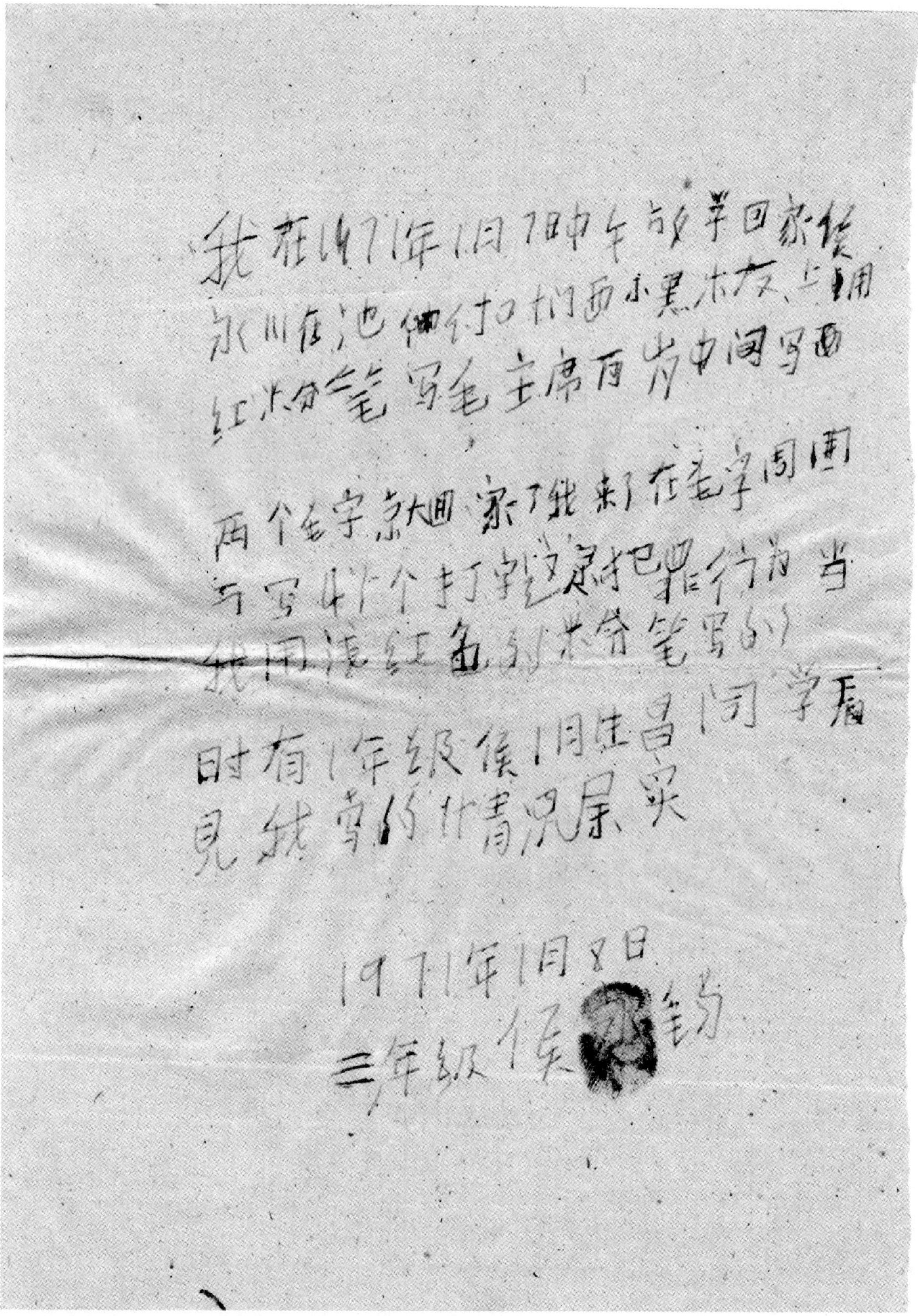
我在1971年1月7日中午放学回家侯
永川在他们门西小黑板上用
红水分笔写毛主席万岁中间写西
两个毛字就画家了我就在毛字周围
写写出个打字这就把罪行为当
我用浅红色的米分笔写的
时有1年级侯1明生吕同学看
見我写的情况属实

1971年1月8日
三年级侯永钧

b－5－29－2a 证明。侯永钧，**1971**年**1**月**8**日。＊三年级小学生在“毛主席万岁”上面涂写，“是犯罪行为。”

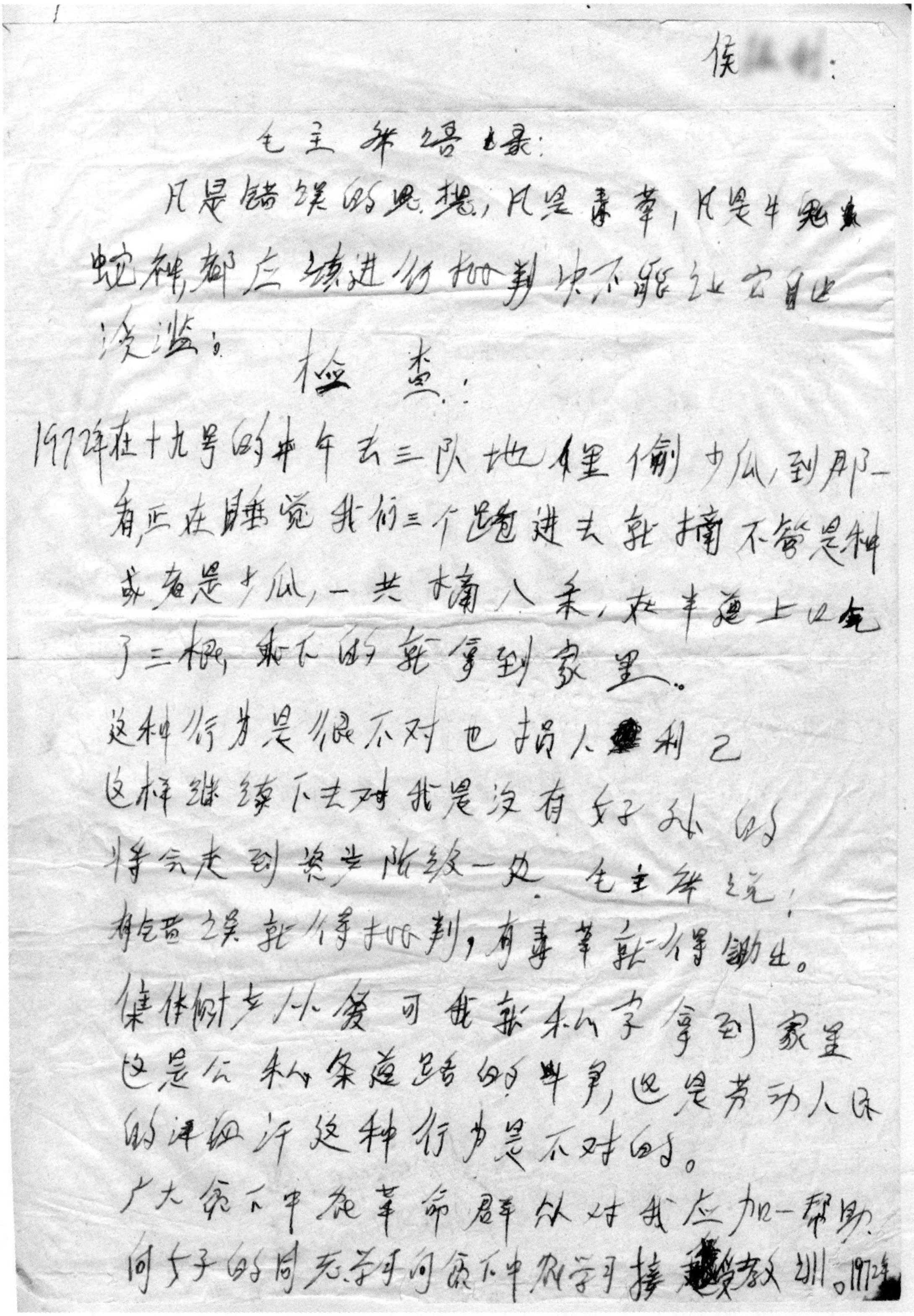

侯[redacted]：

毛主席语录：

凡是错误的思想，凡是毒草，凡是牛鬼蛇神，都应该进行批判，决不能让它自由泛滥。

检查：

1972年在十九号的中午去三队地里偷少瓜，到那一看正在睡觉我们三个跑进去就摘不管是种或者是少瓜，一共摘八条，在半道上吃了三根，剩下的就拿到家里。

这种行为是很不对也损人利己

这样继续下去对我是没有好处的

将会走到资产阶级一边　毛主席说：

有错误就得批判，有毒草就得锄出。

集体财产人人爱可我就私字拿到家里

这是公私两条道路的斗争，也是劳动人民的……这种行为是不对的。

广大贫下中农革命群众对我应加以帮助，

向好的同志学习向贫下中农学习接受教训。1972年

b－4－7　检查。偷少瓜，1972年。＊检查用词及其时代表现："到那一看，正在睡觉，"资产阶级，公私道路的斗争。

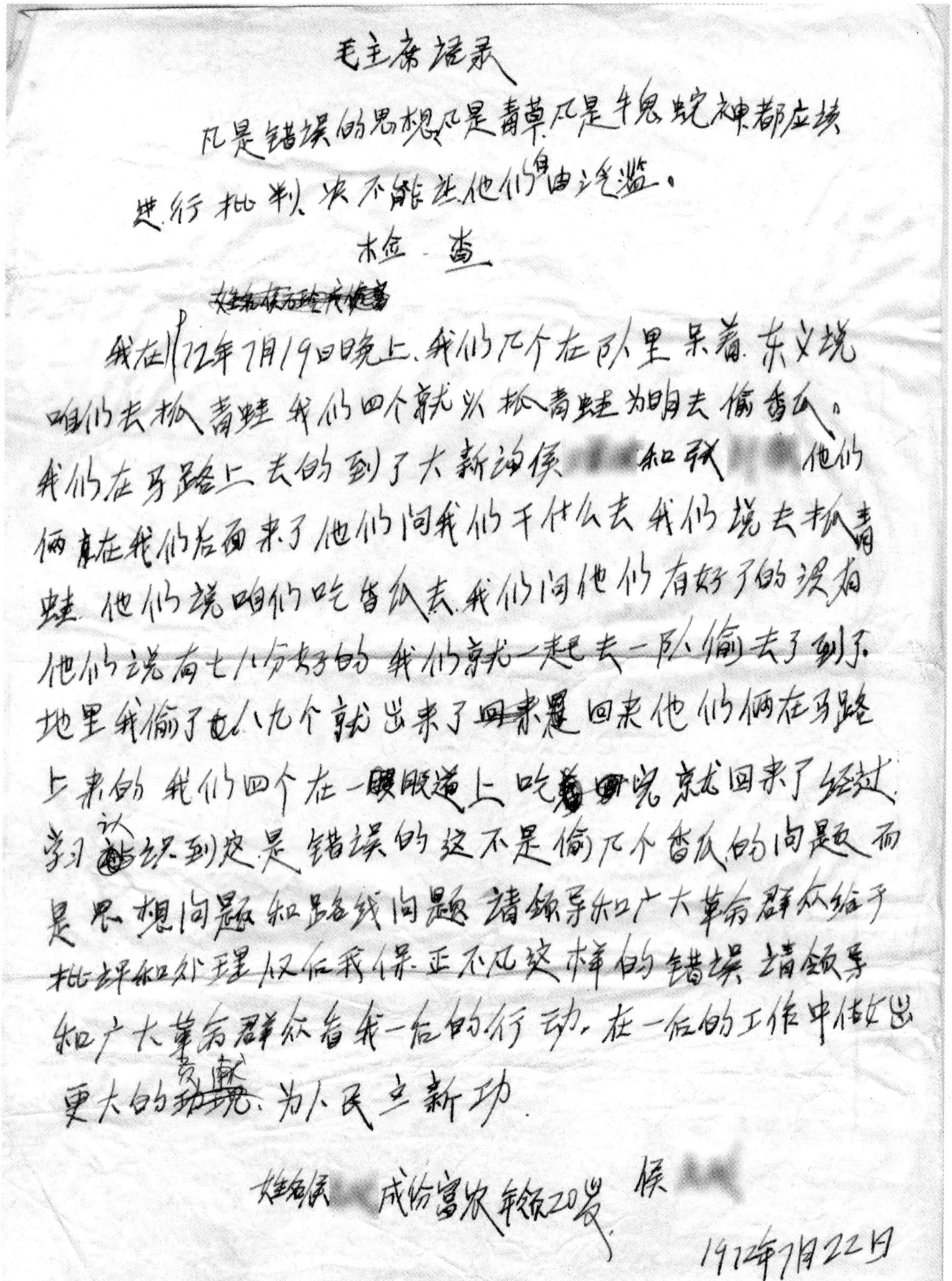
毛主席语录

凡是错误的思想，凡是毒草，凡是牛鬼蛇神，都应该进行批判，决不能让他们自由泛滥。

检查

~~姓名侯[illegible]~~

我在72年7月19日晚上，我们几个在队里呆着，东义说咱们去抓青蛙，我们四个就以抓青蛙为明去偷香瓜。我们在马路上去的，到了大新庄侯[redacted]和我[redacted]他们俩在我们后面来了，他们问我们干什么去，我们说去抓青蛙，他们说咱们吃香瓜去，我们问他们有好了的没有，他们说有七八分好的，我们就一起去一队偷去了，到了地里我偷了七八九个就出来了，~~回来是~~回来他们俩在马路上来的，我们四个在道上吃完就回来了。经过学习认识到这是错误的，这不是偷几个香瓜的问题，而是思想问题和路线问题，请领导和广大革命群众给予批评和处理，以后我保证不犯这样的错误，请领导和广大革命群众看我一后的行动，在一后的工作中做出更大的贡献，为人民立新功。

姓名侯[redacted] 成份富农 年龄20岁 侯[redacted]

1972年7月22日

b－4－7b　检查。偷香瓜，1972年7月22日。＊检查用词及时代表现：以抓青蛙为明（名），路线问题。

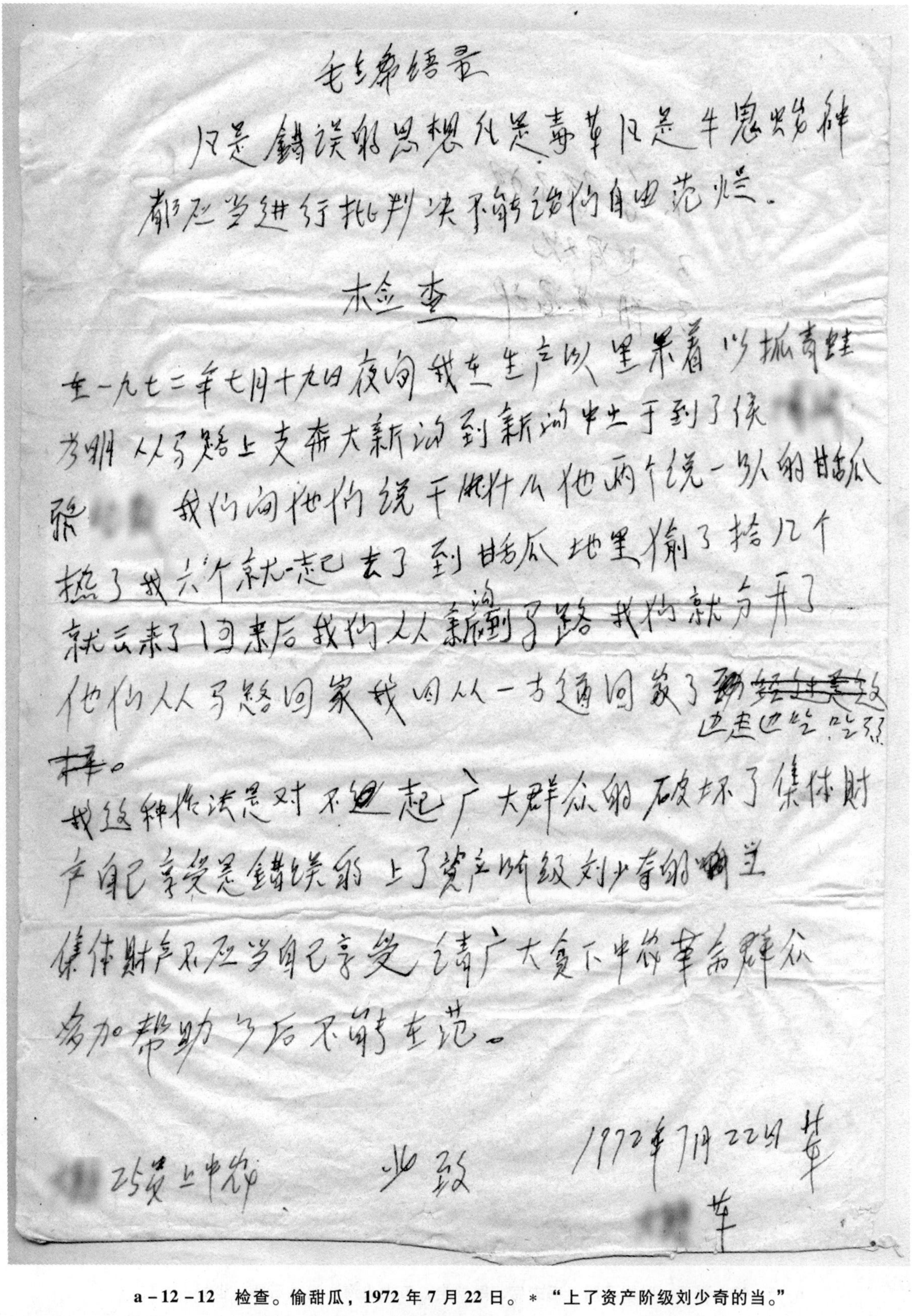
毛主席语录

凡是错误的思想凡是毒草凡是牛鬼蛇神都应当进行批判决不能让他们自由泛滥。

检查

在一九七二年七月十九日夜间我在生产队里带着以抓青蛙为明人又与路上走奔大新沟到新沟中出于到了侯[redacted]张[redacted]我们问他们说干做什么他两个说一队的甜瓜熟了我六个就一起去了到甜瓜地里偷了拾几个就出来了回来后我们人又到了路我们就分开了他们人又与路回家我回从一方道回家了这走也是吃了

我这种作法是对不起广大群众的破坏了集体财产自己享受是错误的上了资产阶级刘少奇的当集体财产不应当自己享受请广大贫下中农革命群众多加帮助今后不能在犯。

[redacted]贫下中农 此致 1972年7月22日 革

[redacted]革

a－12－12 检查。偷甜瓜，1972年7月22日。* "上了资产阶级刘少奇的当。"

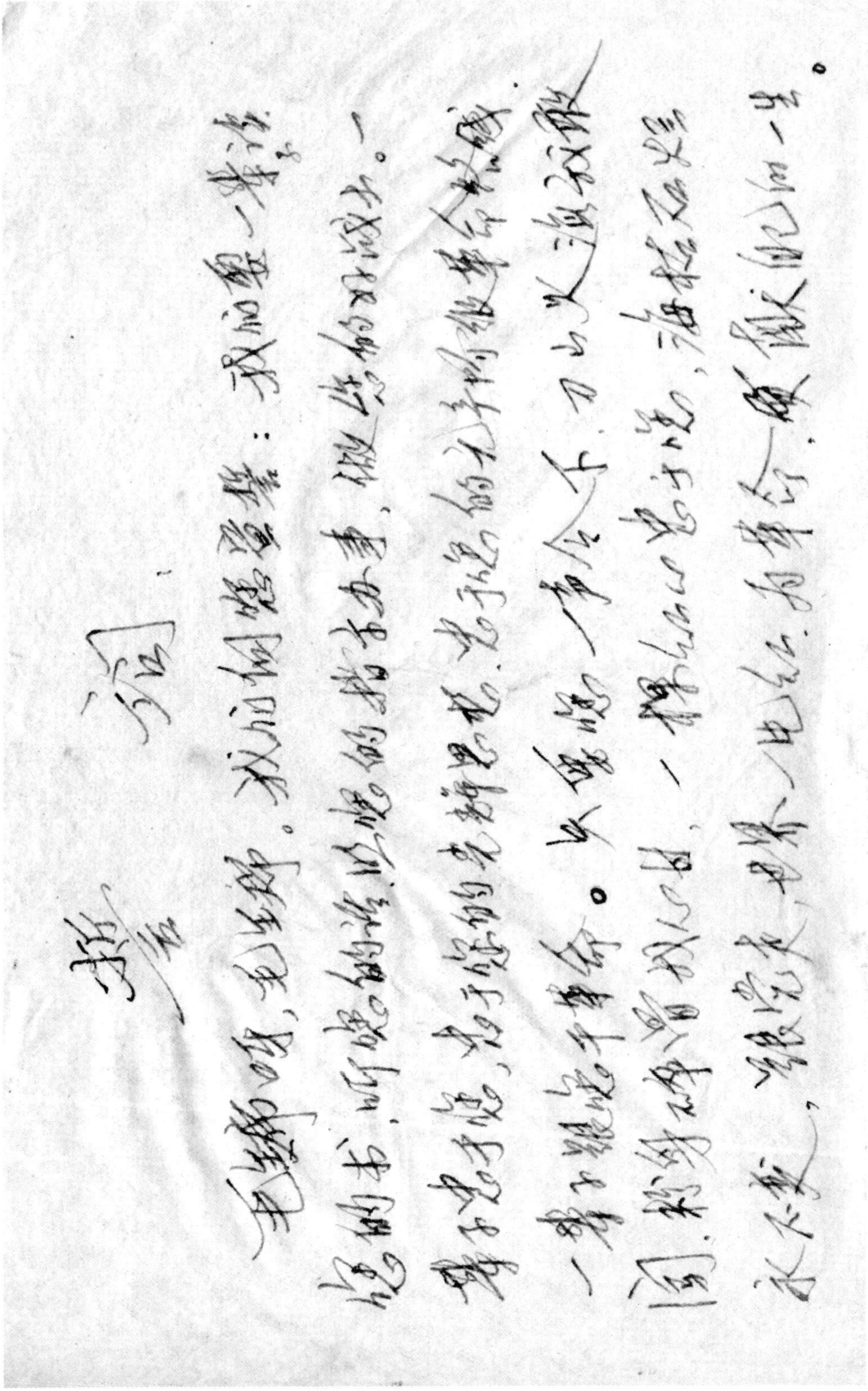

誓词

毛主席呀，毛主席。我们向您宣誓：我们要一辈子读您的书，听您的话，照您的指示办事，做您的好战士。一辈子忠于您，忠于您的光辉思想，忠于您的无产阶级革命路线。一辈子跟您干革命。只要您一声令下，刀山火海我敢闯，粉身碎骨我心甘，一颗红心忠于您，海枯石烂永不变，跟党走，世界一片红，为革命，贡献的一生。

b-5-42 誓词。时间不明。毛主席，跟党走，刀山火海、海枯石烂，世界一片红。

最　高　指　示

无产阶级是人类历史上最伟大的一个阶级。是思想上、政治上、力量上最強大的一个革命阶級，它可以而且必須把絕大多数的人团結在自己的周围，最大限度地孤立和打击一小撮阶級敌人。

※　※　※

昌黎县革命委员会
在定案处理工作中落实政策的几点体会

昌黎县在解放前是敌伪政府的模范县，敌情很复杂。当我人民解放大军由东北进军时，他们未来得及逃跑，很多敌伪人员就地潜伏下来。解放后很长一段时間，社会秩序比较混乱，虽然在鎮反和肃反运动中，清出了一批，但由于大叛徒、大內奸、大工贼刘少奇对毛主席对敌斗爭政策的干扰，仍有一批反革命分子没有清查出来，直到文化大革命以前，阶級陣綫还不甚清楚，特别是一些叛徒、特务还深深地隐藏在无产阶級队伍之中，有的还担任着我们的领导职务，所以昌黎县清队工作是比较复杂的。

清队运动以来，全县共揭发出叛徒、特务、死不悔改的走资派以及没有改造好的地、富、反、坏、右分子3798人，遵照伟大领袖毛主席"重证据，重调查研究"的教导，我们发动群众对他们的問題进行了彻底地查证，及时地把那些不属于敌我矛盾的人陆續地解放出来，对那些阶級敌人，按照党的"坦白从宽，抗拒从严"的政策，分别对他们进行定案处理，有一些人，問題性质严重，但他们还不是反革命分子，我们正在按照毛主席："不树敌过多"的伟大思想，通过作好群众工作，积极地把他们拉向人民方面来。

目前全县各級革命委员会，革命群众，以"九大"的精神作动力，

·1·

全面地落实政策，把清队工作向前推进了一大步。下面把我们在清队运动中，如何贯彻无产阶级政策，搞好定案工作的情况，向领导和同志们作一简要汇报，不妥之处，请批评指正。

一、用毛泽东思想统一认识

毛主席教导我们："对人民群众团结的越多越好。调动一切积极因素，团结一切可以团结的力量，并且尽可能地把消极因素，转变成为积极因素。在放手发动群众搞好调查研究的基础上，我们开始了定案工作。起初，从领导到专案人员都有一定的活思想。反映在领导思想上主要是怕字当头，怕犯右倾错误，怕犯政策错误，有的不敢参与专案工作，连县革委会部分领导同志，也主张上级给划出线来以后再作处理。一度定案处理迟缓，但清队运动逐步形成了高潮，大部案卷已落实，急待定案处理，可是上级的"线"仍然没有下来，在这形势所迫的情况下，勉强审批了一部分案卷，但多是照顾两头，回避中间，即：明显的敌人和明显的好人。对于性质严重，又不属于敌人的"边缘人物"不敢处理。

活思想的另一方面是各级专案人员有左倾情绪，具体表现在对公安六条的理解争论极大。争论的焦点是：一种人认为："凡是伪保长，都是反革命，表现不好的要给他们戴上帽子"。理由是，他们都是公安六条中所规定的人。也有的人提出不同的看法，当保长的人，情况不同，罪恶不同，要按照毛主席"扩大教育面，缩小打击面"和"不树敌过多"的思想。对他们必须分别情况，区别对待。由给伪保长定性问题，引伸到对毛主席"不树敌过多"思想的理解的争论，当时有两种理解，有的人认为："不树敌过多"是指处理而言，公安六条规定的几种人，他是反革命，是已经定死了的，只是对他们如何从宽处理的问题，有的可以不给他戴帽子，作为人民内部矛盾处理。有的说："不树敌过多"，要

·2·

从两个方面去体现，一是定性要体现区别对待，可以定可以不定的就不定，把他们放在人民的队伍里，更有利于对他们的改造，也有利于分化瓦解阶級敌人；二是处理上要体现区别对待，尽量不给更多的人戴上帽子，只要他们不再继續作恶，向人民低头認了罪，就要给他们以寬大处理，使一小撮阶級敌人中的死硬頑固派更加孤立。

針对这些不同的認识，我们在全县范圍内举办了各級专案人员毛泽东思想学习班，認眞地、反复地学习了毛主席有关对敌斗爭的教导，認眞地学习了六厂二校的经验，在此基础上把全县的伪保长进行了具体的分析，昌黎县約有１５００余名伪保长，经过具体分析，有四种情况：(1)日伪和国民党反动派的忠实走狗，日夜为他们的主子效劳，十恶不赦。(2)受地主分子指使，为地主阶級公开出来干坏事的。(3)被群众推选出来应酬敌人，为敌人齐粮要款，以保护本村的。(4)由于环境紧張，没人干这个差事，按地亩攤派的，或按戶头輪流干的（有的人当伪保长仅仅十天）通过具体分析，很快就統一了思想，一致認为，在伪保长当中，有一部分坏人，但也有一部分人出身于貧下中农，当了保长以后没给敌人干过多少事。不加分析一律定为敌人，势必打击面过寬，不符合毛主席“不树敌过多”的伟大思想。紧接着我们又集中地研究了“公安六条”所規定的那些人如何定案問題。我们認为凡是公安六条所規定的那几类人，多数屬于“边緣人物”。对待这一部分人，必須下最大的努力，把他们拉到人民一边来，必須分别情况，区别对待，除罪恶较大，有民憤的以外，对一般伪保长，可以不定为历史反革命，而把他们留在人民内部。算做他们有重大政治历史問題和一般政治历史問題。

对自首变节的人如何定性处理問題。我们也有过爭论，有的人説：“凡是共产党员、干部被抓、被俘或者被騙、或者自动投敌，暴露了自

·3·

己的身份，这就是叛变革命，都应定为叛徒。但也有的人認为这种做法不符合毛主席关于"扩大教育面，縮小打击面"的教导，要把主动投敌同被騙区别开来，把自首中的主謀和协从区别开来，把公开或秘密投敌，暴露我方組织机密，造成严重后果的同仅仅登記了名字的人区别开来。当时两种意見爭论不下，我们又举办了专案人员的毛泽东思想学习班，具体分析了全县各地这样一个情况。正当1946年和1947年，敌人向我解放区大扫蕩，路南环境十分殘酷，县区干部有的当了叛徒，大部分轉移到路北，这时一部分村干部经不起困难环境的考验，到敌占区去自首登記，这种人在昌黎为数较多，如果不分析当时具体情况，不区别对待，一律定为叛徒，也势必扩大打击面。所以根据情节輕重，有的定为叛徒，有的可定为严重政治历史問题，有的也可以定为一般政治历史問题。我们的作法是：既不以历史背景来掩盖他的历史罪恶，也不拋开当时的历史环境，具体問题具体分析。因此，在定案过程中，我们始終坚持了全面地、历史地分析研究，要把更多的人团結过来，为社会主义服务的原則，尽量做到团結大多数，打击一小撮。毛主席教导我们："无产阶級是人类历史上最伟大的一个阶級。是思想上、政治上、力量上最強大的一个革命阶級，它可以而且必須把絕大多数的人，团結在自己的周圍，最大限度地孤立和打击一小撮阶級敌人"。遵照毛主席的教导，把这些边緣人物，拉过来为我们的事业服务，这不仅有利于他们本身的改造，同时对教育他们的子女和亲屬也起到了积极的作用，把消极因素轉变成积极因素，从备战的观点出发也是有深刻意义的。

为了更好地統一認识，統一政策，我们还采取了抓好典型，定期举行分析会的办法。运动一开始，全县有一百多名领导干部被群众当成走资派揪斗，为解决这部分人的問题，我们曾組织了一支政策宣传队，深入到有关单位宣传政策，了解情况，同群众一起分析案情，以达到心中

·4·

有数。在调查研究的基础上，認眞抓好典型，开好分析会，即以典型案例交给群众分析研究的形式，使党的政策具体化，通过几次分析会，对全县的清队工作有了很大的促进，先后掀起了三次解放干部的高潮，把一些应解放的干部及时解放出来。昌黎附小原副校长郝玉华，于四六年在本村任小学教师时，敌军扫蕩占领了他的家乡，他当时跑到外地，后被其母叫回来，在敌人面前登記了自己的教师身份，又重新在那个学校教书。根据这个問题，本单位开始把他定为叛徒，当时类似情况所在多有，我们就把这个案例拿到分析会上交群众討论定案。在会上经过反复学习毛主席的有关政策，認眞分析案情，多数群众認为错误是有的，但最多是屬于一般的历史問题，主張不给任何处分，给予解放。通过对郝玉华一例的分析，解决了一批屬于群众性的自首登記的处理問题。我们体会到，每开一次分析会，落实政策和定案处理工作就前进一步。

二、重证据，重調查研究，強調一个准字，不輕易触动本人。

毛主席教导我们說："一切結论产生于調查情况的末尾，而不是在它的先头。"在运动初期有的阶級敌人想"立功"诬揭和诬連了一部分好人，也有的是阶級敌人出于对清队运动的仇恨，故意制造混乱，企图把一些好人拉到我们的对立面去，干扰我们的清队运动。当时由于我们对在清队工作中的阶級斗争形势認识不足盲目地揪斗了一些有重大怀疑的人，有的还同牛鬼蛇神一起关押起来，結果这些人总不認賬形成僵局，影响了清队运动的开展。带着这个問题，我们及时地組织了全县革命委员会成员以及专案人员的学习班，認眞学习了毛主席关于"重证据，重調查研究"的教导，詳細地分析了本单位清队运动的形势，提出两个問题：(1)是有問题的人态度不老实，还是我们把握的证据不足？(2)是阶級敌人頑固抗拒，还是我们的好人被阶級敌人所陷害？通过学习，認识到，在对敌人斗爭的关鍵的时刻，阶級敌人总会出来搞阴謀的，我们决不能上阶級敌人的当。正如毛主席所說："错误和挫折教訓了我们，使我们比较地聪明起来了，我们的事情就办得好一些。"此后，在处理某个人的怀疑問題，首先是搞好調查研究，強調准字，决不輕易触动本人。对于原来揪斗了的，采取了暂放的办法，变揪斗为調査研究，待問題查清后再与本人見面。这样，使我们的工作更主动，使案情搞的更准。

原工商联的一名干部叫齐志平，在清查敌档时，发現他一九四八年在安山伪八乡联防当过文书，并有严重罪恶。带着这个綫索，我们首先找到在八乡联防当过伙会的孙連仲、万桂亭进行查证，一致证实了齐的这段历史和罪恶，并說出了这个人的特征：大高个儿，长脸，性格绵軟，是昌黎县铁路南边的人。而齐志平正好是他俩說出的特征又是城南杓榆树村人，为了达到"准"字，我们又带着齐的照片找到孙、万二人，他们見到照片以后，一个說是他，一个說象他。在人证、物证具在的情况下，有一部分群众提出揪斗他，但是我们認为：光从敌人一方面证实，沒有我们方面的了解是不夠准确的。按照毛主席"兼听則明，偏听則暗"的伟大教导，我们又組織人力对齐的历史进行全面了解，結果是：齐一九四八年初参加我方商店工作，从未离开过岗位，也正是八乡联防存在的时期，从而又否掉了齐的历史問題。在这定有根据，否有道理的情况下，又沒有新的綫索，有的同志就产生畏难情緒。带着这个問題，及时組織了那个单位的外調人員举办了毛泽东思想学习班，反复学习了"老三篇"，以"完全"、"彻底"四个字为标准，检查自己的思想，同志们在"老三篇"精神的鼓午下，以愚公移山的毅力，以打破沙鍋問到底的精神，重新开始查证。经过查证发現了这个八乡联防的大队长崔賀良在張家口被押，经崔賀良供認仍与那两个伙会证实相同，对照相片，也說是他。外調人员为了徹底弄清問題，对崔賀良的供詞进行反复研究，又发现齐是城东南西沙河村一名伪大乡长介紹的，这个伪乡长已经死了，经找其老婆，才知道东沙河村有个姓齐的，又到东沙河村，经过訪問，找到了第二个齐志平，但是他已死了，群众只知道他干过伪事，后来当过八路军，具体情况不清，最后在县粮局找到了他的哥哥，才证实了其齐志平在安山伪八乡联防当过文书，又带着两个齐志平的照片找孙、万二人，最后肯定了第二个齐志平是八乡联防的文书。否掉了被怀疑的齐志平的历史問題。这个問題根本沒有触动本人就結案了，恢复了他的党的生活，安排了工作。

"兼听則明，偏听則暗"，我們的专案工作，应该允許提出不同意見，只有多方面听取意見，才能使案情搞得更准。我們基本作法，就是定期把专案对象的全部問題和查证結果向群众作汇报，让群众充分发表意見。对少数人提出的不同意見，专案組要做詳細地研究。特別是問題比较复杂的人要发动革命群众进行分析，由群众認定問題真伪。如原任粮局局长梁志民，群众揭发他三个主要問題：一是入党問題，介紹人李山是在１９４６年牺牲了，取来的证明材料证明李山在牺牲前不是党员，說明梁是混进来的假党员；二是隐瞞了富农成份和土改时有反攻倒算的行为；三是一九四六年跑敌情时与敌人有勾結。群众定他为死不悔改的走资派，后又定阶級异己分子。揪斗三年多，但梁志民始終不認賬。当时专案組人員認为，他的证据已确凿，屬于态度不老实，是死不悔改。但也有的提出反对的意見，說："是证明材料不真实，还是有問題不老实？要求对梁志民的問題进行再調查。在两种意見对持的时候，革委会認为：在分析問題时，必须認真分析案情的历史背景，要把少数人或者个別人的意見采納进来，才能把問題搞准。按照尊重少数人意見的原則，

·7·

对梁的問題，重新开展了調查。通过反复找当地群众訪問，同老党员老干部座談，最后将他的三个問題全部查否，给予解放。我们在定案处理当中，凡是問題查清，性质定准以后，就作大胆地处理，该定罪的定罪，该否掉的否掉，对于有历史怀疑对象，首先从多方面作調查，全面地、历史地分析，看是否符合客观规律，是否真有道理，不能把很多的人列入怀疑的对象，从而严格防止了敌我矛盾扩大化。

三、具体情况，具体对待，在拉字上狠下功夫。

毛主席教导我们說："在強大的人民革命力量即人民民主专政面前，只要这个专政，提高了群众的觉悟，采取正确的态度，那就不管有多少暗藏的反革命集团，也不管每个反革命集团的内部纪律如何森严，攻守同盟如何巩固，总有一些人可以分化出来的，而这样分化是于人民有利的。"在定案工作中，我们始終掌握了毛主席在对敌斗争中所采取的"利用矛盾，争取多数，反对少数，各个击破"的策略思想，把打击面尽量縮小些。把少数頑固不化的分子彻底孤立起来，这对巩固无产阶級专政是具有伟大意义的。所以对公安六条中所规定的人，在他们的問題彻底弄清以后，再通过批判教育，按其罪恶輕重，把他们中間的大多数人拉向我们方面来，放到群众中接受改造。

比如对伪保长的处理，首先我们对他们犯罪的背景和全部过程，进行一次全面地了解而后视其罪恶輕重，民憤大小，给予不同的处理，罪恶严重，民憤大的定为反革命分子，如果表现不好，给他戴上帽子，交群众管制劳动，以观后效。对一般的伪保长，时間較短，罪恶和民憤都不大的，尤其是为应付敌人而选出的或摊派的，均以严重政治历史問題或一般历史問題对待。

如日用百貨服务处职工王景云，一九四六年在伪军討伐他的家乡时，由乎当时敌军催粮要草，村里没人应酬，群众为了維护村庄，推选他到联络站，以伪保长的身份去应酬，先后仅十天的时間，给敌军凑送一车飼草，敌伪军走了以后，就不干了。参加工作以来，表現較好。这次清队运动中，开始群众按公安六条规定一衡量，给其定为历史反革命分子，通过学习六厂二校的经验，落实政策，对其罪行又进行認真的分析，結果認定：他虽是伪保长身份，当时是为了应付敌人，而且由群众推请出来的，时間较短，又没有罪恶，不是真心效忠于敌，经群众討论，不给其定什么問題，恢复他的工作。

原县文化館的干部馮秀昌，系地主出身，一九四六年到解放止，在山海关任伪保长，在他任伪职期間，一贯效忠于敌，曾在一九四七年把我方地下工作干部主动献给敌人，并在夜間带领伪警将这个干部扑杀。同时积极为敌人抓兵搶粮，民憤较大，解放后表現不好。根据本人的罪恶和群众的意見，给他定为历史反革命，并戴上帽子，送回原籍交当地群众管制劳动。

还有一个伪保长黄文广，他在解放前罪恶不大，但其在解放后表现不老实，公开地污蔑、攻击我们的伟大领袖毛主席，按其現行的罪恶，我们也给他定为历史反革命分子，但其認罪较好，暂时没有给他戴反革命分子的帽子，交群众监督，以观后效。

我们通过实践体会到：定案工作政策性很強，必须遵照毛主席的教导，具体情况，要作具体分析，切实的依照党的政策办事。

对于警长、一贯道的坛主、大佛教的斋主，以及参加过特务外围組织的人，我们也都坚持了按罪恶定性的原則。

如大蒲河公社茂道庄大队的常瑞增，在一九四二年四月随其　父到玉田县当警士，四三年又随　到武　县当警士，后当警长，又任过警官，

·9·

在一九四五年曾被俘，经教育释放了，四六年又跑到抚顺市当路警，至一九四七年乘武□逃跑去沈阳学商，该人按公安六条已够历史反革命，但我们考虑他是贫农出身，在任伪职期间，多是内勤工作，经查证没有严重罪恶，按毛主席"扩大教育面，缩小打击面"的教导，把他从反革命分子中区别出来了。定为严重政治历史問题。城关镇制鞋社职工苗子奎，从一九四〇年开始，先后当警察、治安军、伙会班长、铁路警长，在他任伪职期間，敲詐勒索，抓丁搶粮，并在一九四三年曾誘騙青年苗正发到开平当伪军，当苗正发发觉以后逃跑，苗子奎又将其二哥苗正寬綁去頂替，他还依仗职权霸占有夫之妇半年之久，罪恶重，民憤大，同时他又隐瞒了历史混入我军我党。经本单位革命群众討论，清除出党，给其定为历史反革命分子，由于本人認罪较好，帽子拿在群众手中，留本单位监督劳动，以观后效，我们認为这样更有利于对他的改造。

关于大佛教的斋主，一贯道的坛主，就昌黎情况讲，他们大多数是受害很深的贫下中农，由于迷信思想严重，或受了坏人的欺騙，参加了反动道会门，有的是自己买了斋，当了斋主。如朱各庄公社下庄大队的李炳义，由于家里人得病，迷信，就同别人合伙买了斋主的头衔，并发展了其家五、六口人为教徒。他们的活动大多数是属于迷信活动，我们对这类人员，一般不定他们为反革命，我们采取了公布罪恶严肃批判的方法，把他们拉过来。这不仅教育了本人，同时也教育了广大群众。

对于有投敌自首行为的人，我们是这样做的。举两个例子：

原工委干部万紹华，在一九四六年任本村民兵中队长时，经不起残酷环境的考验，随其他两名村干部跑到敌人据点自首，在本村地主分子姜玉森的介紹下，请敌人吃了一顿飯，在飯桌上暴露了自己的身份，并有污蔑我军，夸耀国民党军队的語言，并說了保证不给八路军办事的話，敌人和他要枪（该村村长前几天自首暴露的）他们三人一商量，由村长

·10·

和民兵副中队长把大枪交给了敌人。根据万紹华貪生怕死，主动投敌自首，并交出大枪，已构成叛变行为，但经过分析万紹华当时不是党员，暴露枪支是村长的責任，枪是由村长交的，万紹华只是协从者。该人在运动中态度较好，为有利于改造本人，未定为叛徒，而对该村村长则以叛徒论处，并交给群众监督劳动。

又如昌黎农校的原党委副书記彭延令，一九四六年，任我方脱产小学教师，共产党员。当时由于环境紧张，没经领导批准，携带其妻子到东北长春其岳父家住了四个月（其岳父当年死去的，没有继承人）在长春閒居时，曾和一个国民党长官部的准尉文书彭汰（其同乡）談论过解放区土改情况，并暴露了自己是共产党员，說出了我方区、县长的名字和游击队的活动，又乞求彭汰给他找工作。群众按其罪恶，定为叛徒，但经过分析当时的环境和事态的全过程，我们認为：彭的問題是严重的，但是还不夠叛徒。他到长春去，是想到那弄点家当，在閒居中碰上了同乡彭汰，在拉家常話当中暴露了身份和故乡土改情况，他不是以反革命的目的去长春投敌的。请求找工作，也是談论生活出路时談的，同时，我方并没有任何损失。该人在运动中态度又较好。所以我们只把他定为变节行为，不定叛徒，经过群众的批判，解放了他。

四、認真落实党的给出路政策。

毛主席教导我们："不给出路的政策，不是无产阶級政策。""对于反动阶級和反动派的人们，在他们的政权被推翻以后，只要他们不造反，不破坏，不捣乱，也给土地，给工作，让他们活下去，让他们在劳动中改造自己，成为新人。"在对反革命分子和其它阶級敌人定案处理中，我们坚持了如下办法：

1对清查出来的坏人，在政治上要狠狠打击，要斗倒、斗垮、斗臭，肃清他们的影响，在他们低头認罪彻底繳械向无产阶級投降的情况之下，

·11·

再根据不同情况给他们不同的出路。对这些人不是統統消灭掉，而是要改造他们，使他们成为新人。

2 要让他们从生活上过得去。对定为敌我矛盾的人，需要开除回家的，在临走时，根据其家庭生活情况，给予一定的生活补助費，让他们感到共产党毛主席的政策英明伟大，从而促使他更深刻地認识自己的罪恶，有利于把他们改造成为新人。如原文化館的馮秀昌，他虽是有罪恶的伪保长，但当把他开除回家以前，同他的家乡进行了联系，帮助他安排了生活，同时为了考虑他的生活出路，发現他生活补助費100元，做为他秋前买粮的资金。一些被处理的反革命分子，当他们接过我们给他的生活費以后，都深受感动，表示一定很好的接受改造，跟着共产党走，永远为社会主义貢献一份力量。飲食服务处，有一个被开除回家的反革命分子叫罗志賢，每逢来昌黎赶集时，都到革委会来，一方面向原领导汇报思想改造情况，一方面感謝党和革命群众对他的关怀。

3 对有一技之长的人，根据党的政策尽量安排他们适当的工作，让他们継續发挥他们的长处，但必须在广大群众的监督之下，如县防治院有一名医生王洪仪，系参加过三种反动会道门，并为中小道首。但是，他在防治院小儿科医术有些特长，我们没有让他回家，把他留在医院継續作医务工作。又如对地区医院原牙科主治医师修良，定为历史反革命以后，也按党的"给出路"的政策，予以留院工作。但原工资过高，我们按群众的意見，给他作了适当的降低。现在他们的工作都表現较好，随时随地表示感謝党对他的寬大，做到了化消极因素为积极因素。

对于不能継續留本单位工作的人，我们也都作了具体安排，使他们在劳动中，在群众监督之下改造成为新人。

以上是我们在清队工作中几点体会。

1969年6月20日

·12·

b-5-56k

b-5-56/b-5-56a-k 昌黎县革委会在定案处理工作中落实政策的几点体会。**1969** 年 **6** 月 **20** 日。＊涉及“敌伪人员”的分辨与定性等问题。

1

中共中央文件

中发〔69〕55号

毛主席批示：照办。

中国共产党中央委员会

命令

边疆各省市、自治区各级革命委员会，各族革命人民，中国人民解放军驻边疆部队全体指战员：

在我们伟大领袖毛主席的英明领导和党的"九大"精神的指引下，在我国无产阶级文化大革命取得伟大胜利的鼓舞下，我们伟大的社会主义祖国更加欣欣向荣，各族革命人民紧密团结，形势大好。但是，国内外阶级敌人不甘心于他们的失败。美帝、苏修正在加紧勾结，阴谋侵犯我们伟大祖国。苏修社会帝国主义越来越疯狂地不断在我边境进行武装挑衅。印度反动派也在伺机妄图扰犯我国边境。

我们伟大祖国的边疆是神圣不可侵犯的。保卫祖国是全国人民的神圣义务，边疆军民，尤其是担负着直接的责任。为了保卫祖国，保卫边疆，保卫我国无产阶级文化大革命的伟大成果，巩固无产阶级专政，随时准备粉碎美帝、苏修的武装挑衅，防止它们的突然袭击，党中央命令你们：

一、坚决响应毛主席"提高警惕，保卫祖国"，"要准备打

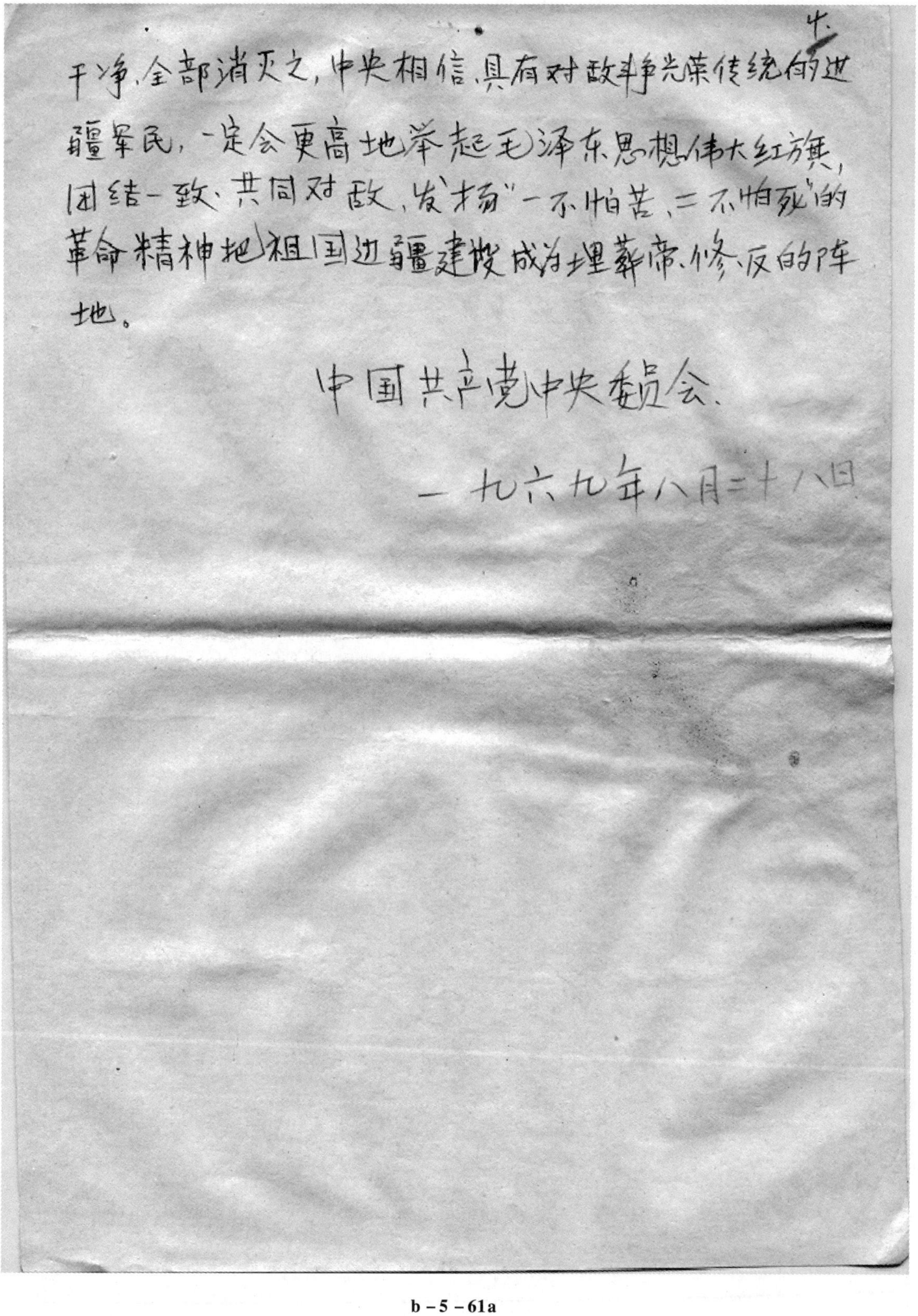

4.

干净、全部消灭之，中央相信，具有对敌斗争光荣传统的边疆军民，一定会更高地举起毛泽东思想伟大红旗，团结一致、共同对敌，发扬"一不怕苦、二不怕死"的革命精神把祖国边疆建设成为埋葬帝、修、反的阵地。

中国共产党中央委员会

一九六九年八月二十八日

b－5－61a

b－5－61/b－5－61a　中共中央关于保卫边疆的文件摘抄（节选）。1969 年 8 月 28 日。

哥嫂您们好：

近来工作忙吧、身体健壮吧、以及全家都好吧！

今去信不为别的，因为我最近耳闻目睹了中央有关给一些有问题的平反、摘帽的文件，所以我这次去信想问一问大哥，有关我父亲的问题是否给解决了，如果解决了，那就太好了，如果没有解决的话，务请大哥费心给问一问。

别不多言

祝您愉快。

妹：秀琴

12/3

丹东印刷厂　78.12

a－14－21

a－14－21a

a－14－21/a－14－21a 信。侯元强收，询问父亲平反的问题，**1979** 年 **3** 月 **12** 日。＊黑龙江省鹤岗市南山区寄出，称元强哥嫂，署名秀琴妹。

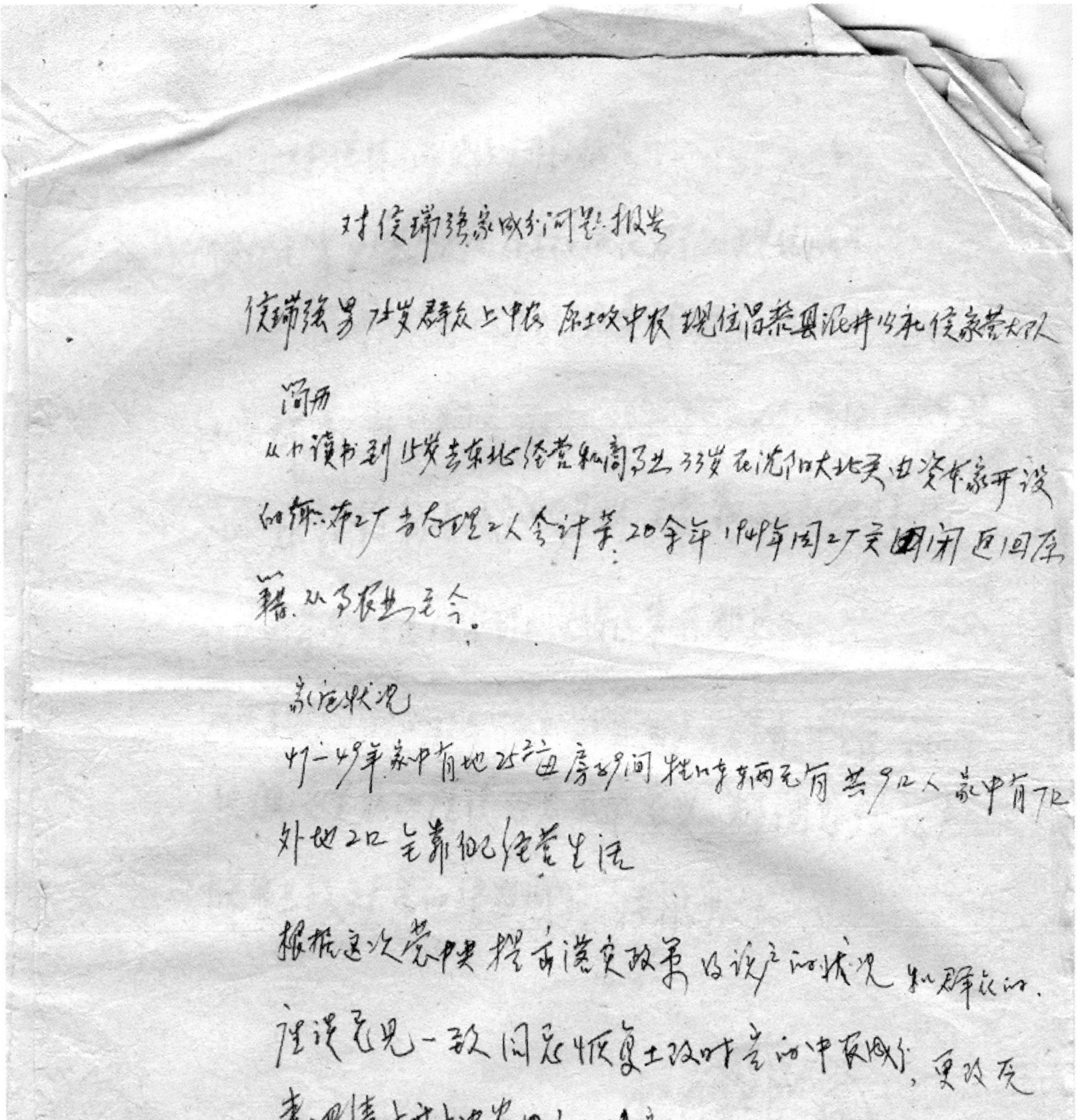

对侯瑞强家成份问题报告

侯瑞强 男 74岁 群众 上中农 原土改中农 现住昌黎县泥井公社侯家营大队

简历

从小读书到15岁去东北经营私商为生 33岁在沈阳大北关由资本家开设的织布工厂当管理工人会计等20余年 1949年因工厂关团闭返回原籍 从事农业 至今。

家庭状况

于一九四九年家中有地25亩 房69间 牲口车辆无有 共9口人 家中有7口 外地2口 全靠自己经营生活

根据这次党中央提出落实政策的这个状况 经群众认识座谈意见一致 同意恢复土改时定的中农成份，更改变来四清上升上中农成份的决定。

侯家营大队
一九七九年4月28日

f-37-3g　关于侯瑞强家成份问题的报告。恢复土改时的中农成份，1979年4月28日。

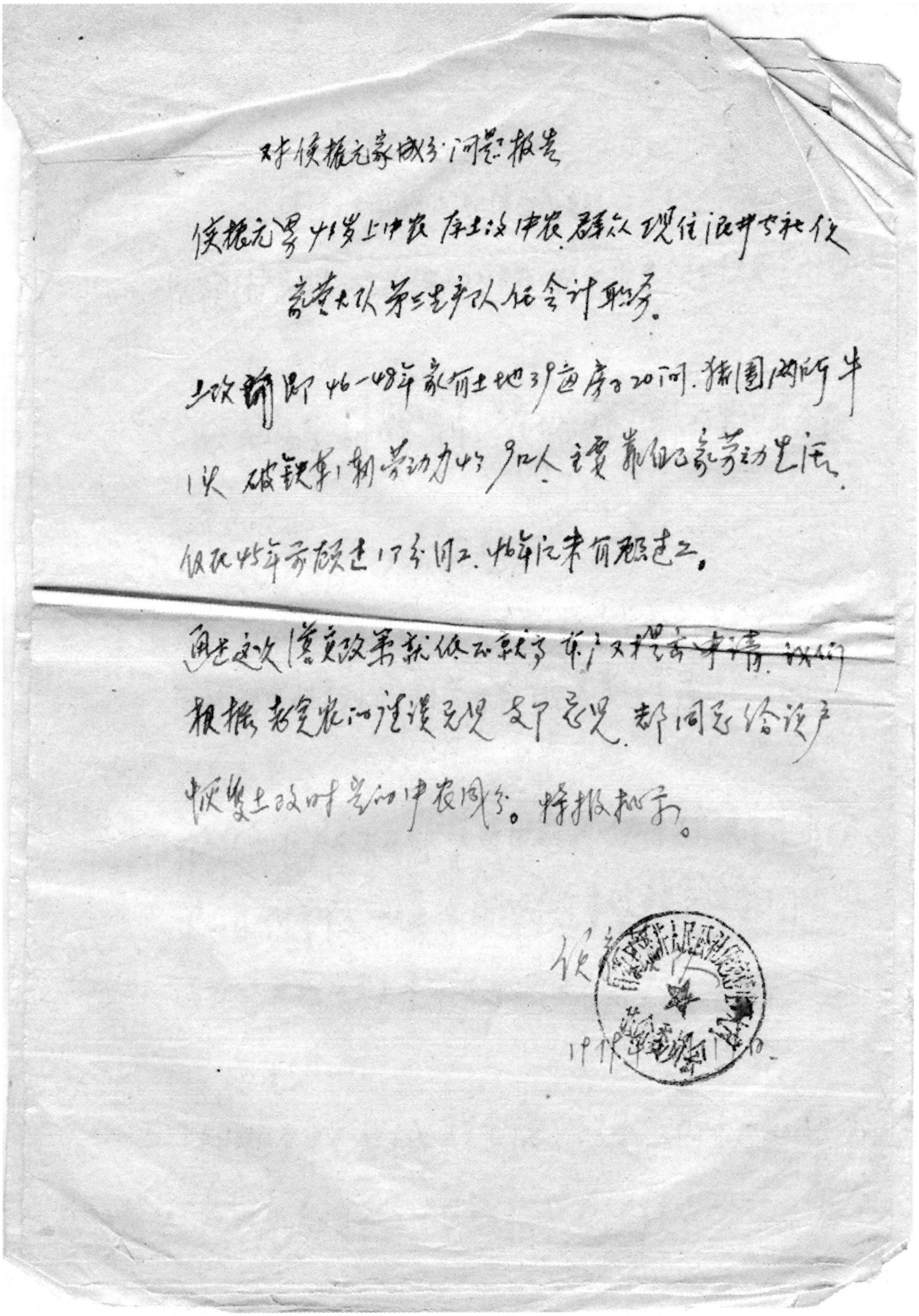

对侯振元家成分问题报告

侯振元男41岁上中农 原土改中农. 群众 现住泥井公社侯家营大队第二生产队任会计职务。

土改前即46—48年家有土地37亩 房子20间. 猪圈两所 牛1只 破铁车1辆 劳动力4个 9口人 主要靠自己家劳动生活.

仅在45年前雇过1个月工. 46年以来未有雇过工。

遇此这次落实政策就低不就高 本户又提出申请. 我们根据老贫农们谈谈意见 支部意见. 都同意给该户恢复土改时定的中农成分。特报批示。

侯家营大队

1979.1.10.

f－37－3h　关于侯振元家成份问题的报告。落实就低不就高的政策，恢复土改时的中农成份，1979年。

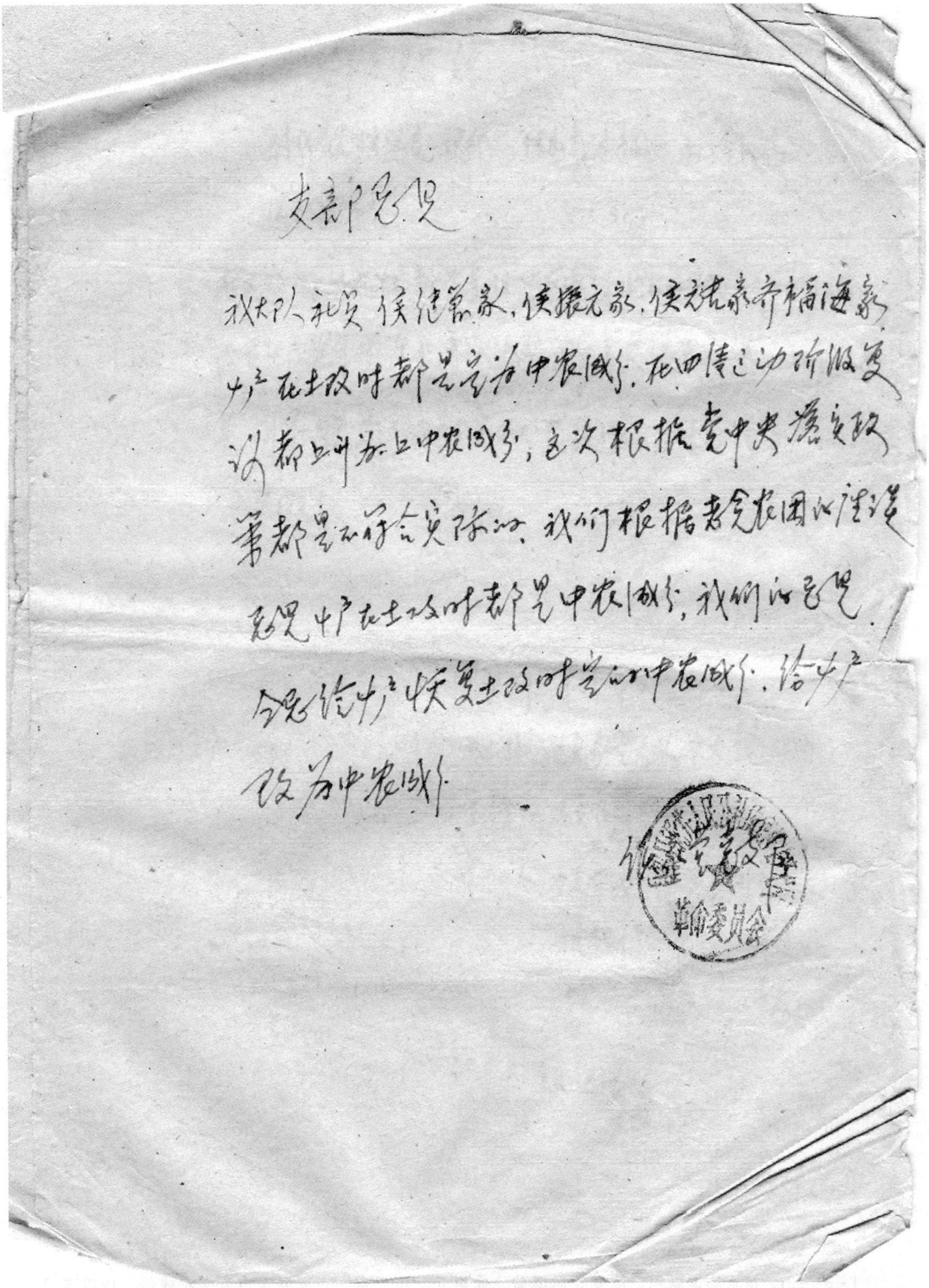

支部意见

我大队社员 侯继曾家、侯振元家、侯元吉家齐福海家4户在土改时都是定为中农成份。在四清运动时被复议都上升为上中农成份，这次根据党中央落实政策都是不符合实际的。我们根据老贫农团的座谈意见4户在土改时都是中农成份，我们的意见全完给4户恢复土改时定的中农成份。给4户改为中农成份

革命委员会

f-37-3i　**支部意见。根据老贫农团的座谈意见，恢复侯继曾、侯振元、侯元吉、齐福海家土改时的中农成份。约为1979年2月。**

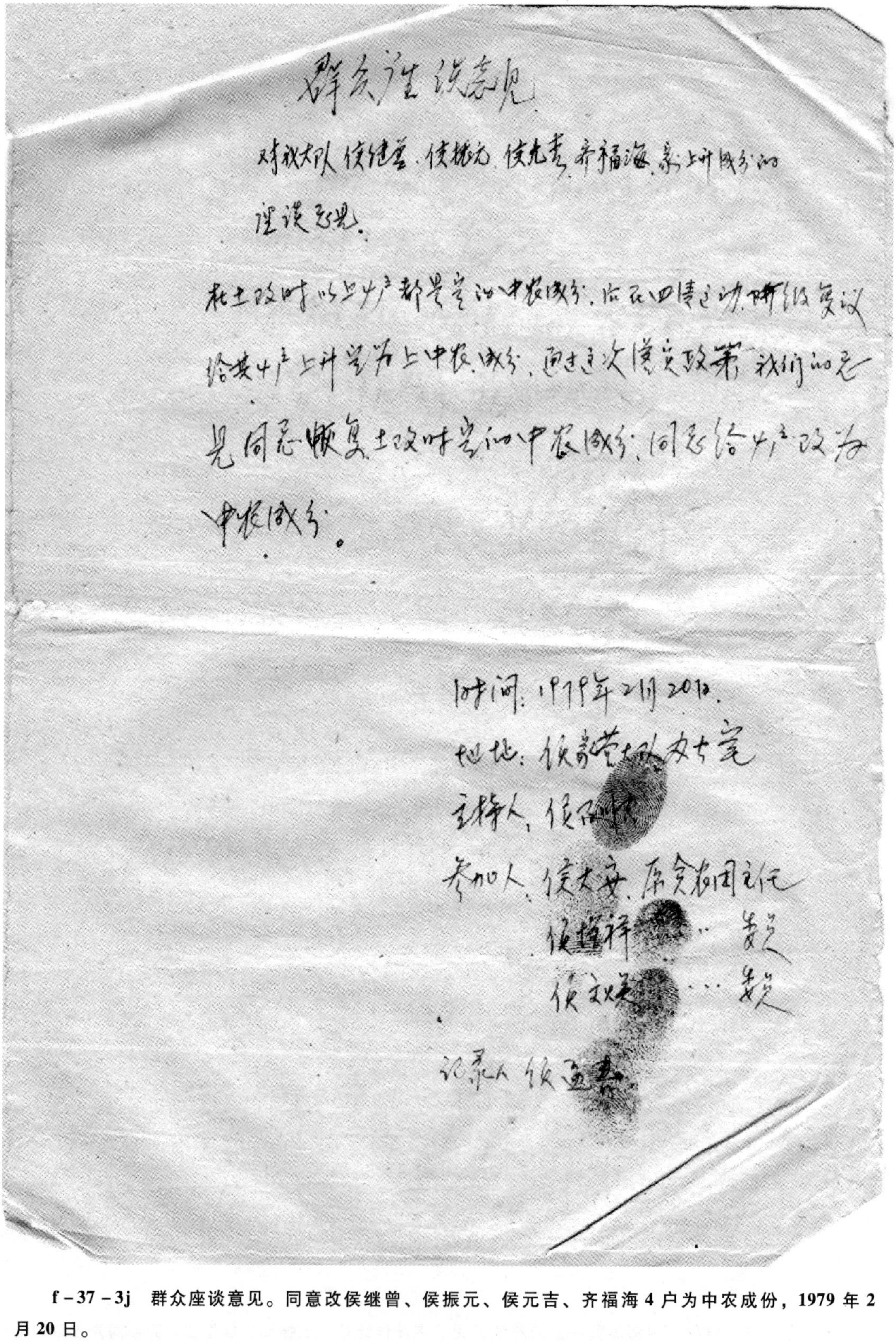

群众座谈意见

对我大队侯继曾、侯振元、侯元吉、齐福海、家上升成分的

座谈意见。

在土改时以上4户都是定的中农成分。后在四清运动时[illegible]复议给其4户上升为上中农成分。通过这次落实政策，我们的意见是同意恢复土改时定的中农成分。同意给4户改为中农成分。

时间：1979年2月20日

地址：侯家营大队办公室

主持人：侯[illegible]

参加人：侯大安、原贫农团主任

侯[illegible]祥……委员

侯[illegible]……委员

记录人：侯[illegible]

f－37－3j 群众座谈意见。同意改侯继曾、侯振元、侯元吉、齐福海4户为中农成份，1979年2月20日。

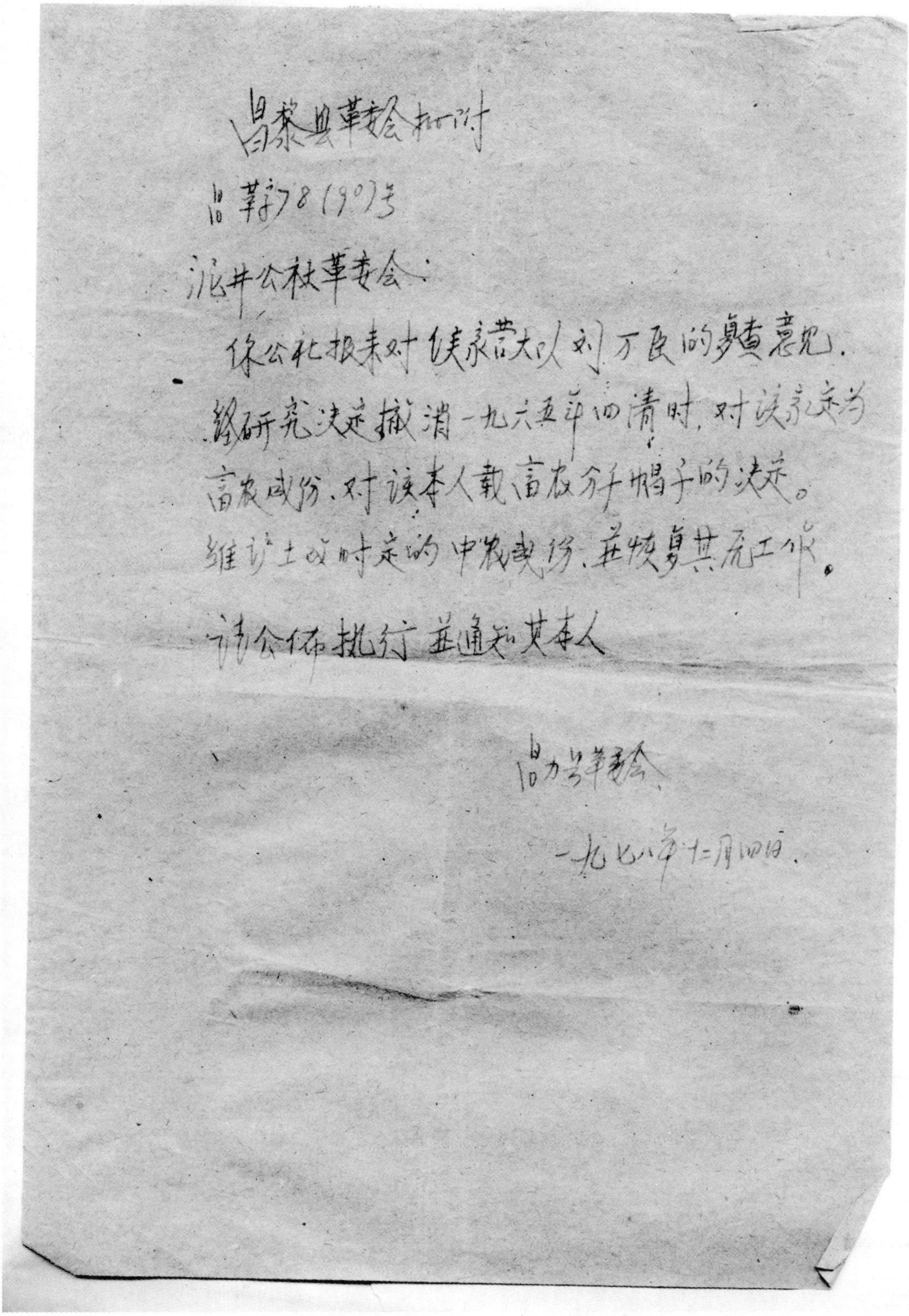
昌黎县革委会批附

昌革字78（90）号

泥井公社革委会：

你公社报来对侯家营大队刘万臣的复查意见，经研究决定撤消一九六五年四清时，对该家定为富农成份、对该本人戴富农分子帽子的决定。维护土改时定的中农成份，并恢复其原工作。

请公布执行并通知其本人

昌黎县革委会

一九七八年十二月四日。

f－2b　县革委会批复（抄件）。刘万臣，撤消65年四清时戴富农帽子决定，改为中农，1978年12月4日。

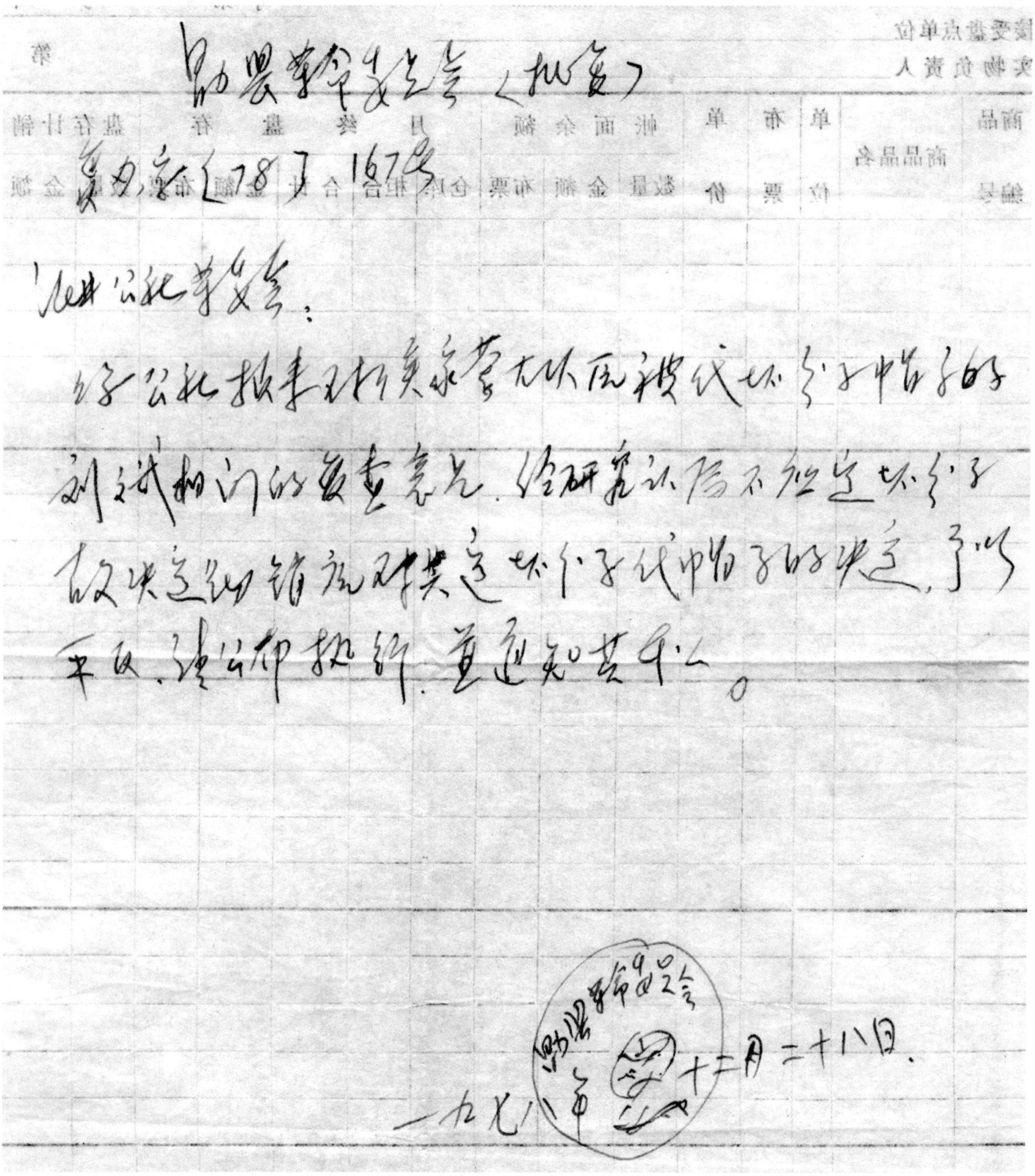
昌黎县革命委员会（批复）

昌办字[78] 167号

泥井公社革委会：

你公社报来对侯家营大队原被戴坏分子帽子的刘斌相问题的复查意见，经研究认为不应定坏分子，故决定纠错，撤销对其定坏分子戴帽子的决定，予以平反。请公社执行，并通知其本人。

昌黎县革命委员会

一九七八年十二月二十八日。

f－2a 县革委会批复（抄件）。刘斌相，撤消坏分子帽子，1978 年 12 月 28 日。

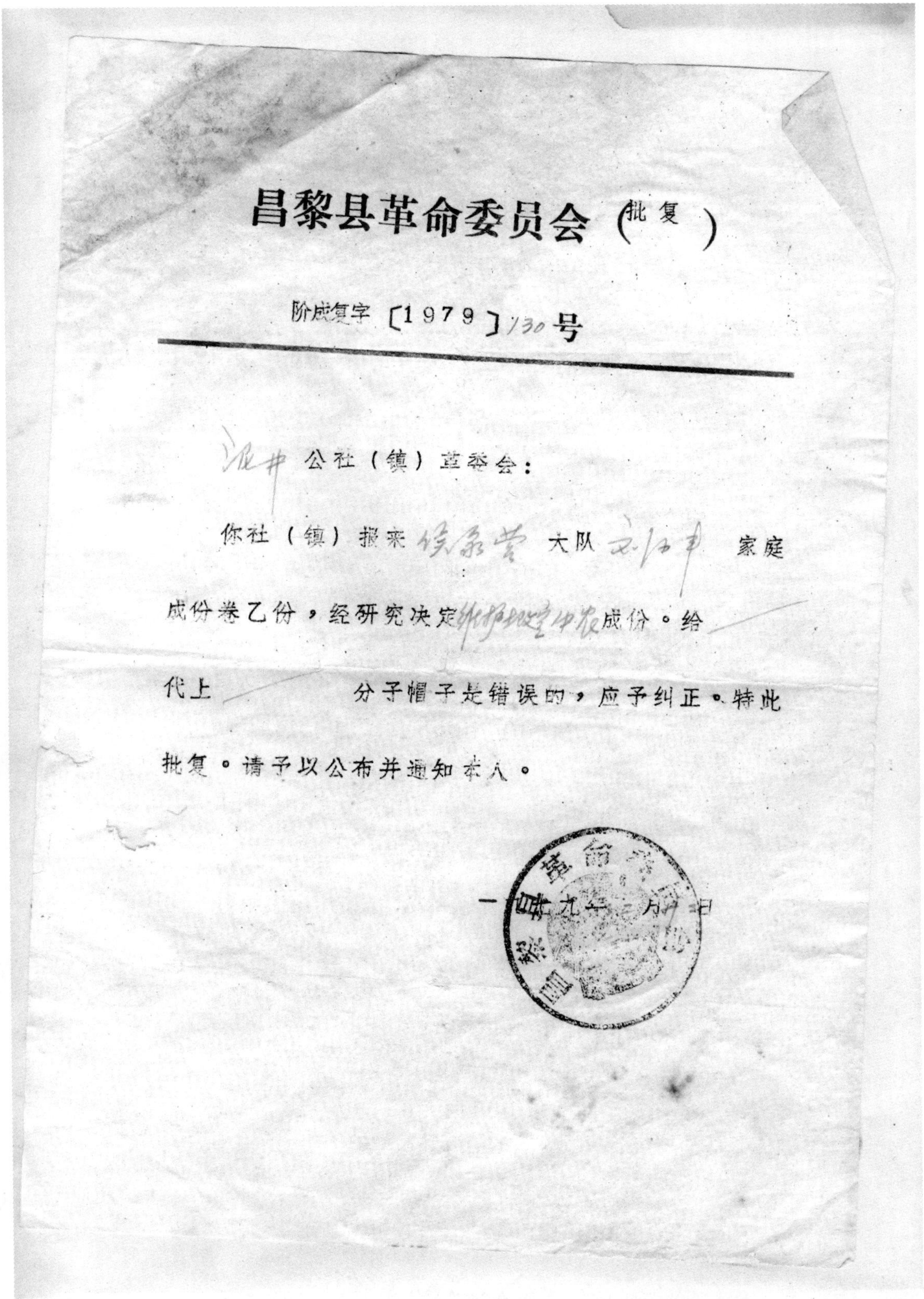
昌黎县革命委员会（批复）

阶成复字〔1979〕130号

泥井公社（镇）革委会：

你社（镇）报来侯家营大队刘小丰家庭成份卷乙份，经研究决定维护划定中农成份。给代上　　分子帽子是错误的，应予纠正。特此批复。请予以公布并通知本人。

一九七九年二月廿二日

f－2c　县革委会批复。刘小丰，维护中农成分，1979年2月22日。

昌黎县革命委员会（批复

阶成复字〔1979〕120号

泥井公社（镇）革委会：

你社（镇）报来侯家营大队刘斌义家庭成份复议卷乙份，经研究决定为中农成份。同时摘掉　　　　分子帽子。特此批复。请予以公布并通知本人。

昌黎县革命委员会

一九七九年二月十七日

f－2e　县革委会批复。刘斌义。改为中农，1979年2月17日。

阶级成份复议审批表

78年12月22日

户主姓名	侯大孝	性　别	男	年　龄	59	现任职务	
政治面貌	[illegible]	民　族	汉	原定成份	中农	改定成份	漏划地主
籍　贯	河北昌黎县			现　住	昌黎县泥井公社侯家营大队		
当地解放或土改前三年：逐年人口、劳力、经济情况、剥削方式、剥削分量。	土改前3年土地75.5亩 人口18口 牛4头 车1辆 [illegible] 46年雇长工1.5个．47—48年靠自己家劳动．劳力有[illegible]侯大哥 侯大孝、侯[illegible]侯大勇 妹妹等人。（46年家414人全年剥削量占74.99%）47—48年无剥削量．						
大队贫协会意见	按照党的政策恢复土改时定的中农成份（盖章）78年12月22日						
大　队意　见	同意[illegible]土改时定的中农成份（盖章）78年12月22日						
公社革委会意　见	同意（盖章）78年12月22日						
县革委会批　示	经研究同意维护土改定中农成份（盖章）年　月22日						

注：①此表仅供审批用，详细情况须另附材料。

②此表一式三份，全部报县审批。

装……订……线

f－2f　阶级成份复议审批表。侯大孝，由漏划地主改为土改时中农，土改前三年的经济状况：人口、劳力、剥削方式、剥削量，1978年12月22日。

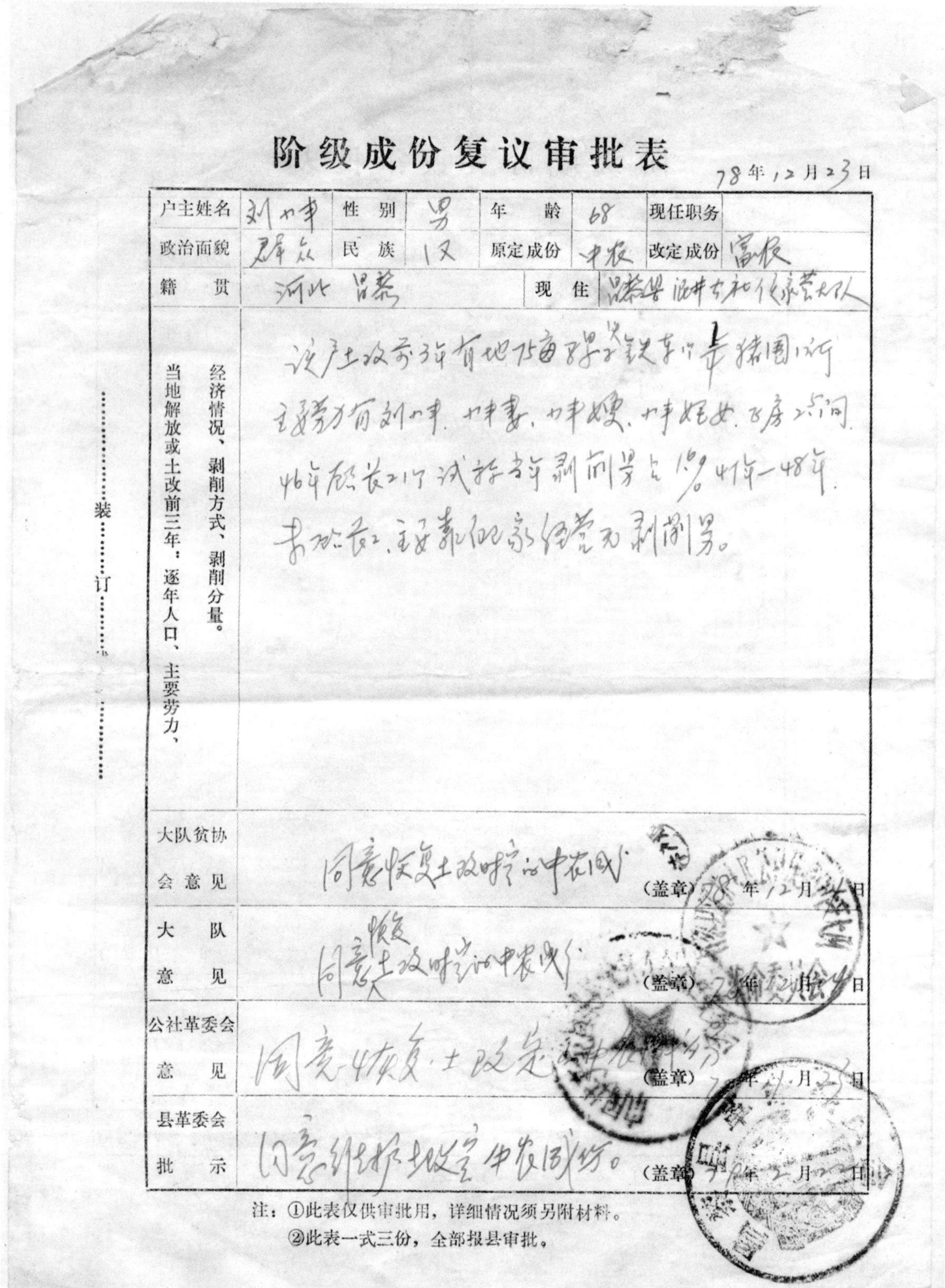

阶级成份复议审批表

78年12月23日

户主姓名	刘小丰	性别	男	年龄	68	现任职务	
政治面貌	群众	民族	汉	原定成份	中农	改定成份	富农
籍贯	河北 昌黎			现住	昌黎县 泥井公社侯家营大队		
经济情况、剥削方式、剥削分量。当地解放或土改前三年：逐年人口、主要劳力、	该户土改前3年有地75亩，骡子1头，铁车1辆，猪圈1所，主要劳力有刘小丰、小丰妻、小丰嫂、小丰侄女，正房2.5间，46年雇长工1个，试耕3年，剥削量占15%，47年—48年未雇长工，主要靠自家经营无剥削量。						
大队贫协会意见	同意恢复土改时定的中农成份 （盖章） 78年12月 日						
大队意见	同意恢复土改时定的中农成份 （盖章） 7 年12月 日						
公社革委会意见	同意恢复土改定的中农成份 （盖章） 7 年 月 日						
县革委会批示	同意维持土改定中农成份。 （盖章） 7 年 2 月 日						

注：①此表仅供审批用，详细情况须另附材料。

②此表一式三份，全部报县审批。

装……订……

f－2d 阶级成份复议审批表。刘小丰，富农恢复为中农，1978年12月22日。

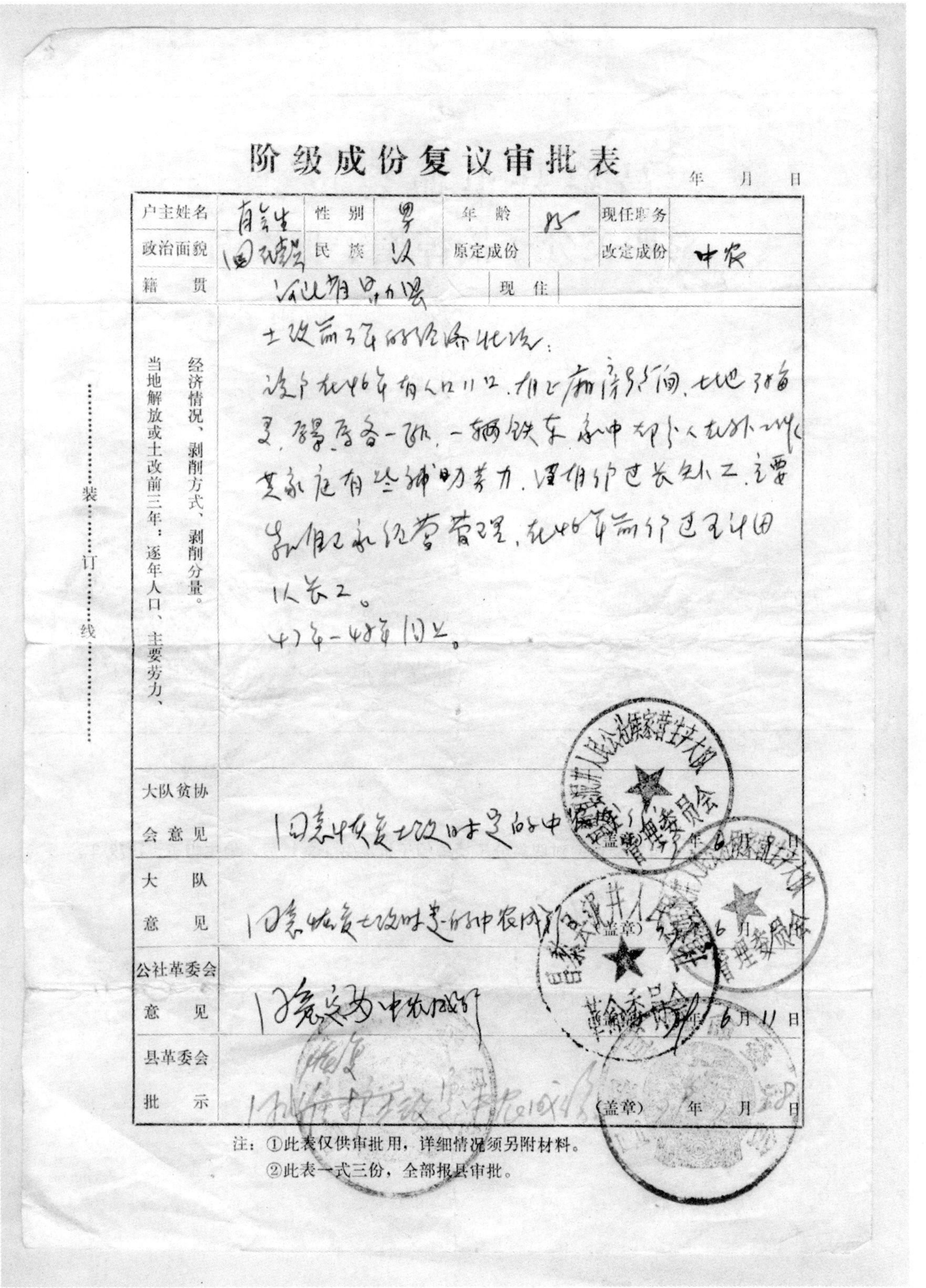
阶级成份复议审批表

年　月　日

户主姓名	肖会生	性别	男	年龄	85	现任职务	
政治面貌	[illegible]	民族	汉	原定成份		改定成份	中农
籍贯	河北省吴桥县			现住			
当地解放或土改前三年：逐年人口、主要劳力、经济情况、剥削方式、剥削分量。	土改前三年的经济状况： 该户在46年有人口11口，有正房5间，土地38亩，骡、马各一头，一辆铁车，家中劳力人在外地工作，其家庭有些辅助劳力，曾雇佣过长短工，主要靠自己家经营管理，在46年前雇过王计田1人长工。 47年－48年同上。						
大队贫协会意见	同意恢复土改时定的中……（盖章）年　月　日						
大队意见	同意恢复土改时定的中农成分（盖章）6月						
公社革委会意见	同意定为中农成分　年 6 月 11 日						
县革委会批示	同意按土改定的中农成分（盖章）年 7 月 28 日						

注：①此表仅供审批用，详细情况须另附材料。

②此表一式三份，全部报县审批。

装……订……线

f－2　阶级成份复议审批表。肖会生，恢复土改时中农成分，1979 年 7 月 28 日。＊没有改正前是何成分的记录。

（　）政审字第 刘斌质 号

昌黎县革命委员会
对四类分子摘掉帽子批准书

（79）政审字第 462 号

泥井 公社 侯家营 大队 刘斌质 根据 评审

经审查批准摘掉 地主 分子帽子

立即当众公布执行。

批准日期一九七九年 月 日

昌黎县革命委员会

此件交本人

b－4－41b　昌黎县革命委员会对四类分子摘掉帽子批准书。刘斌质，地主帽子，1979 年。

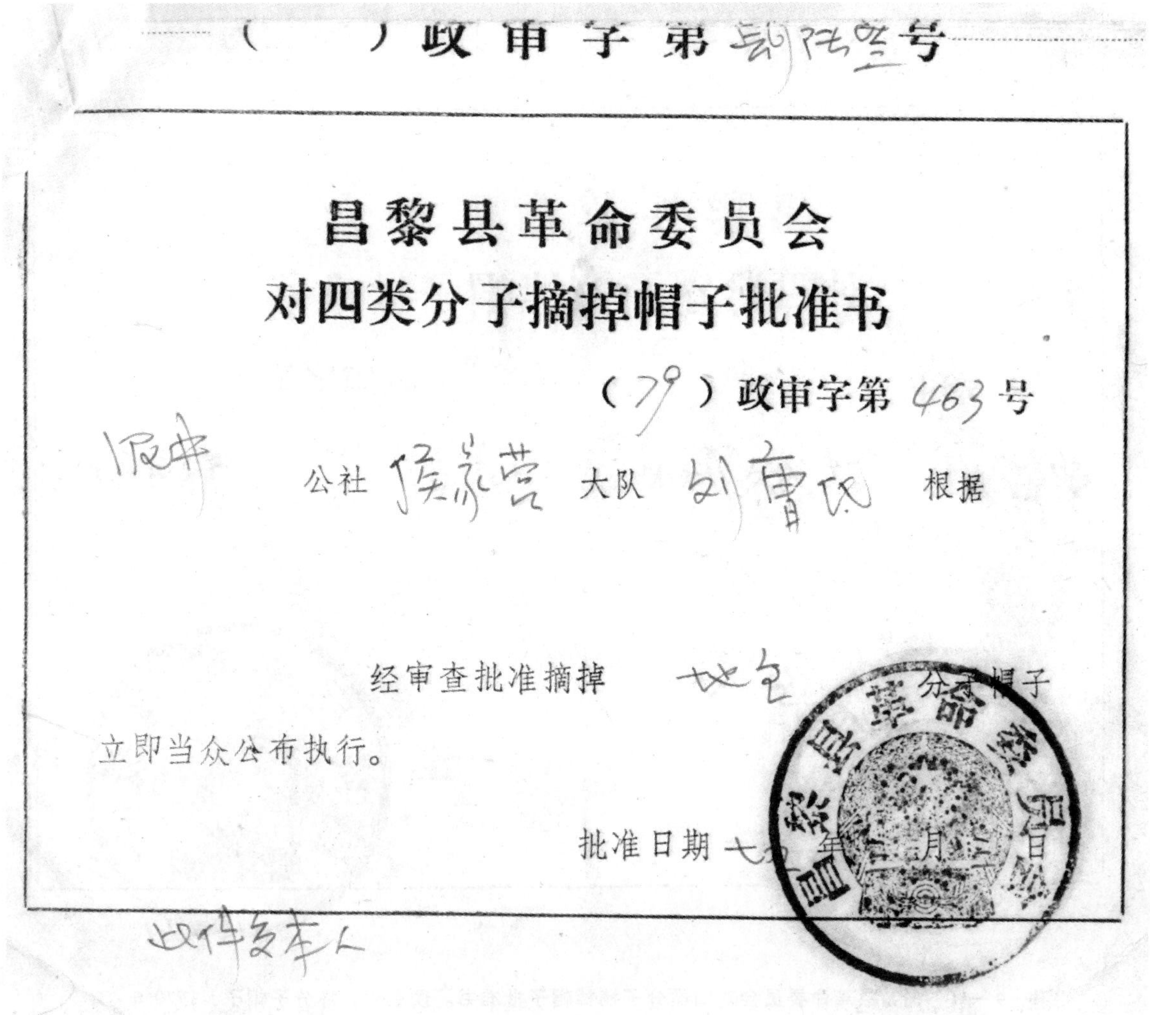

(　　)政审字第　　号

昌黎县革命委员会
对四类分子摘掉帽子批准书

（79）政审字第463号

公社　侯家营　大队　刘曹氏　根据

经审查批准摘掉　地主　分子帽子

立即当众公布执行。

批准日期　七九　年　月　日

此件交本人

b－4－41a　昌黎县革命委员会对四类分子摘掉帽子批准书。刘曹氏，地主帽子，1979年。

（ ）政审字第 号

昌黎县革命委员会

对四类分子摘掉帽子批准书

（79）政审字第464号

泥井 公社 侯永营 大队 侯永年 根据 评审

经审查批准摘掉 帽子

立即当众公布执行。

批准日期一九七九年 月 日

此件交本人

b－4－41 昌黎县革命委员会对四类分子摘掉帽子批准书。侯永年，坏分子帽子，1979 年。

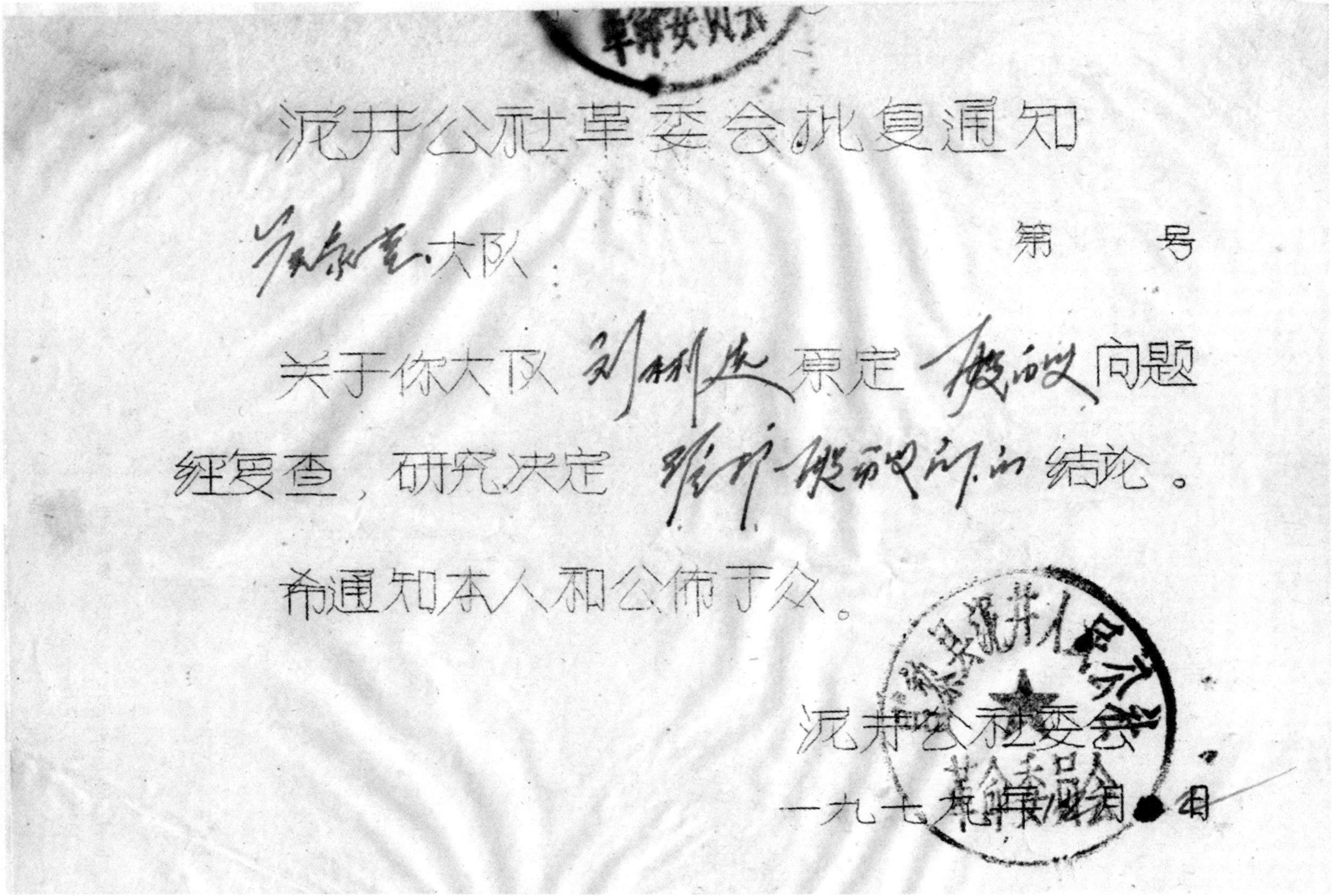

泥井公社革委会批复通知

侯家营大队：　　　　第　　号

关于你大队刘树连原定伪甲长问题

经复查，研究决定维持伪保甲长的结论。

希通知本人和公佈于众。

泥井公社革委会

一九七九年　月　日

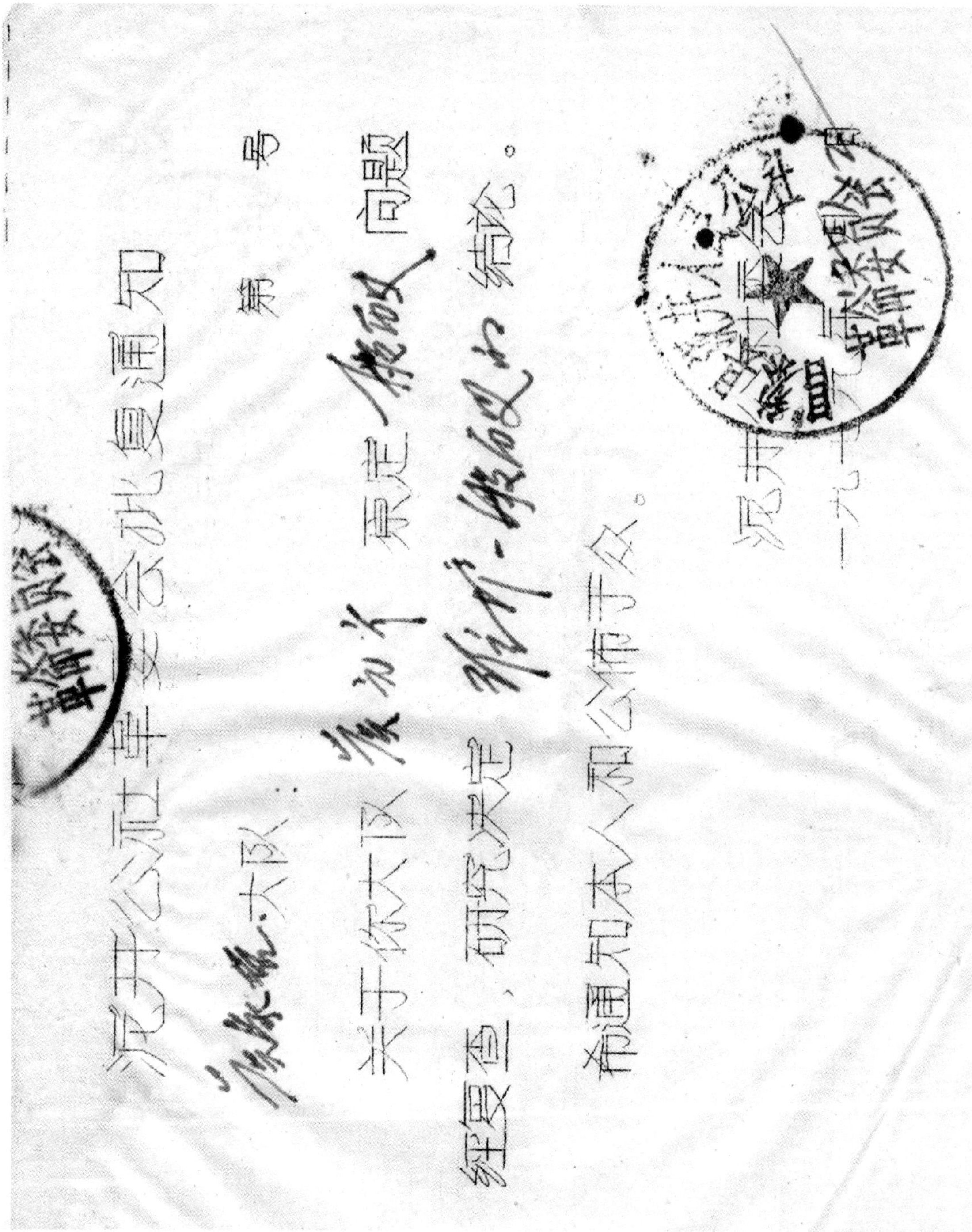

泥井公社革委会批复通知 第 号

侯家营大队：

关于你大队侯元芹原定一般历史问题

经复查，研究决定维持一般历史的结论。

希通知本人和公布于众。

泥井公社革委会

一九

b－4－59a

b－4－59/b－4－59a 泥井公社革委会批复通知。刘斌选、侯元芹，原一般历史身份问题，维护该结论，1979 年 12 月 12 日。

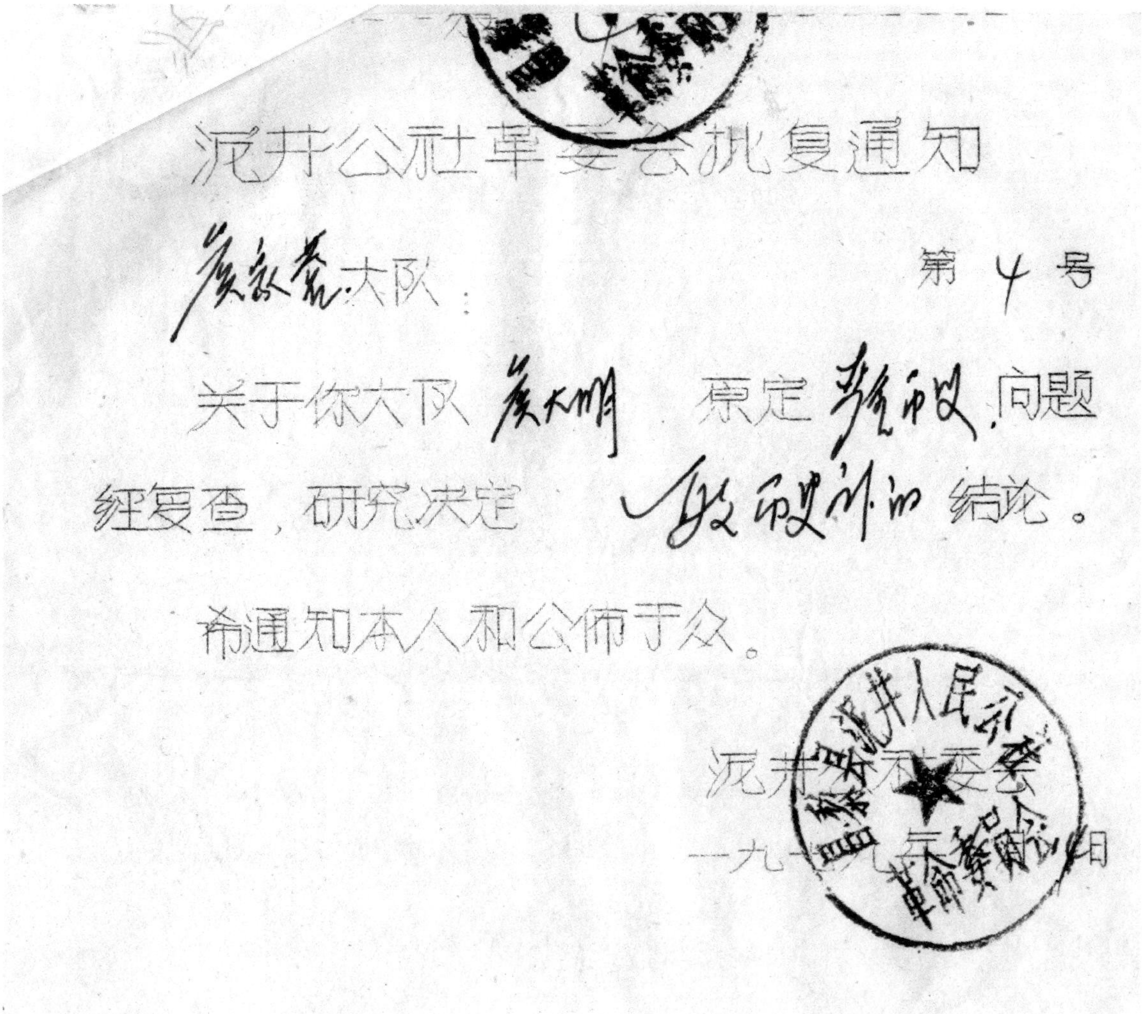

泥井公社革委会批复通知

侯家营大队：　　　　第4号

关于你大队侯大明原定严重历史问题

经复查，研究决定一般历史问题的结论。

希通知本人和公布于众。

泥井公社革委会

一九七九年六月十四日

昌黎县泥井人民公社革命委员会

b－4－39　泥井公社革委会批复通知。侯大明，原严重历史身份问题，改为一般历史问题结论，1979年6月14日。

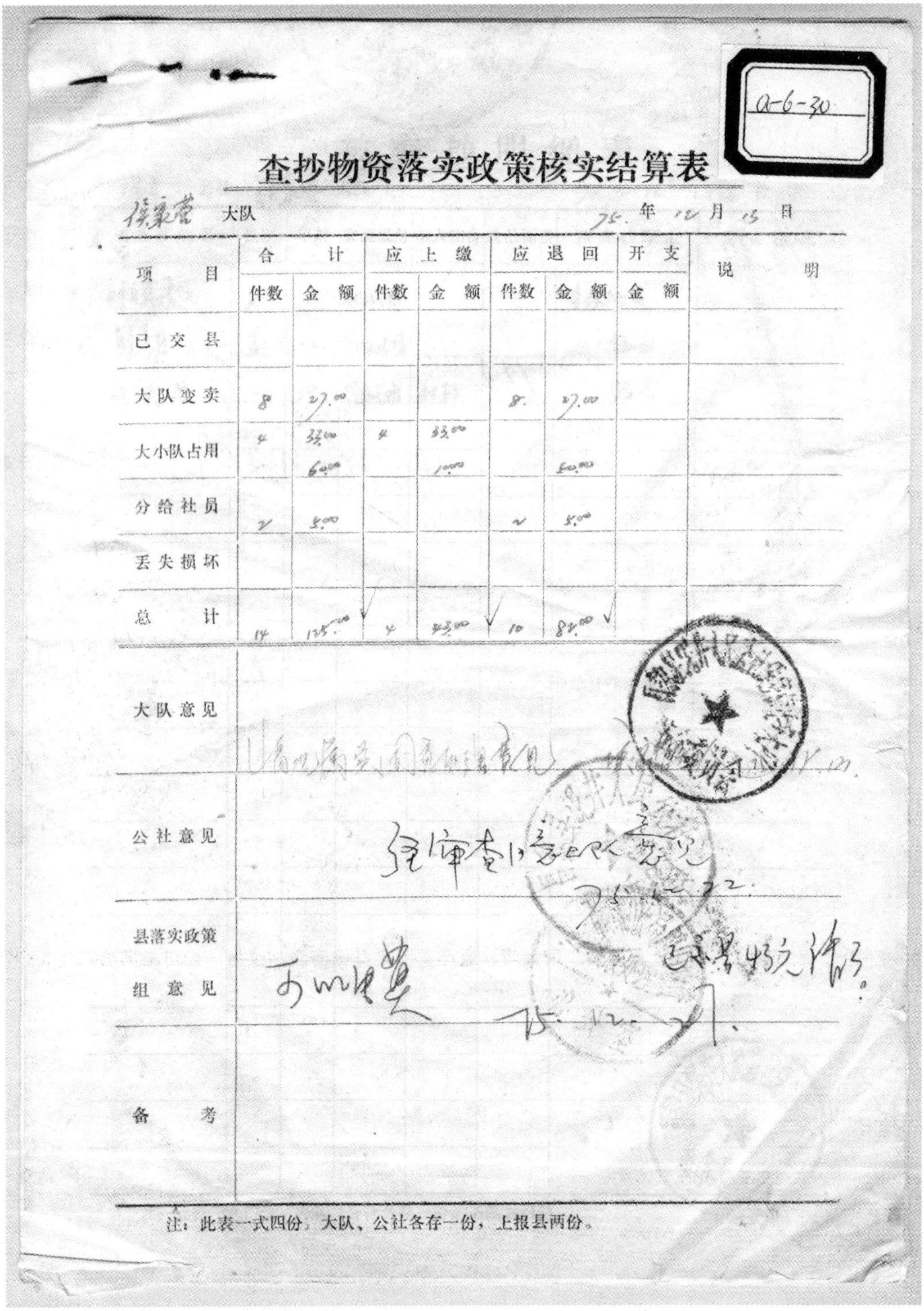

a-6-30

查抄物资落实政策核实结算表

侯家营 大队 75. 年 12 月 13 日

项目	合计		应上缴		应退回		开支	说明
	件数	金额	件数	金额	件数	金额	金额	
已交县								
大队变卖	8	27.00			8.	27.00		
大小队占用	4	33.00 60.00	4	33.00 10.00		50.00		
分给社员	2	5.00			2	5.00		
丢失损坏								
总计	14	125.00	4	43.00	10	82.00		

大队意见 [illegible]

公社意见 经审查同意大队意见 75.12.22.

县落实政策组意见 [illegible] 75.12.27.

备考

注：此表一式四份，大队、公社各存一份，上报县两份。

a－6－30

查抄物资落实政策核实结算表。查抄物资变卖占用等情况，1975 年 12 月 13 日。＊原件被装订成一本，选用其中一页。未收内容有：被查抄明细、刘斌质妻、刘斌相情况；查抄物资落实情况登记表 6 页，记录大队占用、变卖、交五保户、转为现金、以及棉裤棉袄的退回等情况。＊＊印象：紧随国家政策，不折不扣执行。

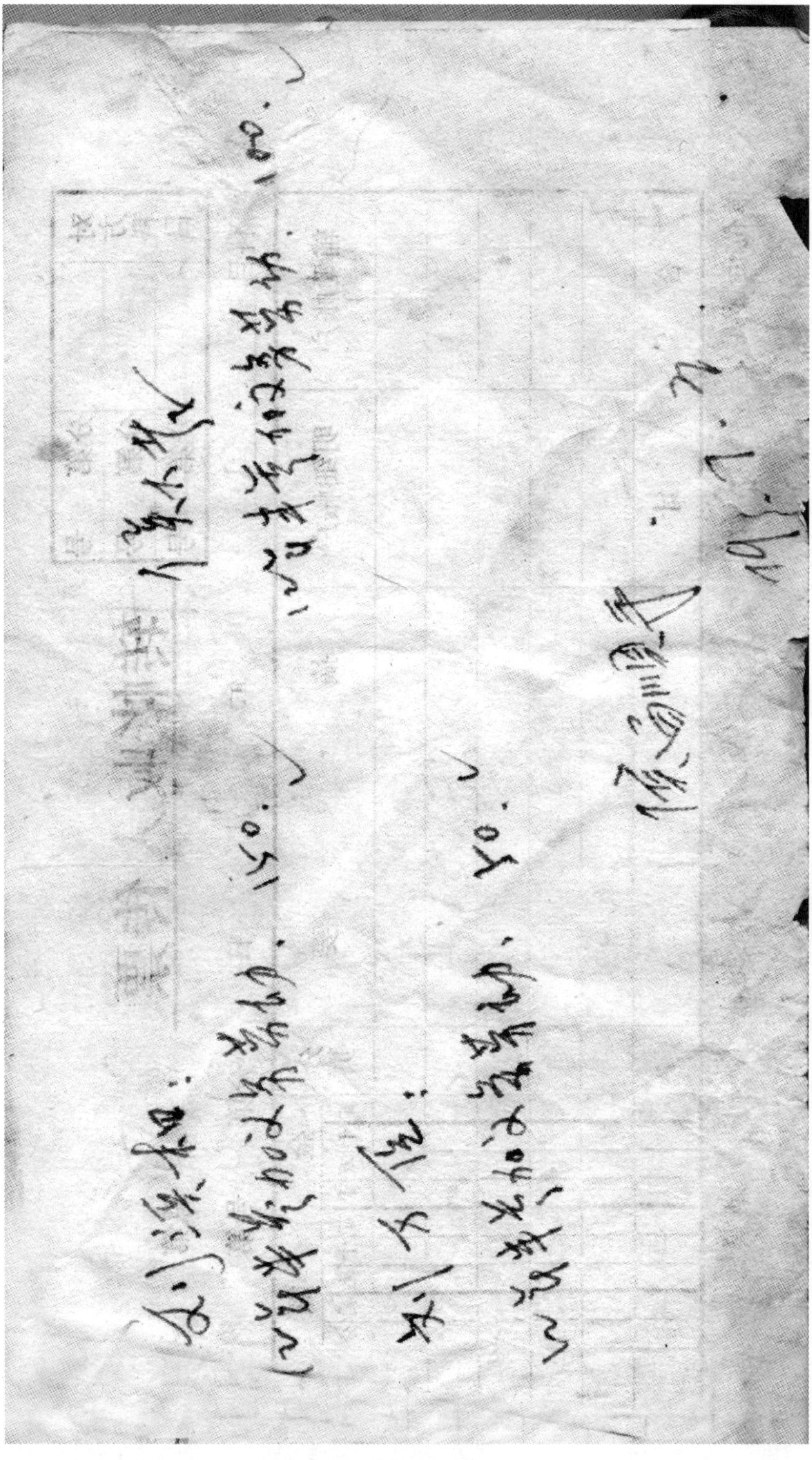

f－4

纸条。刘斌相、侯大孝、刘万臣，12 年半参加义务劳动，补助 150 元、100 元、50 元，侯百顺，1979 年 7 月 3 日。＊十二年磨难，终以“义务劳动”名义和百元补助相抵。

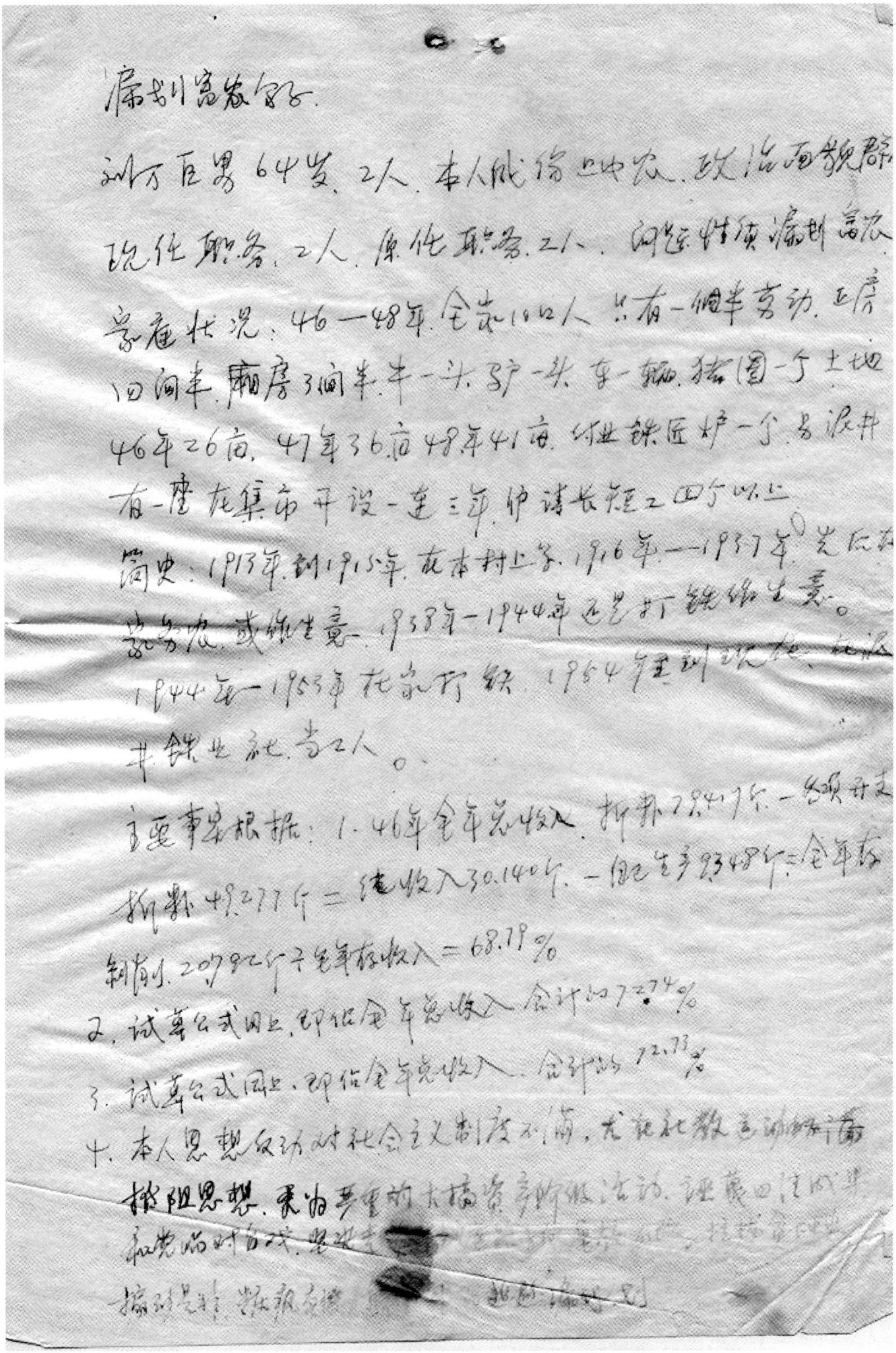

漏划富农分子

刘万臣 男 64岁 2人 本人成份上中农 政治面貌群

现任职务 2人 原任职务 2人 问题性质漏划富农

家庭状况：46—48年 全家10人 只有一個半劳动 正房

四间半 厢房3间半 牛一头 驴一头 车一辆 猪圈一个 土地

46年26亩 47年36亩 48年41亩 作业铁匠炉一个 [illegible]

有一座 在集市开设一连三年 伊请长短工四个以上

简史：1913年到1915年在本村上学 1916年—1937年 先后在

家务农 或作生意 1938年—1944年 还是打铁作生意。

1944年—1953年 在家打铁 1954年到现在 在[illegible]

井铁业社当工人。

主要事实根据：1. 46年全年总收入 折米7541?斤 —各项开支

...=纯收入30,140斤 —自己生产9348斤=全年应

折米4[illegible]277斤=...

剥削20792斤÷全年总收入=68.79%

2. 试算公式同上，即占全年总收入 合计的72.74%

3. 试算公式同上，即占全年总收入 合计的72.73%

4. 本人思想反动 对社会主义制度不满 尤在社教运动中 [illegible]

抵阻思想 表为严重的大搞资产阶级活动 [illegible]

和党的对抗 [illegible]

[illegible]

c-1-1-4 漏划富农分子刘万臣的综合情况。约为1966年前后。

座谈刘万臣家解放后的情况：

侯有中：刘万臣家有土地5亩至53亩，有黑牛一头、新铁车一辆、铁匠炉，在入社时未入社，[illegible]入他不入。参加农业劳动只刘振远一点，但干的不多；每年平均养猪三口左右；有驴一头没入社，常借铁业上[illegible]用。

侯大信：以后刘家继续打铁、出手，还雇用长工每年有六七个徒弟[illegible]，[illegible]刘志先[illegible]都给他干过，

侯永瑞：刘家5口[illegible]的经营专门叫人经营。

侯永志：刘家的地[illegible]叫[illegible]，赵家港的[illegible]：

有时候[illegible]，铁业上就停，去干农业活，特别在农忙时全铁业全停去忙农业；铁业伙计：中心庄的杨振坤、刘志先、冯国[illegible]、冯[illegible]、刘[illegible]的[illegible]、冯庄的[illegible]。

[illegible]：他们家里设两盘炉，每天都打铁，[illegible]雇用3个长工，[illegible]就在[illegible]上设炉，[illegible]时就在[illegible]给炉[illegible]铁、钉[illegible]的：

解放后先买了[illegible]，[illegible]以后就买了[illegible]骡子，[illegible]的大[illegible]一头。

农业上曾叫赵家港的[illegible]、[illegible]长工，东村的侯[illegible]、侯[illegible]、侯[illegible]，[illegible]、王[illegible]、侯[illegible]、侯[illegible]、侯[illegible]、侯[illegible]都给他们干过活，[illegible]人都说村里好[illegible]：

c－1－1－4a

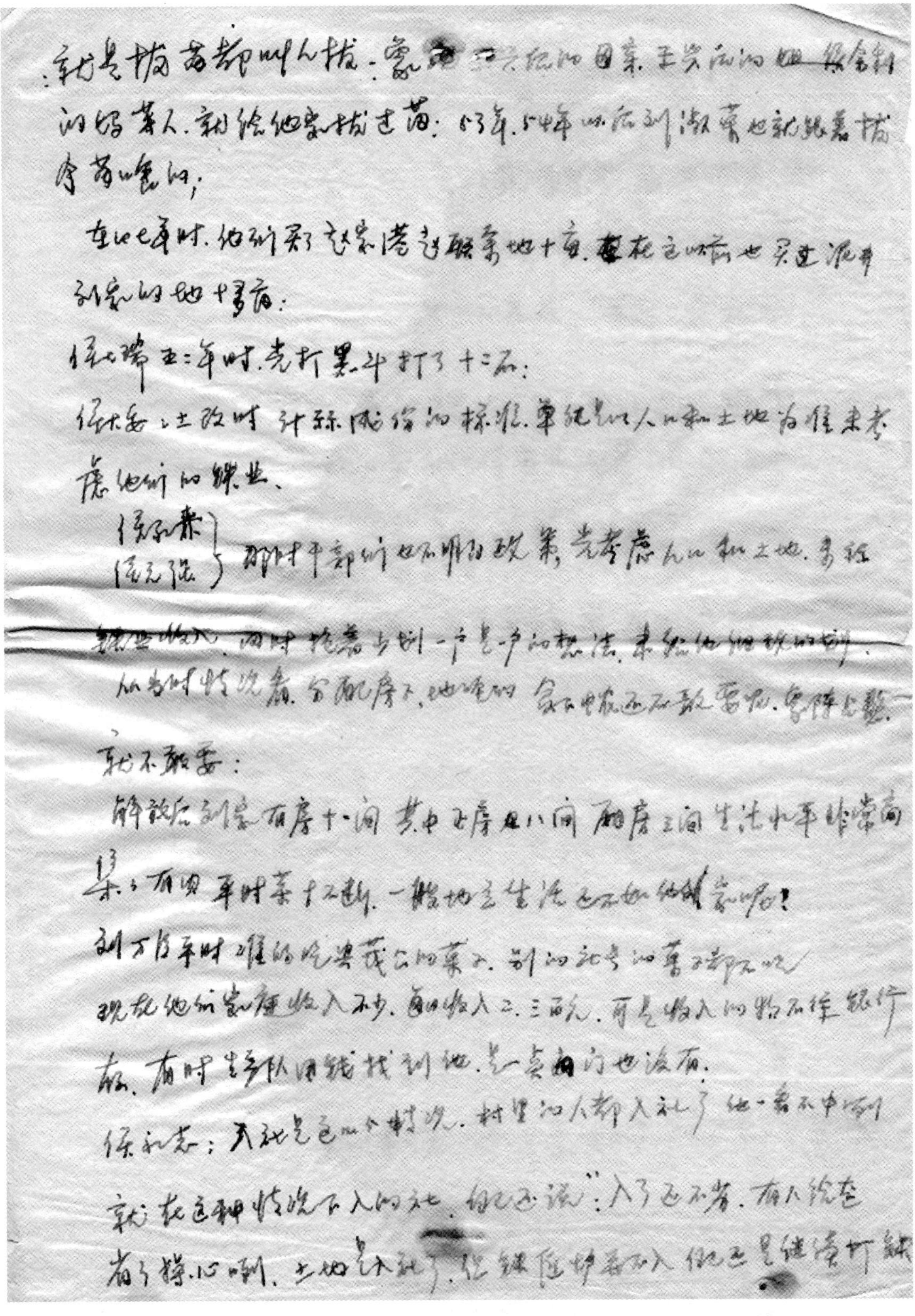

就是拔苗都叫人拔。家里只给的田亲、王贵成的缺食料

的贫苦人。就给他家拔过苗。63年、5、6年以后到傲春也就跟着拔

李万臣的；

在以七年时，他们买了社泉港边群众地十亩，在现在的地也买过很多

别家的地十多亩：

侯瑞王二年时，光打黑斗打了十二石：

侯大安：土改时计算成份的标准，单纯是以人口和土地为根来考

虑他们的职业、

侯永泰 侯元保 } 那时干部们也不明白政策，光考虑人口和土地，未经

~~收入，同时抱着多划一户是一户的想法，来给他划成的地。~~

从当时情况看，分配房子、地时的家口也没不敢要他，要住也难。

就不敢要：

解放后刘家有房十八间 其中正房是八间 厢房二间 生活水平非常高

某某有肉 平时菜不断。一般地主生活也不如他们家哪！

刘万臣平时谁的吃些花心的菜子。别的社员的菜子都不吃

现在他们家庭收入不少。每月收入二、三百元。可是收入的钱不往银行

存。有时生产队用钱找到他，是一点的也没有。

侯永泰：入社是在以个情况，村里的人都入社了他一看不中了

就在这种情况下入的社。他还说：入了也不少。有人给在

着了操心啊。土地是入社了，但钱财却不入 他还是继续打缺

c－1－1－4b

c－1－1－4a/c－1－1－4b　座谈刘万臣家解放后的情况。约为1966年前后。

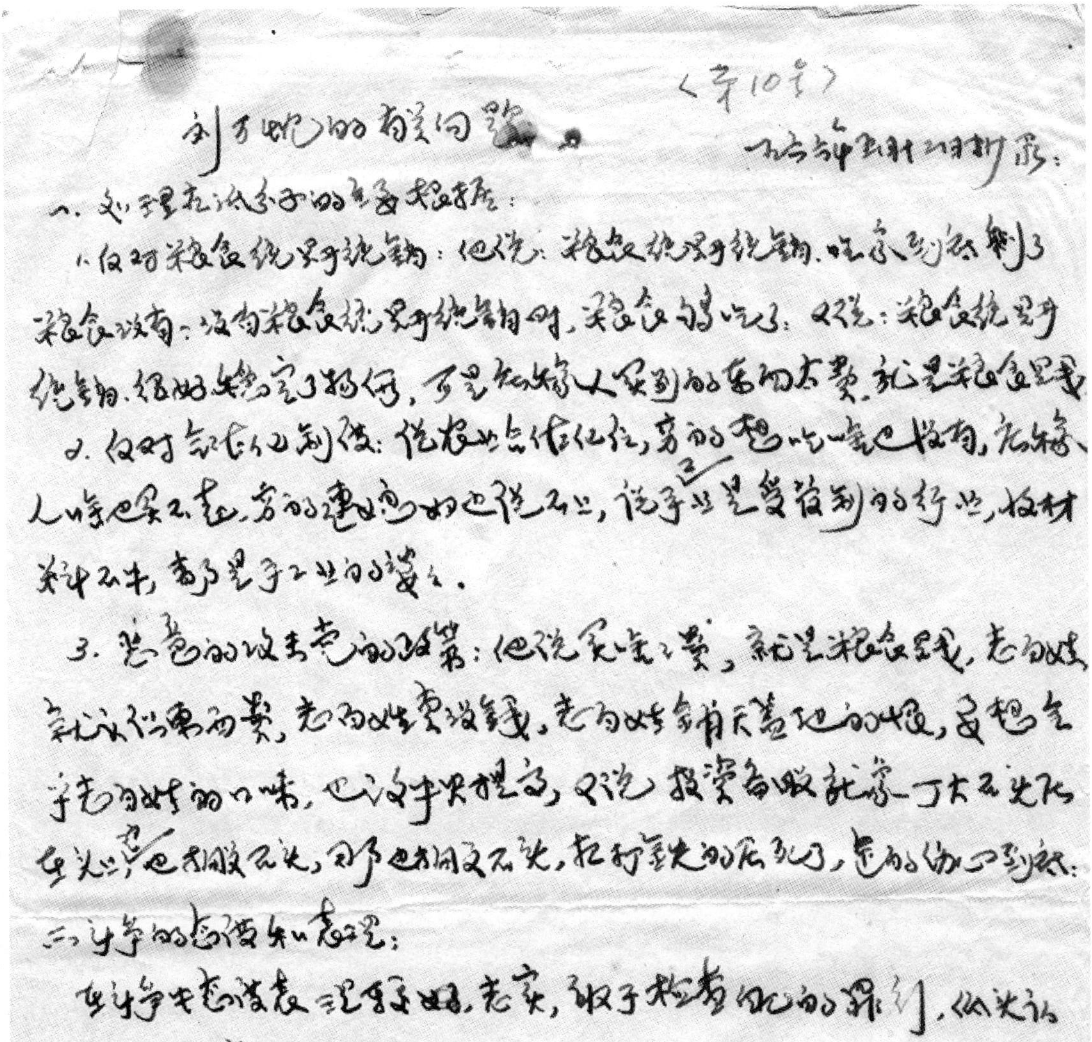

c-1-1-4c　关于右派分子刘万臣1958年的罪状、表现与处理意见。1966年5月12日。

证明材料

证明人 杨振坤 男 64岁 贫农 社员 泥井公社中心庄大队一小队

被证明人：刘万臣 侯家营村人

调查结果

兹证明，我在1946年给刘万臣打铁的事，我是1946年去的，1949年回家的，共计三年。当时给他当打铁的还有侯家营的刘荣贵，后刘屯的刘信林，我是干技术的，按其在农村，我还干农活，当时的待遇都是给小钱，每月的待遇是22元，在待遇土改的时候有四个月的时间，每月的工钱给我是30元，当时他家干活的有刘万臣和他大儿子，我到土改前就回家了，以后的情况我不知道了。

以上情况属实，特此证明

证明人：杨振坤

查证人：宋明贤、侯大文

一九六五．五．八

上述情况作以参考

胡金荣

（第5—5号）

证明材料

证明人：岳佳田，现年57岁，贫农成分，农业户口，汉族，文盲，群众，社员，现住昌黎县泥井公社侯家营大队第五生产队。

被证明人：刘万良。

经我回忆，日本投降那年起（1945年），我在本村做短工，我给扛短工的人家共有五家，有刘万喜、刘万良、刘万年、侯永贵、侯庆昌家。每年给这五家做短工，也就是220—230个左右，这五家人和我给刘万喜、刘万良家做的短工最多。我在1946、~~1947年~~、1948年我解放以后合作化以前，每年平均都得给刘万良家做工60个到80个左右。每天工资是毫无钱，折玉米20斤左右。那个时候给他做农业短工的，有池助出、侯元发，还有人，我记的不清了。那时他家参加农业劳动的人，也就是他二儿子刘斌总是跟着干点，刘万良和他大儿子刘文成功，除了赶集外，就依靠剥削生活。我记的那时他有三十多亩地，有一辆铁瓦车，先头养着一个骡，后又养着一个驴子，以后又养着一个大牛。还有6间正房、3间厢房，一个猪圈，在农忙时就雇人们也不来小些农活（做着2—3个铁匠）。那时候他家的地不算好，每亩地能打高粱三斗左右，打谷子8四斗左右。以上情况属实。

岳佳田。　1966.5.19号。

取证人：常淑兰，温炳和。

地点侯永发西正房，取证时间8—10点

c-1-1-4e

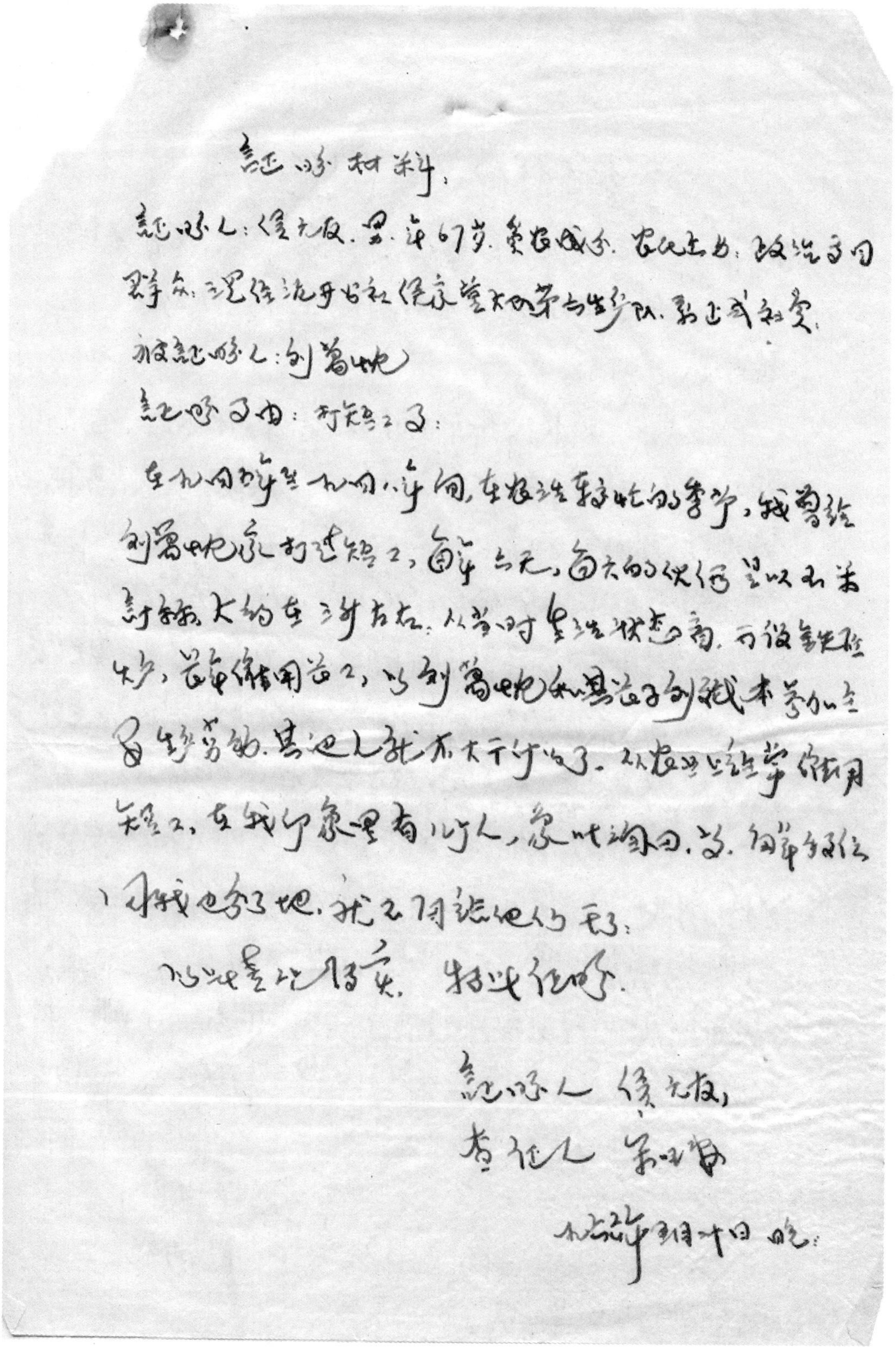

证明材料：

证明人：侯元成，男，年61岁，贫农成分，农民出身，政治面目群众，现住沙井公社侯家营大队第六生产队，是正式社员。

被证明人：刘万臣

证明事由：打短工：

在一九四○年至一九四八年间，在农活最忙的季节，我曾给刘万臣家打过短工，每年六天，每天的伙食是以面米为主，大约在三斤左右。从当时生活状态看，可说是生活较好，每年僱用短工，与刘万臣和其子侄刘殿本参加主要生产劳动，其他人就不大干活了。从农业上说每年僱用短工，在我们家里有八个人，家中论田[illegible]。每年多给[illegible]我也分了地，就不用给他们干了。

以上是实情，特此证明。

证明人 侯元成

查证人 宋[illegible]

一九六六年五月十日晚。

c－1－1－4f

c－1－1－4d/c－1－1－4e/c－1－1－4f 关于刘万臣家经济状况的证明材料。1966年5月。

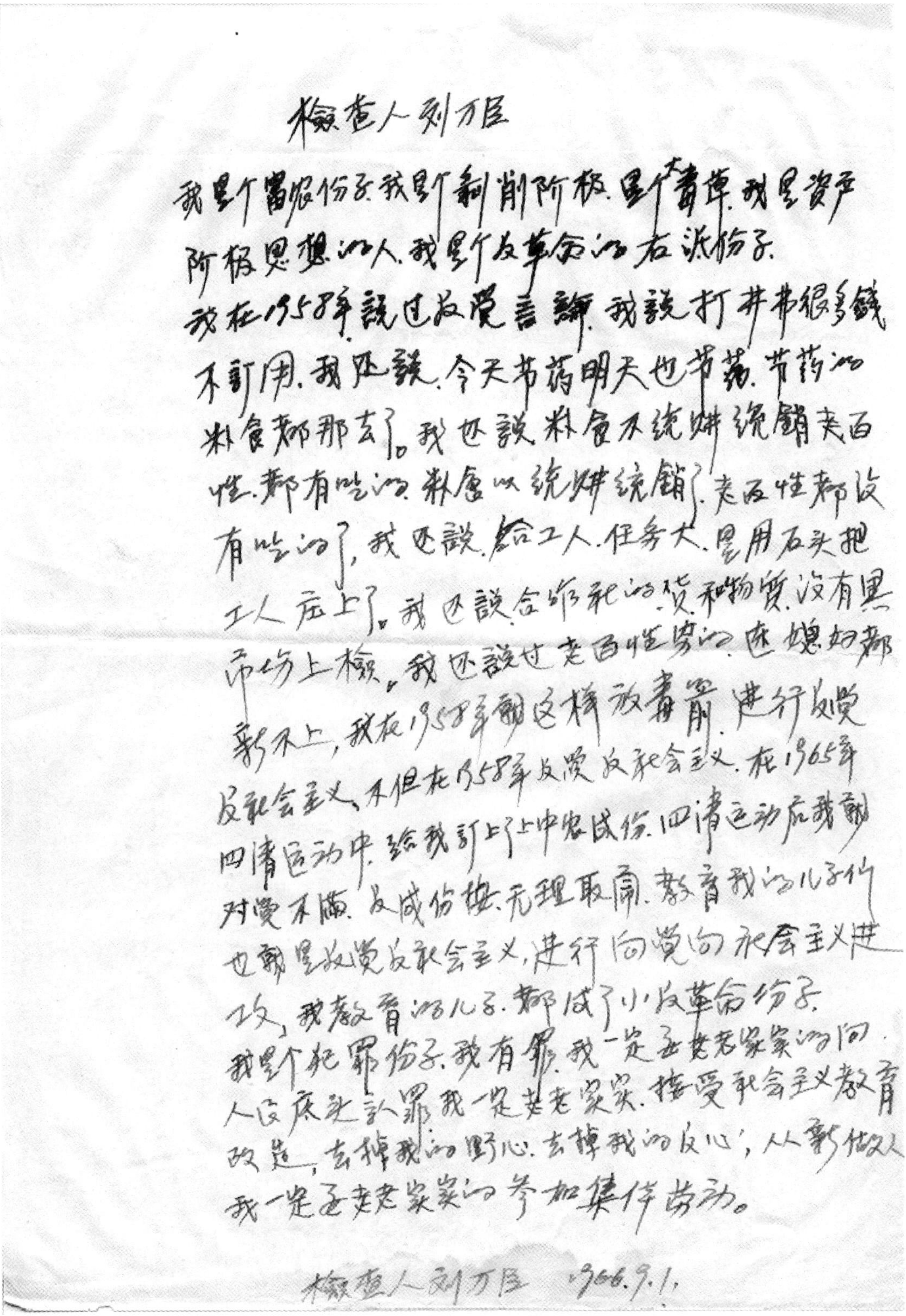

檢查人刘万臣

我是个富农份子我是个剝削阶极.是个大毒草.我是资产
阶极思想的人.我是个反革命的右派份子.
我在1958年說过反党言論.我說打井费很多錢
不頂用.我还說.今天节药明天也节药.节药的
粮食都那去了.我也說.粮食不统购统銷老百
姓.都有吃的.粮食以统购统銷了.老百姓都沒
有吃的了,我还說.给工人.任务大.是用石头把
工人压上了.我还說合作社的货和物资.沒有黑
市场上檢.我还說过老百姓穷的.连媳妇都
娶不上,我在1958年就这样放毒箭.进行反党
反社会主义.不但在1958年反党反社会主义.在1965年
四清运动中.给我訂上了上中农成份.四清运动后我就
对党不满.反成份挂.无理取鬧.教育我的儿子们
也就是反党反社会主义,进行向党向社会主义进
攻.我教育的儿子.都成了小反革命份子.
我是个犯罪份子.我有罪.我一定要老老实实的向.
人民彻底认罪我一定老老实实.接受社会主义教育
改造,去掉我的野心.去掉我的反心,从新做人
我一定要老老实实的参加集体劳动。

檢查人刘万臣　1966.9.1.

c-1-8-2　刘万臣对1958年发表反党言论、1965年四清运动后表示不满等罪状的检讨。1966年9月1日。

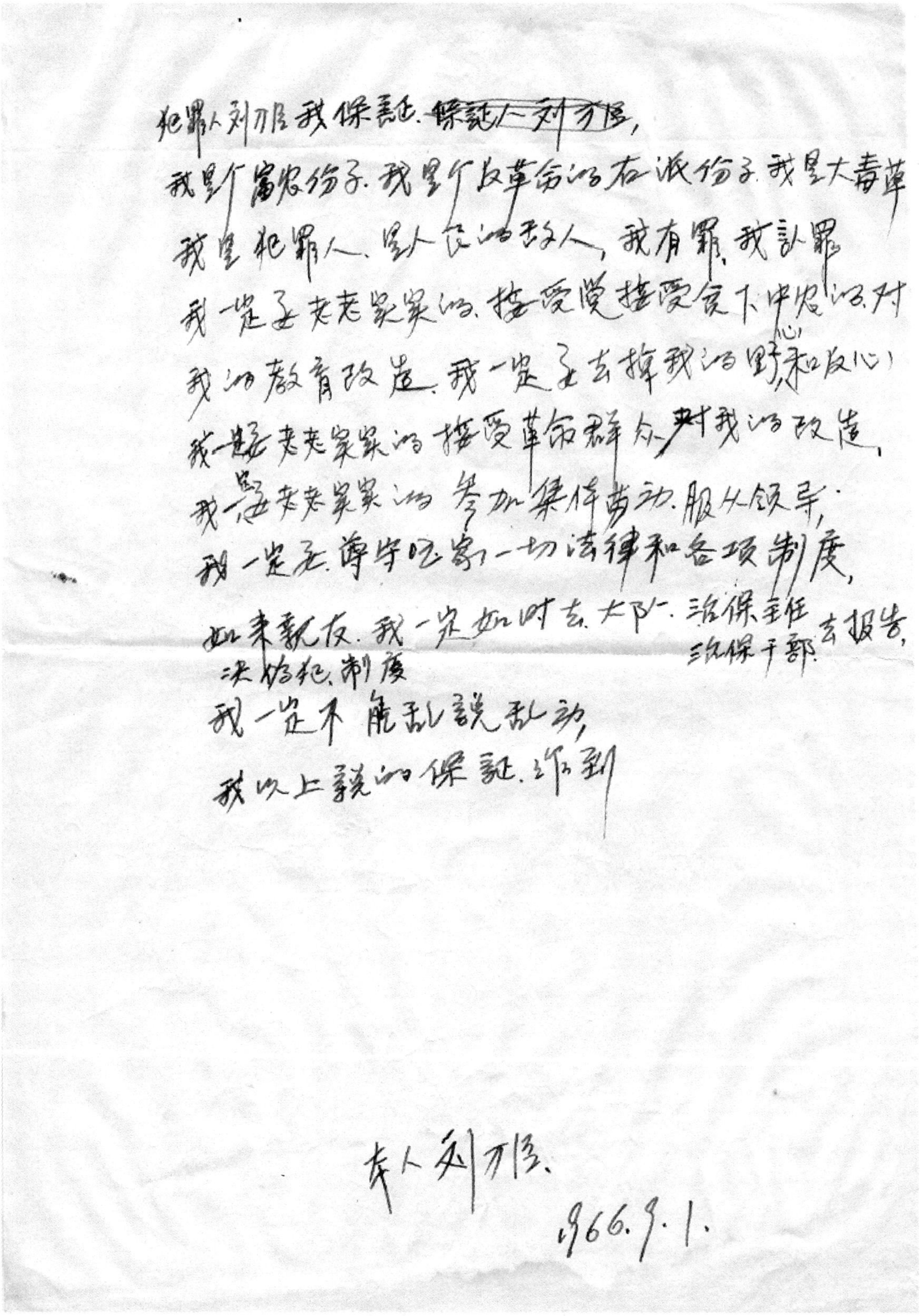

犯罪人刘万臣我保証 ~~保証人 刘万臣~~,

我是个富农份子.我是个反革命的右派份子.我是大毒草

我是犯罪人、是人民的敌人,我有罪,我認罪

我一定要老老实实的,接受党接受贫下中农的对

我的教育改造.我一定要去掉我的野心和良心)

我一定要老老实实的接受革命群众对我的改造,

我一定要老老实实的参加集体劳动.服从领导,

我一定要遵守国家一切法律和各项制度,

如来亲友.我一定如时去大队.治保主任 治保干部 去报告,

决不犯制度

我一定不能乱説乱动,

我以上説的保証.作到

本人刘万臣.

1966.9.1.

c－1－8－2a　刘万臣的保证。一定老老实实接受党和贫下中农的教育、改造，1966 年 9 月 1 日。

检查剥削人刘万臣.

1944年开始打铁雇用侯增瑞1个月 人口8口人

房子8间車1輛牲畜骡1头.土地4亩沙子地22亩共26亩

收入料2000斤多

1945年手工业雇用2人刘升元1个月陈金山2个月赵相华

春2个月秋1个月韩权田1个月

人口8口人房子8间牲畜骡1头車1輛猪1口土地4亩

沙子地22亩共26亩共收入料2500斤左右.

1946年手工业雇用2人刘升元8个月赵相华春2个月

秋1个月冬1个月共1年有4-5个月左右.韩权田2个月

陈金山2个月,人口9口人房子8间牲畜骡1头車1輛猪2口

土地4亩沙子地22亩共26亩收入料3000斤左右.

1947年手工业雇用2人刘升元7-8个月杜振坤3个月

冯吕全2个月赵殿荣1个月

人口10口人房子8间牲畜骡1头牛1头是从侯家屯亲友借的

車1輛猪2口.土地亩沙子地25亩共29亩.共收料3500斤

左右.雇用月工赵景先春2个月秋1个月.

1948年手工业雇用2人刘升元7-8个月刘正环3个月

杜振坤3个月

人口11口人房子8间牲畜骡1头牛是借侯家屯的

使用了三个多月車1輛猪2口

c-1-8-3

2

土地 分了上地之亩 土地4亩 沙子地35亩 共45亩
共收入米4500斤多 农叫过短工夫 这1年叫6-7个
1949年 手工业雇用2人 刘升元9个月 杨振坤春1个多月 秋2个
多月 共4-5个月左右 赵俊1.5月 刘巨珍3个月
人口11.5口 房子11间 牲畜牛1头 驴1头 车1辆 猪3口
土地4亩 沙子地45亩 共49亩 共收入粮5000斤左右，
叫过短工夫40-50个工夫左右，
1950年手工业雇用2人 刘升元9个月 刘巨珍3个月多 韩永福共
春秋有6个月左右 李呈瑞8个月 李呈全2个月
人口10.5口人 房子11间 厕所1间 猪圈1间 牲畜牛1头 卖
了10个多月 卖了 买来驴1头 养了1个月 车1辆 土地4亩
沙子地45亩 共地49亩 收入米5-6000斤左右
雇用月工 常文会 有春2个月 秋1个月 共3个多月
1951年手工打铁 雇用2人 刘升元9个月 李呈瑞
8个月 韩永福 春秋共有5个多月
人口10.5口 房子11间 厕所1间 猪圈1间 牲畜牛1头 驴1头
车1辆 猪4口 土地4亩 沙子地45亩 共49亩
收入粮5000多斤 叫过短工夫10个左右，

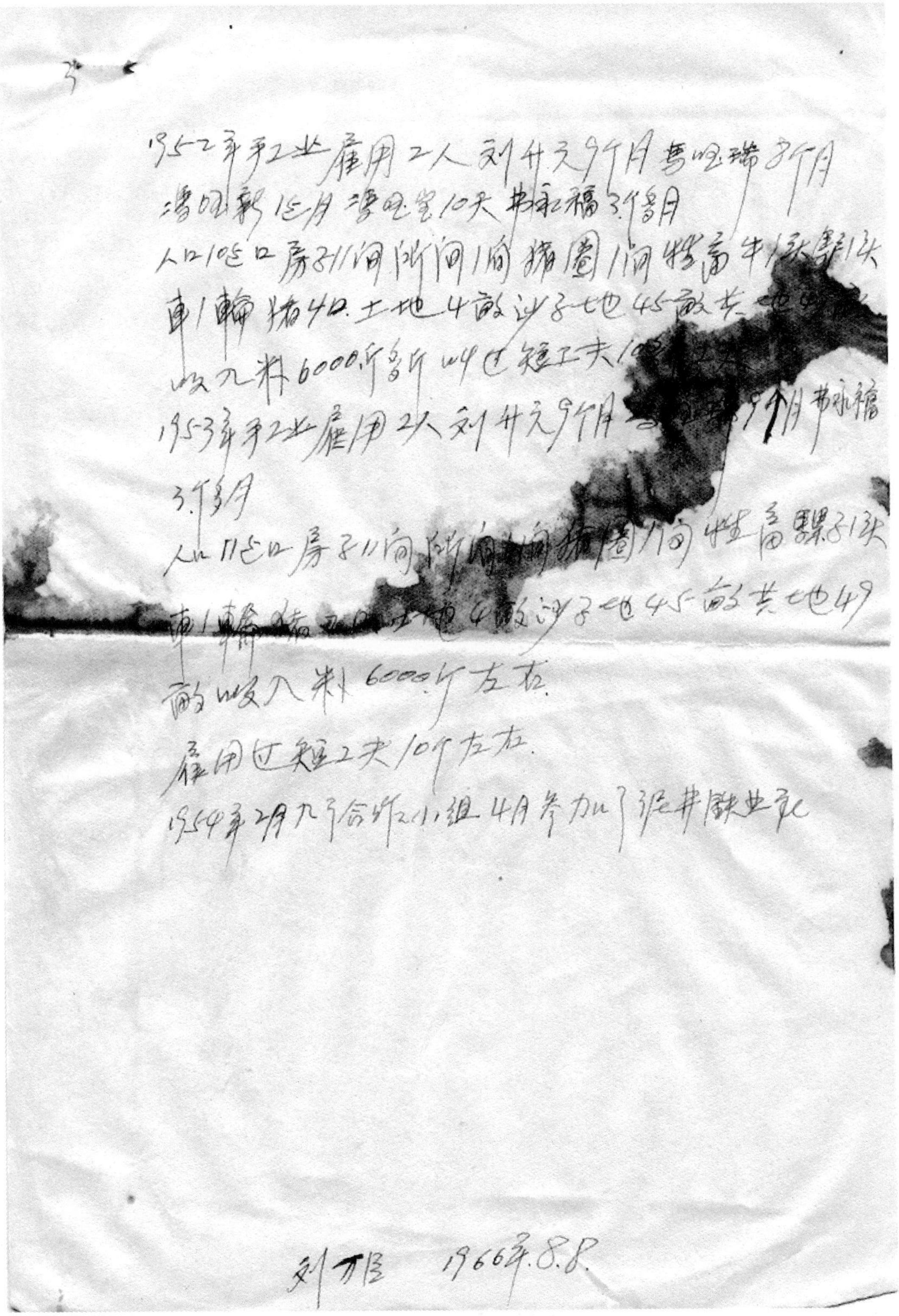
1952年第2次雇用2人 刘升文9个月 曹旺瑞8个月
潘旺新1.5月 潘旺宽10天 郝和福3个多月
人口10-5口 房子11间 厕间1间 猪圈1间 牲畜牛1头 骡1头
车1辆 猪4口 土地4亩 沙子地45亩 共地49亩
收入料6000斤多斤 雇过短工夫10个 [illegible]
1953年第2次雇用2人 刘升文9个月 [illegible] 9个月 郝和福
3个多月
人口11-5口 房子11间 厕间1间 猪圈1间 牲畜骡子1头
车1辆 猪 [illegible] 土地4亩 沙子地45亩 共地49
亩 收入料6000斤左右
雇用过短工夫10个左右
1954年2月入了合作小组 4月参加了张井献业社

刘万臣　1966年8.8

c－1－8－3b

c－1－8－3/c－1－8－3a/c－1－8－3b　刘万臣的检查。关于刘家1944～53年的财产、收支、雇工等情况的交代，1966年8月8日。

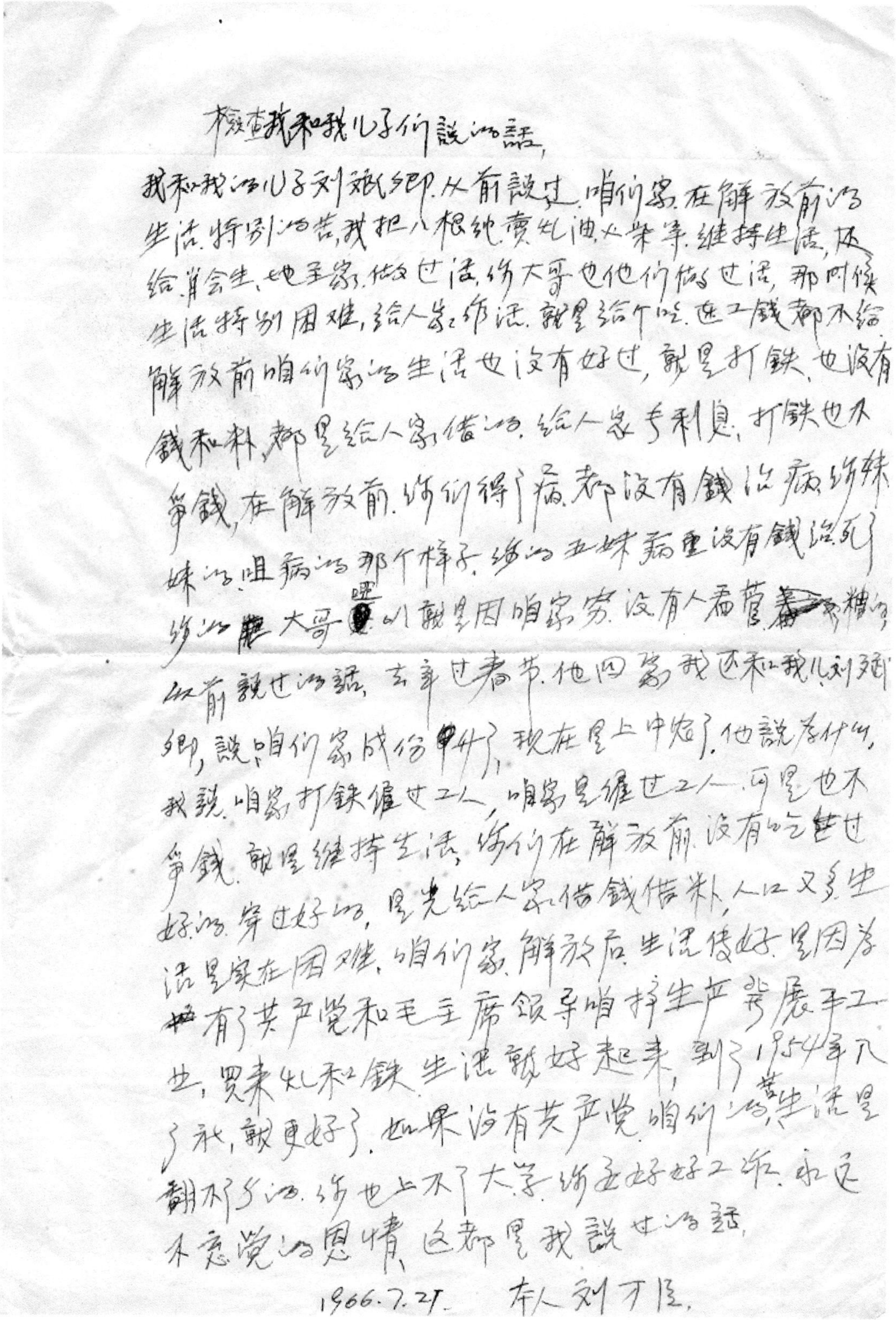
检查我和我儿子们说的话，

我和我的儿子刘振卿，从前说过，咱们家在解放前的生活特别的苦，我担八根绳卖香油火柴等，维持生活，还给肖会生、也王家做过活，你大哥也他们做过活，那时候生活特别困难，给人家作活，就是给个吃，连工钱都不给，解放前咱们家的生活也没有好过，就是打铁，也没有钱和料，都是给人家借的，给人家出利息，打铁也不争钱，在解放前，你们得了病，都没有钱治病，你姊妹的姐病的那个样子，你的五妹病重没有钱治死了，你的大哥腿，所以就是因咱家穷，没有人看管，糟的

从前说过的话，去年过春节，他回家我还和我儿刘振卿，说咱们家成份中什了，现在是上中农了，他说为什么，我说，咱家打铁雇过工人，咱家是雇过工人，可是也不争钱，就是维持生活，你们在解放前，没有吃过好的，穿过好的，是光给人家借钱借料，人口又多，生活是实在困难，咱们家解放后生活转好，是因为有了共产党和毛主席领导咱搞生产发展手工业，买来材料铁，生活就好起来，到了1954年入了社，就更好了，如果没有共产党，咱们的苦生活是翻不了身的，你也上不了大学，你要好好工作，永远不忘党的恩情，这都是我说过的话，

1966.7.21. 本人刘万臣。

c－1－8－5 刘万臣检查。和儿子们的说话内容，解放前特别苦，打铁仅是维持生活，在共产党领导下解放后生活转好，1966年7月21日。

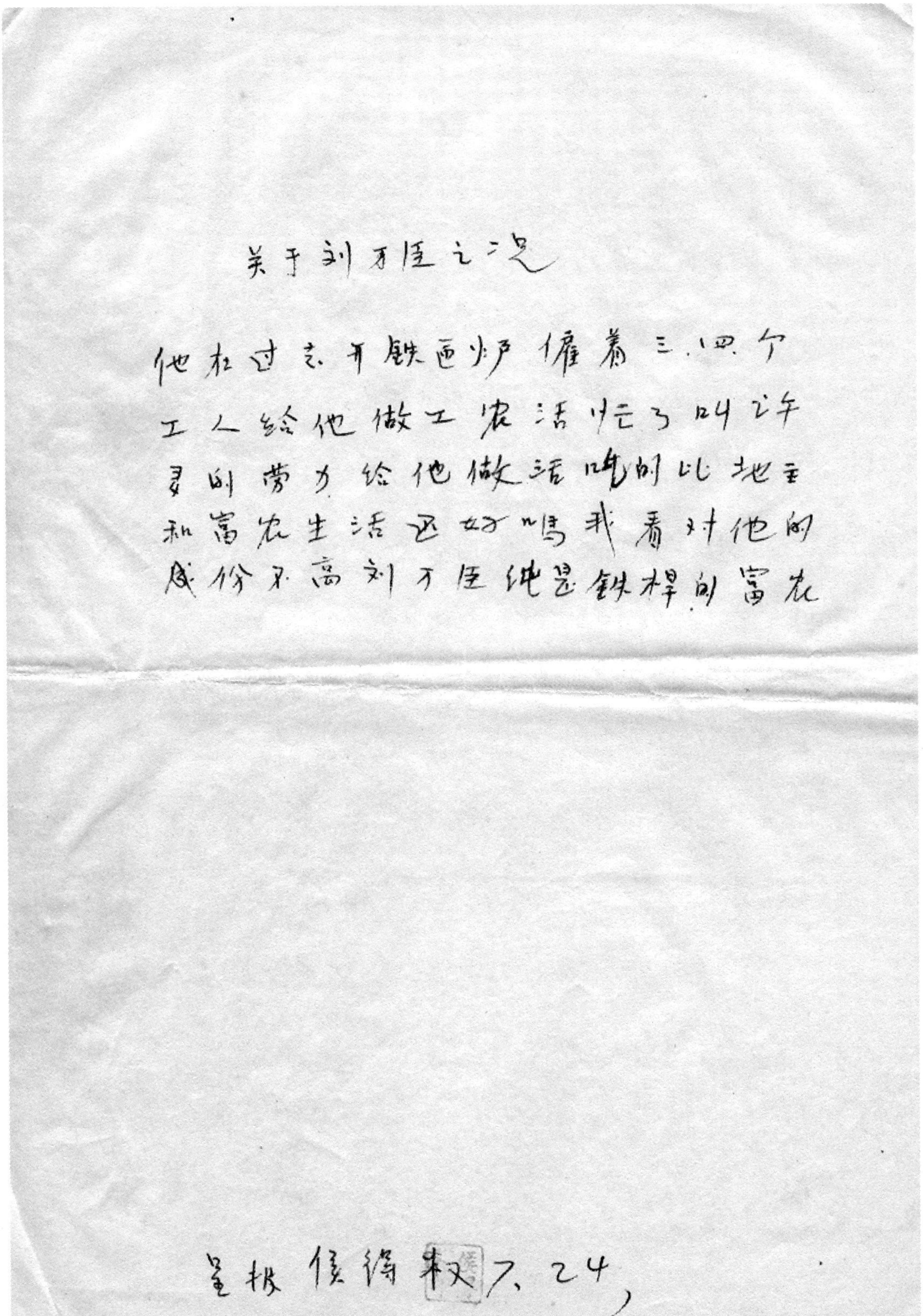

关于刘万臣之况

他在过去开铁匠炉雇着三、四个
工人给他做工农活忙了叫许
多的劳力给他做活吃的比地主
和富农生活还好嗎我看对他的
成份不高刘万臣纯是铁桿的富农

呈报 侯得权 7、24

c－8－3－5　侯得全（权）的呈报。刘万臣纯是铁杆的富农，1966年7月24日。

河北省水利厅設計用紙

第 1 頁共 5 頁

196 年 月 日

王永会二叔：
侯永强大哥：您好？

听说今年四清取得了好收成，这是四清成果，我听了非常高兴。这是群众思想觉悟的提高，这是群众革命积极性的发挥，把冬闲变冬忙，我想你们一定很忙。

提起我们家庭成份问题我就很伤心。家庭情况是何的贫困处境，乡邻四舍没有不知道。刘万良这一家人口多从小分家，拉着八根绳卖卖煤油、火柴，给咱村地主刘子敬和育会计都做过工。大哥刘斌本还不是因孩子多，妈妈不顾而被逼成哑巴哟，这是万恶的旧社会给穷人带来的。

刘斌本死时14岁上我给育会计搽稿子当童工。

好心的邻居看着我妹妹（刘淑琴）没衣服穿，把死儿的疫衣给了我家。妹妹穿了得病死去活来，幸而活下来，留下那种形像。这是甚么原因？这是吃人的旧社会给穷人带来的。

我——刘斌卿 今天在党的培养教育下成人了。

校核者： 設計者：

河北省水利厅設計用紙

第 2 頁共 5 頁

196　年　月　日

可是想想，看看我的过去，在家里吃的什么饭？爸爸常对我说："你是吃糠菜长大的。"父母挣扎在饥饿线上，还不是没人管，我哪能受了吗？妈妈总是把我送人，直到日本投降以后，我还光着屁股背筐拾柴禾。这是什么原因？这就是罪恶滔天的旧社会造成的。

一九四四年还是一九四五年爸爸做起铁匠生活，我不记得。但是乡亲们是知道的。一切打铁家伙都是从王二爷那里借的（连风箱也拉在内）。

第一次土改我们分了刘子新（地主）六亩地，这个情况侯大的不承认了。但是乡亲们是知道的。

看看现实历史的话吧！哪有一间好房，一亩好地。解放后，我们真正地翻了深身，从政治地位从经济上彻底翻了身。今天的幸福生活是共产党和毛主席给我们的。对于我们家庭的过去，永远不能忘记，忘记就意味着背叛。

校核者:　　設計者:

河北省水利厅設計用紙

第 3 頁共 5 頁

196 年 月 日

我知道我二哥（刘斌迷）三哥（刘斌相）在村表现都不好，应当对他们进行教育和改造。请村里同志担负起对他们的教育工作。除我主动担负对家庭教育外，请村里也要对家庭进行阶级教育。

另外，关于家庭经济状况和出身成份在阶级教育（社教运动中）中不知为何而定，请领导给我抄一份，以便向组织做以交代。还请注明哪年为划定成份的年。

我怀着难受的心情含着眼泪写完这封信，如果您觉得有必要，可念给贫协听一听。有不对之处请提出批评意见。

此致

敬礼

刘斌卿 上

1965.12.4.

校核者： 設計者：

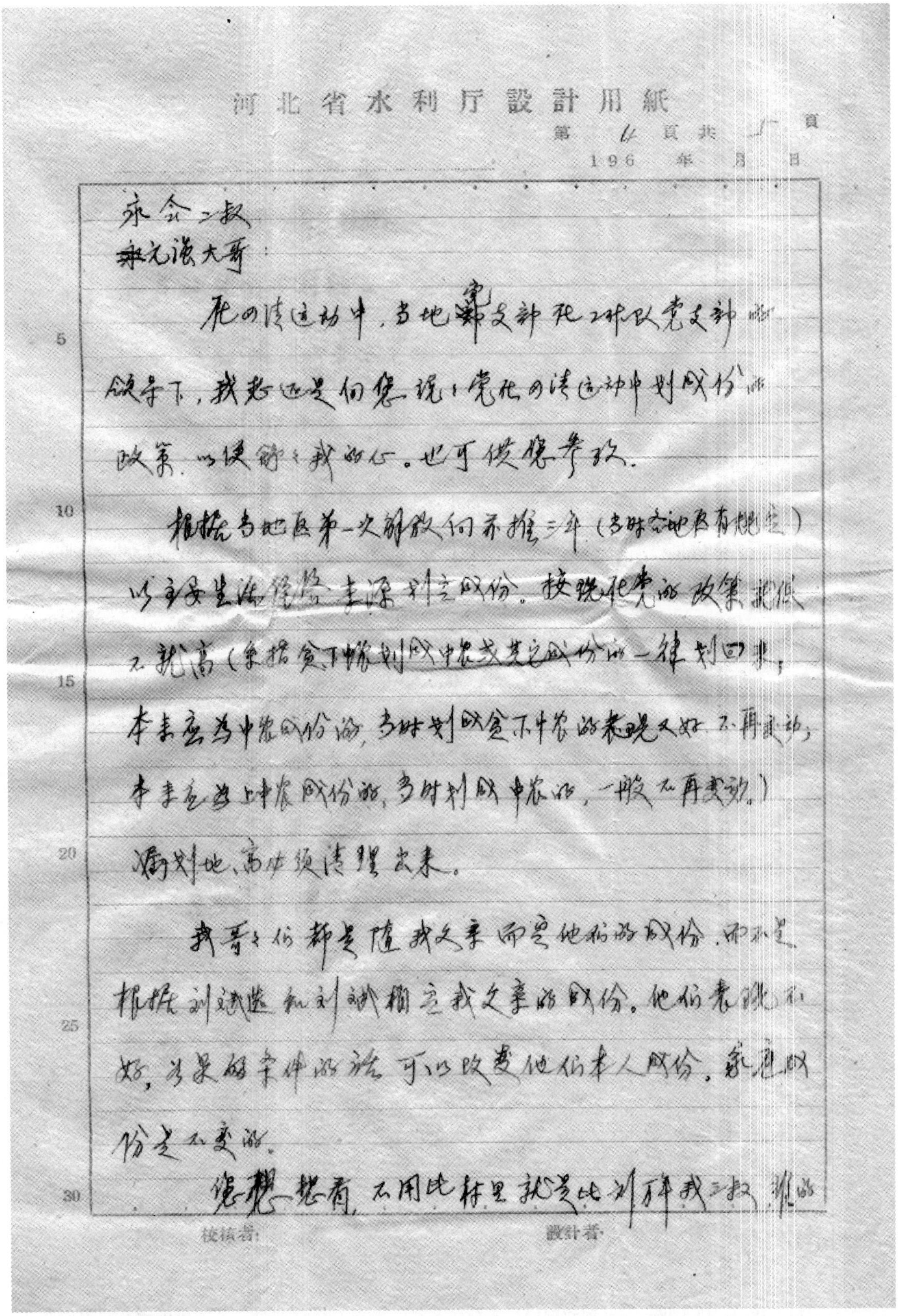

河北省水利厅設計用紙

第 4 頁共 1 頁

196 年 月 日

永全二叔
秉元大哥：

在四清运动中，当地党支部和工作队党支部的领导下，我想还是向您说说党在四清运动中划成份的政策，以便解解我的心。也可供您参考。

根据当地区第一次解放向前推三年（当时分地区有规定）以主要生活经济来源划定成份。按照我党的政策就低不就高（象将贫下中农划成中农或其它成份的一律划回来；本来应为中农成份的，当时划成贫下中农的表现又好，不再变动；本来应为上中农成份的，当时划成中农的，一般不再变动。）将划地、富必须清理出来。

我哥哥们都是随我父亲而定他们的成份，而不是根据刘斌选和刘斌相定我父亲的成份。他们表现不好，如果够条件的话可以改变他们本人成份，家庭成份是不变的。

您想想看，不用说村里就是比刘祥我二叔，谁的

校核者：　　　　設計者：

a－13－38c

河北省水利厅設計用紙

第 5 頁共 5 頁

196 年 月 日

生活好（指土改前）谁应定什么成份。我想您会明白的，我所说的我上边的成份并不是判的低，而是我们的"上中农"很明显的不是按经济状况而定，而是从刘斌卿、刘斌道的来说而定。这不是定成份的条件。

在土改前我家不仅上中农不够，就是贫农在侯家营也是数下等。您和几个中农成份的生活比一比就知道了。温炳和把我们的户口簿给烧了。这根本不是一个四清队员的作风，何况他还是一个领导，不符合党的政策去给四清工作队丢人。请您告诉我，这个指导员温炳和在何处了，我要和他讲一讲道理。

您看我说到哪里去了，就这样吧！有不对的地方，请您来信批评指导。

此致

敬礼

刘斌卿 上

1965.12.4

校核者：　　設計者：

a－13－38d

a－13－38/a－13－38a－d　刘斌卿至村干部王永会、侯元强的信两份。申诉家庭成分，温炳和烧户口簿，欲与之理论，1965 年 12 月 4 日。

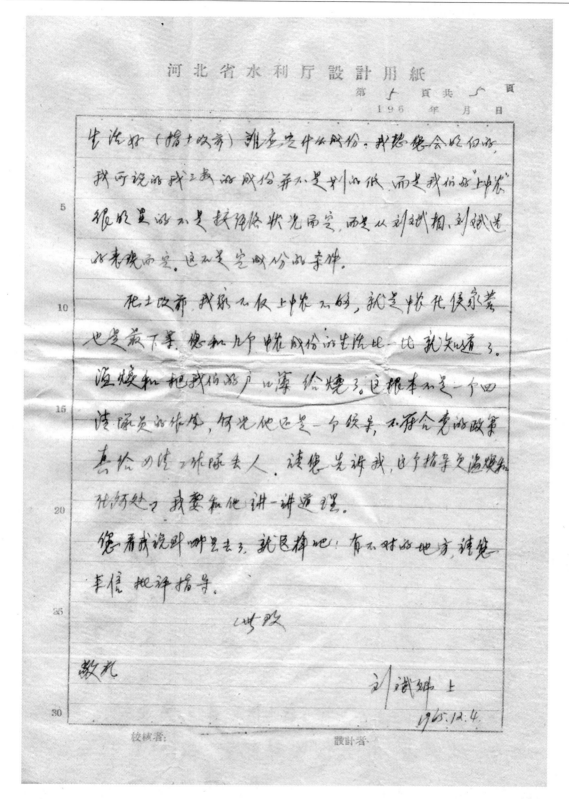

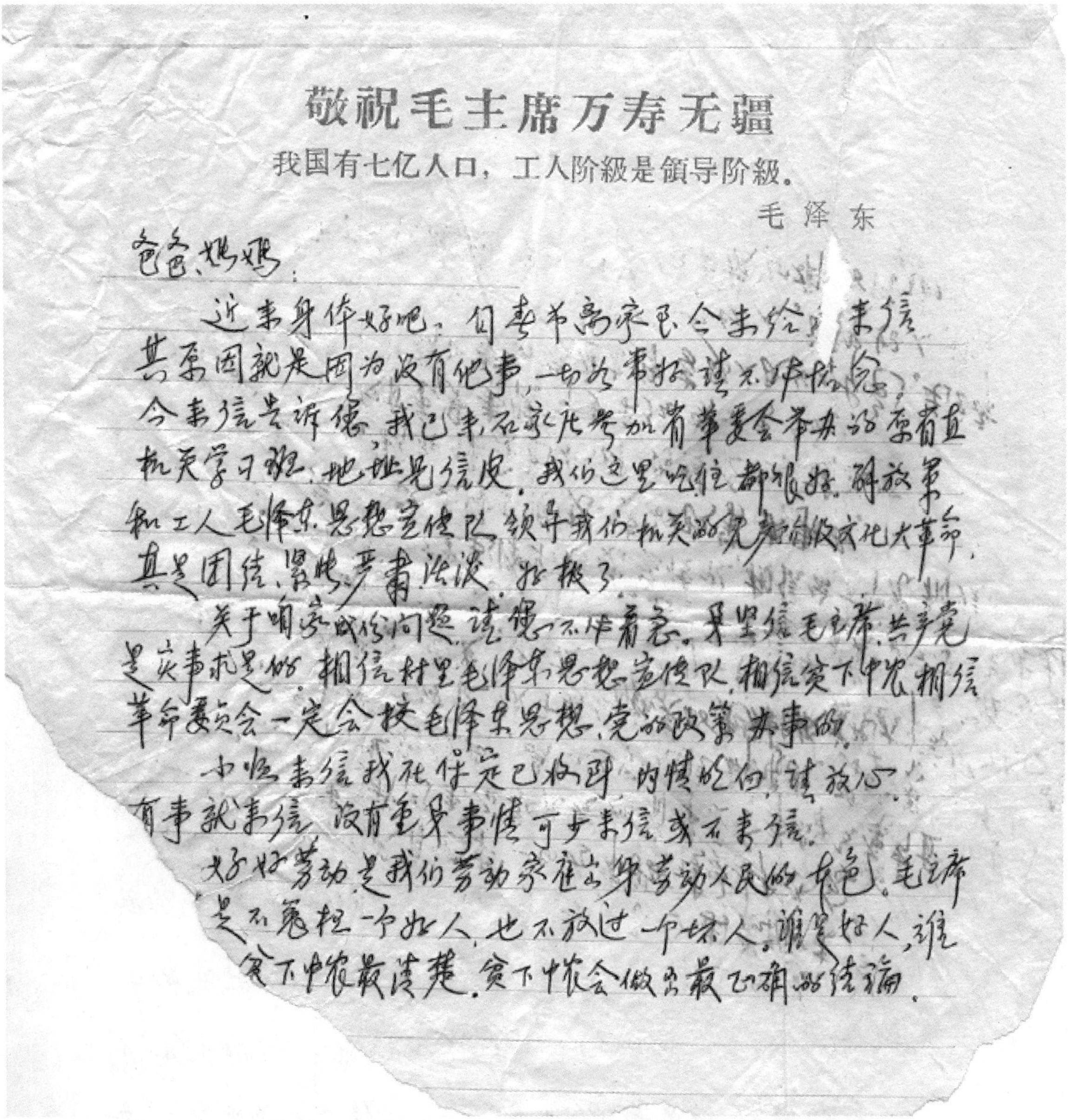

敬祝毛主席万寿无疆

我国有七亿人口，工人阶級是領导阶級。

毛泽东

爸爸、妈妈：

近来身体好吧。自春节离家后今未给[illegible]来信，其原因就是因为没有他事，一切如常，故请不要挂念。今来信告诉您，我已来石家庄参加省革委会举办的原省直机关学习班，地址见信皮。我们这里吃住都很好。解放军和工人毛泽东思想宣传队领导我们机关的无产阶级文化大革命，真是团结、紧张、严肃、活泼，好极了。

关于咱家成份问题，请您们不要着急。要坚信毛主席、共产党是实事求是的，相信村里毛泽东思想宣传队，相信贫下中农，相信革命委员会一定会按毛泽东思想、党的政策办事的。

小胜来信我在保定已收到，内情略知，请放心。有事就来信，没有重要事情可少来信或不来信。

好好劳动是我们劳动家庭和劳动人民的本色。毛主席是不冤枉一个好人，也不放过一个坏人。谁是好人，谁[是坏人]贫下中农最清楚，贫下中农会做出最正确的结论。

c－1－1－7　刘斌卿的家书。1967 年 4 月 20 日。＊关于家庭成份问题，鼓励父母。

四清复查工作队负责同志：

听説你们要复查我高兴极了。等待盼望你们的到来。关于我家（刘万良）的成份问题。我有些不同意见，請予以解决和参考是荷。按着党的政策，划成份是按主要经济来源而定。我認为是手工业者。在划成份（土改）时我很小，聽说是划成下中农。王永金我二叔知道，因为受部分剥削，生活水平低于普通中农。当时没有下中农的划法，故写成了中农。

我認为最合理又符合政策成份应为手工业者。

根据"华北局'二十条'"和中共中央华北局关于在农村建立阶级档案的指示（一九六三年十二月六日的文件）

我家由"中农"定为错划"上中农"这有点不符合政策吧。

請同志们把我家的前前后后了解一下。我觉得我们家是一户在共产党和毛主席的领导下从政治和经济上的彻底翻身户。永远感谢共产党，感谢毛主席。刘斌相在运动中表现不好，不应当把我们从人民内部被动往外推。（指成份）

我在运动结束后，给泥井分团写过两封信，给县里写过一封信，给中央写过一封信，给村里大队写来一封信。我想你们都已带来或见到了吧。請参考，有不对之处請指正。

温指导员把我家户口簿给烧了，我想告他，但不知地址。

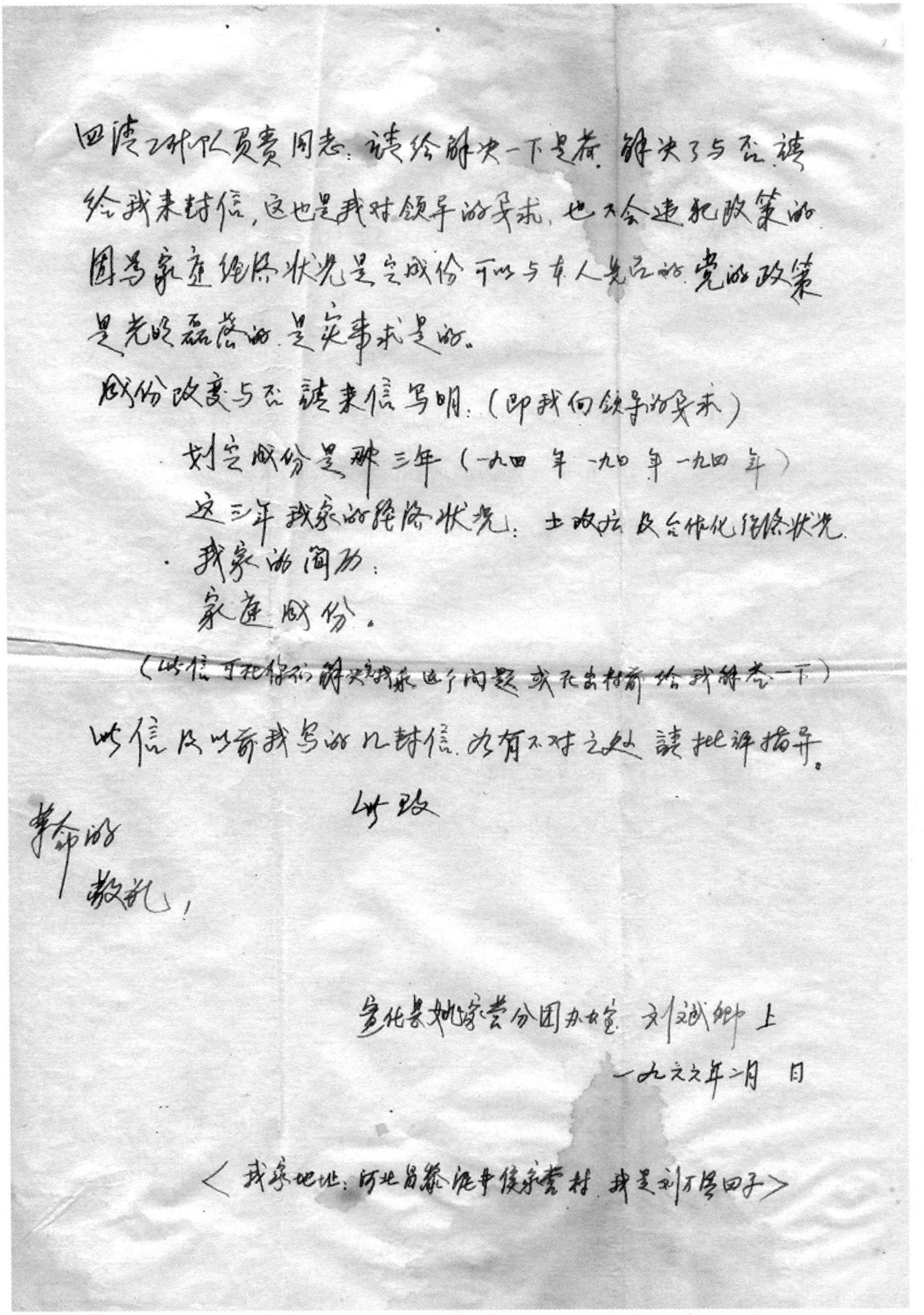

四清工作队负责同志：请给解决一下是否。解决了与否，请给我来封信，这也是我对领导的要求，也不会违犯政策的。因为家庭经济状况是定成份可以与本人见面的。党的政策是光明磊落的，是实事求是的。

成份改变与否，请来信写明：（即我向领导的要求）

划定成份是那三年（一九四　年　一九四　年　一九四　年）

这三年我家的经济状况：土改后及合作化经济状况

我家的简历：

家庭成份。

（此信可托你们解决我家这个问题，或在当村前给我解答一下）

此信及以前我写的几封信，如有不对之处，请批评指导。

此致

革命的

敬礼！

宣化县姚家营分团办公室　刘斌卿　上

一九六六年二月　日

〈我家地址：河北昌黎泥井侯家营村，我是刘万昌四子〉

c－1－1－8a

c－1－1－8/c－1－1－8a　刘斌卿致四清复查工作队的信。土改时家庭成分为中农，**1966**年**2**月。＊欲控告温炳和，但不知地址。

总团党委

我是河北省昌黎县泥井公社侯家营村人。刘桂莲之子刘斌清现年26岁共青团员现在河北宣化姚家营分团待回去。我对我家的家庭划"上中农"成分有意见。我本想一一不打扰给领导找麻烦。已给总团公社（分团）工作组写过几封信。特别是工作组已给他们去过四、五封信。他们知之不理。而且变本加厉，对我亲属组织、几次斗争我去信后，就不让我父亲归家（打倒失了组织斗争、让我父亲承认我成分。他们不给我来信、讲明政策，而是打击报复。对此我有意见，请领导组织查处。

工作组员温其丙私下还骂我不是好东西，随意以莫须有毁我们越发时的户口簿，毁灭党和政府发给我们的证据。他理亏心虚。温其丙私下秘密组织召集人员扇动群众大会，这是一场严重的阶级斗争，敌人组织大型斗争会。我会回答"温其丙！你们组织的斗争会还少吗？你有权力，你斗争吧！斗争一次增加你一次罪恶"为了革命工作的需要，我早晚要找姓温的算账！他压制我们讲话，以感情代替党的政策。根据这封信我不敢直接寄往工作组了。但是他们违反法规，请领导考虑解决。如果实现解决不了我们全国回信即将结束，我来总团商量。由于感情所致

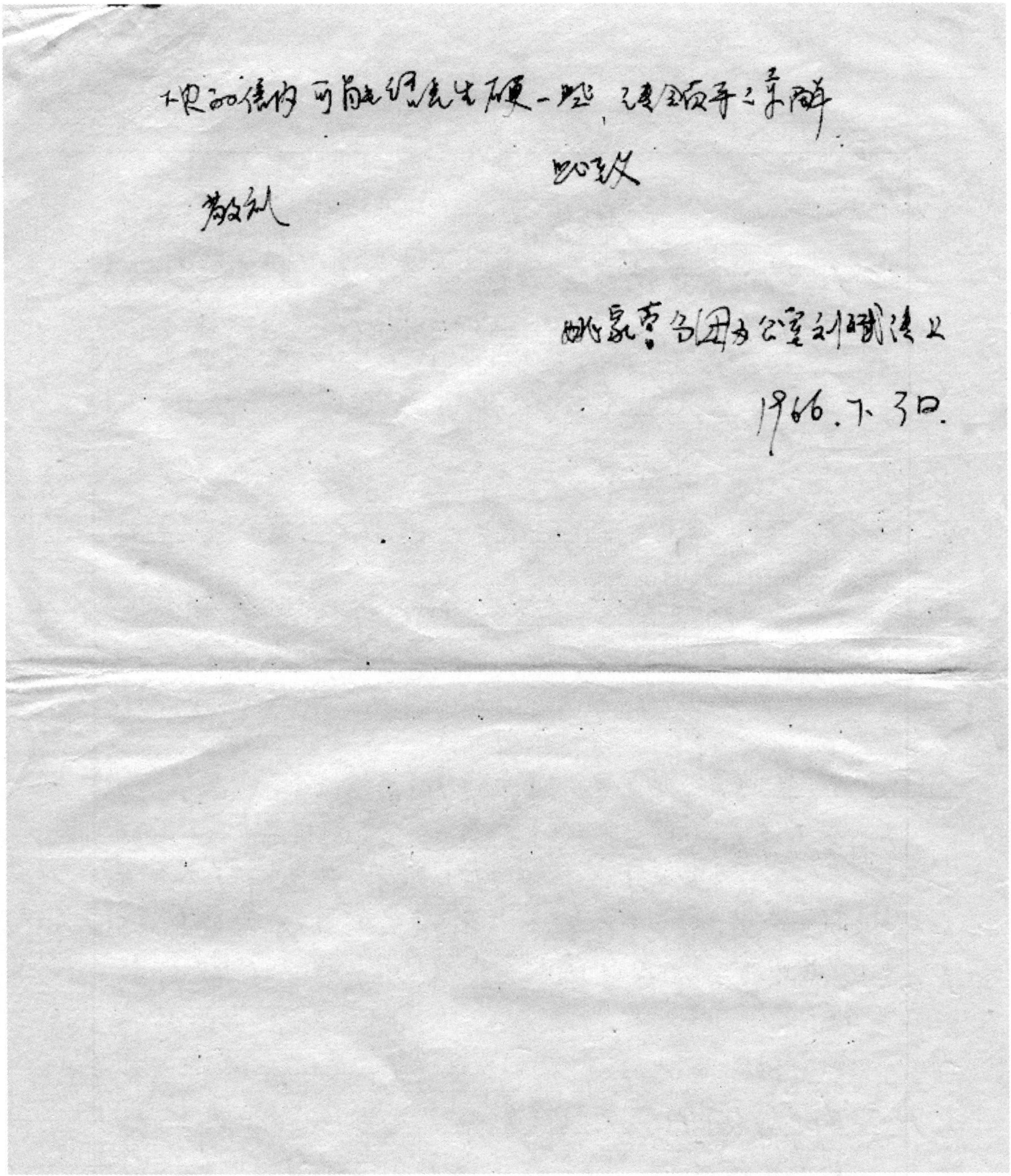

以上的信内可能话说出硬一些，还望领导之原谅。

此致

敬礼

侯家营总团办公室刘斌卿上

1966.7.3日.

c－1－1－11a

c－1－1－11/c－1－1－11a　刘斌卿致总团党委申诉信。工作队不给回信讲明政策，打击报复，温炳和以感情代替党的政策，1966年7月3日。

年 月 日 第 頁

主席语录

领导我们事业的核心力量是中国共产党。指导我们思想的理论基础是马克思列宁主义。

党的政策和策略是党的生命，各级领导同志务必充分注意，万万不可粗心大意。

紧急呼吁

侯家营革命委员会、全体党员、红卫兵、贫下中农、革命干部同志们：

刘万良的家庭历史您们都比我清楚。从他们爷爷起挑八根绳卖煤油火柴，后来开了个又脏又臭的小铺。我大哥（刘[illegible]）从小跟我爸爸给咱村地主刘子新、肖公[illegible]做长短工。全家大小12口人，吃糠咽菜，住的是三间东厢房（已塌）冬寒夏热；穿的是衣不遮体，几个人盖一条被子，过着牛马不如的生活。一九四五年借了咱村王福存的全部铁器家俱，（[illegible]）手工做点小型铁器零活，在那兵荒马乱的旧社会就决定打铁的生意难做。买煤和铁都是借[illegible]的钱，这样凑和渡日。按政策和在时给我家补评的土地数量和46年有的土地20亩（实数我不详）。47年平地由侯大的负责，看我们生活过不去，把地主刘子新的上地分给我们六亩，即47年有地26亩，48年买了块上当地（当年没有收成）即有地42亩。把我们家说成只有我父劳动，大哥是半劳力，其余都不劳动。大哥是半劳力吗？我们都不劳动吗？政策和把我家定于级，请同志们考虑一下是这种情况吗？

年　　月　　日　　第　　頁

为什么温炳和迫害我呢：

1、因为他作贼心虚，烧毁了党和政府发给我们的证据——土改时户口簿。
在四清时他的不符合党的政策的地方（破口骂人，用绳捆人）我向上级党委告了他，揭露了他的疼处。

2、刘斌相有错误态度又不好，影响侯家营的四清进度，他受了批评，但是给刘斌相戴帽子又不够条件，怎么对付我们呢？温炳和便撕下了假革命的面具，任意篡改党的政策，造谣诬蔑，向我家展开了恶毒地报复，以成分判高化人。

革命的同志们！我们要分清敌我，分清大是大非。温炳和是挑动群众斗群众。我们坚信在党和毛主席的英明领导下，在无产阶级文化大革命中，解决四清问题和四清复查问题。能够把我家的成分搞清楚。

为什么温炳和在一个时期能蒙骗一些群众呢？这是因为他利用毛主席和党在群众中的崇高威信，他贪天之功据为己有。他把自己说成是党的化身，把自己的言行说成是党的领导，把相信党说成相信他自己。并搞这样一种论调就是要人们不讲原则无条件地服从他的领导。这种论调实际上是提倡盲从，提倡奴隶主义，而反对马克思列宁主义，反对毛泽东思想的。

毛主席教导我们说："危害革命的错误领导，不应当

年 月 日 第 页

无条件接受，而应当坚决抵制。”

我无条件地相信你们是革命的，一定会高举毛泽东思想伟大红旗，按党中央和毛主席的指示办事，按十六条办事。绝对不允许一小撮别有用心的人胡作非为，对抗毛泽东思想，对抗党的政策，陷害革命工人、革命干部。不管他怎么狡猾，诡计多变，或者暂时蒙骗了部分群众，占了上风，以强凌弱，企图征服人心，也是枉费心机。

一旦群众识破了他打击报复的私心阴谋，受蒙骗的乡亲、父老也就会推翻他的领导，撤回他的错误，罢了他的老窝。

亲爱的同志们！乡亲们！我还记得土改时侯永治领着我们儿童团呼口号：“别看我们土头土脑，团结起来力量不小。”

我叫县工作队从温炳和杨贵的手里当时划我家为富农的全部材料，他敢拿出来给咱村全体贫下中农念一念吗？敢让群众一条一条议论吗？

毛主席在湖南农民运动考察报告里说过，贫下中农是革命的中坚，他们天不怕地不怕，他们上无片瓦，下无插针之地，不怕丢掉什么，革命最坚决，他们敢于说实说实，他们是为真理而斗争。

我深信你们在共产党和毛主席的英明领导下，在无产阶级文化大革命运动中，站稳无产阶级立场，公道的给我，打击牛鬼蛇神，撤回工作队在此办的亲者痛仇者快的事情。

年　月　日　第　頁

让我们震臂高呼：

中国共产党万岁！

无产阶级专政万岁！

无产阶级文化大革命万岁！

战无不胜的毛泽东思想万岁！

伟大的导师、伟大的领袖、伟大的统帅、

伟大的舵手毛主席万岁！万岁！万万岁！

刘斌卿

1967.六.21日

b－4－19－1c

年　月　日　　第　頁

三哥：

我写了一份紧急呼吁你看有无错误，有错误你就改一下，如果没有错误，根据文革及广大贫下中农的情况用大字报的形式张贴出去。

下列情况可以张贴：

广大群众一部分对我们表示同情并愿意为我们平反，但是还有一部分人胆小害怕，即是多数群众还没有起来时可以张贴。让群众对我家进行广泛议论，即起到发动群众的作用。

下列情况就不必张贴：

文革、红卫兵、广大贫下中农已经起来为我们翻案并且打倒死心眼的人已经起义不受蒙骗。

告诉你一件事：即使群众已给咱翻案，你也不要发牢骚。主要问题在温炳和那里，群众是受骗，不要怨群众，不要怨乡亲们。

关于红卫兵舒走你的东西，这是温炳和死的时候搞的阴谋，他让红卫兵与我们闹翻脸，温家村就不会有人给我们翻案，以便达到他的目的。所以你更不必对每一个红卫兵注意，更不要怨他们，要看到是温炳和搞的阴谋。

你可以把近况向我介绍一下，及群众的态度（点名到人）文革成员及对待我们的情况，

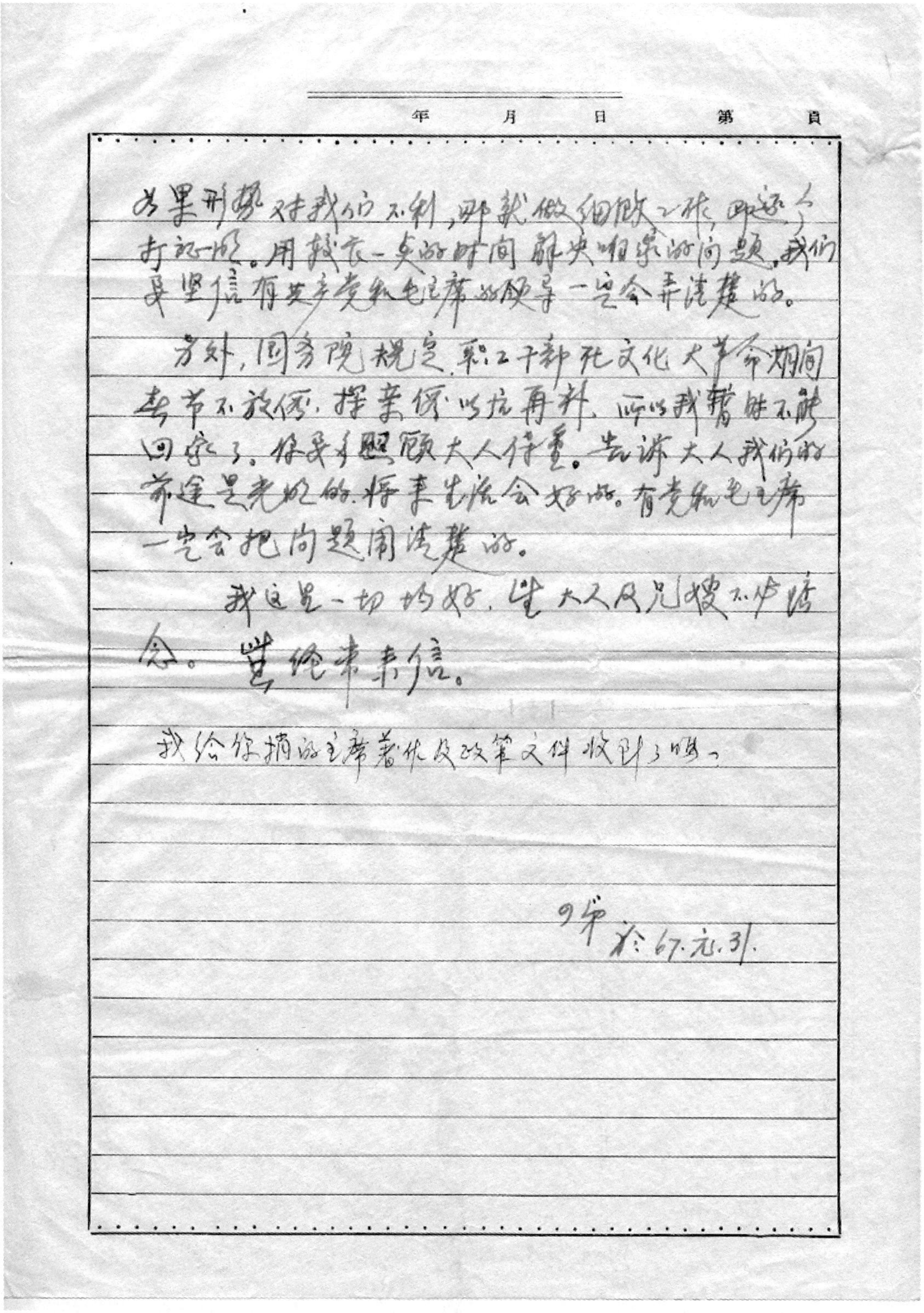

年　月　日　第　頁

如果形势对我们不利，那就做细致工作，叫这个打这一仗。用我们一定的时间解决咱家的问题。我们要坚信有共产党和毛主席的领导一定会弄清楚的。

另外，国务院规定，职工干部在文化大革命期间春节不放假，探亲假以后再补。所以我暂时不能回家了。你要多照顾大人们身体。告诉大人我们的前途是光明的，将来生活会好的。有党和毛主席一定会把问题闹清楚的。

我这里一切均好，望大人及兄嫂不必惦念。望经常来信。

我给你捎的主席著作及政策文件收到了吗？

四弟
于67.元.31.

b－4－19－1e

b－4－19－1/b－4－19－1a－e　刘斌卿致刘斌相的信。1967年1月31日。＊关于张贴大字报，了解群众的态度。附大字报一份，关于成分，揭发温炳和。

河北省水利厅設計用紙

第　　頁共　　頁

196　年　月　日

三哥：

今把我家庭划成富农的依据抄给你看。如果有何的或数字不对的，你先打证明把它推翻。以后再等打证明的办法，我改[illegible]这样看时间供你参考。

买点大白纸。每一个证据先打一张，普通的打过来以后，再通过全村百分之六十五以上的贫下中农或中农签字盖章。都要找他们看一看，同意就盖章，如果不同意，我们也就了解了他们对咱家的态度。这样也可以了解全村人对咱们的态度（好的、比较好的、或坏的不合的）。不要怕对我们有意见的人，也要去那里了解一下。我想他们也会有意见，有意见也是受阶级敌人的骗，十分之几[illegible]，即使有几个人也[illegible]了。如果顾工本人就不承认，这样的就让其本人打一个证明就可以。如果这上边的人死了，可以找旧时知的人打证明（这个人可以负责打证明）。

这上边不少是连续给咱做长工的，可以用那三年内一个证明就可以推。证明上注明有顾工年限（特别是46、47、48年）。池老三给咱做过工没有？如果做过工，也是半劳力，他比大哥还小。雇来参加劳动的人不是一件而是几个，都要有个证明。

借债、土地数量、亩产、分得土地都要有证明。雇工哪年有、哪年没有、房子数量都要有证明。铁匠炉数量（一个）

把证明全打好后，给我抄一份我看看，不要怕麻烦。盲目上告是没有用的。如果告不成，更使[illegible]

校核者：　　　　設計者：

b－4－19－2

河北省水利厅設計用紙

第　页共　页

196　年　月　日

加阐明。收到信后要立即给我捎封信，说明你收到了。还要把村里运动情况说一说，谁是走资本主义道路的当权派（已被撤出）又刘家的成份也要有分析。这些材料都是谁说的我就不要讲了，怕你们受不住火。

定咱家为富农依据如下：

刘方臣在45年以前的家庭经济状况。刘方臣早年与老人分家，刘方臣的父亲是个铁匠，弟兄三个。刘方[illegible]中农早已去世。刘方臣为老二，老三刘方[illegible]中农。从小学打铁。刘方臣在分家时，把过八根绳、卖过[illegible]这就是在45年以前的表现。有地十几亩，自己耕种，以后就开小铺，什么也卖、放赌、倒卖粮食[illegible]。刘方臣本人参加劳动。倒卖粮食赚了不少钱，所以从1943年不做生意，开始打铁了。打铁工具是父亲留下的，那时家有40亩地，有一头牲口，一辆车，以后第二具是买别人的（已赔给）开始打铁时刘方臣一个人，大儿子开始学，每年雇工人，开始二人，逐年增加到四人以上。种地雇短工，给一个完工的报酬。四五年以后有两盘铁匠炉，每年至少雇4—5个工人。刘方臣和其大儿子都参加劳动。有房11间。一九四九年土改，给刘方臣定中农成分，没分土地。一九五七年在四五两年放算时，村错

校核者：　設計者：

河北省水利厅設計用紙

第 頁共 頁

196 年 月 日

划的根据是中农中有雇工剥削的就为上中农。当时有十四户中农划成上中农，其中刘万臣就是一户。

在一九六五年搞四清时他家成分未动。因当时光顾耕地雇工情况，没考虑他家地少人多，没有注意铁匠炉雇工情况。这次四清复查根据本人要求，又划定为富农成分并戴上富农分子的帽子。关于刘万臣划富农材料摘录：刘万臣年64岁 原定上中农 开设铁匠炉 本人简历（略）

（以下摘录）

解放前后家庭经济情况：即1946年～1948年

全家11口人，其中只有一人参加主要劳动，另有其长子参加附助劳动，其余不劳动。

有房8间 正房4.5间、厢房3.5间 牛一头 驴一头，铁车一辆 猪圈一个。

平均每年养猪二一三口

土地 46年26亩 47年36亩 48年41亩 在付业上除本村开设铁匠炉一个外，在泥井集市上还有一个（光棚的不是赶集）。在工农业上每年雇工达四个以上。

解放后合作化以前情况 49～54年与解放前三年相同，除每年经济收入有所增加外，其它相仝。

校核者： 設計者：

b－4－19－2b

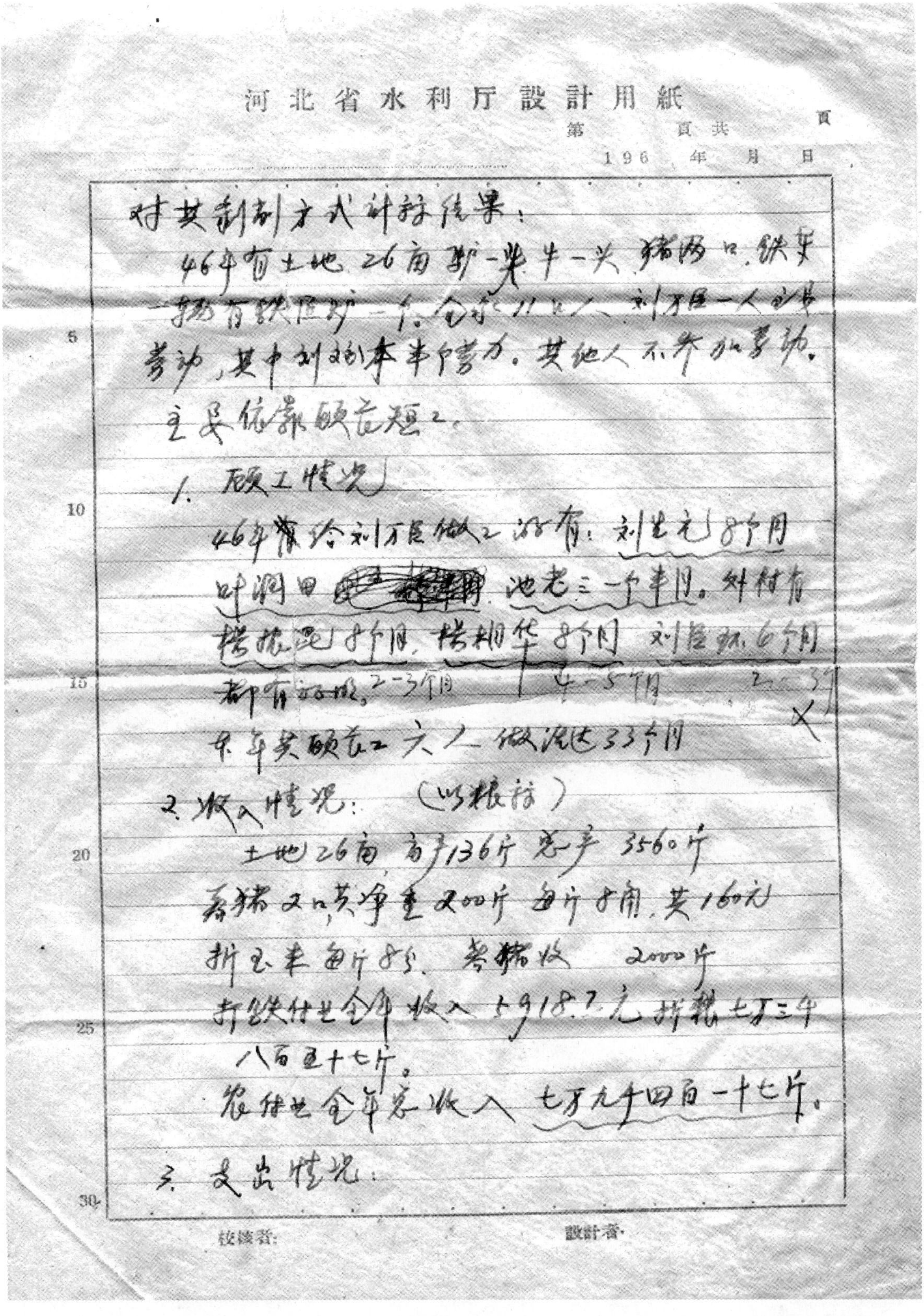

河北省水利厅設計用紙

第　頁共　頁

196　年　月　日

对其剥削方式計算結果：

46年有土地26亩，驴一头，牛一头，猪两口，铁车一辆，有铁匠炉一个。全家11口人，刘万臣一人参加劳动，其中刘文的本年户劳力。其他人不参加劳动。主要依靠雇长短工。

1. 雇工情况

46年雇给刘万臣做工的有：刘岂元 8个月，叶润田 [illegible] 池老三一个半月。外村有杨振海 8个月，杨湘华 8个月，刘臣林 6个月，都有短工。2-3个月　4-5个月　2-3个

本年共雇长工六人，做活达33个月

2. 收入情况：（以粮计）

土地26亩，亩产136斤，总产3560斤

养猪2口，共净重200斤，每斤8角，共160元

折玉米每斤8分。養猪收 2000斤

打铁付业全年收入5918.7元，折粮七万三千八百五十七斤。

农付业全年总收入七万九千四百一十七斤。

3. 支出情况：

校核者：　　設計者：

b－4－19－2c

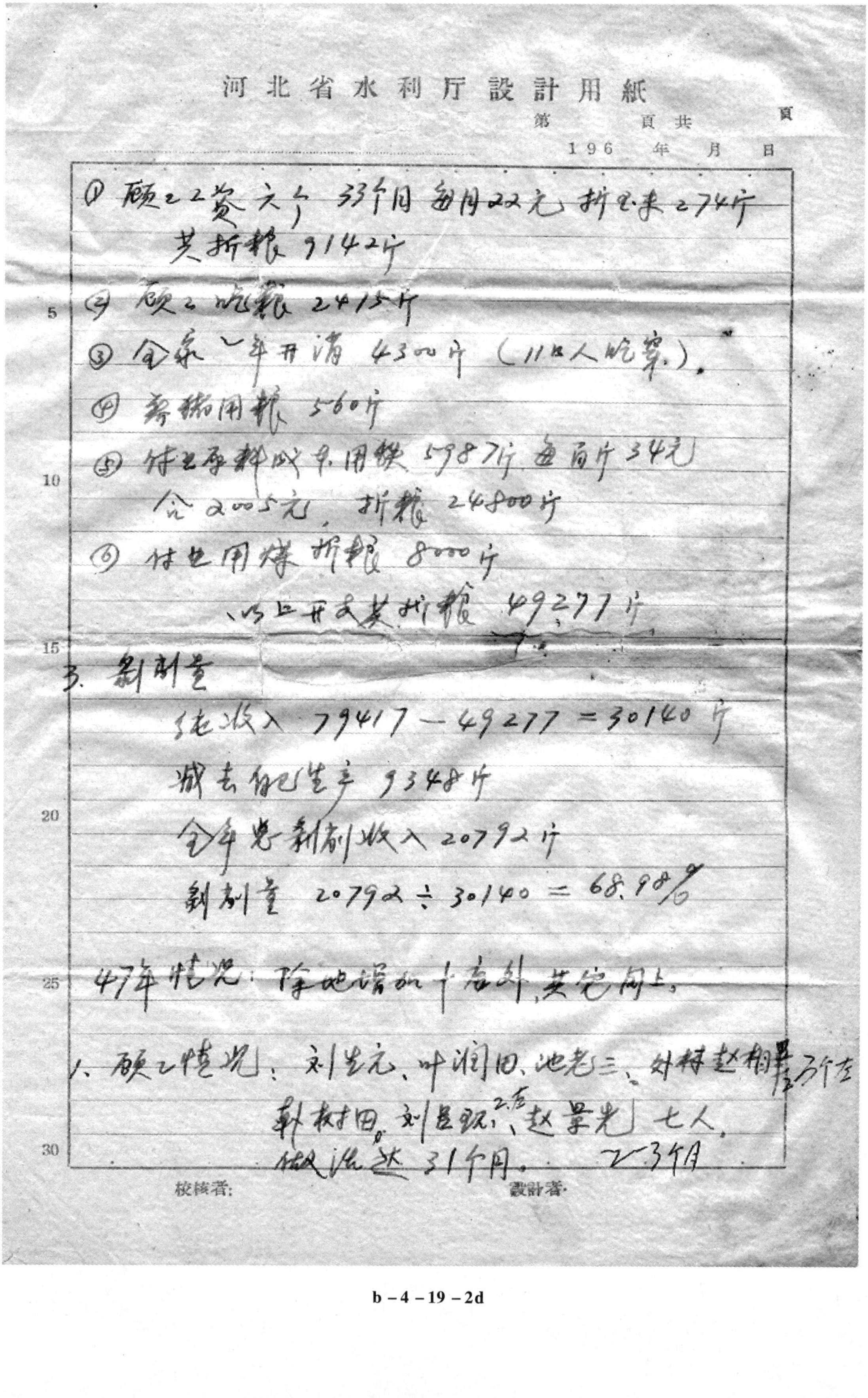

河北省水利厅設計用紙

第 頁共 頁

196 年 月 日

① 顾工工资六个 33个月 每月22元 折小米274斤
共折粮9142斤

② 顾工吃粮2415斤

③ 全家一年开消4300斤（11口人吃穿）。

④ 寿材用粮560斤

⑤ 付出原料成车用铁5987斤 每百斤34元
合2005元，折粮24800斤

⑥ 付出用煤折粮8000斤

以上开支共折粮49277斤

3. 剥削量

纯收入 79417－49277＝30140斤

减去自己生产9348斤

全年光剥削收入20792斤

剥削量 20792÷30140＝68.98%

47年情况：除地增加十亩外，其它同上。

1、顾工情况：刘生元、叶润田、池老三、外村赵相[illegible]
靳树田、刘长银（2.5年）、赵景光 七人，
做活达31个月。 2—3个月

校核者： 設計者：

b －4 －19 －2d

河北省水利厅設計用紙

第　　頁共　　頁

196　年　月　日

2. 收入情况：　土地36亩　收入3560斤
养猪2口　收入折粮2000斤
打铁付业收入59187元折粮73,851斤
全年总收入　79,417斤

3. 开支情况：
顾工工资每月22元，31个月　折粮　8494斤
自己一个半劳动力和全家消耗　4300斤
顾工吃饭开支　2325斤
养猪开支　500斤
付业成本及修　折粮　32800斤
共开支　48389斤

4. 剥削量计算.
总收入减去支出纯收入31280斤，减去自已共8466斤　纯剥削22562斤
剥削量为72.72%

48年情况，除土地增加六亩外，其它同47年。

顾工情况：刘生元、叶润田、池老三、郭振田、2、杨振昆、冯国全、杨相华。七人化讫
共31个月。　补添18.47年。

校核者：　　設計者：

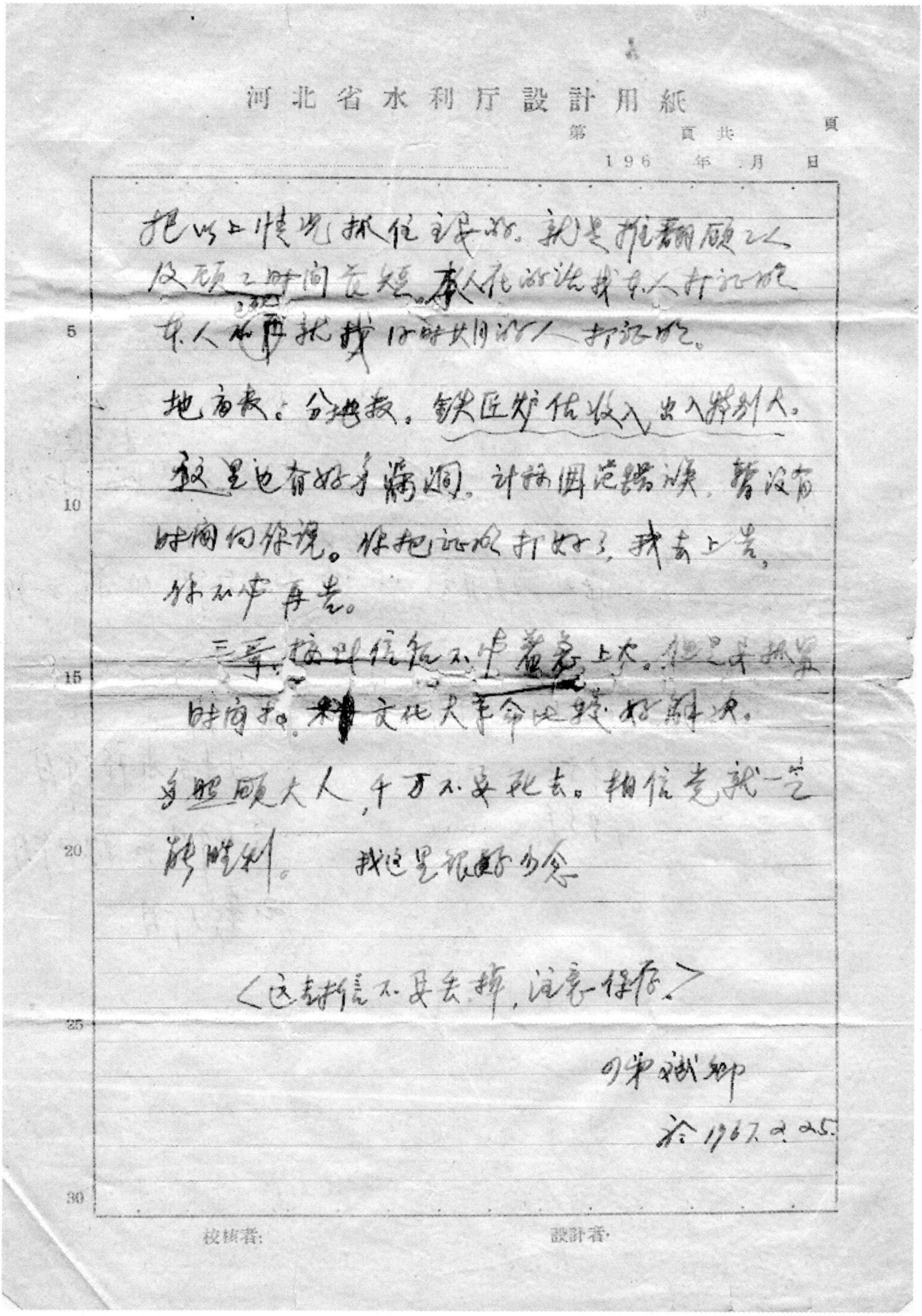

河北省水利厅設計用紙

第 頁共 頁

196 年 月 日

把以上情况抓住主要的。就是推翻顾工以及顾工时间长短。本人在此说我本人打证明

本人就我18时期没人打证明。

地方收入分地数。铁匠炉的收入出入特别大。

这里也有好多漏洞。计算困难错误。暂没有时间向你说。你把证明打好了，我去上告。你不必再告。

三哥：按此信复不上大。他是要抓紧时间去。文化大革命比较好解决。

多照顾大人，千万不要死去。相信党就一定能胜利。 我这里很好勿念

〈这封信不要丢掉，注意保存〉

弟斌卿

于1967.2.25.

校核者： 設計者：

b－4－19－2f

b－4－19－2/b－4－19－2a－f 刘斌卿至刘斌相的信。1967 年 2 月 25 日。＊让斌相打关于家庭成分的证明，内有划刘万臣为富农的材料的抄录，包含 1946～1948 年的收支情况、剥削率。

斌相三哥：

来信收到了，得知家乡情况。

头可断，血可流，毛泽东思想不可丢。砍头不要紧，只要主义真，杀了我一个，自有后来人。前边这两句话是革命烈士给我们留下的豪言壮语。我们永远相信群众，我们永远相信党，永远忠於毛泽东思想。全家都要忠一忠。没有毛主席和共产党哪里有十七年的幸福生活？

今天所受陷害，是走资本主义道路的当权派坚持执行资产阶级反动路线的结果。可是毛主席领导着亿万无产阶级文化革命大军荡涤一切害人虫，扫除党内头号走资本主义道路当权派的流毒。坚信党和群众一定

a－10－18

会把革命群众、革命之人解放出来的。

三哥：咱们学习毛主席语录，主席在总结党的作风里是这样指示的："不顾主客观条件，犯着革命的急性病，不愿意艰苦地做细小要紧的群众工作，只想大干，充满着幻想。这是盲动主义的残余。"他老人家还说：当着群众还没有觉悟的时候，我们硬搞，这是盲动主义，当着群众已经觉悟，如果我们不去引导去做，我们就犯尾巴主义的错误。

你不是知道正义的革命群众（特别是成年人）还不敢说话吗？这就不能着急。但是要坚信群众会有认识的一天的，党会解决的。

你要听解放军的话。解放军能到咱这里来说明对咱们问题很负责任。如果不是这样，

a－10－18a

那么，你想一想，还叫咱家了解什么？富农就富农，谁害你呢？可以你不必找了，有话可对解放军的总说。相信解放军能做出正确处理的，因为解放军是毛主席和林付主席领导的。

关于叶成分依据让我机关盖章问题，没有什么必要，因为村干部已承认，叶润田、池老三、陈相荣没有给咱做工，土地是分的，工具是借的，这就好办。盖章有什么用呢？如果要解决的话，谁都可以解决。我已给村里和解放军去信了。你放心吧，这个材料是我的档案里（我受处分时的调查）的。没有错的，如果是错的，责任也不在我这里。从村里情况来看，叶成分依据还是空想东西。

机关不能给我打证明，因为我是个人，机关是组织，组织怎么能给个人打证明呢？但是

a－10－18b

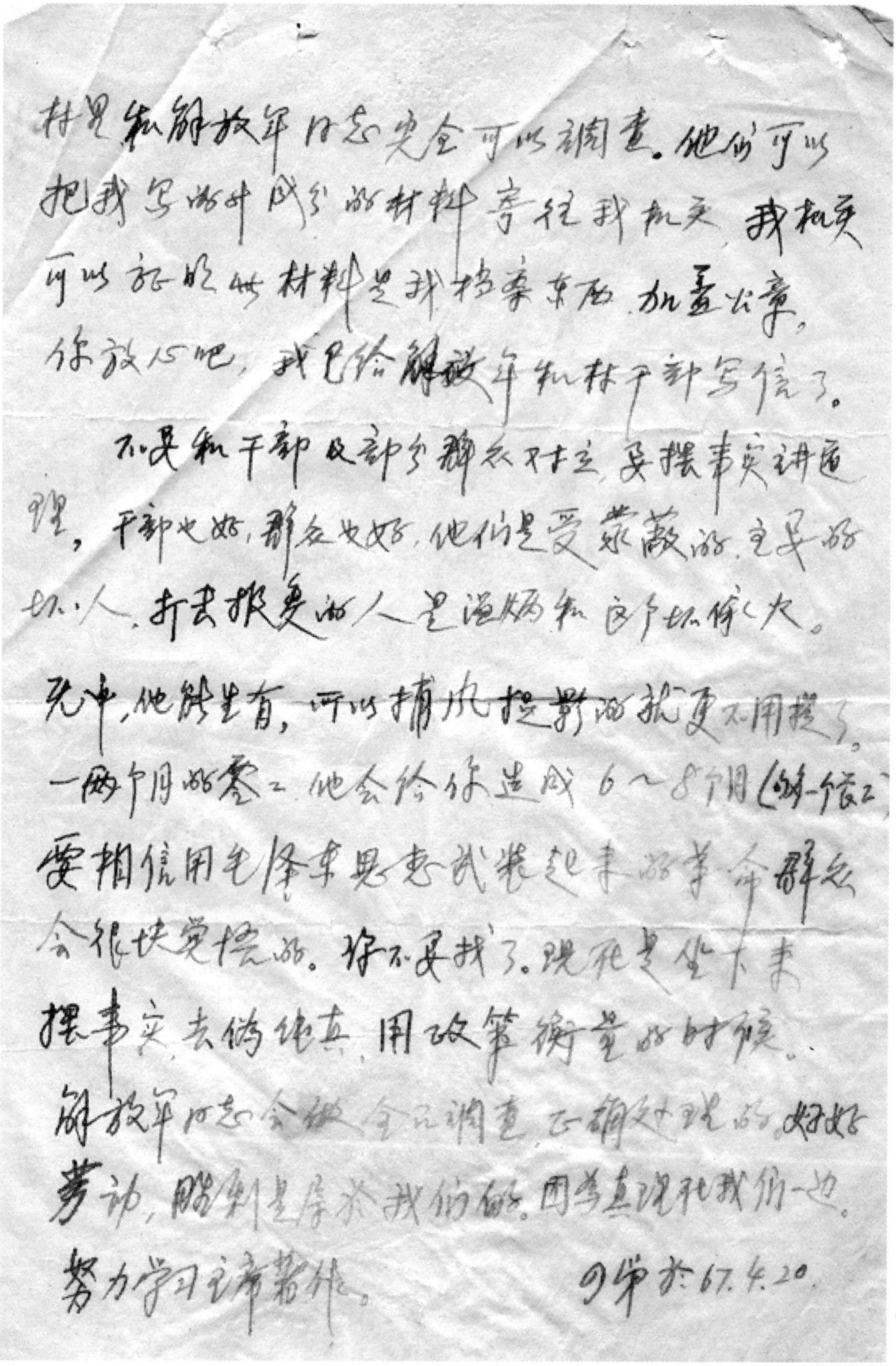
村里和解放军同志完全可以调查。他们可以把我写的什成分的材料寄往我机关，我机关可以核对这些材料是我档案东西，加盖公章。你放心吧，我已给解放军和村干部写信了。

不要和干部及部分群众对立，要摆事实讲道理，干部也好，群众也好，他们是受蒙蔽的，主要的坏人，打击报复的人是温炳和这个坏家伙。

无中，他能生有，可以捕风捉影的就更不用提了。一两个月的委屈，他会给你造成6～8个月（的一倍）。要相信用毛泽东思想武装起来的革命群众会很快觉悟的。你不要找了。现在是坐下来摆事实，去伪存真，用政策衡量的时候。解放军同志会彻底全面调查，正确处理的。好好劳动，胜利是属于我们的。因为真理在我们一边。努力学习主席著作。

四弟於67.4.20.

a－10－18c

a－10－18/a－10－18a－c　刘斌卿信。给斌相三哥，阶级成分问题，驻军，同时给村和解放军去信，1967年4月20日。

a－10－13　刘斌卿至侯家营毛泽东思想宣传队、革委会并贫下中农的控诉信。1969 年 1 月 13 日。＊叙述了温炳和以“捏造”、“歪曲事实”、“篡改党的政策”等手段将刘家成分由中农划成上中农又划成富农的事，控诉其“依仗权势”、“打击报复”。该信中摘录了刘斌卿于 1966 年 3 月至 7 月间揭发温炳和的十一封信，并附有刘斌卿本人以及温炳和对于刘家成分的划法与详细计算过程。文中错别字照录。

最高指示

政策和策略是党的生命。各级领导同志务必充分注意，万万不可粗心大意。

控诉信

毛泽东思想宣传队

革命委员会并贫下中农同志们：

首先让我们共同敬祝我们心中最红最红的红太阳，世界革命人民的伟大领袖毛主席万寿无疆!！万寿无疆!！万寿无疆!！并敬祝毛主席的亲密战友我们的林副主席身体健康!！永远健康!！永远健康!！

敬爱的毛主席啊！毛主席！敬爱的共产党啊！敬爱的党！我有千言万语，万语千言要对您讲。千言万语，万语千言迸发出一个声音：毛主席万岁！毛主席万岁！毛主席万万岁！

我要向您控诉温炳和依仗权势对我家捏造“事实”打击报复的罪恶事实，请予调查澄清。

毛主席教导我们：“世界上怕就怕‘认真’二字，共产党就最讲认真。”

（一）温炳和把我家由中农划成上中农又划成富农所捏造事实分述如下：

1. 无中生有，纯属捏造的

（1）温证明给我家解放前连续三年做月工的叶润田，叶本人根本不承认，而温索取证明是利用本人不识字偷盖叶润田手章得来的。（叶在本村）

（2）温证明给我家解放前连续三年做月工的池老三，根本没有给我家做过活。本人既不承认给我家做过活，也没有打过证明。（池在：黑龙江省五常县安家公社金山大队三小队）

（3）我家有铁匠炉一座，而温捏造写成两座。

（4）在黑材料上说，我家晚入社三年，真是无耻之极。我家最早加入侯永深领导的互助组、初级社，紧接着转入高级社及人民公社。手工业社就在泥井，甚么时间手工业合作化，我爸爸什么时间加入泥井铁业社，这都有证据可考。

（5）说打铁本钱是我爸爸贩卖粮食赚的，我爸爸何年何月在什么地方贩卖过粮食？

2. 歪曲事实

（1）我家男女劳动力五个：爸爸、妈妈、大哥、二哥、二嫂。而温写成一个半劳动力。大哥哑吧算半劳力，说我妈妈和嫂嫂是家务劳动，有时种地，不算劳动。（当时与温在一起搞四清的宋国安同志和贫下中农不同意）二哥刘斌选的劳动问题，在解放前后一直是好劳动力。从十二、三岁就跟爸爸给地主萧会升薅稻子等，只是 52、53 年两年当崔家坨乡队副干部时，当时因搞两性关系，劳动不够好，以后仍然是好劳动力。而温以气，不算劳动。

（2）雇工情况，韩树田 47 年在我伯父刘万喜家打铁。仅在 48 年给我家做过两个月的活就参军了。温就全部并扩大写在我家 47、48 两年长工。请调查刘生元和侯家营的群众。刘巨环仅在 47 年给我家做两个月的活，而温写成 46、47 两年长工。（这些问题刘生元都很清楚，有人恐吓他。）赵相华在 46 年给我家做 4 个月活，47 年做两个月的活就参军了。而温写成 46、47、48 年连续三年长工。（请调查本人，什么年月参军？）杨振昆仅在 46 年给我家做两个月活，而温写成 46、47 两年长工。（请调查刘生元都很清楚）

（3）我家借债

46 年借债侯永连玉米两石，大洋五十块，利息五分	中证人	侯永俭
47 年借债侯永连小麦两石，大洋五十块，利息五分		侯费民
48 年借债侯玉亭玉米两石，利息五分	中证人侯宝奎	
48 年借债侯瑞文玉米两石，利息三分		

而温对我家借债只字不提。

（4）48 年首次土改时，我家分得地主刘子新上等地六亩，而温写成买的。当时不只是我一家分地，请调查当时负责人侯金榜。村里贫下中农都清楚。

（5）打铁工具全部是借的本村王义存的，入社前才还本人。温写成买的。（王义存还在）

（6）牛是借的张家坨陈鹤九的，而温写成自有。（陈鹤九还在）

3. 篡改党的政策

按划农村阶级成份计算剥削量是：剥削收入被总收入除（社会主义教育文选第 145 页），而温是以剥削收入被纯收入除。因此，加大了剥削量。（见附页温炳和计算错误说明）而且温的剥削收入和纯收入的数据也完全是捏造的。这样的计算结果没有意义。

（二）温炳和为什么捏造事实打击报复我家呢？

毛主席教导我们："共产党员对任何事情都要问一个为什么，都要经过自己头脑的周密思考，想一想他是否合乎实际，是否真有道理，绝对不应盲从，绝对不应提倡奴隶主义。"

温炳和系迁安县电力所干部，1964－1966 后 12 月份在我村搞四清，任工作队指导员兼分团党委委员。

一九六五年五月我村四清阶级复议出了第二榜，我家由中农上升为上中农。我从四清战线回家换季，找温炳和谈此问题。温说："土改依据没有了。"第二天，我把土改时的户口簿交给温，簿子上写的是中农。温说："一定按政策办事，你放心吧。"由于我三哥刘斌相当生产队长，温逼他承认贪污多吃多占的假材料，刘斌相就是不承认。使清经济阶段时间拖长了。因此，温炳和挨了分团批评，便恼羞成怒，故第三榜并未根据户口簿修正为中农成份，而是仍定为上中农。事后群众反映说："就是由于刘斌相顶的硬，温炳和拿成份来压他们。"我家户口簿是土改时发的，为了证明我家土改时为中农成份，就把簿子给温查看。谁知温炳和不怀好意。我妈妈向温索取户口簿时，他竟说把户口簿烧了。我妈妈听了之后，才知道温是阴谋诡计，急得说不出话来，几天吃不下饭。我们认为，户口簿是党和政府发给居民的政治档案，必须妥为保存。而今，温竟不声不响地就把这个簿子烧掉了。我们要问温炳和，你为什么把它烧掉？具心何在？用毛泽东思想武装起来的革命群众，你是欺骗不了的，压不倒的。你看到我家户口簿是中农，可是你想把它改成上中农，你觉得这是个不好篡改的铁证。为此，为了把它彻底消灭，你就把它烧了。温哟，你这具心何其毒也。

首先，你把居民的户口档案私自烧掉是犯法的。其次，你消灭了真档案，捏造了假材料，达到你打击报复的目的，这更是犯法的。第三，毛主席说："借东西要还，""损坏东西要赔。"我们一定要向你要原来的户口簿。温哟，还有一个扑灭不了的事实存在，就是土改时经过民主讨论，我家人多地少，又负债，评定我家为中农，并且给我家分了六亩上等地，足证我家土改时不是上中农。

一九六六年三月至七月份，我写了十一封信向上级反映并揭发温炳和的问题。例如：你无理烧毁我家土改时的户口簿；你利用权势包庇大特务侯永明将他由中农成份降为下中农，随后，你提升大特务的儿子侯代群为斗争群众的打手，为其父复仇；你发展伪保长侯大明的女儿入党等等。这一下可刺到了你的疼处。从此，你更恨我们了，便成了你的眼中钉肉中刺。你撕下假革命的画皮，暴露出狰狞的凶像。你煽动不明真像的群众，在六六年五月的一天群众大会上大肆宣扬说：“这十一封信有毒，就照这十一封信也要把他家划成富农。”紧接着七月十八日又把你划的上中农提升为富农。温炳和！你说一说毒在哪里？毒倒是有。不是我那十一封信有毒，而是你把我家由中农成份划成上中农，接着又把上中农提高到富农确家有毒。因为，划成份应根据家庭的具体经济条件，如房子、土地、剥削被剥削等来评定。而你划成份完完全全是捏造事实，把揭发你的丑恶事实的十一封信怀恨在心，提升成份。这不是毒吗？而且是大毒。温哪，我们现在彻底明白了，你把我家成份由中农逐步地提升为上中农、富农，完全是出于你依仗权热，捏造事实，打击报复来划的，是可忍孰不可忍。我们坚决与你拚到底。

现在把温炳和说有毒的十一封信的主要内容摘录如下：

1. 在你温炳和的包庇下，将侯家营有名的大特务侯永明从中农降成下中农。经我揭发侯永明是国民党大特务。你反咬一口，说我误告贫下中农。现在侯永明已被揪出来了。事实证明，倒底谁有毒，这不是很清楚了吗？

2. 你保护伪保长侯大明并发展他的女儿入党，现在伪保长侯大明也被揪出来了。倒底谁有毒，这不又是很清楚了吗？

3. 你为了隐瞒我家土改时的中农成份的铁证，你把我家户口簿烧掉。倒底谁有毒，这不是也很清楚了吗？

4. 你任意捆绑群众侯子贤和其他一系列的错误事件（如 11 封信中所说），我写信提意你在工作队内部作检查，这也是毒吗？为此，你温炳和也怀恨在心。

5. 事实求是地申诉家庭历史和经济状况，难道这也是毒吗？

此外，我们又发现如下惊人事件：

水利厅李秀文说，温炳和将刘万巨（我爸爸）的先进工作者等有关档案私自盗出烧掉了。这才把二十余年的打铁工人刘万巨扣上了富农分子帽子。温盗窃档案私自烧掉，这是他贯用伎俩。试想这样的事敢做，还有什么事不敢做呢？其次，一九六七年九月，县政法组冯国江同志查明：“划我家富农成份材料，全团没有审阅。”当时冯给公社郑秘书打电话，让公社带上刘万巨的档案去重新调查处理。可是从 66 年至今始终无人着手处理，这是为什么？

同温炳和在一起搞四清的宋国安同志（昌黎县人民银行，现在昌黎南关）就一针见血的指出：“温炳和对你家有成见。”

综观上列具体事实，清楚地表明：温炳和居心极端险恶。温不仅歪曲事实，还故意捏造事实，例如说叶润田、池老三都给我家做过三年月工，实际上叶、池二同志根本不承认有这回事，又如说我家晚入社三年等等。更毒辣的是温为了弄虚做假，竟然不择手段地把我家土改时订为中农成份的铁证户口档案烧掉。从此，你就把我家成份划成上中农。又由于我写了十一封信，刺到了你的疼处，你怀恨在心，更起反意，又把我爸爸在铁业社的历史档案资出来烧掉。从此，你又把你一手炮制的上中农升为富农。另一方面，你包庇大特务侯永明，你与伪保长女儿搞得火热并发展她入党。这又表明你死心塌地的站在大特务，伪保长的立场上。

为此，首先我们坚决要求和衷心希望把本控诉内容彻底调查清楚，以明真像。其次，坚决要求彻底清算温炳和的罪恶行为。第三，令温归还我家土改时的户口簿。（温炳和要阴谋诡计，户口簿真烧掉没有，我们还不清楚）第四，把刘万巨的原档案追回归案。

一定要与温炳和斗争到底，打倒大叛徒、大内奸、大工贼刘少奇！不达目的，决不罢休！

控诉人　刘斌卿

一九六九年一月十三日

控诉人原籍：河北省昌黎县泥井公社侯家营村

工作单位：保定市新华路35号省水利厅科研所

附：家庭成份的划法和计算过程

（另有温炳和的计算）

最高指示

谁是我们的敌人？谁是我们的朋友？这个问题是革命的首要问题。也是文化大革命的首要问题。

贫下中农同志们，乡亲们！温炳和这个人居心不正把我们害的好苦哇！

刘万巨的家庭历史，您们都比我清楚。刘万巨一家人在解放前如何生活，吃的什么，住的什么，怎么担起八根绳卖煤油火柴，开小铺，怎么给地主箫会升、刘子新做长短工，又是怎么打起来的铁？这些，只要您们稍微一回忆一议论就很清楚了。

贫下中农同志们，乡亲们！温炳和对待我家问题主要罪恶行为首先是，盗取我爸爸档案材料并且烧掉，其次，为了灭证，烧毁了我家土改时的户口簿；第三，我写十一封信揭发他，他怀恨在心，进一步捏造一系列的假证明，打击报复。

现在将我家实际情况计算过程与温炳和计算过程分别列下：

咱们按党的政策看一看。“中共中央关于土地改革中各社会阶级的划分及其待迂的规定（革案）一九四八年四月二十七日”中指出：“富农的纯收入的二分之一（百分之五十）以上为剥削收入，中农（包括富裕中农）及其他独立劳动者的纯收入的二分之一（百分之五十）以上或至少二分之一为劳动收入。”

我家四个整劳动力（爸爸、大哥、二哥三个劳动力，妈妈和嫂嫂算一个劳动力）而47年雇工最多也不过14个月，四个劳动力纯收入比14个月（按雇工两个算）劳动占纯收入的百分之六十七。主要生活来源，靠自己劳动，所以不是富农。同上文件中指出：“雇主与雇工的劳动力（数）一比一者，如果没有其他剥削收入者为中农，否则为富农。”我家（政策指雇主）整劳动力四个，比雇工劳动力数大一倍，我家不但没有其他剥削，而且负债被剥削，显然不是富农。

如果咱们再计算一下呢？

1946年：全家十一口人，男女劳动力五个，合整劳动力四个（爸爸、大哥、二哥是三个劳动力，妈妈和二嫂算一个劳动力），东厢土房三间，二哥受过继遗产土房4.5间，打铁房一间，毛驴一头，猪2口，沙土地26亩。

雇打铁助手刘生元7个月，杨振昆2个月，赵相毕4个月。

借债侯永连玉米两石，大洋五十块，利息五分。

1. 全年总收入：

农业收入粮3640斤（亩产140斤计算）每斤8分，折款291.2元

猪2口，净重200斤每斤8角，合款160.0元

打铁收入款3000.0元

全年总收入　3451.2元

2. 全年消费成本：

用铁3000斤，每百斤33元，合款990.0元

用煤15000斤，每百斤2元，合款300.0元

挂牲畜掌用绳子及工具损坏用款30.0元

猪饲料用粮560斤　合款44.8元

成本合计 1364.8 元

3. 全年纯收入 3451.2 - 1364.8 = 2086.4 元

4. 自己劳动力四个，雇工劳动力两个，每个劳动力创造价值：2086.4 ÷ （4 + 2） = 347.7 元两个雇工创造价值：347.7 × 2 = 695.4 元

5. 雇工两个共 13 个月，每月工资 22 元，工人每人每天最低伙食费 3 解，每月 9 元。

工人消费（工资和吃粮）（22 + 9） × 13 = 403.0 元。剥削雇工 695.4 - 403.0 = 292.4 元

6. 被剥削：借债玉米两石（每石按 300 斤计），大洋五十块利息五分

被剥削玉米 300 斤（合款 24 元），大洋 25 块（合 25 元）共计 49 元

7. 剥削收入：292.4 - 49 = 243.4 元（根据党的政策：剥削别人部分应与被剥削部分相抵计算）

8. 剥削量 $= \frac{\text{剥削收入}}{\text{总收入}} = \frac{243.4}{3451.2} = 7.1\%$ 小于百分之二十五，所以不是富农。

1947 年：猪一口，牛车一辆，柳庄子地主姨家为疏散土地给哑叭十亩，共有沙土地 36 亩。人口、房屋、劳动力数同 46 年。

雇打铁助手刘生元 7 个月，刘巨环 2 个月，赵相毕 2 个月，赵景先 3 个月。

借债侯永连小麦两石，大洋五十块利息五分。

计算方法同上，剥削量 $= \frac{\text{剥削收入}}{\text{总收入}} = 9\%$

小于百分之二十五（25%）所以不是富农。

1948 年：猪 2 口，分得上等地六亩，有地 42 亩，人口、劳动力数、房屋，同 46 年。

雇打铁助手刘生元 6 个月，韩树田 2 个月。

借债侯玉亭玉米两石，利息五分。

借债侯瑞文玉米两石，利息三分。

计算方法同上，剥削量 $= \frac{\text{剥削收入}}{\text{总收入}} = 6.9\%$

小于百分之二十五，所以不是富农。

党的政策是，连续三年剥削，每年剥削量均在百分之二十五以上，构成剥削阶级成份。

我家哪一年剥削量都远远小于百分之二十五，所以不是富农。

下边是温炳和计算的

1946 年：农业收入粮 3560 斤（每亩产量 136 斤）；猪 2 口，净重 200 斤，每斤 8 角，合款 160.0 元折粮 2000 斤；打铁付业收入 5918.7 元，折粮 73857 斤。

全年总收入粮 79417 斤。

消费成本：每年用铁折款 2005.0 元折粮 24800 斤

每年用煤 640.0 元折粮 8000 斤

猪饲料用粮 560 斤

雇工六个人共 33 个月（这里雇工数多 20 个月假证明，见下边说明）每月工资 22 元折粮 9142 斤；雇工用吃粮（每月伙食费 6 元，即每人每天 2 角）2475 斤；全年一家共消费粮 4300 斤，以上共开支 49277 斤

纯收入（总收入减开支） = 79417 - 49277 = 30140 斤

减去自己生产 9348 斤，剥削收入 = 30140 - 9348 = 20792 斤

$\underline{剥削量}=\frac{剥削收入}{纯收入}=\frac{20792}{30140}=68.98\%$

1947 年：雇工七个人 31 个月，计算方法同上，$\underline{剥削量}=\frac{剥削收入}{纯收入}=72.74\%$

1948 年：雇工七个人 31 个月，计算方法同上，$\underline{剥削量}=\frac{剥削收入}{纯收入}=72.73\%$

※※※

温炳和在计算中所歪曲和捏造事实以及篡改党的政策说明如下：

1. 捏造的

（1）叶润田根本没有给我家做过月工。而温偏偏利用叶不识字，偷盖叶的手章，来证明解放前连续三年给我家做月工。

（2）池老三根本没有在解放前给我家做过活，本要既不承认，也没有打过证明，不知温炳和又窃取谁的手章打了傍证。

（3）赵相毕 47 年在我家做过两个月的活就参军了，而温偏偏写成 48 年还在我家做工。

（4）韩树田 47 年在我伯父刘万喜家打铁，48 年在我家做两个月的活就参军了，而温偏偏写成 47、48 年在我家做两年长工。

（5）刘巨环仅在 47 年给我家做两个月的活，而温偏偏写成 46、47 两年长工。

（6）杨振昆仅在 46 年给我家做两个月的活，而温偏偏写成 46、47 两年长工。

（7）赵景先在 47 年给我家做三个月的活，而温偏偏写成 4 个月。

2. 歪曲事实

（1）我家男女劳动力五个，合整劳动力四个。而温偏偏算一个半劳动力，哑叭算半劳力。

（2）我家借债而温炳和只字不叫群众提。

（3）每年打铁收入根本没有 5918.7 元。

3. 篡改党的政策

“中共中央关于土地改革中各社会阶级的划分及其符迁的规定（革案）一九四八年四月二十七日”指出：“所谓总收入，对于农、工、商业者是指农、工、商业在扣除成本以前的全部收入。”社会主义教育文选里指出：“剥削收入是否超过其全家总收入的百分之二十五为准。”即$\frac{剥削收入}{总收入}$是否超过百分之二十五，构成划富农的标准。

温炳和明明写的是全年总收入粮 79417 斤，而偏偏在计算剥削量用$\frac{剥削收入}{纯收入}=\frac{20792}{30140}=68.98\%$

按党的政策计算应为，剥削量$=\frac{剥削收入}{总收入}=\frac{20792}{79417}=26.2\%$

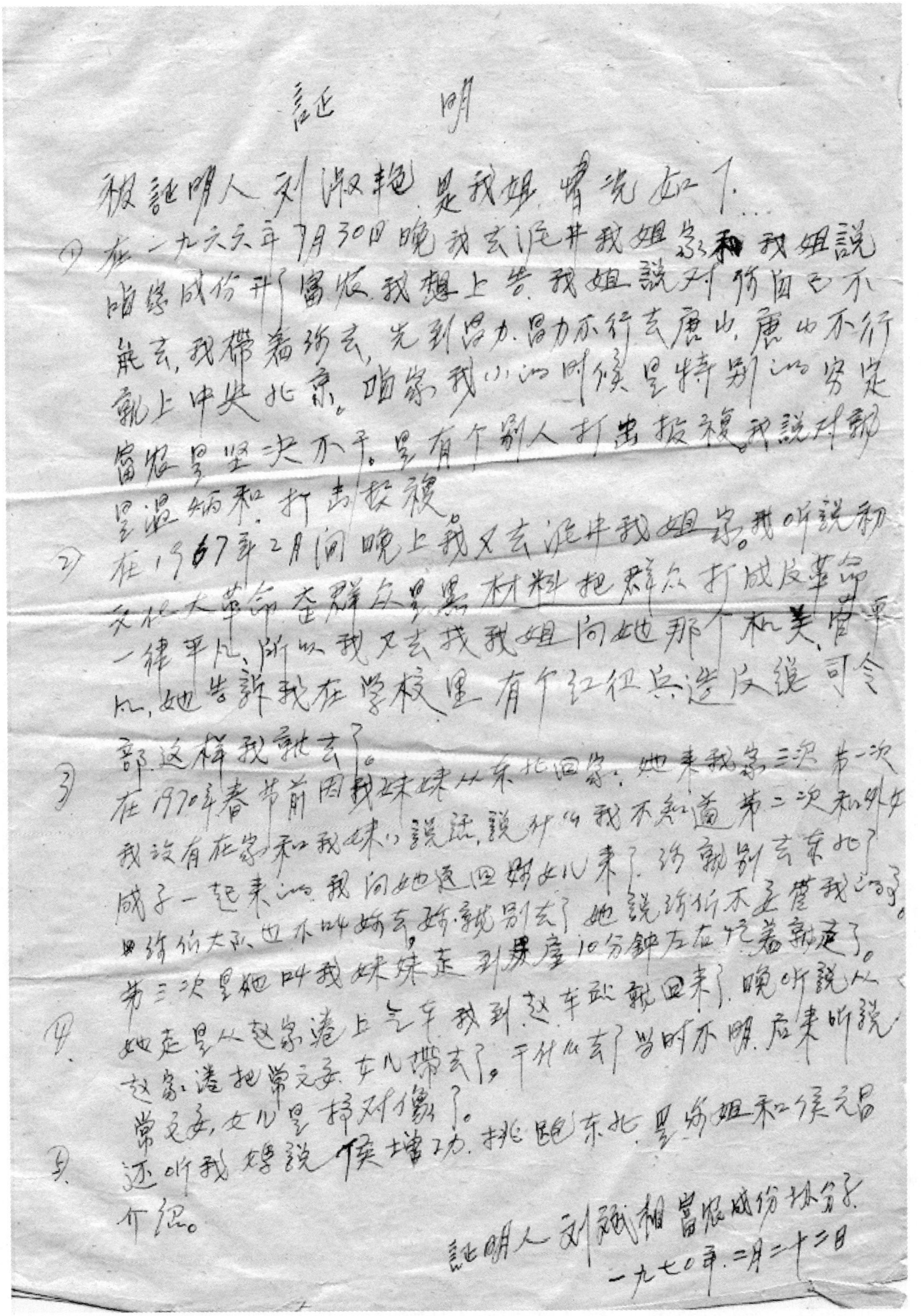

証明

被証明人刘淑艳是我姐 情况如下…

①在一九六六年7月30日晚我去泥井我姐家和我姐説咱家成份刑富农 我想上告 我姐説对 你自己不能去 我带着你去 先到昌力 昌力不行去唐山 唐山不行就上中央北京。咱家我小的时候是特别的穷 定富农是坚决不干。是有个别人打击报複 我説对就是温炳和打击报複。

②在1967年2月间晚上我又去泥井我姐家。我听説初文化大革命查群众是黑材料把群众打成反革命一律平反,所以我又去找我姐问她那个机关要平反,她告诉我在学校里有个红卫兵造反總司令部 这样我就去了。

③在1970年春节前因我妹妹从东北回家,她来我家三次 第一次我没有在家和我妹妹説話,説什么我不知道 第二次和外女咸子一起来的 我问她这回好女儿来了 你就别去东北了 她説你们不要管我的了。你们大队也不叫她去 她就别去了 到屋10分钟左右忙着就走了。第三次是她叫我妹妹走 我到赵车站就回来了 晚听説从

④她走是从赵家港上汽车 赵家港把常文安女儿带去了。干什么去了当时不明,后来听説常文安,女儿是搞对像了。

⑤还听我娘説侯增功挑跑东北是我姐和侯元昌介绍。

証明人 刘斌相 富农成份坏分子

一九七〇年二月二十二日

b－4－19－10　刘斌相证明。1970 年 2 月 22 日。＊说明与其姐刘淑艳的来往及 1966 年 7 月、1967 年 2 月两次上告找成分的事。落款：“刘斌相富农成份坏分子”。

检查刘铁相

我在7月初.我和侯代群.同志.説我家的.成份问题.如果这次複查.它是解决不好我説它是不複党的政策我还去上訴.上告.我还回去告的上級.去唐山地委.这是我在7月初思想上想过和説过的話,

通过7月25日群众大会上宣布了.我家的成份划上了富农和给我爹代上了富农份子的帽子,以后.我的思想上不想别的.為什么因我不和我弟刘铁卿.我们成份就又给上升了呢,我就想是否複合政策呢.又想工作队也不能进犯錯误.我的思想上又想.怎么办呢,我在30号的晚上我又想.為什么不叫我去流井我姐家呢.准是有问题.怕我姐給我们出主义.可是我又想.它是办的複合政策為什么.不叫我们接头説話呢,可是在这30日的晚.我就想.明天早起来.我去昌力县委去一回找一找是否行.可是我的思想上想了.我去流井我姐家问一问中不中,可是我就去了.和

c-1-4-3

四、

她一說，去中可是去昌力不如去唐山地委找上级，去昌力不行，因為是昌力批准的，去唐山不能去，和地委討論问題，就說討論成份问題，把家庭経济情况和剥削情况和参加1958年把錯误的情况和四清运动和複查运动情况，在和地委详细説明，看上级给不给答符。我就对我姐說中，那咱们就去，早点去，可是我们俩就在3/1日的一早就去到唐山地委，可是那天是星期日，不办公，我们就在車站上等了一夜，到了3月1日早7点半就到了地委，等到差15分钟，就把我叫去了。到那办公室L某就问你有什么事，我就說我是昌力县泥井公社侯家营村人，我来地委是討論我家庭成份，地委L某又說你家成份怎么了，我說我家成份在土地改革时我村成份不分上中下成份都是中农户口本上，我家是中农，可是我弟上大学时，村子给打証明是下中农，就是这个情况可是四清运动以后，给我们划了上中农，可是

今年又複查运动在7月23日开群众大会宣布了我家
是富农成份. 也委员長說你爸戴帽了没有 我說戴
上了. 这回我就說是否可以討論. 也委员長說可以
我又說是要把家史先說以說, 以后在說家庭經濟
情况和剝削情况. 也委员長說可以. 我就叫我
姐把解放前家史情况說一边. 她說完我就把
我家庭經濟情况和剝削情况和我爹在1958年
被右派錯誤情况. 和我弟兄到鄉上新和上台的
那个封佼. 說了一边. 这回也委员就說了一边根据
你說的情况 所看也是有些实际, 可是接着你
說的这些情况, 你家的成份在四清中划上了上中
农是可以的. 可是划中农也可以. 因为党的政策
就底不就是进步 不划上一个敌人. 可是中农上中农
他是没有什么分几, 可是上农和中农. 可以看到
上中农是有剝削了. 所以这样阶级把划分清了
也就看出阶级的本底. 可是接着你今天講的
情况在次四清複查. 你们准是找成份了. 可
是你们一找. 党的政策翻案. 給你们詳細
贴了. 可是接着你說的情况. 到主管的說也
没有給你们詳細贴. 划富农也可以;

c－1－4－3b

4.

我看这个情况，就不能给你们追查了。如果你还是
要求追查也可以，可是对你没有什么好处。你要回
给你弟弟一封信问问他，信中写了些什么，并
在说你应当看清形式，党的政策不是成份论
在于思想，革命不革命。你回去以后要好好劳动，向
党靠拢，还和你爸爸说说，叫他好好劳动，争取
早日把帽子摘掉。在一个你弟弟是拚回清的，不是不懂
政策，你弟还是回家了，你今全你弟弟，叫他思想好好
革命，是年青的人，有前途。我说我们来此要[illegible]
讨论是否把错误，也要同志说，不把错误
党和政府欺骗你们来，说说真实话，你们也
懂得政策，思想和心里也就明白了政策，
心里也就书唱了，这有什么不好的呢，
可是你回去后可不要上上级告，你要是告了
可就罪加一等。我说的是和你说是实在的
话，你应当看清形式。我说好吧，我们决
不上告，要听党的话，回去好好劳动，这样以
说我心里也就书唱了。

5、

就谈这程我姐俩就回来了。我以前的心里是不服，可是这回我从地委走了。这一回心里和思想上是服到了工作队和贫下中农的意见。不服的思想和心里，这回可去掉了。这回可就算掉了心，这回决定去掉了反服气的心了。这回是老老实实跟着党和贫下中农一起革命，党叫干啥就干啥，一定好好的参加集体劳动，望后看我。我一定争取当做新人。

本人刘斌相　1966.8.2.

c－1－4－3d

c－1－4－3/c－1－4－3a－d　刘斌相的检查。1966年8月2日。＊叙述了四清复查被划为富农后去唐山地委找成份一事的来龙去脉。

1

检查我和秦铁白谈过的反动话，

在1965年冬我去黄田庄赶集碰见了秦铁白。我说你也赶集来了。他说来了。你赶集买啥来了。我说买点料食。还想买点棉花，他说买棉花干啥。我说家用纺线。和做衣裳用等。他又说买料食干啥。我说家吃。他哪了一声，他说这里有卖布票的。5角—3.5角1尺。比买棉花用也不错。他又说布票比劳力检。劳力4—4.5角。我说你买布票来了。他说买什么~~就买什么~~。什么东西价底就买啥。我说咱们吃饭。你不是没有吃饭吗。他说没有。吃饭时他问我家。和他谈话。说他表妹。没有眼镜。叫秦铁白给找个对像。这会秦铁白说。我相。从你们村找个对像怎么样。就是眼镜不太好。双眼不见有相当的给找个。我说多大了。他说20多了。我说给王元吧说一说就是王元吧岁数大点他说中。大几岁没有什么。我知道王元吧。不错。这回他到家看一看中了。定个日子你们就来看一看。说这我回去再说吧。赶集去。在集上我就买东西。可是我什么没有买到。就买来棉花5斤我就回来了。他买的是有30左右斤的了。有40左右斤小麦。我一起回来的。在路上。我对他说。铁松还当干部他说没有干头了。老了不能干了。他对我又说在四清要整了吧？退借多少粮和钱。我说不多100多元钱

c－1－9－10

2

400斤粮食，他就笑了。你当干部呢没有，我说没有当，你当干部，我是上中农了，我说退点粮和钱没有什么，就是成份我有见我想找，他说找也找不下来，可是找一找也中，我也是个上中农，他们是胡整，瞎整你们也没有选上好指导员，我们也是没有选上好指导员，他们就是瞎整，他又说要啥成份哭成份一样吃喝，没有钱了就赶集走一走，他的意思就是投机倒把来钱，我说你中人少，我不中，他怕什么我不怕，要他妈的干啥，把我是怎的不了，我说你中我不中。

这是去冬说的话，今年春在4月间在我二组那说过，他说你们的成份找的怎么样了，这回複查前改呀，我说不知道，改不了，不好改，可是找不下来也找，我也找，他又说他妈的就瞎(掙)整，他妈的我是不怕这个那的，在四清运动中，我和他们横(説)横闹，我是他妈的坐也不怕，他们能把(我)怎么的，我说你(是)光棍，我不行。

以后在6-7月份泥井集，我去赶集到我二组又碰上了他他说，你犯了吧，我怎么的了，有个姓宋的工作队去我那了解你呀，我问他了解我什么，他说了解你赶集买什么东西，我问他你怎么说的，他我什么也没说，满说你没买什么东西，就买来我也不说他妈的我都不要啦他们，我和他有什么关系说什么他是我的学生，他又是干部来这，我他说什么，

c－1－9－10a

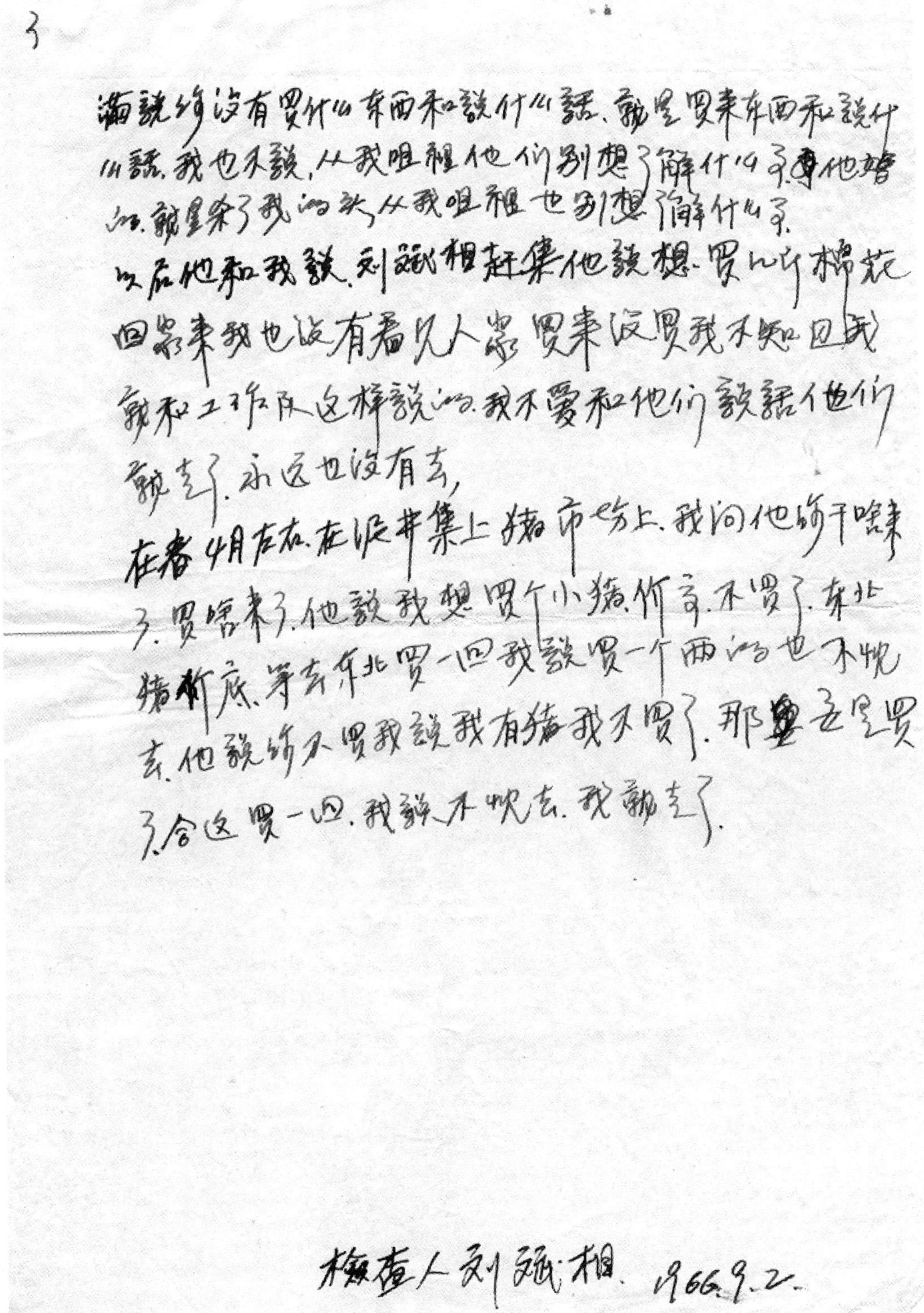

了

滿說你沒有買什么东西和說什么話、就是買来东西和說什么話我也不說，从我咀裡他们別想了解什么事。他說的就是來了我的話从我咀裡也別想了解什么事。

以后他和我說，刘斌相赶集他說想、買几斤棉花回家来我也没有看见人家買来没買我不知道我就和工作队这样說的。我不要和他们說話他们就走了。你这也没有去，

在春4月左右，在泥井集上猪市场上，我问他你干啥来了，買啥来了，他說我想買个小猪仔子，不買了。东北猪仔底，等去东北買一回我說買一个两个也不快去。他說你不買我說我有猪我不買了。那要去是買了合这買一回。我說不快去。我就走了。

检查人刘斌相　1966.9.2.

c－1－9－10b

c－1－9－10/c－1－9－10a/c－1－9－10b　刘斌相检查。和秦铁说过的反党话，赶集时谈及四清运动、成份等事，1966年9月2日。

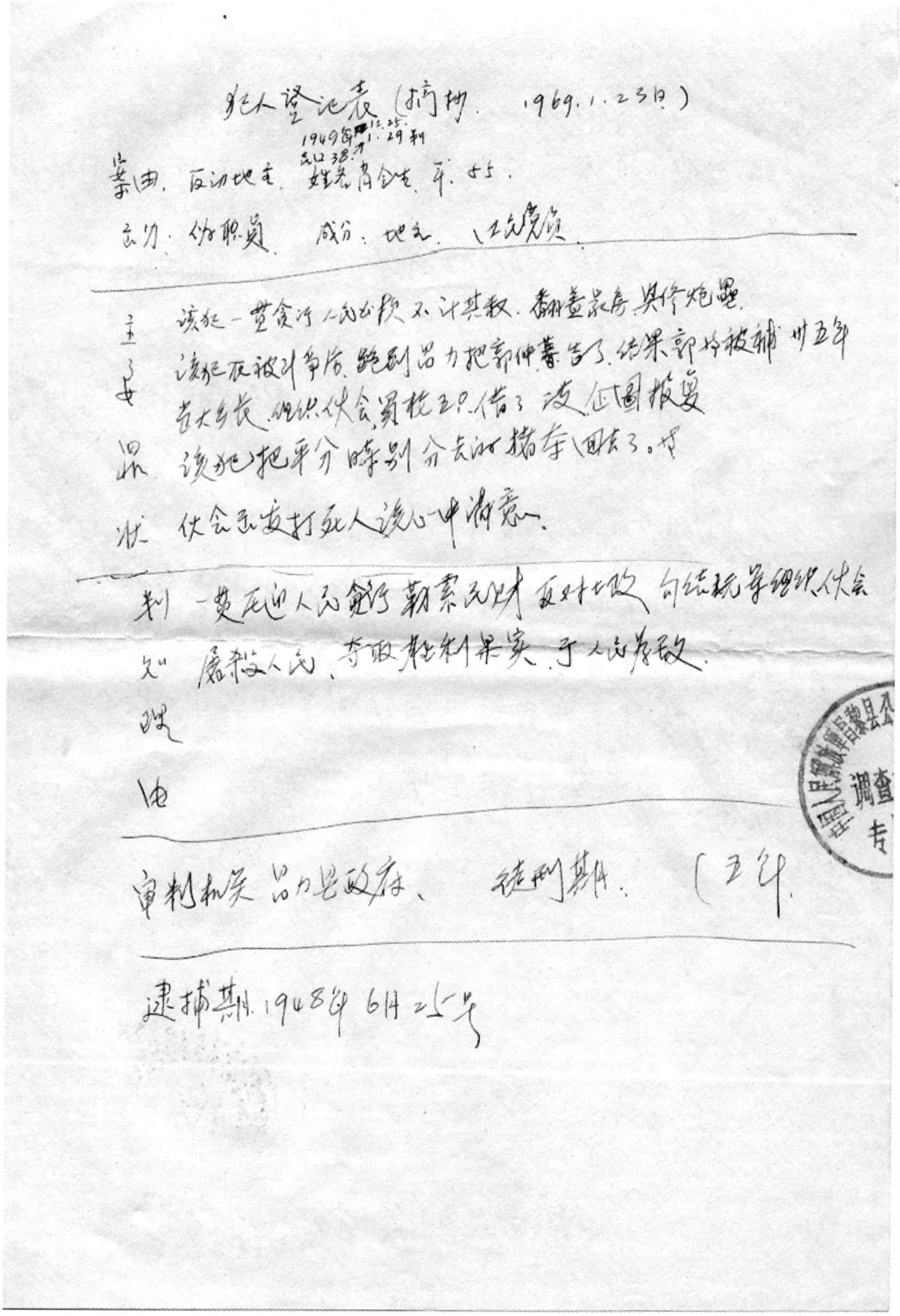
犯人登记表（摘抄 1969.1.23日）

1949年11.25 1.29判

案由：反动地主 姓名肖会生 年：55.

身分：伪职员 成分：地主

主要罪状：
该犯一贯贪污人民出款不计其数，霸占民房，与修炮楼。
该犯在斗争后，跑到吕力把郭仲馨告了，结果郭好被捕，卅五年
当大乡长，组织伏会员枪五只，借了汝企图报复
该犯把平分时别分去的猪牵回去了。
伏会员安打死人谈心中满意。

判决理由：一贯压迫人民，贪污勒索民财，反对土改，勾结反动组织伏会，屠杀人民，夺取胜利果实，予以判处。

审判机关：吕力县政府、 徒刑期：（五年

逮捕期：1948年6月25号

c－5－1－12 犯人登记表（抄件）。肖会生（萧惠生），主要罪恶，判决理由，徒刑期5年，逮捕期。1969年1月23日部分摘抄。

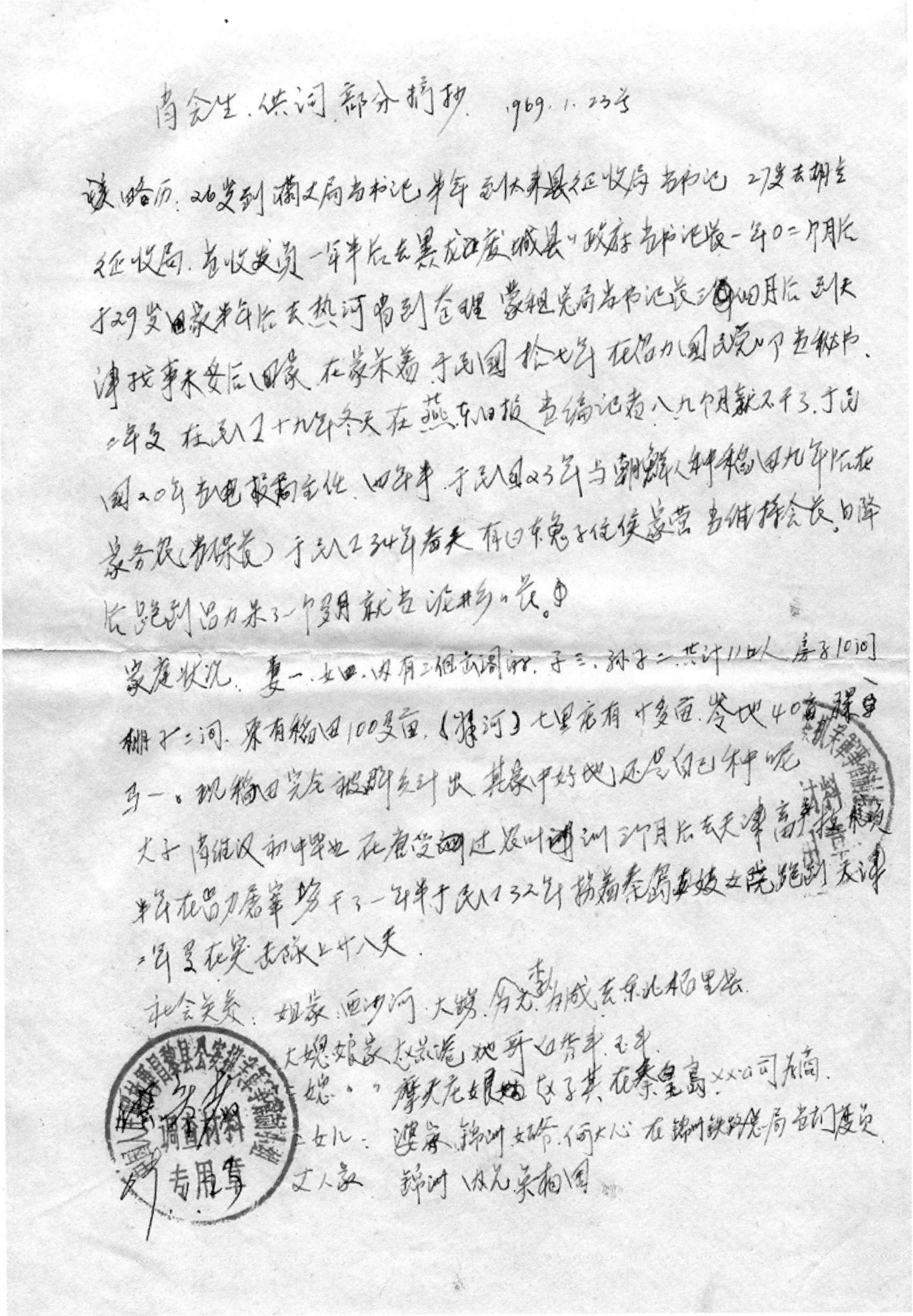

肖会生 供词 部分摘抄 1969.1.23号

该略历：26岁到满文局当书记半年 到伏来县征收局当书记 27岁去朝[illegible]征收局 当收发员一年半后去黑龙江庆城县政府当书记员一年零二个月后 于29岁回家半年后去热河省到经理蒙租总局当书记员三个四月后 到天津找事未妥后回家 在家呆着 于民国拾七年 在伪满国民党部当秘书二年又 在民国十九年冬天在燕京旧报当编记者八九个月就不干了 于民国20年去电报局[illegible]四年半 于民国23年与朝鲜人种稻田九年后在家务农（当保长）于民国34年春天 有日本鬼子住侯家营当维持会长 日本投降后跑到吕力呆了一个多月就当沧县乡长。

家庭状况：妻一、女四（以有二个出嫁）、子三、孙子二，共计11口人，房子10间、棚子二间，原有稻田100多亩，（滦河）七里庄有十多亩，养地40亩，骡子马一。现稻田完全被群众斗出，其家中好地还是自己种呢。

长子 肖继汉 初中毕业 在唐受过农业训练 三个月后去天津当[illegible]半年在吕力当掌柜 干了一年半于民国32年 携着秦皇岛妓女院跑到天津二年多在突击队上廿八天。

社会关系：姐家 西沙河 大甥 [illegible] 在城东北柏里庄

大媳娘家 赵家港 她哥 [illegible]

二媳 〃 〃 摩天庄 娘家 赵子英 在秦皇岛××公司当商

二女儿：婆家 锦州 女婿 何××在锦州铁路总局当调度员

丈人家 锦河 [illegible]

调查材料专用章

c-5-1-13　萧惠生被捕后的部分供词（摘抄件）。包括略历、家庭状况、社会关系三部分，1969年1月23日摘抄。

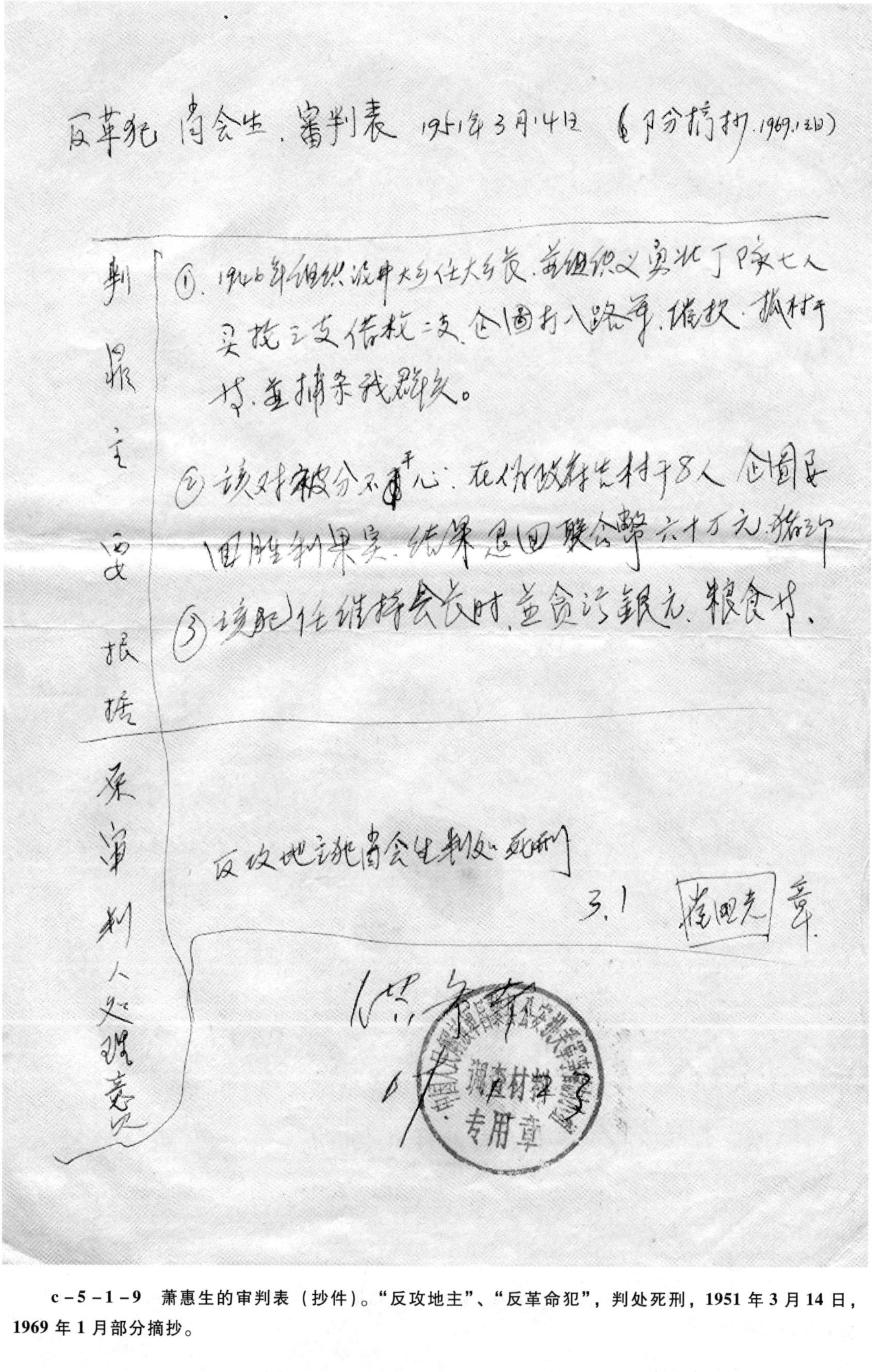

反革犯 肖会生 审判表 1951年3月14日 （部分摘抄 1969.1月）

判决主要根据：

① 1946年组织设并大乡任大乡长，并组织义勇壮丁队七人，买枪三支，借枪二支，企图打八路军，借枚，抓村干等，并捕杀我群众。

② 该对我被分不甘心，在作战存告村干8人，企图反回胜利果实，结果退回联合币六十万元，旅印

③ 该犯任维持会长时，并贪污银元、粮食等。

原审判人处理意见：

反攻地主犯肖会生判处死刑

3.1 崔国夫 章

调查材料专用章

c－5－1－9 萧惠生的审判表（抄件）。“反攻地主”、“反革命犯”，判处死刑，1951年3月14日，1969年1月部分摘抄。

1

侯家营大队总支

对恶霸地主肖继令生房产处理意见的请示报告

一九六五年八月十八日

肖令生，男，侯家营大队人，阶级成分，伪保甲大乡长、乡维持会长、国民党区分部书记、伪区公所职务，民愤极大，并有血债，于四八年被逮，五0年被我处决。土改时有地300亩，其中本村40亩，由于全靠霸占土地160亩，由老乡卷霸地100亩，房12.5间，其中正房4.5间，厢房8间，所间2间。猪圈一个。大铁车一辆。骡子二头。

肖家在土改时被划为恶霸地主成份。当时对他的财产是这样处理的：土地300亩，征收278亩，房子12.5间，征收5.5间（厢房）。大车及骡子和金银细软等浮物因该家在四八年冬已全户逃亡昌黎县城居住，所以大车、骡子等由他家带走，没有被征收着。这样他家当时分得团结地22亩，房7间，猪圈一个。

当时他家共有人口8口人。（指全家人口）但五三年全家都已先后逃亡外地，五三年后家里根本没人了，房子无人住。五三年肖令生之子肖继汉回家，当将厢房1.5间（当给本村侯永志、姐侯和代）当价米一石

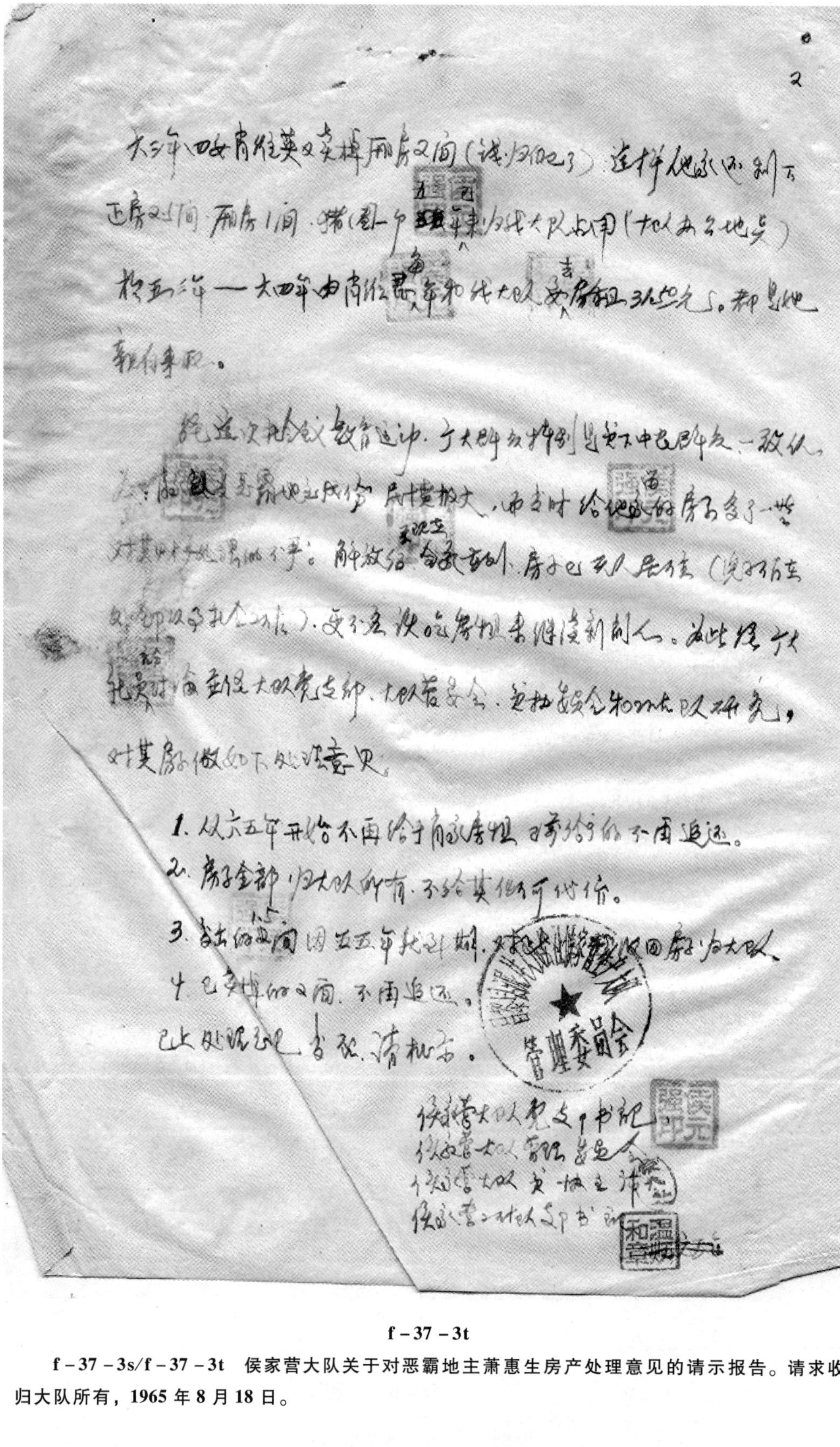
2

六三年四女肖维英又卖掉厢房2间（钱归她了）。这样他家还剩下正房2间、厢房1间、猪圈一个（五五年卖）归我大队占用（十八亩公地基）

据五六年—六四年由肖维君每年和我大队要房租32.50元。都是他亲自来取。

经这次社会主义教育运动，广大群众特别是贫下中农群众一致认为：肖国兴是恶霸地主成份，房产较大，而当时给他留的房子多了一些，对其处理很不公平。解放后全家出外，房子已无人居住（现为大队部[illegible]），更不应该收房租来维持剥削阶级。为此经广大群众讨论并经大队党支部、大队管委会、贫协委员会和四清工作队研究，对其房产做如下处理意见：

1. 从六五年开始不再给予肖家房租，过去给予的不再追还。
2. 房子全部归大队所有，不给其任何代价。
3. [illegible]间因五五年[illegible]，[illegible]收回房子归大队。
4. 已卖掉的2间，不再追还。

以上处理意见当否，请批示。

管理委员会

侯家营大队党支部书记
侯家营大队管委会主任
侯家营大队贫协主席
侯家营二小队支部书记

f－37－3t

f－37－3s/f－37－3t　侯家营大队关于对恶霸地主萧惠生房产处理意见的请示报告。请求收归大队所有，1965年8月18日。

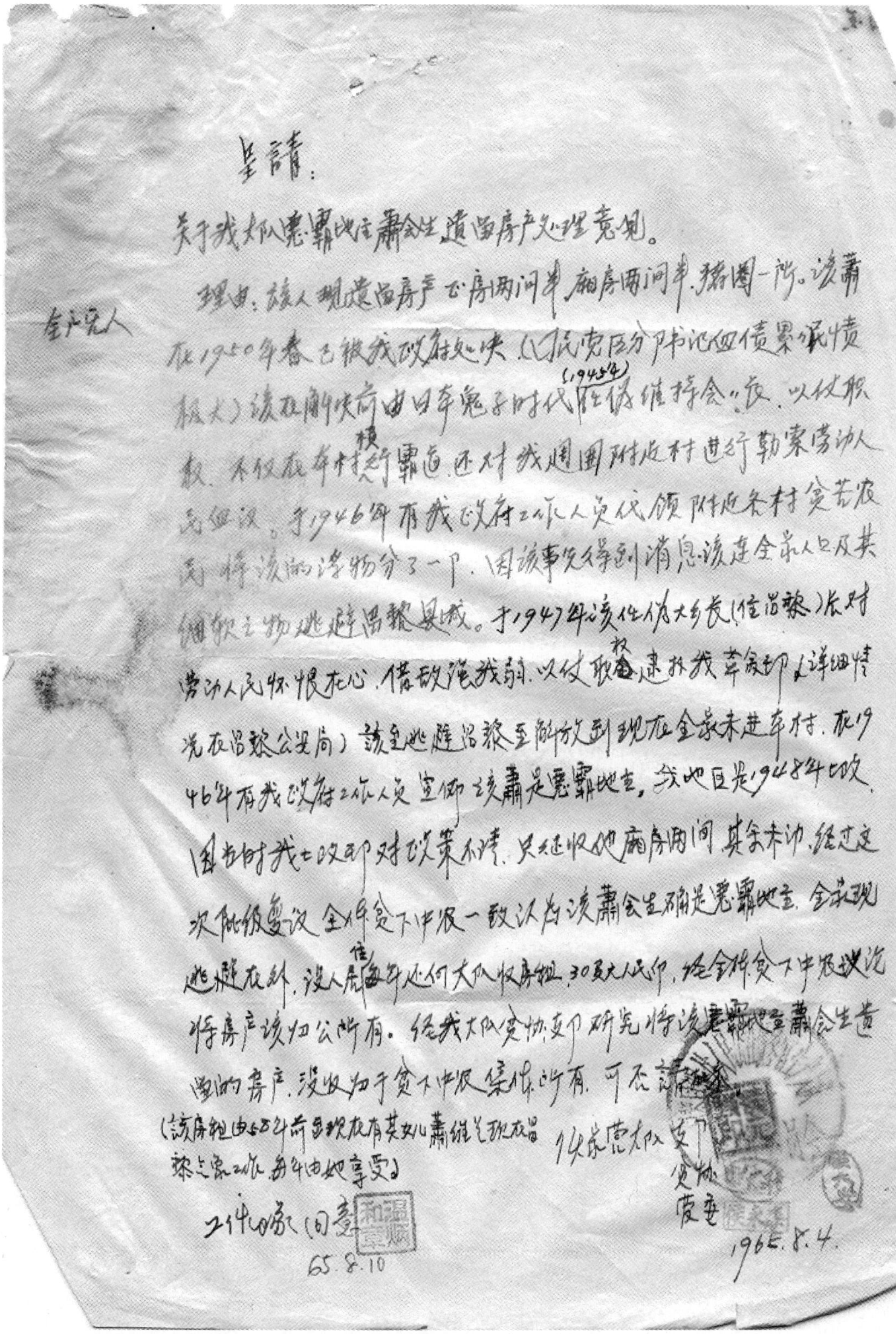

呈請：

关于我大队恶霸地主萧会生遗留房产处理意见。

全户无人

理由：该人现遗留房产正房两间半，厢房两间半，猪圈一所。该萧在1950年春已被我政府处决（以抗完区分户书记倒债累深债极大）该在解放前由日本鬼子时代(1945年)任伪维持会长，以仗职权，不仅在本村横行霸道，还对我周围附近村进行勒索劳动人民血汗。于1946年有我政府工作人员代领附近各村贫苦农民将该的浮物分了一户，因该事先得到消息该连全家人口及其细软之物逃避沿黎县城。于1947年该任伪大乡长（住沿黎）反对劳动人民怀恨在心，借敌猖獗，以仗职权逮捕我革命干部（详细情况在沿黎公安局）该自逃避沿黎至解放到现在全家未进本村。在1946年有我政府工作人员宣布该萧是恶霸地主，土地已是1948年土改，因当时我土改干部对政策不清，只征收他厢房两间，其余未动。经过这次阶级复议，全体贫下中农一致认为该萧会生确是恶霸地主，全家现逃避在外，没人居住，每年还向大队收房租30多元人民币，经全体贫下中农建议将房产该归公所有。经我大队贫协支部研究将该恶霸地主萧会生遗留的房产，没收归于贫下中农集体所有，可否请批示。

（该房租由58年前至现在有其女儿萧继兰现在沿黎文宝工作，每年由她享受）

侯家营大队支部
贫协
贫委
1965.8.4.

工作组（同意）
65.8.10

f－37－3u　呈请：关于我大队恶霸地主萧惠生遗留房产的处理意见。经贫协研究将其房产没收归于集体所有，请求批复，1965年8月。

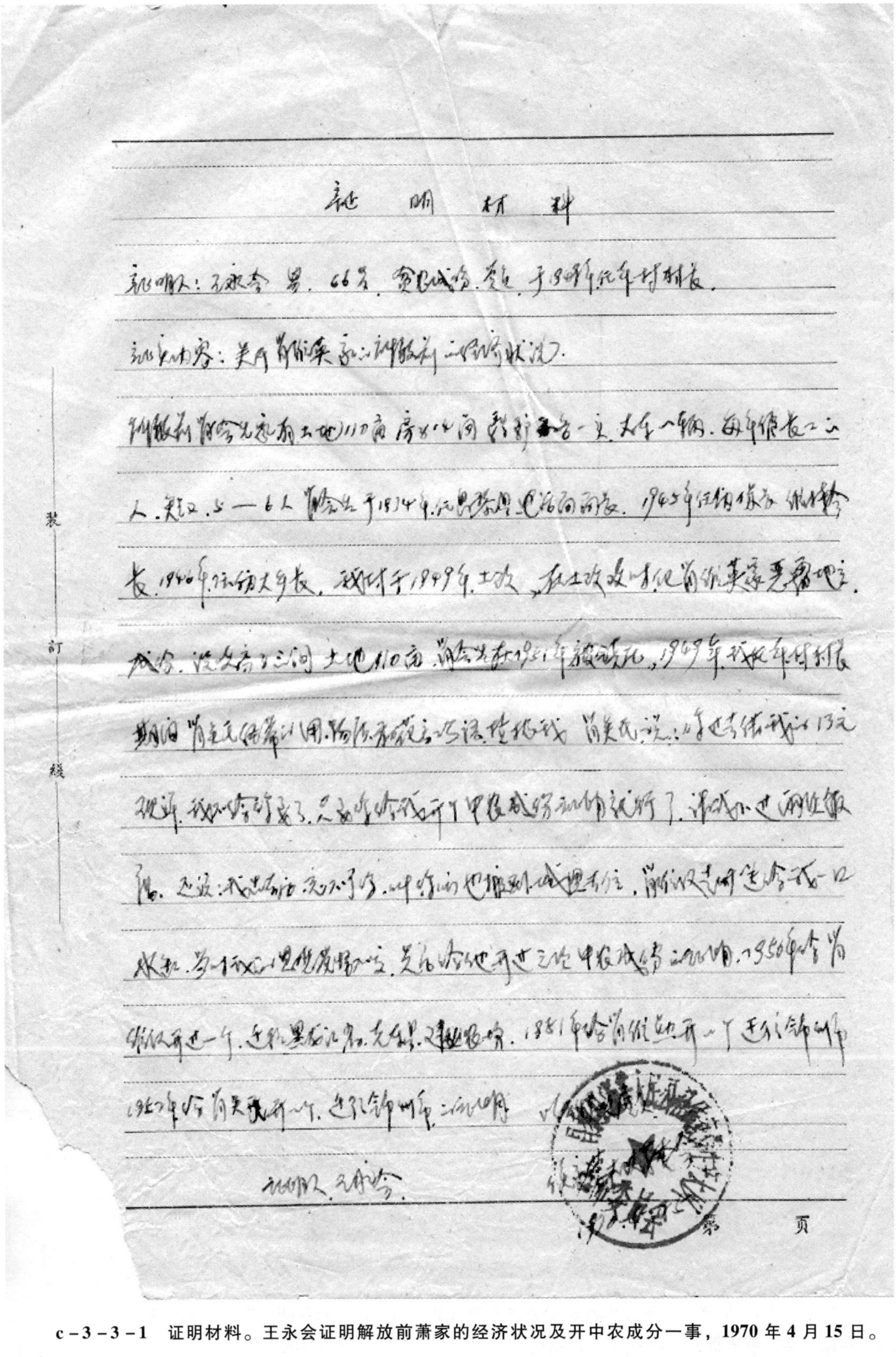

证明材料

证明人：王永会 男，66岁，贫农成分，党员，于1949年任本村村长。

证明内容：关于萧家解放前的经济状况。

解放前萧家有土地110亩，房[illegible]间，[illegible]大车一辆，每年雇长工二人，短工5—6人。[illegible]1945年[illegible]1946年[illegible]大乡长。我村于1949年土改，在土改时把萧家[illegible]地主成分。[illegible]土地110亩，[illegible]1949年我任本村村长[illegible]

[illegible]

[illegible]1950年[illegible]

[illegible]1951年[illegible]

[illegible]

证明人 王永会

c-3-3-1 证明材料。王永会证明解放前萧家的经济状况及开中农成分一事，1970年4月15日。

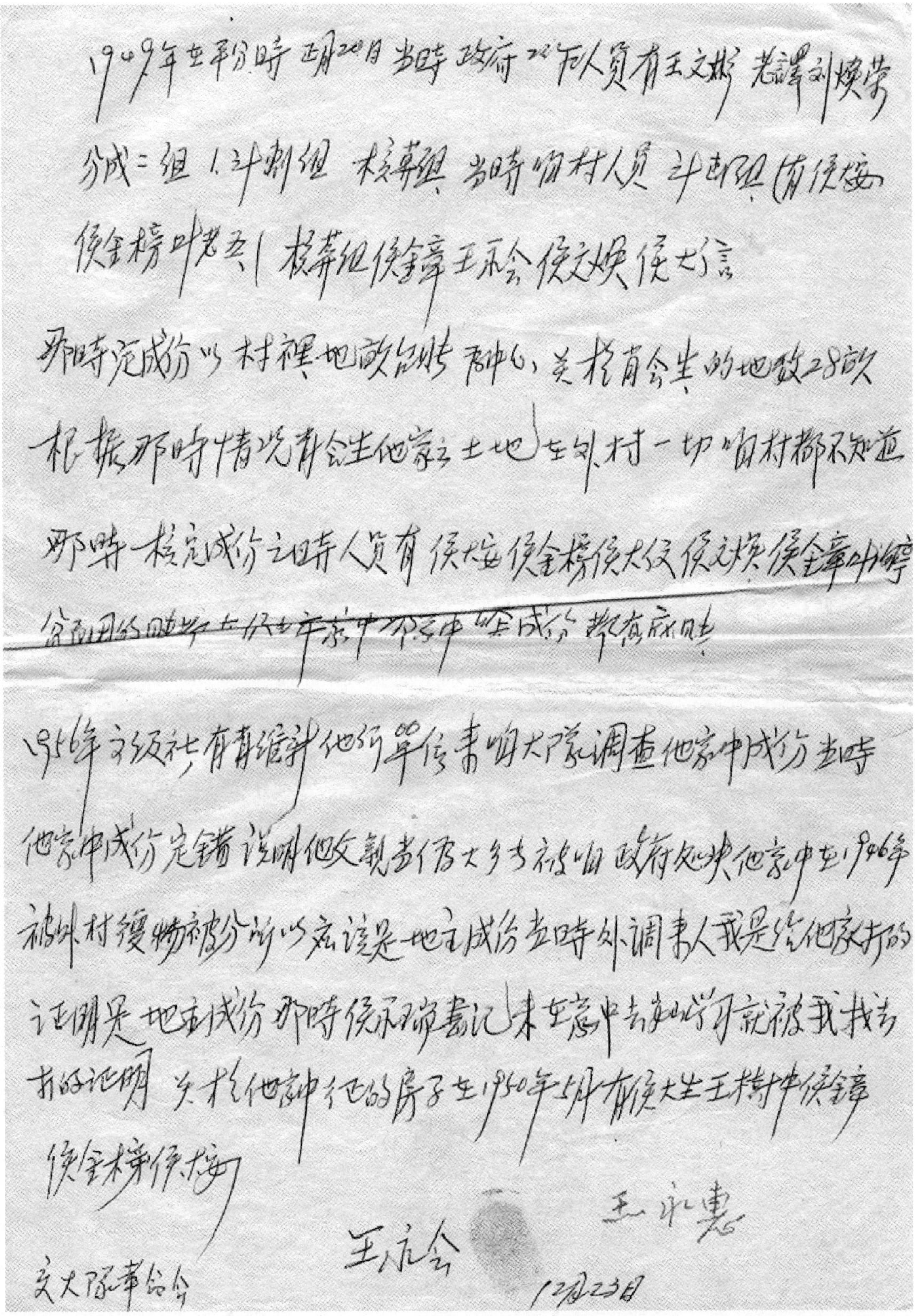

1949年在平分時 正月20日 当時政府下來人員有王文彬 老譚 刘焕荣

分成二组 1.计算组 2.核算组 当時咱村人员 计算组有侯俊安

侯金榜 叶老五 | 核算组侯金章 王永会 侯文焕 侯七言

那時定成份以村裡地畝為標準 平均 关於肖会生的地數28畝

根據那時情况肖会生他家之土地在外村一切咱村都不知道

那時核定成份之工作人員有 侯俊安 侯金榜 侯大仗 侯文焕 侯金章 叶小亭

~~分配田的時 ... 定成份 都在那時~~

1956年高级社有肖维新他们单位来咱大队调查他家中成份 当時

他家中成份定錯了 说明他父親当过大乡长 被咱政府处决 他家中在1946年

被外村複物被分 所以应該是地主成份 当時外调来人我是給他家打的

证明是地主成份 那時侯永瑞書記 未在家中去外地学习就被我找去

打的证明 关於他家中住的房子在1950年5月有侯大生 王梏中 侯金章

侯金榜 侯俊安

王永惠

王永会

交大队革委会

12月23日

c-3-3-1a 王永会叙述1949年土改时错定萧惠生中农以及1956年改为地主成分的事。1968年12月23日。

証明材料

8

关于尚会生在土改时的成分问题

我叫侯金榜现年44岁 贫农出身，本人成分农民，在土改时任贫农会主任，共产党员，现在阜新县制酒厂工作。

尚会生的家庭成分，在土改时定于恶霸地主。当时分配给王继田厢房1.5间、前院厢房村里没收两间归村里作村公所用。在1946年（或47年）因尚会生霸佔周围村庄劳动人民财产以及土地等，经我政府人员代领劳苦贫下中农群众来把他的家财抄光。所以到1948年本村搞土改时就没分他，只能给他定的成分。

特此証明

証明人 侯金榜 侯金榜印

1968.12.16.

此材料属实

侯家营大队革委会

1969.7.20

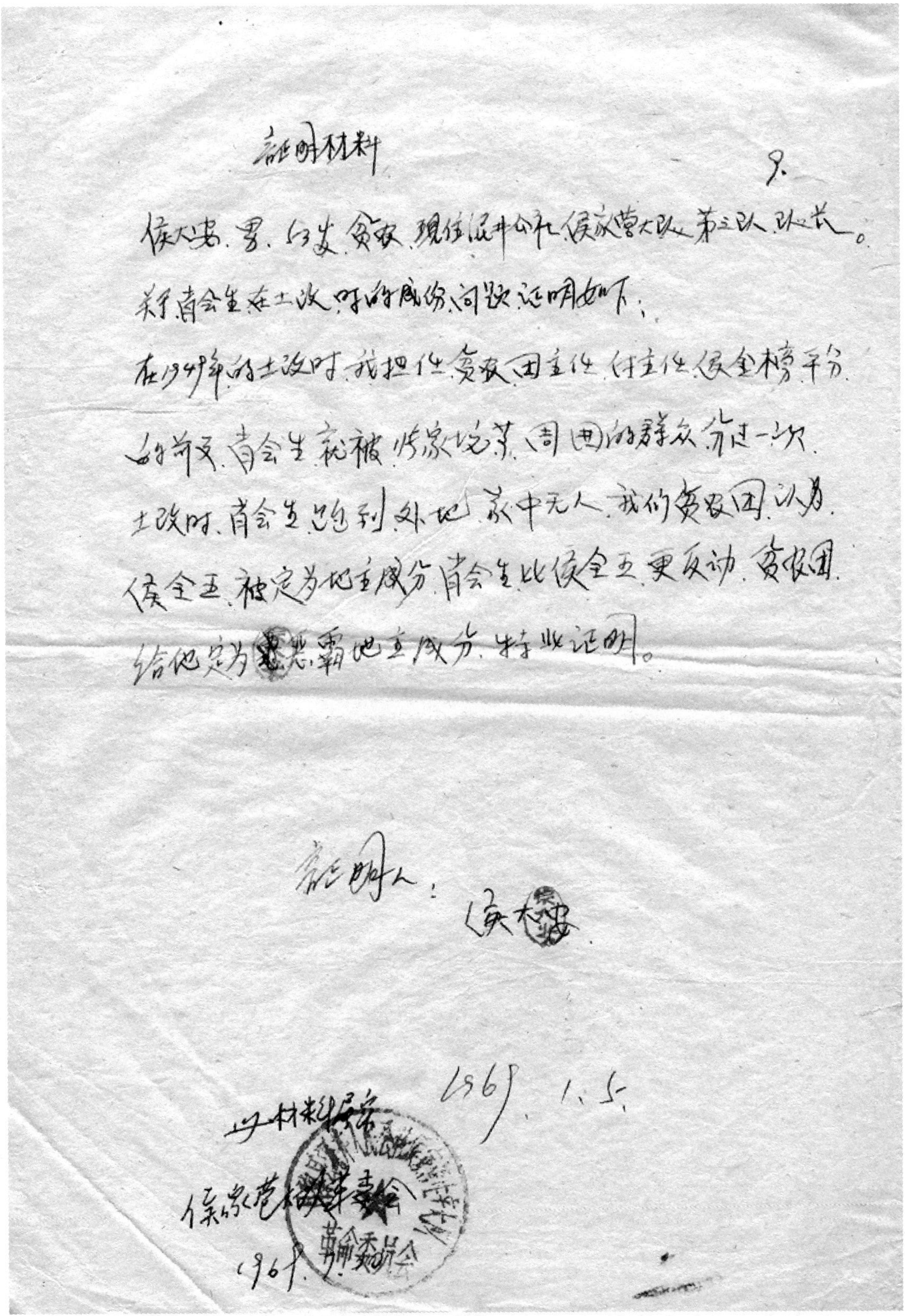

证明材料　9.

侯大安，男，63岁，贫农，现住沙井公社侯家营大队第三队队长。

关于肖会生在土改时的成份问题证明如下：

在1948年的土改时，我担任贫农团主任，付主任侯全榜平分的时候，肖会生就被侯家坨第(司)(四)的群众分过一次。土改时，肖会生跑到外地，家中无人，我们贫农团认为侯全五被定为地主成分，肖会生比侯全五更反动，贫农团给他定为恶霸地主成分，特此证明。

证明人：侯大安

1969.1.5

以上材料属实

侯家营村革委会

1969.

c－3－3－5a

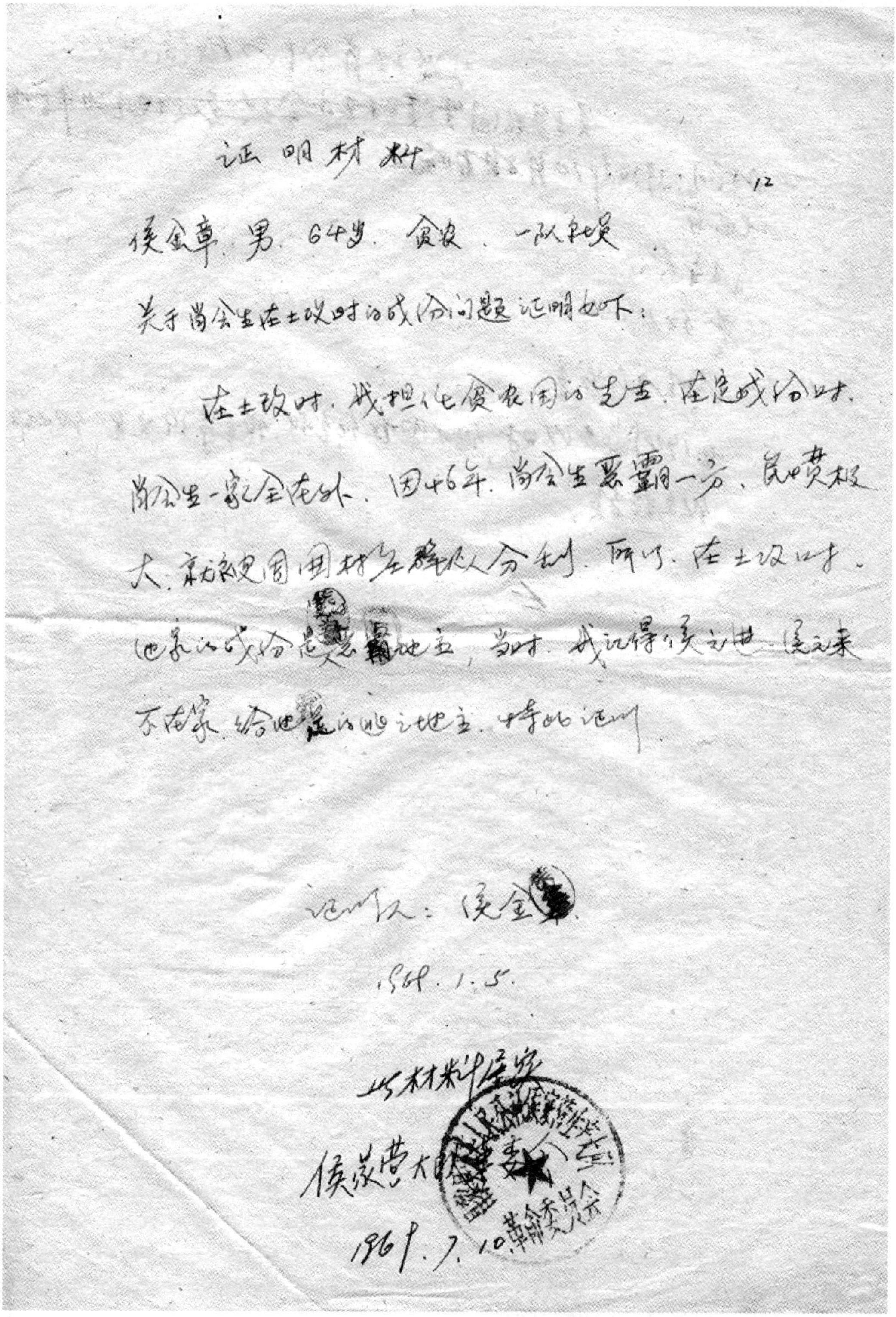

证明材料

12

侯金章，男，64岁，贫农，一队社员

关于肖会生在土改时的成份问题证明如下：

在土改时，我担任贫农团的主任，在定成份时，肖会生一家全在外，因46年，肖会生恶霸一方，民愤极大，就被团团村全体人分别。所以，在土改时，他家的成份是恶霸地主，当时，我记得侯之世、侯之来不在家，给他定的成份是地主。特此证明

证明人：侯金章

1969.1.5.

此材料属实

侯家营大队

1969.7.10

革命委员会

c－3－3－5b

c－3－3－5/c－3－3－5a/c－3－3－5b　证明。侯家营土改时贫农团的主任、先生证明当时萧家被定为恶霸地主，1969 年 7 月 10 日。

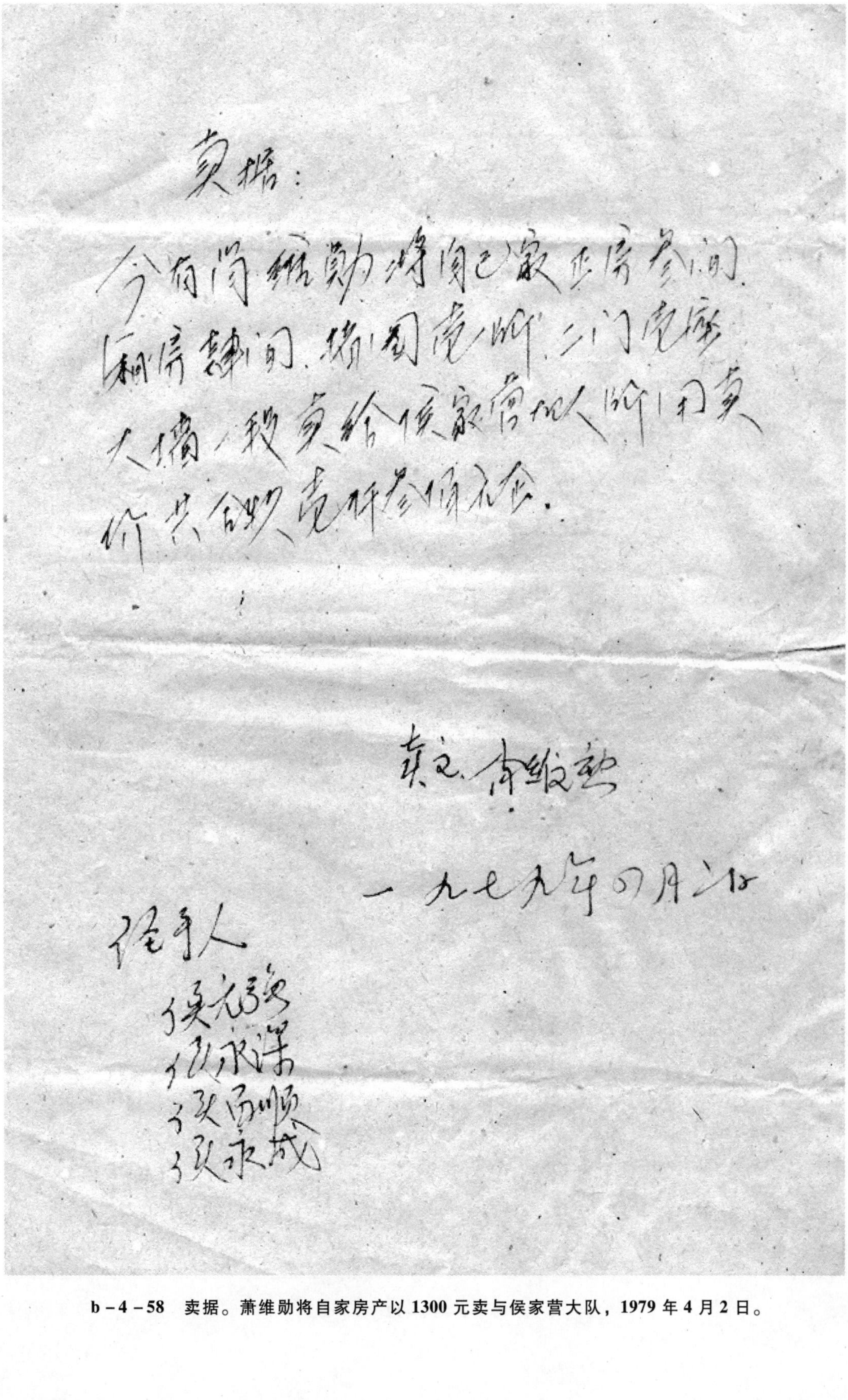

卖据：

今有萧维勋将自己家正房叁间，厢房肆间，猪圈壹所，二门壹座，大墙一段卖给侯家营大队，所得卖价共合钞壹仟叁佰元正。

卖主 萧维勋

一九七九年四月二日

经手人

侯元强

侯永深

侯占顺

侯永成

b－4－58　卖据。萧维勋将自家房产以1300元卖与侯家营大队，1979年4月2日。

昌黎县城关镇革命委员会公用笺

元强

元森 三侄们：

振兴

今写信关于我哥的房子问题，昨天我侄来信又由明房价问来不能少于500元，因我大哥当前困难很多，债务累累，的确不好处理，昨天年终又来要帐，逼不得才卖房子，不然我们是不想卖，然而由于大队已拆只好卖，大哥六个孩子四个小子没房子，只不去老家准存在老房住问题，大哥为此愁的有病

年 月 日

a－14－12

昌黎县城关镇革命委员会公用笺

我们认为要500元不算多，我家房子现在都是旧了，不过大家都知道在我家住时基本上是新的，我家只住过十几年，大队使用时间比我家还长。为了彻底把房子落实，我再明确提出来，正房以北都是大队的，除三间房子还有一小间和一个车棚，还西厢房另做价。这价格我们提出来要300元，你们可考虑。

请你们抓时间处理，我计划最近去办手续了，都有了。关于石棉瓦的事，我可找找销路，现在有关领导。

肖维坤

80年1月31日

a－14－12a

a－14－12/a－14－12a　萧维坤致侯元强、侯振兴等的信，关于萧家的房子的卖价等，1980年1月31日。

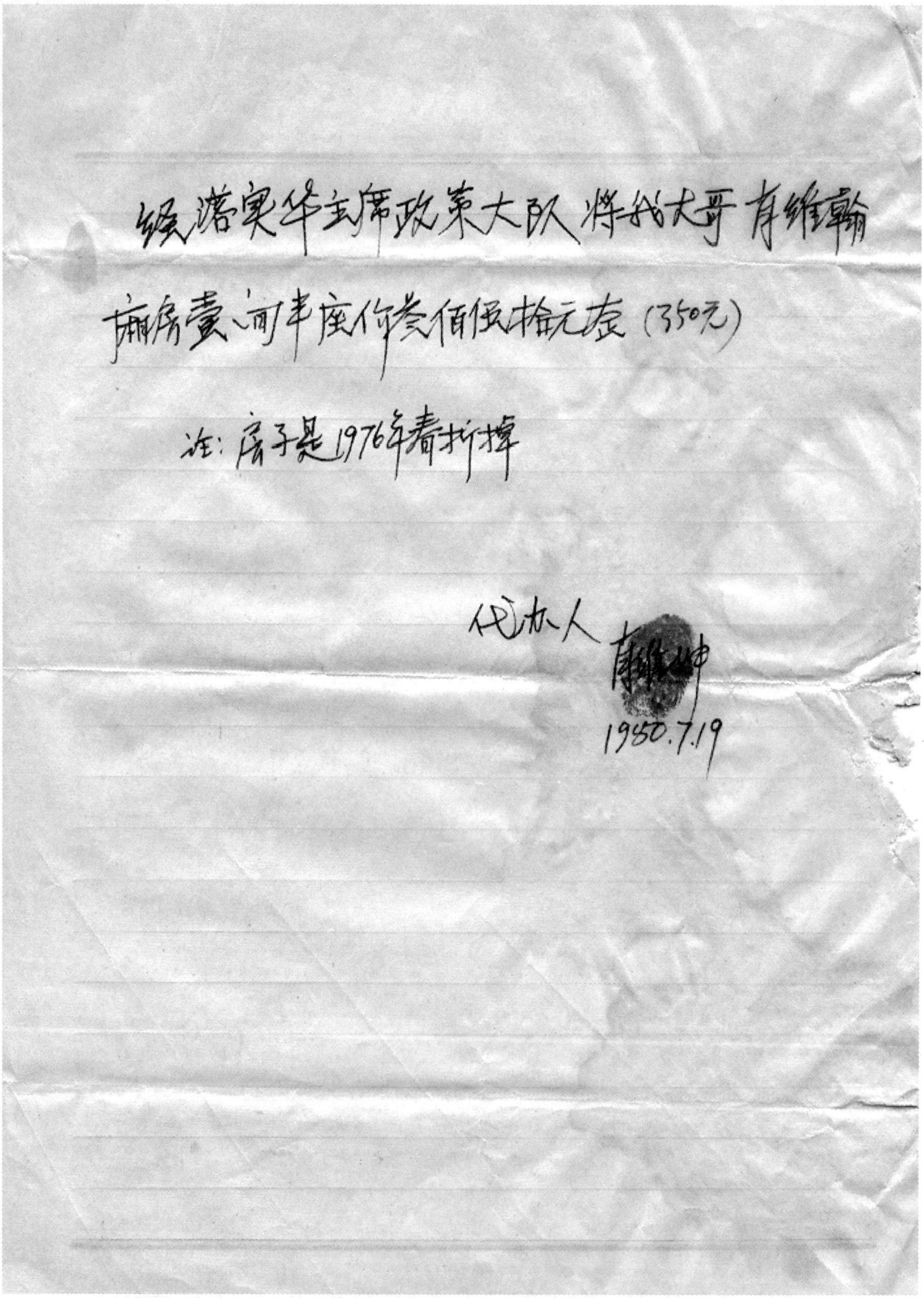
经落实华主席政策大队将我大哥肖维翰
厢房壹间半座作叁佰伍拾元整（350元）
注：房子是1976年春拆掉
代办人 肖维坤
1980.7.19

b－4－58a 代办证明。侯家营大队将萧维汉（翰）的一间厢房折价350元，萧维坤，1980年7月19日。

侯永志个人交待。 第一页

1969.3.9.

老肖的成分问题，当时，我在本队，只是没有主持权。

化成分时分两个组：王永全和侯金章等为一组，侯文焕、

侯大伦、侯大安、侯金楼，在计划组。1950年，1条户手

时，~~我找王永全，他说：根据他土地不多，定的中农~~。（贫农团）

我找王，我问：老肖的个成分怎么定的？王说：贫农团根

据他当时土地不多，定的中农，可以定中农。（侯文焕手

各户都是问村长）。

一队、二队都对他写了大字报，要他答复一下肖的成

分这个问题，我就找王永全去了。我说：当时贫农团给

他定的是恶霸地主，还是中农，我记不清了。~~把他弄清~~

我又说：把他弄清好不好，如果是咱们的事，咱就揽过来。

王说：小队长在

如果是贫农民定的，咱们他们负责任。

侯金章手里。当时，贫农团给他定的是中农，小队长在侯

金章手里。结果，他说：你写上吧。我写好了说：

给你念一下。完后王说：又找找的。我说：赶快把他

(2)

顶上来，把他记好。我不大明白这个事，可以问大队汇报。

当时，在村公所办公，是肖家的房子。那时，我知道是

肖家换分，知道是他家的房子，也知道是恶霸地主。

我怕肖会生：因为我当这的干部，我没受打击。

贫农团给肖家定的成分是恶霸地主。

我觉的肖家和我们住邻居，只定了个恶霸地主把

他的事都给耽误了。后来我问王永会去了，我问：老肖究竟什么成分。他说：

你是中农吧，没错。

当时贫农团给定的。

开成分，肖维新来的。51年。

在51年，肖维新上我家来开过会，他问我：大叔，

开成分谁给开，我说：我和王银会，得找他商量一下。

你那个成分怎么开，你答应人家了，怎么办。肖维新说：

大叔，你老着个手，我把你的成分开地主了，我就这么着了

你看，我说：中，开这个成分就我开不行，一个给人

大叔，他说：我听我妈说，你父亲雇过四个人的工。

是我爹说的这话。我说：我父亲雇的，我按你爹的要。

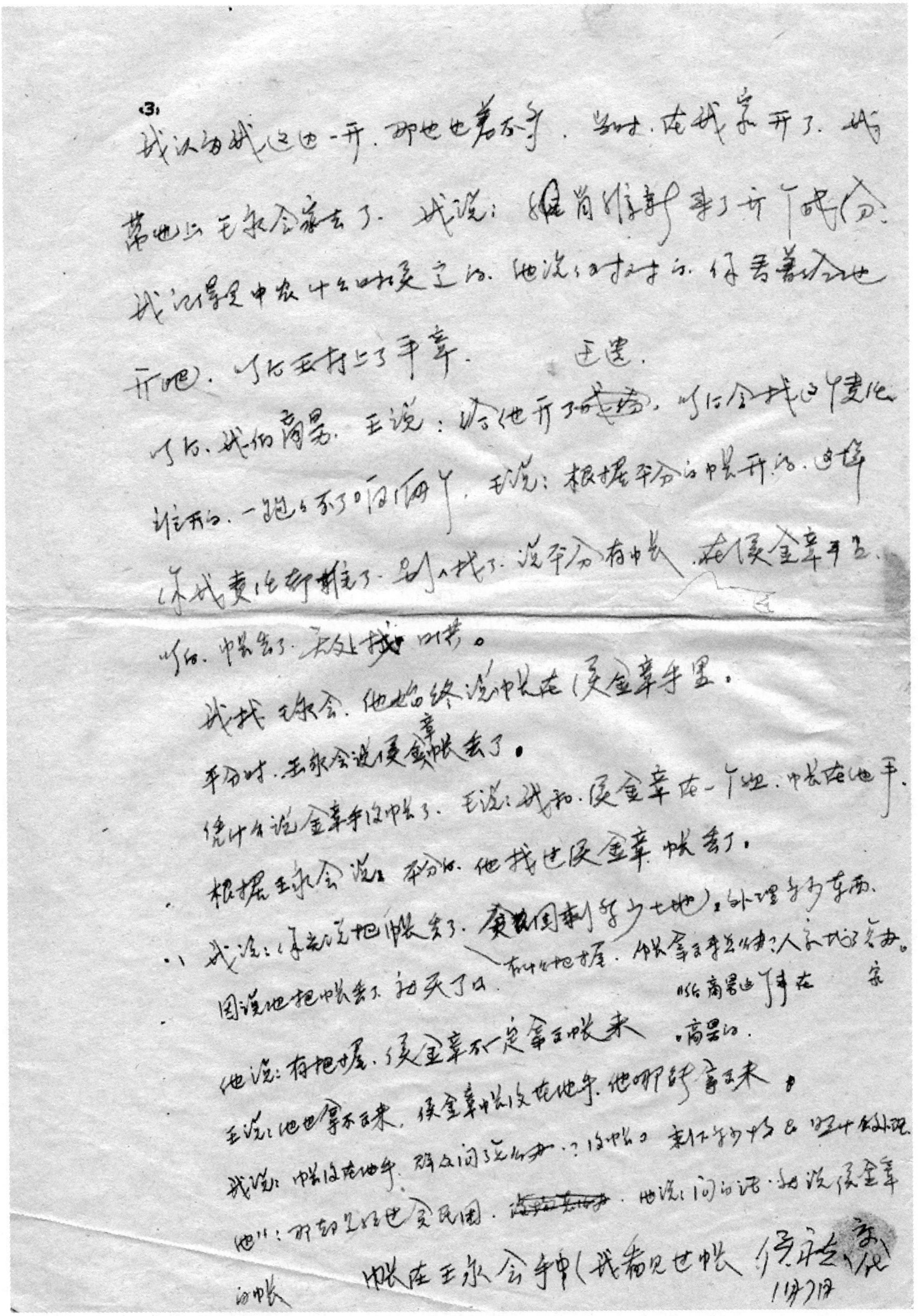
(3)
我认为我这边一开，那也也若不了。当时，在我家开了。我
落他上王永会家去了。我说：[illegible]
我记得是中农什么时候定的。他说：[illegible]
开吧。以后去村上了手章。王建。
以后，我们商量。王说：给他开了。以后全找人变化
就开的。一起不了咱俩了。王说：根据平分的帐开的。这样
不成责任都推了。另外找了。说平分有帐，在侯金章手里。
以后，帐丢了。[illegible]的帐。
我找王永会，他始终说帐在侯金章手里。
平分时，王永会说侯金章帐丢了。
凭什么说金章手的帐丢了。王说：我和侯金章在一个组，帐在他手。
根据王永会说：平分时，他找过侯金章帐丢了。
我说：你怎说把帐丢了。[illegible]剩了多少土地），外理多少东西，有什么地契。帐拿出来[illegible]。
因说他把帐丢了。[illegible] 以后商量过了再在家
他说：有地契，侯金章不一定拿出帐来。商量的。
王说：他也拿不出来。侯金章帐没在他手。他哪能拿出来。
我说：帐没在他手。群众问说什么？[illegible]
他：[illegible]。他说：问的话，[illegible]说侯金章
的帐。帐在王永会手中（我看见过帐）。侯永志交代
1月7日

c－2－4－7b

c－2－4－7/c－2－4－7a/c－2－4－7b　侯永志的个人交代。关于老萧家成分问题，1969 年 1 月 8 日。

本人交代

1946年7月份我在张家坑参加的高炳清所召开建村会议参加各村党组织负责人基本群众会议讨论分肖惠生的问题参加人数100多人由9点开12点散的会交给我的任务监视肖惠生的活动我在分肖惠生来的人在一前来的相差10几分钟我在半路上想把肖惠生放走我的思想从他家中出的到肖惠生家屋在坐的有肖惠生妻肖维新妻 会要分你的我对肖惠生说你快走吧

关于给肖惠生改成份问题

1947年3月份肖维汉在后孙村在后黎想起解照春 蔡宾春 春荣 找我起迁移向我说大叔我来的是起迁移来的我说

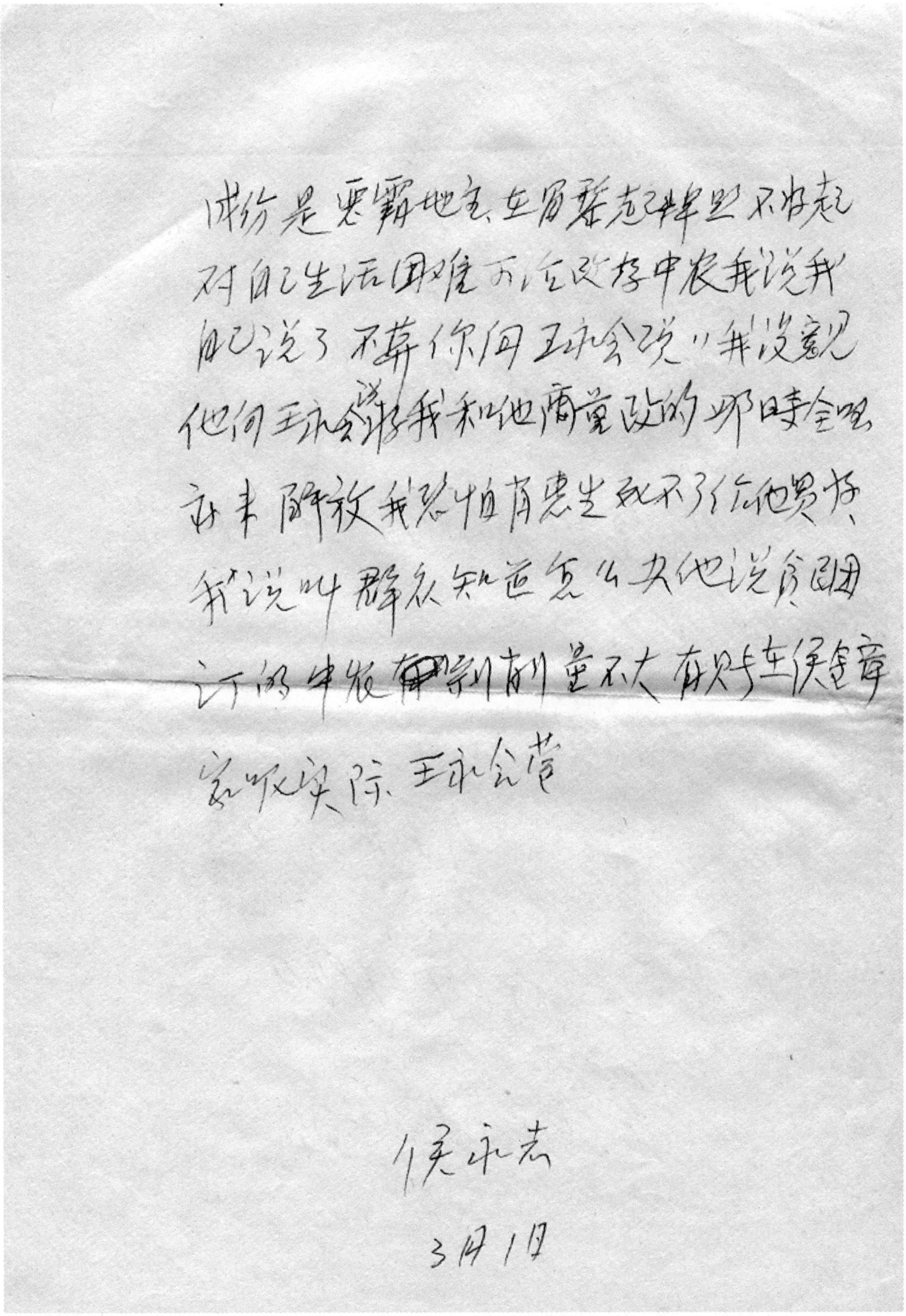

成份是恶霸地主、在肖蔡志己样里不好起
对自己生活困难方、全改称中农我说我
自己说了不算你问王永会说"我没意见
他问王永会说将我和他商量改的 那时是全哩
还未解放我总怕肖惠生跑不了给他买好、
我说叫群众知道怎么办他说贫团
订的中农~~有~~剥削量不大 有只与在侯金章
家收实际 王永会管

侯永志
3月1日

c－2－4－9a

c－2－4－9/c2－4－9a　侯永志的交代。关于1946年分萧惠生时给其送信、给萧家人改成分的问题，1969年3月1日。

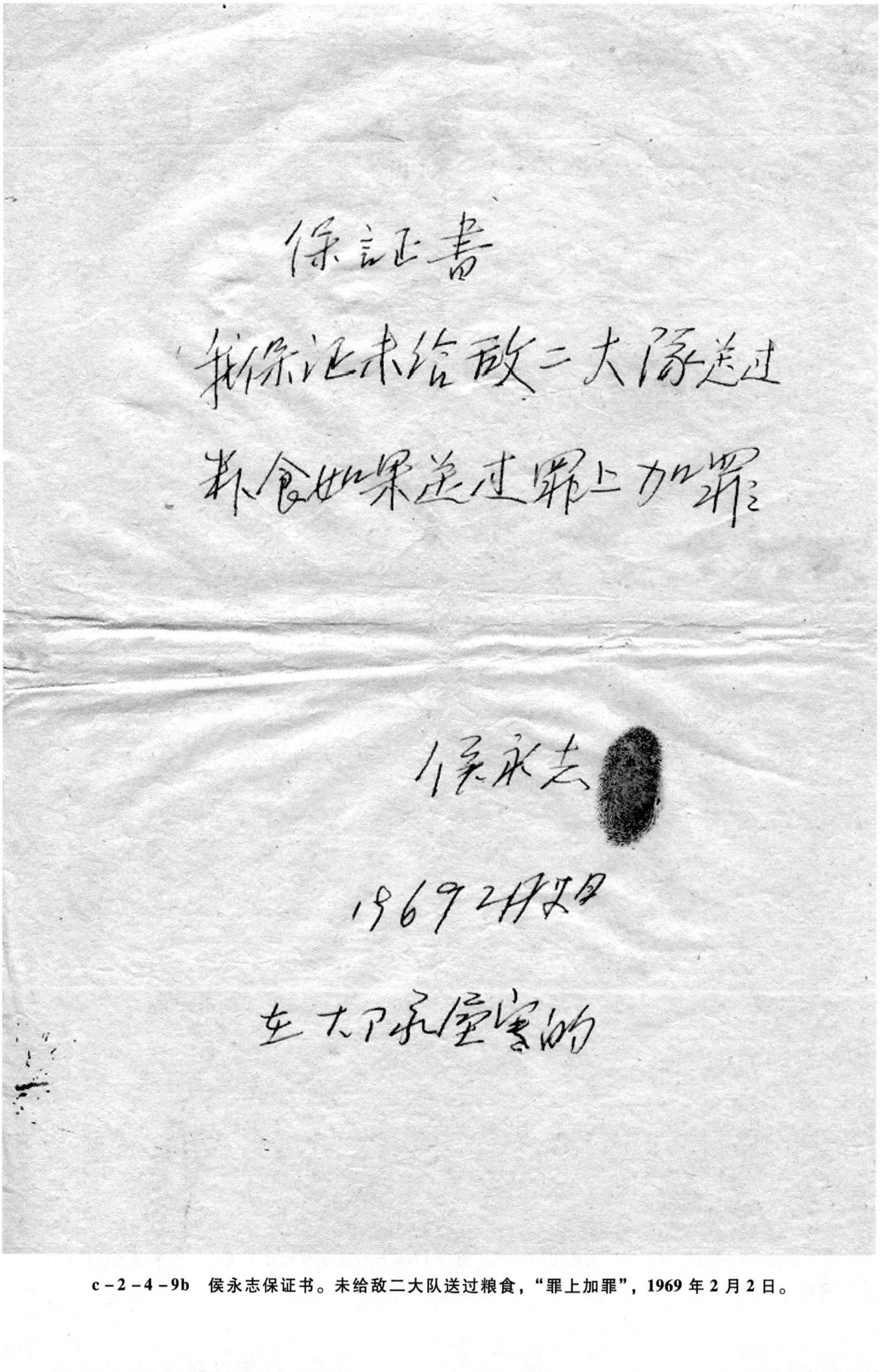
保証書

我保証未给敌二大隊送过粮食如果送过罪上加罪

侯永志

1969 2月2日

在大队家屋写的

c－2－4－9b　侯永志保证书。未给敌二大队送过粮食，“罪上加罪”，1969年2月2日。

最高指示

凡是错误的思想，凡是毒草，凡是牛鬼蛇神，都应该进行批判，决不能让它们自由泛滥

将自己经历罪恶向贫下中农交代

我由10岁上学至16岁，17岁去东北新民三佰文侯连玉给我们源和杂货铺3年被结帐。19岁去沈阳大西关侯宪英找老丁家世海家卷铺当店伙1年回家，1945年6月份我给日本人代过道和侯大孝由侯瑞和同三个便衣在下晚11点钟叫我去王贵喜西厢房屋起来吃的饭由孔子明和贾世荣叫我和侯大孝去坨上给日本人代道任务由流井奔杨庄、莫家庄、大小郝庄包围坨上村去的时候有伪中警备队共约在300—400百人左右，我和侯大孝代道日本人50多人在这10名左右领道在前面到坨上东头到刘家窑村100步左右村当中八路军先开了枪吹了冲锋号，我和侯大孝由东边爬到东园林何家的道，我由张家坨和侯大孝跑散，他向北走了，我由张家坨奔流井而来到杨庄家又被增惠伏会叫去代道，问我是那的，我说是侯家营代道的，问的保长我说是孔子明，把我全身翻了一下，叫我又去代道去坨上，到了一看八路军由坨上都撤走到侯里以南去了，伏会到各家乱翻乱拿，把我放坨上当中小庙，叫我等着他们在下午3点钟同伏会一齐来的。又在1945年秋天由昌黎来的军部队去吹港千黎庄一代，政府有孔子明派我有王成彬、侯增祥、田丕次芳四人在施各庄修宅同他们一个吃饭到千黎庄回来的。1945年8.15日本投降建政，9月份贾世荣中队长、侯大孝指导员、王学圣、侯增祥和我小队长，由贾世荣介绍高炳清到张家坨东头路南西正房屋有三人举行入党仪式，誓到1946年4月间批准的，那是我接近的八路军刘宏恩南下了，那时我亦未当候党员，可以查一下。我入党仪式誓就详细了。贾世荣 1945年11月底代领民兵去虹桥中桌一代住房，正在旺共谈判国民党正式向南被冲散，贾世荣投靠国民党当伏会以后高炳清跑来

2 来村活动时到我家中我问他问费世荣投敌你知道不知道老高说不知道我说也不知道。
造成我内中怀意1947年2月因抓兵被迫侯文昌当时係团营队当文书回家我问他打听说
团营队不打仗不出去经他介绍到昌黎团营队当兵职别下士去的有刘俊杰侯大瑞王景堂
团集训太本以后叫我当炊事员共当了44天我是怎样回来的因去时我少人来在家去他娘家
时叫我父亲去昌黎把我叫回来当时向侯文昌说了二三次未算他说刘俊杰还要回家后
要王家居我在作领时悲痛时说我父亲叫我回家得给中队长有报告你走后中队中吃
空缺咋 我给你说将非拿出100元不可、就不叫我家去王家居说你手中有钱我说家中没有王
家居说我给你担保从我家给中队长借一个留了折20元叫我从家中借来给中队交100元叫我回
家不交上我问你当保人我你、解果主国会谈你家买居家叫我回家贩卖粮食二次勝过
1次由王家居送出城外、赔了40元钱交王家居手留下60元钱下未交上王家居叫我回
家时我问王家居说先把中队长手留交上结果他未交上中队长一个手留我说回家后
解决他着了急给叫润春我二姐捎信、我出亲家藏了10几天后经刘淑乾从我家中
拿出20元代军衣就算完了那时当兵亦未报满共当兵身份交钱时去了2次、我当兵
回来时高炳清当来了二三次未问他深要当兵中来说一次来我家中我回家后他说
你兄弟因抓兵北方去当了20天伪兵、老文笑了一声实要不干就算了我新钟大姐知道。
1947年费世荣当保长时被张旭代到二大队枪决后村中传说我也不知道、1947年
11月至1948年2月份曾经贩卖过粮食五六次、赶集时有孔子明刘作新常维评三人问过咱
老搞八路军没有我说没有如果有我们不能贩卖粮食、1945年9月份高炳清和
刘宪恩来我村时召开打头的、有侯大明侯占海侯宝连共计8名讨论减租减息向各
户长工资在侯瑞全侯永芳家开会那时侯大明劳工会长走后向老文常报我担任小队长
那时因我年纪轻了找不着借侯大明的图章给高炳清捎过信信皮盖的.图章信
内是我的名字1948年11份隐蔽文耀他说高炳清叫我回后党的组织添表
1948年11份至2月份担任新农会任侯全梅任主任1949年3月整五3月份成立部.

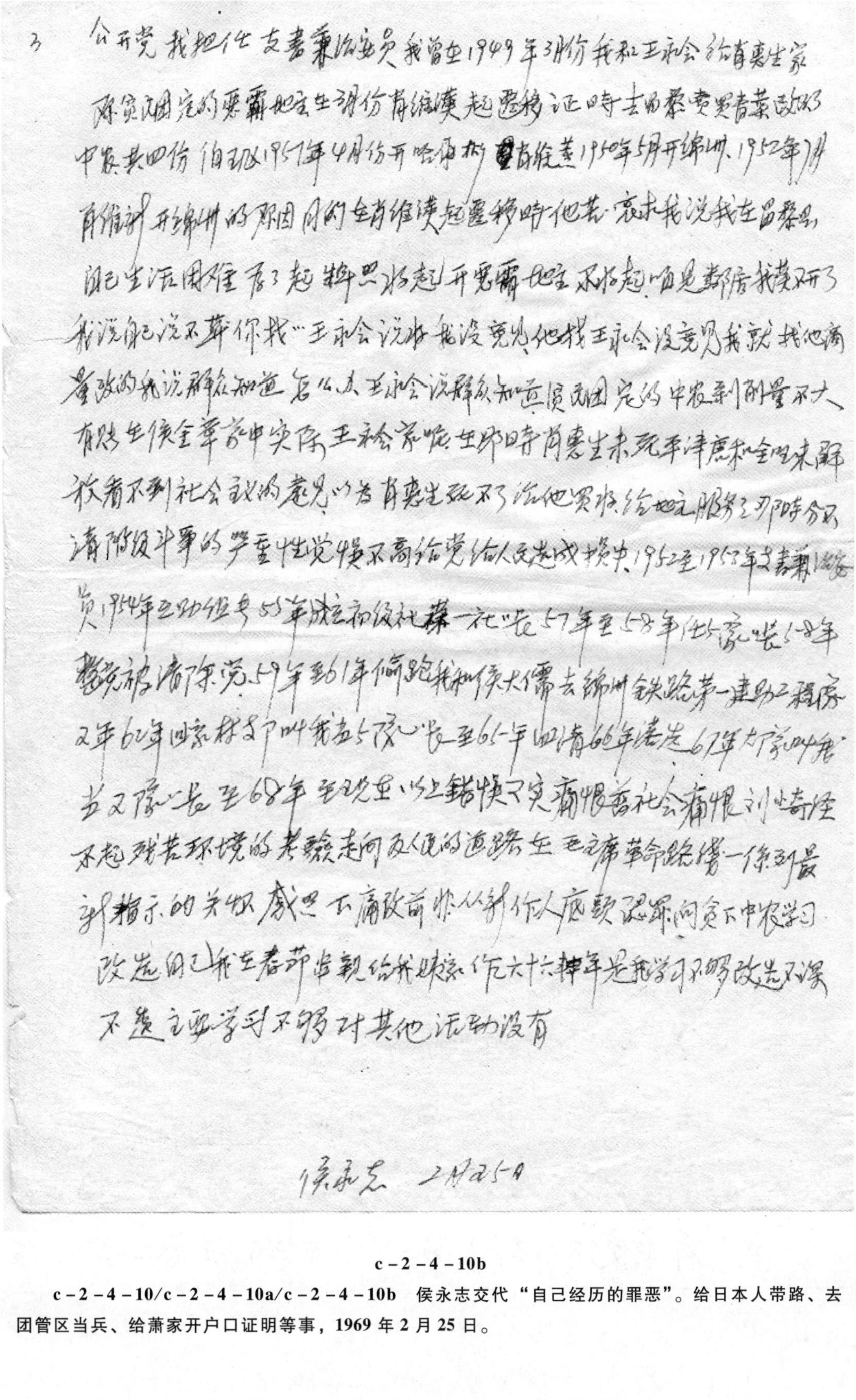

3 公开党 我担任支书兼治安员 我曾在1949年3月份我和王永会给肖惠生家
所资固定的恶霸地主在3月份肖维汉起迁移证时去留黎贺罗青莱改成了
中农共四份 伯玉1951年4月份开哈尔滨 肖维善1950年5月开锦州、1952年7月
肖维新开锦州的原因 同时在肖维汉起迁移时他苦苦哀求我说我在留黎
自己生活困难 养了起 只好起开恶霸地主 不好起 但是都怕我落不开了
我说自己说不算 你找王永会说去 我没意见 他找王永会没意见 我就和他商
量改的 我说群众知道怎么办 王永会说群众知道资历固定的中农剥削量不大、
有则在侯全章家中实际王永会家住 在那时肖惠生未死 李津和全未解
放看不到社会主义的意见 以为肖惠生跑不了 给他买好 给地主服务了 那时分不
清阶级斗争的严重性 觉悟不高 给党给人民造成损失、1952至1953年支书兼治安
员 1954年互助组长 55年成立初级社 第一社社长 57年至58年任大队长 58年
整党被清除党 59年到61年偷跑我和侯大儒去锦州铁路第一建筑工程房
又年62年回家 村支部叫我当5队队长 至65年四清 66年清退 67年大队叫我
当又队队长 至68年至现在 以上错误事实 痛恨旧社会 痛恨刘少奇经
不起艰苦环境的考验 走向反人民的道路 在毛主席革命路线下一系列最
新指示的关怀 感恩 下痛改前非 从新作人 应彻底认罪 向贫下中农学习
改造自己 我在春节省亲给我群众 作六十六转年 是我学习不够 改造不深
不透 主要学习不够 对其他活动没有

侯永志 2月25日

c－2－4－10b

c－2－4－10/c－2－4－10a/c－2－4－10b　侯永志交代“自己经历的罪恶”。给日本人带路、去团管区当兵、给萧家开户口证明等事，1969年2月25日。

忏我本人情報员向贫下中农交代

我在1947年冬去昌黎赶集卖粮遇见孔子明和赵東阁我要孔子明向趙東阁说的想法那時看不到祖国社会主义的远景想不到把国民党八百万軍隊打垮解放全中国一定会很大的混乱我经不起这艰苦环境的考验贪生怕死各村一干部 有的被二大队大乡失起来及枪决不少刘如咱庄贵世荣 崔家坨杨兆一 泥井村李山華等等那時国民党联合[illegible]会 地下党组织高炳[illegible]情况 時常来咱村活动常到我家我恐怕叫二大队大乡知道向他们买收 所以 要孔子明叫赵東阁在天益祥屋我和他见了 赵东阁未投降前在吕庄开会说明他给我講了当前国民党的大好形事 咱二大队六百多万[illegible]到沿八路军大部队都没有了你应该给二大队大乡办点好事当時给我的任务咱村有情况或你听说可靠消息供我给情報我送二次情報 一回在1947年11月份去昌黎赶集碰见赵东阁我给他用纸条写的近五天咱庄没有大部队是在秫市交给他的 第二个任务是了解区小队的活

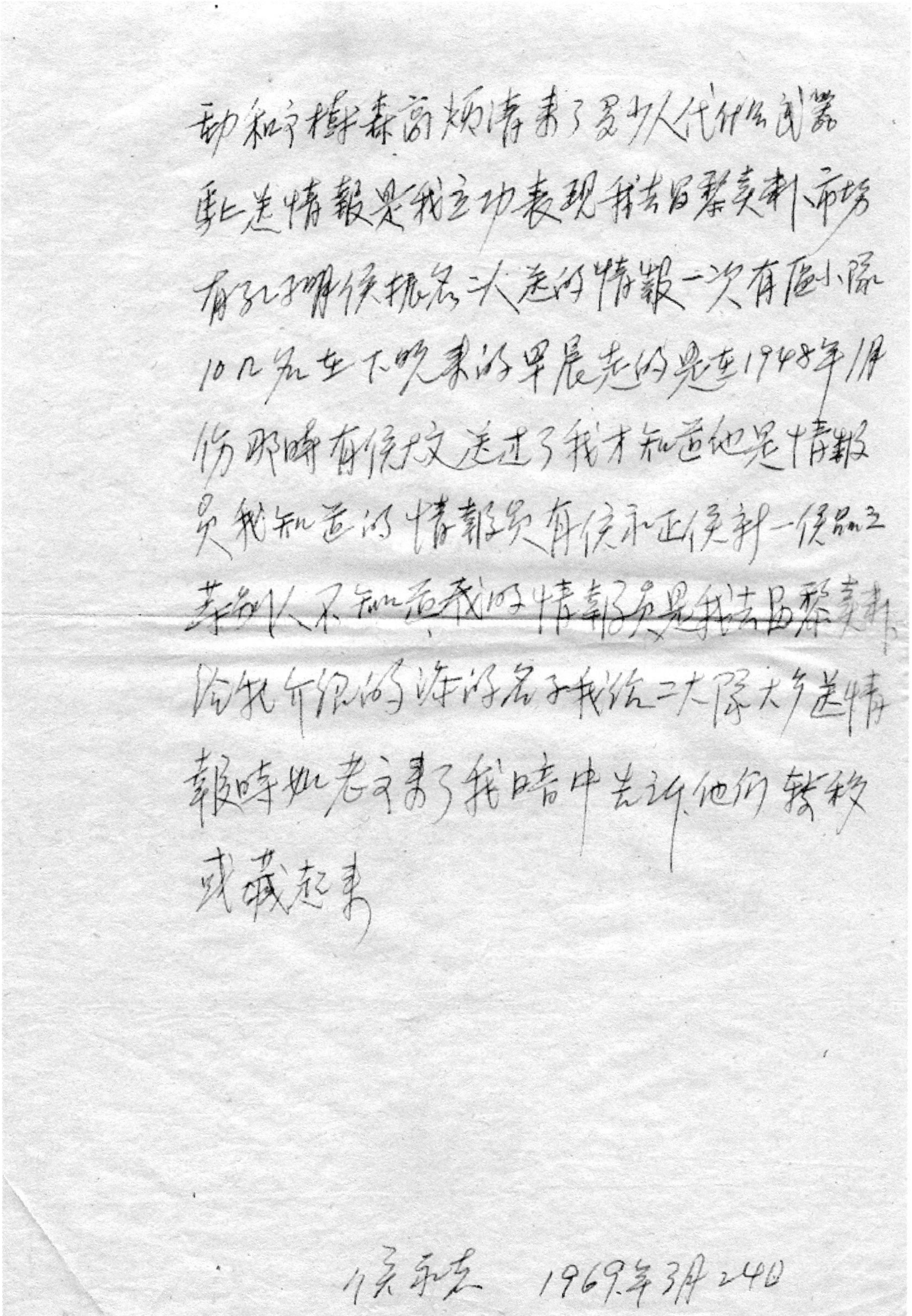

動和宁樹森窩炳清来了要少人代什么武器
彈送情報是我立功表現我去同黎奠新市場
有孔子明侯振名次送的情報一次有區小隊
10几名在下晚来的早晨走的是在1948年1月
份那時有侯大文送过了我才知道他是情報
員我知道的情報員有侯永正侯新一侯品之
等别人不知道我的情報員是我去同黎奠新
給我介紹的洛河名子我給二大隊大夕送情
報時如老文来了我暗中告訴他們转移
或藏起来

侯永志　1969年3月24日

c－2－4－10d

c－2－4－10c/c－2－4－10d　侯永志交代解放前给国民党二大队送情报事。1969 年 3 月 24 日。

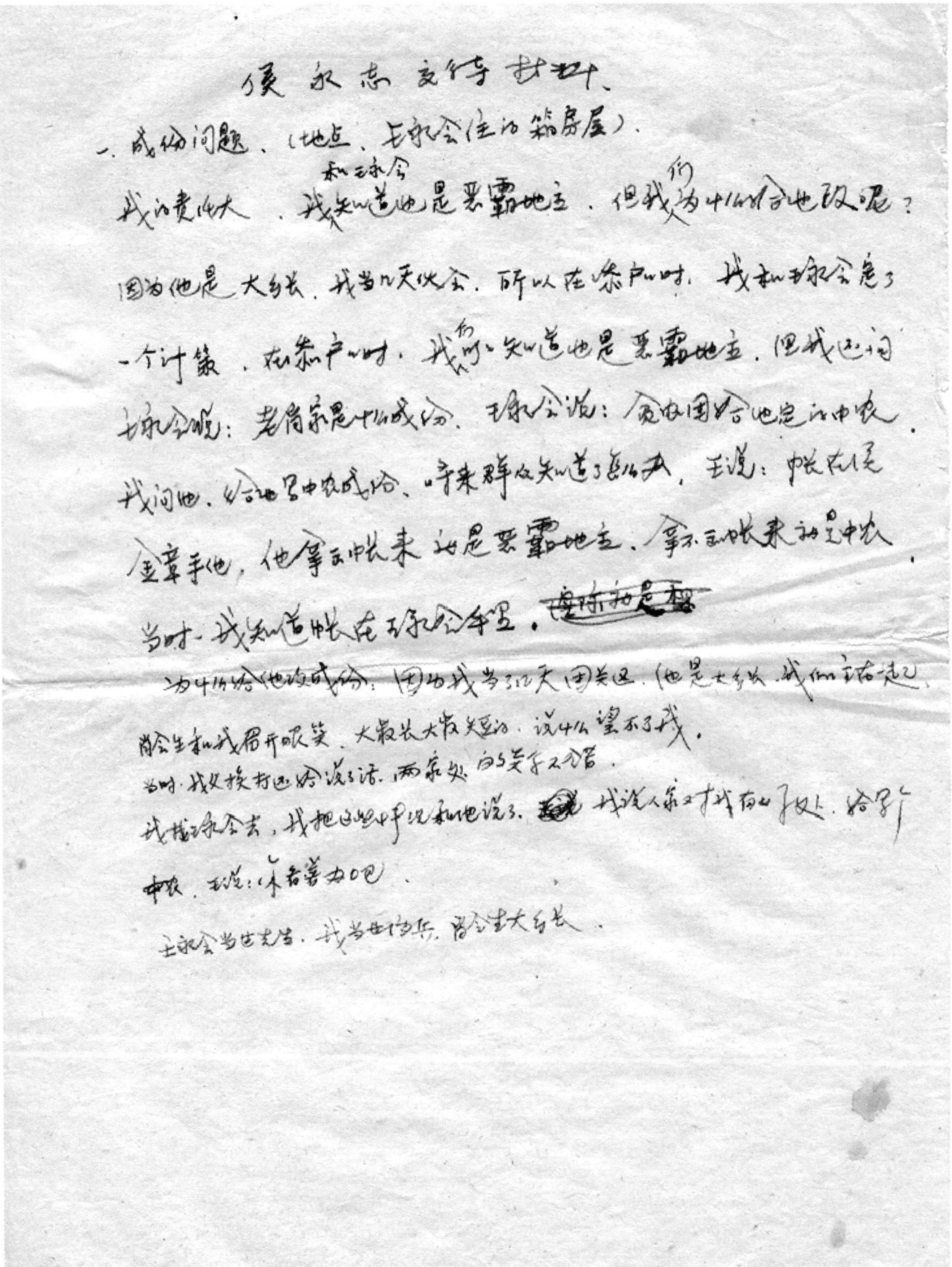

侯永志交待材料

一、成份问题、(地点、王永会住的厢房屋)。

我的责任大。我和王永会知道他是恶霸地主。但我们为什么给他改呢？

因为他是大乡长，我当几天伙会。所以在采户时，我和王永会想了

一个计策，在采户时，我们知道他是恶霸地主，但我还问

王永会说：老肖家是什么成份。王永会说：贫农团给他定的中农。

我问他，给他写中农成份，将来群众知道了怎么办。王说：帐在俺

全章手他，他拿出帐来就是恶霸地主。拿不出帐来就是中农。

当时，我知道帐在王永会手里。

为什么给他改成份：因为我当了几天国兵，他是大乡长，我们俩谈起

肖会生和我开玩笑，大叔长大叔短的，说什么望不了我。

当时，我又按村里的说了话，两家处的关系不错。

我找王永会去，我把这些情况和他说了。我说人家对我有些了好处，给写个

中农，王说：（你）看着办吧。

王永会当过先生，我当过伪兵，肖会生大乡长。

c-2-4-11 侯永志交代与王永会二人给萧家开中农成分一事的细节。约为1969年。

1.

王永会坦白

王永会男，61岁，成分贫农，副乡商人，[illegible]二年。

（一）我在解放前当过一次兴村先生，在1945年冬季到1946年秋季。

第二次当兴村先生，1948年秋季到1949年春季，土改时止。

（二）一次，我[illegible]在1949年春季给孔子明送来1斤，有孔子明叫我交给刘作新。

二次，我给孔子明送去钱30元，我到孔子明又叫我交给刘作新。

三次，我又给孔子明送去钱20元，我到孔子明叫我交给刘作新。

（三）1949年春季送去米两口袋，有大乡程我给孔子明又命我交到刘作新。

（四）1949年春季又送去钱40元，我交给侯之[illegible]。

五、在土改时，我给地主侯庆义藏的东西，有口袋两条，皮衣1件，小白包1个，在土改完

时，小白包皮衣由侯庆义地主自己拿回去了，其中两条口袋给了我。

（六）在1949年春季，由本村推担架的被褥，我贪污了两斤被，1床褥子。

（七）土改后，在1950年春季我给侯恩普地主侯育会要改成分（甚至因此，侯育会给我侯

[illegible]，之后到1951年春季到1950年送给侯育会地四年，种地五亩，

[illegible]，侯育会没了成分。

没有给侯育会地租钱，我和侯庆[illegible]给[illegible]中农成分，

1次，侯育德在1950年春季[illegible]时，侯育德本人找我和侯庆[illegible]，给改了中农成分决定。

2次，在1951年春季，侯育德又找到我[illegible]，我和侯庆[illegible]，给改了中农成分。

侯育德又[illegible]时给我1[illegible]。

3次，在1952年春季，侯育德又找到我[illegible]，我又和侯庆[illegible]，给改了中农成分。

4次，在1952年秋季，侯育会又找到我[illegible]时，我和侯庆[illegible]又给改了中农成分。

（八）在1950年春季，我[redacted]登记土地侯庆[illegible]小[illegible]间和[illegible]，登记我[illegible]了。

（九）在1950年春季[illegible]打井时，[illegible]，每一眼井有[illegible]

给二[illegible]来，用我[illegible]打1眼井，有[illegible]打1眼井。

2.

(十). 在1961年冬季，我批斗地主刘斌旗卖房子，当时有四队的阎华亭搬入刘斌旗院。这时批斗地主卖房子以后，四队搬回，使集体受到严重损失。

(十一) 在1962年春季，有四队要在刘怀丰房西盖房，我说（叫）…自己盖房（篡漏刘信成），在秋季时我主张批斗刘怀丰自己盖房。

(十二) 在1961年秋季，我给地主刘斌旗从本村的菜园子置白菜400斤。

十三、在1962年秋季，我侯富结婚后，有地主刘斌旗（姑）过寿时，我去他家吃饭一次。

十四、在1962年（春季）我给侯文焕的母亲要地头二分地，在种菜种两年。

十五、在1962年秋季，有王兴全给我挑水三个月左右。

十六、在1963年秋季，种麦的时候，我把集体的土地没有耕种上的，有我们四人种上（有王振合、侯文相、侯三存，其中有王振祖，未过半人）没用种子是大队的麦子，打下麦子以后我们也没有交给大队，都自己分了。

十七、在1964年春季，我把大队的家具搬到我家去使用。

十八、在1964年秋季，我儿子给地主侯振文的女儿定婚。

十九、在1968年夏季，我女儿给谢德义之子侯明青定婚。

二十、1. 在1967年春季，前期文化大革命时，在1队成立红旗大队组织，我曾给侯振增座谈一个头衔，揭发侯的内容是说：侯三强在[illegible]从那里抄到1000斤稻米，我说侯振兴在公会当时不给查出中贪污。

2. 我在侯毅良家开小会，有侯三祥、侯增福、侯三治、侯振议参加，会议内容主要是讨论[illegible]，我们的会说苗先奇、侯振兴的事，然后在奇侯三强的家。

c-3-3-10a

3

十一、在1961年春季，有杨[illegible]侯永茂的老婆来到我家，当时有侯增祥、侯治贵在场，有侯治贵提到侯玉温的[illegible]，我说[illegible]，有[illegible]老婆说，说侯文温的老婆和侯[illegible]提到侯玉温家，在学校开群众大会，革命干部[illegible]我说这样"搞斗"。

十二、在1960年秋季，因为[illegible]粮食情况，当时对侯治安有怀疑，问题没有弄清，有我把侯治安送到上级公安局，[illegible]后来自杀。

十三、在1961年春季，由[illegible]成业[illegible]来人调查材料时，我当时打证明材料时，我说侯治安在1958年秋季时当过一期乡丁，因为当时我没有了解清楚就给侯治安打的证明说他当过[illegible]保长、偷粮食、自杀。

十四、在1958年春季，有侯文清来找到我要解决粮食，我没有办法解决就给她写了一封信，叫她去[illegible]市政府粮食去（当时我是给她写证明信说她不在上班），结果她的粮食没有得到解决。

十五、在1961年秋季[illegible]派到侯永茂和侯文[illegible]二人去[illegible]，用物资送礼请客手段，挂钩方式买化肥。

十六、在1962年夏季派到侯玉汉、孔光亮到[illegible]去开封、上海去买胶车，用的手段是用物资送礼、请客、挂钩方式办理。

c-3-3-10b

大

二十七、在1960年冬季在党的当党折磨二年，进城后因是，私卖粮食1500斤，用浪扣元玉米，大量减产，和分给和当白菜，把老把他八去，分给和当白菜，心。

我给侯义证明借给豆八斗，玉米1石，钱10元，没有按时交清，因此这些

错误给我处分当党折磨二年。

二十八、在1961年春季，1队死牛，发现后没有当时把死牛的情况追折明白，当时这些

情况给李友芳，把身体动摇，没有放在第一位，以后我没有追查清楚。

二十九、在1962年春季，1队胶车进城时到了城以后发现胶车上有丁子，回来后，有

侯文相给我两根丁子到大队，找我说明的情况，可是知道后，在1队开了两次会，

也没有把丁子解决，后来我也没有追查清楚后面情况。

三十、在1962年秋季，六队丢牛1头，有六队的侯亦云报告丢牛的情况，当时有侯保主任

侯亦云、侯文相、王亦会找出了解，那一个没有在家，就是侯德忠没有在家，

和侯德忠的朋友在丢牛，当天在侯德忠家，可是也没说对本村就是他的二人

报这些情况就马上报告汉井公社，有方殿章来到我村，有方殿章当时

报告昌黎公安局，来的人有王春林，到咱村把情况了解后，第二天有王春林

就去昌黎县店家，第三天王春林回来，说侯德忠在店里住，第四天有王春林

去到这里，找到买牛的人，买牛的人说，说卖牛的人不市不准的个别了，

同志，在王春林回来时把在这里了解的情况说明白，当时我没有追查清楚。

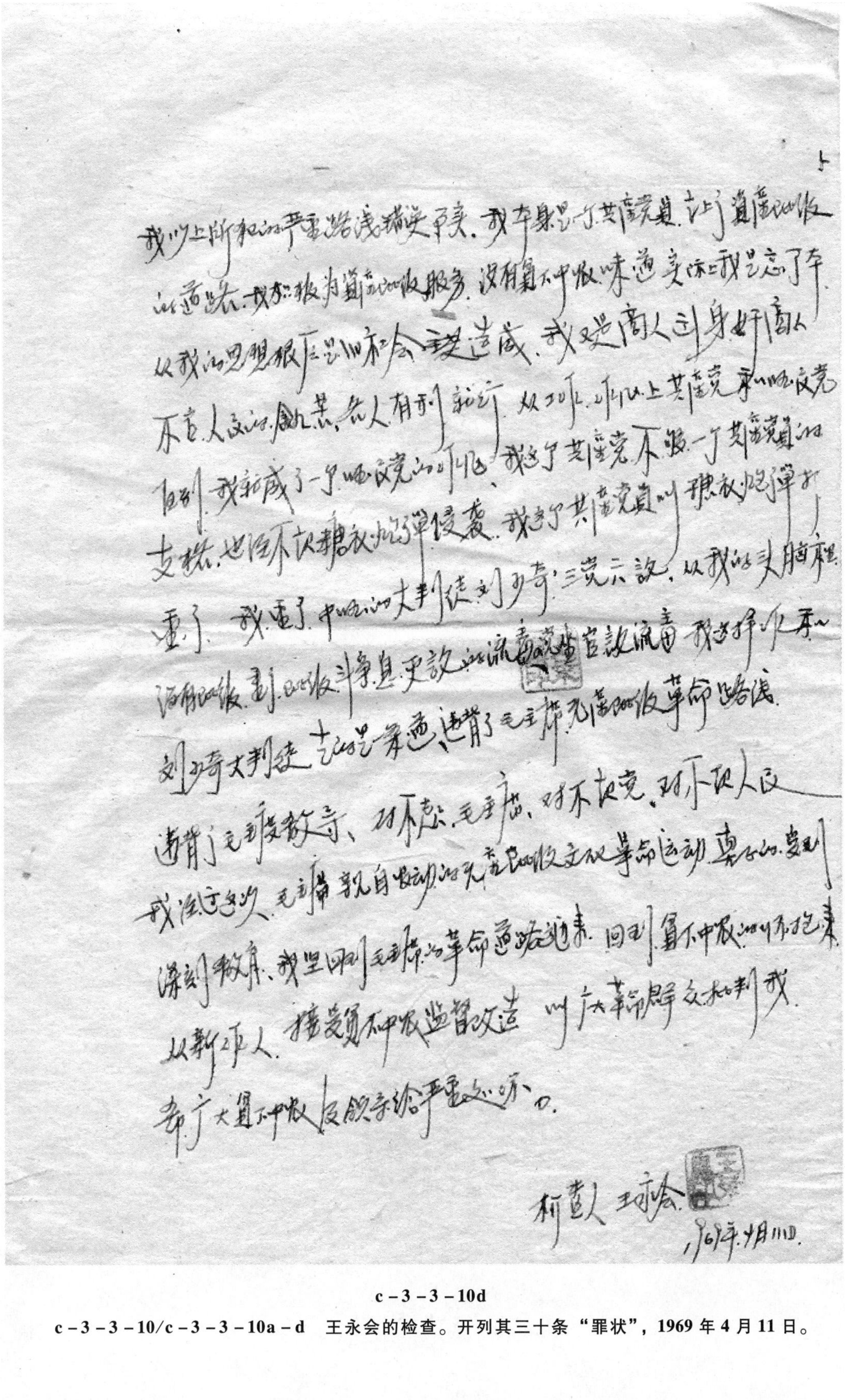

5

我以上所犯的严重路线错误事实，我本身是个共产党员，走上了资产阶级

的道路，我就投为资产阶级服务，没有为贫下中农谋福利，实际上我是忘了本

从我的思想根源是旧社会造成，我又是商人出身，奸商人

不为人民的饥苦，个人有利就行。从1954年以上共产党和叛变党

的利，我就成了一个叛变党的叫化、我忘了共产党，不服一个共产党员的

支持，也经不起糖衣炮弹侵袭，我忘了共产党员对糖衣炮弹打

退了。我中了中国的大叛徒刘少奇"三害六论"，从我的头脑里

消灭阶级、剥削阶级斗争熄灭论的流毒，党员当官论流毒，我这样以人开

刘少奇大叛徒走的是邪道，违背了毛主席无产阶级革命路线，

违背了毛主席教导，对不起毛主席，对不起党，对不起人民

我经过多次毛主席亲自发动的无产阶级文化革命运动，真正的受到

深刻教育，我坚回到毛主席的革命道路上来，回到贫下中农的怀抱来，

从新做人，接受贫下中农监督改造，以广大革命群众批判我

希广大贫下中农反映给严重处分。

检查人　王永会

1969年4月11日

c－3－3－10d

c－3－3－10/c－3－3－10a－d　王永会的检查。开列其三十条“罪状”，1969年4月11日。

证明材料：

证明人 侯大瑞 男 41岁 中农成份 文化六年 群众 现住泥井公社侯家营大队 第1队；

被证明人 侯元勤：党员 大队革委会委员

在1968年，无产阶级文化大革命中，一天我们在大队讲说文化大革命形势好，侯元勤就说："毛主席把红卫兵发动起来比较好，打砸抢，但是发动起来了，现在收不回来了，东北的大组织 辽革站 8131等组织不听毛主席的指挥了，有的个自说：'什么武器都有，有的组织个别山头投靠苏联去了'。"

特此证明

证明人 侯大瑞（印）

69年7月2日

此材料如情况属实

侯家范

7.2

（印章：昌黎县泥井公社侯家营大队革命委员会）

证明材料：

证明人 侯大瑞 41岁 中农成份 群众 现住汲峪公社 侯家营大队 第1生产队

被证明人 侯之勤 政治面目 共产党员 革委会委员 第1队政工员

与被证明人关系 领导与被领导

证明事项：

在1968年秋后，在队里社员交售红小粮，开会讨论，侯之勤说："咱们社员谁也不用交，国家才给咱们8、9两粮食吃，真饿着人也不管，人看一个牲畜一年还得留多少料，我就当这个绊脚石"。针对大队副书记侯振兴、大队会计王兴臣二位同志召开队长会，落实主席备战备荒为人民的指示，支援国家建设，彻底安排向国家交红小粮，侯之勤说："不合理，我们不交"。

证明人

侯家营

1970年7月10日

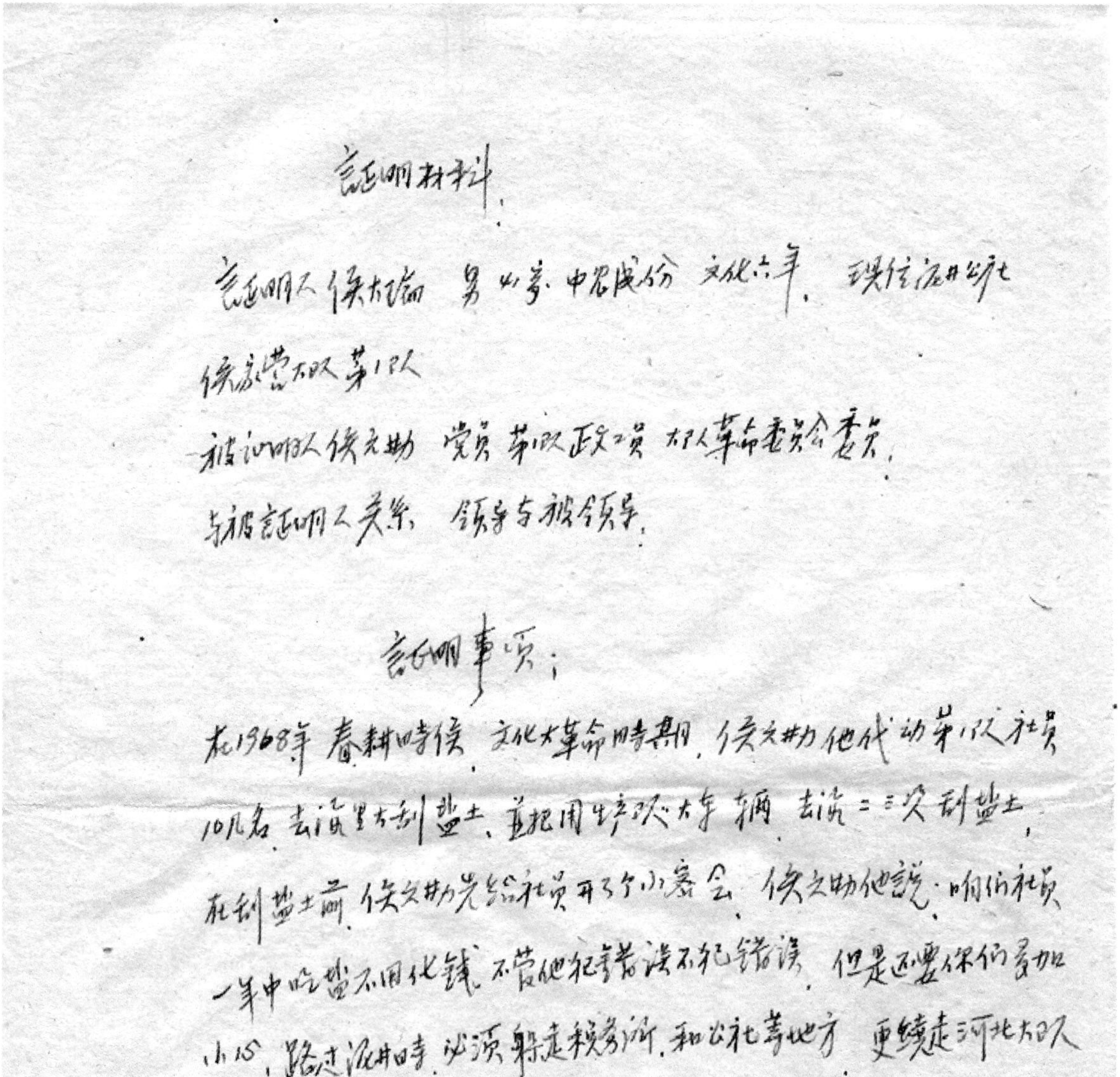

證明材料

证明人 侯大瑞 男 41岁 中农成份 文化六年，现住沿井公社侯家营大队第12队

被证明人 侯元勋 党员 第1队政工员 大队革命委员会委员。

与被证明人关系：领导与被领导。

證明事实：

在1968年春耕时候，文化大革命时期，侯元勋他代动第1队社员10几名，去滦里去刮盐土，并把用生产队大车辆，去滦二三次刮盐土，在刮盐土前，侯元勋先给社员开了个小会，侯元勋他說：咱们社员一年中吃盐不用化錢，不管他犯错误不犯错误，但是还要咱们多加小心，路过沿井时，必须躲走税务所，和公社等地方，更绕走河北大队及坨上大队，其他的大队都不管，最好咱们刮来的盐土大車上面要盖上一小層滦土，有关人员看见，知道是咱们拉肥拉滦土的"。

此材料……证明 侯家……

证明人 侯大瑞 1970年7月10日

c－9－5b

证明材料

证明人侯大瑞 男 41岁 中农成份 文化六年 现住泥井公社侯家营大队第1队

被证明人侯文勋 党员 第1队政工员 大队革命委员会委员

与被证明人关系 领导与被领导

证明事项：

在1968年春耕时候，文化大革命时期，侯文勋他带动第1队社员10几名，去滨里去刮盐土，并把用生产队大车1辆，去滨二三次刮盐土，在刮盐土前，侯文勋先给社员开了个小座会，侯文勋他说，咱们社员一年中吃盐不用花钱，不管他犯错误不犯错误，但是还要你们多加小心，路过泥井时，必须躲走税务所，和公社等地方，要绕走河北大队及坟上大队，其他的大队都不管，最好咱们刮来的盐土大車上面，要盖上一小层净土，有关人员看见，知道是咱们找肥拉净土的"。

此材料[illegible]证明
侯家[illegible]

证明人 侯大瑞 （印）
1970年7月10日

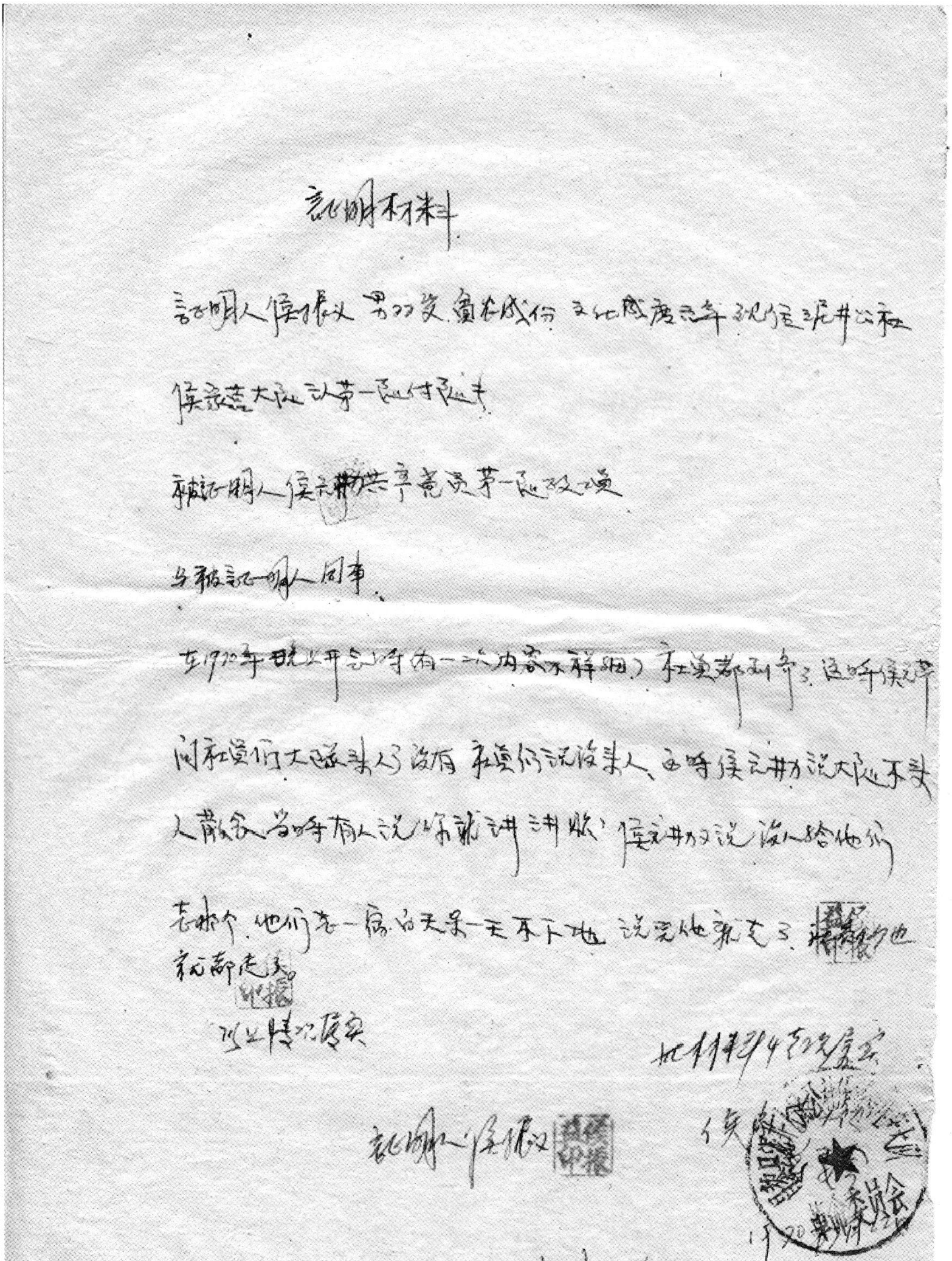

证明材料

证明人侯振义 男77岁 贫农成份 文化程度三年 现住泥井公社

侯家营大队认第一队付队长

被证明人侯元册 共产党员第一队社员

与被证明人同事

在1970年开会时（有一次内容不祥细）社员都到齐了 这时侯元册

问社员们大队来人了没有 社员们说没来人 这时侯元册说大队不来

人散会 当时有人说你就讲讲吧 侯元册说没人给他们

去那个 他们去一家 白天呆一天不下地 说完他就走了 社员们也

就都走了

以上情况属实

此材料内容属实

证明人 侯振义

侯家营……委员会

1970年7月23日

c-9-5d

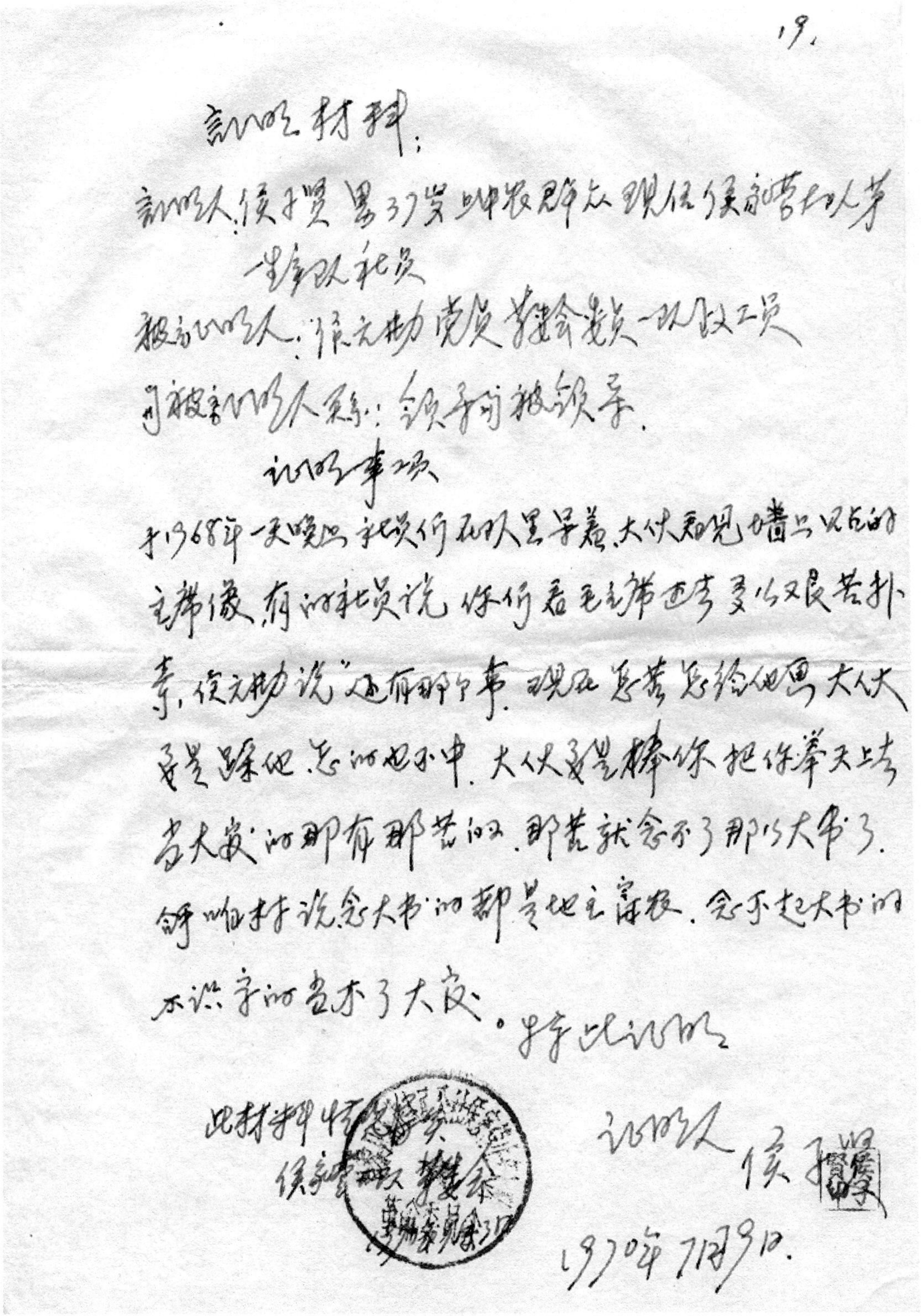

19.

证明材料：

证明人：侯子贤 男 37岁 出身贫农 群众 现住侯家营大队第一生产队社员

被证明人：侯元勤 党员 贫协会委员 一队政工员

与被证明人关系：领导与被领导关系

证明事项

于1968年一天晚上社员们在队里学着，大伙知道以前墙上以后的主席像，有的社员说你们看毛主席画像多么又艮苦朴素，侯元勤说"还有那个事，现在总若总给他画，大伙大家都踩他，总的也不中，大伙又说捧你，把你举天上去，吉大家的都有那种苦心，那么就念不了那么大书了，啥叫村说念大书的都是他主席农，念不起大书的不识字的当不了大官。特此证明

此材料情况属实
侯家营大队革命委员会

证明人 侯子贤

1970年7月9日.

c－9－5e

c－9－5/c－9－5a－e　证明材料。侯大瑞、侯振义、侯子贤对侯元勤的一系列"罪状"的证明，1970年7月。

证明材料

证明人侯大嫦 男 61岁 中农成份 文化程度小学 现住后营公社侯家营大队 第11队

被証明人侯文芹

与被証明人关系同队

証明事项

在1968年3月份社员们上班，在南坊里起積肥坑的土，在積肥坑的东南角上，侯文芹他向王兴元他說，王兴元你怎还不结婚呢，王兴元他說不能结，因为女方年令才17岁，不够岁数，公社不给登記，侯文芹他說：咳，你真废物，公社不给登記，就没法了吗？你先睡觉，等着人、抱着孩子去登记。王兴元說那不合个啊，犯错误，侯文芹說那有什么关系呢，犯错误这个也只赔不退，你们看人家齐井斗他们办的都标好、先睡觉，后个一年半载的再去登记。因为一个人有言論就有行动，此在侯文芹他家头上了，侯文芹的妹妹给了下乡知识青年东西后，当时东西后不愿意早婚，只想在农村接受贫下中农再教育晚二年，侯文芹另托介绍人向知识青年逼婚样式，强给說要去公社登記了几次，公社不给登记，侯文芹便操纵的、主动的告诉他妈，好，公社不登记，咱们先同居就这样过，给登记不给登记也得要结婚，[illegible]。结果中国的婚姻法政策在他家就不能生效了。

以上情况属实

証明人侯大嫦 1970年7月9日

c－10－6－6

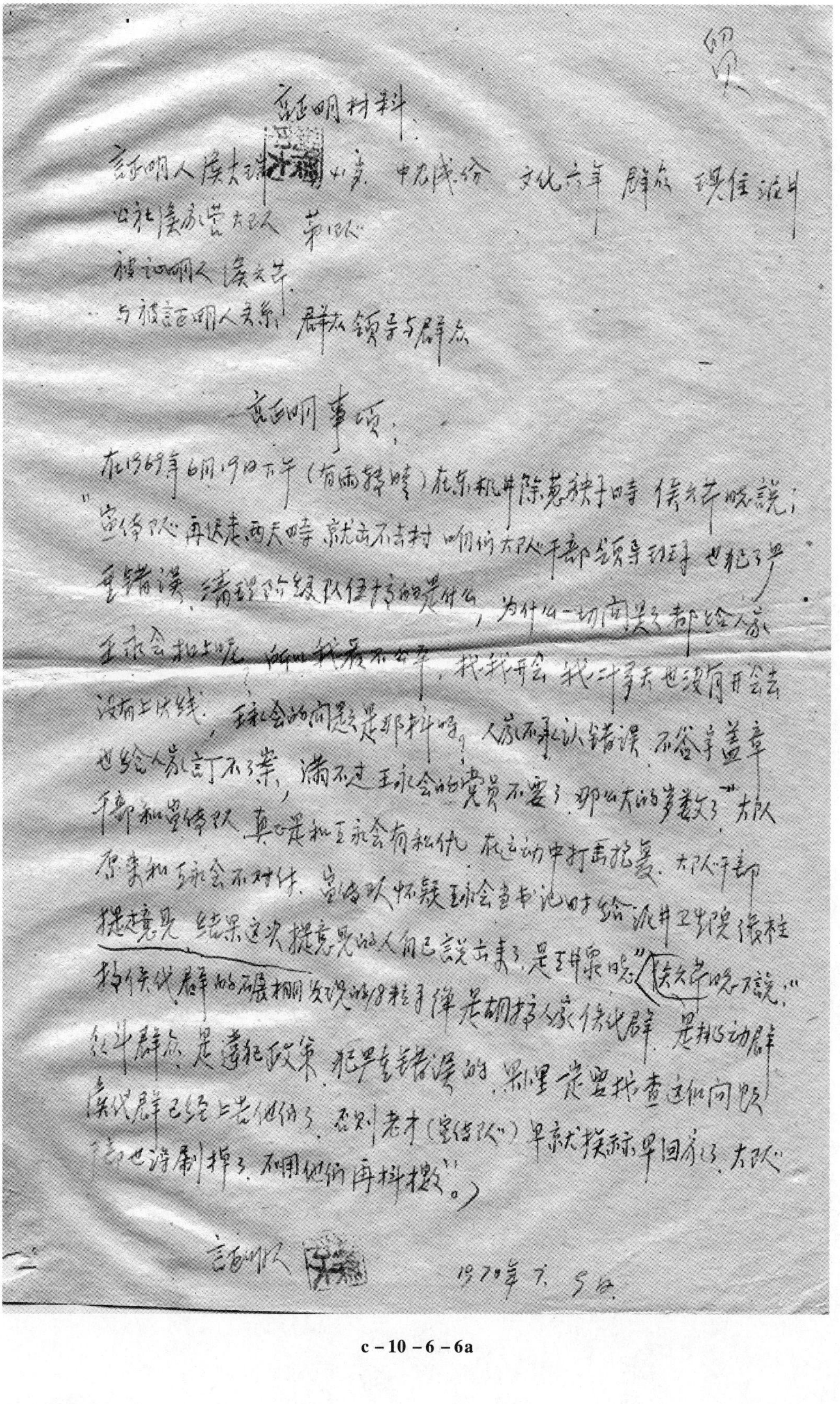

证明材料

证明人侯大瑞 [illegible]岁 中农成分 文化六年 群众 现任沙井公社侯家营大队 第10队

被证明人 侯文芹

与被证明人关系：群众领导与群众

证明事项：

在1969年6月19日下午（有雨转晴）在东机井除草歇手时 侯文芹就说："宣传队再试走两天时 就出不去村 咱们大队干部领导班子也犯了严重错误、清理阶级队伍搞的是什么，为什么一切问题都给人家王永会扣上呢 所以我看不公平，找我开会 我二十多天也没有开会去 没有上火线，王永会的问题是那样的？人家不承认错误 不签字盖章 也给人家订不了案，满不过王永会的党员不要了，那么大的岁数了"，大队干部和宣传队真是和王永会有私仇 在运动中打击报复、大队干部原来和王永会不对付、宣传队怀疑王永会当书记时给沙井卫生院侯桂提意见 结果这次提意见的人自己说出来了，是王井泉说"（侯文芹晚上说："抄侯代群的硬棚发现的18粒子弹 是胡搞人家侯代群，是挑动群众斗群众，是违犯政策，犯严重错误的，县里一定要找查这个问题 侯代群已经上告他们了，否则老才（宣传队）早就挨打早回家了、大队干部也得刷掉了，不用他们再抖擞"。）

证明人 [stamp]　　1970年7月5日

c－10－6－6a

證明材料

證明人侯振瑞 男 41岁 中農成份 文化程度6年 群众 現住河北公社侯家营大队第一生产队

被證明人侯元勤

与被證明人关系 同队

證明事项：

在1967年文化大革命时期，林彪曾指示要全国各地群众大学大用毛主席战略部署大学主席著作，要紧跟突出高举，并举办各种学习班。同年的3月21日那天下午，在新河北公路西耪香瓜时，正向西耪在瓜地中途王兴文听说，大队說咱们1队不要参加学习，可能是侯振芹和侯乾玲向大队提的意见。侯元芹听了，就止锄头大骂不绝声，並說："有咱们大队这几个干部，侯家营不行将好，早晚也把他卷下去。看大队书记副书记都不干活，假积极。"更說："侯家营有侯大益就出修正主义，今天召开会明天应当出席开会，也都记了咱们大队的工分。"又說：侯振芹，黄毛丫头子也不是个好东西，弄我写上给我表兄去封信，她他的婚姻问题，就净够她闹二年的，早晚我表兄也是不要她。当时在他的煽动下，有的小队干部和社员都停下锄头，也就随声呐喊。

以上情况属实

1970年7月9日

證明人侯大益

c－10－6－6b

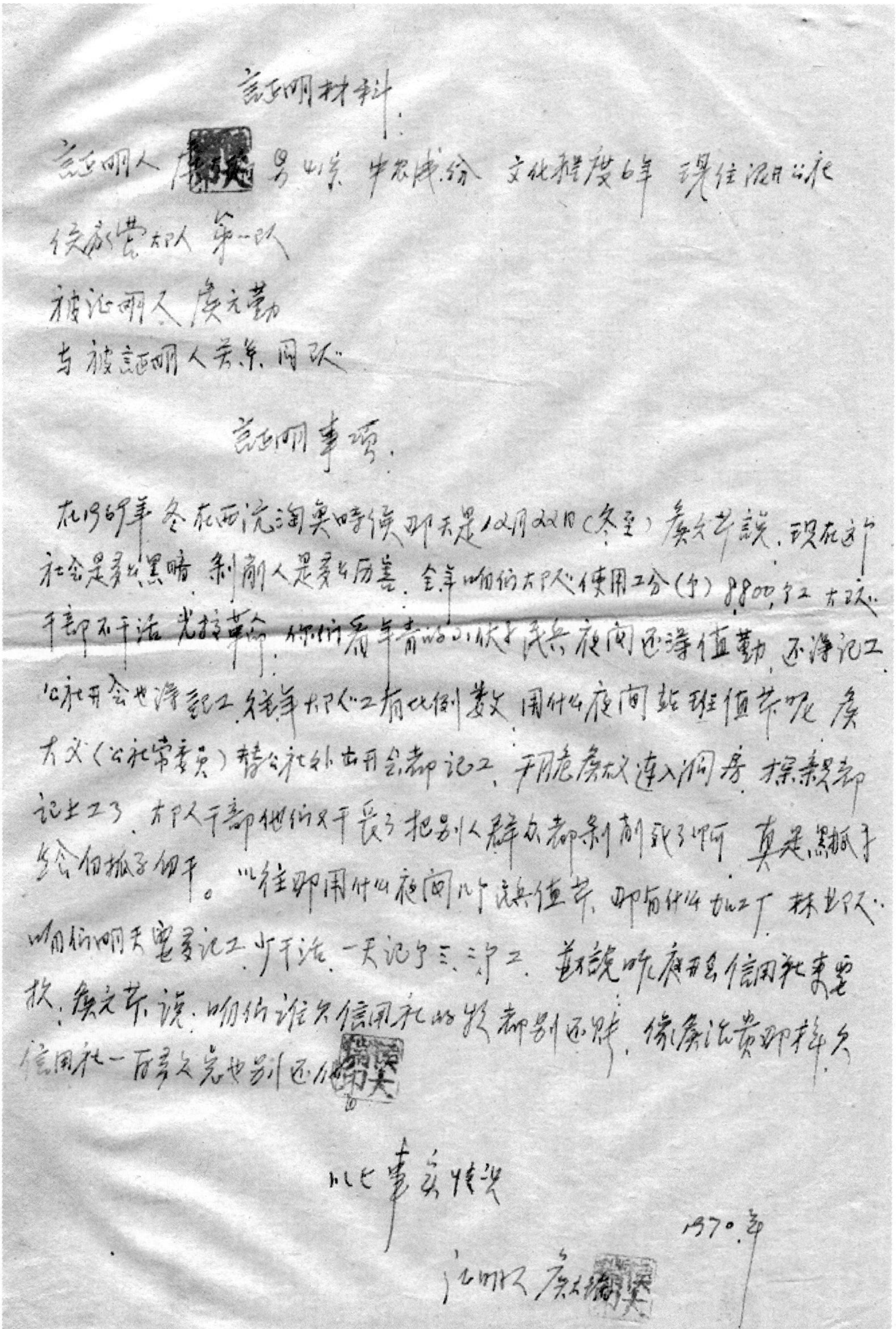

證明材料:

證明人 侯[illegible] 男 41岁 中农成分 文化程度6年 現住泥井公社

侯家营大队 第一队

被证明人 侯元勤

与被證明人关系 同队

證明事項

在1967年冬在西院淘粪時候那天是12月22日(冬至)侯元勤説,現在这个社会是多么黑暗,剥削人是多么厉害。全年咱们大队使用工分(个)8800个工,大队干部不干活光搞革命,你们看年青的小伙子民兵夜间还淨值勤,还淨记工,公社开会也淨記工,往年大队工有比例数,現什么夜间站班值岗呢,侯大文(公社常委员)替公社外出开会都記工,[illegible]入洞房,探親都記上工了。大队人干部他们又干長了,把别人辛苦都剥削我了啊,真是黑瞎子给他们抓了个干。以往那用什么夜间站岗值岗,那有什么加工了。林业队咱们那天寫記工,少干活,一天记了三、四个工。並説咱信用社来要款,侯元勤説:咱们谁欠信用社的钱都别还了,像侯治贵那样欠信用社一百多元完也别还了。

以上事实情况

1970年

證明人 侯[illegible]

c－10－6－6c

c－10－6－6/c－10－6－6a/c－10－6－6b/c－10－6－6c　证明材料。侯大瑞对侯元勤的一系列“罪状”的证明，1970年7月。

检查

侯文炳 男 现年37岁 贫农 党员 现任张井公社侯家营大队第一生产队

1. 我在1967年7月批判大叛徒大内奸大工贼刘少奇时我在队里社员会议上说的话：说光批判啥也不是，个人还得大判主意，还有那些事人家完了，该挣多少钱还挣多少钱，分的不少挣钱，吃啥还吃啥，也吃不了自获平，也种不了地。

2. 1967.9 说过改种不叫种，打月前打中收着过，还不是换汤不换药，就是改了改名子，不叫月并。

3. 1968.7月大批判王江陵时说，啥也不是，个人要个人大米，干部都打倒，那有那个事都是走资派？不过是给大伙个好看完了，不在本县还不就是调换调换地方还是干部，该干啥还干啥。

4. 1968.6 在队里示劝卖过队里的粮食700—800斤，查时也开了队委会 田陈荣年美江（保管员）

5. 1968.10 第一生产队盖房子，叫侯维贵（队长）去买了5元的主席像和主席语录贴满了墙，我一看不大高兴说，买这些主席像和语录干啥，浪费队里的钱贴了一墙。

6. 1968.12 几次我不爱参加各种会，更不爱参加学习，任意所行，高兴了就参加会，不高兴了就不参加，不服从领导。

7. 1969.4 王学文在队里越闹要他提他对象的事，说结婚女方不同意，我说怎不同意，是你俩感情不好还是怎的，王学文说我提错婚他说以后又说不给登记，我说你俩感情怎样，感情好不会先同意后登记，你看你俩意弄生，这也不正赔。

8. 1969.3. 在队里说过妇女们个晚上开会学习，我说广学用的怎样，少学不用学，那个没用处，学不学的顶不事。

9. 1969.4. 在队里晚上开会前说主席万寿无疆时，我和侯振文（队长）说过，如果是了就要学习会唱歌，晚了就去学习会别唱歌，时间长了耽误生产

10. 1969.12. 队里加工粉条，净了多少斤粉，这一季可以挣不少粉条，过年给大伙一分，多好，我也分一分

11. 1969.12. 大队召开生产誓师大会，各生产队都准备发言的，我回到队里说过今天晚上大队召开吹牛大会，没啥用处

12. 1969.12. 在队里闲谈说起搞防空洞嘛，这地方根本不行，挖深了冒水，挖浅了不顶事，一炸就塌了。

13. 1969.12. 我在场里说过打仗也是吃那点，也要吃不了上下差不了几升

14. 1970.1. 在队里说过搞交通沟，就说咱家西边路上挖的那就深，交通沟深的像战壕的线那样，二个人并着都过不去，我看就是过水沟，还有啥搞通的。

15. 1970.1. 在队里闲谈说起今年每人5斤肉要了不行，我说超了一大莫每人给5斤肉，政府真要，要人家交猪完成任务了，要杀几口就杀几口，谁也不管。

16. 1970.3. 今年春在一方东种麦子，种麦时四个乡亲杨秀文过回家去，他说人家杨秀文又过回去了，和他媳妇一锅饭去了，慢慢都得过回去，那不向好地方去，前年大旱去年大涝，那和这地方，要说被什么向那边人家富裕，也找老家去着。

17. 1970.3. 在队里北屋十几个社员利用闲谈提起打仗的事，说敌进来打，就给他们几个看，我说如果真要敌进来打，那个人可就要受了罪，修……一部分打起仗来再打死一部分，接着陈学说那还不至于，我说朝鲜男的都打仗去了，每人平均6个妇女。

c－10－6－8a

18. 1970.3.我们去南大寨上到九回来吃饭正好碰上个乡专军学锦之从家回来因他是战备团的我说你也没干上战备团扬铁人家都走了二三天了,人家就下大雪听说是从海上到山上啥到吕力、你可好事没遭着罪人家就是下雪

19. 1970.4.搭伙食时一伙二伙我说政府啥都发,人家要吃搭就吃搭呗,真爱发,这也是落实主席指示。

20. 1970.4.买白菜时我不满意政府啥都发买菜吊子也发,人家要买就买呗,给拨,拨进来,拨不进来,户们不行,我看将来呀怕都的以后剩下吊子,没有的外上不上了

21. 1970.6.我在队里说这次来宣传队的是不解决五一大会的问题,还有清队就在清队,人家也不在乎那大年纪了,党员不党员怎的了.

以上我的把这些错误都是属于原则性的,直接违背主席教导,我是一个共产党员,要求当的是一点共产党员的味道也没有,够不上一个共产党员,从根本上忘了本,忘了过去的穷是一个贫农出身,不只是谁从苦海中把我们全家搭救出来的,更不只今日的幸福是谁给的,从那来的幸福,由共产党毛主席领导我们翻了身分了房分了地,过上了丰衣足食的生活,这从思想上就产生了一股资产阶级思想,从思想就变了,没有拿着党毛主席的教导去作,走上了犯罪的道路,和了阶级敌人的忙,我又对不起伟大领袖,对不起党,更对不起广大革命群众,我向党向伟大领袖向广大革命人民请罪,望党广大革命群众给我严肃处理,使我今后不再犯错误,坚决不再犯,真正使我从思想上从根本上脱胎换骨,从作新人,回到毛主席革命路线上来,和广大革命群众一道永远跟党走,一辈子革命,要积极工作上立功赎罪,为人民立新功,将革命进行到底。

c－10－6－8b

1. 今年春天3—4月在小东种青稞麦时，由3队青年瞿秀文从崔家坨来当时有人说从那边来那个人是那，大伙都猜我当时说那是3队瞿秀文上他婆妇那去着，晌午人家就回家了，还不上他爱人那去回，这回瞿秀文又返回去了，他奶是农业户，还他奶一块去了吃三人饭去了，和他妈吃一锅的饭去了，回家后你吃往那边，人家有志存回家也找老家去着，就剩你刘旦那不往好地方去，在这个穷地方，前年大旱去年大涝，一分钱也下不来，那在这地方慢慢地都得返回去呀，一个也剩不下呀，接着又说农向农户向户坚决下定放户。

2. 今年2月间去大寨山创去，吃了下午饭从队里去，当时由侯振旦侯大瑞侯学忠刘斌相走在家南边看见小宗的烟囱冒烟了，大伙说小宗回来了，这时我说小宗来了，我们就向房那去看，走在房门前，小宗就出来了，我说小宗回来了，咧你也没干上地里，那人都走二天了，不是给你去信了，小宗说[illegible]了二天，看也找[illegible]回着[illegible]，咱这是从海里到山上后到当了，你可好事，他们从出走就下大雪，可遭大罪咧，你没干上没留着，都孩们可惨啥，睡冷炕吃冷饭，大雪铺天地可走吧。

3. 去年冬天在队里闲着时，说起挖防空洞，当时有侯增杨、侯元祥、陈荣、侯宗连等几个人，我说挖那个顶不事，咱这地方挖深了出水，浅了顶不事，过了年一开春化了就蹋下来，还说就是咱这个防空洞从白庄坨里挖，明个大炮掉在上头打不死也得闷死了，我真不挖那个，我们那孩子们，剩出来的土叫我们刨，[illegible]我一点也没通，没用处，谁那个庞还有人家大城市是防水泥钢筋那真顶事，咱这个没一点用处，起不啥作用。

× 4. 今年冬天上县里开会，有侯家荣走在西马路上小桥那，我说这是啥交通沟，没三尺宽挖的，多低也不顶，挖的杨崖四个的，伏呀伏没的，真要打起仗来从里边钻不了人，并着路还不行，就得撑着，还是直的，人家没法挖那个交通沟，是弯的隔不远还有个大土堆，挖的弯这可得好，还是直的，真打起仗来从这沟人打，顺沟摸一摸，还剩[illegible]个呀，这还竟没挖通的，有的大队还没挖，这可也挖了，公社也不重视，看这就是流水沟，起个流水作用，不是交通沟。

c－10－6－8c

5. 今年春天在队里小屋在上工前有很多人，侯拖力、侯力学、侯登林、侯大洪、侯占忠、陈荣
我们闲谈提起打仗，说这次主席要让进来打，给他几个省，东北甚至华北地方
我说要让进来打给他几个省，那损失可大了，还有那个叫地方来看看
这次若打，那苏修进来，当地的地窖仅坏，绝来还不叫那死，那就死呀，咱民兵
没有好武器，打绝来死一部分，死部分再打进来再死一部分。这时陈荣说
那可顺嘴，还不知道呀，真这样，三个加在一人还不死多了。我说朝鲜打仗男的都
打仗去了，五人平均6个媳妇，这时妇女们就苦了，咱们这还不也那样吗。

6. 在67年6、7月批判大叛徒大内奸刘少奇时，吃完饭开会回来在队里闲谈时
有侯治贵、侯元祥、侯拴杨、侯润荣等几个人，侯治贵说，我说白批判，啥也
不顶，一个大刘主席，还有那个事，不是一般的人物，说打倒就打倒，世界上都知道
也有那个事，白批判，人家还是在北京中南海呆着，也种不了地，也说不了，白骂干
还是一样吃盘菜，一分钱也不少挣，还得有警卫，那批判打倒要
批判刘少奇，还不是满六头人来呢，没法，毛主席说三天不学习赶不上刘少奇，这回
也不说了。

7. 67年6、7月时在开大会时，批判王江陵时，回来在队里说过，有侯治贵、
侯元祥、侯拴杨、侯永祥、侯刘凌等几个人，侯治贵说王江陵好久不在家
在漳井，锻锻吃大米，又抽烟圈的，人也不走心。我说人家还有但走心那
一个县三个大干部，县长书记的，都打倒，还有那个事，白批判，那在这不行
还不就是调换调换地方，到别的县去，还挣那些钱，一分也不少挣，还有
个不吃的，一月百八十的挣钱，白批判，那批判，将来人家解放了，安排
工作，还不先安排他。他们说批判我着好，先安排他回家种地去。
侯治贵说，那可不论批判我，批判的好，先给个安排工作。

8. 在69年春公社开参会时我提问来以有.侯宝通 侯元祥 侯大端 我说这几个都那就暗地以对待那那就嘛实冲了.给那梳一梳也改不了.林彪是会来争跟主席没摸着 如果刘少奇也这样是以后也摸不着.那连林彪 林彪也修了 反正是这样.一模伙着一伙.你爸我 我爸你 刘少奇不叁毛主席 毛主席就叁刘少奇.前一查查后一查.后一查叁前一查.

9. 在六四年明吃黄米饭时在队里由侯?来说他开一大队我以?家人家都吃黄米饭.摆在桌上先吃后再吃饭.我说那顿吃了.我真不会那个不过年.那不过个顺当年.单吃那个黄元没用.我有了就吃.不会那个.我二?? 65 预备了好几张桌子.一天就吃了20多斤肉20多斤糕.来有了人家要吃一个猪那发着.熬了一大年.还叫过.第安化春节有年有节.叫不叫过年过节以多余过年.不卖果子.不打果子.他就不拜年去了.

10. 在68年卖红心米时.我说每个队吃稻米.每个队吃稻米的老人是每人卖?斤.这不合理.应当按照分配卖.每队应卖1000斤.还要卖哪们那些到卖最少就不卖.还说还算卖这个.大秋每人少分?斤就得了.第年完了找这个新娃.大秋少分?斤不就得了.准得.完了.还来卖个这个每人卖?斤.

11. 1970年2月我们去海里创过猪去参生产队大事(有侯大端 侯大生 侯进忠 李宝荣 康宝纪)以我为首去说绕过侯里河北别叫道旁队税务所以看见没事加买小心里夜去.一年不用化钱有几块

12. 66年说过对回信不该问样那是干部用队里以大事有以化那钱有以不化那钱之外队省叫那化那就化 我不叫那化那就不化 就这样瞎叁真不合理.

13. 66年文化大革命刚开始的时在大队开老会侯??会我一进屋就说应当把老董老温也揪回来游游大街.[illegible]纳肖我党内职务 还说我不干在党还叁我去了队里吃饭也推到我身上.把全队里材料给[illegible]

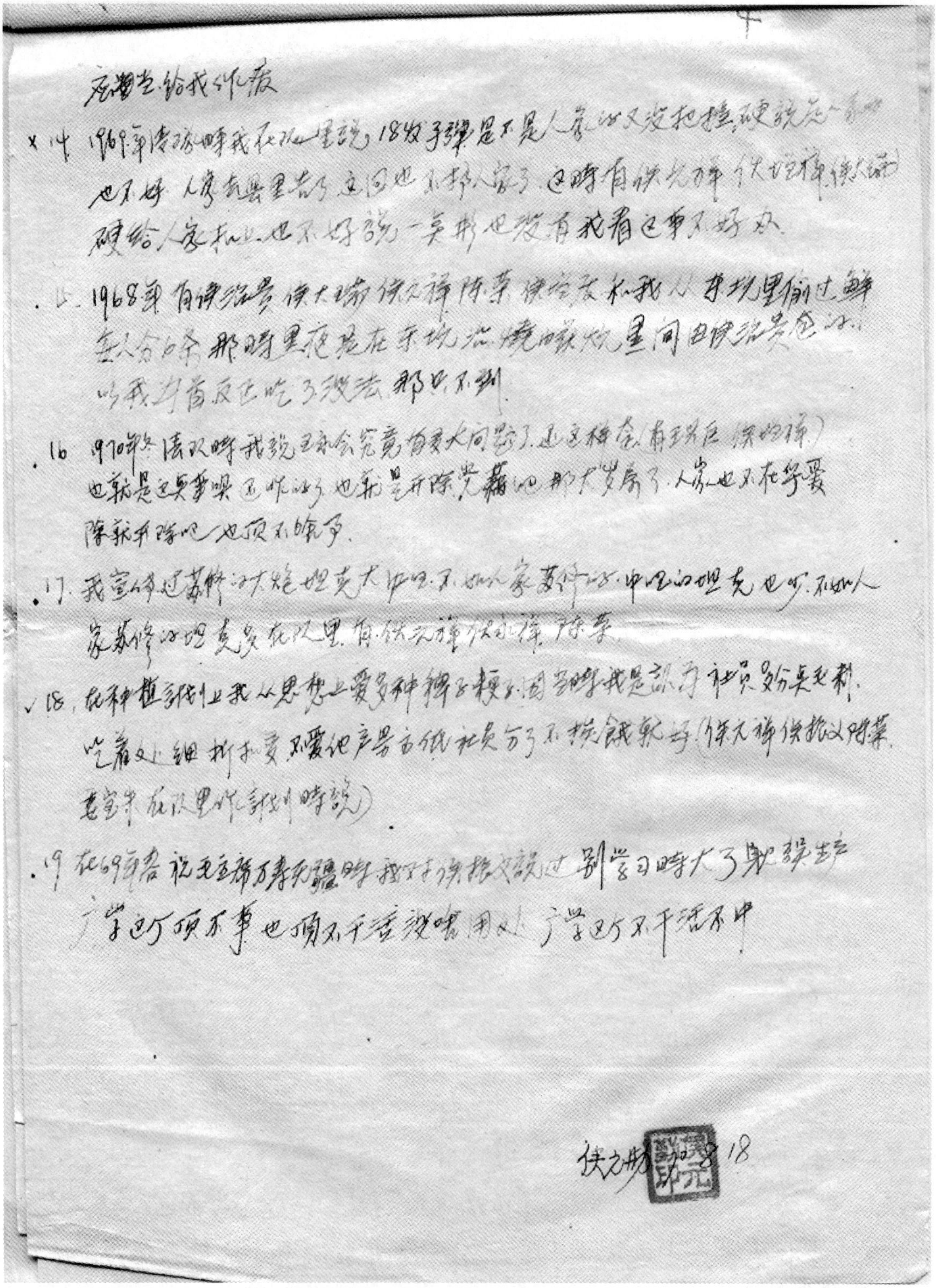

庞增当给我作报

×14. 1969年清队时我在队里说：18岁子弹是不是人家说又没把握，硬说老人家也不好，人家在县里告了，这回也不饶人家了。这时有侯元祥、侯地祥、侯大瑞硬给人家扣上，也不好说一点，那也没有。我看这事不好办。

·15. 1968年有侯治贵、侯大瑞、侯文祥、陈荣、侯治发和我从东坑里偷过鲜玉茭人分6斤。那时黑夜是在东坑烧玉茭吃了，这里问由侯治贵包了，叫我为首，反正吃了没法，那也不对。

·16. 1970年冬清队时我说王永会究竟有多大问题了，这这样会（有王兴臣、侯恰祥）也就是这点事吧，这作了，也就是开除党籍吧，那大不了了。人家也不在乎，要除就开除吧，也顶不啥事。

·17. 我宣传过苏修的大炮坦克大，中国不如人家苏修的，中国的坦克也少，不如人家苏修的坦克多。在队里，有侯元祥、侯地祥、陈荣。

√18. 在种植计划上我从思想上要多种稷子糠，因当时我是认为社员多分点粮，吃着好，细粮粗粮不要他产量高低，社员分了不挨饿就好（侯元祥、侯振义、陈荣、侯宝宝在队里作计划时说）

·19. 在69年春祝毛主席万寿无疆时，我对侯振义说过：别学习时大了，耽误生产，学这个顶不事，也顶不干活，没啥用处，学这个不干活不中。

侯元勤 8 18

侯元勤印

c-10-6-8f

c-10-6-8/c-10-6-8a-f 侯元勤的检查。1970年8月18日。＊开列“罪状”40条，极具异端色彩。“我瞄着主席像说：‘嗬！这个大胖小子。’”

个人交待

姓名：侯永[illegible]，男，66岁，贫农，群众，现住：[illegible]公社侯家营村人 第一队。

1. 70年春[illegible]，我又说：去公路小桥南，去个小[illegible]也不累，不用我劳动，有吃有喝。

2. 69年春季到盖时，我说：[illegible]人家[illegible]，我[illegible]东西[illegible]，我总想[illegible]，[illegible]公路旁盖上两间房子，张个小买卖，去[illegible]烟烧酒，猪头肉，到春节还[illegible]门神、画，啥的。那我就[illegible]劳动，吃不了，花不[illegible]，现在想干点啥都不行了。[illegible]

3. 69年[illegible]地时，在[illegible]北，我说：[illegible]的东西，都是好的[illegible]，[illegible]是大路中好，水都[illegible]不过去[illegible]也好，化肥也好。[illegible]120元钱[illegible]

4. 在68年10月份，我们队里盖上新房子[illegible]，买了很多主席像，贴在屋里，[illegible]饲养员，有的社员说这几[illegible]主席像多好，我[illegible]看主席像说："嘛！这个大胖小子。"

5 68[illegible]队南[illegible]干活时，打[illegible]，大伙都[illegible]毛毛[illegible]，我[illegible]不[illegible]，我说：[illegible]

6. 70年[illegible]，[illegible]侯[illegible]

[illegible]月[illegible]28日，我说过去[illegible]吃鱼骨、海味、燕窝、啥的，现在只[illegible]啥没啥，过去吃啥有啥，说过的好东西都叫大干了，指毛主席他们吃了，毛主席成天往嘴里[illegible]，光吃好的，老百姓啥也吃不着了。

7. 70年5月份，下雨[illegible]没上队，在队里[illegible]到[illegible]才[illegible]吃饭没粮票，[illegible]我说：今年[illegible]不下雨，[illegible]

[illegible]说：吃排骨肉很便宜，我说：[illegible]，吃肉也不香，[illegible]吃肉不香，吃点心，我说点心也没好的，不过去在点心铺时一样那一块，也卖不过来。刘说[illegible]啥有啥，我又说：北京也不中，油现在很少，我过去在点心铺[illegible]大。

8. 58年大跃进[illegible]，吃不饱。

58年，大[illegible]，少吃[illegible]吃菜，吃菜不如吃[illegible]好，南[illegible]茄子，7、8两，[illegible]吃不饱。

9. 68年春，在队里[illegible]，我说下雨天上有[illegible]，[illegible]问我你看见过，我说看见过，问我什么样，我说有[illegible]，[illegible]我和[illegible]。

10. 70年春[illegible]时，我[illegible]说[illegible]要打仗，要[illegible]，[illegible]我说：[illegible]死了。我又说：这是毛主席和林付主席要[illegible]老百姓。

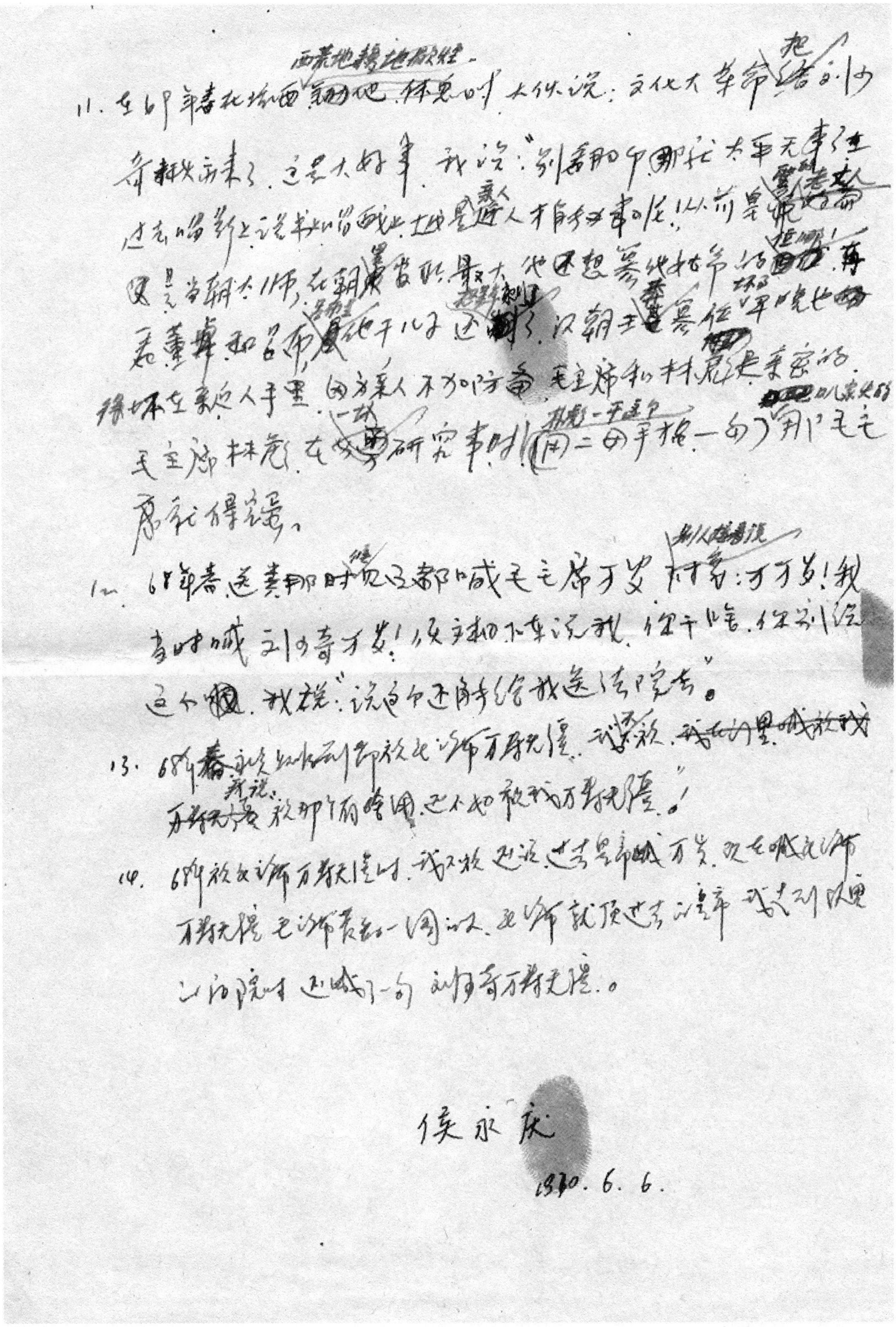

侯永庆

1970.6.6.

c－4－2－8b

c－4－2－8/c－4－2－8a/c－4－2－8b 侯永庆的个人交代。1970年6月6日。＊共14条，多是些当时看来极出格的言论、行为。

（1）

关于对现反侯永庆批斗的请示报告

1 基本情况和简历

侯永庆：男，66岁，贫农，群众，现住：泥井公社，侯家营大队，第一队。

侯永庆由17岁去锦州住药局子一年，18岁在锦州西关住半年点心铺，19岁回家种地，30岁在家作小买卖，卖油卖鱼，31岁至39岁在家种地，40岁冬天也作些小买卖，卖些门神画，41岁至49岁在家务农，50岁冬还贩倒动过点心、酒肉一年，54岁后在家务农至今。

2 家庭主要成员和社会关系

侯永庆的亲属：侄：侯元树，贫农，党员，生产队政工员，现有反动言论。

弟：侯永年，在60年至68年劳改8年，现戴帽坏分子。

亲家：刘庆和：历史反革命分子。

3 主要罪恶

一、侯犯在68年至70年，恶毒的攻击我们伟大领袖毛主席和林付主席。（见证件1—16页）

二、恶毒攻击无产阶级司令部，仇视我党和社会主义制度。（见证件17页—24页）

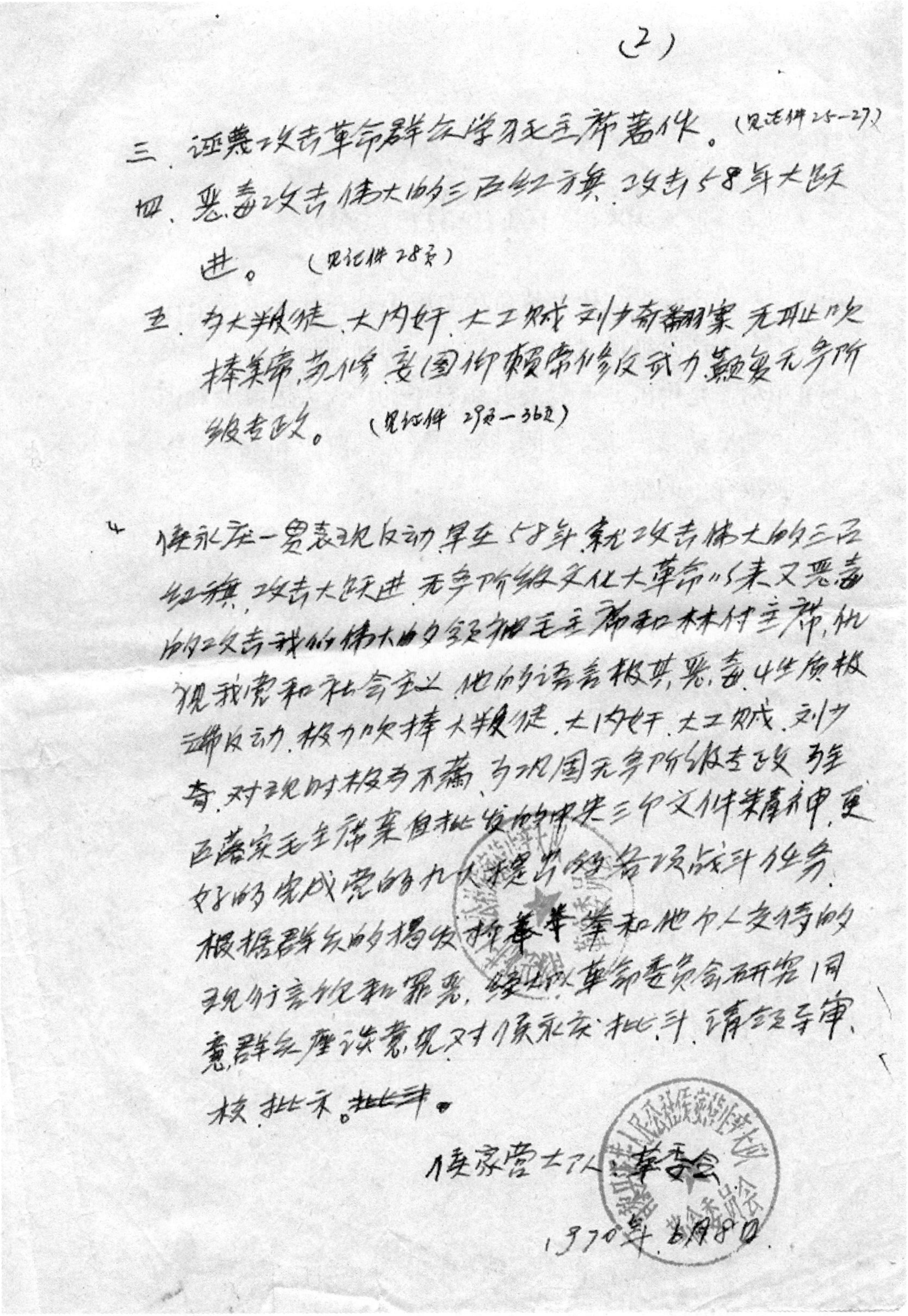

（2）

三、诬蔑攻击革命群众学习毛主席著作。（见证件25—27）

四、恶毒攻击伟大的三面红旗，攻击58年大跃进。（见证件28页）

五、为大叛徒、大内奸、大工贼刘少奇翻案，无耻吹捧美帝、苏修、妄图仰赖帝修反武力颠复无产阶级专政。（见证件29页—36页）

侯永庆一贯表现反动，早在58年就攻击伟大的三面红旗，攻击大跃进，无产阶级文化大革命以来又恶毒的攻击我们伟大的领袖毛主席和林付主席，仇视我党和社会主义，他的语言极其恶毒，性质极端反动，极力吹捧大叛徒、大内奸、大工贼、刘少奇，对现时极为不满，为巩固无产阶级专政，为全面落实毛主席亲自批发的中央三个文件精神，更好的完成党的九大提出的各项战斗任务，根据群众的揭发检举和他个人交待的现行言论和罪恶，经大队革命委员会研究同意群众座谈意见对侯永庆批斗，请领导审核批示。~~批斗~~。

侯家营大队革委会

1970年6月8日

c－4－2－15a

c－4－2－15/c－4－2－15a　关于对现行反革命侯永庆进行批斗的请示报告。1970年6月8日。

最 高 指 示

无产阶级文化大革命，实质上是在社会主义条件下，无产阶级反对资产阶级和一切剥削阶级的政治大革命，是中国共产党及其领导下的广大人民群众和国民党反动派长期斗争的继续，是无产阶级和资产阶级阶级斗争的继续。

无产阶级文化大革命运动中

处 分 决 定 书

单　位：泥井公社 侯家营大队

姓　名：侯 永 庆

1970 年 6 月 21 日

姓　名	侯永安	性别	男	家庭出身	贫农	何时参加工作		原級别	
曾用名		年龄	66	本人成份	农	入党（团）日期			
問题性質	现行反革命分子	原任职务		籍貫	河北省昌黎县泥井公社侯家营				
个人主要簡历	侯永安由17岁去东北锦州住药局子一年，18岁在锦州西关住半年点心铺，30岁后作小买卖，卖油、卖鱼，40岁参作小买卖卖神画，50岁参作小买卖卖酒、卖猪头肉，倒闭点心。								
历史上受过何种处分結論如何？									
工作一貫表现及文化大革命运动中表现。	侯永安一贯表现极端反动，攻击我党和社会主义制度，攻击无产阶级司令部，诬蔑伟大领袖毛主席，在无产阶级文化大革命运动中，攻击诬蔑革命群众活学活用毛主席著作，仇视社会主义制度，一贯反党、反毛泽东思想，为刘贼翻案，吹捧刘贼。								

主　要　問　題

侯永安：一贯恶毒攻击我们伟大领袖毛主席和林付主席，
恶毒攻击无产阶级司令部，仇视我党和社会主义制度
诬蔑攻击革命群众活学活用毛主席著作，
恶毒攻击伟大的三面红旗。
为大叛徒、大内奸、大工贼刘少奇翻案，大肆吹捧美帝苏修。

一、1958年冬天，在南窑山搞荚，侯永庆大肆的攻击伟大的三面红旗。

二、68年至70年，侯永庆一贯恶毒攻击伟大领袖毛主席和林付主席，咒骂无产阶级司令部。

三、1970年，侯永庆大肆的诬蔑我党和社会主义制度，仇视现实社会主义，留恋旧社会，想颠覆无产阶级专政。

四、1968年秋，和盖仙在东西坊台创造米粮，侯永庆用极其恶毒的语言攻击诬蔑革命群众活学活用毛主席著作。

五、1968年春，买黄时，那时广大革命群众为了表达对伟大领袖毛主席的热爱，见面都喊毛主席万岁，侯永庆恶毒的攻击无产阶级司令部，攻击伟大领袖毛主席，大肆吹捧叛徒刘贼，为刘贼翻案。

c－10－3b

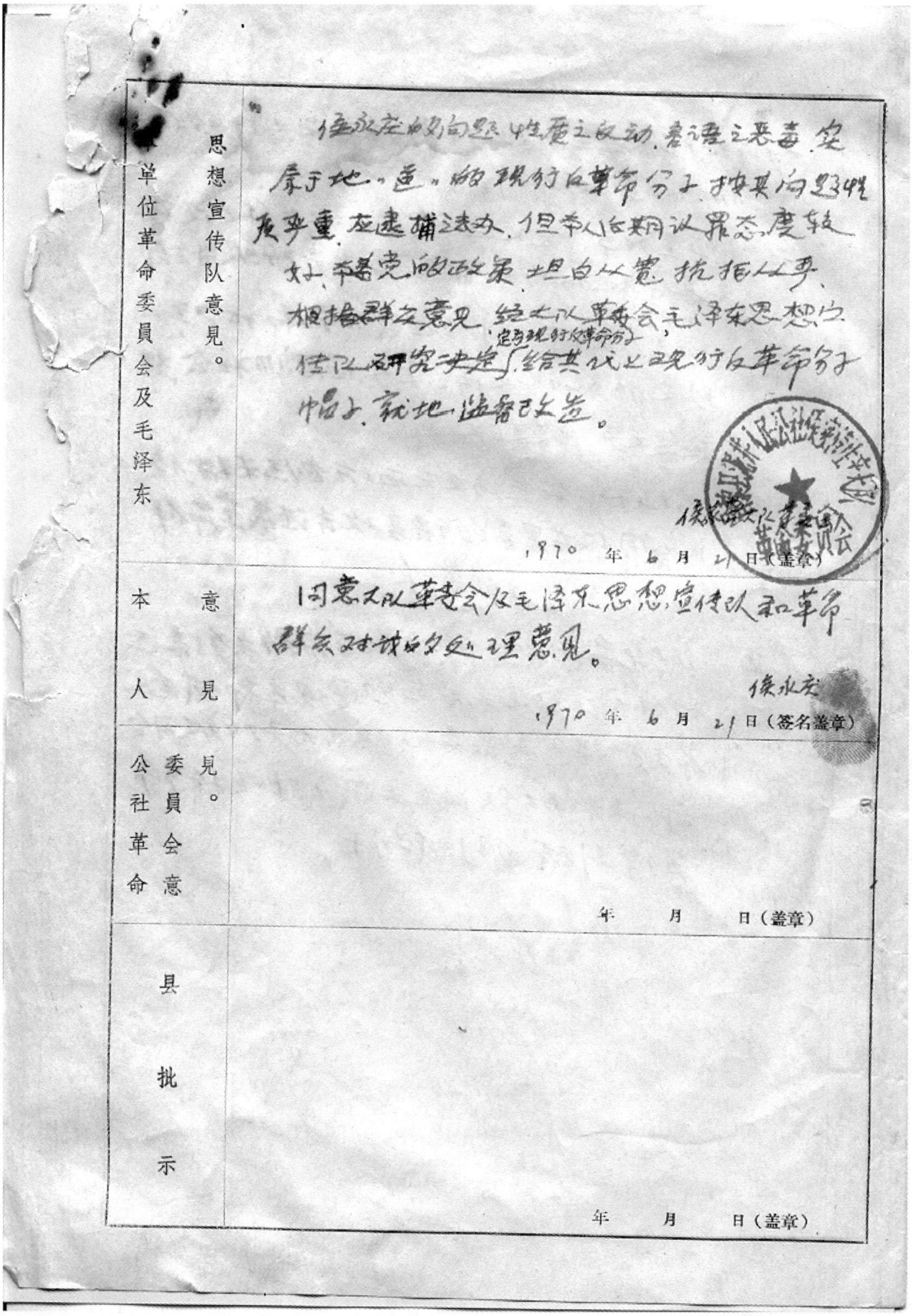

[illegible]单位革命委員会及毛泽东思想宣传队意見。	侯永庆的问题性质是反动，言语是恶毒，完全是地地道道的现行反革命分子。按其问题性质严重，应逮捕法办。但本人能认罪态度较好，本着党的政策坦白从宽，抗拒从严，根据群众意见，经大队革委会毛泽东思想宣传队~~研究决定~~，定为现行反革命分子，给其戴上现行反革命分子帽子，就地监督改造。 侯家营大队革委会 1970 年 6 月 21 日（盖章）
本人意見	同意大队革委会及毛泽东思想宣传队和革命群众对我的处理意见。 侯永庆 1970 年 6 月 21 日（签名盖章）
公社革命委員会意見。	年　月　日（盖章）
县批示	年　月　日（盖章）

c－10－3c

c－10－3/c－10－3a/c－10－3b/c－10－3c　处分决定书。定侯永庆为戴帽的现行反革命分子，1970 年 6 月 21 日。

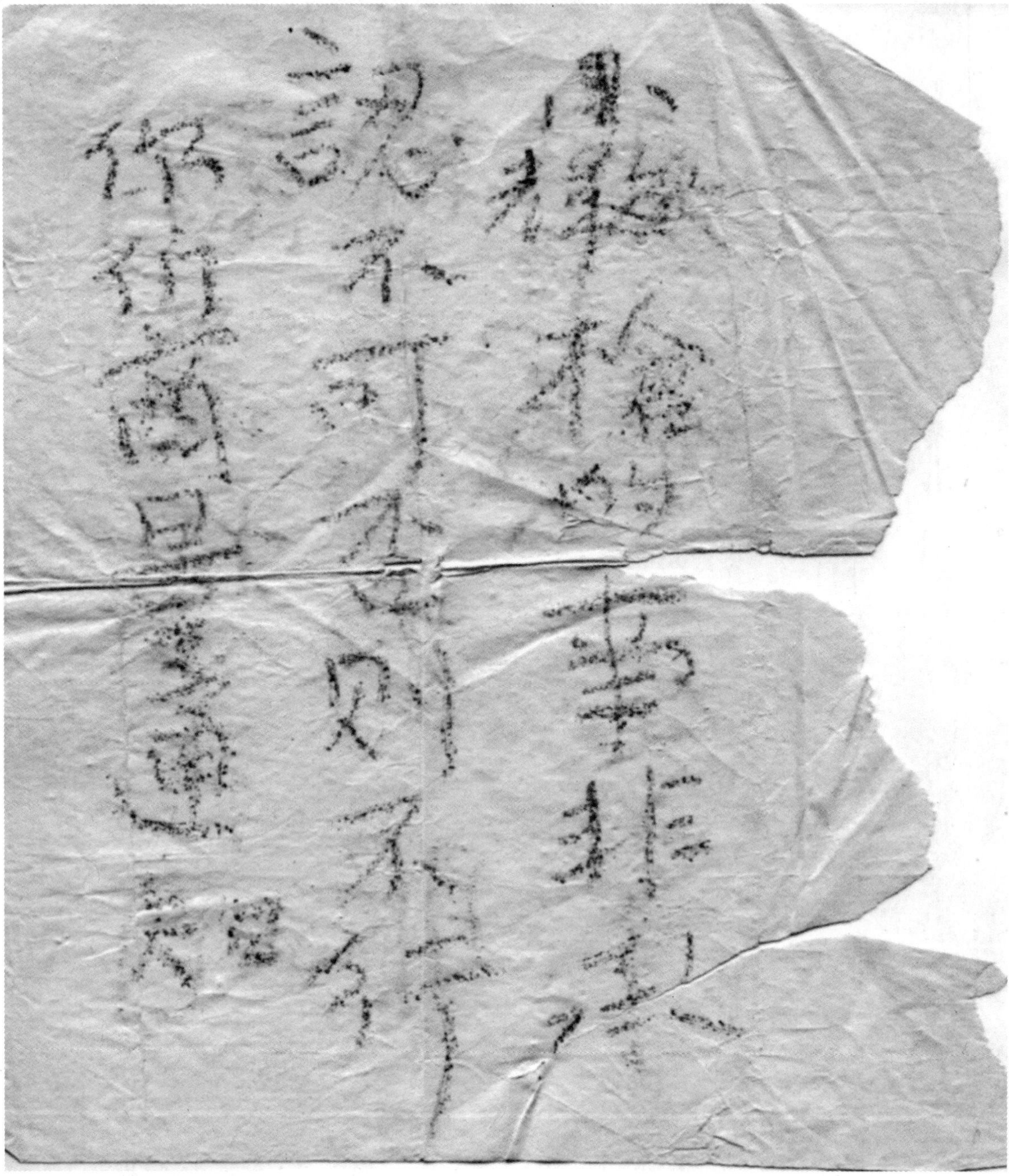

c－1－9－1正

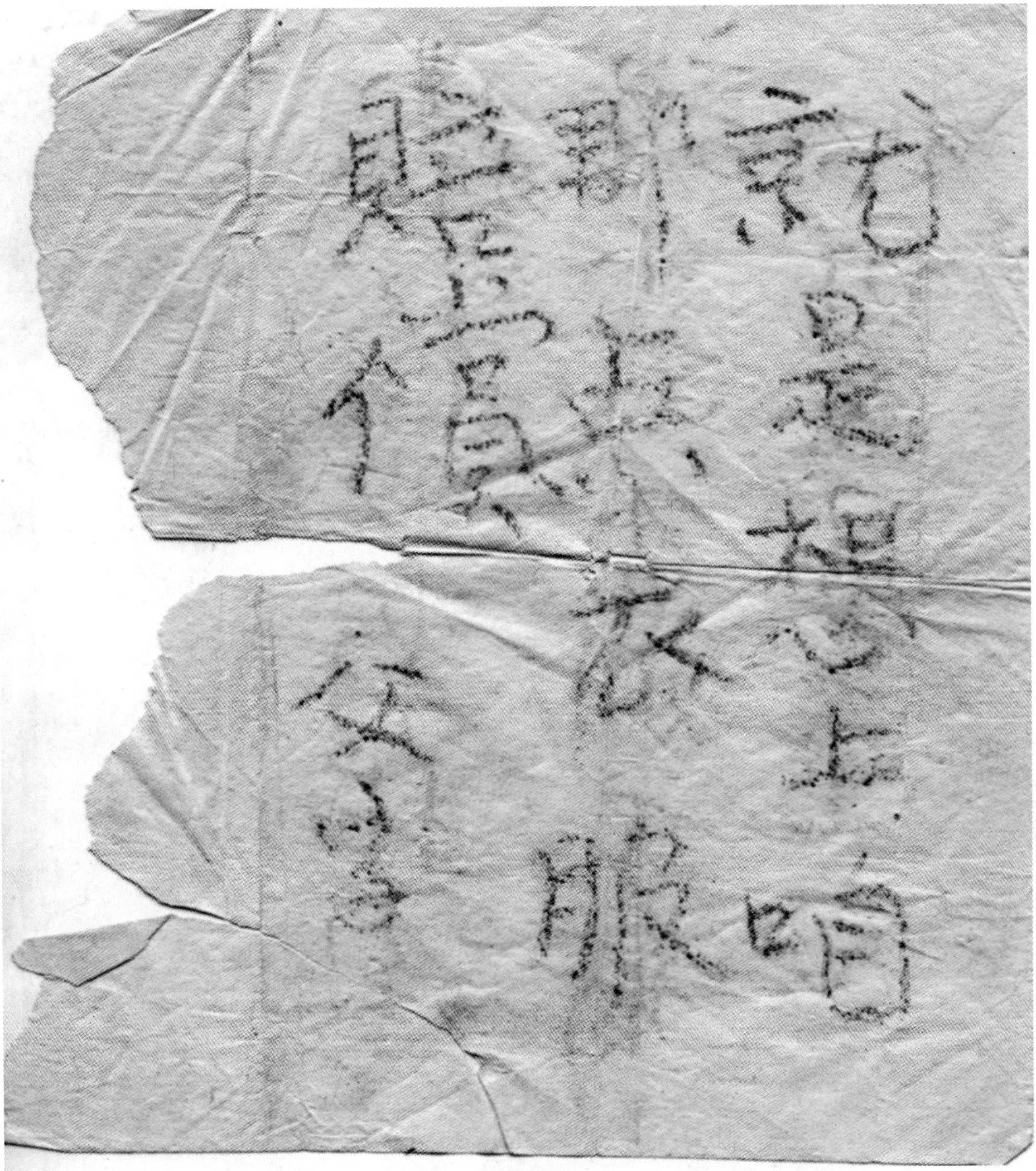

c－1－9－1 反

c－1－9－1 正/反　刘斌明给其儿子的纸片（正反面）。时间不详，1969 年前后？＊内容：“小辉、敏：枪的事非承认不可，否则不行，你们商量通知，就是想上咱那点衣服赔偿。父字”。

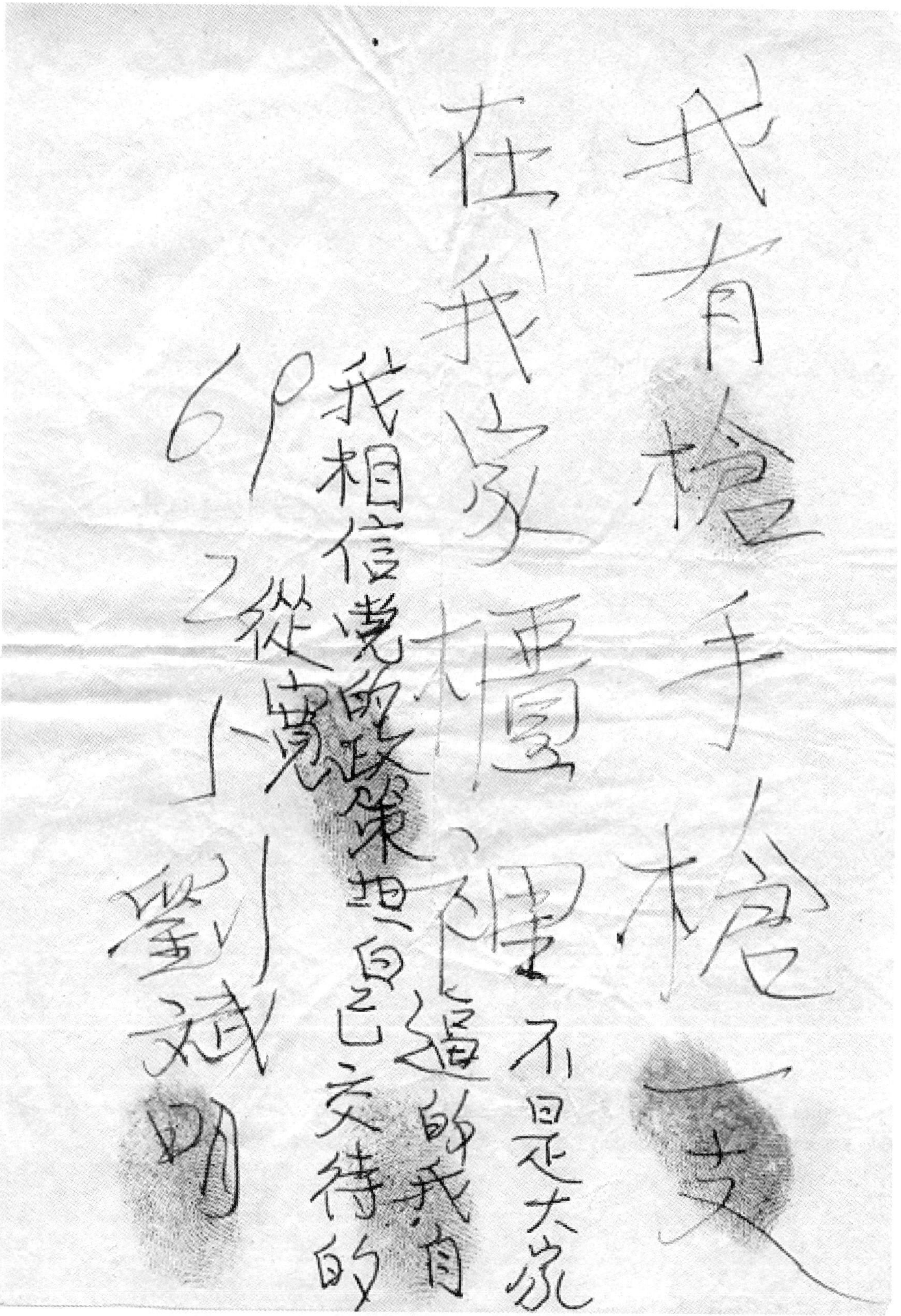

我有手槍一支

在我家櫃裡，不是大家逼的，我自己交待的

我相信党的政策坦白從寬

69 2 5

劉斌明

c－1－10－5　刘斌明承认有手枪一支。1969年2月5日。

对刘斌明问话笔录　　9.5号.

?回去后你怎么想的

:

?你怎么样了

:没怎么样.

?你知道找你干什么

:知道，教育我

?你接受教育

:接受

?你的扇子问题应交待一下

:忠君报国岳武穆，孝敬父母闵子骞，节烈冰霜孟姜女，义气参天关圣贤，王子去求仙，丹成入九天，洞中方七日，世上几千年。天下宴筵回时周，人人好了如水长流，初次相交甜如蜜，日后相敬别殊。

?你在哪一年学的

:60年学的

?落的什么名子.

:我王儿子刘晓光写

?你解释一首之字

:教育我们儿子~~孝~~孝孝敬父母.

?王子去求仙是什么意思，

:我不知道是什么意思

?那的有毒你给解释一句.

:忠君报国岳武穆是舍出死来要报仇、

？孝敬父母闵子骞，对他父母最孝敬，节烈冰霜孟姜女，他最节烈

义气参天关圣贤，是他最讲义气。

？忠君报国岳武穆是什么意思

：国家找我去做伪军是反动的，表示作伪军的忠心，

？忠君报国岳武穆是表示作者的什么意思

：是打倒我们的人

？孝敬父母闵子骞

：是让我儿子孝敬我，让他们听我的话，顺着我来，

？节烈冰霜孟姜女

：我不同意他的主义，不能使我那时官僚资本主义，表现我叫他们去学

他们忠心耿耿的对国家

？利用他们表达了你那一种心情

：反对共产主义，仇视人民，野心不死，反动到顶点，拥护蒋介石的腐败政府，

要跟着他们走，藏着伪军时的证明。

孝敬父母，让我儿子顺从我，听我的话，节烈冰霜孟姜女，他反对秦

始皇，我想忠心蒋介石。义气参天关圣贤，我盼蒋介石回来，

“主子在我心”表示我盼蒋介石回来反攻，主子就是蒋介石在台湾的

？那一点表示你盼蒋介石回来

：我不知道是要干什么的

？旦夕如九天，~~一旦成功~~，

：一旦成功……

？这两句诗你藏了那五个字

c－1－9－5a

3

：蒋介石万岁

？保[illegible]不小心呢

：因为蒋介石万岁 台湾是个好地方，我们去了，一旦成功为天保号。

还不就是蒋介石万岁

？洞中方七日又是指的什么

：蒋介石，在洞中呆了七天，我国分了好几千年。

？方七日是从那年算起了。

：从1956年算的，人家8段不七日才找接受的了，从那个时候编的，1956年调，因为人太七别偏激的蒋介石来。

？洞中方七日又是指的什么

：蒋介石在台湾修行了七天即七年。

？这七年又是什么意思。

：他去了七年了

？企图。

：放毒。

？是你说蒋介石去了七年是指的也是七年，就是又经过七年。

：我他去了七年时算的是七年。

？啥时算的

：是从是1960年算的。

？世上几千年又怎讲。

：他去了，我们这里等于几千年过。

？全诗怎讲。

：不下去我们 蒋介石去台 我们去了，一旦成功，那时候
蒋介石万岁，我们已经七年他也没回来，等过了几千年了
蒋介石去台湾去我们也去了，一旦成功的时候我就认

c－1－9－5b

：成蒋台不可复。

？第二首怎讲。

：忠君报国说的是一旦不可有二心

？忠君报国岳武穆是指恢复蒋台不

：是。

？孝敬父母闲下寒是不是指恢复孝敬蒋台不，

：是

？節烈冰霜画美女，是不是反党。

：是，就是反党反社会

？義气参天关圣贤是反共到底。

：我要反共到底。

？第三首怎讲。

？那首是不是仿学学的，那首又是你自己学的

：第一三首是照仿影学的，第二首忠君报国岳武穆是我学的。

？引导去云遊

：我。

？四方遊又是什么意思　：走不通。

？这三首是不是你一起学的

：一起学的。

？人心好似水长流又是指怎么流法

：流向台湾，我的心思中华美流向台湾，长想蒋的落人来。

？六云云遊四方遊怎讲

：以远方为线

？人心好似水长流怎讲。

：流向台湾，我的落人来。

c－1－9－5c

5

？初次相交甜如蜜。

：我们小男子初次相交甜如蜜地风吹着债。

？天下云游四不遇是什么意思，人心好比水长流是什么意思。

：比如说资本主义制度回来运动，人心好比水长流是叫害人民那末随那只读来了，随老乡后，将来在来了运动随时[illegible]。

？解放以后你家回到了家，共产党那是会待了你

：没有。

？

：从解放以来吧，政府对我宽大，我是总要改好。我过去过着花天酒地的生活，今天不能再过这种生活，我还得劳动，我就对政府不满要改好。

？以后保表现怎样。

：啥运动我都是很注意的

？你历次运动中怎个不满的。

：解放后我没不敢入、不入不中，我才入了。在四清运动中了让我交待历史问题，我要不交待合了混过去。今天又是这次运动我还想蒙骗过去。

？天下云游四不遇，这首诗怎讲。

：云游四不遇，指我走这走那，不四不遇。

人心好比水长流，就是我在这还想着台湾的特务。

？再讲这首诗。

：我走这走那是一段有些不去，我回来后共产党对我宽大，不叫我吃苦，我对共产党不满。人心好比水长流的特务来。

c－1－9－5d

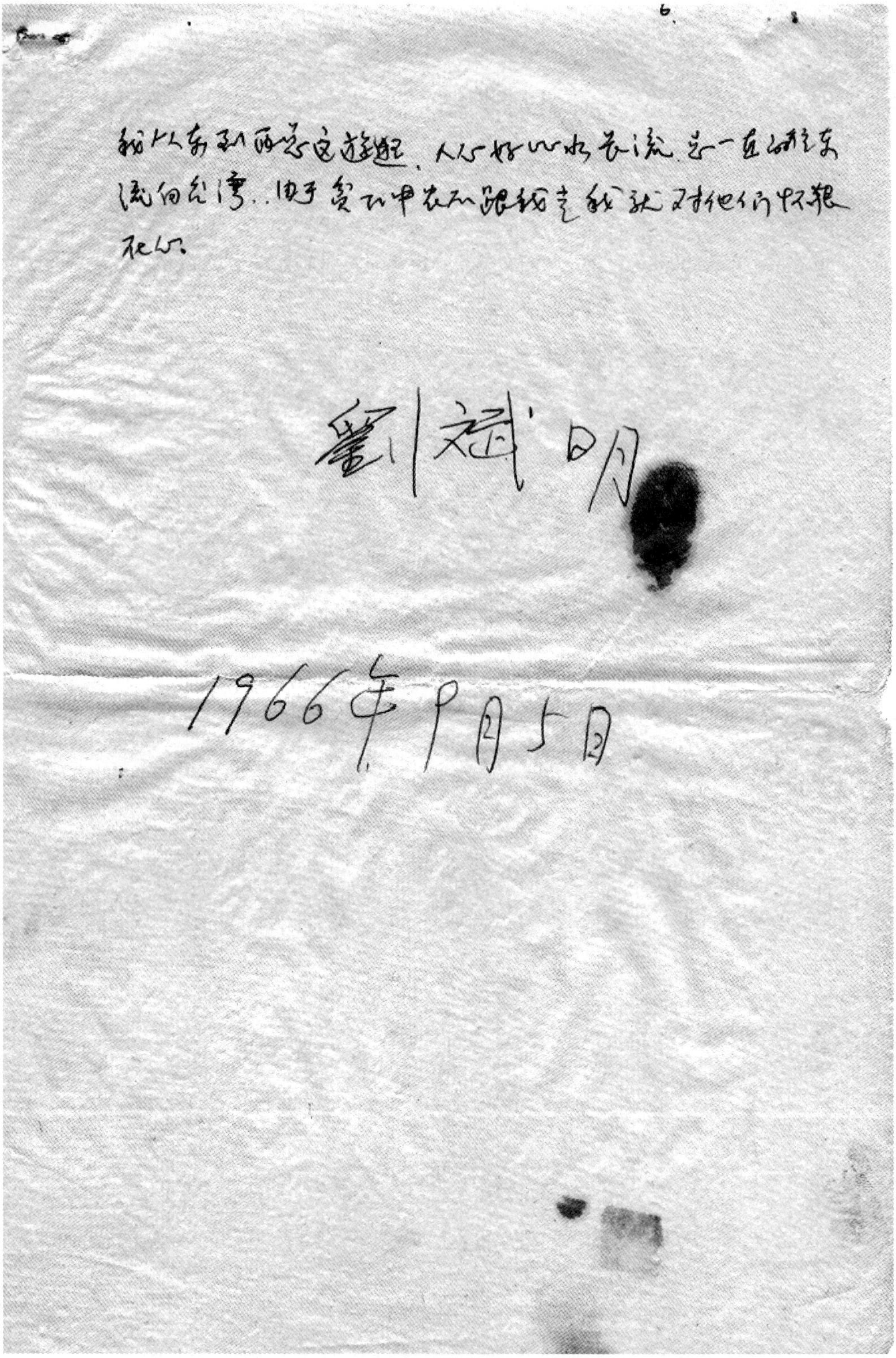

我从东到西总这遊起，人们好比水长流，总一直的往东流向台湾。由于贫下中农不跟我走我就对他们怀恨在心。

劉斌明

1966年9月5日

c－1－9－5e

c－1－9－5/c－1－9－5a－e　对刘斌明的问话笔录。主要关于扇子题诗的问题，1966 年 9 月 5 日。

忠君报国岳武穆　就是我對蒋介石的忠心耿耿
孝敬父母閔子騫　就是我孝敬蒋介石像我的爹媽一样
節烈冰霜孟姜女　就是我像孟姜女那样的反社会
義氣参天關聖賢　就是我像關公那样寧死不投降
王子去求仙　比如蒋介石上台湾去修仙
旦成如九天　一旦成功就像他升了九重天一样
洞中方七日　比如他在洞里住了七天
世上几千年　比如我等他總也不来像几千年一样
天下雲遊四不周　就是我東走西走總也未得到好地方
人心好比水長流　就是我的心像水一样的流向台湾
初次相交甜如蜜　我在相交人的时候都是甜的很好的很像蜜那样的甜
那個相交到了[illegible]　回想我交的朋友都是一些狐朋狗友酒肉[illegible]有錢的時候同吃同喝同玩樂現在我在困难時期誰也不和我相交了

我是一貫的反党反人民反社会主義的臭思想一貫的羡慕
我過去的作商人時[illegible]
[illegible]好吃我就吃什么什么好我就穿什么吃喝[illegible]我都[illegible]了
以後我[illegible]了國民党反动派的走狗蒋介石給我的恩惠大[illegible]
我[illegible]時候我[illegible]大大的美起来了整天的穿着[illegible]在大街上
走来走去坐在办公室裡[illegible]我过着官僚[illegible]生活[illegible]氣裝成作虎[illegible]
的我都不知到我姓什么了那時候我過着那样花天酒地的生活總
在我這腦子裡作[illegible]企圖复辟過着我那样的吃喝玩樂生活
我从天津回家来後在家劳动的生活總[illegible]不像我过去那样[illegible]
所以我就对現代社会[illegible]不滿以後的運动几次總是射到

揭露我从来反动黑心丑恶面貌如下.

忠君报國岳武穆	就是我对國民党反动派忠實
孝敬父母閔子騫	把蒋介石像我爹妈那样的孝敬
節烈冰霜孟姜女	就像孟姜女那样反对社会
義氣参天関賢聖	如関雲長寧死不投降
王子去求仙	比如蒋介石去台湾求仙
旦成如九天	一旦成功好像他升了九重天那樣高大
洞中方七日	比如他在洞里住了七天
世上几千年	比如我等他像好几千年是的
天下雲遊四不週	形容我过去走東奔西總也得到相当的地
人心好比水長流	我的心好像水一样的向東流 指向台湾
初次相交甜如蜜	我交的朋友開始交的时候都是甜言蜜語 如親兄弟一样
那個相交到了頭	回想过去交的朋友都是一些狐朋狗友酒肉實朋 現在誰也不交我了

以上是我反人民反社会反党的存在臭思想黑心丑惡面貌 並存在着
資产阶级势力 因为我是舊社会人 染有遺毒很深 經过几次教育我
未把我的尾巴去掉作人 所以舊的思想總在我脑子里作怪 羡慕我
過去生活 對現代社会不滿 企圖复辟 資产势力 过着吃喝玩樂生活
經过這次文化大革命群眾批判教育使我深刻提高覺悟 揭露自己
存在反動思想 只有向群眾低頭認罪 願受嚴重處分 使我把臭思想
葬埋永世不得翻身 我在当兵的時候 因为國民党後勤机関办文書
業務的 没發給槍 這一点群眾对我有怀疑 我抱着忠誠坦白
我實在没有槍 我决不敢欺騙群眾 我還想存在社会上 還想给我
子弟找出路 這種喪盡天良的事我决不敢隱避

劉斌明

c－1－9－5g

c－1－9－5f/c－1－9－5g　刘斌明对扇子题诗的解释及自我批判。推定为 **1966** 年 **9** 月。

最高指示

我们应当相信群众 我们应当相信党
这是两条根本的原理 如果怀疑这两
条原理 那就什么事情也做不成了

汇报

我在一九四七年旧历正月偽大鄉抓兵 当时于旧历正月二十四日我去秦皇岛找刘炳明介绍二十二军械補给庫当兵 由一九四七年旧历七月间我也记不清日限去富陽押運路回来的 那时刘炳明在秦皇岛二十二军械補给庫当司书中尉階级 但刘炳明階级我那时我没有看见过 只有一回在秦皇岛本單位时班長姓冯荣贵向我誰介紹的 我说刘炳明介绍的 但是这个冯班長不知原名叫刘炳明 其中一名張松岩是刘炳明的妻子老弟兄 他说是刘司书名子叫刘炳明 说他司书啥階级的 说是中尉的階级 由此时说证明由其是刘炳明的槍支 我没有见过他的槍 但有一次他在家整燃火时我看见他在腰中有塊红布代着 我也不知道什么東西 我心裡怀疑他是个槍支 有此证明我说他有槍

侯得全 报

c-1-9-17 侯得全汇报。刘斌明解放前是中尉军衔，带有有枪支。推定为 1966 年 9 月。

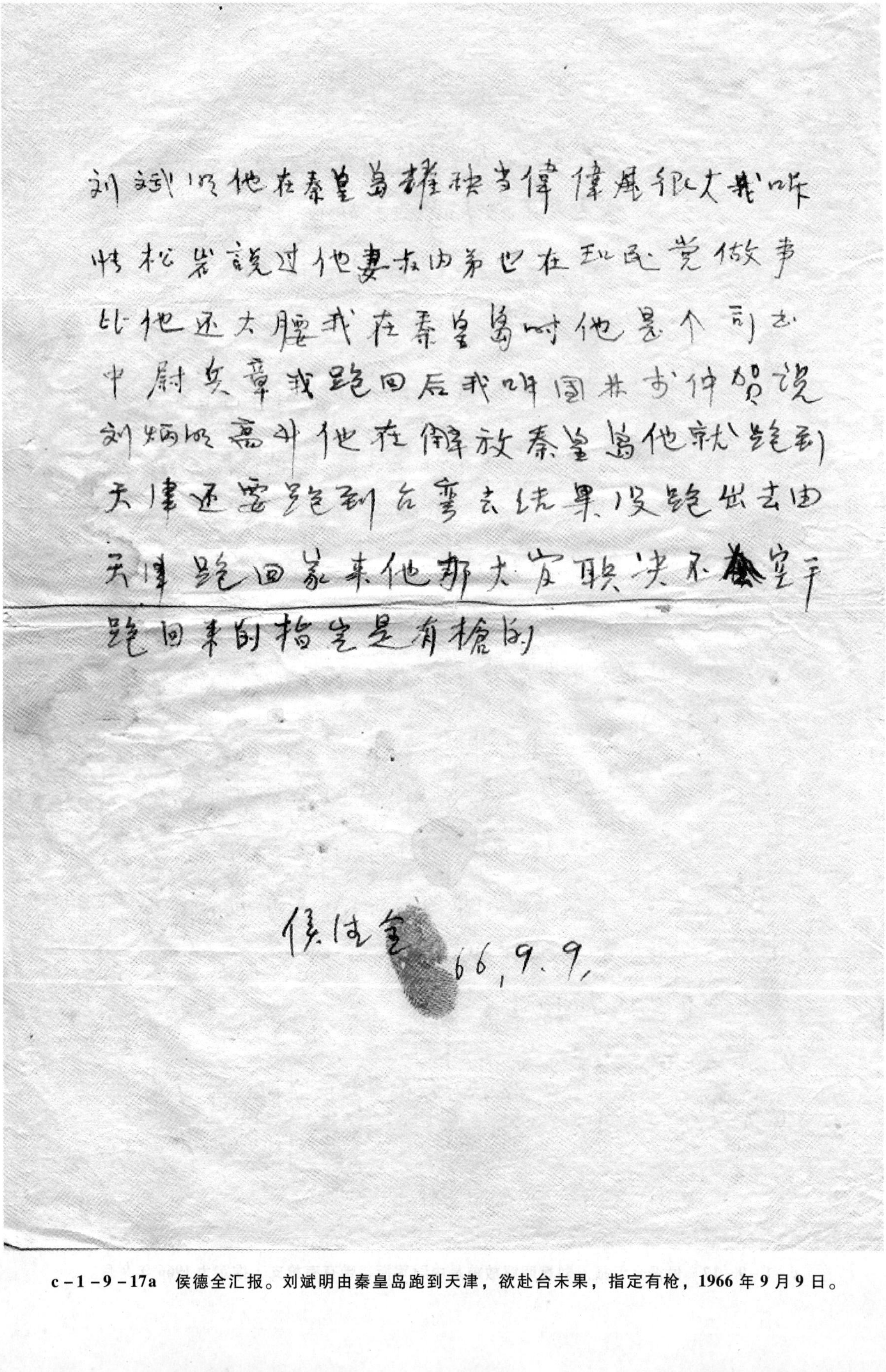

刘斌明他在秦皇岛權秩当偉偉風组大我听
特松岩说过他妻衣内弟也在国民党做事
比他还大腰我在秦皇岛时他是个司书
中尉奖章我跑回后我听国林书仲贺说
刘炳明高升他在解放秦皇岛他就跑到
天津还要跑到台湾去结果没跑出去由
天津跑回家来他那大岁联决不定
跑回来的指定是有枪的

侯德全
66.9.9.

c－1－9－17a　侯德全汇报。刘斌明由秦皇岛跑到天津，欲赴台未果，指定有枪，1966 年 9 月 9 日。

问话笔录

问话地点：在大队办公房屋.

问话时间：一九六六年九月七日.

问话人：侯元俭 宋世安 侯振兴.

问话内容：刘作武明的反动问题.

问话对象：刘作武明

执笔：侯海芹

参加人：侯大义、侯永森、石木某 侯增艳、萨松芳、侯大仪、侯大志、侯大英.

我的思想一贯反动，是事实，经过这次文化大革命，我的交代、检查，少写了过去保留着呢，（例如证件）从我家里也不听党的话，不好好劳动，今后我一定改掉思想包袱，从新做人.

侯？：你有什么理由回国参加革命…，你有枪

：回民党…没枪.

宋（？）如果给你找出证明来怎么办

：我就应得的罪，也得看在啥场所.

？：你说你的上士

：有个班长，江苏黄县人，王志才，天津大王庄，和兴里二十号，田木李忠贤，他在来在葫芦岛当上士，1947年，3月至的5月在葫芦岛.

（？）你为什么问在什么场所.

：看的不一定是我

（？）如果有人当面看见你的枪怎么办

：那我有罪，自己整改.

（？）怎么检讨

：因为过去我没有带枪.

(?) 你没带过枪为什么说有罪是不自相矛盾。

:是，自己查枪的，自己做的自己知道。

?:你做的事别人知道不、

:知道。

侯??昨晚上怎么说的

:有的说没有的不说

??你是逃避时间不。

:是

??有罪没有

:有。

(?) 有人看见你有枪有罪，你没枪为什么有罪呢。

:我做的是反人民的事情。

??你懂党的政策不、

:懂得，

??为什么不交代

:因为我过去没带过枪。

??前天晚上你不说有枪吗

:我是胡说

??那谁叫你胡说

:我自己

??你又为什么胡说

:我欺骗党。

??你为啥胡说

:我想欺骗好让我家去、

??欺骗了能解决问题不、

:不能，

c－1－9－19a

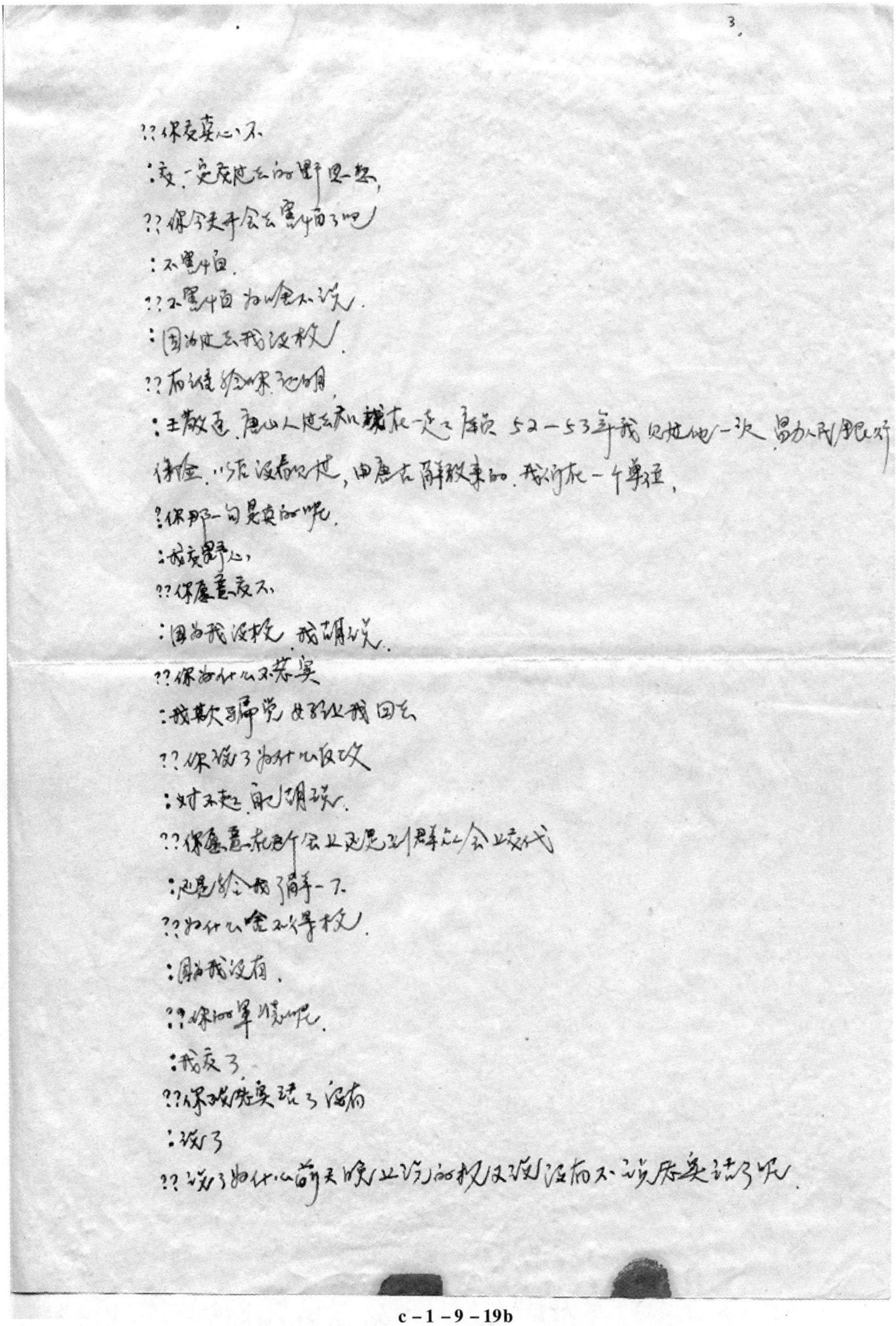
3.

??你交实心不

:交，一定交他去的野思想，

??你今天开会去害怕了吧

:不害怕。

??不害怕为啥不说。

:因为过去我没枪/

??有谁给你证明

:王敬远 唐山人 他在北京一起工作 52—53年我见过他一次 是为人民服务的

保金 以后没看见他，由唐古解放来的，我们在一个单位，

?你那一句是真的呢。

:我交野心，

??你愿意交不，

:因为我没枪，我胡说。

??你为什么不老实

:我欺骗党 好叫我回去

??你说了为什么反攻

:对不起，我胡说。

??你愿意在这个会上还是到群众会上交代

:还是给我留一下。

??为什么拿不得枪。

:因为我没有。

??你的罪恶呢。

:我交了

??你说老实话了没有

:说了

??说了为什么前天晚上说的枪反说没有不说老实话了呢。

c－1－9－19b

c－1－9－19/c－1－9－19a/c－1－9－19b　对刘斌明的问话笔录。关于枪的问题，**1966**年**9**月**7**日。

劉斌明現年52歲河北省昌黎縣泥井公社侯家营
大隊成份中農自幼八歲在本村侯元勲私塾讀書16
歲經家長託人(羅家营)賈紹先找瀋陽小西関豫德店
習商三年後跑外柜以後由王東郊(臨榆縣大蒲港)人領
東開設義泰盛代理店我担任跑外城買賣貨人時为日
寇佔據瀋陽商業統制該號歇業我失業時在1942年我
去岳父家居住在柜幫忙那時日寇徵兵甚嚴經岳丈彭興成託
他族弟彭槐茂找事他在扎蘭屯警察署特務股当警尉給
我介紹布特哈旗公署開拓科開拓股当雇員辦理土地
業務時在1942年6月于1945年日寇投降我又失業因火車不
通于1946年2月通車我携家口回公营岳父家時为祖國人民自
卫軍佔區那時我捲紙煙度生活于1946年4月被国民党匪
軍佔領匪軍勞役征兵甚残按户口要兵那時匪軍新一軍
在公主岺招考青年學生,隊住岳父家房子經岳父介紹因我
年齡大充該隊文書給我開了兵役証我去街公所將户
口消掉該隊開到長春我就辞退時在1946年8月我去
瀋陽也是匪軍佔區勞役征兵很緊要山裡火車不通我找
舊全事王東郊説代理店無事地方不好找後找到叔丈
人彭槐茂他在瀋陽和平區民族街開制服店他的長
女給匪軍後勤部第六補給区司令部軍械處当軍委一
階書記高金載(湖北宜昌)人訂婚經他給我介紹联
合勤務總司令部第22軍械補給庫当庫兵因我寫字
不錯後升文書于1947年1月開駐秦皇島貢港口接轉

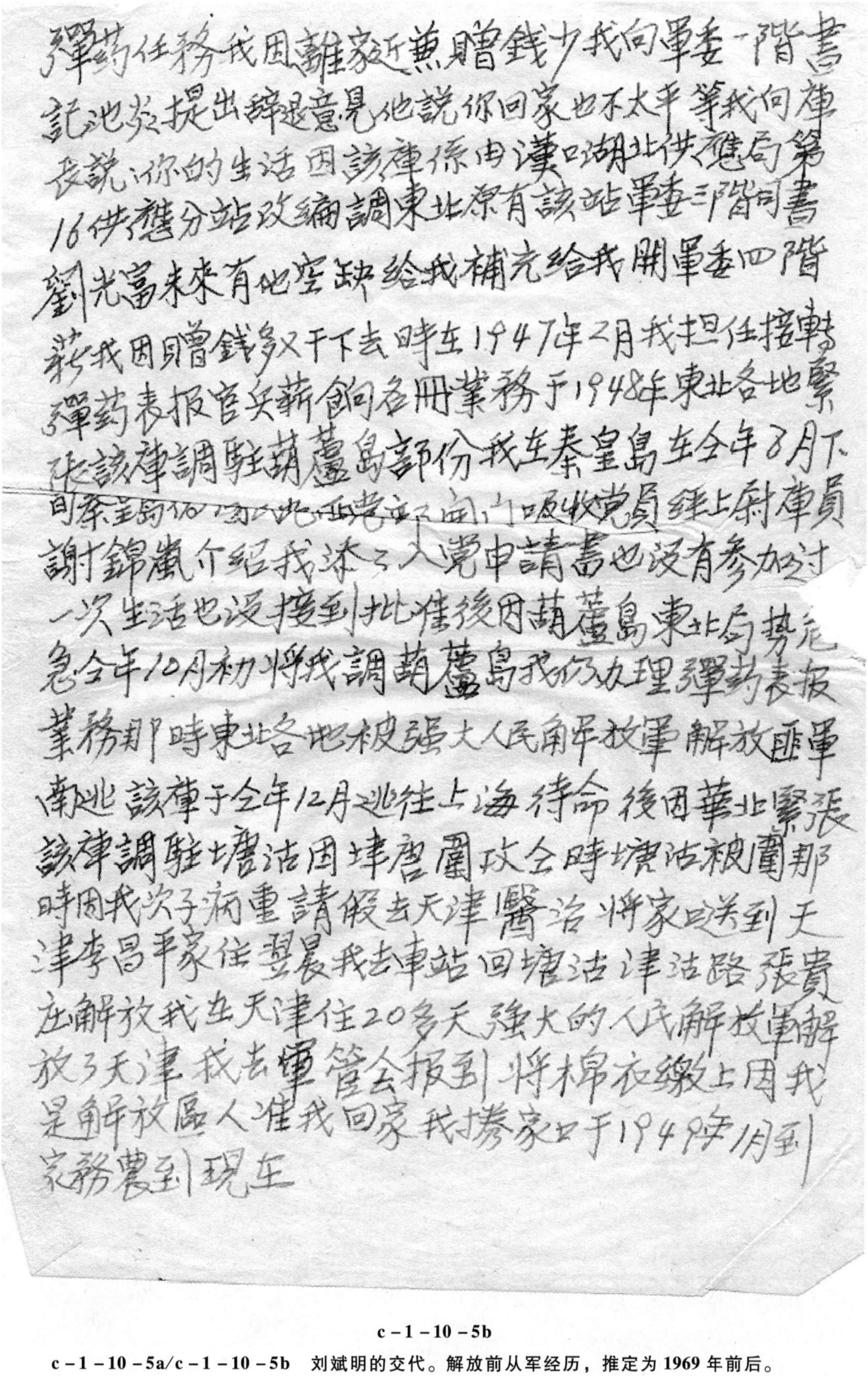

彈药任務我因離家近薫贈錢少我向軍委一階書
記池炎提出辞退意見他說你回家也不太平等我向庫
長說〃你的生活因該庫係由漢口湖北供應局第
16供應分站改編調東北原有該站軍委三階司書
劉光富未來有也空缺給我補充給我開軍委四階
薪我因贈錢多又干下去時在1947年2月我担任接轉
彈药表报官兵薪餉名冊業務于1948年東北各地緊
張該庫調駐葫蘆島部份我在秦皇島在全年8月下
旬秦皇島仍[illegible]吸收党員經上尉庫員
謝錦巖介紹我添了入党申請書也沒有参加过
一次生活也沒接到批准後因葫蘆島東北局勢危
急全年10月初將我調葫蘆島我仍办理彈药表报
業務那時東北各地被強大人民解放軍解放匪軍
潰逃 該庫于全年12月逃往上海待命後因華北緊張
該庫調駐塘沽因津唐圍攻全時塘沽被圍那
時因我次子病重請假去天津醫治將家口送到天
津李昌平家住翌晨我去車站回塘沽津沽路張貴
庄解放我在天津住20多天強大的人民解放軍解
放了天津我去軍管会报到將棉衣繳上因我
是解放區人准我回家我携家口于1949年1月到
家務農到現在

c－1－10－5b

c－1－10－5a/c－1－10－5b　刘斌明的交代。解放前从军经历，推定为1969年前后。

刘斌明自幼商人1942年我在布特哈旗公署開拓科開拓股当雇员办理土地業務春季訂立租地契約秋後有日本人率我去鄉下收地租还有劳務亮协助收地租時由日本人掌管吃要我办理土地账和開收款据1945年日寇投降我失業我在三年裡和日寇全家在一起干了一些不是一個中國人所干的事我没有中國人的味道当了亡國奴还作了敵人的忠實走狗

我在1946年又在偽國民党後勤部第22車械補给庫当兵因我寫字合于文書1947年2月升準尉三等司書抵刘光富名办理操寫業務在1948年8月國民党秦皇島區党部吸收党員我添了刘光富的名入党表後未参加过一次生活会年10月初我調葫蘆島今年12月撤退到上海一個禮拜又到塘沽因我次子有病到天津治張貴莊解放我未能回塘沽在天津住20多天天津解放回家務農到現在

我在歷史上是犯了極大錯误在日寇時期当过日本忠實走狗日寇投降後我不但没有回到祖國懷抱没能認清方向没能和勞动人民站在一起走向正軌反而又当了反动派國民党的忠實走狗作了牠的馴服工具這是背叛党背叛人民的事我應当接受廣大貧下中農批判教育深挖困挖使我從脑子裡肅清舊思想给我貫入新思想

我回到家後蒙政府寬大廣大貧下中農諒解给我從新作人的出路應当接受廣大貧下中農教育才是我唯一出路反而在60年又在扇子上寫舊社会遺毒反动舊詩前期文化大革命运动中经廣大貧下中農批判分析使我認識到極為反动在這次清理階級隊伍又经廣大貧下中農又进一步批判分斷更使我舊社会遺毒從我脑子裡把牠全部肅清流毒貫入新的主席思想

在前天批判我的時候叫我把寫在扇子上的舊詩的將日的認識因我过去当过偽軍官我暴露我的反动思想我說老將来了我还当大官问我你当什么大官我說当省長廣大貧下中農教育我說國民党沒有省長說我誣蔑问我到底当什么大官那時我想國民党反动派牠是美帝國走狗欺压勞动人民作的都是喪尽良心的事無惡不作蔣介石牠是賣國賊牠的作為都不如狗我干牠的事就是狗腿子我說我当狗長我這個說法極端不對我應該虚心接受廣大貧下中農批判教

育低頭認罪痛改前非從新作人

我是舊社会出人自幼出生於剝削家庭念書後去外學買賣為了升官發財在日偽時期我干了对不起勞动人民的事又在國民党反动派干了背叛党背叛人民的事在解放前我染有舊社会流毒解放後我回到家種地有發生困难的時候我想过去我的生活以後又經过吃食堂又兼家庭问題個人腦子裡受了巨創那時思想惡化經过四清教育孩子们都長大了國家形势越来越強富社搞的一年比一年好起来隨着社会的轉變個人思想好轉我想到以前的舊臭思想是妄想那是暗無天日的社会三座大山壓在勞动人民頭上的黑暗世界现在我们有光榮正確的党英明偉大的毛主席領導推倒三座大山建設社会主義祖國新農村

今後保証讀主席的書听主席的話照主席的指示办事剷出舊思想樹立新思想徹底改造自己的資產階級世界观樹立新的无產階級世界观緊跟偉大領袖毛主席戰略部署向貧下中農學习一定把舊思想從我腦子肅清決不負廣大貧下中農的热情幫助虛心接受批判教育痛改前非從新作人和貧下中農團结一道誓把无产階級文化大革命进行到底

c－1－10－5d

c－1－10－5c/c－1－10－5d　刘斌明的交代。解放前工作、从军以及扇子题诗等问题，欲痛改前非、重新做人。推定为1969年前后。

首先我们敬祝我们心中最红最红的红太阳我们最最敬爱的伟大领袖毛主席万寿无疆万寿无疆万寿无疆

刘斌義的经歷

本人自11岁入泥井小学是1922年

1927年旧正月入昌黎县立师範讲習所学習至1928年12月底毕业当在1928年11月中旬在师範讲習所学習的时候本人曾加入过国民党组织情况是这样的当时張作霖在北京作大元帅的时候南北不通一这国民党的组织是经师範讲習所所長馬夢花从乐亭带来的在师範讲習所發展我当时是在家因病未在学校1928年11月中旬因急忙毕业考试我回到学校在当时学校国民党组织已经發展完了馬夢花打着掛羊头賣狗肉的招牌问我你入不入我说入他就给我一个表我添了以后因忙于毕业考试我也就不问不闻了至1928年12月就离开了学校1929年国民党在昌黎公开了成立了县党部我也未去过也没有人找过我从此永远一刀两断了至於国民党党证问题我确实没有見着我不是隱瞒不现出来再说我隱藏国民党证我还为无用1946年蒋匪来到咱这里的时候我和蒋匪就一点连代也没有 再者我们学校入国民党的有郭天民蒋荣禄李春茂芦子陽因为我们在一个屋住至刘深和他入过没有我不清楚再有关於咱村有谁入过伪国民党组织我更是不清楚

2.

1929年2月至1929年6月我在樊各庄張庄教书本人年18岁

1929年7月至1932年6月在昌黎县立初级中学上学本人年18—21岁

1932年7月至1935年6月在唐山丰滦中学上学本人年21—24岁

1935年8—9月在唐山県丰滦中学当代理教员

1935年10月至1935年底在施家坨当教员本人年24岁

1936年2月至1936年12月在东洋口教书本人年25岁

1937年2月至1937年12月在宁泗涧教书本人年26岁

1938年2月至1938年12月在崔家坨教书本人年27岁

1939年一二三月在家三月末去濮阳和侯元赞同伙买卖跑乱一年本人28岁

29岁

1941年2月至1941年6月在虹桥教书本人年30岁

1941年7月至1942年6月在小蒲河教书本人年31-32岁

1942年7月至1943年6月在東韩庄教书本人年32—33岁

1943年7月至1944年9月在李村当民兵指导员本人年33—34岁

当时民兵工作是地下工作以破坏公路为主我曾经和庄里的

李有三齐侯同赵鸿逵等三次夜间破坏荷村西公路阻止

日寇进攻解放区以上三个同志在50年时候我知道他们有

在地委的有在省委的现在我不道他们在那里

1944年10月至1945年3、4月间经地委李有三介绍在泥井任中学校

长当时的工作是大力发展夜校宣传减租减息每日按时送情报

c-1-3-3a

3.

同时我让咱村儿童们很好的上学为了办好咱村的夜校我自己用车从涧井拉来了35套桌凳两套办公桌这是1944年秋后的事情 1945年5月间伙会在涧井成立了据点我也就离开了涧井学校紧接着咱村日本鬼子也安上了据点万恶的萧惠生他勾结特务们说我通八路找我抓我我当时只好在会界地一带躲避刚刚盼到日寇投降了万恶的国民党反动派又来了我更是遭遇不堪的生活不敢在家终日躲敌情但我始终没有和祖国的同志们失断连结，李有三赵鸿运经常同夜间来我家探听敌情我曾夜间向西边走过几次我在46年47年48年三年中曾遇到过生命危险第一次是在一个冬天的起早未得跑走被敌人抓住了绑在西坑冰上摘去我的皮帽脱去我的棉鞋遭受一阵毒打第二次又是一个冬天大雪后的早晨咱们区小队9人连结着在北洼咱敌背一会敌人去洞了有4.5百人我和区小队同志们说咱走吧他们太人多同志们不听坚持战斗后来一个同志腿受伤了不能走我和魏宝珠轮流背着这个同志从侯鹤鸣家侯金梁家穿过向东南跑敌时枪子像下雨似的头上脚下乱飞幸赖当天起了大雾目标不准确的情况下才得脱险幸

4.

三次也是在冬天的一个起早伙会正询了我未能跑了被抓住了把我绑在侯永俭的大门口脱了我的棉裤跪在地上审讯问那几个可恶的伪军用刺刀对着我的胸前背后正在危机万难幸赖有侯永俭前来苦苦给求情性命危险才得免去但腿部还刺了一刀现在还有伤疤至于我参加破坏铁路工作的时候同志们在滦河大桥左右遭受敌机的扫射我是在虹桥给同志们作饭我未有遭受敌机扫射的危险

1949年二月至1955年二月在佗井教书本人年38—44岁

1955年三月至1957年6月在刘林子教书本人年45—49岁

后因病经医生诊断批准在职休养两个期经因身体难以工作请求退职回家

再有我家漏粉吃饭的事情情况是这样的当时漏粉的人是刘德门我有本队的陈仗侯全業張秀和侯增瑞漏的吃的是抹米干饭二斤肉还有酒他们大家在一起吃的同当时我的病吃不了那样饭我也未跟着吃同时咱村是漏粉的各户都管饭所以我和侯守衡二家在一起管的饭这是事实根据以上革命群众们给我什么批判我完全接受

5.

再有我半年来没有上班参加劳动实在因我有病在分红前因无钱治只好等着分红后我诚心把病治好再上班曾经泥井卫生院李王顾韩等医治从去年秋后多次向泥井衛生院去這不但是咱村人看見到的泥井人也有見到的但始终也未痊愈我才在今年又转到昌黎县人民医院中医西医诊治分红钱化光了我又卖了一个猪治现在又把猪钱化光了也不見痊愈自己知道自己家庭成分不好个人又有歷史问题应该好好参加劳动改造自己但因病不能作到这还得请革命群众宽容我

再有关于那日夜间批判我说反党话的问题了实是这样的起始大家批判我以后让我背老三篇我是这样背的我们伟大领袖毛主席教导我们说领导我们事业的核心力量是中国共产党指导我们思想的理论基础是马克思列宁主義第二段我也是这样背的我们的伟大领袖毛主席教导我们说我们应当相信群众我们应当相信党这是两条根本的原理如果怀疑这两条原理那就什么事情也做不成了第三段我也是这样背的我们伟大领袖毛主席教导我们说政

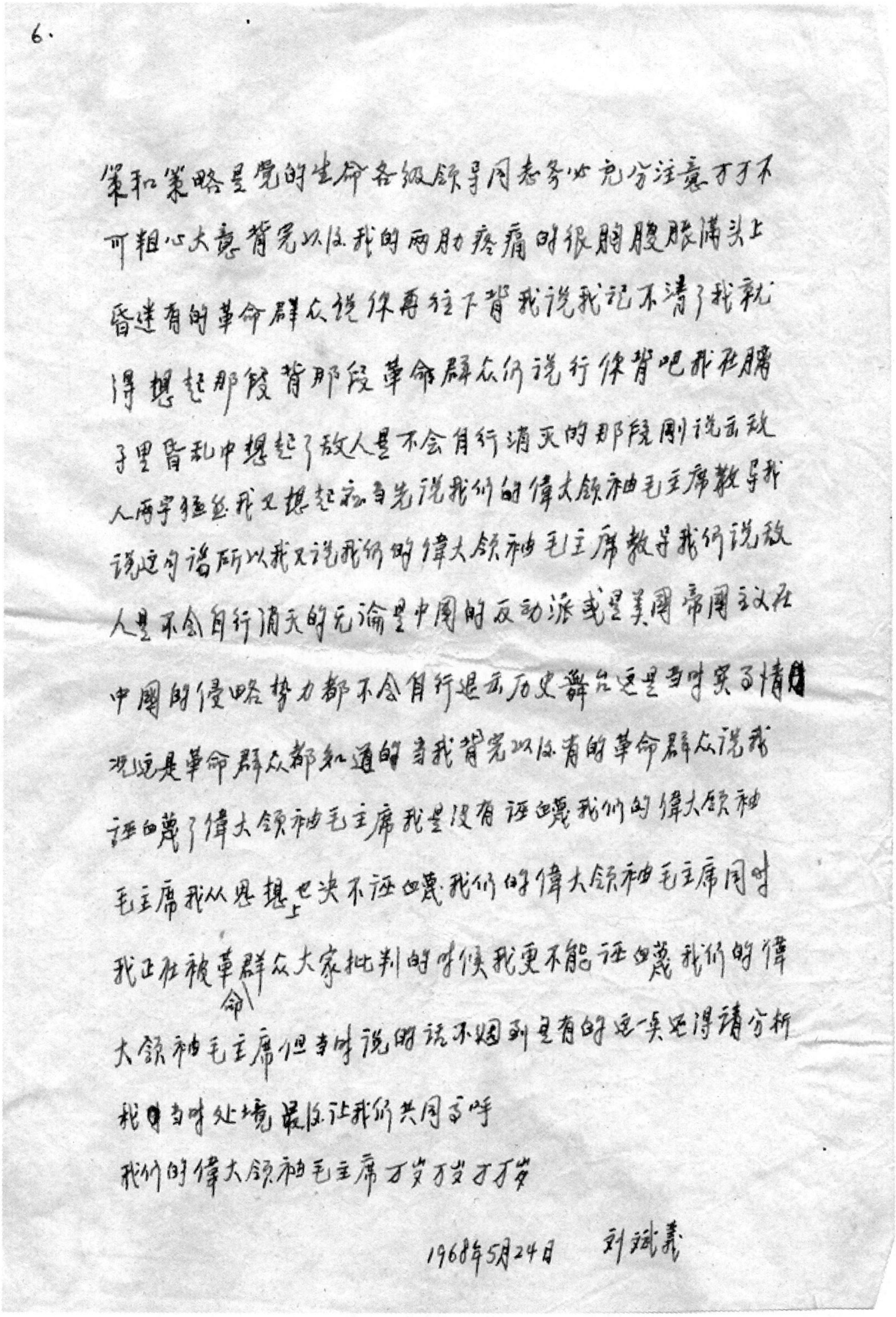
6.

策和策略是党的生命各级领导同志务必充分注意万万不
可粗心大意背完以后我的两肋疼痛时很胸腹胀满头上
昏迷有的革命群众说你再往下背我说我记不清了我就
得想起那段背那段革命群众们说行你背吧我在脑
子里昏乱中想起了敌人是不会自行消灭的那段刚说敌
人两字猛然我又想起应当先说我们的伟大领袖毛主席教导我
说这句话所以我又说我们的伟大领袖毛主席教导我们说敌
人是不会自行消灭的无论是中国的反动派或是美国帝国主义在
中国的侵略势力都不会自行退出历史舞台这是当时实际情
况这是革命群众都知道的当我背完以后有的革命群众说我
诬蔑了伟大领袖毛主席我是没有诬蔑我们的伟大领袖
毛主席我从思想上也决不诬蔑我们的伟大领袖毛主席同时
我正在被革命群众大家批判的时候我更不能诬蔑我们的伟
大领袖毛主席但当时说的话不周到是有的这一点也得请分析
我当时处境最后让我们共同高呼
我们的伟大领袖毛主席万岁万岁万万岁

1968年5月24日 刘斌義

c－1－3－3e

c－1－3－3/c－1－3－3a－e　刘斌义的个人经历。加入国民党，于各地中学任教，背“老三篇”，1968年5月24日。

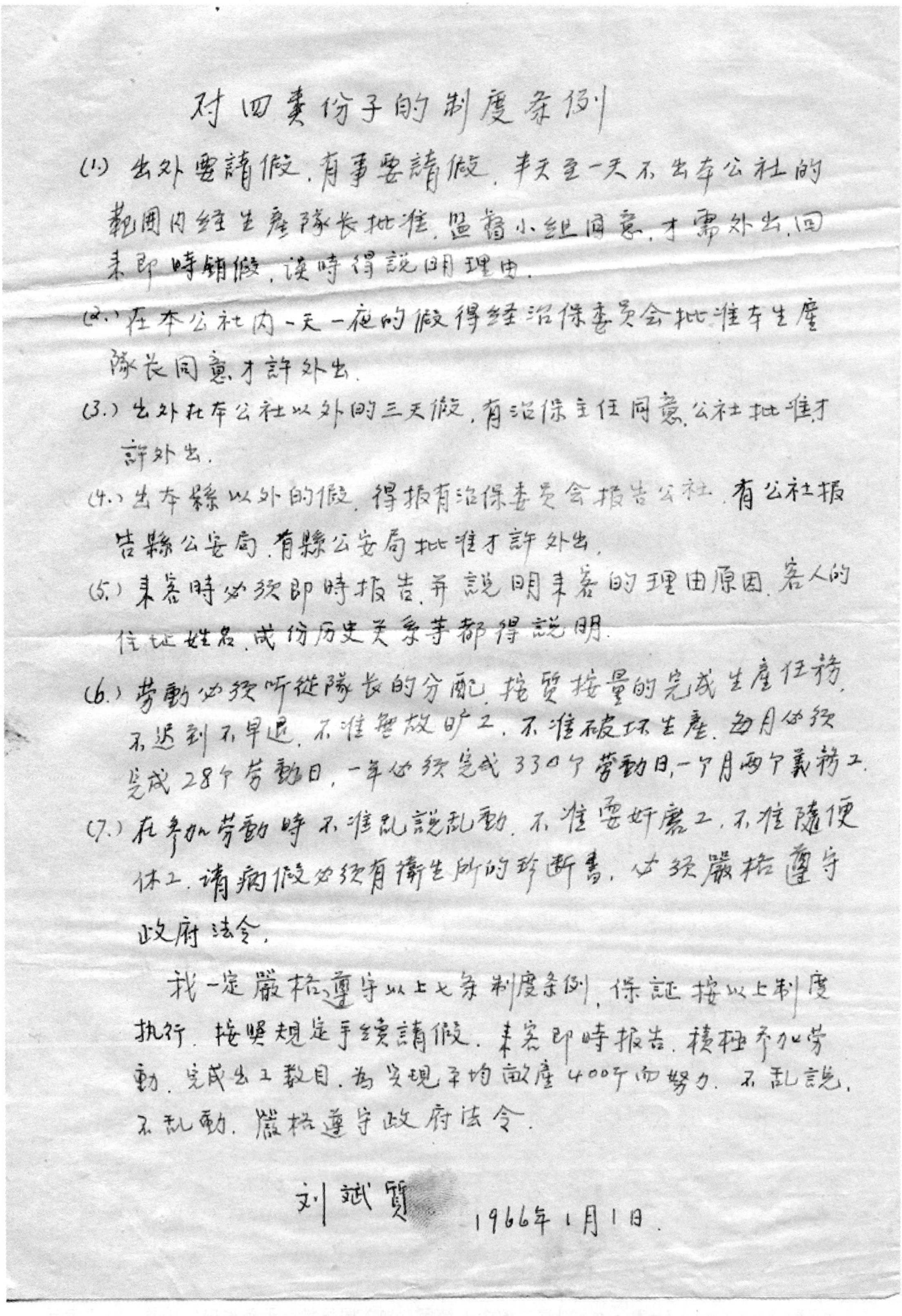

对四类份子的制度条例

(1.) 出外要請假，有事要請假，半天至一天不出本公社的範围内经生產隊长批准，监督小組同意，才需外出，回来即時销假，談時得説明理由。

(2.) 在本公社内一天一夜的假得經治保委员会批准本生產隊长同意才許外出。

(3.) 出外在本公社以外的三天假，有治保主任同意，公社批准才許外出。

(4.) 出本縣以外的假，得报有治保委员会报告公社，有公社报告縣公安局，有縣公安局批准才許外出。

(5.) 来客時必须即時报告，并説明来客的理由原因，客人的住址姓名，成份历史关系等都得説明。

(6.) 劳動必须听從隊长的分配，按質按量的完成生產任務，不迟到不早退，不准無故旷工，不准破坏生產，每月必须完成28个劳動日，一年必须完成330个劳動日，一个月两个義務工。

(7.) 在参加劳動時不准亂説亂動，不准耍奸磨工，不准隨便休工，请病假必须有衛生所的珍断書，必须嚴格遵守政府法令。

我一定嚴格遵守以上七条制度条例，保証按以上制度执行，按照规定手續請假，来客即時报告，積極参加劳動，完成出工數目，為实現平均畝產400斤而努力，不亂説，不亂動，嚴格遵守政府法令。

刘斌質 1966年1月1日

c－1－11－1　对四类分子的制度条例。共7条，刘斌质，1966年1月1日。

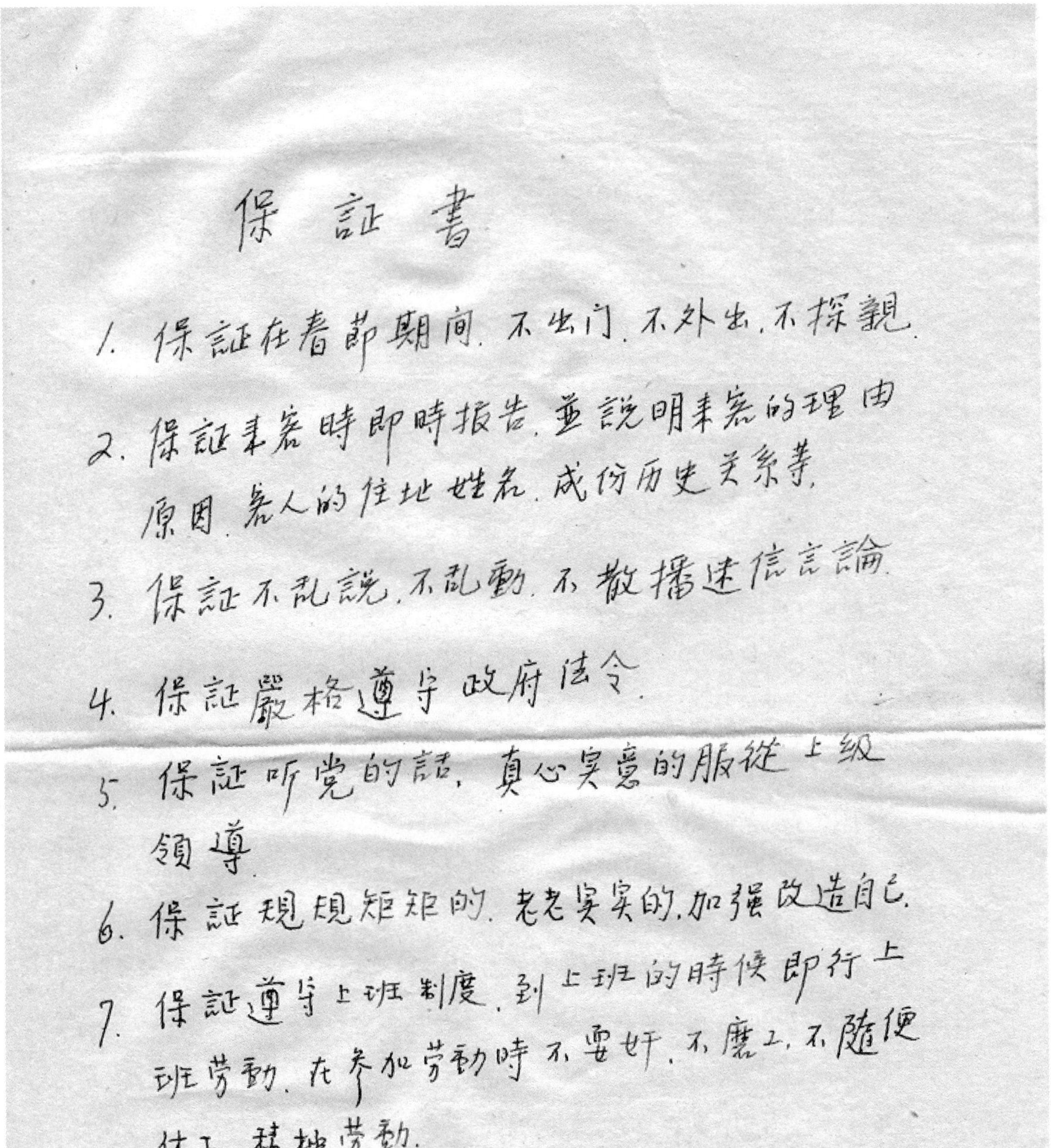

保証書

1. 保証在春節期間，不出门，不外出，不探親。

2. 保証来客時即時报告，並説明来客的理由原因，客人的住址姓名，成份历史关系等。

3. 保証不乱説，不乱動，不散播迷信言論。

4. 保証嚴格遵守政府法令。

5. 保証听党的話，真心实意的服從上級領導。

6. 保証規規矩矩的，老老实实的，加强改造自己。

7. 保証遵守上班制度，到上班的時候即行上班劳動，在参加劳動時不耍奸，不磨工，不随便休工，積極劳動。

刘斌質

1966年1月18日

c－1－11－7　刘斌质关于在春节期间行动的保证书。共 7 条，1966 年 1 月 18 日。

個人履历及個人检查

刘斌贺男年令56岁家庭成分地主本人成分教员，現住泥井人民公社侯家营村，我從小8岁入本村初级小学讀書，14岁初小毕业，入昌黎县高级小学校讀書二年毕业，考入昌黎县滙文中学校讀書六年毕业，高中毕业后，即到学校作教员工作。

1933年冬季經友人介紹到小蒲河村养正小学任教员半年，1934年1月由昌黎县教育局介绍到郑家林子村任初级小学校教员一年半，1935年7月又由教育局介绍到安山镇完全小学校任高级教员，在这学校任教员四年，1939年冬又由友人介绍到偽昌黎合作社聯合會工作一年，作書寫和变賣等工作，1940年冬泥井偽大鄉在泥井成立完全小学校，我又在偽昌黎县教育局考取，於1941年2月任泥井鄉完全小学校任教校长，半年后因鄉校不合，教育局把我轉調王庄营小学校任校长四年后，1945年回家，不久又到泥井小学校任教员，1946年又在本村任初级小学教员，1947年、1948年因时局不定有时在泥井教書，有时在家和在本村教書，1949年土改后由人民政府派我在本村任初级小学教员，1949年8月由耿立介紹我到北京市立東公街小学校任高级班教员，半年后1950年2月北京市文教局看我很積極，介任我任北京市立普濟寺小学校长，一年半又轉回東公街小学校任高级班教员，於1952年2月我又回家，回家后不到半月由昌黎县人民政府文教局派我到昌黎县第二完全小学校任教导主任，1952年8月又轉任虹橋小学校教导主任，1953年2月又轉調我任泥井完全小学校长，到1954年6月被撤職回家劳動生產，1956年参加农业生產合作社，開始在农业生產合作社劳動一直到現在。

c－1－11－10

我在以上的过程中自己所犯的错误罪恶根本作以下的检查。1947年国民党反动派来到泥井成立保甲，又成立泥井保镇公所，镇长肖贵生，副镇长李静峰。又在泥井成立学校，副镇长董桂峰叫我任泥井小学校长，我便答应任泥井小学校长，办理筹备开学事。在这个过程中董桂峰向我谈说他是泥井镇反共同盟会的领导人，叫我也参加反共同盟会，我便答应参加了。他又叫我找信得过的人参加这个反动组织。我找来陈占祥和管账人侯文盛二人同他们两人一谈，他们两个人也参加了。我们便在董桂峰乡长的面前的申请书上盖了章，从此即正式参加入了反共同盟会。过了几天董桂峰见了我对我说，现在反共同盟会分三两个组，把我分在宣传组，侯文盛、陈占祥也在宣传组，另外还有保卫组。问我谈了这个以后董桂峰未进行具体工作也没开过会，泥井就解放了，国民党军队和镇公所都跑了，一共他们在泥井还不到一个月，未及开学就又散了，所以未进行啥反动工作。这是我极大的罪恶。

1951年泥井村人李富田（那时他是李[illegible]）了反革命分子，他怕政府对他镇压，他便偷跑到天津李富年那去藏着住了不多日子，又跟李富年他个偷到北京去住在北京前门外一个皮铺里。在这时期我在北京东四小学教书，家也在北京住，李富田就常到我家去。他对我谈隐瞒的事情，叫我给他找点工作，当时我没认清他是人民的敌人，便托张维耀给他找工作。当时张维耀在北京市建筑工程公司工地任工会秘书。主要是我人也早认识李富田，就答应给他找工作。不几天找到北京市建筑公司第工地当一名伙食员，干了三个月因工地停工，李富田就不干了，又回到皮铺住着。但我也是不行，他就想去做个小买卖，住在一个小店里边。正当这时我们学校放寒假，我就家来了，不知他以后怎样。这是我隐瞒反革命份子的极大罪恶，不但不报告政府反而隐瞒，实是严重罪恶。我和张维群、维安向派出所写过一次信报告，也是不真诚的，把他保护住。

1953年我在沈中当校长的时候，我女儿刘晓莲到沈阳去念学，我给她转户口，向我村治安员陈兴周以拉拢，转户口当了我女儿写成中农成分，这是我的极大罪恶。

我参加农业生产合作社后在劳动方面不好，不爱劳动，为了逃避劳动有时跑到北京我儿子那去住着，或者跑到我女儿那去住着。在那时我不但不积极参加劳动改造自己，还逃避劳动，实是罪恶严重，这也是我对社会主义不满的表现。

我利用我的侄子侯玉堂的职权，记得有一次我挂账的时候不好好挂账，现在都不缴钱也把我保住，还利用侯玉堂给我多买东西。在1965年他给我买过两次肥田粉，一次二斤，一次七斤，是严重的罪恶。在1962年我托侯玉堂给我多买白菜，侯玉堂就托冯臣明给我家从侯家营大队买白菜200斤，还要的不止200斤还多些，我要了冯臣明叫我给了大队10元钱，那时社员都买不着白菜，白菜是很贵的，我用低价买来，内中有极大剥削行为，实系罪恶严重。

1963年我女儿结婚的时候我拉拢干部，请干部到我家吃饭，我请来的有王永金、侯元勤、侯文焕到我家来吃饭，这是我拉拢干部的手段，严重罪恶。还给人家上礼，侯文焕娶儿子媳妇我给人家上礼了元钱，还借给过侯文焕钱15元（？），还借给过侯大秀10元钱，这都是我拉拢干部的极大罪恶。

1962年在大队四生产队团长作场所，跟着侯大任、侯大四

3

c－1－11－10b

等事我家问我说要用我家的房子作生产队场所，我便答应他们
在我这里作生产队。当时四队就往我这里拉了些粱草先放在
这里。这时候我隆住的侯文相知道我这里生产队要住，他就
要买我的房子。他对我说你这房子不如卖给我，生产队在这住
多不好，你用钱买些零碎的房子。要了不卖怎么。又对我女人说
你们让生产队住，将来队里死个牛也说是你们害的呢，当下
我的思想就麻意变了。我对侯文相说村里就叫卖房，他说你
向书记说说去。我就到王永会家去说。王永会说要你侯文相
好，他是军属要照顾他们。我说四队已经把粱草拉去了。王永会
说那你不用管，我叫他们拉回去。侯文相便托刘福相作中人
[illegible]写文书是在侯文相家，王永会，侯文俊，
侯作价430元，这样就卖了
侯文勤都在那吃的饭。[illegible]这样我把房子卖了，不叫生产队住，
是不相信集体利益的表现，也就是破坏集体利益，是个极大罪恶。

1947年8月间我又到[illegible]国庄党[illegible]城库去找刘诚明，当时
刘诚明是华城库的秘书，给他报仇。刘诚明过了几天就来到吕
家[illegible]我父住的那里，在吕家北街西城墙根下一间门房内，[illegible]的两
间屋取西边的两间住的是房东人刘树森。那天我父先给我捎
来的信叫我也去了，我先到了不大一会，刘诚明就到了，到屋后说了几句
见面的话以后便问咱村现在情况怎么样[illegible]咱们侯家营村情况，要说
斗争[illegible]是谁当村干部，当时在屋的人就是我父，刘诚明，我和我
爱人。我父首先说咱村的坏人多，应当报仇杀些他们，就提出来
首要的是侯永平，侯金锁，侯焕等人，当时我也带和咱们[illegible]，他就[illegible]

4.

c－1－11－10c

会的时候抵咱们的粮食，以后还和若贵华有仇，他是最恶的人。现在他已经指二大队代表，赵连营把黄也杀了，不如就把他也给杀掉算了。刘诚明说可以。我给他说行。于是我又就和刘诚明计划出去，用刘诚明的势力把黄世荣要出来，要出来后就半把他带到中堡东边北大河沿接杀了。计划作好后，先叫刘诚明和我到国民党部先去不叫孔子明当保长的事。刘诚明和我就先到县里的民政科去找，民政科没管，我们就到国民党部去找，见到了国民党部书记长同心年，见面后刘诚明先把自己介绍一下说他是秦皇岛军械库的在那任秘书。刘新生我给又刘诚贯是我弟。随后就说我们来是为了侯家营村保长的事，孔子明当侯家营村保长不相当，这人不好，不愿叫他当保长，应立把他取消。同心年说这事好办，我给他们秘书和所叫他们和你们联系。他只要交手书事。谁当保长不是一样呢。刘诚明说不行，无论怎样你给办办吧，同心年说我一定办好。说了几句就出来，我们就回来了。回到了我又住的那里，下午刘诚明侯永正去了，我又跟他们说明了杀黄世荣的计划。随后刘诚明侯永正到二大队要黄世荣。刘诚明依靠自己的势力向二大队说明你们要把黄世荣放了，那是不可以的。他是他们八路军办事的，也就是八路，放八路是不行的。等说二大队不得不把黄世荣交给刘诚明。第二天起早约四点钟，刘诚明带着三个人，身穿便衣佩带武器，把黄世荣带到中堡东北大河沿杀害了。

5

c－1－11－10d

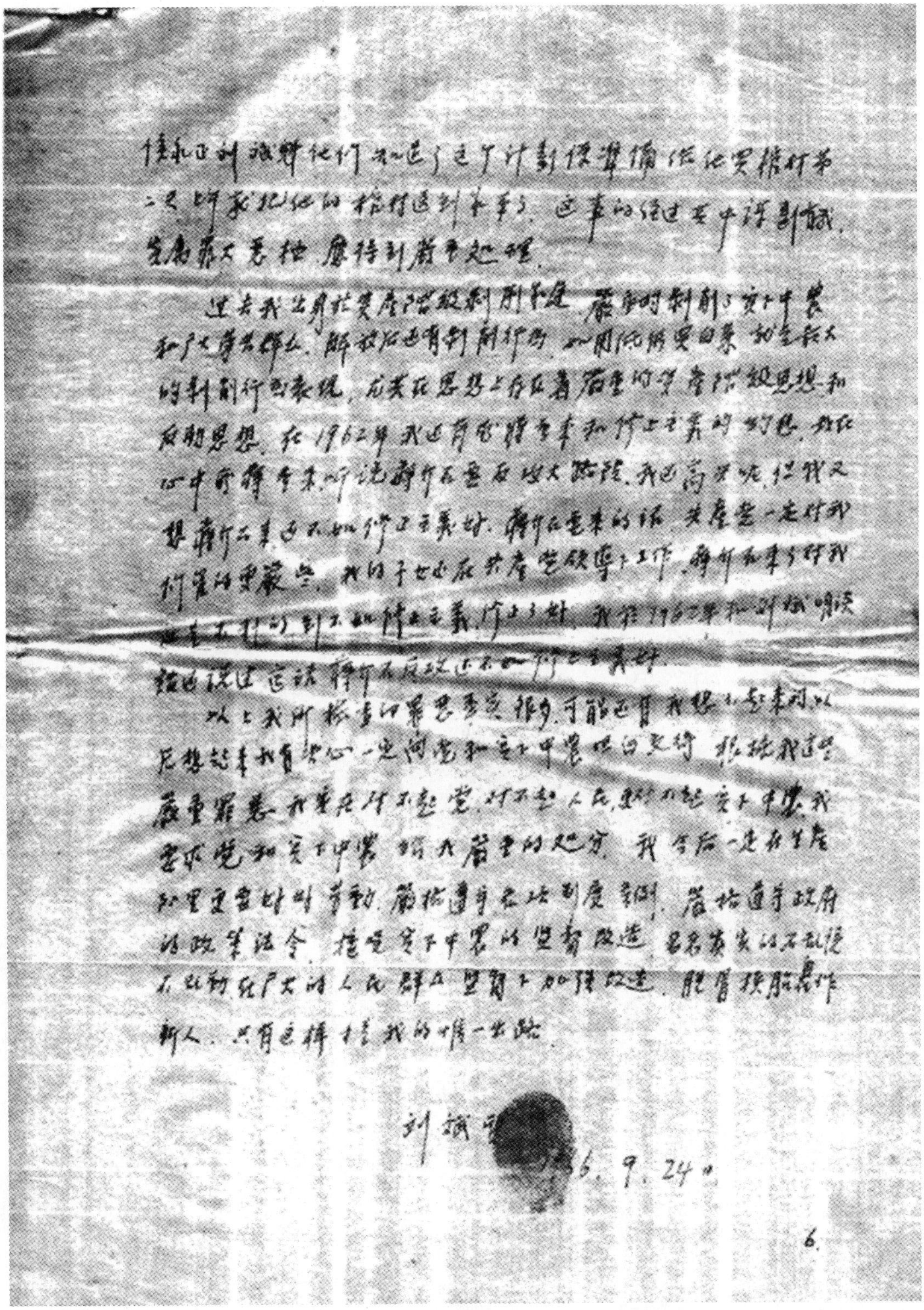

使和正刘斌轩他们知道了这个计划后准备给他买棺材第二天叫我把他的棺材送到[illegible]了。这事的经过要中证刘斌[illegible]，应得到严肃处理。

过去我出身于资产阶级剥削家庭，解放时剥削了贫下中农和广大劳动群众。解放后还有剥削行为，[illegible]的剥削行为表现。尤其在思想上存在着严重的资产阶级思想和反动思想。在1962年我还有[illegible]和修正主义的思想。我在心中[illegible]不要反对大跃进。我也[illegible]，但我又想[illegible]不如修正主义好。[illegible]的话，共产党一定对我们管的更严些。我的子女如在共产党领导下工作，[illegible]不如修正主义好。我在1962年和刘斌明谈过这话：[illegible]修正主义好。

以上我所检查的罪恶事实很多，可能还有我想不起来的，以后想起来我有决心一定向党和贫下中农坦白交待。根据我这些严重罪恶，我实在对不起党，对不起人民，对不起贫下中农。我要求党和贫下中农给我严重的处分。我今后一定在生产劳动里更要好好劳动，严格遵守农场制度条例，严格遵守政府的政策法令，接受贫下中农的监督改造，老老实实的不乱说乱动，在广大的人民群众监督下加强改造，脱胎换骨作新人。只有这样才是我的唯一出路。

刘斌质

1966.9.24

6.

c-1-11-10e

c-1-11-10/c-1-11-10a-e　刘斌质的个人履历及个人检查。涉及参加反共同盟会、包庇李富田、白菜问题、拉拢干部、房子问题、杀费世荣等事，1966年9月24日。

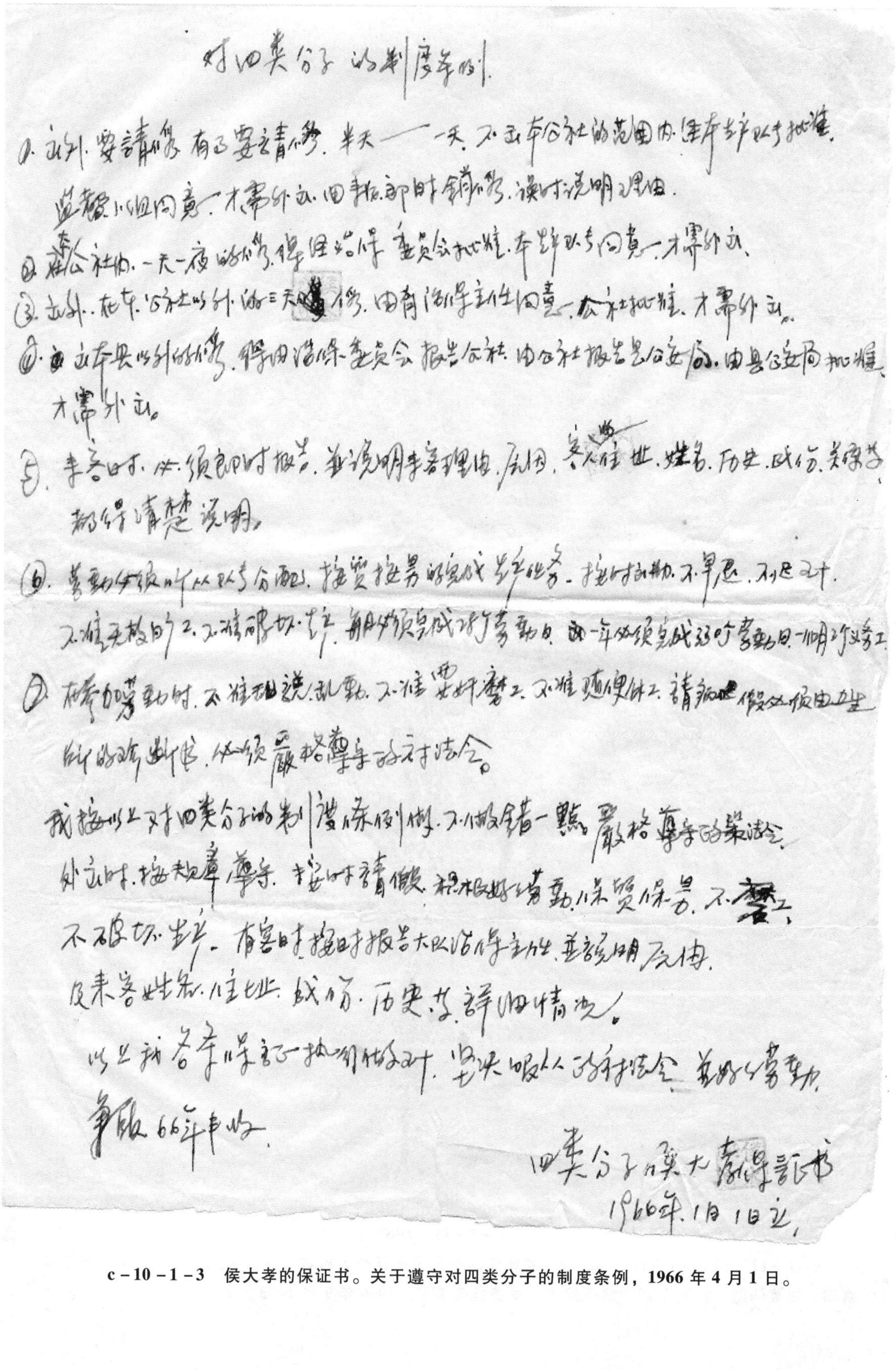

对四类分子的制度条例

1. 出外要请假，有事要请假，半天——一天，不出本公社的范围内，经本生产队长批准，监督小组同意，才需外出，回来即时销假，须说明理由。

2. 在公社内一天一夜的假，须经治保委员会批准，本生产队长同意，才需外出。

3. 出外，在本公社以外的三天假，由治保主任同意，公社批准，才需外出。

4. 出本县以外的假，须由治保委员会报告公社，由公社报告县公安局，由县公安局批准，才需外出。

5. 来客时，必须即时报告，并说明来客理由，原因，客人住址，姓名，历史，成份，关系等，都得清楚说明。

6. 劳动必须听从队长分配，接受按劳完成生产任务，按时出勤，不早退，不迟到，不准无故旷工，不准破坏生产，每月必须完成[illegible]个劳动日，全年必须完成[illegible]个劳动日，一个月[illegible]义务工。

7. 在参加劳动时，不准胡说乱动，不准要奸磨工，不准随便休工，请假必须由出工干部批准，必须严格遵守的法令。

我按以上对四类分子的制度条例，不做违背一点，严格遵守的法令，外出时按规章遵守，按时请假，积极好劳动，保质保量，不磨工，不破坏生产，有客时按时报告大队治保主任，并说明原因，及来客姓名，住址，成份，历史等详细情况。

以上我各条保证执行好了，坚决服从人民的法令，并好好劳动，争取66年摘帽。

四类分子侯大孝保证书

1966年1月1日立

c-10-1-3 侯大孝的保证书。关于遵守对四类分子的制度条例，1966年4月1日。

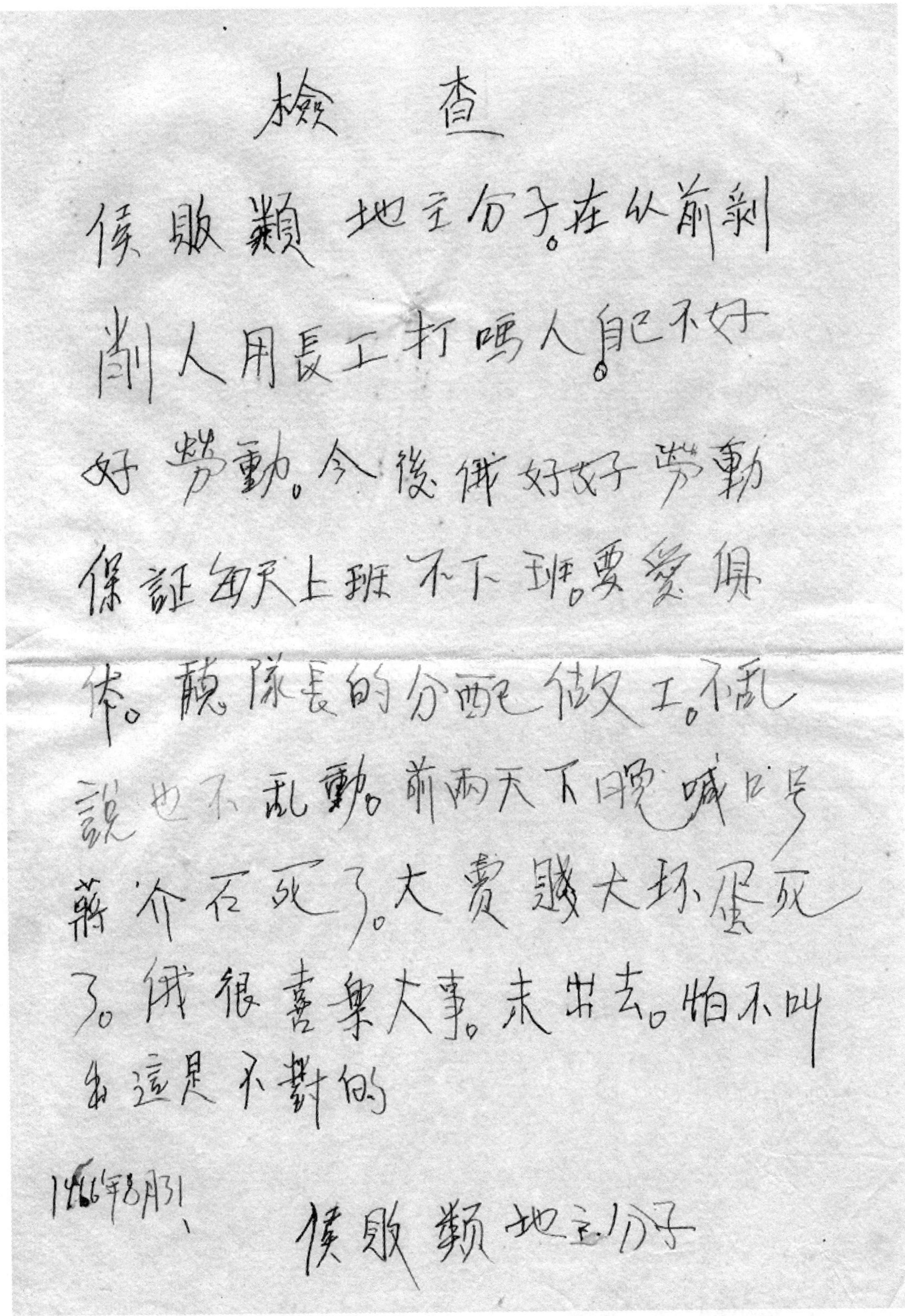

檢查

侯敗類地主分子。在从前剥
削人用長工打罵人。自己不好
好勞動。今後俄好好勞動
保証每天上班不下班。要愛俱
体。聽隊長的分配做工。不亂
說也不亂動。前两天下晚喊口号
蔣介石死了。大費賤大坏蛋死
了。俄很喜集大事。未出去。怕不叫
去這是不對的

1966年8月31、

侯敗類地主分子

c－10－1－3a　侯大孝的检查。1966年8月31日。＊字句不通顺。自称“侯败类地主分子”，蒋介石死了，未出来与大家一起大喊庆贺。

对四清复查认识。

通过四清复查以后，又在党和广大贫下中农的积极努力下，在阶级斗争中纠出来了富农分子刘万臣，和反革命反党反社会主义分子刘彬相，极其一家人反革命集团，这说明广大贫下中农的眼睛是亮的，是正确的。

刘彬相这个二流子，确实是个反革命分子，对党对社会主义不利。要不把他斗倒、制伏，他是不甘心死亡的。他们（以刘万臣为首）这一家反革命分子，老想走资本反攻路，从新剥削人，骑在人民头上。所以刘万臣大肆的反党反社会主义，各处造谣生事，进行反革命复辟。以下他的二儿子、三儿子、四儿子、二女儿，也进行反革命活动，向党开对头车。特别是他四儿子刘彬卿，仗着自己是大学生，进行反革命反党活动，把毒箭指向党中央、毛主席。这些他们是恶劣的，犯了反人民的罪恶的。广大的贫下中农眼睛是亮的，在党的领导下，在工作队的帮助下，彻底的把他全家人反革命分子纠了出来。特别是两次斗争、说理大会，充分的说明，只要他们反党反人民，不老实和人民为敌，究根到底是死亡的，是自取灭亡的。也告诉我们，教训我们一切要改造的人，只有老老实实劳动，接受改造，不要乱说乱动，要开始努力走社会主义方向、道路，才是我们唯一的出路，才是我们从新做人的机会。我坚决要说到做到。

地主分子侯大孝 7.27

c－10－1－3b　侯大孝对四清复查的认识。以刘万臣一家作为反面典型，1966年7月27日。

首先敬祝我们心中最紅最紅的紅太阳毛主席万寿无疆、万寿无疆、万寿无疆、

最高指示

凡是錯誤的思想、凡是毒草、凡是牛鬼蛇神，都应該进行批判，决不能让它们自由泛濫、

我今年四十八岁，家庭成份贫农，本人出身历史反革命，我在九岁上學十九岁，在梁亭进修中學一年級畢业，高小在梁亭第一完小，小學后在中阜莊教初小半年，1942年在后馬坨初小教上半年，1942年下半年至1943年上半年在姜各莊南黄湾分校任教一年，1943年11月份，泥井伪大乡叫我去唐山受訓，受訓期間每月補足20元錢，回来后在大乡训練棒子队，我在唐山受训三个月，地址在开滦中學院内，名称叫冀东道特别青年训練所，是一个日本人主办的，名子叫柿島昌力，是去四十名學员，由伪新民会股长芦泽民代队，每人发一枝大槍，在唐山受训时，上午在课堂听区队长報告，内容是怎样組織起来棒子队和反对共产党八路軍的事情，下午軍事训練，三个月后到开平实习，成立一个开平臨时办事处，主任是王开玹，把开平附近的村子都組織好了棒子队，棒子队站崗放哨，每天都給开平办事处送情報，三个月后回高力，回来后各大乡都撤銷，就把我们按排在伪新民会当雇员

担任河城关镇的棒子队。到当年10月間，昌力成立两个办事处，虹桥設一四五区办事处，蛤鋪是三二办事处，我在第二工作班，担任情報敵工組。工作班长丁振凱（昌力伪新民会股长）保定人，組織組长史崇倫，（城东楊窪村）組员史崇智（楊窪人）宣傳組长王維，城西建安一代人，組员王伴子，名子不详，（伪新民会人员）情報敵工組员赵宝林，（昌力西关人）总务組长畢志昌（昌力东关人，另外有个姓赵的（名不详）伪新民会的人员 每人代手槍一支、大槍一支。

我在工作班的罪恶事实：

1944年冬在虹桥駐防时，东至刘李庄，南至侯家营，西至犁湾河，都去过这些村子，来过一次赵家港、崔家坨、陈官营、侯家营，有一个保安队分队配合，到各村后有班长讲的话，内容是虹桥办事处成立了，你们赶快交去来八路軍时給虹桥送情報。

我们工作班去过两河村刘樹惠家，封过人家的门，叫同院的人給刘樹惠捎信，叫他赶快回来，别当八路軍，回来负責任給他由北方面接排工作。（刘樹惠参加八路軍，他老婆叫张樹之，我瓦解过我们革命干部）。

我打过犁湾河的乡丁。（名子不详）

我在常庄驻防时抓过董营一个姓戴的人和他的外甥。

b－5－94a

打过姓戴的，后来送到伪县政府，把这两人押了十几天就放出来了。

我打过常并维持会一个管帐的，打过人家两个耳光子。

我们工作班在樵夫山村吓虎过一个当八路军的家人，抗属，赶快把你儿子叫回来，不然的话，要你的老命。

我们工作班截过背大米背猪肉的小贩，大米有一百左右斤，猪肉有四五十斤，我们给吃了。

我溜伪保长们打牌抽头两次，共抽四十元左右。

到1945年8月15日，日本宣布投降后，伪县政府下令，工作班撤回城里，到城里后，手枪、大枪、子弹、枪们由丁振凯班长交给伪县政府，把我们召集一齐，开了个会，就各回各家。我当时在我亲戚家住十几天后回侯家营，到1946年春，我表兄，并东村人，地主成份郝文达，把我介绍到北京直接税局当雇员，查内二区的印花税，到1948年3月因为换局长，我被撤职后，我表兄郝文达叫我回昌力西街张家胡同门牌大号閆锡田家住，閆锡田是郝文达的连兄，我住了四个月，我在昌力住时，什么事也未作。来北京我表兄给我找事未找成，我就家来了。

在1948年冬，我打过贫农陈宝远一个大嘴巴。

在1962年由房山教养所解除教养后，把代来的户口、粮食关系交给公社，而教养释放证未交，我欺骗了政府欺骗了贫下中农对我的监督改造，我在生产队里，不听从队长的分配工作，我在劳动上避重就轻，怕脏怕累。

我在去年四大队合并队后，四队的麦子长的好，我内心有过这样的想法，并队并坏了，不然的话，我家完秋可以多分的点粮和钱。去年评产后，三队评的底些，我说过这样的破坏话，三队的社员得背回了，破坏了生产，破坏了秋收。因为我这样说社员们都不好好上班了。

去年解决没粮食吃的户时，我家头一两次没解决，我内心对政府有抵触思想。

关于侯代群在文化大革命中所作的那些坏事，我当时不知道，至从他由部队回家后，他就对我不满，因为我有历史问题，影响了他的当兵，影响了他的前途，所以他在另一个屋住，我发交后和他打架他也不听。因为这些事我们一家子打过几次架，我没有支持过他，也更没有教他这样的办。

在去年秋，队里正忙时，我们爷俩轮流上班，结果

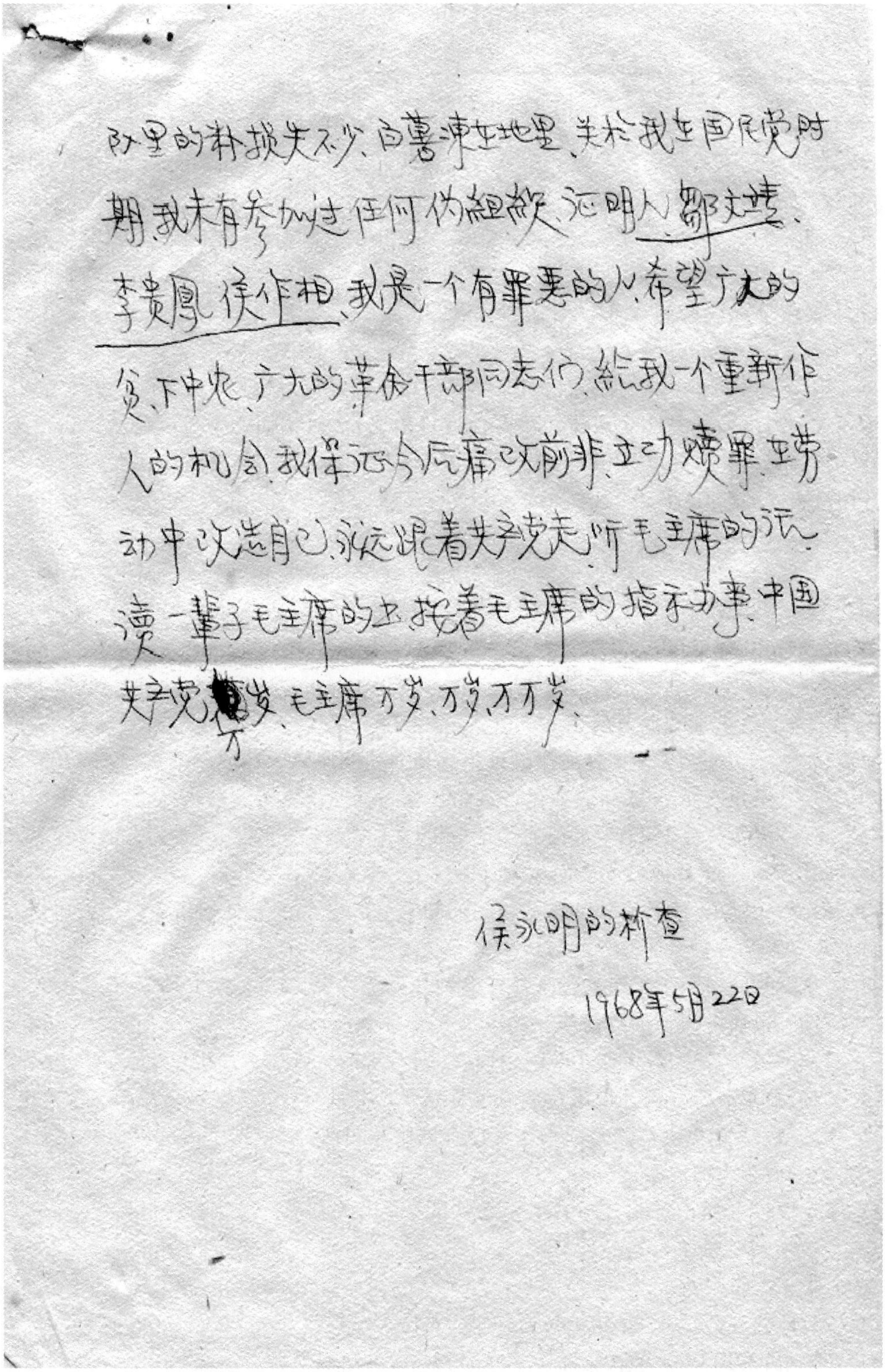

队里的材损失不少，白薯凍在地里。关于我在国民党时期我未有参加过任何伪組織。证明人：鄧文堯、李贵鳳、侯作相。我是一个有罪恶的人，希望广大的贫下中农、广大的革命干部同志们，给我一个重新作人的机会，我保证今后痛改前非，立功赎罪，在劳动中改造自己，永远跟着共产党走，听毛主席的话，读一辈子毛主席的书，按着毛主席的指示办事。中国共产党万岁、毛主席万岁、万岁、万万岁。

侯永明的检查

1968年5月22日

b－5－94d

b－5－94/b－5－94a－d　侯永明的个人检查。参加特务训练、新民会，劳教，揭发儿子侯代群，1968 年 5 月 22 日。

（三）经济、社会

1. 基本经济、社会统计

f-23/f-23a-f　侯家营大队历史资料底帐（1952-1971）。“绝密”，人口、户数、牲畜、土地亩数、农机运输工具、作物产量、粮食分配、公社收益、用工、固定资产、烈军属复员军人的救济等的统计。*1964年6月1日建立。

b-3-7/b-3-7a-m/　侯家营大队1961-1980年统计资料台帐。基本情况、人口、劳动力、耕地面积、牲畜、农业机械化、牧业渔业干鲜果生产，粮棉油主要指标、产量、播种情况、收益分配、胶轮大车。*统计至1978年，昌黎县革命委员会计划委员会，1977年9月制。

a-6-20/a-6-20a-g　侯家营大队1971年末基本情况统计。总人口、男女整半劳力总数、出生死亡、耕地面积总计（集体经营、社员自留地）、机耕面积、五类分子、机械化、电气化、水利、林果、机井、灌溉面积、大牲畜、水产品、农作物实产、收益分配、公积金、公益金，等。1971年12月31日。

b-2-27a　1984年专业户调查表。姓名、劳动力人口、全年收入、专业收入。

b-2-22/b-2-22a-c　农业经济收益分配抽中户调查表。侯振元，投资、成本，1984年1月19日。*参见“（二）、政治运动”下“1. 四清运动和阶级斗争扩大化”中的f-37-2g/f-37-2h/f-37-2i文件。

2. 计划指标、生产指令及其终结

a-2-23　关于下达1973年各项作物种植计划面积的通知。1973年3月1日。

a-2-23a　泥井公社1973年农业生产种植计划指标。侯家营大队指标，1973年2月28日。

a-2-23b　泥井公社1973年粮棉油猪计划指标。侯家营大队指标，1973年2月28日。

b-1-72b　1981年秋播冬小麦面积统计表。6个小队。

b-1-67　昌黎县人民政府粮油包购包销通知书。1982年。*计划指令时代的尾声。

b-1-68　大队交薯干任务分配。1983年。

b-1-71　泥井公社82年粮油包干任务品种分配统计表。1982年1月14日。

b-1-71a　粮油包购、包销任务表。1982年4月2日。

b-1-72/b-1-72a　各大队1982年种植计划、指标。1982年2月28日。

b-1-54　甜菜产购合同。侯家营-昌黎县糖厂，共计6张，1队，1982年。

b-6-6b　1985年粮油订购合同书。*该合同第一句话：“根据中央（85）1号文件，从今年起将粮食统购改为合同定购。”

a-2-2　1987年粮油定购合同书。*盖泥井乡人民政府章，侯家营村村委会章。

3. 农业税与负担

b-1-23/b-1-23a　1981年纳税通知书（4份）。

b-1-56　昌黎县1982年农业税任务分配表。泥井财政所。

b-2-6　昌黎县1983年农业税任务分配表。

b-2-6a　1983年群众负担情况调查统计表。

a-2-39　村（大队）夏季农业税代征收据。侯振元等户，经手人，1984年7月17日。

4. 作物面积与产量

a－9－34　1977年典型大队作物予产表。1976年实产，1977年予产，增减绝对数。＊结果为减产，予产估计比前年保守。

b－2－12/b－2－12a－g/　1979年农作物面积和产量表。大队与3个小队，1979年12月25日。＊公社－大队－管理委员会章，三小队时代最后记录。

5. 工分制

a－3－30/a－3－30a－c　记工本。大队干部侯元强等，日常工作内容，1968年7月。＊记录大队全体干部出勤和工分情况，选取前面4页，凡更正数字处加盖私章，出勤记工项目内容等可与后出1978年记工本（a－3－14/a－3－14a）作10年间隔和季节等比较。

a－3－40/a－3－40a　大队记工本。1969年10、11月。＊一本中选取2页。

a－3－41　工分底帐。一本，侯振春、教师工作量、垡地、作饭工、宣传队、大队工，1968—69年。

a－3－2/a－3－2a－c　1978年度2队社员劳动工帐。＊取4页，有侯元强、侯百顺等干部。

a－3－14/a－3－14a　大队记工本。1978年10月、11月。＊一本，记录大队全体干部出勤和工分情况，封面写有“希同志们及时记工”，“不误记工”，显示外出开会频繁。记工项目有：整帐150成天、擦枪、卖马、护秋，可与前出a－3－30文件做年代、季节等比较。

a－3－3/a－3－3a　大队记工表。1979年7月。＊一本，依干部社员人名排列，上下午开会10分、研究事6分，护秋10分。

a－3－4/a－3－4a　大队记工表。1979年8月。＊详细，典型。

a－2－27　出勤记工证明（2份）。社员村外劳动记工，1975年4月，1975年7月。

f－32　大队零用工票、做工证明（4张）。1975年、1978年。

a－4－36　第一队社员10天突击定工表。姓名、男女劳力、天数、成天，做不到定工者惩罚，男女工等值，半边天。1975年前后。

6. 收益分配

a－16－10/a－16－10a－c　1972年农村人民公社收益分配。＊含大队、1－3小队农副业收入、费用、分配情况。

a－5－14　1978年一队社员予分粮食表。＊缺页，工分单价、金额、人－劳比重。

a－2－18　1978年预计收支分配预算表。＊第2小队（?）收入、支出、分配，公积金（7%）、税金、公益金、生产基金、社员分配（25%）、全队人口（256）、每人占有（74.50元）、工数、日值（0.62元）等。

a－2－20/a－2－20a　二队（?）社员予分粮食柴菜表。推断为1978年。＊256口、各户应分粮食（折钱）、人分313斤，工分0.65元、粮食单价0.12元。

7. 大队积累：畜力、大车、机井

f－19　侯家营大队兽力车登记表。统计，小队别所有牛、马、骡、驴车辆等，车工负责人，车牌号，1974年4月20日。

f－18　侯家营大队机井配套材料表。1971年5月18日。

f－18a　大口井方位图。23眼，大口17眼，1971年5月18日

b－1－21/b－1－21a－b　侯家营大队机井明细台帐。1979年后。＊公社“遗产”。

a－5－1/a－5－1a－d　昌黎县泥井公社机井统一调查卡片、机井标识图。推定为1975年后。＊取其中4页，全县机井统一编号、位置、打井单位、成井日期、水位、总投资、地层记录表（反面）。

a－5－2/a－5－2a　昌黎县革委会水电局机井管理卡片。推定为1974年后。＊取2页，完成时间：1974年4月2日。

a－5－2b　机井配套申请书。1973年5月17日。

8. 限制宰猪食肉、生产动员与热情

a－4－25　纸片（上级指示）。侯家营大队，批准你大队春节自宰分食猪拾捌头（每人平均不超过五斤）。泥井公社革委会，1970年代，1月10日。

b－5－46　大队通讯组文稿。基干民兵，排长，劳动热情，群众性积肥运动，老年，有孩妇（女）不示弱，一抗三保，黑泥800车，流汗掉膘，1973年5月27日。

9. 队办企业、承包协议

b－1－40/b－1－40a　工商企业税务登记表、登记证。侯家营大队米面加工厂，1967年开业，固定资产2500元，职工3人，负责人，1982年。

b－2－24　合同协议书。承包加工厂，甲：侯家营大队，乙方：侯世昌，1984年。

b－2－5　养鱼协议。刘志发、刘小福等11户社员，承包东坑，大队法律保护，1983年11月。

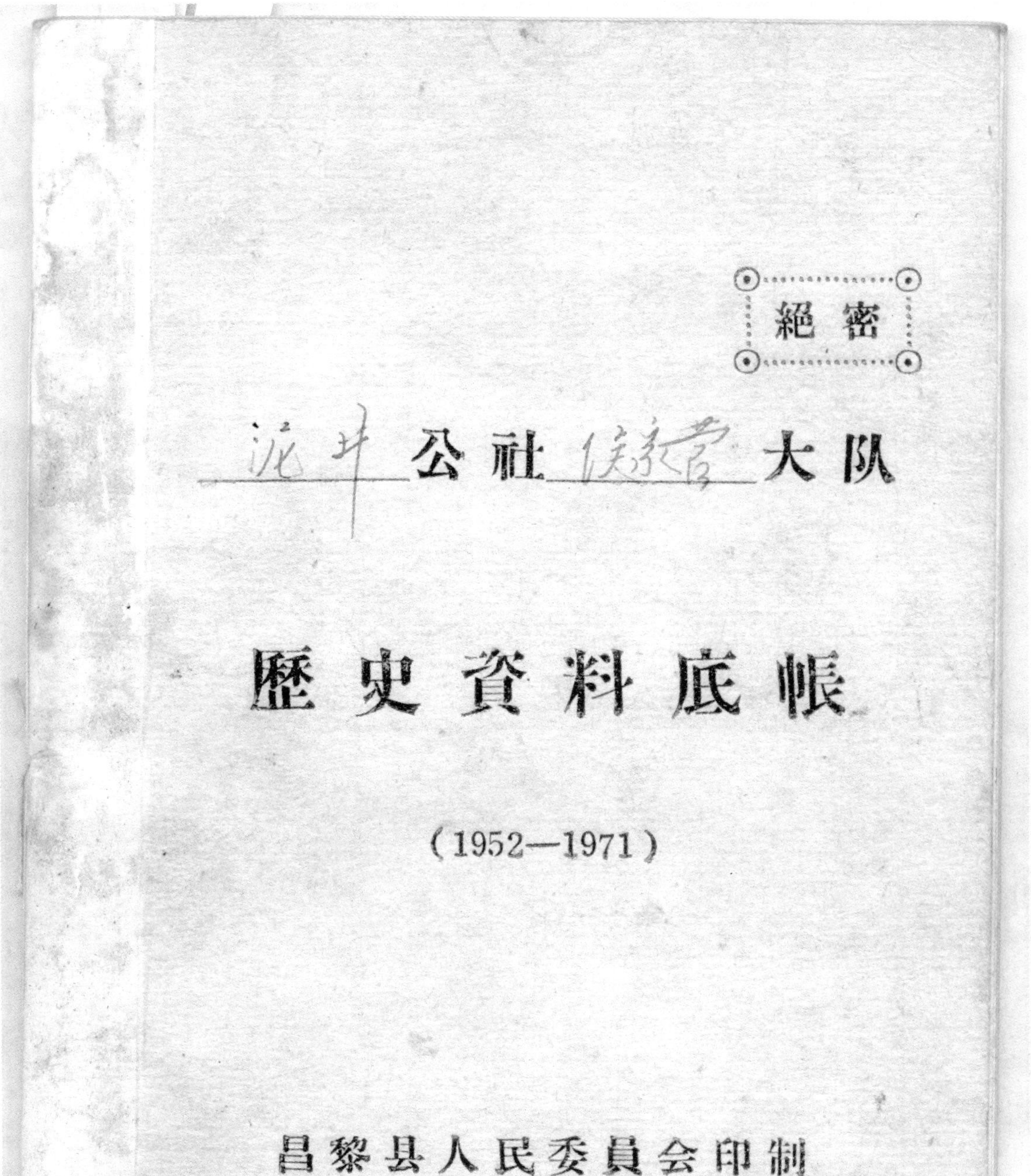

絕密

泥井公社侯家营大队

歷史資料底帳

（1952—1971）

昌黎县人民委員会印制

一九六四年六月一日

f－23

2

基本情况底帐(一)

制发机关：
河北省統計局

	单位	57年	58年	59年	60年	61年
一、总戶数	戶					
二、总人口	人					
男	〃					
女	〃					
人口变动情况：出生	〃					
〃 〃 死亡	〃					
〃 〃 迁出	〃					
〃 〃 迁入	〃					
三、劳动力	个					
1.整劳力	〃					
男	〃					
女	〃					
2.半劳力	〃					
男	〃					
女	〃					

劳力年龄划分：男整劳力：18—50 男半劳力：16—17 51—60
女整劳力：18—45 女半劳力：16—17 46—55

3

基本情况底帐(一)

制发机关：
河北省統計局

	单位	62年	63年	64年	65年	66年
一、总戶数	戶			145.		
二、总人口	人			612.		
男	〃			308		
女	〃			304.		
人口变动情况：出生	〃			10		
〃 〃 死亡	〃			2		
〃 〃 迁出	〃					
〃 〃 迁入	〃			2		
三、劳动力	个			213		
1.整劳力	〃			198.		
男	〃			135		
女	〃			63		
2.半劳力	〃			15		
男	〃			10		
女	〃			5		

劳力年龄划分：男整劳力：18—50 男半劳力：16—17 51—60
女整劳力：18—45 女半劳力：16—17 46—55

4

基本情况底帐(一)

制发机关：
河北省統計局

	单位	67年	68年	69年	70年	71年
一、总戶数	戶	158 ~~666~~	156	165	168	170
二、总人口	人	656	680	732	734	748
男	〃	345	357	386	380	390
女	〃	311	323	347	354	358
人口变动情况：出生	〃		17	19	17	20
〃　〃　死亡	〃		6	8	4	5
〃　〃　迁出	〃		10	5	4	7
〃　〃　迁入	〃		23	47	12	6
三、劳动力	个	237	290	304	327	331
1.整劳力	〃	219	229 ~~[illegible]~~	261 ~~[illegible]~~	262	266 ~~[illegible]~~
男	〃	130	132	148	140 ~~[illegible]~~	138 ~~[illegible]~~
女	〃	89	97	113	122 ~~[illegible]~~	128
2.半劳力	〃	58	61	43	65	65
男	〃	24	26	21	34	35
女	〃	34	35	22	31	30

劳力年龄划分：男整劳力：18—50　男半劳力：16—17　51—60
女整劳力：18—45　女半劳力：16—17　46—55

5

二、基本情况底帐(二)

制发机关：
河北省統計局

	单位	52年	53年	54年	55年	56年
一、年末实有耕地面积	市亩					
1.集体經营的	〃					
2.社員自留地	〃					
二、在总耕地中：水田	〃					
水浇地	〃					
旱地	〃					
三、牲畜总头数	头					
牛	〃					
馬	〃					
驴	〃					
騾	〃					
四、猪只总头数	〃					
五、羊总头数	只					

f－23b

8

基本情况底帐（二）

制发机关：
河北省統計局

	单位	67年	68年	69年	70年	71年
一、年末实有耕地面积	市亩	3057	3057	3057	2805	2805
1.集体經营的	〃	2945	2942	2939	2680	2679
2.社員自留地	〃	112	115	118	~~125~~	126
二、在总耕地中：水田	〃	30 ~~200~~	360	360		
水浇地	〃	200	360	360	600	600
旱地	〃	2827			2205	2205
三、牲畜总头数	头	60	72	66	64	63
牛	〃	42	51	45	45	37
馬	〃	4	5	6	5	10
驴	〃	13	16	15	14	1
騾	〃					12
四、猪只总头数	〃	280	181	104	112	276
五、羊总头数	只				36	27

9

三、主要农机具与运輸工具

制发机关：
河北省統計局

	单位	52年	53年	54年	55年	56年
一、碾米机	部					
二、磨面机	〃					
三、軋花机	〃					
四、榨油机	〃					
五、排灌机具	台/馬力					
1.鍋駝机	〃					
2.柴油机	〃					
3.煤气机	〃					
4.电动机	〃					
5.汽油机	〃					
6.						
六、各种水車	輛					
其中：鉄制的	〃					
七、各种水井	眼					
其中：机井	〃					
八、运輸工具	輛					
1.胶輪大車	〃					
2.小胶輪車	〃					
3.手推胶輪車	〃					
4.鉄輪大車	〃					

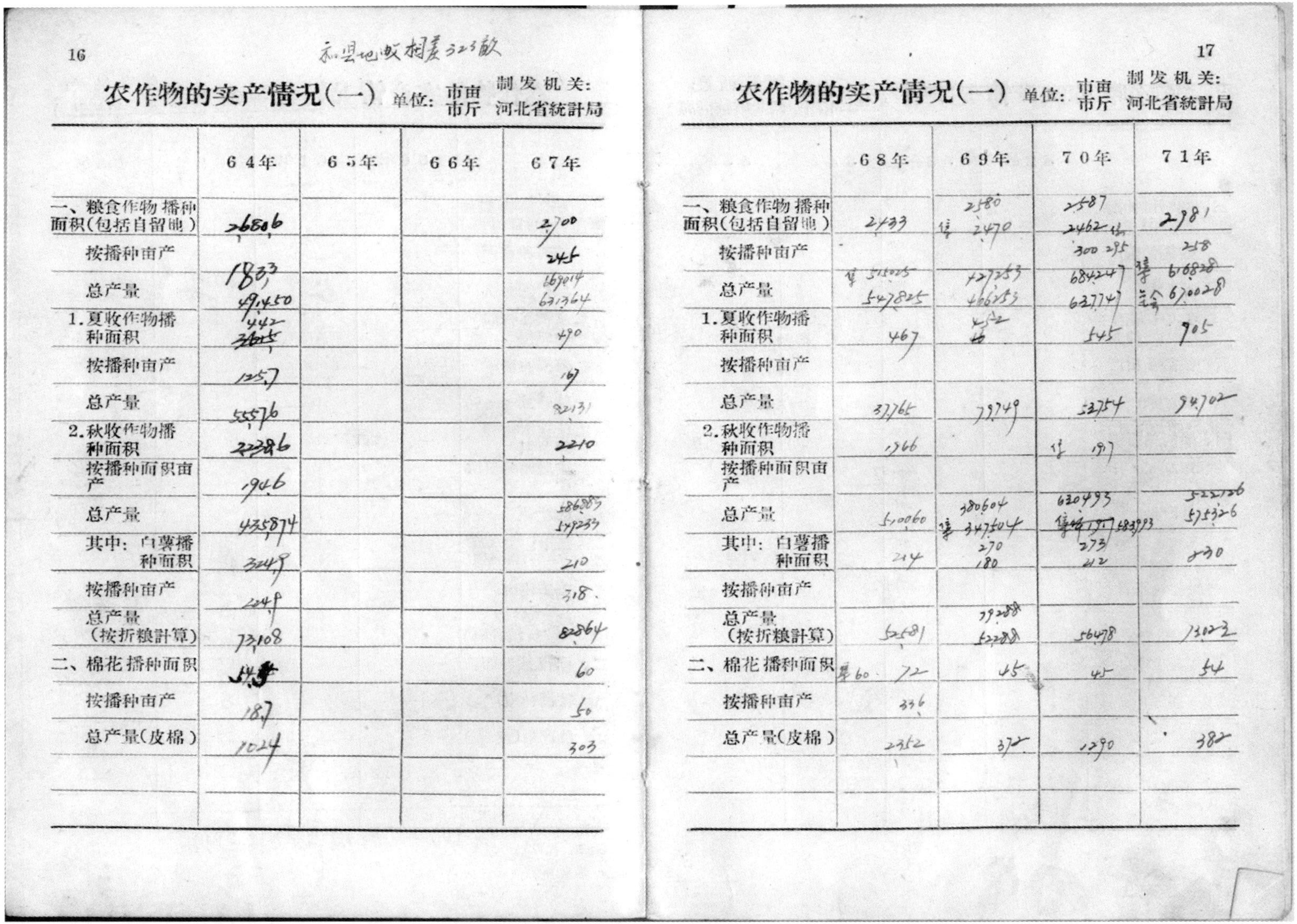

16　[illegible]相差323畝

农作物的实产情况(一)

单位：市亩 市斤　制发机关：河北省統計局

	64年	65年	66年	67年
一、粮食作物播种面积(包括自留地)	2680.6			2700
按播种亩产	183.3			245
总产量	491450			169014 631364
1.夏收作物播种面积	442 380.5			490
按播种亩产	125.7			167
总产量	55576			82131
2.秋收作物播种面积	2238.6			2210
按播种面积亩产	194.6			
总产量	435874			586883 549233
其中：白薯播种面积	324.9			210
按播种亩产	224.9			318
总产量(按折粮計算)	73108			82864
二、棉花播种面积	54.8			60
按播种亩产	18.7			50
总产量(皮棉)	1024			303

17

农作物的实产情况(一)

单位：市亩 市斤　制发机关：河北省統計局

	68年	69年	70年	71年
一、粮食作物播种面积(包括自留地)	2433	2580 等 2470	2587 2462 [illegible]	2981
按播种亩产			300 295	258
总产量	等 513025 547825	427253 466253	684247 637747	等 616828 余 670028
1.夏收作物播种面积	467	452 [illegible]	545	705
按播种亩产				
总产量	37765	73749	53754	94702
2.秋收作物播种面积	1966		等 1917	
按播种面积亩产				
总产量	510060	380604 等 347504	620493 等[illegible] 583993	522126 575326
其中：白薯播种面积	214	270 180	273 212	230
按播种亩产				
总产量(按折粮計算)	52581	79288 52288	56478	130232
二、棉花播种面积	等60 72	65	45	54
按播种亩产	336			
总产量(皮棉)	2352	372	1290	382

f－23d

24

粮食产量、扣留与分配情况

单位：市斤　　制发机关：河北省統計局

	61年	62年	63年	64年
一、粮食总产量	207200	276676	432234	462135 ~~433691~~
二、国家征購数				50000
三、国家銷售数				132421
四、社队扣留数				63796 ~~15900~~
1.种子				33492
2.飼料				14394
3.其它				15910
五、分給社員				188199
每人平均				312
其中：薯类				60628
六、社員自营地粮食产量				28444

25

粮食产量、扣留与分配情况

单位：市斤　　制发机关：河北省統計局

	65年	66年	67年	68年
一、粮食总产量	694573	541974	631364	545025
二、国家征購数	201760		208000 208204	180344
三、国家銷售数				
四、社队扣留数	212111 ~~262111~~		152177	98788
1.种子	34049		34080	34020
2.飼料	24326		26871	36630
3.其它	153736 ~~203736~~		91226	28138
五、分給社員	247699		270983	221893
每人平均			414	358
其中：薯类				
六、社員自营地粮食产量	35000		37650	32800
折 麦	33003		其中：13779	其中粗 29138

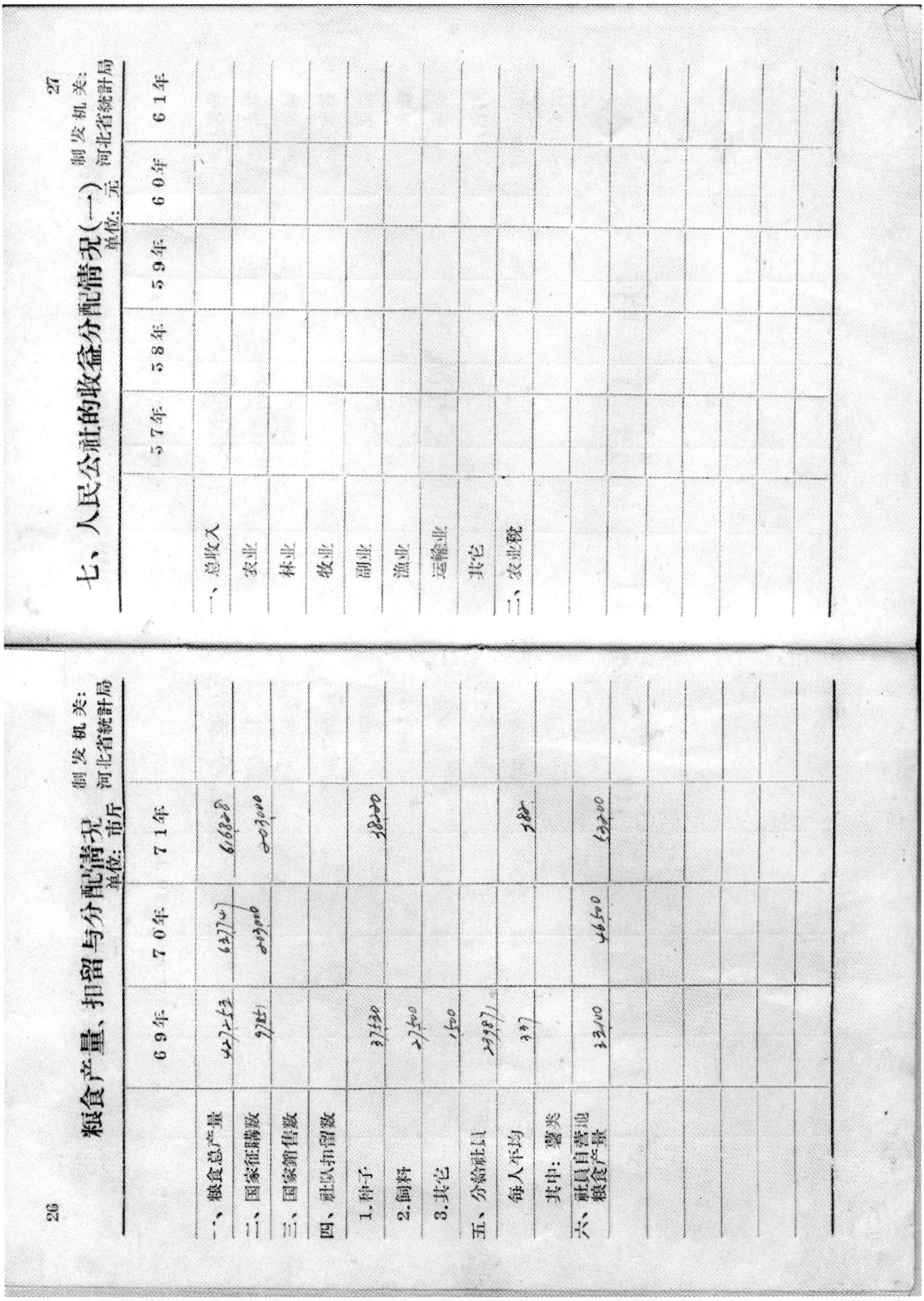

26

粮食产量、扣留与分配情况

制发机关：河北省統計局

单位：市斤

	69年	70年	71年	
一、粮食总产量	427252	627747	616828	
二、国家征購数	97851	203000	203000	
三、国家銷售数				
四、社队扣留数				
1.种子	37530		38220	
2.飼料	27500			
3.其它	1500			
五、分給社員	239871			
每人平均	337		382	
其中：薯类				
六、社員自营地粮食产量	33100	46500	53200	

27

七、人民公社的收益分配情况（一）

制发机关：河北省統計局

单位：元

	57年	58年	59年	60年	61年
一、总收入					
农业					
林业					
牧业					
副业					
渔业					
运輸业					
其它					
二、农业税					

f－23f

f－23/f－23a－f　侯家营大队历史资料底帐（1952－1971）。“绝密”，人口、户数、牲畜、土地亩数、农机运输工具、作物产量、粮食分配、公社收益、用工、固定资产、烈军属复员军人的救济等的统计。＊1964年6月1日建立。

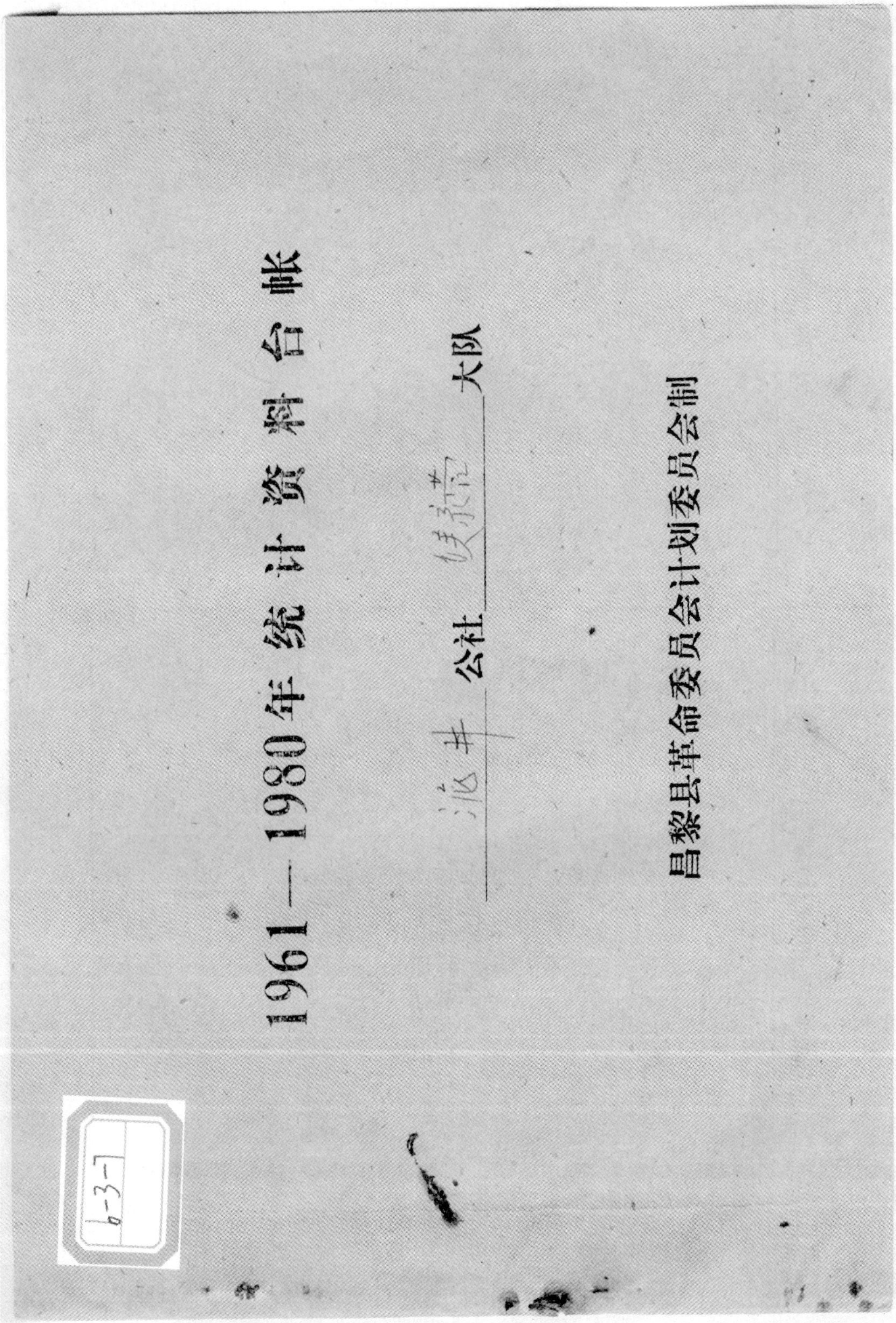
1961—1980年统计资料台帐

泥井　公社　侯家营　大队

昌黎县革命委员会计划委员会制

b-3-7

b－3－7

说　　明

为了比较系统地反映农村人民公社的发展情况及社会主义革命和社会主义建设的成果，以适应形势发展的需要，由县统一制发了1961—1980年主要统计资料台帐，由县、公社、大队分别进行填写。

各级在填写台帐时，要根据各个年度的统计资料认真核对、上下对口，以保证台帐数字质量。凡向各级、各部门提供统计资料时，一律以台帐数字为准，以保持各项数字的准确与统一。

本台帐系内部掌握资料，各级要责成专人妥善保管，不得遗失和损坏。如遇人员变动时，必须办好交、接手续。

昌黎县革命委员会计划委员会

一九七七年九月

—1—

b－3－7a

一、基　本

项　目	单位	年							
		一九六一	一九六二	一九六三	一九六四	一九六五	一九六六	一九六七	一九六八
生产大队数	个	1	1	1	1	1	1	1	1
生产队数	〃	3	6	6	6	6	6	3	3
年末总户数	户	132	136	138	145	145	150	158	156
1.农业户	〃	132	136	138	145	145	150	158	156
2.非农业户	〃								
年末总人口	人	525	558	602	612	628	642	656	680
男	〃	245	274	298	308	316	318	345	357
女	〃	280	284	304	304	312	324	311	323
在总人口中：农业人口	〃	525	558	602	612	628	642	656	680
劳动力合计	个	202	225	231	213	227	230	237	229
其中：男劳动力	〃	78	104	108	135	138	140	145	132
年末耕地面积	市亩	3057	3057	3057	3057	3057	3057	3057	3057
1.水田、水浇地	〃	60	60	160	160	200	200	230	360
2.旱地	〃	2877	2877	2777	2777	2737	2737	2707	2577
在耕地中：社员自留地	〃	120	120	120	120	120	120	120	120

情 况

度											
一九六九	一九七〇	一九七一	一九七二	一九七三	一九七四	一九七五	一九七六	一九七七	一九七八	一九七九	一九八〇
1	1	1	1	1	1	1	1	1	1		
3	3	3	3	3	3	3	3	3	3		
165	168	170	170	170	170	180	180	180	180		
165	168	170	170	170	170	180	180	180	180		
733	734	748	757	749	765	770	766	749	763		
386	380	390	395	389	396	396	396	389	391		
347	354	358	361	360	369	374	370	360	372		
733	734	748	757	749	765	770	766	749	763		
304	327	331	332	337	291	259	262	291	259		
148	140	142	172	174	159	134	135	159	136		
3057	2805	2805	2805	2805	2805	2805	2805	2805	2805		
360	600	600	900	750	1080	1100	1200	1200	1200		
2577	2080	2079	1785	1935	1605	1584	1483	1482	1482		
120	125	126	120	120	120	121	122	123	123		

b-3-7c

二、农业机

项目	单位	年							
		一九六一	一九六二	一九六三	一九六四	一九六五	一九六六	一九六七	一九六八
大、中型拖拉机	台/马力								
手扶拖拉机	〃								
载重汽车	辆/马力								
大挂车	辆								
小挂车	〃								
胶轮大车	〃	2	6	9 6	12	12	12	12	12
大、中型脱粒机	台								
小型脱粒机	〃								
扬场机	〃								
铡草机	〃								
粉碎机	〃								
电动机	台/瓩					11.5/2	11.5/2	11.5/2	22/4
柴油机	台/马力			1	1	3	3	3	8
年末实有机电井数	眼					1	4	9	12
其中：已配套	〃					1	3	6	9

注：手扶拖拉机包括12马力拖拉机。大挂车指20马力以上的拖拉机挂车及汽车挂车。

械化情况

一九六九	一九七〇	一九七一	一九七二	一九七三	一九七四	一九七五	一九七六	一九七七	一九七八	一九七九	一九八〇
12	12	15	15	15	15	15	15	15	15		
						1					
					3	4					
		[illegible]	4	4	4	14	14	14	14		
		3	4	4	4	4	4	4	4		
		3	3	3	3	4	5	5	5		
22/4	31/6	31/6	31/6	19	13	13	13	[illegible]	15		
6	6	8	10	10	13	13	13	15	21		
16	20	24	26	28	28	30	30	30	33		
12	12	14	15	15	15	15	21	21	27		

度

—5—

b－3－7e

三、牧业、渔业、

项目	单位	年							
		一九六一	一九六二	一九六三	一九六四	一九六五	一九六六	一九六七	一九六八
猪（年末存栏）	头	42	45	48	78	124	192	280	181
其中：集体	〃	6	9	11	12	20	24	36	32
大牲畜（年末存栏）	〃	42	42	48	~~48~~ 41	44	48	60	72
其中：骡、马	〃	~~42~~	~~42~~	~~48~~	~~6~~ 1	1	3	4	5
羊（年末存栏）	只								
水产品总产量	斤								
其中：海水	〃								
干果总产量	〃								
其中：核桃	〃								
板栗	〃								
水果总产量	〃								
其中：葡萄	〃								
苹果	〃								
梨	〃								
桃	〃								

干鲜果生产情况

度											
一九六九	一九七〇	一九七一	一九七二	一九七三	一九七四	一九七五	一九七六	一九七七	一九七八	一九七九	一九八〇
104	113	276	231	403	428	425	293	232			
32	36	58	99	265	204	262	167	13			
66	45	64	63	63 70	49	63	53	57			
6	5	5	13	13	12	20	17	9			

b－3－7g

四、粮、棉、油

项目	单位	年：一九六一	一九六二	一九六三	一九六四	一九六五	一九六六	一九六七	一九六八
全社会粮、豆占耕地面积	市亩				2680	2636	2480	2480	2400
耕地亩产	斤				183				
总量	〃	239000	312000	492000	491450	745563	592740	669014	547825
集体粮、豆占耕地面积	市亩				2560	2406 ~~2474~~	2360	2360	2280
耕地亩产	斤								
总产量	〃	207000	276676	452134 ~~432000~~	451450	290 694573 ~~692563~~	641874 ~~547740~~	631364	515025
集体夏粮播种面积	市亩	360 ~~[illegible]~~	360		442			490	467
亩产	斤				126			167	
总产量	〃	24200	25000		55576			82431	37365
集体棉花播种面积	市亩	15	15		54			60	60
亩产	斤	20	30		187			50	392
总产量	〃	300	450		1024			3030	2352
集体花生播种面积	市亩	90						~~60~~	~~60~~
亩产	斤	400						150	392
总产量	〃	3600						~~3000~~	~~2352~~

— 8 —

b－3－7h

主 要 指 标

	度											
	一九六九	一九七〇	一九七一	一九七二	一九七三	一九七四	一九七五	一九七六	一九七七	一九七八	一九七九	一九八〇
	2400	2228	2581	2497	2435	2442	2441	2420	2240	2210		
	466253	684247	670028	591045	574071	596005	633530	681485	[illegible]	684485		
	2280	2463	2455	2377	2335	2342	2300	[illegible]	2072	2090		
								264	206	305		
	427253	637747	616828	552295	535071	554805	681485	603530	431079	636335		
	452	545	905	640	1050	1080	1200	1000	1250	945		
									141	210		
	79749	53754	94702	103838	168671	142418	71693	135863	176295	18172		
	45	45	54	50	49				15	15		
									240	86		
	372	1290	382	88	709				360	127		
				180	180	237	270	270	240	300		
										182		
				45042	26926	31725	42360	42460	18800	54701		

b－3－7i

五、收益

项目	单位	一九六一	一九六二	一九六三	一九六四	一九六五	一九六六	一九六七	一九六八
参加分配的人口	人								
参加分配的劳动日	个							67992	
一、总收入	元				57739			99266	
其中：农业收入	〃				54043			92539	
林业收入	〃								
牧业收入	〃				121				
付业收入	〃				226			6727	
渔业收入	〃								
其它收入	〃				3349				
二、总支出	元				20306			40172	
其中：农业支出	〃				18306				
三、分配总计	元				37433			59094	
1．国家税收	〃				5148			6010	
2．集体提留	〃				2865				
3．社员分配	〃				29420			53084	

—10—　注：各项收入是毛收入。

分　　　配（一）

一九六九	一九七〇	一九七一	一九七二	一九七三	一九七四	一九七五	一九七六	一九七七	一九七八	一九七九	一九八〇
		~~[illegible]~~ 748	750	757	764			773	763		
	81200	81403	91600	95112	95657			102094	90917		
	58464	110063	101911	97203	104378	118775	107833	87911	147022		
		92181	87870	84121	84062	102171	93211	64703	110499		
							346		5256		
		17882	2568	5159	4631	13184	10677	22016	25016		
									~~6257~~		
			2389	3845	3738	3420	3599	1192	6251 ~~54979~~		
		46038	33181	29346	36590	41036	49468	46297	54979 ~~47806~~		
			30783	28922	34775	38312	45116 ~~50365~~	42665	47806 ~~92043~~		
		64205	68739	67858	67789 ~~[illegible]~~	77739	58365 ~~4378~~	41614	92043 ~~5478~~		
		5472	5478	5478	5478	5477	4378	5479	5478 ~~20495~~		
									20495		
		58733	68732	54279	51765	55924	45806	32388	66070		

—11—

度

五、收　益

项目	单位	年 一九六一	一九六二	一九六三	一九六四	一九六五	一九六六	一九六七	一九六八
平均每人收入	元								
平均每个劳动日值	〃							.80	60
集体粮食总产量	斤	207200	276676	432134	462135	694573	54974	631364	515025
向国家交售粮食	〃				132421	201760		208204	180304
集体留粮	〃				141515 ~~[illegible]~~	245214		152177	
1．种籽	〃				33492	34049		34080	34020
2．饲料	〃				14394	24326		26871	35630
3．其它留粮	〃								
分给社员	〃				188199	247699		270983	235893
每人平均	〃							414	358
全年国家统销粮食	〃								
统销后每人平均	〃								
年末实有集体储备粮	〃								
向国家交售皮棉	〃								
向国家交售花生果	〃								

分　　配（二）

度											
一九六九	一九七〇	一九七一	一九七二	一九七三	一九七四	一九七五	一九七六	一九七七	一九七八	一九七九	一九八〇
									86.00		
.65	.70	.72	.60	.57	.536	.62	.59	.342	.73		
427253	637747	616828	552295	535071 552295	554805	633530	617485	431079	636335		
97851	203000	203000	154654 172271	130576 172271	137602	110857	170000	16718	133096		
			138887	144002	143389	244845	198615	106680	158075		
37530	51000	38220	50604	66300 50604	64232	67200	65880	80080 808	85800		
27500	44070	45800	49140	38647	42630	58761	74550	49300	33222		
				49140					308070		
239871	291800	284736	257254	260483 257254	273814	277818	282870	253231	308070		
337		382	3455	2455 257254	358	365	367	327	402		
				2455							
									2605		
						22000		656	34000		

—13—

b－3－7m

b－3－7/b－3－7a－m/　侯家营大队 1961－1980 年统计资料台帐。基本情况、人口、劳动力、耕地面积、牲畜、农业机械化、牧业渔业干鲜果生产，粮棉油主要指标、产量、播种情况、收益分配、胶轮大车。＊统计至 1978 年，昌黎县革命委员会计划委员会，1977 年 9 月制。

a-6-20

一九七一年末基本情况

编制单位：侯家营大队　　　　年报1表

项　　目	单位	数量	项　　目	单位	数量
一、总户数	户	170.	五、生产大队数	个	1.
1.农业户	〃	170.	其中：实行大队核算的个数	〃	
其中：贫下中农	〃	116.	生产队数（包括一层楼）	〃	3.
2.非农业户	〃		六、生产大队和生产队实际储备粮	市斤	92337
二、总人口	人	748.	其中：国家代储的	〃	92337
其中：男	〃	390.	七、耕地面积总计	市亩	2805.
女	〃	358.	1.水田、水浇地	〃	600.
1.农业人口	〃	748.	水田	〃	
其中：贫下中农	〃	477.	水浇地	〃	
接受城镇插队落户的人口	〃	26	2.旱地	〃	2205
下乡上山的城镇知识青年	〃	9.	八、耕地面积总计中	〃	× × ×
2.非农业人口	〃		1.集体经营	〃	2679.
渔业人口	〃		2.社员自留地	〃	126.
城镇人口	〃		九、耕地面积总计中	—	× × ×
三、男女整半劳力总数	〃	331.	能机耕的面积	市亩	2100.
其中：男整劳力	〃	138.	其中：年内实际机耕的面积	〃	1380.
女整劳力	〃	128.	十、耕地面积总计中	—	× × ×
在总数中脱离本队参加非农业生产的	〃		其中：1.梯田面积	市亩	
四、年内出生	〃	20.	2.台条田面积	〃	610.
年内死亡	〃	5.	3.园田化面积	〃	
			十一、当年造地开荒面积	〃	
			其中：开荒面积	〃	
			十二、当年国家基建征用耕地面积	〃	

附注：未参加公社的　　户　　人。

报告日期 1971 年 12 月 31 日　　单位负责人＿＿＿＿

1

一九七一年末五类分子总人数

报告单位：侯家营[illegible]

1表 附表

	人数		人数
一、年末五类分子总人数	17	二、年内戴帽的总人数	
其中：地主分子	6	其中：地主分子	
富农分子	7	富农分子	
反革命分子	2	反革命分子	
坏分子	2	坏分子	
右派分子		右派分子	
在五类分子总人数中戴帽的	6	三、年内摘帽的总人数	
其中：地主分子	2	其中：地主分子	
富农分子	2	富农分子	
反革命分子		反革命分子	
坏分子	2	坏分子	
右派分子		右派分子	

说明：1、五类分子总数是指现在戴帽和摘了帽子的人；

2、戴帽的是指年末戴着五类分子帽子的人；

3、年内戴帽是指一九七一年内经批准新戴帽的，或因有破坏活动重新戴上帽子的人；

4、年内摘帽是指一九七一年内经批准正式摘掉帽子的五类分子；

5、持帽未戴的不统计在"年内戴帽"栏内。

上报时间 71 年 12 月 31 日　　单位负责人

农村机械化、电气化情况

编制单位：侯家营大队 一九七一年度 年报2表

项目	单位	数量	项目	单位	数量
(一) 机动脱粒机	台	2	(五) 排灌动力机械	—	5
(二) 机动喷雾（粉）器	部		1、电动机	台/瓩	4
(三) 农副产品动力加工机械合计	〃		2、内燃机	台/马力	7
粮食加工机械	〃	3	(1)柴油机	〃	1
其中：碾米机	〃	2	(2)汽油机	〃	
磨面机	〃	1	(3)煤气机	〃	
棉花加工机械	〃		(4)蒸气机（包括锅驼机）	〃	
其中：压花机	〃		(六) 农副业用动力机械合计	—	
弹花机	〃		1、电动机	台/瓩	4/205
油料加工机械	〃		2、内燃机	台/马力	
其中：榨油机	〃		其中：柴油机	〃	1/12
饲料加工机械	〃	2	(七) 其它半机械化机具	部	
其中：铡草机	部	1	水车	〃	
饲料粉碎机	〃	1	手摇喷雾（粉）器	〃	
(四) 运输工具	—		人畜力脱粒机	〃	
简易机动车	辆		插秧机	〃	
胶轮大车	〃	12	(八) 有农机修造厂（站）的大队数	个	
铁木轮大车	〃		(九) 羊合计	27	
双轮手推车	〃		山羊	27	
单轮手推车	〃				
农船	艘				
自行车	辆				

附注：年内完成农具改革　　　件。

上报时间＿＿＿＿年＿＿＿＿月＿＿＿＿日

单位负责人＿＿＿＿＿＿

农村水利、林果生产情况

报告单位：[illegible] 一九七一年度 年报3表

项目	单位	数量	项目	单位	数量
一、农田水利化情况	—	× × ×	其中：当年的	市亩	3.
（一）实有机井合计	眼	5.	七、当年迹地更新	〃	
其中：配套的	〃	5.	八、当年幼林抚育面积	〃	3.
1.电配的	〃	4	九、当年大队生产队采伐木材	立方米	
2.机配的	〃	1	十、年末实有四旁植树	株	10,000.
（二）砖石井	〃		其中：当年新增	〃	3,000.
（三）灌溉面积	市亩	630.	十一、全年水果总产量	市斤	
其中：机灌面积	〃	310.	其中：苹果	〃	
电灌面积	〃	320.	梨	〃	
（四）旱涝保丰收面积	〃	30.	葡萄	〃	
二、年末实有林面积	〃	163.	柿子	〃	
天然林	〃		十二、全年干果总产量	〃	
人造林	〃	163.	其中：栗子	〃	
三、在林地面积中	—	× × ×	核桃	〃	
其中：用材林	市亩	163.	红枣	〃	
四、在造林面积中当年新增	〃	22.	十三、全年蚕茧总产量	〃	
五、年末实有封山育林面积	〃		其中：桑蚕茧	〃	
其中：当年的	〃		蓖麻蚕茧	〃	
六、年末实有育苗面积	〃	3.			

说明：①幼林抚育面积指对三、五年内新种植的幼林进行松土、锄草、灌溉等项作业的面积其计算方法在同一亩面积上不管一年作业几次，只计算一亩，不作重复计算。

②四旁植树包括果树。

上报时间______年______月______日

单位负责人________

大牲畜、水产品、渔船情况

报告单位：[illegible]大队　　一九七一年度　　年报 4 表

项目	单位	数量	项目	单位	数量
一、大牲畜合计	头	63.	四、水产品总计	市斤	
牛	〃	37.	其中：养殖	〃	
其中：奶牛	〃		(一)海水产品小计	〃	
马	〃	12.	1.鱼类	〃	
骡	〃	1.	其中：大黄鱼	〃	
驴	〃	13.	小黄鱼	〃	
在大牲畜合计中	—	× × ×	带鱼	〃	
其中：从事农役的	头	55.	海蜇	〃	
能繁殖的母畜	〃	3.	2.虾蟹类	〃	
种公畜	〃		其中：对虾	〃	
年内成活的仔畜	〃		3.贝类	〃	
二、生猪合计(存栏数)	〃	276.	4.藻类	〃	
1.集体饲养的	〃	61.	其中：海带	〃	
2.家庭饲养的	〃	215.	(二)淡水产品小计	〃	
3.国营农场及其它	〃		1.鱼类	〃	
在合计中能繁殖的母猪	〃	28	2.虾蟹类	〃	
其中：集体的	〃	21.	五、年末渔船拥有量	艘/载重/马力	
在合计中种公猪	〃	1.	1.机帆船	〃	
全年出售(肥猪)数	〃	36.	2.木帆船及木船	〃	
全年屠宰(肥猪)数	〃	7.	六、渔业劳动力	人	
三、平均每户养猪头数	〃	× × ×	1.渔业专用劳动力	〃	
1.按全年饲养数计算	〃	1.9	2.渔业兼农业	〃	
2.按年末实有存栏数计算	〃	1.6	七、淡水养殖面积	市亩	

注：生猪全年饲养数＝年末存栏数＋全年出售肥猪数＋全年屠宰数

上报时间＿＿＿年＿＿＿月＿＿＿日　　单位负责人＿＿＿＿＿

a－6－20d

一九七一年农作物实产（一）

年报5表

报告单位：侯家营大队　　　　单位：市亩、市斤

项目	公社集体经营			社员自营及其它		
	播种面积	播种亩产	总产量	播种面积	播种亩产	总产量
一、粮食总计	2855.	216.	616,828	126.	422.	53,200.
1.夏收粮食小计	705.	134.	94,702.			
①冬小麦	515.	127.	65,269.			
②春小麦						
③春大麦	100.	171.	17,093.			
④豌豆	90.	137.	12,340.			
⑤其它						
2.秋收粮食小计	2150.	243.	522,126			
①稻谷	81.	162.	13,119.			
②谷子						
③早玉米	1,015.	239.	243,175.	20.	350	7,000.
④晚玉米	223	125.	27,835.			
其中：早晚杂交玉米						
⑤早高粮	299.	345.	103,487.	54.	481.5.	26,000.
⑥晚高粮	23.	300.	6,900.			
其中：早晚杂交高粮						
⑦薯类	178.	297.	52,823.	52.	388.	20,200
其中：吊子	23.	122.	2,800.			
⑧大豆	175.	254.	44,436.			
⑨其它杂粮	156.	195.	30,351.			

注：1、全社会粮豆占耕地面积 2513 市亩，亩产 267. 市斤，总产 670,028 斤。

2、粮食产量按原粮计算，花生按花生果计算，薯类按五折一计算。

8、粮食与蔬菜复种，粮食种一茬按二分之一计算面积，蔬菜不管种几次也按二分之一计算面积。[illegible]粮豆占耕地面积2387市亩，亩产258市斤，总产616,828斤

上报时间＿＿＿＿年＿＿＿＿月＿＿＿＿日　单位负责人＿＿＿＿＿＿

一九七一年农作物实产（二）

年报5表

报告单位：　　　　　　　　　　　　　　　　　　　　单位：市亩、市斤

项目	公社集体经营			社员自营及其它		
	播种面积	播种亩产	总产量	播种面积	播种亩产	总产量
二、经济作物合计	288.					
1. 棉花	54.	5.2	382.			
2. 油料	170.	105.	26099.			
其中：花生	170.		26099.			
芝麻						
其它						
3. 麻类	14.					
红麻（洋麻）						
青麻	14.	42.	585			
4. 烟叶						
5. 药材	7.	42.	294.			
6. 其它经济作物						
三、其它作物合计	43.					
1. 蔬菜、瓜类	43	8117	349,023			

上报时间＿＿＿＿年＿＿＿＿月＿＿＿＿日

单位负责人＿＿＿＿＿＿＿＿

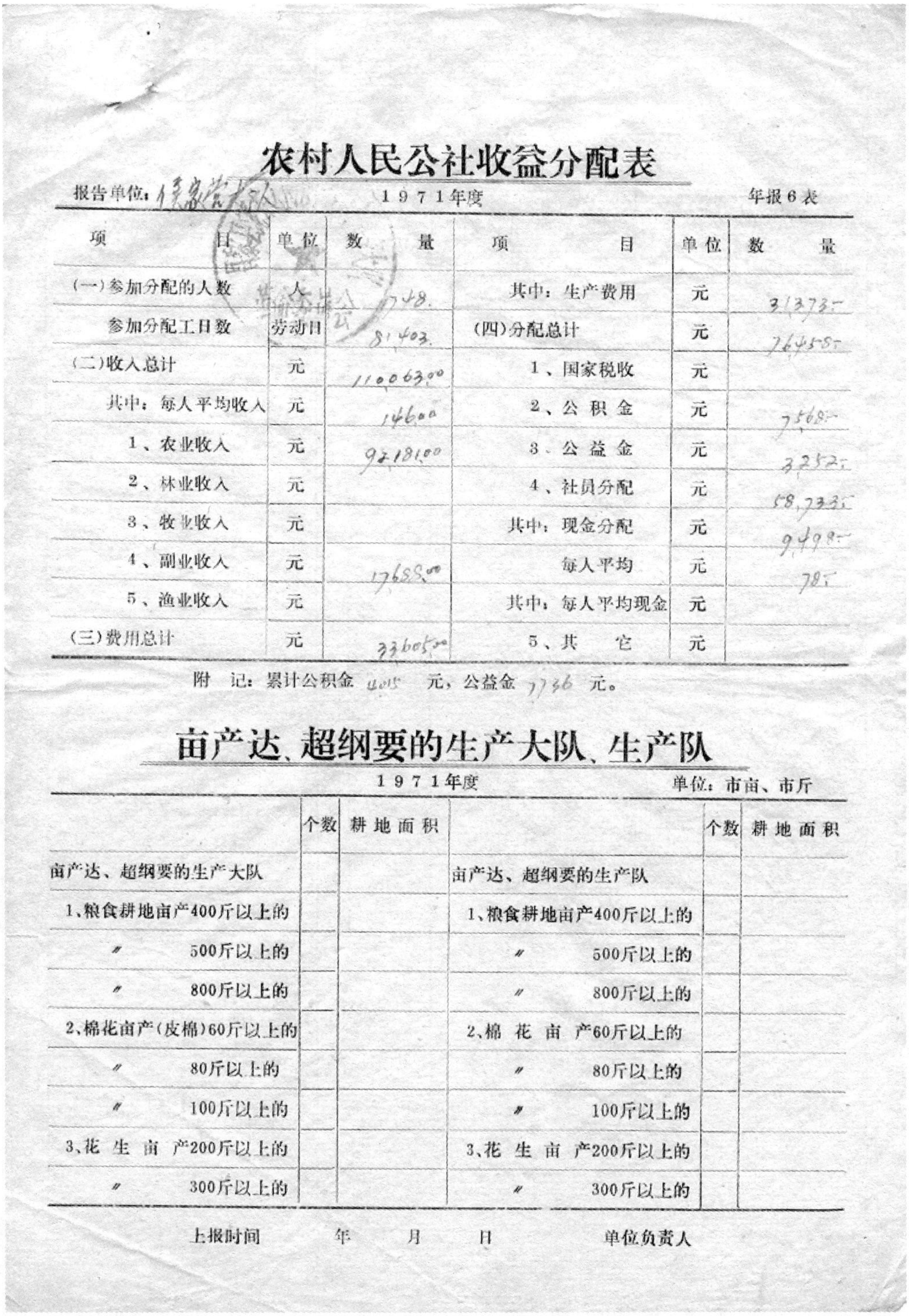

农村人民公社收益分配表

报告单位：侯家营大队　　1971年度　　年报6表

项目	单位	数量	项目	单位	数量
(一)参加分配的人数	人	748.	其中：生产费用	元	31,373.5
参加分配工日数	劳动日	81,403.	(四)分配总计	元	76,458.5
(二)收入总计	元	110,063.00	1、国家税收	元	
其中：每人平均收入	元	146.00	2、公积金	元	7,568.5
1、农业收入	元	92,181.00	3、公益金	元	3,252.5
2、林业收入	元		4、社员分配	元	58,733.5
3、牧业收入	元		其中：现金分配	元	9,498.5
4、副业收入	元	17,688.00	每人平均	元	78.5
5、渔业收入	元		其中：每人平均现金	元	
(三)费用总计	元	33,605.00	5、其它	元	

附　记：累计公积金 4015 元，公益金 7736 元。

亩产达、超纲要的生产大队、生产队

1971年度　　单位：市亩、市斤

	个数	耕地面积		个数	耕地面积
亩产达、超纲要的生产大队			亩产达、超纲要的生产队		
1、粮食耕地亩产400斤以上的			1、粮食耕地亩产400斤以上的		
〃　500斤以上的			〃　500斤以上的		
〃　800斤以上的			〃　800斤以上的		
2、棉花亩产(皮棉)60斤以上的			2、棉花亩产60斤以上的		
〃　80斤以上的			〃　80斤以上的		
〃　100斤以上的			〃　100斤以上的		
3、花生亩产200斤以上的			3、花生亩产200斤以上的		
〃　300斤以上的			〃　300斤以上的		

上报时间　　年　　月　　日　　　　单位负责人

a－6－20g

a－6－20/a－6－20a－g　侯家营大队 **1971** 年末基本情况统计。总人口、男女整半劳力总数、出生死亡、耕地面积总计（集体经营、社员自留地）、机耕面积、五类分子、机械化、电气化、水利、林果、机井、灌溉面积、大牲畜、水产品、农作物实产、收益分配、公积金、公益金，等。**1971** 年 **12** 月 **31** 日。

一九八四年农村专业户基本情况调查表

______乡______村 农年综16表

	合计	户主姓名												
	13.	[illegible]	[illegible]	[illegible]	[illegible]	[illegible]	[illegible]	[illegible]	[illegible]	[illegible]	[illegible]	[illegible]	[illegible]	[illegible]
一、经营专业	[illegible]													
1、按部门分														
2、按部门中的类别分														
二、家庭常住人口	58.	7	5	1	3	3	4	7	4	4	4	5	6	5
三、男女整半劳动力（人）	27	2.5	3	1	1	1.5	3	2.5	1.5	2	1.5	1.5	3	3
其中：从事专业的（人）	[illegible]	1	1	1	1	1	1	1.5	1	1	1	1	1	1
在专业人员中请帮工带徒弟														
四、家庭全年总收入（元）	34460	3800	3810	1400	2000	1320	3100	4770	1700	2000	1600	2312	2800	3122
其中：专业收入（元）	15050	1650	2000	700	1000	600	1000	[illegible]	[illegible]	800	[illegible]	[illegible]	1000	1500
五、出售产品收入（元）														

补充调查资料

按当地标准统计的专业户（经营专业按部门分类目录）

按经营专业分	户数	按经营专业分	户数	按经营专业分	户数	按经营专业分	户数	按经营专业分	户数
一、种植业	20.	养羊		五、工业		7、其他		1、商业	
其中：粮食作物		养鸡		1、饲料加工		六、运输		2、饮食业	
经济作物		养鸭		2、食品加工		其中：汽车		3、生产性服务业	
二、林业		养貂		3、砖瓦		拖拉机		4、非生产性服务业	
三、畜牧业		四、渔业		4、塑料制品		船舶		九、其他行业	
其中：养猪		其中：海水养殖		5、服装		七、建筑业			
养牛		淡水养殖		6、编织刺绣		八、商业、饮食业、服务业			

负责人： 填表人： 上报日期 198 年 月 日

此表报县、区各一份。

b－2－27a 1984年专业户调查表。姓名、劳动力人口、全年收入、专业收入。

农村经济收益分配抽中户调查表(一)

户主姓名：侯振元　　　　年　　月　　日　　　　单位：斤、元

项目 / 数量 / 名称	总产	在总产中：交国家粮食	其中：征粮	集体提留粮	社员生产留粮	市场出售粮食	社员所得	合计金额
序号	1	2	3	4	5	6	7	8
一、总合计								3396
合计	10290	4480	2095		660		5150	2396
冬小麦	1700	200	200		150		1350	289
春小麦								
六旦准								
水稻	1100	240	240		60		800	182
高粱	3000	1900	270				1100	342
玉米	2200	900	~~1000~~ 900				1300	270
谷子								
大豆	70	15	15				55	25
杂豆	320	50	15				270	112
薯类	200	55	55				145	70
杂粮								
花生	1700	1120	400		450		130	850
棉花								
麻类								
甜菜	800	800						26
萝卜								
白菜	1500						1500	3000
其它菜类								
柴草								100
加价粮油款								150

填报单位　　　　负责人　　　　填表人

农村经济收益分配抽中户调查表（二）

户主姓名： 年 月 日

项目 数量 名称	计量单位	数量	金额	其中：出售金额	备考
2、林业	×	×			
① 林木	立方米				
② 干果	斤				
③ 鲜果	斤				
3、牧业	×				
① 牲畜	头				
② 羊只	头				
4、付业	×	×			
① 运输	元	×			
② 加工	元	×			
③ 养殖	元	×			
④ 其它	元	×	1000、		
5、渔业	×				
① 养殖	斤				
② 捕捞	斤				
6、其它	元	×			

填报单位 单位负责人 填表人

b－2－22a

农村经济收益分配抽中户调查表(三)

户主姓名：　　　　年　　月　　日　　　　单位：元

项目 / 数量 / 名称	合计费用	其中：农业生产费	备考
二、支出合计	1076		
1、农业支出	1076	1076	
① 种子费	311.		
② 化肥	300.		
③ 农药	15.		
④ 机耕			
⑤ 水电			
⑥ 维修购置			
⑦ 草料费	200.		
⑧ 其它	200. 50.		
2、林业支出			
3、牧业支出			
4、付业支出			
5、渔业支出			
6、其它支出			

填报单位　　　　负责人　　　　填表人

b－2－22b

农村经济收益分配抽中户调查表（四）

户主姓名： 年 月 日 单位：元

项目 款 数 名称	金额	备考
三、纯收入	2370.	
1、国家税金	60.	
2、集体提留	300.	
其中 ①公积金		
其中 ②公益金		
3、社员所得	2010.	
其中：干部报酬		
4、社员从社队企业得到工资收入		
5、社员所得总额	2010	
人口	6.	
人均	335.	
社员自有生产性固定资产总额	800 1000.	
其中：用当年收入购买和建造的		

填报单位 负责人 填表人

b－2－22c

b－2－22/b－2－22a－c 农业经济收益分配抽中户调查表。侯振元，投资、成本，1984年1月19日。＊参见“二、政治运动”下“1. 四清运动和阶级斗争扩大化”中的f－37－2g/f－37－2h/f－37－2i文件，原6小队会计，好庄稼把式。

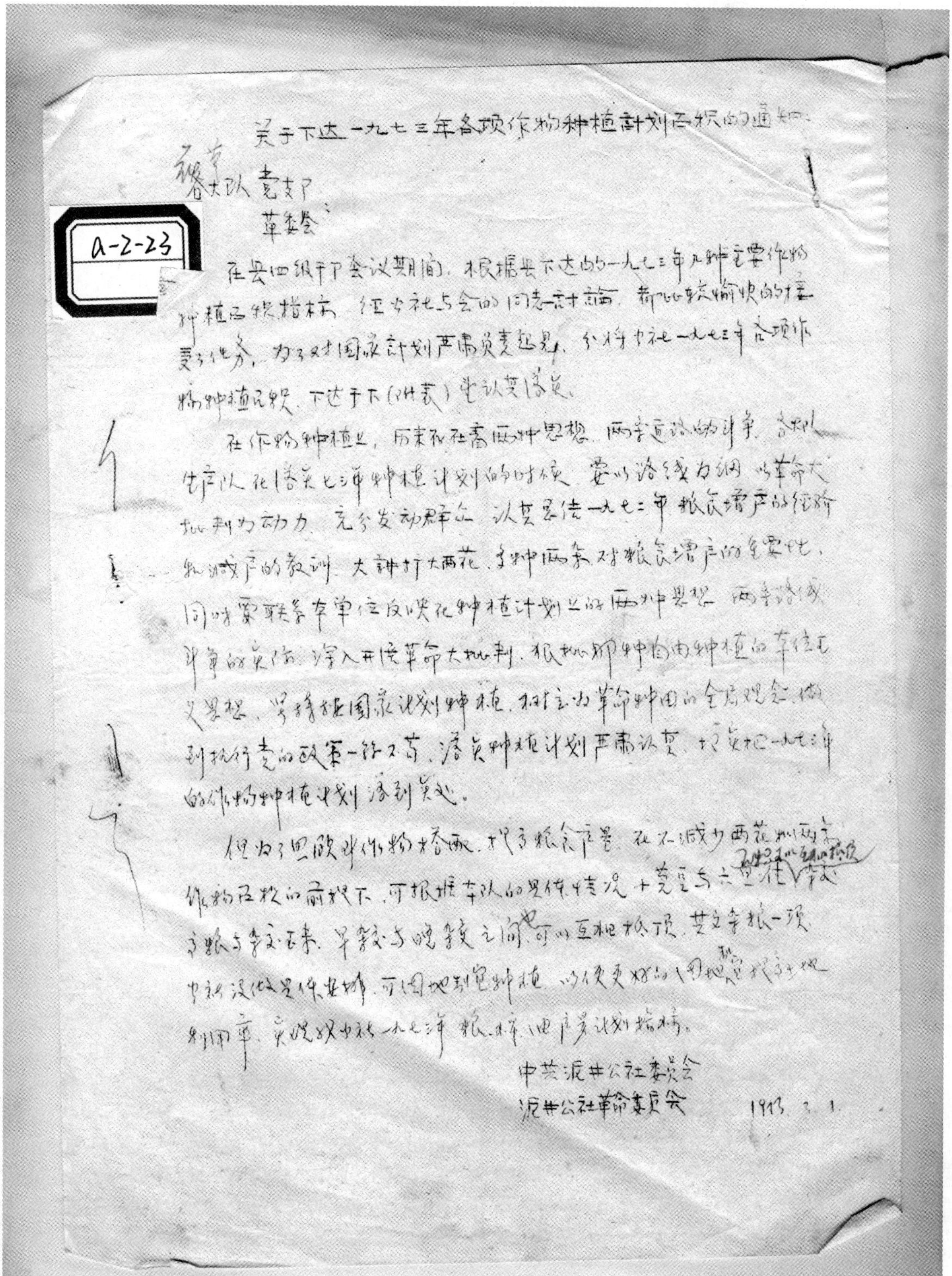

a-2-23

关于下达一九七三年各项作物种植计划面积的通知

[illegible]各大队党支部
革委会：

在县四级干部会议期间，根据县下达的一九七三年几种主要作物种植面积指标，经公社与会的同志讨论，都比较愉快的接受了任务，为了对国家计划严肃负责起见，今将公社一九七三年各项作物种植面积下达于下（附表）望认真落实。

在作物种植上，历来存在着两种思想、两条道路的斗争，各大队生产队在落实七三年种植计划的时候，要以路线为纲，以革命大批判为动力，充分发动群众，认真总结一九七二年粮食增产的经验和减产的教训，大讲打太两花、多种两杂对粮食增产的重要性，同时要联系本单位反映在种植计划上的两种思想、两条路线斗争的实际，深入开展革命大批判，狠批那种自由种植的本位主义思想，坚持按国家计划种植，树立为革命种田的全局观念，做到执行党的政策一丝不苟，落实种植计划严肃认真，切实把一九七三年的作物种植计划落到实处。

但为了更好地作物搭配，扩大粮食产量，在不减少两花和两杂作物面积的前提下，可根据本队的具体情况＋[illegible]，多粮与麦、玉米，早秋与晚秋之间也可以互相机动，其它杂粮一项中社没做具体安排，可因地制宜种植，以便更好的因地制宜扩大土地利用率，实现公社一九七三年粮、棉、油产量计划指标。

中共泥井公社委员会
泥井公社革命委员会　1973.3.1.

a－2－23　关于下达1973年各项作物种植计划面积的通知。1973年3月1日。

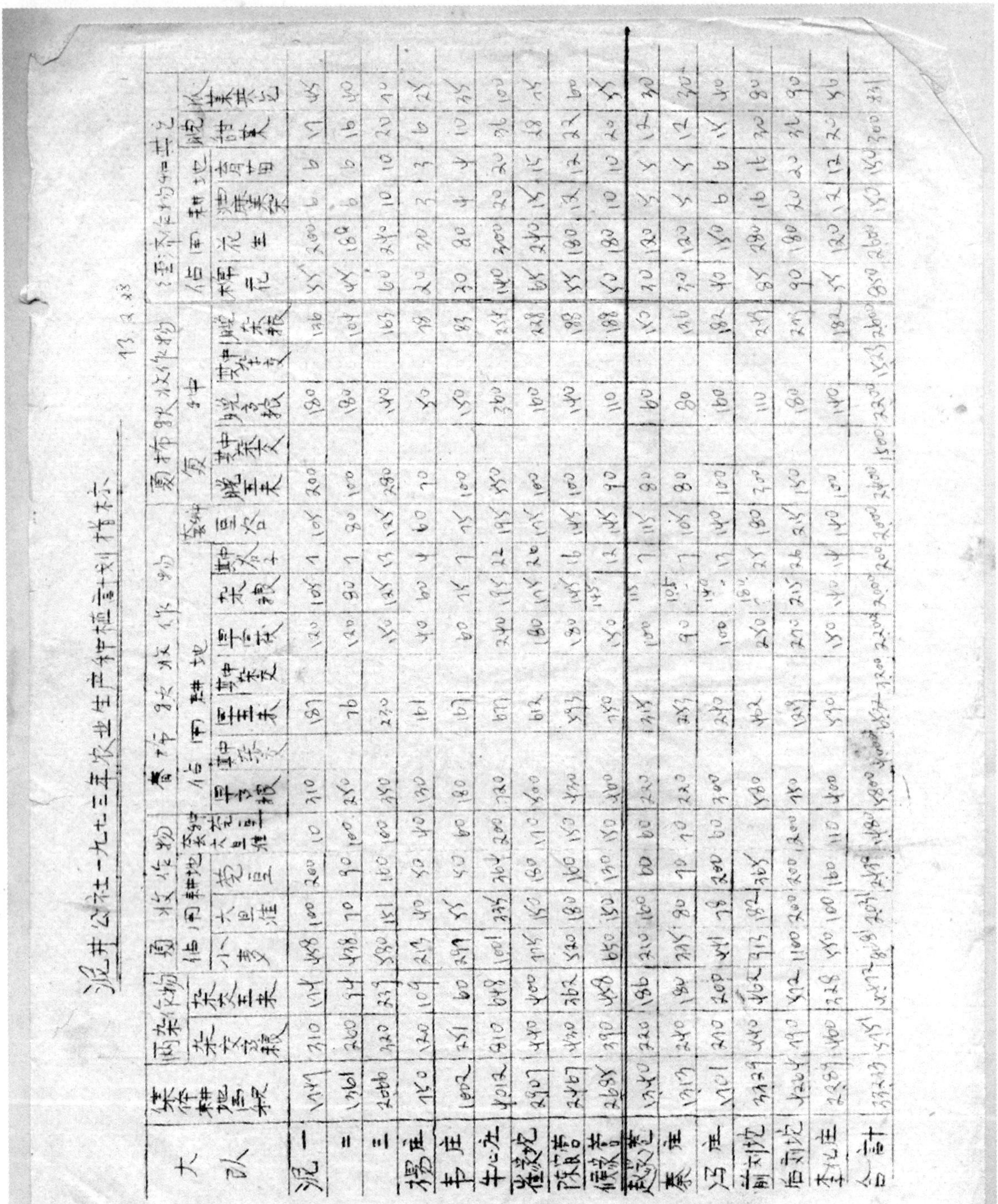

泥井公社一九七三年农业生产种植计划指标

13.2.28

大队	集体耕地面积	两杂作物 杂交高粱	两杂作物 杂交玉米	夏收作物 占用耕地 小麦	夏收作物 占用耕地 大旦准	夏收作物 占用耕地 莞旦	夏收作物 套种 大旦准 莞旦	春播秋收作物 占用耕地 早高粱	其中杂交	早玉米	其中杂交	早谷	杂粮	其中谷子	套种 豆谷	夏播秋收作物 复种 晚玉米	其中杂交	晚高粱	其中杂交	晚杂粮	经济作物和其它 占用耕地 棉花	花生	油[illegible]	育苗	晚甘薯	瓜菜其它
泥一	1347	310	174	458	100	200	10	310		187		120	105	7	105	200		180		136	55	200	6	6	17	45
二	1361	260	94	438	70	90	100	250		76		120	80	7	80	100		180		104	45	180	6	6	16	40
三	2066	320	239	580	151	160	100	350		230		150	125	13	125	280		140		163	60	240	10	10	20	70
杨庄	750	120	109	213	40	50	40	130		161		40	60	4	60	70		50		78	20	30	3	3	6	25
韦庄	1002	251	60	299	55	50	60	180		167		60	75	7	75	100		150		83	30	80	4	4	10	35
牛心庄	4012	810	648	1001	335	364	200	720		677		240	195	22	195	550		360		254	140	300	20	20	36	100
崔家坨	2907	440	400	175	150	180	170	500		612		180	175	20	175	100		160		228	65	240	15	15	28	75
陈官营	2467	430	362	520	180	160	150	430		593		180	145	16	145	100		140		188	55	180	12	12	22	60
侯家营	2685	390	458	650	150	130	150	460		750		150	145	12	145	90		110		188	50	180	10	10	20	55
赵家港	1340	220	186	210	160	60	60	220		215		100	115	7	115	80		60		150	30	120	5	5	12	30
秦庄	1313	240	184	235	80	70	70	220		253		90	105	7	105	80		80		136	30	120	5	5	12	30
冯庄	1701	210	200	441	78	200	60	300		240		100	140	13	140	100		160		182	40	150	6	6	15	40
前刘坨	3329	440	462	313	182	365		580		462		250	180	25	180	300		110		243	85	280	16	16	30	80
后刘坨	4264	790	572	1100	200	200	200	750		1219		270	215	26	215	150		180		273	90	180	20	20	32	90
李化庄	2389	400	228	550	100	160	110	400		530		150	140	14	140	100		140		182	55	120	12	12	20	56
合计	33333	5151	4472	8081	2031	2432	1480	5800	4000	6532	3200	2200	2000	200	2000	2400	1500	2200	1523	2600	850	2600	150	150	300	831

a－2－23a　泥井公社 1973 年农业生产种植计划指标。侯家营大队指标，1973 年 2 月 28 日。

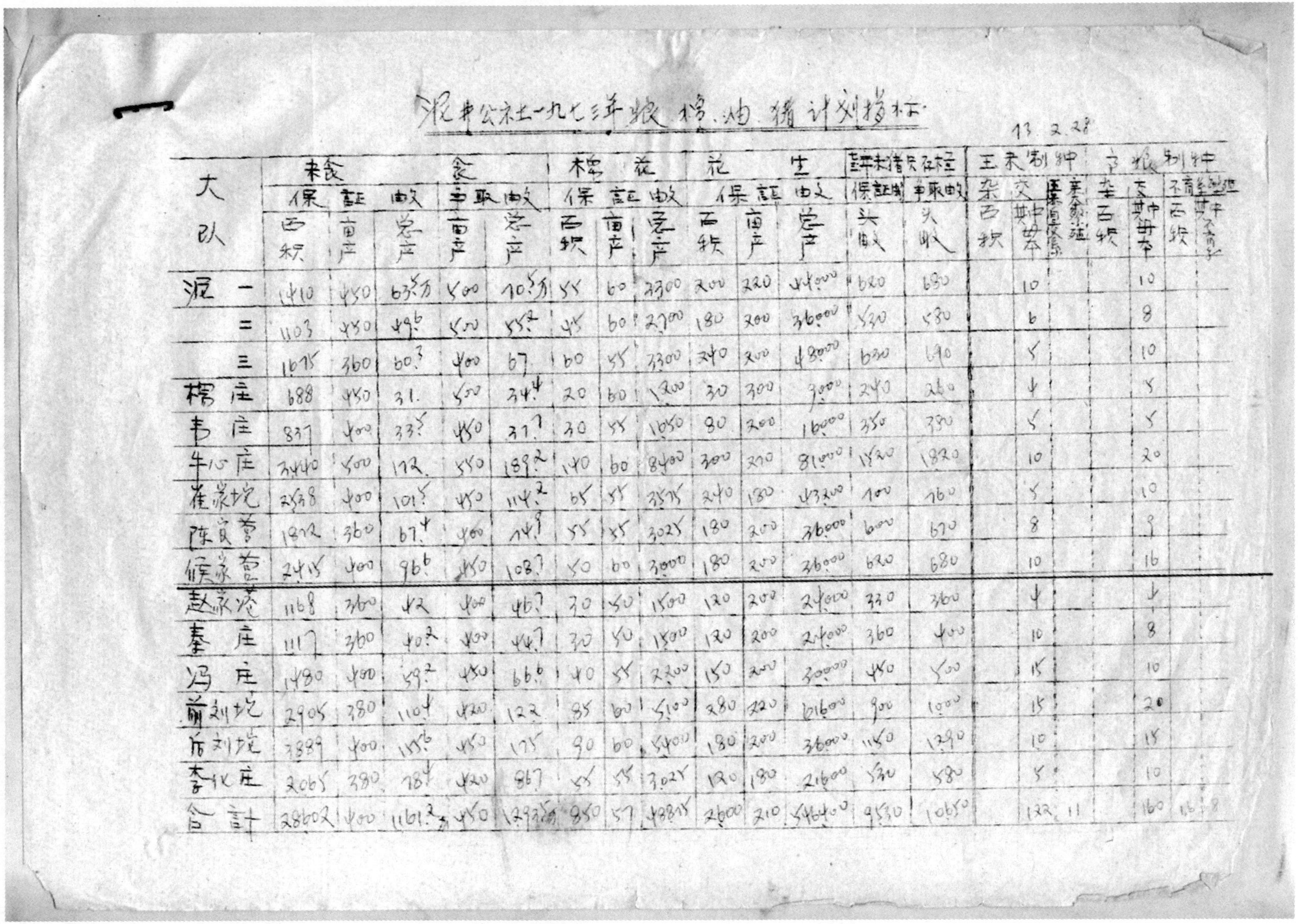

泥井公社一九七三年粮棉油猪计划指标　73.2.28

大队	粮食 保证数 面积	粮食 保证数 亩产	粮食 保证数 总产	粮食 争取数 亩产	粮食 争取数 总产	棉花 保证数 面积	棉花 保证数 亩产	棉花 保证数 总产	花生 保证数 面积	花生 保证数 亩产	花生 保证数 总产	肥猪 保证数 头数	肥猪 争取数 头数	玉米制种 杂交 面积	玉米制种 其中[illegible]	玉米制种 [illegible]	玉米制种 [illegible]	高粱制种 [illegible] 面积	高粱制种 其中[illegible]	高粱制种 不育系 面积	高粱制种 [illegible]
泥一	1410	450	63.5万	500	70.5万	55	60	3300	200	220	44000	620	680		10				10		
泥二	1103	480	49.6	500	55.2	45	60	2700	180	200	36000	530	580		6				8		
泥三	1675	360	60.3	400	67	60	55	3300	240	200	48000	630	690		5				10		
棉庄	688	450	31.	500	34.4	20	60	1200	30	300	9000	240	260		4				5		
韦庄	837	400	33.5	450	37.7	30	55	1650	80	200	16000	350	350		5				5		
牛心庄	3440	500	172	550	189.2	140	60	8400	300	270	81000	1520	1820		10				20		
崔家坨	2538	400	101.5	450	114.2	65	55	3575	240	180	43200	700	760		5				10		
陈官营	1872	360	67.4	400	74.9	55	55	3025	180	200	36000	600	670		8				9		
侯家营	2415	400	96.6	450	108.7	50	60	3000	180	200	36000	620	680		10				16		
赵家港	1168	360	42	400	46.7	30	50	1500	120	200	24000	330	360		4				4		
秦庄	1117	360	40.2	400	44.7	30	50	1500	120	200	24000	360	400		10				8		
冯庄	1480	400	59.2	450	66.6	40	55	2200	150	200	30000	450	500		15				10		
前刘坨	2905	380	110.4	420	122	85	60	5100	280	220	61600	900	1000		15				20		
后刘坨	3889	400	155.6	450	175	90	60	5400	180	200	36000	1150	1290		10				15		
李佃庄	2065	380	78.4	420	86.7	55	55	3025	120	180	21600	530	580		5				10		
合计	28602	400	1161.2万	450	1293.5万	950	57	48815	2600	210	546400	9530	10650		132	11			160	16	8

a-2-23b　泥井公社 1973 年粮棉油猪计划指标。侯家营大队指标，1973 年 2 月 28 日。

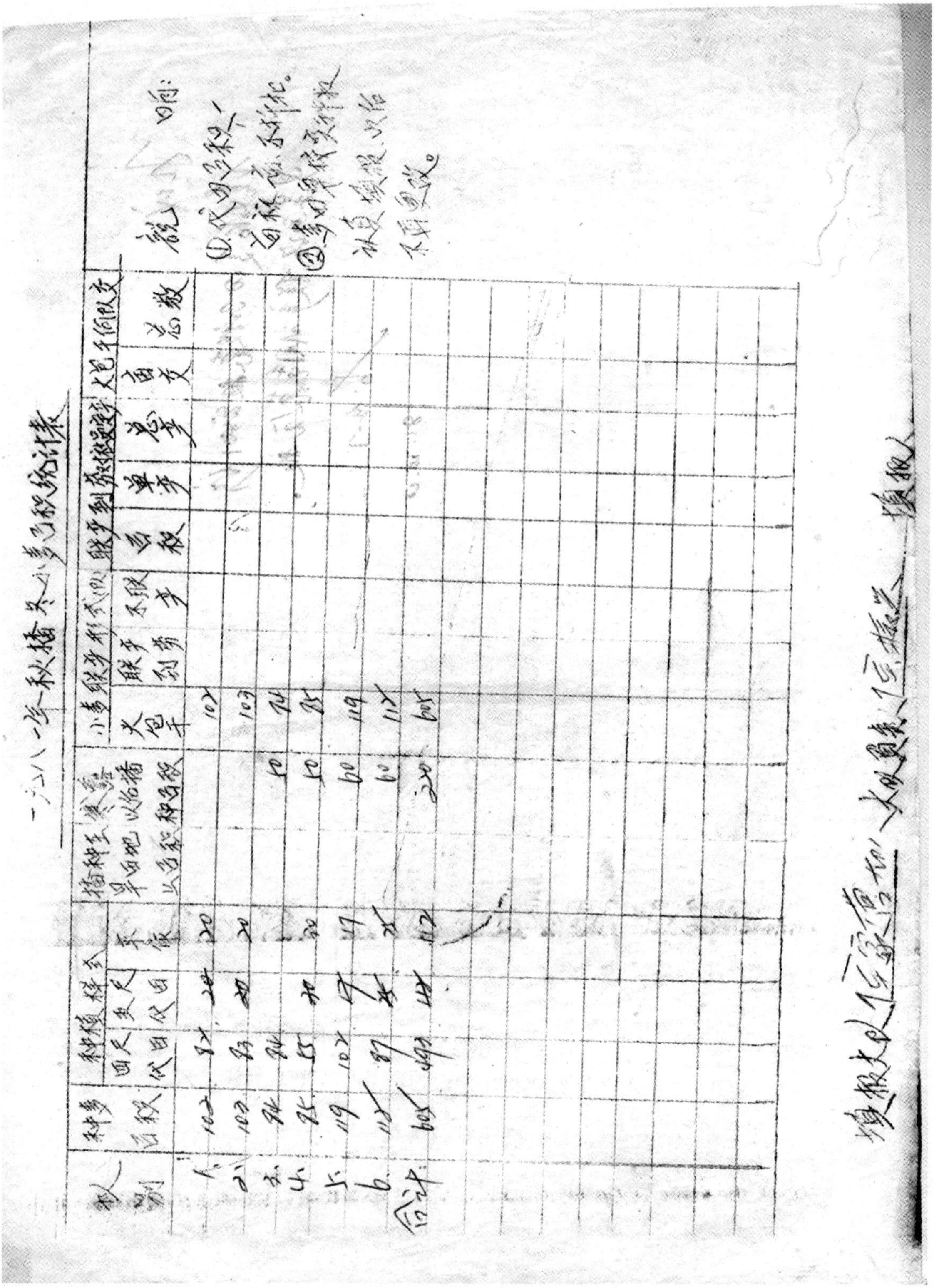

一九八一年秋播冬小麦面积统计表

队别	种麦面积	种植样式：四尺代田	种植样式：五尺代田	种植样式：平作	播种王[illegible]：旱田地[illegible]面积	播种王[illegible]：以后播种面积	小麦联产形式（队）：大包干	小麦联产形式（队）：联产到劳	小麦联产形式（队）：不联产	联产到[illegible]：面积	联产到[illegible]：单产	联产到[illegible]：总产	大包干向队交：亩交	大包干向队交：总数
1	102	82	20	20			102							
2	103	83	20	20			103							
3	84	84				50	84							
4	85	55	30	30		50	85							
5	119	102	17	17		60	119							
6	112	87	25	25		60	112							
合计	605	493	112	112		220	605							

说明：①代田面积[illegible]亩标[illegible]、不种[illegible]。②[illegible]认真填报，以后不再更改。

填报大队 侯家营[illegible] 大队负责人 侯振[illegible] 填报人

b－1－72b　1981 年秋播冬小麦面积统计表。6 个小队。

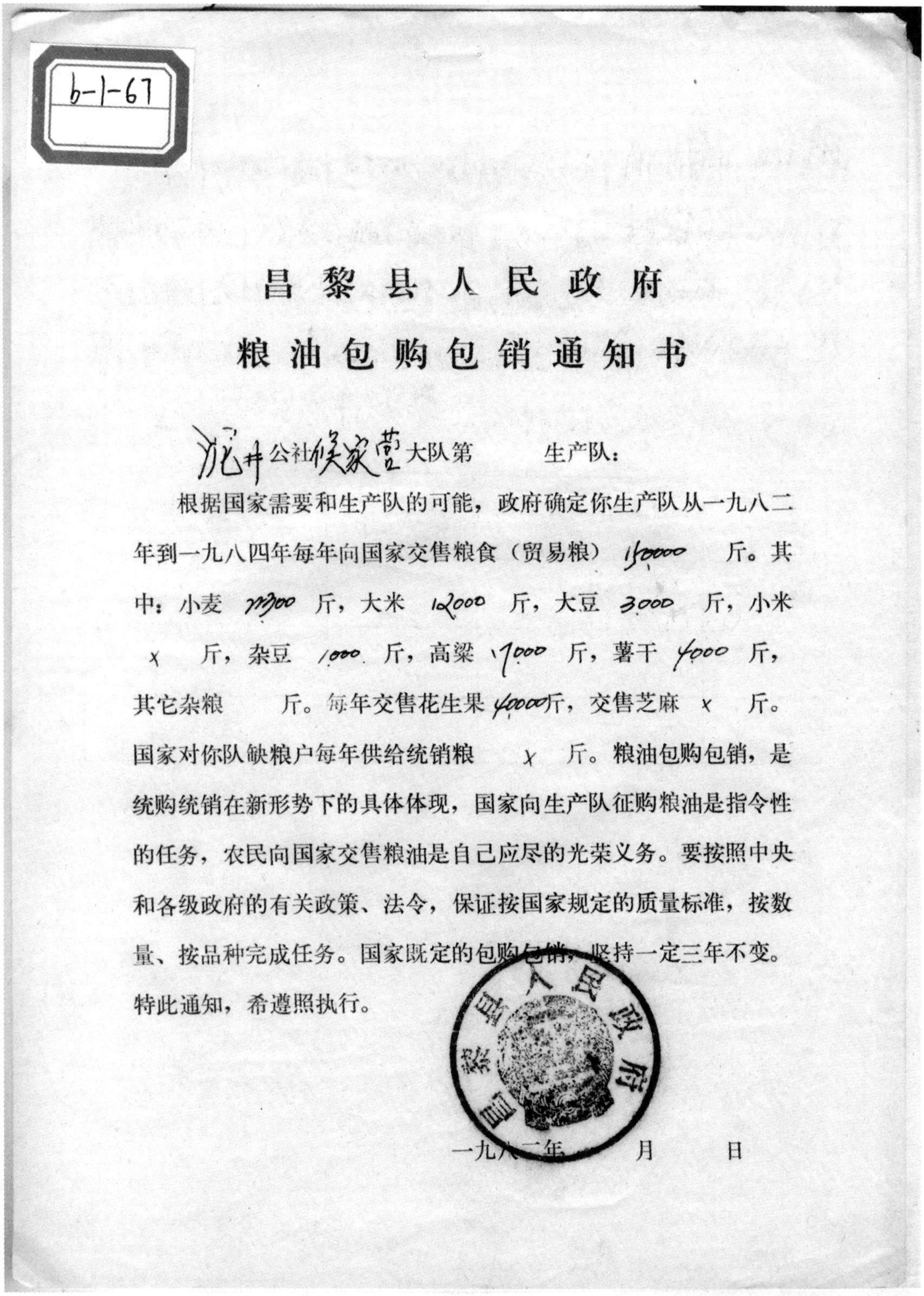

b-1-67

昌黎县人民政府
粮油包购包销通知书

泥井公社侯家营大队第　　生产队：

根据国家需要和生产队的可能，政府确定你生产队从一九八二年到一九八四年每年向国家交售粮食（贸易粮）150000　斤。其中：小麦 11300 斤，大米 12000 斤，大豆 3000 斤，小米 x 斤，杂豆 1000 斤，高粱 17000 斤，薯干 4000 斤，其它杂粮　　斤。每年交售花生果 40000 斤，交售芝麻 x 斤。国家对你队缺粮户每年供给统销粮 x 斤。粮油包购包销，是统购统销在新形势下的具体体现，国家向生产队征购粮油是指令性的任务，农民向国家交售粮油是自己应尽的光荣义务。要按照中央和各级政府的有关政策、法令，保证按国家规定的质量标准，按数量、按品种完成任务。国家既定的包购包销，坚持一定三年不变。特此通知，希遵照执行。

一九八二年　　月　　日

b－1－67　昌黎县人民政府粮油包购包销通知书。1982 年。＊计划指令时代的尾声。

各大队管委会：

由于县政府和社委分配我社部份品种有所增加，根据实际情况，公社对原来分配任务品种中的交料任务做了调整，同时又新分配了薯干任务。各大队接通知后，要迅速落实到生产队，到户，与合同已订完的队，可在余料品种内按户进行调整。附各大队增加交料任务品种和新分配薯干品种表。

单位	交料任务		薯干	备考
	原分配数	现增加到		
侯营	9000	8000	4000	

b-1-68

施井公社管委会
（印：……人民公社管理委员会）
1983年4月1日

b－1－68　大队交薯干任务分配。1983年。

泥井公社　　八二年粮油包干任务品种分配统计表　1982.1.14

项目 单位	全年粮食包干任务	其中		在秋粮包干任务中品种分配			花生包干任务	注：任务数一律以万为单位。
		夏粮	秋粮	商粮	大米	大豆		
合计	212	31.6	180.4	14.5	38	4	11	
泥一	9	1.34	7.16	1.1	0.6	0.27 0.27	0.6	
泥二	6	0.9	5.1	0.6	1.6	0.21	1.1	
泥三	7.5	1.1	6.4	0.9	1.2	0.33	1	
杨庄	5.7	0.85	4.85	0.5	1	0.12		
韦庄	5.8	0.86	4.94	0.4	1.2	0.22	0.1	
中心庄	34.5	5.12	29.38	1.7	7	0.3	1.1	
崔家坨	23.5	3.5	20	0.8	5.8	0.32	1.1	
陈家营	14	2.1	11.9	1.2	5.2	0.2	0.7	
侯家营	15 25	2.23 [illegible]	12.77 2/3	0.9 15	1.2 [illegible]	0.3 05	1. 166	
赵家港	4	0.6	3.4	0.5	0.6	0.16	0.9	
秦庄	6.5	1	5.5	0.6	0.6	0.16	0.5	
冯庄	10	1.5	8.5	0.6	0.8	0.22	0.4	
前刘坨	23	3.43	19.57	1.5	4	0.5	1.2	
后刘坨	32.5	4.84	27.66	1.7	6	0.42	0.9	
李化庄	15	2.23	12.77	1.5	1.2	0.27	0.4	

b－1－71　泥井公社 82 年粮油包干任务品种分配统计表。1982 年 1 月 14 日。

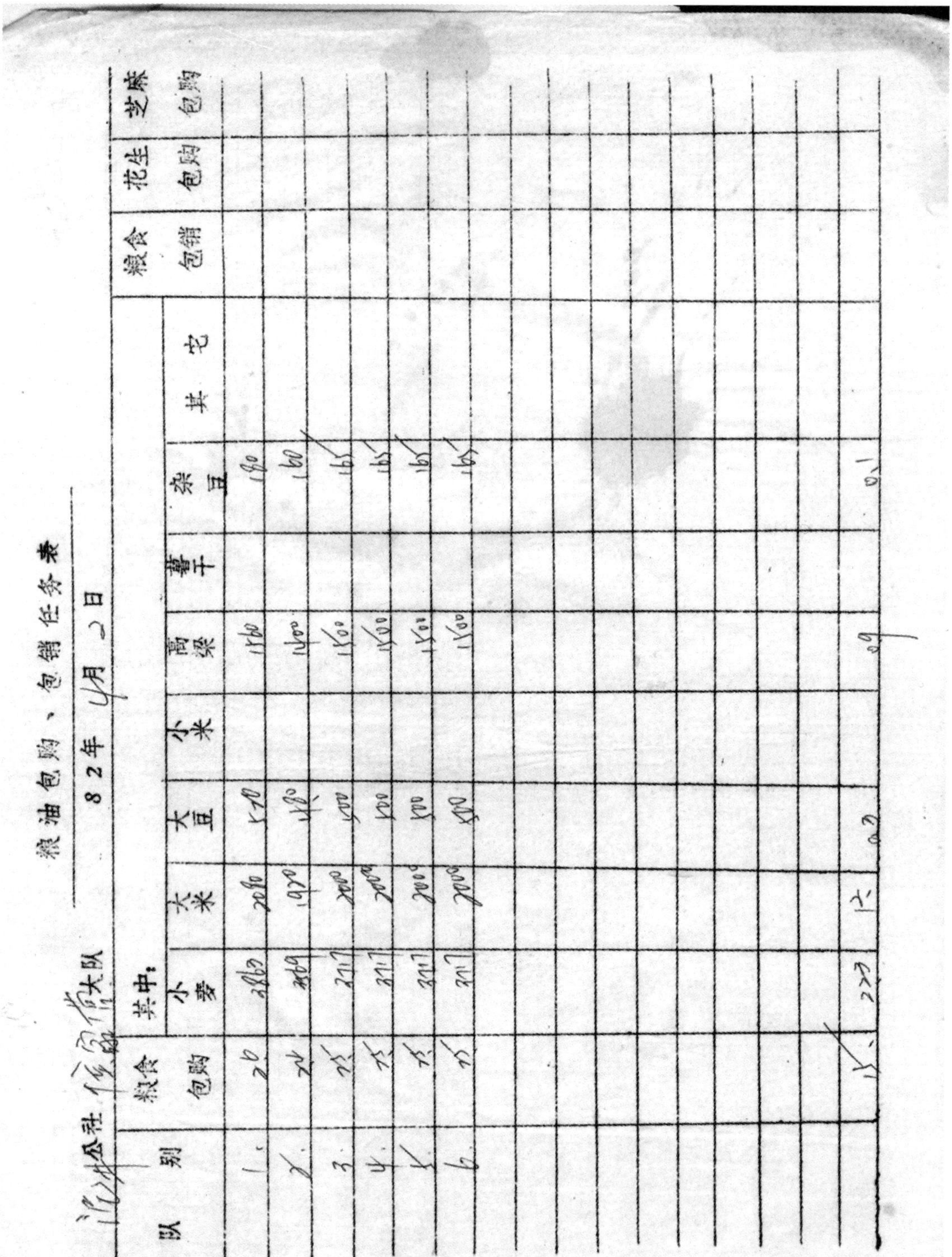

粮油包购、包销任务表

[illegible]公社 [illegible]大队 82年 4月 2日

队别	粮食包购	其中：小麦	大米	大豆	小米	高粱	薯干	杂豆	其它	粮食包销	花生包购	芝麻包购
1.	20	2863	2080	520		1560		180				
2.	24	2869	1920	480		1400		160				
3.	25	3717	2000	500		1500		165				
4.	25	3717	2000	500		1500		165				
5.	25	3717	2000	500		1500		165				
6.	25	3717	2000	500		1500		165				
	15、	223	12	0.3		0.9		0.1				

b－1－71a　粮油包购、包销任务表。1982 年 4 月 2 日。

泥井公社

各大队八二年种植计划（一）

八二、三、二十八日

项目 单位	粮食作物播种面积	一、夏粮	其中 冬小麦	春麦	二、秋粮	水稻	其中 早稻	晚稻	玉米	其中 大田玉米	代田玉米	晚玉米	高粱	其中 大田高粱	代田高粱	谷子	大豆	杂粮
合计	26764	7572	7172	400	14192	6160	5770	390	7539	4976	1658	905	3760	2884	876	55	1170	508
泥一	1381	321	321		1060	120	120		527	400	70	57	294	250	44		70	49
泥二	782	186	186		596	200	180	20	226	200		26	120	120			50	
泥三	1654	371	371		1283	100	80	20	605	500	70	35	406	350	56		90	82
杨庄	647	187	177	10	460	120	120		180	110	60	10	120	79	41		40	
韦庄	830	171	171		659	200	200		240	200	40		100	80	20		60	59
牛心庄	3920	1367	1117	250	2553	1500	1200	300	687	320	98	269	266	266			100	
崔家坨	2198	568	548	20	1630	850	850		538	332	80	126	152	100	52		90	
陈官营	1651	429	429		1222	680	680		317	150	167		135	65	70		80	10
侯家营	2248	635	605	30	1613	250	250		793	500	293		470	270	200		100	
赵家坨	1120	402	332	70	718	150	150		337	120	200	17	161	56	105		50	20
秦庄	1108	160	160		948	120	120		480	400	20	60	240	240			50	58
冯庄	1520	377	377		1143	140	140		561	400	90	71	309	243	66		70	63
前小坨	2272	765	755	10	1507	600	600		565	362	100	103	222	180	42	20	100	
后小坨	3673	1118	1108	10	2555	950	900	50	933	582	220	131	407	300	107	20	140	105
李兆庄	1760	515	515		1245	180	180		550	400	150		358	285	73	15	80	62

b－1－72

泥井公社　　各大队八二年种植计划指标（二）

单位＼项目	经济作物						其它作物和其它占地							备注
	合計	花生	棉花	芝蔴	麻类	甜菜	合計	蔬菜	其中 春菜	秋菜	瓜类	育苗	其它占地	
合計	8597	5520	85	20	110	2862	1788	927	45	882	225	25	611	
泥一	400	300				100	80	50		50	10		20	
泥二	560	460				100	40	40		40				
泥三	470	320			10	140	75	55	5	50	20			
杨庄	170	120				50	26	26		26				
韦庄	160	80				80	56	32		32			24	
牛心庄	820	250			20	550	250	150		150	75		25	
崔家坨	870	600			20	250	65	65	5	60				
陈官营	610	460				150	402	42		42	20		340	
侯家营	735	600			15	120	72	22		22			50	
赵家港	380	320				60	94	20		20			74	
秦庄	177	100	10	2	5	60	53	25	5	20	10		18	
冯庄	265	150	10		5	100	110	50		50	20		40	
前刘坨	1330	900	10	10	10	400	155	120		120	30	5		
后刘坨	988	500	15	8	15	450	270	190	30	160	40	20	20	
李化庄	622	360	40		10	252	40	40		40				

b－1－72a

b－1－72/b－1－72a　各大队 1982 年种植计划、指标。1982 年 2 月 28 日。

甜菜产购合同

合同签证号

昌黎县糖厂　　以下简称甲方

泥井公社侯家营大队1生产队　　以下简称乙方

为实现甜菜的计划生产与计划收购，保证优质，减少损耗，增加农民收入，并解决交甜菜排长队问题，经双方充分协商签订本合同，共同信守。

一、甲方按种植计划，供应乙方甜菜良种，负责做好种、管、收、贮的各项技术指导。

二、甲方按＿＿元／吨付甜菜保管费、0.20元／吨公里付运费。

三、乙方根据县、社下达的甜菜种植计划，今年种甜菜26亩，包产甜菜26吨，全部交售给甲方，收获前保证不打叶子，起收前十天不浇水。

四，乙方按甲方安排的交售期限交售，定于82年12月11日，至82年12月20日按时把甜菜交送到糖厂，不私自提前或延迟交售期。

五、质量价格标准：①凡块根新鲜未风干，未受冻，50％以上单株重在一市斤以上，切削合格，含糖16度，每吨75元。每增糖一度加价５元，减糖一度减价2元。②按标准把青头、根尾削净，刮净块根上沾附的泥土，装车时不混进菜叶、杂草、土、石等物，不弄虚做假。

六、运输方式及地点：由乙方负责运到糖厂院内。

七、经济责任。

1．如发现下列情况者，甲方有权酌情处理：

①不按期交售：私自提前交售者拒收，故意延期交售者，甲方不付保管费。

②切削不合格者，指令反工。

③因保管不当，使块根风干受冻者，视受害程度降等或拒收。

④车箱内含土、石、杂物等超过交菜量５％时，指令当场倒车，重装后再过秤。

2．因甲方按排不当，须乙方提前交售时，仍按原定交售期付保管费。

此合同一式叁份，甲、乙双方各一份，工商行政管理部门一份。

合同有效期：82年　月20日

甲方　昌黎县糖厂　　帐号　43009

乙方　　公社　　大队　　生产队

鉴证机关

b－1－54　甜菜产购合同。侯家营－昌黎县糖厂，共计6张，1队，1982年。

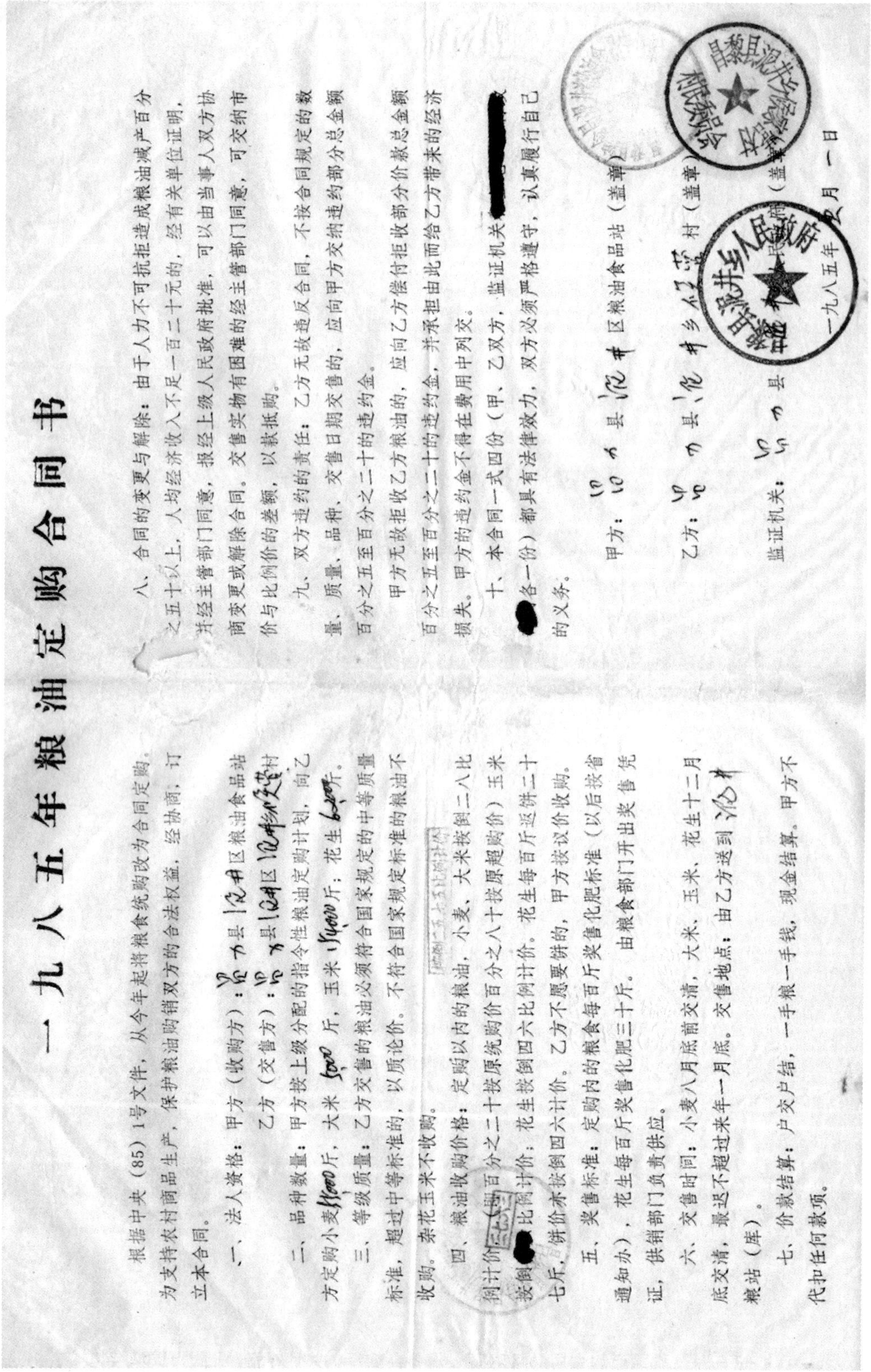

一九八五年粮油定购合同书

根据中央（85）1号文件，从今年起将粮食统购改为合同定购。为支持农村商品生产，保护粮油购销双方的合法权益，经协商，订立本合同。

一、法人资格：甲方（收购方）：昌黎县泥井区粮油食品站

乙方（交售方）：昌黎县泥井区泥井乡侯家营村

二、品种数量：甲方按上级分配的指令性粮油定购计划，向乙方定购小麦15000斤，大米5000斤，玉米154000斤；花生62000斤。

三、等级质量：乙方交售的粮油必须符合国家规定的中等质量标准，超过中等标准的，以质论价。不符合国家规定标准的粮油不收购。杂花玉米不收购。

四、粮油收购价格：定购以内的粮油，小麦、大米按倒二八比例计价（即百分之二十按原统购价百分之八十按原超购价）玉米按倒[redacted]比例计价；花生按倒四六比例计价。花生每百斤返饼二十七斤，饼价亦按倒四六计价。乙方不愿要饼的，甲方按议价收购。

五、奖售标准：定购内的粮食每百斤奖售化肥标准（以后按省通知办），花生每百斤奖售化肥三十斤。由粮食部门开出奖售凭证，供销部门负责供应。

六、交售时间：小麦八月底前交清，大米、玉米、花生十二月底交清，最迟不超过来年一月底。交售地点：由乙方送到泥井粮站（库）。

七、价款结算：户交户结，一手粮一手钱，现金结算。甲方不代扣任何款项。

八、合同的变更与解除：由于人力不可抗拒造成粮油减产百分之五十以上，人均经济收入不足一百二十元的，经有关单位证明，并经主管部门同意，报经上级人民政府批准，可以由当事人双方协商变更或解除合同。交售实物有困难的经主管部门同意，可交纳市价与比例价的差额，以款抵购。

九、双方违约的责任：乙方无故违反合同，不按合同规定的数量、质量、品种、交售日期交售的，应向甲方交纳违约部分总金额百分之五至百分之二十的违约金。

甲方无故拒收乙方粮油的，应向乙方偿付拒收部分价款总金额百分之五至百分之二十的违约金，并承担由此而给乙方带来的经济损失。甲方的违约金不得在费用中列交。

十、本合同一式四份（甲、乙双方，监证机关[redacted]各一份）都具有法律效力，双方必须严格遵守，认真履行自己的义务。

甲方：昌黎县泥井区粮油食品站（盖章）

乙方：昌黎县泥井乡侯家营村（盖章）

监证机关：昌黎县泥井乡人民政府（盖章）

一九八五年五月一日

b-6-6b 1985年粮油订购合同书。＊该合同第一句话："根据中央（85）1号文件，从今年起将粮食统购改为合同定购。"

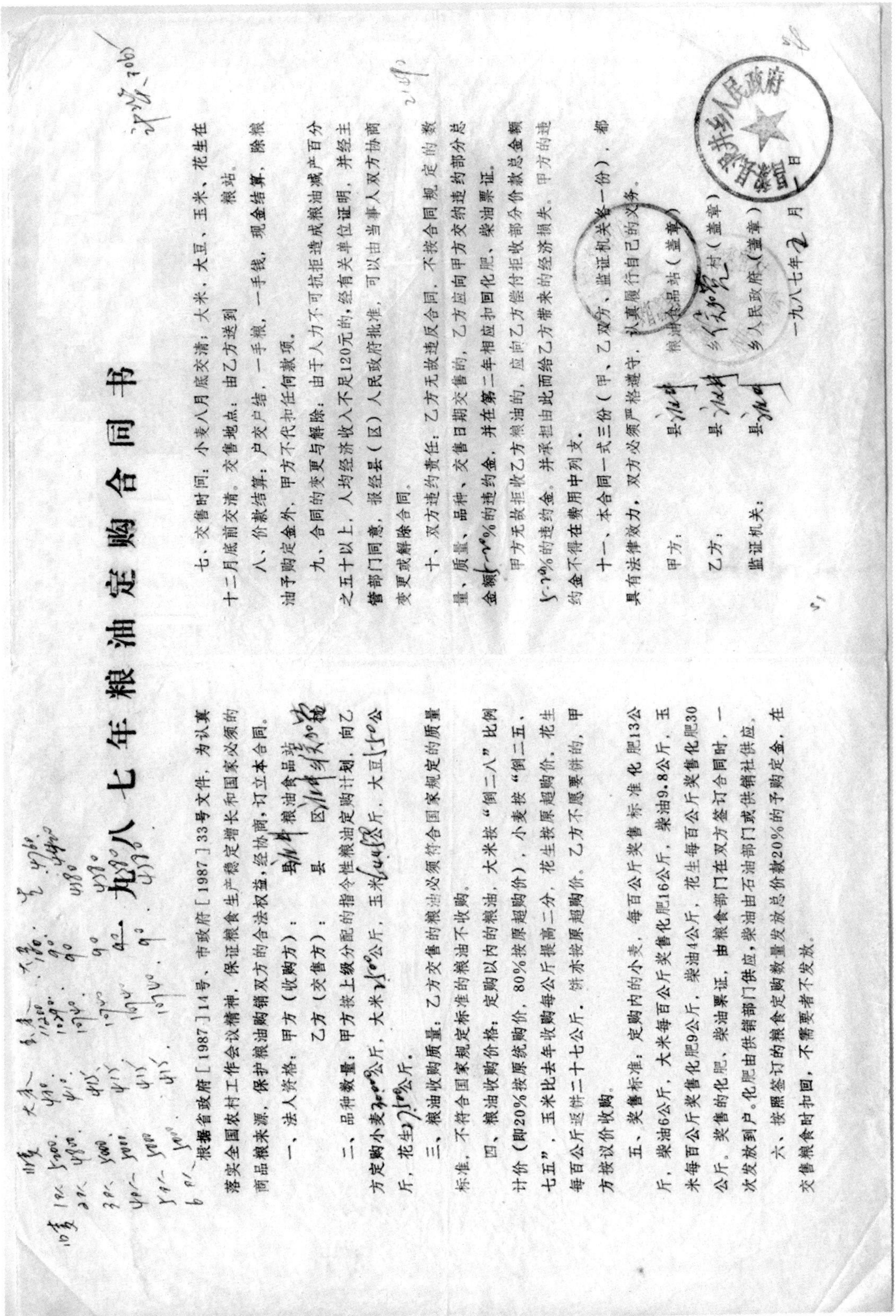

一九八七年粮油定购合同书

根据省政府［1987］14号、市政府［1987］33号文件，为认真落实全国农村工作会议精神，保证粮食生产稳定增长和国家必须的商品粮来源，保护粮油购销双方的合法权益，经协商，订立本合同。

一、法人资格：甲方（收购方）：　县　粮油食品站

乙方（交售方）：　县　区

二、品种数量：甲方按上级分配的指令性粮油定购计划，向乙方定购小麦　公斤，大米　公斤，玉米　公斤，大豆　公斤，花生　公斤。

三、粮油收购质量：乙方交售的粮油必须符合国家规定的质量标准，不符合国家规定标准的粮油不收购。

四、粮油收购价格：定购以内的粮油，大米按"倒二八"比例计价（即20%按原统购价，80%按原超购价），小麦按"倒二五、七五"，玉米比去年收购每公斤提高二分，花生按原超购价，花生每百公斤返饼二十七公斤，饼亦按原超购价。乙方不愿要饼的，甲方按议价收购。

五、奖售标准：定购内的小麦，每百公斤奖售标准化肥13公斤，柴油6公斤，大米每百公斤奖售化肥16公斤，柴油9.8公斤，玉米每百公斤奖售化肥9公斤，柴油4公斤，花生每百公斤奖售化肥30公斤。奖售的化肥、柴油票证，由粮食部门在双方签订合同时，一次发放到户。化肥由供销部门供应，柴油由石油部门或供销社供应。

六、按照签订的粮食定购数量发放总价款20%的予购定金，在交售粮食时扣回，不需要者不发放。

七、交售时间：小麦八月底交清；大米、大豆、玉米、花生在十二月底前交清。交售地点：由乙方送到　粮站。

八、价款结算：户交户结，一手粮，一手钱，现金结算，除粮油予购定金外，甲方不代扣任何款项。

九、合同的变更与解除：由于人力不可抗拒造成粮油减产百分之五十以上，人均经济收入不足120元的，经有关单位证明，并经主管部门同意，报经县（区）人民政府批准，可以由当事人双方协商变更或解除合同。

十、双方违约责任：乙方无故违反合同，不按合同规定的数量、质量、品种、交售日期交售的，乙方应向甲方交纳违约部分总金额　%的违约金，并在第二年相应扣回化肥、柴油票证。

甲方无故拒收乙方粮油的，应向乙方偿付拒收部分价款总金额　%的违约金，并承担由此而给乙方带来的经济损失。甲方的违约金不得在费用中列支。

十一、本合同一式三份（甲、乙双方、监证机关各一份），都具有法律效力，双方必须严格遵守，认真履行自己的义务。

甲方：　县　粮油食品站（盖章）

乙方：　县　乡　村（盖章）

监证机关：　县　乡人民政府（盖章）

一九八七年　月　日

a－2－2　1987年粮油定购合同书。＊盖泥井乡人民政府章，侯家营村村委会章。

昌黎县 年农业税纳税通知书

年 月 日

纳税单位	张井公社 侯营生产大队 4·3 队				
名称	计税土地			税率 %	税额（小米/市斤）
	亩数	亩产	总常产		
正税	8897	1308	116373	974	11335
省附加	（按正税税额）			10%	1134
乡附加	（按正税税额）			5%	566
合计税额	米数（市斤）	13035	折人民币（米价每斤0.165元）		215078
	大写人民币	贰仟壹佰伍拾元零柒角捌分正			

第二联 纳税单位凭此交纳农业税

说明：1.要求在本年十一月十五日前完成任务。交纳数与任务数不符时，及时向县财政局、工委财政助理核对。
2.计税土地发生增减变化，由大队按规定手续每年八月十日前逐级报县财政局审核调整税额。
3.因受灾实际产量低于计税总常产一成以上的，可填灾后作物实产表（包括品名、产量、折合金额）报公社签署意见，送工委，转县财政局审核批准。

因分为由3队4队分担.

b-1-23

昌黎县 年农业税纳税通知书

年 月 日

纳税单位	张井公社 侯营生产大队 1 队				
名称	计税土地			税率 %	税额（小米/市斤）
	亩数	亩产	总常产		
正税	8885	1308	116216	974	11319
省附加	（按正税税额）			10%	1132
乡附加	（按正税税额）			5%	566
合计税额	米数（市斤）	13017	折人民币（米价每斤0.165元）		214781
	大写人民币	贰仟壹佰肆拾柒元捌角壹分正			

第二联 纳税单位凭此交纳农业税

说明：1.要求在本年十一月十五日前完成任务。交纳数与任务数不符时，及时向县财政局、工委财政助理核对。
2.计税土地发生增减变化，由大队按规定手续每年八月十日前逐级报县财政局审核调整税额。
3.因受灾实际产量低于计税总常产一成以上的，可填灾后作物实产表（包括品名、产量、折合金额）报公社签署意见，送工委，转县财政局审核批准。

因分为由[illegible]队负担50%

b－1－23

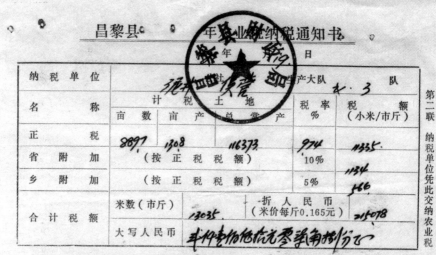

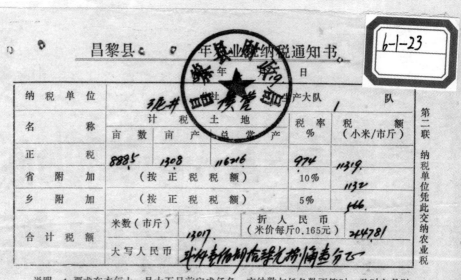

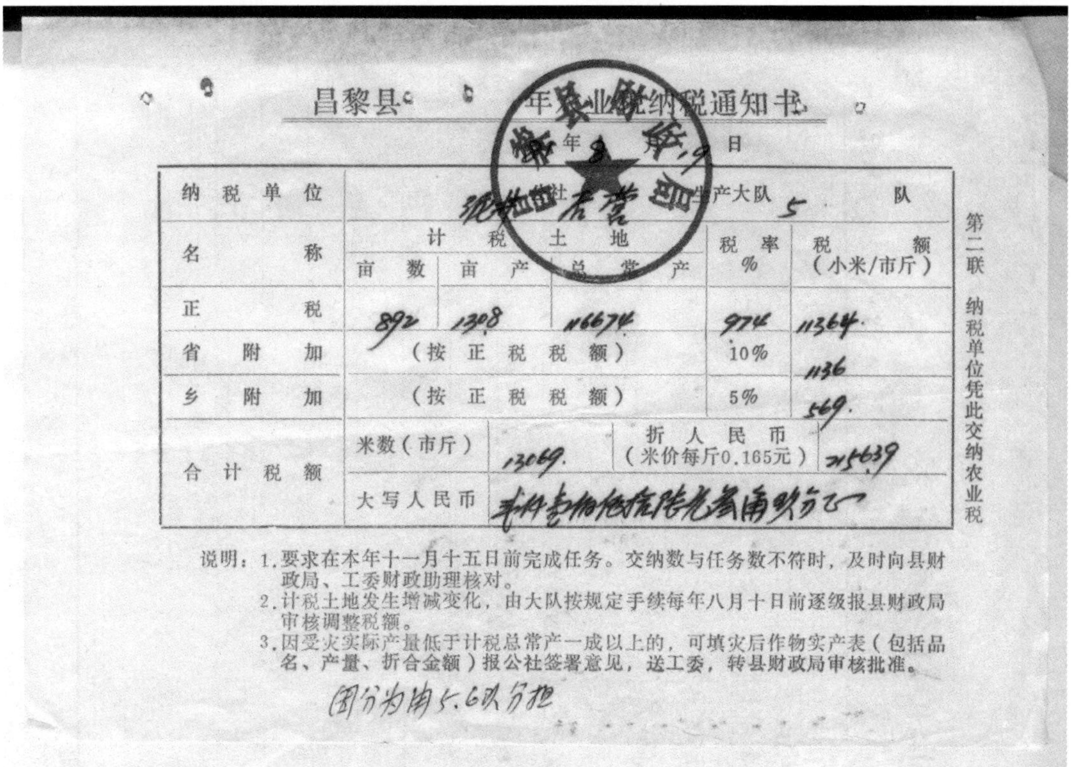

昌黎县　　年农业税纳税通知书

年 8 月 19 日

纳税单位	泥井公社 侯营 生产大队 5 队				
名称	计税土地			税率 %	税额（小米/市斤）
	亩数	亩产	总常产		
正税	892	1308	116674	9.74	11364.
省附加	（按正税税额）			10%	1136
乡附加	（按正税税额）			5%	569.
合计税额	米数（市斤）	13069.	折人民币（米价每斤0.165元）	2156.39	
	大写人民币	贰仟壹佰伍拾陆元叁角玖分正			

第二联　纳税单位凭此交纳农业税

说明：1.要求在本年十一月十五日前完成任务。交纳数与任务数不符时，及时向县财政局、工委财政助理核对。
2.计税土地发生增减变化，由大队按规定手续每年八月十日前逐级报县财政局审核调整税额。
3.因受灾实际产量低于计税总常产一成以上的，可填灾后作物实产表（包括品名、产量、折合金额）报公社签署意见，送工委，转县财政局审核批准。

因分为由5.6队分担

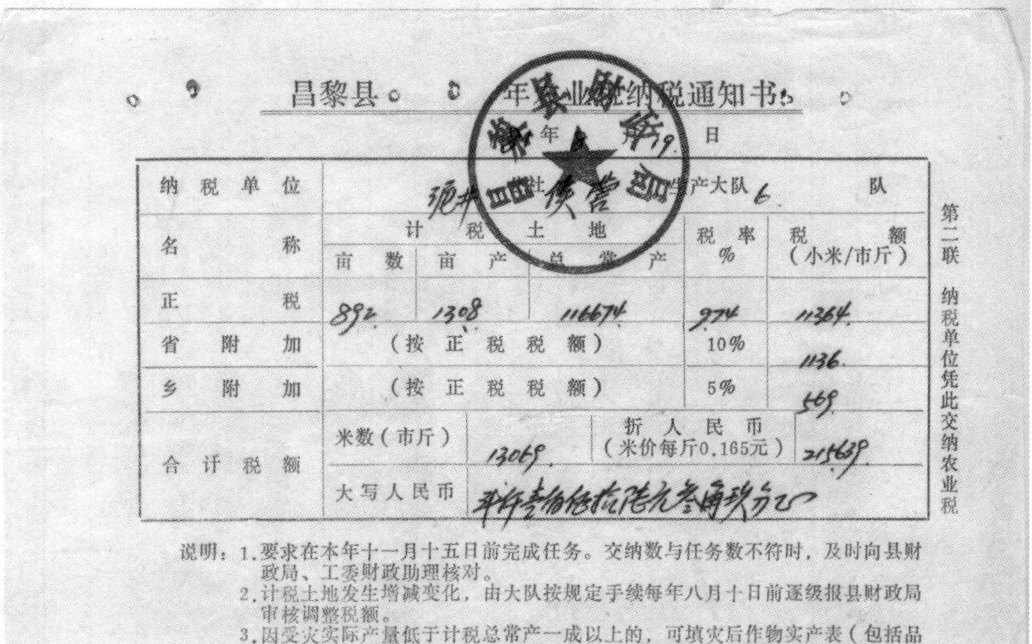

昌黎县　　年农业税纳税通知书

年 8 月 19 日

纳税单位	泥井公社 侯营 生产大队 6 队				
名称	计税土地			税率 %	税额（小米/市斤）
	亩数	亩产	总常产		
正税	892	1308	116674	9.74	11364.
省附加	（按正税税额）			10%	1136.
乡附加	（按正税税额）			5%	569.
合计税额	米数（市斤）	13069.	折人民币（米价每斤0.165元）	2156.39	
	大写人民币	贰仟壹佰伍拾陆元叁角玖分正			

第二联　纳税单位凭此交纳农业税

说明：1.要求在本年十一月十五日前完成任务。交纳数与任务数不符时，及时向县财政局、工委财政助理核对。
2.计税土地发生增减变化，由大队按规定手续每年八月十日前逐级报县财政局审核调整税额。
3.因受灾实际产量低于计税总常产一成以上的，可填灾后作物实产表（包括品名、产量、折合金额）报公社签署意见，送工委，转县财政局审核批准。

因分为5.6队由5.6队分担

b－1－23a

b－1－23/b－1－23a　1981年纳税通知书（4份）。

河北省昌黎县1982年农业税任务分配表

表四

泥井公社　1982年8月20日　粮食单位：斤　金额单位：分

大队	耕地面积	亩产	常年产量	税率	(米)应征税额	(米)%省、乡附加	(米)应征税额合计	税额折款	上年(款)尾欠	合计折款	夏借(款)已交	秋季(款)净交
侯家营	26702	1308	349264	974	34020	5102	39122	645514			38622	606892
1	44425	〃	58108	〃	5660	849	6509	107399			7001	100398
2	44425	〃	58108	〃	5660	849	6509	107399			4266	103133
3	44485	〃	58187	〃	5668	850	6518	107547			5210	102337
4	44485	〃	58187	〃	5668	850	6518	107547			5250	102297
5	446	〃	58337	〃	5682	852	6534	107811			6131	101680
6	446	〃	58337	〃	5682	852	6534	107811			10764	97047

部门负责人　　制表

b－1－56　昌黎县1982年农业税任务分配表。泥井财政所。

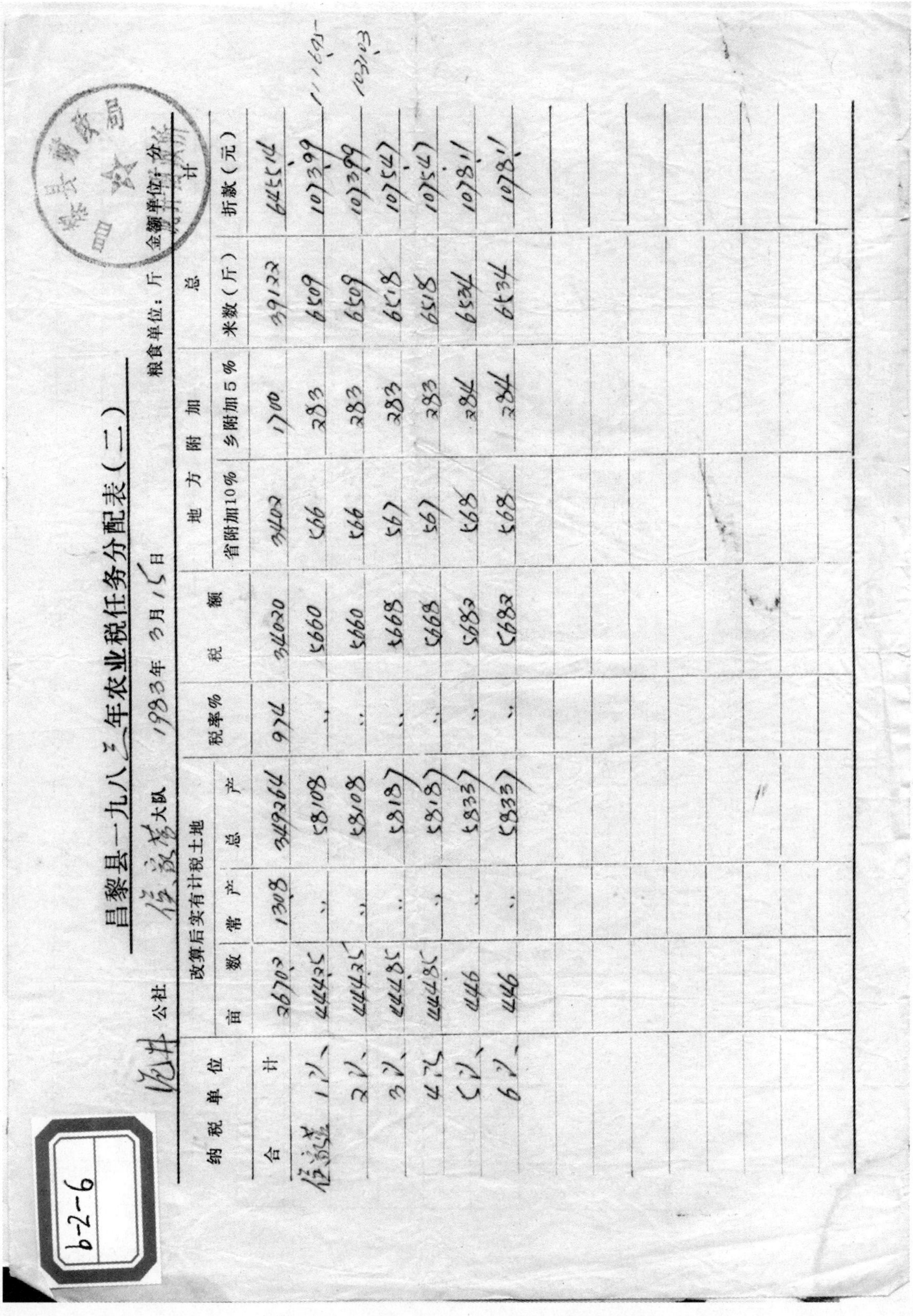

b-2-6

昌黎县一九八三年农业税任务分配表（二）

泥井公社　侯家营大队　1983年3月15日　粮食单位：斤　金额单位：分

纳税单位	改算后实有计税土地			税率%	税额	地方附加		总计	
	亩数	常产	总产			省附加10%	乡附加5%	米数（斤）	折款（元）
合计	26702	1308	349264	974	34020	3402	1700	39122	645514
侯家营 1队	44425	″	58108	″	5660	566	283	6509	107399
2队	44425	″	58108	″	5660	566	283	6509	107399
3队	44485	″	58187	″	5668	567	283	6518	107547
4队	44485	″	58187	″	5668	567	283	6518	107547
5队	446	″	58337	″	5682	568	284	6534	107811
6队	446	″	58337	″	5682	568	284	6534	107811

111695
103103

b-2-6　昌黎县1983年农业税任务分配表。

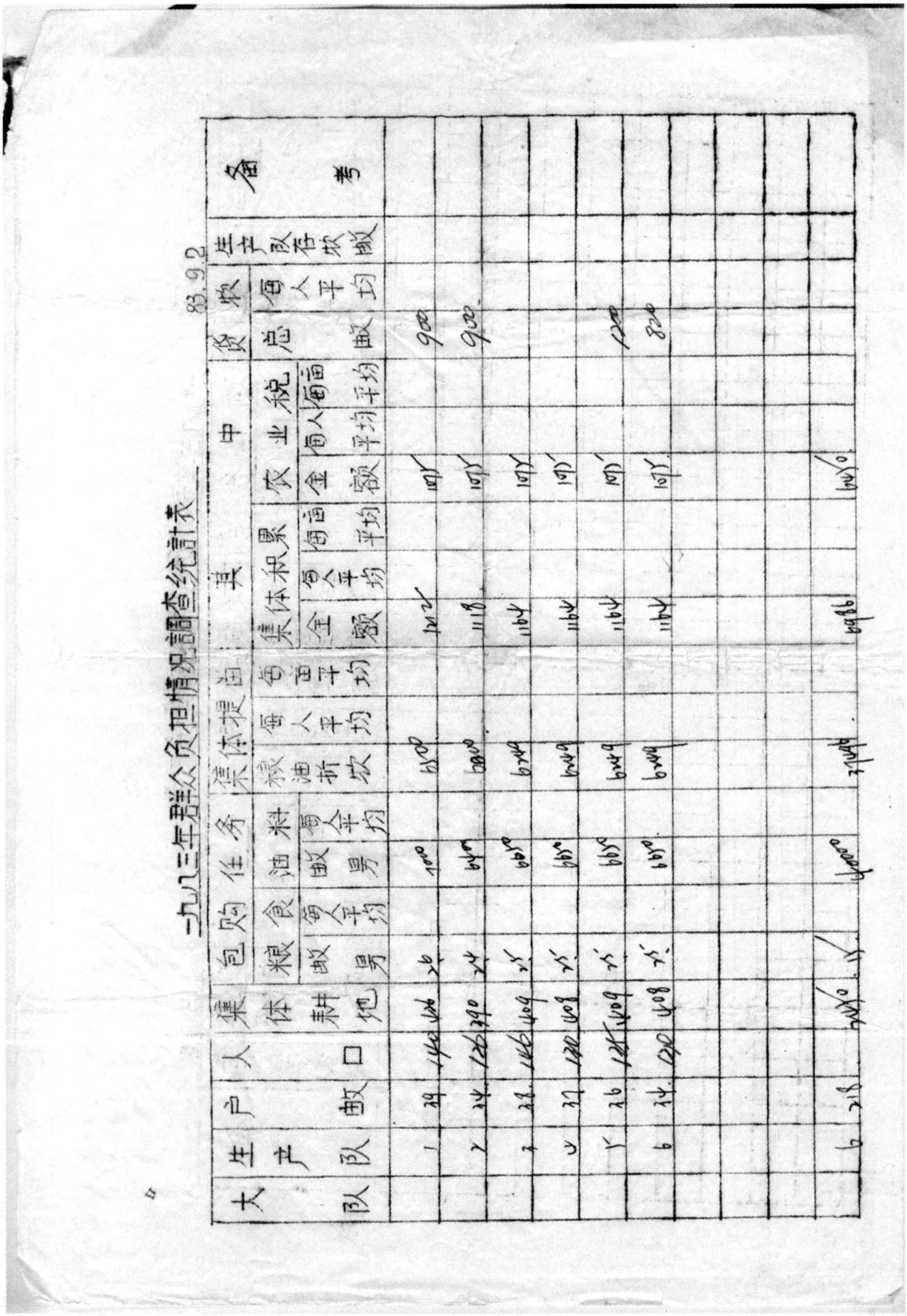

一九八三年群众负担情况调查统计表

83.9.2

大队	生产队	户畝	人口	集体耕地	包购任务				集体提留			其中						贷款		生产队存放款	备考
					粮食		油料		粮油折款	每人平均	每亩平均	集体积累			农业税			总畝	每人平均		
					畝易	每人平均	畝易	每人平均				全额	每人平均	每亩平均	全额	每人平均	每亩平均				
	1	39	140	436	26		1000		6500			1212			1075			900			
	2	34	126	390	24		6400		6800			1118			1075			900			
	3	38	146	409	25		6650		6249			1164			1075						
	4	37	130	408	25		6650		6249			1164			1075						
	5	36	125	409	25		6650		6249			1164			1075			1200			
	6	34	130	408	25		6650		6249			1164			1075			820			
	6	218		2460	15		40000		37494			6986			6450						

b－2－6a　1983年群众负担情况调查统计表。

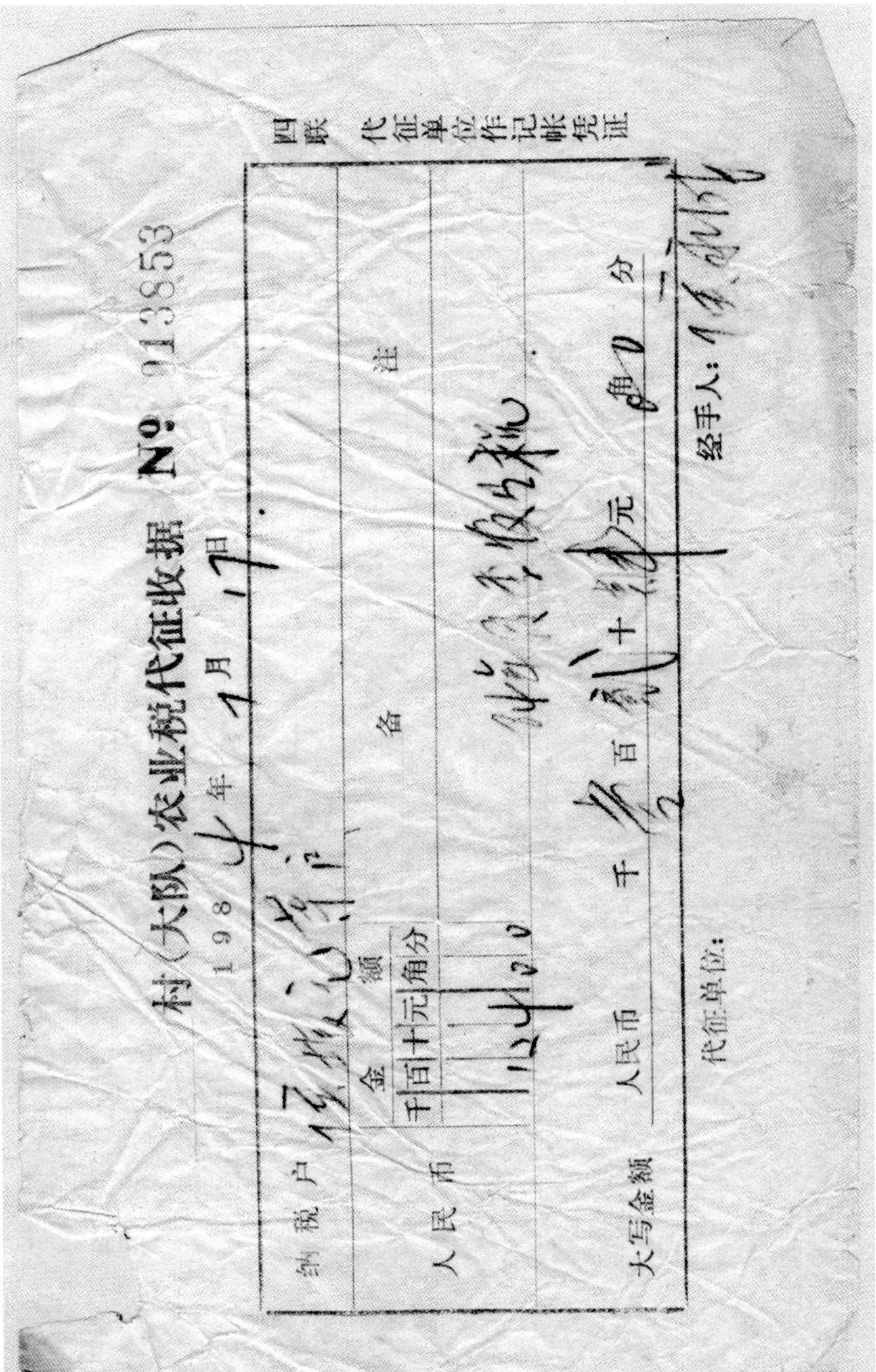

村（大队）农业税代征收据 №0138853

198 4 年 7 月 17 日

四联 代征单位作记帐凭证

纳税户	侯振元等户
人民币 金额（千百十元角分）	14.00
备注	缴纳夏季农业税
大写金额	人民币 千 零 百 零 十 肆 元 零 角 零 分

代征单位：　　经手人：

a－2－39　村（大队）夏季农业税代征收据。侯振元等户，经手人，1984 年 7 月 17 日。

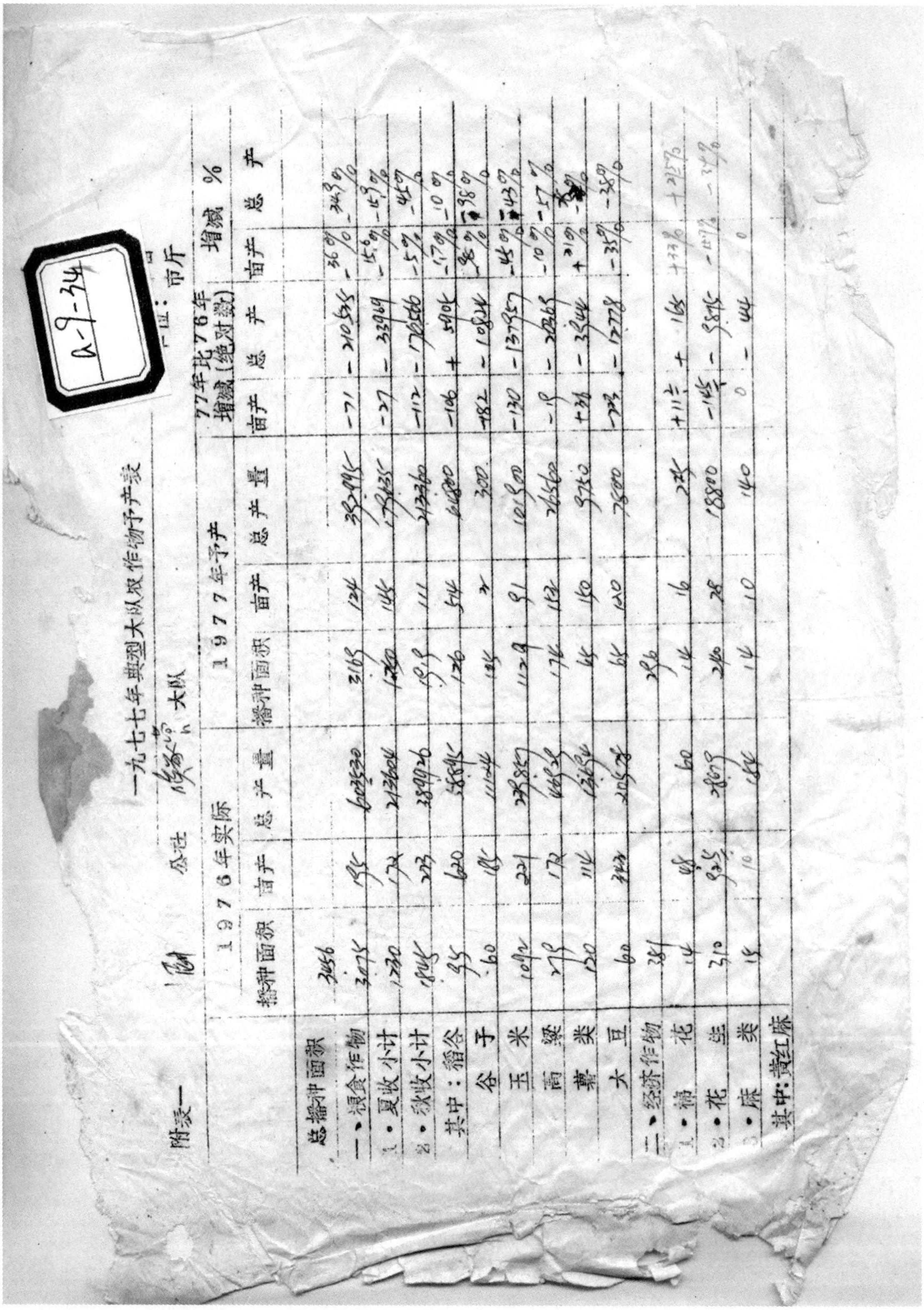

一九七七年典型大队农作物予产表

附表一　[公社名手写]公社　侯家营大队　单位：亩　市斤

	1976年实际			1977年予产			77年比76年增减（绝对数）		增减 %	
	播种面积	亩产	总产量	播种面积	亩产	总产量	亩产	总产	亩产	总产
总播种面积	3456									
一、粮食作物	3075	195	603530	3165	124	392995	-71	-210535	-36%	-34.9%
1. 夏收小计	1230	172	213604	1260	145	179635	-27	-33969	-15.6%	-15.9%
2. 秋收小计	1845	223	389926	1915	111	213360	-112	-176566	-5%	-45%
其中：稻谷	95	620	58895	120	514	61800	-106	+5905	-17%	-10%
谷子	60	185	11124	125	2	300	-182	-10824	-98%	-98%
玉米	1092	221	239857	1129	91	101900	-130	-137957	-45%	-43%
高粱	275	172	46825	176	152	26560	-19	-20265	-10%	-57%
薯类	120	114	13694	65	150	9750	+36	-3944	+31%	[illegible]
大豆	60	343	20578	65	120	7800	-223	-12778	-35%	-38%
二、经济作物	381			296						
1. 棉花	14	48	60	14	16	225	+11.5	+165	+33%	+275%
2. 花生	310	92.5	28679	240	78	18800	-14.5	-9875	-17%	-34%
3. 麻类	15	10	184	14	10	140	0	-44	0	
其中：黄红麻										

a－9－34　1977年典型大队作物予产表。1976年实产，1977年予产，增减绝对数。＊结果为减产，予产估计比前年保守。

b-2-12

一九七九年农作物面积和产量表（一）

农年综3表一1

农作物名称	集体经营			社员自营		
	播种面积（市亩）	亩产（斤）	总产量（斤）	播种面积（市亩）	亩产（斤）	总产量（斤）
农作物总播种面积	2401			120	500	60000
一、粮食作物合计	2716	267	725576			
1.夏收粮食小计	940	196	183916			
①冬小麦	800	207	166101			
②春小麦						
③六担准	140	127	17815			
④其它						
2.秋收粮食小计	1776	305	541660			
①粳稻	310	518	160577			
②谷子	40	100	4000			
③玉米	906	204	184811			
其中：杂交玉米	※			—	—	—
④高粮	200	457	91584	60	500	30000
其中：杂交高粮	※			—	—	—
⑤薯类				60	500	30000
其中：吊子						
⑥大豆	80	400	32026			
⑦其它杂粮	180	138	24862			

附记：1.集体耕地面积 2685 亩，粮豆占耕地面积 2080 亩

2.集体粮食总产 725576 斤，平均亩产 269 斤。

3.全社会粮食占耕地面积 2208 亩，粮食总产 ~~[illegible]~~ ~~[illegible]~~ 784070 斤，平均亩产 ~~310~~ 350 斤。

填报单位：[illegible]　负责人　　填表人

上报时间19 79 年 12月 25日

b－2－12

一九七九年农作物面积和产量表（二）

农年综3表—2

农作物名称	集体经营 播种面积（市亩）	集体经营 亩产（斤）	集体经营 总产量（斤）	社员自营 播种面积（市亩）	社员自营 亩产（斤）	社员自营 总产量（斤）
二、经济作物合计	515					
1.棉花						
2.油料	400	140	56208			
其中：花生	400	140	56208			
芝麻						
其它						
3.麻类	15	23	350			
其中：红麻						
青麻						
4.甜菜	100		102886			
5.烟叶						
6.药材						
7.其它经济作物						
三、其它作物合计	170					
1.蔬菜	60		275160			
其中：秋菜	60		275160			
①白菜	36		196229 ~~275160~~			
②萝卜	24		79231			
③大葱						
2.瓜类	17		2774			
3.青饲料						
4.录肥						
5.育苗						

附记：在年末耕地面积中：
未核减的其它占地　　亩，
其中：
①社办企事地业占　　亩，
②大队生产队建房占地　　亩，
③改林面积　　亩，
④其它占地　　亩。

填报单位 91　负责人 侯

填表人

上报时间19 79年 12月 25日

b－2－12a

一九七九年农作物面积和产量表（一）

农年综3表—1

农作物名称	集体经营 播种面积（市亩）	集体经营 亩产（斤）	集体经营 总产量（斤）	社员自营 播种面积（市亩）	社员自营 亩产（斤）	社员自营 总产量（斤）
农作物总播种面积	1114.			41	500	20500
一、粮食作物合计	943	276.	255754			
1.夏收粮食小计	313.	201.	63131			
①冬小麦	267	220.	58842.			
②春小麦						
③六担准	46.	93.	4289.			
④其它						
2.秋收粮食小计	630.	314.	192123			
①粳稻	100	604.	60372.			
②谷子	40.	101.	4060			
③玉米	345.	248	85698.			
其中：杂交玉米	※			—	—	—
④高粮	60	340	20406	20	500	10000
其中：杂交高粮	※		11700.	—	—	—
⑤薯类				21	500	10500
其中：吊子						
⑥大豆	25	100.	12730			
⑦其它杂粮	60	221.	8857			

附记：1.集体耕地面积 895 亩，粮豆占耕地面积 698 亩

2.集体粮食总产 255254斤，平均亩产 365 斤。

3.全社会粮食占耕地面积 739亩，粮食总产 275754斤，平均亩产 372斤。

填报单位：121　负责人　　填表人

上报时间1979年12月25日

一九七九年农作物面积和产量表（二）

农年综3表—2

农作物名称	集体经营 播种面积（市亩）	集体经营 亩产（斤）	集体经营 总产量（斤）	社员自营 播种面积（市亩）	社员自营 亩产（斤）	社员自营 总产量（斤）
二、经济作物合计	165.					
1.棉花						
2.油料	130	140	18282.			
其中：花生	130.	140	18282.			
芝麻						
其它						
3.麻类	5	30	150.			
其中：红麻						
青麻						
4.甜菜	30.	1465	44624			
5.烟叶						
6.药材						
7.其它经济作物						
三、其它作物合计	57					
1.蔬菜	20.					
其中：秋菜	20					
①白菜	12.		77220.			
②萝卜	8.		12110			
③大葱						
2.瓜类	6.		1639.			
3.青饲料						
4.绿肥						
5.育苗						

附记：在年末耕地面积中：
未核减的其它占地　　亩，
其中：
①社办企事地业占　　亩，
②大队生产队建房占地　　亩，
③改林面积　　亩，
④其它占地　　亩。

填报单位　　负责人　　填表人

上报时间19　　年　　月　　日

一九七九年农作物面积和产量表（一）

农年综3表—1

农作物名称	集体经营 播种面积（市亩）	集体经营 亩产（斤）	集体经营 总产量（斤）	社员自营 播种面积（市亩）	社员自营 亩产（斤）	社员自营 总产量（斤）
农作物总播种面积	1113					
一、粮食作物合计	862.	278	239916	41.	500	20500
1.夏收粮食小计	317.	196.	62400			
①冬小麦	267.	203.	54418			
②春小麦						
③六担准	50.	159	7982			
④其它						
2.秋收粮食小计			177516			
①粳稻	110.	633.	69605			
②谷子						
③玉米	315	210.	66393			
其中：杂交玉米	※			—	—	—
④高粮	60.	404.	24270	20.		10000
其中：杂交高粮	※			—	—	—
⑤薯类				21.		10500
其中：吊子						
⑥大豆	25.	377	9433			
⑦其它杂粮	55	223.	7811			

附记：1.集体耕地面积 895 亩，粮豆占耕地面积 683 亩

2.集体粮食总产 239916 斤，平均亩产 斤。

3.全社会粮食占耕地面积 724 亩，粮食总产 260416 斤，平均亩产 359 斤。

填报单位：侯家营二队、负责人　　填表人 [illegible]

上报时间1979年12月19日

b－2－12d

一九七九年农作物面积和产量表（二）

农年综3表—2

农作物名称	集体经营 播种面积（市亩）	集体经营 亩产（斤）	集体经营 总产量（斤）	社员自营 播种面积（市亩）	社员自营 亩产（斤）	社员自营 总产量（斤）
二、经济作物合计	185					
1.棉花						
2.油料	140.					
其中：花生	140.	154	21579			
芝麻						
其它						
3.麻类	5.	20.	100.			
其中：红麻						
青麻						
4.甜菜	40.	910.	37,000			
5.烟叶						
6.药材						
7.其它经济作物						
三、其它作物合计	47					
1.蔬菜	20.					
其中：秋菜	20.					
①白菜	12.		68,000.			
②萝卜	8.		36,000			
③大葱						
2.瓜类	6.		2000			
3.青饲料						
4.录肥						
5.育苗	21.					

附记：在年末耕地面积中：
未核减的其它占地　　亩，
其中：
①社办企事地业占　　亩，
②大队生产队建房占地　　亩，
③改林面积　　亩，
④其它占地　　亩。

填报单位　[illegible]　　负责人　　填表人

上报时间19　　年　月　日

一九七九年农作物面积和产量表（一）

农年综3表—1

农作物名称	集体经营 播种面积（市亩）	集体经营 亩产（斤）	集体经营 总产量（斤）	社员自营 播种面积（市亩）	社员自营 亩产（斤）	社员自营 总产量（斤）
农作物总播种面积	1081					
一、粮食作物合计	871	265	230406			20500
1.夏收粮食小计	310.	187.	58385			
①冬小麦	266.	198.	52841			
②春小麦	44	126.	5544			
③六担准						
④其它						
2.秋收粮食小计	581	216	172021			
①粳稻	100.	617.	61740			
②谷子						
③玉米	306	147	45220			
其中：杂交玉米	※			—	—	—
④高粮	80	586	46904	21	500	10500
其中：杂交高粮	※			—	—	—
⑤薯类				20	500	10000
其中：吊子						
⑥大豆	30	332	9963			
⑦其它杂粮	65	182	8194			

附记：1.集体耕地面积 895 亩，粮豆占耕地面积 694 亩

2.集体粮食总产 230406 斤，平均亩产 [illegible] 斤。

3.全社会粮食占耕地面积 740 亩，粮食总产 250906 斤，平均亩产 339 斤。

填报单位：　　负责人　　填表人

上报时间19　　年　　月　　日

一九七九年农作物面积和产量表（二）

农年综3表—2

农作物名称	集体经营			社员自营		
	播种面积（市亩）	亩产（斤）	总产量（斤）	播种面积（市亩）	亩产（斤）	总产量（斤）
二、经济作物合计	165.					
1.棉花						
2.油料	130	126	16547			
其中：花生	130	126.	16347			
芝麻						
其它						
3.麻类						
其中：红麻						
青麻	5	20.	100.			
4.甜菜	30	708.	21262			
5.烟叶						
6.药材						
7.其它经济作物						
三、其它作物合计	56					
1.蔬菜	20					
其中：秋菜	20					
①白菜	12		54109			
②萝卜	8		21121			
③大葱						
2.瓜类	5		1175			
3.青饲料						
4.录肥						
5.育苗						

附记：在年末耕地面积中：
未核减的其它占地　　亩，
其中：
①社办企事地业占　　亩，
②大队生产队建房占地　　亩，
③改林面积　　亩，
④其它占地　　亩。

填报单位　　负责人　　填表人

上报时间19　　年　　月　　日

b－2－12g

b－2－12/b－2－12a－g　1979年农作物面积和产量表。大队与3个小队，1979年12月25日。＊公社－大队－管理委员会章，三小队时代最后记录。

68年　7月　日　侯元强（星期　）

68年 月	日	说明	成天	工分	月	日	说明	成天	工分
7	1				7	21	下午开学习班	4	
7	2					26	学习班26—29	40	
7	3	挖井	10			30	学习班	8	
7	5	开会	8			31	一10　学习班	8 16	208
7	7	下午开会	4		8	1	学习班	8	
7	8	上公社下大队	8		8	7	开会	4	
7	9	下午学开群众会	4			[illegible]	下午开会	4	
7	10	挖井[illegible]	4				[illegible]	8	
7	11	挖永明	8				[illegible]开会	4	
7	12	公社学习	8				上午[illegible]下午[illegible]	6	
7	13	〃　〃	8				~~[illegible]~~		
	14	解决问题下午开会	8		8	11	下午开会	4	
	15	公社学习	8			15	上午公社开会	4	
	16	〃　〃　早找石动	10			22	公社开会外调	8	
	17	一22学习公社	8			23	参加外调	6	
	18	公社学习	8			24	评[illegible]	10	
	19	早开会讨会上下午化肥	10			25	〃　〃	10	
	20	一22公社开会	24			26	沈井学习班	8	
	23	早参加下午开会	6			27	早开八开会	2	
	24	上午去公社开会	4			29	公社〃　〃	8	

a－3－30

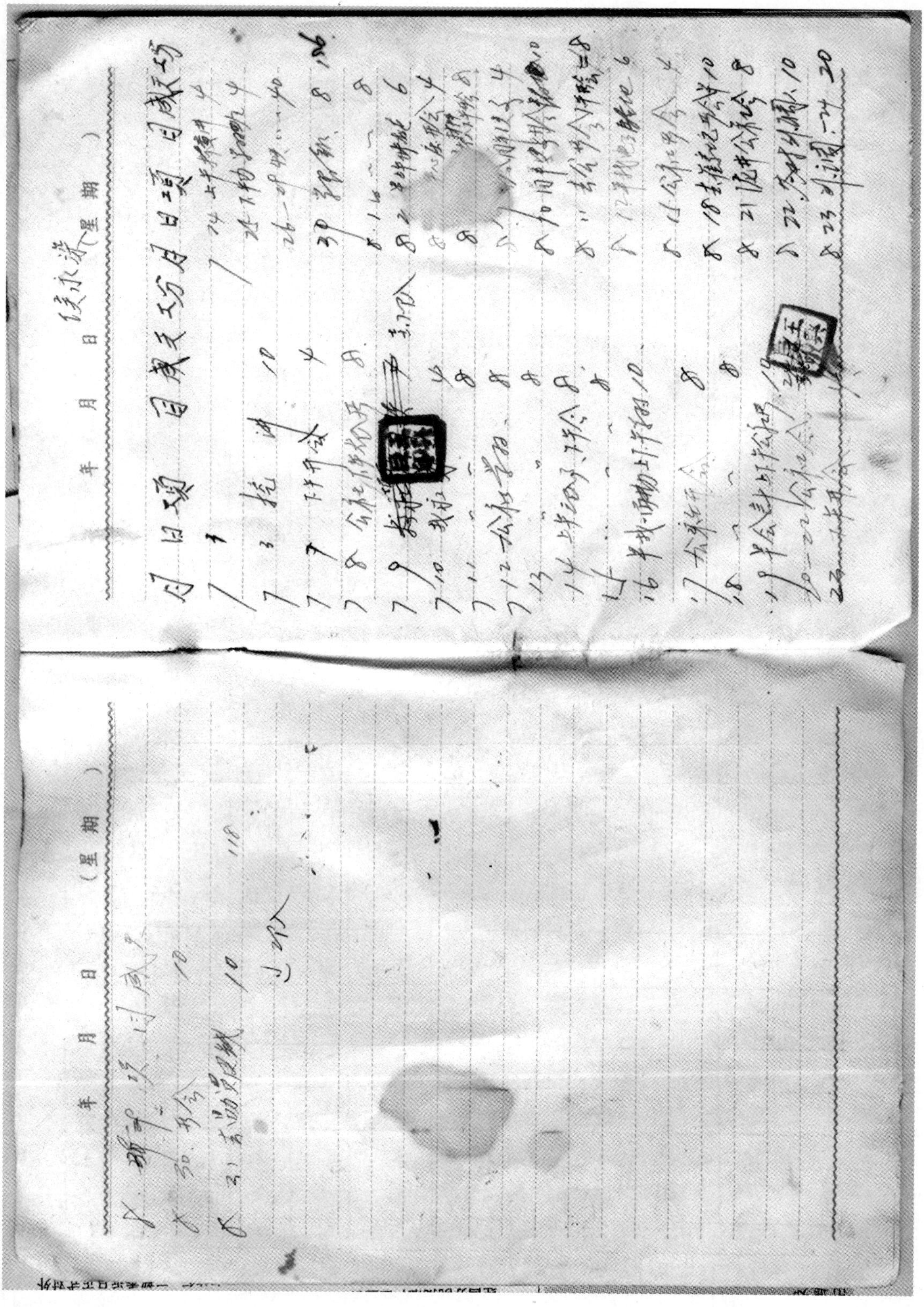

a－3－30a

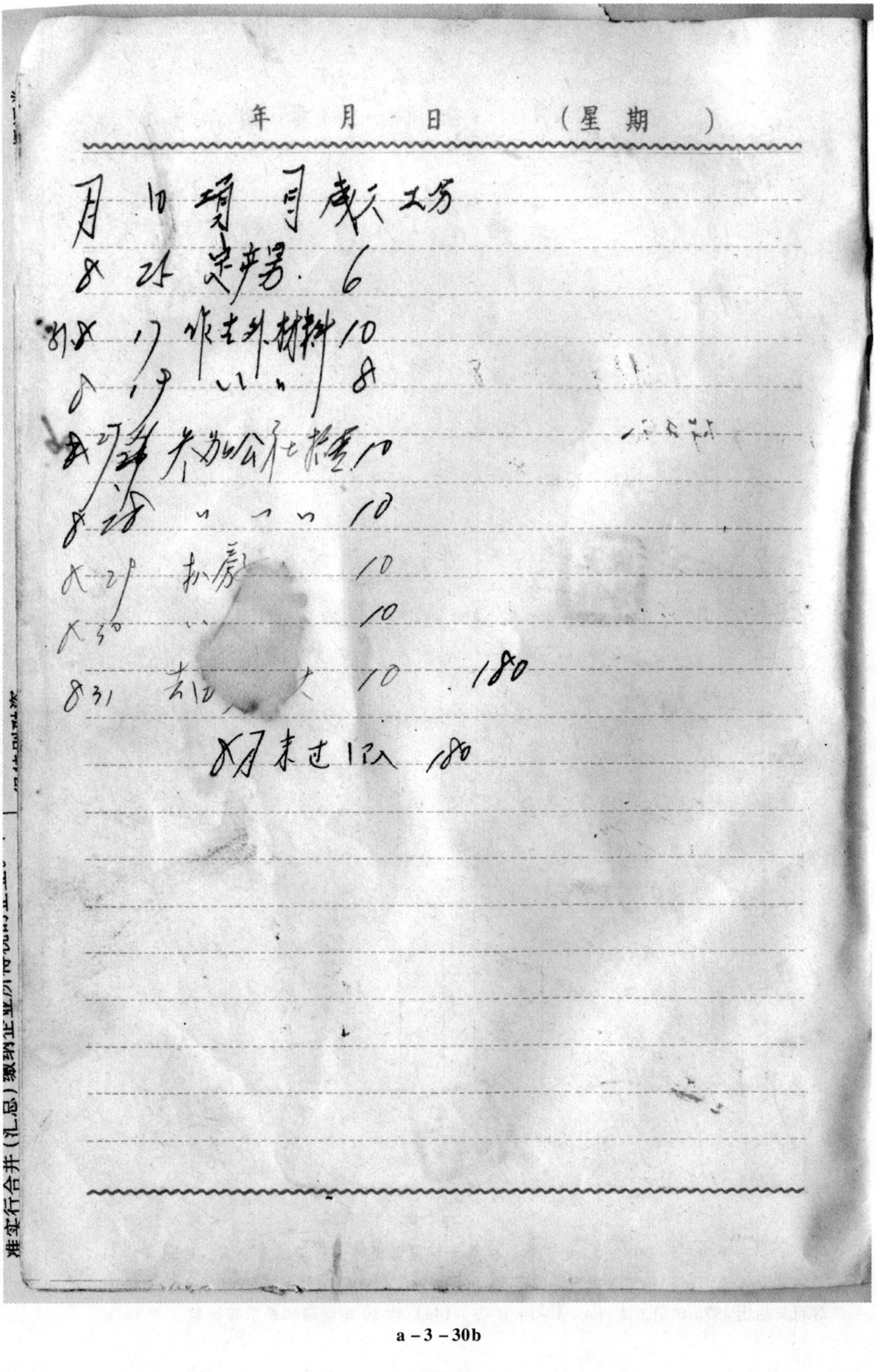
年　月　日　（星期　）

月	日	项目	成人工分	
8	25	定产量	6	
8	17	作去外村料	10	
8	19	〃	8	
8	27	参加公社报会	10	
8	28	〃　〃	10	
8	29	扒房	10	
8	30	〃	10	
8	31	去[illegible]大	10	180

8月末过队　180

a－3－30b

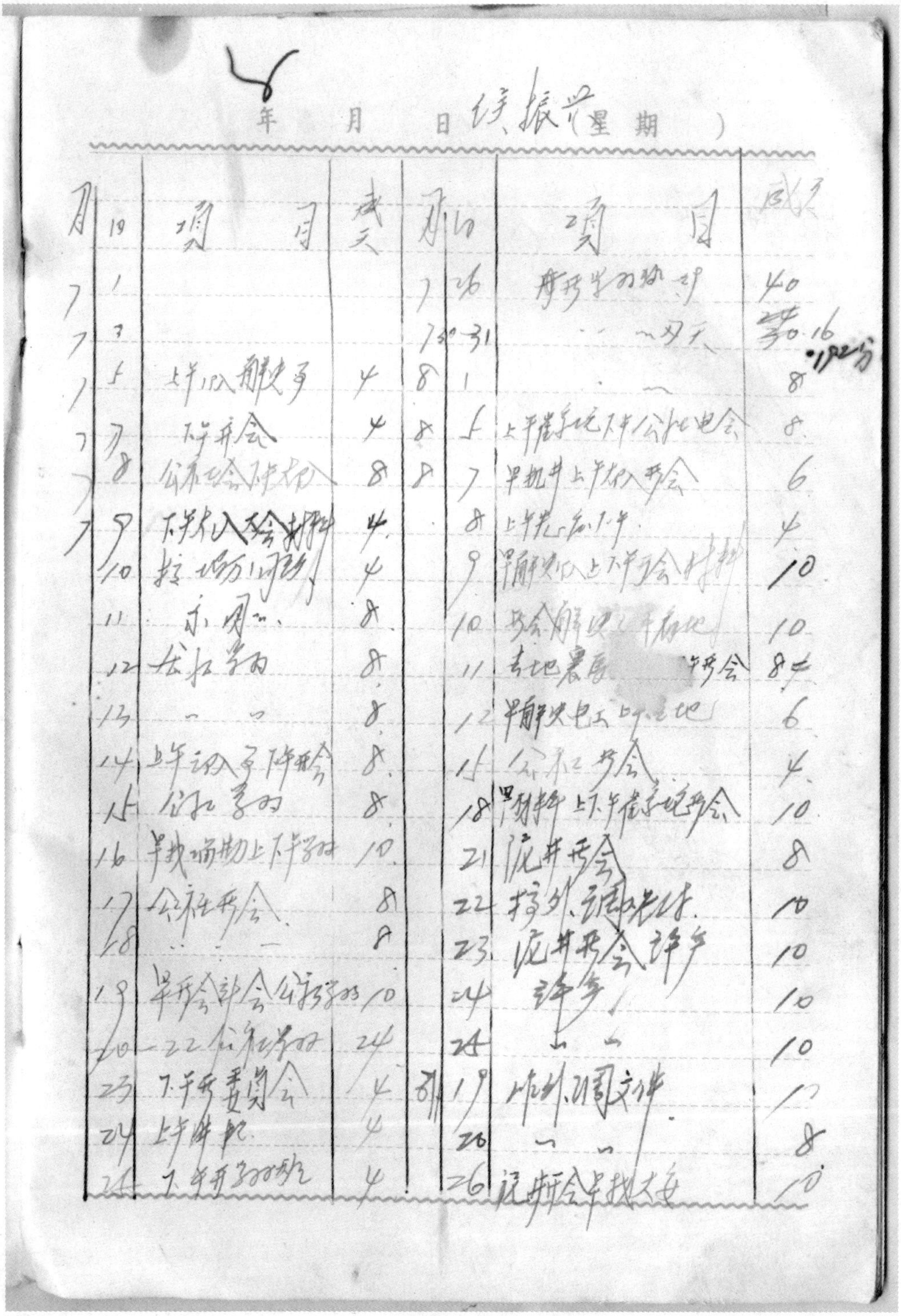

a－3－30c

a－3－30/a－3－30a－c　记工本。大队干部侯元强等，日常工作内容，1968 年 7 月。＊记录大队全体干部出勤和工分情况，选取前面 4 页，凡更正数字处加盖私章，出勤记工项目内容等可与后出 1978 年记工本（a－3－14/a－3－14a）作 10 年间隔和季节等比较。

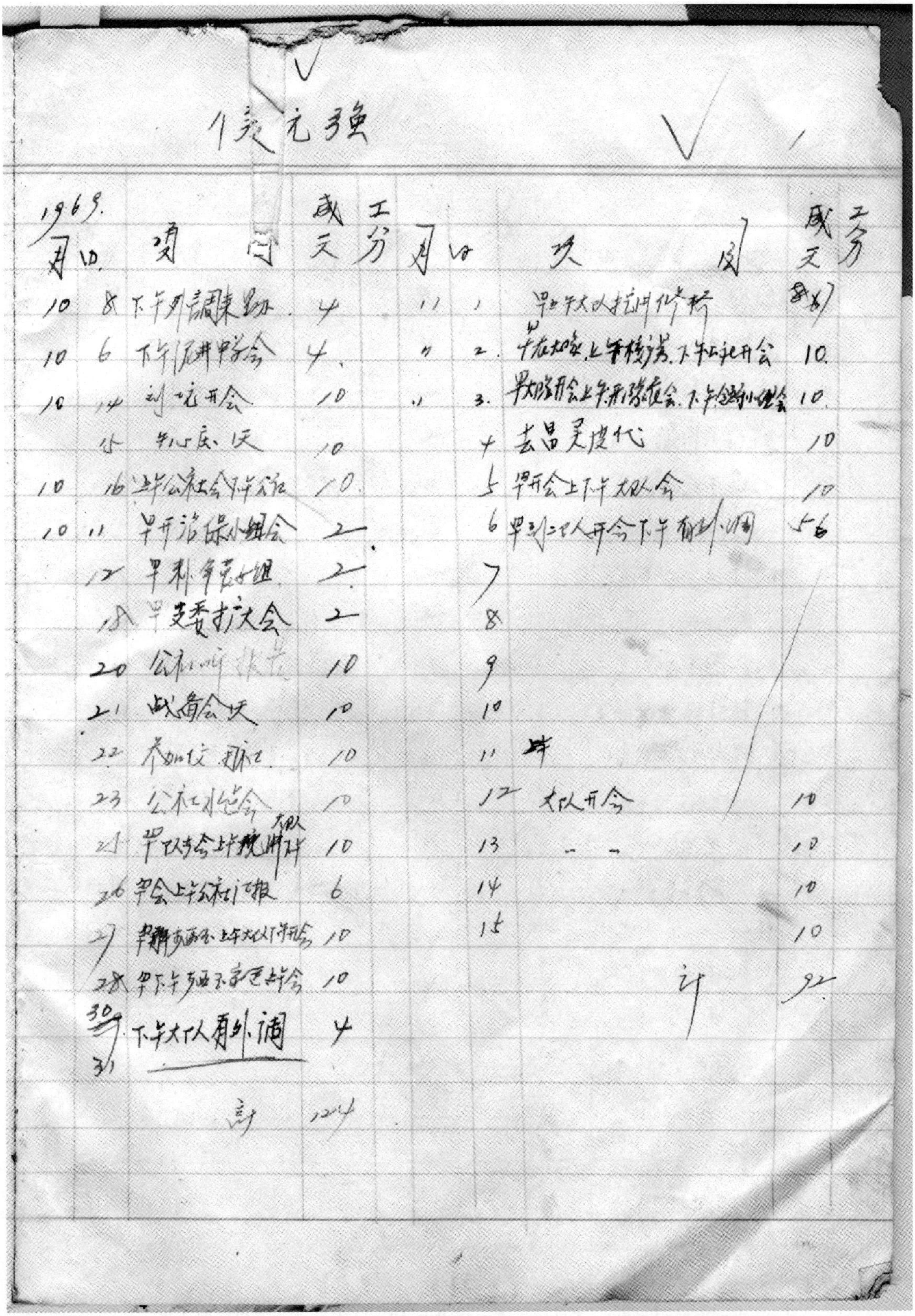

侯元强

1969.

月	日	项目	成天	工分	月	日	项目	成天	工分
10	8	下午外调[illegible]	4		11	1	早上午大队抗旱修桥	8	
10	6	下午沙井中学会	4		〃	2	早在大队上午核算下午公社开会	10	
10	14	刘坨开会	10		〃	3	早大队开会上午开[illegible]会下午[illegible]小组会	10	
	15	[illegible]	10			4	去县[illegible]	10	
10	16	上午公社会下午公社	10			5	早开会上下午大队会	10	
10	11	早开治保小组会	2			6	早到二队开会下午[illegible]小组	5	
	12	早补[illegible]小组	2			7			
	18	早支委扩大会	2			8			
	20	公社听报告	10			9			
	21	战备会议	10			10			
	22	参加[illegible]	10			11	[illegible]		
	23	公社水电会	10			12	大队开会	10	
	24	早队委会上午大队[illegible]	10			13	〃	10	
	26	早会上午公社汇报	6			14		10	
	27	早[illegible]上午大队[illegible]	10			15		10	
	28	早下午[illegible]会	10				计	92	
	30 31	下午大队[illegible]	4						
		计	124						

a-3-40

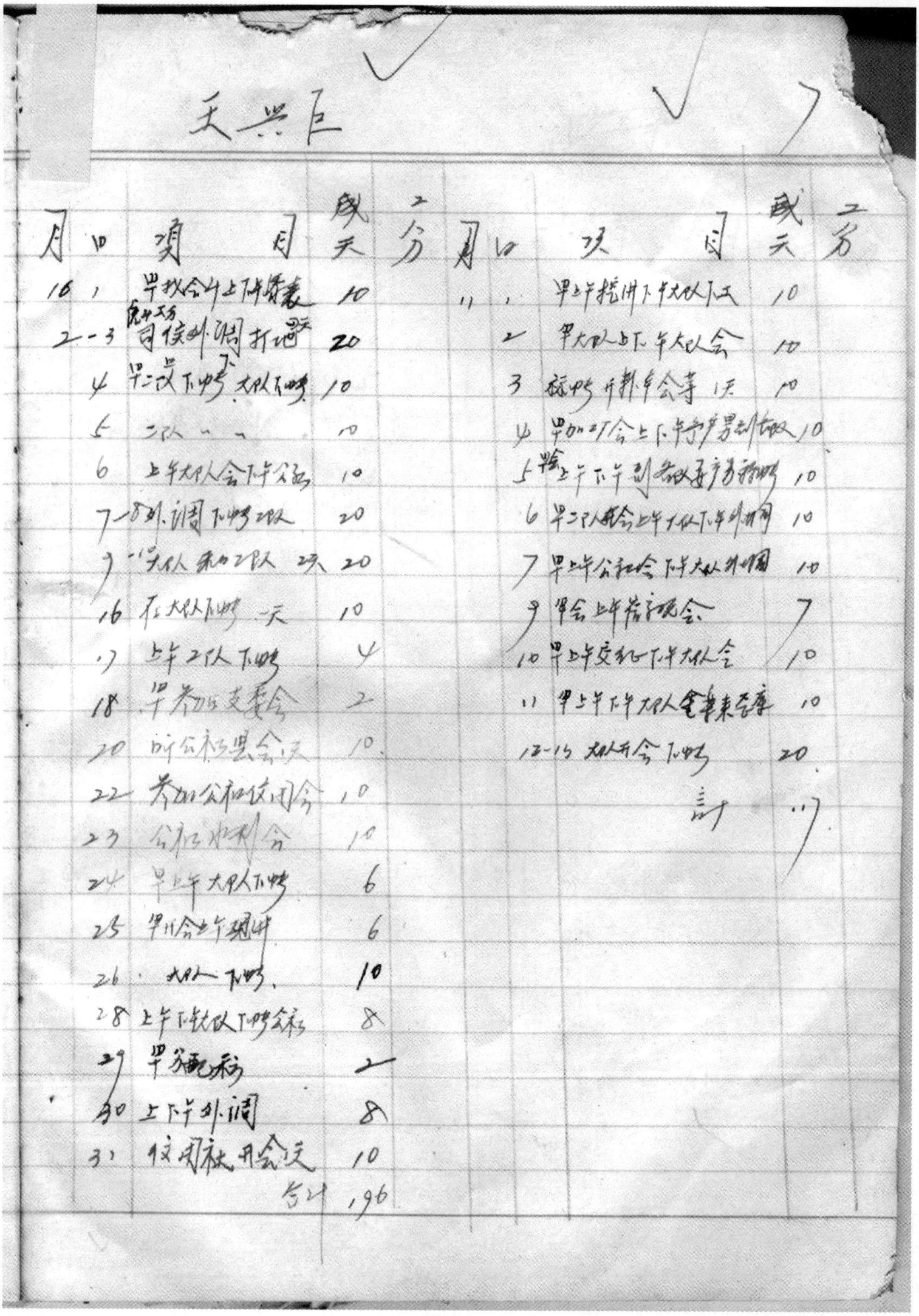

天兴巨

月	日	项目	成天	工分	月	日	项目	成天	工分
10	1	早[illegible]会上下午[illegible]	10		11	1	早上午[illegible]下午大队下工	10	
	2-3	[illegible]外调打[illegible]	20			2	早大队上下午大队会	10	
	4	早二队下地大队下地	10			3	[illegible]开[illegible]会一天	10	
	5	二队 〃 〃	10			4	早加工会上下午[illegible]	10	
	6	上午大队会下午公社	10			5	[illegible]	10	
	7-8	外调下地二队	20			6	早二队开会上午大队下午外调	10	
	9	[illegible]大队[illegible]二队 二天	20			7	早上午公社会下午大队外调	10	
	16	在大队下地一天	10			9	早会上午[illegible]现场会	7	
	17	上午二队下地	4			10	早上午支部下午大队会	10	
	18	早参加支委会	2			11	早上午下午大队会[illegible]	10	
	20	到公社开会一天	10			12-15	大队开会下地	20	
	22	参加公社代表会	10				合计	117	
	23	公社水利会	10						
	24	早上午大队下地	6						
	25	早开会上午现场	6						
	26	大队下地	10						
	28	上午下午大队下地公社	8						
	29	早分配[illegible]	2						
	30	上下午外调	8						
	31	[illegible]开会一天	10						
		合计	196						

a－3－40

a－3－40/a－3－40a　大队记工本。1969 年 10、11 月。＊一本中选取 2 页。

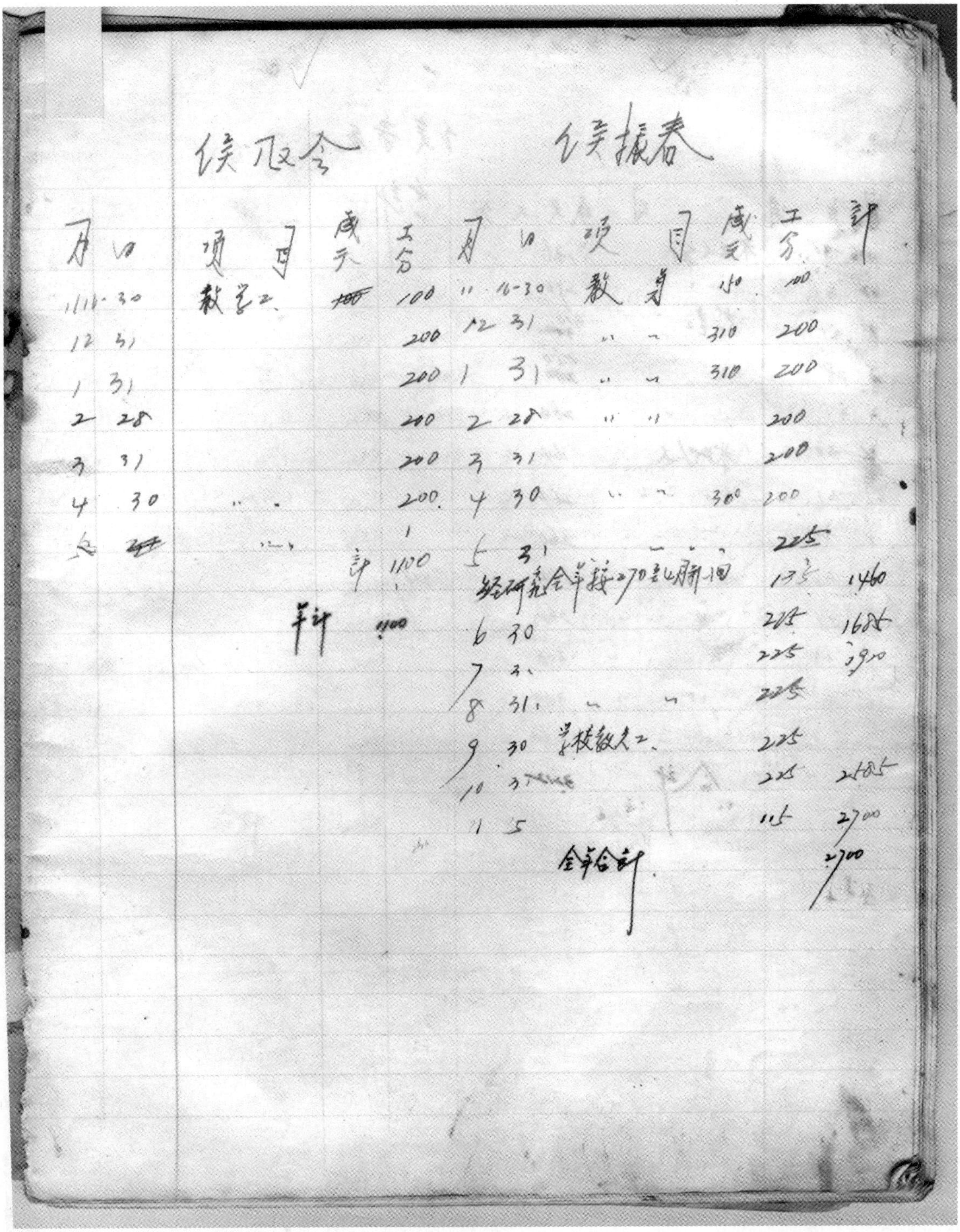
侯凤全　　侯振春

月	日	项目	成天	工分	月	日	项目	成天	工分	计
11	11-30	教学工	~~100~~	100	11	16-30	教员	150	100	
12	31			200	12	31	〃〃	310	200	
1	31			200	1	31	〃〃	310	200	
2	28			200	2	28	〃〃		200	
3	31			200	3	31			200	
4	30	〃〃		200	4	30	〃〃	300	200	
5	~~31~~	〃〃			5	31	〃〃		225	
			计	1100	经研究全年按270元计算				135	1460
		年计		1100	6	30			225	1685
					7	31			225	1910
					8	31	〃〃		225	
					9	30	学校教员工		225	
					10	31			225	2405
					11	5			115	2700
							全年合计			2700

a-3-41　工分底帐。一本，侯振春、教师工作量、垡地、作饭工、宣传队、大队工，1968-69年。

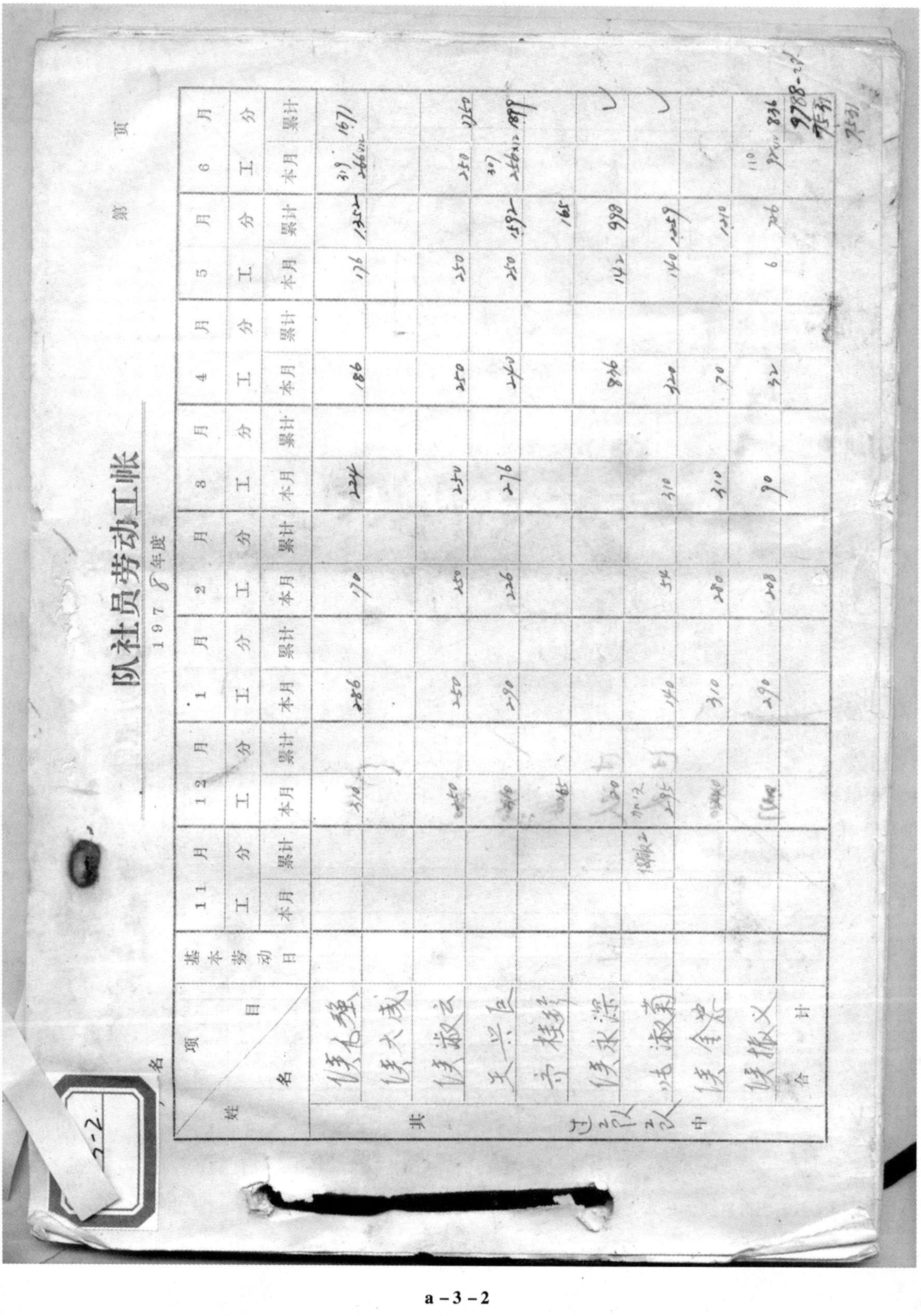

队社员劳动工帐

197 8 年度

第 页

姓名	基本劳动日	11月工分 本月	11月工分 累计	12月工分 本月	12月工分 累计	1月工分 本月	1月工分 累计	2月工分 本月	2月工分 累计	3月工分 本月	3月工分 累计	4月工分 本月	4月工分 累计	5月工分 本月	5月工分 累计	6月工分 本月	6月工分 累计
侯占奎				310		286		170		224		186		176	1352	39 266.12	1671
侯大成																	
侯淑云				250		250		250		250		250		250		250	1350
王兰[illegible]				310		290		226		276		240		250	1592	30 266.12	1889
于桂[illegible]				165											165		
侯永深				50								846		142	998		
杨淑菊			[illegible]	295		140		54		310		320		140	1259		
侯金岩				[illegible]		310		280		310		70			1010		
侯振义				[illegible]		290		208		90		52		6	706	110 976	836
合计																	9788-27

第　　页

户名

队社员劳动工帐

197　年度

姓名	7月工分 本月	7月工分 累计	8月工分 本月	8月工分 累计	9月工分 本月	9月工分 累计	10月工分 本月	10月工分 累计	11月工分 本月	11月工分 累计	合计	增加工 投肥工	增加工 転过	增加工 一队已	增加工	扣减工	扣减工	实际参加分配工
侯龙臻	310		310		286		300		285		3162							3162
侯大成																		
侯淑云	250		250		250		250		250		3000							3000
李兴良	306		310		270		300		275		3360							3360
六桂珍											165							165
侯永深											过二队			1681↓				
张淑菊	240		210		95						过二队							
侯章忠											1210							1210
侯振义	166		242		236		300		240 400		2377	+22人	在6队内 237↓					2857 2377
合计																		

队社员劳动工帐

第　　页

户名　　　　　　　197　年度

姓名＼项目	基本劳动日	11月工分 本月	11月工分 累计	12月工分 本月	12月工分 累计	1月工分 本月	1月工分 累计	2月工分 本月	2月工分 累计	3月工分 本月	3月工分 累计	4月工分 本月	4月工分 累计	5月工分 本月	5月工分 累计	6月工分 本月	6月工分 累计	
侯振兴				240		250		136		130		134		30	920	44x	979	
侯占顺				280		226		169		164		108		112	1059	298 248	1357	1755
尹英				78	70.	97		78		12		80		22	439	64	503	
郭桂琴				245		150		18		170		130		130	842		843	
任桂依				235		40									275		275	
孔宪章		补上年暂记	490.	340		310		250		240		300		310	2210	300	2510	
侯栖跃				310		310		220		310		150			1300		1300	1310
侯丽君				235		150		54		250		330		150	1229		1229	
~~黄淑依~~ 任秀英																579	579	
合计																	~~9989~~ 9977	

a－3－2b

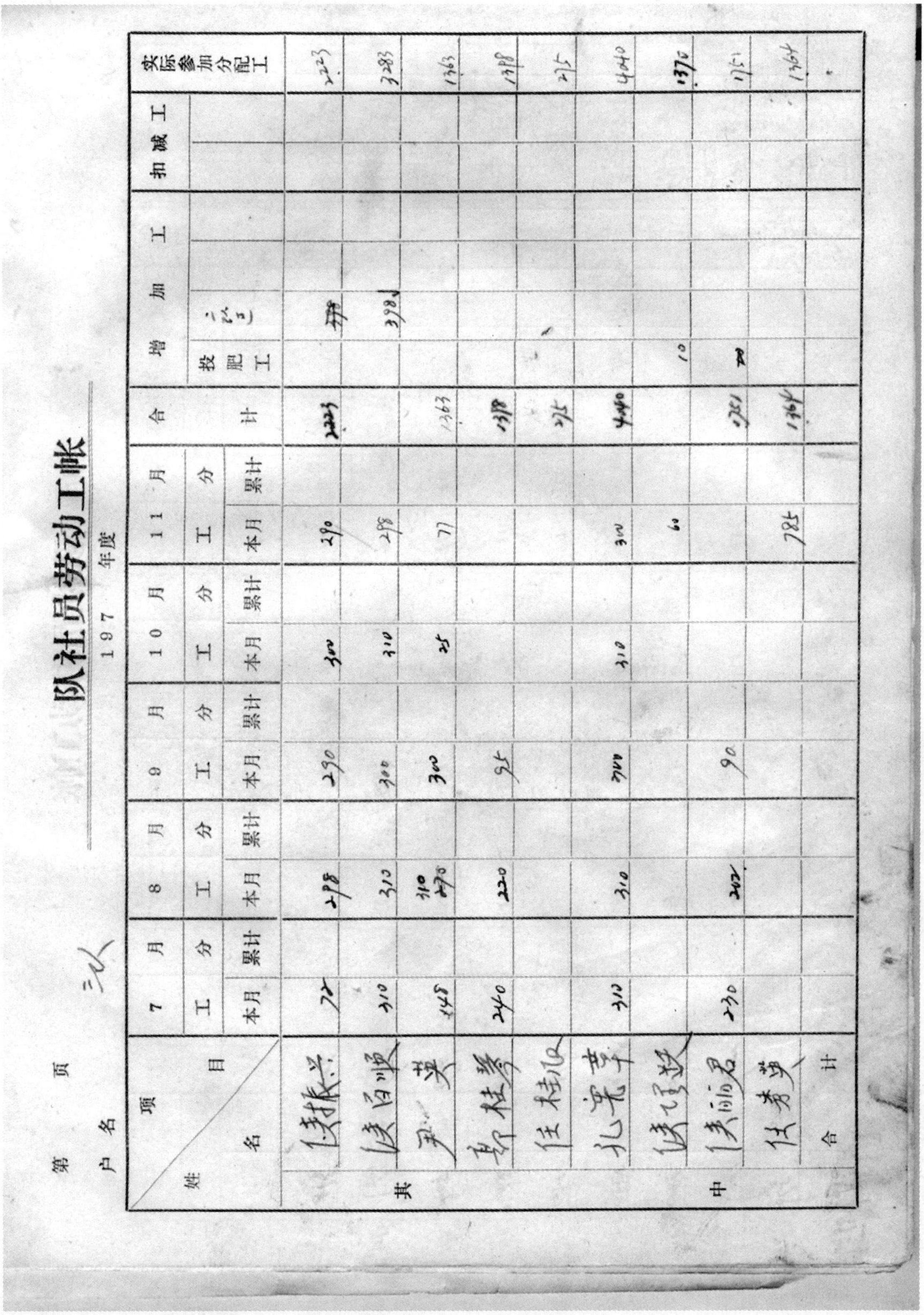

第　　页

户名　三队

队社员劳动工帐

197　年度

	项目 / 姓名	7月 工分 本月	7月 工分 累计	8月 工分 本月	8月 工分 累计	9月 工分 本月	9月 工分 累计	10月 工分 本月	10月 工分 累计	11月 工分 本月	11月 工分 累计	合计	增加工 投肥工	增加工 二队(?)	增加工	增加工	扣减工	扣减工	实际参加分配工
	侯振兴	72		298		290		300		290		2223		778					2223
其	侯百顺	310		310		300		310		298				3983					3283
	尹英	148		310 270		300		25		77		1363							1363
	郭桂琴	240		220		95						1318							1318
	任桂凤											275							275
	孔宪章	310		310		700		310		300		4040							4040
	侯跃跃									60			10						1370
中	侯丽君	230		202		90						1751	70						1751
	任秀英									785		1364							1364
	合计																		

a－3－2c

a－3－2/a－3－2abc　1978 年度 2 队社员劳动工帐。＊取 4 页，有侯元强、侯百顺等干部。

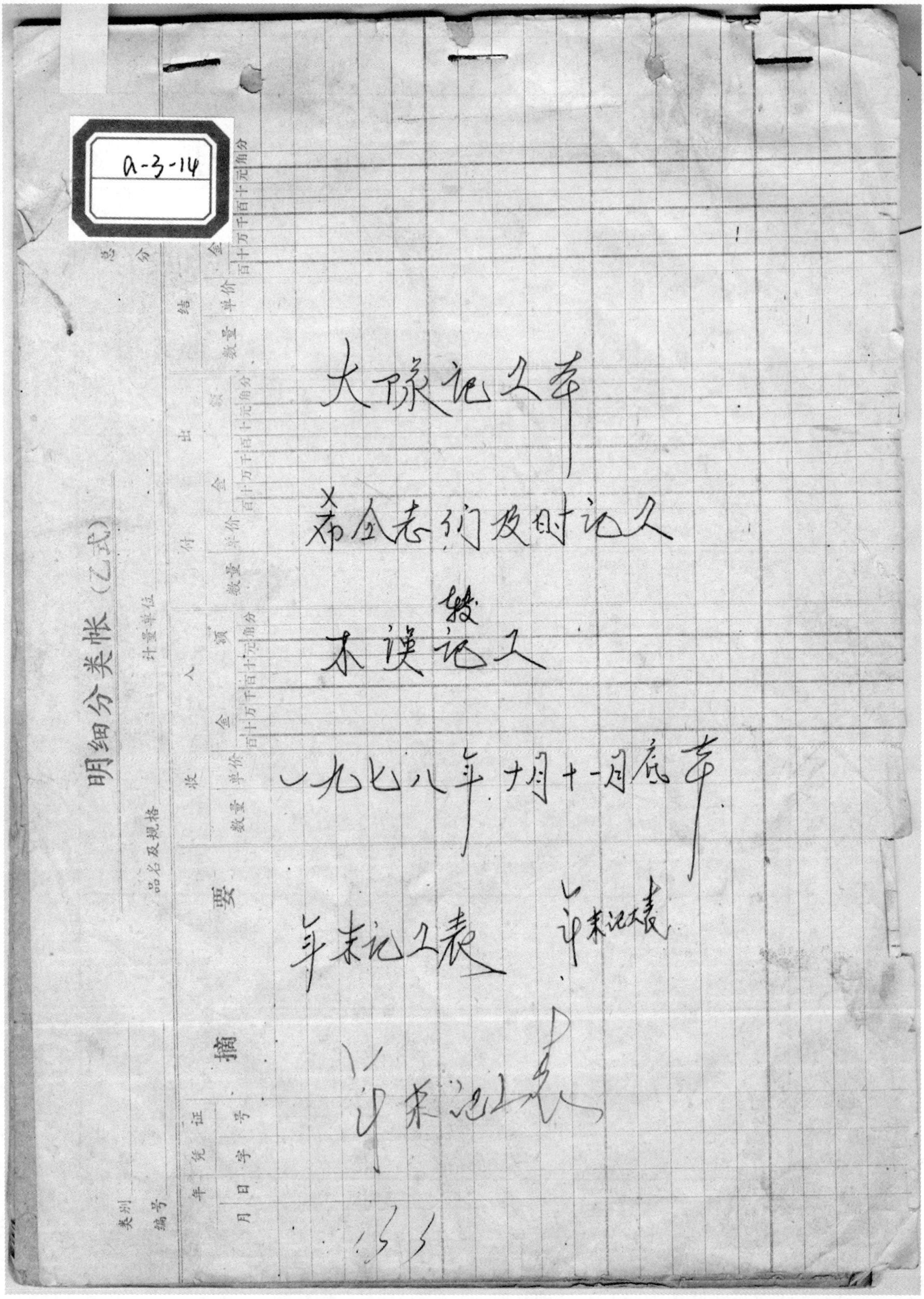
a-3-14

明细分类帐（乙式）

类别 编号

品名及规格 计量单位

总 分

大队记工本

希全志们及时记工

不误记工

一九七八年十月十一月底本

年末记工表 年末记工表

年末记工表

a－3－14

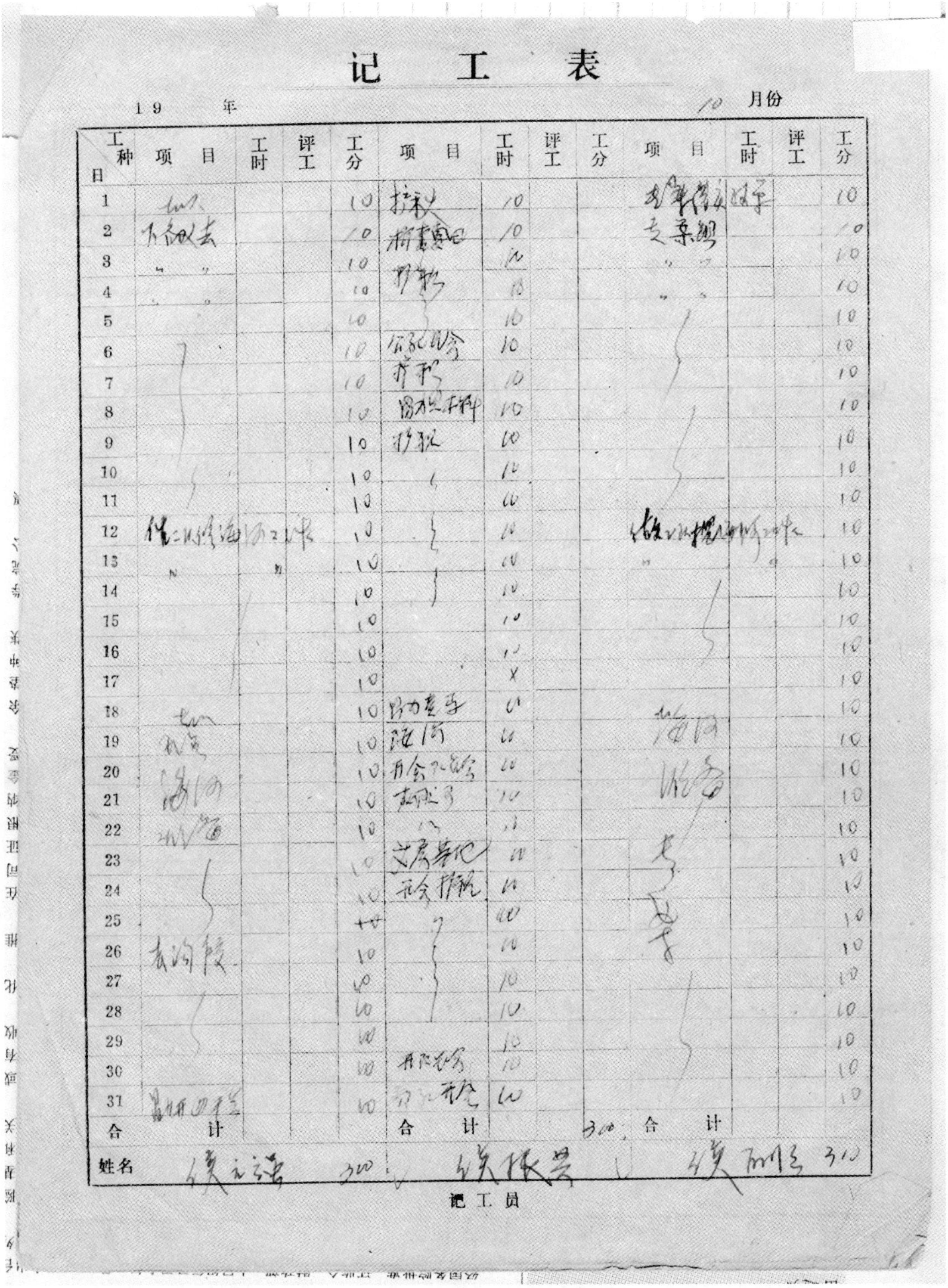

记　工　表

19　　年　　　　　　　　　　　　10 月份

工种 日	项目	工时	评工	工分	项目	工时	评工	工分	项目	工时	评工	工分
1	[illegible]			10	护秋	10			[illegible]			10
2	[illegible]			10	[illegible]	10			[illegible]			10
3	〃 〃			10	护秋	10			〃 〃			10
4	〃 〃			10		10			〃 〃			10
5				10		10						10
6				10	公社开会	10						10
7				10	护秋	10						10
8				10	[illegible]	10						10
9				10	护秋	10						10
10				10		10						10
11				10		10						10
12	[illegible]			10		10			[illegible]			10
13	〃			10		10			〃			10
14				10		10						10
15				10		10						10
16				10		10						10
17				10		X						10
18	[illegible]			10	[illegible]	10			[illegible]			10
19	[illegible]			10	[illegible]	10						10
20	[illegible]			10	开会[illegible]	10			[illegible]			10
21				10	[illegible]	10						10
22	[illegible]			10	〃	10						10
23				10	[illegible]	10			[illegible]			10
24				10	开会 护秋	10						10
25				10		10			[illegible]			10
26	[illegible]			10		10						10
27				10		10						10
28				10		10						10
29				10		10						10
30				10	[illegible]	10						10
31	[illegible]			10	[illegible]	10						10
合计					合计			310	合计			
姓名	侯[illegible]			300	侯振[illegible]				侯[illegible]			310

记工员

a－3－14a

a－3－14/a－3－14a　大队记工本。1978 年 10 月、11 月。＊一本，记录大队全体干部出勤和工分情况，封面写有“希同志们及时记工”，“不误记工”，显示外出开会频繁。记工项目有：整帐 150 成天、擦枪、卖马、护秋，可与前出 a－3－30 文件做年代、季节等比较。

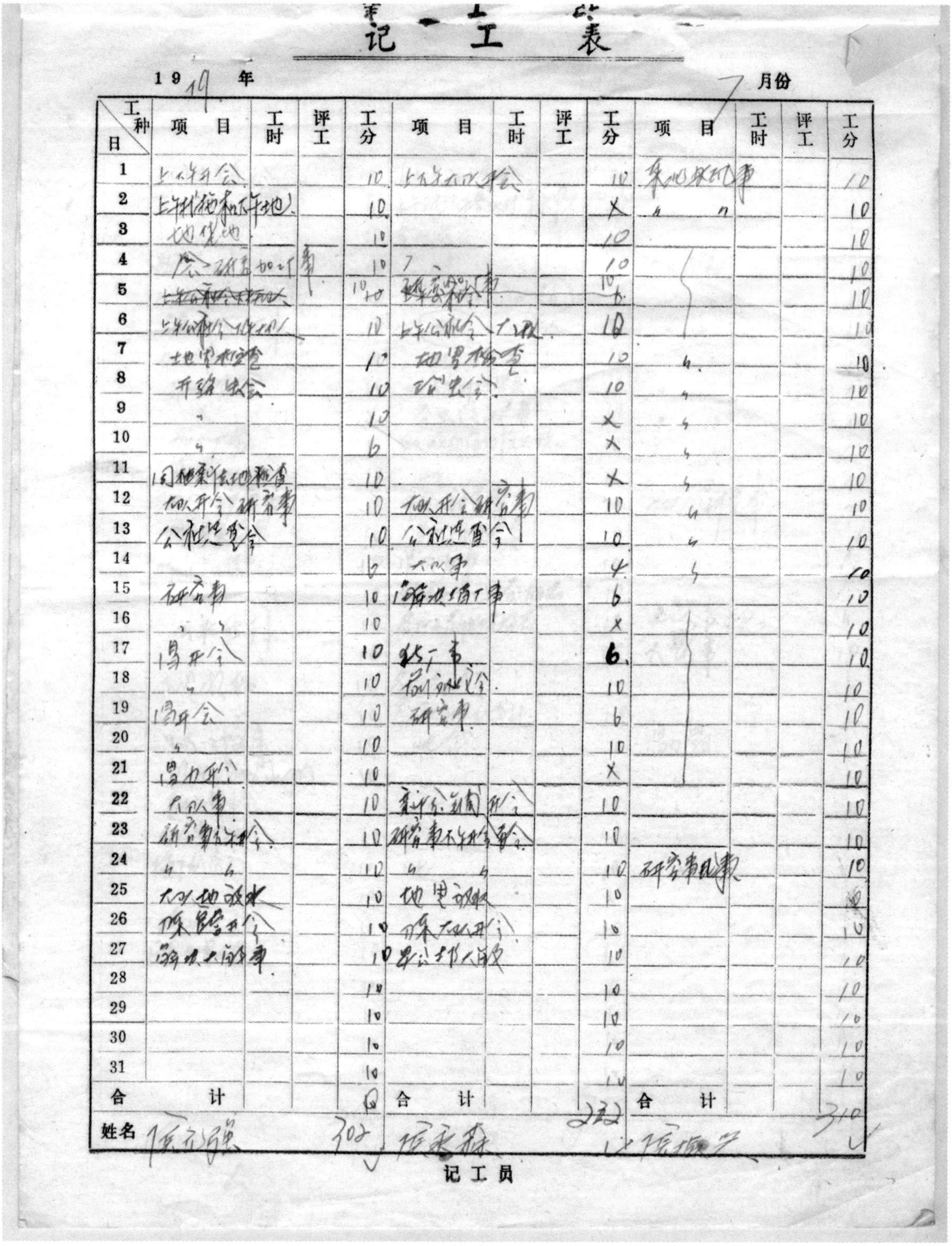

记 工 表

19 年 月份

日	项目	工时	评工	工分	项目	工时	评工	工分	项目	工时	评工	工分
1	上午开会			10	上午[illegible]会			10	[illegible]事			10
2	上午[illegible]			10				X	〃 〃			10
3	[illegible]			10				10				10
4	[illegible]			10				10				10
5	[illegible]			10	[illegible]			10				10
6	[illegible]			10	上午[illegible]			10				10
7	土地[illegible]			10	土地[illegible]			10	〃			10
8	[illegible]会			10	[illegible]会			10	〃			10
9	〃			10				X	〃			10
10	〃			6				X	〃			10
11	[illegible]			10				X	〃			10
12	[illegible]开会 研究事			10	[illegible]开会研究事			10	〃			10
13	公社[illegible]会			10	公社[illegible]会			10	〃			10
14				6	大队事			4	〃			10
15	研究事			10	[illegible]事			6				10
16	〃 〃			10				X				10
17	[illegible]开会			10	[illegible]事			6				10
18	〃			10	[illegible]会			10				10
19	[illegible]开会			10	研究事			6				10
20	〃			10				10				10
21	[illegible]开会			10				X				10
22	大队事			10	[illegible]会			10				10
23	研究事[illegible]会			10	研究事[illegible]会			10				10
24	〃 〃			10	〃 〃			10	研究事[illegible]			10
25	大队[illegible]			10	[illegible]			10				[illegible]
26	[illegible]开会			10	[illegible]开会			10				10
27	[illegible]大队事			10	[illegible]大队			10				10
28				10				10				10
29				10				10				10
30				10				10				10
31				10				10				10
合计				302	合计			282	合计			310
姓名	侯[illegible]				侯永森				侯[illegible]			

记工员

a－3－3

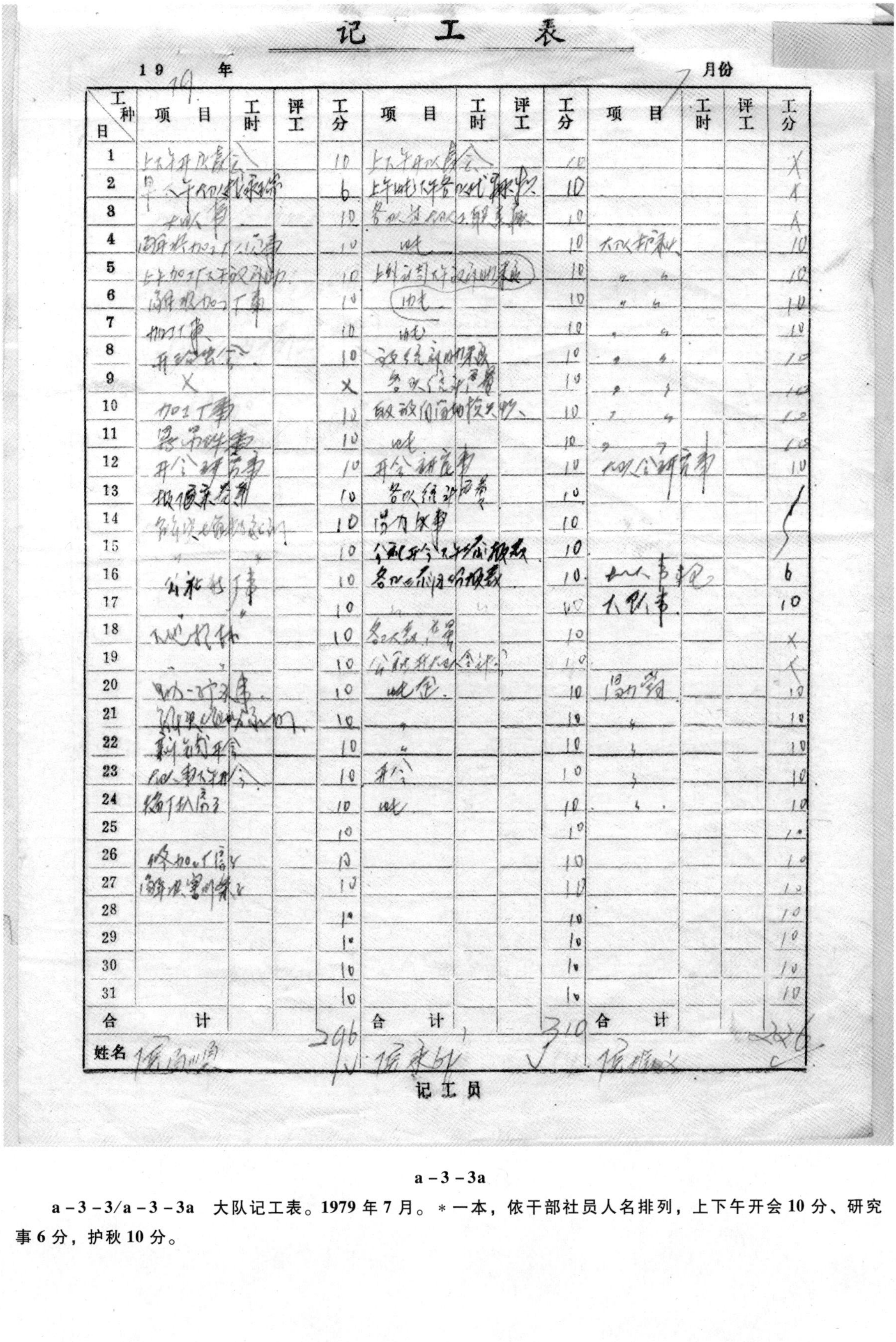

记　工　表

19 79 年　　　　　　　　　　　　　　　　　　　7 月份

日	项目	工时	评工	工分	项目	工时	评工	工分	项目	工时	评工	工分
1	上下午开队委会			10	上下午开队委会			10				X
2	早上下午到分队研究[illegible]			6	上午收下午各队收[illegible]			10				X
3	大队事			10	各队核对[illegible]			10				X
4	回队收加工厂之事			10	收			10	大队护秋			10
5	上午加工厂下午[illegible]			10	上到公司下午[illegible]			10	〃　〃			10
6	回队收加工厂事			10	收			10	〃　〃			10
7	加工厂事			10	收			10	〃　〃			10
8	开公社党会			10	[illegible]			10	〃　〃			10
9	X			X	各队[illegible]			10	〃　〃			10
10	加工厂事			10	[illegible]			10	〃　〃			10
11	[illegible]			10	收			10	〃　〃			10
12	开会研究事			10	开会研究事			10	大队开会研究事			10
13	[illegible]			10	各队[illegible]			10				
14	[illegible]			10	[illegible]			10				
15				10	[illegible]			10				
16	公社[illegible]			10	各队[illegible]			10	大队事[illegible]			6
17				10				10	大队事			10
18	[illegible]			10	各队[illegible]			10				X
19				10	公社开[illegible]			10				X
20	[illegible]			10	收[illegible]			10	护秋			10
21	[illegible]			10	〃			10	〃			10
22	[illegible]			10	〃			10	〃			10
23	[illegible]			10	开会			10	〃			10
24	[illegible]			10	收			10	〃			10
25				10				10				10
26	修加工厂			10				10				10
27	[illegible]			10				10				10
28				10				10				10
29				10				10				10
30				10				10				10
31				10				10				10
合计				296	合计			310	合计			226
姓名	侯向顺				侯永[illegible]				侯振文			

记工员

a－3－3a

a－3－3/a－3－3a　大队记工表。1979年7月。＊一本，依干部社员人名排列，上下午开会10分、研究事6分，护秋10分。

19 19 年 8 月份

工种 日	项目	工时	评工	工分	项目	工时	评工	工分	项目	工时	评工	工分
1				10				X				X
2	[illegible]			10	[illegible]			4	[illegible]			10
3	[illegible]			10				X	[illegible]			10
4	[illegible]			10	[illegible]			4	[illegible]			10
5	[illegible]			10				X				X
6	[illegible]			2	[illegible]			10	[illegible]			10
7	[illegible]			10	[illegible]			4	[illegible]			10
8	[illegible]			10	[illegible]			10	[illegible]			10
9				X				X				X
10	[illegible]			6	[illegible]			2				X
11	[illegible]			10	开会[illegible]			4	〃 〃			4
12	[illegible]开会			10	[illegible]开会			10	[illegible]			10
13	〃 〃			10	〃 〃			10	〃 〃			10
14	〃 〃			10	〃 〃			10	〃 〃			10
15	〃 〃			10	〃 〃			10	〃 〃			10
16	〃 〃			10	〃 〃			10	〃 〃			10
17	〃 〃			10	〃 〃			10	〃 〃			10
18	〃 〃			10	〃 〃			10	〃 〃			10
19	〃 〃			10	〃 〃			10	〃 〃			10
20	〃 〃			10	〃 〃			10	〃 〃			10
21	[illegible]			10	[illegible]			10	[illegible]			10
22	〃 〃			10	〃 〃			10	〃 〃			10
23	开会[illegible]			10	[illegible]			10	[illegible]			10
24	[illegible]			10	[illegible]			10	[illegible]			10
25	研究事			10	研究事			10				X
26	地里			10	[illegible]			10	[illegible]			10
27	评户			10	评户			10	评户			10
28	研究[illegible]			10	研究[illegible]			10	研究[illegible]			10
29	[illegible]研究事			10	〃 〃		[illegible]	6	[illegible]			10
30	研究事[illegible]			10	研究事		[illegible]	6	研究事[illegible]			10
31	地里[illegible]			10	地里[illegible]			10	[illegible]			10
合计				288				230				254
姓名	[illegible]				[illegible]				[illegible]			

记工员

a-3-4

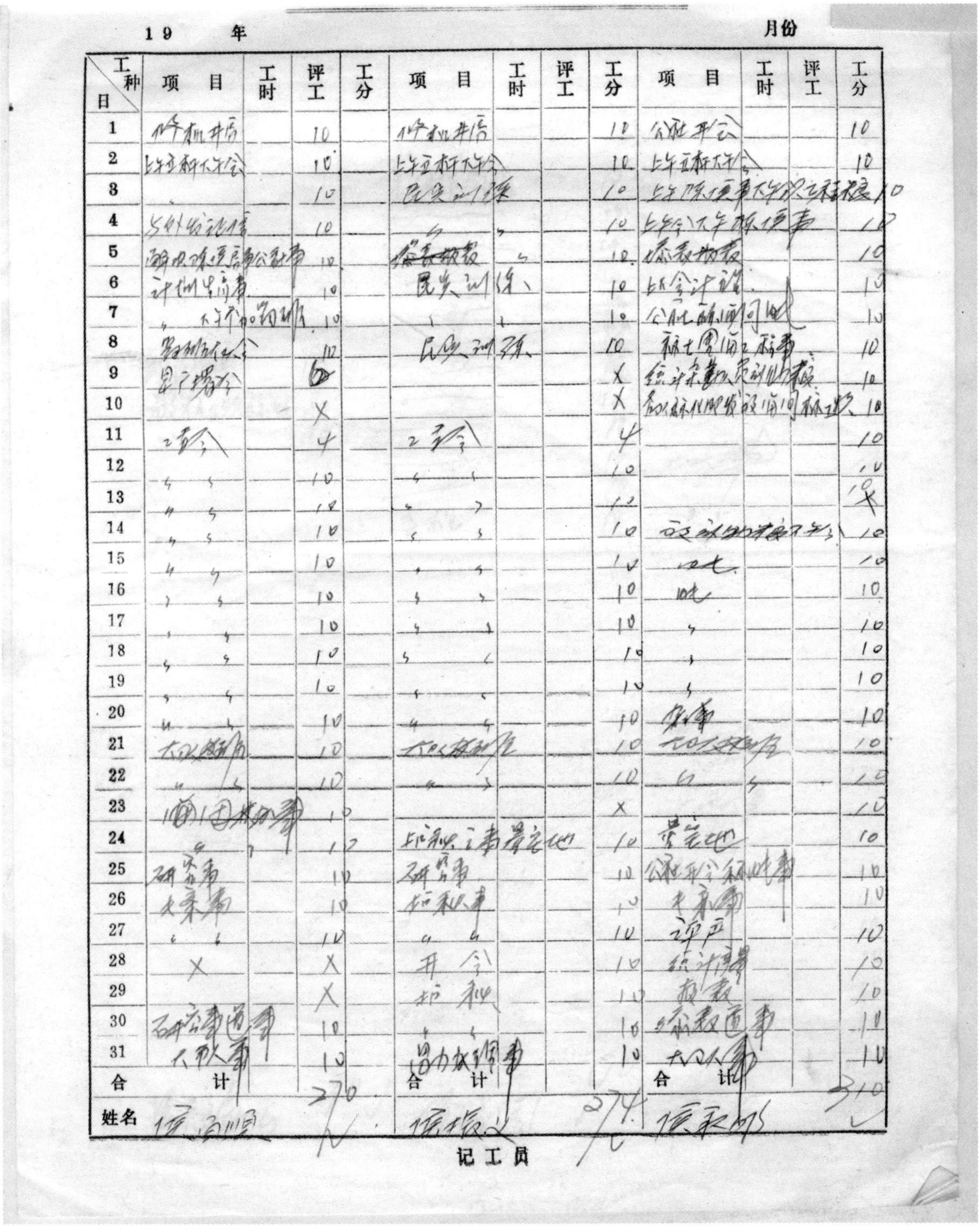

19　　年　　　　　　　　　　　　　　　　　　月份

工种 / 日	项目	工时	评工	工分	项目	工时	评工	工分	项目	工时	评工	工分
1	修机井房		10		修机井房			10	公社开会			10
2	[illegible]		10		[illegible]			10	[illegible]			10
3			10		民兵训练			10	[illegible]			10
4	[illegible]		10		〃 〃			10	[illegible]			10
5	[illegible]公社事		10		[illegible]报表			10	[illegible]报表			10
6	[illegible]		10		民兵训练			10	[illegible]			10
7	〃 [illegible]		10		〃 〃			10	[illegible]			10
8	[illegible]		10		民兵训练			10	[illegible]			10
9	[illegible]		6					X	[illegible]			10
10			X					X	[illegible]			10
11	2[illegible]		4		2[illegible]			4				10
12	〃 〃		10		〃 〃			10				10
13	〃 〃		10		〃 〃			10				10
14	〃 〃		10		〃 〃			10	[illegible]			10
15	〃 〃		10		〃 〃			10	[illegible]			10
16	〃 〃		10		〃 〃			10	[illegible]			10
17	〃 〃		10		〃 〃			10	〃			10
18	〃 〃		10		〃 〃			10	〃			10
19	〃 〃		10		〃 〃			10	〃			10
20	〃 〃		10		〃 〃			10	[illegible]			10
21	大队[illegible]		10		大队[illegible]			10	大队[illegible]			10
22	〃 〃		10		〃 〃			10	〃 〃			10
23	[illegible]		10					X				10
24	〃 〃		10		[illegible]			10	[illegible]			10
25	研究事		10		研究事			10	公社开会[illegible]			10
26	[illegible]		10		[illegible]			10	[illegible]			10
27	〃 〃		10		〃 〃			10	评产			10
28	X		X		开会			10	[illegible]			10
29			X		[illegible]			10	报表			10
30	研究[illegible]		10		〃 〃			10	[illegible]			10
31	[illegible]		10		[illegible]			10	大队事			10
合计			270					274				310
姓名	侯[illegible]				侯振[illegible]				侯[illegible]			

记工员

a－3－4a

a－3－4/a－3－4a　大队记工表。1979 年 8 月。＊详细，典型。

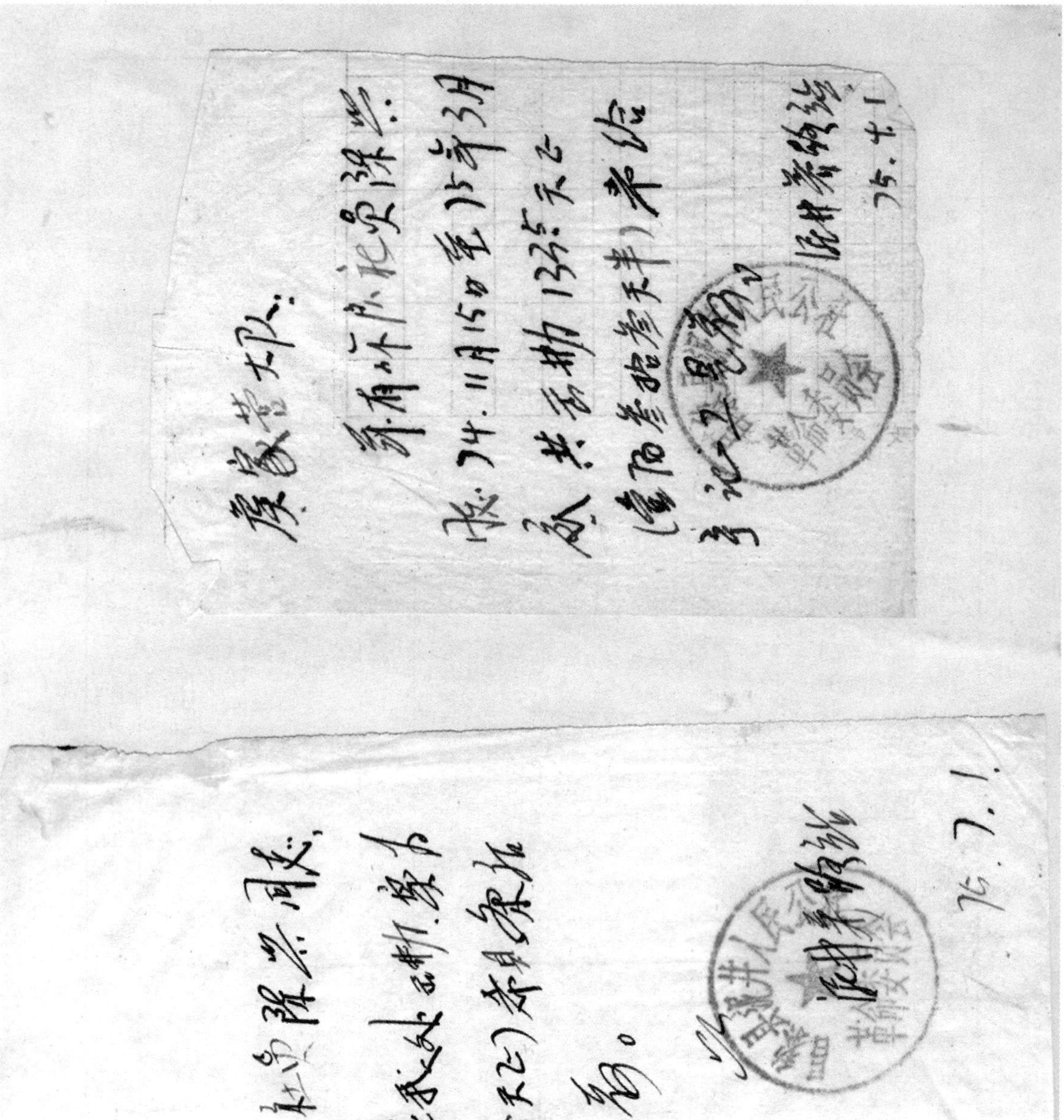

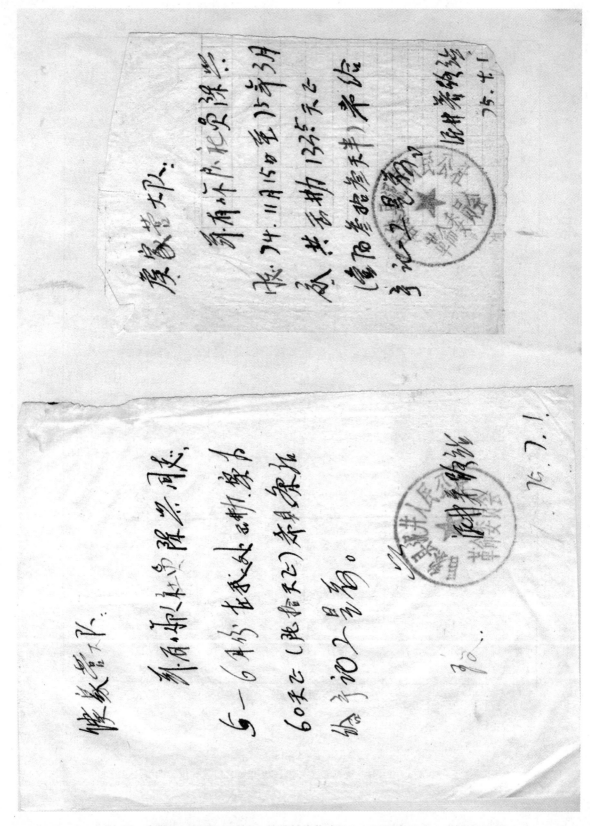

a－2－27　出勤记工证明（2 份）。社员村外劳动记工，1975 年 4 月，1975 年 7 月。

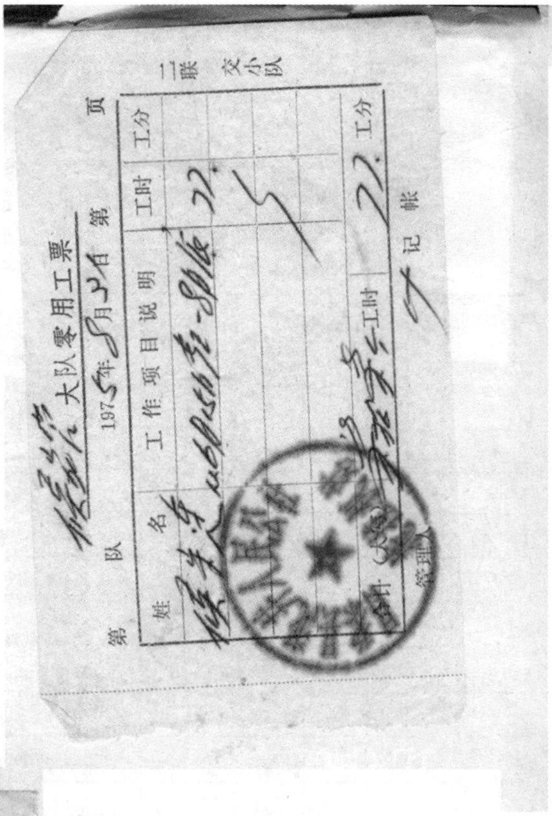

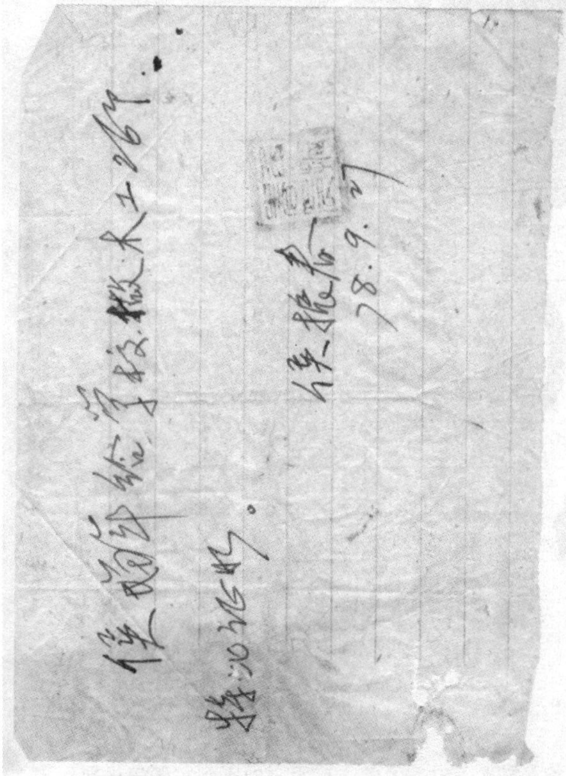

f－32　大队零用工票、做工证明（4张）。1975年、1978年。

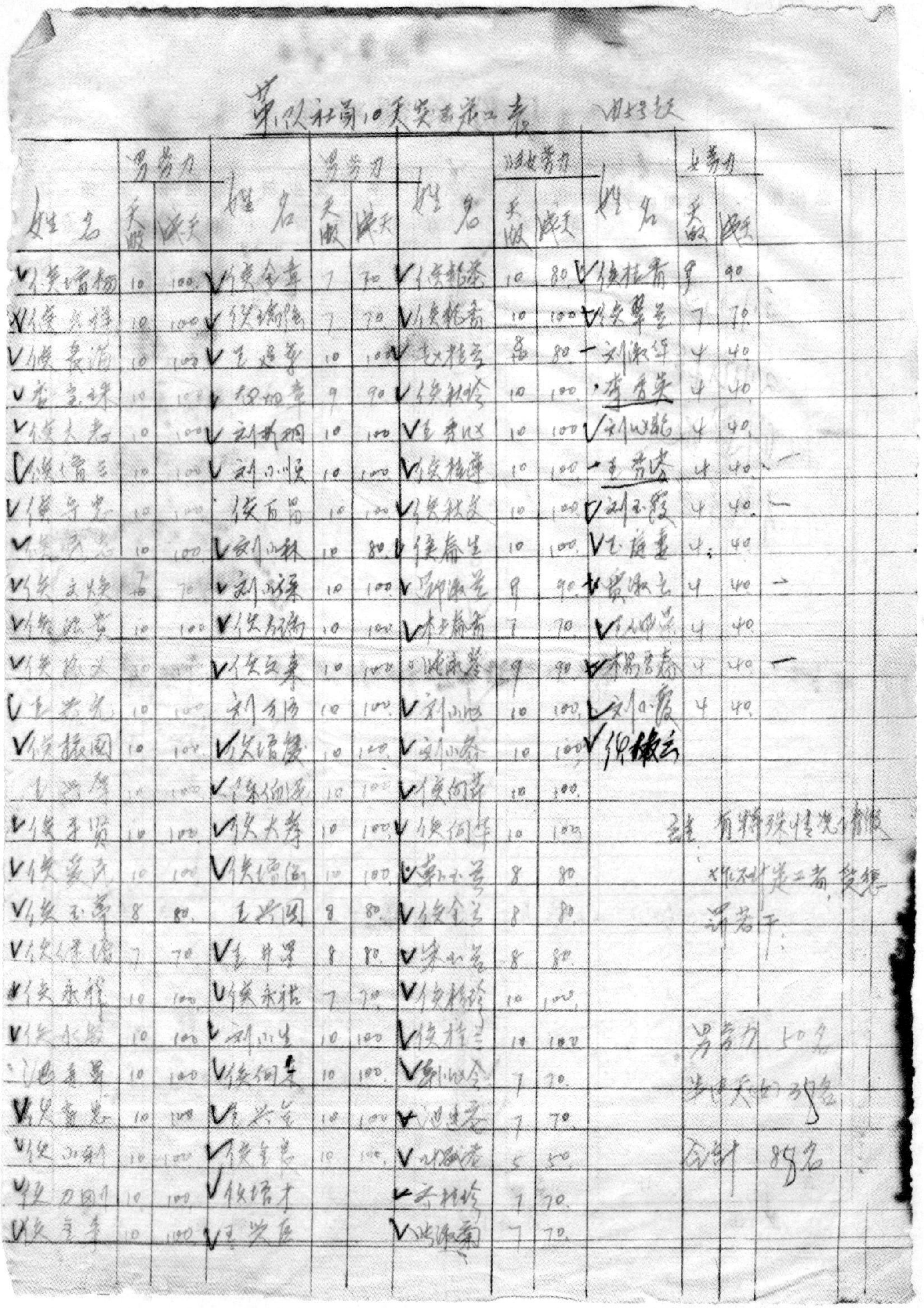

第一队社员10天突击定工表

姓名	男劳力 天数	成天	姓名	男劳力 天数	成天	姓名	女劳力 天数	成天	姓名	女劳力 天数	成天
侯增杨	10	100	侯金章	7	70	侯桂芝	10	80	侯桂香	9	90
侯长祥	10	100	侯瑞海	7	70	侯桂香	10	100	侯翠芝	7	70
侯长海	10	100	[illegible]	10	100	赵桂芝	[illegible]	80	刘淑华	4	40
李宝珠	10	100	[illegible]	9	90	侯桂珍	10	100	李秀英	4	40
侯大春	10	100	刘兆明	10	100	[illegible]	10	100	[illegible]	4	40
侯增三	10	100	刘小悦	10	100	侯桂萍	10	100	[illegible]	4	40
[illegible]	10	100	侯百昌	10	100	[illegible]	10	100	刘玉霞	4	40
[illegible]	10	100	[illegible]	10	80	侯春生	10	100	[illegible]	4	40
侯文焕	7	70	[illegible]	10	100	[illegible]	9	90	[illegible]	4	40
[illegible]	10	100	[illegible]	10	100	[illegible]	7	70	[illegible]	4	40
[illegible]	10	100	[illegible]	10	100	[illegible]	9	90	[illegible]	4	40
[illegible]	10	100	[illegible]	10	100	[illegible]	10	100	刘小霞	4	40
侯振国	10	100	[illegible]	10	100	[illegible]	10	100	[illegible]		
[illegible]	10	100	[illegible]	10	100	[illegible]	10	100			
[illegible]	10	100	[illegible]	10	100	[illegible]	10	100			
[illegible]	10	100	[illegible]	10	100	[illegible]	8	80			
[illegible]	8	80	[illegible]	8	80	[illegible]	8	80			
[illegible]	7	70	[illegible]	8	80	[illegible]	8	80			
侯永祥	10	100	[illegible]	7	70	侯桂珍	10	100			
[illegible]	10	100	刘小生	10	100	侯桂兰	10	100			
[illegible]	10	100	[illegible]	10	100	[illegible]	7	70			
[illegible]	10	100	[illegible]	10	100	[illegible]	7	70			
侯小利	10	100	[illegible]	10	100	[illegible]	5	50			
[illegible]	10	100	侯增才			[illegible]	7	70			
[illegible]	10	100	[illegible]			[illegible]	7	70			

注：有特殊情况请假，做不到定工者，受罚若干。

男劳力 50名

半边天(女) 35名

合计 85名

a－4－36 第一队社员10天突击定工表。姓名、男女劳力、天数、成天，做不到定工者惩罚，男女工等值，半边天。1975年前后。

一

一九七二年农村人民公社收益分配

年报第8表

项　　目	单位	数　量	项　　目	单位	数　量
参加分配的户数	户	176	⑤耕畜饲料饲草	元	13,105
参加分配的人口	人	750	⑥机　耕　费	〃	1,330
参加分配的劳力	〃	321	⑦排　灌　费	〃	1,350
参加分配的劳动日	个	91,610	⑧其它农业生产费	〃	
其中：参加兴修水利的劳动日	个	7,200	2、林业生产费用	〃	
集体及社员建筑房屋	间		3、牧业生产费用	〃	
一、可分配收入总计	元	101,913	4、副业生产费用	〃	2,291
（一）农业收入	〃	87,870	5、渔业生产费用	〃	
（二）林业收入	〃		6、其它生产费用	〃	2,000
（三）牧业收入	〃		（二）管理费用	〃	242
（四）副业收入	〃	7,568	（三）其它费用	〃	852
（五）渔业收入	〃		三、分配总计	元	68,732 66,908
（六）运输收入	〃	4,027	1、国家税收	〃	5,478
（七）生产性劳务收入	〃		2、公积金	〃	4,967
（八）其它收入	〃	2,389	3、折旧基金	〃	
二、费用总计	〃	33,181	4、储备粮基金	〃	
（一）生产费用	〃	30,783	5、预留下年生产费用	〃	1,975
1、农业生产费用	〃		6、公益金	〃	1,975
①种　子	〃	3,970	7、分给社员	〃	54,337
②肥　料	〃	7,510	其中：现金	〃	6,974
其中：社员投肥	〃		8、其　它	〃	
③农　药	〃	675	平均每个劳动日值	〃	0.596
④小农具购置和修理费	〃	282	在分配总计中超分配数	〃	

编报单位：侯营

报出时间：1973年　月　日

负责人：侯振□

2

一九七二年农村人民公社收益分配

年报第8表

项　　目	单位	数量	项　　目	单位	数量
参加分配的户数	户	56	⑤耕畜饲料饲草	元	1733.00
参加分配的人口	人	252	⑥机　耕　费	〃	1000.00
参加分配的劳力	〃	104	⑦排　灌　费	〃	450.00
参加分配的劳动日	个	30149 [illegible]	⑧其它农业生产费	〃	200.10
其中：参加兴修水利的劳动日	个	2400	2、林业生产费用	〃	
集体及社员建筑房屋	间		3、牧业生产费用	〃	
一、可分配收入总计	元	26904.00	4、副业生产费用	〃	
（一）农业收入	〃	22786.00	5、渔业生产费用	〃	
（二）林业收入	〃		6、其它生产费用	〃	
（三）牧业收入	〃		（二）管理费用	〃	102.00
（四）副业收入	〃	1767.00	（三）其它费用	〃	126.00
（五）渔业收入	〃		三、分配总计	元	26233 24469.00
（六）运输收入	〃	1800.00	1、国家税收	〃	1874.00
（七）生产性劳务收入	〃		2、公积金	〃	1868.00
（八）其它收入	〃	551.00	3、折旧基金	〃	
二、费用总计	〃	10671.00 [illegible]	4、储备粮基金	〃	
（一）生产费用	〃	10422.00 [illegible]	5、预留下年生产费用	〃	735.00
1、农业生产费用	〃		6、公益金	〃	735.00
①种　子	〃	1400	7、分给社员	〃	21070.00
②肥　料	〃	2500.00	其中：现金	〃	4400.00
其中：社员投肥	〃		8、其　它	〃	
③农　药	〃	150.00	平均每个劳动日值	〃	.70元
④小农具购置和修理费	〃	180.00	在分配总计中超分配数	〃	

报出时间：1973年　月　日

编报单位：

负责人：

332　　　　　　　　　　　　　　　　　　　　　　332

一九七二年农村人民公社收益分配

年报第8表

项　　目	单位	数　量	项　　目	单位	数　量
参加分配的户数	户	60.	⑤耕畜饲料饲草	元	3372
参加分配的人口	人	245	⑥机　耕　费	〃	480.
参加分配的劳力	〃	117	⑦排　灌　费	〃	450
参加分配的劳动日	个	31811	⑧其它农业生产费	〃	
其中：参加兴修水利的劳动日	个	2400	2、林业生产费用	〃	
集体及社员建筑房屋	间		3、牧业生产费用	〃	
一、可分配收入总计	元	331524.00	4、副业生产费用	〃	1354.00
（一）农业收入	〃	272880.0	5、渔业生产费用	〃	
（二）林业收入	〃		6、其它生产费用	〃	
（三）牧业收入	〃		（二）管理费用	〃	82.00
（四）副业收入	〃	19120.0	（三）其它费用	〃	337.00
（五）渔业收入	〃		三、分配总计	元	2050600
（六）运输收入	〃	22230.0	1、国家税收	〃	1830.00
（七）生产性劳务收入	〃		2、公积金	〃	1520.00
（八）其它收入	〃	669.00	3、折旧基金	〃	
二、费用总计	〃	11646.00	4、储备粮基金	〃	
（一）生产费用	〃	9813.00	5、预留下年生产费用	〃	610.00
1、农业生产费用	〃		6、公益金	〃	610.00
①种　子	〃	1340	7、分给社员	〃	15836.00
②肥　料	〃	2510	其中：现金	〃	1274.00
其中：社员投肥	〃		8、其　它	〃	
③农　药	〃	175	平均每个劳动日值	〃	0.50
④小农具购置和修理费	〃	132	在分配总计中超分配数	〃	

报出时间：1973年　月　日

编报单位：________

负责人：________

a-16-10b

1队 **一九七二年农村人民公社收益分配** 年报第8表

项　目	单位	数　量	项　目	单位	数　量
参加分配的户数	户	60	⑤耕畜饲料饲草	元	4600
参加分配的人口	人	253	⑥机　耕　费	〃	350
参加分配的劳力	〃	100	⑦排　灌　费	〃	450
参加分配的劳动日	个	29650	⑧其它农业生产费	〃	
其中：参加兴修水利的劳动日	个	2400	2、林业生产费用	〃	
集体及社员建筑房屋	间		3、牧业生产费用	〃	
一、可分配收入总计	元	32857	4、副业生产费用	〃	937
（一）农业收入	〃	27796	5、渔业生产费用	〃	
（二）林业收入	〃		6、其它生产费用	〃	
（三）牧业收入	〃		（二）管理费用	〃	58
（四）副业收入	〃	3829	（三）其它费用	〃	319
（五）渔业收入	〃		三、分配总计	元	21.993
（六）运输收入	〃		1、国家税收	〃	1824
（七）生产性劳务收入	〃		2、公积金	〃	1579
（八）其它收入	〃	1169	3、折旧基金	〃	
二、费用总计	〃	10864	4、储备粮基金	〃	
（一）生产费用	〃	~~10545~~ 10487	5、预留下年生产费用	〃	630
1、农业生产费用	〃	9550	6、公益金	〃	630
①种　子	〃	1250	7、分给社员	〃	17330
②肥　料	〃	2500	其中：现金	〃	1300
其中：社员投肥	〃		8、其它	〃	
③农　药	〃	350	平均每个劳动日值	〃	0582
④小农具购置和修理费	〃	50	在分配总计中超分配数	〃	

报出时间：1978年1月1日　　编报单位：侯家营大队第1队

负责人：侯振义

a－16－10c

a－16－10/a－16－10a－c　1972年农村人民公社收益分配。＊含大队、1－3小队农副业收入、费用、分配情况。

一九七八年一队社员予分粮食表

姓名	人口	标准人	人分		工分料		工资分	照顾补	合分计料	单价	金额	付差款	其它	合计金额
			人分	小计	工分	[illegible]								
侯墙杨	7.5	8	313	2348	.065	4393	286		2634	.12	316.08	85.60	14.40	416.08
侯元祥	5.9	6	〃	1847		4564	297		2144	〃	257.28	64.20	10.80	332.28
娄玉珠	2	2		626			150		776		93.12	21.40	3.60	118.12
侯大洪	3.9	4		1221			300		1521		182.52	42.80	7.20	232.52
侯青海	5	5		1565			331		1896		227.52	53.50	9.00	290.02
侯大良	4	4		1252			495		1747		209.64	42.80	18.00	270.44
侯守忠	5.9	6		1847			286		2133		255.96	64.20	10.80	330.96
侯文换	2	2		626			252		878		105.36	21.40	9.00	135.76
侯印忠	2	2		626			36		662		79.44	21.40		100.84
侯英忠	2	2		626			282		908		108.96	21.40	18.00	148.36
侯绍贵	6	6		1878			296		2174		260.88	64.20	10.80	335.88
侯大孝	5	5		1565			394		1959		235.08	53.50	22.50	311.08
侯镇海	6.9	7		2160			374		2534		304.08	74.90	12.60	391.58
王义存	1	1		313			134		447		53.64	10.70	3.00	67.34
王兴国	4	4		1252			580		1832		219.84	45.00	18.00	282.84
王兴元	2.9	3		908			333		1242		149.04	32.10	13.50	194.64
王兴良	4	4		1252			431		1683		201.96	42.80	7.20	251.96
王秀凤	2	2		626			131		757		90.84	21.40	3.60	115.84
王成存	4	4		1252			326		1578		189.36	42.80	58.00	290.16
侯振丰	4	4		1252			226		1478		177.36	42.80	18.00	238.16
王兴厚	7	7		2191			319		2510		301.20	74.90	12.60	388.70
侯福祥	2	2		626			124		750		90.00	21.40	9.00	120.40
侯振国	8	8		2504			588		3092		371.04	85.60	36.00	492.64
侯树廷	3	3		939			345		1284		153.98	32.10	13.50	199.58

a－5－14　1978 年一队社员予分粮食表。＊缺页，工分单价、金额、人－劳比重。

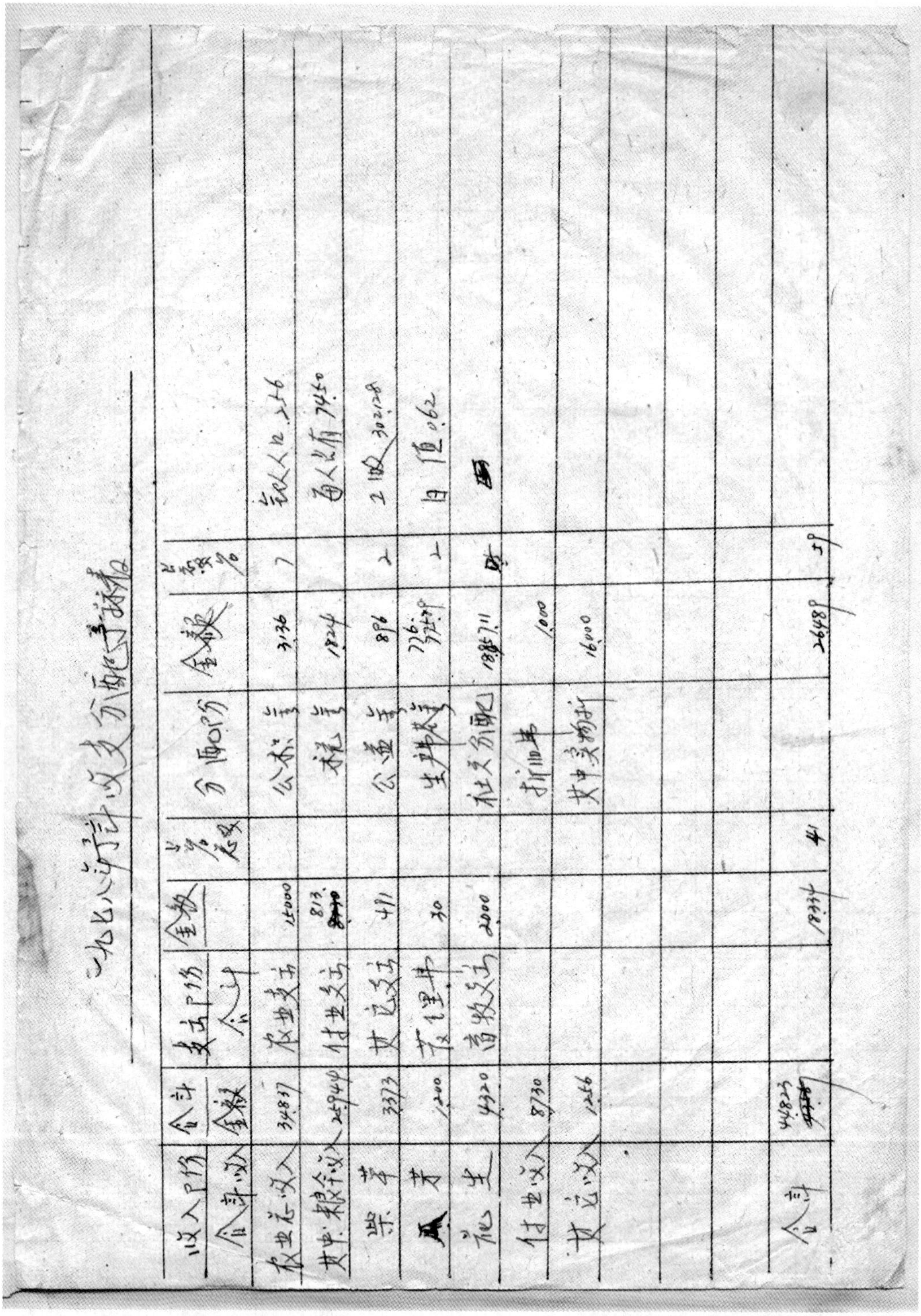

一九七八年预计收支分配预算表

收入部分	合计金额	支出部分	金额	%成本	分配部分	金额	%分配	
合计收入		合计						
农业总收入	34837	农业支出	15000		公积金	3136	7	全队人口 256
其中：粮食收入	26940	付业支出	813		税金	1824		每人占有 74.50
蔬菜	3373	其它支出	411		公益金	896	2	工数 30212.8
瓜	1200	管理费	30		生产基金	776	2	日值 0.62
花生	4320	固定支出	2000		社员分配	18857.11	25	
付业收入	8730				折旧费	1000		
其它收入	1256				其中：买马款	16000		
合计	44823		18411	41		26448	59	

a－2－18　1978 年预计收支分配预算表。＊第 2 小队（?）收入、支出、分配，公积金（7%）、税金、公益金、生产基金、社员分配（25%）、全队人口（256）、每人占有（74.50 元）、工数、日值（0.62 元）等。

姓名	人口	标人	应分粮食				赔饭料	共分应粮	单价	金额	花生	柴草	其它	合计金额
			1份	小计	2分	小计								
侯德田	3	3	313	939	065	340		1279	12	15348	810	2400	350	19808
侯国昌	4	3.9		1221		356		1547	12	185.64	1080	3200	720	238.64
侯永祥	5	5		1565		431		1996	12	23952	1350	4000	900	302.02
侯永茂	5	5		1565		457		2022	12	24264	1350	4000	6250	358.64
侯桂花	2	1.9		595		93		688	〃	8256	540	1600	360	107.56
贾桂英	5	4.9		1534		274		1808	〃	21696	1350	4000	900	279.46
侯永桂	1	1		313		167		480	〃	5760	270	800	450	72.80
侯有忠	5	5		1565		660		2228	〃	26700	1350	4000	2250	343.00
侯占忠	1	1		313		193		506		6072	270	800	450	75.92
侯顺合	3	3		939		278		1217		14604	810	2400	1350	191.64
侯善奎	6	5.9		1847		393		2240		26880	1620	4800	1080	343.80
侯玉瑞	2	2		626		81		707		8484	540	1600	360	109.84
王景泉	2	2		626		228		854		10248	540	1600	360	127.48
王景九	3	2.8		876		181		1057		12684	810	2400	540	164.34
侯金良	8	8		2504		651		3155		37860	2160	6400	1440	478.60
侯宗康	7	7		2191		732		2923		35076	1890	5600	3150	457.16
刘万良	8	8		2504		622		3126		375.12	2160	6400	3600	496.72
刘斌润	7	6.9		2160		643		2803		33636	1890	5600	3150	442.76
陈荣	6	6		1878		672		2550		30600	1620	4800	1080	381.00
刘小林	2	2		626		379		1005		12060	540	1600	900	151.00
侯大瑞	4	4		1252		363		[illegible]		19380	1080	3200	1800	254.60
池连生	2	2		626		207		833		9996	540	1600	900	130.36

a－2－20

姓名	人口	标人	人分 每人分	人分 小计	工分料 每分	工分料 小计	肥猪料	合分计料	单价	金额	花生皮	柴菜	艾包	合计金额
李希?	3	2.9		908		121		1029	12	12348	810	2400	540	16098
龙炳章	6	6		1878		335		2213	〃	26556	1620	4800	1080	34056
李井堂	5	5		1568		670		2238	〃	26820	1350	4000	2250	34420
侯春胜	4	3.7		1158		252		1410	〃	16920	1080	3200	720	21920
侯佃度	6	5.9		1847		327		2174	〃	26088	1620	4800	1080	33588
侯仪忠	3	2.8		876		226		1102	〃	13224	810	2400	1350	17784
侯元琦	6	5.8		1815		445		2260	〃	27120	1620	4800	2700	36240
侯文来	1	1		313		183		496	〃	5754	810	800	450	8012
侯振文	6	5.8		1818		340		2158	〃	25860	1620	4800	1080	33360
侯元成	4	3.9		1221		357		1578	〃	18936	1080	3200	1800	25016
侯永顺	4	4		1252		402		1654	〃	19848	1080	3200	1800	25928
侯元民	4	3.6		1127		264		1391		16692	1080	3200	720	21692
侯元相	3	3		939		258		1197		14364	810	2400	1350	18924
侯文相	2	2		626		18		644		7728	540	1600	900	10768
陈凤徵	1	1		313				313		3756	270	800	180	5006 迁移
侯俊良	1	1		313				313		3756	270	800	180	5006
侯郑氏	1	1		313			72	385		4620	270	800	450	6140
侯永飞	2	2		626			144	770		9240	540	1600	900	12280
侯淑兰	2	1.8		563			137	700		8400	540	1600	360	10900
														1530184
小计	64	62.2												
合计	256	252.5						99274						

a－2－20a

a－2－20/a－2－20a 二队（?）社员予分粮食柴菜表。推断为1978年。＊256口、各户应分粮食（折钱）、人分313斤，工分0.65元、粮食单价0.12元。

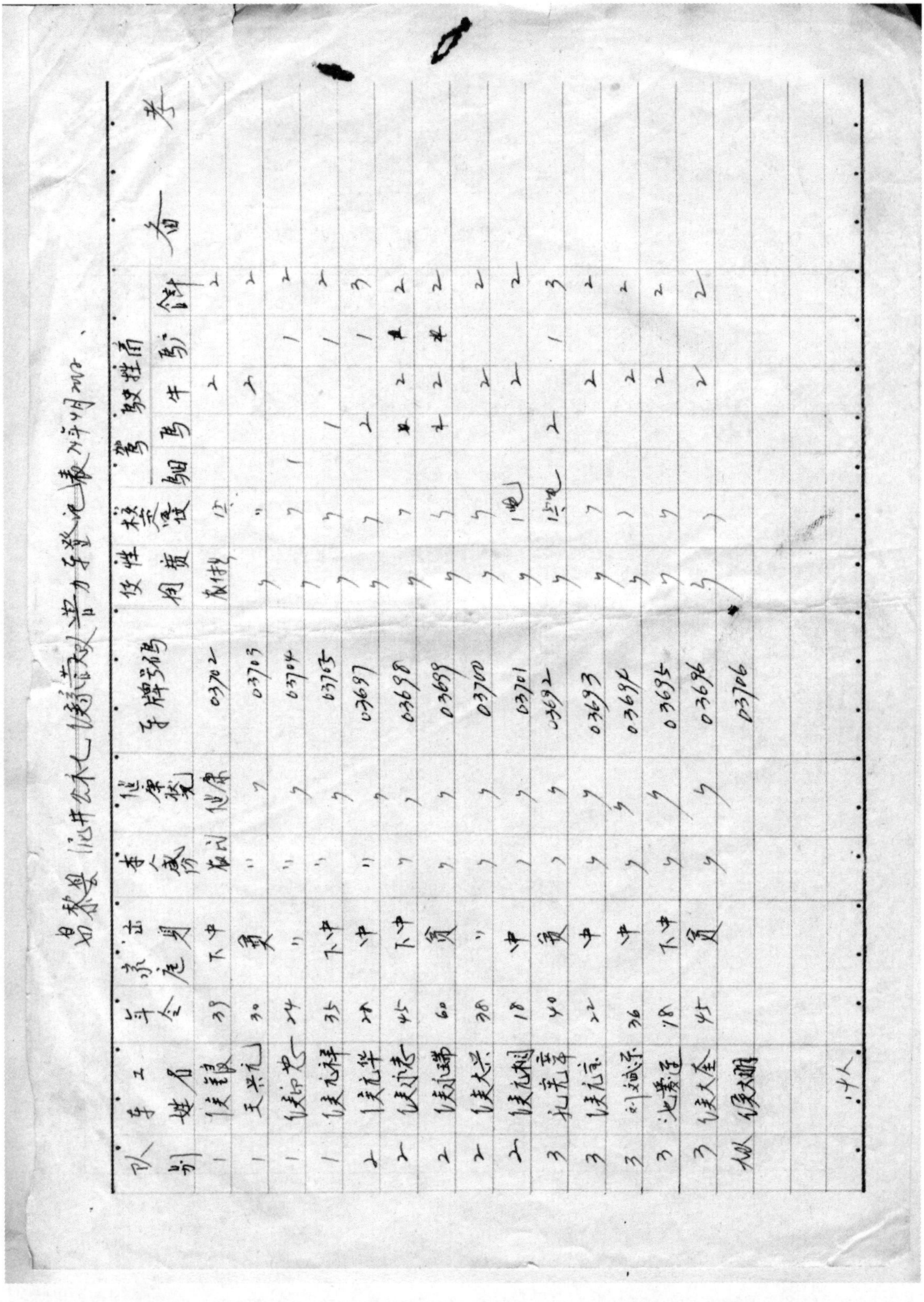

昌黎县泥井公社侯家营大队兽力车登记表 74年4月20日

队别	车工姓名	年令	家庭出身	本人成份	健康状况	车牌号码	使用性质	核定吨位	驾驶牲畜 骡	马	牛	驴	合计	备考
1	侯镇	39	下中	农民	健康	03702	农业	1吨			2		2	
1	王兴元	30	贫	〃	〃	03703	〃	〃			2		2	
1	侯印忠	24	〃	〃	〃	03704	〃	〃	1			1	2	
1	侯元祥	35	下中	〃	〃	03705	〃	〃		1		1	2	
2	侯元华	28	中	〃	〃	03697	〃	〃		2		1	3	
2	侯永志	45	下中	〃	〃	03698	〃	〃			2		2	
2	侯永瑞	60	贫	〃	〃	03699	〃	〃			2		2	
2	侯大兴	38	〃	〃	〃	03700	〃	〃			2		2	
2	侯元桐	18	中	〃	〃	03701	〃	1吨			2		2	
3	孔宪章	40	贫	〃	〃	03692	〃	1吨		2		1	3	
3	侯元宗	22	中	〃	〃	03693	〃	〃			2		2	
3	刘斌宗	36	中	〃	〃	03694	〃	〃			2		2	
3	池豪廷	18	下中	〃	〃	03695	〃	〃			2		2	
3	侯大奎	45	贫	〃	〃	03696	〃	〃			2		2	
大队	侯大明					03706								
	十人													

f－19　侯家营大队兽力车登记表。统计，小队别所有牛、马、骡、驴车辆等，车工负责人，车牌号，1974年4月20日。

最高指示
要节约闹革命。

水电管理站机井配套材料表

公社 侯家营 大队　　　1971 年 5 月 18 日

序号	材料名称	规范	数量	单位	序号	材料名称	规范	数量	单位	序号	材料名称	规范	数量	单位
1	电杆	7.5M	3	棵	17	镀锌川丁	φ14×130	27	条	33	水泵	4时	1	台
2	横担	1200—1400	7	条	18	〃〃〃〃	φ16×140	—	条	34	水泵	5时	—	台
3	导线	A—16	450	M	19	〃〃〃〃	φ16×180	—	条	35	水泵		—	台
4	〃 〃	A—25	—	M	20	〃〃〃〃	φ16×230	—	条	36	传动带		4	M
5	〃 〃	A—35	—	M	21	〃〃〃〃	φ16×300	6	条	37				
6	〃 〃	A—50	—	M	22	〃〃〃〃	φ16×450	2	条	38				
7	镀锌铁线	4.0	10	kg	23	护铁		—	块	39				
8	钢绞线		—	kg	24	飞保险	60—100A	3	只	40				
9	直立瓶	1 井	8	个	25		机井用	—	组	41				
10	包古	2 井	12	个	26	电动机	4.5kw	1	台	42				
11	拉紧绝缘子	3 井	—	个	27	电动机	7 kw	—	台	43				
12	拉板	250	24	条	28	电动机		—	台	44				
13	拉条	700	6	条	29	闸刀	60A	1	块	45				
[redacted]	横担包古	砼7.5m用	2	套	30	闸刀	100 A	—	块	46				
[redacted]	[redacted]线包古	〃	2	套	31	绝缘导线	10^2	—	M	47				
[redacted]	[redacted]条包古	〃	4	套	32	绝缘导线	$16^2—25^2$	35	M	48				

公社意见：

机井配套設計图

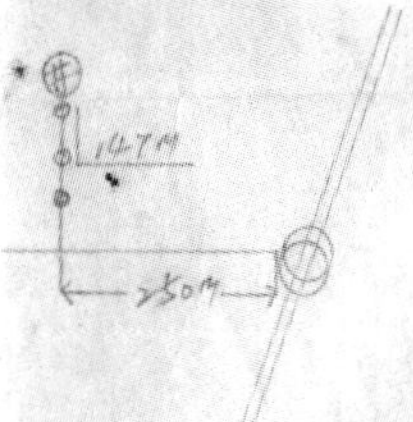

站意见：
同意配 4.5KW 电动机

县批示：

全部付齐
71.11.24

公社 侯家营 大队，设计编号

f－18　侯家营大队机井配套材料表。1971 年 5 月 18 日。

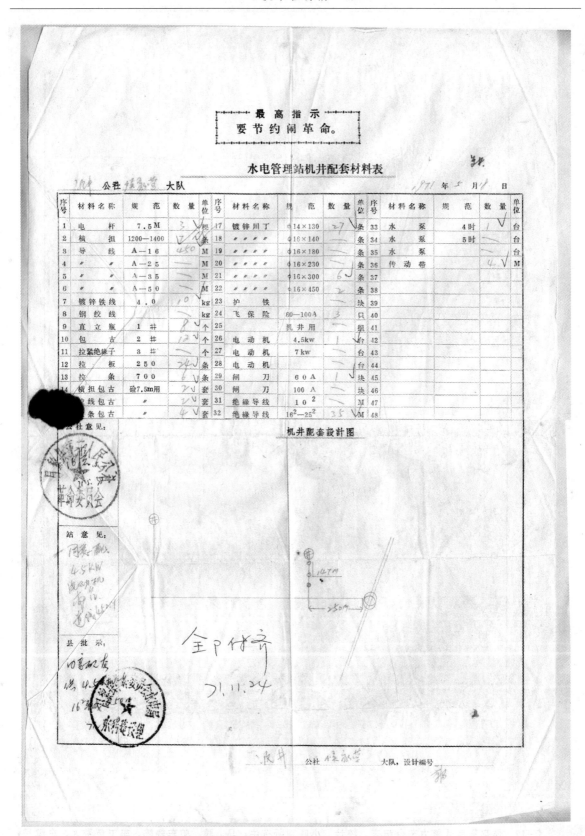

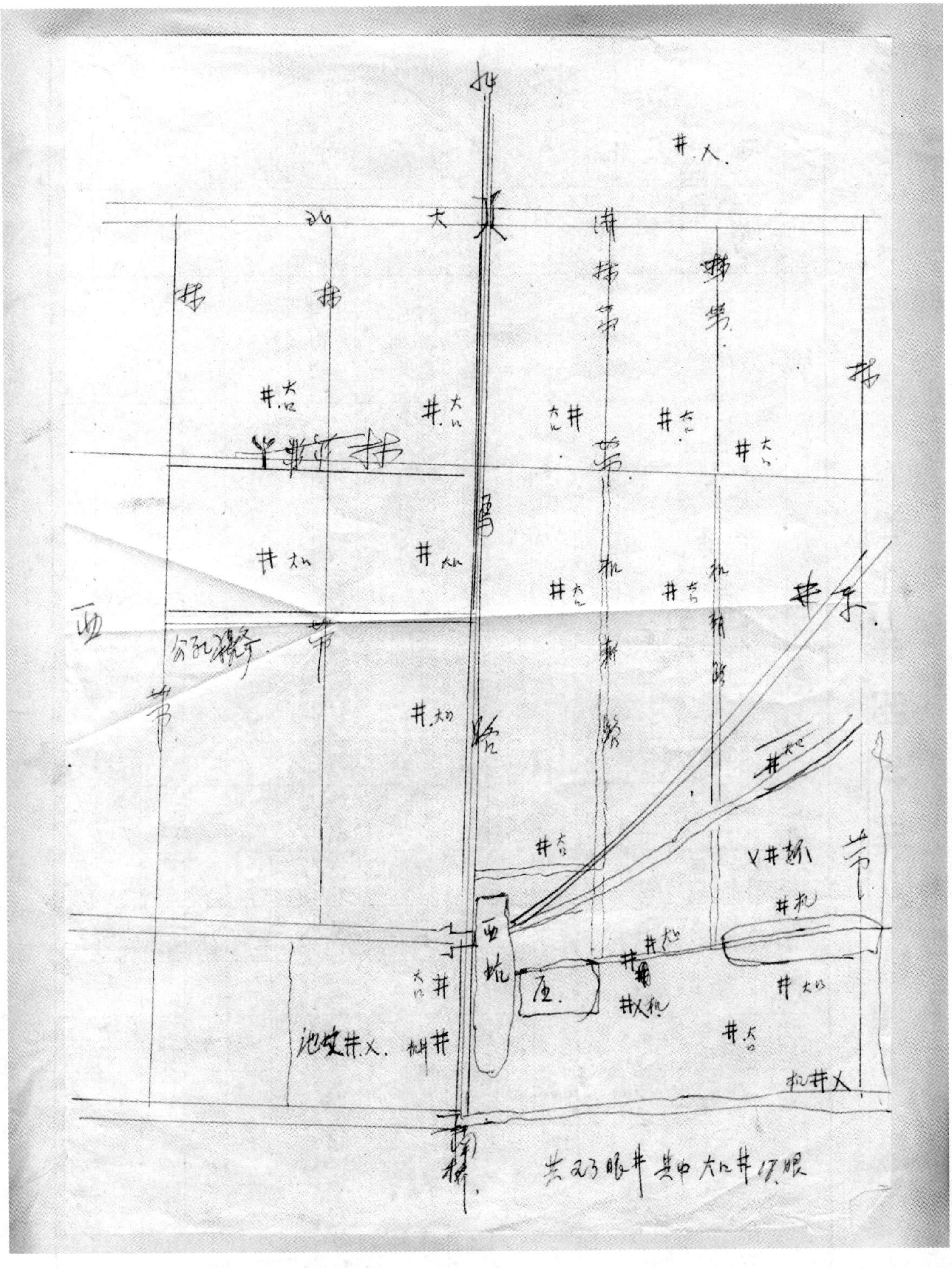

f-18a　大口井方位图。23 眼，大口 17 眼，1971 年 5 月 18 日

机井明细台帐

侯家营 大队　　　　第　　页

队别	机井座落	卡片编号	成井日期	类型：深井（口径）	类型：浅井（口径）	配套时间	配套：电力 台/瓩	配套：电力 水泵	配套：动力 机型/马力	配套：动力 水泵	变化情况：报废 坏井年月	变化情况：报废 坏井原因	变化情况：修复 修复年月	变化情况：修复 成效	变化后的实有井数	备注
	东北 300	1	73 1.30		66/24	73 7.3			195/12	4"						
	东河南头3队	2	75 4		33/62.5											
	东河沿坟南	3	74 3.		33/69.5											
	苇芭地 400	4	77 2		33/67.5				195/12	4"						
	东河旧坟 900	5	76 11		33/63											
	旧坟 1000	6	76 11		33/64											
	水正坟西 500	7	76 3		66/23	78.4			195/12	4"						
	河北 400	8	70 12		66/23		1/4.5	4"								
	坑西 200	9	76 4.21		33/66	77 12.19			195/12	4"						
	西 200	10	78 4.21		33/64.5	78 4.8			195/12	4"						
	苇芭地墓南	11	76 11		33/65											
	东坑坑 600	12	76 11		33/62											
	东坟 400	13	76 4.18		33/68	77 12.11			195/12	4"						
	偏各地 700	14	72 12		66/24				195/12	4"						

机井明细台帐

______大队　　　　　　　　　　　　　　　　第　　页

队别	机井座落	卡片编号	成井日期	类型 深井（口径）	类型 浅井（口径）	配套时间	配套 电力 台/瓩	配套 电力 水泵	配套 动力 机型/马力	配套 动力 水泵	变化情况 报废 坏井年月	变化情况 报废 坏井原因	变化情况 修复 修复年月	变化情况 修复 成效	变化后的实有井数	备注
	刘坟 500	15	78 3.25		33/63.5	78 4.8			1957/12	4"						
	小柳北 500	16	78 3.22		33/61.5	78 4.8			195/12	4"						
	池坟南	17	76 4.26		33/69.5	74 4.23			195/12	4"						
	偏子地 500	18	77 2		33/63	77 4.7			195/12	4"						
	刘坟北 1000	19	75 2.1		66/23	76 3.31			195/12	4"						
	大坑西 1250米	20	74 4.2		66/36.2	75 2.1			195/12	4"						
	大[illegible] 150	21	71 3.23		66/32											
	旧坟 1500	22	72 12		66/25	75 2.1			195/12	4"						
	1队东北 200	23	73 2.1		66/25	75 2.1			195/12	4"						
	小坟小河东 1000（20人）	24	74 12		66/37	76 3.31			195/12	4"						
	苇草地 800	25	72 11		66/24											
	大坟上 400	26	71 3.10		66/38.3	71 3.20			1957/12	4"						
	小柳北 650	27	74 5		66/30											
	果南 1000	28	79 3													

b－1－21a

机井明细台帐

侯家营大队　　　　第　　页

队别	机井座落	卡片编号	成井日期	类型：深井（口径）	类型：浅井（口径）	配套时间	配套：电力 台/瓩	配套：电力 水泵	配套：动力 机型/马力	配套：动力 水泵	变化情况：报废 坏井年月	变化情况：报废 坏井原因	变化情况：修复 修复年月	变化情况：修复 成效	变化后的实有井数	备注
	正东 1500	29	79 3		33/70											
	东北 1000	30	79 3		33/71											
	西北 1500	31	79 12.15		100/65											
	东 1000	32	79 12.20		100/64											
	西 500	33	79 12.25		100/63											
	~~[illegible]~~ 500	34	79 12.30		100/63											
	猪场	35	76 10		33/75											
	北 1000	36	76 11		33/73											

b－1－21b

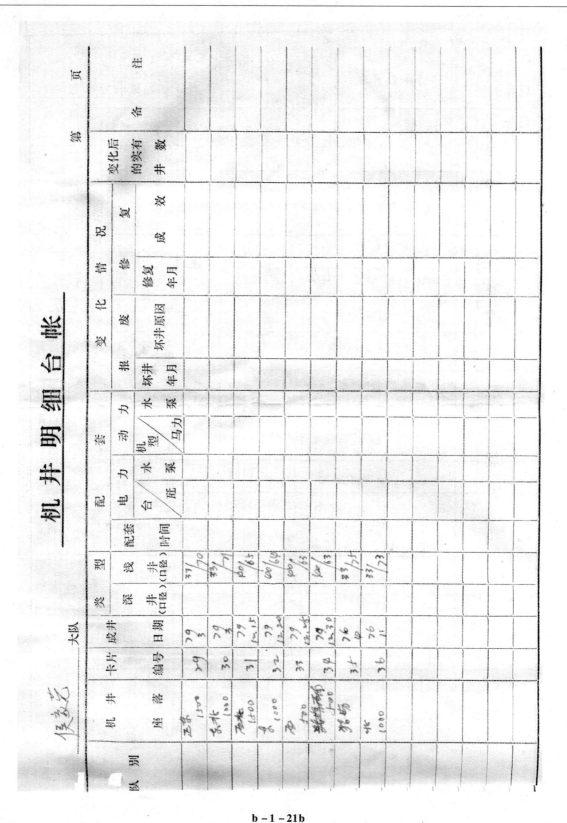

b－1－21/b－1－21a－b　侯家营大队机井明细台帐。1979 年后。＊公社“遗产”。

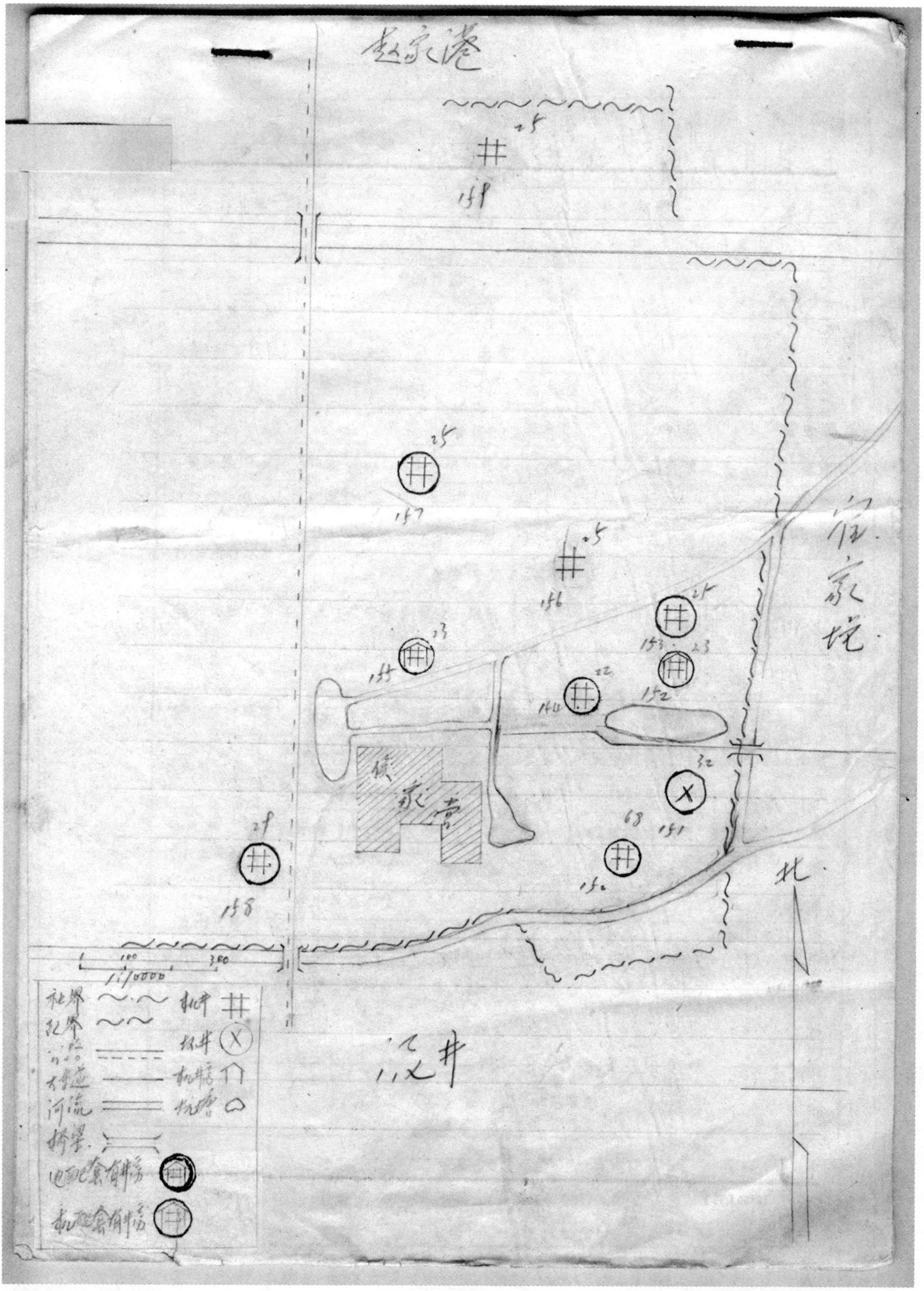

a－5－1

昌黎县 泥井 公社机井统一调查卡片

全县机井统一编号		公社机井编号	150

机井位置 泥井 公社 侯家营 村 东 方向 250 米

打井单位	县打井队	成井日期	1965年12月	成井深度	68 米

打井机具及成井方法 [illegible]。

井径(泥眼口径) 1160 毫米　井管材料 水泥

井管结构	上口	外径 330 毫米	下口	外径 350 毫米
		内径 250 毫米		内径 250 毫米

花管位置 1 米至 68 米	填砾材料 大粒砂	填砾粒径 2-5 毫米
物探测井的淡水顶板深度 米	止咸水深度 米	

所使用含水层的	起止深度 2 米至 68 米	含水层总厚度 47.5 米
	含水层的主要岩性 [illegible]	

机井的使用情况：是否有井淤、管破、咸淡水混淆等现象

静止水位深度 2 米	静止水位标高 米	地面标高 米

机井的一般用水情况（本机井）	平均每天浇地 10 亩	平均每年浇地持续时间 1000 小时
	平均每天抽出水量 800 立方米	1973年供用井浇地 100 天
	累计1973年供用水 80000 立方米	控制浇地面积 150 亩
		保浇面积 150 亩

一九七三年机井水位情况（实测或访问）	一年中最高水位 1 米	出现日期在 8 月至 10 月
	一年中最低水位 3 米	出现日期在 3 月至 5 月
	一年中最高最低水位变幅 2 米	

机井总投资 1,200— 元　其中社队自筹 1,200— 元

调查人＿＿＿＿村　姓名＿＿＿＿一九七四年　月　日

a－5－1a

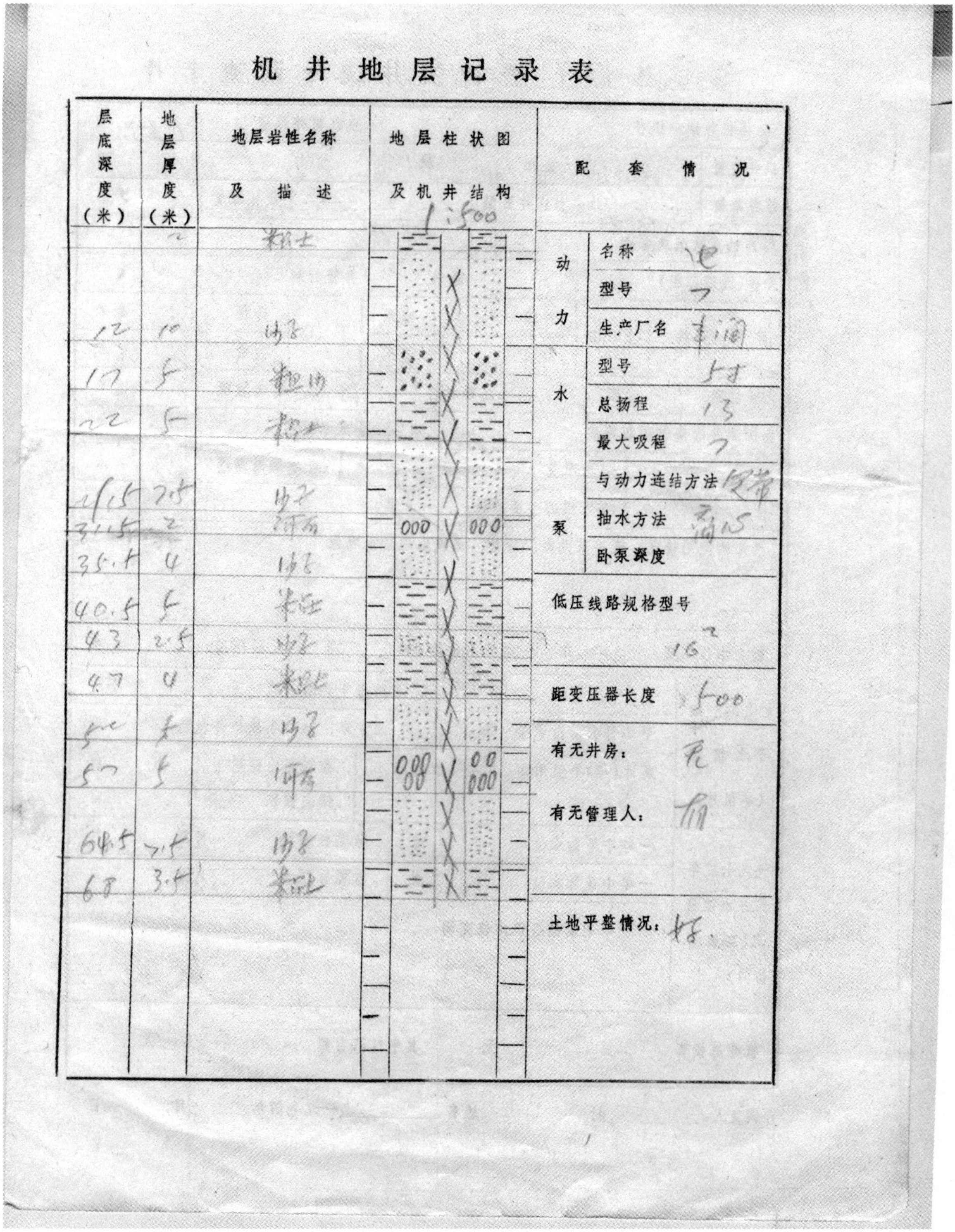

机井地层记录表

层底深度（米）	地层厚度（米）	地层岩性名称及描述	地层柱状图及机井结构 1:500
	2	粘土	
12	10	沙子	
17	5	粗沙	
22	5	粘土	
29.5	7.5	沙子	
31.5	2	卵石	
35.5	4	沙子	
40.5	5	粘土	
43	2.5	沙子	
47	4	粘土	
52	5	沙子	
57	5	卵石	
64.5	7.5	沙子	
68	3.5	粘土	

配套情况		
动力	名称	电
	型号	7
	生产厂名	丰润
水泵	型号	5寸
	总扬程	13
	最大吸程	7
	与动力连结方法	皮带
	抽水方法	离心
	卧泵深度	

低压线路规格型号　16²

距变压器长度　500

有无井房：无

有无管理人：有

土地平整情况：好

a－5－1b

机井地层记录表

层底深度（米）	地层厚度（米）	地层岩性名称及描述	地层柱状图及机井结构 1:500
	2.7	黄沙	
4.9	2.2	胶泥	
8.7	3.8	灰白沙子	
19	10.3	大青沙	
27.5	8.5	胶泥	
36.7	9.2	大粒沙	

配套情况		
动力	名称	
	型号	
	生产厂名	
水泵	型号	
	总扬程	
	最大吸程	
	与动力连结方法	
	抽水方法	
	卧泵深度	
低压线路规格型号		
距变压器长度		
有无井房：		
有无管理人：		
土地平整情况：		

a－5－1c

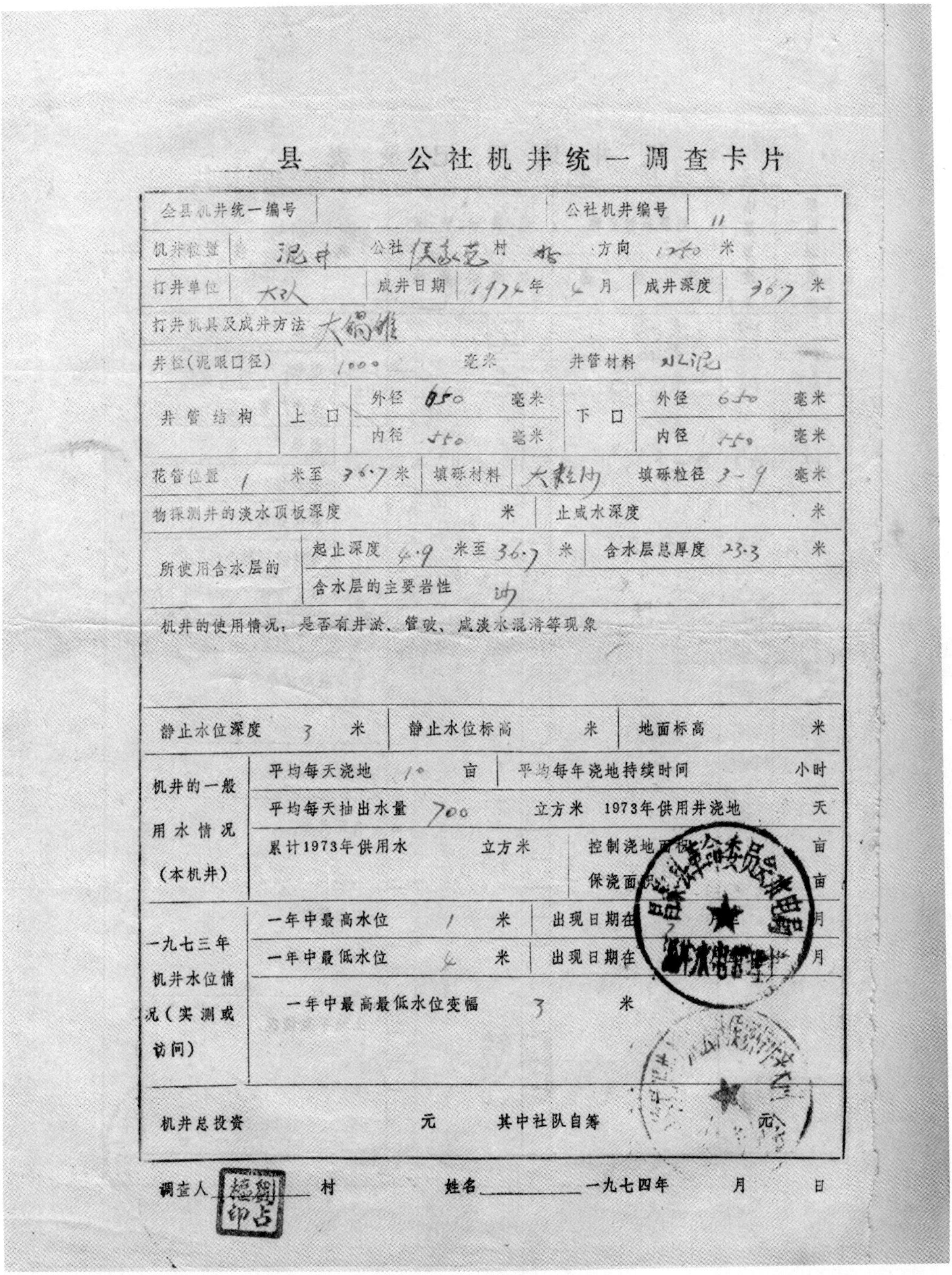

____县____公社机井统一调查卡片

全县机井统一编号　　公社机井编号 11

机井位置 泥井 公社 侯家营 村 北 方向 1240 米

打井单位 大队　成井日期 1974 年 4 月　成井深度 36.7 米

打井机具及成井方法 大锅锥

井径(泥眼口径) 1000 毫米　井管材料 水泥

井管结构　上口　外径 650 毫米　内径 550 毫米　下口　外径 650 毫米　内径 550 毫米

花管位置 1 米至 36.7 米　填砾材料 大粒沙　填砾粒径 3-9 毫米

物探测井的淡水顶板深度　米　止咸水深度　米

所使用含水层的　起止深度 4.9 米至 36.7 米　含水层总厚度 23.3 米　含水层的主要岩性 沙

机井的使用情况：是否有井淤、管破、咸淡水混滑等现象 /

静止水位深度 3 米　静止水位标高　米　地面标高　米

机井的一般用水情况（本机井）　平均每天浇地 10 亩　平均每年浇地持续时间　小时　平均每天抽出水量 700 立方米　1973年供用井浇地　天　累计1973年供用水　立方米　控制浇地面积　亩　保浇面积　亩

一九七三年机井水位情况（实测或访问）　一年中最高水位 1 米　出现日期在　月　一年中最低水位 4 米　出现日期在　月　一年中最高最低水位变幅 3 米

机井总投资　元　其中社队自筹　元

调查人____村　姓名________　一九七四年　月　日

a－5－1d

a－5－1/a－5－1a－d　昌黎县泥井公社机井统一调查卡片、机井标识图。推定为 1975 年后。＊取其中 4 页，全县机井统一编号、位置、打井单位、成井日期、水位、总投资、地层记录表（反面）。

昌黎县革命委员会水电局机井管理卡片

编号 11 号

位置	泥井公社 侯家营村方向 北 距村 1250 米		
完成时间	74年4月2日	井种类	大锅锥大锅锥井
井深	原井深 现井深 36.7 米	井管种类	水泥滤水管
下管深度	36.7 米	井管内径	上口660毫米，下口660毫米
使用含水层数	二层	使用含水层位置	从4.3米到36.7米
使用含水层总厚度	233 米	有无填砾料	有
砾料名称	大粒沙石子	砾料规格数量	粒径 毫米，数量 立米
静水位	3. 米	动水位	6 米
水位变化	3 米	水量	80. 立米/小时
水质	甜水	保浇面积	100. 亩
动力机	规格 型号	生产 厂名	
水泵	规格 型号	生产 厂名	
使用管理者	队 人	有无机房及井盖	
低压线路	规格 型号	长度 米	
备注			

填表日期： 年 月 日 报表单位盖章 侯家营大队

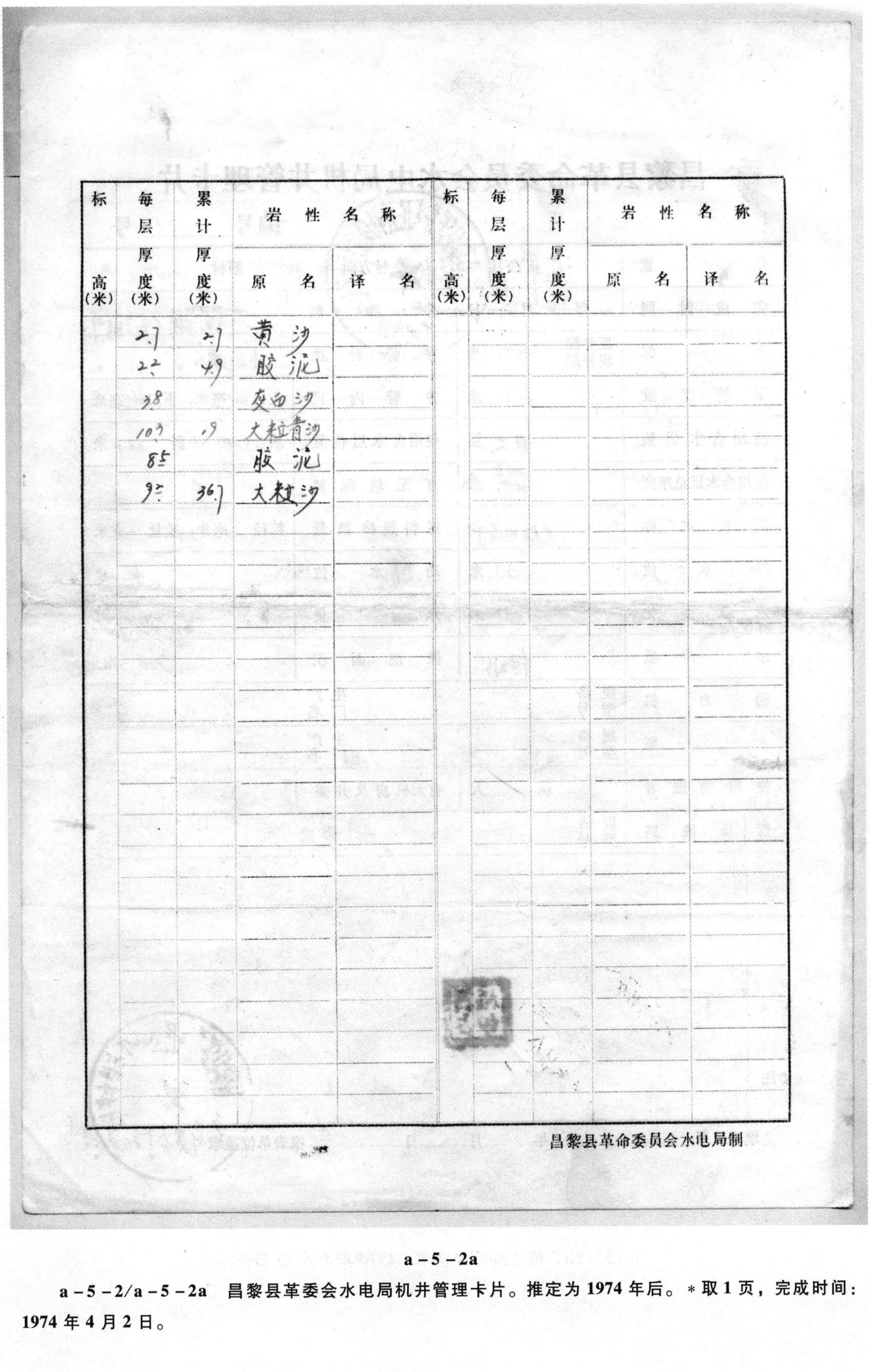

标高（米）	每层厚度（米）	累计厚度（米）	岩性名称 原名	岩性名称 译名	标高（米）	每层厚度（米）	累计厚度（米）	岩性名称 原名	岩性名称 译名
	2.7	2.7	黄沙						
	2.2	4.9	胶泥						
	3.8		灰白沙						
	10.3	.9	大粒青沙						
	8.5		胶泥						
	9.5	36.7	大粒沙						

昌黎县革命委员会水电局制

a－5－2a

a－5－2/a－5－2a　昌黎县革委会水电局机井管理卡片。推定为1974年后。＊取1页，完成时间：1974年4月2日。

最高指示
要节约闹革命。

机井配套申请书

申请单位：泊井 公社 [illegible] 大队　　一九七三年 五 月 十七 日

总土地	2605	总人口	730	每人平均地 3.58	批文号：

			机井　眼	扬水点（站）　处		
水利工程	到70年计划数		机井 7 眼	扬水点（站）　处	水浇地	亩
	六八年10月份前数	合计	〃　〃	〃　〃	控制数	亩
		其中：已配套	〃　〃	〃　〃	实浇数	亩
	六九年完成	新建	〃　〃	〃　〃	扩大数	〃
		其中：已配	〃　〃	〃　〃	实浇数	〃
		累计	〃　〃	〃　〃	实浇合计	〃

现有设备	1、电动机：　2·8Kw　台　4·5Kw 3 台　7Kw 1 台　其它　台／Kw
	2、动力机：　（分型号、马力、台数）12马力2台
	3、水　泵：　（规格／台数）5寸泵1台 4寸2台 进4米3的3台
申请配套	机井　1 眼、　座落、村东北　　方向　1 眼、扩大浇、　80 亩
	距低压线路　　　距变压器　　　M
	所需主要设备：柴油机一台
公社意见	同意机配　1973.
水电站意见	同意机配
批　　示	

a－5－2b　机井配套申请书。1973 年 5 月 17 日。

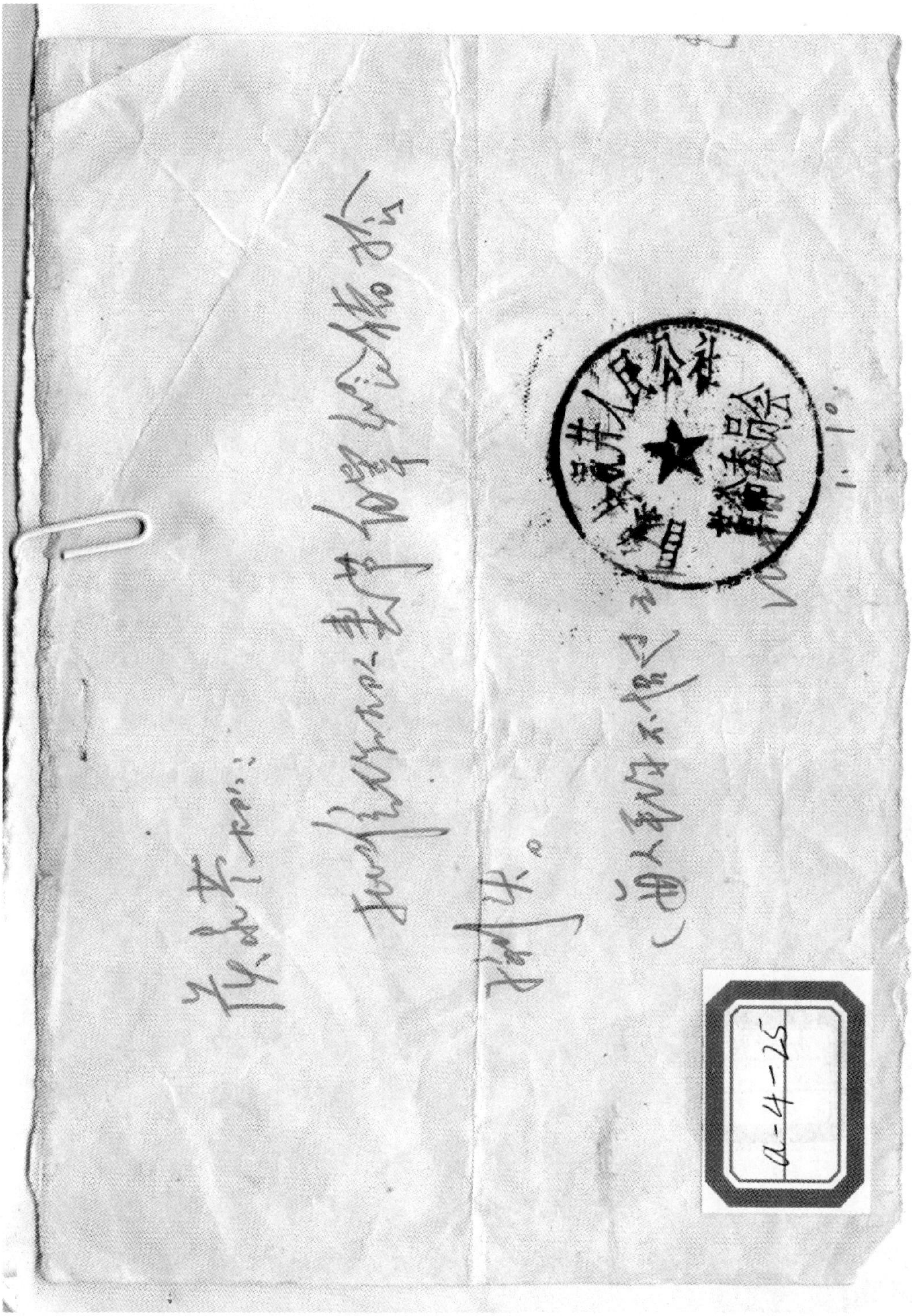

a－4－25　纸片（上级指示）。侯家营大队，批准你大队春节自宰分食猪拾捌头（每人平均不超过五斤）。泥井公社革委会，1970 年代，1 月 10 日。

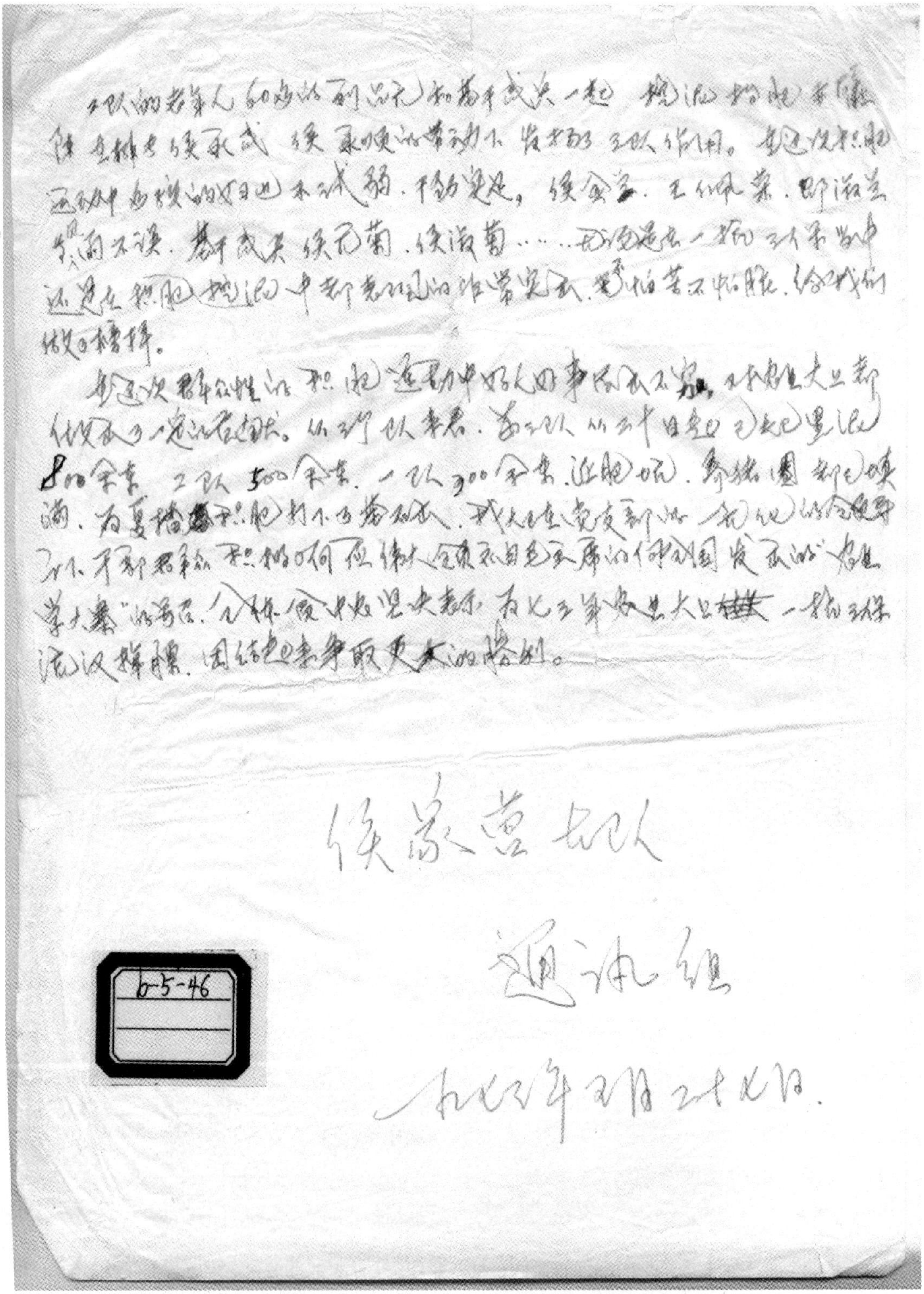

二队的老年人60多岁的刘[illegible]和基干民兵一起挖泥、抬泥，排长侯[illegible]侯承武、侯承[illegible]的带动下发挥了三队作用。在这次积肥运动中，有孩的妇女也不示弱。[illegible]，侯金[illegible]、王佩荣、[illegible]风雨不误。基干民兵侯元菊、侯淑菊……无论是在一抗三保当中还是在积肥、挖泥中都表现的非常突出，不怕苦不怕脏，给我们做出榜样。

在这次群众性的积肥运动中好人好事层出不穷，不能一一都[illegible]做出了一定的贡献。从三个队来看，第三队从三月[illegible]日起已挖黑泥800余车，二队500余车，一队300余车[illegible]。养猪圈都已填满、为夏播[illegible]积肥打下了[illegible]基础。我大队在党支部的一元化的领导下，干部群众积极响应伟大领袖毛主席的伟大号召"农业学大寨"的号召，全体贫下中农坚决表示，在今年夺出大上[illegible]一抗三保流汗掉膘，团结起来争取更大的胜利。

侯家营大队

通讯组

一九七三年五月二十七日

b-5-46

b－5－46　大队通讯组文稿。基干民兵，排长，劳动热情，群众性积肥运动，老年，有孩妇（女）不示弱，一抗三保，黑泥800车，流汗掉膘，1973年5月27日。

企业名称	米面加工厂				
地　　址	昌黎县泥井公社侯家营大队			电　话	
经济性质	集体		主管单位		
生产经营范围	米面加工				
经营方式	加工		职工人数	2	
固定资金	2500　元		流动资金	元	
工商登记证照	名　称				
	号　码		发照日期		
批准开业的有关部门	昌黎县工商局	企业负责人	姓　名		职　务
			侯振兴		大队长
开业时间	1967				
开户银行和账号		财务负责人	侯世昌		
核算形式	大队核算	办税人员	侯和卿		大队会计
附送件					

b－1－40

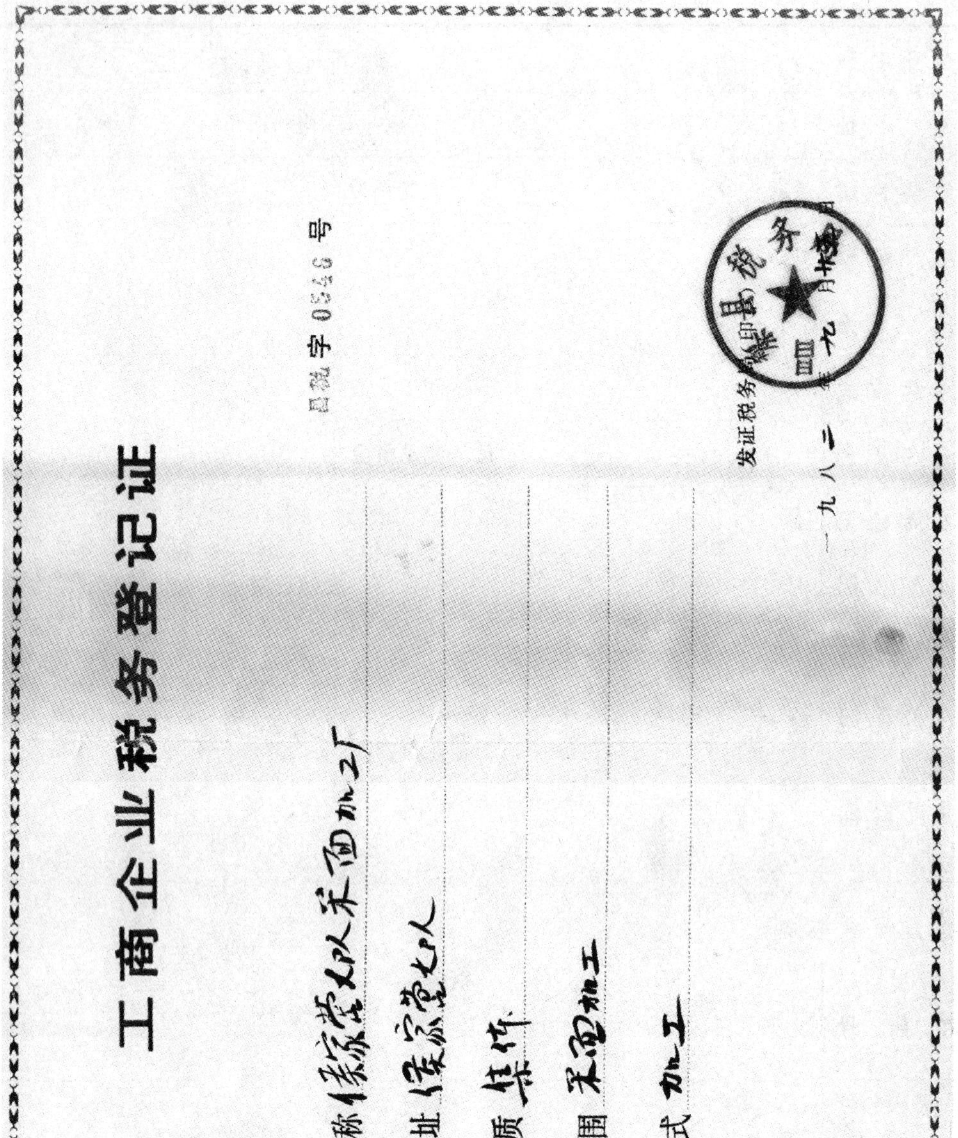

工商企业税务登记证

昌税字 0546 号

企业名称 侯家营大队米面加工厂

企业地址 侯家营大队

经济性质 集体

经营范围 米面加工

经营方式 加工

发证税务机关（印章）

一九八二年九月 日

b－1－40a

b－1－40/b－1－40a　工商企业税务登记表、登记证。侯家营大队米面加工厂，1967 年开业，固定资产 2500 元，职工 3 人，负责人，1982 年。

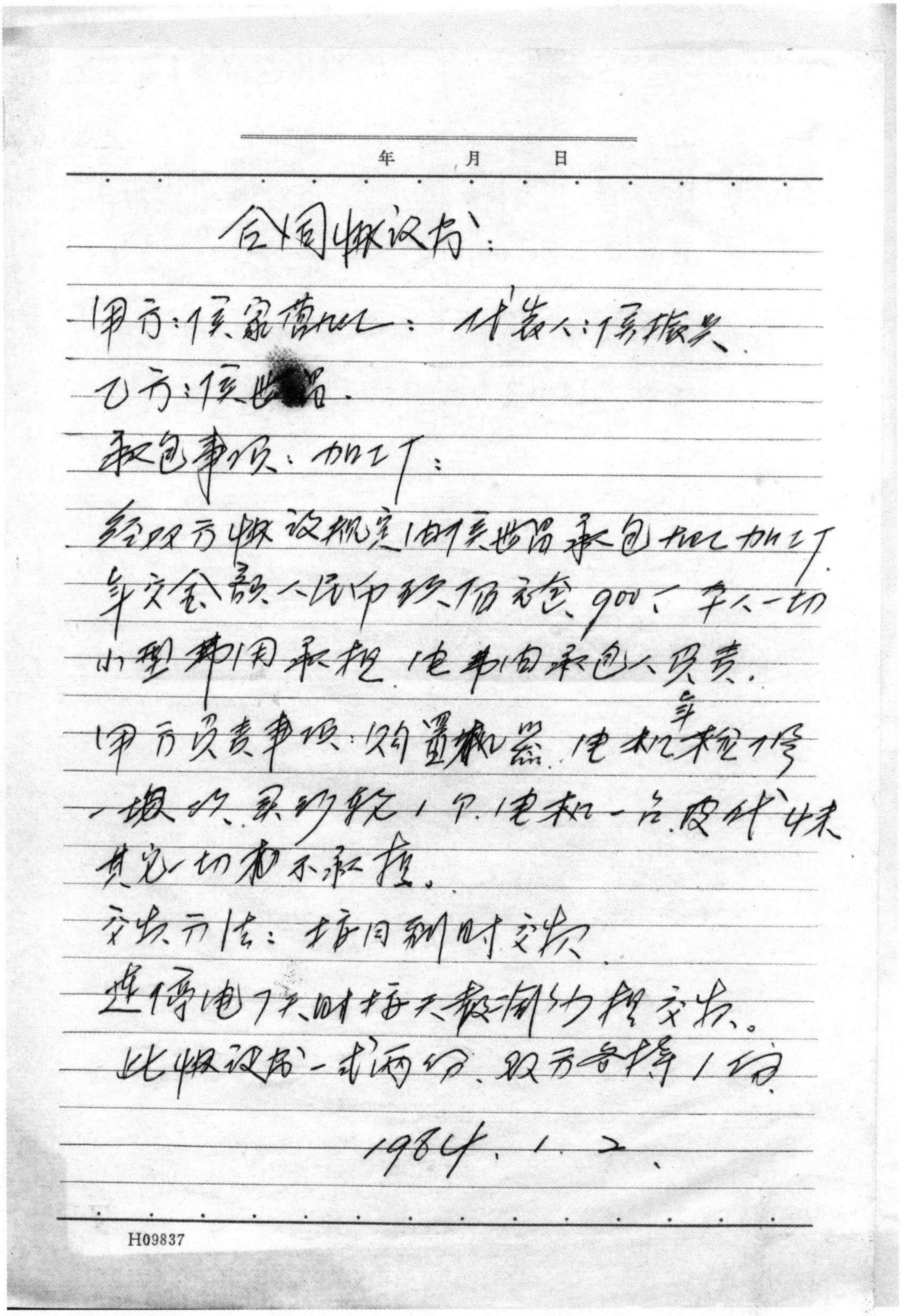

年　月　日

合同协议书：

甲方：侯家营大队：　代表人：侯振兴.

乙方：侯世昌.

承包事项：加工厂：

经双方协议规定：由侯世昌承包大队加工厂年交金额人民币玖佰元整 900元，本人一切小型维修承担，电费由承包人负责.

甲方负责事项：购置机器，电机，年检修一次，买砂轮1个，电机一台，皮带什么其它一切都不承担.

交款方法：按月到时交款

遇停电7天时按天数扣除相应交款.

此协议书一式两份，双方各持1份.

1984.1.2.

H09837

b－2－24　合同协议书。承包加工厂，甲：侯家营大队，乙方：侯世昌，1984年。

b－2－5　养鱼协议。刘志发、刘小福等 11 户社员，承包东坑，大队法律保护，1983 年 11 月。

(四) 人口、户籍、婚姻

1. 人口统计

a－2－10/a－2－10a－e　第二次全国人口普查登记表。＊分为1－3队。第二次全国人口普查于1964年施行。本文件为1968年制表，最晚有1981年死亡、迁出、参军等记录。

a－7－8/a－7－8a/a－7－8b/a－7－9　1974年发放农村社员生活煤票表。＊因关系到生活必需品的发放，故此类统计不会出现遗漏。

a－6－4/a－6－4a/a－6－4b　侯家营大队1975年发煤票、分肉各户人口。

d－22a/d－22b　侯家营1976年死亡、出生记摘。＊选自历年统计集册。

d－22c/d－22d　侯家营1979年死亡、出生登记表。＊选自历年统计集册。

b－1－42　人口年龄汇总表。推定为1982年。＊第三次全国人口普查，河北省手工汇总表，性别比例、年龄、世代比例，各年龄段数据，最高龄91岁。

a－9－4　解放以来全大队妇女情况调查。1975年1月。＊对党员、团员、小干部、脱产干部、初高中毕业生、教师、医生、退彩礼等项作了统计。

2. 计划生育

a－2－9/a－2－9a　侯家营大队计划生育四五规划花名表。各种措施，1972－75年。

a－2－8a/a－2－8　泥井公社革命委员会计划生育工作通知。1979年。

b－2－2　侯家营大队落实县政府计划生育八二年一号文件奖励情况表。1982年。

b－2－2a　侯家营队落实县政府惩罚情况表。2人，2－3胎，1982年。

b－1－65/b－1－65a　计划生育统计表。避孕上环措施，惩罚及奖励措施，胎次，年限，罚口数，一孩化，待遇（48元，1个半人自留地），1981年。

a－2－2a　便条。求开具第一胎证明信，无准生证，小孩已生，报户口，妇女主任尹英，时间约在1987年。＊显示变通与随意性。

a－2－2b　便条。请开具人工流产介绍信，妇女主任尹英，约在1987年。＊显示变通，用字有简略特征（如，七＝妻）。

3. 户籍制度

a－1－3/a－1－3a　昌黎县第三区侯家营村户口调查表。第四组1户侯费氏；第一组4户侯永俭，“民前24年”出生，63岁，成分：中农，推定为1951年左右。＊似为建国后最初户口调查。

b－1－53　任命书。侯永成，大队户籍员，县公安局，1982年。

d－22　便条。第二胎，间隔年限，办理户口，尹英，1979年9月15日。

b－6－6c　便条（2张）。上户口，第二胎，忘准生证，开证明，妇女主任，1986年前后。

a－1－13/a－1－13a－c　出生人口报告书（存根）。致泥井公社派出所，第1胎，第3胎，男女婴儿，1983年8月2日～1988年3月11日。＊一册，取4页，2胎多见，常见半年至2年后申报户口情况，“泥井乡侯家村村民委员会”章于1985年1月8日第一次使用，

a－1－12　出生人口报告书（回执2张）。1985年。＊与a－1－13格式不同，报大队（村）。

b－6－6d　出生人口报告书（回执）。1986年。

a－2－1a 昌黎县泥井镇人民政府致侯家营信。关于更改该村李志刚、李志英的户口问题，1989年2月14日。

a－2－1b 昌黎县泥井镇人民政府致侯家营信。侯佳、侯莹二人经批准转为商品粮，1989年2月17日。

a－2－1 昌黎县医药药材公司致侯家营村证明信。关于该单位职工王景林的户口问题，1989年9月18日。

a－2－3 注销户口通知。因法办，泥井镇人民政府，1990年4月4日。

4. 婚姻法、“孔雀东南飞”

b－6－6e 便条。请开具结婚登记介绍信，按实数（岁），二婚照顾，1986年。

a－2－12b 便条。请为女方开证明，年龄多加2岁，1987年1月2日。＊显示随意性。

f－11 离婚证。理由：感情不合，调解无效；子女处理，抚养费，合于婚姻法，泥井人民公社（章），1971年。

f－36－2 结婚证。1977年8月26日。＊另一张为女方姓名在前，毛主席语录标头，“自愿结婚，经审查合于中华人民共和国婚姻法关于结婚的规定，发给此证。”昌黎县才庄人民公社革命委员会章。

b－1－21c－f 关于二人的婚姻问题（调查问答）。舅父等干涉，挨打，外出离家，父母干涉（要财礼?），皮鞋，不会来事，皮皮溜溜的，难分难离，舅父、姨夫、姑，吃睡不得，我们是亲作亲，早有感情，感情深，生死不能分离，不依着老人了，婚姻法，包办，出外12天，1981年2月15日。

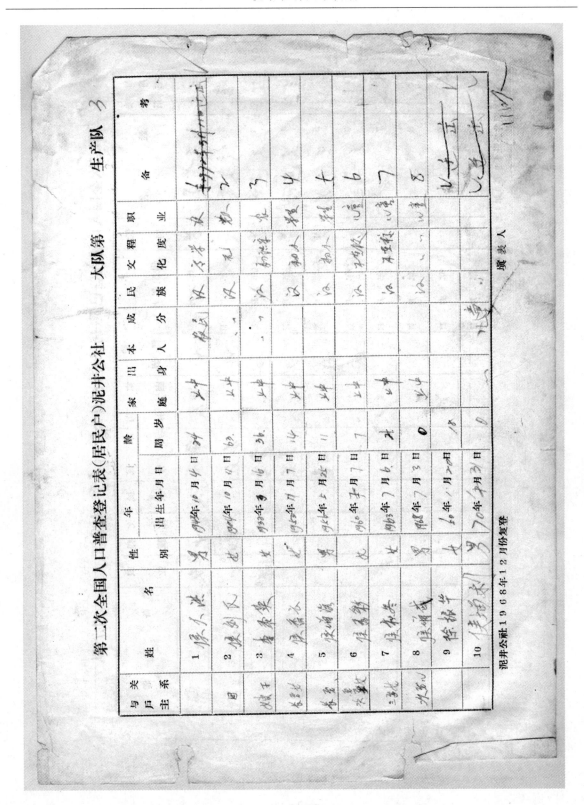

第二次全国人口普查登记表（居民户）泥井公社　　大队第　　生产队 3

与户主关系	姓名	性别	年龄：出生年月日	年龄：周岁	家庭出身	本人成分	民族	文化程度	职业	备考
	1 侯大洪	男	1944年10月4日	24	上中	农民	汉	小学	农	[illegible]
母	2 侯刘氏	女	1904年10月11日	63.	上中	〃	汉	无	[illegible]	2
[illegible]	3 李秀英	女	1932年[illegible]月16日	36.	上中	〃	汉	初识字	农	3
长女	4 侯香云	女	1953年7月7日	14	上中		汉	初小	学生	4
长男	5 侯瑞海	男	1956年5月25日	11	上中		汉	初小	学生	5
次女	6 侯香[illegible]	女	1960年[illegible]月7日	7	上中		汉	不识字	儿童	6
三女	7 侯秋[illegible]	女	1963年7月6日	4	上中		汉	不识字	儿童	7
次男	8 侯瑞武	男	1968年7月3日	0	上中		汉	〃	儿童	8
	9 徐振华	女	60年1月20日	18						[illegible]
	10 侯[illegible]	男	70年[illegible]月31日	0		[illegible]				[illegible]

泥井公社1968年12月份复登　　填表人

第二次全国人口普查登记表（居民户）泥井公社 侯营 大队第 一 生产队 16

与户主关系	姓名	性别	年龄：出生年月日	年龄：周岁	家庭出身	本人成分	民族	文化程度	职业	备考
户主	1 关景星	男	1928年2月　日	41	中农	军人	汉	初中	农	
妻	2 侯玉兰	女	1925年1月　日	44	〃	农民	〃	无	〃	
次子	3 关连军	男	1957年11月　日	12	〃	学生			在校	
三子	4 关连刚	男	1960年10月　日	9	〃	学生			〃	
四子	5 关连权	男	1964年5月　日	5	〃	儿童				
长女	6 关学敏	女	1954年2月　日	15	〃	〃				
	7		年　月　日							
	8		年　月　日							
	9		年　月　日							
	10		年　月　日							

泥井公社1968年12月份复登　　　　填表人

a－2－10a

第二次全国人口普查登记表（居民户）泥井公社　　大队第　　生产队　6

与户主关系	姓名	性别	年龄：出生年月日	年龄：周岁	家庭出身	本人成分	民族	文化程度	职业	备考
	1 ~~侯文清~~	~~男~~	~~1912年1月27日~~	~~56~~	~~贫~~		~~汉~~	~~文盲~~	~~农~~	死亡
妻	2 耿桂兰	女	1924年11月12日	43	〃		汉	文盲	农	1
次子	3 侯建忠	男	1949年1月28日	19	贫		汉	初小	农	参军
三子	4 侯信忠	男	1951年10月28日	16	〃		汉	初小	农	2
四子	5 侯小忠	男	1955年2月8日	13	〃		汉	初小	学生	3
五子	6 侯英忠	男	1959年12月27日	8	〃		汉		[illegible]	4
长媳	7 何桂英	女	1943年9月4日	24 / 28	贫		汉	初中	农	5
长子	8 侯威忠	男	1944年9月1日	23	贫	单人	汉	初学	农	1972年5月[illegible]迁
长孙	9 侯立春	男	70年7月7日	0	〃	儿童	汉			[illegible] 6
次孙	10 侯立勇		年　月　日							7

泥井公社1968年12月份复登　　　　填表人

a－2－10b

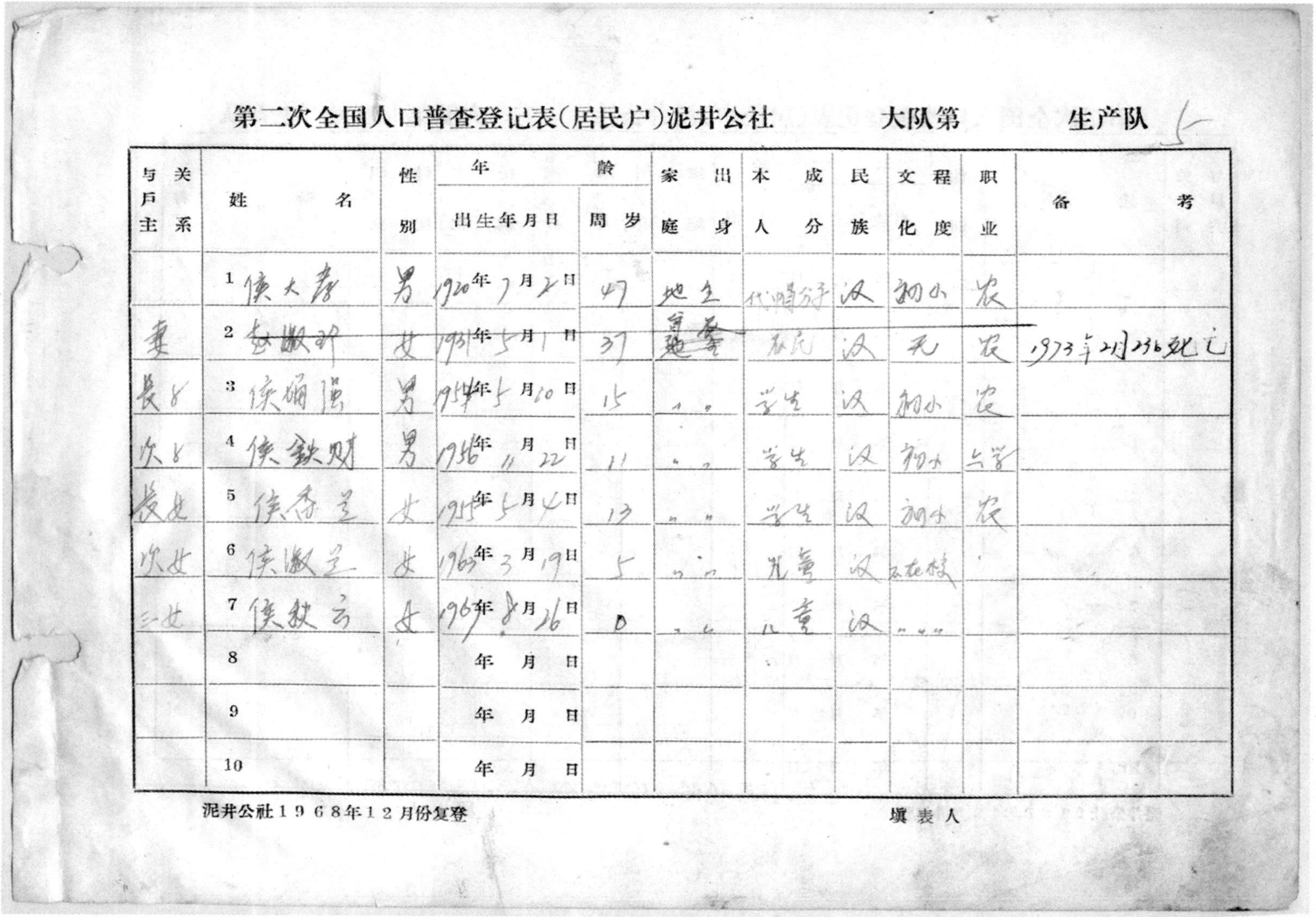

第二次全国人口普查登记表（居民户）泥井公社　　大队第　　生产队

与户主关系	姓名	性别	年龄：出生年月日	年龄：周岁	家庭出身	本人成分	民族	文化程度	职业	备考
	1 侯大彦	男	1920年7月2日	47	地主	代销分子	汉	初小	农	
妻	2 [illegible]	女	1931年5月1日	37	[illegible]	农民	汉	无	农	1973年2月23日死亡
长子	3 侯[illegible]	男	1954年5月10日	15	〃	学生	汉	初小	农	
次子	4 侯钦财	男	1956年11月22日	11	〃	学生	汉	初小	上学	
长女	5 侯秀芝	女	1955年5月4日	13	〃	学生	汉	初小	农	
次女	6 侯淑芝	女	1963年3月19日	5	〃	儿童	汉	不在校		
三女	7 侯秋云	女	1967年8月26日	0	〃	儿童	汉	〃		
	8		年　月　日							
	9		年　月　日							
	10		年　月　日							

泥井公社1968年12月份复登　　填表人

a－2－10c

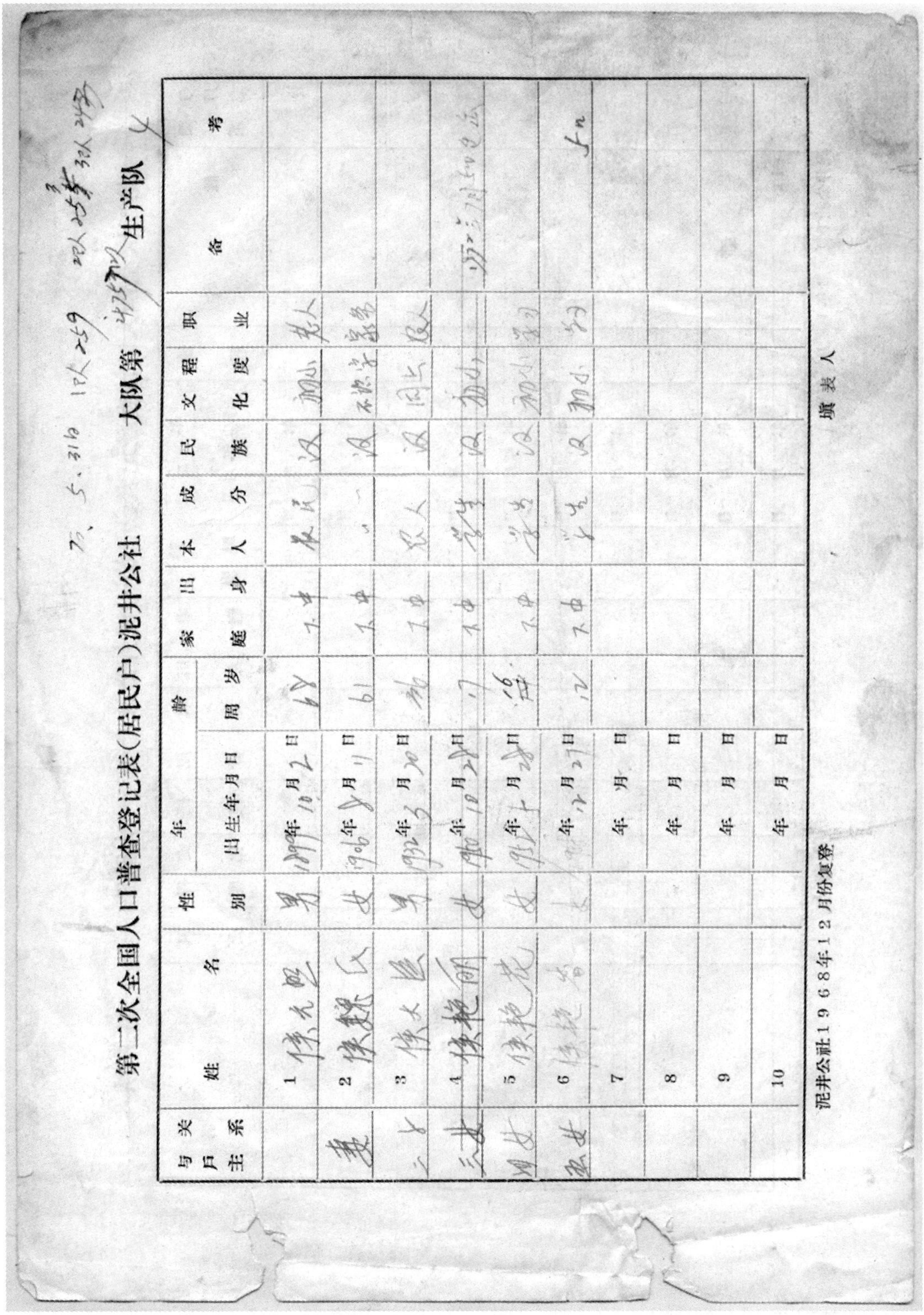

75、5、31日　1队259　2队25[illegible]　3队243

第二次全国人口普查登记表（居民户）泥井公社　　大队第[illegible]生产队　4

与户主关系	姓名	性别	出生年月日	周岁	家庭出身	本人成分	民族	文化程度	职业	备考
	1 侯元照	男	1899年10月2日	68	下中	农民	汉	初小	农民	
妻	2 侯魏氏	女	1906年8月11日	61	下中	〃	汉	不识字	家务	
二子	3 侯大良	男	1932年3月20日	36	下中	农民	汉	高小	农民	
三女	4 侯艳丽	女	1950年10月28日	17	下中	学生	汉	初小		[illegible]
四女	5 侯艳花	女	1952年5月28日	16	下中	学生	汉	初小	学习	
五女	6 侯艳[illegible]	女	[illegible]年12月27日	12	下中	学生	汉	初小	学习	5n
	7		年　月　日							
	8		年　月　日							
	9		年　月　日							
	10		年　月　日							

泥井公社1968年12月份复登　　　填表人

a－2－10d

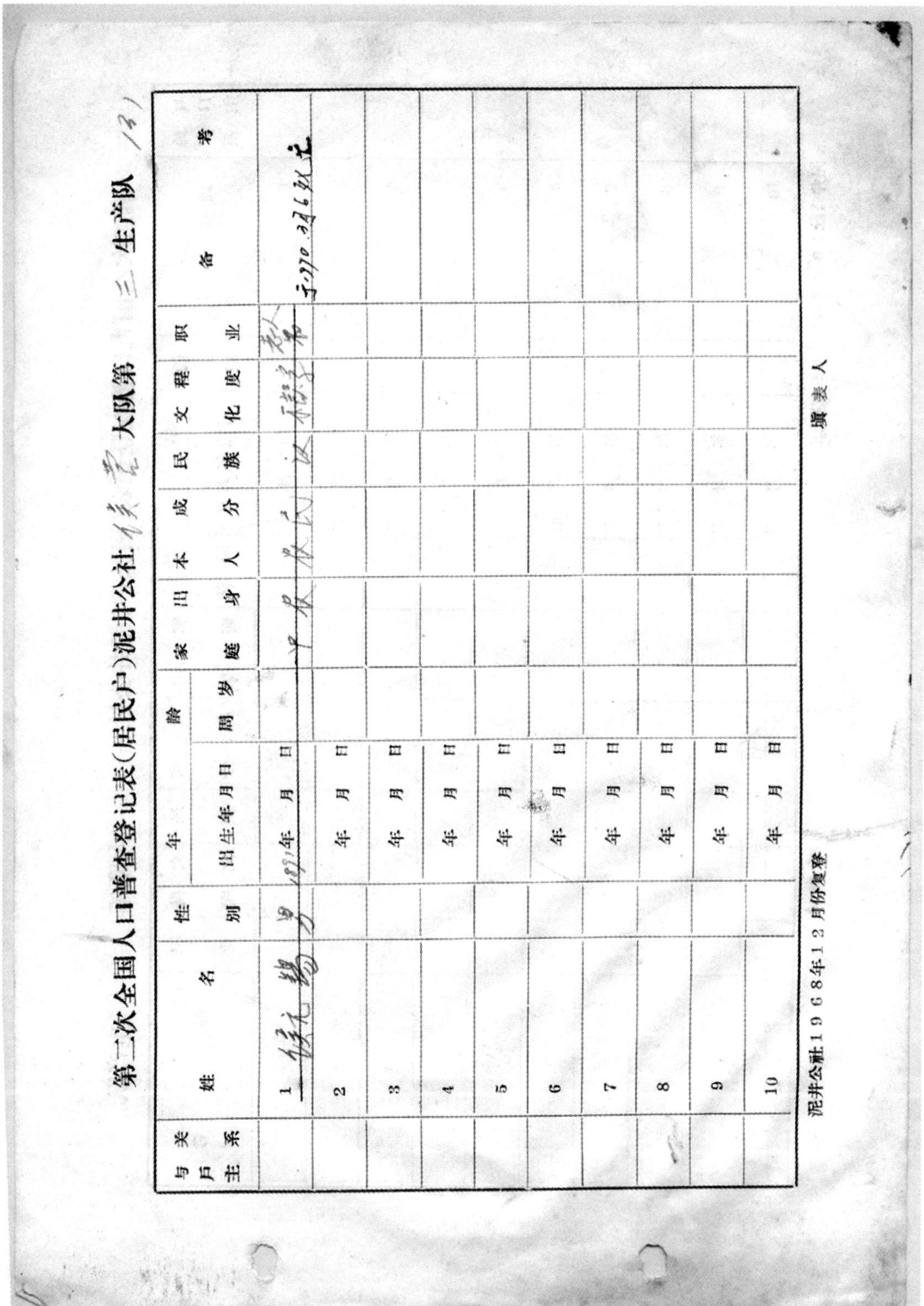

第二次全国人口普查登记表(居民户)泥井公社 侯营 大队第 三 生产队 (13)

与户主关系	姓名	性别	年龄 出生年月日	年龄 周岁	家庭出身	本人成分	民族	文化程度	职业	备考
	1 [illegible]	男	1891年 月 日		贫农	贫农	汉	不识字	农	1970.3.26死亡
	2		年 月 日							
	3		年 月 日							
	4		年 月 日							
	5		年 月 日							
	6		年 月 日							
	7		年 月 日							
	8		年 月 日							
	9		年 月 日							
	10		年 月 日							

泥井公社1968年12月份复登　　填表人

a－2－10e

a－2－10/a－2－10a－e　第二次全国人口普查登记表。＊分为1－3队。第二次全国人口普查于1964年施行。本文件为1968年制表，最晚有1981年死亡、迁出、参军等记录。

a-7-8

中心发放农村社员生活炉票表

年 月 日

数量 / 姓名	人口	领煤票数	支煤票盖章	备考
侯增扬	4	1700斤		
侯元祥	6	1700		
侯大洪	4	1700		
侯大增	6	1700		
侯宗忠	6	1700		
侯治贵	6	1700		
侯镇海	7	2000		
侯赵氏	1	1000		
王兴臣	4	1700		
王秀[illegible]	2	1300		
王兴厚	6	1700		
侯瑞庆	6	1700		
侯振国	8	2000		
侯子贤	6	1700		
侯永福	5	1700		
侯有忠	5	1700		
侯全良	8	2000		
王素中	5	1700		
侯全来	6	2000		
陳荣	6	1700		
侯永深	6	1700		
赵桂芝	2	1300		
魏宝珠	2	1300		
大洪母	1	1000		
侯大良	5	1700		
小計	123	40800		

数量 / 姓名	人口	领炉票数	领票盖章	备考
侯文焕	4	1700		
侯印忠	3	1500		
侯大孝	6	1700		
侯俊良	2	1300		
王兴阁	3	1500		
王兴元	3	1500		
王兴全	1	1000		
王殿俗	3	1500		
侯振本	5	1700		
侯振义	3	1500		
侯玉建	2	1300		
侯继德	3	1500		
侯有昌	4	1700		
侯永敏	4	1700		
侯永祜	1	1000		
侯胜忠	3	1500		
侯全忠	1	1000		
侯恢合	3	1500		
侯瑞绵	2	1300		
刘方臣	8	2000		
刘树棚	8	2000		
刘小林	2	1300		
侯大瑞	4	1700		
李西之	4	1700		
陳兴	6	1700		
小計	88	37800		

a-7-8

二页

年 月 日

数号 姓名	人口	领憶票数	领票盖章	备考
侯文来	1	1,000斤		
侯文相	3	1,500		
宗锦台	1	1,000		
曹志存	1	1,000		
池连生	2	1,300		
侯元强	5	1,700		
侯守康	8	2,000		
侯郑氏	1	1,000		
杨炳章	7	2,000		
王景堂	6	1,700		
侯春胜	3	1,500		
兴厚田	1	1,000		
侯增禄	1	1,000		
〃〃田	1	1,000		
魏锐田	1	1,000		
侯治存	2	1,300		
侯伯氏	1	1,000		
王义存	2	1,300		
小计	47	23,300		
合计	258	101,900斤		

侯营

队发放农村社员生活灯票表

1974年　1月　日

项目 \ 数另	户数	人口	发灯票数	备考
合计	68	258	101,900斤	
一口人的	14	14	14,000	
二口人〃	10	20	13,000	
三口人〃	10	30	15,000	
四—六〃	27	140	45,900	
七人以上〃	7	54	14,000	其中4口人8户32人 5口人6户30人 6口人13户78口人 〃〃7口人2户14人 8口人5户40人
合计	68户	258	101,900斤	

队长　　　制表

a－7－8b

[illegible]煤票

年 月 日

姓名	煤票		盖章	姓名	煤票		盖章	姓名	煤票		盖章	备注
	人口	[illegible]			人口	[illegible]			人口	[illegible]		1人 5户
叶润[illegible]	2	1300		侯大信	8	2000		侯振青	3	1500		2人 9户
叶润[illegible]	3	1500		侯大明	3.	1500		侯[illegible]	5	1700		3人 8户
侯[illegible]	2	1300		侯福才	4	1700		侯金荣	5	1700		4-6人 30户
刘[illegible]	1	1000		侯福[illegible]	3	1500		[illegible]	10	2000		7人上 7户
侯[illegible]	6	1700		侯永明	6	1700		李英	5	1700		
侯大[illegible]	2	1300		侯[illegible]	4	1700		李双久	1	1000		4-6 104
侯大[illegible]	7	2000		侯[illegible]	3.	1500		张[illegible]	1	1000		7人上 53
刘[illegible]	4	1700		侯[illegible]	3.	1500		张[illegible]	1	1000		
侯永[illegible]	6	1700		侯大[illegible]	7	2000		侯[illegible]	1	1000		
侯大[illegible]	2	1300		[illegible]	4	1700						
侯[illegible]	7	2000		沈[illegible]	6	1700		1人	5			
侯[illegible]	4	1700		侯[illegible]	2	1300		2人	9			
刘[illegible]	5	1700		侯[illegible]	4	1700		3人	8			
侯[illegible]	6	1700		侯[illegible]	4	1700		4人	13			
侯[illegible]	3	1500		侯[illegible]	2	1300		5人	10			
刘小[illegible]	6	1700		侯[illegible]	2	1300		6人	7			
刘[illegible]	5	1700		[illegible]	4	1700		8人	1			
侯[illegible]	5	1700		[illegible]	4	1700		10人	1			
侯[illegible]	4	1700		侯[illegible]	4	1700		7人	5			
刘[illegible]	3	1500		侯[illegible]	4	1700						
侯[illegible]	5	1700		张[illegible]	6	1700						
侯[illegible]	7	2000		侯[illegible]	7	2000						
侯[illegible]	5	1700		侯[illegible]	4	1700						
[illegible]	5	1700		侯[illegible]	5	1700						
[illegible]	2	1300		侯[illegible]	2	1300						
								合计	244	93700 ~~[illegible]~~		

a－7－9

a－7－8/a－7－8a/a－7－8b/a－7－9 1974 年发放农村社员生活煤票表。＊因关系到生活必需品的发放，故此类统计不会出现遗漏。

侯家营大队1队社员户口表

1975年　月　日

姓名	人口	分秋肉		姓名	人口	分秋肉		姓名	人口	分秋肉	
		每人分	(斤)应分			每人分	(斤)应分			每人分	(斤)应分肉
侯增枷	4			侯增祥	2			侯郑氏	1		
侯文祥	6			侯振国	7			侯大增	4		
查荣铢	2			侯玉庭	2			陈兴	6		
侯大修	5			侯子贤	6			侯永深	6		
侯大志	5			侯继增	2			侯文相	3		
侯文焕	4			侯有昌	4			侯文来	1		
侯奈忠	6			侯永祥	5			王井泉	5		
侯仲忠	3			侯永祐	1			李西元	3		
侯治贵	6			池连生	2			侯文仁	4		
侯俊良	2			侯增庆	6			侯淑芝	1		
侯大增	6			侯永茂	4			赵如章	7		
侯大海	4			侯有忠	5			侯印氏	1		
大洪国	1			侯金忠	1			侯赵氏	1		
侯镇海	7			侯金良	8			王义龄	2		
侯振文	4			侯顺合	3			继增国	1		
王兴国	3			侯有才	8			赵振芝	2		
王兴芝	1			侯金幸	6			侯大孝	6		
王兴臣	4			侯增德	2			侯胜忠	3		
王秀山	2			刘万修	8			侯春明	3		
王诚仪	2			刘艳卿	8			王兴元	3		
侯振丰	5			刘小林	2			王东中	3		
王兴修	7			陈荣	6			小计	66		
小计	89			小计	100			合计	255		

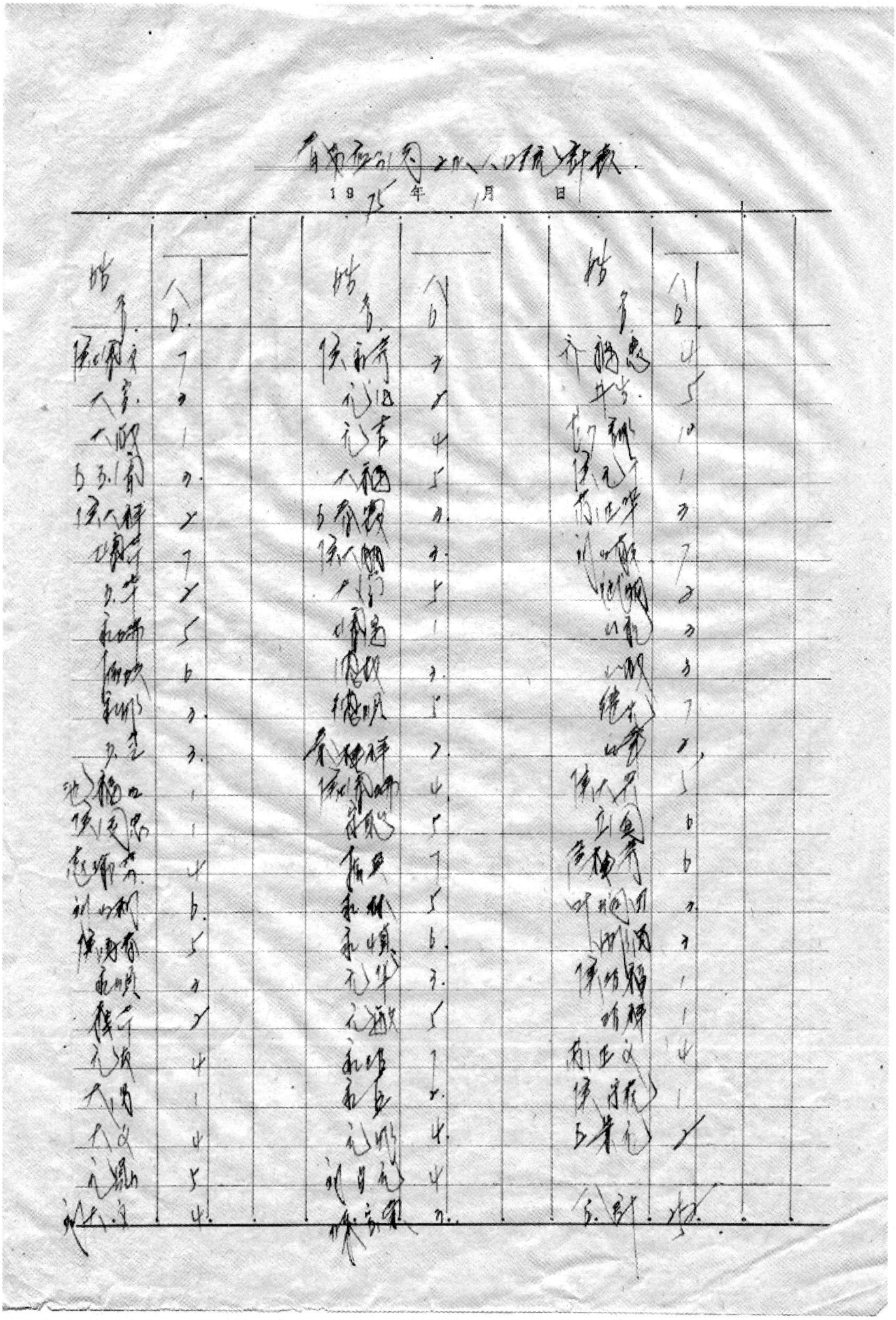

19 75 年 1 月 日

a -6 -4a

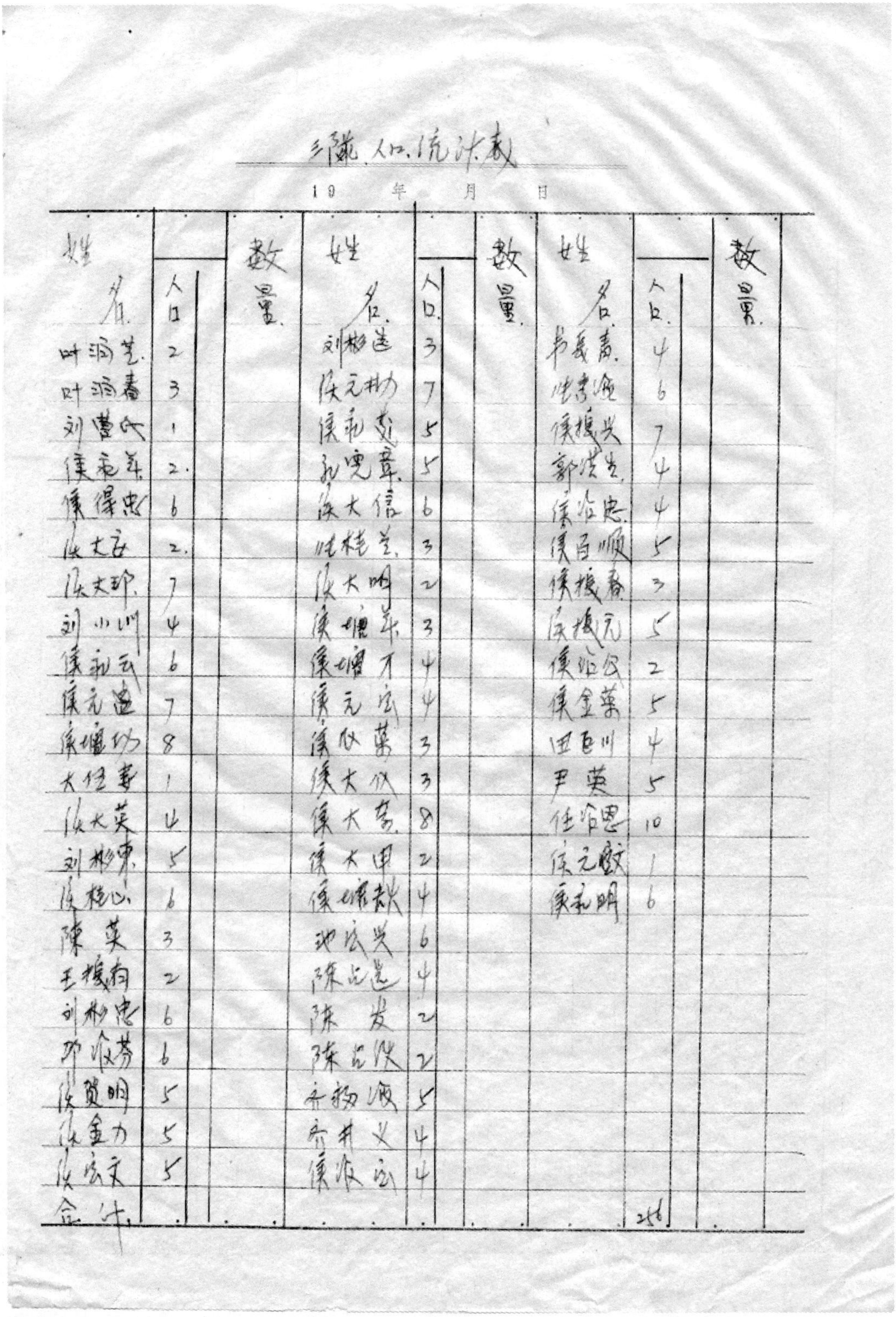

三队人口统计表

19　年　月　日

姓名	人口	数量	姓名	人口	数量	姓名	人口	数量
叶润芝	2		刘彬道	3		韦长青	4	
叶润春	3		侯元彬	7		叶秀海	6	
刘贵氏	1		侯永远	5		侯根兴	7	
侯永年	2		孔宪章	5		郭洪生	4	
侯得忠	6		侯大信	6		侯治忠	4	
侯大存	2		叶桂芝	3		侯自顺	5	
侯大珍	7		侯大明	2		侯根春	3	
刘小川	4		侯增年	3		侯根元	5	
侯永元	6		侯增才	4		侯治公	2	
侯元道	7		侯元宏	4		侯金英	5	
侯增仍	8		侯欣英	3		田占川	4	
大侄妻	1		侯大成	3		尹英	5	
侯大英	4		侯大富	8		任治恩	10	
刘彬东	5		侯大中	2		侯元启	1	
侯桂山	6		侯增林	4		侯永明	6	
陈英	3		孙宏兴	6				
王根有	2		陈以道	4				
刘彬忠	6		陈发	2				
邓淑芬	6		陈以仗	2				
侯贺明	5		齐树江	5				
侯金力	5		齐书义	4				
侯宏文	5		侯淑宏	4				
合计							256	

a－6－4b

a－6－4/a－6－4a/a－6－4b　侯家营大队 1975 年发煤票、分肉各户人口。

一九七六年死亡记簿

死亡者姓名	性别	年令	死亡时间	死亡原因	死亡地址	队别	户主
侯润氏	〃	6	1976.2.13.	病故	侯〃〃	1	侯[illegible]
侯绍宽	男		1976.7.31.	〃 〃	侯〃〃	3	侯绍宽
侯义成	男		1976.7.28.	地震压死的		3	侯金贵
侯齐氏	〃		1976.7.27	病故		2	侯瑞英
侯杏宗	〃		1976.7.28	地震压死的		3	侯金贵
侯景玉	男		1976.12.19	病故	〃 〃	2	侯荣文

6人

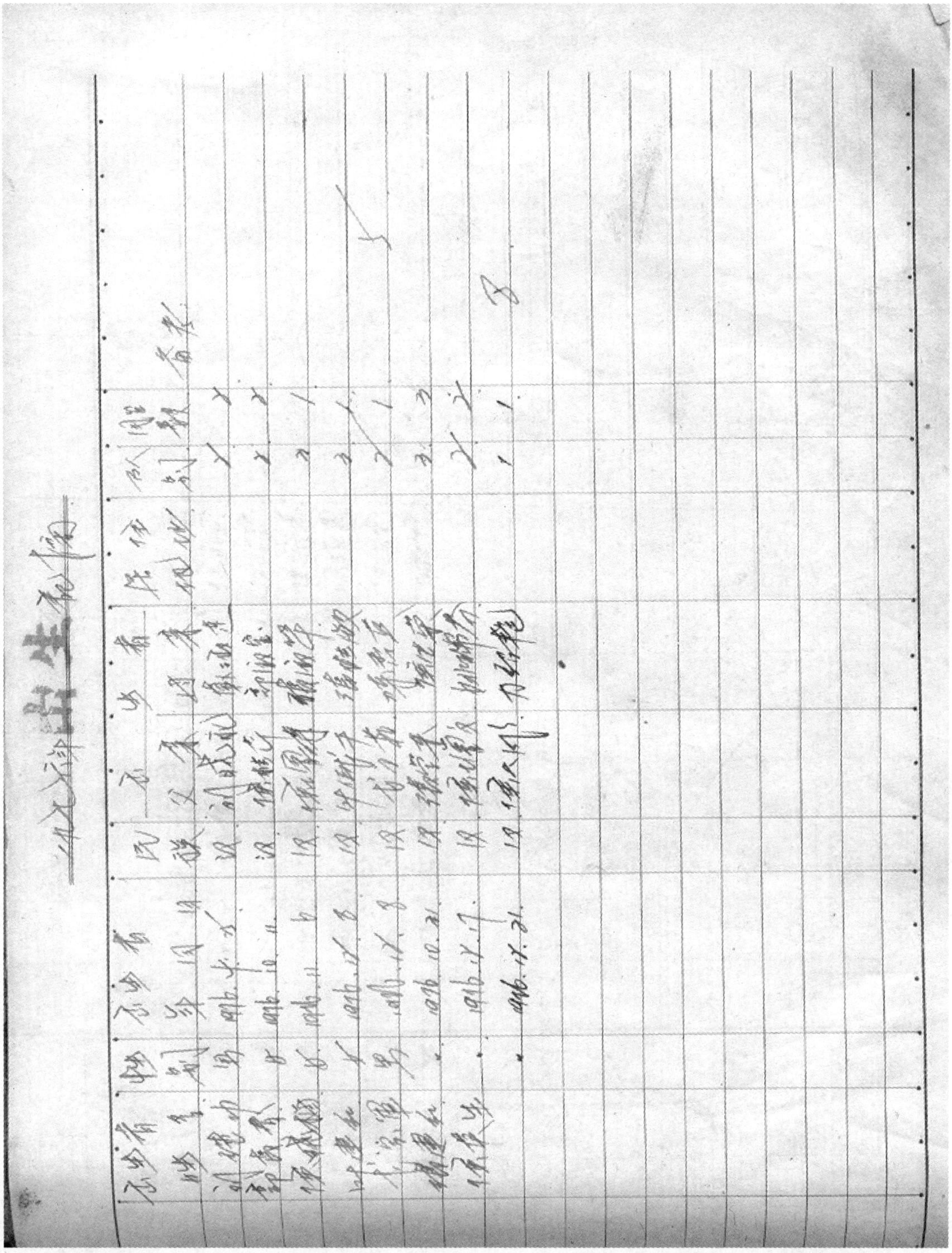

d－22b

d－22a/d－22b　侯家营 1976 年死亡、出生记摘。＊选自历年统计集册。

一九七九年死亡登记表

79年 月	日	死亡者姓名	性别	年令	死亡者时间	死亡原因	死亡地址	户主姓名	区别
		侯大用	男	75	1979年1月9日	病故	侯营	侯[illegible]	3
		苏田氏	女	80	1979年1月18日	病故	〃	苏[illegible]	2
		侯永庆	男		1979年4月4号	〃	〃	侯[illegible]	3
		侯李氏	女		1979年3月24号	〃	〃	侯[illegible]	2
		侯张氏	女		1979年4月1号	〃	〃	侯[illegible]	2
		王印存	男		19 6 21号	〃	〃	王印存	1
		李宝珠	男		19 7 26号	〃	〃	李宝珠	1
		侯宋氏	女		19 12 12号	〃		侯[illegible]	2

d－22c

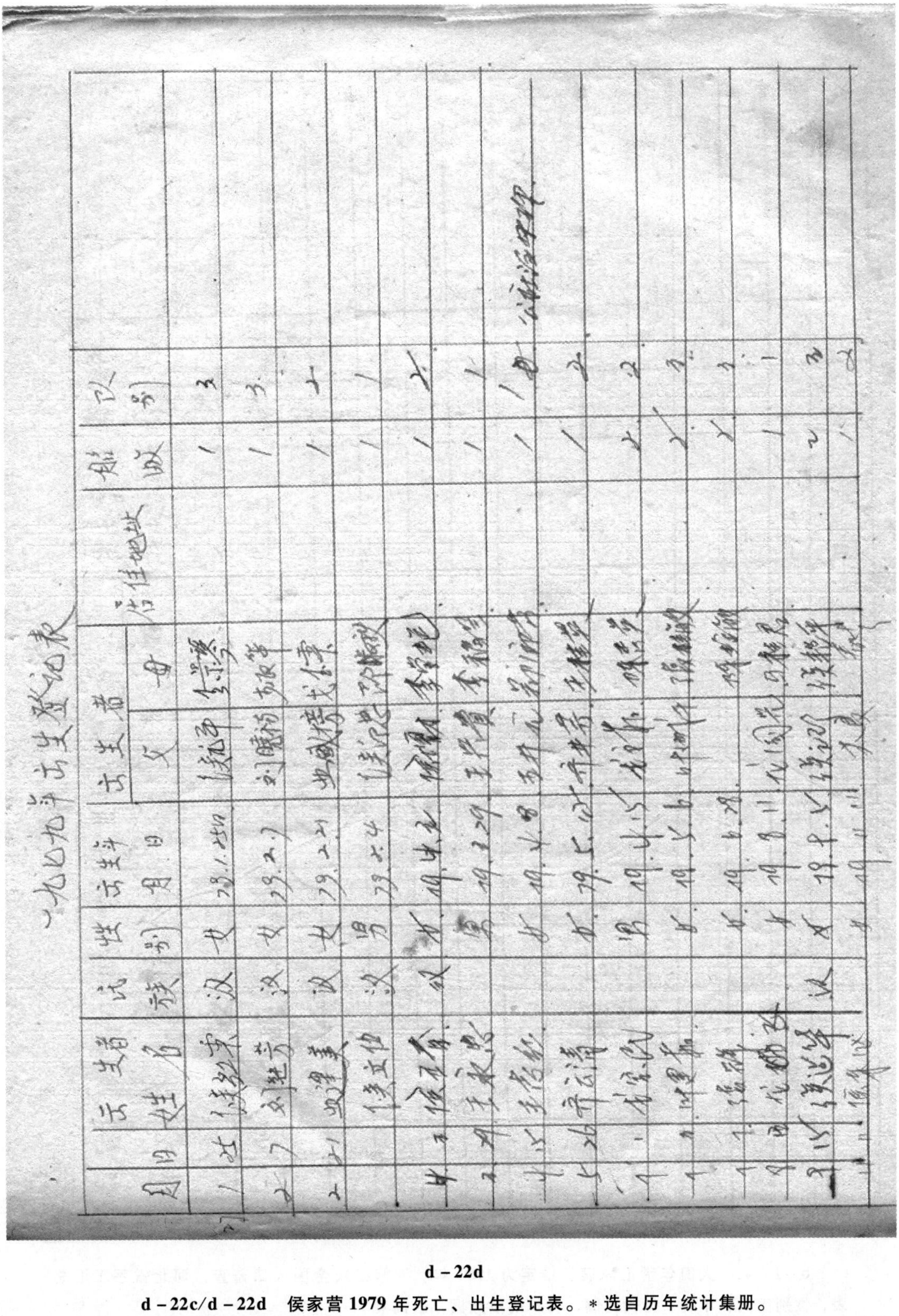

一九七九年出生登记表

月	日	出生者姓名	民族	性别	出生年月日	出生者 父	出生者 母	居住地址	船[illegible]	队别
1	25	侯[illegible]	汉	女	79.1.25	侯[illegible]	[illegible]		1	3
2	7	刘桂芳	汉	女	79.2.7	刘晓[illegible]	[illegible]		1	3
2	21	史建美	汉	女	79.2.21	史国[illegible]	[illegible]		1	2
		侯立[illegible]	汉	男	79.2.4	侯[illegible]	[illegible]		1	1
4	3	侯[illegible]	汉	女	79.4.3	[illegible]	李[illegible]		1	2
3	29	王[illegible]		男	79.3.29	王[illegible]	李[illegible]		1	1
4	15	王[illegible]		女	79.4.8	王[illegible]	[illegible]		1	[illegible] 公社沿[illegible]
5	26	齐云清		女	79.5.26	齐[illegible]	王桂[illegible]		1	2
[illegible]	1	[illegible]		男	79.4.15	[illegible]	[illegible]		2	2
[illegible]	[illegible]	叶[illegible]		女	79.5.6	叶[illegible]	张[illegible]		2	3
[illegible]	[illegible]	张[illegible]		女	79.6.28		[illegible]		2	3
[illegible]	[illegible]	[illegible]		女	79.8.11	[illegible]	[illegible]		1	1
9	15	侯[illegible]	汉	女	79.9.5	侯[illegible]	侯[illegible]		2	3
[illegible]	[illegible]	侯[illegible]		女	79.[illegible]	[illegible]	[illegible]		1	2

d－22d

d－22c/d－22d　侯家营1979年死亡、出生登记表。＊选自历年统计集册。

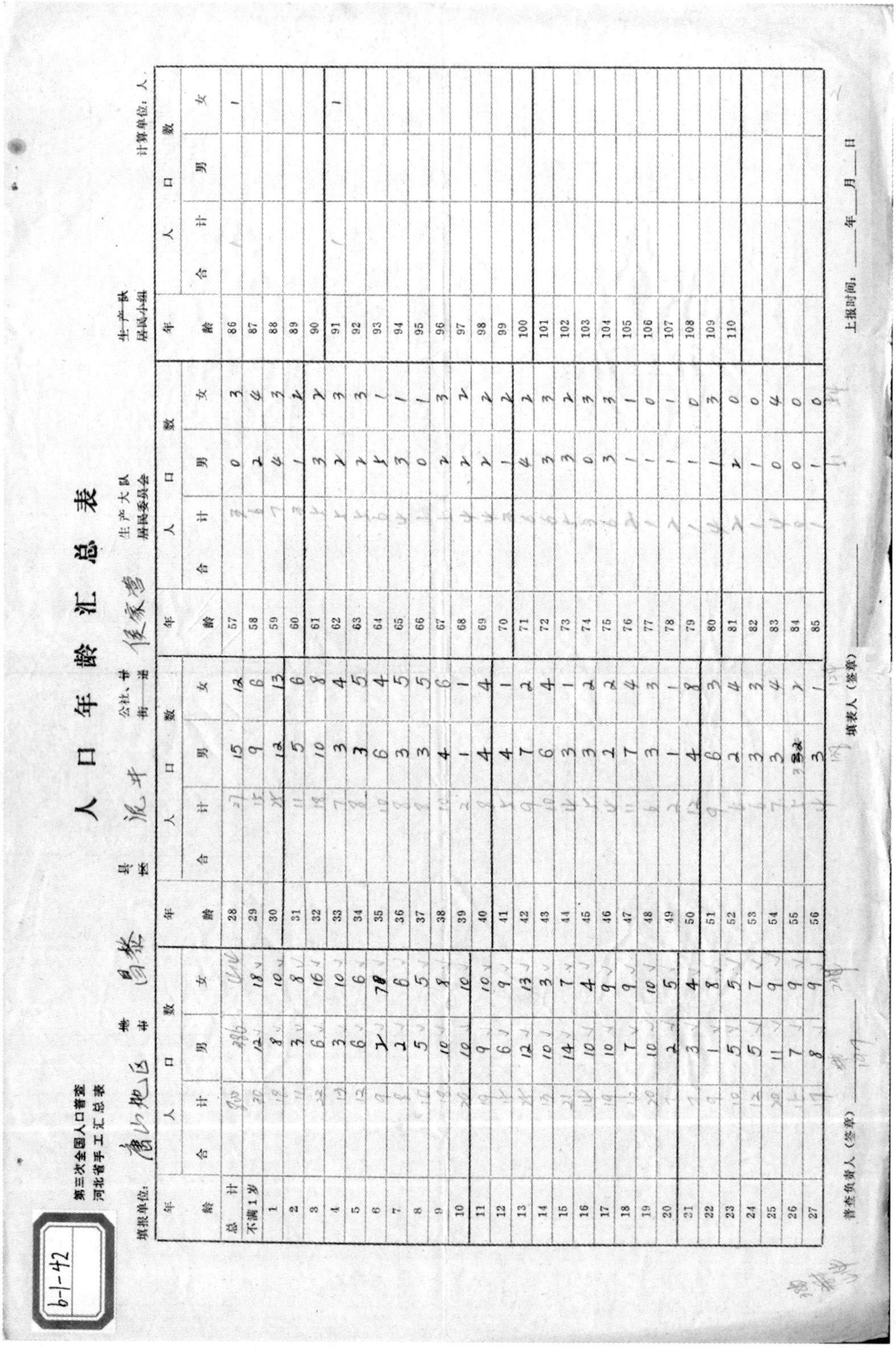

b-1-42

第三次全国人口普查
河北省手工汇总表

人口年龄汇总表

填报单位：唐山地区　地、市　昌黎　县、区　泥井　公社、镇、街道　侯家营　生产大队、居民委员会　生产队、居民小组　计算单位：人

年龄	人口数 合计	男	女	年龄	人口数 合计	男	女	年龄	人口数 合计	男	女	年龄	人口数 合计	男	女
总计	930	486	444	28	27	15	12	57	3	0	3	86	1		1
不满1岁	30	12	18	29	15	9	6	58	6	2	4	87			
1	18	8	10	30	25	12	13	59	7	4	3	88			
2	11	3	8	31	11	5	6	60	3	1	2	89			
3	22	6	16	32	18	10	8	61	5	3	2	90			
4	13	3	10	33	7	3	4	62	5	2	3	91	1		1
5	12	6	6	34	8	3	5	63	5	2	3	92			
6	9	2	7	35	10	6	4	64	6	5	1	93			
7	8	2	6	36	8	3	5	65	4	3	1	94			
8	10	5	5	37	8	3	5	66	1	0	1	95			
9	18	10	8	38	10	4	6	67	5	2	3	96			
10	20	10	10	39	2	1	1	68	4	2	2	97			
11	19	9	10	40	8	4	4	69	4	2	2	98			
12	15	6	9	41	5	4	1	70	3	1	2	99			
13	25	12	13	42	9	7	2	71	6	4	2	100			
14	13	10	3	43	10	6	4	72	6	3	3	101			
15	21	14	7	44	4	3	1	73	5	3	2	102			
16	14	10	4	45	5	3	2	74	3	0	3	103			
17	19	10	9	46	4	2	2	75	6	3	3	104			
18	16	7	9	47	11	7	4	76	2	1	1	105			
19	20	10	10	48	6	3	3	77	1	1	0	106			
20	7	2	5	49	2	1	1	78	2	1	1	107			
21	7	3	4	50	12	4	8	79	1	1	0	108			
22	9	1	8	51	9	6	3	80	4	1	3	109			
23	10	5	5	52	6	2	4	81	2	2	0	110			
24	12	5	7	53	6	3	3	82	1	1	0				
25	20	11	9	54	7	3	4	83	4	0	4				
26	16	7	9	55	5	3	2	84	0	0	0				
27	17	8	9	56	4	3	1	85	1	1	0				

普查负责人（签章）＿＿＿＿　填表人（签章）＿＿＿＿　上报时间：＿＿年＿＿月＿＿日

b-1-42　人口年龄汇总表。推定为 **1982** 年。＊第三次全国人口普查，河北省手工汇总表，性别比例、年龄、世代比例，各年龄段数据，最高龄 **91** 岁。

a－9－4　解放以来全大队妇女情况调查。1975 年 1 月。＊对党员、团员、小干部、脱产干部、初高中毕业生、教师、医生、退彩礼等项作了统计。

记工表　1975　1 月份

每年□□来全大队妇女中：

入党多少人：25

团员：148

当头小干部：79

脱产干部：26

初中毕业生：41

高中毕业生：5

当教师的：7

医生的：2

退彩礼的：8

侯家营大队计划生育四五规划花名表

姓名	年令	子女数		采取措施			72年			73年			74年			75年			备考
		男	女	放环	服药	综合	应生	总人口	占‰比	应生	总人口	占‰比	应生	总人口	占‰比	应生	总人口	占‰比	
叶胜花	20		1				√												
杨淑琴	36	2	2	环脱			√												
侯彦云	27		1				√												
赵秀丽	20		1				√												
侯郭氏	46	4	4				√												
叶凤琴（结婚）	20						√												
赵淑君	27		2				√												
杨淑芬	27		2		√					√									
贾继花	23		1							√									
杨凤花	25		1							√									
侯翠兰	27	1								√									
孙凤荣	25									√									
侯桂花	27	1								√									
贾桂英	29	1			√								√						
王春侠	25	1	1										√						
郭淑美	23	1											√						
刘淑君	22	1											√						
郭桂琴	25	2		√									√						
马华	20												√						
侯艳兰	22	1														√			
叶胜花	20		1													√			
李丽珍	24	1	1	√												√			
赵淑君	27		2			√										√			
田曼玲	27		2													√			
郭淑臣	26		1				√												
							10	742	13.5‰	6	752	8‰	6	756	7.9‰	5	762	6.5‰	

a－2－9

姓名	年令	采取避孕措施	姓名	年令	采取避孕措施	姓名	年令	采取避孕措施	姓名	年令	采取避孕措施
杨淑芬	27	[3]	赵淑芬	37	放环	侯丽君	29	服药			
贾桂英	29	[4]服药	侯秀珍	39	男扎	邵淑芬	41	〃			
刘兆艳	28	放环	赵淑居	27	[5]	叶淑芝	37	〃			
王秀化	[illegible]	〃	于落兰	39	男扎	韩桂莲	34	放环			
李淑萍	41	综合	李华	24		张秀芬	20				
侯艳云	23	[5]	于秀兰	28		于淑芝	26				
侯桂香	28	服药	王春霞	25	[4]服药	杨运化	29	[3]			
刘小霞	28		赵秀平	41	〃	刘淑君	21	[4]			
刘玉霞	37	放环	田贵龄	26	[5]	侯玉环	34	男扎			
叶胜花	20	[5]	陈锡云	30		尹英	33	服药			
贾淑云	42		侯秀云	27		郭贵华	26	放环			
李丽珍	23	[5]放环	赵秀丽	20		宋淑兰	39	服药			
冯桂琴	39		于淑艳	24	放环	侯桂芬	44	综合			
叶胜兰	42	放环	侯秀兰	28	〃	郑玉兰	40	放环			
沈邵萍	42	服药	郭淑芳	24		郭桂珍	[illegible]	[4]〃			
杜春香	29	放环	杨锡霞	22		侯桂艳	29	服药			
张淑芬	36		廖淑莲	34	放环	王化荣	24				
杨秀香	41	放环	宋元荣	34		侯桂林	28				
侯金兰	32		张明秀	38	综合	任郭氏	46				
叶淑居		服药	刘淑环	28		侯翠兰	27	[3]			
郑吉珍	39	放环	侯增华	21							
贾继化	23	[3]	费淑敏	38	服药						
李桂珍	42	服药	耿淑森	44	〃						
叶胜兰	35	〃	刘志环	42	〃						
齐桂珍	27	[4]放环	郭淑英	23	[4]						

a－2－9a

a－2－9/a－2－9a　侯家营大队计划生育四五规划花名表。各种措施，1972－75 年。

侯家营

泥井公社革命委员会
关于作好计划生育工作的几项具体执行意见的通知

各大队、社直各单位：

根据中共中央〈78〉69号、国务院〈78〉28号文件、华总理在五届人大二次会议上《政府工作报告》中有关计划生育工作的精神和省革委〈79〉122号、县革委〈79〉32号文件精神，結合我社的实际情况，経革委研究，提出以下执行意见：

一、坚持晚婚、晚育

坚决执行农村男25周岁以上、女23周岁以上結婚的规定，对晚育給予以表扬和鼓励。

二、生育子女数与间隔年限

坚决支持一对夫妇生育子女数最好一个。坚持最多二个。生弟二胎的间隔时间必须在四年以上。

三、奖励终身只要一个孩子的夫妇，树立计划生育光荣，要一孩光荣的社会新风尚，以适应四个现代化建設新形势的需要。

1.对终身只要一孩的夫妇，个人申请、报上級批准后发给光荣证。

2.一孩的口粮按成年人标准分給。

3.一孩在同等条件下优先入学、招工、参軍，入学免费（本社范围内）。

4.一孩在大队范围内就医，公费医疗，外出就医，可根据各大队的經济条件确定报销比例。

5.一孩每年由集体付給相当40.元标准的劳动工分或粮、柴、草的费用负担。以上均是担负到14周岁。

6.一孩缺房子的需盖房优先批房基地。

7.以上费用由公益金列支，负担方法：可从生产队负担，也可以全大队统一平衡负担。

四、严格控制计划外生育

1. 75年元月1日以后生弟三胎和三胎以上及生弟二胎不足间隔年限的夫妇，不評选劳动模范（直到小孩14周岁和到间隔年限）。

2. 75年元月1日以后生弟三胎和三胎以上的小孩不给自留地，已付給的自留地收回。对79年元月1日以后生的弟三胎和三胎以上的小孩不仅不給自留地，其口粮分配按超购加价粮价计算，直到14周岁。

3.79年元月1日以后所生的弟三胎和三胎以上者，扣夫妇基本工的10%，到14周岁。

4.生育弟二胎不足间隔的及其他规划外的生育，扣夫妇基本工的10%，小孩的口粮按超购加价粮价计算，直到够间隔和规划年限止。

5.因不响应国家计划生育号召，因子女多造成生活困难的，一般不予社会救济。

6.非法同居者所生子女按弟三胎对待。

五、做好对无依无靠的老人的生活照顾

对五保老人和无依无靠的老人的生活妥善安排，充分体现社会主义制度的优越性，保证他们的生活水平不低于一般社员的水平。

号召广大党员干部、共青团员、民兵、妇联为无依靠的、五保老人做好事，使老人欢心，过幸福的晚年。

从上意见望认真执行

泰来县泥井人民公社革命委员会

泥井公社革命委员会

一九七九年十一月十二日

报送工委，

下发各大队、社直各单位。

a－2－8

a－2－8a/a－2－8 泥井公社革命委员会计划生育工作通知。1979 年。

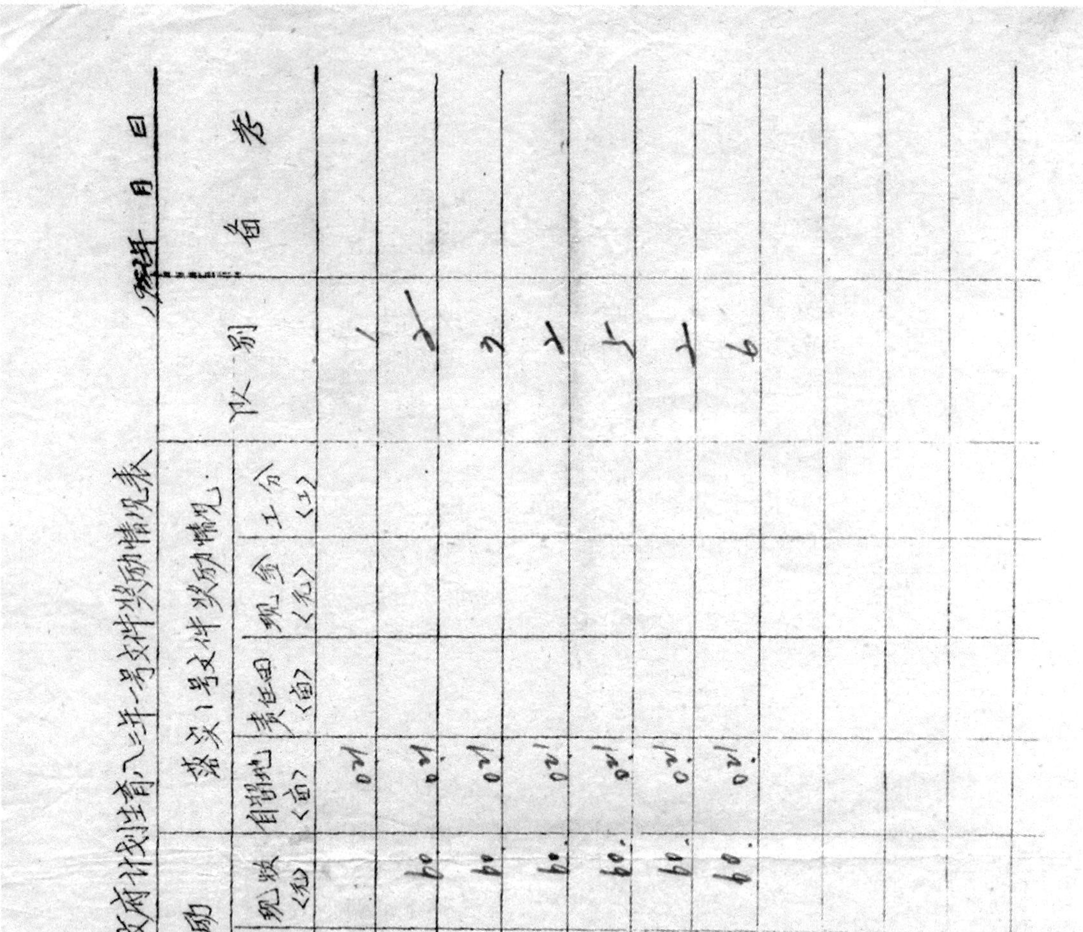

落实县政府计划生育八二年一号文件奖励情况表

填报单位：侯家营 年 月 日

姓名	年令	政治面目	工作单位	领证时间	采取何措施	81年奖励 工分〈工〉	81年奖励 现款〈元〉	落实1号文件奖励情况 自留地〈亩〉	落实1号文件奖励情况 责任田〈亩〉	落实1号文件奖励情况 现金〈元〉	落实1号文件奖励情况 工分〈工〉	队别	备考
[illegible]		[illegible]		79.				0.2				1	
[illegible]		[illegible]		79	上环		60	0.2				2	
[illegible]		[illegible]		81			60	0.2				3	
[illegible]		〃		81.			60.	0.2				2	
[illegible]		〃		80.			60.	0.2				2	
[illegible]		〃		79.			60.	0.2				2	
[illegible]		〃		79.			60.	0.2				6	

b－2－2

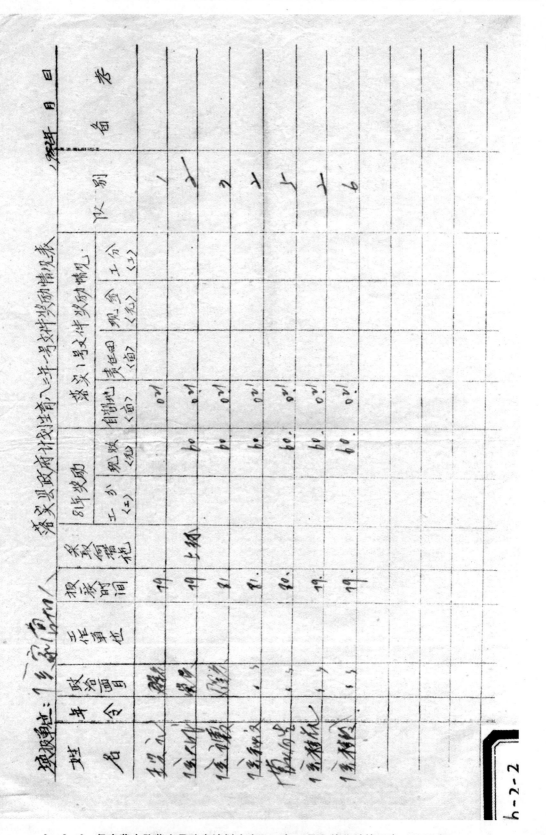

b－2－2 侯家营大队落实县政府计划生育八二年一号文件奖励情况表。1982 年。

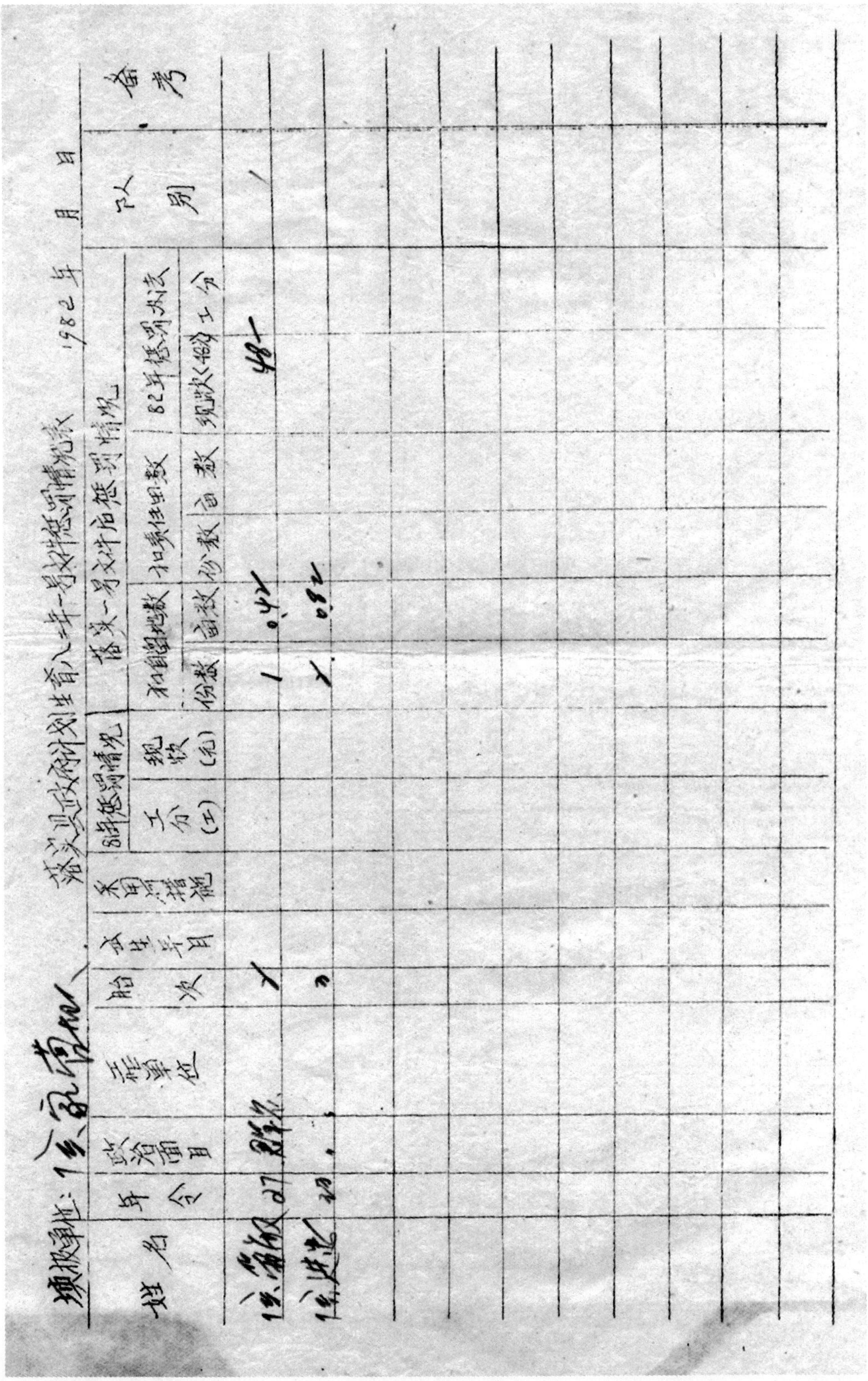

填报单位：侯家营队　落实县政府计划生育八二年一号文件惩罚情况表　1982年　月　日

姓名	年令	政治面目	工作单位	胎次	出生年月	采用何措施	81年惩罚情况 工分（工）	81年惩罚情况 现款（元）	落实一号文件后惩罚情况 扣自留地数 份数	扣自留地数 亩数	扣责任田数 份数	扣责任田数 亩数	82年惩罚办法 现款（元）	82年惩罚办法 工分	队别	备考
侯[illegible]	27	群众		2					1	0.42			48		1	
侯[illegible]	23	〃		3					2	0.82						

b－2－2a　侯家营队落实县政府惩罚情况表。2人，2－3胎，1982年。

姓名	儿胎	节育	是否采取措施	罚几人
爱民	2	80年.81年	没	2人
世农	3	80年	上	2人 ✓
小旺	1	81年	没	1人 ✓
世昌	1	81年	〃	1人 ✓
小黑	1	81年	〃	1人 ✓
长海	1	81年	〃	1人 ✓
运旺	1	81年	〃	—
依春	2	80年	〃	2人 ✓
来文	3	81年	没	3人 ✓
印春	2	80年	〃	2人 ✓
兴春	2	81年	〃	2人 ✓
国志	1	79年	〃	1人 ✓
运刚	1	81年	〃	1人 ✓
秋文	1	80年	〃	1人 ✓
永旭	1	81年	〃	1人 ✓
来方	1	79年	〃	1人 ✓
大文	1	81年	〃	1人 ✓
永栋	2	80年	〃	2人 ✓
瑞才	2	81年	〃	2人 ✓
振旺	1			1人 ✓
立国	2	78年		2人 ✓
小利	1	80年	没	1人 ✓
东义	1	81年	〃	1人 ✓
京华	1	80年	〃	1人 ✓
元田	2	80年	〃	1人 ✓
吉发	3	80年	上	2人

振利 1

偏王 1

计64人

计47户

b-1-65

b－1－65

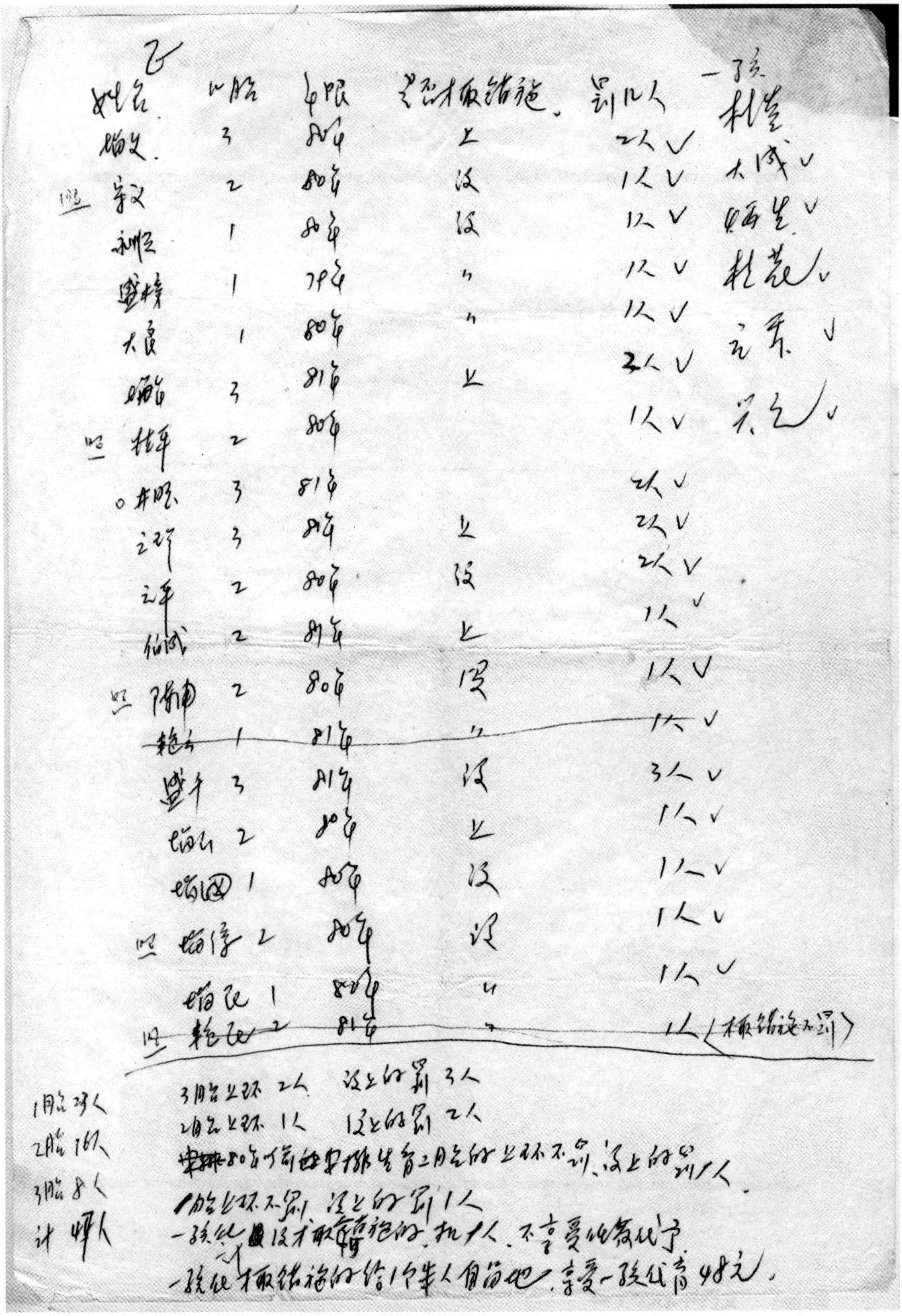

b－1－65a

b－1－65/b－1－65a　计划生育统计表。避孕上环措施，惩罚及奖励措施，胎次，年限，罚口数，一孩化，待遇（48元，1个半人自留地），1981年。

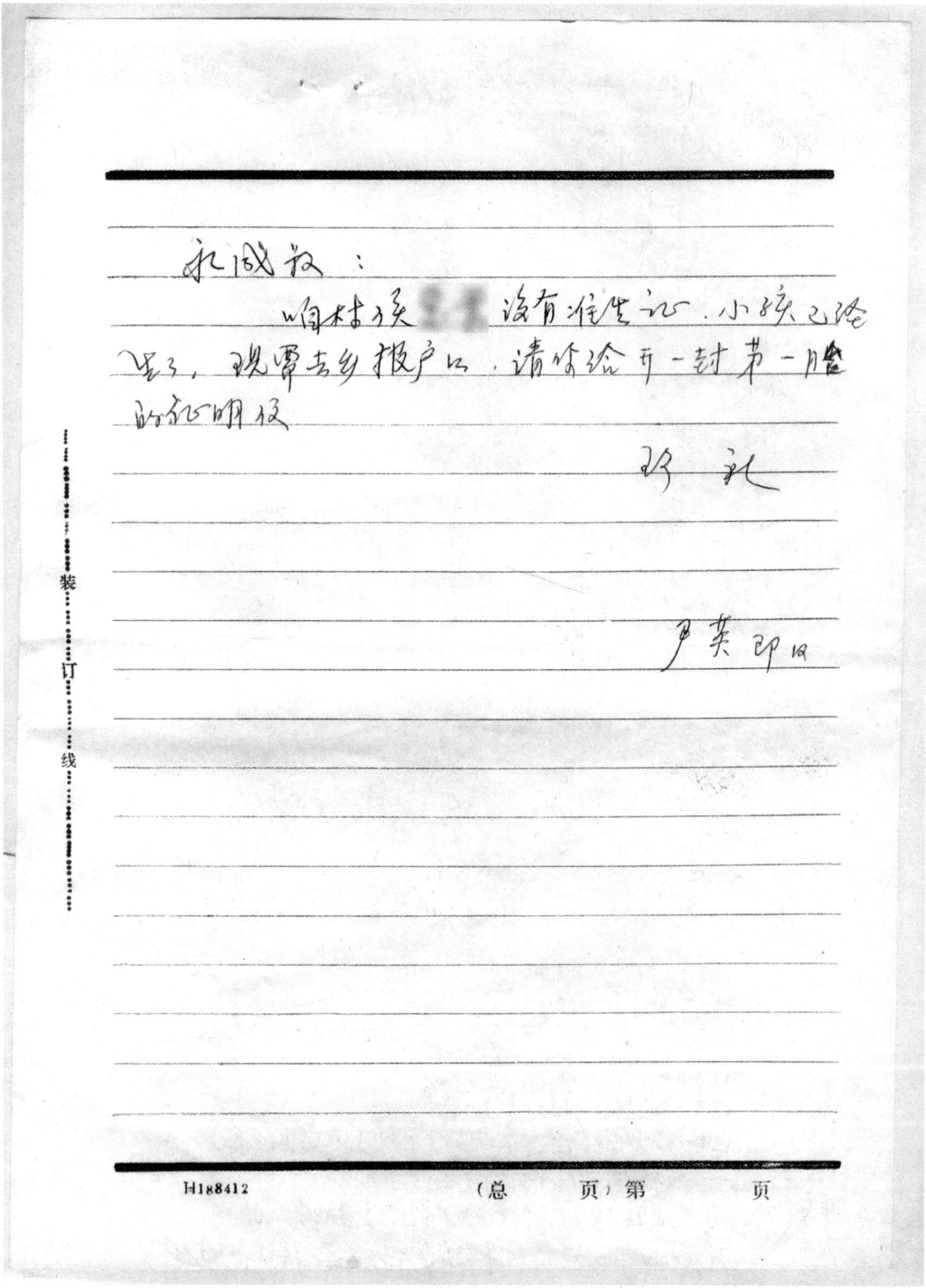
永成叔：

咱村侯[illegible]没有准生证，小孩已经生了，现需去乡报户口，请你给开一封第一胎的证明信

珍礼

尹英即日

装订线

H188412 （总 页）第 页

a－2－2a 便条。求开具第一胎证明信，无准生证，小孩已生，报户口，妇女主任尹英，时间约在1987年。＊显示变通与随意性。

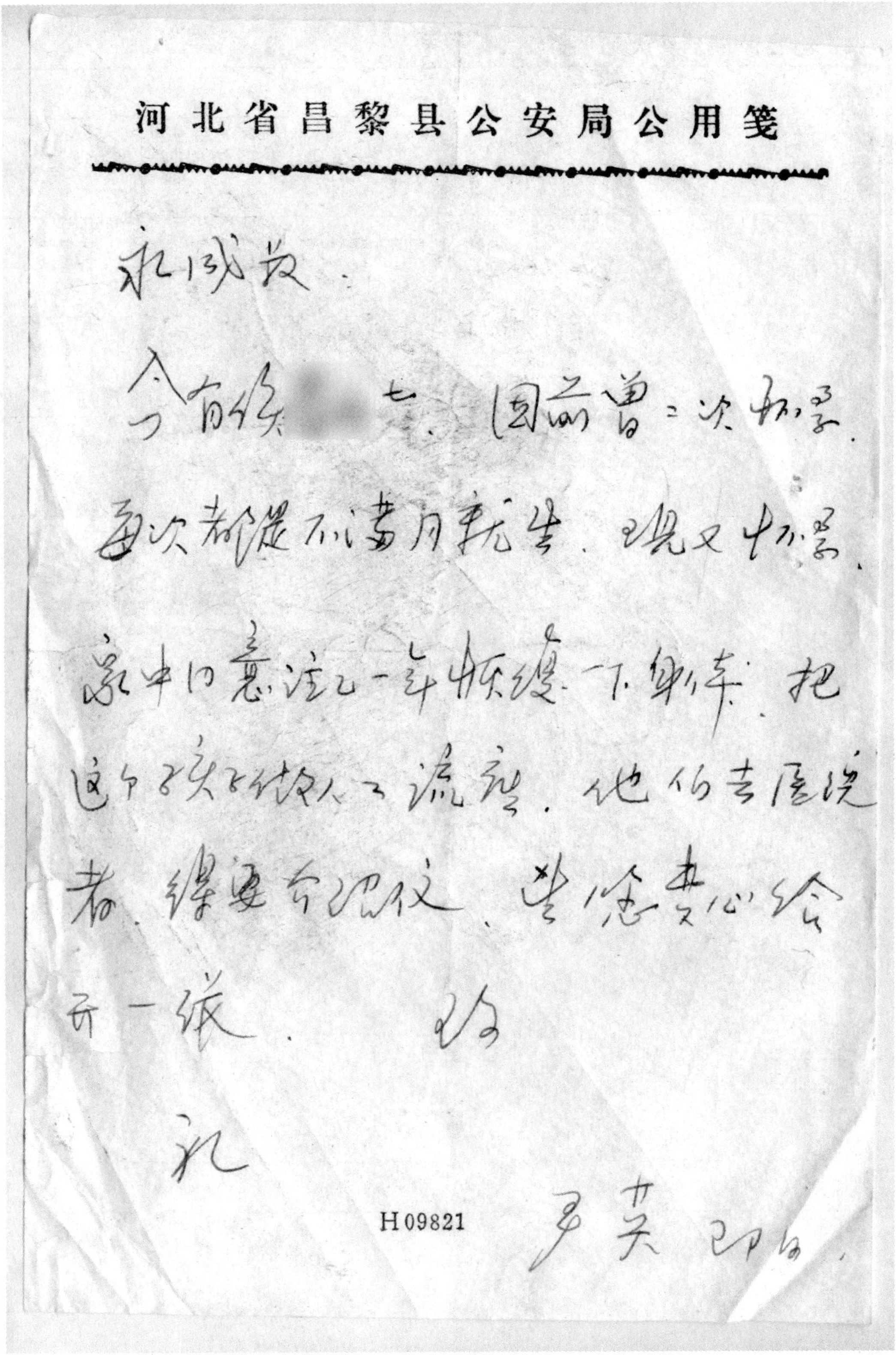
河北省昌黎县公安局公用笺

永成：

今有侯[redacted]七，因前曾二次怀孕，每次都是不满月就生，现又怀孕，家中同意让一年恢复一下身体，把这个孩子给做人工流产。他们去医院者，得要介绍信，望您费心给开一张。致

礼

H09821　尹英　即日

a－2－2b　便条。请开具人工流产介绍信，妇女主任尹英，约在1987年。＊显示变通，用字有简略特征（如，七＝妻）。

昌黎縣第3區侯家營村戶口調查表

戶別　　名稱　　地址詳細　界　村第四組　第一戶　門牌第15號

稱謂	姓名	性別	年齡及出生年月日	出身閱歷	籍貫	文化程度	社會關係	本村居住年月日	往何處作何事由	信何宗教	何屬宗族	家庭狀況 土地	房屋	附產	成份	兵役	戶主簽章	備考
戶主	[illegible]	[illegible]	[illegible]	[illegible]				[illegible]			[illegible]	[illegible]			[illegible]			
長子	[illegible]	[illegible]	[illegible]	[illegible]		[illegible]		[illegible]	[illegible]									

共計　男　女　共　人　現在　男　女　共　人

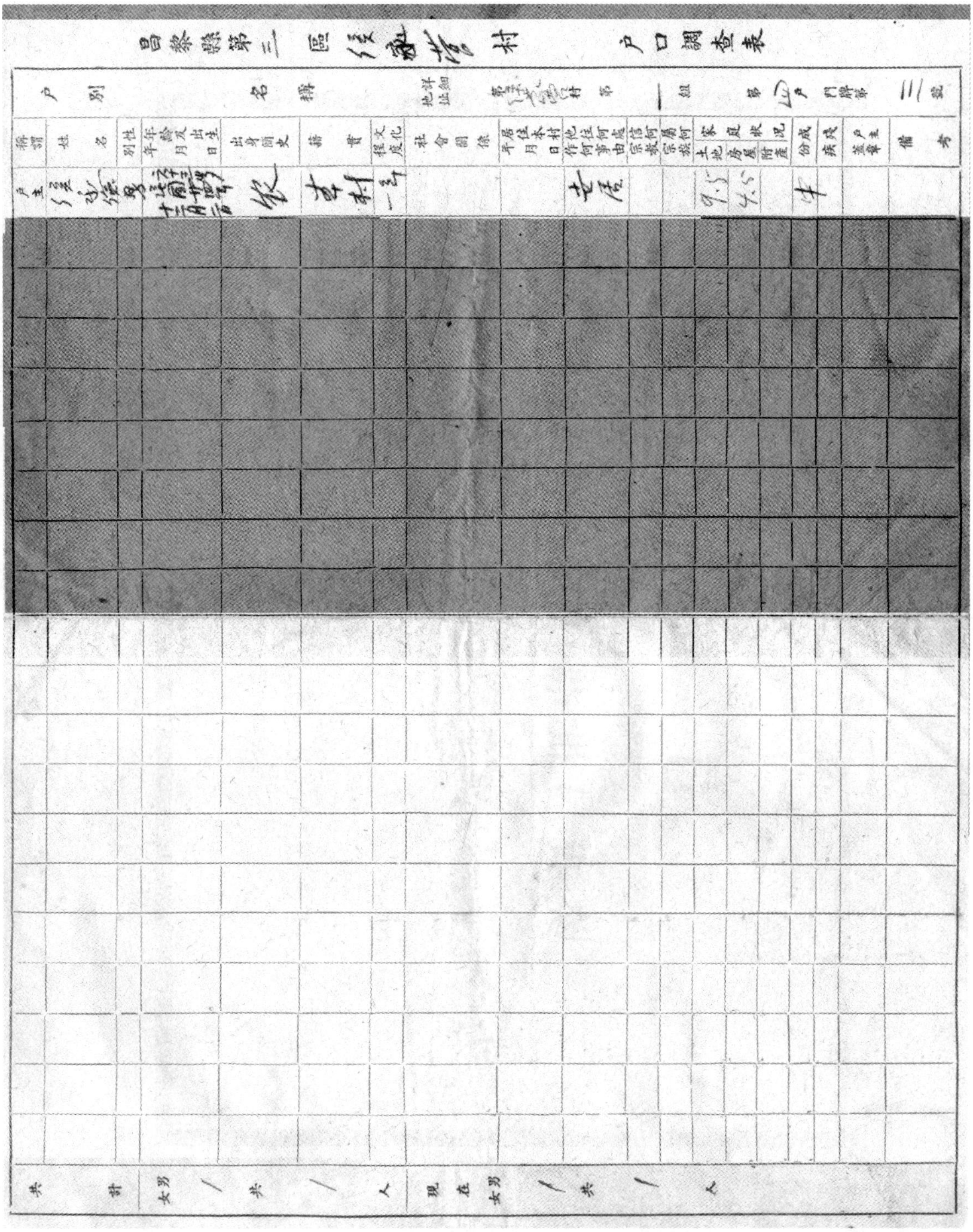

昌黎縣第三區侯家營村户口調查表

户别	名稱	地址詳細	第侯家營村第一組第四户	門牌第三號

稱謂	姓名	性別	年齡年月日出生	出身簡史	籍貫	文化程度	社會關係	居住本村年月日	作何事由何處遷往	信何宗教	屬何宗族	家庭狀況：土地	家庭狀況：房屋	家庭狀況：附產	成份	殘疾	户主蓋章	備考
户主	侯永儉	男	六十三 民前廿四年十二月[illegible]	農	本村	[illegible]			老户			9.5	4.5		中			

共計　男 /　女　共 /　人　現在　男 /　女　共 /　人

a－1－3a

a－1－3/a－1－3a 昌黎县第三区侯家营村户口调查表。第四组 1 户侯费氏；第一组 4 户侯永俭，“民前 24 年”出生，63 岁，成分：中农，推定为 1951 年左右。＊似为建国后最初户口调查。

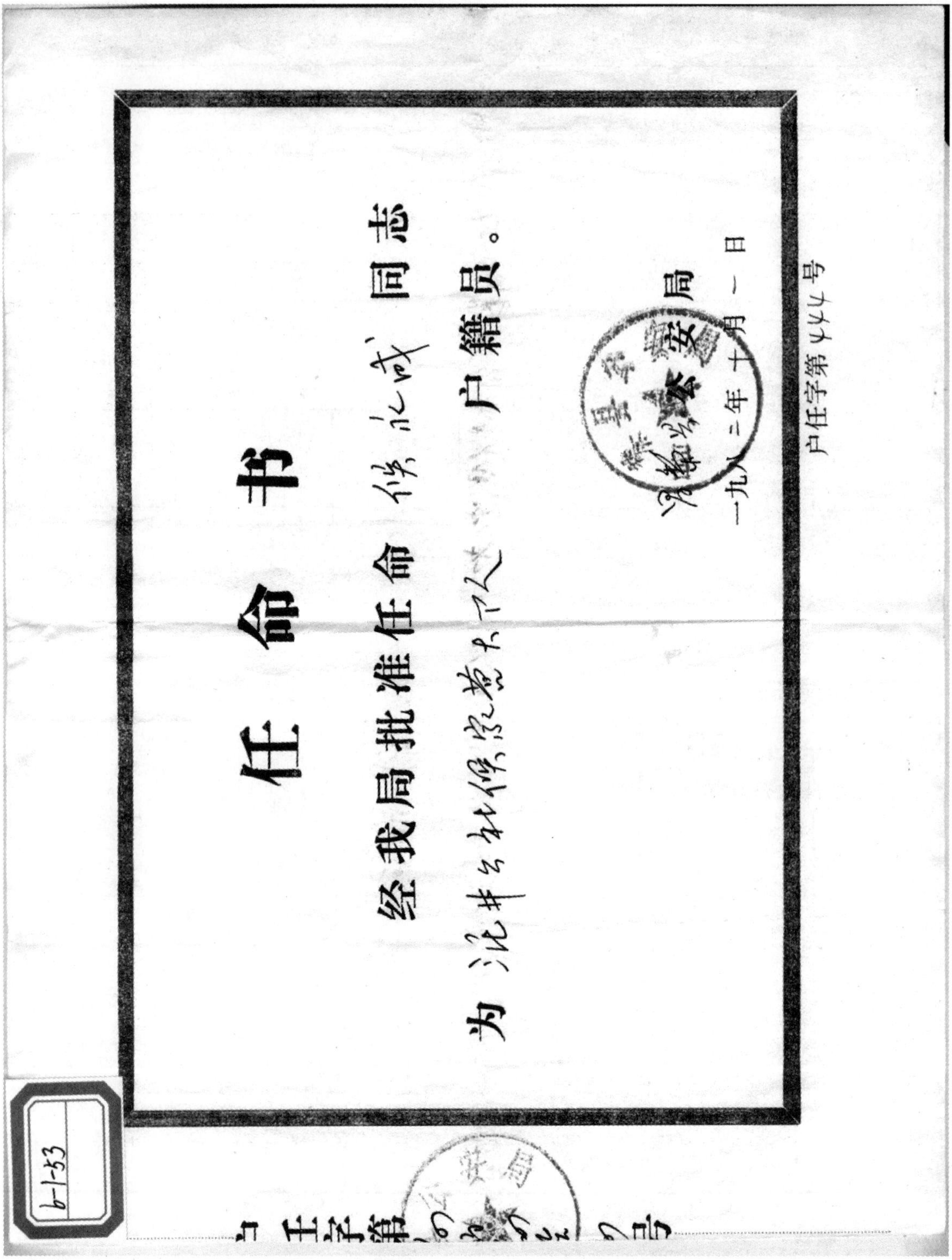

任命书

经我局批准任命侯永成同志

为泥井乡北侯家营大队户籍员。

公安局

一九八二年十一月一日

户任字第[illegible]号

b-1-53

b－1－53　任命书。侯永成，大队户籍员，县公安局，1982 年。

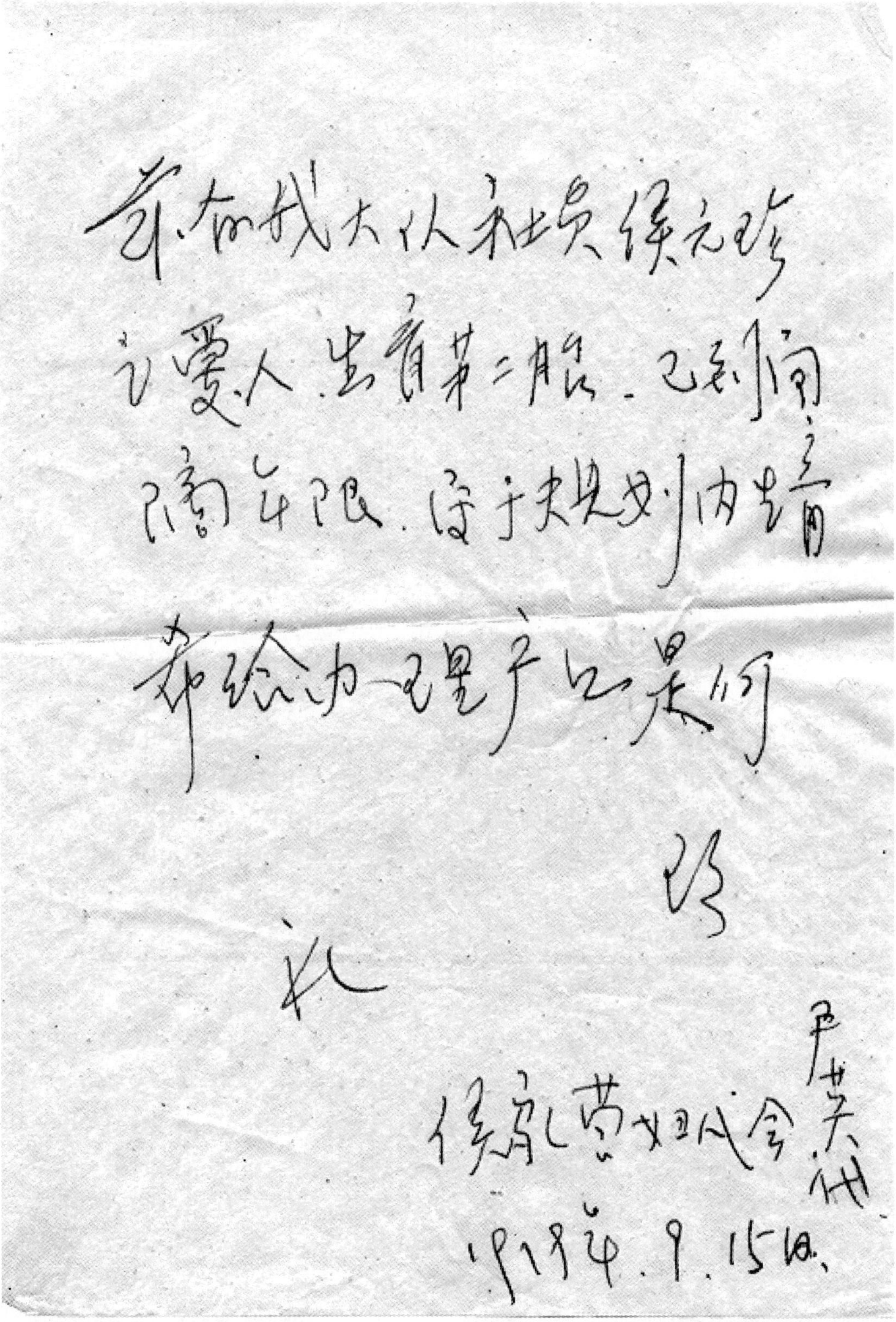
兹有我大队社员侯元珍之爱人，出育第二胎，已到间隔年限，属于计划内生育，帮给办理户口是何

致

礼

侯家营妇代会 尹英代

1979年.9.15日.

d－22 便条。第二胎，间隔年限，办理户口，尹英，1979年9月15日。

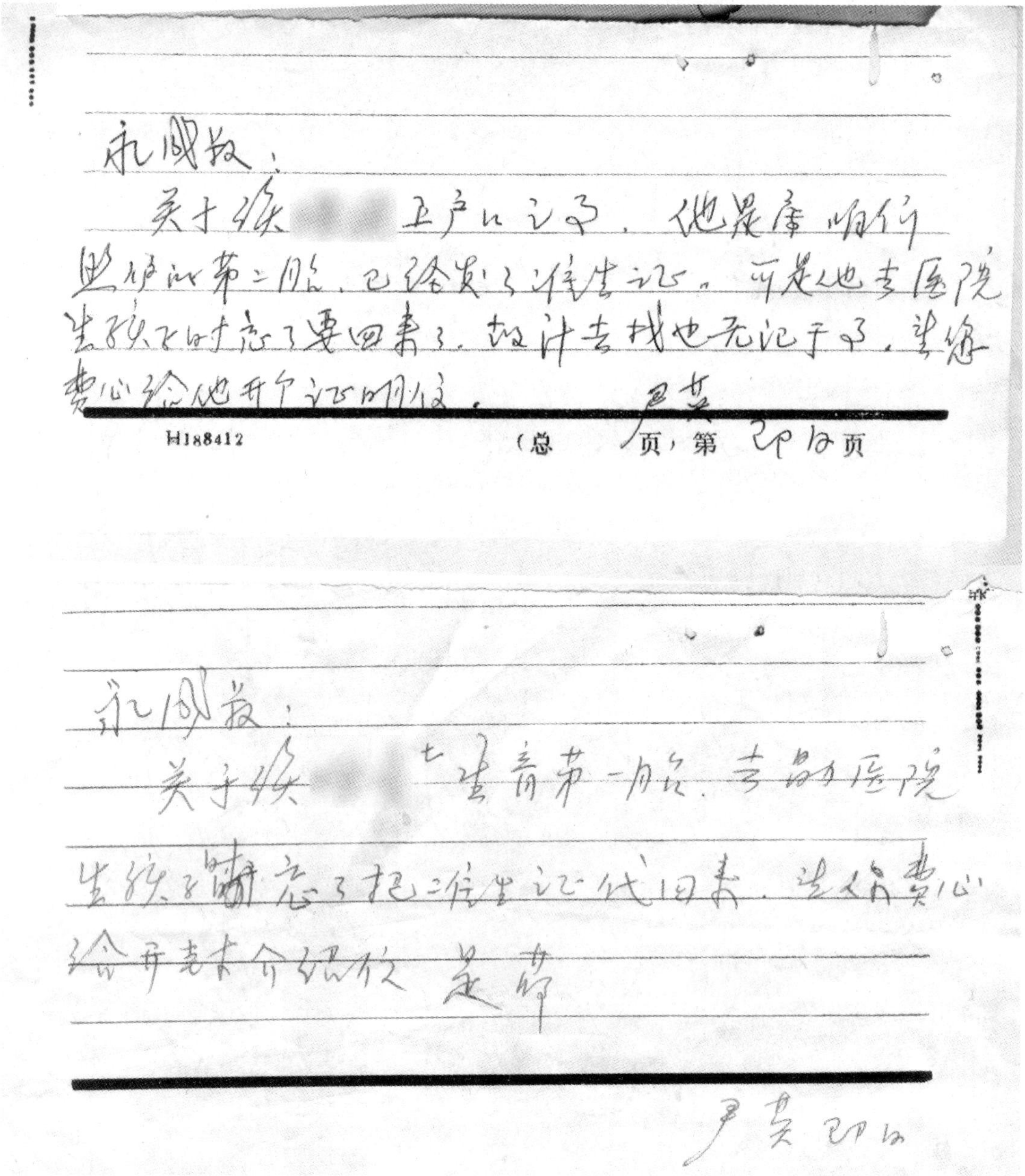
永成叔：

关于侯[redacted]上户口之事，他是属咱们照顾的第二胎，已经发了准生证，可是他去医院生孩子时忘了要回来了，估计去找也无记录了，请您费心给他开个证明信。

尹英

H188412 （总 页）第 印信 页

永成叔：

关于侯[redacted]生育第一胎，去县医院生孩子时忘了把准生证代回来，请您费心给开张介绍信。

尹英 印信

b－6－6c 便条（2张）。上户口，第二胎，忘准生证，开证明，妇女主任，1986年前后。

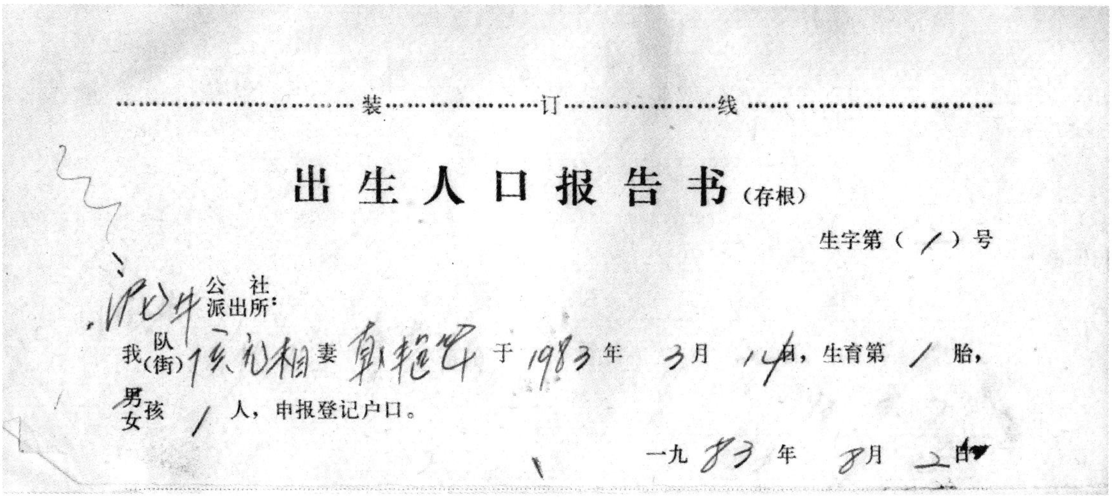

……………………装……………………订……………………线……………………

出生人口报告书（存根）

生字第（1）号

泥井公社派出所：

我队(街)侯元相妻袁桂华于1983年3月14日，生育第1胎，男女孩1人，申报登记户口。

一九83年8月2日

a－1－13

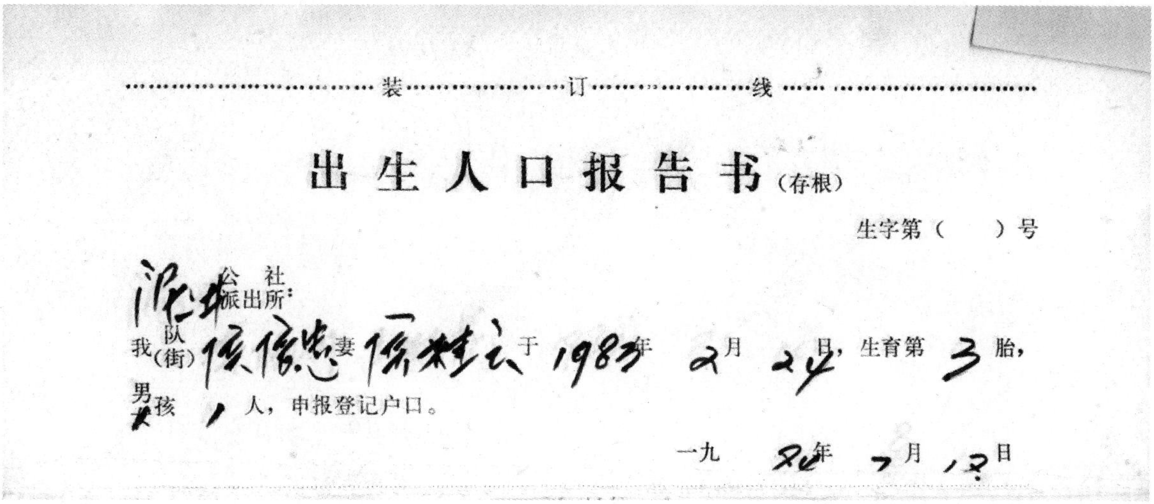

……………………装……………………订……………………线……………………

出生人口报告书（存根）

生字第（　）号

泥井公社派出所：

我队(街)侯信忠妻陈桂云于1983年2月24日，生育第3胎，男孩1人，申报登记户口。

一九83年7月12日

a－1－13a

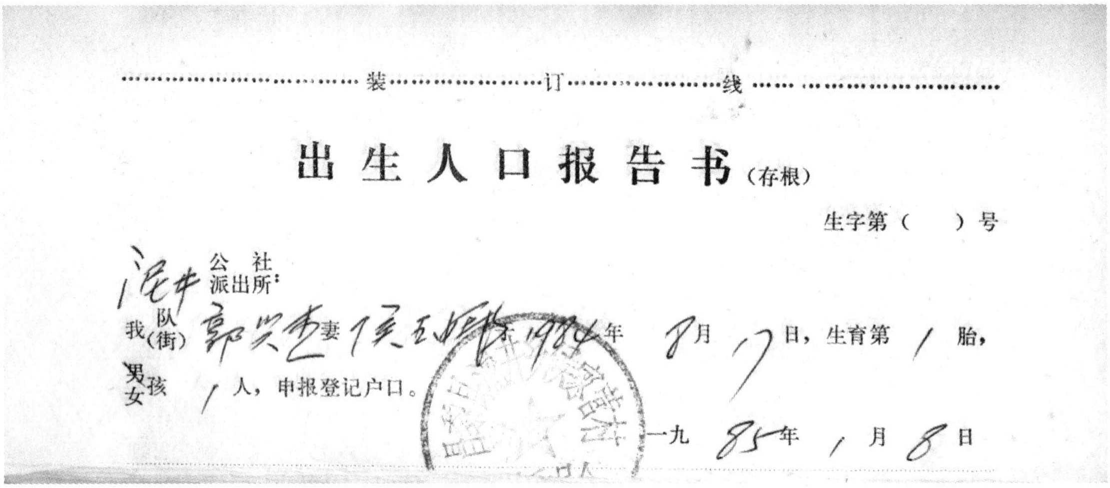
……………………装………………订………………线……………………………

出生人口报告书（存根）

生字第（　）号

泥井公社派出所：

我队(街)　　妻　　1984年 8月 17日，生育第 1 胎，男女孩 1 人，申报登记户口。

一九 85 年 1 月 8 日

a－1－13b

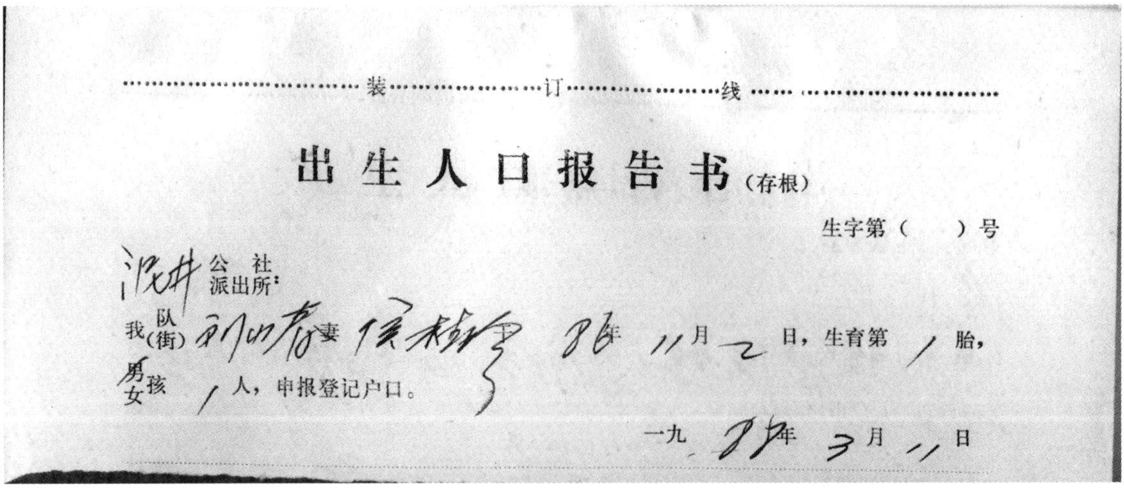
……………………装………………订………………线……………………………

出生人口报告书（存根）

生字第（　）号

泥井公社派出所：

我队(街)　　妻　　86年 11月 2 日，生育第 1 胎，男女孩 1 人，申报登记户口。

一九　　年 3 月 11 日

a－1－13c

a－1－13/a－1－13a－c　出生人口报告书（存根）。致泥井公社派出所，第1胎，第3胎，男女婴儿，1983年8月2日～1988年3月11日。＊一册，取4页，2胎多见，常见半年至2年后申报户口情况，“泥井乡侯家村村民委员会”章于1985年1月8日第一次使用。

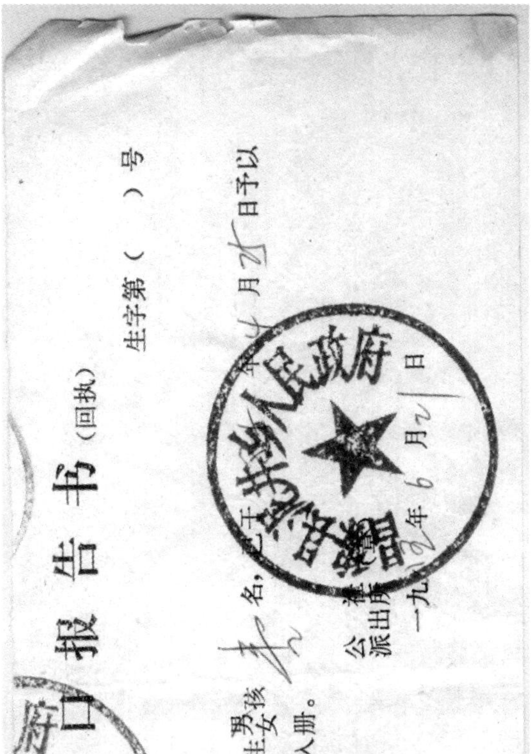

出生人口报告书（回执）

生字第（　）号

大队（街）：

你　队（街）报来，　家生男孩女孩　名，已于　年　月　日予以登记常住户口，望你队凭此回执登记入册。

公社派出所

一九　年　月　日

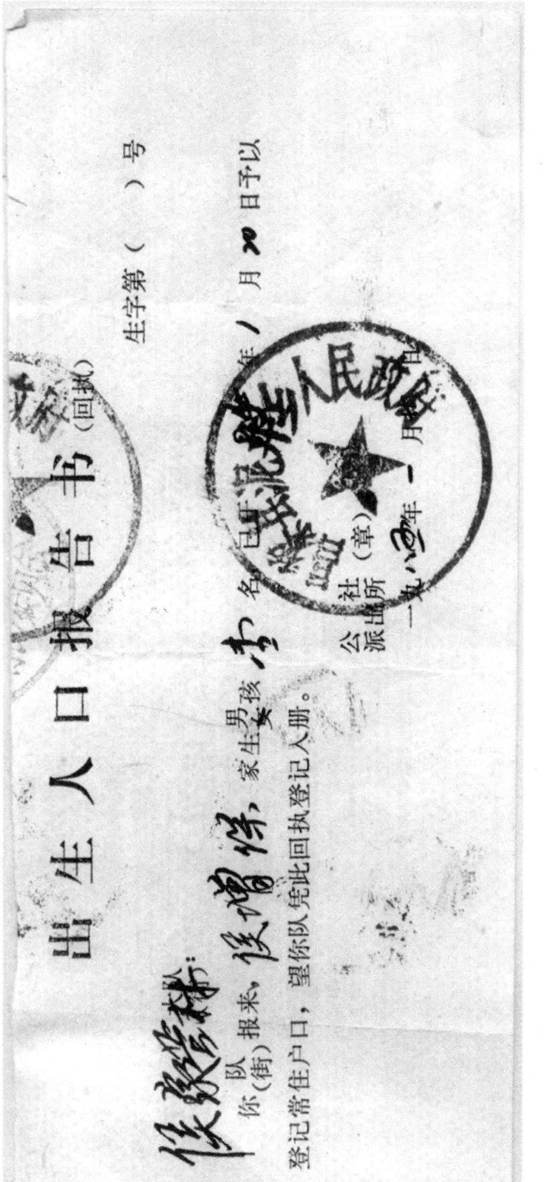

出生人口报告书（回执）

生字第（　）号

大队（街）：

你　队（街）报来，　家生男孩女孩　名，已于　年　月　日予以登记常住户口，望你队凭此回执登记入册。

公社派出所（章）

一九　年　月　日

a－1－12　出生人口报告书（回执2张）。1985年。＊与a－1－13格式不同，报大队（村）。

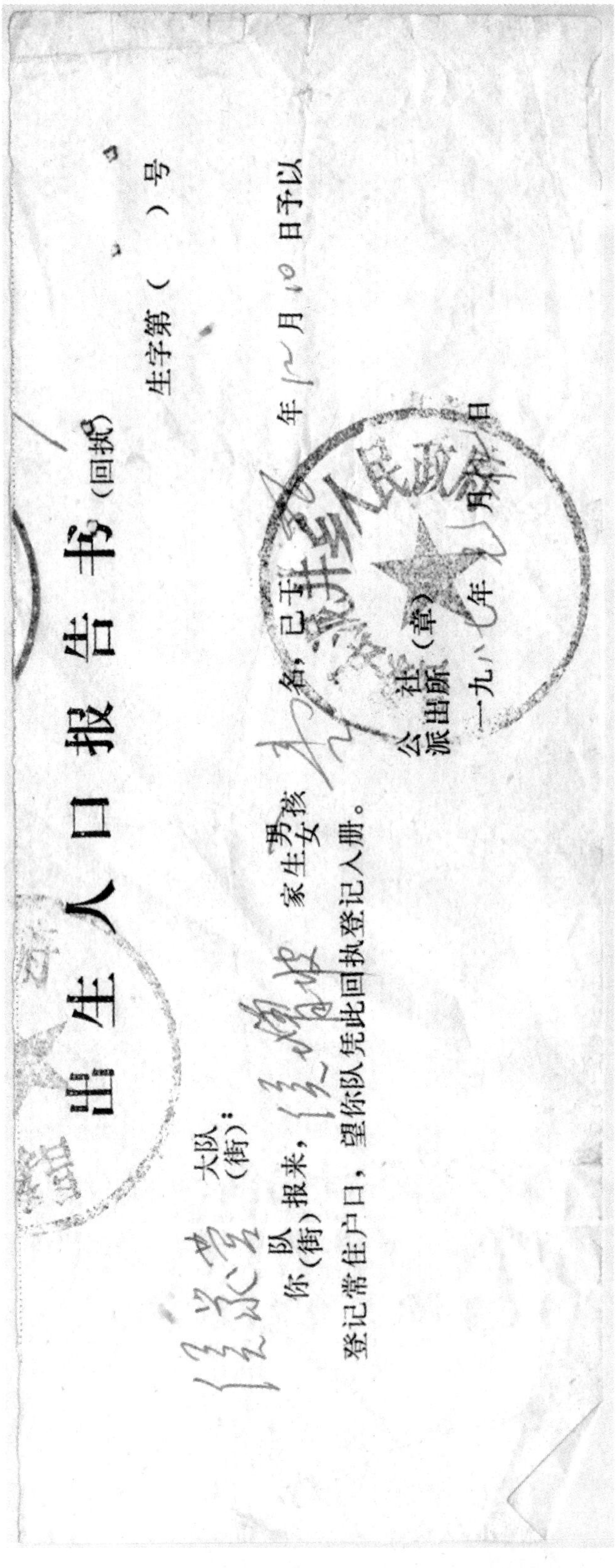

出生人口报告书（回执）

生字第（ ）号

大队（街）：

你队（街）报来，家生男女孩名，已于年12月10日予以登记常住户口，望你队凭此回执登记入册。

公社派出所（章）

一九八六年 月 日

b－6－6d　出生人口报告书（回执）。1986 年。

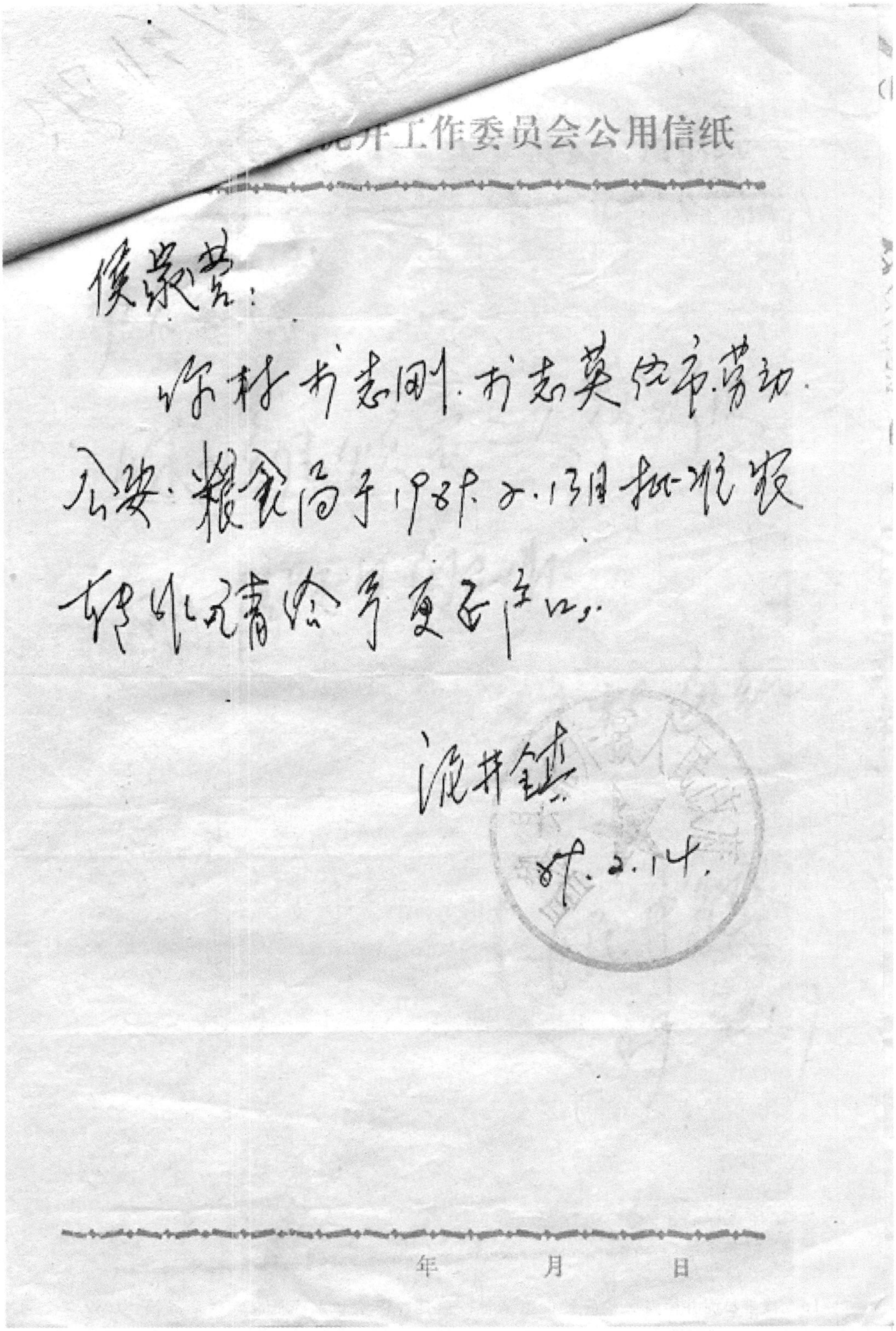
泥井工作委员会公用信纸

侯家营：

你村李志刚、李志英经市劳动、公安、粮食局于1988.2.13日批准农转非，请给予更正户口。

泥井镇

89.2.14.

年　月　日

a－2－1a　昌黎县泥井镇人民政府致侯家营信。关于更改该村李志刚、李志英的户口问题，1989年2月14日。

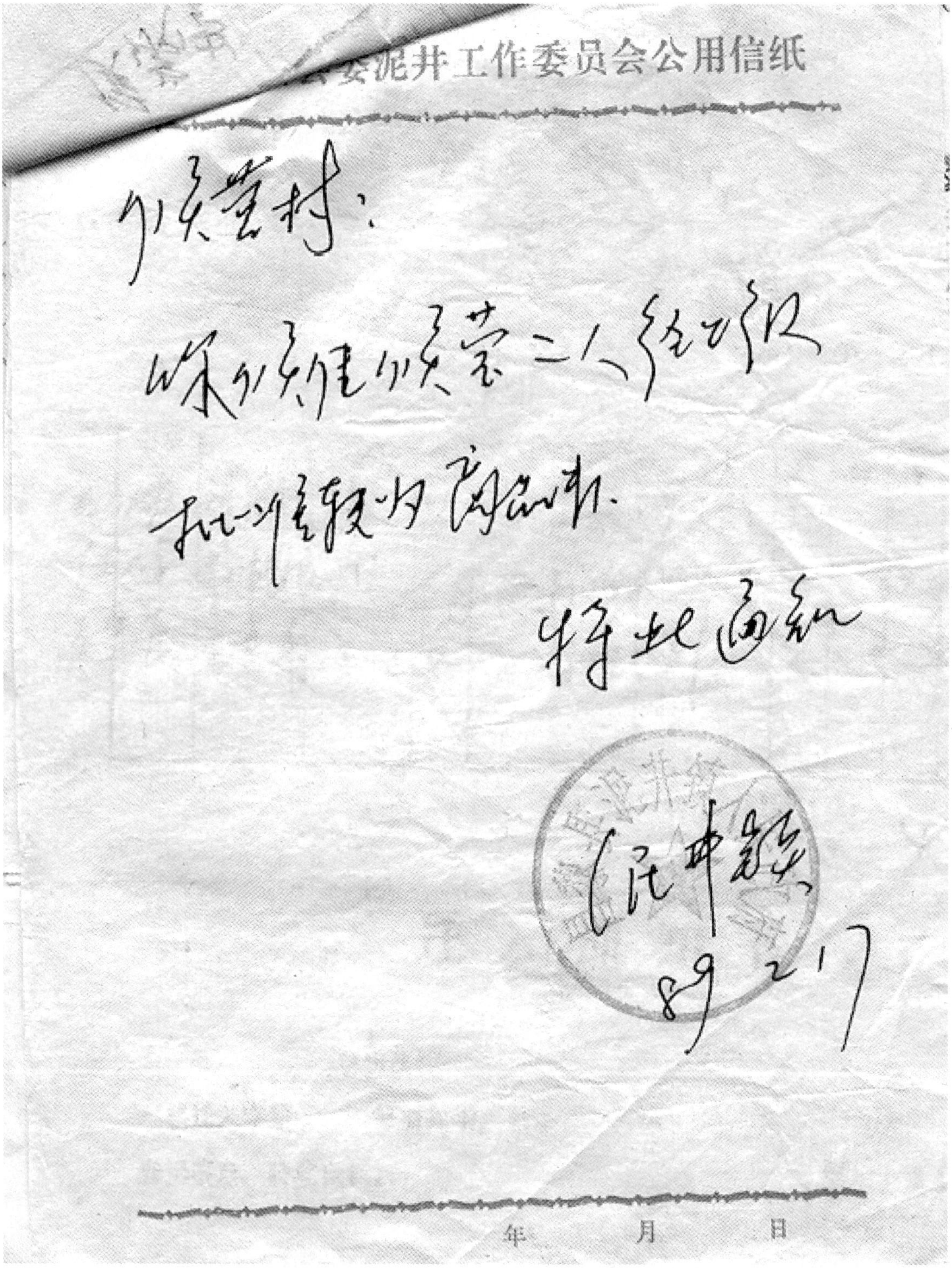

…委泥井工作委员会公用信纸

侯营村：

侯佳侯莹二人经[illegible]

批准转为商品粮。

特此通知

泥井镇

89.2.17

年 月 日

a-2-1b 昌黎县泥井镇人民政府致侯家营信。侯佳、侯莹二人经批准转为商品粮，1989年2月17日。

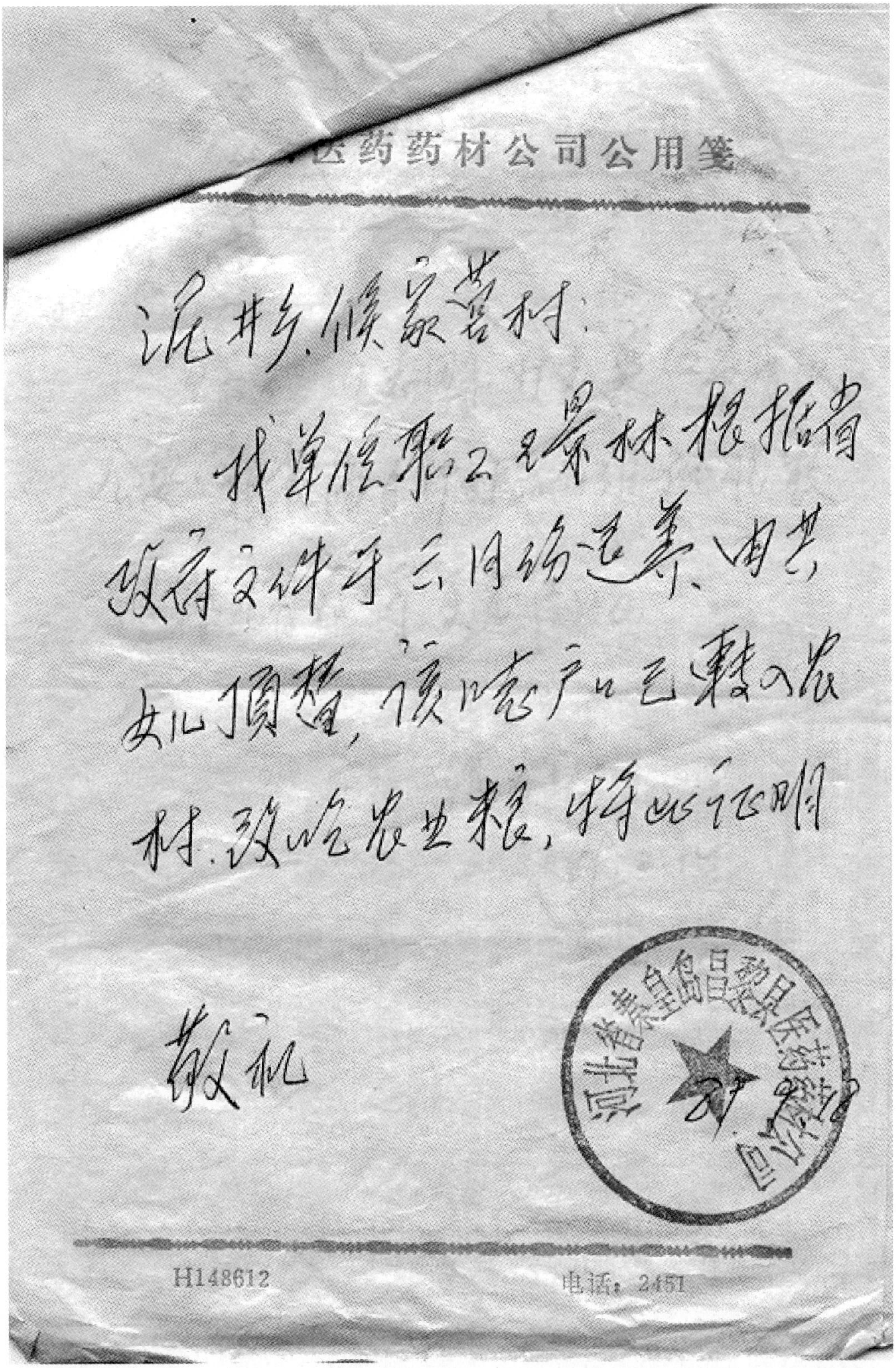
医药药材公司公用笺

泥井乡、侯家营村：

我单位职工王景林根据省政府文件第六条给退养，由其女儿顶替，该同志户口已转入农村，改吃农业粮，特此证明

敬礼

a－2－1　昌黎县医药药材公司致侯家营村证明信。关于该单位职工王景林的户口问题，1989年9月18日。

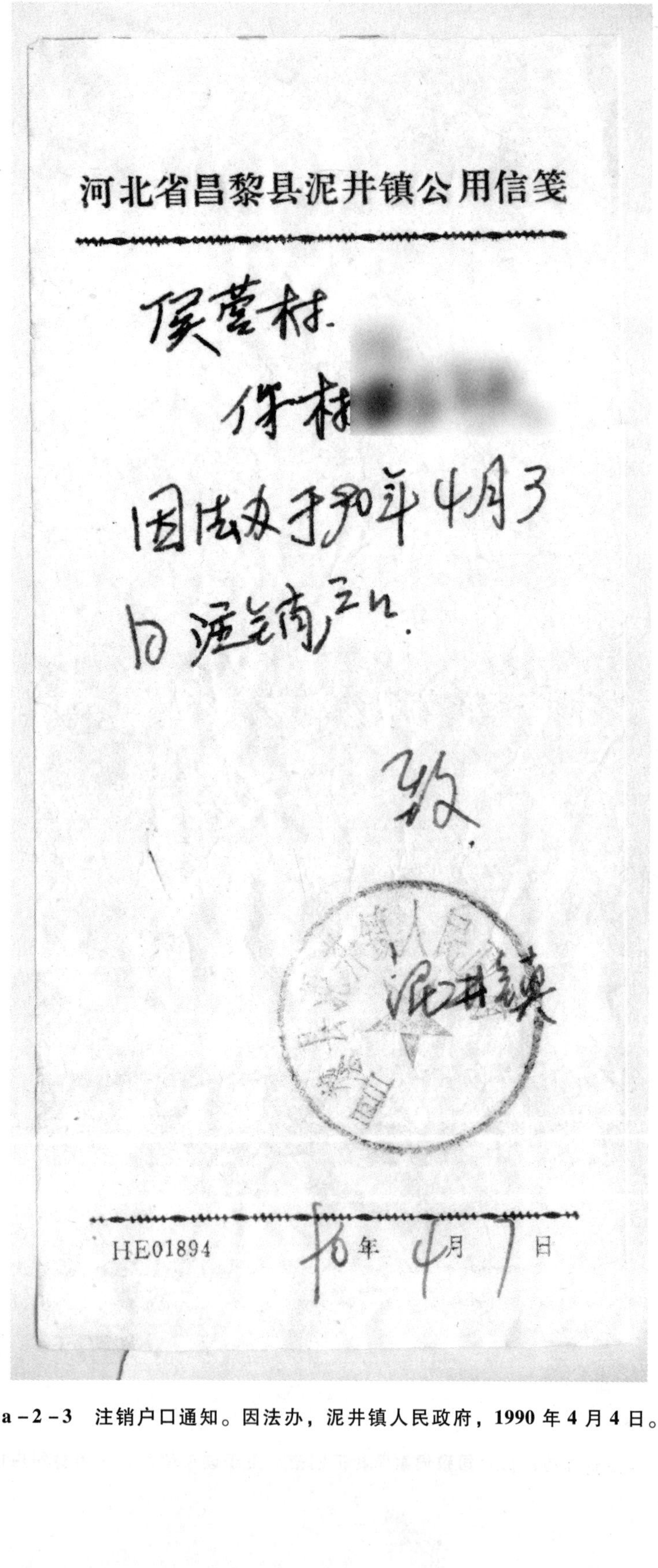
河北省昌黎县泥井镇公用信笺

侯营村：

侯林[redacted]

因法办于90年4月3日注销户口。

致

泥井镇

HE01894 90年 4月 7日

a-2-3　注销户口通知。因法办，泥井镇人民政府，1990年4月4日。

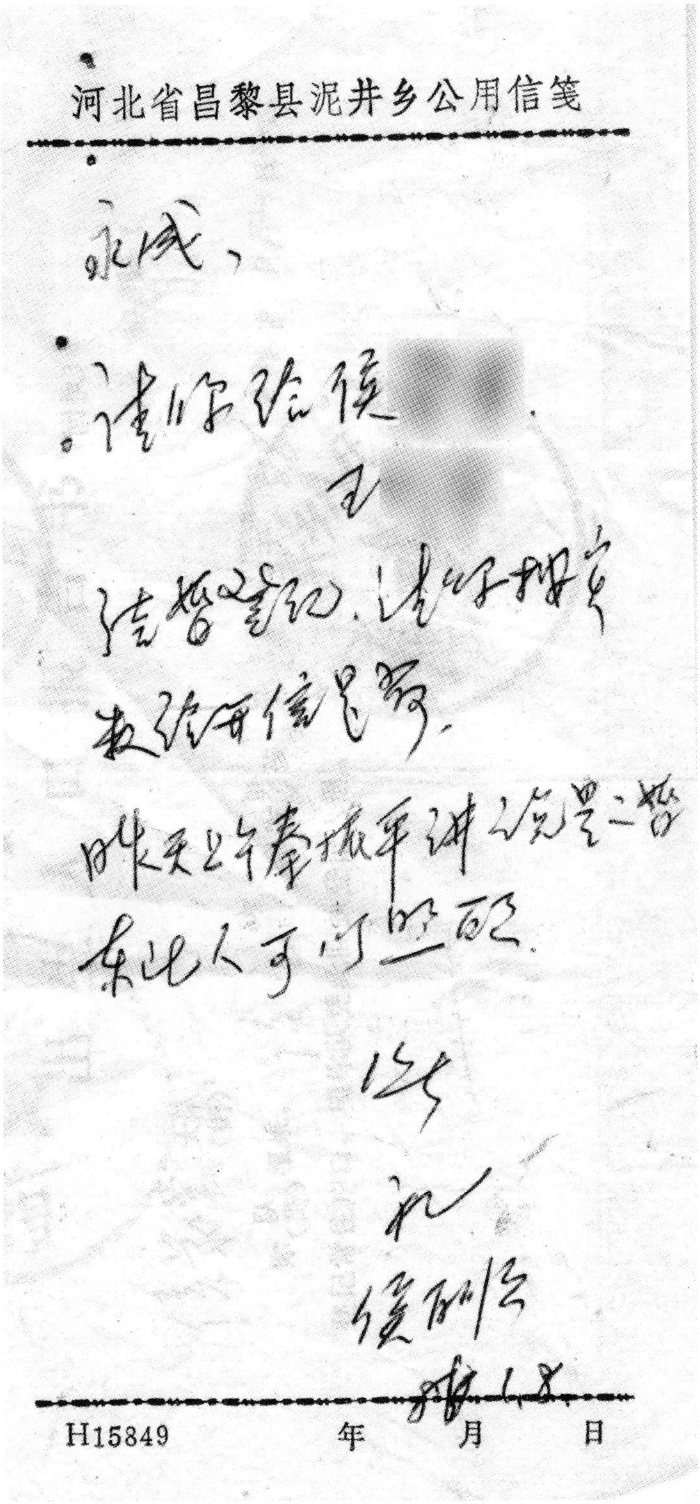
河北省昌黎县泥井乡公用信笺

永成，

请你给侯[redacted].

王[redacted]

结婚登记. 请你按实

数给开信是荷.

昨天上午李振军讲说是二婚

东北人可以照顾.

此致

礼

侯丽臣

1.8.

H15849　年　月　日

b－6－6e　便条。请开具结婚登记介绍信，按实数（岁），二婚照顾，1986 年。

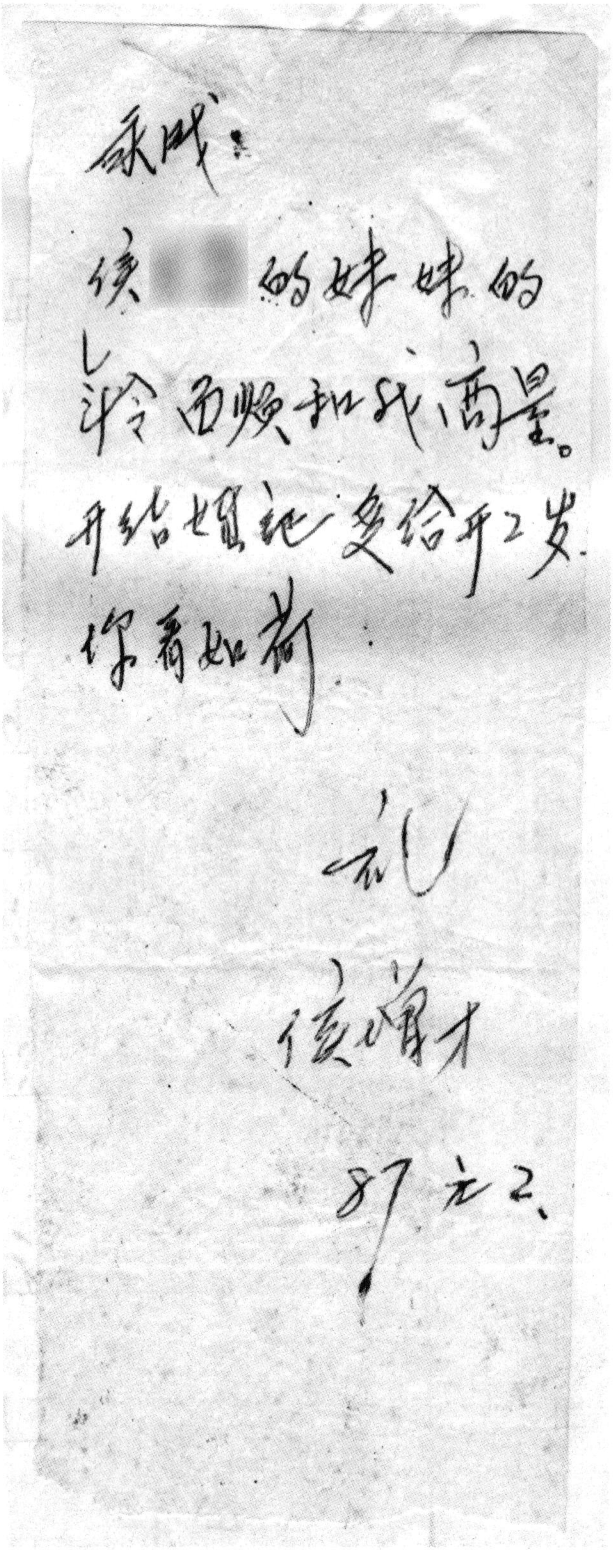
永成：
侯[redacted]的妹妹的
冷西顺和我商量。
开给婚证 多给开2岁。
你看如何
礼
侯增才
87.元.2、

a－2－12b 便条。请为女方开证明，年龄多加2岁，1987年1月2日。＊显示随意性。

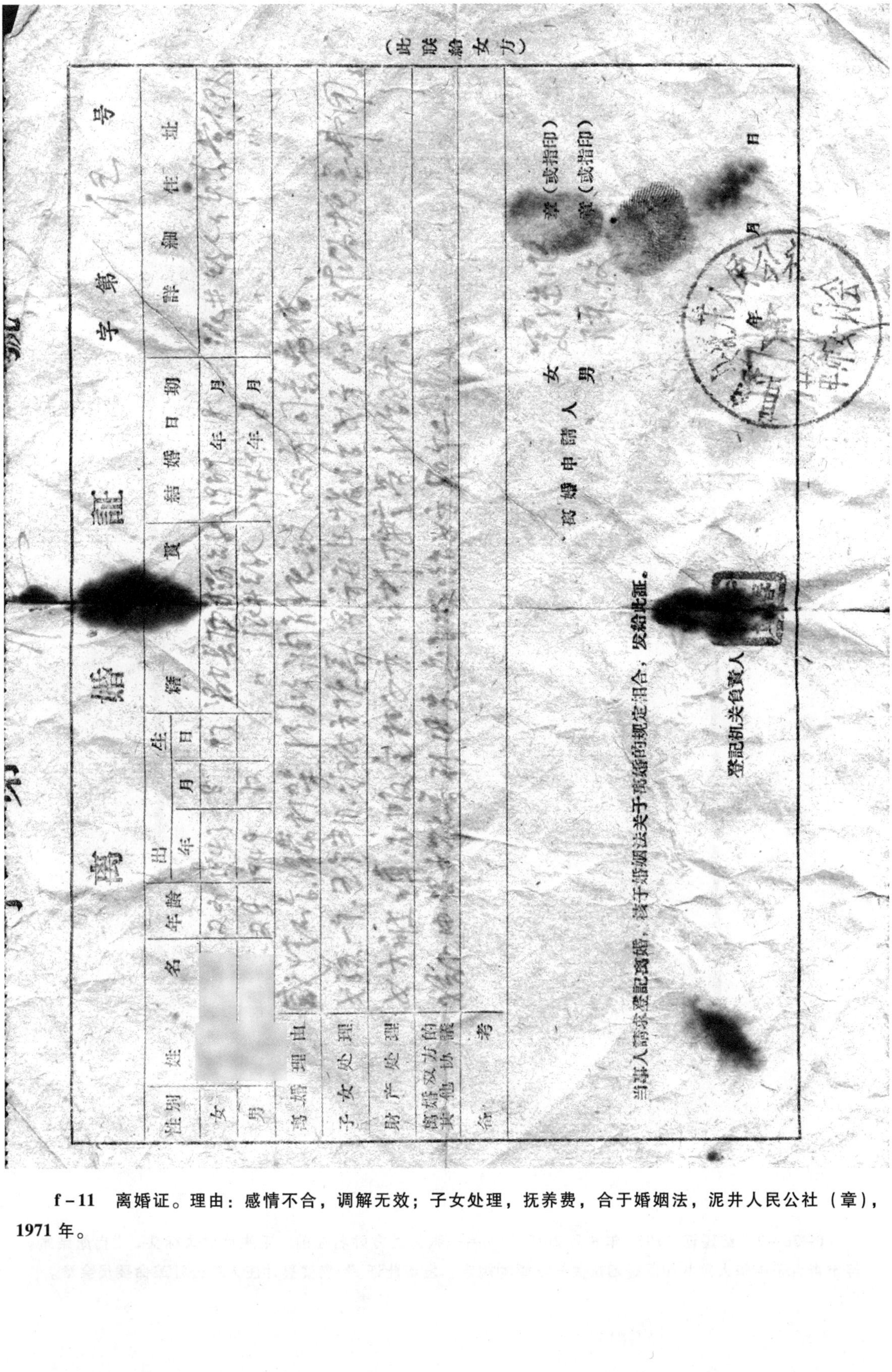

（此联给女方）

离婚證　字第　号

性别	姓名	年龄	出生 年	月	日	籍贯	结婚日期	详细住址
女	[illegible]	[illegible]	[illegible]	[illegible]	[illegible]	[illegible]	[illegible]年[illegible]月	[illegible]
男	[illegible]	[illegible]	[illegible]	[illegible]		[illegible]	[illegible]年[illegible]月	

离婚理由	[illegible]
子女处理	[illegible]
财产处理	[illegible]
离婚双方的其他协议	[illegible]
备考	

当事人请求登记离婚，该于婚姻法关于离婚的规定相合，发给此証。

离婚申請人　女　[illegible]　章（或指印）

男　[illegible]　章（或指印）

登记机关负责人　　年　月　日

f－11　离婚证。理由：感情不合，调解无效；子女处理，抚养费，合于婚姻法，泥井人民公社（章），1971年。

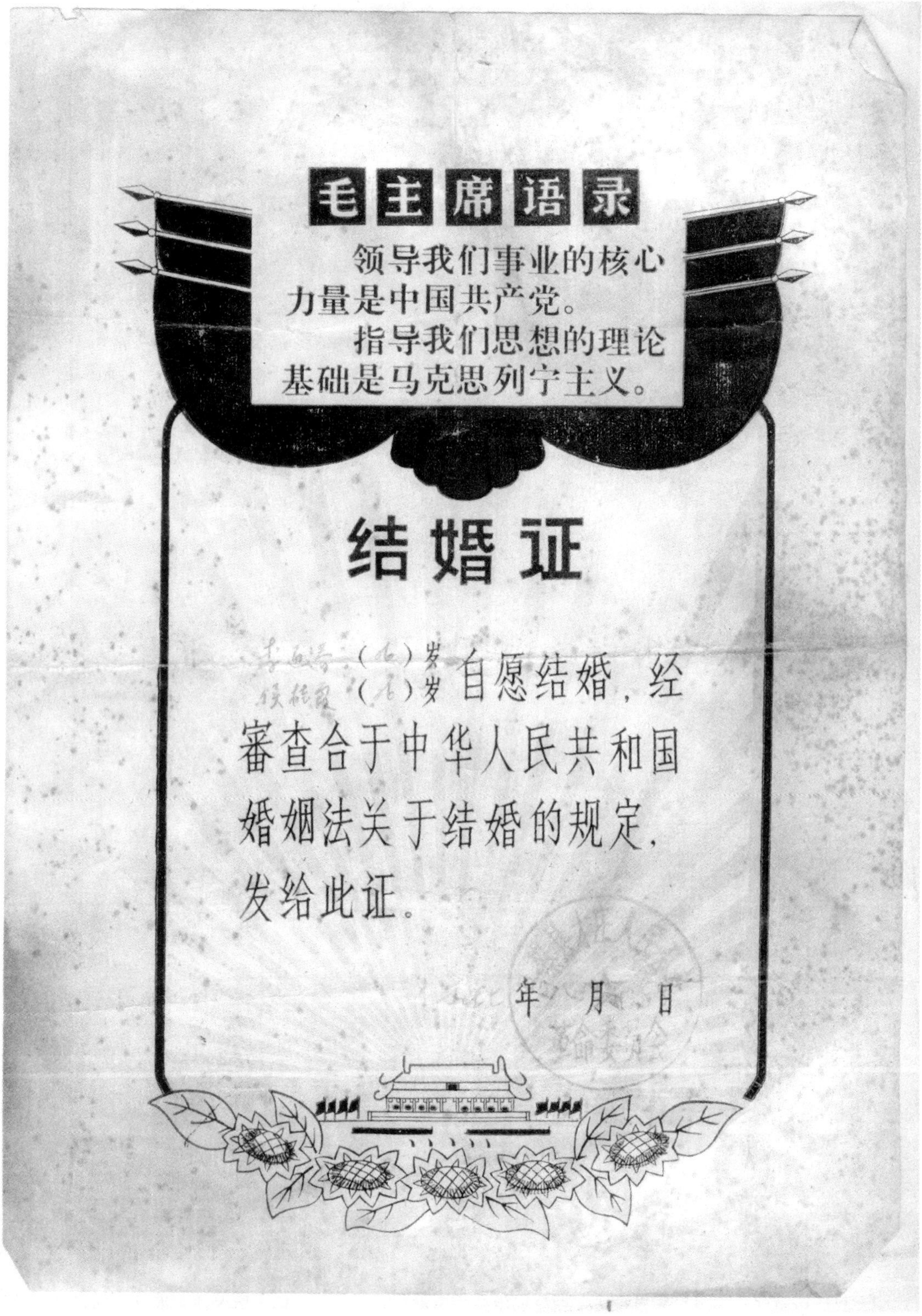

f－36－2 结婚证。**1977** 年 **8** 月 **26** 日。＊另一张为女方姓名在前，毛主席语录标头，“自愿结婚，经审查合于中华人民共和国婚姻法关于结婚的规定，发给此证。”昌黎县才庄人民公社革命委员会章。

1981年　2月　15日　晚

对[redacted]和[redacted]的婚姻问题：

问：你二人这几天去何处，其原因？你们当初过程是什么？

答：[redacted]说我们由去秋前二人就好已有意了，但因我父暴未敢提，秋后我妈同意首先提亲去我家订了亲事。当时我二人曾未提亲，我妈同时我很满意，为的是将来借光，对家也没有别的看法，此事就确定了。定亲后很好，双方都无任何说道。年前我曾吵过嘴、批评过我。当时我舅父回家后就和我妈同去说来了，意的为的什么我也说不清，大约可能是因东西之事。订了亲后我家曾提亲给我要240元钱，后又要买了皮鞋。我们的事主要我妈同意当时同意。

现我们难分难离

问：你老不提亲原因是什么？

当时我不愿退婚，我同张把东西送回。28送去东西后，说如我愿意就叫我去，我东西都给我拉去来了，同时要叫我去到后庄我姑那里，但我妈又叫我回去，回家后问我如愿意就叫我走，当时我说愿意我妈就打我，当时我要来了就说不愿意了。

年 月 日

其实我心里愿意，~~初五~~事后后我啥睡不得。初五早我去爬井，碰上了追军我们杀了一会，回家后我姨父也在我家，打了我，我没听。事后我由家出来了，心里很难受，碰上了[redacted]，事后我们就出去了几天。回我在家呆不了，前先想出了堂。

问：你二人打算怎么办？早已有了感情，感情深了

[redacted]答：我们是亲亲亲，我们是生死不能分离的。

[redacted]答：我们是生死不能分离，二人都表过态。

问：老人不同意怎么办？

[redacted]答：我们家老人是同意的，同时没和对方闹过什么。

答：我的想法不依靠老人了，但我现在也不能回家了，回到家就要挨打。

问：为什么提出退婚？

女答：我也不知，因为什么，就说他不会来~~事~~，说他傻傻的，~~没出息~~

问：你们去何处？

女答：去了好几个地方，去我老姑家中住，初五晚点由家走的，住了几天就回到家。

年　月　日

现常新婚姻法和旧婚姻的三个问题：

以上是我说地 [redacted]

以上是我所说 [redacted]

问：通过学(习)你们怎么想？ 81、2、15日晚

男答：新婚法我们学过也知道但我们还是不能分开。

女答：感情深我们是不能分离的。

男答：当时定亲后说过年岁相差太多，但我妈妈说论什么关系还就那个什么。

现场 [redacted]（[redacted] 父亲）

[redacted] 说：我通过学国家法办，去年11月份二十八号起父母不包办。我有错误！内部有包办。[redacted] 找出他俩的事她同意，她本人说找的同意。我心里没有想过此事。28日就去我家退了东西我不知为什么。我问她说不同意，就说我不同意。[redacted] 也不同意。我首先叫那儿找出两人拉倒。当时那儿说依着我。初五晚吃饭我二子不吃就走了。8点左右儿回来说我们走了。我问他你和谁走？儿说和 [redacted] 走。我问女在那了，儿说

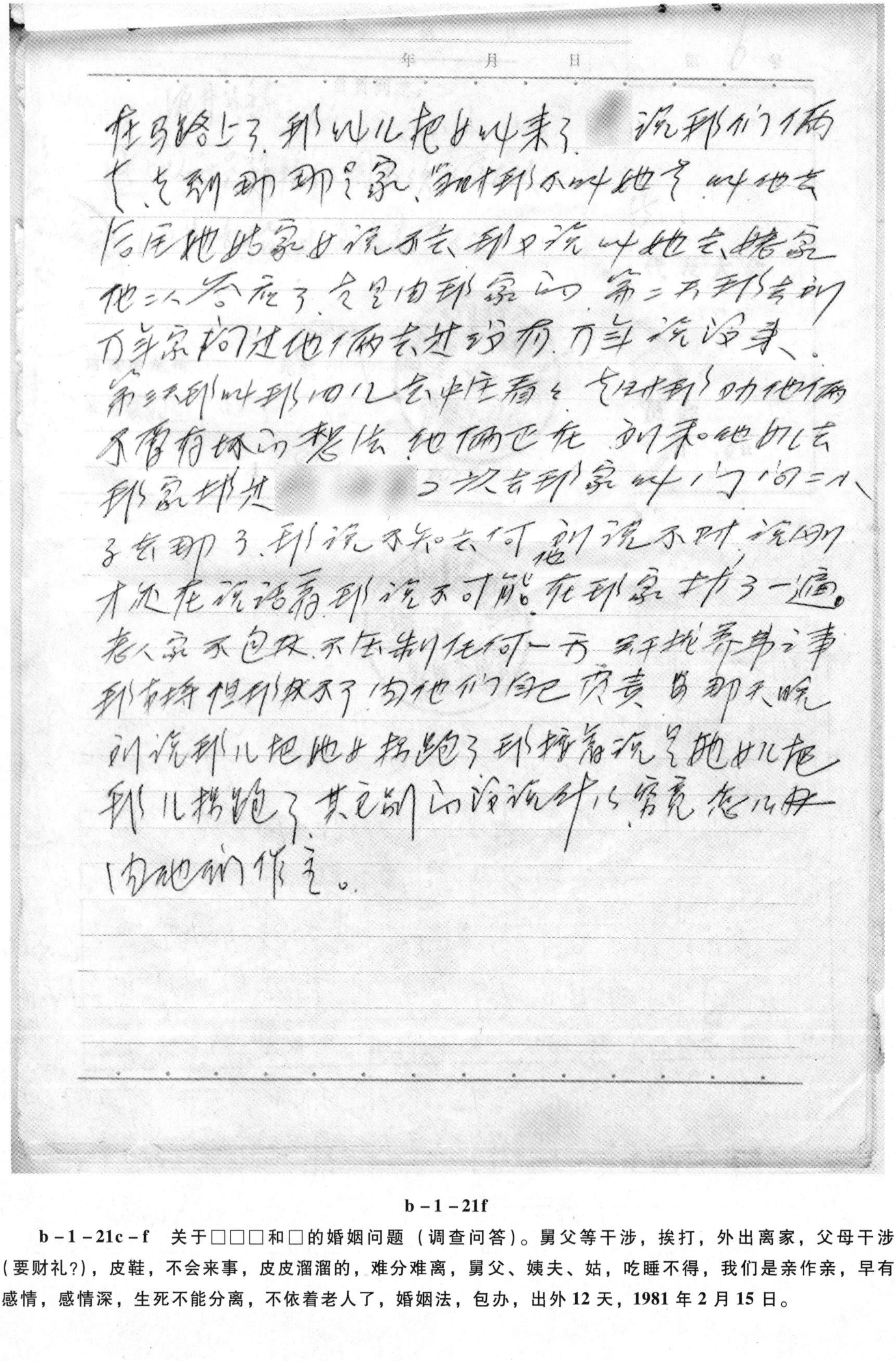

在马路上了，那以儿把女叫来了[redacted]说那们俩
一一去到那那之家，当时那不叫她去，叫她去
给庄她姑家女说不去，那口说叫她去，婚家
他二人答应了，全是由那家的。第二天那去到
万年家询问过他俩去处没有，万年说没来。
第三次那叫那的儿去中庄看看，当时那劝他俩
不要有坏的想法，他俩正在 到和他奶奶去
那家坊处[redacted]了 说去那家叫他门问二人
了去那了。那说不知去何处，到说不对，说咱
才还在说话着，那说不可能。在那家坊了一遍。
老人家不包办，不压制任何一方，对于婚姻之事
那按样但那没办了，由他们自己负责。当那天晚
到说那儿把她女拐跑了，那接着说是她女儿把
那儿拐跑了，共到的谈说什么，究竟怎么儿
由他们作主。

b－1－21f

b－1－21c－f　关于□□□和□的婚姻问题（调查问答）。舅父等干涉，挨打，外出离家，父母干涉（要财礼?），皮鞋，不会来事，皮皮溜溜的，难分难离，舅父、姨夫、姑，吃睡不得，我们是亲作亲，早有感情，感情深，生死不能分离，不依着老人了，婚姻法，包办，出外12天，1981年2月15日。

（五）私人领域、社会秩序

1. 自留地、房宅

f－9/f－9a－e　泥井人民公社侯家营大队社员自留地底帐。1965 年。＊小册子，分户主、人口、土地坐落、自留地情况（亩数、长、宽）等各栏统计。应为村内部重要文件。

a－4－32　证明信。外村自留地过转，1975 年 3 月 14 日。

a－13－12c　关于社员申请盖房的批复。侯家营，侯大文，1972 年 4 月 15 日。

a－6－9/a－6－9a　社员建房占地申请表。现住简易房不能过夏，建房 3 间、经贫下中农讨论同意，1978 年 2 月。＊一册，取 2 页，贫协组长盖章，生产队长盖章。

a－2－15a　泥井乡各户宅基地登记表。面积，四至，人口，说明，批准与建房时间，1985 年。

a－2－16/a－2－16a　泥井乡各户宅基地登记表。泥井乡侯家营村，批准时间，1972－82 年。

a－2－15　昌黎县农民宅基地登记表。现状平面图，人口，批准与建房时间，1985 年。

a－2－17/a－2－17a　昌黎县农民宅基地登记表。宅基地、建筑面积、建房时间、间数，1987 年 8 月。＊1 册，侯家营全村选 2 户，批准时间 1976－87 年，发证时间 1985 年 2 月，丈量时间 1987 年 8 月。有现状平面图，一式三份存村、乡、县，村委会意见。

a－10－21/a－10－21a－d　村民住宅建设用地申请书。土地规划局批件，乡长韩向平，侯家营村 10 户申请表，理由，村委章，1988 年 12 月 31 日。

b－1－19－1/b－1－19－1a/b－1－19－3　林地使用执照和林木所有证。1982 年 1 月。＊醒目处记有："表内所列土地长期归持证者造林使用，所有林木为持证者所有，受国家法律保护。"县人民政府、公社管理委员会、侯永成章，大队管理委员会章。

2. 纠纷调解与传统惯例

b－6－29　昌黎县人民法院泥井法庭调解意见。侯元吉与侯达文宅基地事，根据证据和贯历（惯例）情况调整解决；以房照、文契为准，可丈量，不使矛盾转化，昌黎县泥井人民法庭，1974 年 3 月 21 日。

b－6－29a　大队解决土地纠纷方案。1974 年 3 月 21 日。＊写在上文件（b－6－29）的背面，"大头小尾"问题。

a－14－15　泥井法庭笺。侯家营大队收，关于婚姻和口粮调解问题的意见，1977 年 6 月 21 日。

f－15a　昌黎县泥井人民法院民事调解书。侯文焕、韩玉兰的房产纠纷，家务纠纷，家族，误认"伙里财产"，调解，1979 年 10 月 25 日。＊一式两份，理由追溯至 1938 年。

3. 越轨行为

f－10　侯家营大队退回赌博款清单。1978 年 4 月 5 日。＊共 16 人，赌资如数退回，计 268 元，按压手印，侯家营大队革委会章。

b－4－7a　检查。偷大队的瓜，"按架陪产"，1972 年 7 月 22 日。

a－12－12a　检查。偷盗甜瓜，当时在场者数人，基干民兵，违反社会治安，大队护秋公约，1972 年 7 月 22 日。

f-7/f-7a-e　检查、交代。偷窃，“违反了护秋制度”，“彻底批判资产阶级反动路线”，1971年9月5日、1971年9月7日，1972年9月2日。*惯习作案。

b-1-21g/b-1-21h　昌黎县人民法院刑事判决书。毁坏公私财产事，互有成见，报复，毁青苗，律师，1980年8月7日。

4. “包”、“公约”与秩序

b-6-6　通知。昌黎县公安局泥井派出所，乡政府，关于承包治安合同，承包费，奖励等，1986年。

b-6-6a　通知。计划生育专抓人员，妇女主任补贴，泥井乡人民政府，1985年1月8日。

a-3-19　关于当前用土规定。关于拉土、集体树木保护规定，拉土一车扣10分，树木10公分一棵，罚款15元，1979年。

f-5g　侯家营大队护秋公约。推定为1978年。*部分破损。“华主席的英明领导下……批判四人帮的制度无用论，拨乱反正……秋收秩序”，有偷粮和破坏青苗赔偿细则，共计五类。

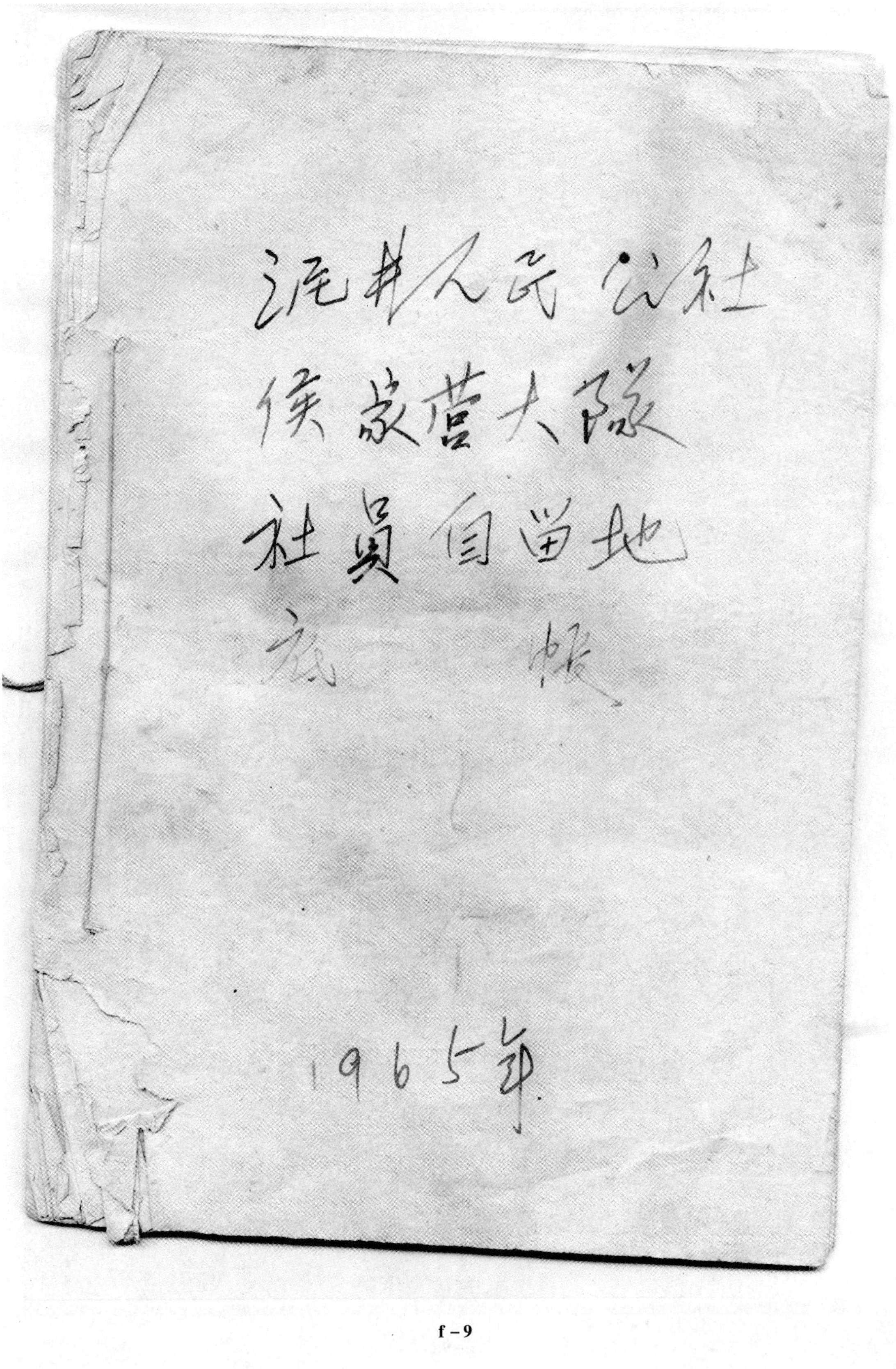

泥井人民公社
侯家营大队
社员自留地
底帐

1965年

f－9

户主姓名	人口	土地名称	自留土地情况			备考
			亩数	长	宽	
王义存	2.	东坑沿 西 〃		10	1.2	
侯绍曾	4.	东坑沿		10	4.8	
张秀俊	4.	〃		11.	4.4	
王成存	4.	〃		10.	4.8	
侯振兴	4.	〃		11.7	4.11	
侯文清	8.	〃		12.	8.55	
王永会	3.	〃		12.69	8.55	
侯振率	6.	〃		13.	12.4	另加[illegible]
侯大洪	6.	〃		13.2	5.7	
侯元乡	7.	〃		17.5	5.	
侯大孝	4.	5 〃		19.5	2.5	宅地1人
侯佐臣	五 4	5 〃		13.02	2.77	〃 〃 1人

58人

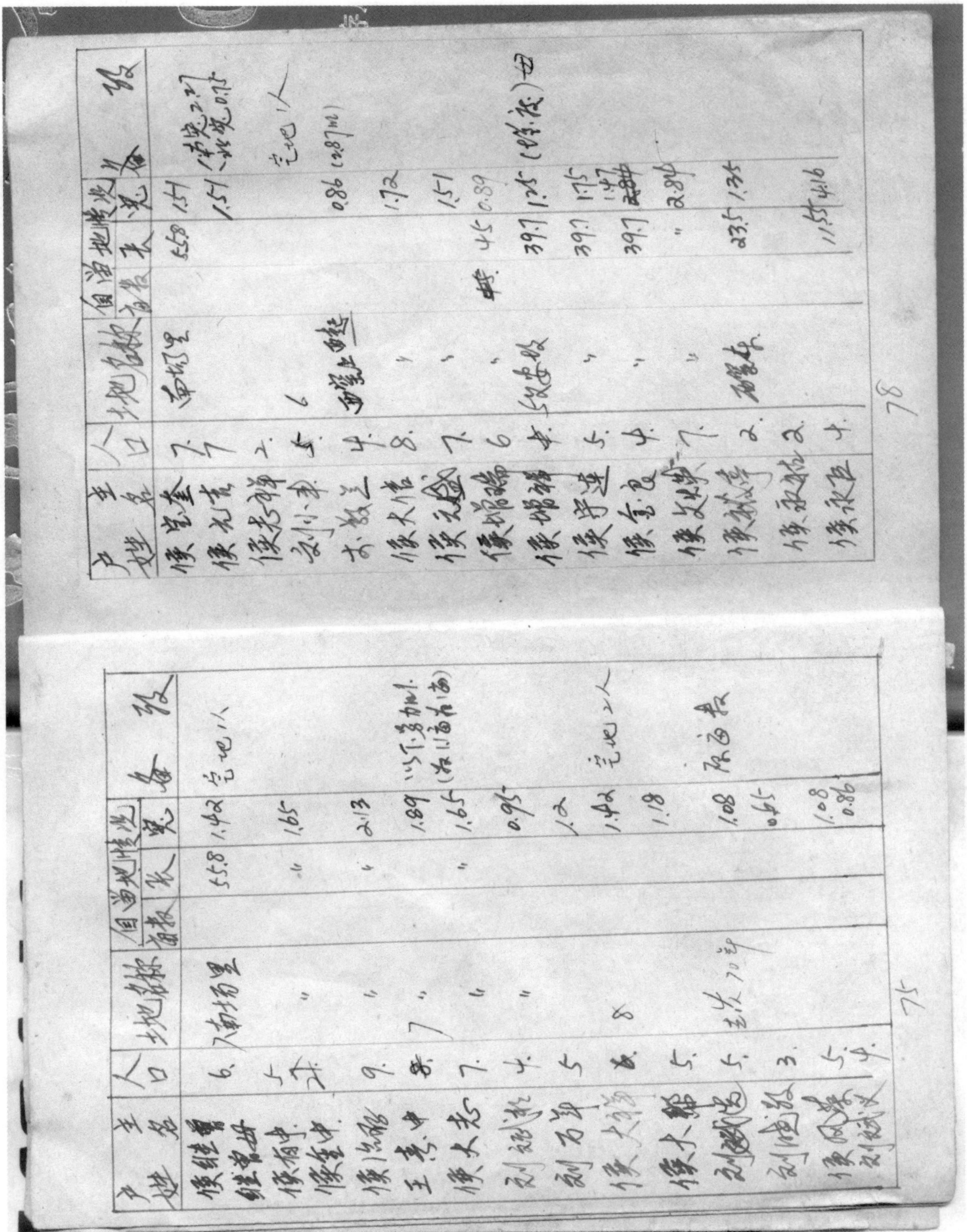

户主姓名	人口	土地名称	自留地情况 亩数	长	宽	备考
侯继曾 继曾母	6.	八亩场里		55.8	1.42	宅地1人
侯有中	5					
侯金中	2.	〃		〃	1.65	
侯治邦	9.	〃		〃	2.13	
王春中	7	〃			1.89	以下另加1.(为1亩者)
侯大志	7.	〃		〃	1.65	
刘斌杰	4.	〃			0.95	
刘万年	5				1.2	
侯大祥	8				1.42	宅地2人
侯大鹏	5.				1.18	
刘斌迅	5.	土坎70号			1.08	原亩数
刘魁政	3.				0.65	
侯凤荣	5.				1.08	
刘斌汉	4.				0.86	

75

户主姓名	人口	土地名称	自留地情况 亩数	长	宽	备考
侯宝奎	7.	南场里		55.8	1.51	
侯元吉	7				1.51	南宽2.27 北宽0.75
侯志祥	2.					
刘小来	5.	6				宅地1人
古敬兰	4.	西窑上西边			0.86	(2.87m)
侯大信	8.	〃			1.72	
侯元盛	7.	〃			1.51	
侯增瑞	6	〃		45	0.89	
侯增祥	4.	纸安坟		39.7	1.25	(烧夜)田
侯宇连	5.	〃		39.7	1.75	
侯金良	4.	〃		39.7	1.47	
侯文焕	7.	〃		〃	2.84	
侯毅亭	2.	西窑东		23.5	1.35	
侯永祜	2.					
侯永臣	4.			11.55	4.16	

78

f – 9c

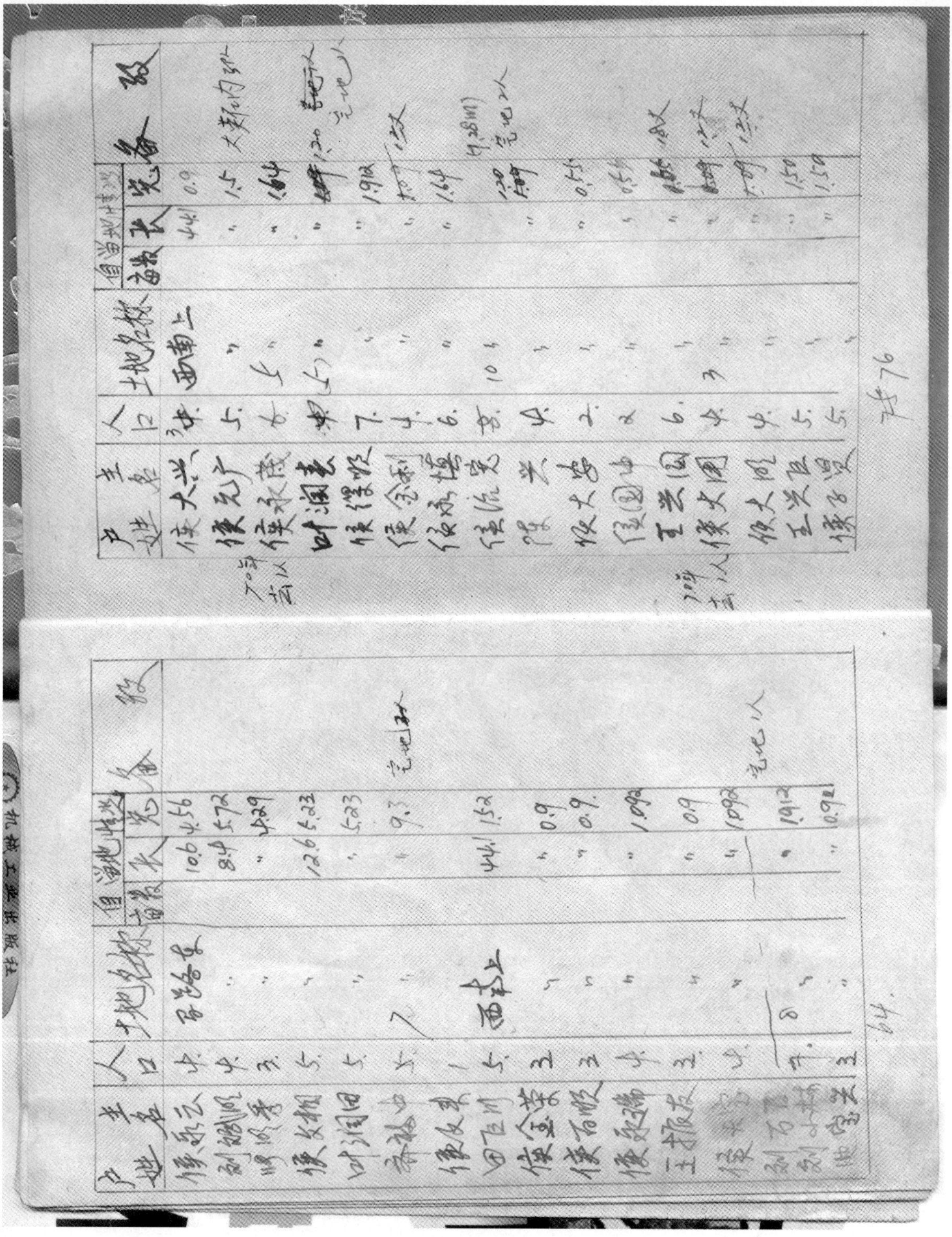

f－9d

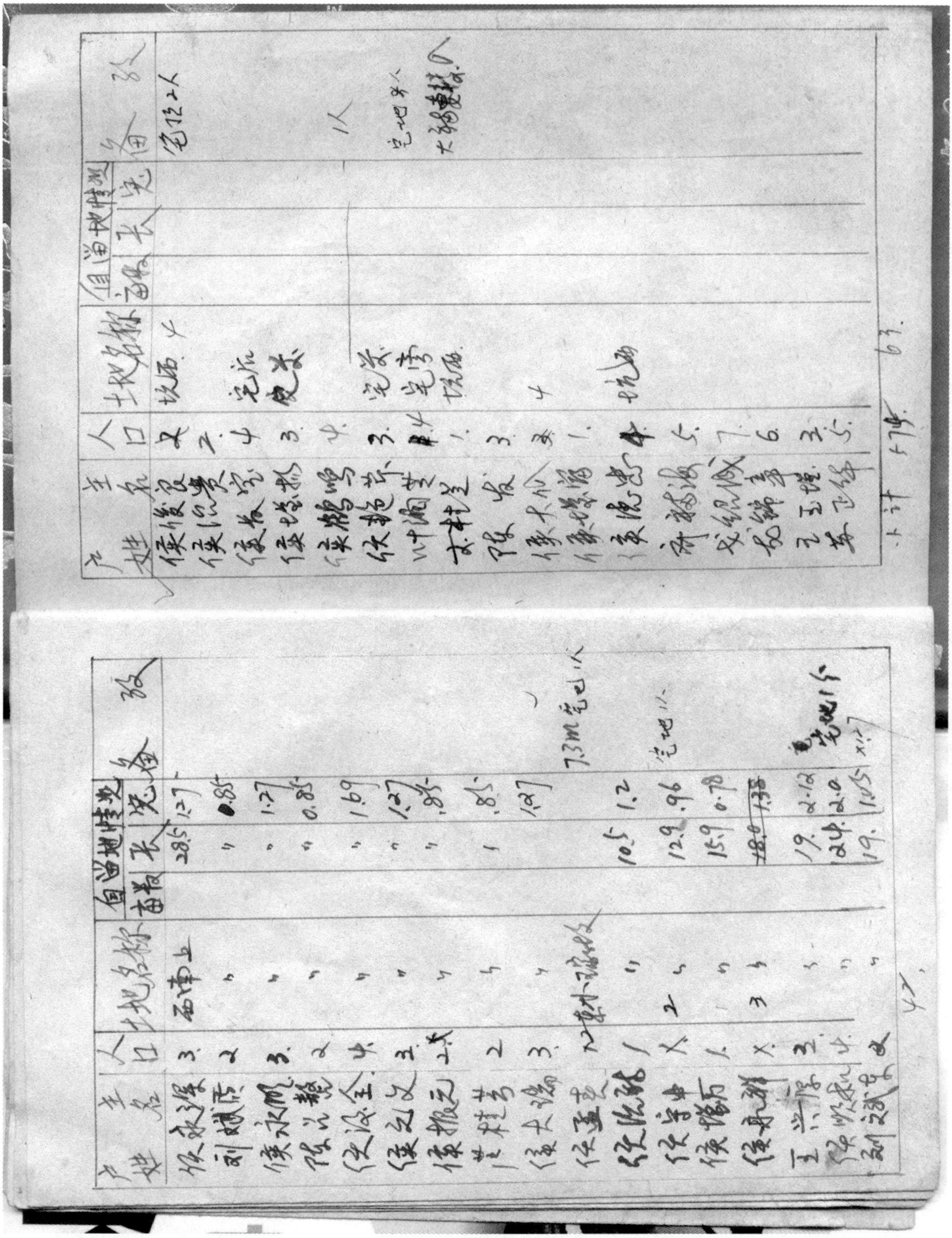

f-9e

f-9/f-9a-e　泥井人民公社侯家营大队社员自留地底帐。1965年。＊小册子，分户主、人口、土地坐落、自留地情况（亩数、长、宽）等各栏统计。应为村内部重要文件。

a－4－32　证明信。外村自留地过转，1975 年 3 月 14 日。

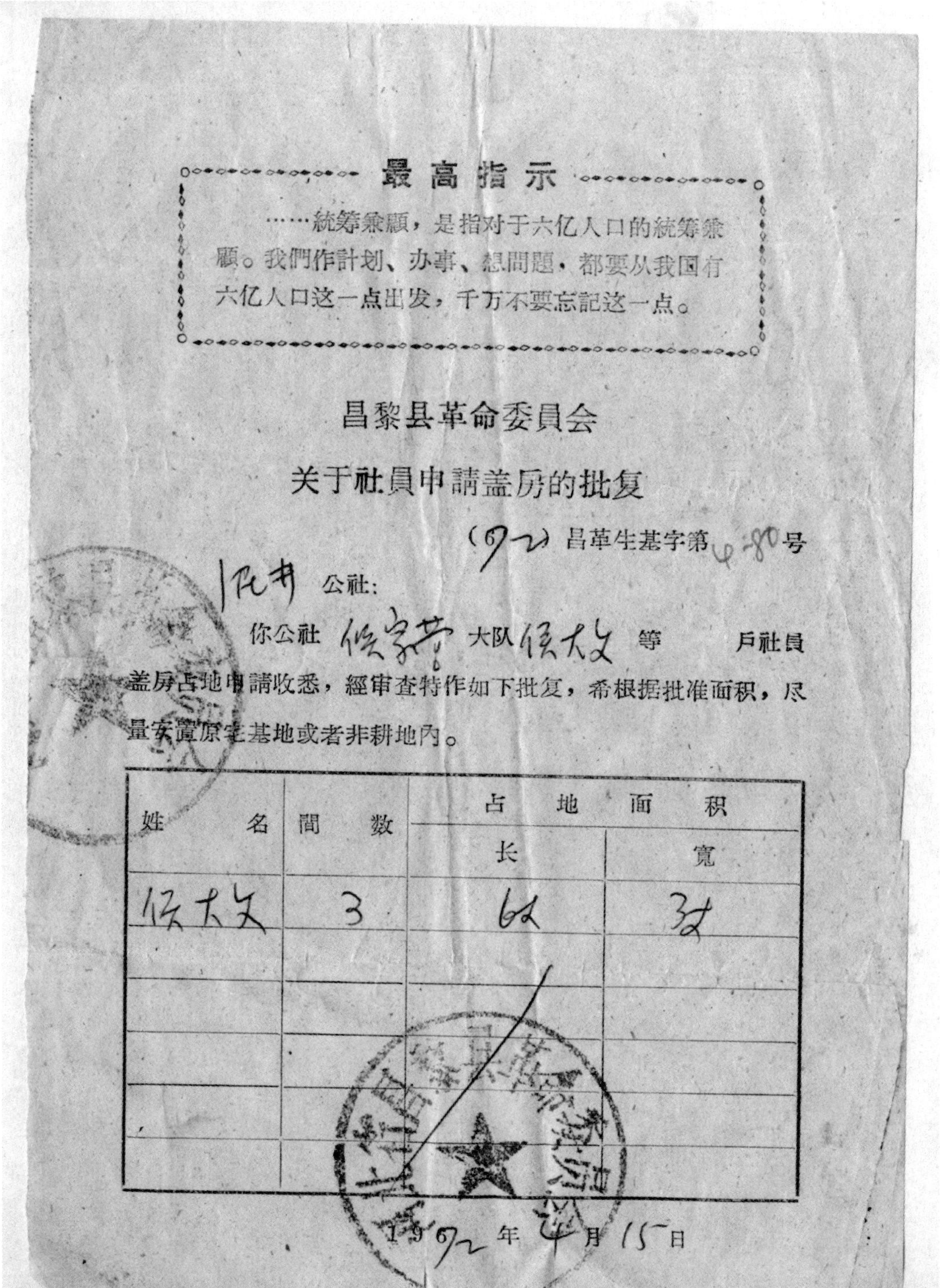

最高指示

……統筹兼顧，是指对于六亿人口的統筹兼顧。我們作計划、办事、想問題，都要从我国有六亿人口这一点出发，千万不要忘記这一点。

昌黎县革命委員会

关于社員申請盖房的批复

（72）昌革生基字第4-80号

泥井 公社：

你公社 侯家营 大队 侯大文 等 戶社員盖房占地申請收悉，經审查特作如下批复，希根据批准面积，尽量安置原宅基地或者非耕地內。

姓名	間数	占地面积	
		长	寬
侯大文	3	6丈	3丈

1972年4月15日

a－13－12c 关于社员申请盖房的批复。侯家营，侯大文，1972年4月15日。

a-6-9

社员建房占地申请表　197 年 月 日

姓名	刘斌东	家庭成份	中农	现有人口	六口人	现有房间数	正房	无	厢房	无	院内空白宅基地面积	长　宽
现住址	泥井公社 侯家营 大队					申请建房间数	三间				占地面积	长 六丈 宽 三丈

申请人的关系（独立、分家和申请人说明）申请原因	我叫刘斌东 年令四十岁 妻侯丽君三十六岁 长子刘晓勇年令十二岁 次子刘晓快年令十岁 三子刘晓新六岁 长女刘晓燕年令十三岁 共六人 现住简易房不能过冬 现已把材料备齐 本人愿意承担建筑费用 特申请盖房三间 望领导批示。一九七八年 二月十六日
生产队及贫协小组意见（是否欠款、欠粮、欠款多少）	该户申请要求盖房三间，本户确实无房住，经贫下中农讨论同意，本户把房盖上。本户现已欠队款280元。 贫协组长盖章 三 生产队长盖章 一九七八年 2 月 16 日
大队革委意见	经大队研究同意该户申请和要求 社员讨论意见。 大队革委盖章 一九七八年 二 月十七日
是否欠贷款、欠粮、欠金额	信用社盖章 一九七　年　月　日
公社革委意见	一九七　年　月　日
县审批意见	一九七　年　月　日
备注	

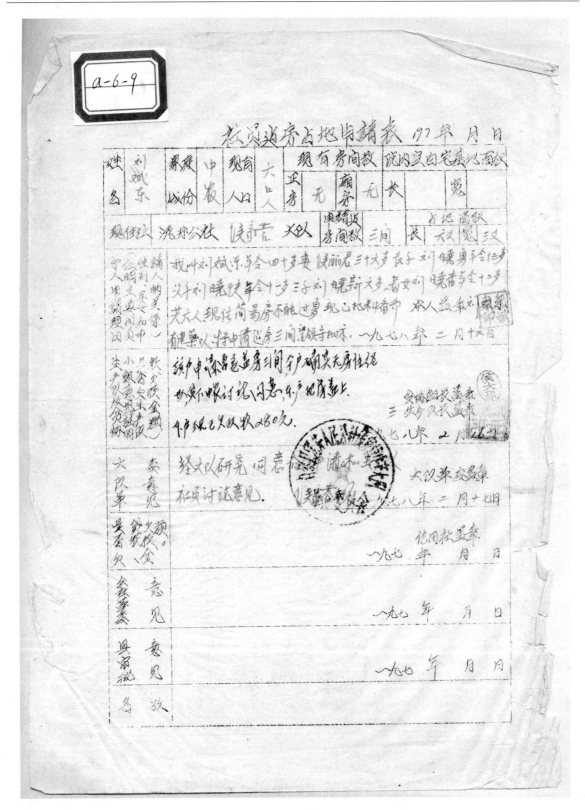

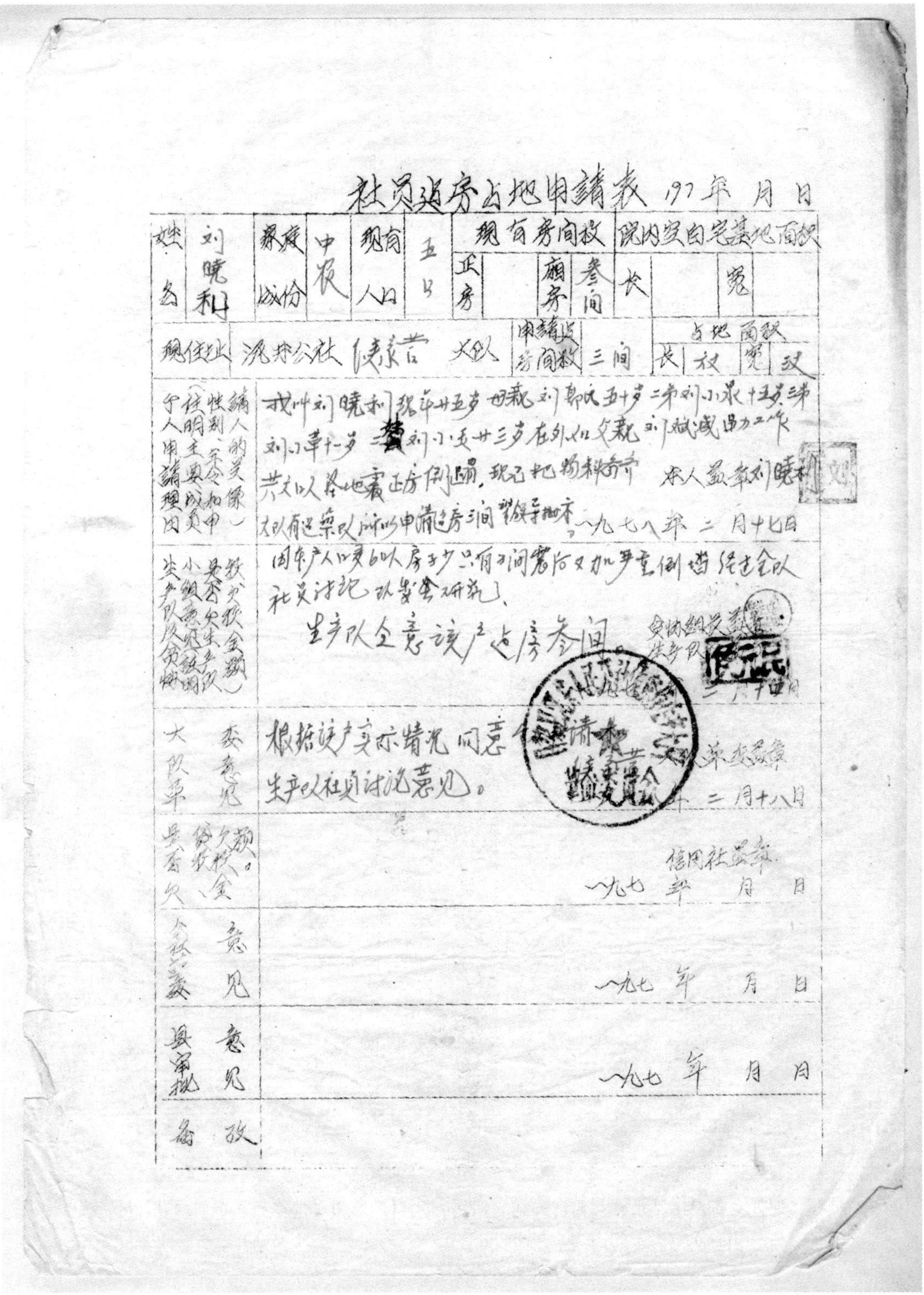

社员建房占地申请表 197 年 月 日

姓名	刘晓利	家庭成份	中农	现有人口	五口	现有房间数				院内空白宅基地面积			
						正房		厢房	叁间	长		宽	
现住址	沈村公社 侯家营 大队					申请占房间数	三间	占地面积	长	丈	宽	丈	
申请人的关系（性别、年令和申请人主要成员）申请理由	我叫刘晓利现年廿五岁 母亲刘郭氏五十岁 二弟刘小泉十五岁 三弟刘小革十一岁 二妹刘小贞廿三岁在外工作 父亲刘殿臣因为工作 共六口人 因地震正房倒塌，现已把物耕种 本人盖章刘晓利 大队有送菜队所以申请建房三间 一九七八年 二月十七日												
救灾救济款 是否欠款 小组意见 生产队及贫协	因本户人口多6人房子少只有3间震后又加上重倒 皆经全队社员讨论 叫贫协研究。生产队同意该户占房叁间。 贫协组长盖章 生产队 一九七八年二月十八日												
大队革委意见	根据该户实际情况同意，生产队社员讨论意见。 大队革委盖章 一九七八年 二月十八日												
是否欠救济款、贷款	信用社盖章 一九七 年 月 日												
公社党委意见	一九七 年 月 日												
县审批意见	一九七 年 月 日												
备考													

a－6－9a

a－6－9/a－6－9a　社员建房占地申请表。现住简易房不能过夏，建房 3 间、经贫下中农讨论同意，1978 年 2 月。＊一册，取 2 页，贫协组长盖章，生产队长盖章。

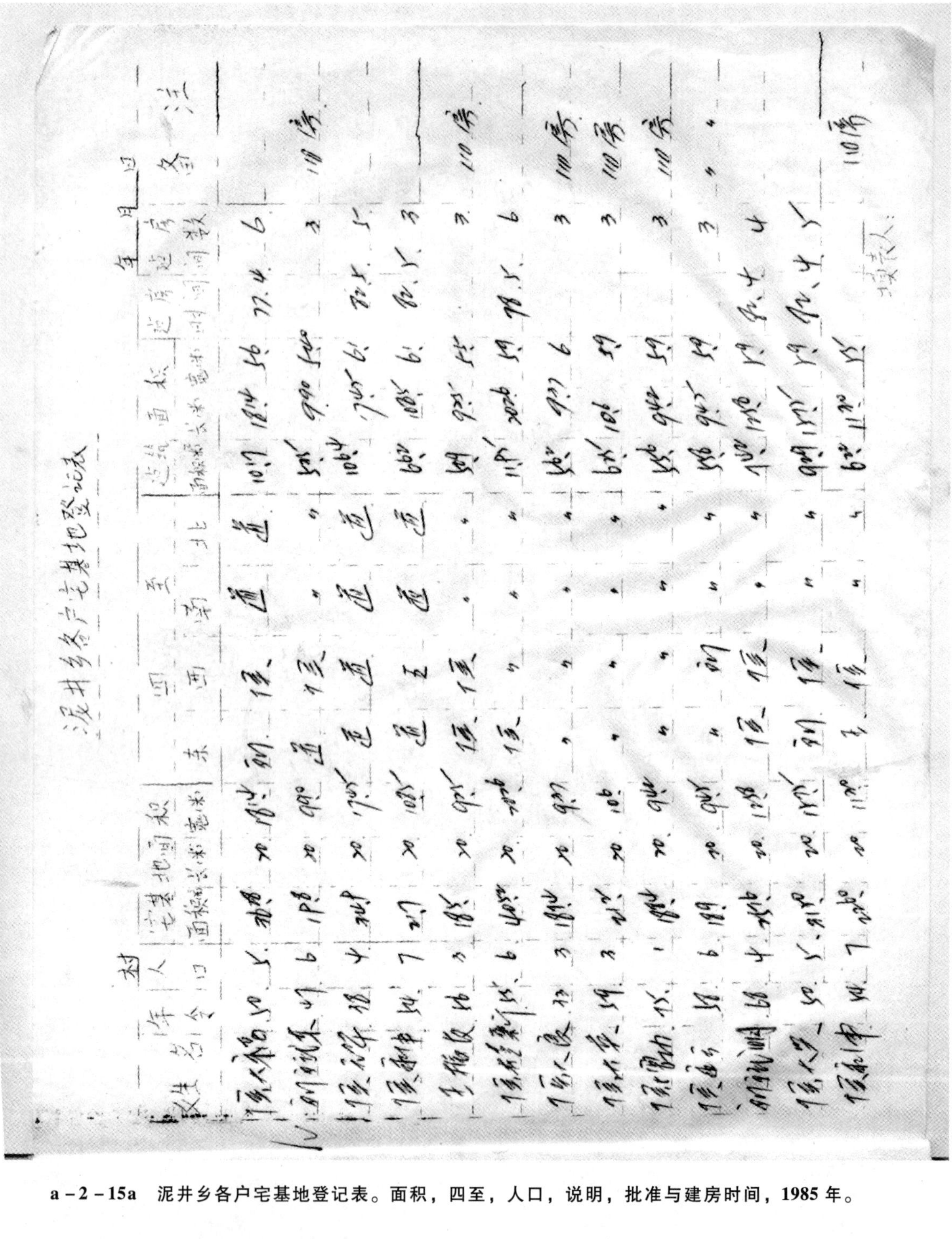

泥井乡各户宅基地登记表

姓名	人口	宅基地面积（面积 长米 宽米）	四至（东 西 南 北）	建筑面积（面积 长米 宽米）	建房时间	间数	文号	注

a－2－15a　泥井乡各户宅基地登记表。面积，四至，人口，说明，批准与建房时间，1985 年。

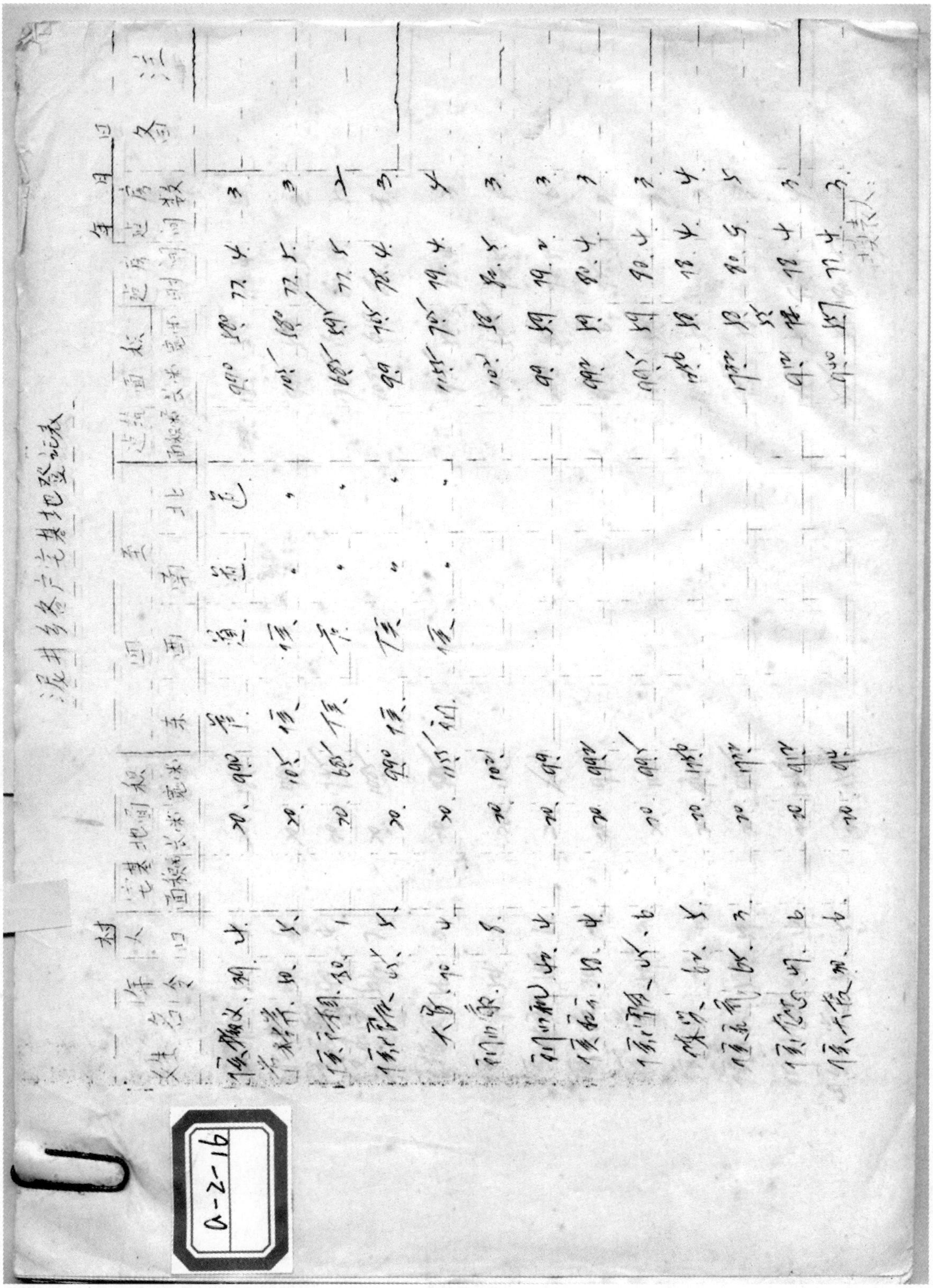

泥井乡各户宅基地登记表

村　　　　年　月　日

姓名	年令	人口	宅基地面积 面积	长米	宽米	四至 东	西	南	北	建筑面积 面积	长米	宽米	建房时间	建房间数	备注
侯振义	39	4		20	990	户	道	道	道		990	180	77.4	3	
侯[illegible]	50	5		20	105	侯	侯	〃	〃		105	180	77.5	3	
侯[illegible]	30	1		20	605	侯	户	〃	〃		605	591	77.5	2	
侯[illegible]	45	5		20	990	侯	侯	〃	〃		99	765	78.4	3	
大[illegible]	40	4		20	1155	刘	侯	〃	〃		1155	70	79.4	4	
刘[illegible]		8		20	102						102	15	80.5	3	
刘[illegible]	42	4		20	99						99	59	79.2	3	
侯[illegible]	38	4		20	992						992	59	80.4	3	
侯[illegible]	45	6		20	995						995	59	80.4	3	
[illegible]	62	5		20	1136						1136	18	78.4	4	
侯[illegible]	65	3		20	1722						1722	18	80.5	5	
侯[illegible]	47	6		20	912						912	18	78.4	3	
侯[illegible]	37	6		20	95						950	157	77.4	3	

填表人：

a-2-16

a－2－16

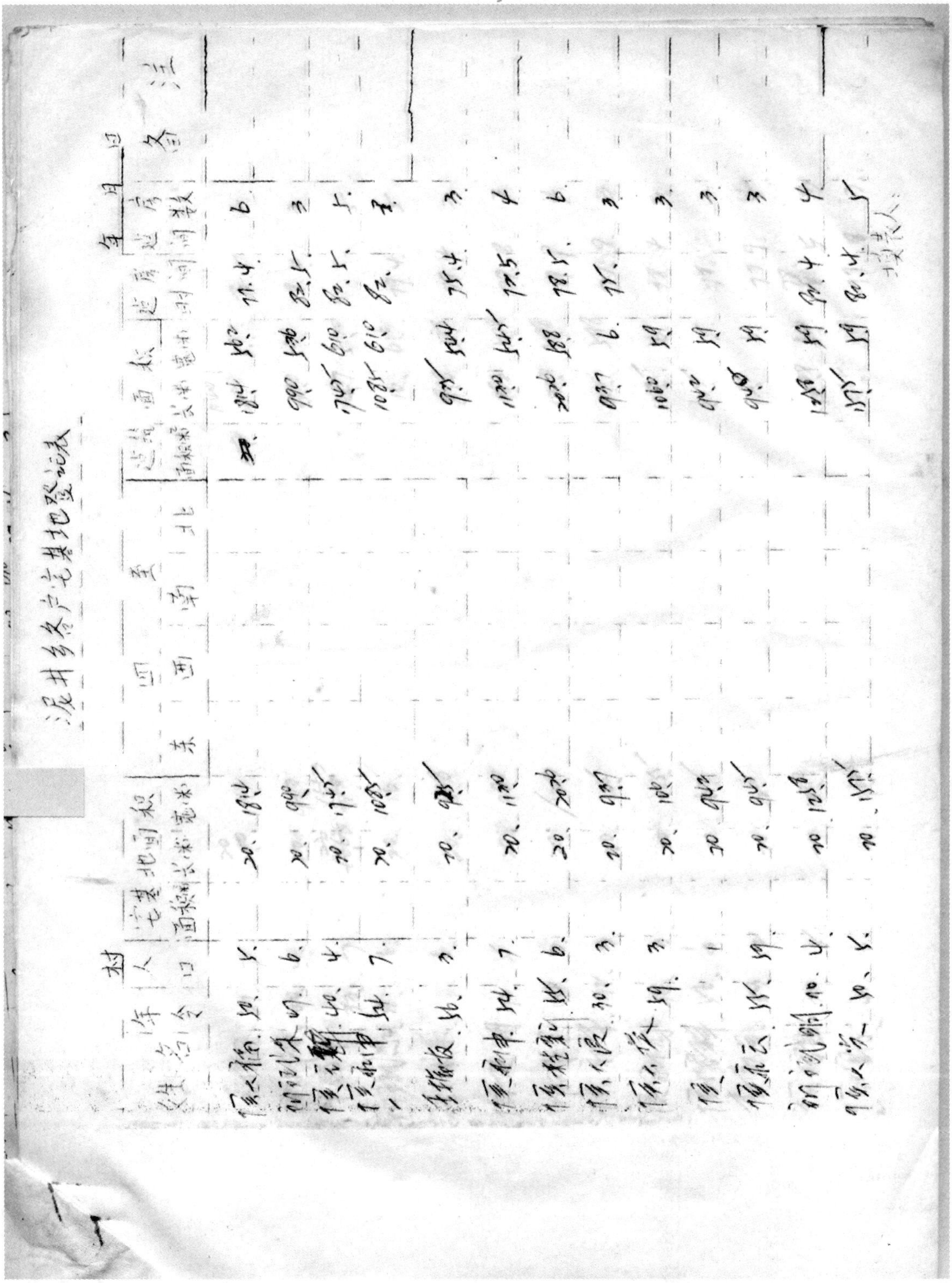

泥井乡各户宅基把登记表

a－2－16a

a－2－16/a－2－16a　泥井乡各户宅基地登记表。泥井乡侯家营村，批准时间，1972－82年。

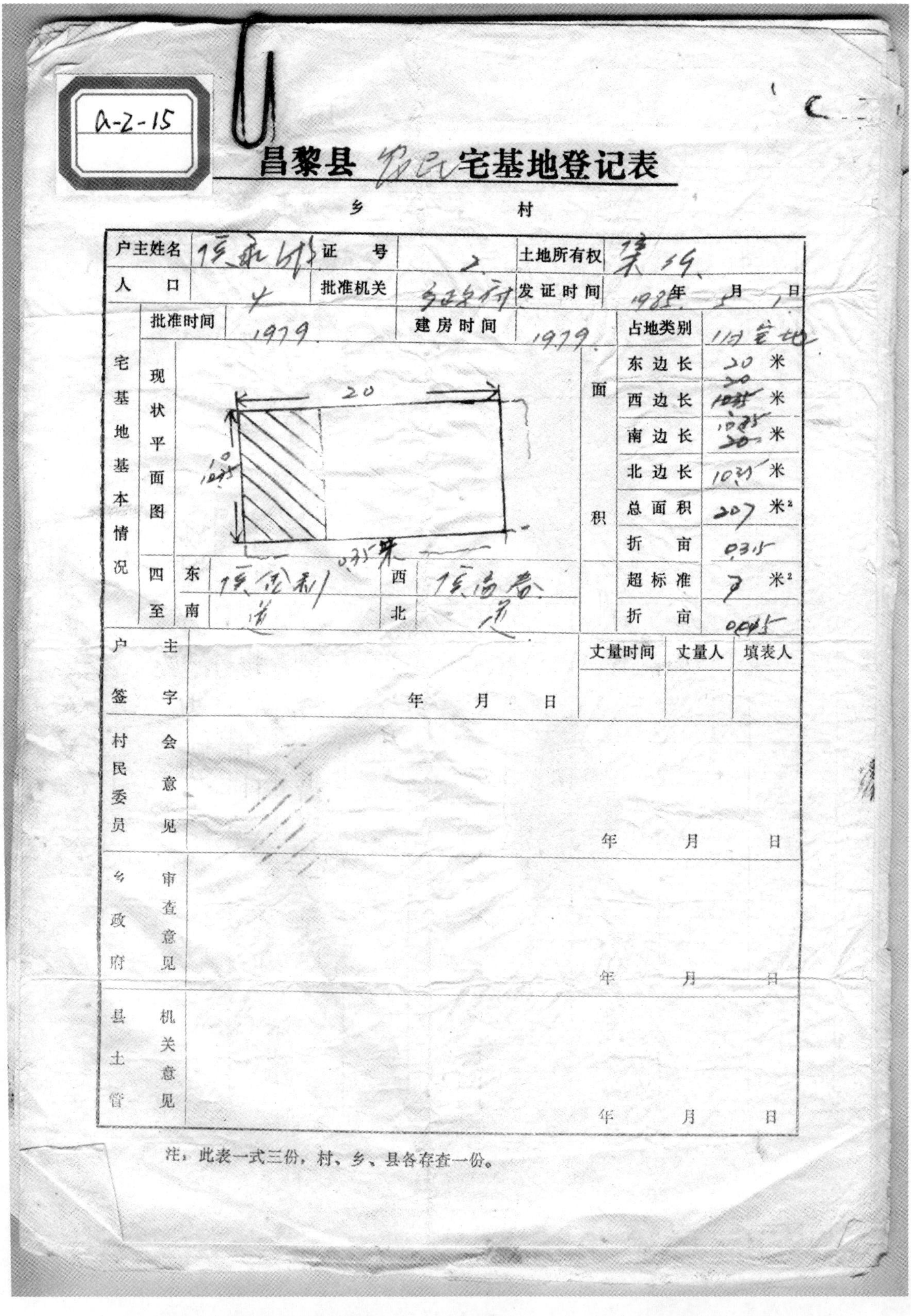

a-2-15

昌黎县农民宅基地登记表

乡　　　村

户主姓名	侯永明	证　号	2	土地所有权	集体
人　口	4	批准机关	乡政府	发证时间	1985 年 5 月 1 日
宅基地基本情况 批准时间	1979	建房时间	1979	占地类别	旧宅地
现状平面图	20；10.35；0.35米			面积 东边长	20 米
				西边长	20（10.35）米
				南边长	10.35（20）米
				北边长	10.35 米
				总面积	207 米²
				折亩	0.31
四至 东	侯宝利	西	侯海春	超标准	7 米²
南	道	北	道	折亩	0.01
户主签字	年　月　日		丈量时间	丈量人	填表人
村民委员会意见	年　月　日				
乡政府审查意见	年　月　日				
县土管机关意见	年　月　日				

注：此表一式三份，村、乡、县各存查一份。

a-2-15　昌黎县农民宅基地登记表。现状平面图，人口，批准与建房时间，1985 年。

昌黎县 农民 宅基地登记表

泥井乡 侯家营 村

户主姓名	侯元祥	证 号		土地所有权	集体
人 口	5	批准机关	乡政府	发证时间	1988 年 2 月 15 日
宅基地基本情况	批准时间	1978	建房时间 1978.5	占地类别	
	现状平面图	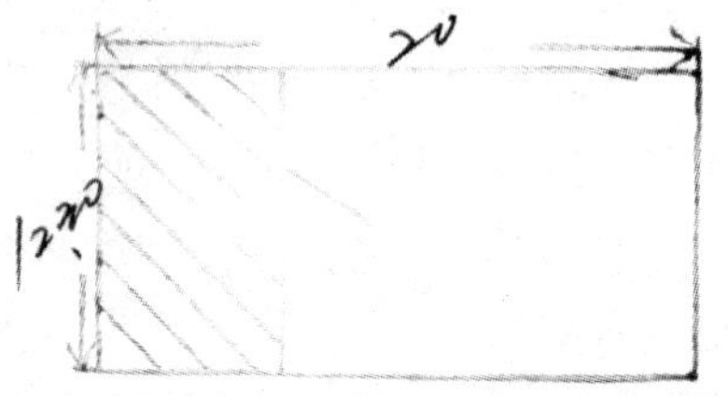	面积	东边长	20米
				西边长	20米
				南边长	12.3米
				北边长	12.3米
				总面积	246米²
				折 亩	0.369
	四至	东 侯[illegible]宅	西 侯[illegible]空地	超标准	米²
		南 道	北 道	折 亩	
户主签字	年 月 日	丈量时间 1987.8.31	丈量人 侯[illegible]	填表人 侯[illegible]	
村民委员会意见	丈量属实同意发证	1987 年 8 月 31 日			
乡政府审查意见	年 月 日				
县土管机关意见	年 月 日				

注：此表一式三份，村、乡、县各存查一份。

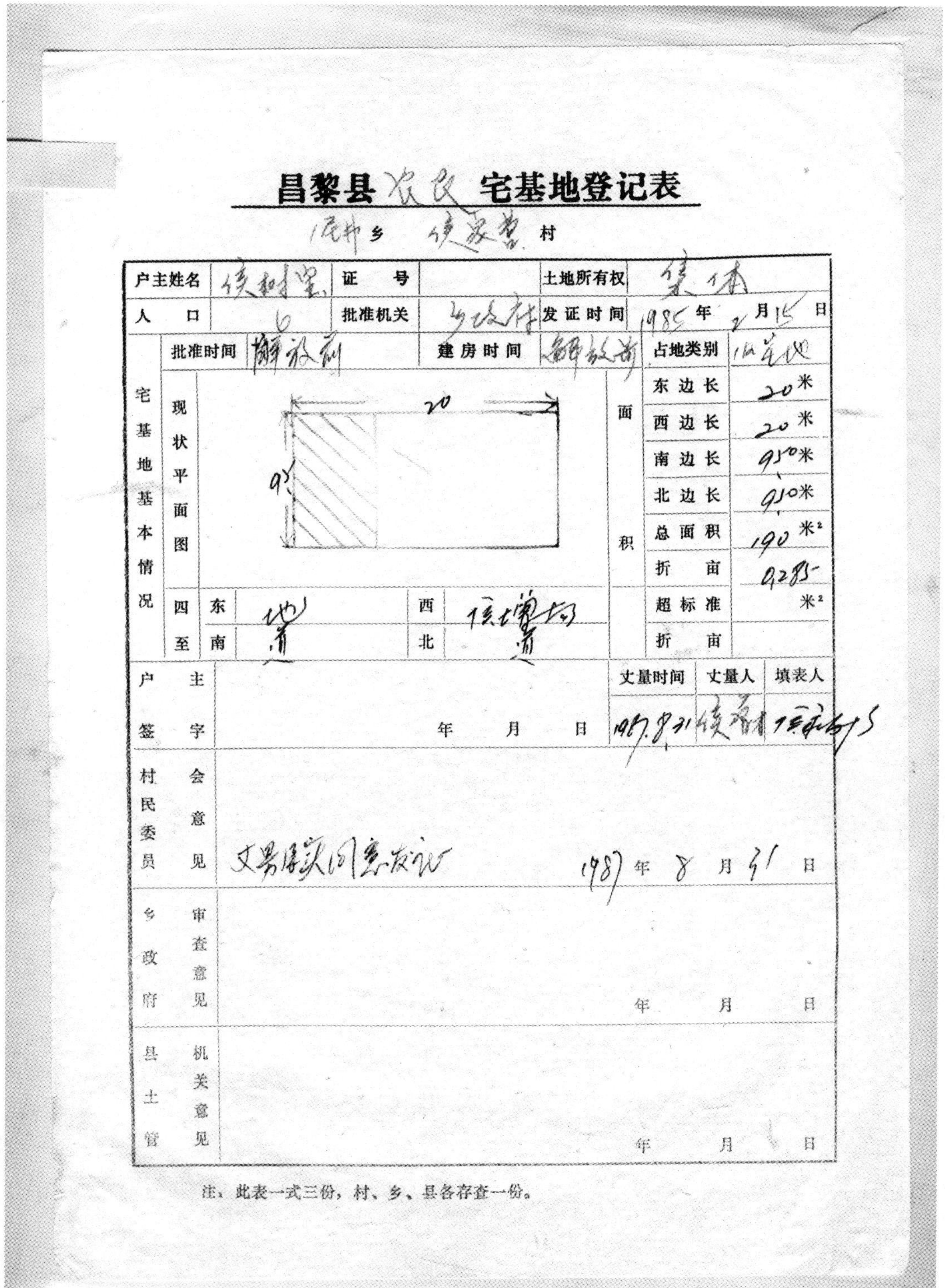

昌黎县农民宅基地登记表

泥井乡　侯家营村

户主姓名	侯树宝	证　号		土地所有权	集体
人　口	6	批准机关	乡政府	发证时间	1985 年 2 月 15 日
宅基地基本情况 批准时间	解放前	建房时间	解放前	占地类别	旧宅地
现状平面图	20 / 9.5		面积	东边长	20 米
				西边长	20 米
				南边长	9.50 米
				北边长	9.50 米
				总面积	190 米²
				折　亩	0.285
四至 东	街	西	侯增均	超标准	米²
四至 南	道	北	道	折　亩	
户主签字	年　月　日	丈量时间	1987.8.31	丈量人 / 填表人	侯 / 侯
村民委员会意见	丈量属实同意发证　1987 年 8 月 31 日				
乡政府审查意见	年　月　日				
县土管机关意见	年　月　日				

注：此表一式三份，村、乡、县各存查一份。

a－2－17a

a－2－17/a－2－17a　昌黎县农民宅基地登记表。宅基地、建筑面积、建房时间、间数，1987 年 8 月。＊1 册，侯家营全村选 2 户，批准时间 1976—87 年，发证时间 1985 年 2 月，丈量时间 1987 年 8 月。有现状平面图，一式三份存村、乡、县，村委会意见。

侯

昌政土管字（198　）333号

村民住宅建设用地

申

请

书

昌黎县人民政府制

a-10-21

a－10－21

申请用地村、街（章）	泥井 乡（镇）侯家营 村（街）			用地位置			
全村（街）农业户	210 户			全村（街）农业人口	852 人		
全村（街）耕地	2764 亩			人均耕地	3.25 亩		
本次申请	户数	间数	占地亩数	其中	宅基地占地	道路占地	
	10	30	3.75		2.5	1.25	
占地类别（亩）	耕地	1.05		其中	旱地	水浇地	菜地
					1.05		
	其它土地	2.7		其中	果园地	林地	坑塘	其它
								2.7
村（街）平均年产量	700 斤／亩			村（街）平均年产值	220 元／亩		
收取占用税	元			收取土地使用费	元		
乡（镇）政府审核意见	同意该村建房10户30间。占耕地4户1.33亩，占非耕地6户2亩。 乡（镇）长签名　郭润年 乡（镇）助理员签名　张学印 1988年12月30日			县政府审批意见	同意该村建房10户、30间，占地3.33亩，其中：耕地1.33亩，占非耕地2亩。占耕地的4户、12间、宅基地占地1亩，路占地0.33亩；占非耕地的6户、18间，宅基地占地1.5亩，路占地0.5亩。 1988年　月31日		

a－10－21a

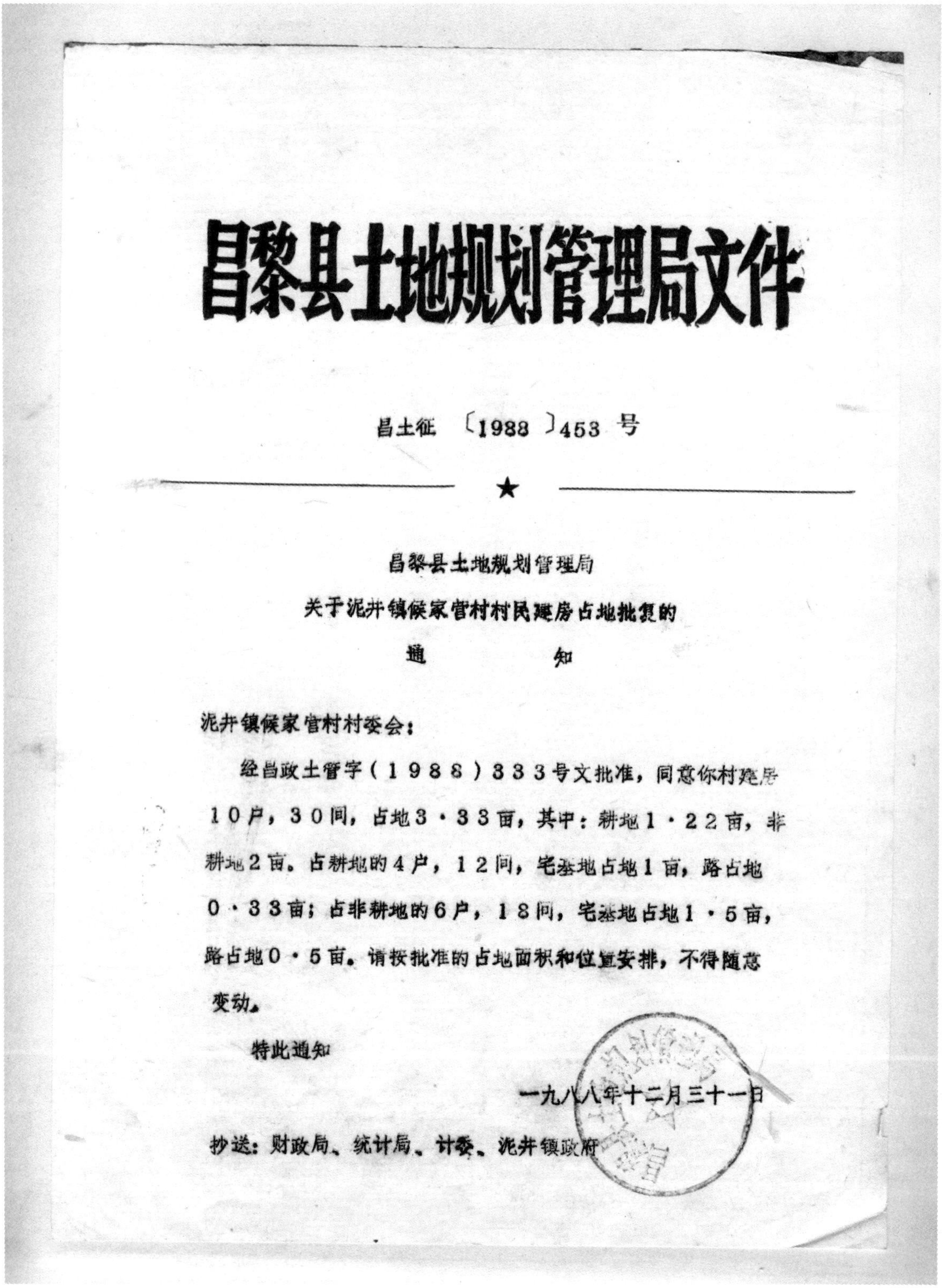

昌黎县土地规划管理局文件

昌土征〔1988〕453 号

★

昌黎县土地规划管理局
关于泥井镇候家营村村民建房占地批复的
通　　知

泥井镇候家营村村委会：

经昌政土管字（1988）333号文批准，同意你村建房10户，30间，占地3·33亩，其中：耕地1·22亩，非耕地2亩。占耕地的4户，12间，宅基地占地1亩，路占地0·33亩；占非耕地的6户，18间，宅基地占地1·5亩，路占地0·5亩。请按批准的占地面积和位置安排，不得随意变动。

特此通知

一九八八年十二月三十一日

抄送：财政局、统计局、计委、泥井镇政府

a－10－21b

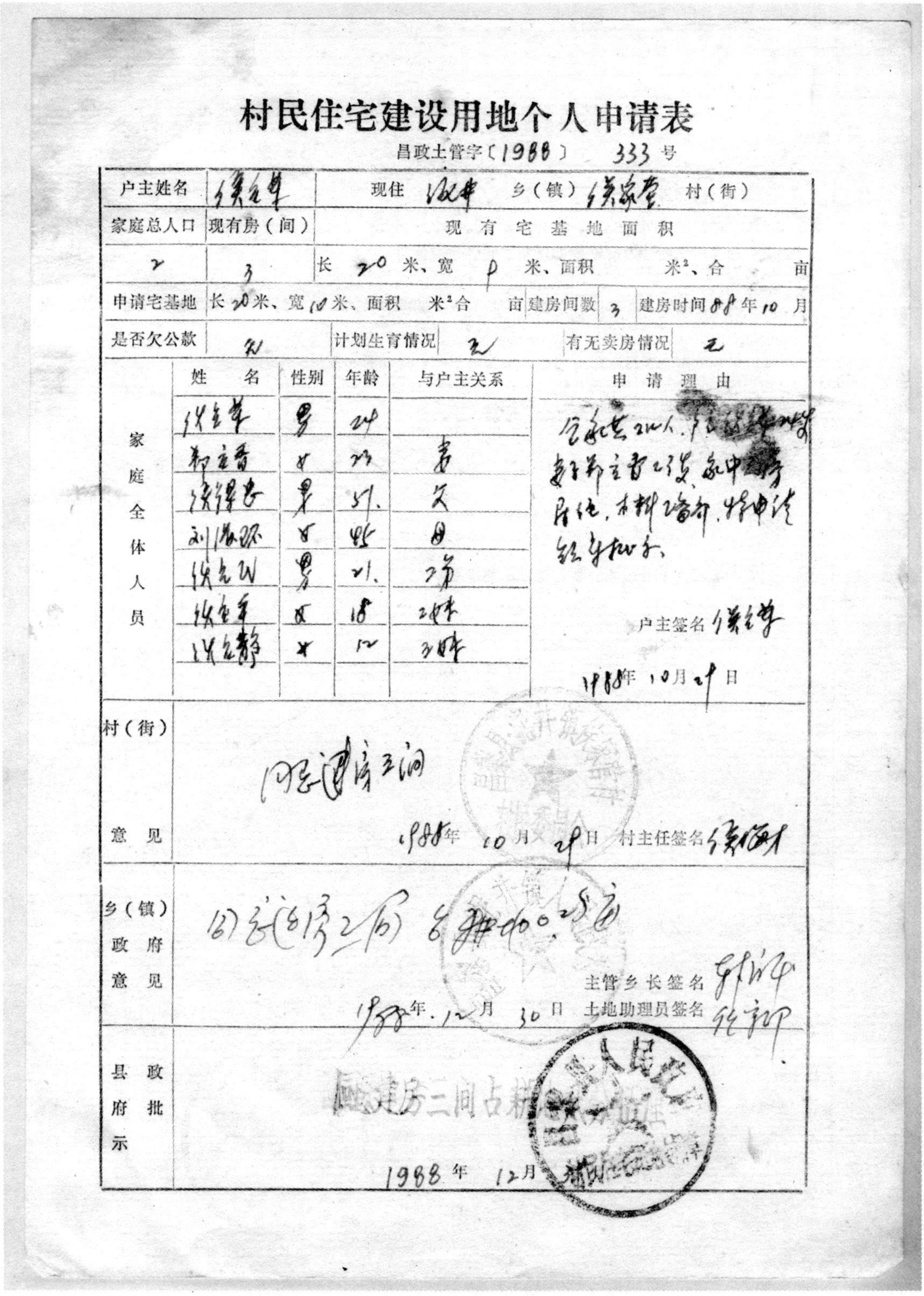

村民住宅建设用地个人申请表

昌政土管字〔1988〕　333号

户主姓名	侯金华	现住 城关 乡（镇） 侯家营 村（街）			
家庭总人口	现有房（间）	现有宅基地面积			
2	3	长 20 米、宽 8 米、面积　米²、合　亩			
申请宅基地	长 20 米、宽 10 米、面积　米²合　亩	建房间数	3	建房时间	88 年 10 月
是否欠公款	无	计划生育情况	无	有无卖房情况	无

家庭全体人员	姓名	性别	年龄	与户主关系	申请理由
	侯金华	男	24		全家共7人，[illegible]娶郝玉香 [illegible]，家中缺房居住，木料备齐，特申请给予批示。 户主签名 侯金华 1988年 10月 27日
	郝玉香	女	23	妻	
	侯[illegible]	男	51	父	
	刘[illegible]	女	45	母	
	侯金[illegible]	男	21	二弟	
	侯金[illegible]	女	18	二妹	
	侯金静	女	12	三妹	

村（街）意见	同意建房三间 1988年 10月 27日　村主任签名 侯[illegible]
乡（镇）政府意见	同意建房三间 占耕地0.25亩 主管乡长签名 [illegible] 1988年 12月 30日　土地助理员签名 [illegible]
县政府批示	同意建房三间占耕[illegible] 1988年 12月

a－10－21c

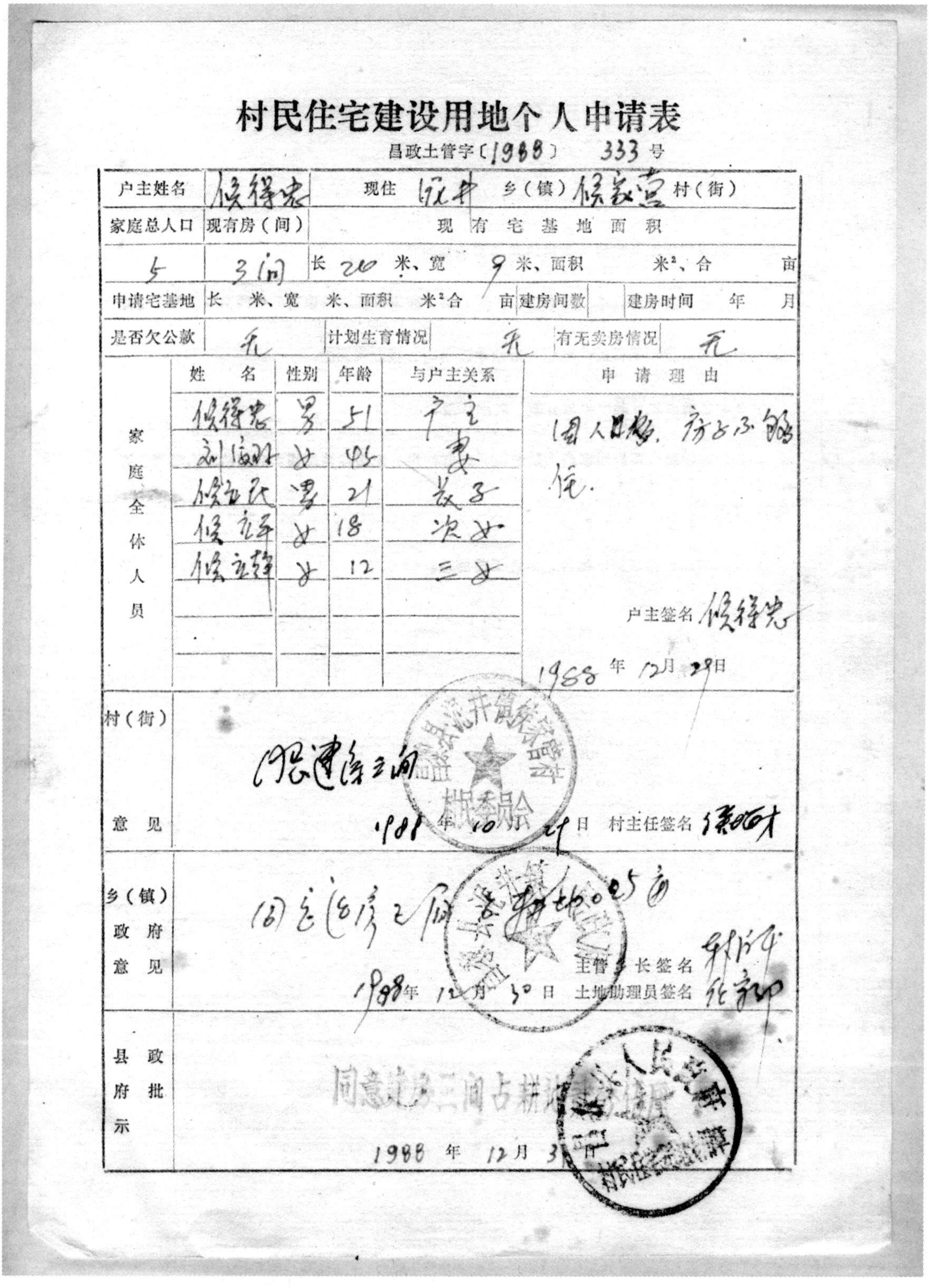

村民住宅建设用地个人申请表

昌政土管字〔1988〕 333 号

户主姓名	侯得忠	现住 流村 乡（镇）侯家营 村（街）			
家庭总人口	现有房（间）	现有宅基地面积			
5	3间	长 20 米、宽 9 米、面积 米²、合 亩			
申请宅基地	长 米、宽 米、面积 米²合 亩	建房间数		建房时间 年 月	
是否欠公款	无	计划生育情况	无	有无卖房情况	无

家庭全体人员	姓名	性别	年龄	与户主关系	申请理由
	侯得忠	男	51	户主	因人口多，房子不够住。
	刘海琴	女	45	妻	
	侯立民	男	21	长子	
	侯立萍	女	18	次女	
	侯立静	女	12	三女	
					户主签名 侯得忠 1988 年 12月 29日

村（街）意见	同意建房三间 1988 年 10月 29日 村主任签名 [illegible]
乡（镇）政府意见	同意建房三间，占耕地0.25亩 主管乡长签名 [illegible] 1988年 12月 30日 土地助理员签名 [illegible]
县政府批示	同意建房三间占耕地[illegible] 1988 年 12月 31日

a－10－21d

a－10－21/a－10－21a－d　村民住宅建设用地申请书。土地规划局批件，乡长韩向平，侯家营村 10 户申请表，理由，村委章，1988 年 12 月 31 日。

林地使用执照和林木所有证（存根）

林地证（　　）字第16号
1982年1月14日

单位或姓名	侯楷珍					住址	侯家营大队		
林地林木座落	亩数	四至 东	西	南	北	树种	树令	株数	备考
院内		土	道	道	道	杨树	2	1	
						榆树	5	8	
						柳树	4	4	
						椿树	3	5	

签发单位（章）侯家营大队　　签发人 [illegible]

林地林木证　第　号

林地使用执照和林木所有证

林地证第16号
1982年1月14日

表内所列土地长期归持证者造林使用。所有林木为持证者所有，受国家法律保护。

单位或姓名	侯楷珍					住址	侯家营大队		
林地林木座落	亩数	四至 东	西	南	北	树种	树令	株数	备考
院内		土	道	道	道	杨树	2	1	
						榆树	5	8	
						柳树	4	4	
						椿树	[illegible]	[illegible]	

说明：用[illegible]填写，[illegible]清楚，不许涂改。

发证机关 昌黎县人民政府　　签发单位 侯家营大队　　签发人 [illegible]

b－1－19－1

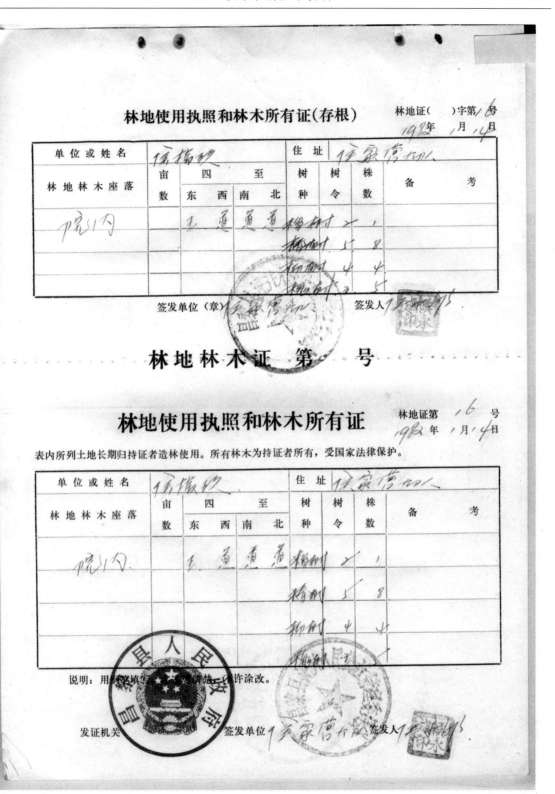

b-1-19-1

林地使用执照和林木所有证（存根）

林地证（ ）字第1号
1982年1月14日

单位或姓名	王景星					住址	侯家营大队		
林地林木座落	亩数	四至 东	西	南	北	树种	树令	株数	备考
院内		侯姓	西道	南北道		杨树	1	7	

签发单位（章）侯家营大队　签发人 侯成永印

林地林木证 第 号

林地使用执照和林木所有证

林地证第1号
1982年1月14日

表内所列土地长期归持证者造林使用。所有林木为持证者所有，受国家法律保护。

单位或姓名	王景星					住址	侯家营大队		
林地林木座落	亩数	四至 东	西	南	北	树种	树令	株数	备考
院内		东侯	西道	南北道		杨树	1	7	

说明：用[illegible]许涂改。

昌黎县人民政府

发证机关　签发单位 侯家营大队　签发人 侯成永印

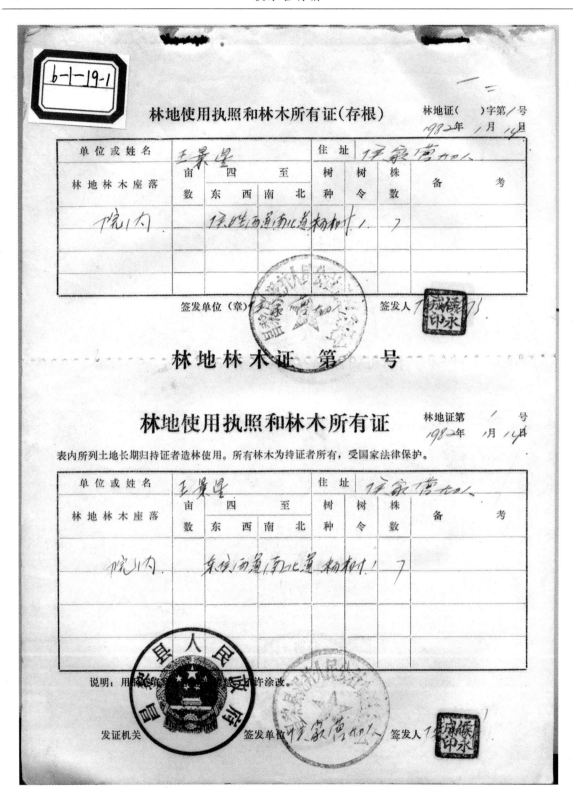

b－1－19－1a

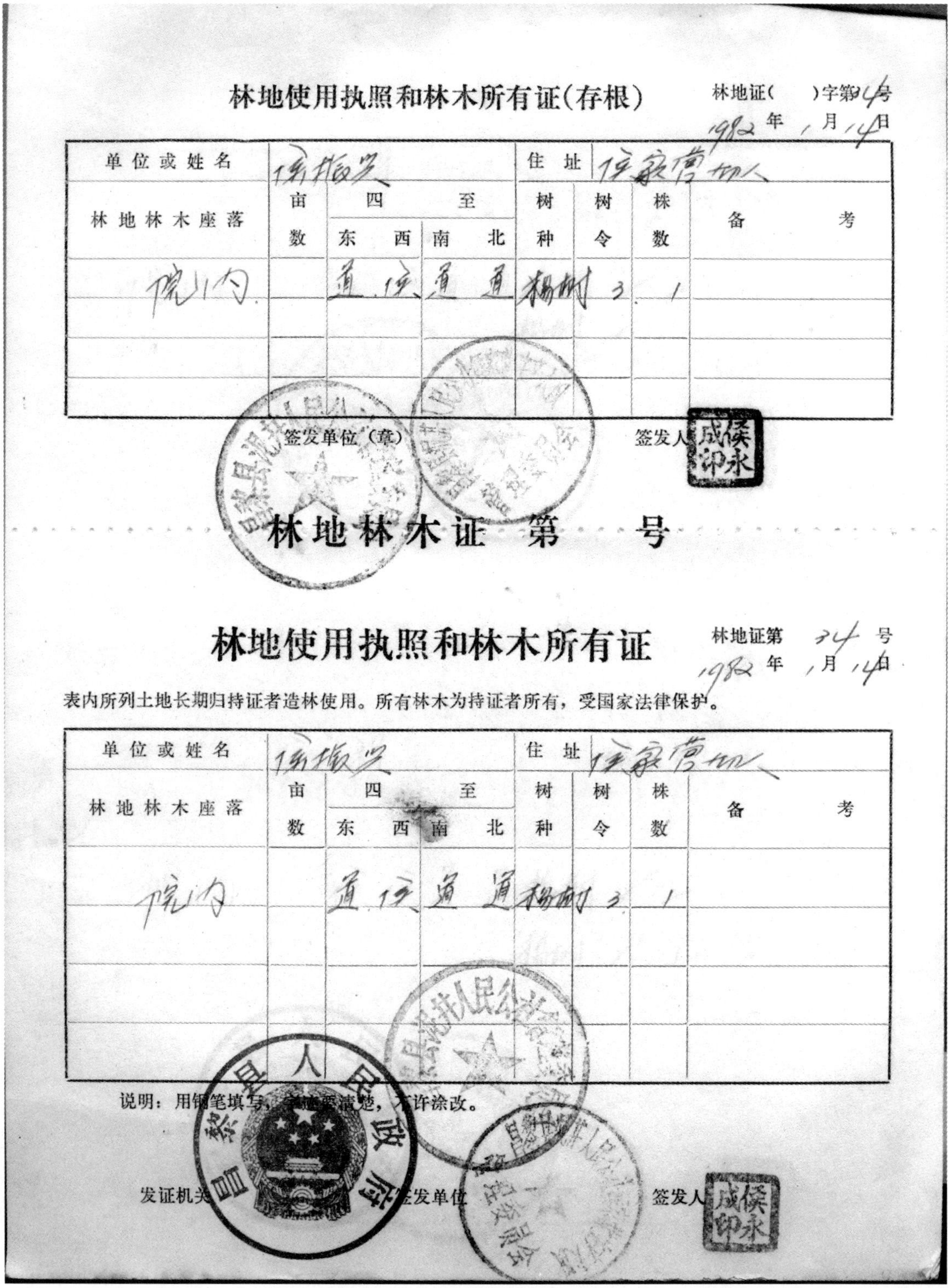

林地使用执照和林木所有证（存根）

林地证（　　）字第4号

1982 年 1 月 14 日

单位或姓名	侯振岁					住址	侯家营[illegible]		
林地林木座落	亩数	四至：东	西	南	北	树种	树令	株数	备考
院内		道	侯	道	道	杨树	3	1	

签发单位（章）　　　　签发人 侯永成印

林地林木证　第　　号

林地使用执照和林木所有证

林地证第 34 号

1982 年 1 月 14 日

表内所列土地长期归持证者造林使用。所有林木为持证者所有，受国家法律保护。

单位或姓名	侯振岁					住址	侯家营[illegible]		
林地林木座落	亩数	四至：东	西	南	北	树种	树令	株数	备考
院内		道	侯	道	道	杨树	3	1	

说明：用钢笔填写，字迹要清楚，不许涂改。

发证机关　　　　签发单位　　　　签发人 侯永成印

b－1－19－3

b－1－19－1/b－1－19－1a/b－1－19－3　林地使用执照和林木所有证。1982 年 1 月。＊醒目处记有：“表内所列土地长期归持证者造林使用，所有林木为持证者所有，受国家法律保护。”县人民政府、公社管理委员会、侯永成章，大队管理委员会章。

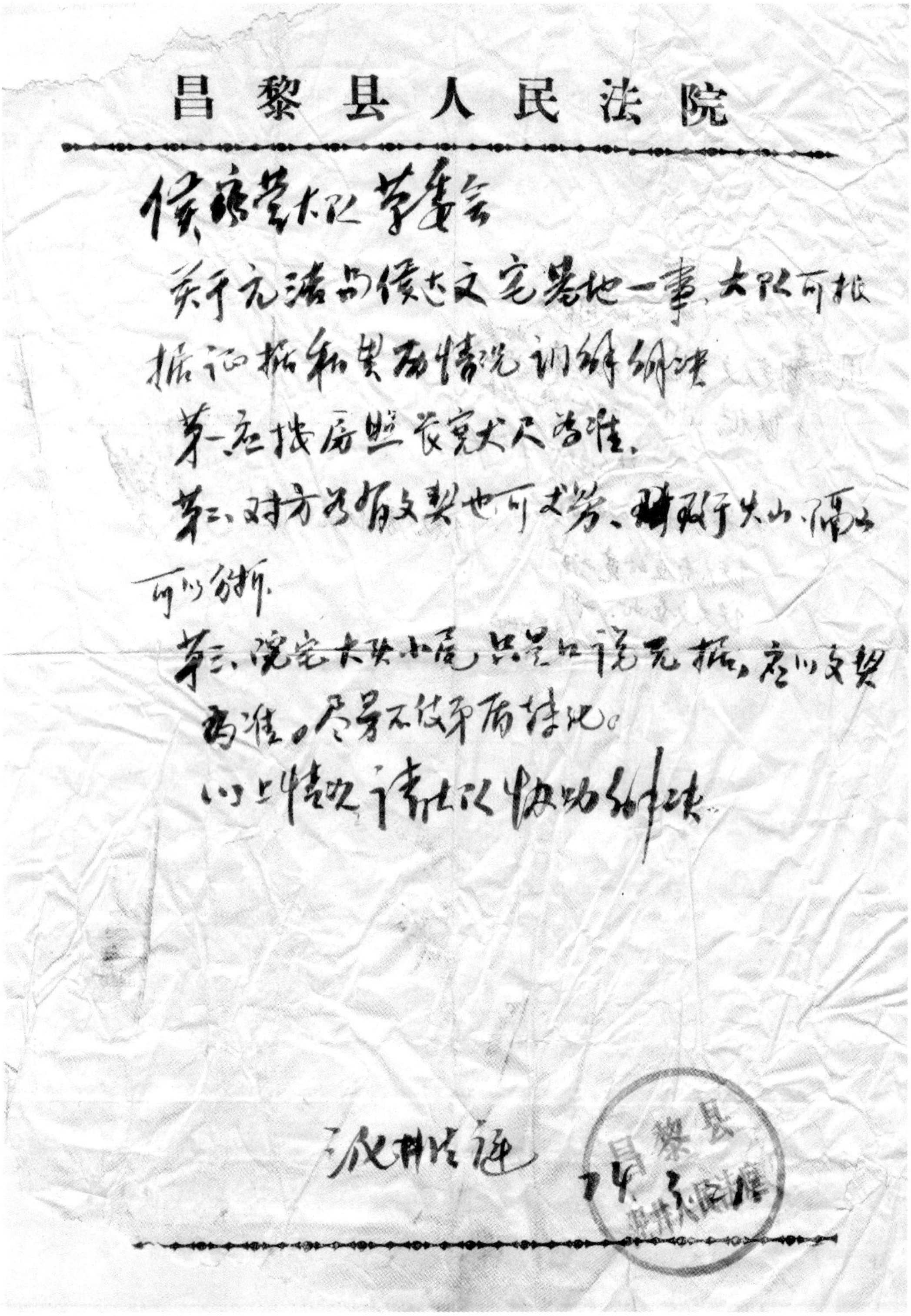

昌黎县人民法院

侯家营大队革委会

关于元吉与侯达文宅基地一事，大队可根据证据和贯历情况调解解决

第一应按房照、发宽丈尺为准。

第二、对方有文契也可丈量，[illegible]可以分析

第三、说宅大块小房只是口说无据，应以文契为准。尽量不使矛盾转化。

以上情况请大队协助解决

泥井法庭

74年3月21日

b－6－29 昌黎县人民法院泥井法庭调解意见。侯元吉与侯达文宅基地事，根据证据和贯历（惯例）情况调整解决；以房照、文契为准，可丈量，不使矛盾转化，昌黎县泥井人民法庭，1974年3月21日。

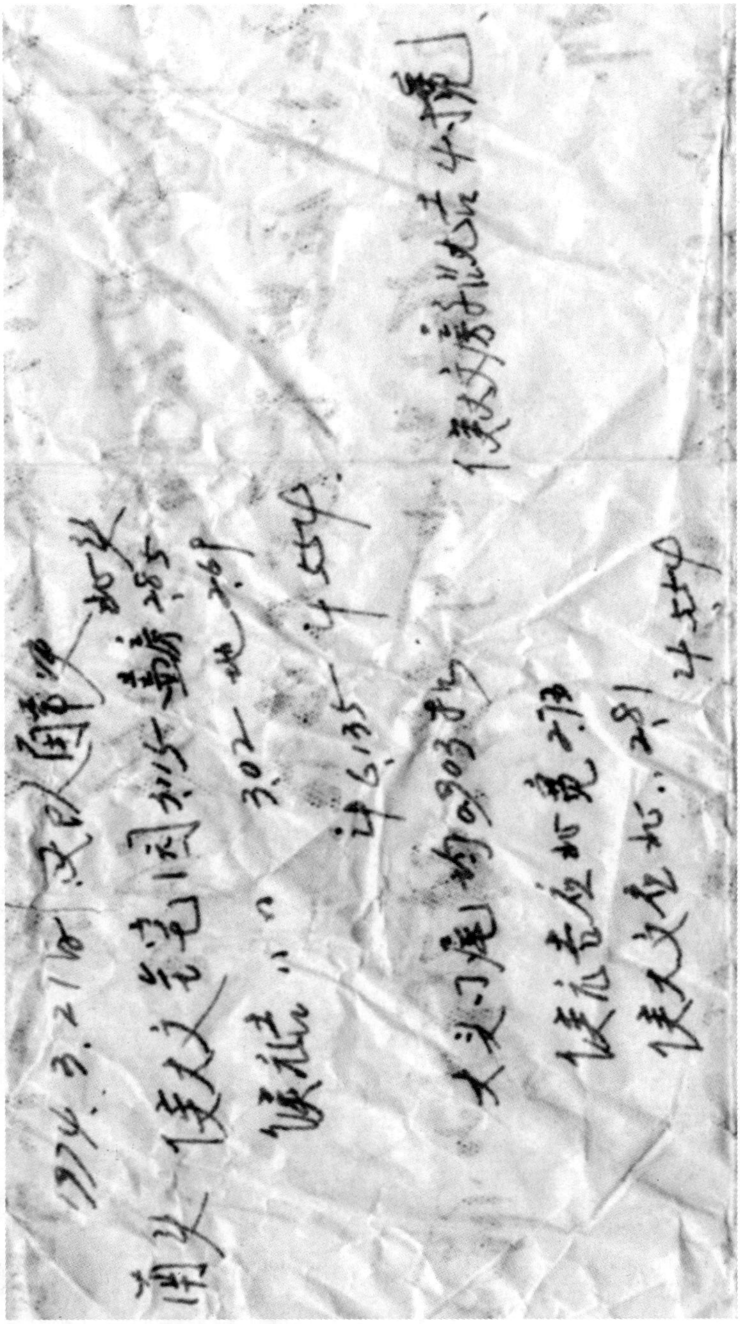

b－6－29a　大队解决土地纠纷方案。1974 年 3 月 21 日。＊写在上文件（b－6－29）的背面，“大头小尾”问题。

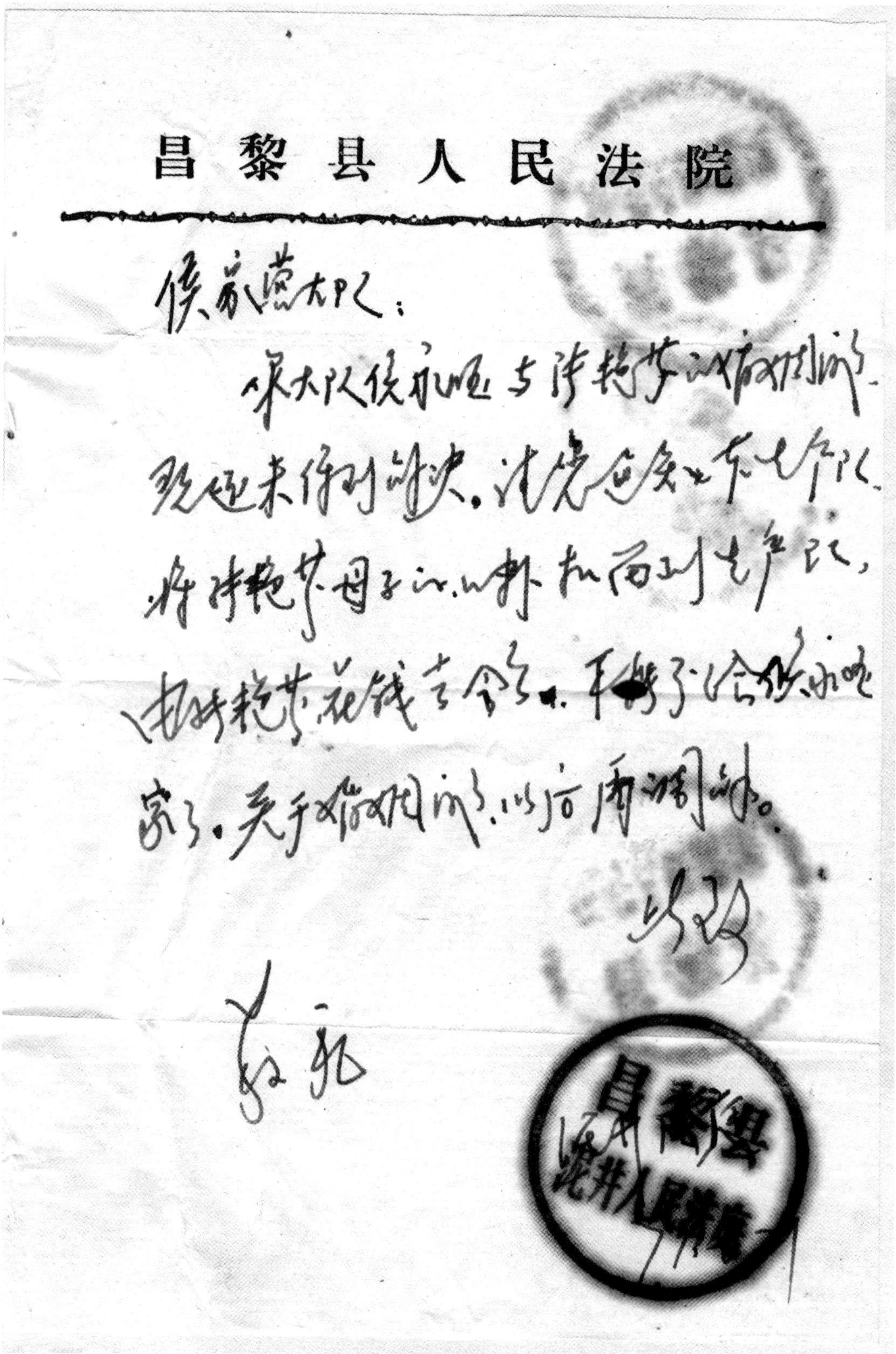

昌黎县人民法院

侯家营大队：

你大队侯永恒与许艳芬的婚姻问题经过未作判决。法院通知东七个队，将许艳芬母子二人的口粮和两只羊由生产队，由许艳芬花钱去分领，不许了给侯永恒家了。关于婚姻问题以后再调解。

此致

敬礼

昌黎县泥井人民法庭

a－14－15　泥井法庭笺。侯家营大队收，关于婚姻和口粮调解问题的意见，1977 年 6 月 21 日。

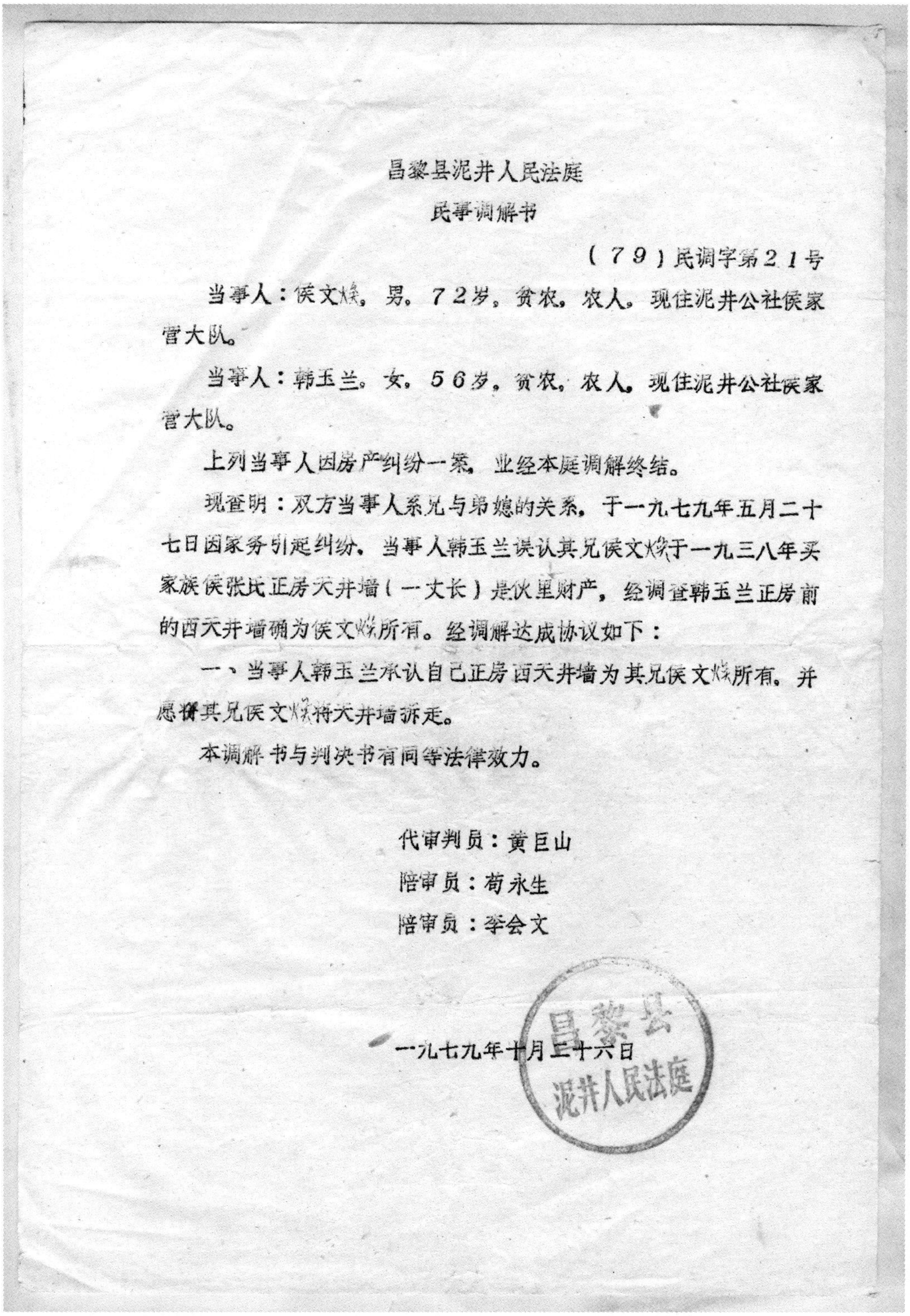

昌黎县泥井人民法庭

民事调解书

（79）民调字第21号

当事人：侯文焕，男，72岁，贫农，农人，现住泥井公社侯家营大队。

当事人：韩玉兰，女，56岁，贫农，农人，现住泥井公社侯家营大队。

上列当事人因房产纠纷一案，业经本庭调解终结。

现查明：双方当事人系兄与弟媳的关系，于一九七九年五月二十七日因家务引起纠纷，当事人韩玉兰误认其兄侯文焕于一九三八年买家族侯张氏正房天井墙（一丈长）是伙里财产，经调查韩玉兰正房前的西天井墙确为侯文焕所有。经调解达成协议如下：

一、当事人韩玉兰承认自己正房西天井墙为其兄侯文焕所有，并愿将其兄侯文焕将天井墙拆走。

本调解书与判决书有同等法律效力。

代审判员：黄巨山

陪审员：苟永生

陪审员：李会文

昌黎县泥井人民法庭

一九七九年十月二十六日

f－15a　昌黎县泥井人民法院民事调解书。侯文焕、韩玉兰的房产纠纷，家务纠纷，家族，误认“伙里财产”，调解，1979年10月25日。＊一式两份，理由追溯至1938年。

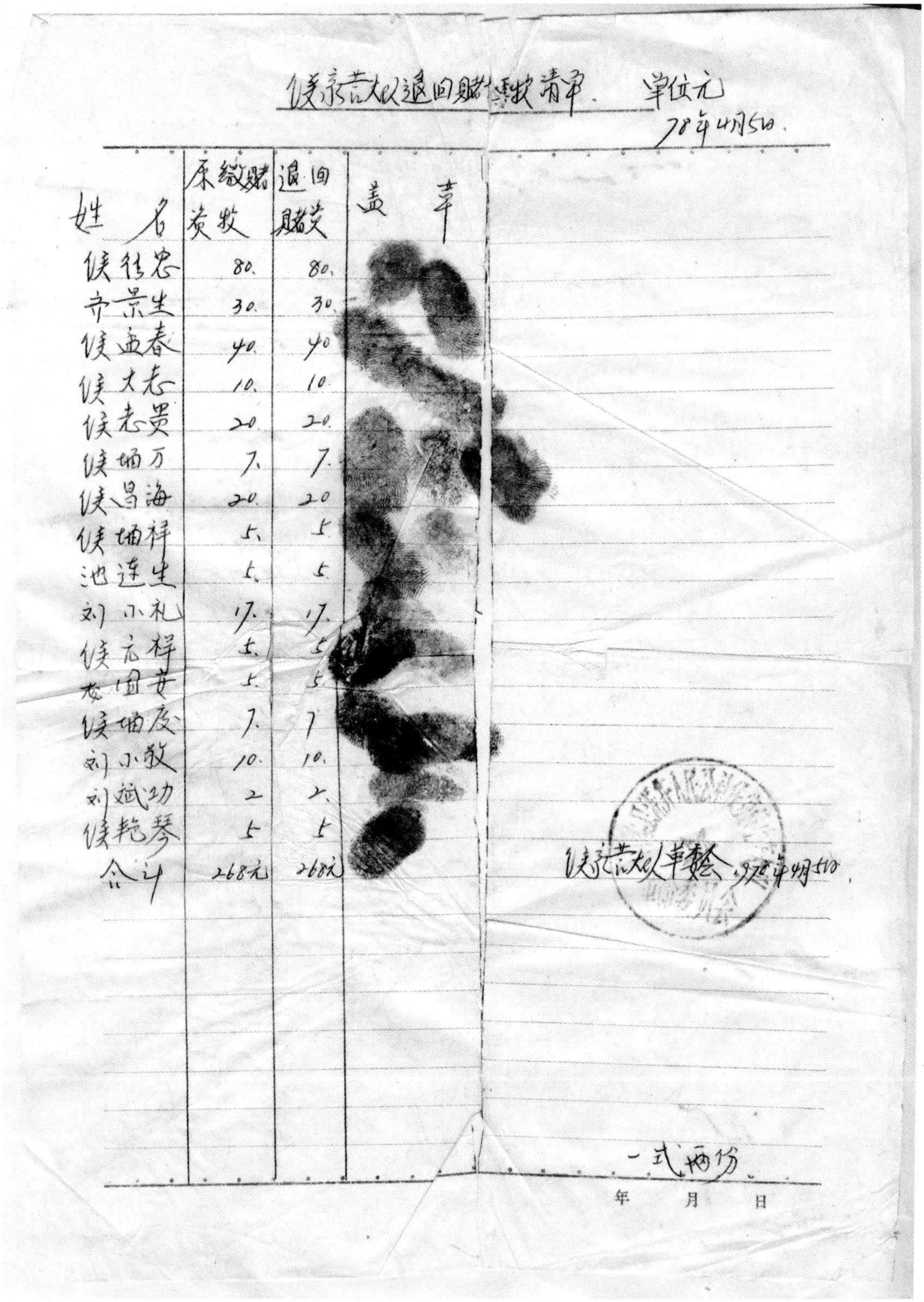

侯家营大队退回赌博款清单　单位元
78年4月5日

姓名	原缴赌资款	退回赌资	盖章
侯[illegible]农	80.	80.	
亓景生	30.	30.	
侯孟春	40.	40	
侯大志	10.	10.	
侯志贵	20.	20.	
侯墒万	7.	7.	
侯昌海	20.	20	
侯墒祥	5.	5	
池连生	5.	5	
刘小礼	17.	17.	
侯元祥	5.	5	
龙国安	5.	5.	
侯墒庆	7.	7	
刘小敬	10.	10.	
刘斌功	2	2.	
侯艳琴	5	5	
合计	268元	268元	

侯家营大队革委会　1978年4月5日

一式两份

年　月　日

f－10　侯家营大队退回赌博款清单。1978 年 4 月 5 日。＊共 16 人，赌资如数退回，计 268 元，按压手印，侯家营大队革委会章。

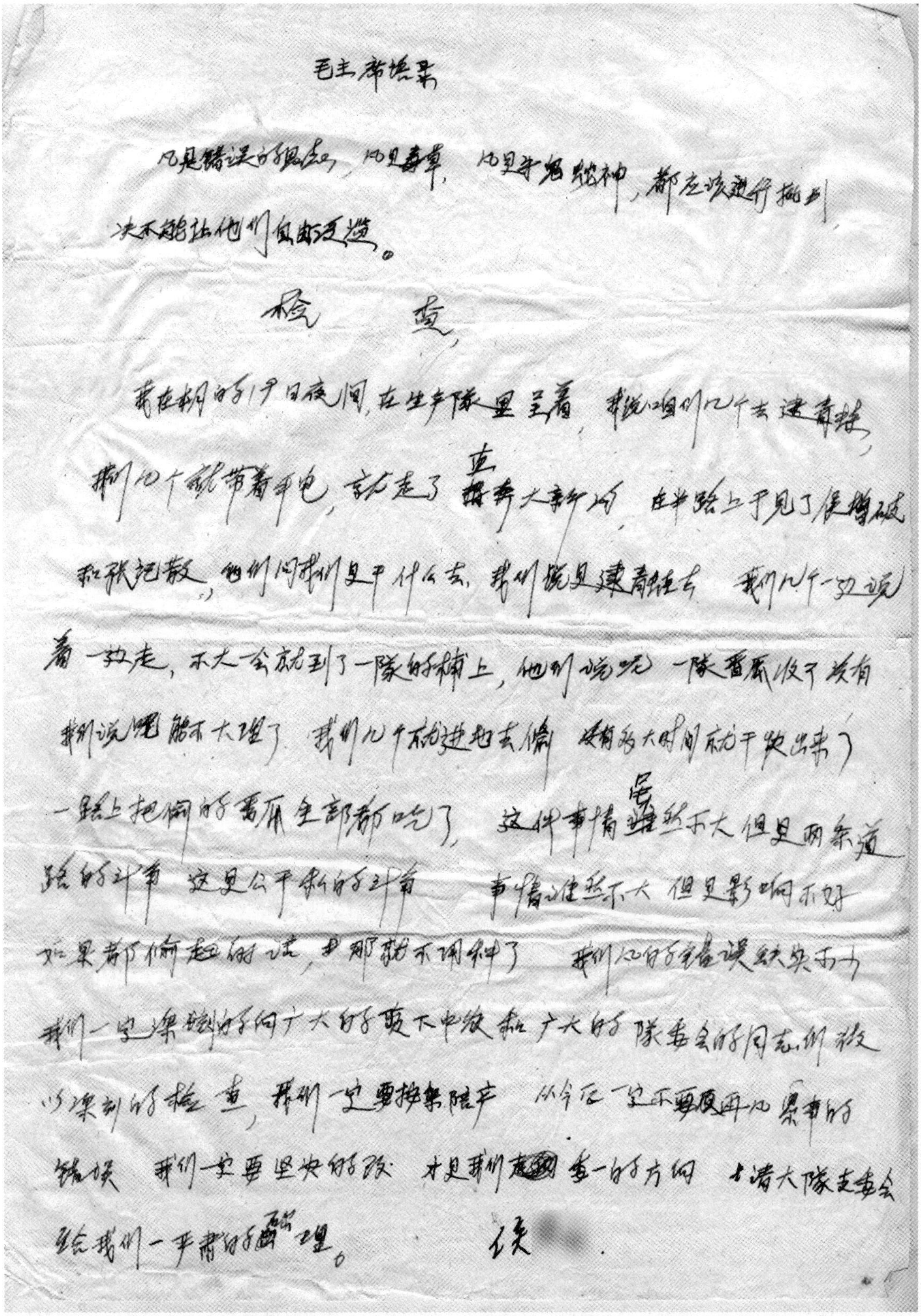

毛主席语录

凡是错误的思想，凡是毒草，凡是牛鬼蛇神，都应该进行批判，决不能让他们自由泛滥。

检　查

我在七月的19日夜间，在生产队里坐着，我说咱们几个去逮青蛙，我们几个就带着手电，就走了直奔大新沟，在半路上碰见了侯增破和张纪敬，他们问我们是干什么去，我们说是逮青蛙去。我们几个一边说着一边走，不大一会就到了一队的埝上，他们说吃一队香瓜收了没有，我们说那能不大理了。我们几个就进地去偷，没有多大时间就干快出来了，一路上把偷的香瓜全部都吃了。这件事情虽然不大，但是两条道路的斗争，这是公和私的斗争。事情虽然不大，但是影响不好，如果都偷起的话，那就不调和了。我们几个的错误缺点，我们一定深刻的向广大的贫下中农和广大的队委会的同志们做以深刻的检查，我们一定要按架陪产，从今后一定不要再犯这事的错误。我们一定要坚决的改，才是我们走向社会主义的方向，请大队党委会给我们一严肃的处理。

侯[redacted]

b－4－7a　检查。偷大队的瓜，“按架陪产”，1972年7月22日。

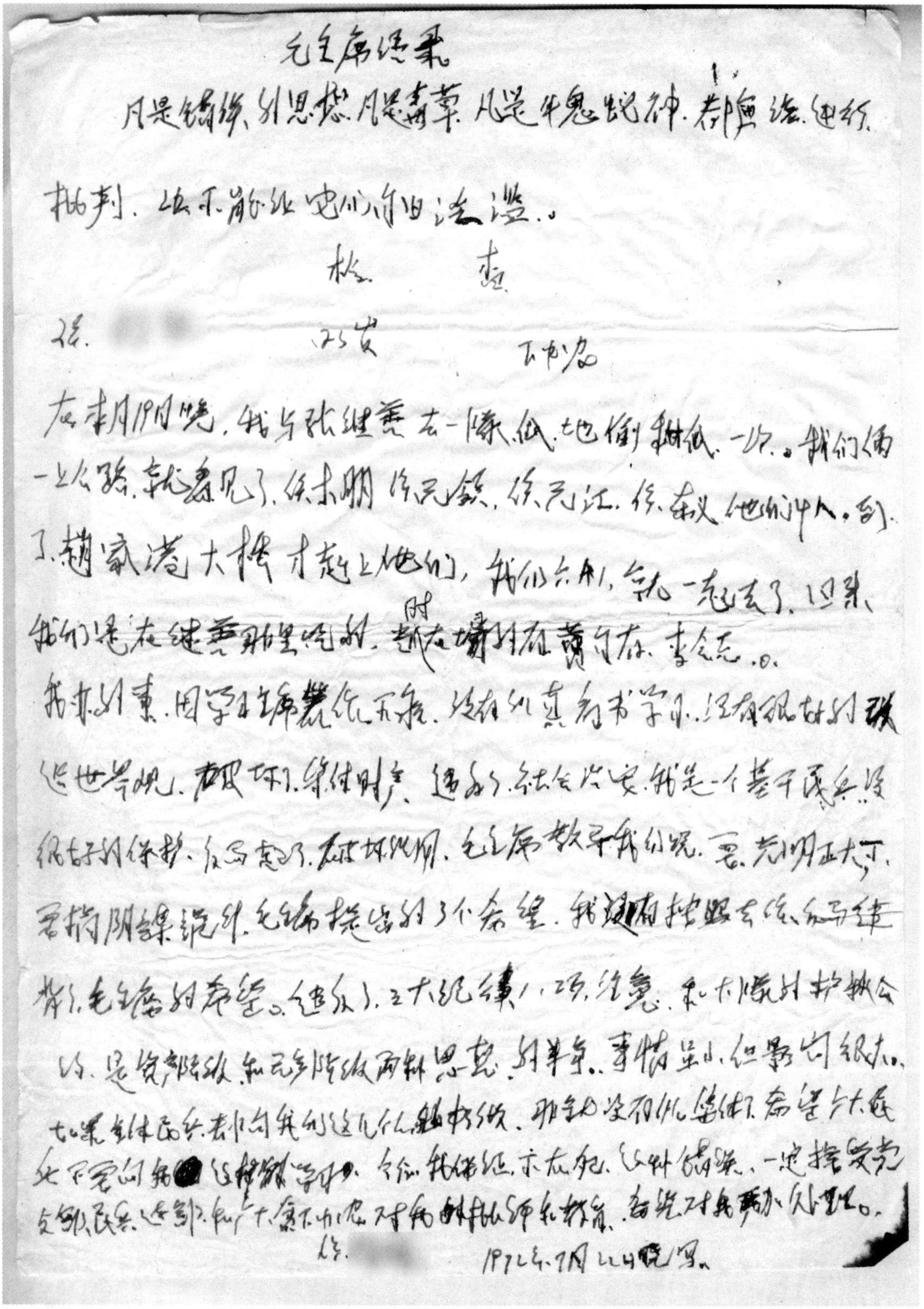

毛主席语录

凡是错误的思想，凡是毒草，凡是牛鬼蛇神，都应该进行批判，决不能让它们自由泛滥。

检　查

侯[redacted]　23岁　下中农

在本月19日晚，我与张继尧去一队瓜地偷甜瓜一次。我们俩一上公路，就看见了侯永明、侯元锁、侯元江、侯东义他们4人。到了赵家湾大桥才赶上他们，我们6人，就一起去了。回来，我们是在继尧那里吃的。当时在场的有侯贵金、李金元。

我犯的事，因学习毛主席著作不好，没有认真看书学习，没有很好的改造世界观，破坏了集体财产，违反了社会治安。我是一个基干民兵，没很好的保护，反而去了破坏队的。毛主席教导我们说：要光明正大，不搞阴谋诡计。毛主席提出的这个希望，我违背了[illegible]，违背了毛主席的希望。违反了三大纪律八项注意，和大队的护秋公约，是资产阶级和无产阶级两种思想的斗争。事情虽小，但影响很大。如果全体民兵都向我们这几个人[illegible]，那么就[illegible]。希望广大民兵不要向我[illegible]这种行为学习。今后我保证不再犯这种错误，一定接受党支部、民兵连部和广大贫下中农对我的批评和教育，希望对我严加处理。

侯[redacted]　1972年7月22日晚写。

a－12－12a　检查。偷盗甜瓜，当时在场者数人，基干民兵，违反社会治安，大队护秋公约，1972年7月22日。

毛主席语录

凡是错误的思想，凡是毒草，凡是牛鬼蛇神，都应该进行批判，决不能让它们自由泛滥。

检查

在本月3号起早3点钟，我拾粪去在赵家港大桥马路两旁偷了四根玉米棒，让拾粪的看见了，就上赵家港大队了。在偷玉米当中自己也没有想到是应该不应该做的，以为自己在家吃了几块白薯饿了，就偷了四根玉米到窝棚烧着吃。在偷玉米当中我心想也不管他老、嫩，就是吃了好极一会。后来自己决的做的不对了，也就是违反了护秋制度。今后自己就不应该这样做，要是见到别人如果偷玉米要揭发检举，要敢于和坏人坏事做斗争。以前因为自己学习不够，没有认真读毛主席的书，没有认清两条道路的阶级斗争，所以犯了严重的错误。今后自己要加强学习毛主席著作，紧跟毛主席的伟大战略部署，抓好革命，促好生产，为今年生产四上纲要。

希大队革委会和全体贫下中农给予处理

1972年9月2号

检查

我在7号那天，在队里劳动，没有和社员干一样的活，我和小孩们看场。那天下雨，队里收的高粱没有搬到场里，当天晚上我就看了会那谷子一会，看见永敏和全忠也在那，我就回去了。回家以后，我就想去搬。去搬的时候，我就想，如果叫他们看见，是不是丢人。后来我想，反正家没吃的了，怎么就怎么吧，我就去了。当时那些高粱也没多少，我就搬了3斤来的，一共也没有了10斤。当时搬来，我也没有给家说，3号早上我和我妈说了。我父亲和我妈把我说了一顿，我也没往队里去。当队里发现以后，我就把高粱交出来，我就跟我妈哭起来，经过大队支部向我讲了党的政策，使我认识到，对不起党和国家对我的培养和教育，我的错误是严重的，要求贫下中农对我狠加批判和教育，如今我保证不再犯这样的错误。以后看我的行动。

侯[redacted] 一九七一年九月5日。

f－7a

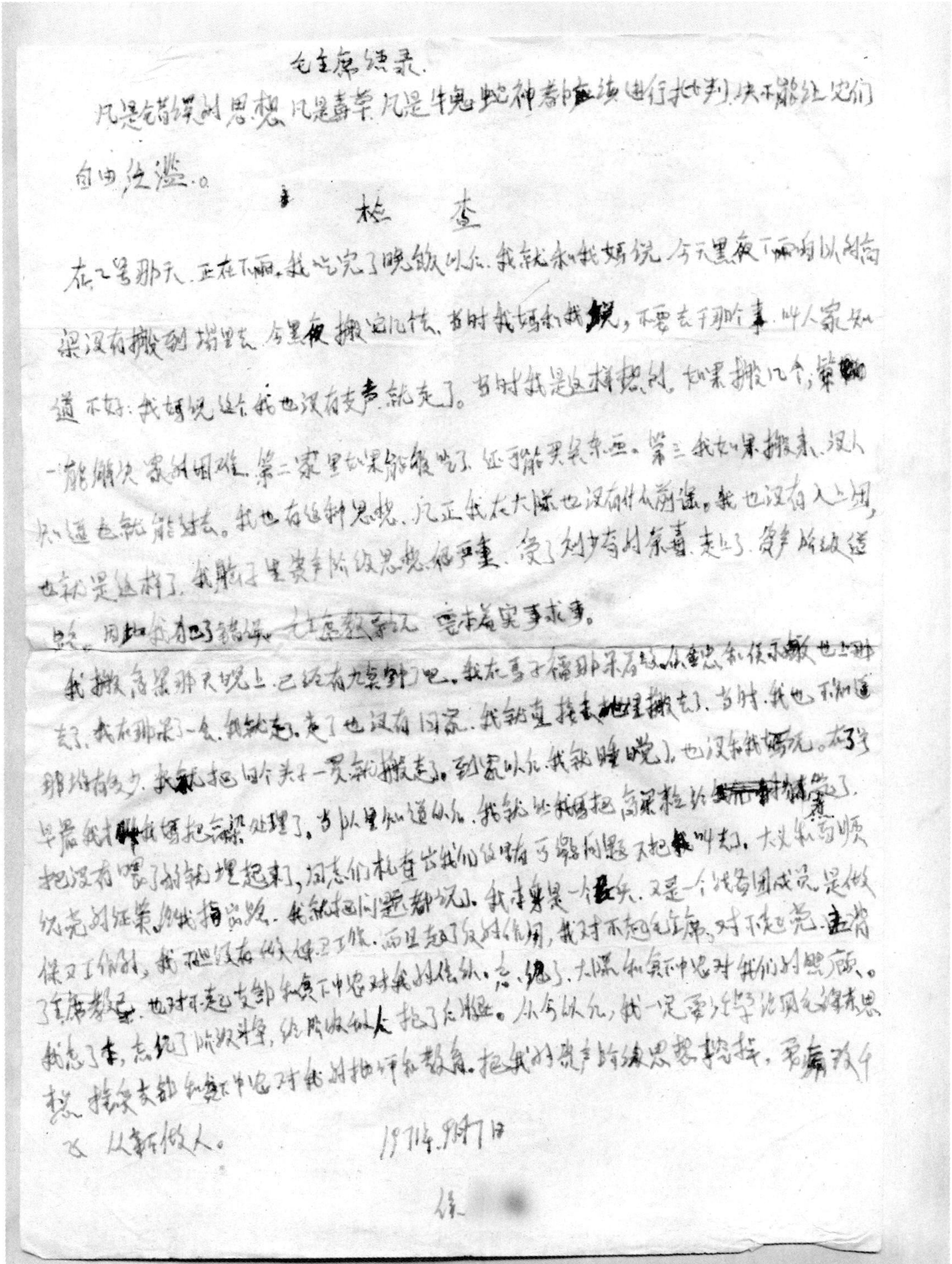

毛主席语录

凡是错误的思想，凡是毒草，凡是牛鬼蛇神，都必须进行批判，决不能让它们自由泛滥。

检 查

在×号那天，正在下雨，我吃完了晚饭以后，我就和我妈说，今天黑夜下雨，有的高粱没有搬到场里去，今黑夜搬它几个。当时我妈和我说，不要去干那个事，叫人家知道不好。我妈说这个我也没有吱声就走了。当时我是这样想的，如果搬几个，第一能解决家的困难，第二家里如果能够吃了，还可能买点东西。第三我如果搬来，没人知道也就能过去。我也有这种思想，反正我在大队也没有什么前途。我也没有入上团，也就是这样了。我脑子里资产阶级思想很严重，受了刘少奇的毒害，走上了资产阶级道路。同志们，我犯了错误。毛主席教导说要实事求是。

我搬高粱那天晚上已经有九点钟了吧。我在[illegible]那呆着，[illegible]和侯[illegible]也上那去了，我在那呆了一会，他就走了，走了也没有回家。我就直接去地里搬去了。当时我也不知道那堆有多少，我就把四个头子一块就搬走了。到家以后我就睡觉了，也没和我妈说。早晨我和我妈把高粱处理了。当队里知道以后，我就让我妈把高粱粒给煮了，把没有煮了的就埋起来了。同志们检查出我们的这个可耻问题，大队把我叫去了。大队和[illegible]我指出路，我就把问题都说了。我本身是一个[illegible]，又是一个共青团成员，是做党的[illegible]，不但没有做好保卫工作，而且起了反的作用，我对不起毛主席，对不起党，辜负了毛主席教导，也对不起支部和贫下中农对我的信任，忘记了大队和贫下中农对我们的照顾，忘记了本，忘记了阶级斗争，给阶级敌人[illegible]。从今以后，我一定要认真学习毛主席著作，把我的资产阶级思想挖掉，[illegible]接受支部和贫下中农对我的批评和教育，从新做人。

1971年9月7日

徐

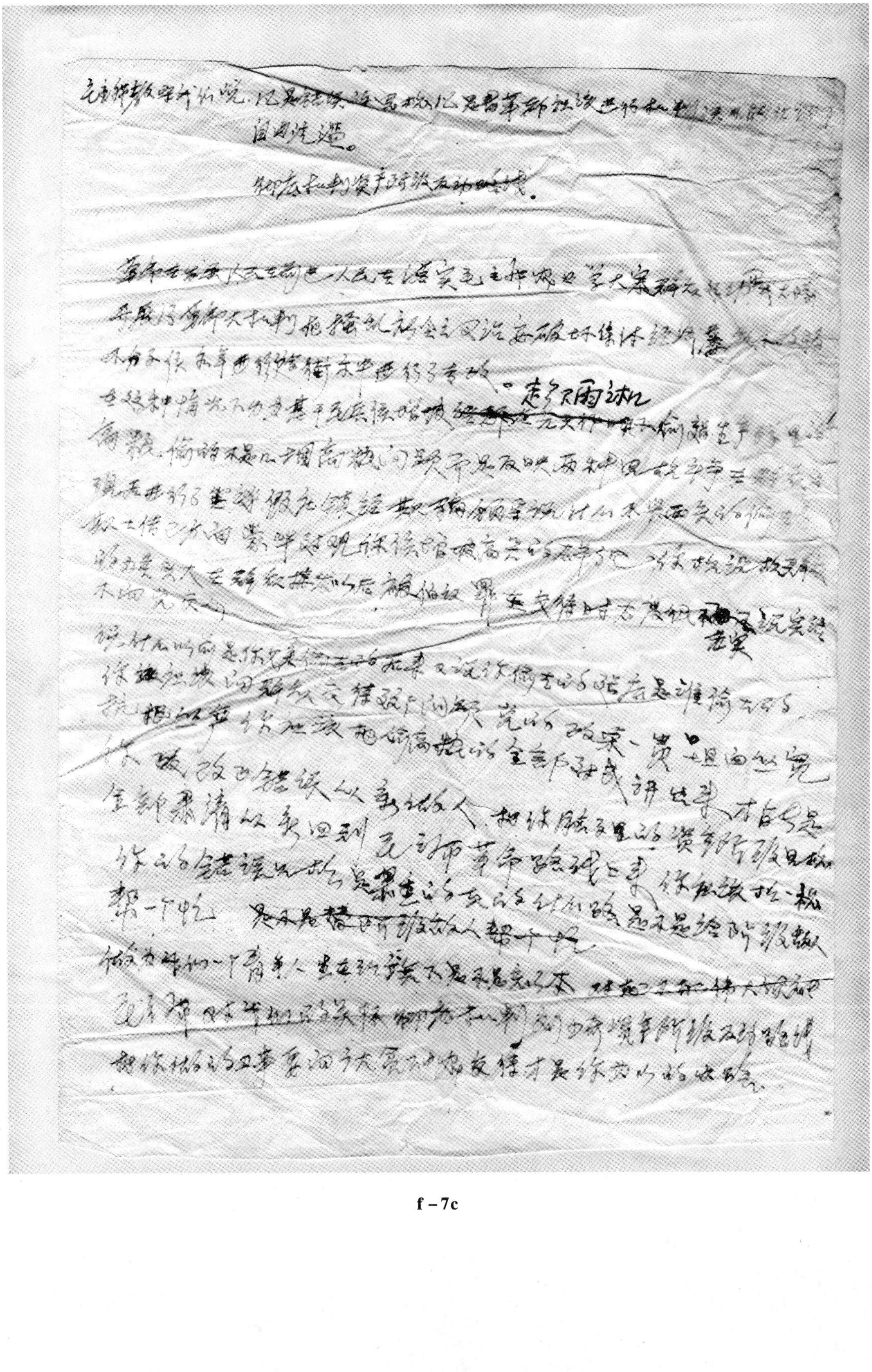
毛主席教导我们说：凡是错误的思想，凡是毒草，凡是牛鬼蛇神，都应该进行批判，决不能让它们自由泛滥。

彻底批判资产阶级反动路线。

[illegible]

f－7c

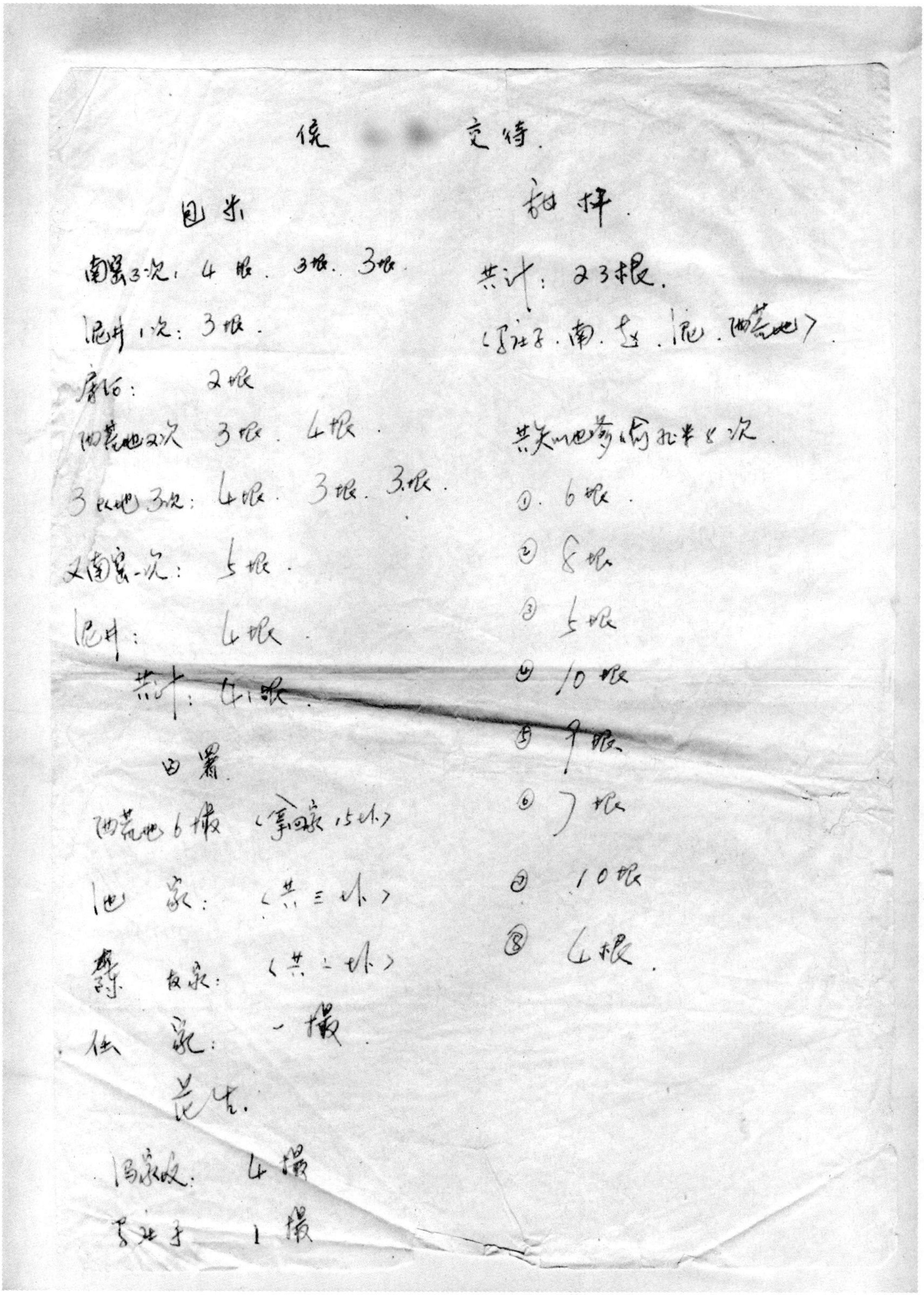
侯[redacted]交待．

回来

南窑3次：4根．3根．3根．
泥井1次：3根．
唐后：2根
四荒地2次 3根．4根．
3队地3次：4根．3根．3根．
又南窑一次：5根．
泥井：4根．
共计：41根．

回署．
四荒地6捆 （家回家15个）
他家：（共三个）
韩家：（共二个）
伍家：一捆．
花生．
冯家坟：4捆
王庄子 1捆

柏样．
共计：23根．
（王庄子．南．赵．泥．四荒地）．

共去四荒地偷拿米8次
①．6根．
②8根
③5根
④10根
⑤9根
⑥7根
⑦10根
⑧4根．

f－7d

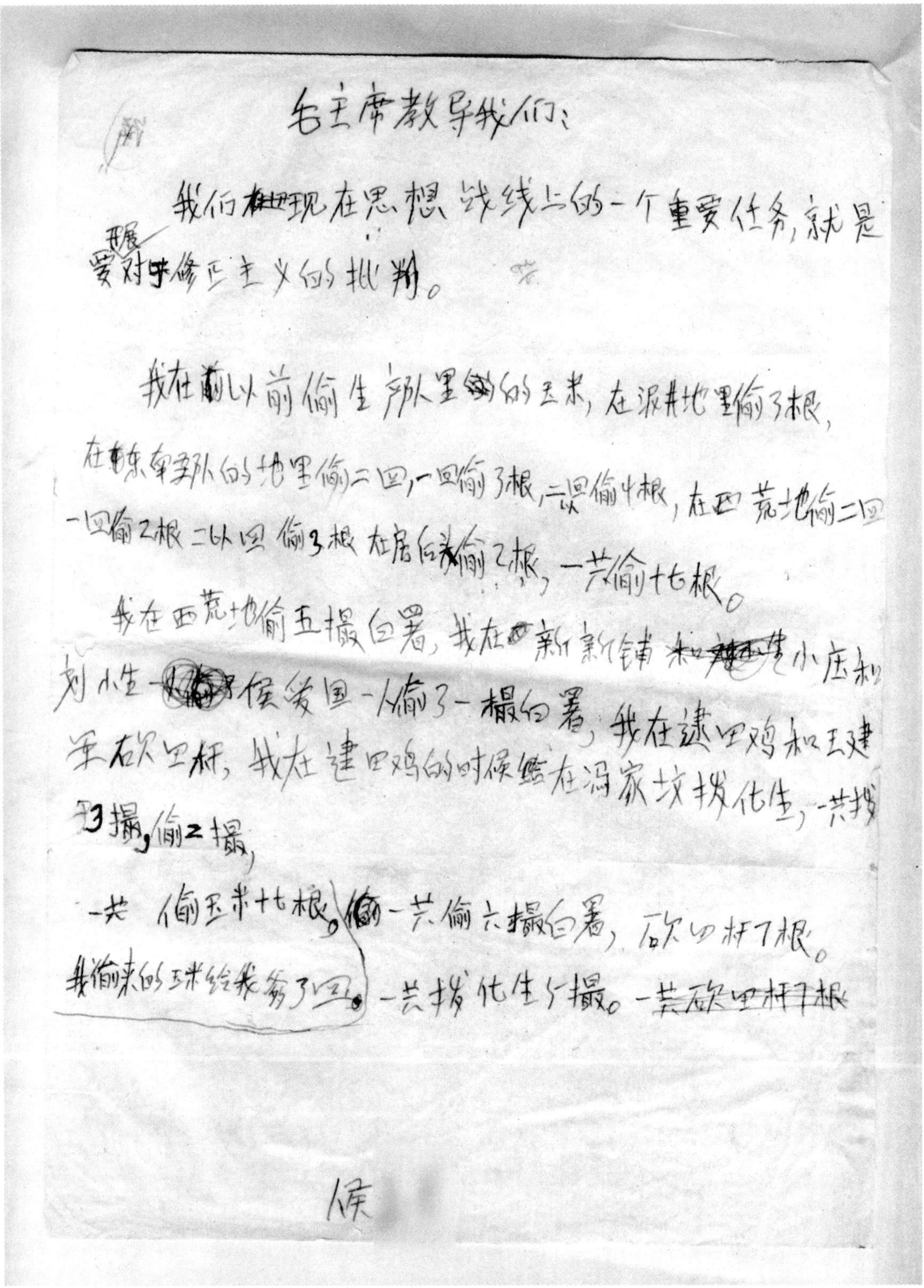

毛主席教导我们：

我们现在思想战线上的一个重要任务，就是要对修正主义的批判。

我在以前偷生产队里的玉米，在泥井地里偷了7根，在东南队的地里偷二回，一回偷了3根，二回偷4根，在西荒地偷二回一回偷2根 二次回 偷3根 在居台偷了根，一共偷十七根。

我在西荒地偷五撮白薯，我在新新铺小庄和刘小生一人侯爱国一人偷了一撮白薯，我在建四鸡和王建军砍四杆，我在建四鸡的时候在冯家坟拔花生，一共拔3撮，偷二撮，

一共偷玉米十七根，一共偷六撮白薯，砍四杆7根。我偷来的玉米给我家了四。一共拔花生5撮。

侯

f-7e

f-7/f-7a-e 检查、交代。偷窃，“违反了护秋制度”，“彻底批判资产阶级反动路线”，1971年9月5日、1971年9月7日，1972年9月2日。*惯习作案。

昌黎县人民法院

刑事判决书

（80）法刑字第24号

公诉人：昌黎县人民检察院检察员　马文芮。

被告人：侯[redacted]，男，二十三岁，家庭出身贫农，本人成份农民，高中文化，汉族，昌黎县泥井公社侯家营大队人。一九八〇年六月二十日拘留，六月二十八日转捕。捕前系生产队付队长。

辩护人：董锡和，唐山地区法律顾问处律师。

上列被告因毁坏公私财物一案，由昌黎县人民检察院提起公诉，业经本院审理终结，现查明：

被告侯[redacted]任生产队付队长时，与队长刘斌相互有成见，并产生报复思想，于一九八〇年六月十一日夜来去浇稻子之机，将刘斌相家六分九厘三自留地内种的白薯、玉米、高粮、土豆等青苗绝大部分被其拔毁。并在地头的人行道上书写“刘斌相要小心你的狗头”、“这就是你伤人的好处”等威胁性语言。使刘造成一定损失。

上述事实，经查证属实，被告亦供认不讳。

查被告侯[redacted]因个人成见产生报复行为，毁坏青苗，给刘斌相造成经济上的损失。根据中华人民共和国刑法第一百五十六条、三十一条之规定，判处毁坏公私财物犯侯[redacted]有期徒刑八个月。刑期从判决之日起

b－1－21g

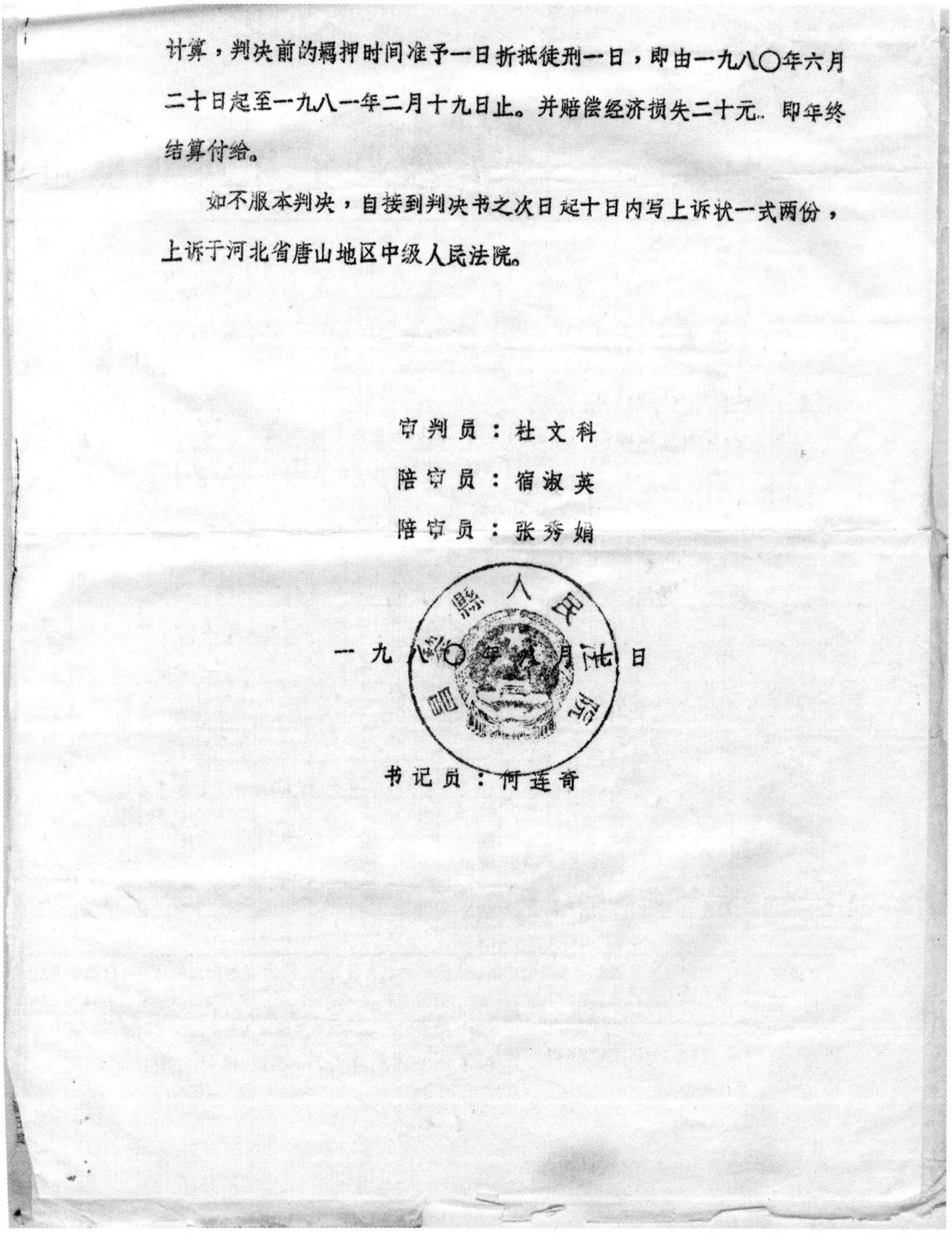

计算，判决前的羁押时间准予一日折抵徒刑一日，即由一九八〇年六月二十日起至一九八一年二月十九日止。并赔偿经济损失二十元，即年终结算付给。

如不服本判决，自接到判决书之次日起十日内写上诉状一式两份，上诉于河北省唐山地区中级人民法院。

审判员：杜文科

陪审员：宿淑英

陪审员：张秀娟

一九八〇年八月七日

书记员：何连奇

b－1－21h

b－1－21g/b－1－21h　昌黎县人民法院刑事判决书。毁坏公私财产事，互有成见，报复，毁青苗，律师，1980 年 8 月 7 日。

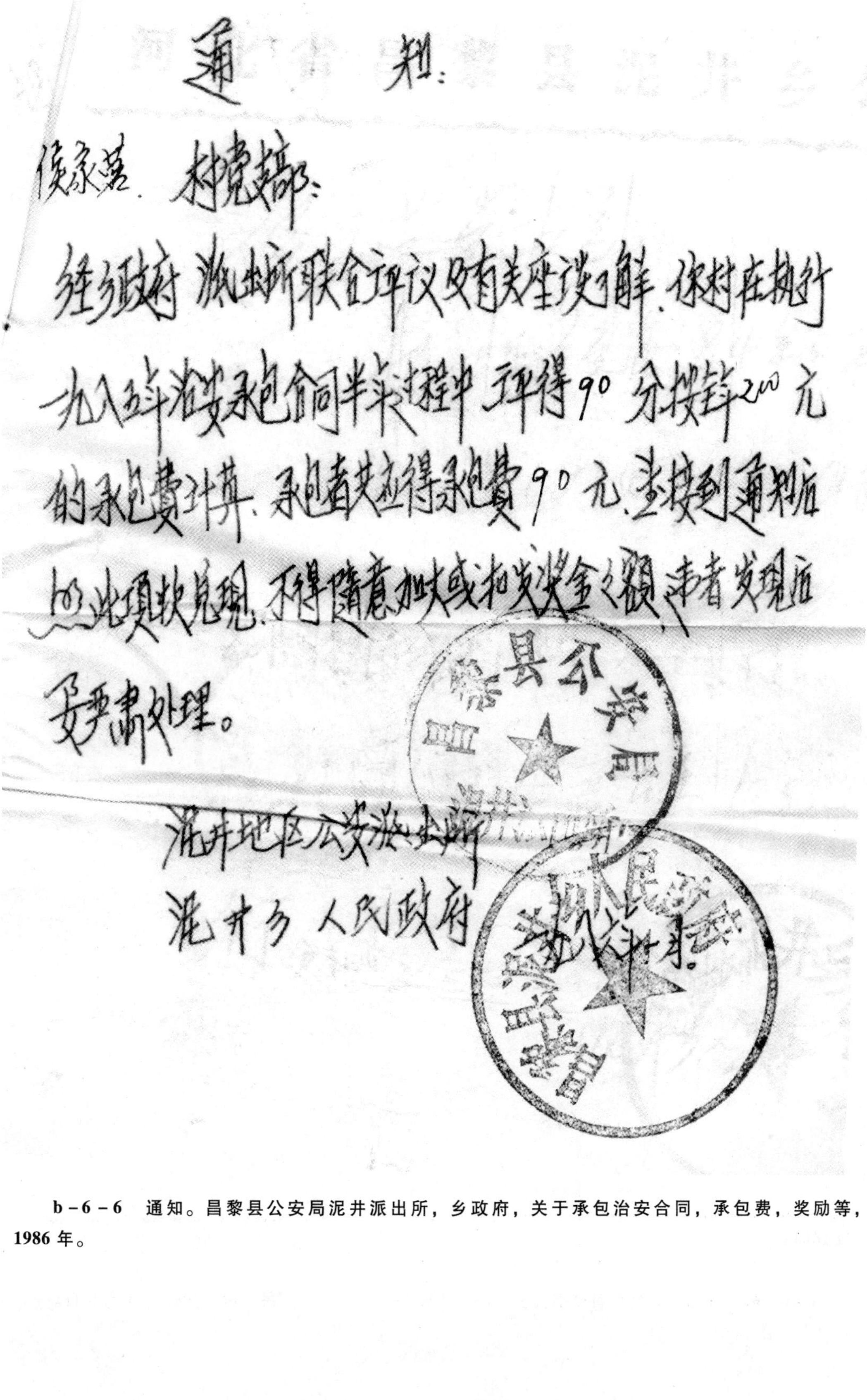

通知：

侯家营 村党支部：

经乡政府、派出所联合评议及有关座谈了解，你村在执行一九八五年治安承包合同半年过程中，评得90分，按每200元的承包费计算，承包者共应得承包费90元。望接到通知后照此项标准兑现，不得随意加大或扣发奖金额，违者发现后要严肃处理。

泥井地区公安派出所

泥井乡人民政府

八六年十月。

b－6－6　通知。昌黎县公安局泥井派出所，乡政府，关于承包治安合同，承包费，奖励等，**1986**年。

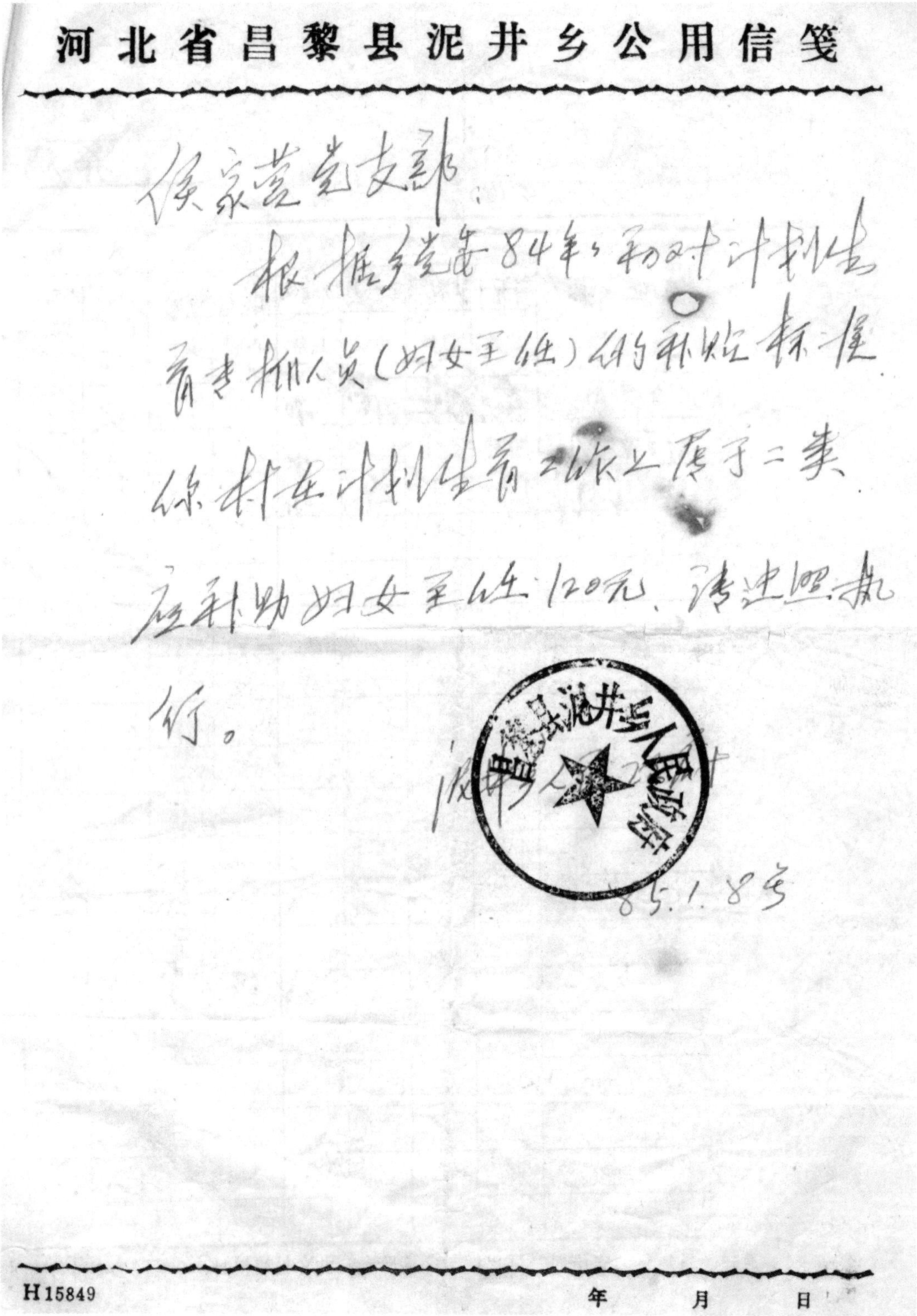

河北省昌黎县泥井乡公用信笺

侯家营党支部：

根据乡党委84年，和2对计划生育专抓人员（妇女主任）的补贴标准，你村在计划生育工作上属于二类，应补助妇女主任120元，请速照执行。

泥井乡人民政府

85.1.8号

H15849　　　　年　月　日

b－6－6a　通知。计划生育专抓人员，妇女主任补贴，泥井乡人民政府，1985年1月8日。

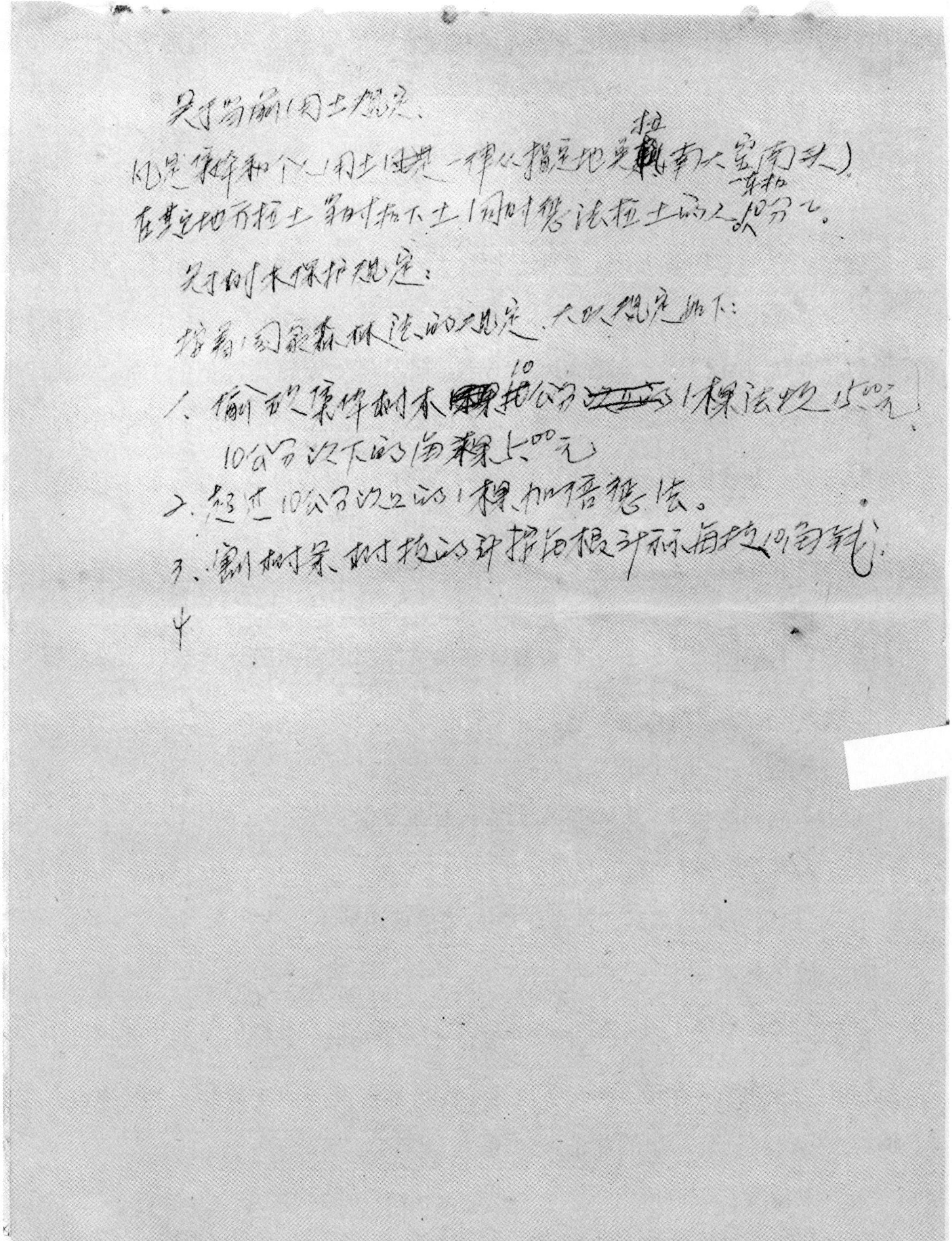

关于当前用土规定：

凡是集体和个人用土的一律从指定地点拉（车大窑南头）。

在其它地方拉土或挖土，同时惩法拉土的人一车扣10分工。

关于树木保护规定：

按着国家森林法的规定，大队规定如下：

1、偷砍集体树木10公分以上1棵罚款15.00元

10公分以下的每棵5.00元

2、超过10公分以上的1棵加倍惩法。

3、割树条树枝的和扒树根扒树皮的同罚。

中

a－3－19　关于当前用土规定。关于拉土、集体树木保护规定，拉土一车扣10分，树木10公分一棵，罚款15元，1979年。

村民公约原文（方框中字为笔者补入，缺漏难辨处用空白格，错别字用斜体）

侯家营大队护秋公约

在华主席的英明领导下，抓纲治国，大治快上的战略决策指引下，为早日实现四个现代化，认真落实新时期的□□，执行新宪法，*健立*健全合理的规章制度，搞好四□□为继承毛主席的遗志，听从华主席指挥，把毛主席□□旗帜飘扬万代，落实各项无产阶级政策，彻底批判□□四人帮的制度无用论，拨乱反正。为维护秋收秩序，安全生产，经广大群众讨论，建立如下公约：

一、对于偷粮和破坏青苗赔粮制度

（1）玉米每棵赔粮3斤，（2）高*粮*每穗2斤（3）白*茯*每撮赔白*茯*5斤。大豆、麦子、稗子、稻谷、荞麦等其它粮食作物盗窃和破坏者按以上品名罚粮比例执行。

二、油料作物罚款制度

花生每撮罚款伍角。棉花按每两籽棉计算罚款一元。

三、蔬菜类罚款制度

（1）白菜每棵罚款贰角，罗卜壹角（包括甜罗卜）。

四、破坏林木制度

□□国家护林公约执行。十公分粗以下的2元，十公分以上的十元，二十公分以上的罚款二十元。树条子，为了保护林木发展，支持社会主义建设，每割一根罚款五分，粗的加倍。

五、对瓜类罚款制度

瓜每偷一个罚款贰角。

f-5g 侯家营大队护秋公约。推定为1978年。＊部分破损。“华主席的英明领导下……批判四人帮的制度无用论，拨乱反正……秋收秩序”，有偷粮和破坏青苗赔偿细则，共计五类。

（六）空间、流动、关系网络

1. 国家的存在感

f-17　昌黎县革委会生产指挥部关于召开大牲畜余缺调剂交流会的通知。1971年12月6日。

a-4-28　通知。县委派一抗三保工作队，要求安排吃住问题，1975年4月24日。

a-4-24　通知。公社党委，贫下中农管理信用社委员会议，会期一天（带粮票），泥井信用社，1974年8月。

d-56/d-56a-f　国家给救灾物资留底（明细）表。1976年8月。

f-20　统计纸片。救灾物资，主席像200张，主席著作甲种本210本，语录12张等，1976年10月11日。

a-1-14　侯家营大队发放救灾款花名表。1976年11月30日。

a-1-14a　地震灾区人民过冬棉布、棉花救灾款发放花名表。1976年10月。

b-4-32　地震灾区人民过冬棉布、棉花救灾款发放花名表。1976年10月。

d-56g　侯家营地震灾情调查统计表。1976年8月。

a-4-43　说明。地震震损药物情况，房屋倒塌，兽用药，清点，没处保存，连下大雨损失款50多元，1979年4月19日。

b-1-50　昌黎县支农周转金经济合同。1976年支农，震灾，1982年。

f-12　侯家营大队小四清总结。共十二方面的问题，1977年3月27日。*三个生产队的小四清小结，记载详细。原文中错别字照录。另参见“6. 请客送礼”。

f-13　小四清批判、总结。二队会计刘小玉分析批判原一队会计侯大瑞帐目混乱、非法计帐的事实，侯家营大队清帐组对三小队的清帐记录，1978年3月20日。

2. 政治辐射

b-4-21　函索调查证明材料。通过萧维汉（翰）妻白玉凤了解侯永志为萧家办迁移时开成份的历史问题，1969年5月28日。

c-3-3-2　证言笔录。萧维翰证明王永会给其家开中农成份的事，1969年8月4日。

b-4-21a　函索调查证明材料。通过萧惠生妻了解侯永志关于萧家的一系列政治历史问题，1969年5月29日。

c-2-4-1　证明材料。萧吴氏（萧惠生妻）证明1952年春天其家办迁移时侯永志给开的中农证明，1970年2月26日。

a-15-16　调查证明材料介绍信。锦州红卫区北一街，了解侯永志历史问题，1969年6月9日。

b-4-43a/b-4-43b　调查证明材料介绍信（正反面2页）。吉林省公主岭，侯振兴、侯百顺，刘斌臣问题；1969年。

b-4-38　调查证明材料介绍信。致皇后寨公社革委会，侯元强，侯永深，侯永志问题，1969年7月。

a-4-26　证明。了解政历问题，昌黎县皇后寨公社后王各庄革委会，1970年1月27日。

a-15-16a　调查证明材料介绍信。抚宁革委会来人调查王玉才问题，1970年7月17日。

a-13-13　齐齐哈尔革委会人民保卫部审判组来信。索要侯民文的伯父侯大文、侯大明、叔父侯大信的证明材料，1971 年 8 月 20 日。

a－15－3/a－15－3a　来信。锦州市红卫区北一街 101 号肖维勋缄，工作单位锦州水果公司，开据家庭成分证明，下放城市人口，家属吃闲饭，下放对象，家属回原籍问题，1969 年 2 月 12 日。

3. 经济往来

f－1　来信。河北省深县王家井周村四队关于电料运费，希望往来关系继续发展，1978 年 5 月 25 日。

a－4－5　去信。解决原村民欠款，侯家营革委会，1978 年 8 月。

f－3　信。孔宪章致王兴巨，辽源卖瓦，物资局建材公司，开票，汇款，订瓦，家中挂念，1978 年 6 月 30 日。

b－2－24a　昌黎县刘台庄贸易货栈代理购销期货合同。椽子，甲方侯家营大队，1984 年。

a－12－9b　1978 年建筑材料三类物资订货合同。胶佃，数量，需方，沈阳，1978 年 2 月 18 日。

a－12－9a　订货合同。侯家营大队，丰润县沙流河，石棉粉，1978 年 7 月 26 日。

4. 城乡流动

a－12－9　季节工合同。陈艳敏，昌黎果酒厂，工资 33 元，交款记工，1972 年 11 月 22 日。

a－12－10　雇请续订合同协议书。侯淑兰、侯桂玲，昌黎县机电修造厂，1973 年 1 月 1 日－1973 年 6 月 30 日。

a－12－10a　劳动协议书。侯大成，每月交队 15 元记分，1973 年 4 月 1 日。

a－12－10c　亦工亦农（副业工）协议书。侯增文，1975 年。

a－12－10b　亦工亦农（副业工）协议书。陈艳敏，1979 年。

f－16a　临时合同工协议书。泥井公社侯家营大队，侯增民，昌黎县邮局，1970 年 10 月 20 日。

f－16　劳动合同。侯家营郭洪生，河北省唐山卫生学校，合同期 1978 年 6 月 8 日至 12 月 25 日，每月公资 50 元，一式两份，1978 年。

a－2－7/a－2－7a　有人无户登记表。1989 年。

b－2－27　县内社外迁入迁出统计表。1987 年。

a－1－12b　迁出报告书（回执 3 张）。交侯家营大队，因投亲、结婚、上学，1985 年。

a－2－2d　迁出报告书。投亲，1988 年。

a－2－3c　迁入通知书。侯大增，退休，1990 年 4 月 9 日。

5. 面的活用

a－12－4/a－12－4a－f　借条（7 张）。借加工厂面粉，侯永成印，大批判、大字报、请客招待、放电影、欢迎解放军、四届人大、大队片连查，1975 年。

a－12－4g　1975 年全年用面统计。97 斤，用途，加工厂业务专用章，侯元勤私章。

6. 请客送礼

a－6－11　小四清进度统计表。1－3 队，大队，学校，请客送礼，开支金额，白面、米、花生、鱼肉，贪污盗窃，长支挪用，瞒产私分，以物换，铺张浪费，1978 年。（另参见本章“1. 国家的存在感”，f－12、f－13，小四清总结）

a－6－12　侯家营大队 1977－78 年请客送礼表。去沈阳整电机代（带）、公主岭搞付业，花生米 30 斤、猪 1 头，古冶、石家庄、塘沽、遵化、锦州、沈阳，1978 年。

f－14　便条。3 张，请客吃饭，电影，修机器，1978 年。

7. 婚姻圈

a－2－3d　迁入通知书。郑玉茹，因婚，自牛心庄，1989 年。

a－2－11/a－2－11a－d　婚姻状况证明（存根 5 张）。对方姓名、单位：刘坨、陈官营等，出生年月日，1988 年。

a－2－12/a－2－12a　婚姻状况证明（存根 2 张）。同上，五里营、伊春，出生日期（1966 年左右），1986 年。

8. 乡愁

a－1－10　介绍信。侯桂莲，户口迁移，虹桥公社东岗子大队，1970 年 2 月 21 日。

a－2－2c　办理户口证明信。毛河北村，女，结婚，1987 年。

a－1－12a　迁入通知书（3 张）。因婚，辽宁凌源，1985 年。

a－2－3b　迁移证。四川省巫山县，迁移原因，结婚随夫，1989 年。

a－2－3a　迁移证。团林乡，迁移原因，结婚，1990 年。

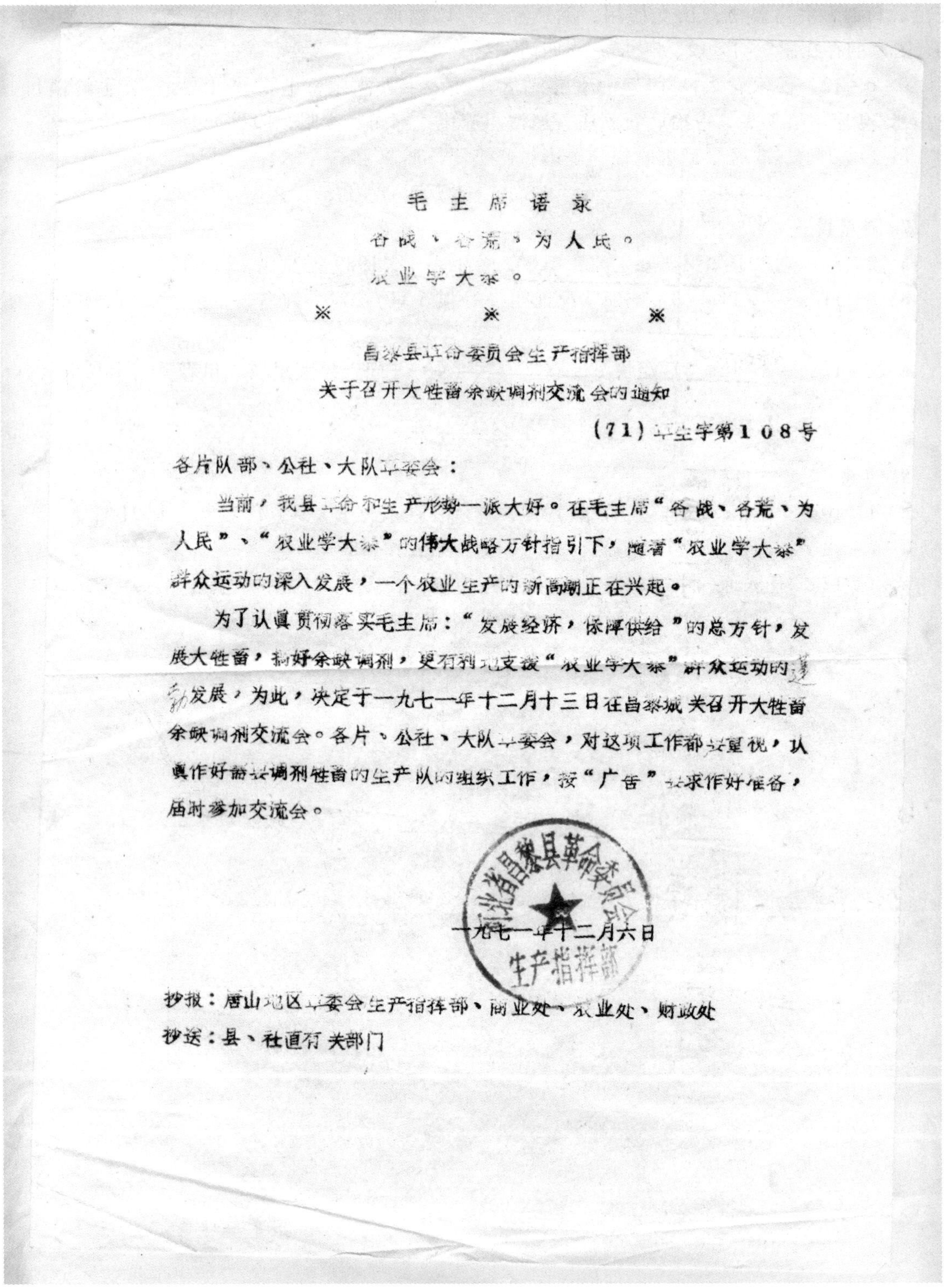

毛主席语录

备战、备荒、为人民。

农业学大寨。

※ ※ ※

昌黎县革命委员会生产指挥部

关于召开大牲畜余缺调剂交流会的通知

（71）革生字第108号

各片队部、公社、大队革委会：

当前，我县革命和生产形势一派大好。在毛主席"备战、备荒、为人民"、"农业学大寨"的伟大战略方针指引下，随着"农业学大寨"群众运动的深入发展，一个农业生产的新高潮正在兴起。

为了认真贯彻落实毛主席："发展经济，保障供给"的总方针，发展大牲畜，搞好余缺调剂，更有利地支援"农业学大寨"群众运动的蓬勃发展，为此，决定于一九七一年十二月十三日在昌黎城关召开大牲畜余缺调剂交流会。各片、公社、大队革委会，对这项工作都要重视，认真作好畜缺调剂牲畜的生产队的组织工作，按"广告"要求作好准备，届时参加交流会。

河北省昌黎县革命委员会生产指挥部

一九七一年十二月六日

抄报：唐山地区革委会生产指挥部、商业处、农业处、财政处

抄送：县、社直有关部门

f－17　昌黎县革委会生产指挥部关于召开大牲畜余缺调剂交流会的通知。1971年12月6日。

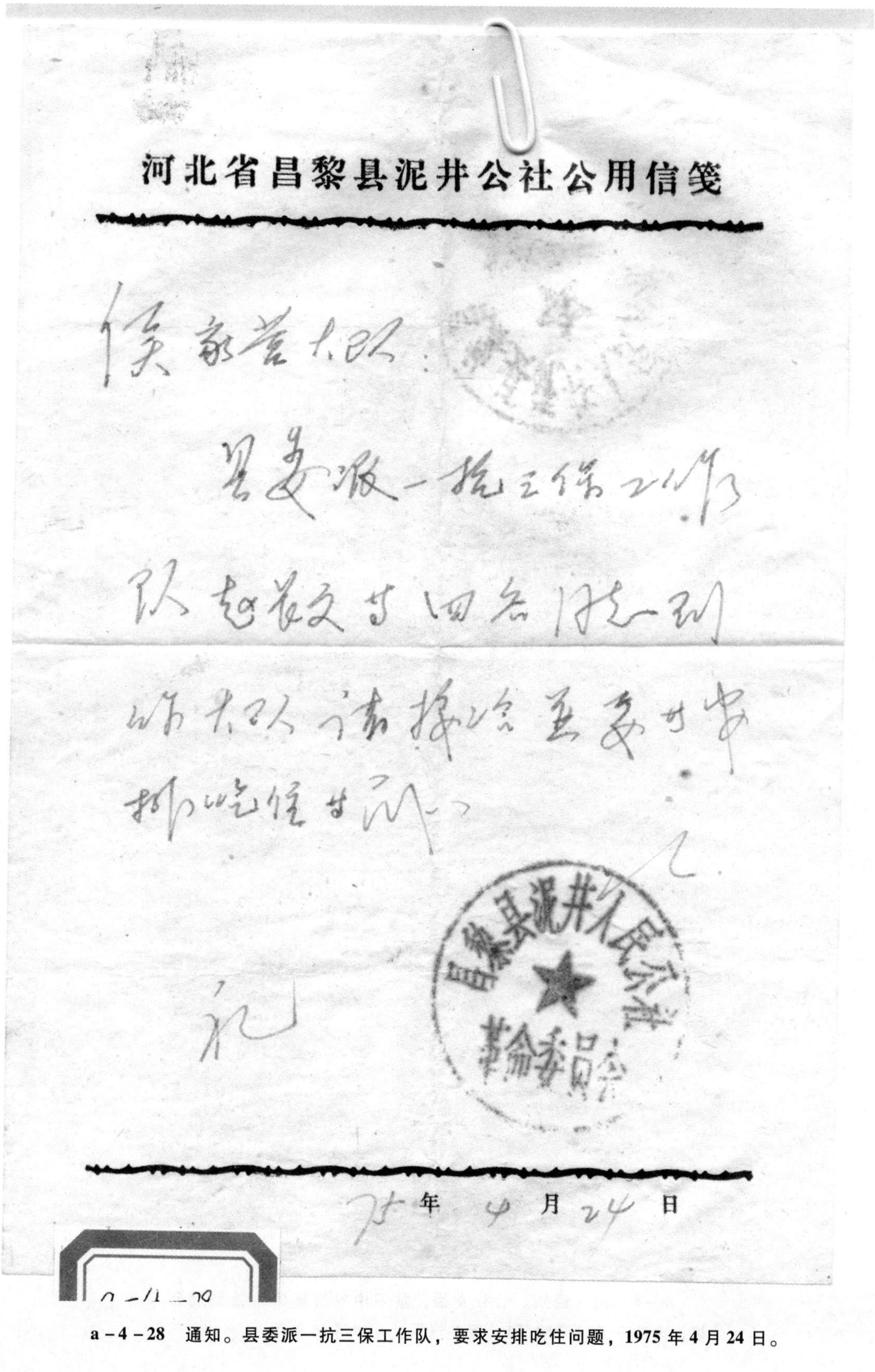

河北省昌黎县泥井公社公用信笺

侯家营大队：

县委派一抗三保工作队赴农技站四名同志一到你大队，请接洽并妥善安排吃住等问题。

礼

昌黎县泥井人民公社革命委员会

75 年 4 月 24 日

a-4-28

a-4-28　通知。县委派一抗三保工作队，要求安排吃住问题，1975 年 4 月 24 日。

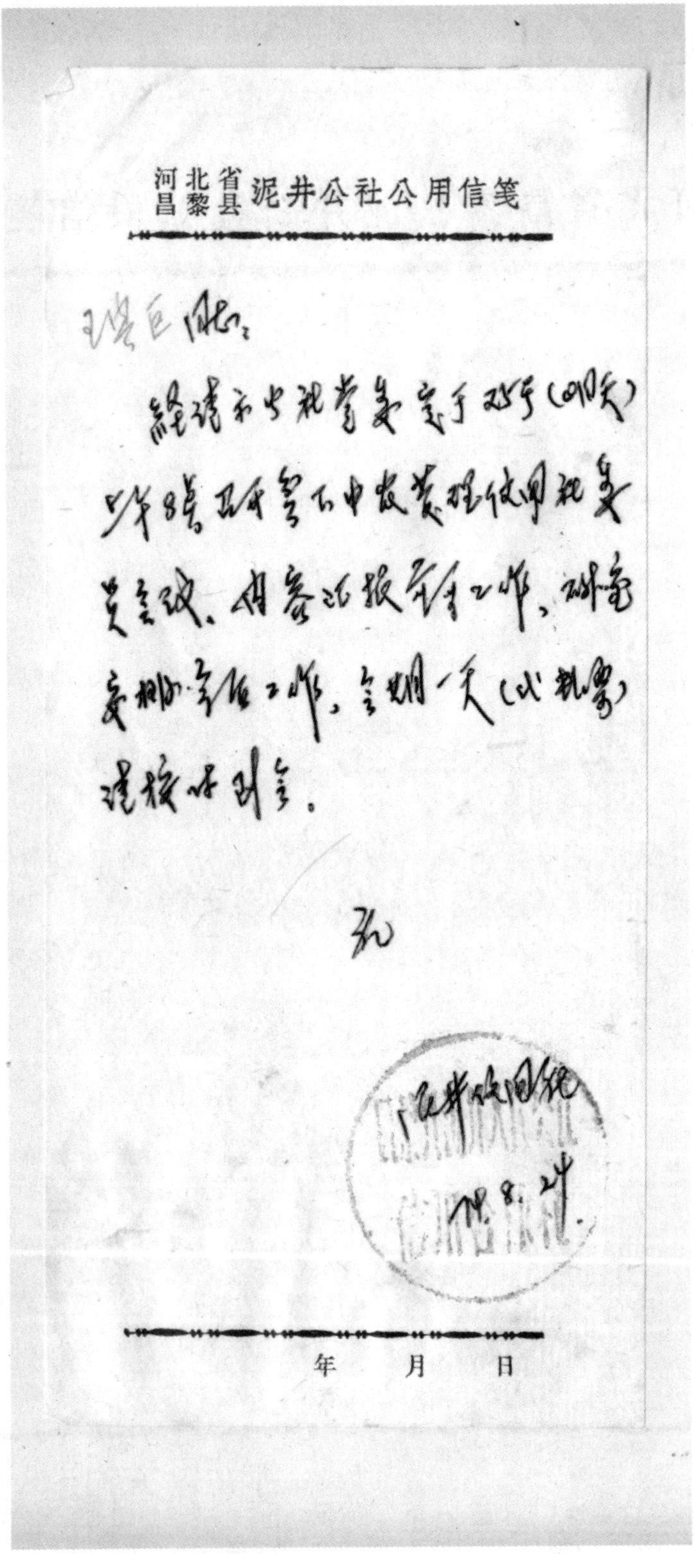

a－4－24 通知。公社党委，贫下中农管理信用社委员会议，会期一天（带粮票），泥井信用社，1974年8月。

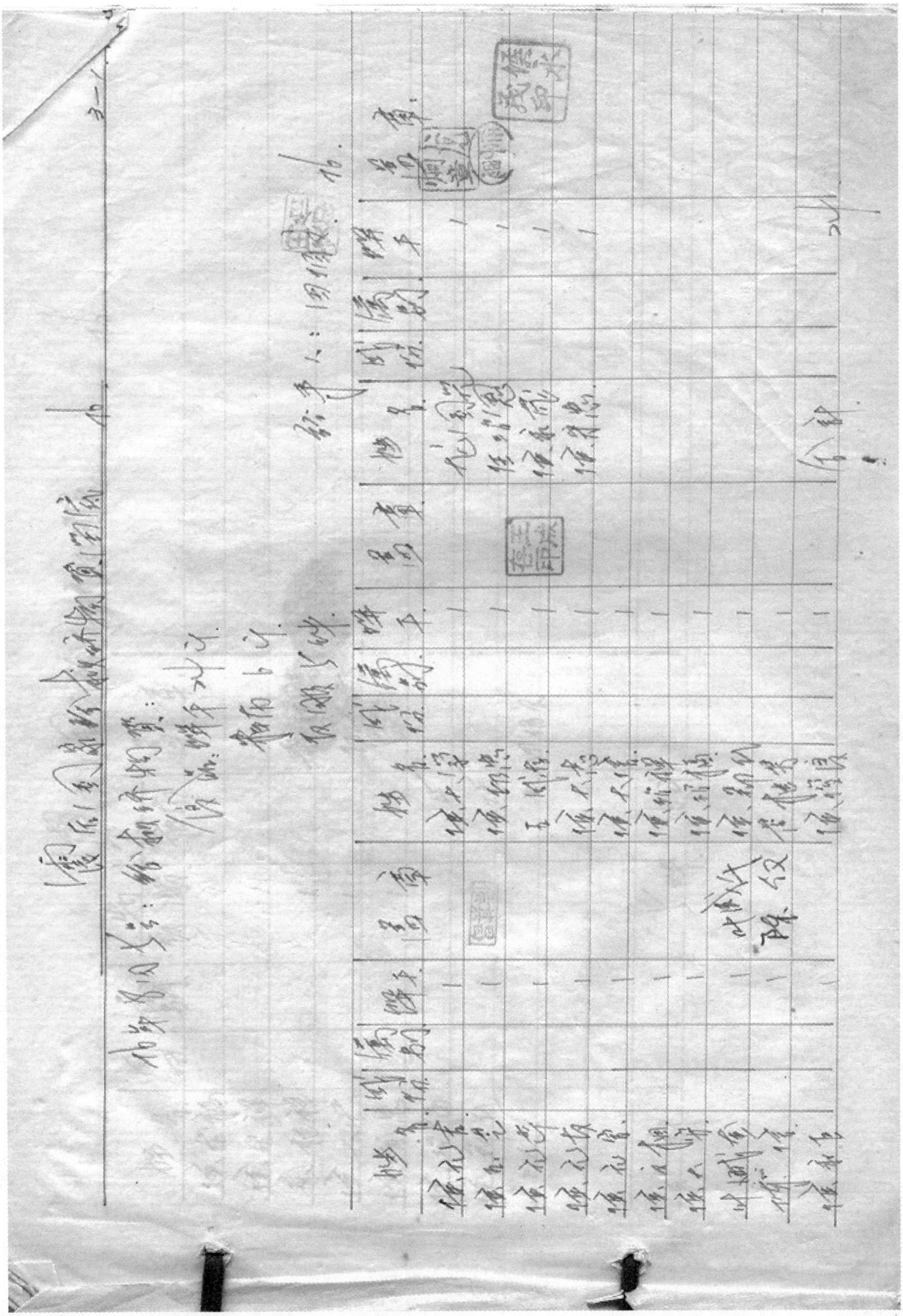

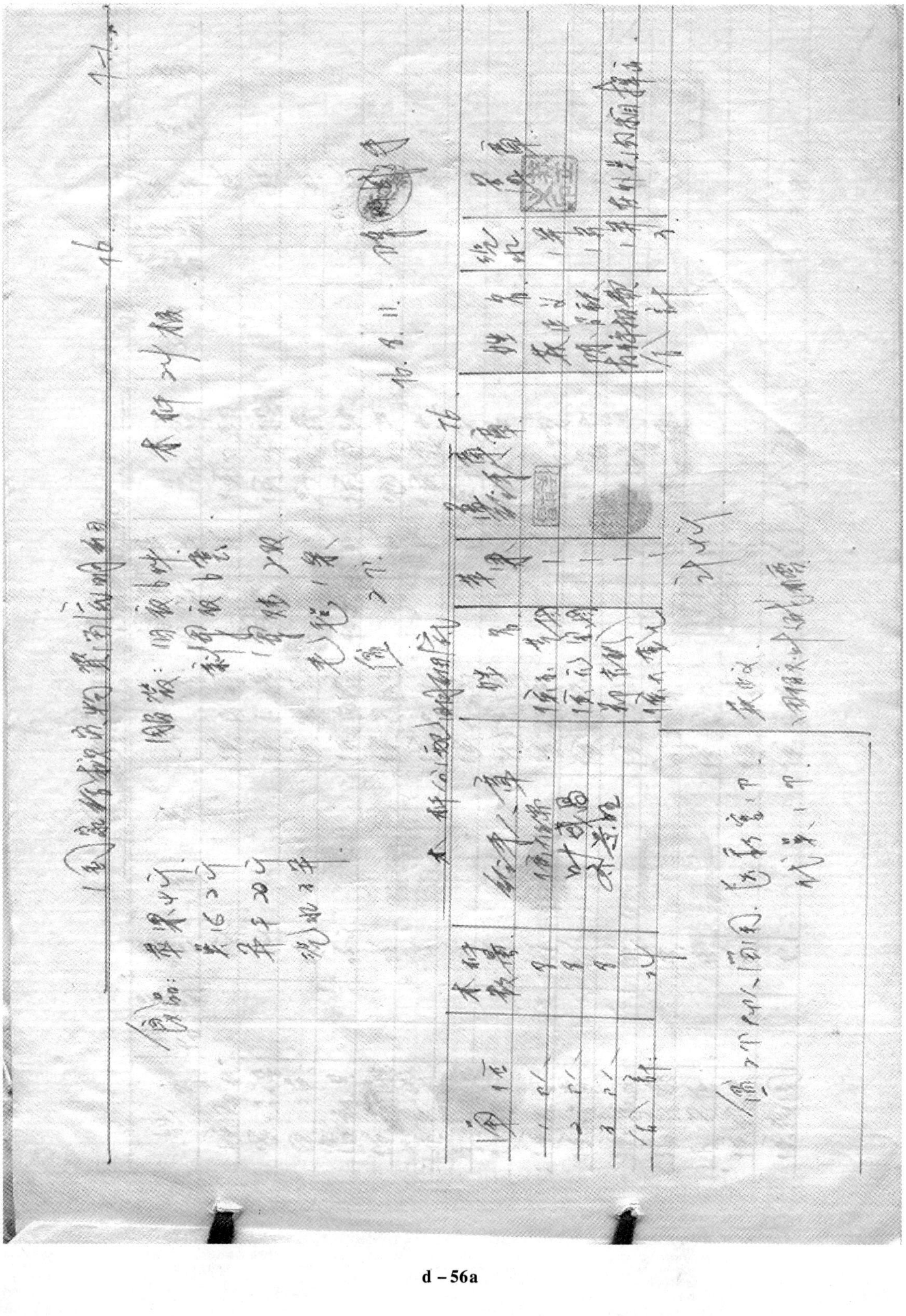

d－56a

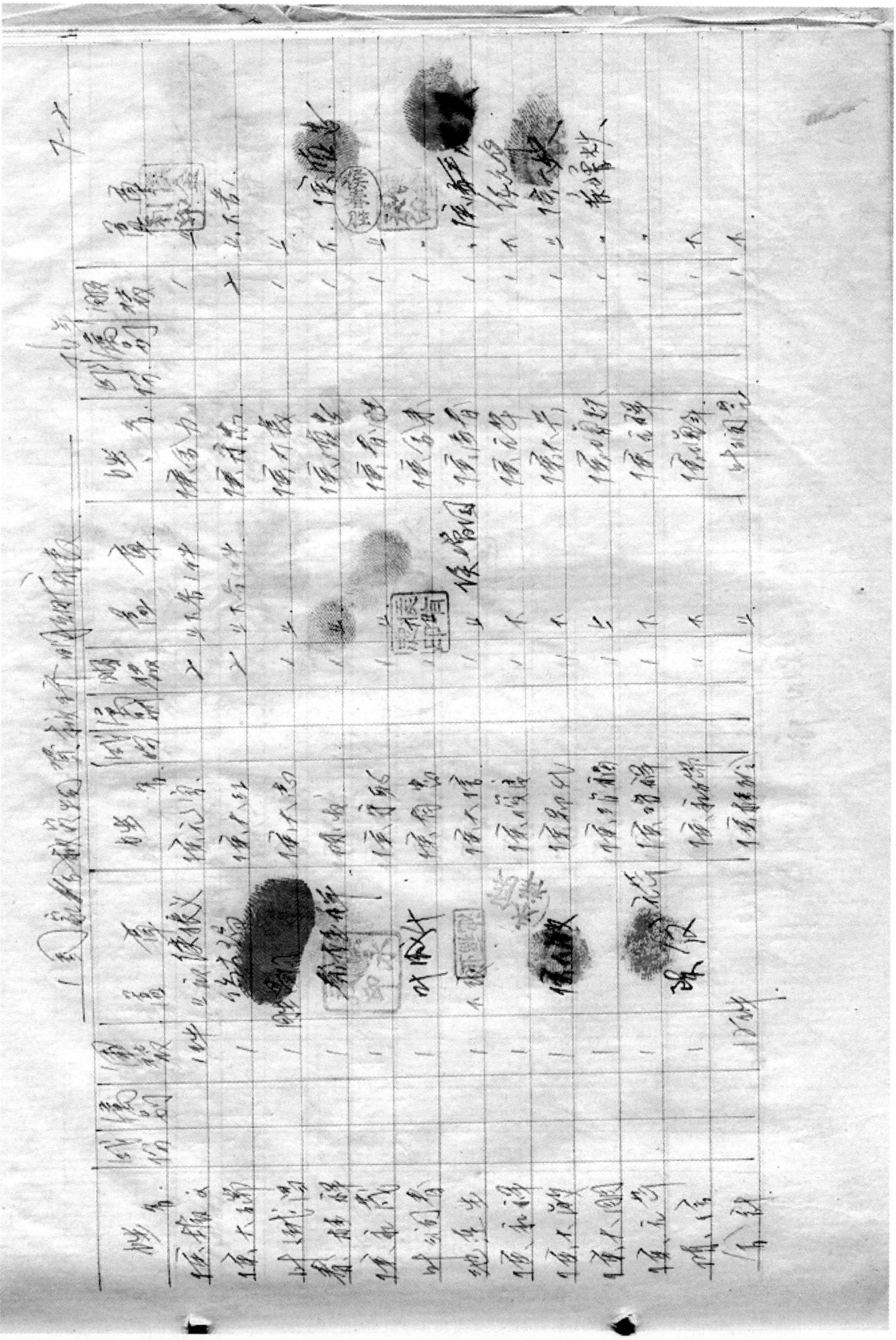

d－56b

国家给救灾物资救济明细 76. 10.

救济款 [illegible].50. 白糖5斤 旧棉衣2双. 缺口2把

棉布 22斤 红糖10斤 旧胶鞋1双 棉代3个.

[illegible] 50斤 旧衣服12件 铁锹2把 药2个.

经手人 [illegible] 76.8.14.

单位	物资种类						经手人盖章	姓名	品种		盖章
	救济款	棉布	铁锹	棉代	麻绳	水桶			缺口	药	
1户		4			10		侯大绍	侯元庆	1	1	
2户		4			10		叶国治	侯增跃	1		侯增跃
3户		4			10		侯元奇	侯元宝	1	1	
4户	50.	(10 代买的)	2	3 (合铺用)	20	1					
合计	50.	22.	2.	3.	50	1.		合计	3.	2.	

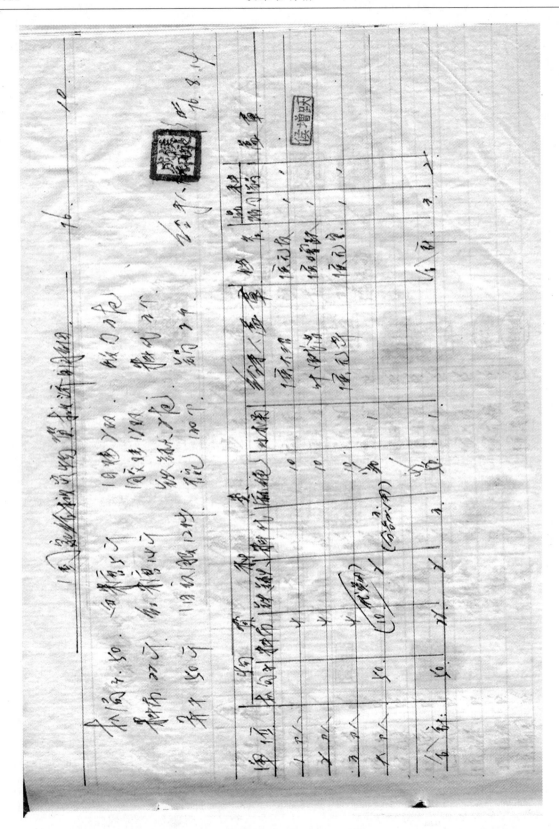

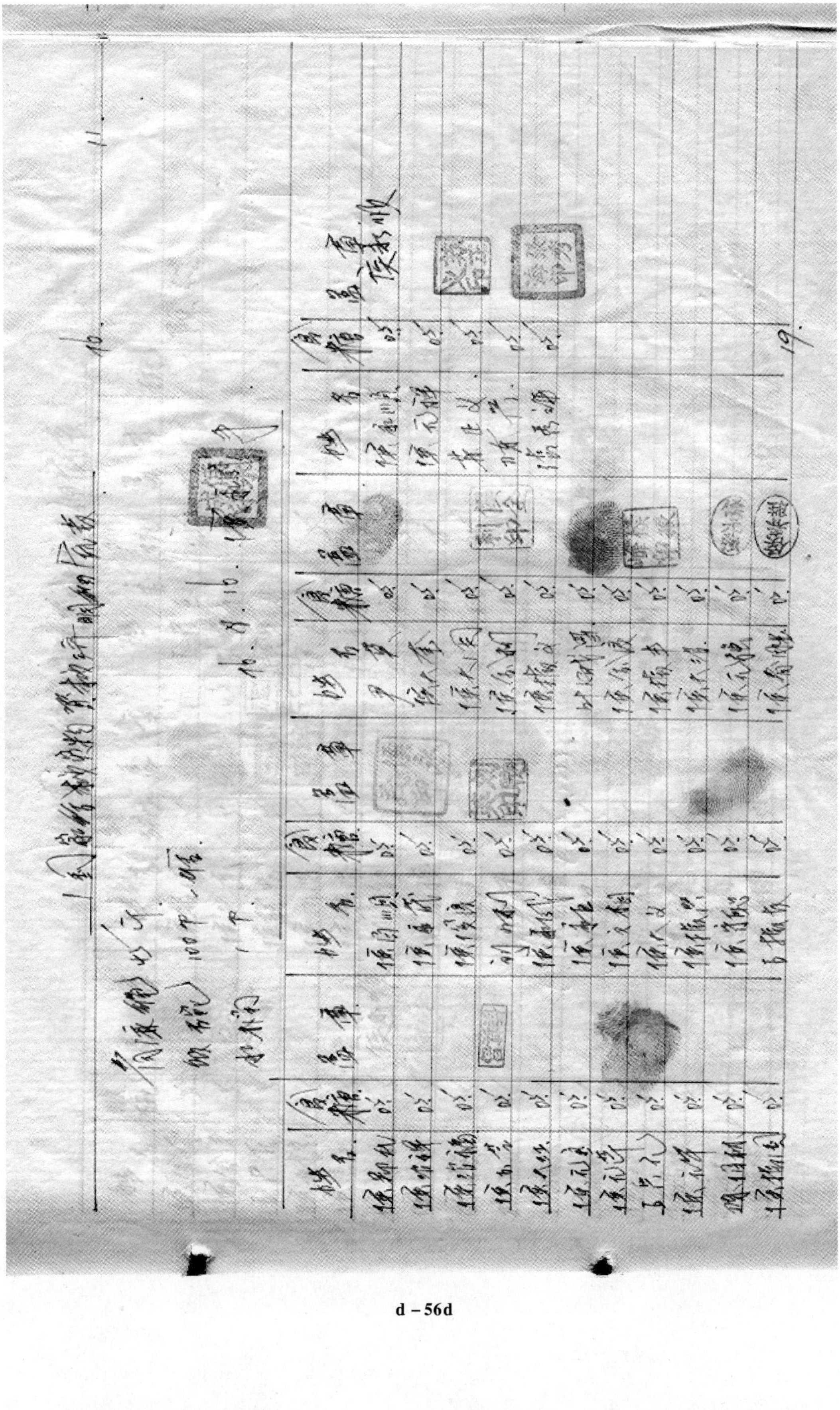

d－56d

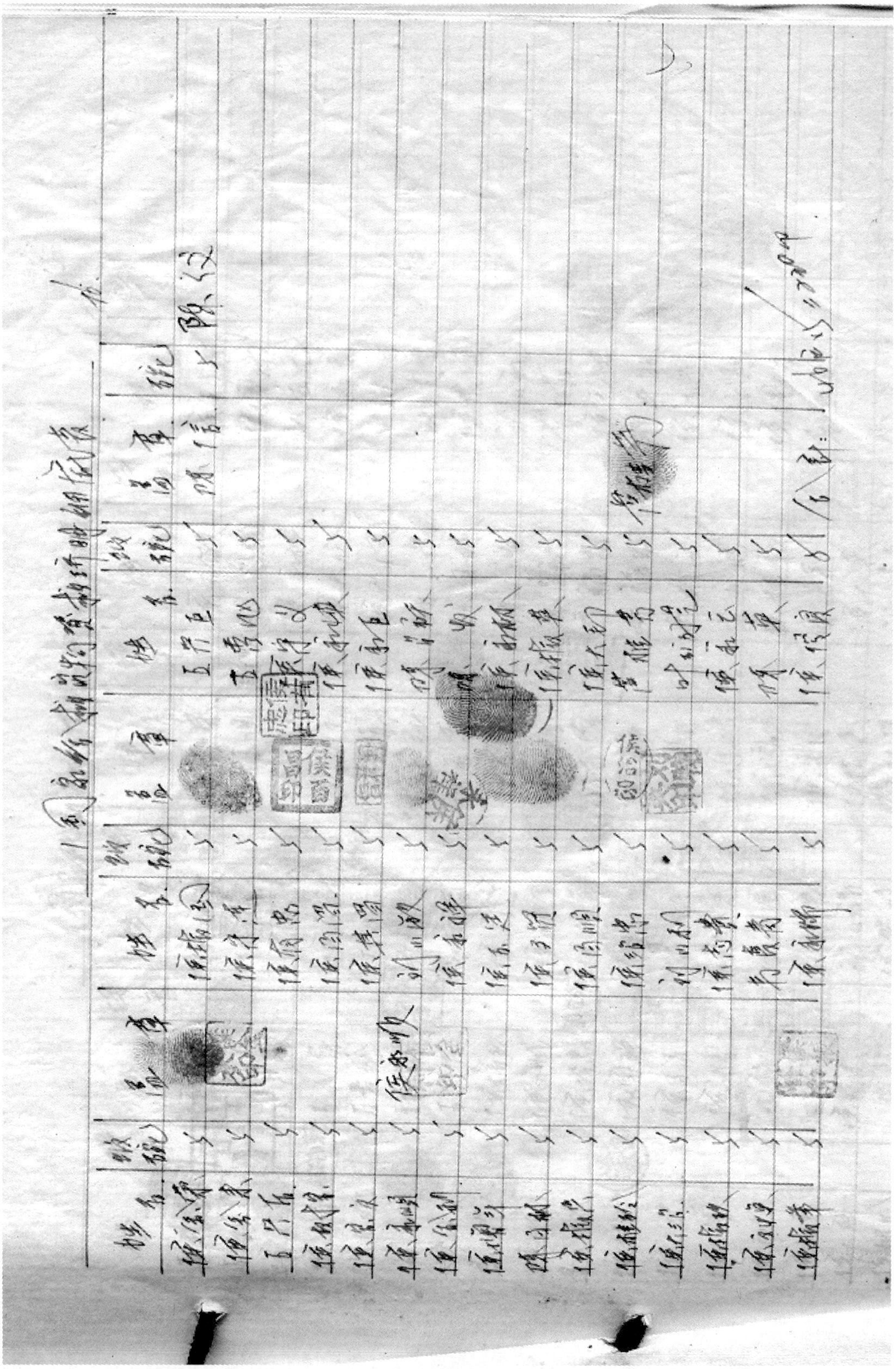

d –56e

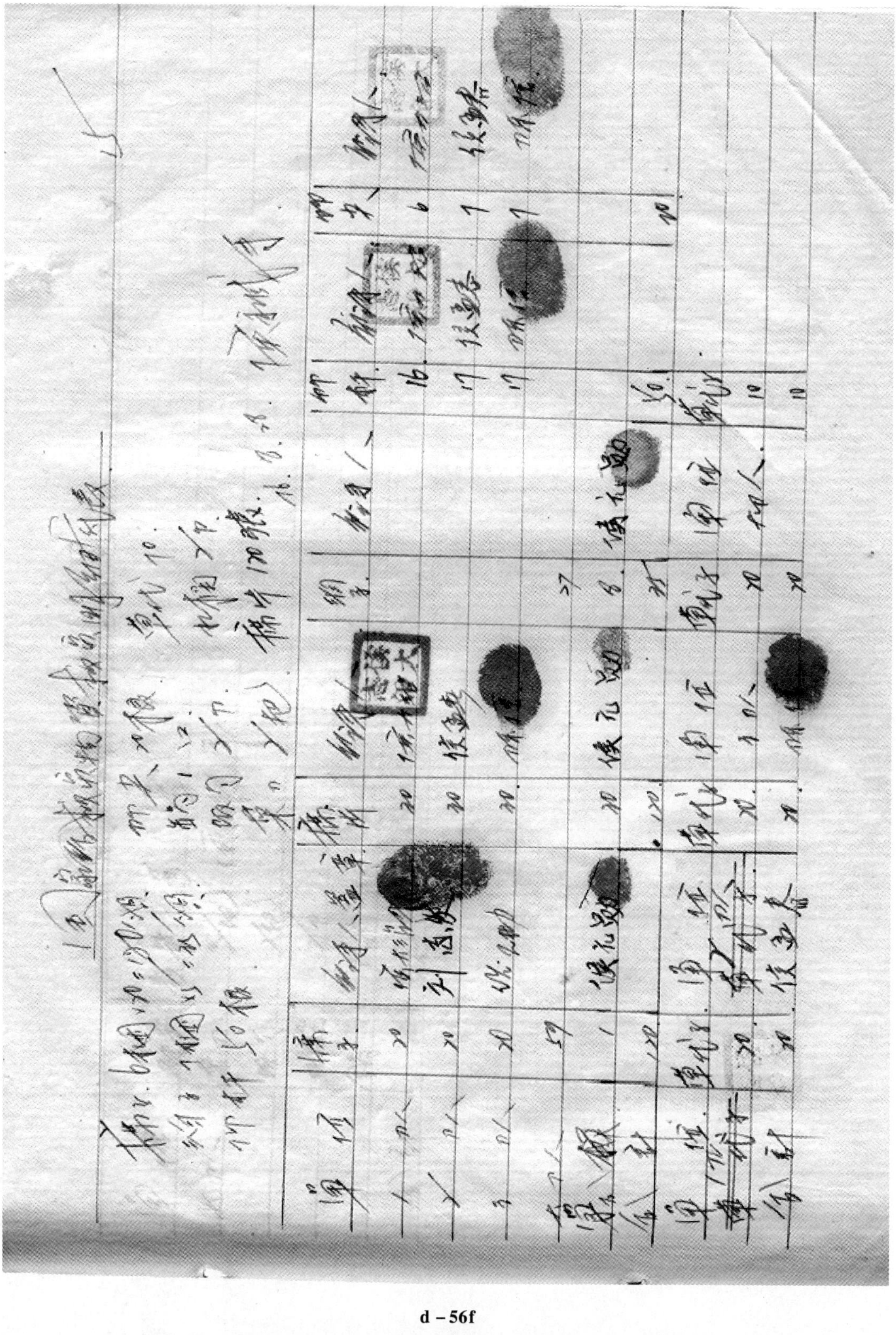

d－56f

d－56/d－56a－f　国家给救灾物资留底（明细）表。1976 年 8 月。

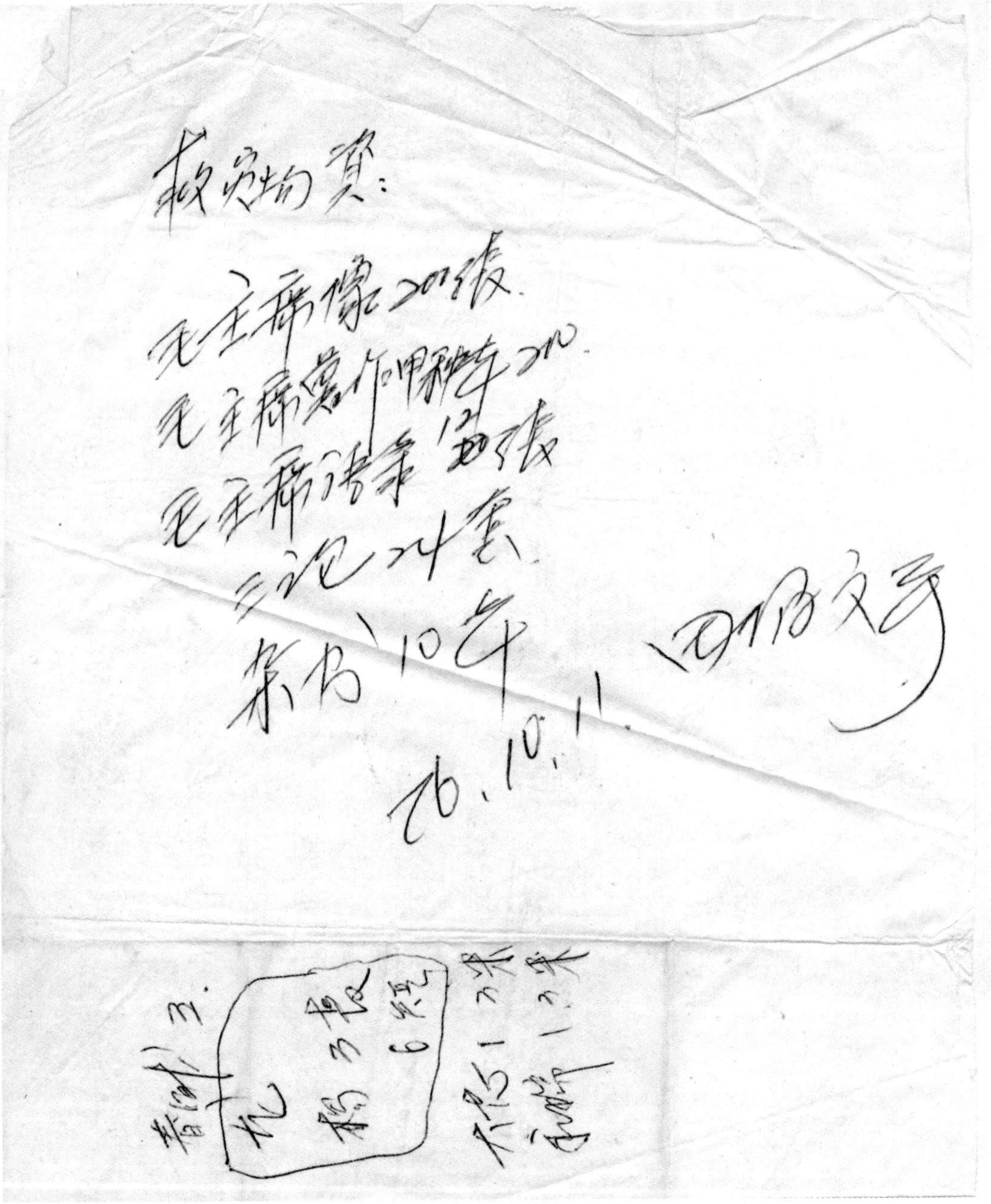
救灾物资：

毛主席像200张

毛主席著作甲种本210

毛主席语录12张

三论24套

杂书10本

76.10.11

f－20 统计纸片。救灾物资，主席像200张，主席著作甲种本210本，语录12张等，1976年10月11日。

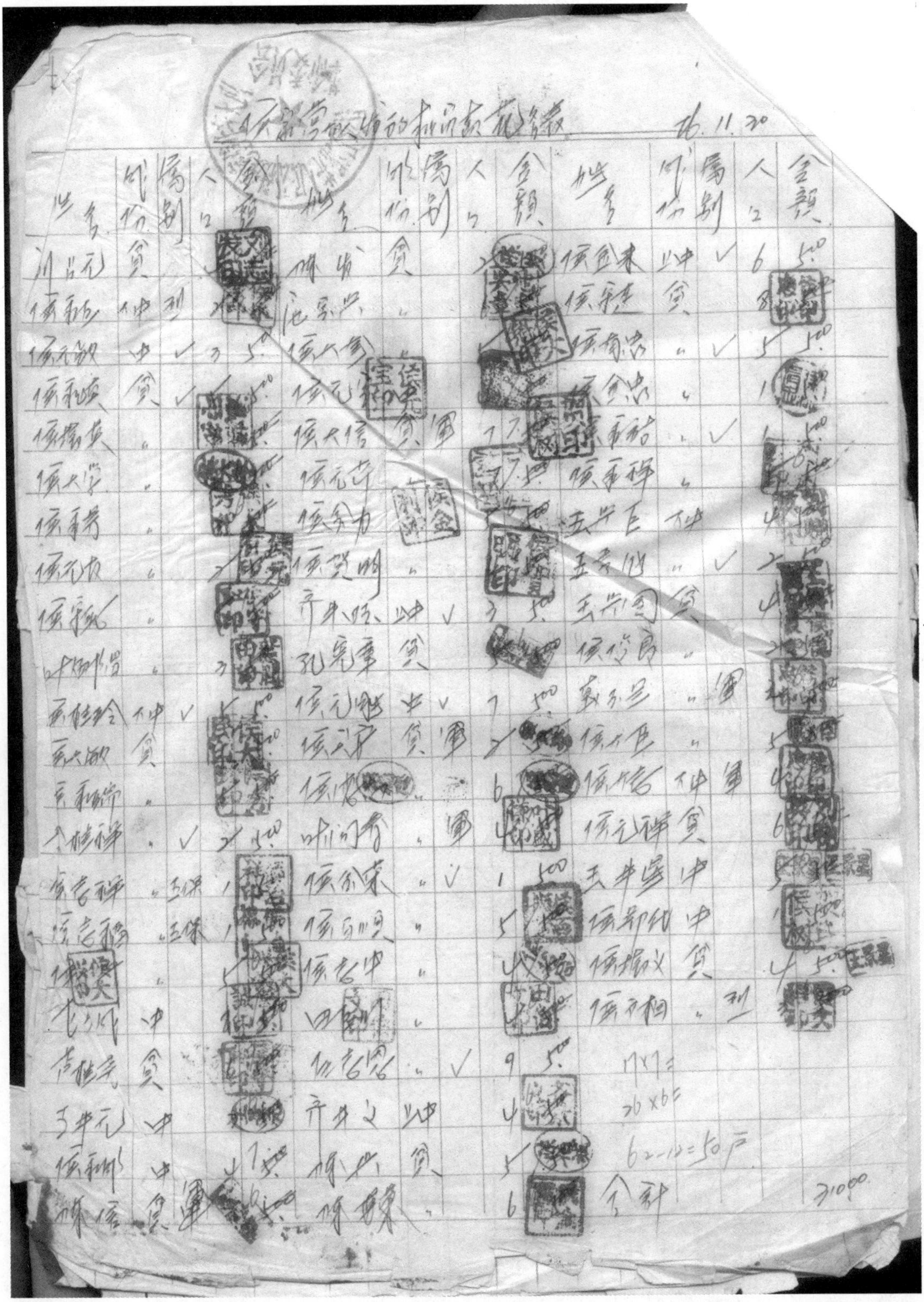

a－1－14　侯家营大队发放救灾款花名表。1976 年 11 月 30 日。

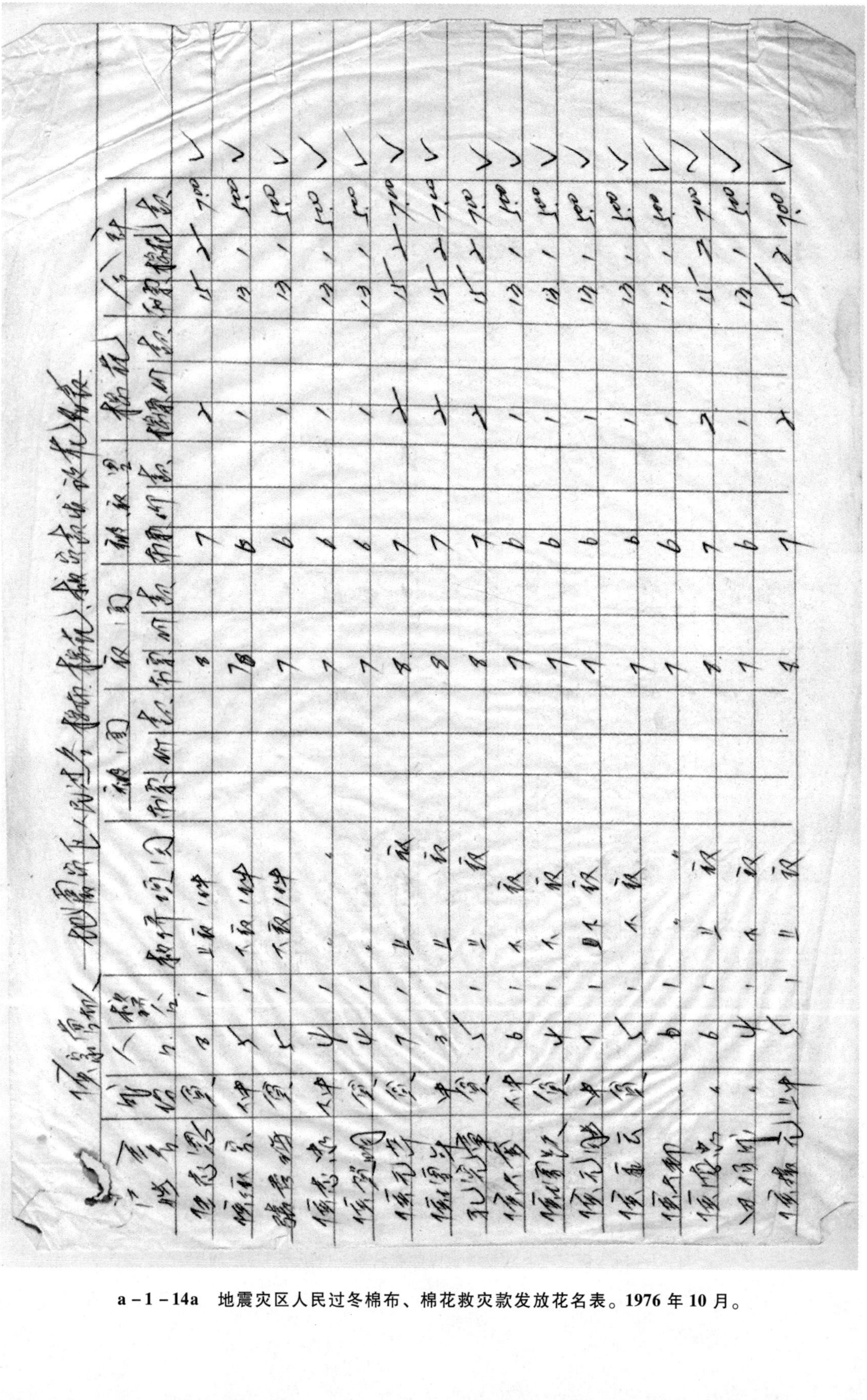

a－1－14a　地震灾区人民过冬棉布、棉花救灾款发放花名表。1976年10月。

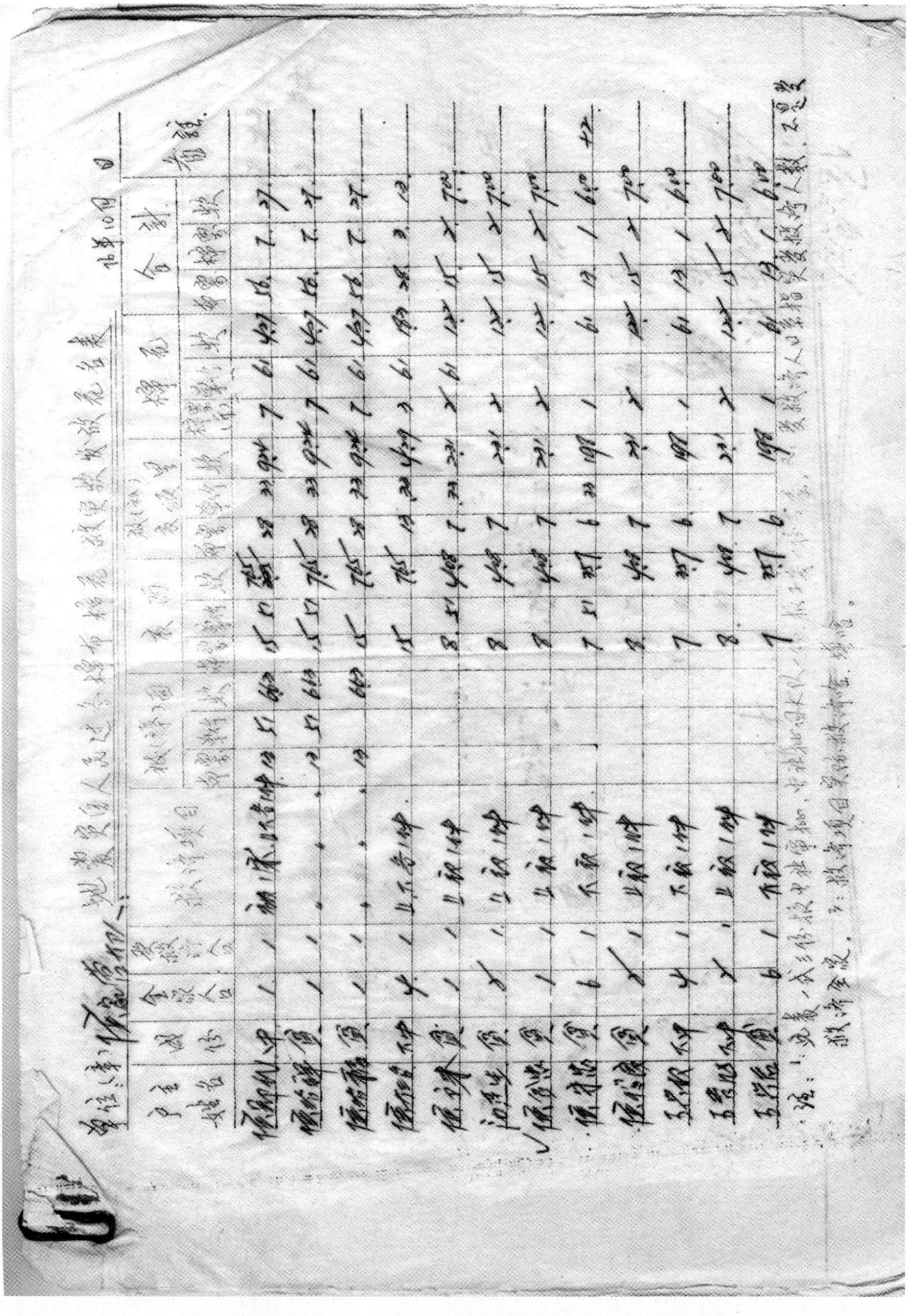

b-4-32 地震灾区人民过冬棉布、棉花救灾款发放花名表。1976 年 10 月。

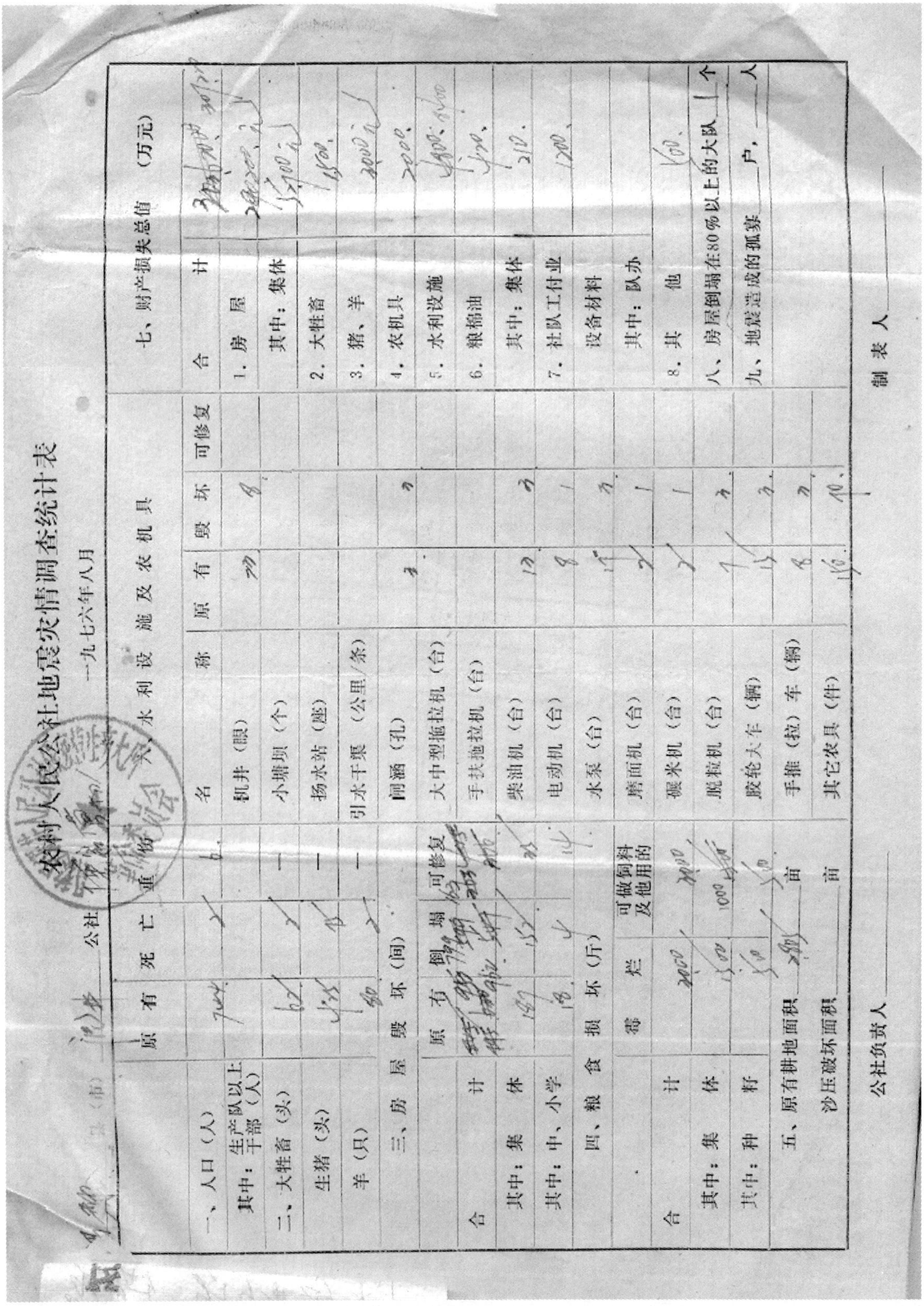

农村人民公社地震灾情调查统计表

[illegible] 县（市） [illegible] 公社 [illegible]　　一九七六年八月

	原有	死亡	重伤
一、人口（人）	704	2	6
其中：生产队以上干部（人）			
二、大牲畜（头）	62	2	—
生猪（头）	[illegible]	[illegible]	—
羊（只）	80	2	—

三、房屋毁坏（间）	原有	倒塌	可修复
合计	[illegible]	[illegible]	[illegible]
其中：集体	187	152	35
其中：中、小学	18	4	14

四、粮食损坏（斤）	霉烂	可做饲料及他用的
合计	3000	3000
其中：集体	1500	1000
其中：种籽	500	500

五、原有耕地面积 [illegible] 亩

沙压破坏面积____亩

六、水利设施及农机具 名称	原有	毁坏	可修复
机井（眼）	[illegible]	8	
小塘坝（个）			
扬水站（座）			
引水干渠（公里/条）			
闸涵（孔）	2	2	
大中型拖拉机（台）			
手扶拖拉机（台）			
柴油机（台）	12	2	
电动机（台）	8	1	
水泵（台）	[illegible]	2	
磨面机（台）	2	1	
碾米机（台）	2	1	
脱粒机（台）	7	2	
胶轮大车（辆）	15	2	
手推（拉）车（辆）	8	2	
其它农具（件）	150	10	

七、财产损失总值（万元）	
合计	[illegible]
1. 房屋	290200元
其中：集体	53700元
2. 大牲畜	1500
3. 猪、羊	3000元
4. 农机具	2000
5. 水利设施	4800
6. 粮棉油	420
其中：集体	210
7. 社队工付业	1200
设备材料	
其中：队办	
8. 其他	[illegible]

八、房屋倒塌在80%以上的大队 1 个

九、地震造成的孤寡____户，____人

公社负责人____　　制表人____

d－56g　侯家营地震灾情调查统计表。1976 年 8 月。

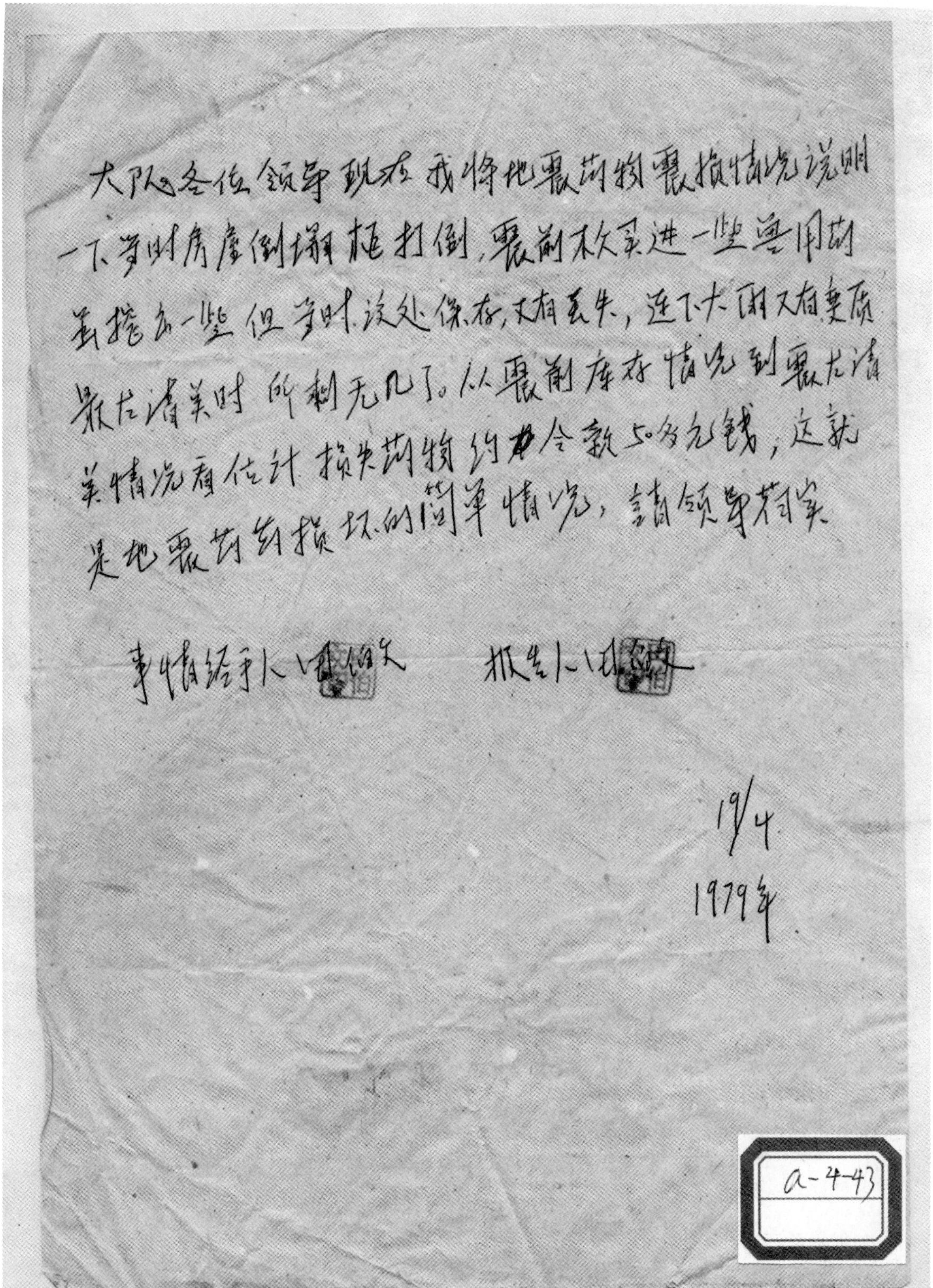

大队各位领导：现在我将地震药物震损情况说明一下：当时房屋倒塌柜打倒，震前秋天买进一些兽用药品，挖出一些，但当时没处保存，大有丢失，连下大雨又有变质，最后清点时所剩无几了。从震前库存情况到震后清点情况看估计损失药物约合款50多元钱，这就是地震药物损坏的简单情况，请领导核实。

事情经手人：[illegible]　报告人：[illegible]

19/4
1979年

a-4-43

a-4-43　说明。地震震损药物情况，房屋倒塌，兽用药，清点，没处保存，连下大雨损失款50多元，1979年4月19日。

昌黎县财政支农周转金经济合同

（代乙方借款借据） 顺序 号

甲 方（供）	昌黎县财政局		
乙 方（借）	侯家营大队 6队		
借款用途予计效果	76年支农资金		
总 投 资	自 筹	贷 款	借 周 转 金
元	元	元	167- 元
定 期	1982 年	自 年 月 日至 84年 11月 30日	
归 还 时 间	1984 年	年	年
金 额	167- 元	元	元

保证条件和还款计划	还款记录				
	年	月	日	还 款 金 额	欠 款 余 额
1.乙方保证以农副业收入按约定时间归还借款。 2.乙方必须履行合同规定，如有违犯，按国家经济合同法有关条款执行。					167.

甲 方	乙 方	担保单位	鉴证单位
昌黎县财政局 农村财务股	昌黎县……人民公社侯家营……大队 管理委员会		
签 章	签 章	签 章	签 章
年 月 日	1982年、9月 9日	年 月 日	年 月 日

侯林城

b－1－50 昌黎县支农周转金经济合同。1976年支农，震灾，1982年。

f－12　侯家营大队小四清总结。共十二方面的问题，1977 年 3 月 27 日。＊三个生产队的小四清小结，记载详细。原文中错别字照录。另参见“6. 请客送礼”。

侯家营大队小四清总结　77 年 3 月

在我们党取得了伟大的历史性胜利的主要时刻，我们的英明领袖华主席亲自提议，党中央决定召开第二次全国农业学大寨会议。将会极大的推动深揭猛批四人帮，反党集团的伟大斗争，全国的形势一派大好，我县随着社队两级班子整风，又展开了小四清运动，我们大队是由二月一日开始至三月廿二日基本结束，清出的问题，按大队各部门分别进行。

一、大队方向路线方面的问题：

请客送礼：大队由东北整电动机代花生米 30 斤

二、专支挪用公款方面：共 4 户共占款 140 元，其中侯大义 70 元，业盛昌 20 元，侯□忠 20 元，侯叔宝 30 元。

三、借公物方面：(1) 借大队粮票共 4 户 126.5 斤，侯大义欠 15 斤，侯淑菊 10 斤。田伯文 15 斤，侯桂新 100 个。

(2) 炕席共借出七户共 8 户 11 领，其中王成存 2 令，侯永深 1 令，侯春胜 1 令，侯淑菊 1 令，侯大义 1 令，刘大文 2 令，刘小敬 1 令。

(3) 其它物资：电桶救灾的两桶据侯永成介绍陈伯成一桶，侯永成手一桶，锹安地震后坟除了打井丢失一把另外差平锹两把无踪影塑料，侯大义拿一坑斤数 5－6 斤，其它已用，库内只剩一坑。

半导体一个在侯大义家，经小四清拿回来归了大队，其它物资木杆丁子等各处乱用无法查找。

四、社员户借大队救灾杆子达 17 户共 51 根，其中 6 米的 2 根，3 米杆 7 根，长的 36 短的 6 根。其中齐井旺 3 根，任子恩 3 根，侯文来 2 根，龙炯章 13 根，侯志贵 1 根，振义 3 根，春胜 8 根，王玉增 1 根，侯治福 6 根，郭洪生 3 根，侯大民 1 根，侯大志 1 根，侯永瑞 1 根，侯大义 1 根，侯全忠 4 根。

五、在工作作况和生活作风方面：

支部成员对震后救灾物资发放大多数的物资没经群众讨论，并且数量多干部特殊化

侯大义上衣一件布票 15 尺，棉花 3 斤共合款 12 元，下衣一件料鞋两双

侯百顺被一件，布票 27 尺，棉花 4 斤款 12 元，上衣一件料鞋一双旧鞋一双

侯百顺料鞋一双款 7 元，胶鞋一双

侯振兴上衣一件，布票 15 尺，棉花 3 斤款合 12 元，上衣一件，料鞋一双衣服一件

六、补充其它物资：(1) 大队曾买玻璃两箱大队使几坑卖出 42 坑其余下落不明。

(2) 大队挖沟维海造田买毡袜双胶鞋两双没下落。

(3) 大队七五年买小米尺 4 个，都存几个干部手没拿大队来。

七、多吃多占方面：大队借打井（在七五年七六年）和七六年秋来学生，对粮食和现金有铺张浪费的行为，干部多次帮吃随喝详细数字难易查清。

八、大队代销点的问题：(1) 在一九七五年报消买点新耗损粮票 81.7 斤合点新 136 斤，不符合制度。

(2) 七四、七五年东西耗损太多。

(3) 包装纸和纸绳大多都是代销员池付叶本人开的支出发票。

(4) 由供销社进鱼、菜品等不是安实际升耗出发都一律安掉称 3% 报大队消耗损。

九、大加工厂的问题：对炕席不对原数其中借出 3 领，其中侯□□1，侯世昌 1，侯永瑞 1，小麦佃本由七五至七六年赚小麦 76.6 斤。

十、大队挂面房没发现其它问题，七六年赚小麦 53.7 斤。

十一、大队医疗室医药和现金情况：

（1）人药差药折款耗数 33.66 元，多出药合款 7.90 元，净差药耗款 25.76 元。

（2）兽医药物差数少药折款 104.21 元，多药折款 6.40，净差耗款 97.81 元。但经查兑账目核实现金帐用药支方超过收方全额 73.32 元。说明在地震时把开出的药方已付出药收了钱被压和丢失所以差药。现金收方没支方多，两项和耗药抵顶人的 25.76 增净差款 97.81 元，共 123.57 元 -73.32 净差 50.25 元，所差的原因是田伯文讲，在地震时压了处方，又压了药所以少款，究竟压药多少合多款不清楚，应有管药管钱人负责。

小四清组

一九七七年三月廿七日

第一队

一、路线方面的问题：

（1）经查兑一队七六年分配不合理比如七六年春夏季已施用的化肥安水共 199.00 斤合款 17.31 元，没有出当年开支扩大了下午的开支磷肥 2000 斤合款 150 元，查兑库存粮食杂交玉米 600 斤单价 40 共 240 元库存无粮，当年种清帐面上还有 600 斤，没当年处理扩大了七七年开支。

（2）挖空积累，七六年出售牛马皮款 29.76 元，本应收在积累上，实收在付业收入上。

（3）不落实养猪政策第一队自从七六年七月廿八日以后对于猪包工，不给社员验圈半年多没给工分。查兑帐目把猪畜料出在养猪上而把卖仔猪和卖死猪款达 26.80 元的收入且不收养猪帐户完全收在付业收入上，有意思的扩大养猪开支把罪名加再养猪上。

（4）在分配现金方面：虚打收入把秋季牲畜猪吃的粮食数故意加大一倍共虚打粮食数 34.57 斤，入空库除了司料 4000 斤外，硬入空库 902 个，使下年扩大开支又使库内缺粮。

二、可扣社员工分：（1）一九七六年查兑粪肥工会计有意可扣粪肥工十二户差工分 1.768 分。

（2）会计以仗职权损公买好，有对个人恩怨的多记工分。

三、超支挪用方面，一九七五年干部预支款 46.21 元，一九七六年预支 150.15 元，白条子顶现金 128 元。

四、占用集体财产严重，干部利用职权外赊小猪一头合现金 31.90 元

送给养路段化肥 5 斤，干部社员欠集体粮食小豆 10 斤高粮米 90 斤，花生米 10 斤，棉花子柿 15 斤共现粮 100 斤，粮票 24 斤，长期不还。

五、请客送礼损公肥已：干部以仗职权到处吃喝即吃社员又吃集体，有的干部吃了社员的饭，把砖借给社员 500 坑，永不归还。干部又到公社猪场吃喝把集体的东西送人情。

六、贪污资窃方面：（1）原任会计侯大瑞于七六年生产队卖给侯大瑞小猪一头贰元正，他养活半月左右把猪卖给侯大孝子，侯增强经手把（贰元一吨的票）钱给了侯大瑞而他没给生产队钱，侯大瑞自己贪污了。

（2）侯大瑞在七六年从生产队里拿大菜板子一个，炉盖子一付。

七、查无七五、七六年帐目混乱：业务处理手续不清。比如库存粳米 160 斤，七五年已吃用至现在存库帐面上还有粳米 160 斤折成粳子 224 斤，原粳子升称 62 斤，侯大瑞把最后余额数硬□余 167 斤，其款 30.38 没做处理，且在粳米库存平帐后，收其它运输收入 30.38，出其它开支

30.38 不符合帐理。

第二队小四清总结

在英明领袖华主席的正确领导下，粉碎了王、张、江、姚四人帮篡党夺权的阴谋，全国形势一派大好，我们大队也和全国一样一派大好形势，我县在开展社队两级班子在整风结束后，在县委的统一号召下开展了小四清运动，我们小四清班子在住村工作队的大力帮助和支持下，在大队党支部的一元化领导下，顺利的开展起来了，在查帐中首先学习了全国第二次农业学大寨的会议精神，又学习了毛主席论十大关系的论述。在查帐中实行了四个结合，座谈与查帐相结合，内查外调相结合，个别座谈与群众揭摆相结合，查证落实相结合，在贫下中农的大力支持下基本顺利完成。

查出的问题：

一、铺张浪费方面：在一九七五年浪费公款严重，由于二队和西张各庄有来往。一年中代客费很多，包括打井的人来和送安水的共花代客费 170 多元，花生米 63 斤，生菜 101 斤，粮食 390 斤，粮票 32 斤，买点新粉条 7 斤，酒 33.2，肉 6 斤，蛋 8.5 斤，烟 28 合，油 29 斤。

二、超支挪用方面：共占现金 142.46 元，其中侯大义 12.03，侯大江 7 元，侯元吉 50 元，业盛昌 56 元，刘小辉 15 元，大部份占款是大小队干部。

三、贪污盗窃方面：原任队长业盛昌在一九七六年把生产队买的柴油 400 斤，个人私自卖出 200 斤，合款 25 元，当时把单拒的 400 斤才油全和现金保管算帐报消，把卖给社员的 25 元自己贪污了，已经解决把脏款全退清。

四、差款错帐问题：在查帐占现金时，当时发现多款 410.41 元，经过反复查找，发现会计把现金传票忘记编号下帐，卖猪款 69.85 元没记帐二笔泥井信用社过昌力拉脚的运输收入拉收款 198.84 元，三笔把赶圈一个，现款二元已开发票没下帐，共三笔拉收款 270.69 元，另外支出拒少下发票一些拒款 111 元，现在净多款 140.83 元，在帐内没有发现其它线索，经支部研究暂收在往来帐户暂收款户头如以后发现真实收入和其它出路，在按科目处理此业务，如没其它线索年底收在其它收入结清帐目，把找出的多收少支金额接帐户分别记帐。经查帐小组分析二队的现金管理和买物管理较好，粮食票证等能帐务相符，现金多只是拉收属于财务人员麻痹，没发现其它问题。

五、请客送礼方面：

(1) 在一九七五年由于和张各庄有来往，送花生米 8 斤，花生菜 7 斤，(2) 去滦县□拉茯面子气车代花生米 17.2 斤。(3) 由柏各庄换稻种送花生菜 5 斤，共送出花生菜 12 斤，花生米 25.2 斤。

四清小组

1977 年 3 月 20 日

1976 年 2 月 10 日　杀猪吃小麦 5 斤

2 月 6 日　送安水□机 5 斤

3.2　哧洋口送化肥吃打井抽井桂新家小麦 40 斤

5.2　送安水□机吃饭小麦 4 斤

6.10　初中师生栽稻子吃小麦 6 斤

10.6　机耕地加学生劳动吃小麦 4 斤

5.13　五月节杀猪吃黍子 12 斤

11.3　大队打井工人吃，江豆吃 80 斤

4. 18　唻洋口送化肥吃大豆 3 斤
11. 3　大队打井吃大豆 20 斤
11. 1　机耕地两次吃高粮 12 斤
75 年 12. 31　大队打井吃伏菜 30 斤
2. 6　拉安水□机吃伏菜 3 斤
2. 6　去柏各庄换稻种送礼伏菜 5 斤
3. 21　社中送粪吃杖菜 2 斤
3. 2　唻洋口送化肥吃伏菜 2 斤
4. 26　打井吃在桂心家吃伏菜 6 斤
6. 13　送安水□机吃伏菜 1 斤
5. 13　杀猪吃伏菜 1 斤
6. 10　栽稻子老师 2 斤
1974 年 12 月　西张各庄找马 5 次吃大米 23 斤
刘占书
5. 26　杀猪吃大米 3 斤
3. 31　西张各庄来人滦县汽车拉吊吃 19 斤大米
卸安车 17 人吃饭大米 18 斤
4. 22　镇子来人吃大米 10 斤求粮
5. 28　卸安水车 12 人吃大米 10 斤
6. 41　西张各庄队长来大米 2 斤
7. 30　拉安水□机吃大米 4 斤
西张各来人吃豆油 5. 9
榛子镇求玉米 2 天豆油 1 斤
12. 3　大队去秦皇家办事花生菜 5 斤
12. 3　联系石厂人花生菜 10 斤
1. 30　西张各庄来人花生菜 15 斤
3. 31　西张各庄来人花生菜 7. 2
3. 31　去滦县联系汽车拉吊子生菜 17. 2
3. 31　大队去唐山买石彩机花菜 10 斤
3. 31　榛子镇来人订吊子吃 5. 7
3. 31　西张各庄送礼 7 斤花生菜
6. 30　西张各庄队长来吃 2 斤生菜
5. 5　送给西张各庄队花生米 8 斤
5. 12　掏井人吃花生米 3 斤
5. 29　夜间下马看人吃 2 斤生米
5. 30　拉安水吃花生米 3 斤
9. 17　社中学托车送粪 3 次花生米 5 斤
9. 19　机堡地吃花生米 5 斤
10. 11. 15　机堡地吃花生米 17 斤
11. 15　大队打井吃花生米 20 斤

11.13　机堡地□油吃 22 斤
1.23　西张各庄队长来吃青豆 17
3.31　卸安水车炒豆 5 斤
3.31　西张各庄来人吃豆 25
4.23　榛子镇来人求粮豆 4 斤
1.23　西张各庄来人吃小麦 17 斤
3.31　榛子镇订吊子小麦 9 斤
4.23　榛子镇求米小麦 5 斤
7.30　西张各庄来人拉莞豆换挂面小麦 16 斤
9.18　社中送粪拉安水用小麦 10 斤
11.5　打队打井吃小麦 47 斤
1975 年 × 月 × 日
12 月 10 日　粮票 5 斤
12 月 1 日　粮票 1 斤
12.1　买烟 3 合　4 月 7 日　啤酒 2 并
11.27　买烟 3 合　4 月 8 日　并酒 2 并
12.9　白酒 1 斤，并酒 2 并　烟 3 合
12.4　白酒 1 斤，啤酒 2 并　烟 2 合　5 月 28 日　面包 10 个粮票 2 斤给送安水司机
2.4　白酒 1 斤　6 月 14 日　啤酒 2 并
12.20　粮票 3 斤　6 月 26 日　鸡蛋　1 斤
12.10　烟 2 合　8 月 26 日　鸡蛋 2 斤给送安水司机
11 月 26 日　并肉　1 并　7 月 31 日　烟 2 合给送安水司机
1 月 5 日　白酒 7.7 刃（打井）
7 月 31 日　白酒半斤给送安水司机
1 月 9 日　白酒 1 斤（打井）
1 月 18 日　烟 3 合　9 月 25 日　蛋 1 斤给送安水司机
1 月 7 日，酒　3 斤
9 月 17 日　鸡蛋 2 斤　烟 2 合　社中老师劳动
12 月 29 日　并酒一并　11 月 12 日　白酒 3 斤浇地
1 月 26 日　粮票 1 斤
1 月 22 日　烟 1 合　丁张各庄拉沙子
12 月 15 日　烟 3 合
1 月 28 日　并酒 3 并　烟 1 合
3 月 24 日　白酒 1 斤　烟 1 合
3 月 8 日　点新 2 斤，粮票 1.2 斤　打井下管
3 月 9 日　粮票 1 斤
3 月 23 日　白酒 1 斤　烟 2 合　实吊子来往粮票 2 斤，鸡蛋 1 斤实吊子来往
4 月 1 日　肉 2 斤　代给人送吊子司机
4 月 6 日　白酒 2 斤代给□人送吊子司机
4 月 12 日，鸡蛋 3.5 斤代给□人送吊子司机

第三队四清小结：

在英明领袖华主席在全国农业学大寨第二次会议精神鼓舞下，我县召开了这次小四清运动，第三队由三月一日开始的，首先召开了三队全体队委会，讲明了小四清的内容意义，使全体干部提高了觉悟敞开了思想，使三队的小四清进度快，仅用四天的时间基本顺利结束。

查出的问题：

一、超支挪用方面：一九七六年出帐的331.70元挂条顶现金的227.24元，共计558.94元。

1. 属于结婚支款的九户共占款313.31元，2. 欠生产队小猪款煤款共245.63元，干部和社员都支款共32户。

二、铺张浪费方面：三队和县社有来往，在三队卧牛吃饭有抄菜，烟酒肉化款共14.42元，学生劳动支援收秋种麦肉蛋共花款6.50，垡地买鸡子豆油等化款12.71元，共花款33.63元。

三、实物升耗问题：三队的花生按帐面应有花生菜31.35斤，经过清库落实送礼的生菜在内只有20.24斤，掉称11.11斤，经全面调查分析是由于原入库是估计的有虚打收入现象：另外按社员揭摆和保管员介绍情况，有你吃我拿现象。二、稻种按帐面少286斤，3. 六旦玉米少397斤，4. 准多561斤，经过分析说明三队库存粮食入库不准，有估计入库的。补充在予支款方面其中占款多的原住三队政工员陈信共占款117.19元。

四、查证粮票布票：经过详细查帐登清布票没出入，粮票保管少26.7斤。

五、在年终分配存在的问题：按着政策柴草作价按着粮食金额的百分之十到十五最高不超过百分十五，但三队作价占粮食金额的百分之廿一，多作6%，合款1000元，属于七六年社员分配不合理，扩大了七七年的开支。

f-13　小四清批判、总结。二队会计刘小玉分析批判原一队会计侯大瑞帐目混乱、非法计帐的事实，侯家营大队清帐组对三小队的清帐记录，1978 年 3 月 20 日。

路线分析侯大瑞

在全县召开这次小四清运动由二月一日开始共半月的时间了，我们四清小组经过发动群众内查外调，通过帐内帐外结合，在查帐期间我们学习了伟大领袖毛主席论十大关系的教导。

分析侯大瑞帐目混乱非法记帐

第一队原任会计侯大瑞是当过廿年的老会计了，对帐目不是不明白，对业务不是不懂，可是侯大瑞记的帐目而是帐务不相符，帐据不符，帐帐不符，工分不符，用心何岂毒也，虚打收入弄虚作假把不应收的你就硬记收入，不应分的硬做分配。无论是收入帐，库存食物帐没有收入硬记收入，天鹅下蛋，例如七六年十月份我们正在三秋大忙季节二三队的干部和社员都打夜战分白茯。而你侯大瑞本身是会计，不给社员分白茯，造成腐乱白茯 3000 斤，合原粮 600 斤，都乱扔了，你记上猪吃，这还不算。你在农业收入上记了两个 600 斤，把重复的 600 斤出在农业支出（□□）的维修费上这是什么维修费，你真的不懂吗？更严重的是秋季夜战打稻子社员吃了一次大米，磨稻子 49 斤，你就在帐上收两笔 49 斤，把一笔出在维修费上，又一笔出在牲畜草料费上。你这是漫骂群众，用心何在？你把牲畜、猪吃的粮食，都收双笔本来你是知道，如果你不知道，为啥把另外这笔下在维修费帐户上。你的用心就是虚打收入增加当年产量，扩大下年开支台高自己，打击别人为了你自己再次任职，为打到你重新打击报复社员实现破坏集体经济的目地。例如库存粮食粳子共有 316 斤，已经出库磨了 185 斤粳米，出库粳子入库粳米，以后吃了粳米 25 斤，剩 160 斤，又出库吃了 126.5 斤。本应该收库存出其它支出，于是侯大瑞把保管员交给他的出库证不下帐自己藏起来。在粳米库存就硬出消耗两个字，同时又在库上按上了一笔，折款 30.38，收运输收入，并且又把这 160 斤粳米折成 224 斤粳子，记在库存粳子帐户上。而合计数变个粳子 167 斤，我质问你侯大瑞为什么有出库证你不下帐，你的目地就是说 160 斤粳米保管员无故没了。再一个，你即然把这笔粮款消没了，为什么又折成粳子入库本来库内没有，你记这 167 斤粳子又从何处而来？

尤其是七六年买进的化肥 2 万多斤都施肥用了共占款 1730 元，保管员已经把出库证交给侯大瑞下帐，他就私自把出库报消单弄没了，不出帐。你这是犯罪行为。至到结算后，把这笔化肥款数和折数只好转在七七年，扩大了七七年的开支。同时你把出库报消单毁坏了，如何下帐，你这不是故意的吗？你就是倾害集体，陷害保管员。

正如伟大领袖毛主席教导我们说“要搞马克思主义，不要搞修正主义；要团结，不要分裂；要光明正大，不要搞阴谋诡计。”三条基本原则为武器。你侯大瑞性质多么恶劣？手段阴危毒辣到了顶点。侯大瑞你把年终升耗都不做处理，难道你真的不会处理吗？你把余剩的几百斤粮食就无故扔掉，就光转新产入库。你能说你没问题吗？例如库存玉米，在两个户头上，你从白玉米库存下帐把杂交拉下是可以的。但你把升（?）的转为其它收入，你决算时发现杂交玉米 600 斤款 240 元。你本应该把白玉米升的粮款冲回再出杂交报消开支，于是你就把这已经种完的 600 斤还记在库存上。把款粮都转在下年，你这不是故意的吗？你扩大了下年开支而又陷害干部。你侯大瑞是为那一个阶级服务的，会计工作是无产阶级和资产阶级争夺的一个重要阵地。对于这个阵地，社会主义如果不去占领，资本主义就必然会去占领。因此刘少奇一类骗子，出于他们颠复无产阶级专政，复辟资本主义的罪恶目的，对会计工作极力进行破坏他们有时散布“技术第一，制度万能”，有时又散布“政治可以种（□）其它，制度无用”等反革命修正主义谬论，四人帮把社教运动说是整群众。矛头向下，我们真的是矛头向下吗？伟大领袖毛主席生前教导我们说

“管理也是社教” 就我们一队的财务管理不进行社会主义能大干社会主义吗？你侯大瑞把帐目有意搅混，虚打收入刻扣社员工分，挖空积累，多吃多占贪污盗窃。不应该对你进行社会主义教育吗？四人帮他们就是搞空头政治，妄想使会计工作为他们复辟资本主义服务。生产队的会计工作，绝不是单纯的记帐做表，打算盘的技术性工作，而是一项执行毛主席革命路线，为贫下中农掌好财权的政治任务。会计工作是为广大群众服务的，只有堵住资本主义路才能迈开社会主义步，正告你侯大瑞只有老实交待问题，虚心承认错误，才是你唯一的出路，否则，你是没有好下场的。希望你要重新回到革命队伍里边来吧！

有上级领导和会计同志，让我说说在二队当现金和七七年小四清，清帐和不能参加工作等怎样做的经过。

下面我就把自己所想到的等一些事情说一说。当时一开始于这行工作自己很不明白，现金这一行，全是队里的老会计告诉我，以后同过师教生学，自己才懂得了一些，自己总是再不懂的地方请教老会计。在77年小四清前，自己把现金点了一下和通知单对不下来，现金比通知单多，自己不知怎么回事。因为不懂的会计帐，就让会计帮我算一算，自己不知他怎么算的，基本上差不多了，因里面有点社员煤款，多少我记不清了。接不几天大队清帐组到了二队，我把现金点了，经过清帐组的同志查看以后说是现金比帐多了，我把现金点后没有参加清查帐目、自己始终不知多多少，到3月16日，自己不能参加劳动和自己的工作了，可是自己多次打队干部，但没有找出人来接手。自己手里有点款，才油机手，打采油支过，赶车的算过补助以后会计全拿去了，自己手里就没有现款了。以后自己也没有款了。(□□□）广（□）过几次通知单，但是那时没有找人接手，就是现金帐没有交，以后（□□□)，全计把帐算好了，以后才把款交清，交到大队以上的就是这样。

刘小玉

一九七八、三、二十日

第三队　侯家营大队查帐组

现金：

现点现金：72.56元

支出据：552.55元

收入据：571.12元

现金帐结存：114.07元

齐井旺欠现金60元，少8分

粮票：

帐上结存：421.6斤

现点粮票：83.4斤

外欠条：大队40斤，袁绍栋30斤，侯大信80斤，侯元勤10斤，侯大奎20斤，孔宪章15斤，侯增跃31.2斤，田伯成19斤，陈信14.1斤，增年4斤，齐景旺30斤，振元61斤，侯大儒1斤，合计338.2

布票：4.3尺，现点：4.3尺

3队

各项支出账：

沈阳电动机送花生20斤小麦18.3

猪场车给3队拉麦子买油3.00元，烟53元

三队盖房买油、菜、合款 11.91 元

其它往来

2 队

侯大义 6 月 20 日支现款 40.00 元　9 月 4 日结婚支 20.00 元

叶盛昌 6 月 14 日支现款 56.00 元

侯大志 6 月 20 日支现款 18.70 元

侯元吉 6 月 14 日支现款 50.00 元

侯大福 6 月 20 日支现款 20.00 元

侯元友 6 月 14 日支款 7.00 元

2 队

现金帐上结存：143.22 元

社员欠条：侯大福建圈 30 元，侯孟春 13 元，侯佐廷欠肉款 4.48 元，侯大志 6.66 元，侯淑菊 10 元，计 64.14 元

现金：79.08 元

帐上粮票结存：325.3 斤

社员外欠：112 斤

现粮票：223.3 斤

2 队

春节杀猪吃稻子 16 斤　9 月 1 日借给大福稻子 78 斤　侯佐廷　55 斤

5 月节杀猪吃稻子 15 斤

8 月节杀猪吃小麦 5 斤　9 月 1 日工作队共米 17 孟春大福 9 斤　乙给粮食　清

修工具垡地豆油 20.4

请客送礼送古冶红小豆 15 斤搞煤

2 队

77 年 11 月 4 日侯大志去古冶买煤 30.00 元，煤 3.333 吨据在三队

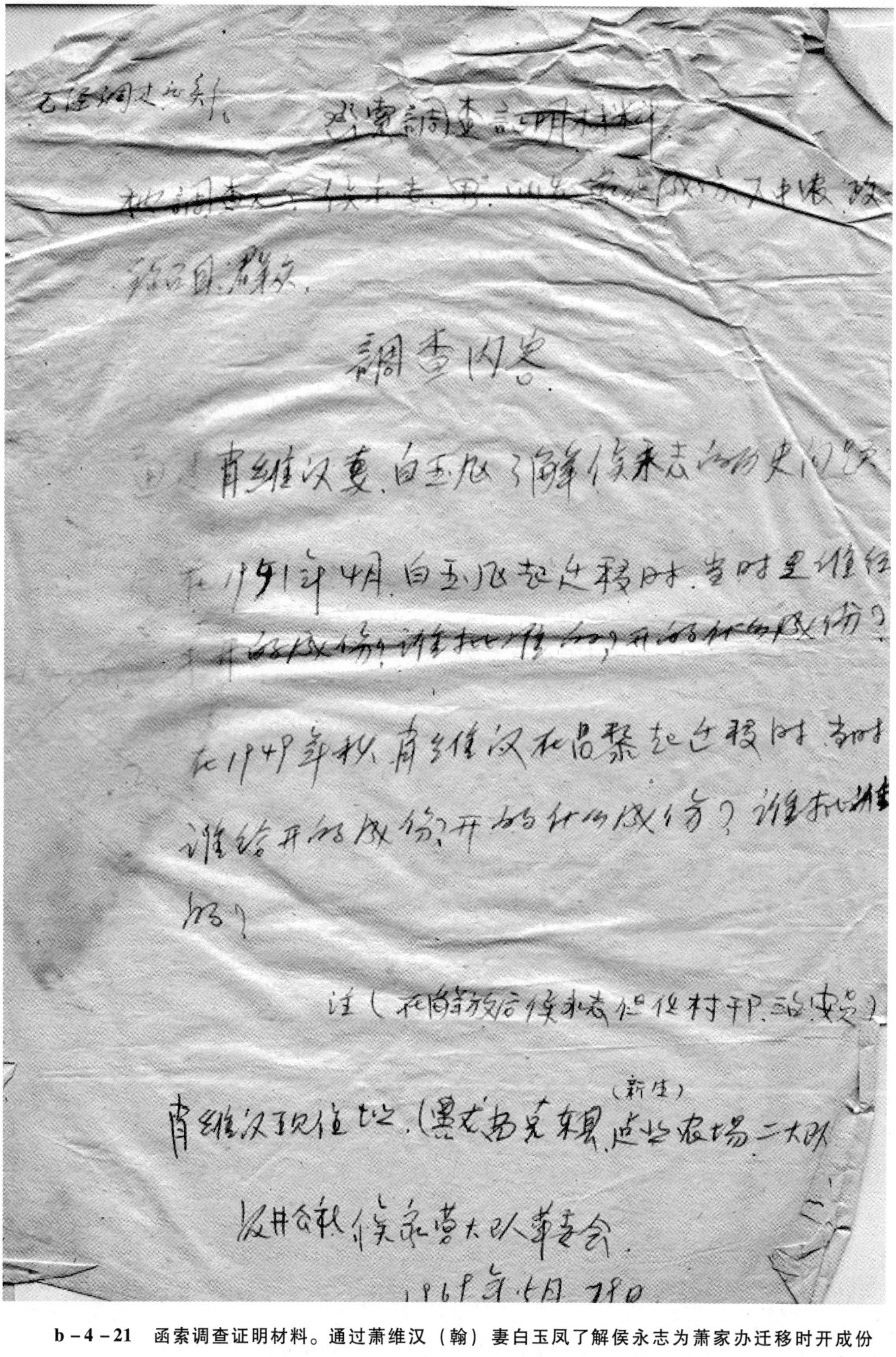
已经调查完毕。

函索调查证明材料

被调查人：侯永志 男 家庭成份 贫下中农 政治面目 群众

调查内容

通过萧维汉妻、白玉凤了解侯永志的历史问题

在1951年4月 白玉凤起迁移时 当时是谁给开的成份？谁批准的，开的什么成份？

在1949年秋 萧维汉和吕紫起迁移时 当时谁给开的成份？开的什么成份？谁批准的？

注（在解放后侯永志担任村干部、治安员）

萧维汉现住地（黑龙江克山县（新生）农场二大队）

双井公社侯家营大队革委会

1969年5月28日

b－4－21 函索调查证明材料。通过萧维汉（翰）妻白玉凤了解侯永志为萧家办迁移时开成份的历史问题，1969年5月28日。

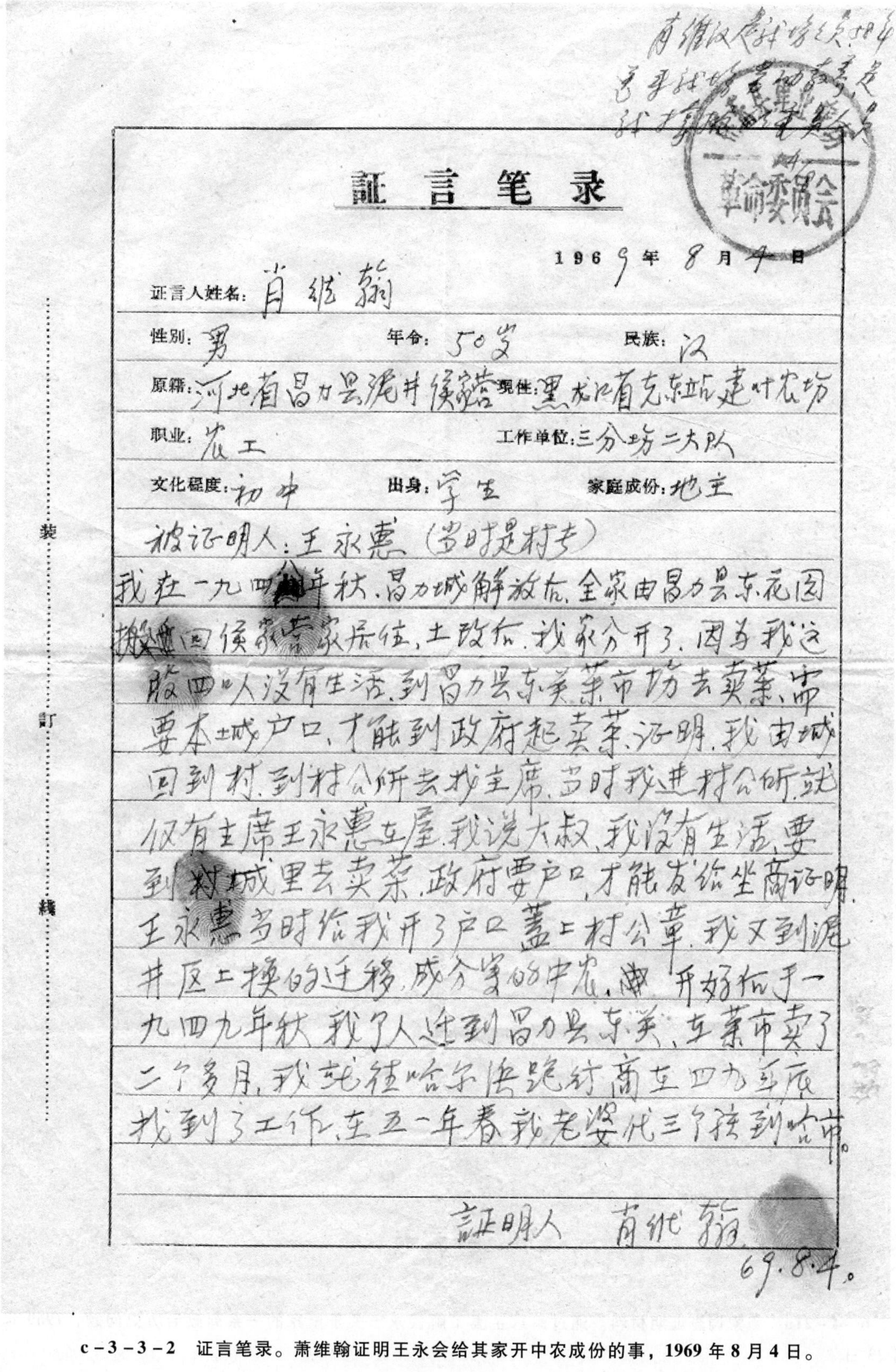

肖维汉[illegible]

革命委员会

証言笔录

1969年8月4日

证言人姓名：肖维翰

性别：男　　年令：50岁　　民族：汉

原籍：河北省昌黎县泥井侯家营　现住：黑龙江省克东县建设农场

职业：农工　　工作单位：三分场二大队

文化程度：初中　　出身：学生　　家庭成份：地主

被证明人：王永惠（当时是村长）

我在一九四八年秋，昌黎城解放后，全家由昌黎县东花园搬回侯家营家居住，土改后，我家分开了，因为我这股四口人没有生活，到昌黎县东关菜市场去卖菜，需要本城户口，才能到政府起卖菜证明，我由城回到村，到村公所去找主席，当时我进村公所就仅有主席王永惠在屋，我说大叔，我没有生活，要到城里去卖菜，政府要户口，才能发给坐商证明，王永惠当时给我开了户口盖上村公章，我又到泥井区上换的迁移，成分写的中农，开好后于一九四九年秋，我个人迁到昌黎县东关，在菜市卖了二个多月，我就往哈尔滨跑，对商在四九年底找到了工作，在五一年春我老婆代三个孩到哈市。

証明人　肖维翰

69.8.4.

c－3－3－2　证言笔录。萧维翰证明王永会给其家开中农成份的事，1969年8月4日。

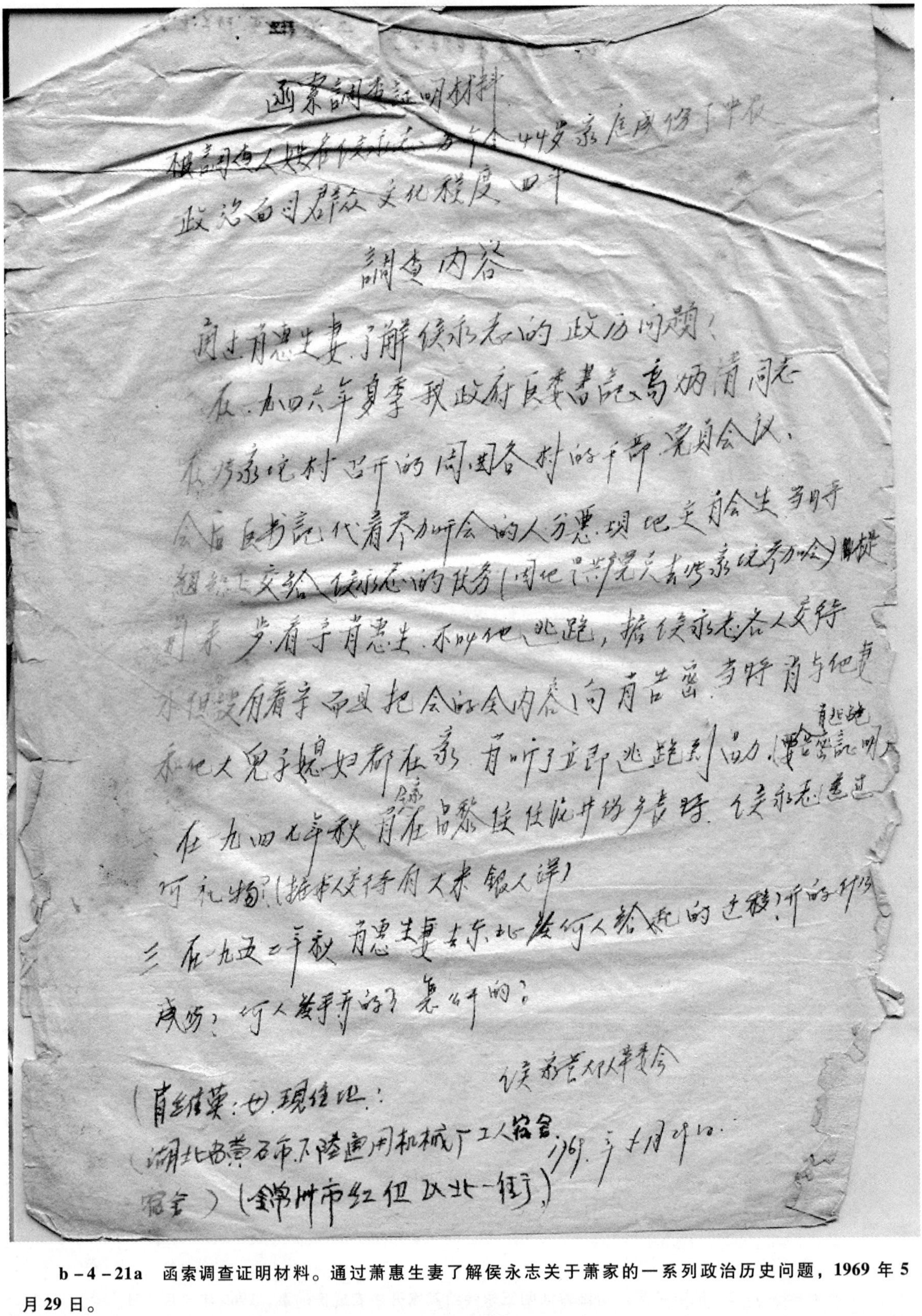

函索調查証明材料

被調查人姓名侯永志 男 年令44岁 家庭成份下中农

政治面目群众 文化程度 四年

調查内容

一、通过肖惠生妻了解侯永志的政历问题：

在一九四六年夏季我政府区委书记高炳清同志

在侯家屯村召开的周围各村的干部党员会议，

会后区书记代肖参加开会的人[illegible] 当时

组织上交给侯永志的任务（因他是党员去侯家屯参加会）监视

肖的行步，看守肖惠生不叫他逃跑，据侯永志本人交待

不但没有看守而且把会议内容向肖告密 当时肖与他妻

和他大儿子媳妇都在家 肖听了立即逃跑到吕力（[illegible]

二、在一九四七年秋 肖在吕黎侯任伪乡长时 侯永志送过

何礼物？（据本人交待有大米 银人洋）

三、在一九五二年秋 肖惠生妻去东北投何人给他的迁移证开的什么

成份？何人签字开的？怎么开的？

侯家营革命委员会

（肖绍英：女 現住址：

湖北省黄石市下陆通用机械厂工人宿舍

宿舍）（锦州市红旗区北一街）

1969年5月29日

b－4－21a 函索调查证明材料。通过萧惠生妻了解侯永志关于萧家的一系列政治历史问题，**1969** 年 **5** 月 **29** 日。

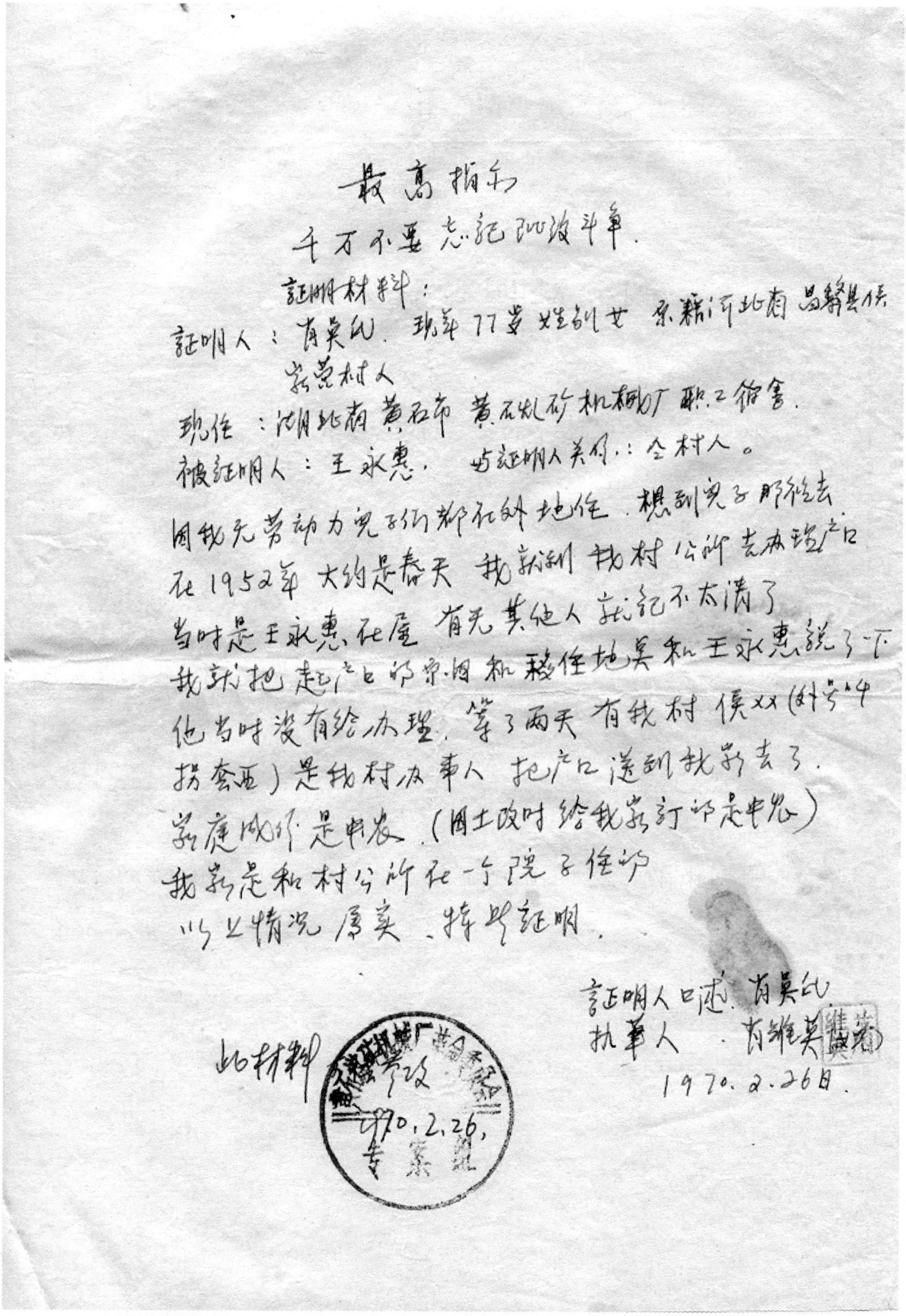

最高指示

千万不要忘记阶级斗争.

証明材料：

証明人：肖吴氏. 现年77岁 性别女 原籍河北省昌黎县侯家营村人

现住：湖北省黄石市 黄石钻矿机械厂职工宿舍.

被証明人：王永惠. 与証明人关係：同村人。

因我无劳动力儿子们都在外地住. 想到儿子那住去

在1952年 大约是春天 我就到我村公所去办理户口

当时是王永惠在屋 有无其他人就记不太清了

我就把起户口的原因和移住地点和王永惠说了一下

他当时没有给办理. 等了两天 有我村 侯××(外号叫拐套西)是我村办事人 把户口送到我家去了.

家庭成分是中农.(因土改时给我家订的是中农)

我家是和村公所在一个院子住的

以上情况属实. 特此証明.

証明人口述 肖吴氏

执笔人 肖维英

1970.2.26日.

此材料

黄石钻矿机械厂革命委员会 ……政 1970.2.26 专案组

c－2－4－1　证明材料。萧吴氏（萧惠生妻）证明1952年春天其家办迁移时侯永志给开的中农证明，1970年2月26日。

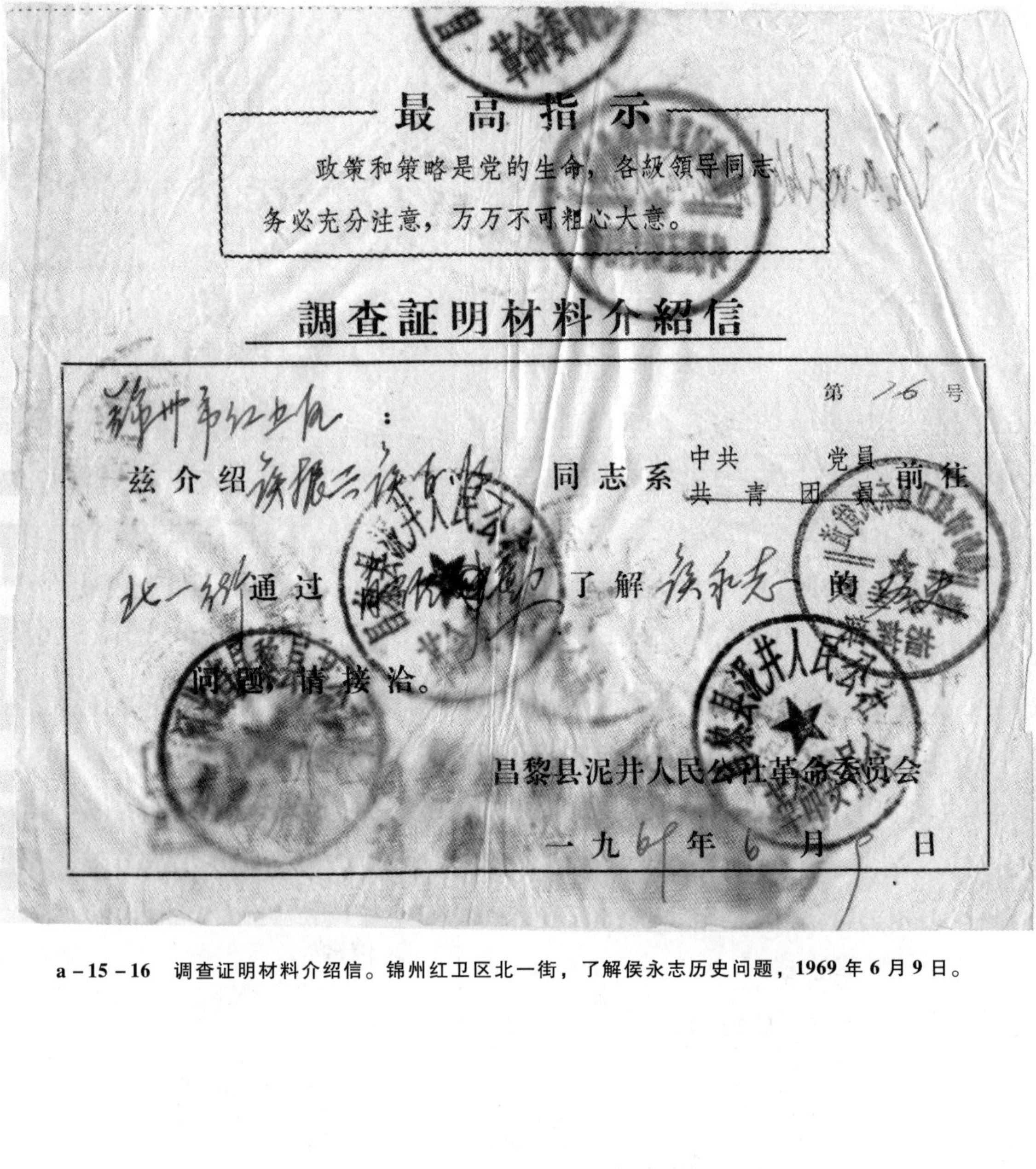

最高指示

政策和策略是党的生命，各級領导同志务必充分注意，万万不可粗心大意。

調查証明材料介紹信

第 16 号

锦州市红卫区：

兹介绍[illegible] 同志系 中共党员 共青团员 前往北一街 通过 [illegible] 了解 [illegible] 的 [illegible] 问题，请接洽。

昌黎县泥井人民公社革命委员会

一九69年6月9日

a－15－16　调查证明材料介绍信。锦州红卫区北一街，了解侯永志历史问题，1969年6月9日。

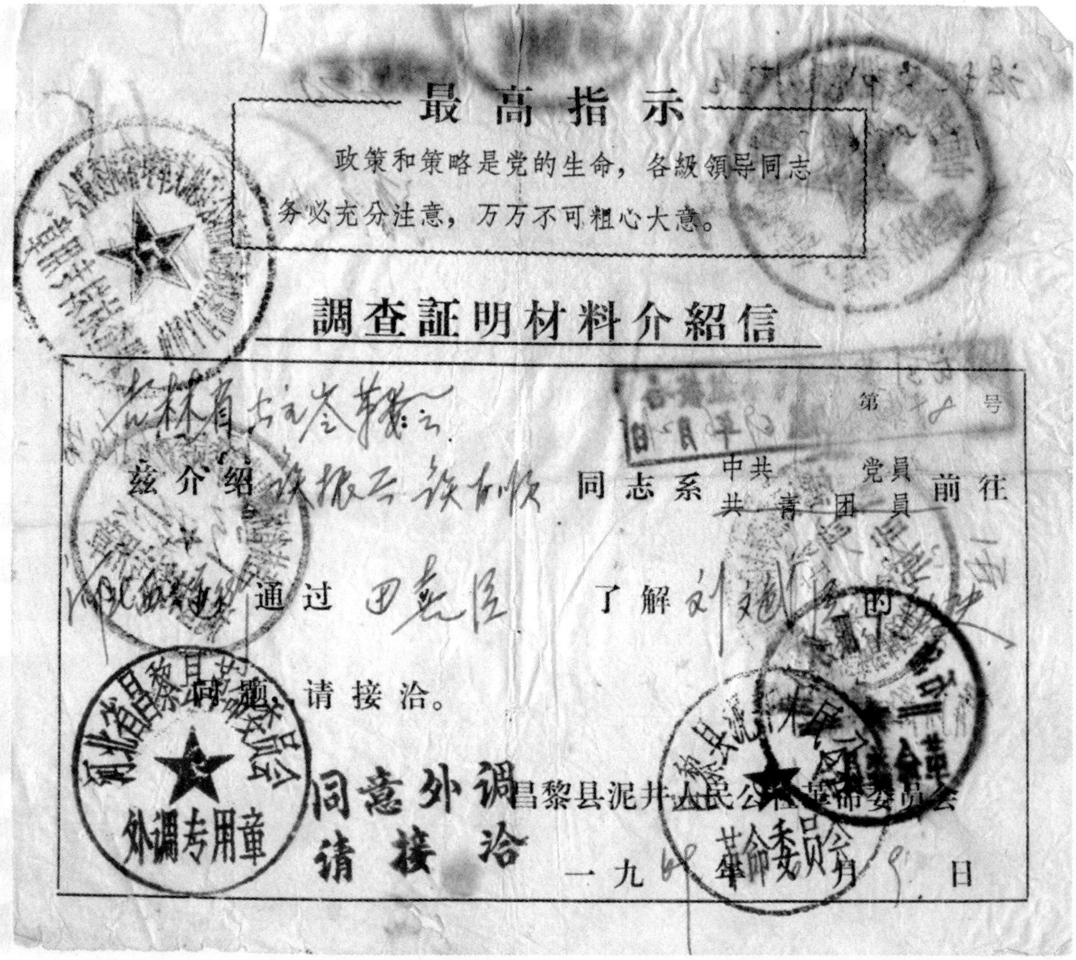

最高指示

政策和策略是党的生命，各級領导同志务必充分注意，万万不可粗心大意。

調查証明材料介紹信

第　号

兹介绍　　同志系中共党員／共青团員前往

　　通过　　了解　　的

问题，请接洽。

同意外调
请接洽

昌黎县泥井人民公社革命委员会

一九　年　月　日

b－4－43a

b－4－43b

b－4－43a/b－4－43b 调查证明材料介绍信（正反面 **2** 页）。吉林省公主岭，侯振兴、侯百顺，刘斌臣问题；**1969** 年。

最高指示

政策和策略是党的生命，各級領导同志务必充分注意，万万不可粗心大意。

調查証明材料介紹信

第　号

皇后寨公社革委会：

兹介绍 侯元强 侯永深 同志系 中共党員 共青团員 前往

通过 侯志学 了解 侯永深 的

问题，请接洽。

昌黎县泥井人民公社革命委員会

一九六九年七月九日

b-4-38　调查证明材料介绍信。致皇后寨公社革委会，侯元强，侯永深，侯永志问题，1969年7月。

证明

侯家营大队革委会

a－4－26　证明。了解政历问题，昌黎县皇后寨公社后王各庄革委会，1970 年 1 月 27 日。

最高指示

千万不要忘記阶級斗爭。

我們的責任，是向人民負責。

调查証明材料介紹信

編号 1017

兹介紹（　）同志系 中共党員 / 共青团員 前往

的　　问題

通过　　了解

請接洽。

河北省抚宁县革命委員会政治部（組）

19　年　月　日

a－15－16a　调查证明材料介绍信。抚宁革委会来人调查王玉才问题，1970 年 7 月 17 日。

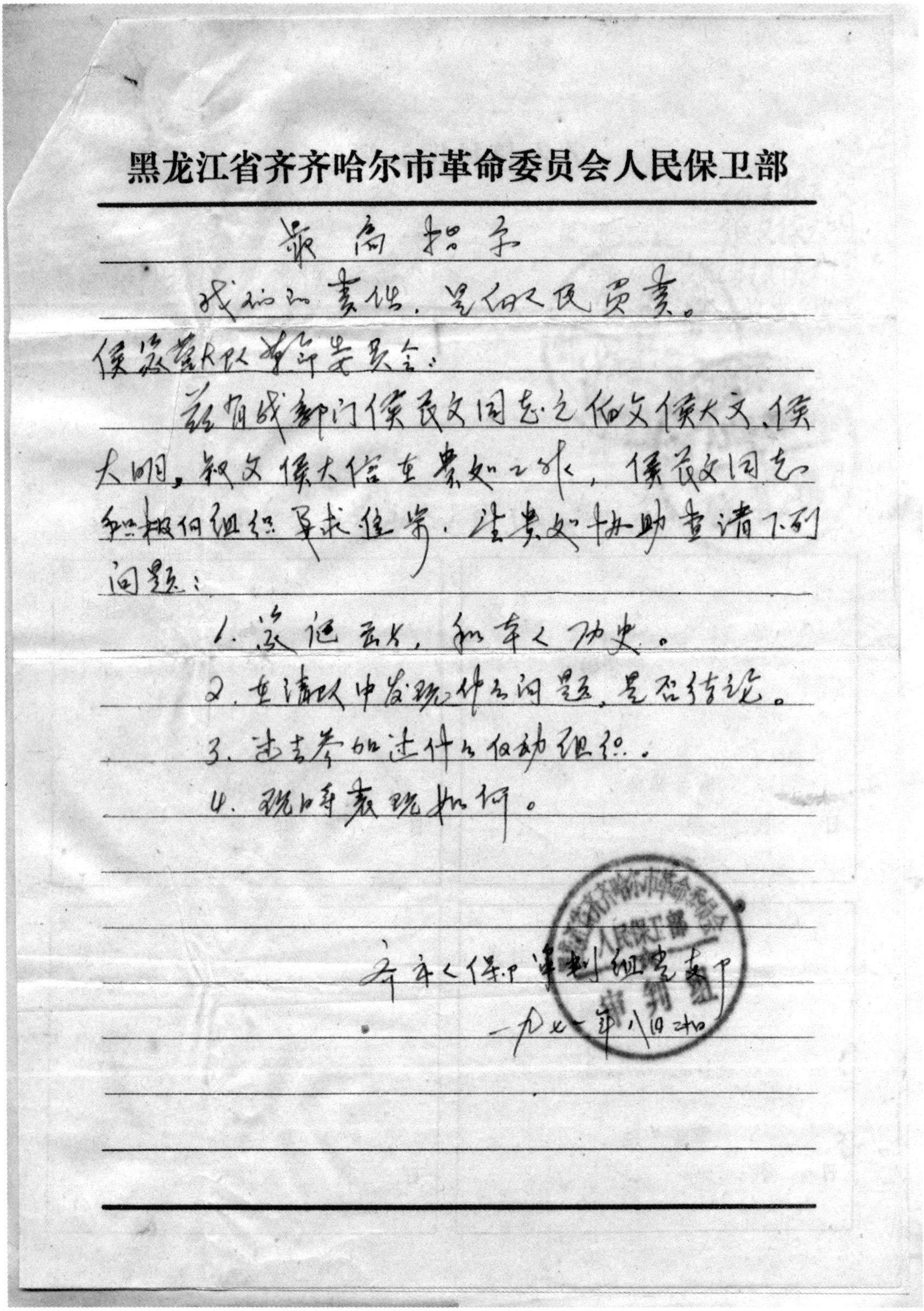

黑龙江省齐齐哈尔市革命委员会人民保卫部

最高指示

我们的责任，是向人民负责。

侯家营大队革命委员会：

兹有我部门侯民文同志之伯父侯大文、侯大明，叔父侯大信在贵处工作，侯民文同志现根据组织要求经审，请贵处协助查清下列问题：

1. 家庭成分，本人历史。

2. 在清队中发现什么问题，是否结论。

3. 过去参加过什么反动组织。

4. 现时表现如何。

齐市人保部审判组（章）

一九七一年八月二十日

齐齐哈尔市革命委员会人民保卫部 审判组

a－13－13　齐齐哈尔革委会人民保卫部审判组来信。索要侯民文的伯父侯大文、侯大明、叔父侯大信的证明材料，1971年8月20日。

最高指示

没有什么困难可以阻碍人的前进的，只要奋斗，加以坚持，困难就赶跑了。

革委会：

我离开故乡将近廿年了，由于思想糊涂很少联系，请谅解。我到东北辗转在锦州市交通部门工作至今，现在工作岗位是锦州市水果公司。今后再多常联系。今去信有两件事请革委会给予解决。

一、目前我市正在搞清理阶级队伍工作，为了迅速搞好清队工作，解放军、工人毛泽东思想宣传队已经进入我们居住的这个街道。并要求凡属从农村迁入户，都必须向原籍开出家庭成份证明一分。以便查出审查。

二、为了落实毛主席提出的"备战、备荒、为人民"的伟大战略方针。辽宁省革委会下达了十一条指示。下放城市人口，支援农业。我的家属没有工作，在城里吃闲饭，属于下放对象。根据指示精神，投亲靠友，返回原籍均可。为了紧跟毛主席的伟大战略部署，我初步打算，将家属搬回原籍。这样作大队是否同意，请急速回信以便向组织表态。

以上两件事情，希大队革委会及时研究给予回信。

俞[illegible]勋

1969年2月12日

65. 63. 50晶（金）

a－15－3

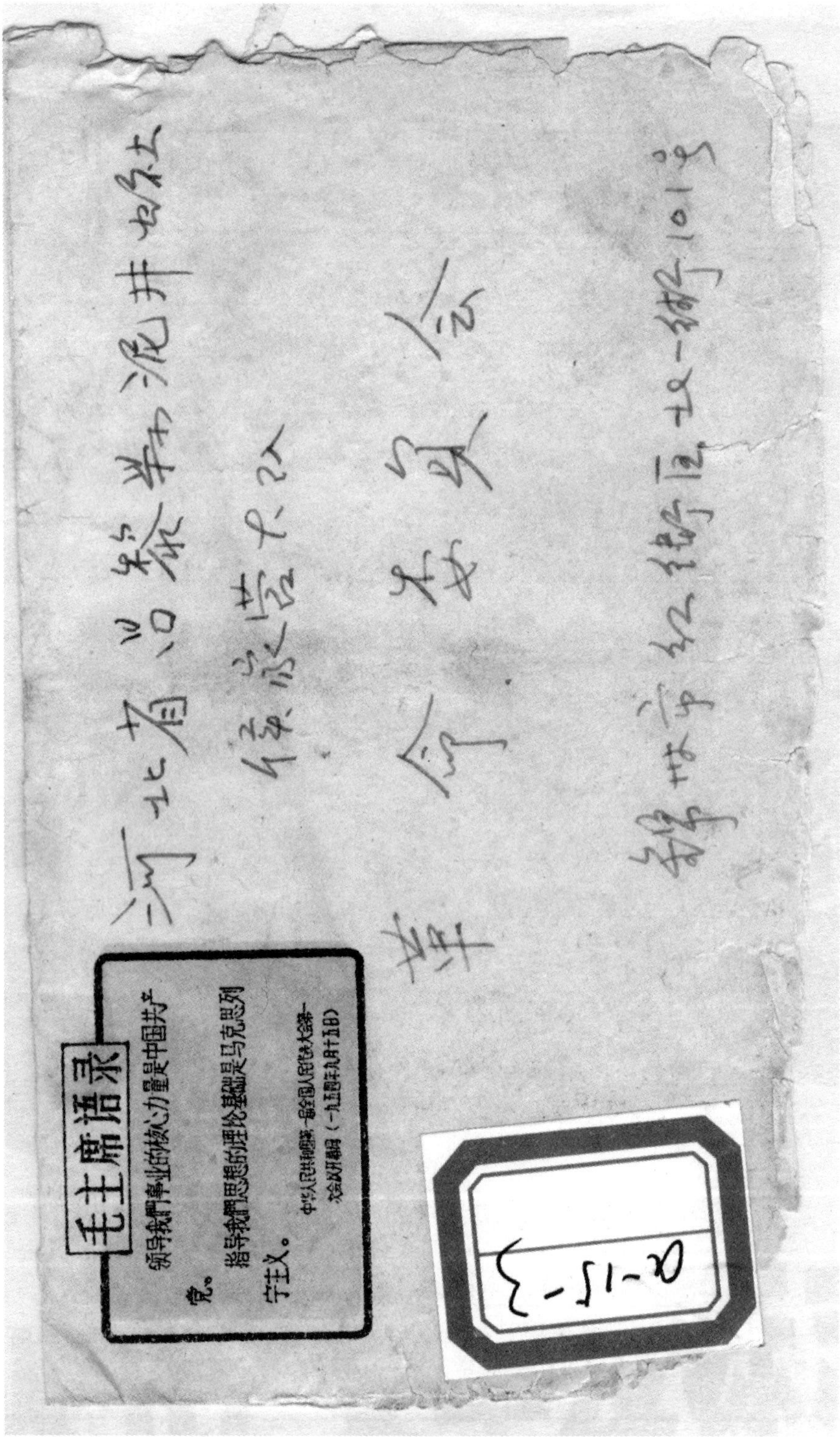

a－15－3a

a－15－3/a－15－3a 来信。锦州市红卫区北一街**101**号肖维勋缄，工作单位锦州水果公司，开据家庭成分证明，下放城市人口，家属吃闲饭，下放对象，家属回原籍问题，**1969**年**2**月**12**日。

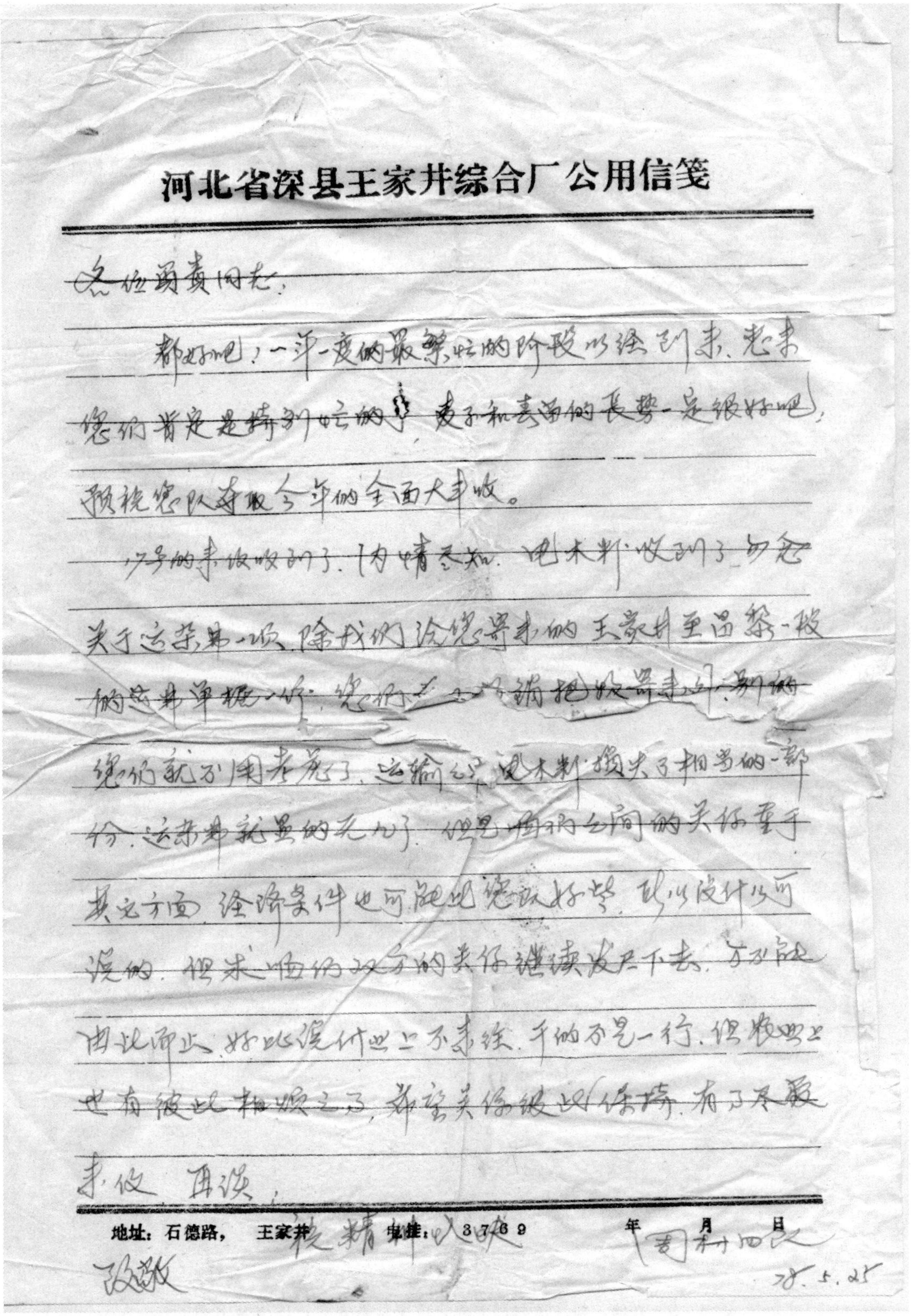
河北省深县王家井综合厂公用信笺

各位领导同志：

都好吧！一年一度的最繁忙的阶段以经到来，老来您们肯定是特别忙的，麦子和春苗的长势一定很好吧，预祝您队夺取今年的全面大丰收。

17号的来信收到了，内情尽知，电木料收到了，勿念。

关于运费第一项，除我们给您寄来的王家井至昌黎一段的运费单据以外，您们[illegible]把收据寄来以外，别的您们就不用考虑了，运输公司电木料损失了相当的一部分，运费就显的无几了，但是咱们之间的关系重于其它方面，经济条件也可能比您们好些，所以没什么可说的，但求咱们双方的关系继续发展下去，千万别因此而止，好比说什么也不来往，干的不是一行，但农业工业也有彼此相联之处，希望关系彼此保持，有了不足来信再谈。

地址：石德路，　王家井　电挂：3769　年　月　日

张精[illegible]　周村四队

致敬

78.5.25

f－1　来信。河北省深县王家井周村四队关于电料运费，希望往来关系继续发展，1978年5月25日。

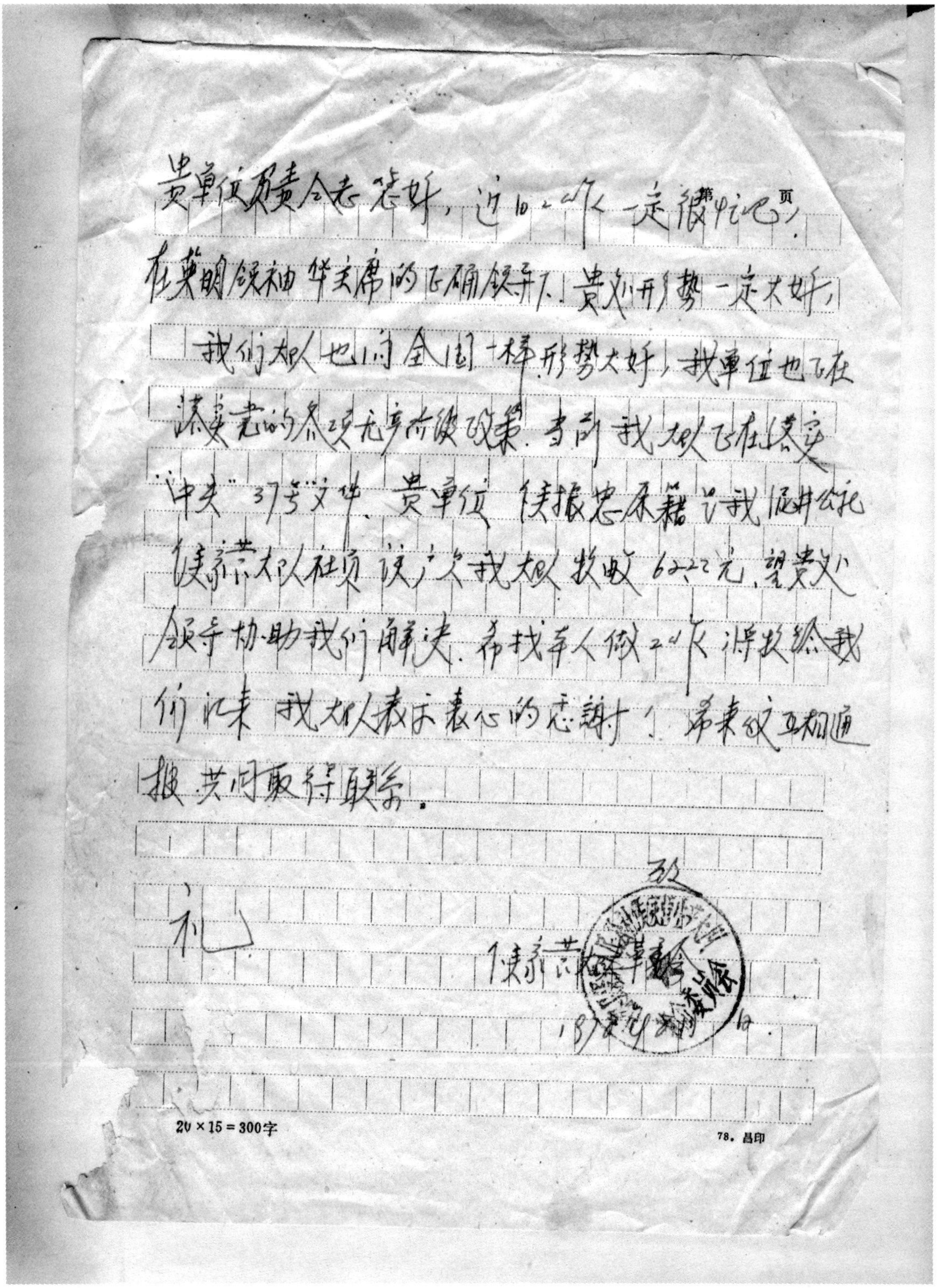

贵单位负责同志您好，近日工作一定很忙吧，在英明领袖华主席的正确领导下，贵处形势一定大好，

我们大队也同全国一样形势大好，我单位也正在落实党的各项无产阶级政策。当前我大队正在落实中央"37号文件"。贵单位侯振忠原籍是我泥井公社侯家营大队社员，该人欠我大队款622元，望贵处领导协助我们解决。希找本人做工作，将款给我们汇来，我大队表示衷心的感谢！希来信互相通报，共同取得联系。

此致

敬礼

侯家营大队革委会

1978年8月 日

20×15=300字　　78．昌印

a－4－5　去信。解决原村民欠款，侯家营革委会，1978年8月。

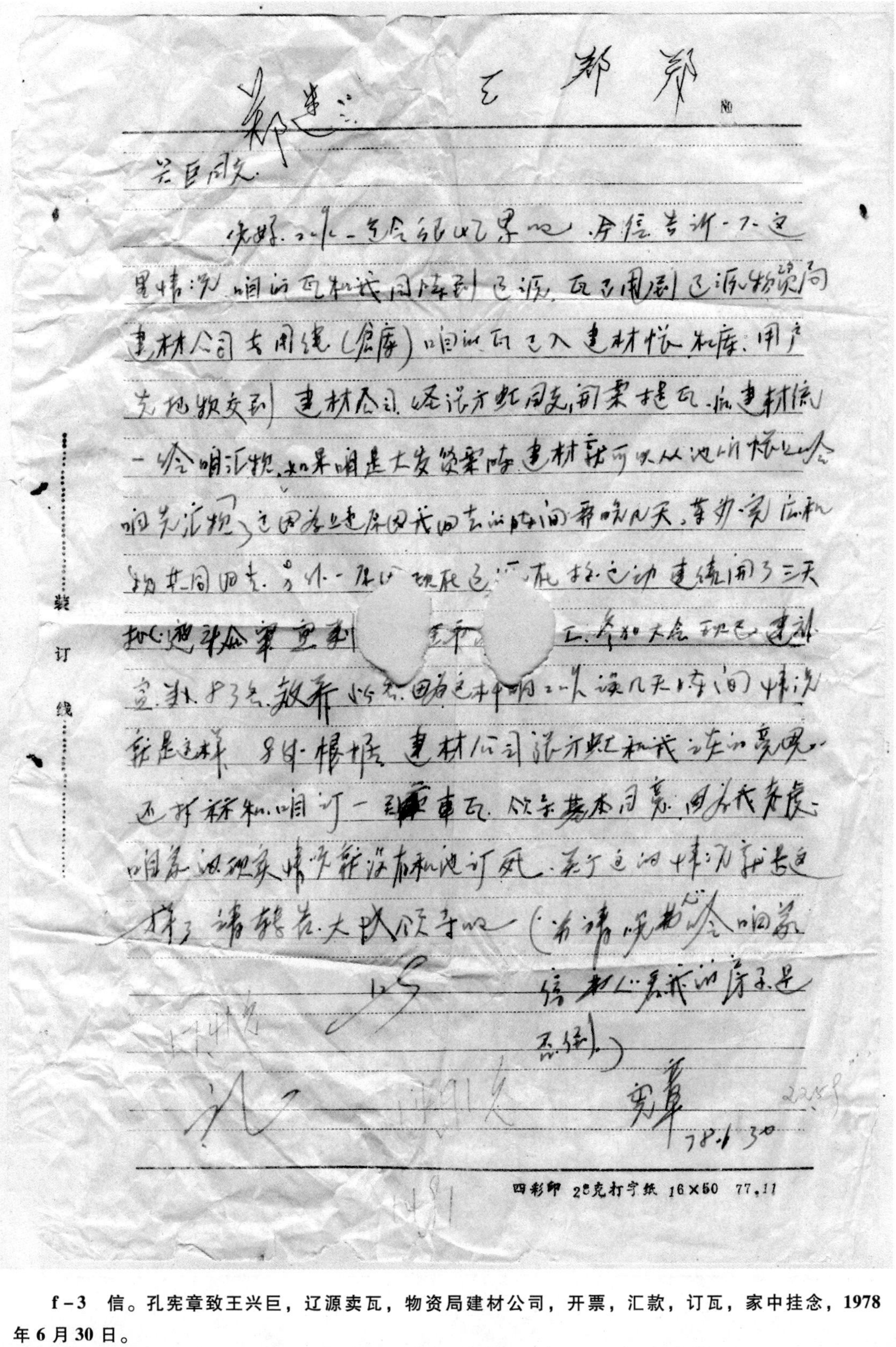

f－3　信。孔宪章致王兴巨，辽源卖瓦，物资局建材公司，开票，汇款，订瓦，家中挂念，1978年6月30日。

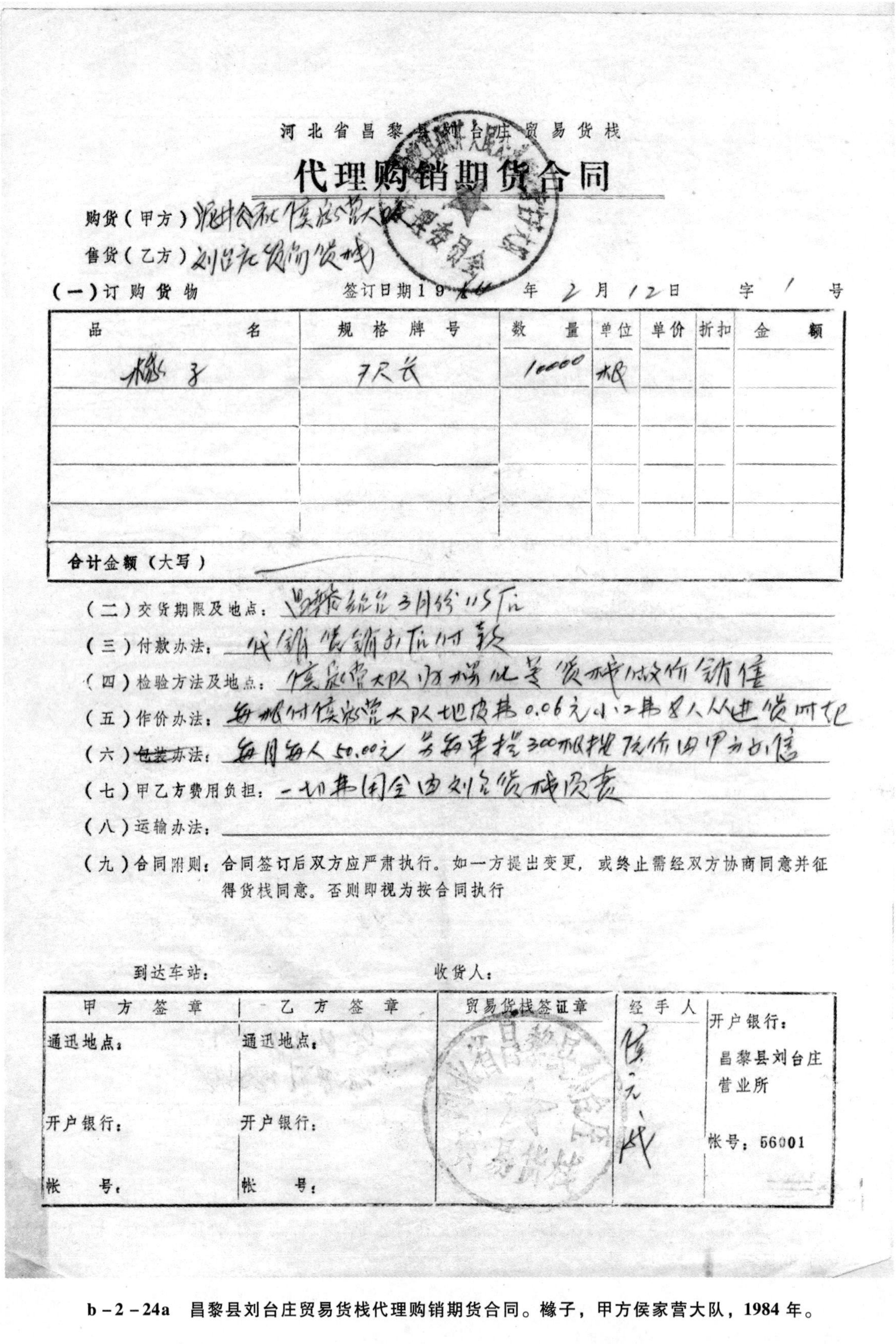

河北省昌黎县刘台庄贸易货栈

代理购销期货合同

购货（甲方）泥井公社侯家营大队

售货（乙方）刘台庄贸易货栈

（一）订购货物　　签订日期1984年2月12日　　字1号

品名	规格牌号	数量	单位	单价	折扣	金额
椽子	7尺长	10000	根			
合计金额（大写）						

（二）交货期限及地点：送货站台3月份115斤

（三）付款办法：代销货销后付款

（四）检验方法及地点：侯家营大队协助以货栈做价销售

（五）作价办法：每根付侯家营大队地皮费0.06元小工费8人从进货时起

（六）~~包装~~办法：每月每人50.00元 另每车搭300根椽 作价由甲方如信

（七）甲乙方费用负担：一切费用全由刘台货栈负责

（八）运输办法：

（九）合同附则：合同签订后双方应严肃执行。如一方提出变更，或终止需经双方协商同意并征得货栈同意。否则即视为按合同执行

到达车站：　　收货人：

甲方签章	乙方签章	贸易货栈签证章	经手人	开户银行：
通迅地点：	通迅地点：		侯元成	昌黎县刘台庄营业所
开户银行：	开户银行：			帐号：56001
帐号：	帐号：			

b－2－24a　昌黎县刘台庄贸易货栈代理购销期货合同。椽子，甲方侯家营大队，1984年。

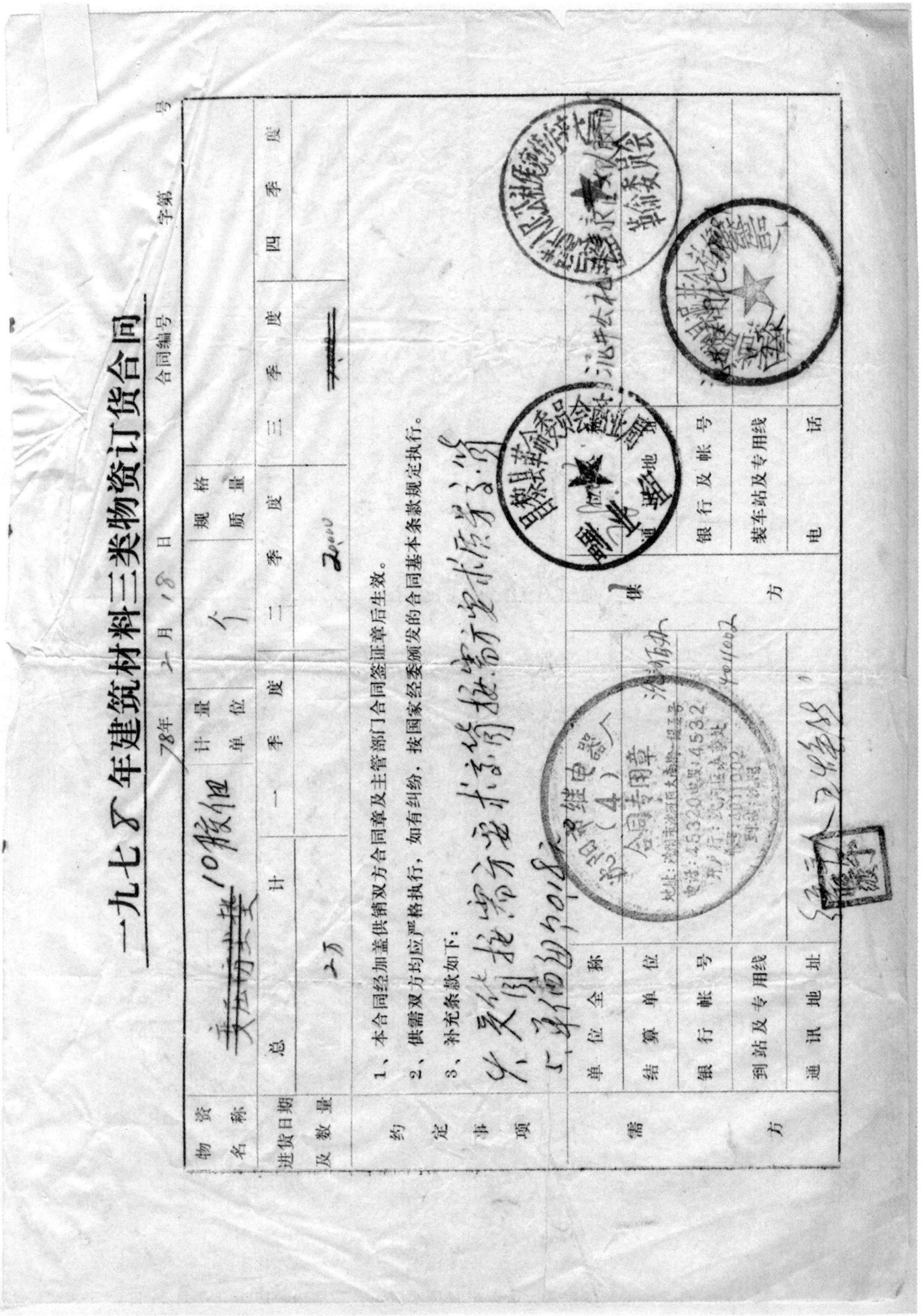

一九七８年建筑材料三类物资订货合同

78年 2月18日　　合同编号　　字第　号

物资名称	胶佃	计量单位	个	规格质量	
进货日期及数量	总计	一季度	二季度	三季度	四季度
	2万		2000		

约定事项

1、本合同经加盖供销双方合同章及主管部门合同签证章后生效。

2、供需双方均应严格执行，如有纠纷，按国家经委颁发的合同基本条款规定执行。

3、补充条款如下：

需方		供方	
单位全称			
结算单位			
银行帐号		银行及帐号	
到站及专用线		装车站及专用线	
通讯地址		电话	

a－12－9b　1978 年建筑材料三类物资订货合同。胶佃，数量，需方，沈阳，1978 年 2 月 18 日。

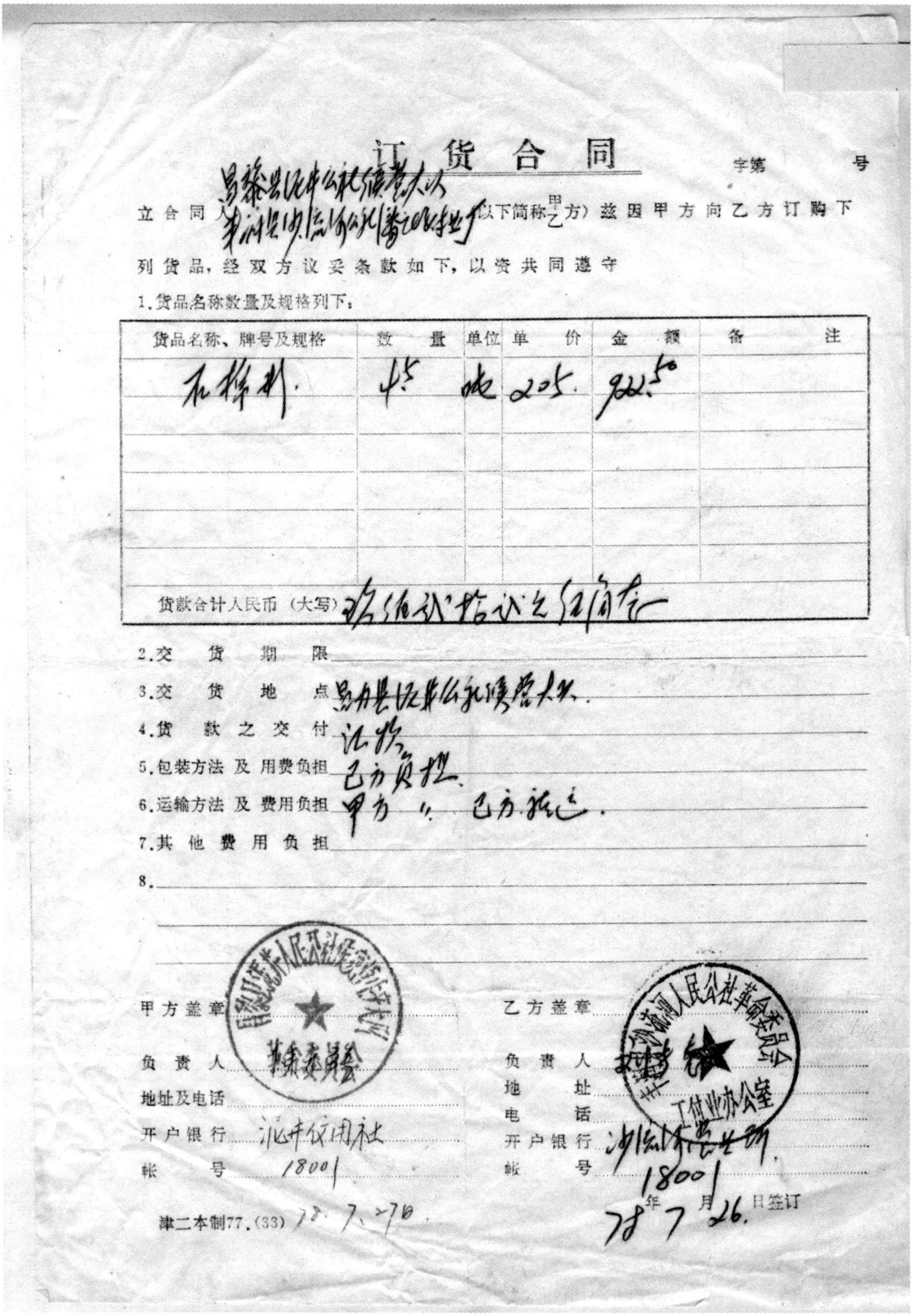

订货合同　　字第　　号

立合同人 丰润县沙流河公社侯家营大队 / 丰润县沙流河公社……（以下简称甲/乙方）兹因甲方向乙方订购下列货品，经双方议妥条款如下，以资共同遵守

1. 货品名称数量及规格列下：

货品名称、牌号及规格	数量	单位	单价	金额	备注
石棉料	45	吨	20.5	922.50	

货款合计人民币（大写）玖佰贰拾贰元伍角整

2. 交货期限

3. 交货地点 丰润县沙流河公社侯家营大队

4. 货款之交付 汇款

5. 包装方法及用费负担 乙方负担

6. 运输方法及费用负担 甲方〃 乙方服运

7. 其他费用负担

8.

甲方盖章　　乙方盖章

负责人　　负责人

地址及电话　　地址

电话

开户银行 沙流河信用社　　开户银行 沙流河营业所

帐号 18001　　帐号 18001

津二本制77.(33) 78.7.26　　78 年 7 月 26 日签订

a－12－9a　订货合同。侯家营大队，丰润县沙流河，石棉粉，1978 年 7 月 26 日。

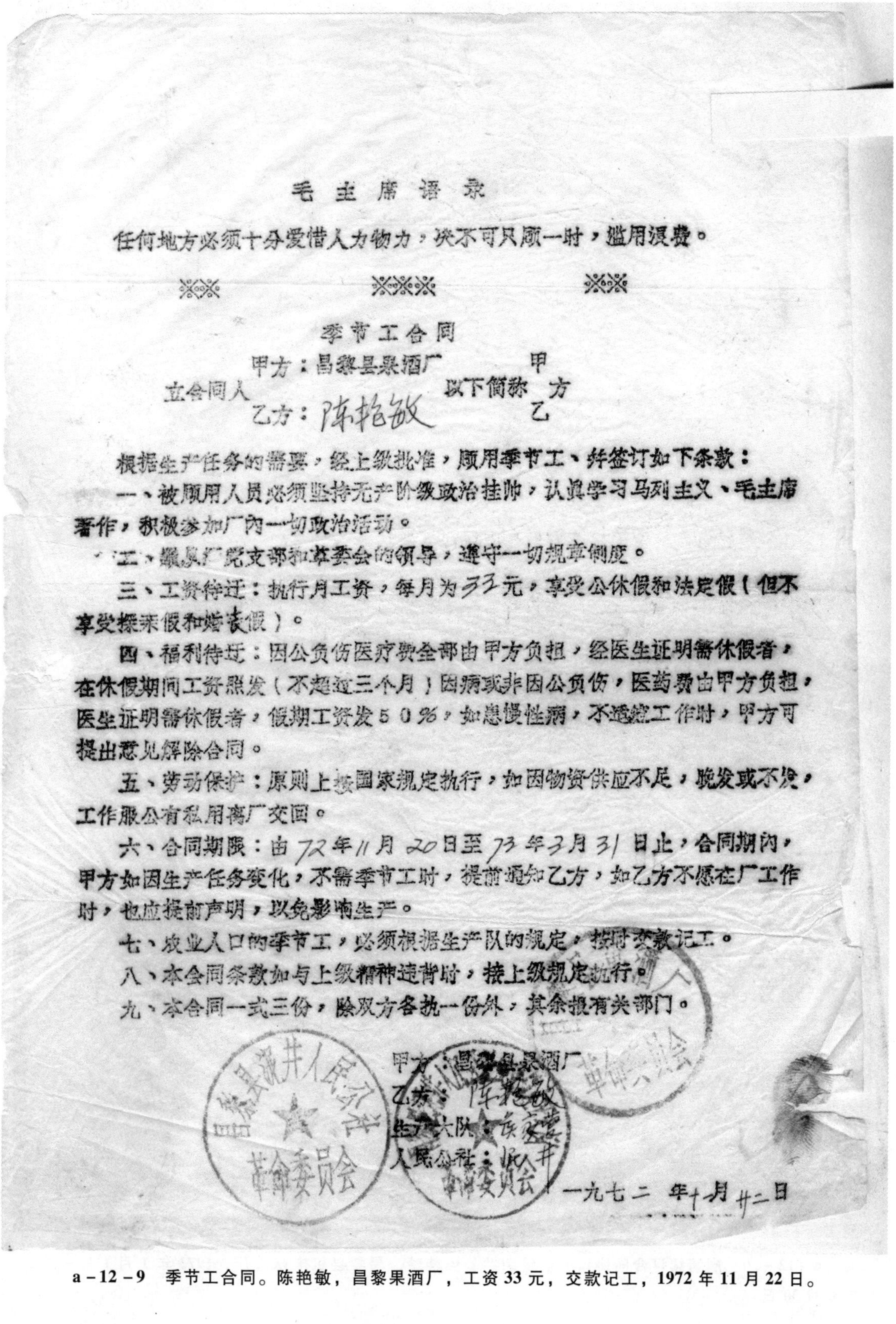

毛主席语录

任何地方必须十分爱惜人力物力，决不可只顾一时，滥用浪费。

※※※　※※※※　※※※

季节工合同

立合同人　甲方：昌黎县果酒厂　以下简称 甲方
　　　　　乙方：陈艳敏　　　　　　　　 乙方

根据生产任务的需要，经上级批准，顾用季节工、并签订如下条款：

一、被顾用人员必须坚持无产阶级政治挂帅，认真学习马列主义、毛主席著作，积极参加厂内一切政治活动。

二、服从厂党支部和革委会的领导，遵守一切规章制度。

三、工资待遇：执行月工资，每月为33元，享受公休假和法定假（但不享受探亲假和婚丧假）。

四、福利待遇：因公负伤医疗费全部由甲方负担，经医生证明需休假者，在休假期间工资照发（不超过三个月）因病或非因公负伤，医药费由甲方负担，医生证明需休假者，假期工资发５０％，如患慢性病，不适宜工作时，甲方可提出意见解除合同。

五、劳动保护：原则上按国家规定执行，如因物资供应不足，晚发或不发，工作服公有私用离厂交回。

六、合同期限：由72年11月20日至73年3月31日止，合同期内，甲方如因生产任务变化，不需季节工时，提前通知乙方，如乙方不愿在厂工作时，也应提前声明，以免影响生产。

七、农业人口的季节工，必须根据生产队的规定，按时交款记工。

八、本合同条款如与上级精神违背时，按上级规定执行。

九、本合同一式三份，除双方各执一份外，其余报有关部门。

甲方：昌黎县果酒厂
乙方：陈艳敏
生产大队：侯家营
人民公社：泥井

一九七二年十一月廿二日

a－12－9　季节工合同。陈艳敏，昌黎果酒厂，工资33元，交款记工，1972年11月22日。

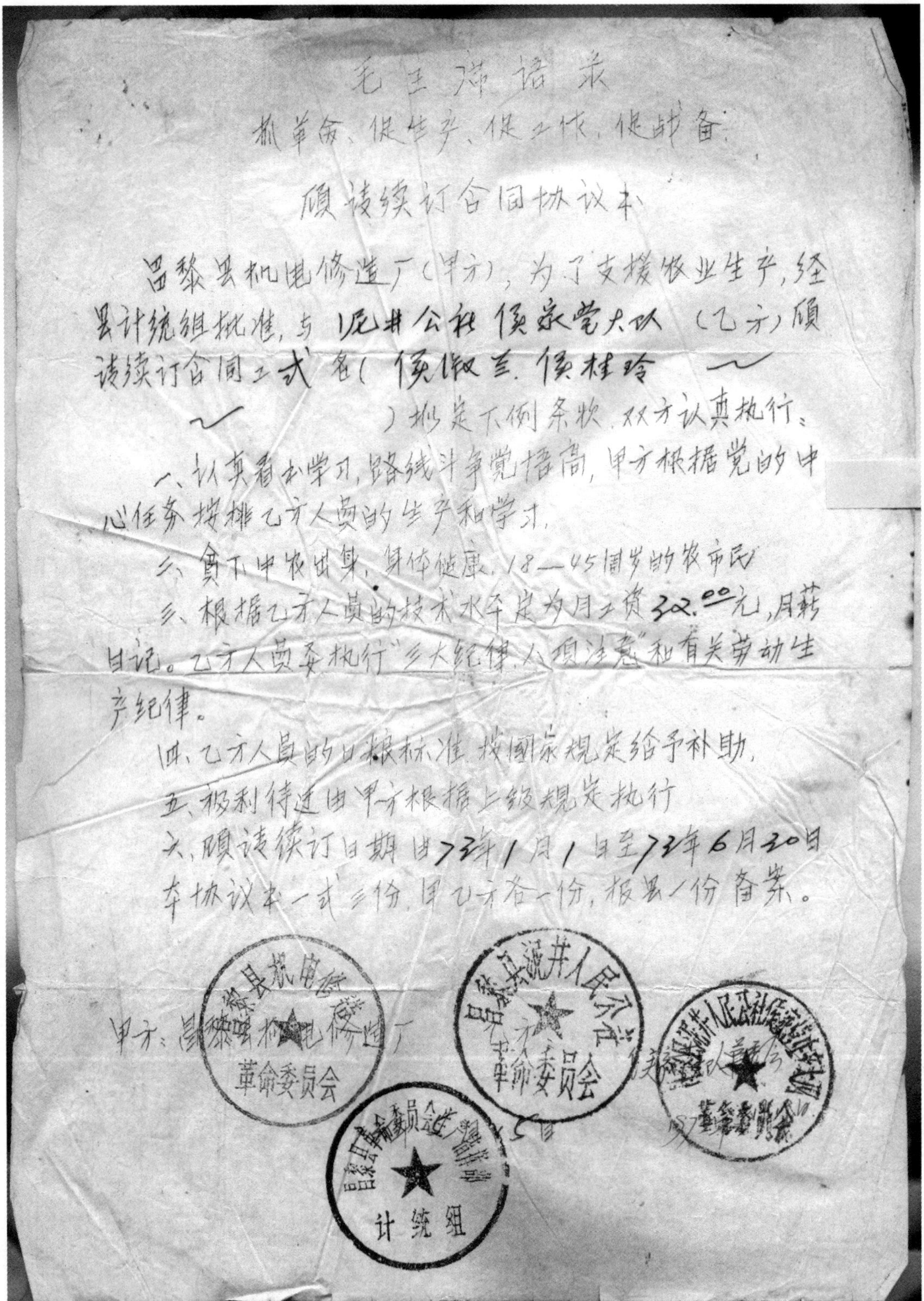

毛主席语录

抓革命、促生产、促工作、促战备。

雇请续订合同协议书

昌黎县机电修造厂（甲方），为了支援农业生产，经县计统组批准，与泥井公社侯家营大队（乙方）雇请续订合同工贰名（侯淑兰、侯桂玲 ～～）协定下列条款，双方认真执行：

一、认真看书学习，路线斗争觉悟高，甲方根据党的中心任务按排乙方人员的生产和学习，

二、贫下中农出身，身体健康，18—45周岁的农市民

三、根据乙方人员的技术水平定为月工资32.00元，月薪日记。乙方人员要执行"三大纪律、八项注意"和有关劳动生产纪律。

四、乙方人员的口粮标准，按国家规定给予补助，

五、福利待遇由甲方根据上级规定执行

六、雇请续订日期由73年1月1日至73年6月30日

本协议书一式三份，甲乙方各一份，报县1份备案。

甲方：昌黎县机电修造厂

a－12－10　雇请续订合同协议书。侯淑兰、侯桂玲，昌黎县机电修造厂，1973 年 1 月 1 日—1973 年 6 月 30 日。

一

劳动协議书

签訂协議单位：昌黎县革委会水电局　（甲方）

昌黎县泥井　公社侯家营大队　（乙方）

甲乙方共同协議，甲方从乙方招用亦工亦农工人　1　名（侯大成　＿＿＿＿　＿＿＿＿）工资每人每月40元．实行月薪日記。采取向队交納公益金不記工分和向队交錢記工分的办法．双方商討：经支部研究全意该全每月向队交錢記工分。

亦工亦农工人福利待遇：工作期间医药费甲方负责．因公负伤医院証明需休假，经甲方批准工资照发，未经甲方批准，擅离职守，有医院証明，也不发工资．因其它原因经甲方批准假日只发生活费交队記工，工资停发，未经批准不发工资也不发生活费。工作時消极怠工．不守纪律，由甲方教育或解除协议。

工人进厂后必须坚持无产阶级政治掛帅，遵守制度和劳动纪律，遵守国家政策法令、爱护公共财物，积极完成上级交给的生产任务。

工人自带口粮定量，並由大队出証，其口粮差额由甲方按规定办理补助。

本协議自1973年1月1日至1973年12月31日有效．协議书一式三份，甲乙方各一分，报县計委……

甲方：昌黎县革委会水电局　（签章）　年　月　日

乙方：昌黎县　　公社　　大队　（签章）73年4月1日

公社意见：　　（签章）　年　月　日

批准机关意见：　　（签章）　年　月　日

a－12－10a　劳动协议书。侯大成，每月交队15元记分，1973年4月1日。

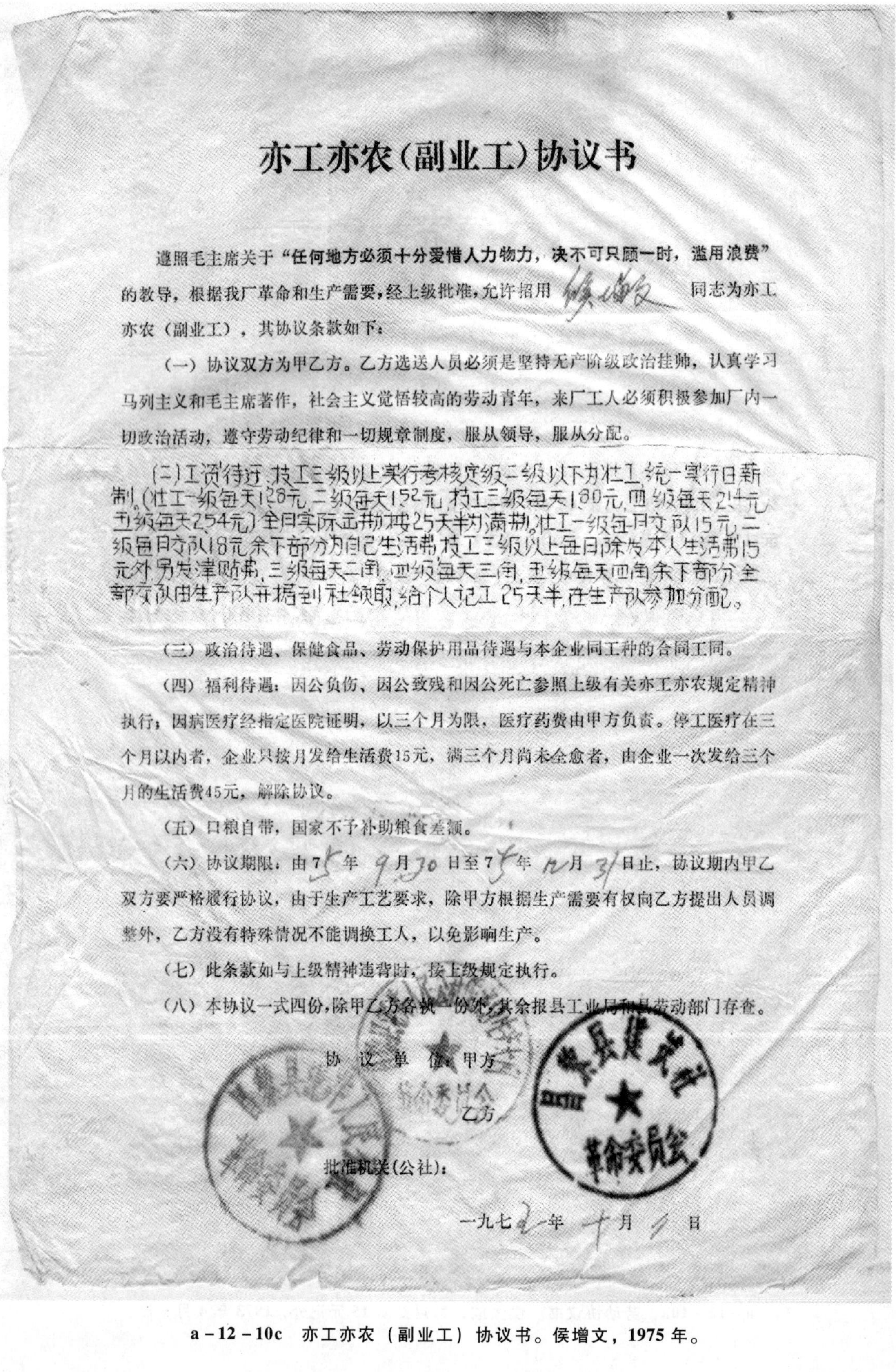

亦工亦农（副业工）协议书

遵照毛主席关于**“任何地方必须十分爱惜人力物力，决不可只顾一时，滥用浪费”**的教导，根据我厂革命和生产需要，经上级批准，允许招用 侯增文 同志为亦工亦农（副业工），其协议条款如下：

（一）协议双方为甲乙方。乙方选送人员必须是坚持无产阶级政治挂帅，认真学习马列主义和毛主席著作，社会主义觉悟较高的劳动青年，来厂工人必须积极参加厂内一切政治活动，遵守劳动纪律和一切规章制度，服从领导，服从分配。

（二）工资待遇，技工三级以上实行考核定级，二级以下为壮工，统一实行日薪制。（壮工一级每天1.28元，二级每天1.52元，技工三级每天1.80元，四级每天2.14元，五级每天2.54元）全月实际出勤按25天半为满勤。壮工一级每月交队15元，二级每月交队18元，余下部分为自己生活费，技工三级以上每月除发本人生活费15元外，另发津贴费，三级每天二角，四级每天三角，五级每天四角，余下部分全部交队由生产队开据到社领取，给个人记工25天半，在生产队参加分配。

（三）政治待遇、保健食品、劳动保护用品待遇与本企业同工种的合同工同。

（四）福利待遇：因公负伤、因公致残和因公死亡参照上级有关亦工亦农规定精神执行；因病医疗经指定医院证明，以三个月为限，医疗药费由甲方负责。停工医疗在三个月以内者，企业只按月发给生活费15元，满三个月尚未全愈者，由企业一次发给三个月的生活费45元，解除协议。

（五）口粮自带，国家不予补助粮食差额。

（六）协议期限：由75年9月30日至75年12月31日止，协议期内甲乙双方要严格履行协议，由于生产工艺要求，除甲方根据生产需要有权向乙方提出人员调整外，乙方没有特殊情况不能调换工人，以免影响生产。

（七）此条款如与上级精神违背时，按上级规定执行。

（八）本协议一式四份，除甲乙方各执一份外，其余报县工业局和县劳动部门存查。

协议单位：甲方

乙方

批准机关（公社）：

一九七2年十月1日

a－12－10c 亦工亦农（副业工）协议书。侯增文，1975年。

a-12-10

亦工亦农(副业工)协议书

遵照毛主席关于“任何地方必须十分爱惜人力物力，决不可只顾一时，滥用浪费”的教导，根据我厂革命和生产需要，经上级批准，允许招用<u>陈艳敏</u>同志为亦工亦农（副业工），其协议条款如下：

（一）协议双方为甲乙方。乙方选送人员必须是坚持无产阶级政治挂帅，认真学习马列主义和毛主席著作，社会主义觉悟较高的劳动青年，来厂工人必须积极参加厂内一切政治活动，遵守劳动纪律和一切规章制度，服从领导，服从分配。

（二）工资待遇：按着轻、重工业和招用亦工亦农人员入厂前技术基础以及入厂后的劳动强度不同，统一实行月工资、月薪日记的原则（轻工35元，重工和三级以上技术工为42元）。具体办法，按昌黎县革命委员会生产指挥部昌革生字（75）第34号通知执行。

（三）政治待遇、保健食品、劳动保护用品待遇与本企业的固定工同。

（四）福利待遇：因公负伤、因公致残和因公死亡参照上级有关亦工亦农规定精神执行；因病医疗经指定医院证明，以三个月为限，医疗药费由甲方负责。停工医疗在三个月以内者，企业只按月发给生活费15元，满三个月尚未全愈者，由企业一次发给三个月的劳动报酬。解除协议。

（五）口粮自带，国家予补助粮食差额。

（六）协议期限：由79年1月1日至79年12月31日止，协议期内甲乙双方要严格履行协议，由于生产工艺要求，除甲方根据生产需要有权向乙方提出人员调整外，乙方没有特殊情况不能调换工人，以免影响生产。

（七）此条款如与上级精神违背时，按上级规定执行。

（八）本协议一式四份，除甲乙方各执一份外，其余报县工业局和县劳动部门存查。

协　议　单　位：甲方

乙方

批准机关（公社）：

一九七　　年　　月　　日

a-12-10b　亦工亦农（副业工）协议书。陈艳敏，1979年。

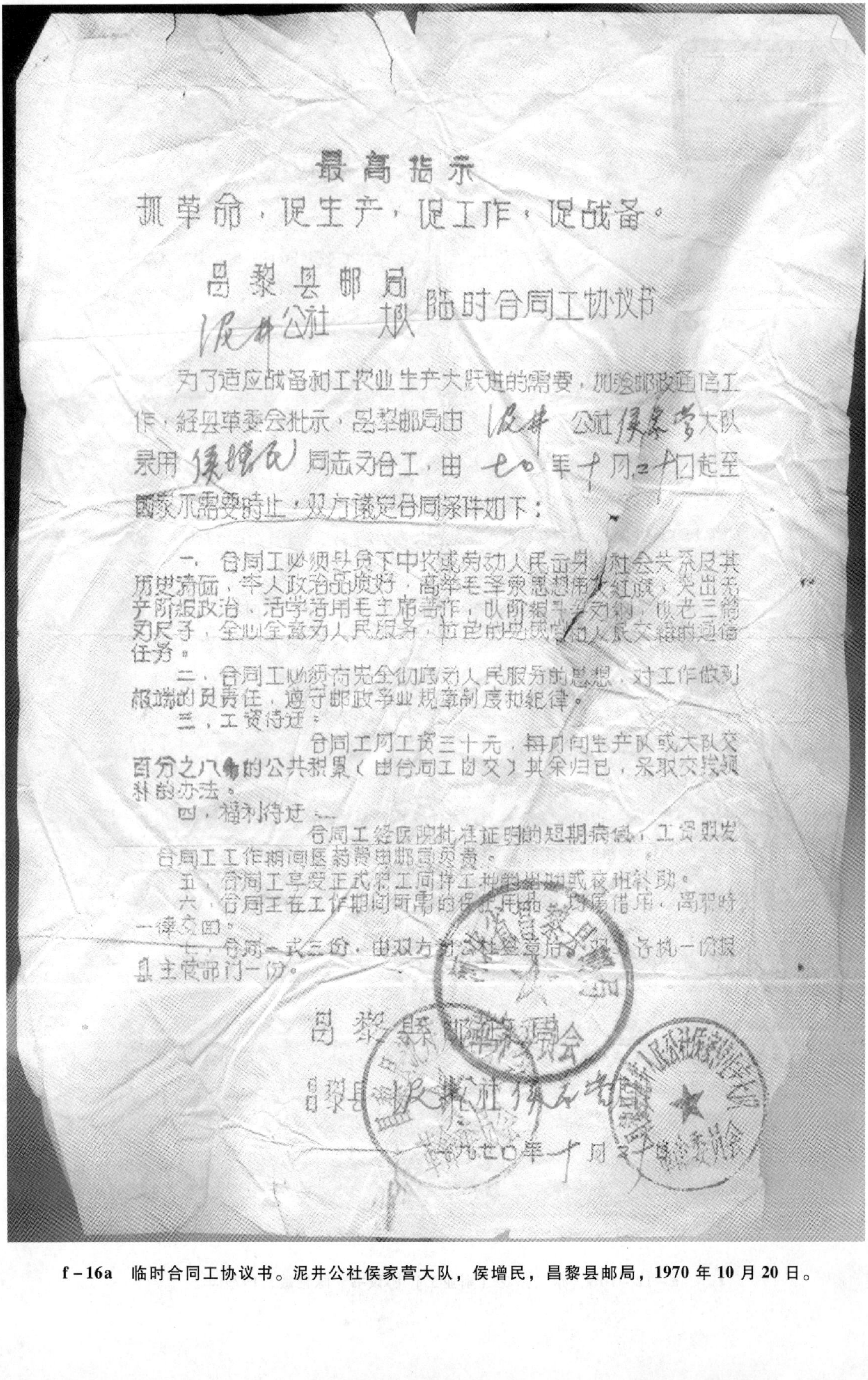

最高指示

抓革命，促生产，促工作，促战备。

昌黎县邮局

泥井公社 大队 临时合同工协议书

为了适应战备和工农业生产大跃进的需要，加强邮政通信工作，经县革委会批示，昌黎邮局由 泥井 公社 侯家营 大队录用 侯增民 同志为合工，由 七〇 年 十 月 二十 日起至国家不需要时止，双方议定合同条件如下：

一、合同工必须是贫下中农或劳动人民出身，社会关系及其历史清楚，本人政治品质好，高举毛泽东思想伟大红旗，突出无产阶级政治，活学活用毛主席著作，以阶级斗争为纲，以老三篇为尺子，全心全意为人民服务，坚决的完成党和人民交给的通信任务。

二、合同工必须有完全彻底为人民服务的思想，对工作做到极端的负责任，遵守邮政事业规章制度和纪律。

三、工资待遇：

合同工月工资三十元，每月向生产队或大队交百分之八[illegible]的公共积累（由合同工自交）其余归已，采取交找顶补的办法。

四、福利待遇：

合同工经医院批准证明的短期病假，工资照发

合同工工作期间医药费由邮局负责。

五、合同工享受正式职工同等工种的出勤或夜班补助。

六、合同工在工作期间所需的保护用品，均属借用，离职时一律交回。

七、合同一式三份，由双方和公社盖章后，双方各执一份报县主管部门一份。

昌黎县邮政革命委员会

昌黎县 泥井公社 侯家营 大队

一九七〇年十月二十日

f－16a 临时合同工协议书。泥井公社侯家营大队，侯增民，昌黎县邮局，1970 年 10 月 20 日。

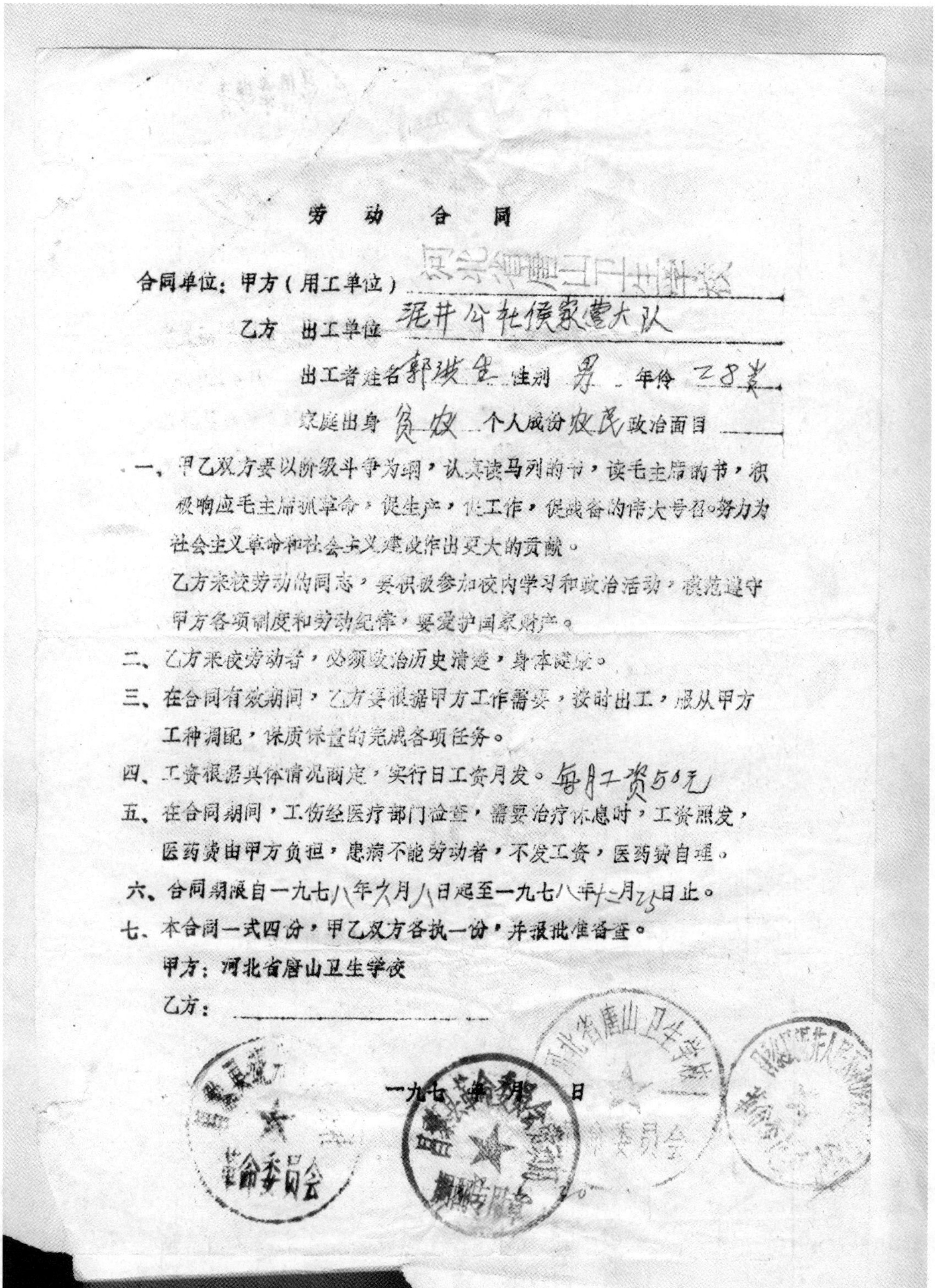

劳　动　合　同

合同单位：甲方（用工单位）

乙方　出工单位　泥井公社侯家营大队

出工者姓名　郭洪生　性别　男　年龄　28岁

家庭出身　贫农　个人成份　农民　政治面目

一、甲乙双方要以阶级斗争为纲，认真读马列的书，读毛主席的书，积极响应毛主席抓革命，促生产，促工作，促战备的伟大号召。努力为社会主义革命和社会主义建设作出更大的贡献。

乙方来校劳动的同志，要积极参加校内学习和政治活动，模范遵守甲方各项制度和劳动纪律，要爱护国家财产。

二、乙方来校劳动者，必须政治历史清楚，身体健康。

三、在合同有效期间，乙方要根据甲方工作需要，按时出工，服从甲方工种调配，保质保量的完成各项任务。

四、工资根据具体情况商定，实行日工资月发。每月工资50元

五、在合同期间，工伤经医疗部门检查，需要治疗休息时，工资照发，医药费由甲方负担，患病不能劳动者，不发工资，医药费自理。

六、合同期限自一九七八年六月八日起至一九七八年十二月25日止。

七、本合同一式四份，甲乙双方各执一份，并报批准备查。

甲方：河北省唐山卫生学校

乙方：

一九七　年　月　日

f－16　劳动合同。侯家营郭洪生，河北省唐山卫生学校，合同期 1978 年 6 月 8 日至 12 月 25 日，每月公资 50 元，一式两份，1978 年。

一

有人私户登记表

表三

单位：

姓名	性别	现在住地址	外市县人口在本市县居住一年以上的：务工经商	投亲靠友	三五三队	工作调动	单位接近	外市县人口在本市县居住不满一年但离开户口所在地一年以上的	外市县人口在本市县居住三个月以上不满一年的	本市县人户分离的	户口所在地
√ [illegible]	男	9-37 侯家营村								1	沈阳[illegible]
√ [illegible]	〃	9-37								1	〃
√ 侯[illegible]	〃	9-51								1	[illegible]公司
√ [illegible]	男	9-72								1	[illegible]厂
√ [illegible]	〃	9-79							2	1	〃
√ [illegible]	女	9-78							1	2	[illegible]
√ [illegible]	男	9-92		1							[illegible]
√ [illegible]	男	9-102		1							[illegible]
√ [illegible]	女	9-102		1							〃
√ [illegible]	男	9-112								1	[illegible]
合计				2/1					1	6/	

负责人　　　填表人　　　年　月　日填报

[illegible]

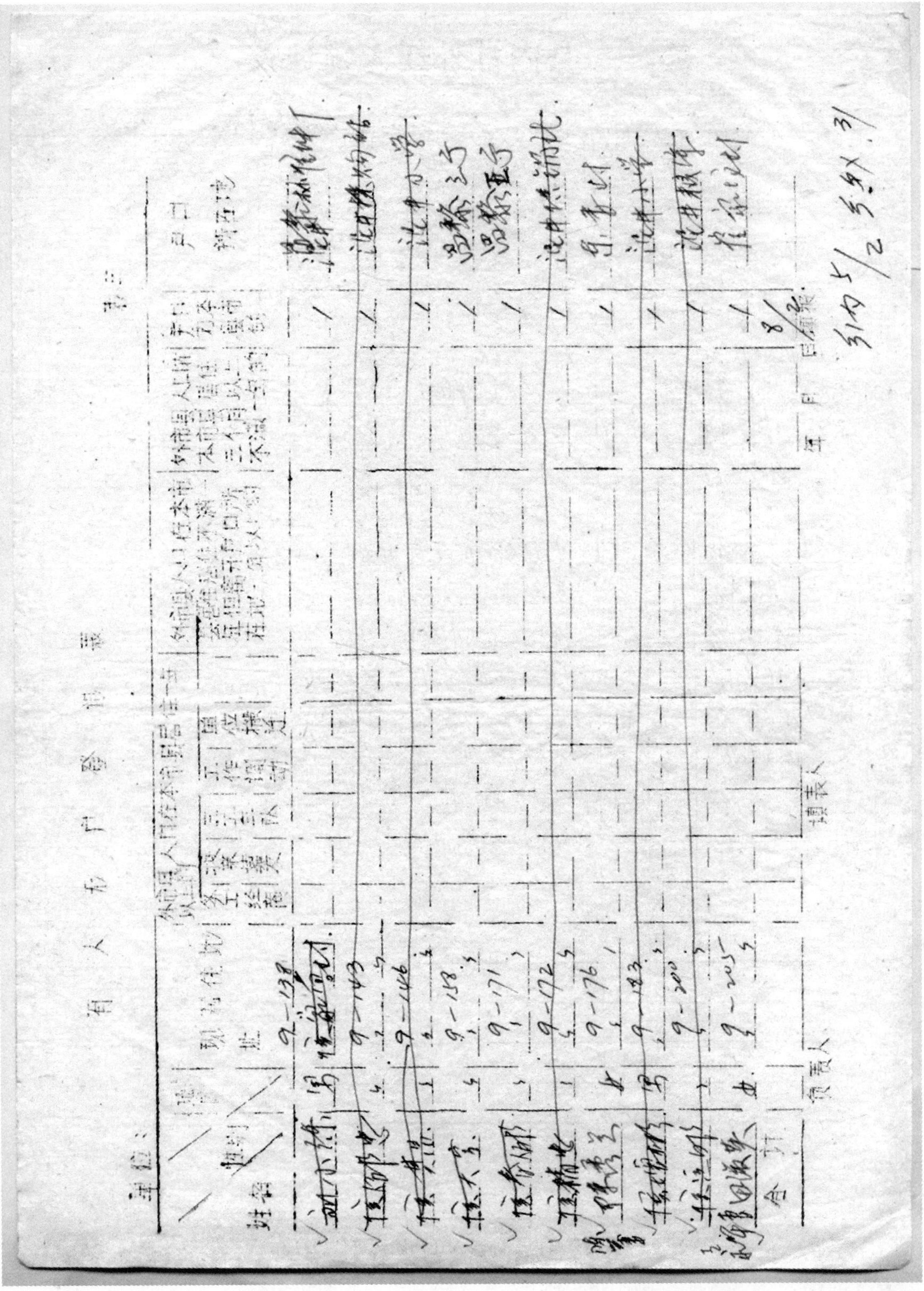
有人无户登记表

a－2－7a

a－2－7/a－2－7a　有人无户登记表。1989 年。

县内社外迁入统计表

迁移负责人姓名	迁移人数 男	迁移人数 女	由何乡、村迁入	迁入时间	备注
王秀清		1	新铺井庄	84.8.9	
赖淑华		1	杜庄大南庄	84.8.30	
郭小英		1	杜庄东赖	84.8.21	
刘淑娟		1	田庄王同北	84.8.30	
陈金清		1	杜庄[illegible]	84.3.30	
王丽芳		1	[illegible]	84.8.27	
王翠华		1	杜庄[illegible]	84.7.14	
王桂花		1	新铺井庄	84.7.31	
郭国贤		1	南山[illegible]	84.8.7	
刘瑞青		1	田庄王同北	84.7.3	
郭俊杰	1		田林中村	84.7.11	
刘[illegible]	1		吕林[illegible]	84.1.14	
12人					

填报时间 84年 12月 31日

b－2－27 县内社外迁入迁出统计表。1987 年。

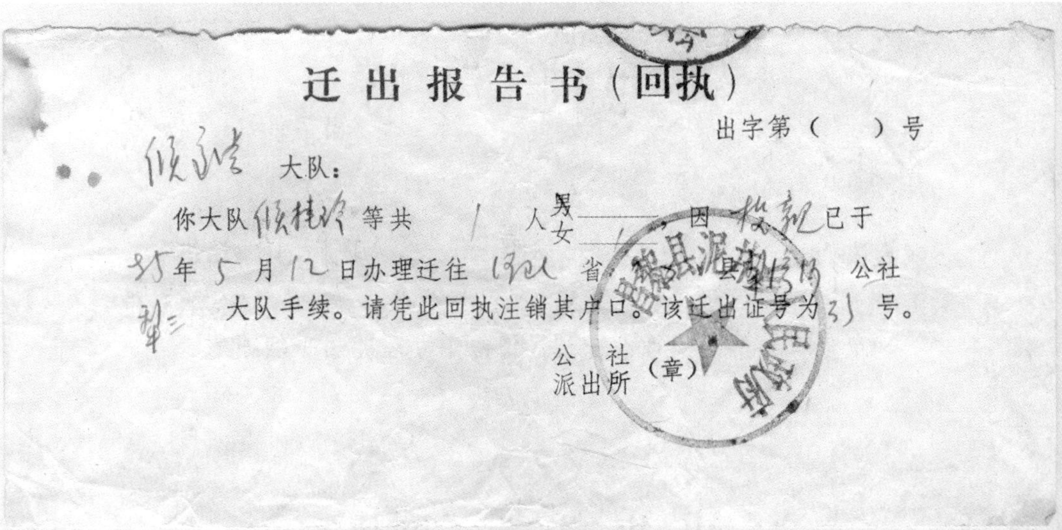

迁出报告书（回执）

出字第（　　）号

侯家营 大队：

你大队侯桂珍等共 1 人男＿＿女 1 ，因投亲已于 85 年 5 月 12 日办理迁往 [illegible] 省　　县 [illegible] 公社 [illegible] 大队手续。请凭此回执注销其户口。该迁出证号为 31 号。

公　社
派出所（章）

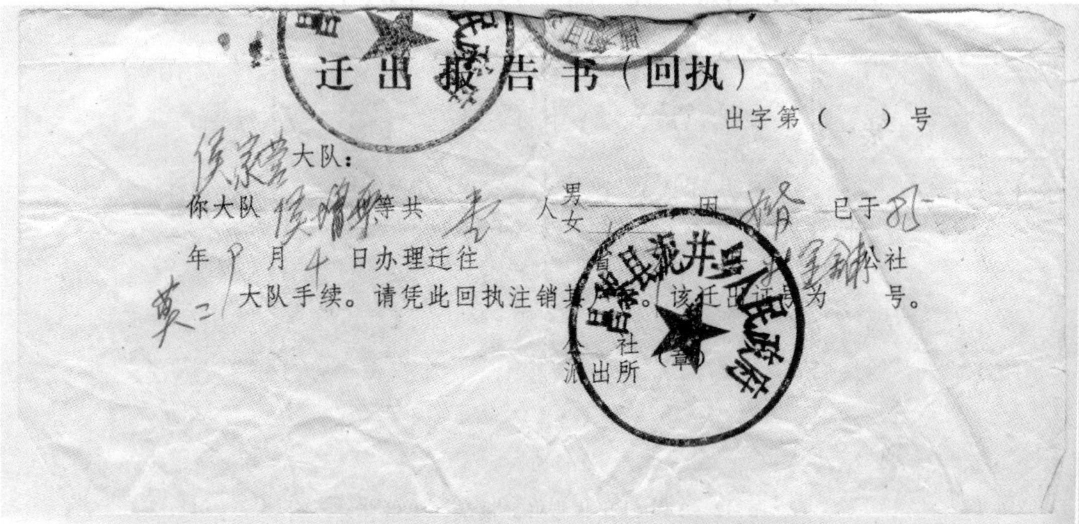

迁出报告书（回执）

出字第（　　）号

侯家营大队：

你大队侯[illegible]等共 壹 人男＿＿女 壹 ，因结婚已于 85 年 8 月 4 日办理迁往　　省　　县 [illegible] 公社 [illegible] 大队手续。请凭此回执注销其户口。该迁出证号为　　号。

公　社
派出所（章）

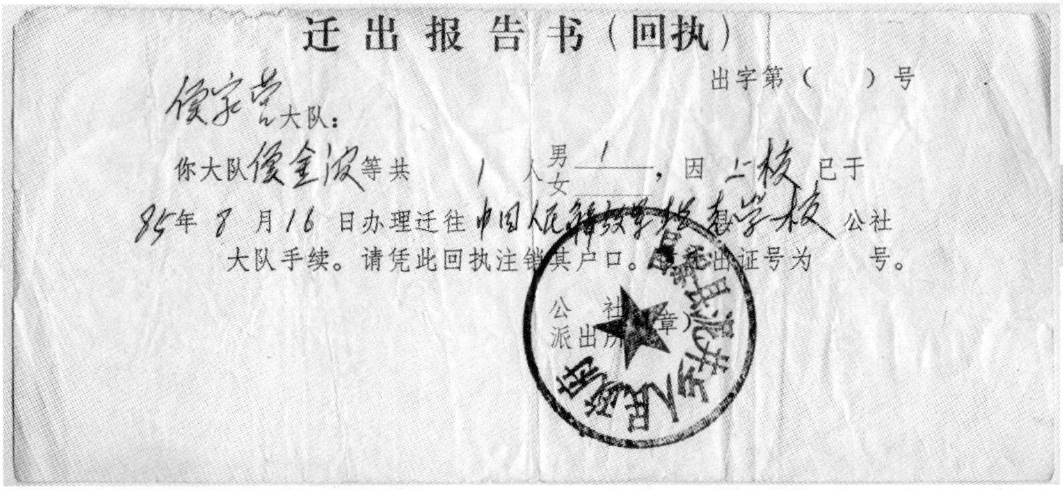

迁出报告书（回执）

出字第（　　）号

侯家营大队：

你大队侯金波等共 1 人男 1 女＿＿，因上学已于 85 年 8 月 16 日办理迁往中国人民解放军[illegible]学校 公社大队手续。请凭此回执注销其户口。该迁出证号为　　号。

公　社
派出所（章）

a－1－12b　迁出报告书（回执 3 张）。交侯家营大队，因投亲、结婚、上学，1985 年。

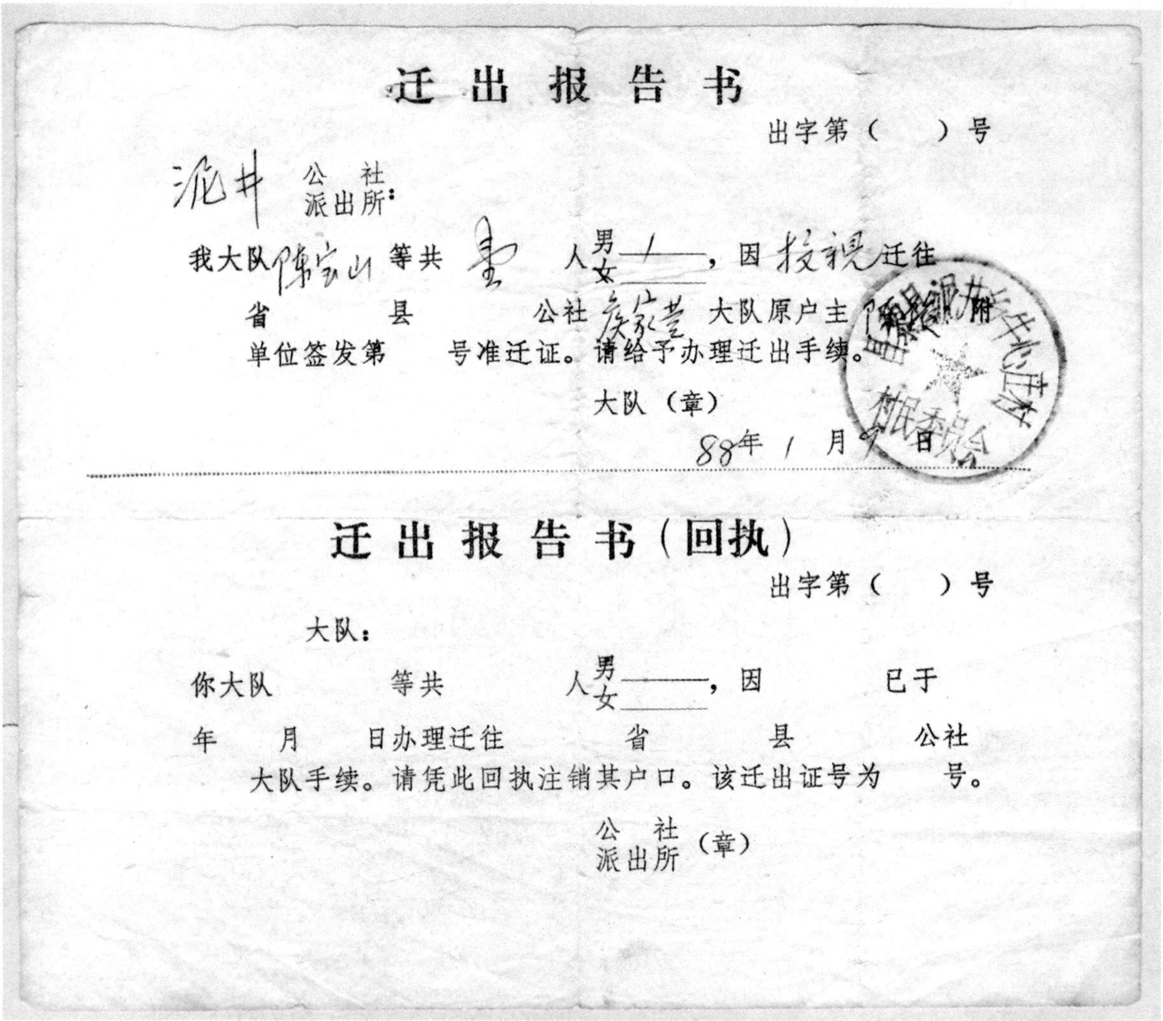

迁出报告书

出字第（ ）号

泥井 公社派出所：

我大队陈宝山 等共 壹 人男 1 女，因 投亲 迁往 省 县 公社 侯家营 大队原户主 附 单位签发第 号准迁证。请给予办理迁出手续。

大队（章）

88年 1 月 日

迁出报告书（回执）

出字第（ ）号

大队：

你大队 等共 人男 女，因 已于 年 月 日办理迁往 省 县 公社 大队手续。请凭此回执注销其户口。该迁出证号为 号。

公社派出所（章）

a－2－2d 迁出报告书。投亲，1988 年。

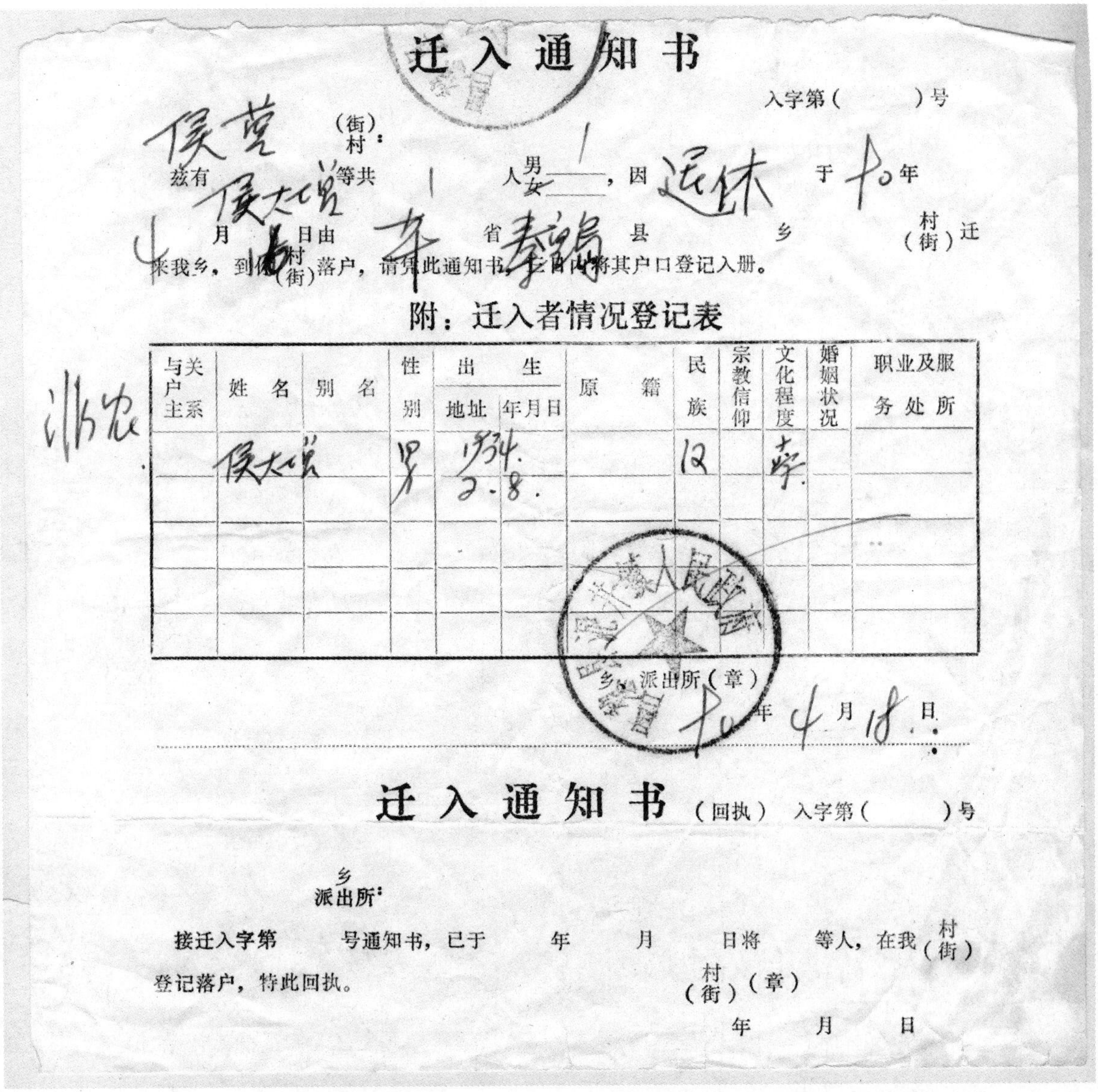

迁入通知书

入字第（　　）号

侯营 村（街）：

兹有 侯大增 等共 1 人男 1 女 ，因 退休 于 90 年 4 月 [illegible] 日由 本 [illegible] 省　　县　　乡　　村（街）迁来我乡，到你村（街）落户，请凭此通知书，在　日内将其户口登记入册。

非农

附：迁入者情况登记表

与户主关系	姓名	别名	性别	出生地址	出生年月日	原籍	民族	宗教信仰	文化程度	婚姻状况	职业及服务处所
	侯大增		男		1934. 2.8.		汉		[illegible]		

乡、派出所（章）

90 年 4 月 18 日

迁入通知书（回执） 入字第（　　）号

乡派出所：

接迁入字第　　号通知书，已于　　年　　月　　日将　　等人，在我村（街）登记落户，特此回执。

村（街）（章）

年　　月　　日

a-2-3c 迁入通知书。侯大增，退休，1990 年 4 月 9 日。

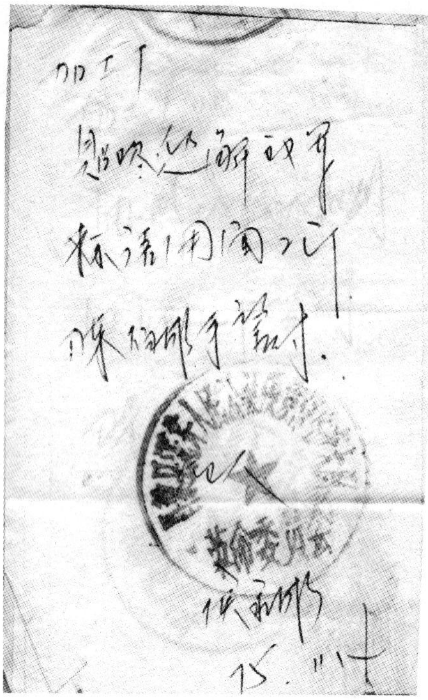

a－12－4

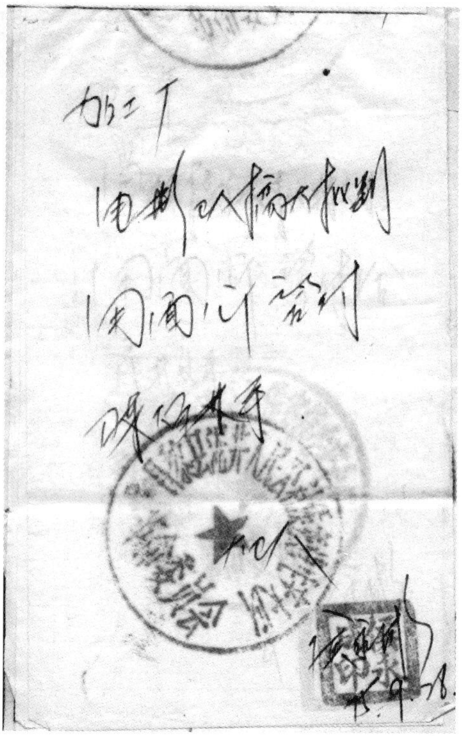

a－12－4a

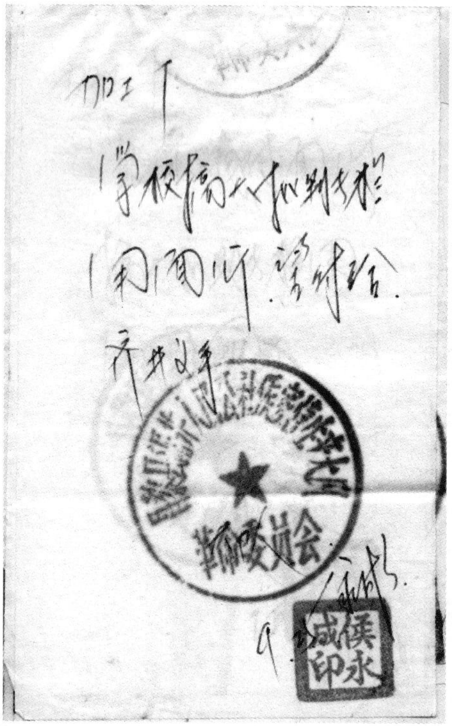

a－12－4b

a－12－4c

a－12－4d

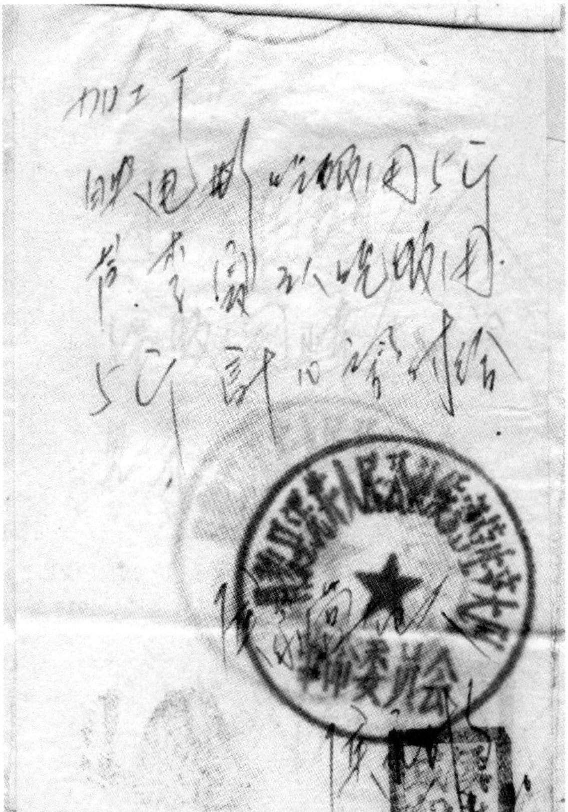

a－12－4e

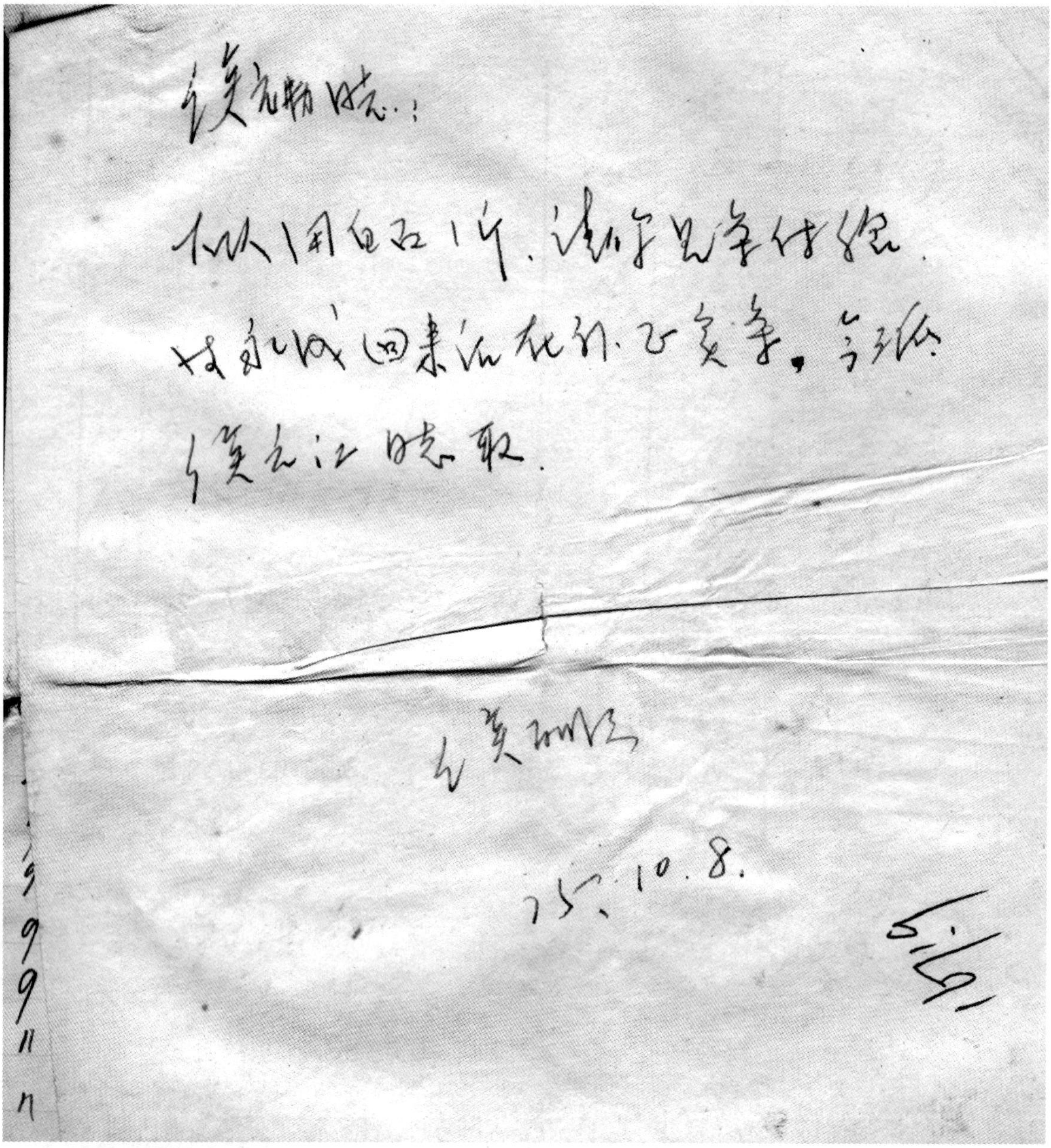

a－12－4f

a－12－4/a－12－4a－f 借条（7张）。借加工厂面粉，侯永成印，大批判、大字报、请客招待、放电影、欢迎解放军、四届人大、大队片连查，1975年。

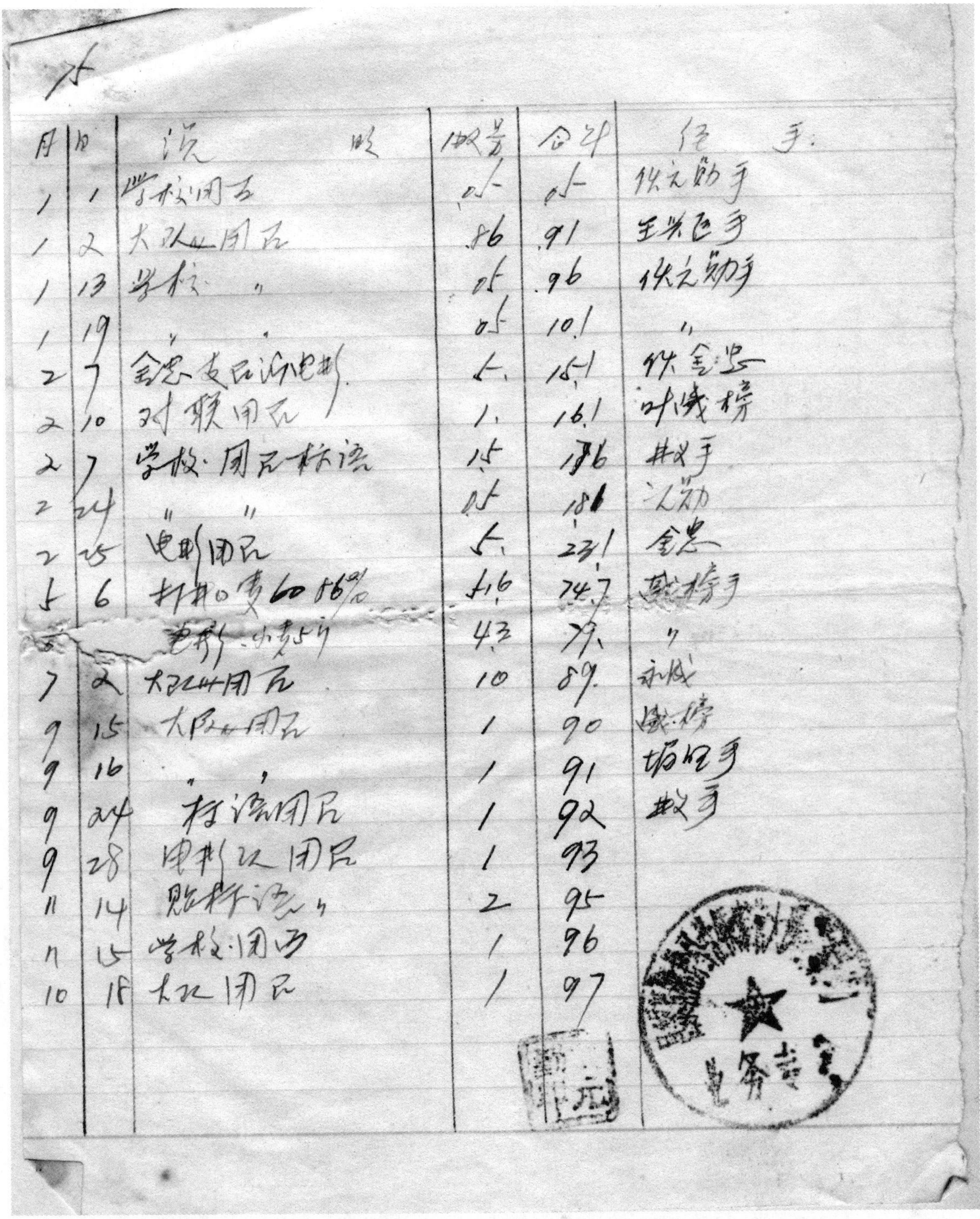

月	日	说明	数量	合计	经手
1	1	学校用面	.05	.05	侯元勤手
1	2	大队用面	.86	.91	王兴臣手
1	13	学校 〃	.05	.96	侯元勤手
1	19	〃 〃	.05	10.1	〃
2	7	金忠交面演电影	5.	15.1	侯金忠
2	10	对联用面	1.	16.1	叶战榜
2	7	学校·用面标语	1.5	17.6	[illegible]手
2	24	〃 〃	.5	18.1	元勤
2	25	电影用面	5.	23.1	金忠
5	6	[illegible]交面60 [illegible]	51.6	74.7	战榜手
		电影 [illegible]	4.3	79.	〃
7	2	大队用面	10	89.	永成
9	15	大队用面	1	90	战榜
9	16	〃 〃	1	91	[illegible]臣手
9	24	标语用面	1	92	[illegible]手
9	28	电影队用面	1	93	
11	14	贴标语〃	2	95	
11	15	学校用面	1	96	
10	18	大队用面	1	97	

a－12－4g　1975 年全年用面统计。97 斤，用途，加工厂业务专用章，侯元勤私章。

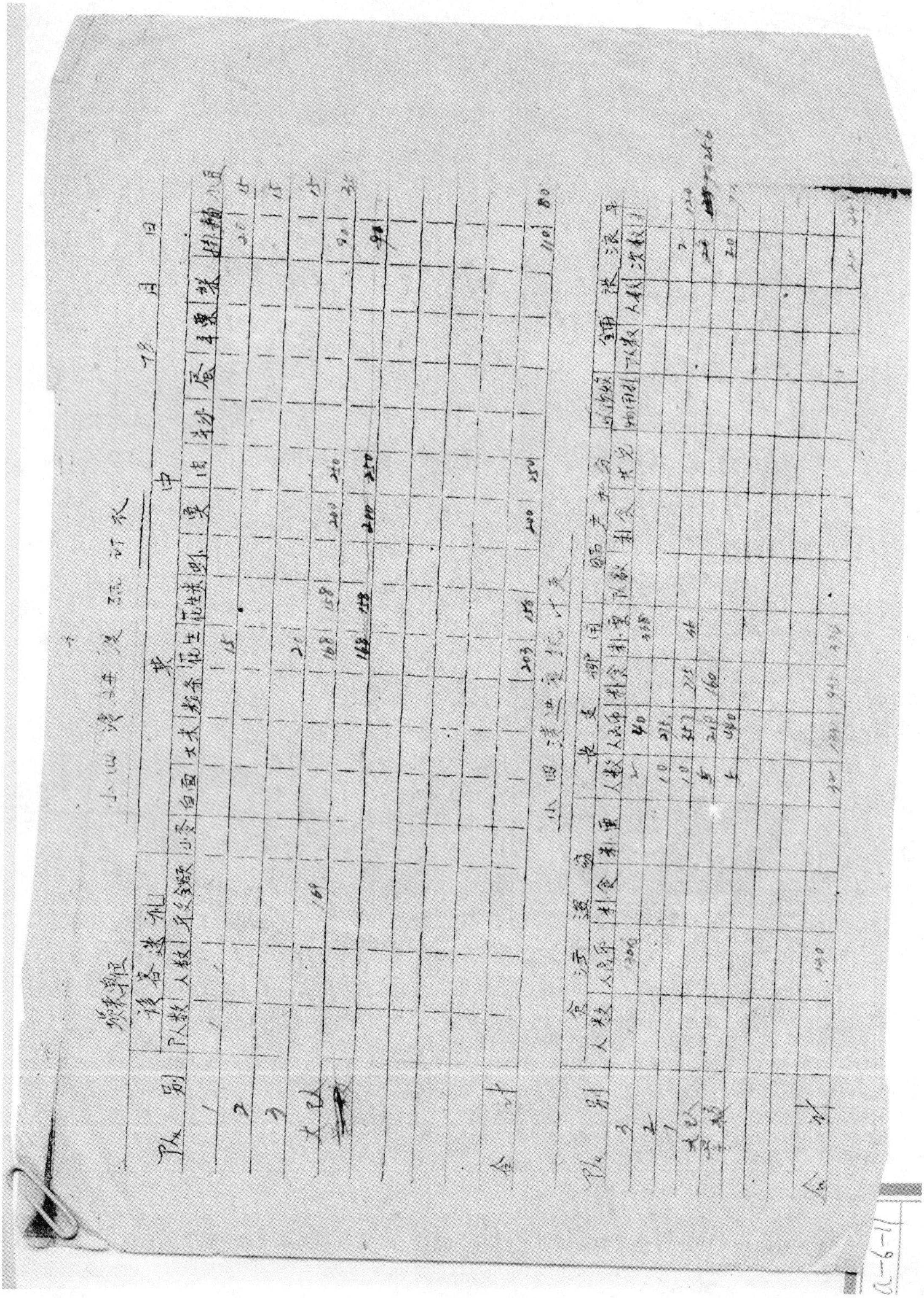

a－6－11　小四清进度统计表。1－3队，大队，学校，请客送礼，开支金额，白面、米、花生、鱼肉，贪污盗窃，长支挪用，瞒产私分，以物换，铺张浪费，1978年。（另参见本章“1. 国家的存在感”，f－12、f－13，小四清总结）

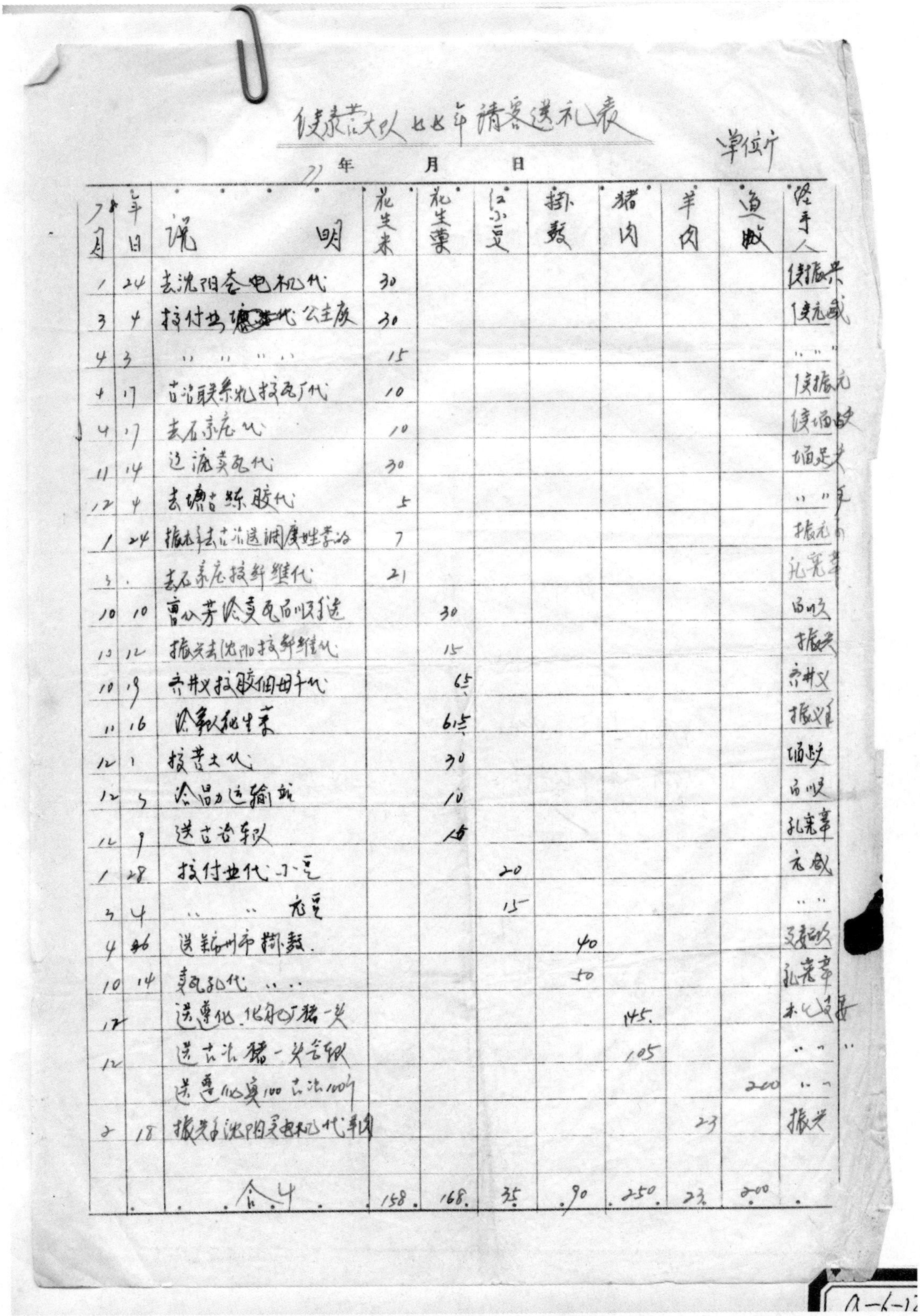

侯家营大队七七年请客送礼表

77年　月　日　　　　单位斤

月	日	说明	花生米	花生蒙	红小豆	挂面	猪肉	羊肉	鱼贼	经手人
1	24	去沈阳整电机代	30							侯振兴
3	4	搞付业~~[illegible]~~代公主岭	30							侯元盛
4	3	〃 〃 〃 〃	15							〃 〃
4	17	古冶联系机搞瓦厂代	10							侯振元
4	17	去石家庄代	10							侯福臣
11	14	送流卖瓦代	30							福臣
12	4	去塘沽练胶代	5							〃 〃
1	24	振元去古冶送调度姓李的	7							振元
3	.	去石家庄搞纤维代	21							孔宪章
10	10	曹公芳给卖瓦的收货		30						白收
10	12	振兴去沈阳搞纤维代		15						振兴
10	19	齐树义搞胶佣母子代		65						齐树义
11	16	给李队花生米		61.5						振义
12	1	搞昔大代		30						福臣
12	5	给昌力运输站		10						白收
12	9	送古冶车队		15						孔宪章
1	28	搞付业代小豆			20					元盛
3	4	〃 〃 花豆			15					〃 〃
4	26	送锦州市挂面				40				文起臣
10	14	卖瓦孔代 〃 〃				50				孔宪章
12		送遵化化肥厂猪一头					145			[illegible]
12		送古冶猪一头合纸					105			〃 〃
		送遵化鱼100 古冶100斤							200	〃 〃
2	18	振兴去沈阳买电机代羊肉						23		振兴
		合计	158	168	35	90	250	23	200	

a-6-12　侯家营大队1977—78年请客送礼表。去沈阳整电机代（带）、公主岭搞付业，花生米30斤、猪1头，古冶、石家庄、塘沽、遵化、锦州、沈阳，1978年。

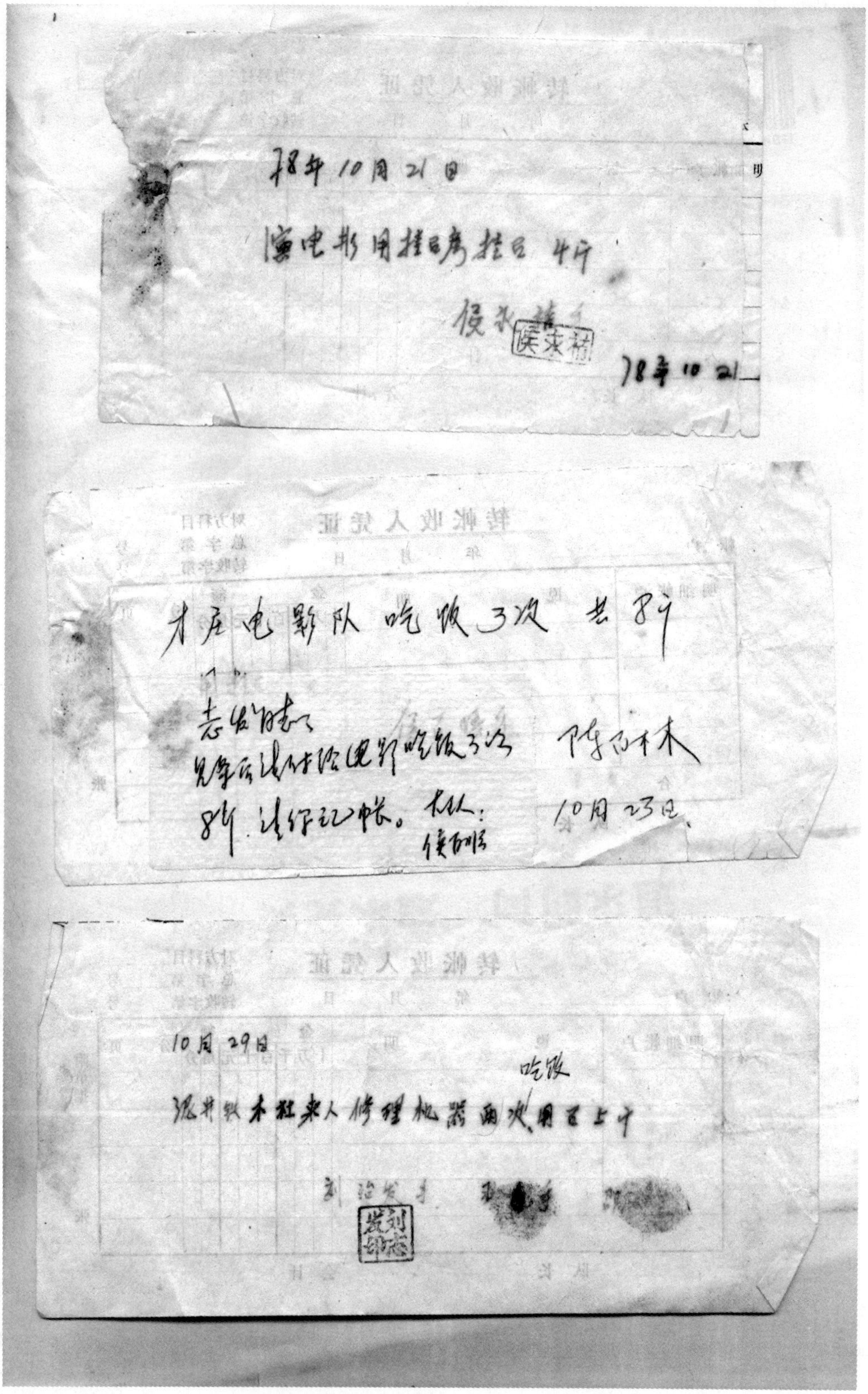

f－14　便条。3张，请客吃饭，电影，修机器，1978年。

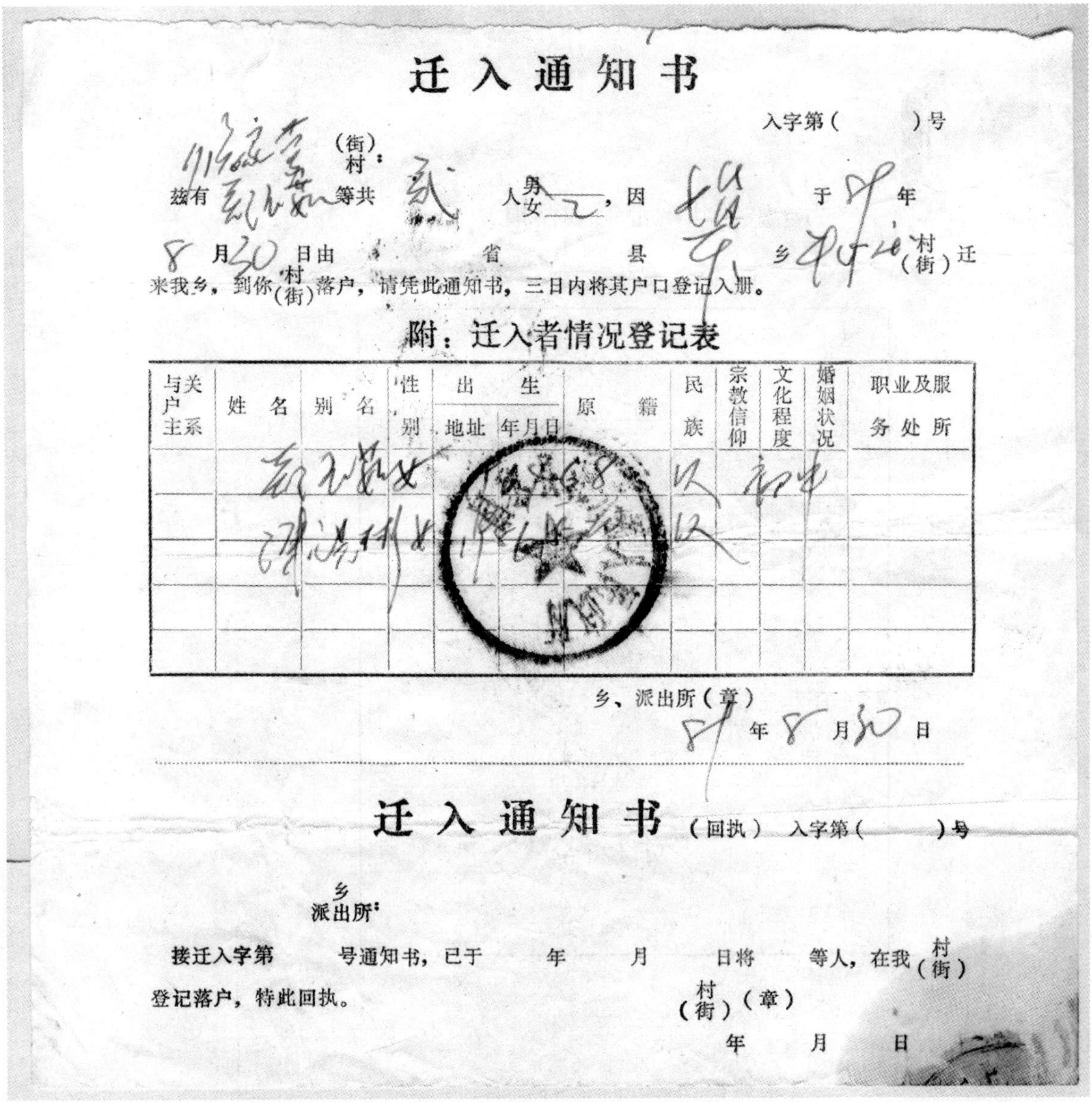

迁入通知书

入字第（　　）号

　　村（街）：兹有　　等共　　人 男 女 2，因　　于 89 年 8 月 30 日由　　省　　县　　乡　　村（街）迁来我乡，到你村（街）落户，请凭此通知书，三日内将其户口登记入册。

附：迁入者情况登记表

与户主关系	姓名	别名	性别	出生地址	出生年月日	原籍	民族	宗教信仰	文化程度	婚姻状况	职业及服务处所
			女				汉		初中		
			女				汉				

乡、派出所（章）

89 年 8 月 30 日

迁入通知书（回执）

入字第（　　）号

乡派出所：

接迁入字第　　号通知书，已于　　年　　月　　日将　　等人，在我村（街）登记落户，特此回执。

村（街）（章）

年　　月　　日

a－2－3d　迁入通知书。郑玉茹，因婚，自牛心庄，1989 年。

5

婚姻状况证明（存根）

（　　）字第　　号

姓名	侯桂香
性别	女
出生年月日	1968.1.15
婚姻状况	未
对方姓名	
对方所在单位	刘林子村
双方有无直系或三代以内旁系血亲关系	无
婚姻登记承办机关	马坊乡
备注	

经办人签名：

负责人签名：

填证日期：

说明：（一）填证前要调查核实无误；

（二）“婚姻状况”栏内填“已婚”、“未婚”、“离婚”、“丧偶”。

（　字　第　号

婚姻状况证明（存根）

（　　）字第　　号

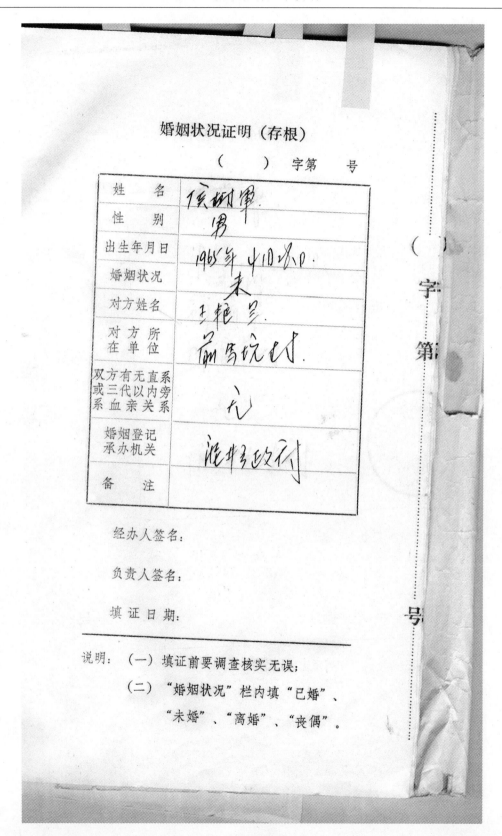

姓　　名	侯树军
性　　别	男
出生年月日	1965年4月28日
婚姻状况	未
对方姓名	王桂兰
对方所在单位	前马坑村
双方有无直系或三代以内旁系血亲关系	无
婚姻登记承办机关	淀北乡政府
备　　注	

经办人签名：

负责人签名：

填证日期：

说明：（一）填证前要调查核实无误；

（二）“婚姻状况”栏内填“已婚”、“未婚”、“离婚”、“丧偶”。

（　）

字

第

号

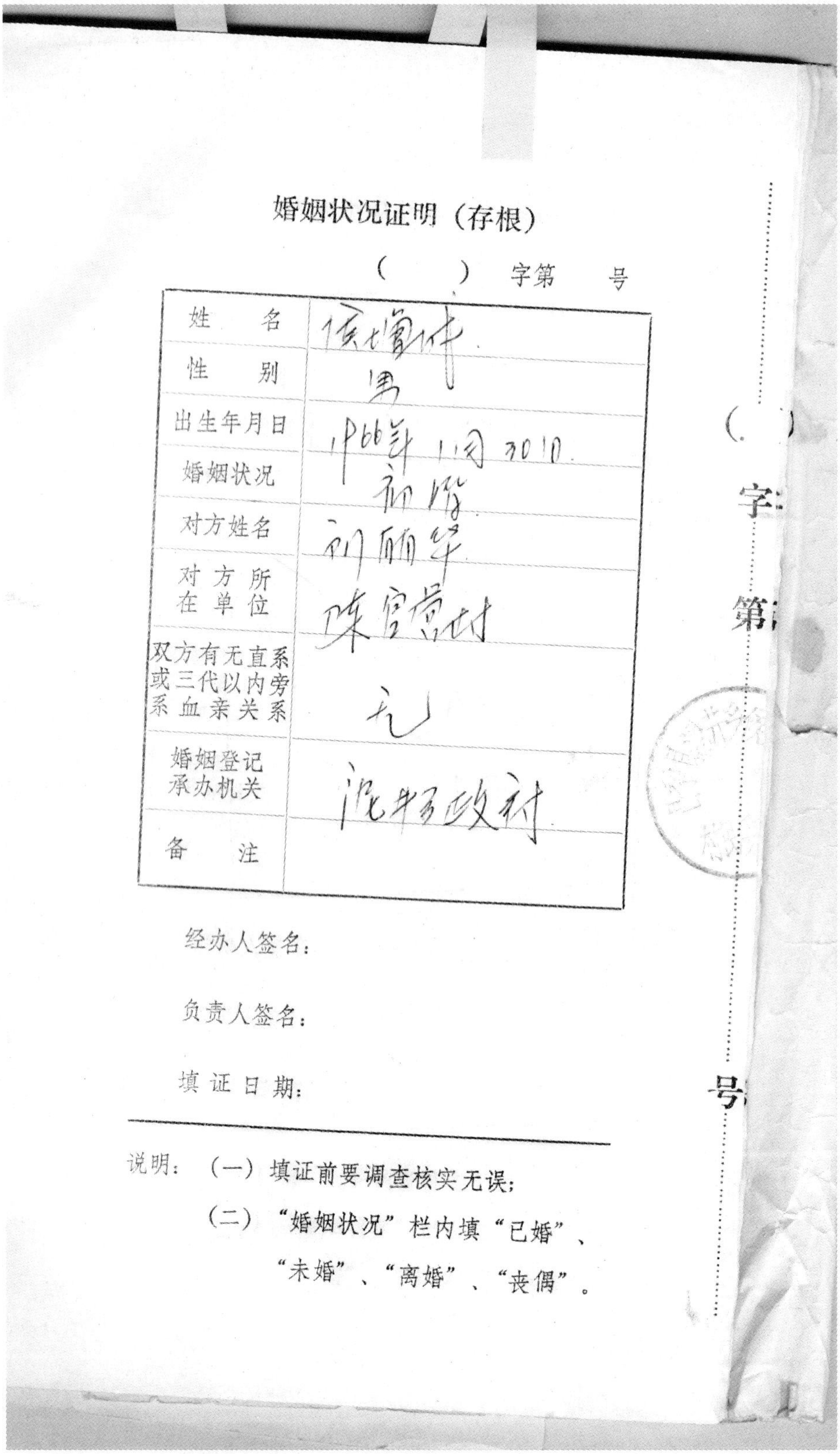

婚姻状况证明（存根）

（ ） 字第 号

姓 名	侯增仲
性 别	男
出生年月日	1966年11月30日
婚姻状况	初婚
对方姓名	刘丽华
对方所在单位	陈官营村
双方有无直系或三代以内旁系血亲关系	无
婚姻登记承办机关	泥井乡政府
备 注	

经办人签名：

负责人签名：

填 证 日 期：

说明：（一）填证前要调查核实无误；

（二）“婚姻状况”栏内填“已婚”、“未婚”、“离婚”、“丧偶”。

（ ） 字 第 号

a－2－11b

婚姻状况证明（存根）

（　　）字第　　号

姓　　名	侯山高.
性　　别	女.
出生年月日	1968.1.12.
婚姻状况	未
对方姓名	计山高.
对方所在单位	沁一
双方有无直系或三代以内旁系血亲关系	无
婚姻登记承办机关	沁中乡
备　　注	

经办人签名：

负责人签名：

填证日期：

说明：（一）填证前要调查核实无误；

（二）“婚姻状况”栏内填“已婚”、“未婚”、“离婚”、“丧偶”。

（　　）字第　　号

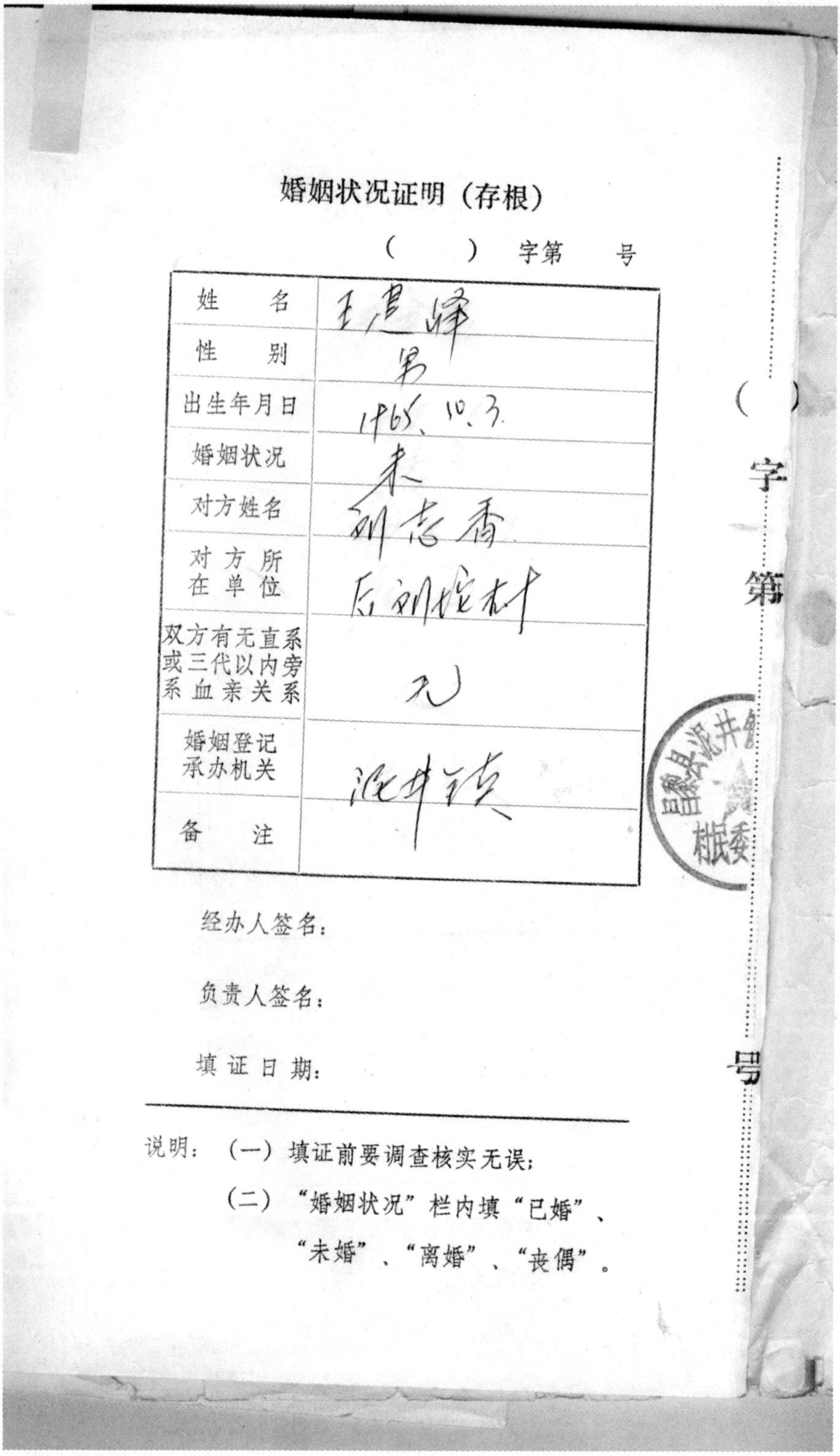

婚姻状况证明（存根）

（　　）字第　　号

姓　　名	王建峰
性　　别	男
出生年月日	1965.10.3.
婚姻状况	未
对方姓名	刘志香
对方所在单位	后刘坨村
双方有无直系或三代以内旁系血亲关系	无
婚姻登记承办机关	泥井镇
备　　注	

经办人签名：

负责人签名：

填证日期：

说明：（一）填证前要调查核实无误；

（二）“婚姻状况”栏内填“已婚”、“未婚”、“离婚”、“丧偶”。

a－2－11d

a－2－11/a－2－11a－d　婚姻状况证明（存根5张）。对方姓名、单位：刘坨、陈官营等，出生年月日，1988年。

婚姻状况证明（存根）

（86）字第2号

姓　　名	王艳霞
性　　别	女
出生年月日	1966.11.7
婚姻状况	未
对方姓名	
对方所在单位	五里营村
双方有无直系或三代以内旁系血亲关系	无
婚姻登记承办机关	十里铺乡
备　　注	

经办人签名：侯永阳

负责人签名：

填证日期：1986.11.1

说明：（一）填证前要调查核实无误；

（二）“婚姻状况”栏内填“已婚”、“未婚”、“离婚”、“丧偶”，

（2）字第　号

a－2－12

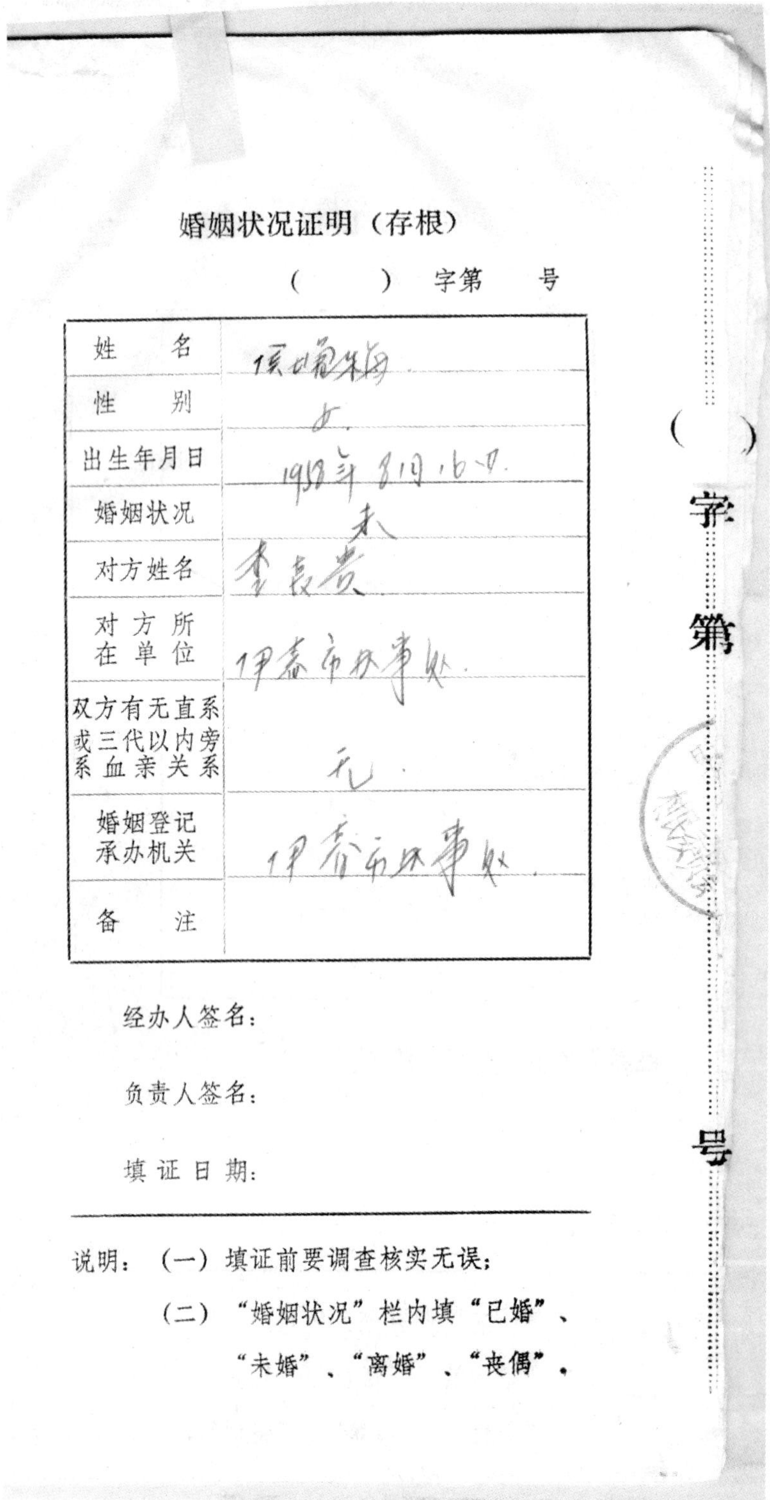

婚姻状况证明（存根）

（　　）字第　　号

姓　名	侯[illegible]
性　别	女
出生年月日	19[illegible]年8月16日
婚姻状况	未
对方姓名	李良贵
对方所在单位	伊春市民事处
双方有无直系或三代以内旁系血亲关系	无
婚姻登记承办机关	伊春市民事处
备　注	

经办人签名：

负责人签名：

填证日期：

说明：（一）填证前要调查核实无误；

（二）"婚姻状况"栏内填"已婚"、"未婚"、"离婚"、"丧偶"。

（　　）字第　　号

a-2-12a

a-2-12/a-2-12a 婚姻状况证明（存根2张）。同上，五里营、伊春，出生日期（1966年左右），1986年。

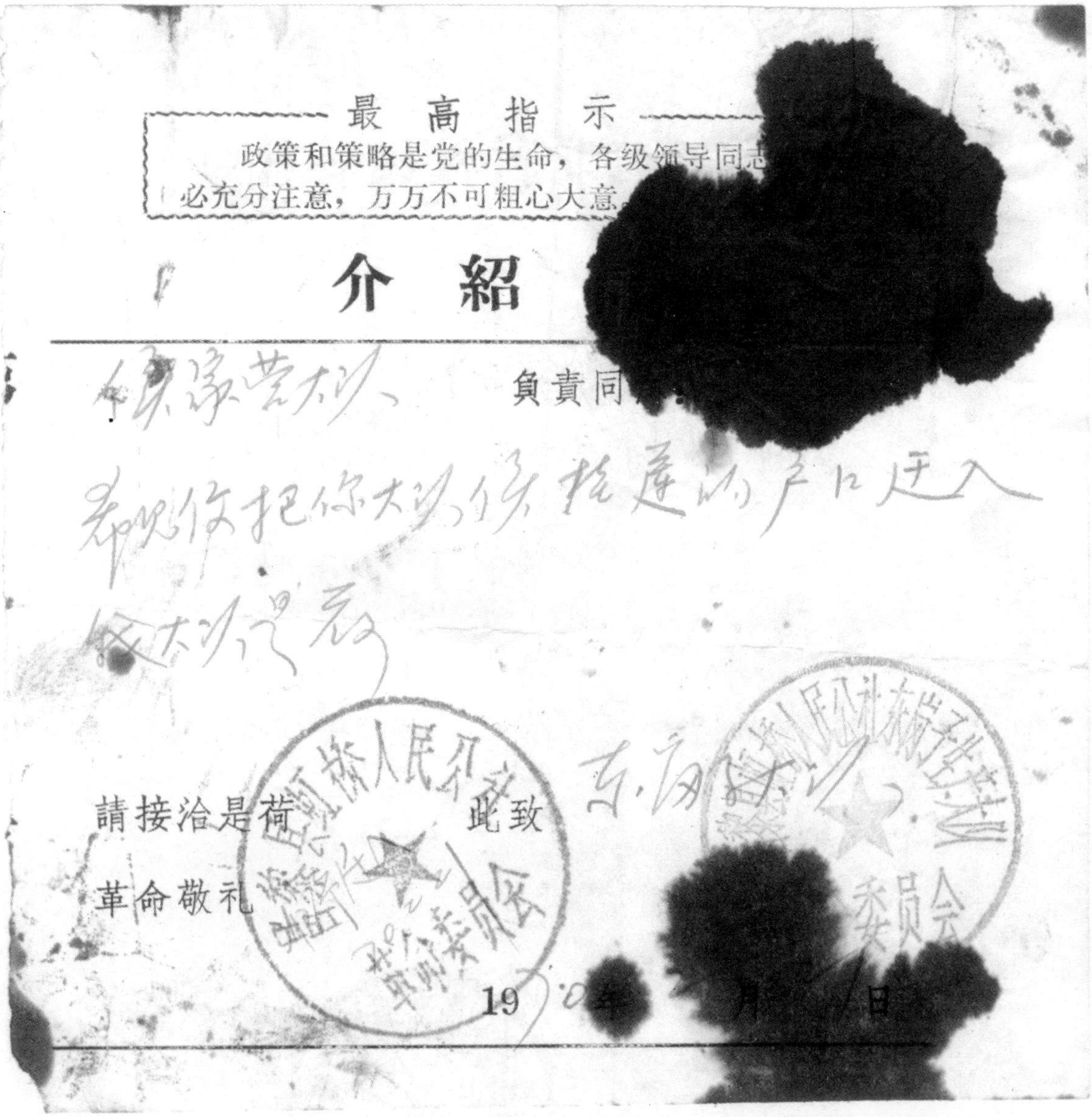

最高指示

政策和策略是党的生命，各级领导同志……必充分注意，万万不可粗心大意。

介紹……

侯家营大队　負責同志：

希望你把你大队侯桂莲的户口迁入你大队是荷

請接洽是荷　此致

革命敬礼　东岗子大队

19　年　月　日

a－1－10　介绍信。侯桂莲，户口迁移，虹桥公社东岗子大队，1970年2月21日。

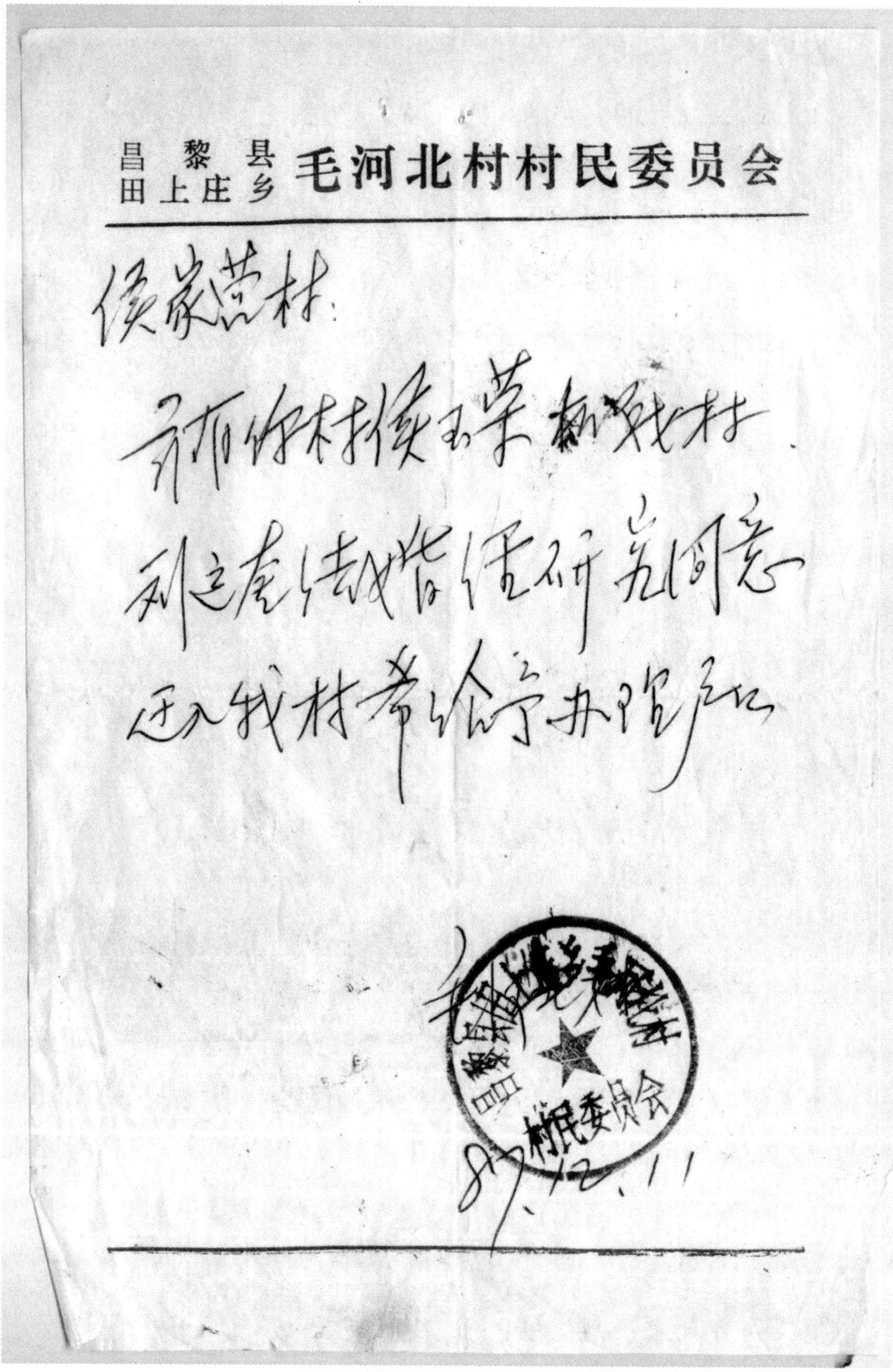

昌黎县田上庄乡　毛河北村村民委员会

侯家营村：

兹有你村侯玉荣与我村刘立春结婚经研究同意迁入我村希给予办理户口

村民委员会

87.12.11

a-2-2c　办理户口证明信。毛河北村，女，结婚，1987年。

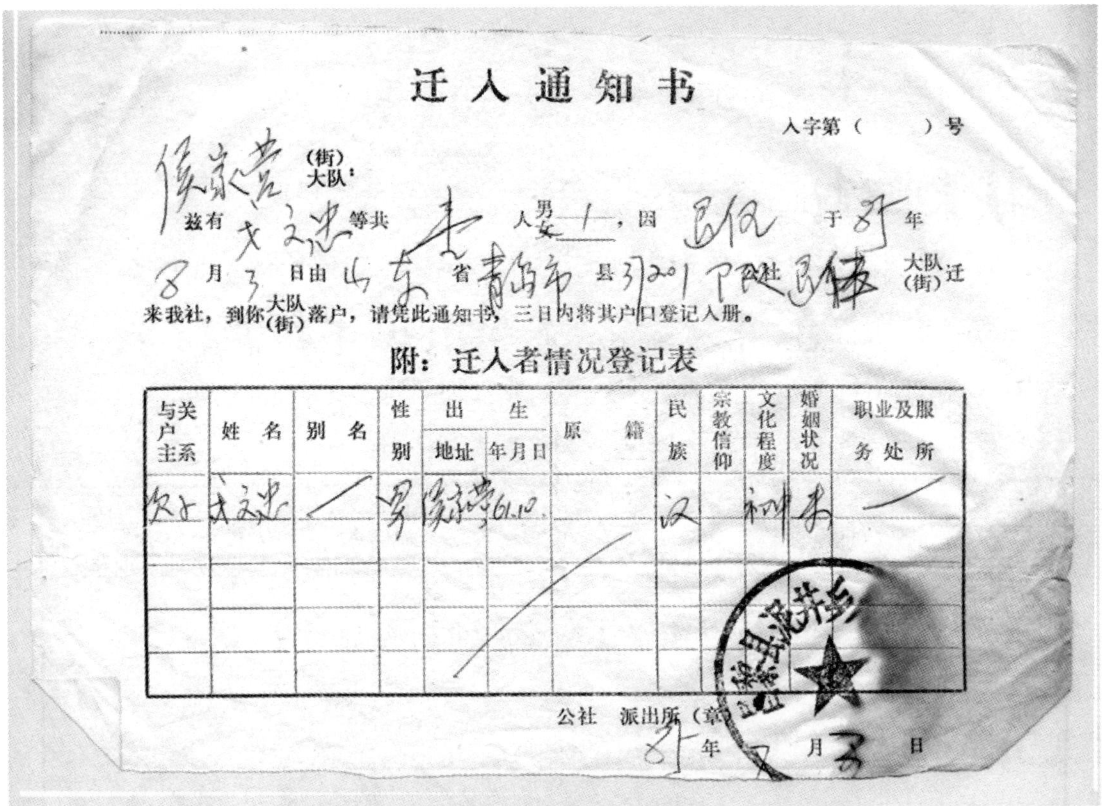

迁入通知书

入字第（　　）号

侯家营（街）大队：

兹有 宋文忠 等共 壹 人男女 1，因 退伍 于 85 年 8 月 3 日由 山东 省 青岛市 县 37201部队 公社 退伍 大队（街）迁来我社，到你大队（街）落户，请凭此通知书，三日内将其户口登记入册。

附：迁入者情况登记表

与户主关系	姓名	别名	性别	出生地址	出生年月日	原籍	民族	宗教信仰	文化程度	婚姻状况	职业及服务处所
次子	宋文忠	/	男	侯家营	61.10		汉		初中	未	/

公社　派出所（章）

85 年 8 月 3 日

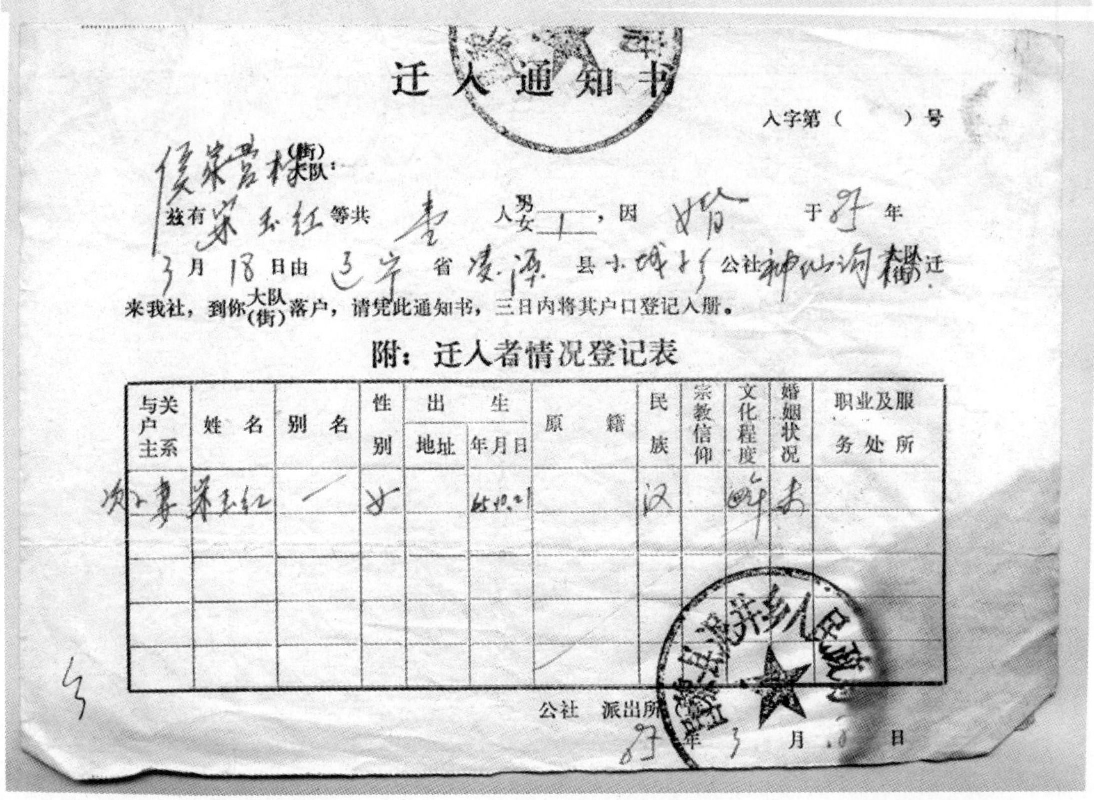

迁入通知书

入字第（　　）号

侯家营村（街）大队：

兹有 宋玉红 等共 壹 人男女 1，因 婚 于 85 年 3 月 18 日由 辽宁 省 凌源 县 小城子 公社 神山沟村 大队（街）迁来我社，到你大队（街）落户，请凭此通知书，三日内将其户口登记入册。

附：迁入者情况登记表

与户主关系	姓名	别名	性别	出生地址	出生年月日	原籍	民族	宗教信仰	文化程度	婚姻状况	职业及服务处所
次子妻	宋玉红	/	女		65.10.21		汉		小学	未	

公社　派出所

85 年 3 月 18 日

（1）

迁入通知书

入字第（　　）号

侯家营村（街）大队：

兹有刘彩清等共壹人（男　女一），因婚于八五年二月一日由辽宁省凌源县小城子乡社乔营子村大队（街）迁来我社，到你大队（街）落户，请凭此通知书，三日内将其户口登记入册。

附：迁入者情况登记表

与关户主系	姓名	别名	性别	出生 地址	出生 年月日	原籍	民族	宗教信仰	文化程度	婚姻状况	职业及服务处所
次子妻	刘彩清		女	辽宁	[illegible]	乔营子村	汉		小学	已	

公社　派出所（章）　昌黎县泥井乡人民政府

八五年二月　日

（2）

a-1-12a　迁入通知书（3张）。因婚，辽宁凌源，1985年。

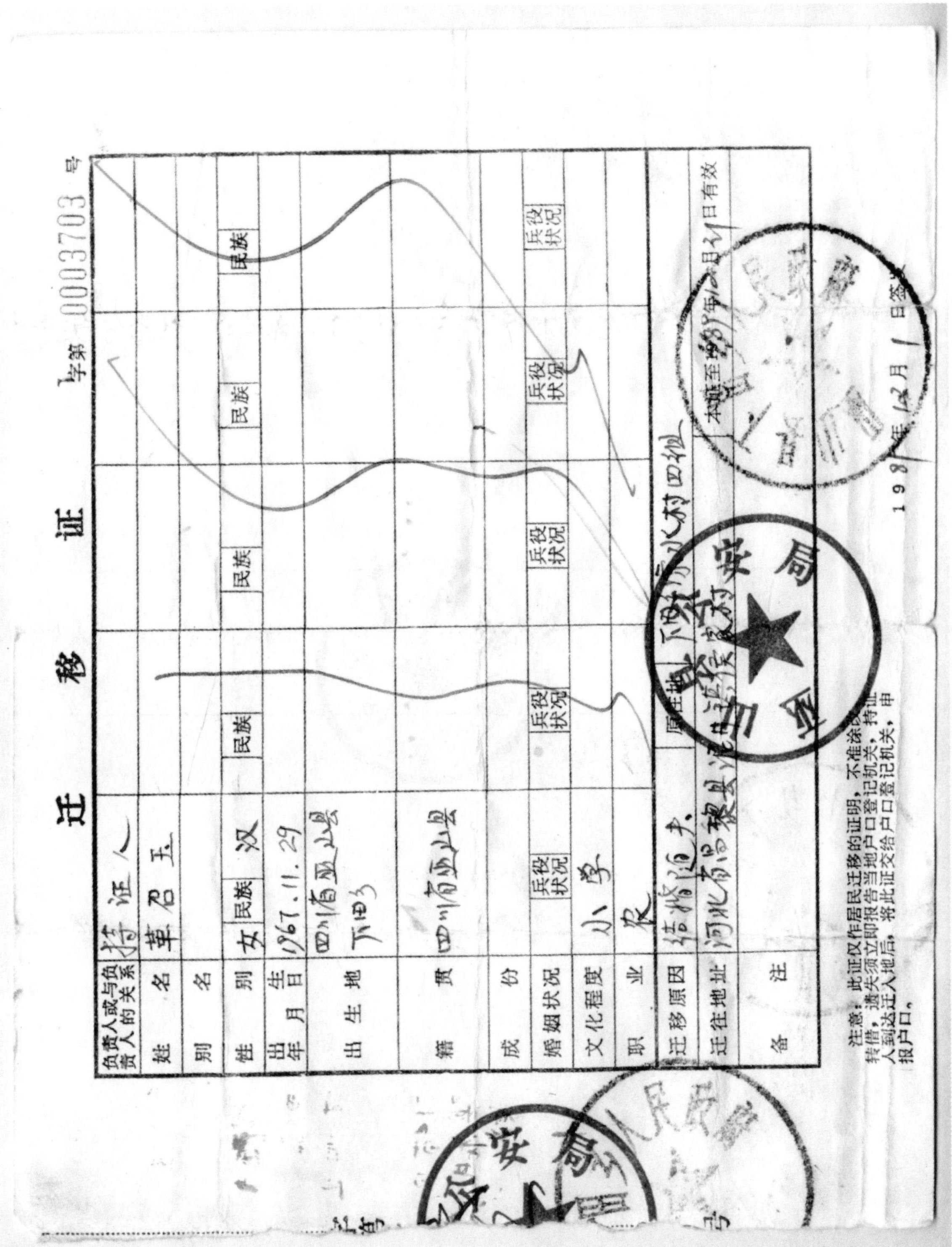

迁 移 证

字第 0003703 号

负责人或与负责人的关系	持证人		
姓名	覃君玉		
别名			
性别	女	民族	汉
出生年月日	1967.11.29		
出生地	四川省巫山县下田乡		
籍贯	四川省巫山县		
成份			
婚姻状况		兵役状况	
文化程度	小学		
职业	农		
迁移原因	结婚随夫	原住址	
迁往地址	河北省昌黎县泥井乡侯家营村四组		
备注			

本证至1989年2月21日有效

1988年12月1日签发

注意：此证仅作居民迁移的证明，不准涂改转借，遗失须立即报告当地户口登记机关，持证人到达迁入地后，将此证交给户口登记机关，申报户口。

a-2-3b　迁移证。四川省巫山县，迁移原因，结婚随夫，1989 年。

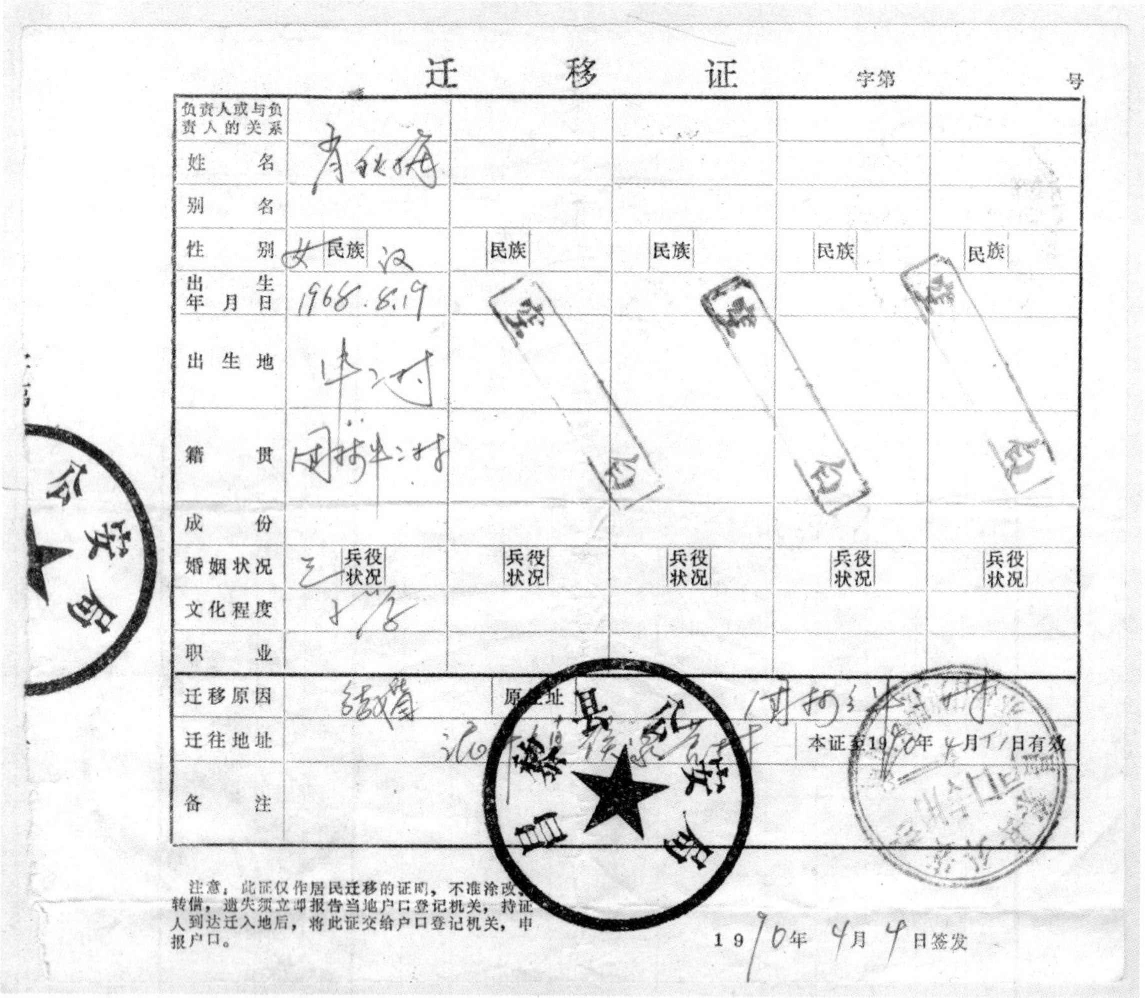

迁　移　证　　字第　　号

负责人或与负责人的关系					
姓　　名					
别　　名					
性　　别	女　民族　汉	民族	民族	民族	民族
出生年月日	1968.8.19				
出生地					
籍　　贯					
成　　份					
婚姻状况	已　兵役状况	兵役状况	兵役状况	兵役状况	兵役状况
文化程度					
职　　业					
迁移原因	结婚	原住址			
迁往地址			本证至19　年　月　日有效		
备　　注					

注意：此证仅作居民迁移的证明，不准涂改，转借，遗失须立即报告当地户口登记机关，持证人到达迁入地后，将此证交给户口登记机关，申报户口。

19 90年 4月 4 日签发

a－2－3a　迁移证。团林乡，迁移原因，结婚，1990 年。

图书在版编目（CIP）数据

二十世纪华北农村调查记录：全4卷/魏宏运，（日）三谷孝，张思主编.
—北京：社会科学文献出版社，2012.2
ISBN 978-7-5097-3103-1

Ⅰ.①二… Ⅱ.①魏…②三…③张… Ⅲ.①农村经济-经济体制改革-调查研究-华北地区-20世纪 Ⅳ.①F327.2

中国版本图书馆CIP数据核字（2011）第282393号

二十世纪华北农村调查记录（第四卷）

主　　编／张　思

出 版 人／谢寿光
出 版 者／社会科学文献出版社
地　　址／北京市西城区北三环中路甲29号院3号楼华龙大厦
邮政编码／100029

责任部门／人文科学图书事业部（010）59367215
电子信箱／renwen@ssap.cn
项目统筹／宋月华
总 经 销／社会科学文献出版社发行部（010）59367081　59367089
读者服务／读者服务中心（010）59367028

责任编辑／段景民　钟纪江
责任校对／段　青　宁　雪
责任印制／岳　阳

印　　装／北京盛通印刷股份有限公司
开　　本／787mm×1092mm　1/16
本卷印张／44.25
版　　次／2012年2月第1版
本卷字数／1219千字
印　　次／2012年2月第1次印刷
书　　号／ISBN 978-7-5097-3103-1
定　　价／1980.00元（共四卷）